BEITRÄGE ZUR
GESCHICHTE DER BIBLISCHEN EXEGESE

Herausgegeben von

OSCAR CULLMANN, BASEL/PARIS · NILS A. DAHL, NEW HAVEN
ERNST KÄSEMANN, TÜBINGEN · HANS-JOACHIM KRAUS, GÖTTINGEN
HEIKO A. OBERMAN, TÜBINGEN · HARALD RIESENFELD, UPPSALA
KARL HERMANN SCHELKLE, TÜBINGEN

24

Luther und die Johannes-Apokalypse

Dargestellt im Rahmen der Auslegungsgeschichte
des letzten Buches der Bibel
und im Zusammenhang der theologischen Entwicklung
des Reformators

von

HANS-ULRICH HOFMANN

1982

J.C.B.MOHR (PAUL SIEBECK) TÜBINGEN

BS
2825.2
.H6
1982

CIP-Kurztitelaufnahme der Deutschen Bibliothek

Hofmann, Hans-Ulrich:
Luther und die Johannes-Apokalypse: dargest. im Rahmen d.
Auslegungsgeschichte d. letzten Buches d. Bibel u. im Zusammenhang
d. theol. Entwicklung d. Reformators/von Hans-Ulrich Hofmann. –
Tübingen: Mohr, 1982.
  (Beiträge zur Geschichte der biblischen Exegese; 24)
  ISBN 3-16-144584-8
  ISSN 0408-8298
NE: GT

© Hans-Ulrich Hofmann / J. C. B. Mohr (Paul Siebeck) Tübingen 1982.
Alle Rechte vorbehalten. Ohne ausdrückliche Genehmigung des Verlags ist es auch nicht
gestattet, das Buch oder Teile daraus auf photomechanischem Wege (Photokopie,
Mikrokopie) zu vervielfältigen.
Printed in Germany. Offsetdruck: Gulde-Druck GmbH, Tübingen. Einband: Heinrich
Koch, Großbuchbinderei, Tübingen.

Wir haben unendlich viel aus der
Offenbarung des Johannes zu lernen,
welche Orthodoxen und Liberalen nie
ins überlieferte System gepaßt hat.

Ernst Käsemann,
Der Ruf der Freiheit, S. 192

VORWORT

Diese Arbeit wurde 1977 vom Fachbereich Theologie der
Friedrich-Alexander-Universität Erlangen-Nürnberg als theologische Dissertation angenommen. Da ich anschließend in
den Gemeindedienst ging, hatte ich keine Gelegenheit mehr,
das Werk inhaltlich zu bearbeiten. Deshalb konnte die Literatur auch nur bis 1976 berücksichtigt werden. Selbst für
die Vorbereitung des Offsetdrucks konnte ich beim derzeitigen
Pfarrermangel neben meiner Seelsorgetätigkeit nur sehr wenig Zeit erübrigen, so daß sich die Drucklegung leider sehr
verzögerte. Trotzdem ist nicht zu befürchten, daß die in
langen Jahren und mühevoller Kleinarbeit gewonnenen Ergebnisse meines Werkes durch die in der Zwischenzeit erschienene Literatur wesentlich tangiert oder in nächster Zeit
überholt werden könnten. Deshalb habe ich durchaus den Mut,
es auch jetzt noch unverändert erscheinen zu lassen.

Mein Dank gebührt zunächst und vor allem meinem verehrten Lehrer Prof. D. Wilhelm Maurer, der in seiner väterli-
chen Art meine Arbeit von Anfang an gefördert und beglei-
tet hat. Leider war er am Ende nicht mehr in der Lage, selbst
das Referat zu übernehmen. An seine Stelle ist dankenswerter
Weise Herr Dr. Gottfried Seebaß getreten. Zu danken habe ich
auch dem Korreferenten, Herrn Prof. Dr. Gerhard Müller, der
meine wissenschaftliche Tätigkeit auf dem Gebiet der Refor-
mationsgeschichte auch anderweitig sehr gefördert hat. Durch
die Verzögerung bei der Druckvorbereitung kann ich Herrn
Prof. Maurer leider kein Exemplar gedruckt vorlegen. Er ist
am 30. Januar 1982 nach langem Leiden verstorben.

Zu danken habe ich sodann den Bibliothekaren insbesondere
in der Universitätsbibliothek Erlangen, die mir viele ältere
Werke zu besorgen hatten, weiterhin meinen persönlichen Mit-
arbeitern, die mir bei der Erstellung des Manuskripts und bei
der Umarbeitung zum Druck geholfen haben.

Schließlich gilt mein Dank den Institutionen, die durch
ihre Zuschüsse den Druck ermöglicht haben und besonders dem
Verlag und den Herausgebern der Reihe "Beiträge zur Geschich-

te der biblischen Exegese", die durch ihre Bereitschaft,
meine Arbeit darin aufzunehmen, dem Werk eine weitere Verbreitung sicherten.

Naila im Frankenwald, im August 1982

Hans-Ulrich Hofmann

Vorbemerkung

Die in dieser Arbeit zitierten Texte aus der Zeit
vor ca. 1600 sind, soweit sie nicht neueren Editionen
entnommen sind, folgendermaßen normalisiert:

Bei deutschen Texten ist der Vokalbestand unangetastet geblieben, dagegen sind heute nicht mehr übliche
Doppelschreibungen von Konsonanten (einschließlich dt,
ck, gk, tz und cz) mit Ausnahme der s-Laute reduziert
worden. Großschreibung ist auf Satzanfänge, Eigen- und
Gottesnamen beschränkt, Satzzeichen und Absätze sind
nach heutigen Regeln sinngemäß gesetzt worden. Entsprechendes gilt für Getrennt- und Zusammenschreibung.

Bei lateinischen Texten ist die Schreibweise der klas-
sischen angeglichen, bei anderen fremdsprachigen Zitaten
ist die ursprüngliche Schreibweise belassen worden.

I N H A L T S V E R Z E I C H N I S

A B K Ü R Z U N G S V E R Z E I C H N I S

Abgesehen von den allgemein üblichen wurden, soweit möglich, die in RGG² 6, S. XXXIIf, aufgeführten Abkürzungen verwendet. Die Bibelstellen sind nach aaO, S. XIXf, abgekürzt. Weitere Abkürzungen bringt das unten folgende Literaturverzeichnis. In den alten Texten wurden Kürzel stillschweigend aufgelöst, leicht verständliche Abkürzungen mit Punkt abgeschlossen, weniger leicht verständliche in eckigen Klammern ergänzt.

Darüber hinaus kommen in dieser Arbeit noch folgende Abkürzungen vor:

Bl(l). = Blatt (Blätter; bei **Drucken**)

cap. = capitulum

Drf. = Druckfehler

f. = Folio, Blatt (bei Hss.)

HAB = Herzog-August-Bibliothek

Kap. = Kapitel

m. E. = meines Erachtens.

Nachschr(r). = Nachschrift(en)

Nr. = Nummer

Post. = Postille

Pred. = Predigt

r = recto (Vorderseite)

RN = Revisionsnachtrag

RSB = Ratschulbibliothek

S. (in alten Texten) = Sankt

SB = Staatsbibliothek

Schr(r). = Schrift(en)

SStB = Staats- und Stadtbibliothek

StB = Stadtbibliothek

SUB = Staats- und Universitätsbibliothek

UB = Universitätsbibliothek

v = verso (Rückseite)

Vorl. = Vorlesung

EINLEITUNG

I. Hinführung zum Thema

Als durch das Erscheinen von Jürgen Moltmanns 'Theologie der Hoffnung' 1964 das Interesse an der Eschatologie neu geweckt wurde, lag es nahe, auch auf die Kirchengeschichte zurückzuschauen und zu fragen was die 'Väter', insbesondere die Reformatoren, über die 'letzten Dinge' gedacht und geschrieben haben, d.h. historische Studien zu treiben, jedoch aus systematischem Blickwinkel.

Zu diesem Zeitpunkt hatte es darüber noch wenig Literatur, jedenfalls noch keine größere Gesamtdarstellung gegeben[1]. 1967 erschien dann Ulrich Asendorf: Eschatologie bei Luther. Dieses Werk zeigt m.E. jedoch ganz deutlich die Schwächen, die sich zwangsläufig aus einer zu unvermittelt systematischen Fragestellung in der historischen Forschung ergeben müssen: Es beachtet die jeweils neuen Umstände zu wenig, auf die Luther im Laufe seines Lebens und Wirkens meist sehr persönlich mit seinen verschiedenen Äußerungen reagiert hat, und verwischt dadurch die feinen, aber bedeutsamen Unterschiede[2]. Daher scheint es angezeigt, sich durch Asendorfs Bemerkung, es "würde das Verfahren einer rein historischen Auffassung wahrscheinlich nicht wesentlich über die Darstellung der apokalyptischen Strukturen in Luthers Eschatologie hinausgelangen"[3], nicht davon ab-

---

1. Vgl. z.B. Torrance, Eschatologie. Von der Dissertation Fritz Blankes: Luthers Eschatologie, Teil I: Die Frühzeit bis 1517, Berlin 1925, ist nach Auskunft des Verfassers kein Exemplar mehr vorhanden. Althaus, Gedanken, ist dafür kein vollwertiger Ersatz.

2. Beispiele von Fehlurteilen Asendorfs s.u. S. 375f, Anm. 18f, und S.452f, Anm. 161.

3. Asendorf, Eschatologie, S. 9.

schrecken zu lassen, doch einmal im einzelnen festzustellen, was nun Luther zu verschiedenen Zeiten wirklich
alles über die 'letzten Dinge' gesagt und geschrieben
hat. Während also Asendorf in der Hauptsache den eschatologischen Aspekt in den verschiedenen Teilen der theologischen Systematik herauszuheben versucht und "Die
'letzten Dinge'" auf 13 Seiten "nur als Endpunkt" behandelt[4], sollte doch erst einmal die Vielfalt eschatologischer Vorstellungen Luthers herausgestellt werden, insbesondere die aus verschiedenen Gründen von
der bisherigen Forschung weniger beachteten, deutlich
abgewerteten oder auch schamhaft verschwiegenen Aspekte daran, eben das, was man gemeinhin als 'apokalyptisch' bezeichnet.

Nun ergibt sich aber sogleich eine definitorische
Schwierigkeit. Die Lutherliteratur ist sich durchaus
nicht darüber einig, ob es berechtigt sei, den Reformator überhaupt mit Apokalyptik in Verbindung zu bringen. Verschiedentlich wird ihm das Verdienst zugeschrieben, die Eschatologie von ihrem apokalyptischen Einschlag befreit zu haben[5]. Oder er wird als der wahre
Prophet dem Apokalyptiker Müntzer entgegengesetzt[6],
und selbst dort, wo die Apokalyptik als notwendiger
Ausdruck von Luthers Eschatologie Anerkennung findet,
wie z.B. eben bei Asendorf, wird doch eine gewisse Abneigung ihr gegenüber konstatiert[7]. Diesen Urteilen
liegt jeweils ganz deutlich eine negative Wertung des
Phänomens Apokalyptik überhaupt zugrunde, und daraus
folgt wohl, bewußt oder unbewußt, der Versuch, den
verehrten Reformator davon möglichst wenig berührt zu
sehen.

---

4. S. 280-293. - Da bei Loeschen, Eschatological Themes, 'eschatologisch' im bultmannschen Sinne als
   'endgültig' verstanden wird, kommt diese Dissertation von 1968 für unsere Fragestellung überhaupt
   nicht in Betracht.
5. so z.B. bei Krause, Studien, S. 327.
6. so z.B. bei Preuß, Luther der Prophet, S. 210-213.
7. Asendorf, Eschatologie, S. 226f und 229f.

Diese Beobachtung läßt es ratsam erscheinen, bevor
man Luther damit in Verbindung zu bringen versucht,
erst einmal sich selbst Rechenschaft darüber abzule-
gen, was man unter Apokalyptik verstehen und wie man
sie werten soll. Sucht man nun in der Literatur der
biblischen Wissenschaft Hilfe zur Klärung, so stellt
man bald fest, daß es wohl einen gewissen Konsens darüber gibt, welche Schriften im wesentlichen der Lite-
raturgattung Apokalypsen zuzurechnen seien, nicht jedoch über die Herkunft, die wichtigsten Charakteristika, die geistesgeschichtliche Einordnung und theologische Wertung der umfassenden weltanschaulichen Strömung 'Apokalyptik'. "Man gewinnt den Eindruck, daß die
heutige Forschung von einer adäquaten Beurteilung des
Phänomens der Apokalyptik noch eine ziemliche Strecke
entfernt ist. Immerhin finden sich aber auch beachtli-
che Ansätze einer grundsätzlichen Neubesinnung." So
gibt Strobel 1967 seinen Gesamteindruck von der gegenwärtigen Diskussion darüber wieder[8]. Neuere Versuche
zusammenfassender Darstellungen[9] haben diese Ansätze
zwar weitergeführt, aber noch nicht zum Abschluß gebracht. Wenn es aber noch kaum gelingen will, die Erscheinung der Apokalyptik in ihrer Anfangszeit genauer
einzugrenzen, wieviel schwieriger wird es dann erst,
wenn man die vielfältigen Abwandlungen berücksichtigen
will, die sich bis zum Ausgang des Mittelalters noch
zusätzlich herausgebildet haben? Man verspricht sich
jedoch allgemein von einer Klärung der damit zusammenhängenden Fragen, insbesondere der geschichtstheologischen Probleme, manche Anregungen für die eigene Gegenwart. Daher glaubt Koch, "daß die Theologie in den nächsten Jahrzehnten sich in steigendem Maße mit dem apokalyptischen Schrifttum zu beschäftigen hat", auch mit
ihren Nachwirkungen im Bereich der Theologiegeschich-
te[10].

----

8. Strobel, Kerygma, S. 133.
9. z.B. Schmidt, Apokalyptik, 1969; Koch, Ratlos, 1970;
   Schmithals, Apokalyptik, 1973.
10. Koch, aaO, S. 118.

Eine zunehmend sachlichere und positivere Einschätzung der Apokalyptik als ganzer ermöglichte auch eine
objektivere Betrachtung von Luthers Einstellung gegenüber diesem Phänomen. Doch dürfte es vorläufig ratsam
sein, nicht davon auszugehen, die Aussagen des Reformators mit der eben leider noch nicht ganz klar erfaßba-
ren geistesgeschichtlichen Größe 'Apokalyptik' zu kon-
frontieren, vielmehr zunächst einmal seinen Umgang mit
den anerkanntermaßen apokalyptischen Schriften quellen-
mäßig möglichst genau zu erfassen und zusammenzustellen,
um sein Verständnis dieser Literatur historisch erheben und in das Ganze seiner Schriftauslegung und Theologie neu einordnen zu können[11]. Einen ersten Schritt
in dieser Richtung hat Quanbeck in seinem 1960 gehaltenen Referat über 'Luther and Apocalyptic' getan. Ein
wichtiges Ergebnis dieser Studie ist die Erkenntnis:
"Luther treats apocalyptic as predictive prophecy"[12],
d.h. er erkennt gar nicht die Gemeinsamkeiten der Gattung Apokalypse und die charakteristischen Unterschiede gegenüber anderen literarischen Produkten, etwa den
Prophetensprüchen, und wird deshalb auch der Apokalyptik als selbständiger, abgegrenzter Größe nicht so
recht ansichtig, vielmehr beurteilt er die einzelnen
Schriften wie Daniel-Apokalypse, die sog. synoptische
Apokalypse in Mk 13 par, verschiedene Partien in den
neutestamentlichen Briefen, wie z.B. 2 Thess 2, und
die Johannes-Apokalypse nach ganz anderen Gesichtspunkten als die Wissenschaft der letzten Jahrzehnte, was
ohne weiteres verständlich wird, wenn man bedenkt, daß
eigentlich erst Lücke in der ersten Hälfte des 19. Jahrhunderts den technischen Begriff der Apokalyptik in
die theologische Diskussion neu eingeführt hat[13].
    Vor allem zeigt sich nun bei genauerem Hinsehen, daß

---

11. Daher werden in dieser Arbeit als apokalyptisch ohne
    Anführungszeichen nur die einschlägigen Schriften be-
    zeichnet; 'apokalyptisch' in Anführungszeichen dage-
    gen ist in unpräzisem, landläufigem Sinne verwendet.
12. Quanbeck, Luther, S. 120.
13. Lücke, Einleitung, Untertitel.

Luther die verschiedenen heute als apokalyptisch geltenden Bibelabschnitte sehr unterschiedlich bewertet und
einstuft[14], weshalb es angezeigt erscheint, die einschlägigen Schriften jeweils einzeln zu behandeln, um
Fehlschlüsse, etwa die Übertragung der Ergebnisse, die
bei der Untersuchung von Luthers Dan-Deutung herauskom-
men, auf seine Apk-Deutung und umgekehrt, zu vermeiden.

Einen solchen Fehler begeht z.B. Ebeling, wenn er
in seiner Entgegnung auf den Versuch Käsemanns, die ur-
christliche Apokalyptik aufzuwerten[15], den Satz formuliert: "Nach der herrschenden kirchlichen und theologischen Tradition, gerade auch der Reformation, ist
Apokalyptik - ich erinnere nur an die Einschätzung
der Offenbarung Johannis - zumindest ein verdächtiges
Symptom häretischer Tendenz", und dazu in einer Anmerkung längere Passagen aus Luthers erster, scharf ablehnender Vorrede auf die Apk im NT von 1522[16] als
Nachweis heranzieht[17]. Hätte er die acht Jahre später entstandene, stark abgemilderte und deshalb weniger bekannte Neufassung herangezogen, wäre er darauf
gestoßen, daß darin Dan deutlich von der Apk abgehoben und viel höher bewertet wird[18]. Die Dan-Apokalypse hat Luther nämlich meines Wissens niemals kritisiert, vielmehr sehr gelobt[19].

In dieser Studie sollte nun einmal mit der genaueren Untersuchung beim umstrittensten Buch, eben der
Apk, der Anfang gemacht werden. Es scheint zunächst,
als könnte man mit der Bearbeitung des nicht sehr umfangreichen Materials an bekannten Äußerungen Luthers
über das letzte Buch der Bibel bald fertig werden.

---

14. s.u. S. 400ff.
15. Käsemann, Anfänge.
16. DB 7,404.
17. Ebeling, Grund, S. 230; vgl. Schmidt, Apokalyptik,
    S. 1f; gegen Ebeling wendet sich wiederum Käsemann,
    Thema, und dann vor allem ders., Ruf, S. 174-192.
18. DB 7,408,2f.
19. s.u. S. 398, 403 und 572f.

Mir jedoch ist diese Analyse unter der Hand zu einer
eigenen, umfangreichen Arbeit angewachsen, und das
nicht ohne Grund. Denn sobald man die eine Schrift
als ganze in den Blick nimmt, muß man einerseits auch
ihre nicht typisch 'apokalyptischen' Partien, etwa
die 7 Sendschreiben, ebenso berücksichtigen wie die
großen Visionsschilderungen und andererseits auch Zitate aus der Apk in Schriften Luthers heranziehen,
die von allem anderen als gerade den 'letzten Dingen'
handeln.

Aber das hat sich bald als äußerst fruchtbar erwiesen. Denn es zeigt sich, daß man im Umgang Luthers
mit den verschiedenen Partien der Apk differenzieren
und erkennen muß, daß mit der Zeit unterschiedliche
Aspekte daran für ihn wichtig geworden sind. So ergibt sich schließlich gegenüber der eingangs gestellten Frage: "Was sagt Luther über die 'letzten Dinge'?"
eine deutliche Verschiebung, da die Apk oder einzelne
Verse daraus für alle Bereiche seiner Theologie von gewisser Wichtigkeit geworden sind, auch für einen solch
zentralen wie die Rechtfertigungslehre.

Deshalb klingt auch der ganze Komplex 'Luther und
die Apokalyptik' im Laufe der Arbeit nur an einzelnen
Stellen deutlich an, während er streckenweise gar keine Rolle spielt. Erst ganz zum Schluß soll er eigens
aufgenommen und einer Beantwortung nähergebracht werden.

Abgesehen davon ist aber das Thema 'Luther und die
Johannes-Apokalypse' selbst es durchaus wert, in einer
abgeschlossenen Studie behandelt zu werden. In dem bisher einzigen Werk, das sich damit eigens und thematisch
befaßt[20], nämlich in den kaum sechs Seiten umfassenden
'Randbemerkungen zu Luthers Verständnis der Apokalypse'
von 1955 schreibt Lilje einleitend: "Eine ausführliche

---

20. Die zwei Seiten in Schild, Interpretations, 1975,
    auf denen speziell die Apk behandelt wird, nämlich
    S. 111-113, bringen nur eine Übertragung des ent-
    sprechenden Abschnittes in: ders., Bibelvorreden,
    S. 238-241, ins Englische.

Untersuchung der Frage, welches Verhältnis Luther zur
Apokalypse gehabt hat, würde aus zwei Gründen lohnend
sein. An der Frage, wie Luther das letzte Buch der Bibel exegetisch bewertet hat, läßt sich zunächst sein
gesamtes Verhältnis zur Schrift, vor allem auch zur
Frage des Kanon illustrieren; da für Luthers gesamte
theologische Konzeption sein Verständnis der Heiligen
Schrift entscheidende Bedeutung hat, würde es sich hierbei um einen wichtigen Beitrag zur Theologie Luthers
überhaupt handeln. Auf der anderen Seite ist es besonders interessant, Luthers Meinung zu einer Aufgabe der
Exegese zu erfahren, die in der Forschungsarbeit der
letzten Jahrzehnte neu in unseren Gesichtskreis getreten ist."[21]

Demgemäß wird in dieser Arbeit versucht, Luthers
Deutung der Apk sowohl in den Rahmen seiner gesamten
Hermeneutik einzuordnen, indem immer wieder die Verbindung zur Auslegung anderer biblischer Bücher im
Laufe der reformatorischen Entwicklung hergestellt
wird, als auch in den Zusammenhang der älteren Auslegungsgeschichte des letzten Bibelbuches hineinzu-
stellen, um so den besonderen Beitrag des Reformators
zu dessen Verständnis erkennen zu können.

II. Statistische Voruntersuchungen

a) Überblick über das Quellenmaterial

Die primären Quellen für eine Untersuchung über
Luthers Stellung zur Johannes-Apokalypse müssen natürlich zunächst einmal aus dem umfangreichen Gesamt-
werk des Reformators, das jetzt im Wesentlichen vollständig in den über hundert Einzelbänden der Weimarer
Ausgabe erfaßt ist, herausgesucht und gesammelt werden.

Dabei ergibt sich bald, daß die bekanntesten und
am leichtesten zugänglichen Stücke, darunter die poin-
tiertesten Stellungnahmen Luthers zu Apk, so gut wie

---

21. Lilje, Randbemerkungen, S. 71.

alle erst aus der Zeit ab 1521 stammen. Es handelt
sich dabei um folgende Materialien:

2 verschiedene 'Vorreden auf die Offenbarung Johannis'
in Luthers NT deutsch, 1522 und 1530[1];

mit der zweiten Vorrede verbunden

51 erklärende, gedruckte Randglossen zum Apk-Text der
deutschen Bibelausgaben, darunter

19, die über den Inhalt der Vorrede hinausgehende Erläuterungen bieten[2];

39 deutende, handschriftliche Randbemerkungen Luthers
in seinem Handexemplar des revidierten NT von 1530[3];

in den Bibelausgaben weiterhin enthalten

21 bzw. ab 1530 26 Holzschnittillustrationen zur Apk[4];
außerdem

1 weitere Vorrede, und zwar zu einem anonymen wyclifitischen Apk-Kommentar, 1528[5];

20 (oder 21?) Erwähnungen oder Beurteilungen der Apk
als ganzer[6];

---

1. DB 7,404 und 406/420 bzw. 407/421.

2. DB 7,431/475.

3. DB 4,500-505. Bei einer muß die Stellenangabe korrigiert werden: DB 4,505,12 muß es am Rand statt "Off.
   16,9" richtig "Off. 16,10f" heißen. Bei der folgenden
   (Z. 13) ist nicht klar, worauf sie sich bezieht. Sie
   scheint mir besser statt zu 16,11 zu V. 13 (Frösche
   = papistische Schreiberlinge, die sich lächerlich machen) oder zu V. 15 (die Schande wird sichtbar) zu
   passen. Aber die Andeutung ist überhaupt zu knapp.

4. DB 7,483/523: die 21 Illustrationen zum sog. Septembertestament von 1522 (über ihre Urheberschaft vgl.
   u. S. 315ff). Die 7 Ersatz- und Ergänzungsbilder von
   1530 fehlen in der WA; sie sind z.B. bei Schramm,
   Illustration, Tafel 115-117 und 124, abgebildet. Zur
   weiteren Geschichte der Apk-Illustrationen in lutherischen (und katholischen) Bibeln s.u. S. 323ff und
   501ff.

5. 26(121)123f.

6. Zusammengestellt u. S. 248ff, 299ff, 329ff und 569ff,
   dazu S. 554 (über Lautensacks Apk-Deutung) und S. 507f
   (über die Verse von Ämilius); eine vereinzelte Bemerkung von 1509 ist S. 26f erwähnt. Den Satz aus einem
   Brief Luthers an Justus Jonas vom 12.2.1538: "... nisi fortasse reservata est gloria istius Apocalypsis
   enarrandae Luthero cum additionibus dignis", Br 8,198,
   22f = Enders 11,332,30, vermag ich nicht sicher zu

2 (oder 3?) <u>ausführliche Auslegungen,</u> und zwar von
Apk 8,2.6.13; 9,1-11; 1521 (und 1519?) und von Apk
14,13; 1530[7];
3 Predigten über die Michaelis-Perikope Apk 12,7ff;
1534, 1537 und 1544[8]
und
1 <u>Lied</u> über Apk 12,1-6; wahrscheinlich kurz vor 1535[9].
Es läßt sich daraus also nichts über den jungen Luther,
der seit einiger Zeit im Brennpunkt des Interesses
steht, entnehmen, und gerade das muß doch ein Hauptan-
liegen dieser Arbeit sein. Denn bereits aus der auf-
fälligen Tatsache, daß Luther seine knappe und ablehnende Apk-Vorrede von 1522 acht Jahre später durch eine ausführliche und differenzierende ersetzt hat, ist
ohne weiteres darauf zu schließen, daß zumindest in
diesem Zeitraum sich eine Wandlung in Luthers Einstellung zum letzten Buch der Bibel vollzogen haben muß.
Wollen wir also auch die Vorgeschichte noch in den
Blick bekommen, müssen wir die Quellenbasis verbreitern

---

deuten. Man könnte den Satz so verstehen, daß Luther
1538 die Absicht gehabt habe, im Rahmen seiner Streit-
schriftenserie gegen Albrecht von Mainz eine neue, polemische Auslegung der Johannes-Offenbarung herauszubrin-·
gen. Das wäre eine nicht unwichtige Nachricht. Aus dem
Zusammenhang könnte man jedoch auch entnehmen, daß Luther vorgehabt habe, Dokumente, die für Albrecht be-
lastend wären, zu veröffentlichen und zu glossieren.
Man spricht ja heute in solchen Fällen gern von 'Ent-
hüllungen'. Leider nimmt die Anfang 1539 erschienene
Schrift 'Wider den Bischof zu Magdeburg, Albrecht Kardinal', 50(386)395-431, weder auf die Apk noch auf das
kaiserliche Inhibitorium, von dem im Kontext des frag-
lichen Satzes die Rede ist, Bezug. Daraus läßt sich also kein Kriterium entnehmen. Luther scheint freilich
"Apocalypsis" groß geschrieben zu haben, was eher auf
das Buch als auf einen übertragenen Gebrauch des Wortes hindeutete.

7. 7,736,35-739,33: in der Schrift gegen Ambrosius
   Catharinus, 1521; 4,552,7-27: in der Richter-Vor-
   lesung (über Autorschaft und Datierung s.u. S.
   207ff); 30 II,375,21-378,7: im 'Widerruf vom Fegefeuer', 1530.
8. 37,539-544; 45,142-144; 49,570/587.
9. 35,462f; über die historische und literarische
   Problematik dieser Dichtung s.u. S. 594ff.

und auf die über das gesamte Werk des Reformators verstreuten Zitate aus der Apk und die beiläufigen Anspielungen auf verschiedene Ausdrücke aus ihr zurückgreifen. Daraus läßt sich zwar kein geschlossenes Bild von
seiner Interpretation dieses Buches gewinnen, da meist
nur einzelne Sätze aus dem Zusammenhang genommen und
anderswo eingebaut werden; aber es ergibt sich zumindest so viel, daß der Hintergrund deutlich werden kann,
vor dem die markanten direkten Behauptungen erst richtig gewertet werden können.

Leider läßt aber ein zuverlässiges Gesamtregister
der Bibelzitate in Luthers Werken wohl noch länger auf
sich warten. So muß man eben vorläufig noch auf anderen
Wegen die Apk-Stellen zusammentragen[10]. Meine Ermittlungen haben folgendes ergeben:

---

10. Einige wenige WA-Bände haben eigene Bibelstellenregister, nämlich Bd. 56 und die drei Teile von Bd.
57. In den übrigen Bänden sind die Bibelstellen jeweils am Rande der entsprechenden Zeile angegeben.
Bei den Briefbänden stehen die Stellen verstreut unter den Anmerkungen. Für die Schriften-Bände 1-9 hat
Lennart Pinomaa/Helsinki Register der darin angegebenen Bibelstellen anfertigen lassen; diese liegen
jedoch nur hektographiert vor. Dankenswerterweise
hat er mir einen Abzug davon zukommen lassen. Außerdem befindet sich im 'Institut für Spätmittelalter
und Reformation an der Universität Tübingen' ein von
Georg Buchwald zusammengestellter handschriftlicher
Zettelkasten, der Bibelstellen zu den Schriften-,
Tischreden- und älteren Bibelbänden, jedoch nicht zu
den Briefbänden enthält. Daraus habe ich freundlicher-
weise eine Kopie der Apk-Karten erhalten. Den Rest
der Stellen muß man selbst zusammensuchen. Vor allem
aber sind die Nachweise von Bibelstellen in der WA,
insbesondere in den älteren Bänden, anerkanntermaßen
ziemlich lückenhaft, vgl. z.B. die Desideratenliste
für die Frühzeit bei Meißinger, Exegese, S. 25f. Die
neuesten Bände, gerade auch die ersten vier Lieferungen von Bd. 55 I 1 und 55 II 1 sind dagegen sehr
gründlich bearbeitet. Ein Teil der älteren Bände (30
II, 30 III, 32, 33, 41, 48 und alle Briefbände in Br
13) haben inzwischen Revisionsnachträge erhalten,
durch die die Lücken unter den Nachweisen geschlossen worden sind. Das soeben erwähnte Buchwaldsche Register enthält über die Randverweise der WA hinaus
noch eine Reihe weiterer Stellenangaben, die jedoch
nicht alle brauchbar sind (s. in den Tabellen). Auf
weitere Anspielungen stößt man in den Zitaten und
Quellenangaben der einschlägigen Sekundärliteratur.

531 <u>sicher</u> oder sehr wahrscheinlich von Luther selbst
stammende <u>deutliche Bezugnahmen</u> auf Apk-Stellen[11];
83 Formulierungen, die <u>nur bedingt</u> oder auch <u>gar nicht</u>
als <u>Zeugnisse</u> für Luthers Apk-Verständnis in Frage
kommen, entweder, weil nicht recht klar wird, <u>welchen</u>
<u>Vers innerhalb der Apk</u> Luther wohl im Auge gehabt ha-
ben mag (5 Stellen)[12];

(Forts. des Textes auf S. 13)

Außerdem habe ich die bekanntesten Schriften Luthers
ganz gelesen und besonders die antirömische Polemik
nach bestimmten Schlagwörtern durchgesehen, wie z.B.
'Satanssynagoge' aus Apk 2,9 (3,9) (15mal in der WA,
einschließlich der Revisionsnachträge, angegeben,
darunter zwei zu schwache Stellen, vgl. Tabelle 4a,
aber 26mal nachgetragen!); 'des Satans Stuhl' aus
Apk 2,13 (nirgendwo in der WA angegeben, 7mal nachgetragen) und 'babylonische Hure' aus Apk 17 f (78mal
angegeben, 11mal ergänzt). Dabei hat sich möglicherweise eine gewisse Ungleichheit ergeben in der Hinsicht, daß die frühen Schriften von mir gründlicher
durchsucht worden sind als die späteren. Das spielt
aber insofern eine geringere Rolle, als aus der Spätzeit ja umso mehr klare und ausführliche Zeugnisse
vorhanden sind.

11. Doppelüberlieferungen sind nach Möglichkeit nicht mitgezählt worden. Den in der WA richtig angegebenen 407
Stellen sind noch mindestens 91 weitere Nachweise hinzuzufügen, s. Tabelle 1. - Außerdem bedürfen die Angaben der WA in 32 (bzw. 33) Fällen der Korrektur oder
Ergänzung, s. Tabelle 2.

12. 29,290,12f heißt es in der Aufzeichnung über eine Oster-
predigt durch Rörer: "Sic papa, qui etiam addit suum
sigillum ut in Apocalypsi und helt Christum pro mortuo,
quia quamquam non libenter, ut angelus..." Dazu ist am
Rand "Off. Joh. 16,5" angemerkt. Dieselben Angaben haben auch BoA 7,141,33 und Mülhaupt, Evangelien-Ausle-
gung 5,366. In diesem Vers ist aber von einem Siegel
nicht die Rede, er läßt sich auch kaum auf den Papst
beziehen. Mir ist deshalb nicht klar, warum in den genannten Ausgaben darauf hingewiesen wird. Die anderen
Apk-Stellen, an denen vom Versiegeln die Rede ist, passen auch nicht zum Papst. Vielleicht weist die Überlieferung in der Nürnberger Nachschrift auf die richtige Spur. Darin heißt es an der entsprechenden Stelle
(29,290,25ff): "Hoc est devolvere lapidem a monumento,
quem papa suis characteribus et tyrannide advolvit et
signavit." Das Ausdruck 'characteribus' deutet auf Apk
13,16, das Malzeichen des Tieres, von dem Luther öfter
in antipäpstlichem Sinne spricht (s.u. S. 340ff). Aber
auch dann ist nicht ganz klar, wie sich Luther den Zusammenhang gedacht hat.
        Ob zu 45,319,2 bei der Nachschrift Rörers wirklich

auch "Off. 12,3" anzumerken gewesen wäre, wie es zu Z.
35 beim Druck durchaus zutreffend ist, scheint fraglich.
Buchwald, Predigten, S. 233, hat bei der Bearbeitung
der Rörerschen Handschrift durch Aurifaber Apk 13,1 angegeben. Auffällig wäre es jedenfalls, wenn Luther tatsächlich den Drachen von Kap. 12 mit dem Papst identifiziert hätte, da dieser dort ja selbst ausdrücklich
mit dem Satan gleichgesetzt wird (12,9). Eher kommt das
Tier von Kap. 13 in Frage, das Luther öfter mit dem
Papst in Verbindung bringt und das ebenso 7 Häup-
ter hat, wenn auch bei diesem Ungeheuer der Schwanz
nicht eigens genannt wird.

TR 3,321,26 ist zwar ausdrücklich die Apk erwähnt,
aber keine Stelle dazu am Rand vermerkt, wohl weil
die Entscheidung, was Luther gemeint haben könnte,
in Anbetracht der sehr bruchstückhaften Überlieferung
der Tischrede nicht leicht fällt. Ohne nähere Erklärung heißt es da: "Es ist nhu in Apocalypsi kommen
biß auff das weisse pferd." Ein weißes Pferd wird in
der Apk zweimal erwähnt: 6,2 in Zusammenhang mit dem
ersten apokalyptischen Reiter und 19,11 in Verbindung
mit dem personifizierten Wort Gottes. Wenn man nun davon ausgeht, daß Luther z.Z. dieser Tischrede (Aurifaber bietet in seiner deutschen Fassung die Jahreszahl
1536: TR 3,322,2) seine in der Vorrede von 1530 ver-
tretene, bis in die eigene Gegenwart hinein ausgezo-
gene kirchengeschichtliche Deutung der Apk im Kopf
gehabt hat, dann kommt eigentlich nur 19,11 in Frage.
Denn in diesem Deutungszusammenhang bezieht sich 6,2
auf Verfolgungen durch Tyrannen, eine zeitlose, immer
wiederkehrende Erscheinung, die sich im Geschichtsab-
lauf nicht fixieren läßt (vgl. DB 7,410,9f.14ff), während Luther ab Kap. 14 seine eigene Gegenwart angedeutet findet, in Kap. 19 speziell den Übergang vom
Streitschriftenwechsel zur Drohung mit Waffengewalt,
wie sie ja damals fast dauernd über den protestieren-
den Ständen schwebte (DB 7,416,22ff).

Trifft diese Vermutung zu, dann ist zu überlegen,
ob nicht auch zu TR 1,40,17 statt, wie angegeben,
"Off. 6,2" richtiger 19,11 zu vermerken wäre. Hier
ist freilich die Aussage noch undeutlicher: "Utinam
Angelus in albo equo in Apocalypsi non sit corpora-
le bellum! Valde enim id metuo." Apk 6,2 kann man nach
Luthers Vorrede von 1530 zwar auch als 'leiblichen
Krieg' verstehen, aber so, als gehe Luther
hier davon aus, daß man die in naher Zukunft drohen-
den Ereignisse an der Apk ablesen könne, und nachdem
schon alles bis Apk 18 erfüllt sei, müsse jetzt das
in Kap. 19 Geweissagte eintreffen. Demnach komme es
eben nur noch darauf an, wie dieses Kapitel konkret
zu deuten sei. Bedeute es Krieg, dann sei also ernsthaft für die nächste Zeit ein Waffengang zu befürchten.

TR 1,480,26f bzw. 35ff (Nr 950, Dietrich und Medler bzw. Aurifaber), entsprechend 48,692,17 (Nr 7125,
Cod. Besoldi) heißt es, man lese in der Apk, der Löwe
habe nicht geschadet, sondern der Drache. Aus dem Zusammenhang geht hervor, daß mit dem Drachen wohl der

oder weil Luther dabei möglicherweise nicht an einen
Satz aus der Apk, sondern an eine ähnliche Stelle aus
einem <u>anderen Bibelbuch</u> gedacht hat (23 Stellen)[13];
oder weil nur eine geringere oder auch gar keine Wahrscheinlichkeit besteht, daß Luther dabei <u>überhaupt eine Apk-Stelle assoziiert</u> haben mag (32 Stellen)[14];
oder weil die <u>Überlieferung zu unsicher</u> ist (23 Stellen)[15].

56 Bezugnahmen und 1 Bemerkung über die Apk im allgemeinen sind zwar in der WA angegeben, stammen aber
<u>nicht von Luther selbst</u>, sondern von Freunden oder Geg-

---

Satan gemeint sein muß, der durch seine Sekten
großen Schaden anrichte. Damit könnte man Apk
12,4 in Verbindung bringen, wo der Drache einen
Teil der Sterne (= wahren Christen) vom Himmel
(= aus der Kirche) reißt. Welche Stelle Luther jedoch mit der Erwähnung des Löwen im Auge hat, ist
nicht ganz klar. 5,5 kann nicht gemeint sein; denn
in unserem Zusammenhang steht der Löwe offensichtlich für den Papst, nicht für Christus. Sonst ist
von Löwen nur noch in Vergleichen die Rede. 9,17
paßt wohl auch nicht, eher schon 10,3, eine Stelle,
auf die Luther ab 1530 öfter nur undeutlich anspielt
(s. Tabelle 2 und u. S. 425), und eventuell 13,2, wie
in WA angegeben. Eine endgültige Entscheidung ist
hier nicht möglich. 42,575,17-20 (ohne Hinweis auf
die Apk) bedeutet der Drache die Türken, der Löwe
den Papst; TR 5,460,4-15 ist beides der Papst; die
Parallelisierung der beiden Bestien wird hier auf
Augustin (Enarratio in Ps 69[70],2; MPL 36,867 =
CChr 39, S. 931, § 2, Z. 31ff) zurückgeführt, wo
der Löwe die Verfolgung durch Gewalt, der Drache
die durch Verführung, beidemale vom Satan ausgehend,
bedeutet. Löwe und Drache werden zusammen außerdem,
aber noch knapper, erwähnt Br 9,345,32f, dort in
ausdrücklichem Gegensatz zu Christus, dem 'Löwen aus
Juda' (Apk 5,5), und Br 7,83,19: an Rühel, 29.6.1534.

13. s. Tabelle 3.

14. s. Tabelle 4.

15. Ein großer Teil der Apk-Zitate steht in Werken, für
    deren endgültige Formulierung und Abrundung nicht Lu-
    ther selbst, sondern verschiedene Herausgeber verant-
    wortlich zu machen sind; insbesondere trifft dies auf
    gedruckte Predigten und Kommentare zu. Jedoch werden
    solche Zitate von mir als echtes Luthergut in Anspruch
    genommen, soweit nicht die Quellenlage oder der Inhalt
    der entsprechenden Abschnitte zu ernsthaften Zweifeln
    an ihrer Echtheit Anlaß gibt. Diese Ausnahmefälle sind
    in Tabelle 5 zusammengestellt.

nern. Sie sind aber zum großen Teil deshalb sehr wichtig und aufschlußreich, weil meist feststeht, daß Luther
sie sicher gekannt hat, und so Einflüsse erschlossen
und Kontraste deutlich gemacht werden können[16].

Damit ist der Übergang gegeben zu dem weiten Feld
der sekundären Quellen, die zum Vergleich mit Luthers
Apk-Deutung herangezogen werden können und aus denen
in dieser Arbeit eine notwendigerweise kleine und in
gewisser Weise auch willkürliche Auswahl getroffen worden ist. Verwendet werden vor allem natürlich die Apk-
Kommentare, und zwar von der Zeit der Kirchenväter bis
ca. 1600, daneben andere exegetische, dogmatische, polemische und liturgische Texte, die Apk-Zitate enthalten. Sie können hier nicht im einzelnen aufgezählt werden, sondern sind jeweils bei der entsprechenden Äußerung Luthers aufgeführt[17]. In einigen Kapiteln werden auch Überblicke über die Vertreter der Traditionen gegeben, die Luther zu verschiedenen Zeiten beeinflußt haben oder die er selbst angeregt hat[18].

b) Sichtung des Materials

Meißinger hat bereits 1911 folgende Anregung gegeben: "Wer Jahre des Fleißes an eine Monographie
über das Bibelzitat bei Luther wenden würde, würde
sich an dem Genius des Reformators nicht versündigen."
Er würde "außerdem für die Forschung eine Fülle wert-
vollsten Neugutes zutage fördern.

Lehrreich wäre schon eine rein numerische Zusammenstellung über die Benutzung der verschiedenen bibli-

---

16. Das beste Beispiel dafür ist die Auseinandersetzung
    Luthers mit Eck auf der Leipziger Disputation von 1519,
    s.u. S. 175ff.
17. s. aber das Literaturverzeichnis, Teil b und c.
18. z.B. Kap. 2, I: erste Begegnung mit der Tradition;
    Kap. 14 (S. 118 und 122): Übernahme hussitischer Vor-
    stellungen; Kap. 21,II,b und 26,VIf: Traditions- und
    Wirkungsgeschichte der beiden Apk-Vorreden; Kap. 22,
    I, b und 26, VII, c: Schicksale der Illustrationen;
    Kap. 16, II, b, 2f: Tradition zur antipäpstlichen
    Verwendung von Apk 17 f und 2,9; Kap. 23, I (S.
    341): zu der von 13,16f.

schen Bücher." "Diese rein statistischen Erhebungen
ließen sich nach allen möglichen Richtungen durchfüh-
ren. Man könnte Zeitkurven für die einzelnen Bücher
herstellen usw.

Zu noch wichtigeren Ergebnissen würde man gelangen,
wenn man häufig vorkommende Stellen einzeln verfolgte."[19]

Diese Aufgabe wollen wir nun für das letzte Bibelbuch exemplarisch in Angriff zu nehmen versuchen.

1. Relative Häufigkeit der Apk-Zitate insgesamt

Beim Sammeln der Zitate erkennt man sogleich:
Luther zitiert die Apk nicht zu jeder Zeit gleich häufig. Vielmehr lassen sich bei einem Überblick über die
Zahl der Apk-Stellen pro Jahr deutliche Unterschiede
erkennen. Ebensowenig zieht er immer wieder die gleichen Abschnitte innerhalb des letzten Bibelbuches heran. Ein Blick auf die Statistiken[20] zeigt, daß er zu
bestimmten Zeiten bestimmte Stellen bevorzugt, während
er zu anderen Zeiten diese nicht mehr verwendet, aber
dafür neue Zitate für sich entdeckt. Die alten können
aber u.U. wiederkommen. Manche erhalten auch im Laufe der Zeit eine andere Bedeutung.

Diese Erscheinung verstärkt den Eindruck, den wir
bereits bei der Feststellung des Unterschieds zwischen
den beiden Vorreden gewonnen haben, nämlich daß Luthers
Verhältnis zur Apk im Laufe seines Lebens eine deutliche
Entwicklung durchgemacht hat.

Im einzelnen sind folgende Beobachtungen zu machen:
Die Zahl der Apk-Zitate pro Jahr schwankt zwischen 2
und 38. Besondere Höhepunkte sind 1515 mit 35, 1521
mit 38, 1530 mit 26, etwas weniger bedeutend 1535 mit
21, 1538 mit 22 und 1541 mit 23 sicheren Zitaten. Auffallende Tiefpunkte sind 1517 mit 6, 1523-1529 mit
durchschnittlich 8, 1534 und 1536 mit je 8 und 1543

---

19. Meißinger, Exegese, S. 29f.
20. s. Tabellen 6-10.

mit nur zwei eindeutigen Zitaten im ganzen Jahr[21].

Diese starken Schwankungen könnten natürlich auch
zufällig sein oder sich proportional zu dem wechselnden Umfang der erhaltenen Schriften und zur Gesamtzahl
der darin enthaltenen Bibelstellen verhalten. Um sicher
sein zu können, müßten wir eine zuverlässige Aufstellung
über sämtliche in den einzelnen Jahren zitierten Bibelstellen zur Verfügung haben. Da eine solche fehlt[22],
müssen wir uns auch in diesem Fall mit anderen Mitteln
behelfen. Das Register, das Pinomaa hat zusammenstellen lassen[23], reicht zwar nur bis 1522 und ist nicht
nach Jahren, sondern nach WA-Bänden geordnet, es zeigt
aber immerhin zusammen mit den Registern zu WA 56 und
57 für diese Zeit eine zu den absoluten Zahlen parallele Schwankung der Prozentzahlen für die Apk-Zitate im
Verhältnis zur Gesamtzahl der Bibelzitate von 1,0 in
der 1. Ps-Vorlesung über 0,0 in der Gal-Vorlesung von
1516/17 bis 1,7 in den Schriften der Jahre 1520/21[24].
Für die spätere Zeit steht dagegen nur die Statistik
von Bluhm zur Verfügung, die ausschließlich auf den
deutschen Schriften Luthers basiert[25]. Da aber der
überwiegende Teil der Zitate aus der Apk in Vorlesungen, lateinischen Streitschriften, Briefen, Tisch-
reden- und Predigtnachschriften steht[26], kann sie lei-

---

21. s. Tabelle 6.
22. Das in Anm. 10 erwähnte, von Buchwald zusammenge-
    stellte Register ist dafür ungeeignet, da auf den
    einzelnen Karteikarten verschieden viele WA-Stellen
    zu den ·jeweiligen Apk-Versen notiert sind. Bemerkt
    sei außerdem noch, daß die auf den ersten vier Bän-
    den der BoA basierende kleine Zitatenstatistik bei
    Ebeling, Evangelienauslegung, S. 39, Anm. 88, für
    unsere Zwecke unbrauchbar ist, da sie die Apk nicht
    eigens aufführt.
23. s. Anm. 10.
24. s. Tabelle 7.
25. Bluhm, Quotations, S. 107-113; Auswertung s. Tabel-
    le 8.
26. 1. Ps-Vorl.: 75 (bzw. 78), Röm-Vorl.: 16 (18), Hebr-
    Vorl.: 9, 2. Ps-Vorl.: 18, Gen-Vorl.: 24 (26); Leip-
    ziger Disputation: 9, Schrift gegen Catharinus, 1521:

der für unsere Zwecke nicht als repräsentativ gelten.
Sie zeigt jedoch ganz deutlich, daß mit dem Umfang der
deutschen Schriften auch die Zahl der darin enthaltenen
Anspielungen auf die Bibel zwischen 1517 und 1545 außerordentlich stark schwankt, nämlich von 18 im Jahre 1536
bis 4178 im Jahre 1522, während die Zahl der Apk-Zitate selten über 5 pro Jahr hinausgeht. Diese Tatsache
läßt Vorsicht gegenüber den absoluten Zahlen der Apk-
Stellen angeraten sein. Setzt man sie jedoch in Relation zu den jeweiligen Gesamtzahlen, so werden die für
1521, 1530 und 1541 ermittelten und auch für die deutschen Schriften geltenden absoluten Höhepunkte wenigstens insofern bestätigt, als sie über dem Durchschnitt
von 0,56% der Bibelzitate liegen, während 1535 und 1538
bei den deutschen Schriften mit nur je einem Zitat keine
Höhepunkte vorliegen. Die übrigen Stellen dieser Jahre
stehen jeweils in lateinischen Schriften oder in Nachschriften, die 20 von 1535 vor allem in Predigtnachschriften, insbesondere über Ps 110, und die 21 von 1538
hauptsächlich in Lauterbachs 'Tagebuch auf das Jahr
1538'[27]. Die Tiefpunkte der 20er Jahre werden inso-
weit bestätigt, als nur 1526 und 1529 knapp über den
Durchschnitt hinauskommen, während die übrigen Jahre
deutlich darunter bleiben. Die 2 Apk-Zitate des Jahres
1536 sind für die 30er Jahre absolut gesehen durchschnittlich, im Verhältnis zu den insgesamt nur 18 deutschen
Bibelzitaten jedoch ungewöhnlich viel. Das dürfte eher
ein Zufall sein. Jedenfalls scheint aber die geringe

---

14 und 1 Auslegung, 'Exemplum theologiae papisticae',
1531: 5, und in kleinerer Anzahl in vielen anderen
Schriften; in den Briefen zusammen: 39 (44); wegen
der Tischreden vgl. die folgende Anm. Von den insgesamt 531 (614) Apk-Zitaten, die ich ermittelt habe,
sind nur 92 bei Bluhm berücksichtigt, vgl. Tabelle 8
und Bluhm, Quotations, S. 107.

27. Die Spitze von 1535 geht vor allem auf den besonders
genauen RN zu WA 41 zurück, in dem 9 sichere und 9
unsichere Stellen zusätzlich nachgewiesen sind. Sie
ist also weniger signifikant. Anders dagegen 1538.
Die besonderen Beobachtungen an den Apk-Zitaten in
den Tagebüchern Lauterbachs um 1538 werden u. S. 392f
mitgeteilt.

Anzahl aller verschiedenen Apk-Zitate insgesamt in
diesem Jahr nicht auf eine besondere Absicht Luthers,
sondern auf den geringen Umfang seiner Schriften zurückgehen. Ähnlich steht es beim Jahr 1534, in dem
2 von 91 deutschen Zitaten aus der Apk stammen. Hier
wird die geringe Gesamtzahl der Apk-Zitate außerdem
noch durch das Lied und die Predigt aus demselben
Jahr ausgeglichen. Anders liegen die Verhältnisse
dagegen bei 1543. Hierfür weist die Bluhmsche Statistik mit 940 die höchste Gesamtzahl von Zitaten innerhalb der 30er und 40er Jahre auf, während sich in den
deutschen Schriften dieses Jahres überhaupt kein Apk-
Zitat findet. Diese auffällige Erscheinung läßt sich
folgendermaßen erklären: 1543 ist das Jahr der anti-
jüdischen Schriften[28]. Das macht sich dahingehend bemerkbar, daß Luther überwiegend alttestamentliche Beweisstellen heranzieht, wie auch die Statistik deutlich ausweist[29]. Die Apk scheint dann aber außerdem
noch unter den neutestamentlichen Büchern besonders
ungeeignet für die Argumentation gegenüber Juden gewesen zu sein.

Als Ergebnis kann also für die Häufigkeit von Zitaten aus der Apk insgesamt festgehalten werden: Mar-
kante Spitzen mit sicherem Aussagewert sind 1515,
1521, 1530, 1538 (nur für die Tischreden) und 1541
als Höhepunkte, und 1517, 1524-28 (ausgenommen 1526)
und 1543 als Tiefpunkte.

2. Schwankungen bei den Einzelstellen

Gehen wir nun dazu über, festzustellen, welche
Abschnitte und Einzelverse innerhalb der Apk Luther
zu bestimmten Zeiten bevorzugt und welche er vernach-

---

28. 'Von den Juden und ihren Lügen', 53,417-552; 'Vom
    Schem Hamphoras', 53,579-648, und 'Von den letzten
    Worten Davids', 54,28-100.
29. Für 1543 sind bei Bluhm mehr als doppelt so viele
    Zitate aus dem AT als aus dem NT nachgewiesen (639
    gegenüber 301), s. Tabelle 8.

lässigt[30]. Hier ist zunächst festzuhalten, daß er
ganze Perikopen fast nie zitiert, nämlich Kap. 4; 6-
8; 9,13-21; 11; 14,14-20 und Kap. 15. Nur die zweite
Vorrede, die dazugehörigen gedruckten Glossen und
die handschriftlichen Randbemerkungen von 1530 sind
diesen Abschnitten, und gerade ihnen gewidmet. Mit
dieser Besonderheit und ihrer Bedeutung werden wir
uns an der entsprechenden Stelle eingehend befassen
müssen.

Andererseits gibt es Apk-Verse, die über das gesamte Lebenswerk Luthers verstreut immer wieder einmal vorkommen, meist vereinzelt, zwischendurch vielleicht auch etwas häufiger. Dazu gehören 3,19 (Züchtigung); 3,20 (Anklopfen und Mahl); 5,5 (Löwe aus
Juda); 5,10 (allgemeines Priestertum)[31]; 12,9 (alte
Schlange); 12,10 (Ankläger) und 14,13 (Sterben und
Werke)[32]. Es handelt sich dabei um Stellen, die längst
in den Zitatenschatz der Kirche eingegangen sind, so
daß ihre Erwähnung natürlich nicht als für Luther besonders typisch gelten kann. Ihre Interpretation
durch den Reformator weicht jedoch, wie sich noch zeigen wird, z.T. erheblich von der traditionellen ab.

Bestimmte Zitate tauchen nur für kurze Zeit mehrfach auf, um dann wieder zu verschwinden. Dazu gehören etwa: 1,7b (Wunden Christi): nur dreimal in den
Passionssermonen vom 2. April 1518; 1,9 (Patmos):
dreimal in der Wartburgzeit 1521; 2,17 (Manna und
neuer Name): nur viermal in der 'mystischen' Phase
1516-18; 5,3.13 (Unterwelt): nur viermal in der Leipziger Disputation von 1519, veranlaßt durch den Kontrahenten Eck, und 10,7 (11,15) (Engel mit der 7. Posaune): nur viermal 1533 in der Auseinandersetzung
mit Michael Stifel.

Diese Stellen sind natürlich weniger bedeutsam

---

30. s. Tabelle 9.
31. 1519-1523 etwas hervortretend.
32. 1530 etwas hervortretend durch eine längere Rand-
    bemerkung und eine Auslegung.

als die nun folgende Gruppe, nämlich solche Abschnitte und Verse, die zu einem bestimmten Zeitpunkt erstmalig auftreten, dann häufiger zitiert werden, so daß
sie deutlich eine gewisse Beliebtheit bei Luther gewinnen, aber nach einiger Zeit wieder aus dem Zitatenschatz Luthers ausscheiden, um entweder für immer verschwunden zu bleiben oder zu einem späteren Zeitpunkt
erneut in Erscheinung zu treten. Sie kommen daher vorzugsweise als 'Leitfossile' zur Auffindung möglicher
Perioden in Luthers Auslegung der Apk in Frage. Hier
sind in erster Linie zwei Komplexe zu nennen, die
sich deutlich gegenseitig ablösen, nämlich 3,15-18
(7. Sendschreiben, Polemik gegen Lauheit), dazu 22,
11b (Gerechtmachung) und 21,27 (Unreinheit), und als
Gegenstück die Schlagwörter aus 2,9 (= 3,9): 'Satanssynagoge'[33] und aus Kap. 17 f: 'Hure Babylon'[34]. 3,15-
18 erscheint erstmalig 1514, hat 1515 seinen Höhepunkt
erreicht, wird dann bis 1519 noch einigemale zitiert,
um von da ab bis 1530 aus Luthers Werken zu verschwinden. In den 30er Jahren kommt es schließlich noch vereinzelt vor. 22,11b kommt ebenfalls 1514 erstmalig vor,
aber etwas später, wird gleichzeitig 1515 am häufigsten
zitiert, bis 1520 etwas seltener und dann bis 1537
anscheinend nie mehr. Ganz zum Schluß von Luthers Lebenswerk finden wir es noch zweimal. Die Zeit für 21,
27 beginnt (abgesehen von einer einmaligen Erwähnung
1513) im Jahre 1516, die meisten Anspielungen stammen
von 1518, dann noch zwei aus der Zeit bis 1520, und
auch diese Stelle findet erst wieder in den 30er Jahren vereinzelt Beachtung. Anders dagegen bei 2,9. Nach
einigen Verwendungen in der 1. Ps-Vorlesung verliert
sich das Schlagwort und tritt erst 1519, aber in veränderter Bedeutung, wieder in Erscheinung, um 1521 einen absoluten Höhepunkt zu erreichen. Im folgenden
Jahr schon fehlt es dagegen ganz, ist in den 20er Jah-

---

33. Parallel dazu, aber zahlenmäßig weniger ausgeprägt,
    verläuft die Entwicklung bei 2,13 (Sitz Satans).
34. s. Tabelle 10.

ren nur noch dreimal sicher nachzuweisen und kommt von
1530 bis 1546 schließlich mit wechselnder Häufigkeit
vor, wobei 1541 etwas hervortritt. Ähnlich steht es
mit Kap. 17 f. 17,4 wird nur einmal beiläufig 1514 in
der 1. Ps-Vorlesung gestreift; das Bild der 'roten
Hure' wird eigentlich erst 1519 von Luther so richtig
entdeckt und ein Jahr später als 2,9 besonders häufig
herangezogen. Während in den 20er Jahren es nur selten
vorkommt, steigert sich seine Beliebtheit in den 30er
Jahren wieder, um 1541 einen neuen Höhepunkt zu erreichen. Eine eigene Geschichte haben dabei die Verse 17,
16 (Beraubung Babylons), 18,4 (Ausziehen aus Babylon!)
und 18,6 (Rache an Babylon). Sie kommen erst später richtig zur Geltung. Stellt man nun die schwankende Zahl von
Zitaten der beiden Gruppen jeweils in Form von Summenkurven graphisch dar und legt diese übereinander[35], so zeigt
sich deutlich eine zeitliche Verschiebung der beiden Kurven gegeneinander. Während die erste Kurve (3,15-18;
22,11b und 21,27) ihren absoluten Höhepunkt 1515 und einen Nebengipfel 1518 aufweist, um nach 1520 auf den
Nullpunkt zu sinken, wo sie den Rest der 20er Jahre
bleibt, und sich dann nur noch vereinzelt darüber erhebt, beginnt die zweite Kurve (2,9; 17f) nach einem kurzen Vorspiel 1514/15 erst 1519, erreicht 1521/22 ihren
Hauptgipfel, zur gleichen Zeit, in der die erste Kurve
an der Talsohle angekommen ist, sinkt dann aber ebenfalls sehr schnell ab, um in der zweiten Hälfte der
20er Jahre zum Nullpunkt zu gelangen, von dem sie sich
jedoch bereits 1530 wieder deutlich erhebt, bis sie
schließlich nach einigen Schwankungen 1541 noch einmal
dieselbe Höhe erreicht wie 1521, allerdings nur, um im
folgenden Jahr bereits wieder zu einem absoluten Tiefpunkt herabzusinken, von dem sie nur noch um 1545 etwas
ansteigt. Da sich die beiden Kurven 1519/20 nur um ein
Jahr überschneiden und die erste Kurve zur gleichen Zeit

---

35. s. Tabelle 10 c.

absinkt, in der die andere sich erhebt[36], ist zu vermuten, daß diese beiden Bewegungen einen gemeinsamen Grund
haben und daß um 1519 ein Ereignis liegen muß, das Luther
veranlaßt hat, die erste Gruppe zurückzustellen und die
zweite neu in seinen Zitatenschatz aufzunehmen.

Für eine mögliche Periodisierung ergeben sich daraus
folgende Hinweise: 1515 dürfte die Mitte einer ersten
Epoche sein, vielleicht 1518 die einer zweiten, 1519
müßte dann einen deutlichen Einschnitt und den Anfang
einer neuen Epoche bringen, die jedoch bereits 1523
zu Ende wäre. Erst 1530 zeigen sich dann wieder Zitate, die für die ersten beiden Epochen typisch waren, insbesondere aus der zweiten Gruppe. Das deutet
auf eine Neuaufnahme beider früheren Schwerpunkte und
damit auf eine weitere Epoche hin, die sich – mit einer kurzen Unterbrechung um 1543 – bis zu Luthers Tod
hinziehen würde.

Weitere Hinweise erbringen sodann die Beobachtungen
an Apk-Abschnitten, die nur in _einem_ abgegrenzten Zeitraum häufiger vorkommen und deshalb als typisch für eine einzelne Periode angesehen werden können. 17,15
(Wasser = Völker); 21,12.14 (12 Tore und Fundamente)
und weniger ausgeprägt 21,5 (Neuschöpfung) sind z.B.
Stellen, die nur in der 1. Ps-Vorlesung mehrfach vorkommen. Die Abschnitte 9,1-11 (Heuschrecken) zusammen
mit Kap. 16 (Schalenvision) sind (abgesehen von der Arbeit am NT 1530) nur in der Zeit von 1517 bzw. 1519
bis 1521 von Bedeutung, mit einem Höhepunkt in der längeren Auslegung von 9,1-11 in der Schrift gegen Ambrosius Catharinus von 1521. Das Schlagwort 13,16f (Malzeichen) spielt nur zwischen 1521 und 1523 eine Rolle.
20,7-9 (Gog und Magog) treten Herbst 1529 bis 1533 besonders hervor. 14,4 (Jungfräulichkeit) beschäftigt
den Reformator speziell nur 1530/31 (und 1539). 17,14

---

36. Auffällig ist auch, daß in demselben Jahr 1520, in
    dem die zweite Vershälfte von 22,11 vorläufig das
    letzte Mal zitiert wird, gleichzeitig die erste Hälf-
    te (Wer böse ist...) zum ersten Mal vorkommt. Sie
    steht in Zusammenhang mit der zweiten Gruppe.

(= 19,16) (König der Könige) beachtet Luther erst ab
1530 hin und wieder. Die Perikope 12,7ff (Michaelskampf)
tritt eigentlich erst so recht ab 1531 in Luthers Ge-
sichtsfeld, insbesondere in den Predigten der späteren
Jahre, verbunden mit einer allgemeinen Steigerung der
Häufigkeit von Zitaten aus dem ganzen Kapitel 12. 21,4
(Abwischen der Tränen) tritt in den 30er Jahren in Erscheinung. 22,20 (Komm, Herr Jesu!) nimmt Luther nach
kurzen Andeutungen in der 1. Ps-Vorlesung und in der
Schrift gegen Catharinus von 1521 erst ab 1538 in seinen festen Wortschatz auf. 19,20 (Höllensturz) kommt
nur (1531 und) 1540-43 zur Geltung.

  Diese Stellengruppen lassen die 1. Ps-Vorlesung
als eigene Einheit erkennen, sie bestätigen die Besonderheit der Zeit um 1519/21 und den Neueinsatz zu Beginn der 30er Jahre, der jetzt genauer auf Herbst 1529
angesetzt werden kann.

  Dazu kommen nun noch ab 1521 explizite Urteile über
die Apk als ganze[37], und davon ist bereits das aller-
erste vom Herbst 1521[38] kritisch gegenüber dem Zeugniswert von Apk-Stellen in der Argumentation. Der Höhepunkt ablehnender Äußerungen ist dann sogleich die erste 'Vorrede auf die Offenbarung Johannis' im Septembertestament von 1522. Diese kritische Einstellung hält
sich durch bis etwa 1527, und daraus erklärt sich auch
die geringe Anzahl von Zitaten in den 20er Jahren. Aber
im gleichen Jahr bereits macht die Vorrede zu einem anonymen Apk-Kommentar[39] erstmalig wieder ein Interesse
Luthers an einer Auslegung dieses Bibelbuches deutlich.
In der neuen 'Vorrede auf die Offenbarung' im revidierten NT von 1530 mildert Luther das kritische Urteil von
1522 ab und fügt einen eigenen, und zwar seinen einzigen, Versuch einer Gesamtauslegung hinzu. In den folgenden Jahren bleibt das Urteil Luthers unentschieden.

---

37. s. Tabelle 8, letzte Spalte.
38. in 'De abroganda missa', entstanden Oktober/Novem-
     ber 1521: 8,416,5ff.
39. 26,123f.

3. Einteilung in Perioden

Endgültige Klarheit über die Entwicklung von Luthers
Einstellung zur Apk und einzelnen Stellen aus ihr läßt
sich natürlich erst gewinnen, wenn man die Anlässe aus-
findig gemacht hat, die zu den verschiedenen ausgepräg-
ten Wandlungen geführt haben müssen. Diese Untersuchungen können in extenso erst in den einzelnen Abschnitten
des Hauptteils durchgeführt werden. Im Vorblick darauf
kann aber schon jetzt gesagt werden: Es ergeben sich
deutlich fünf Perioden:

1. Ausgangspunkt und Beginn der Entwicklung: die
   erste Psalmenvorlesung (1513-1516).

Sie ist geprägt von Stellen, die im Zusammenhang mit
der allegorischen Schriftauslegung stehen (z.B. 17,
15; 21,5; 21,12.14 u.a.). Allmählich treten aber bereits andere Zitate auf, die auch noch später in dem
Ringen Luthers um das rechte Verständnis von Rechtfertigung und Heiligung eine Rolle spielen (3,15-18; 22,
11b und 21,27). Die letzteren Stellen stehen dann im
Vordergrund in der folgenden Zwischenperiode.

2. Die frühreformatorische Phase (1514-1518).

Diese umfaßt alle Frühschriften außer der 1. Ps-Vorlesung, die Röm-Vorlesung und die Hebr-Vorlesung, dazu die Schriften des beginnenden Ablaßstreites, wäh-
renddessen die Zitierung von Apk 21,27 ihren Höhepunkt erreicht. Der Abschnitt ist geprägt durch die
humilitas-Theologie und läuft zur gleichen Zeit aus,
in der die für die folgende Periode typischen Apk-
Stellen hervortreten.

3. Die erste antipäpstliche Phase (1519-1521/22).

Sie hat ihr Ursprungsdatum in der ersten Vermutung
Luthers, das Papsttum in Rom könne der Antichrist
nach 2 Thess 2,3f sein, also im Dezember 1518, und ist
geprägt von den antipäpstlichen Schlagwörtern 'Satanssynagoge' und 'Hure Babylon' (2,9 und 17f), daneben von
der Anwendung der Plagenvisionen 9,1-11 und Kap. 16
auf Universitäten u. dgl. Kaum daß diese Periode ihren
Höhepunkt erreicht hat, setzt eine neue Entwicklung
ein, die auch die antipäpstliche Polemik bald darauf
fast ganz zum Erliegen bringt.

4. Die überwiegend kritische Phase (Herbst 1521
   bis Herbst 1529).

Die Auseinandersetzung mit der Argumentationsweise der
Altgläubigen führt Ende 1521 zu den ersten Bedenken Luthers gegenüber der Apk, und die Konfrontation mit den
spiritualistischen Vorstellungen der 'Schwärmer' verstärkt sie noch, bis sie dann vor allem in der 1. Vorrede von 1522 zum Ausdruck kommen. Die Neuordnung des
Kirchenwesens und der Bauernkrieg lassen den antirömischen Kampf vorübergehend in den Hintergrund treten.
Dieser kommt jedoch in der folgenden Periode erneut
zum Ausbruch.

5. Die Spätphase (Herbst 1529 bis Februar 1546).
Sie wird ausgelöst durch die gleichzeitige Bedrohung
der evangelischen Deutschen durch die Türken, die im
Oktober 1529 Wien belagern (= Gog und Magog aus Apk
20,7f), und den gerade einmal mit dem Papst ausgesöhnten Kaiser, der auf dem Wege zum Augsburger Reichstag
von 1530 ist. Aus diesem Anlaß ist u.a. auch die neue
Apk-Vorrede entstanden. In der Zeit des Coburg-Aufenthaltes nimmt Luther die Auseinandersetzung mit dem
Papsttum ausdrücklich wieder auf (z.B. rechnet er mit
dem Fegfeuer u.a. mit Hilfe von 14,13 ab). Sie setzt sich
in der folgenden Zeit mit wechselnder Intensität fort.
Dabei gewinnt er neue Abschnitte aus der Apk zu seinem
Arsenal hinzu, z.B. 10,1-4; 17,16; 18,4.6 und 19,20.
Das Wiederauftauchen von Stellen wie 3,15-18; 21,27
und 22,11b deutet ein erneutes Durchschlagen der frühen Theologie an, während die Zitate von 21,4 und 22,
20 in der späteren Zeit eine Steigerung der Naherwartung des alternden Reformators vermuten lassen.

Erster Abschnitt
=================

Ausgangspunkt und Beginn der Entwicklung:
==

  die erste Psalmenvorlesung (1513-1516)
  ======================================

    Als Kristallisationskern für die Darstellung von
Luthers Behandlung der Apk in seiner Anfangszeit erweist sich die 1. Ps-Vorlesung als besonders geeignet.

    Aus der Zeit vor 1513 lassen sich nur zwei Erwäh-
nungen der Apk nachweisen, nämlich in den Randbemerkungen zu den Sentenzen des Petrus Lombardus, 1509/
10. Im einen Fall[1] äußert Luther die Vermutung, eine
Formulierung des Lombarden[2] könne einem Satz aus der
an Paulinus gerichteten Epistola LIII des Hieronymus[3]
nachgebildet sein. Dieser Satz stand zu Luthers Zeit
in allen Vulgata-Ausgaben als Vorrede zur Apk[4]. Daraus ergibt sich immerhin, daß der Erfurter Sententiar
diese Apk-Vorrede im Gedächtnis parat hatte. An der
anderen Stelle[5] hat Luther nur die Angabe seiner Vorlage, das Zitat: "Non habebant requiem dicentia: Sanctus, Sanctus, Sanctus" stehe "in Apoc."[6], durch die

---

1. 9,32,36ff.
2. "Singulae pene syllabae novi Testamenti hanc ineffa-
   bilis unitatis atque Trinitatis veritatem concordi-
   ter insinuant" (zitiert nach MPL 192,529).
3. "Apocalypsis Iohannis tot habet sacramenta, quot verba; parum dixi, et pro merito voluminis laus omnis inferior est: in verbis singulis multiplices latent intelligentiae." MPL 22,548f = CSEL 54,463,9ff.
4. z.B. in der Biblia, Basel 1509, Bl. 343b, in der Biblia, Venedig 1511, Bl. 513, und in der Biblia cum
   glossulis, Bd. 6, Bl. 241a, vgl. MPL 114,709f; dazu
   Schild, Bibelvorreden, S. 46.
5. 9,66,27.
6. MPL 192,683.

Hinzufügung der Kapitelnummer "4" ergänzt.

Die 'Dictata super Psalterium' bilden eine zeitlich
einigermaßen deutlich begrenzte und formal einheitli-
che Größe, die auch reichlich Material liefert. In den
bis jetzt erschienenen Bänden 55 I 1, 1. und 2. Lieferung (Glossen zu Ps 1-30) und 55 II 1, 1. und 2. Lieferung (Scholien zu Ps 1-30), in den Bänden 3 und 4, einschließlich der Annotationen zu Fabers 'Quincuplex
Psalterium' und in dem versprengten Scholienstück zu
Ps 22-24 (23-25), abgedruckt in Band 31 I der WA finden sich insgesamt 75 sichere und 3 unsichere Bezugnahmen auf Stellen aus der Apk[7]. In den späteren Vorlesungen ab 1515, über den Römerbrief usw. ist Luthers
reformatorische Entwicklung schon voll im Gange, was
zumindest von den ersten Teilen der 'Dictata' nicht
mit dieser Sicherheit gesagt werden kann. Jedoch fallen in dieses spätere Stadium die Neubearbeitungen
der Psalmen 1, 4 und 22-24 (23-25) vom Herbst 1516
mit 5 Apk-Zitaten[8] und bedürfen deshalb einer Sonder-
behandlung. Eine Fragestellung in diesem Abschnitt
wird u.a. jedenfalls die sein müssen, ob man an Hand
der Apk-Zitate auch schon in der 1. Ps-Vorlesung scheiden kann zwischen unverarbeitetem traditionellem Material, das später teilweise wegfällt, und Stellen, die
im Ringen Luthers um seine eigensten Probleme eine wichtige Funktion haben und behalten.

A. Formale Beobachtungen

1. Kapitel

Art der Zitierung

Ehe wir im einzelnen an die Auswertung des vorliegenden Materials gehen, befragen wir zunächst die Gesamtheit nach verschiedenen Gesichtspunkten, die schon

---

7. Wegen der Nachträge und unsicheren Stellen s. Tabellen 1-3, jeweils bei den entsprechenden WA-Bänden.
8. Vgl. Böhmer, Vorlesung, S. 34ff.

manche vorläufigen, wenn auch nur statistischen Aussagen zu erbringen versprechen. Einige dieser Untersuchungen sollen nur hier an den eng begrenzten Quellen der
Frühzeit exemplarisch vorgenommen werden, nämlich solche, die ohne Bedenken verallgemeinert werden können,
da gewisse Gewohnheiten und Gedächtnisleistungen, die
sich bereits zu Anfang ausgeprägt haben, im Laufe eines
Lebens kaum noch wesentlichen Veränderungen unterworfen
sind.

Unserem Ausgangspunkt entsprechend muß eine wichtige
Fragestellung die sein, wie weit Luther die Apk vertraut
war, oder ob er sie gar gegenüber anderen Bibelbüchern
bevorzugte.

Ein erster Hinweis läßt sich aus der Art entnehmen,
wie Luther auf die Apk Bezug nimmt. Bei einer Übersicht
ergibt sich folgendes Bild:
1. An 44, d.h. 3/5 der Stellen kennzeichnet Luther die
Bezugnahme auf die Apk ausdrücklich als solche. Bei 38
davon, das ist immer noch über die Hälfte, gibt er sogar das entsprechende Kapitel an, und zwar immer richtig, was bei ihm ja nicht ganz selbstverständlich ist[1].
Die Fälle, in denen Luther die Herkunft einer Anspielung aus der Apk verschwiegen hat, sind also in der
Minderzahl.
2. Mit der Genauigkeit der Wiedergabe verhält es sich
eher umgekehrt. 22 Zitate sind ziemlich genau wiedergegeben; 22 sind etwas umformuliert, z.B. sind sie dem
Satzbau des Kontextes angepaßt, oder einige Wörter sind
durch andere ersetzt. In 29 Fällen handelt es sich nur
um kurze Anspielungen, oder Luther hat wohl das Kapitel

---

1. Aus späterer Zeit können einige Beispiele angeführt
   werden, wo Luther falsche Kapitelangaben gemacht hat,
   so z.B. 56,521,10: Apk 1 statt Apk 22[16]; 57 Hebr,
   201,3: Apk 3 statt Apk 2[17]; 5,50,4: Apk 21 statt
   Apk 11[2]; 5,365,19f: Apk 16 statt Apk 8 f (oder
   es muß im Zitat statt "tuba canunt" heißen: phia-
   las effundunt); 10 II,244,34f: Apk 18 statt Apk
   17[4]; 50,214,12-20; ebenso 50,578,25f: Apk 12
   statt Apk 10[3], vgl. BSLK, S. 428, Anm. 2. Beispiele falscher Kapitelangaben bei anderen Bibelbüchern bringt Meißinger, Exegese, S. 38.

angemerkt, in dem sich ein von ihm assoziiertes Wort
findet, dieses selbst dann aber nicht zitiert[2]. Kennzeichnung und Genauigkeit der Wiedergabe hängen natürlich auch von der Funktion ab, die die Zitate im Zusammenhang haben[3]. Einzelne Schlagwörter werden seltener
auf ihren Ursprung zurückgeführt und berühren den Bibeltext flüchtiger als Beweisstellen für theologische Behauptungen.

Zweimal hat Luther auch, und das ist nicht uninter-
essant, dieselbe Stelle aus der Apk falsch wiedergegeben[4]. Er schreibt da, die Tore des neuen Jerusalem
trügen die Namen der Apostel. In Wirklichkeit heißt es
aber Apk 21,12, auf den Toren stünden die Namen der
zwölf Stämme Israels, jedoch zwei Verse weiter, die
Fundamente trügen die Namen der zwölf Apostel. Diese
Verwechslung ist leicht verständlich, wenn man bedenkt, daß nach alter typologischer Tradition auch
die Tore mit den Aposteln in Verbindung gebracht wurden[5].

Aus diesen Angaben ist zu schließen, daß Luther
die Apk nicht viel anders behandelt als andere biblische Bücher. Meist hat er sie wohl aus dem Gedächtnis
zitiert, wobei ihm eben ein solcher Fehler, wie er soeben aufgezeigt wurde, leicht unterlaufen konnte. Also
muß ihm dieses Bibelbuch auch 1513 schon durchaus ver-

---

2. Auf eine ins einzelne gehende Analyse wird hier
   verzichtet. Sie würde wohl ähnliche Ergebnisse zei-
   tigen wie die ausführliche Aufschlüsselung der Zitier-
   weisen in den 'Altdeutschen Predigten' bei Schmeck,
   Bibelcitate, S. 55-73.
3. s.u. S. 52ff.
4. 4,456,31 und 4,509,18.
5. So z.B. schon von Hieronymus in seiner Rezension des
   Victorin-Kommentars zu Apk 21,21; MPL Suppl. 1,170:
   "Portae vero duodecim: apostolorum esse credimus nu-
   merum." Vgl. Lubac, Exégèse 1 I, S. 328. Ähnliche
   Verwechslungen kommen vereinzelt auch später noch
   vor, so z.B. in der Leipziger Disputation, 2,333,16f,
   wo Luther statt "mare" "terra" zitiert hat. Der Vers
   (Apk 20,13) wäre eigentlich für Luthers Argumentation
   ungeeignet gewesen, vgl. u. S. 182.

traut gewesen sein, was natürlich für die spätere Zeit
dann erst recht gilt.

Die Beliebtheit eines biblischen Buches oder zumindest bestimmter Abschnitte daraus läßt sich u.a. auch
daran abschätzen, welches Buch der Ausleger vorzugsweise zitiert, wenn ihm zu einem Ausdruck in seinem Text
aus verschiedenen Büchern einander ähnliche Parallelen
zur Verfügung stehen. Es läßt sich zwar nicht prüfen,
wo überall Luther Gelegenheit gehabt hätte, ein Zitat
aus der Apk zu bringen, stattdessen jedoch aus einem
anderen biblischen Buch zitiert hat. Aber umgekehrt ist
eine Probe durchaus möglich und ergibt etwa folgendes:

Apk 21,27 (Nihil inquinatum intrabit in eam) und
Jes 35,8 (Non transibit per eam pollutus, et stulti
non errabunt per eam) z.B. kann Luther offensichtlich wahlweise verwenden. Das eine geschieht in der
Interlinearglosse zu Ps 5,7[6], das andere in ähnlichem Zusammenhang in der Randglosse zu Ps 147,13[7].
In der Scholie zu Ps 43(44) hätte es genügt,
wenn Luther zur Bestätigung der Regel, daß Gott
sub contrario wirkt, neben Dtn 32,39 den aus
Spr 3,11f übernommenen Vers Hebr 12,6: "'flagellat autem omnem filium, quem recipit,'" vollständig zitiert hätte, also auch den ersten
Halbvers: "Quem enim diligit Dominus, castigat."
Er zitiert aber ausdrücklich: "Et apoc. 3. [19]:
'Quos amo, castigo et arguo.'"[8] Vielleicht wollte Luther an dieser Stelle nur die Durchgängig-
keit der aufgestellten Regel in der ganzen Bibel
durch einen Beleg aus einem weiteren Buch deutlicher aufweisen. Hier tritt die Apk also zumindest gleichberechtigt neben ein verhältnismäßig
beliebtes Buch wie den Hebräerbrief[9].

---

6. 55 I 1,32,9f.
7. 4,456,20ff; ähnlich für das Priestertum der Gläubigen
   Apk 5,10 (4,224,21f) neben 1 Petr 2,9 (4,260,10f).
8. 3,248,38.
9. Das ist allerdings traditionell. Auch Johannes von
   Paltz (✝ 1511. Über ihn und sein Verhältnis zu Luther
   vgl. Fischer, Paltz) z.B. verbindet im gleichen Zusammenhang diese beiden Bibelstellen: "Quarto valde debet
   homines movere ad patientiam etiam ad laetanter susti-
   nendum adversa signum dilectionis Dei, quia ipsa fla-
   gella sunt indicia dilectionis Dei, iuxta illud ad
   Hebre. 13 [gemeint ist natürlich Hebr 12,6, aber Paltz
   gibt seine Kapitel mindestens ebenso ungenau an wie
   Luther]: 'Quem diligit Deus... illum et castigat...

Wenn Luther in seiner Scholie zu Ps 1,3 schreibt:
"Hec ergo 'opera Domini Magna et mirabilia, exquisi-
ta in omnes voluntates eius'"[10], dann ist das offensichtlich ein Zitat aus Ps 110 (111),2. Nur "et mirabilia" ist überschüssig. Es könnte aus Ps 138
(139),14 hineingekommen sein, wo es heißt: "Mirabilia opera tua." Jedoch sind beide Attribute schon
verbunden in dem von Johannes gebildeten Hymnus Apk
15,3. Von daher mag Luther diese Form des Zitates
geläufig gewesen sein, so geläufig, daß er sogar
bei der Auslegung von Ps 110 (111),2 auch das Wort
'mirabilia' mit berücksichtigt, obgleich sein eigener Psalterdruck es nicht enthält[11]. Freilich, sicher nachweisbar ist hier der unmittelbare Einfluß
der Apk nicht, es könnten ja auch liturgische Traditionen eine Rolle gespielt haben.
Bei einer Stelle ist die Lage jedoch auffallend
klar: Fünfmal innerhalb der 'Dictata' zitiert Luther Apk 21,5: "Ecce nova facio omnia." Viermal
gibt er dazu den Fundort genau an[12], das fünfte
Mal läßt sich an der Formulierung der Anspielung
eindeutig erkennen, daß nur diese Stelle gemeint
sein kann[13]. Gerade in den Zusammenhängen, in denen Luther dieses Zitat heranzieht, nämlich dort,
wo von der (hauptsächlich) diesseitigen Kirche die
Rede ist, hätten Zitate wie 2 Kor 5,17 (Si qua ergo
in Christo nova creatura, vetera transierunt, ecce
facta sunt omnia nova) oder Jes 43,19 (Ecce ego facio nova) jedenfalls für meine Begriffe näher gelegen. Aber den Fragen, die die Zitate von Apk 21,5
aufwerfen, soll später noch besonders nachgegangen
werden[14].

Es ist demnach festzustellen, daß Luther jedenfalls
nicht bewußt oder unbewußt ständig das letzte Bibelbuch hinter anderen Büchern der Heiligen Schrift zurücktreten läßt.

---

flagellat autem omnem filium, quem recipit...' et Apocal.
3[19]: 'Quem amo, castigo.'"   Paltz, Caelifodina,
Suppl., Bl. Ii4a,2.Sp.-4b,1.Sp.
10. 55 II 1,18,24f.
11. 4,240,30ff.
12. 3,182,29; 4,81,6; 4,171,30; 4,241,17.
13. "Omnia nova facit, qui sedet in throno." 55 II 1,18,22.
14. s.u. Kap. 6, I, a (S. 74ff).

2. Kapitel

Verhältnis zur Tradition (im Überblick)

Die bisher gewonnenen Ergebnisse sind allerdings
noch viel zu unbestimmt; es fehlt der notwendige Be-
zugsrahmen, nicht nur, was Luthers eigenes Verhältnis
zur gesamten Heiligen Schrift im Laufe der Zeit betrifft, das wird sich im Fortgang dieser Studie weitgehend ergeben. Vielmehr wäre es sehr aufschlußreich
zu wissen, welchen Einfluß die Apk in Luthers Umge-
bung hat, wie weit er ganz einfach innerhalb der
spätmittelalterlichen Überlieferung steht, genauer:
von welchem der verschiedenen Traditionsströme er getragen wird; wo er davon charakteristisch abweicht;
welche Auslegungsrichtungen er überhaupt gekannt haben mag; welche er vielleicht bewußt bevorzugt oder
abgelehnt hat.

I. Notwendige Begrenzung des Vergleichsmaterials

Indem ich mich auf den Versuch einlasse, den hier
notwendig werdenden Vergleich durchzuführen, bin ich
mir darüber im klaren, daß ich mich auf ein schier un-
übersehbares Gebiet begebe, das auch dem erfahrenen
Forscher ausreichend zu durchforsten kaum gelingen
will. Denn es erheben sich viele Fragen, die sich
nicht alle mit ausreichender Sicherheit beantworten
lassen:
1. Wie weit ist Luther schon in früher Jugend mit der
Apk, bestimmten Vorstellungen oder Bildern aus ihr konfrontiert und in der einen oder anderen Richtung vorge-
prägt worden? Wie sahen diese aus? Dies zu erfahren wäre wichtig, weil seine späteren Äußerungen sehr emo-
tionsgeladen und seine Urteile gefühlsbetont erscheinen, also vielleicht von unbewußten, nicht angemessen
verarbeiteten früheren Begegnungen mit diesem Buch
beeinflußt sind. Hier sind wir auf ganz allgemeine
Umweltanalysen der Scheel'schen Art[1] angewiesen,

---

1. Vgl. Scheel, Luther I.

falls wir nicht das Glück haben, auf spätere Berichte
Luthers über seine Jugend zurückgreifen zu können, die
freilich oft auch nicht zuverlässig sind. Immerhin sind
solche Rückblicke vorhanden wenigstens im Hinblick auf
die Abschnitte Apk 1,12ff und 19,11ff, in denen Christus als Weltenrichter erscheint. Darauf wird im entsprechenden Zusammenhang zurückzukommen sein[2].

2. Welche neuen Begegnungen mit der Apk ergeben sich
für Luther mit seinem Eintritt ins Kloster? Hier lernt
er die Vielfalt der Lesungen des Breviers kennen, die
dem Uneingeweihten so fremd ist, daß es ihm kaum gelingen kann, dieses Gebiet sinnvoll zu berücksichtigen, obwohl dort sicher der Schlüssel zu manchen unverständlich
erscheinenden Bemerkungen Luthers zu finden wäre.

3. Hat Luther als Theologiestudent Vorlesungen über die
Apk gehört? Es ist nicht bekannt, welche Vorlesungen
Luther im einzelnen gehört hat. In seinem Orden scheint
es jedoch nicht ungewöhnlich gewesen zu sein, über dieses Buch zu lesen[3]. So wäre also durchaus auch eine Einführung Luthers in die Auslegung der Apk, etwa an Hand
der Glossa ordinaria[4], während seines Studiums denkbar.
Zeugnisse davon, die überprüft werden könnten, liegen
aber nicht vor.

4. Welche Werke über die Apk konnte der Ordenstheologe
in den ihm wahrscheinlich zugänglichen Bibliotheken
einsehen, wenn er sich aus eigenem Antrieb darum bemühte?

a) Über die Bibliothek des Erfurter, wie auch des Wittenberger Augustinerklosters scheinen keine ausführlichen

---

2. s.u. Kap. 7, II (S. 99f).

3. Von den bei Zumkeller, Manuskripte, aufgeführten
   neun Werken von Augustinertheologen über die Apk
   tragen drei ausdrücklich die Bezeichnung 'lectura':
   Nr. 154, 190 und 375. Auch der unter Nr. 623 aufge-
   führte "Commentarius super librum Apocalypsis" des
   Luther als 'Hussomastix' bekanntgewordenen Erfurter
   Professors Johannes Zachariae (über ihn s. LThK[2]
   5,Sp. 1098) wird in einem alten Katalog der UB Erfurt als 'lectura' bezeichnet, s. Bibliothekskataloge II, S. 184.

4. Vgl. Scheel, Luther II, S. 133f.

Verzeichnisse mehr erhalten zu sein; nur einzelne Nachrichten gibt es darüber. "Ein Band aus Luthers Erfurter
Klosterbibliothek" wurde von Freitag analysiert. Er
fand darin auch drei "phantastisch-apokalyptische
Schriften" mit vielen Zitaten aus der Apk. Aus den
allerdings etwas knappen Inhaltsangaben[5] läßt sich
nichts entnehmen, was im Vergleich mit Luthers frühen
Andeutungen über Apk-Verse auf eine Einwirkung dieser
Schriften auf Luther schließen ließe, wie sie Freitag
zumindest für möglich hält[6].

b) Ein noch vorhandenes Standortregister aus der Zeit
um 1510 vom Collegium Universitatis in Erfurt[7] enthält folgende Titel: "Exposicio Haymonis super apocalipsim"[8], "Prima pars Lecture Johannis Zacharie... Secun-
da pars eiusdem"[9], "Lectura super apocalipsim" (anonym),
"Postille Gorre super apocalipsim"[10], "Exposicio apocalipsis cum textu" (anonym), "Apocalipsis et canonice
apostolorum cum glossa", "Cantica canticorum et apocalipsis glossati".

c) Von der Wittenberger Schloß- und Universitätsbibliothek sind noch alte Verzeichnisse erhalten, die von
Hildebrandt auszugsweise ediert worden sind[11]. Als Ergänzung dazu können die Angaben dienen, die Mylius in
seinen "Memorabilia bibliothecae academicae Ienensis"
über die alten Bestände der Universitätsbibliothek
Jena gemacht hat. Sie stammen nämlich zum größten Teil
noch aus Wittenberg. Bei Hildebrandt sind keine Apk-

---

5. Freitag, Band, S. 103-109.

6. aaO, S. 109.

7. gedr. Bibliothekskataloge II, S. 179ff; die folgenden Angaben S. 184f und 208.

8. In einem älteren Register vom Jahre 1497 erscheint
   offensichtlich dasselbe Buch als "Exposicio Remigii
   in apocalipsin." Über beide Verfassernamen s. RGG³ 3,
   Sp. 30.

9. Darüber vgl. das o. Anm. 3 Gesagte.

10. Über Nikolaus de Gorran vgl. LThK² 7, Sp. 986; Lubac,
    Exégèse 2 II, S. 330f.

11. Hildebrandt, Schloß- und Universitätsbibliothek, S.
    158ff.

Kommentare ausdrücklich aufgeführt. Auch Mylius er-
bringt nur noch den Apk-Kommentar des Albertus Magnus
in einem Basler Druck von 1506[12]. Dieses Werk scheint
aber identisch zu sein mit dem Kommentar des Nikolaus
de Gorran[13].

d) Sicher zugänglich waren Luther die Auslegungen der
Apk in den Kommentarwerken zur ganzen Bibel, deren er
sich nachweislich bei der Kommentierung der Psalmen bedient hat[14]. Dies sind die Postille des Hugo de St. Cher
und die in der großartigen Basler Glossenbibel zusammengefaßten Stücke[15], nämlich die Glossa interlinearis und
ordinaria, die Postille und die Moralitates des Nikolaus von Lyra samt den Additionen des Paulus von Burgos und den Repliken des Matthias Döring. Diese letzt-
genannten Werke habe ich alle an den von Luther in den
'Dictata' zitierten Apk-Stellen verglichen. Dagegen habe ich es nicht für sinnvoll angesehen, den übrigen in
für Luther zugänglichen Bibliotheken nachweisbaren Werken, die teilweise nur handschriftlich überliefert sind
und doch großenteils derselben Tradition folgen, nachzugehen, sondern einige weitere Kommentare verglichen, die
ich nach dem Gesichtspunkt ausgewählt habe, daß für die
wichtigsten vorlutherischen Traditionsströme und auffällig abweichenden Auslegungstypen jeweils mindestens ein
Repräsentant darunter ist.

Im frühen Mittelalter standen nämlich praktisch alle
Kommentare im Banne der verkirchlichten Ticonius-Tradition[16]. Aus diesem Zusammenhang habe ich Beda Venerabilis[17] ausgewählt. Eine gewisse Selbständigkeit in

---

12. Mylius, Memorabilia, S. 164.
13. Vgl. Lubac, Exégèse 2 II, S. 330.
14. s.u. S. 38f.
15. Biblia cum glossulis, Bd. 6; die Vorreden und die
    Glossa ordinaria auch in MPL 113 f.
16. Vgl. Bousset, Offenbarung, S. 65-72; Kamlah, Apokalyp-
    se, S. 9-74.
17. MPL 93.

der Darstellung wahrt demgegenüber Rupert von Deutz[18].
In der alten Tradition stehen im übrigen auch die Glossa und Hugo. Von großem Einfluß auch auf die Reformationszeit waren die Spekulationen des Abtes Joachim von
Fiore[19]. Sein Kommentar durfte bei diesem Vergleich
nicht fehlen, auch wenn er den Wittenbergern damals wohl
noch nicht zugänglich war[20]. Für die seit Alexander
Minorita geübte konkret-weltgeschichtliche Deutung[21]
kann uns der schon erwähnte Nikolaus von Lyra ein Beispiel abgeben. Für eine antipäpstliche, ketzerische
Deutungsweise, wie sie Luther später für vorbildlich
gehalten hat, soll der anonyme wyclifitische 'Commentarius in apocalypsin ante centum annos editus' stehen,
den Luther selbst 1528 mit empfehlender Vorrede herausgegeben[22] und der vorher schon in Böhmen die hussitische
Auslegung beeinflußt hat[23]. Der Kommentar wird in dieser Arbeit gewöhnlich nach dem Incipit als 'Opus arduum'
zitiert. Auch er soll auf mögliche Ähnlichkeiten oder
indirekte Einflüsse abgehört werden.
5. Welche Verweise auf die Apk konnte Luther unmittelbar bei seiner Arbeit an der Psalmenauslegung aus den
Hilfsmitteln schöpfen, die ihm dabei vermutlich zur
Verfügung standen?
a) In Luthers Handexemplar der Vulgata waren Parallelstellen am Rand abgedruckt. Ich habe eine der von Luther wahrscheinlich benutzten Bibelausgaben, nämlich

---

18. MPL 169; vgl. Bousset, aaO, S. 71; Kamlah, aaO, S. 75-
    104.
19. Joachim, Expositio; vgl. Kamlah, aaO, S. 115ff; Lubac,
    Exégèse 2 I, S. 437ff.
20. In den genannten Bibliotheken war, soweit ich es
    feststellen kann, keine Handschrift davon vorhanden.
    Die erste Druckausgabe stammt von 1527; vgl. u. S. 303,
    Anm. 18.
21. Vgl. Bousset, aaO, S. 83; Kamlah, aaO, S. 119ff; Lu-
    bac, Exégèse 2 II, S. 330ff.
22. WA 26,123f.
23. Vgl. Molnár, Apocalypse XII, S. 214ff.

die von Basel 1509[24], daraufhin untersucht, ob sie
innerhalb der Psalmen Querverweise auf die Apk enthält, aber nur einen einzigen gefunden, den Luther
gar nicht berücksichtigt hat[25].

b) Luther kann eine Konkordanz benutzt haben. Seine
ungenaue Wiedergabe der Bibelstellen läßt zwar darauf
schließen, daß er meist aus dem Gedächtnis zitiert,
wie wir schon oben vermutet haben, aber in Betracht
gezogen werden muß auch die andere Möglichkeit, daß
er auf der Suche nach dem biblischen Gesamtverständnis
eines Wortes ein Werk zu Rate gezogen hat, das ihn alle
biblischen Parallelen mit einem Blick übersehen ließ.
Man kann jedenfalls nicht, wie Holl es tut, aus einer
zufälligen Erwähnung der Konkordanzen in einer polemischen Spitze gegen die erasmianische Logik vom Jahre
1525 die grundsätzliche Folgerung ziehen, Luther habe
es "eines ernsthaften Bibelforschers für unwürdig" gehalten, dergleichen Hilfsmittel zu Rate zu ziehen[26].
Eher läßt sich daraus durchaus wertneutral schließen,
daß Luther solche Arbeitsmethoden vertraut waren. Meißinger jedenfalls ist der Meinung: "Luther muß eine Konkordanz besessen und benutzt haben."[27] Er wünschte, Luthers
eigenes Exemplar würde gefunden. Zumindest in der Universitätsbibliothek Wittenberg war eines vorhanden[28].
Man kann also damit rechnen, daß einige Bezugnahmen Luthers auf die Apk ihm durch eine Konkordanz ermöglicht
wurden, was nicht bedeutet, daß sie dadurch wertlos
würden. Denn entscheidend ist ja, ob der Wittenberger

---

24. Vgl. die Aufstellung der Luther bekannten Bibelaus-
    gaben bei Edel, Erbe, S. 25.
25. zu Ps 145,6: Apk 14,7.
26. Holl I, S. 573. Er bezieht sich auf einen Satz aus
    'De servo arbitrio', 18,677,21f: "Congere igitur, vel
    ex concordantiis maioribus, omnia verba imperativa in
    unum cahos..."
27. Meißinger, Exegese, S. 27, Anm. 2.
28. Katalog von 1536, gedr. bei Hildebrandt, Schloß- und
    Universitätsbibliothek, S. 158, wohl identisch mit
    den von Mylius, Memorabilia, S. 148, verzeichneten
    "Concordantiae biblicae, impressae Spirae 1485".

Professor die nachgewiesenen Stellen für seine Gedankengänge nutzbar machen konnte oder nicht.

c) Ähnlich steht es mit allegorischen Lexika, die für
bestimmte Begriffe eine Anzahl verschiedener traditioneller Deutungen empfehlen, wobei für jede davon mindestens eine biblische Stelle angegeben ist, an der
sie herrschend geworden ist. Ich habe nicht herausfinden können, ob Luther ein solches Lexikon zur Verfügung
gestanden hat. Doch nehme ich an, daß er in allen Fällen, wo er ein Wort nicht recht zu deuten wußte, zunächst seine üblichen Gewährsleute, d.h. eben die Kommentatoren selbst, befragt hat. Darunter war ja auch
Hugo de St. Cher, in dessen umfangreicher Psalmenauslegung auch oft solche lexikalischen Stücke eingeflochten und drucktechnisch deutlich hervorgehoben sind[29].
Immerhin habe ich probehalber ein solches allegorisches
Wörterbuch, nämlich den 'Liber in distinctionibus dictionum theologicalium' des Alanus de Insulis verglichen[30].

d) Luther hat, wie gesagt, eine Anzahl von <u>Psalmenkom-
mentaren</u> eingesehen; wieviele es waren, ist nicht sicher auszumachen[31]. Ausdrücklich erwähnt und damit auf
jeden Fall auch verwendet hat er: Augustins 'Enarrationes', Cassiodors 'Expositio', (Pseudo-)Hieronymus'
'Breviarium', Petrus Lombardus' 'Glossa', Hugo de St.
Chers 'Postilla', Johannes de Turrecrematas (Torquema-
das) 'Expositio brevis', Jacobus Faber Stapulensis'
(Jacques Lefèvre d'Etaples') 'Quincuplex Psalterium'
und die schon erwähnten[32], in der großen Basler Glossenbibel zusammengefaßten Werke[33]. Gegenwärtig wird auch
eine Benutzung des Kommentars von Jacobus Perez de Va-

---

29. Er war ja der Schöpfer der ersten Vulgata-Konkordanz,
    vgl. RGG⁵ 1, Sp. 1184.
30. MPL 210. Zur Frage der Lexika vgl. auch Ebeling, Evan-
    gelienauslegung, S. 145f; Rost, Bibel, S. 102ff.
31. Vgl. Edel, Erbe, S. 27-29.
32. o. S. 35.
33. Vgl. das Vorwort zur 1. Lieferung der Neuedition der
    1. Ps-Vorl., 55 I 1, 27*, Anm. 2; genaue Titel und be-
    nützte Ausgaben im Literaturverzeichnis, Teil c.

lentia diskutiert[34]. Nur diese Kommentare habe ich an
den Stellen eingesehen, wo Luther Apk-Zitate heranzieht.
Für die ersten 30 (31) Psalmen kann ich mich außerdem
auf die viel umfangreicheren Vergleichungen der bisher
erschienenen Lieferungen von Band 55 der WA stützen.

Es wären noch viele weitere Möglichkeiten in Betracht zu ziehen, wie Luther mit der Apk in Berührung
gekommen sein könnte, z.B. durch Predigten, dogmatische Werke, Lektüre von Väterschriften und Florile-
gien. Es ist aber natürlich einem einzelnen ganz unmöglich, dem systematisch nachzugehen, so interessant
dies wäre; nur Zufallsfunde können hie und da verwer-
tet werden. Für eine Verhältnisbestimmung zwischen Luther und der bisherigen Auslegungstradition ist dies
aber auch weniger wichtig als eine repräsentative Auswahl des Materials, so daß jede Deutungsweise zu Wort
kommt[35].

II. Statistischer Vergleich

Mit dem inzwischen gewonnenen erweiterten Bezugs-
rahmen wollen wir nun versuchen, den anfangs aufgeworfenen Fragen nach Vertrautheit und Beliebtheit der Apk
nochmals etwas gründlicher nachzugehen.
a) Häufigkeit von Apk-Zitaten im Vergleich mit den übrigen Bibelzitaten
Die Apk wird von Luther zu keiner Zeit besonders
häufig zitiert, auch nicht in der 1. Ps-Vorlesung, jedoch offensichtlich hier immerhin noch etwas häufiger
als im Gesamtdurchschnitt aller Schriften[36]. Aber ist
dies für den Wittenberger Bibeldoktor besonders bezeichnend, oder bleibt er damit im Rahmen dessen, was auch
bei anderen großen Theologen üblich ist? Zur Beantwortung dieser Frage scheint es mir dienlich zu sein, die
relative Häufigkeit der Zitate aus der Apk bezogen auf

---

34. Vgl. Werbeck, Perez, S. 47ff.
35. Vgl. Edel, Erbe, S. 10f.
36. s. Tabellen 7 und 8.

die Gesamtheit der Bibelzitate in der 1. Ps-Vorlesung
mit den entsprechenden Werten bei anderen Psalmenausle-
gern zu vergleichen. Für die Luther zeitlich am nächsten liegenden Ps-Kommentare liegen keine Register vor.
Zwar bringt Faber anfangs unter der Rubrik 'Concor-
dantia' zu jedem Psalm ein Parallelenregister; diese
schöne Übung hat er aber leider nach Ps 25 (26) aufgegeben. So müssen wir weiter zurückgehen zu Augustin
und Cassiodor, deren Kommentare in den Neueditionen
des 'Corpus Christianorum' durch ausführliche Register
gründlich erschlossen sind.

Unsere Tabelle 7 zeigt nun: Mit etwa 1% der Zitate
aus der ganzen Bibel sind die Apk-Zitate fast so häufig wie bei Cassiodor, aber doppelt so stark repräsentiert wie bei Augustin. Noch ausgeprägter wird das
Verhältnis, wenn man die Zahl der Apk-Zitate nur auf
die Zahl der Zitate aus dem NT bezieht: Luther über-
trifft hier mit 2,5% Cassiodors 1,7%, und Augustin
erreicht mit 0,8% weniger als 1/3 der Häufigkeit Luthers. So erfreut sich also das letzte Buch der Bibel
bei Luther, gemessen an diesen älteren Psalmenausle-
gern, überdurchschnittlicher Beliebtheit. Dies Verhältnis würde sich aber schätzungsweise gegenüber den späteren Kommentatoren etwas zu Luthers Ungunsten verschie-
ben[37].

b) Häufigkeit der verschiedenen Abschnitte innerhalb
   der Apk

Da die Apk eine Komposition aus formal und inhaltlich recht verschiedenen Teilen bildet, ist es sinnvoll zu prüfen, ob sich das soeben gewonnene Urteil über
die Beliebtheit der Apk als ganzer noch näher differenzieren läßt, ob etwa auffällige Unterschiede in der Benützung der einzelnen Abschnitte festzustellen sind.

---

37. Das legt z.B. auch ein Vergleich mit der Häufigkeit
    von Apk-Zitaten in der freilich etwas abweichenden Li-
    teraturgattung der 'Altdeutschen Predigten' des 12.-14.
    Jahrhunderts nahe. Dort erscheint die Apk mit 2,4 % al-
    ler Bibelzitate häufiger als z.B. Gen (1,6 %) oder 2
    Kor (1,8 %), s. Schmeck, Bibelcitate, S. 20-22, und
    Tabelle 7.

Wieder sollen Augustin, Cassiodor und Luther verglichen
werden.

Aus Tabelle 11 ergibt sich folgendes Bild: Allen gemeinsam ist, daß sie aus dem Kapiteln 4; 7-11; 14,14-20;
15f; 18 und 20 nur ein oder gar kein Zitat genommen haben. M.a.W., bei Luther, wie auch bei Augustin und Cassiodor bleiben die Visionen der 7 Siegel und der 7 Posaunen, die Zwischenstücke in den Kapiteln 10 und 11,
die Visionen der 7 Schalen[38], des Falles von Babylon
und des Weltgerichts übereinstimmend unberücksichtigt.
Darauf werden wir bei der Besprechung der Vorrede von
1530 zurückkommen müssen[39]. Nur Luther hat auch aus
Kap. 19 gar kein Zitat.

Wenige Einzelverse werden von allen dreien gleichzeitig zitiert, so etwa 3,19 (Züchtigung); 5,5 (Löwe
aus Juda); 6,9-11 (Die Seelen der Märtyrer) und 17,15
(Wasser=Völker), aber von jedem wieder mit unterschied-
licher Häufigkeit. Während jedoch Augustin keine Stelle
bevorzugt, die nicht auch von den anderen Auslegern
mehrfach herangezogen würde, und dies auch von Cassiodor (abgesehen von den 4 Zitaten von 1,8) gesagt werden kann, zeigt Luther einige Eigenheiten. Z.B. hat er
offensichtlich eine ganz besondere Vorliebe für das 7.
Sendschreiben, nämlich das an Laodizea (3,14ff). Aus
dem Rahmen fallen außerdem 21,5 (Neuschöpfung) und 21,
12.14 (12 Tore bzw. Fundamente); die Schlagworte 'synagoga satanae' und 'sedes satanae' in 2,9 (3,9) und 2,
13; 12,14 (2 Flügel); 14,13 (Sterben und Werke) und
22,11b (Gerechtmachung). Abgesehen davon, daß die
mehrfache Bearbeitung derselben Psalmverse in den Annotationen, den Glossen und Scholien zu Wiederholungen

---

38. In einem Brief vom 16.6.1514 schreibt Luther, er sei
    nahe daran gewesen, über Nathin und den ganzen Erfur-
    ter Augustinerkonvent seine mit Zorn und Unwillen ge-
    füllte Schale auszugießen, Br 1,25,11 = Enders 1,17,
    14f. Diese in Luthers früher Zeit einzig dastehende
    Anspielung auf Apk 16,1 hat freilich nur noch die Be-
    deutung einer Redensart im Rahmen einer persönlichen
    Auseinandersetzung.
39. s.u. S. 361ff und 452.

führen kann, ist doch eindeutig, daß Luther gern immer
wieder auf bestimmte Kernstellen zurückkommt, die von
der Vätertradition her nicht nahegelegt werden, jedoch
ist nicht ausgeschlossen, daß ihm zeitlich näherstehen-
de Kommentatoren ähnliche Vorlieben zeigen. Dies muß
im einzelnen noch genauer geprüft werden. Es erhebt
sich aber gleichzeitig die grundsätzliche Frage, zu
welchem Zweck solche Kernstellen dem Wittenberger Professor dienen und wie insbesondere die auffällige Bevorzugung speziell des 7. Sendschreibens zu erklären ist.
Bevor wir dem jedoch nachgehen, wollen wir den vorläufigen, mehr statistischen Vergleich mit der Tradition weiterführen, um noch einige Ergebnisse und
weitere Fragestellungen zu gewinnen.

c) Abhängigkeit Luthers von den Psalmenkommentaren

   Wie gesagt, habe ich die von Luther benutzten Ps-
Kommentare, eben auch die späteren, punktuell an allen Stellen, zu denen Luther die Apk zitiert, eingesehen, um wenigstens an diesem begrenzten Material
feststellen zu können, ob er die Zitate daraus übernehmen konnte. Dies ist ihm, so weit ich sehe, in 14
Fällen möglich gewesen, was nicht heißen muß, daß es
auch wirklich so geschehen ist. Aber auch an anderen
Stellen ist der Einfluß der Ps-Auslegungstradition
möglich. Nur ist er hier nicht so deutlich faßbar.
Bestimmte Ausdrücke kehren in den Psalmen immer wieder, und mancher Ausleger zieht das Apk-Zitat, das
Luther an der einen Stelle verwendet, an einer anderen heran; oder Luther zitiert eine etwas andere, aber
dem Sinn nach parallele Stelle. Da eben leider nicht
alle Kommentare ein Bibelstellenregister besitzen, ist
es nicht möglich, alle in allen Kommentaren zitierten
Apk-Stellen zu vergleichen. Nach meinem bisher gewonnenen Überblick scheint mir aber, daß die meisten Apk-
Stellen, die Luther erwähnt, auch irgendwo bei dem einen oder anderen früheren Psalmenkommentator Verwendung
gefunden haben. Auf die einzelnen Kommentare verteilen
sich diese Einflußmöglichkeiten nun folgendermaßen: Der
umfangreiche Psalmenteil der Postille Hugos - er ist be-

sonders reich an Parallelstellen und zeigt auch sonst
manche formalen Ähnlichkeiten mit Luthers Auslegungsmethode - hat an 6 Stellen dasselbe Apk-Zitat wie Luther neben einer größeren Anzahl weiterer entsprechender Apk-
Zitate, die aber anderswo herangezogen sind. Es folgt
das relativ knappe 'Breviarium' des (Pseudo-)Hieronymus
mit 5 direkten Übereinstimmungen und etwa 6 indirekten.
Perez mit 4 direkten Übereinstimmungen, Cassiodor mit 3
und Nikolaus von Lyra mit ebenfalls 3 liegen in der Mitte. Mit Augustin hat Luther auffälligerweise nur 2 Stellen gemeinsam, jedoch sind stärkere indirekte Einflüsse
möglich. 2 Stellen sind es auch bei Faber, der, wie gesagt, nur am Anfang eine größere Anzahl von biblischen
Parallelen erwähnt. Am wenigsten in Frage kommen die
verschiedenen Glossen, wie die interlinearis und ordinaria, die des Petrus Lombardus (1 Übereinstimmung) und
Turrecrematas. Ebenso steht es mit Paulus von Burgos
und Matthias Döring.

d) Übereinstimmung Luthers mit der Tradition

   Wichtiger fast noch als zu wissen, welche Zitate
Luther anderswoher übernehmen konnte, ist die Beantwortung der Frage, wieweit er im Kontext dieser Zitate sich nur als Kollektor der Meinungen früherer Ausleger betätigt - was bei den Glossen immer wahrscheinlich
ist -, wieweit man erkennen kann, daß er sich die Tradition persönlich aneignet und wieweit er eigene Gedanken vorträgt. Denn daraus läßt sich ein weiteres Argument zur Frage gewinnen, ob die Bevorzugung bestimmter
Apk-Zitate als Eigentümlichkeit Luthers gelten kann
oder nicht.

   Die genauere Überprüfung in dieser Hinsicht muß bei
den einzelnen Stellen gesondert vorgenommen werden. Hier
soll vorerst nur ein Gesamtüberblick gegeben werden über
die inhaltliche Übereinstimmung sowohl des Kontextes
der Apk-Zitate mit den Ps-Kommentaren als auch der Zitate selbst mit den für diesen Zweck ausgewählten Apk-
Kommentaren. Hierbei lassen sich natürlich keine so bestimmten Angaben machen, da auch mit denselben Worten
oft von verschiedenen Auslegern Verschiedenes gemeint
sein kann.

Bei den untersuchten Ps-Stellen habe ich in etwa 50
Fällen ähnliche Auslegungen gefunden. Nur in etwa
10 Fällen habe ich nichts Vergleichbares festgestellt,
was natürlich nicht heißen muß, daß Luther hier aus
dem Rahmen der Auslegungstradition herausfiele. Der
Rest zeigt gewisse Anklänge. Danach ist zu vermuten,
daß Luther in der Mehrzahl der Fälle, auch wenn keine direkte Vorlage gegeben war, die Apk in durchaus
traditionellen Zusammenhängen und traditioneller Weise verwendet hat, teilweise eben auch als spontane
Assoziation aus dem Gedächtnis.

Auf die einzelnen Ps-Kommentare verteilt sich das
Maß inhaltlicher Übereinstimmung so: Augustin liegt
hier an der Spitze, entsprechend seiner besonderen
Beliebtheit bei Luther. An zweiter Stelle steht Hugo,
gefolgt von Cassiodor, dem Lobarden und Hieronymus;
mit einigem Abstand kommen dann erst Perez und die
Glossa, Lyra einschließlich Paulus von Burgos und
Matthias Döring, Turrecremata und zuletzt Faber, obwohl Luther an dessen Werk gründlich gearbeitet hat.

Wir können aber der Antwort auf die Frage nach Luthers Verhältnis zur Auslegungstradition auch noch einen Schritt näherkommen, wenn wir die früheren Apk-
Kommentare selbst jeweils zum Vergleich heranziehen.
Zwar sind nicht alle Apk-Zitate in der 1. Ps-Vorlesung mit einer knappen Deutung verbunden oder werden
durch den Kontext in ein bestimmtes Licht gerückt.
Aber wo dies der Fall ist - nach meiner Überprüfung
bei etwa 63 Stellen -, läßt sich feststellen, ob diese Deutungen in der Tradition der Apk-Auslegung vorkommen und wenn ja, dann auch, welchem Überlieferungs-
strom der Wittenberger Professor dabei folgt.

Das Gesamtbild sieht ungefähr so aus: Nur bei 2 Stellen[40] habe ich in keinem der verglichenen Kommentare eine ähnliche Interpretation finden können. Dagegen scheint
mir in 39 Fällen Luthers Deutung der Auslegung von einem

---

40. 3,505,27f: Apk 12,4, und 4,102,23: Apk 5,5; s.u. S.
    63f.

oder mehreren anderen Kommentatoren zu entsprechen.
In 22 Fällen hat sein Verständnis wenigstens eine
Ähnlichkeit mit dem der Tradition.

Man sieht: Luther zeigt sich in seiner ersten Zeit
als vertraut mit der überlieferten Apk-Auslegung und
läßt sich auch weitgehend von ihr bestimmen.

Von welchem Traditionsstrom aber nun der Wittenberger Professor getragen wird, das läßt sich abschätzen,
wenn man wiederum die Übereinstimmung nach den einzelnen Kommentaren differenziert. Auch in dieser Hinsicht
sticht Hugo hervor, diesmal mit dem Apk-Teil seines
Bibelkommentars, gefolgt von den älteren Auslegungen
eines Rupert und Beda. Nur wenig geringer erscheint
die Übereinstimmung mit den Deutungen Joachims und
des 'Opus arduum', mit deren Sondervorstellungen Luther allerdings keine Bekanntschaft zeigt. Deutlich
geringer ist aber die Ähnlichkeit in der Auslegung
mit Lyra und seinen Bearbeitern. Die Glossa erweist
sich auch hier wieder als zu wenig ergiebig.

Wir können also jetzt schon annehmen, daß Luther
anfangs stärker der älteren, von Ticonius herkommenden
Tradition verbunden und noch kaum von den neueren Interpretationen beeinflußt ist. An den entscheidenden Stellen muß dies aber am Einzelfall deutlich gemacht werden.

B. Die Apk im Zusammenhang von Luthers früher Hermeneutik

3. Kapitel

Luthers Psalmenauslegung

Die Haltung, die Luther zu verschiedenen Zeiten gegenüber der Apk eingenommen hat, läßt sich immer nur
verstehen im Rahmen seiner gleichzeitigen Einstellung
zur Bibel überhaupt. Bevor wir also der Frage nachgehen können, wie er die Apk-Zitate exegetisch eingesetzt
hat und welches Gewicht sie innerhalb seiner Theologie
haben, müssen wir zuerst die Eigenart von Luthers Exegese in der 1. Ps-Vorlesung zusammenfassend kurz charakterisieren. Dabei werden wir uns am besten eng an

seine eigenen grunsätzlichen Äußerungen zur Hermeneutik halten, wie sie nicht nur in den Präfationen, sondern auch in einigen späteren Abschnitten der Vorles-
sung vorliegen.

I. Methoden

Es ist nicht unwichtig, sich bewußt zu machen, daß
Luthers erste uns bekannte Vorlesung dem Psalter gilt.
Erstens ist dieser ein alttestamentliches Buch. Es war
schon immer ein Problem für die Christenheit (und ist
es noch heute), zu zeigen, daß das AT ein christliches
Buch sei, das ebenso wie das NT vom heiligen Geist inspiriert sei und überall dieselben Wahrheiten enthalte
wie das NT. Um dieser Forderung zu genügen, wurden mit
der Zeit, ausgehend von Origenes, die Methoden der
geistlichen Auslegung entwickelt, die in der Theorie
vom vierfachen Schriftsinn ihre volle Entfaltung fanden[1].

Dazu kam als zweites, daß schon im NT der Psalter
weniger im Sinne eines Gebetbuches als vielmehr wie
ein prophetisches Buch verwendet wurde, das von Jesus
Christus weissagt. Dieses Vorbild wurde maßgeblich
für die mittelalterliche Ps-Auslegung: Alle Psalmen,
aus denen im NT christologisch verstandene Zitate
herangezogen sind, müssen insgesamt von Christus verstanden werden. Die dabei sich ergebenden Schwierigkeiten wurden durch das caput-corpus-Schema bewältigt[2].
Auch auf die meisten anderen Psalmen wurde dieses Verständnis ausgedehnt.

Solche Voraussetzungen führten zwangsläufig zu
viel komplizierteren Auslegungsvorgängen als bei neu-

---

1. Dieser Fragenkreis ist in den letzten Jahren gründlich
   bearbeitet worden, zuletzt in dem vierbändigen Werk
   Lubac, Exégèse.
2. Musterbeispiele für diese Methode führt Ticonius in
   seinem 'Liber regularum' auf unter der ersten Regel
   "De Domino et corpore eius", Burkitt, Book of Rules,
   S. 1 bis 8; vgl. auch Vogelsang, Anfänge, S. 17ff;
   Hahn, Auslegungsgrundsätze, S. 182ff, und Vercruysse,
   Populus, S. 28ff.

testamentlichen Büchern, etwa dem Römerbrief, der ja
selbst u.a. geistliche Deutungen von Ps-Stellen enthält, bei dem also wörtliche und geistliche Auslegung
weitgehend identisch sind[3].

So ist es nicht verwunderlich, daß der Psalter Luther als ein 'dunkles und heiliges Labyrinth'[4] erscheint, das dadurch noch undurchsichtiger wird, daß
die Übersetzung der Vulgata den ursprünglichen Sinn
durch seltsame Ausdrücke oftmals bis zur Unkenntlich-
keit verändert hat[5]. Die Auslegung des Psalters erscheint Luther als eine immense Arbeit, der die Ausleger bisher alle nicht so recht gewachsen waren, wie
viel weniger also er als Anfänger[6].

Tatsächlich kann fast jedes zweite Wort, auch oder
gerade das banalste, große Kunststücke abverlangen,
wenn es darum geht, ihm im Rahmen christologischer Deutung einen tieferen Sinn abzugewinnen und diesen mit
den Deutungen der anderen Wörter im Kontext in Einklang
zu bringen, d.h., fast jedes Wort im Psalter muß als
Metapher betrachtet werden, die als Detail einem großen
allegorischen Gemälde eingefügt werden soll. Solange
dieses noch nicht fertig und in sich stimmig ist, müssen immer neue Kombinationen versucht werden; immer
neue Deutungen für das eine Wort müssen geprüft und
mit den Deutungen der anderen Wörter abgestimmt werden,
bis der Bausatz für das Gesamtbild im Idealfall genau
so zusammenpaßt wie der Satzbau des Textes.

Dabei ist es hilfreich, wenn man andere allegorische Gemälde im Gedächtnis parat hat, bei denen durch

---

3. So schreibt Paulus von Burgos in seiner Additio zu den
   Postillenprologen Lyras, MPL 113,40: "Epistolae Pauli,
   quae una de praecipuis partibus Novi Testamenti cen-
   seri debent, per totum fere sensum litteralem tantummo-
   do habent." Vgl. auch Wernle, Allegorie, S. 17.
4. 55 I 1,6,23f.
5. Luther beurteilt diesen Umstand freilich positiv: 3,
   524,6ff. Dies liegt auf der Linie von Origenes, dessen
   Meinung über die dunklen Schriftstellen bei Krause,
   Studien, S. 261, wiedergegeben ist.
6. 55 II 1,25,9ff.

die unermüdliche Arbeit der Väter Gesamtbild und De-
tails schon seit langem 'schön'[7] aufeinander abgestimmt sind. Man entdeckt darin immer wieder parallele Einzelzüge und erkennt an ihrer Zusammenordnung die
Bedeutung, die sie für das Ganze gewonnen haben. Man
prüft nun, ob man bei seiner eigenen Komposition ein
Detail in derselben Bedeutung in den vorgestellten Zusammenhang einpassen kann oder ob nicht besser ein
anderes Gesamtbild, in dem dieses Detail wieder eine
andere Funktion hat, weiterhilft. Im Rahmen dieser
Methode spielen die Visionsschilderungen der Apk ähnlich wie die Gesänge des Hohenliedes[8] eine wichtige
Rolle.

II. Denkform

Die für eine solche Exegese notwendige Denkform[9]
ist assoziativ, schweifend, kreisend, vergleichend;
sie erfordert viel Phantasie; ihre Bilder kommen aus
der Tiefe der Seele. Sie hat etwas scheinbar Spieleri-
sches an sich, will aber als die eigentliche, den heiligen Texten angemessene Einstellung ernstgenommen werden[10].
Es wäre falsch, wollte man an derartige Aufzeichnungen

---

7. zu diesem Ausdruck vgl. Wernle, Allegorie, S. 23.
8. Pinomaas Register weist für die 1. Ps-Vorlesung 92 Zitate daraus nach.
9. Ich gebrauche den Begriff im Sinne von Leisegang, Denkformen.
10. Meißinger, Exegese, S. 48, spricht von der Allegorese
    als von einer "nutzlose[n] Spielerei". Ähnlich abwer-
    tend äußert sich Bauer, Universitätstheologie, S. 18.
    Holl kennt zwar den Anspruch der mittelalterlichen
    Exegese, wenn er schreibt: "Der geistliche Sinn...
    galt überall nicht nur als ein erbauliches Spiel. Man
    war überzeugt, auch mit ihm etwas zu treffen, was der
    eigentliche Urheber der Schrift, der Heilige Geist,
    selbst mit hineingelegt hatte." Jedoch kann er die
    Logik dieser Denkform nicht nachvollziehen; deshalb
    fährt er fort: "Und dies, obwohl der angebliche tie-
    fere Sinn doch in gar keinem inneren Zusammenhang mit
    dem buchstäblichen stand. Er war tatsächlich niemals
    mehr als ein bald glücklicher, bald unglücklicher Ein-
    fall, der dem Ausleger über dem Lesen des Textes gekom-
    men war." Holl I, S. 546, Hervorhebung von ihm.

mit aristotelischer Logik und mit historischer Kritik
herangehen, vielleicht um sie zu entmythologisieren[11].
Viel eher wird man ihnen vom künstlerischen oder tie-
fenpsychologischen Standpunkt aus gerecht[12].

III. Wert einer solchen Auslegung

Im Rahmen dieser Auslegungsweise haben die verschiedenen Deutungsversuche alle ihr Recht, sie können
alle nebeneinander stehen bleiben[13]. Man kann die
eine für passender und die andere für weniger einleuchtend halten[14], aber man darf nicht eine Auslegung, die ein anderer für sehr gut hält, strikt ablehnen, solange sie im Rahmen der regula fidei bleibt[15],
und man darf nie seine eigene als die einzig mögliche
und richtige ausgeben. Das wäre überheblich und ketzerisch[16]. 'Ein jeder sei seiner Meinung gewiß' (Röm
14,5)[17], bleibe aber demütig und achte die Deutung
des anderen höher als die eigene (vgl. Phil 2,3).
Denn es könnte sein, daß der andere schon eine Erleuchtung bekommen hat, die dir noch fehlt, deren Sinn
dir erst später aufgehen wird[18]. Die Bibel enthält Zeugnisse, über die man meditieren (Ps 118[119],24), nicht

---

11. Diesen Eindruck habe ich bei dem Aufsatz: Ebeling, Anfänge.
12. Vorbildlich in dieser Hinsicht ist die Studie von Wernle, Allegorie, bes. S. 17 und 23.
13. Vgl. Meißinger, Exegese, S. 43; Wernle, aaO, S. 18ff.
14. Vgl. 4,243,29ff.
15. Vgl. 3,517,33ff: Scholie zu Ps 74(75),9. Die Ausführungen Luthers sind durch Augustins Auslegung dieser Stelle (MPL 36,954 = CChr 39, S. 1033, § 12, Z. 18ff) angeregt, s. dazu auch Vogelsang, Anfänge, S. 29 und Mauser,
Häresie, S. 67.
16. 4,317,27ff; 367,3ff.
17. Stellen, an denen sich Luther auf dieses Bibelwort
bezieht, bei Vogelsang, aaO, S. 29; vgl. Paulus von
Burgos, Additio zu den Postillenprologen Lyras, MPL
113,44.
18. 3,518,2ff; 4,318,40ff. Falls Ebeling, Anfänge, S. 207f,
meinen sollte, dies seien genuin Luthersche Gedankengänge, ist er im Irrtum.

Wissensstoff, auf den man pochen kann[19]. Luther betont
dies an verschiedenen Stellen[20] in längeren Ausführungen so sehr, daß man den Eindruck gewinnen kann, als
sei er bereit, einen Scheiterhaufen zu entzünden für
jeden, der es wagt, seine Auslegung der ganzen Kirche
halsstarrig entgegenzusetzen[21], einen Scheiterhaufen,
auf den zu treten er wenige Jahre später selbst bereit
gewesen wäre.

IV. Voraussetzung für eine solche Auslegung

Die oben beschriebene Auslegungsart ist nur möglich
unter Anerkennung einer grundlegenden Voraussetzung:
Die katholische Kirche als Hort der Wahrheit, die gegründet ist auf die Schrift, die Väterauslegung, Konzilien und Päpste, ist der Spielraum, der dem Ausleger vor-
gegeben ist[22]. Es ist deshalb nicht notwendig und sinnvoll, die Wahrheit aus der Bibel allererst herausfinden
und dazu ihren genuinen, eindeutigen Wortsinn vorurteils-
frei eruieren zu wollen[23]. Mag der Sinn der Bibel über
weite Strecken, wie z.B. gerade im Psalter, unklar sein,
die Hauptsache ist, daß die Auslegung erbaulich ist
und den kirchlich sanktionierten Glaubensnormen entspricht[24]. Im Lehramt der Kirche finden auch alle
scheinbar widerstreitenden Sätze der Bibel ihren auto-
ritativen Ausgleich. Wer sich abkapselt oder außerhalb
der Kirche stellt, fällt der Verdammung anheim[25]. Aber

---

19. 4,318,28ff.
20. anscheinend oft durch Unterstreichungen hervorgehoben.
21. Vgl. 54,179,24ff = BoA 4,421,28ff: Vorrede zum 1. Bd.
    der lat. Schrr., 1545; TR 3,439,1 = BoA 8,116,29ff: Nr
    3539 (Lauterbach, 1537).
22. Vgl. Spicq, Esquisse, S. 17, 82, 279f; Wernle, Alle-
    gorie, S. 97; Beißer, Claritas, S. 40.
23. Vgl. Beißer, aaO, S. 39.
24. Vgl. Augustin, De Genesi ad litteram I,21; MPL 36,262 =
    CSEL 28,30f; dazu Beißer, aaO, S. 50f.
25. Edel, Erbe, S. 38, glaubt, Luther habe die Bindung der
    Wahrheit an die Kirche nicht erkannt. Dem scheint mir
    zu widersprechen, was er zu Ps 118(119),24 schreibt:

wer auf ihrem Boden bleibt, kann unbesorgt darin spa-
zierengehen wie in einem großen Garten, in dem viele
schöne Blumen stehen, und kann immer wieder neue Aus-
blicke und Kleinodien entdecken. Er kann seinen besonderen Interessen nachgehen, seien sie spekulativer,
mystischer, erbaulicher oder apokalyptischer Art[26].
Nur darf er niemandem das Recht absprechen, etwas anderes zu tun und zu erkennen. Man weiß ja aus 1 Kor
12-14, daß derselbe Geist mancherlei Gaben austeilt,
die alle ihren Eigenwert haben. Nach tieferen Erkenntnissen zu streben, ist aller Mühe wert[27], man darf dadurch nur nicht aufgeblasen werden. Über die Psalmen
zu meditieren, war eine der Hauptbeschäftigungen, die
von jeher in den Klöstern betrieben wurden. Zu solcher
Kontemplation zog man sich aus dem Getriebe und den Gefahren der Welt zurück. Auch Luther war ja Mönch geworden und seine Hörer waren z.Zt. der 1. Ps-Vorlesung
noch überwiegend Mönche[28].

Auf der soeben nur ganz kurz und vielleicht etwas
einseitig und pointierend skizzierten Grundlage beruht sicher ein großer Teil der Aufzeichnungen, die
sich Luther für seine Vorlesung gemacht hat, und wie
mir scheint, gerade auch in den Zusammenhängen, in denen bestimmte Stellen aus der Apk auftauchen.

Die traditionelle protestantische Forschung steht

"Quocirca recte patres antiqui dixerunt, nihil esse
agendum, nisi esset conforme testimoniis Scripturarum
et sanctis doctoribus." 4,318,1f; vgl. 3,578,14ff.
Auch Mauser, Häresie, S. 63f, meint, daß Luthers Äußerungen über das Verhältnis von Bibel und Lehramt der
Kirche nicht aus dem Rahmen fallen, jedenfalls äußerlich nicht; vgl. Scheel, Luther II, S. 433. Auch später erkennt Luther nie die Behauptung an, seine Lehre
widerspreche der Lehre der Kirche, vielmehr wirft er
dies seinen Gegnern, ja dem Papsttum selbst vor.

26. Vgl. Vogelsang, Anfänge, S. 22. Er wertet diese Möglichkeiten mit dem späteren Luther ab; ob aber dessen
spätere Position der mittelalterlichen überlegen ist,
das erst einmal zu prüfen, wäre eigentlich die Aufgabe
des Forschers.

27. Vgl. Seeberg, Anfänge, S. 229.

28. s. Böhmer, Vorlesung, S. 9f.

freilich in der Versuchung, gerade diese Partien kurz
abzutun als die "Hüllen", unter denen man einen "neuen
Gehalt entdecken" sich bemühen muß[29]. Demgegenüber muß
bewußt festgehalten werden, daß Luther in seiner ersten
Zeit in diesen Gedankengängen und dem dazugehörigen
Lebensgefühl zuhause war und sich wohl auch weitgehend darin geborgen gefühlt hat[30]. Damit haben wir
auch einen weiteren Gesichtspunkt für die Beantwortung der zu Anfang dieses Teiles gestellten Frage
nach der Vertrautheit der Apk gewonnen, nämlich den,
daß sich die Apk gut in den Rahmen meditativer Ps-
Deutung, wie sie Luther geübt hat, einfügt.

> Daneben gibt es nun freilich auch Gedankengänge,
> die zwar aus dem Nährboden der Tradition, etwa
> der augustinischen oder bernhardinischen, erwach-
> sen sind, aber auf Grund von Luthers besonderer
> Gottesbeziehung geeignet sind, den von der katholi-
> schen Kirche gesteckten Rahmen allmählich zu spren-
> gen. Sie sind jedoch in der 1. Ps-Vorlesung noch
> nicht so weit entwickelt, daß es mir möglich und
> sinnvoll erschiene, sie jetzt schon systematisch
> darzustellen[31]. Denn zunächst soll ja erst einmal
> der Ausgangspunkt von Luthers Entwicklung deutlich
> zutage treten. An einzelnen Punkten kann daneben
> auch das Neue hervorgehoben werden.

4. Kapitel

Exegetische Funktion der Apk-Stellen

Kehren wir nun wieder zur Untersuchung der Apk-
Zitate in der 1. Ps-Vorlesung zurück, so muß unsere
nächste Frage lauten: Welche Funktionen im Rahmen der
von Luther in den 'Dictata' geübten Auslegungsmethode
haben die Apk-Stellen? Bestätigt sich an ihnen, was
oben ganz allgemein über die Stellung der Apk im Rah-

---

29. Mauser, Häresie, S. 63. Parallele Formulierungen sind
    bei Edel, Erbe, S. 8 und Anm. 34, gesammelt.
30. Luther bezeichnet sich ja auch später als 'artifex in
    allegoriis': TR 1,136,14 = BoA 8,44,7: Nr. 335 (Dietrich,
    1532).
31. Es soll vielmehr, ausgehend von den späteren expliziten
    Äußerungen, deren Wurzeln nachgegangen werden; s.u. 3.
    Abschnitt (S. 153ff).

men der allegorischen Schriftauslegung gesagt worden
ist?

I. Belege

Fragt man danach, warum Luther die verschiedenen
Apk-Zitate seiner Materialsammlung eingefügt hat, so
stellt sich heraus, daß der größte Teil der Zitate aus
der Apk, wie auch aus anderen Büchern der Heiligen
Schrift, im Sinne Luthers die Aufgaben haben, eine
Deutung des Textes als richtig oder zumindest auch
vertretbar zu erweisen durch den beigebrachten Beleg, der zeigen soll, daß andere Bibelstellen denselben Sinn haben. Diese Methode hat er schon als
Theologiestudent in Erfurt gelernt[1].

a) Formale Kennzeichnung

Formal hat Luther verschiedene Möglichkeiten,
den Beleg mit der Deutung in Zusammenhang zu bringen:
Entweder er stellt das Zitat, dann meist auch mit
Herkunftsangabe, ohne verbindende Partikel hinter
seine Auslegung. So kann es für sich selbst sprechen[2]. Oder aber er gebraucht Verbindungen mit be-
gründender Bedeutung wie 'enim', 'nam', 'quia'[3];
oder Vergleichspartikel wie 'ut', 'sicut', 'iuxta
illud', 'et ita', 'secundum regulam illam', 'cum S.
Iohanne', 'cum illo'[4]; oder er setzt die Deutung mit
dem Zitat gleich durch 'id est', 'qui sunt' etc.[5]
Besonders auffällig sind die Verknüpfungen durch 'unde', 'inde' und 'hinc'[6]. Wenn man versucht, den Gedankengang zu verfolgen, der einer solchen Verbin-

---

1. s. Scheel, Luther I, S. 133f, 375.
2. Bei Apk-Zitaten ist das 14mal der Fall.
3. 10mal; Seeberg, Studien, S. 11f, meint, daß "der überaus häufige Gebrauch von 'enim' in den Vorlesungen...
   für die Art Luthers zu denken bezeichnend sein könnte."
4. 14mal.
5. 11mal.
6. 10mal.

dung entspricht, so kommt man für die Mehrzahl der
Fälle zu folgendem Zusammenhang: Ein Wort im Text
wird als Metapher genommen, die der Deutung bedarf.
Diese erfolgt nach gewissen Übertragungsregeln, gestützt auf die Tradition, vertreten durch Kommentare
oder allegorische Lexika, oder auch nur auf die Kombi-
nationsgabe des Auslegers. Die Übertragungsregeln
gelten als zeitlos und allbekannt, zumindest denen
bekannt, die den Geist haben[7]. Wenn der Ausleger also eine parallele Formulierung in einem anderen biblischen Buch findet, die eigentlich ebenso erst einer
Deutung bedürfte, dann setzt er jedoch voraus, daß
der Verfasser dieses Buches schon dieselbe Regel gekannt und angewandt hat wie er und von daher diesen
Ausdruck im gleichen Sinne gewählt hat[8].

Manche Belege sind auf die angegebenen Weisen
auch direkt dem Text angefügt. Sie ersetzen damit,
besonders bei kurzen Glossen, die Auslegung oder
lassen in ihrer Auswahl darauf schließen, wie die
Deutung lauten müßte.

b) Leistungsfähigkeit der Belege im Sinne Luthers

Wie viel manche Belegstellen für Luther leisten
sollen, spricht er an einigen Stellen deutlich aus.
Sie können ihm z.B. bei der Suche nach dem rechten
Skopos dienlich sein. Wenn Luther etwa in der Vorrede zu seinem Psalterdruck u.a. Apk 3,7 (Christus hat
den Schlüssel Davids) programmatisch an dem Anfang
stellt[9], so will er damit seine hermeneutische Grundregel für jede Ps-Auslegung als richtig und biblisch

---

7. Verschiedene dieser Regeln sind besprochen bei Schlieben, Psalmenexegese, S. 130ff; vgl. Ebeling, Evangelienauslegung, S. 164.
8. Vgl. die Logik, die in einem solchen Satz steckt, wie
   ihn Perez in seiner Auslegung von Ps 86(87),1 formuliert: "12 apostoli sunt montes, in quibus fundatur
   tota civitas. Quam dispositionem civitatis non so-
   lummodo praevidit David in spiritu in hoc psalmo,
   sed etiam Johannes Apoca. 21[14]."
9. 55 I 1,6,5f.

begründet erweisen. Oder anders betrachtet: Diese
Grundregel, von ihm selbst mit dem Ariadnefaden verglichen[10], drängt sich ihm auf als Schlußfolgerung
aus den vielen biblischen Stellen, die er bei der
Suche nach sicheren Auslegungsgrundsätzen gefunden
hat[11] und die ihm alle dasselbe zu besagen scheinen:
"Omnis prophetia et omnis propheta / de Christo domino
debet intellegi / nisi ubi manifestis uerbis appareat
de alio loqui."[12]

Glaubt also Luther, in Apk 3,7 den Schlüssel zum
Verständnis des ganzen Psalters gefunden zu haben, so
geben für ihn andere Apk-Stellen mit den Ausschlag,
einzelne Psalmen in einer bestimmten Grundrichtung
zu interpretieren, so z.B. Ps 43 (44). In der Scholie
schreibt er dazu: "In isto psalmo omnia verba, que
malum exprimunt, debent relative accipi, et sub eis
intelligi eorum contraria, que sunt in spiritu. [Es
folgen Beispiele aus V. 10], secundum regulam illam
Deut. 32 [Zitat von V. 39]. Et Hebr. 12. [Zitat von
V. 6]. Et apoc. 3. 'Quos amo, castigo et arguo etc.'"[13]

Die Autorität eines Apk-Zitates, nämlich 2,23
(Ego sum scrutans renes et corda) genügt auch einmal
allein, um Luthers christologische bzw. ekklesiologische Deutung von Ps 100 (101) gegen die historische
Auslegung Lyras auf David als die wahre, von Gottes

---

10. 55 I 1,6,22-24: "filum directorium in hoc caliginoso
et sacro labyrintho".
11. Der Hinweis auf Apk 3,7 ist Luther wahrscheinlich aus
der Tradition zugeflossen, s.u. S.116.
12. 55 I 1,6,25f.
13. 3,248,32-39. Apk 3,19 wird von keinem anderen Ausleger an dieser Stelle verwendet, jedoch von Augustin
bei Ps 49(50),17 (MPL 36,580 = CChr 38, S. 594, § 24,
Z. 4) und von Cassiodor bei Ps 6,2 (MPL 70,61 = CChr
97,73). Die Leidenstheologie ist bei Ps 43(44) traditionell, weniger freilich die paradoxe Dialektik.
Augustin z.B. bringt sehr scharf den Zeitfaktor zum
Ausdruck: Bessere Vergangenheit, bessere Zukunft,
"medio tempore" jedoch Leiden (MPL 36,486 = CChr 38,
S. 485, § 10, Z. 12f). In der Interlinearglosse zu
V. 10 übernimmt Luther Augustins Gedanken zunächst:
WA 3,245,23f.

Geist eingegebene, wörtliche Bedeutung zu erweisen[14].

Natürlich dient auch öfters eine Apk-Stelle als
Entscheidungshilfe bei der Suche nach der besten Deu-
tung eines einzelnen Verses oder Wortes, so z.B. bei
dem Ausdruck "attollite portas principes vestras" in
Ps 23(24),7. Zunächst versucht es Luther mit seiner
Lieblingsdeutung, nämlich darunter die "principes
Synagoge" zu verstehen, und mit der Deutung anderer
Ausleger, die darin die "angelos celestes in ascen-
sione Christi" angesprochen sehen[15], dann aber
empfiehlt er als bessere Deutung die auf die Apostel
unter Hinweis auf Apk 21,12 (die 12 Tore Jerusalems)[16].
Diese Deutung scheint ihm auch besser in den Zusammenhang mit dem vorigen Vers zu passen. In der späteren,
neuen Scholie zu diesem Psalm gibt er allerdings zu,
daß er noch keine sichere Deutung für diesen Vers
gefunden habe. Er schlägt vor: "sacerdotes et senio-
res populi", "proceres Iudaeorum et universi magistri
populorum" und spricht von "bonis pastoribus" der Kirche[17].

Wir haben schon früher beobachtet, daß Luther bestimmte Abschnitte oder Verse innerhalb der Apk häufiger zitiert als andere[18]. Dies erklärt sich teilweise
ganz einfach aus der Aufgabe, die sie haben. Die oft
recht seltsame und unverständliche Ausdrucksweise des
lateinischen Psalters und die häufige Wiederkehr gat-
tungsspezifischer Formulierungen in den verschiedenen
Psalmen gibt Luther Anlaß, immer wieder seine Lieblings-
gedanken auszuführen. Für jeden dieser Gedanken ver-

---

14. 4,137,23ff; dort auch das entsprechende Zitat aus Lyras Postille angemerkt.
15. z.B. Faber und Lombardus, s. 55 I 1,213,43ff.
16. 55 I 1,212,18ff (Randglosse). Den in der Tradition
sonst häufigen Hinweis auf Apk 21,12 beim Stichwort
'portae' habe ich bei diesem Psalmvers in keinem der
verglichenen Kommentare gefunden.
17. 31 I,476,38ff.
18. s.o. S. 40ff.

fügt er über eine gewisse Anzahl von Bibelstellen,
die ihm als dicta probantia dienen[19]. Ihnen muß besondere Aufmerksamkeit gewidmet werden, da sie oft
auf eine bestimmte Weichenstellung in der Auslegung
oder auf charakteristisch von der Tradition abweichende Deutungen hinweisen.

> Soeben haben wir ein Beispiel für den ziemlich tradi-
> tionsbestimmten und von Luther wenig betonten Zusam-
> menhang der Stichworte 'fundamenta' und 'portae'
> mit Apk 21,12.14 und Ausführungen über die Führer
> der Kirche betrachtet[20]. Schon weiter oben[21] ist
> uns aufgefallen, daß Luther, wo der Gedanke an die
> Kirche als Neuschöpfung auftaucht, vorzugsweise
> Apk 21,5 zitiert[22]. Als Waffe in der Polemik gegen
> satte Gerechte dient ihm Apk 22,11b: "Qui iustus
> est, iustificetur adhuc"[23]. Für den ähnlichen Ge-
> danken, daß Lauheit die größte Gefahr der Gegen-
> wart sei, wird immer wieder das 7. Sendschreiben
> als Beweis herangezogen[24].

c) Beurteilung der Leistungsfähigkeit nach dem Schema
   von 1530

In seiner ersten Vorrede auf die Apk von 1522 hat
Luther dieses Buch überhaupt als weder apostolisch
noch prophetisch verworfen, und zwar u.a. auch deshalb,
weil sie so fast ausschließlich aus ungedeuteten Bildreden bestehe und die klare Botschaft von Christus vermissen lasse[25]. In der neuen Vorrede von 1530 hat er
sein Urteil stärker differenziert und dabei mehrere
Arten von Weissagung unterschieden und bewertet. Neben dem Weissagen im Sinne von Schriftauslegung kennt
er jetzt drei Arten, von Zukünftigem zu weissagen:

---

19. Luther geht offenbar zumindest in dieser Hinsicht mit
    der Bibel ähnlich um wie mit der Tradition. Edel, Erbe,
    S. 31, hat nachgewiesen, daß Luther aus Bernhard nur
    verhältnismäßig selten und dabei wiederum meist diesel-
    ben Lieblingsworte zitiert.
20. 5 Zitate.
21. S. 31; vgl. u. S. 74ff.
22. 5 Zitate.
23. 4 Zitate.
24. 9 Zitate.
25. DB 7,404,4ff.

1. "mit ausgedruckten worten, on bilde und figurn",
2. "mit bilden, aber doch ... daneben auch die auslegung mit ausgedruckten worten" und 3. "on wort oder
auslegung mit blossen bilden und figurn". Ohne gewisse
Auslegung ist letztere stumm und fruchtlos. Die Apk
rechnet er dem dritten Typ zu und begründet damit seine immer noch reservierte Haltung ihr gegenüber[26].
Wie das Schema zu beurteilen ist, werden wir später sehen[27]. Es soll hier aber einmal der Versuch
gemacht werden, zum Vergleich die Belege aus der Apk
in der 1. Ps-Vorlesung nach den drei angegebenen Re-
deweisen zu unterscheiden, da Luther ja 1530 rückblickend von seiner bisherigen Haltung zur Apk spricht,
und man daraus vielleicht schließen könnte, er habe
die bildhaften Ausdrücke der Apk gemieden.

Ein Teil der Zitate redet gar nicht von der Zukunft, sondern spricht Allgemeingültiges aus, so z.
B. die Stücke aus den Sendschreiben wie 2,23; 3,16f
und 3,19f und das dictum probans aus der abschließenden Beglaubigung 22,11b. Da sie eben meist mehrfach
zitiert werden, machen sie eine nicht zu unterschätzen-
de Gruppe aus, und gerade sie läßt Luthers Vorrede unberücksichtigt.

Ausgedrückte Worte sind wohl die Sätze, die von Lohn
und Vergeltung sprechen wie 14,13 und 22,12, ebenso wie
die Lieblingsstelle 21,5, die von der Neuschöpfung
spricht.

Bilder mit Auslegung hat Luther auch in der Apk gefunden, zugestandenermaßen allerdings nur wenige. Er
hat sie aber dankbar angenommen und zur metaphorischen
Deutung von Psalmworten herangezogen. Ich habe bei ihm
nur zwei Stellen gefunden, auf die diese Charakteristik
genau zutrifft.

Apk 17,15: "Aquae, quas vidisti,... populi sunt",
von ihm zu Ps 28 (29),3 ausdrücklich angeführt und
noch öfters ohne Quellenangabe als Übertragungshil-

---

26. DB 7,406,2ff.
27. s.u. 5. Abschnitt (S. 400ff).

fe benützt[28]. Diese Deutekategorie aus der Apk gehört zum Grundbestand allegorischer Auslegung. Sie wird nicht nur von (Pseudo-)Hieronymus[29] und Hugo[30] im gleichen Zusammenhang herangezogen und ausdrücklich als der Apk entnommen gekennzeichnet, sondern an anderen Stellen auch von Augustin[31] und Cassiodor[32]. Außerdem hat sie Eingang gefunden in das allegorische Lexikon des Alanus de Insulis[33]. Das andere Deutewort steht im gleichen Zusammenhang der Rede des angelus interpres in der Apk, nämlich 17,12: "Decem cornua, quae vidisti, decem reges sunt." Luther verwendet es zur Erklärung des Ausdruckes "cornu salutis meae" in Ps 17 (18),3[34].

Aber auch Stellen, bei denen Bild und Deutung sprachlich nur in einer lockeren Beziehung zueinander stehen, können in gleicher Weise Verwendung finden, da die herrschende Auslegungsmethode sehr schnell zu einer Ineinssetzung kommt und keinen deutlichen Unterschied zwischen Vergleich und Metapher mehr macht.

Ein Beispiel dafür ist Apk 8,3f: "Data sunt illi incensa multa, ut daret de orationibus sanctorum... et ascendit fumus incensorum de orationibus sanctorum..." Nachdem die Vulgata durch die Konstruktion mit 'de' statt des griechischen Dativs ταῖς προσευχαῖς[35] der Gleichsetzung von Rauch und Gebet vorgearbeitet hat, kann Luther formulieren: "'Data sunt ei incensa multa', que sunt orationes sanctorum. 'Et ascendit fumus aromatum', i. e. orationum desyderia, 'de manu angeli' etc."[36] Auch diese Deutekategorie ist traditionell. Ich habe sie zwar an der Stelle, wo Luther sie erwähnt, bei keinem anderen Ausleger ausdrücklich an-

---

28. 55 II 1,161,4f; 55 I 1,256,7f; 3,490,14; 504,30f; 505,16. An den letzten vier Stellen fehlt in der WA jeder Hinweis auf Apk 17,15.
29. MPL 26,954.
30. (allegorice:) "Super aquas, i.e. super populos Iudaeorum, qui erant in fluxu vitiorum, facta est. Aquae enim multae populi multi, ut dicitur Apocalypsi 17."
31. Im Register zu CChr 38-40 sind 4 Stellen angegeben.
32. zu Ps 106(107),23; MPL 70,772 = CChr 98,980.
33. MPL 210,704.
34. 55 II 1,128,12-14.
35. dessen richtige Deutung bei Bousset, Offenbarung, S. 293f, zSt.: "Dat. commodi: Der Rauch stieg auf zu Gunsten der Gebete der Heiligen."
36. 55 II 1,140,21-23: Scholie zu Ps 17(18),9.

geführt gefunden[37], aber Cassiodor zitiert den Vers
zu Ps 140 (141),2, wobei er sich, dem Psalmtext entsprechend (dirigatur oratio mea sicut incensum in
conspectu tuo), als geschulter Rhetoriker bewußt
bleibt, daß es sich nur um einen Vergleich handelt[38].
Bei Alanus de Insulis wird die Bedeutung 'oratio'
für 'fumus' unter Hinweis auf Apk 8,3 als die erste
und eigentliche aufgeführt[39].
    Ein anderes Beispiel ist Apk 21,14: "Murus ci-
vitatis habens fundamenta duodecim, et in ipsis duodecim nomina duodecim apostolorum agni." Leicht
zieht der Allegoriker daraus den Schluß: Unter Fundamenten sind also Apostel zu verstehen, und zwar
nicht nur hier, sondern möglicherweise überall, wo
der Ausdruck 'Fundament' vorkommt. Luther bleibt
allerdings dabei nicht stehen, sondern deutet auch
noch 'Apostel' weiter metaphorisch[40].

Bilder ohne mitgegebene Auslegung zieht Luther häufiger heran. Ich zähle immerhin 26 Stellen dieser Art.
Er verwendet sie genauso wie die anderen, nämlich als
ob sie klar und eindeutig wären. Woher gewinnen sie ihre Deutung? Großenteils durch die Auslegung der Väter.
Diese ist in Luthers Gedächtnis oft so fest mit dem Bibeltext verwachsen, daß sie für ihn die unangezwei-
felte ursprüngliche Bedeutung des Textes geworden
ist. Daß Luther zu dieser Zeit jedenfalls nicht wie
1530 der Meinung ist, die Väter hätten "nichts gewisses auffbracht"[41], sondern oft, womöglich ohne sich
dessen voll bewußt zu sein, ihre Auslegung mit der
Intention des heiligen Geistes indentifiziert, haben
wir vorhin schon bemerkt, als wir dem Hinweis gefolgt
sind, den so unscheinbare Partikel wie 'unde' etc.
uns geben können[42]. Einige Beispiele sollen diesen
Tatbestand noch etwas klarer und gleichzeitig das,

---

37. Die Gleichsetzung von Rauch und Gebet an dieser Stel-
    le findet sich freilich schon bei Augustin (MPL 36,
    149 = CChr 38, S. 95, § 9, Z. 1f).

38. MPL 70,1000 = CChr 98,1262; vgl. Schlieben, Psalmen-
    exegese, S. 130ff.

39. MPL 210,800.

40. Näheres s.u. S. 78f.

41. DB 7,408,13.

42. s.o. S. 53f.

was allgemein über Luthers Auslegungsweise gesagt worden ist, am Einzelfall konkreter werden lassen.

Der lateinische Text von Ps 74(75),9 lautet: "Calix
in manu Domini vini meri, plenus mixto." Augustins
Ausführungen dazu lassen erkennen, daß es ihn Mühe
gekostet hat, dieser widersprüchlichen Aussage einen guten Sinn abzugewinnen. Schließlich versteht
er aber darunter die Geheimnisse des AT, die man
fleischlich wie die Juden oder geistlich vom NT
her interpretieren kann[43]. Diese Deutung ist in
die Tradition übergangen[44]. Luther ist sie ganz
selbstverständlich[45]. Er schreibt also in seiner
Scholie: "<u>Calix</u> est divina scriptura et doctrina
legis." Darum muß als Gegensatz auch folgen: "'Calix Babylonis' [Jer 51,7] est doctrina mundi."
Darauf folgt unmittelbar die Assoziation: "Unde
Calix in manu meretricis apoc. 17.[4] plenus abo-
minatione et fornicatione spirituali."[46] Mit dem
letzten, im Apk-Text nicht verankerten Wort gibt
er zugleich zu erkennen, daß er sich der Auslegungsrichtung der Apk-Stelle anschließt, die nicht
das naheliegende Verständnis 'weltliche Freuden'
vertreten[47], sondern einen tieferen geistlichen
Sinn suchen und ihn in der falschen Lehre sehen[48].
Für Luther ist dies aber anscheinend nicht nur eine mögliche Deutung, sondern das, was Johannes
selbst aussagen wollte.

Der Ausdruck 'pennae columbae' in Ps 67(68),14
gibt Luther Anlaß, in der Scholie dazu assoziativ

---

43. MPL 36,953ff = CChr 39, S. 1032f, § 11f.

44. Sie wird z.B. von der Glossa ordinaria (MPL 113,963),
    Petrus Lombardus (MPL 191,701f) und Alanus de Insulis
    (MPL 210,726) weitergegeben.

45. 3,516,38ff. Bezeichnenderweise verwandelt er Augustins
    Eingeständnis seiner Verlegenheit ob der Dunkelheit
    dieser Schriftstelle - Augustin bringt es unmittelbar,
    bevor er die Deutung: 'calix' = 'lex' vorschlägt (MPL
    36,954 = CChr 39, S. 1033, § 12, Z. 17ff), - in die
    mit Nachdruck vorgetragene Hauptaussage dieses Textes
    über die heilige Schrift: Ihr Verständnis liegt allein
    in Gottes Hand. Bei Hamel, Luther und Augustin, fehlt
    ein Hinweis darauf.

46. 3,514,32ff.

47. wie z.B. Joachim von Fiore: "Non sufficit divitibus
    huius mundi vasa pretiosa ad ostendendam vanitatem
    gloriae suae, nisi in eis continue propinentur ex-
    quisita vina, in quibus est abhominatio ebrietatis
    et immunditia luxuriae, per quae excluditur Spiritus
    Sanctus a corde multorum" (es folgen die Zitate von
    Eph 5,18 und Jes 5,22), Alanus de Insulis (MPL 210,
    726) oder Rupert von Deutz (MPL 169,1133f).

48. wie z.B. die Glossa ordinaria (MPL 114,740).

eine Kette metaphorischer Deutungen zu bilden,
ganz wie es seiner Schultradition und der mönchischen Meditationsübung entsprach. Die Taube ist
selbstverständlich nach uraltem Verständnis des
Hohenliedes die Kirche; die Federn sind die
Kontemplativen in ihr; die Federn bilden zusammen zwei Flügel - davon steht zwar nichts im Text,
aber der Gedanke entsteht zwanglos, wenn man sich
die Vorstellung eines Vogels vollständig und plastisch vor das innere Auge hält -; was bedeuten die
zwei Flügel? Zahlen spielen für die Allegorisierung
eine wichtige Rolle. Man sucht also 'geistliche'
Dinge, die, wie in diesem Fall, paarweise vorkommen.
Dazu zählen als beliebtestes Begriffpaar die beiden
Testamente. Sie erheben den, der sie studiert, den
Kontemplativen, empor zu Gott, wie Flügel. Das paßt
sehr schön zusammen. Der muskulöse Rücken, das sind
die Aktiven, die der Welt zugewandt sind - auch eine altvertraute Vorstellung[49]. Es folgt daraus, daß
jeder Doktor der Kirche in der heiligen Schrift gelehrt ist (und zu sein hat). Wo in der Bibel wird
dieselbe Sache mit demselben Bild ausgedrückt? In
Apk 12,14, nur sind es da Adlerflügel, und die Kirche erscheint im Bild einer Frau. Aber auch dort
hat die Tradition, ausgehend von Ticonius[50], dieselbe Aussage gefunden. Deshalb kann Luther schreiben:
"Iste due ale sunt date Mulieri apoc. 12."[51] Im

---

49. Über das Begriffspaar 'contemplativi' und 'activi'
    bei Luther und seine Verankerung in der Tradition s.
    Vercruysse, Populus, S. 173ff.

50. Vgl. Prigent, Apocalypse 12, S. 16; bei ihm auch die
    Deutungen der wichtigsten späteren Ausleger, z.B. auch
    die etwas abweichende Joachims (S. 43) und die ganz
    andere Lyras, die von Alexander Minorita herkommt (S.
    45). Es fehlt nur das 'Opus arduum', das er hat nicht
    erreichen können. Es steht an dieser Stelle in der
    alten Tradition, s. dazu die Prigent ergänzenden Anga-
    ben bei Molnár, Apocalypse XII, S. 218, auch über die
    hussitische Interpretation S. 222f und 226.

51. 3,397,31ff. Von den früheren Auslegern hat anscheinend
    keiner dieses Zitat hier assoziiert. Hugo, der an die-
    ser Stelle dieselbe Deutung bringt ("O pennae columbae
    deargentatae: id est, o praelati et doctores eloquio
    Domini eruditi, qui ecclesiam debetis sursum levare."),
    hat Apk 12,14 zwar beim gleichen Stichwort in Ps 54(55),
    7, jedoch zusammen mit anderen Deutungen ("Alae sunt
    duo brachia caritatis, vel timor et amor, vel cognitio
    et affectio, vel meditatio et oratio, Apocalypsi 12",
    folgt Zitat von V. 14). Im Apk-Teil seines Kommentars
    bringt er wieder andere Begriffspaare: "Hae alae sunt
    vita activa et contemplativa, quae significatae sunt
    per Martham et Mariam, Luc. 10. Vel duae alae sunt
    amor Dei et proximi, de quibus Matth. 22[37]: 'Dili-
    ges...' Vel duae alae sunt contemptus mundi et frui-
    tio Dei."

gleichen Sinne kehrt das Zitat von Apk 12,14 noch
zweimal in der 1. Ps-Vorlesung wieder: bei Ps 90(91),
4[52] und bei Ps 103(104),3[53]. Luther scheint also tatsächlich nur diese eine Vorstellung damit verbunden
zu haben.

Dem Uneingeweihten ziemlich unverständlich mutet
die Interlinearglosse zu Ps 44(45),10 an. Luther findet in der wortgetreuen lateinischen Wiedergabe des
hebräischen Psalters den Ausdruck 'diademate aureo';
er schreibt dazu: "Hec est fides vel chorus Apostolorum Apoc. 12."[54] Wo kommt in Apk 12 der Chor der
Apostel vor? Eigentlich nirgendwo. Schlägt man jedoch einen beliebigen Apk-Kommentar auf, z.B. die
Glossa ordinaria, so findet man in V. 1 das Bild der
12 Sterne auf dem Haupt der mythologischen Frauengestalt etwa folgendermaßen gedeutet: "Id est duodecim
apostoli, quibus mundus credidit, vel in quibus mundum vicit ecclesia."[55]

An der letzten Stelle wird ganz besonders deutlich,
daß Luther die Deutung des Textes zwar von einer biblischen Parallele her bezieht, aber doch nicht aus ihrem
Wortverständnis, sondern aus ihrer feststehenden traditionellen Deutung, so daß er sogar statt des Textes
selbst die Auslegung zitiert[56]. Die drei ausgewählten
Beispiele zeigen außerdem, daß es eben die meist zeitlos spiritualisierende Deutung der Ticonius-Tradition ist, mit der Luther sich so eingehend vertraut
gemacht hat.

An einigen wenigen Stellen scheint Luther selbst
den Bildern eine eigene Deutung gegeben zu haben, so
z.B., wenn er in Apk 12,4 mit der doppelten Bedeutung
des Wortes 'detrahere', nämlich 'herabziehen' und 'Ab-

---

52. 4,68,35, Scholie.

53. 4,174,24, Scholie.

54. 3,252,1f.

55. MPL 114,732. Die Deutung stammt wiederum von Ticonius;
    vgl. Prigent, Apocalypse 12, S. 15. Joachim bringt eine
    andere 12-Zahl als Deutung: 12 Tugenden (Prigent,
    aaO, S. 43). Lyras Auslegung ist zu V. 1 noch tra-
    ditionell (S. 45), ebenso die des 'Opus arduum' und
    der Hussiten, s. Molnár, Apocalypse XII, S. 217,
    221 und 225.

56. Hier bei Ps 44(45),10 steht Luther allein mit sei-
    ner Bezugnahme auf Apk 12,1, hauptsächlich deshalb,
    weil die meisten anderen Ausleger den Hebräus-Text
    (aus Faber) nicht kennen oder berücksichtigen.

bruch tun', spielt und die Sterne als Symbole der Wahrheit auffaßt, der die Abergläubigen schaden[57], oder
wenn er den 'Löwen aus Juda' in Apk 5,5 als Symbol für
das Trachten nach geistlichen, zukünftigen Dingen betrachtet, im Gegensatz zum Kalb, dessen vier Füße die
vier fleischlichen Affekte darstellen, mit denen man
dem Irdischen verhaftet ist[58].

  Das Verständnis einer Apk-Stelle kann sich auch im
Laufe der 1. Ps-Vorlesung wandeln. Eines der seltenen,
aber dafür desto bezeichnenderen Beispiele dafür ist
Apk 14,13. Dieser Stelle müssen wir uns später noch
eingehender widmen[59].

  Die Aufgliederung der Belege in der 1. Ps-Vorlesung
ergibt also, daß der Maßstab von 1530 für die Auswahl
der Zitate nicht maßgeblich ist und daß Luther noch sehr
viel mehr als nur Bilder ohne Auslegung in der Apk findet. Ja, es zeigt sich, daß selbst diese ihm nicht un-

---

57. 3,505,28: Scholie zu Ps 73(74),14. Die spiritualisti-
    sche Tradition versteht unter dem Drittel der Sterne,
    die der Schwanz des Drachen hinabreißt, falsche Brüder
    (z.B. Ticonius nach Prigent, Apocalypse 12, S. 15)
    oder gefallene Engel (aaO, S. 36: Hugo de St. Cher),
    die weltgeschichtliche die Verfolgung durch den Per-
    serkönig Chosroe (aaO, S. 45: Alexander Minorita und
    Lyra). Immerhin steht Luther der ersteren näher. Wycli-
    fitische und hussitische Interpretationen bei Molnár,
    Apocalypse XII, S. 213f, 217, 219 und 221. - Eine ähn-
    liche Deutung von Apk 12,4 bringt Luther auch in dem
    am 1. Mai 1515 gehaltenen 'Sermo contra vitium detrac-
    tionis', dem das Psalmwort "disponet sermones suos in
    iudicio" (Ps 111[112],5) zugrunde liegt. Dort wird be-
    schrieben, daß es die Art des Satans, des Detractors
    par excellence, ist, durch Einflüsterungen Gott, der
    Gerechtigkeit und Christus in der Seele Abbruch zu
    tun, wie er im Bilde die Sterne vom Himmel zerrt. Frei-
    lich ist an dieser Stelle möglich, daß daneben die alt-
    kirchliche Auslegung des Apk-Verses Luthers Assozia-
    tion beeinflußt hat, da er im letzten Satz, bevor er
    das Zitat von Apk 12,4 bringt, vom Satan zu seinen Par-
    teigängern übergeht: 1,45,13-19, entsprechend 4,676,
    14-19.(Die zweite Überlieferung scheint die zuverläs-
    sigere zu sein.)

58. 4,102,14ff. Bei keinem der Ausleger habe ich zu Apk 5,5
    diese Vorstellung vorgeschlagen gefunden. Eine Reihe
    anderer möglicher Deutungen der Metapher 'leo' findet
    sich bei Alanus de Insulis (MPL 210, 834f).

59. s.u. S.102ff.

verständlich und fremd sind, da er sie gleich zusammen
mit der tradierten Ausdeutung kennengelernt hat.

Daraus läßt sich außerdem schließen, daß im Gegensatz zu Luthers bekannter Behauptung aus der ersten
Vorrede von 1522[60] sein 'Geist' sich, jedenfalls in
der Frühzeit, sehr wohl 'in das Buch schicken' kann.

II. Andere Funktionen

a) Prädikate

Unter den noch verbliebenen Übernahmen Luthers aus
der Apk ist eine Gruppe, die man unter der Bezeichnung
'Prädikate' zusammenfassen könnte. Es handelt sich
dabei um ehrende Metaphern, die wie z.B. 'lignum vitae' und 'principium et finis, Alpha et O' (Apk 22,2
und 1,8) Christus[61] oder wie 'leo de tribu Iuda' und
'radix' (Apk 5,5) David[62] beigelegt werden, oder aber
um Schimpfworte wie 'synagoga satanae' (Apk 2,9; 3,9),
die auf die Juden gemünzt sind[63].

b) Vergleichsmaterial für sprachliche Beobachtungen

Schon in der 1. Ps-Vorlesung sieht man Luther auf
sprachliche Feinheiten achten[64]. Auch dabei geht er
nicht an der Apk vorüber. Er stellt z.B. fest, daß in
Ps 83(84),4 'Altar' im Plural steht, während in Apk
6,9f nur von einem Altar die Rede ist[65]. Aus dieser
kurzen Bemerkung ist freilich wenig zu entnehmen. In-
teressanter sind schon die Ausführungen in der Scholie
zu Ps 110(111). Hatte der Wittenberger Professor die
'magna opera domini' in V. 2 auf die Kirche als die
Neuschöpfung Gottes bezogen, so veranlaßt ihn die Verbindung von 'opus eius' mit 'confessio et magnificentia'

---

60. DB 7,404,25f.
61. 55 II 1,18,4; 4,517,21.
62. 55 II 1,26,12.14, bezeichnenderweise nicht auf Chri-
    stus bezogen, wie in der Apk selbst!
63. s. dazu u. S. 96f.
64. Vgl. Raeder, Das Hebräische, S. 216.
65. 3,646,10f.

in V. 3 der irreführenden Vulgata-Übersetzung, vom Wirken Gottes durch das Tun der Menschen zu sprechen. In
einer Randbemerkung dazu erinnert er an die scholastische Distinktion von 'factio' und 'actio' bzw. 'opus
operantis' und 'opus operatum'. Diese Unterscheidung
sieht er in der hl. Schrift begründet. Für das Schöpfungshandeln Gottes findet er als Beleg Apk 21,5 (Ecce
nova facio omnia) und Jes 19,25 (Opus manuum mearum tu
es Israel), wie er vorher für Sein Handeln durch Geschöpfe Joh 6,28f (Quid faciemus, ut operemur opera Dei)
herangezogen hatte. Luther schließt daran die richtige
Vermutung an: "Puto autem, quod in Hebr. sint distincta
vocabula."[66]

---

66. 4,241,8-19 = BoA 5,190,23-36. Die Anmerkung der
    Herausgeber von WA 4 zu der Konjektur Luthers ist
    unglücklich gewählt: "מַעֲשֵׂה bei Jes, hier dagegen
    פֹעַל." Sie sollte besser lauten: "עֹשֶׂה in V. 2; in
    V. 3 dagegen פֹעַל." Raeder behandelt diese Stelle
    ausführlich aaO auf den Seiten 262f. Er verkennt
    aber, worum es Luther hauptsächlich geht, nämlich
    um den Unterschied zwischen Gottes unmittelbarem,
    schöpferischem Wirken und seinem Handeln durch Zweit-
    ursachen, weniger um die formale Unterscheidung von
    Handlung als solcher (actio) und dem Ergebnis der
    Handlung (factio). Zu dieser Verschiebung des Schwer-
    punktes hat sich Raeder verleiten lassen durch Nach-
    schlagen in einem scholastischen Lexikon (s. Zitat
    daraus aaO, S. 263, Anm. 2) und den Vergleich mit
    den späteren Bemerkungen Luthers in der 2. Ps-Vorle-
    sung zu Ps 1,3 (5,41,8ff). Das weiter unten behandelte
    Zitat von 3,154,5ff aus der 1. Ps-Vorlesung ist dage-
    gen eine echte Parallele, und diese enthält eben die
    Unterscheidung von 'causa prima' und 'causa secunda',
    von der die anderen Unterscheidungen von 'actio' und
    'factio', 'opus operantis' und 'opus operatum' ihre
    Bedeutung bei Luther gewinnen, hierzu s. die u. S.
    74f, Anm. 12, angegebene Literatur über den lutheri-
    schen Gedanken des 'opus Dei', besonders Seils, Gott
    und Mensch, S. 42. Im übrigen scheint es mir nicht
    sinnvoll zu sein, hier nach der tatsächlichen Bedeu-
    tungsverschiedenheit der zugrundeliegenden hebräi-
    schen Wörter zu fragen, da V. 2 und 3 als parallele
    Glieder ja beide dasselbe aussagen sollen. Es wird
    an dieser Stelle vielmehr gerade wieder deutlich, wie
    die damalige Auslegungsmethode, die überall Geheimnis-
    se vermutet, wo die Ausdrucksweise für logisch geschul-
    te Theologen ungewöhnlich erscheint, dazu führt, daß
    man die Eigentümlichkeit hebräischer Dichtung über-
    sieht. Dies geschieht bei Luther zwar nicht immer (vgl.
    Raeder, aaO, S. 288), aber doch überwiegend.

5. Kapitel

Die Apk-Zitate im Rahmen der Quadriga

Üblicherweise wird im Zusammenhang von Erörterungen über die Entwicklung von Luthers Hermeneutik sein Verhältnis zum vierfachen Schriftsinn abgehandelt. Man könnte also versuchen, aus der Einordnung der einzelnen Apk-Stellen in die vier Auslegungsrichtungen neue Aufschlüsse über ihre Funktion in der 1. Ps-Vorlesung zu gewinnen.

Man würde etwa feststellen, daß gar keine Stelle aus der Apk ausdrücklich der Anagoge zugeordnet ist und auch nur wenige Stellen in den Rahmen der Fragestellung "de praemio futuro et ea, quae in caelis est, vita futura"[1] passen würde, wenn man sie einem der vier Schriftsinne versuchsweise zuordnen wollte, und das, obwohl Luther aus der Apk die letzten beiden Kapitel, die an sich von der jenseitigen, zukünftigen Herrlichkeit sprechen[2], relativ häufig zitiert. Man könnte als Grund angeben, daß Luther wie üblich nur selten von der Möglichkeit anagogischer Auslegung Gebrauch macht[3].

---

1. Dies ist die Definition der Anagoge, wie sie z.B. in: Biblia, Basel 1509, Bl. 5b; Biblia, Venedig 1511, Bl. 2:8a, und entsprechend bei Beda Venerabilis, De tabernaculo I,6 (MPL 91,410), wiedergegeben ist.

2. In der soeben zitierten Vorbemerkung, die in einer Reihe von zeitgenössischen Vulgata-Ausgaben abgedruckt ist (vgl. Schild, Bibelvorreden, S. 109 und 136; er hat freilich nicht erkannt, daß es sich dabei zum grossen Teil um ein Zitat aus Beda, aaO, Sp. 410f, handelt), wird Apk 22,14 mit den Stichworten 'lignum vitae' und 'portae civitatis', die beide bei Luther vorkommen, als Beispiel für anagogische Deutung ausgelegt.

3. Vogelsang, Anfänge, S. 145, hebt dies besonders hervor und führt es auf Luthers besondere "ehrfürchtige Scheu, zur Eschatologie auch nur ein Wort zuviel zu sagen", zurück. Er belegt es auch mit Stellen. Ebeling fällt auf, daß Luther in der Praefatio zu seinem Psalterdruck bei der paradigmatischen Auslegung der ersten drei Psalmen nur jeweils eine litterale, allegorische und tropologische Deutung bringt. Zunächst deutet er diese Erscheinung in seinem Sinne in existentialen Kategorien (Ebeling, Anfänge, S. 226f). Später sucht er eine historische Erklärung und kommt damit der Sa-

che schon näher: Das für die Ps-Auslegung besonders
wichtige caput-corpus-membrum-Schema ergibt nur eine
dreifache Gliederung der Auslegung (Ebeling, Psalterdruck, S. 95f), und eben eine solche ist ebenso traditionell wie die vierfache. Das hat inzwischen Vercruysse, Populus, S. 19f, an Ebelings Darstellung mit Recht
korrigiert, unter Hinweis auf Lubac, Exégèse 1 I, S.
139ff, und Werbeck, Perez, S. 104. In dieselbe Richtung
gehen die Beobachtungen von Spicq, Esquisse, S. 268
("Dans la pratique, Étienne Langton, comme la plupart
des commentateurs, Hugues de Saint-Victor notamment,
ne tiendra pas compte du sens anagogique.") und S. 286
("Comme tous les médiévaux, S. Thomas ne traite guère
dans la pratique du sens anagogique."), und von Preus,
From shadow, S. 146, Anm. 40, der sich auch gegen Ebeling wendet, unter Berufung auf das mystische Verständnis des sensus anagogicus (vgl. dazu allgemein Lubac,
Exégèse 1 II, S. 621ff), von dem er Luther beeinflußt
sieht (Beispiel: 9,98,14ff = BoA 5,306,21ff: Randbemerkung zu Tauler, 1516). Auch eine kurze Durchsicht
der Randglossen im Ps-Kommentar des Hugo de St. Cher,
den Luther benutzt hat, zeigt sehr schnell, daß Hugo,
der laut Untertitel nach dem vierfachen Schriftsinn
auslegen will, fast nur litteraliter, allegorice und
moraliter auslegt (vgl. DThC 7,236: "Le sens anagogique ne vient qu'à l'occasion."). Es verwundert allerdings, daß derselbe Vercruysse in einem späteren Abschnitt (aaO, S. 187) irgendwie doch "dem Fehlen der
Anagogie außergewöhnliche Bedeutung" beimißt - was
er vorher (S. 20) an anderen Forschern kritisiert
hat -, indem er sich jetzt Vogelsangs Behauptungen anschließt. Wernle, Allegorie, S. 65, begründet das
Zurücktreten der Anagoge mit der Ausrichtung von
Luthers Lehre auf die Tat, wie er sie schon in der
Frühzeit erkennen will. Mauser, Häresie, S. 54f,
denkt offensichtlich ganz in Ebelingschen Bahnen.
Mir scheint die Argumentation all derer, die die
Vernachlässigung der Anagoge durch Luther hervorheben und mit der Besonderheit seiner Eschatologie
begründen, so lange der historischen Basis zu er-
mangeln, wie Luther anscheinend an anders eingestell-
ten Zeitgenossen gemessen wird, die er später als
'Schwärmer' verurteilt hat, und dabei sein Urteil un-
kritisch, ja als maßgeblich übernommen wird, statt
daß man Luther an der Tradition messen würde, von
der er direkt herkommt, die freilich noch wenig er-
forscht ist (vgl. aber die Disputation des Augustinertheologen Johannes Dorsten von 1465, auszugsweise gedr.
bei Kestenberg-Gladstein, Third Reich, S. 267-282, die
wohl als typisch für die Haltung der Erfurter Universität gegenüber dem Joachimismus im 15. Jh. gelten kann),
und an den repräsentativen Vertretern der gehobenen
Schultradition. So hat z.B. Kamlah, Apokalypse, S.
123 (vgl. auch S. 125f), aus seiner besseren Kenntnis der mittelalterlichen Apk-Auslegungstradition mit
dem einfachen Satz über Joachim von Fiore: "Die krau-

Aber damit ist ja der auffällige Tatbestand noch nicht
erklärt.

Man könnte dann feststellen, daß umso mehr Stellen
im Rahmen allegorischer Deutung auftauchen, nämlich
meist in Zusammenhängen, wo von der Kirche die Rede
ist[4].

Einen Teil der ekklesiologischen Zusammenhänge könnte man auch der wörtlichen Deutung einordnen neben einigen christologischen Stellen, da Luther ja darauf verzichtet, die Psalmen, wie so oft Lyra, historisch nach
dem 'tötenden Buchstaben' auszulegen[5], sondern sofort
'prophetisch' auf Christus oder, wo dies nicht gut möglich ist, auf die Kirche deutet[6].

---

sen Antichristmärchen apokrypher Literatur galten
ihm als eine Sache der simplices, der 'Ungebildeten'",
für mein Empfinden die Grundkonzeption eines so viel
zitierten Buches wie Preuß, Antichrist, nämlich, Luthers Eigenart durch Abhebung von der volkstümlichen
Tradition herauszustellen, praktisch als verfehlt,
weil überflüssig abgetan, wobei freilich nichts über
den Informationswert der einzelnen Abschnitte des Buches gesagt sein soll.

4. Vgl. Vercruysse, Populus, S. 27. - Mauser, Häresie,
   S. 55, weist auf die christologische Bindung der allegorischen Auslegung und ihre Beschränkung auf die Kirche bei Luther hin und folgert daraus: "Mit Allegorese
   hat das im Grunde genommen nichts mehr zu tun." Dies
   scheint mir wieder eine Überinterpretation zu sein.
   Die Verknüpfung von Christologie und Ekklesiologie ergibt sich durch das schon mehrfach erwähnte, mit der
   Quadriga verbundene caput-corpus-Schema. Wenn man nun
   statt des knappen Merkverses "quid credas allegoria",
   auf den sich Mauser bezieht, die etwas genauere Definition "praesentia Christi et ecclesiae sacramenta"
   (Biblia, Basel 1509, Bl. B5b; Biblia, Venedig 1511,
   Bl. 2:8a, nach Beda, MPL 91,410) wählt und mit Luther
   die Rede von Christus dem sensus litteralis prophe-
   ticus zuordnet, dann bleibt eben nur die Ekklesiologie für den sensus allegoricus übrig, jedenfalls
   in der Theorie; aber Mauser scheint mir Luthers theo-
   retische Behauptungen mit der Praxis früherer Zeiten
   zu vergleichen, was natürlich ebenso ungünstig für
   die Tradition ausfällt, wie es für Luther ausfiele,
   wenn man seine Praxis an den am vorsichtigsten abgesi-
   cherten Theorien der Scholastik messen wollte.

5. 55 I 1,4,31 und 8,4.

6. Über den Zusammenhang von Kirche und Literalsinn vgl.

Auch im Rahmen <u>tropologischer</u> Auslegung, die in der
Forschung besondere Beachtung gefunden hat[7], weil
darin bei Luther die fides Christi, aber auch ihr
Gegenteil, der geistliche Hochmut und die Selbstsicherheit, zur Sprache kommen, spielen, so könnte man
feststellen, bestimmte Apk-Stellen, wie das 7. Sendschreiben und 22,11b eine Rolle.

Genau besehen sprengt jedoch des Wittenbergers
schöpferische Phantasie dieses nicht erst bei ihm
stark alterierte Schema. Es ist sehr fraglich, ob
es für Luthers Exegese und Theologie z.Zt. der 1.
Ps-Vorlesung mehr förderlich oder mehr hinderlich
war. Jedenfalls hat er es genauso inkonsequent durchgeführt wie viele andere Ausleger vor ihm[8]. Er hat
daneben andere Regeln angewandt[9], oft aber auch nur
verschiedene Deutungen einfach aneinandergereiht.
Wenn es überdies richtig ist, und das scheint mir
auch bei Luther der Fall zu sein, daß die Quadriga
"kein schöpferisch heuristisches Prinzip, sondern
vor allem ein Ordnungsschema" ist[10], und die damit
angestrebte Ordnung in ihren Zusammenhängen viel
eher dogmatisch als hermeneutisch begründet ist[11],

---

die Ausführungen bei Vercruysse, Populus, S. 27ff.
Über das Verhältnis Luthers zu der in der Tradition
herausgebildeten und vor allem von Faber verwerteten
Theorie des doppelten Literalsinns vgl. Hahn, Faber,
S. 409ff und 426ff, und Ebeling, Anfänge, S. 219ff.

7. s. Ebeling, Anfänge, S. 227, und die dort in Anm. 1
   angegebene ältere Literatur.

8. Beißer, Claritas, S. 39, stellt zusammenfassend fest,
   "daß offenbar niemand im ganzen Mittelalter daran
   dachte, diese vier Sinne bei der Auslegung streng
   durchzuexerzieren."

9. z.B. das littera-spiritus-Schema, das caput-corpus-
   membrum-Schema und die Ticonischen Regeln (über Luthers Bekanntschaft mit ihnen s. Ebeling, Anfänge,
   S. 217, Anm. 4; über ihren Inhalt ders., Evangelienauslegung, S. 124ff).

10. Ebeling, Evangelienauslegung, S. 127.

11. Vgl. Bellucci, Fede, S. 103: "Era un ordine logico
    quanto mai teologicamente esatto e aderente ai dati
    della fede: da Cristo alla Chiesa, dalla Chiesa ai
    fedeli, dai fedeli alla gloria del paradiso."

dann ist es doch besser, unter Umgehung dieses groben und unzureichenden systematischen Schemas direkt
nach der Bedeutung der Apk-Zitate für die Systematik
von Luthers theologischem Gedankengut z.Zt. der 1. Ps-
Vorlesung zu fragen.

Als hermeneutisch bedeutsam muß in unserem Zusammenhang nur die Tatsache festgehalten werden, daß Luther eben nicht historisch, sondern geistlich auslegen will, im doppelten bei ihm vorkommenden Sinn, einmal im Sinne einer mystisch-hintergründigen Deutung,
wie sie dem Quadriga-Schema zugrunde liegt, das andere
Mal im Sinne der dem fleischlichen Menschenwillen entgegengesetzten Willensäußerung Gottes[12]. Beide Auslegungsweisen sind nicht wörtlich im heutigen Sinne, sondern allegorisch im landläufigen Verstand[13], auch und
gerade dort, wo Luther fest davon überzeugt ist, den
klaren Wortsinn erfaßt zu haben, und für beide Auslegungsweisen spielen Apk-Stellen eine nicht unbedeuten-
de Rolle[14].

C. Systematische Einordnung der Apk-Stellen

6. Kapitel

Ekklesiologie

I. Geschichtslos-positive Betrachtung: ecclesia uni-versalis

Wir haben oben festgestellt, daß sich bei Luther viele Stellen, die wir im Rahmen anagogischer Auslegung vermuteten, im Zusammenhang allegorischer (und literaler)
Deutung wiederfinden. Muß man daraus schließen, daß Lu-

12. Vgl. Brandenburg, Gericht, S. 147f. Er hebt freilich
    Luther zu scharf von der Tradition ab, wie auch die
    meisten anderen Forscher.
13. Die Umdeutung der Verheißung leiblicher Güter in die
    geistlicher Gaben ist z.B. ursprünglich beiden gemein-
    sam.
14. Beispiele für die erstere o. S. 58ff, für die letzte-
    re Apk 3,7 und 2,23, o. S. 55f, und das 7. Sendschrei-
    ben zusammen mit Apk 22,11b, u. S.104ff.

ther, entsprechend den hauptsächlichen Inhalten dieser
beiden Auslegungsweisen, die Eschatologie stark reduziert und die ihr zugehörigen Aussagen der Apk inner-
weltlich-kirchlich uminterpretiert hat? Nein, in dieser Schärfe stimmt ein solches Urteil jedenfalls nicht.
Denn Allegorie und Anagoge standen ja noch nie bezie-
hungslos nebeneinander, wie es manchem modernen Betrach-
ter erscheint, sondern sie bilden einen festen inneren
Zusammenhang, und dieser ist eben in der Ekklesiologie
gegeben, und zwar in einer Ausprägung der Ekklesiologie,
die gerade auch und wohl in entscheidendem Maße auf die
Apk selbst zurückgeht und in der römisch-katholischen
Dogmatik und Praxis noch heute eine größere Rolle spielt
als in der protestantischen. Gemeint ist die Vorstellung,
daß die Kirche eine Zeit und Raum übersteigende Größe
ist, die nicht nur alle Glaubenden umfaßt, die zu einer
bestimmten Zeit auf Erden leben, sondern auch die schon
vollendeten Heiligen, die mit den hier noch kämpfenden
Brüdern Verbindung haben, und daß die Kirche in ihrem
Wesen auch dieselbe bleiben wird, wenn nach dem Ende dieser Welt die vollkommene Trennung von allen un-
termischten Bösen vollzogen und nur noch die Schar der
Triumphierenden mit Gott und Christus vereinigt sein
wird. Daher können die Bilder der Apk, die eigentlich
die triumphierende Kirche beschreiben, wie vor allem
Apk 21 f, auch mit auf die streitende Kirche bezogen
werden; denn in ihr beginnt schon das neue Leben, das
Christus gebracht hat, allerdings noch verborgen, während der Aufbau der Heilsgemeinde, wie er im alten Israel schon schattenhaft vorgebildet war und jetzt in
der katholischen Kirche gebrochen zutage tritt, im Grunde immer gleich bleibt und bei der Vollendung eben nur
in vollkommener Reinheit erscheinen wird. Die Kirche
selbst ist eine eschatologische Größe, und wenn von
der streitenden Kirche die Rede ist[1], dann immer in

---

1. In der 1. Ps.-Vorlesung entscheiden darüber meist
   bestimmte, an logischen Kriterien gemessene Wort-
   zusammenhänge.

der Gewißheit, daß alle ihre wahren Glieder schließlich
noch das von Gott gesetzte Ziel erreichen werden, an
das einige schon siegreich gelangt sind. Wenn also aus
einer rein eschatologischen Aussage eine ekklesiologische gemacht wird, wird sie dadurch nicht einfach reduziert oder verschoben, sondern nur in ihren weiteren
Gesamtzusammenhang eingeordnet[2]. Die eben beschriebene
Struktur der Ekklesiologie ist auch der Grund dafür,
daß das Beispiel 'Jerusalem' sich so besonders gut eig-
net für eine Exemplifizierung der vier Schriftsinne, wie
sie Luther selbst noch durchführt, bei der ihre Einheit
und ihr Zusammenhang zwanglos klargemacht werden kann[3].
So wird auch verständlich, daß Lyra in seiner Wiedergabe dieses Beispiels schreibt: "Secundum sensum vero
allegoricum significat Ecclesiam militantem, secundum
quem dicitur Apocalypsis vigesimo primo: 'Vidi civitatem sanctam Jerusalem novam...'" (Apk 21,2)[4], während
er für den anagogischen Sinn Gal 4,26 (das obere Jerusalem) als Aussage über die triumphierende Kirche verwendet[5].

---

2. Dieses Verständnis der ekklesiologischen Vorstellungen der Apk wird in unserem Jahrhundert noch
pointiert von Allo, Apocalypse, 1921, vertreten,
besonders in der Einleitung zum dritten Teil,
überschrieben: "Vue synthétique de l'Église, dans
le temps et dans l'éternité", S. 312ff. Er führt
auch Zitate von Gegnern und Befürwortern dieser
Deutung aus der Tradition auf, darunter von Augustin für eine schwankende Haltung, von Beda als
eines Vertreters der Befürworter.

3. 55 I 1,4,3ff; zur Tradition dieses Beispiels s.
Apparat dazu und Lubac, Exégèse 1 I, S. 645ff und
2 II, S. 50ff.

4. MPL 113,28.

5. Über die zugrundeliegenden Denkvoraussetzungen der
Abbild-Urbild-Vorstellung und ihre mehr statisch-
räumliche Ausprägung in der Mystik im Gegensatz
zu ihrer mehr zeitlich-periodisierenden Ausprägung
in der Geschichtstheologie kann hier nicht ausführlich gehandelt werden. Bei Luther scheinen in der Frühzeit beide Richtungen ihren Niederschlag gefunden zu
haben. Zur ersteren vgl. die o. S. 68, Anm. 3, angegebenen Abschnitte bei Preus und Lubac, zur letzteren
das u. S.120 zu Apk 22,20 Gesagte.

a) Apk 21,1.5: Neuschöpfung

Versuchen wir nun, diese allgemeinen Ausführungen anhand der einzelnen Stellen zu bestätigen, so müssen wir mit dem programmatischen Satz aus dem Munde Gottes beginnen: "Ecce nova facio omnia" (Apk 21,5). Er zählt, wie wir gesehen haben, zu den dicta probantia Luthers[6] und läßt somit einen charakteristischen Grundgedanken erwarten. Zweimal ist damit auch das Wort vom neuen Himmel und der neuen Erde (Apk 21,1 entsprechend Jes 65,17; 66,22 und 2 Petr 3,13) verbunden und muß daher mitbehandelt werden.

Ps 91(92) will Luther nicht von den Werken der ersten Schöpfung verstanden wissen[7], sondern besser von der neuen Schöpfung, und die besteht in der Kirche, die von Christus geschaffen worden ist und in der sein Werk fortgeführt wird[8]. Die neue Schöpfung wird nicht erst nach dem jüngsten Tag beginnen, sondern sie hat schon mit Christus begonnen und ihre Wirkung äußert sich im neuen Leben und Tun der Christen[9], freilich noch sehr verborgen, so daß die Toren daran Anstoß nehmen müssen[10]. Denn die neue Schöpfung ist geistlich und kann nur durch den Geist, das Angeld der Neuschöpfung, erkannt werden[11]. Aber der Geist erkennt eben, daß es wirklich die ganz neue, endgültige Schöpfung ist, die einst allen offenbar werden wird. Darum läßt der Glaube schon von den unscheinbarsten Anfängen der neuen Schöpfung gesagt sein: "Siehe, ich mache alles neu."[12]

---

6. s.o. S. 56.

7. wegen 'misericordia' und 'veritas' in V. 3.

8. 4,81,2f.

9. Vgl. die Zitate aus Eph 2,10; Gal 6,15 und Jak 1,18 in 4,81,3-6; bei Haar, Initium, S. 49f, fehlt ein Hinweis auf diese Stelle.

10. 4,81,11ff.

11. 4,81,33f = BoA 5,180,16f.

12. 4,81,6f; vgl. die ähnlichen Gedanken moderner Theologen bei Brütsch, Offenbarung III, S. 29 zSt. - Über die Vorstellung des 'opus Dei', in deren Zusammenhang dieses Apk-Zitat bei Luther steht, vgl. Maurer, Frei-

Daß die durch Christus geschaffene Kirche eine noch
verborgene Glaubensgröße ist, drückt Luther an einer
weiteren Stelle in einer Glosse zum Stichwort 'operibus suis' in Ps 103(104),31 durch den Gegensatz aus:
"Opus Domini est Christus et Ecclesia, scilicet nova
creatura per veterem et visibilem significata." Die
Kirche ist das eigentliche, geistliche Werk Gottes,
auf das die erste, dingliche Schöpfung nur ein Hinweis ist. Auch hier belegt Luther diesen Gedanken mit
dem Zitat von Apk 21,5[13].

Die doppelte Schöpfung ist dann das Thema der
Scholie zu V. 23, durchgeführt an der Unterscheidung von 'facta' und 'acta'. Wieder heißt es:
"creatura: Invisibilis, intelligibillis per fidem
est Ecclesia", und Luther fügt mit Selbstverständlichkeit an: "que vocatur novum celum et nova terra."[14] Den Satz im folgenden V. 24 "Impletá est
terra possessione tua" will Luther nur von der
streitenden Kirche verstanden wissen, weil sie
nur auf Erden lebt[15], und hier ist in der Tradition der Ps-Auslegung eigentlich erst der Ort,
wo üblicherweise von der Kirche als neuer Kreatur
die Rede ist, dann aber gewöhnlich durch das Zitat
von 2 Kor 5,17 belegt, das mit dem Ausdruck "ecce
facta sunt omnia nova" stark an Apk 21,5 anklingt,
bei dem aber die Beziehung auf die hier auf Erden
lebende Gemeinde eindeutig die ursprüngliche ist[16].

Die folgende Erwähnung von Apk 21,5 in der Scholie zu Ps 110(111),3 ist uns schon einmal unter einem mehr philologischen Aspekt begegnet[17]. Wir fanden darin einen Ausdruck dafür, wie die Bibel vom
Schöpfungshandeln Gottes redet, wovon in V. 2 gehandelt wird, während in V. 3 das geschöpfliche Handeln
für Luther zur Sprache kam. Gehen wir nun in der
Scholie zurück zur Auslegung von V. 2, dann finden
wir auch hier wieder denselben ekklesiologischen Gedanken: Diese Werke sind die neuen Kreaturen, geschaffen in Christus durch den heiligen Geist. Es

---

heit, S. 130ff; Brandenburg, Gericht, S. 47ff; Seils,
Gott und Mensch, S. 41ff; mit besonderem Hinblick auf
die Kirche Vercruysse, Populus, S. 75ff. Bei den
vorlutherischen Ps-Auslegern habe ich an dieser
Stelle weder die Gegenüberstellung der beiden
Schöpfungen noch das Zitat von Apk 21,5 gefunden.

13. 4,171,29f.

14. 4,189,17f. Der Singular 'celum' rückt das Zitat
näher an Apk 21,1 als an Jes 65,17; 66,22 oder 2
Petr 3,13, wo jedesmal der Plural steht.

15. 4,189,26ff.

16. Das Zitat findet sich schon bei Augustin zSt (MPL
37,1377 = CChr 40,1521) und Cassiodor zSt (MPL 70,
737 = CChr 98,936).

17. o. S. 66.

sind die Apostel, Märtyrer und alle Gläubigen in
der ganzen Kirche. Ihre Größe ist der Welt verborgen; denn sie ist geistlich[18].
In der neuen Scholie zu Ps 1,3 von 1516 kommt
Luther auf die Werke Christi zu sprechen, von denen
der Psalm sagt, daß sie wohl geraten. Sie geschehen
'durch die Apostel und Jünger, in den Sakramenten
und Mysterien'. 'Auch die Pforten der Hölle können
ihr nicht widerstehen' (Mt 16,18), ihr, d.h. der
Kirche, aber Luther schreibt es noch nicht hin, er
hat es vorerst nur im Kopf. Stattdessen stellt er
die rhetorische Frage: Was ist es, was so wohlgerät?
Antwort: 'Neue Himmel, neue Erde'[19], 'ja, alles
macht der neu, der auf dem Thron sitzt' (Apk 21,5).
Dasselbe ist auch zu verstehen unter dem 'zukünftigen Erdkreis', von dem Hebr 2,5 spricht, und unter
den 'großen und herrlichen Werken Gottes', die in
Ps 110(111),2 und Apk 15,3[20] gepriesen werden. Der
Psalmist spricht davon im Futur, Luther aber kann
anfügen: "...et impleta sunt, Sicut videmus, Quia
impleuit Ecclesia, que est 'opus magnificentie eius',
totum mundum."[21] Jetzt also erst fällt das Stichwort
'Kirche', auf das alles hinauslief.

Die (streitende) Kirche ist das Werk, das Christus
nicht erst schaffen soll, sondern schon geschaffen
hat, das unter seinen Händen zur vollen Reife ge-
diehen ist, indem ihre Mission die Enden der Erde erreicht hat.

Anschließend belegt er noch die Identität von opus
Dei und Kirche mit Ps 110(111),3, und zwar im Gegensatz zur dortigen Scholie[22], indem er 'confessio'
etymologisch mit Hieronymus[23] als 'Judäa' bzw. 'Ju-
dith' interpretiert und 'Judäa' wiederum über Ps
113,2 mit der Kirche identifiziert. Bezeichnend an
diesem ganzen Abschnitt ist die Wendung, die Luther
von dem "futura dicuntur" zu dem "et impleta sunt"[24]
vollzieht. Zwar kann man vermuten, daß Luther an dieser Stelle die hermeneutische Überlegung angestellt
hat, von welcher Zeit die futurische Aussage des Propheten David zu verstehen sei; man kann auch bemerken,
daß Luther in diesem Moment aus Dan 2,35 den Stein

---

18. 4,240,26ff.
19. 55 II 1,18,21f steht 'celi' im Plural wie in Jes
    65,17; 66,22; 2 Petr 3,13, anders als in Apk 21,1.
20. s. dazu o. S. 31.
21. 55 II 1,18,15ff.
22. s.o. S. 65f und 75.
23. s. Apparat zu 55 II 1,19,4.
24. 55 II 1,19,2.

assoziiert hat, der die ganze Welt erfüllt, womit
natürlich auch die Kirche gemeint sein muß[25], und
von daher die Formulierung "impleta" sunt und "impleuit
Ecclesia" gewählt hat. Aber der Gedankengang entspricht
doch genau dem, der in Apk 21,5f vollzogen ist von
"ecce nova facio omnia" zu "factum est" und der einen
Beda veranlaßt hat zu kommentieren: "Sic dicit factum
esse de praeterito, ut dubitare quemquam non sinat
de futuro."[26] Eine direkte Abhängigkeit von Beda will
ich damit natürlich nicht behaupten haben; denn Luther kann ja, wie gesagt, an dieser Stelle auf andere
Weise zu seinen Formulierungen gelangt sein. Auch das
perfektische Verständnis von "ecce nova facio omnia"
kann er diversen Regeln mittelalterlicher Exegese entsprechend anderswie gewonnen haben, aber festzuhalten
bleibt doch:

Die ausgeprägte Einseitigkeit von Luthers Verwendung von
Apk 21,5 ist ungewöhnlich.

Sie tritt selbst an einer Stelle deutlich zutage, an
der eigentlich nur das Wort 'novus' erklärt werden
sollte und von der Kirche gar nicht die Rede ist.
Aber allein schon die Formulierung der Bezugnahme
("Christus,..., per quem Deus pater nova fecit omnia
apoc. 21")[27] und die Deutung, die dadurch belegt
werden soll, nämlich, daß der "homo novus homo gratie,
spiritualis et interior" sei[28], zeigt, daß auch hier
derselbe Grundgedanke im Hintergrund steht, nämlich:

---

25. Diese Auffassung wird schon von Ticonius im 'Liber
    regularum' vertreten, s. Burkitt, Book of Rules, S.
    2f.
26. MPL 93,195. Anders dagegen Rupert: Die Zeit der Buße
    ist vorbei, die endgültige Scheidung zwischen Babylon
    und Jerusalem steht unverrückbar fest (MPL 169,1192),
    oder die Glossa ordinaria: Nach der Erneuerung der
    Elemente gibt es nichts mehr zu tun (MPL 114,746).
    Beda versteht also den Ausspruch Gottes: 'Es ist ge-
    schehen' als in seiner eigenen Gegenwart gesprochen
    und rechnet von da aus zurück, während die anderen
    Ausleger sich diesen Satz als erst nach dem jüngsten
    Tag gesprochen vorstellen und von da aus nach vorn
    blicken, womit sie wohl dem Sinn dieser Stelle näher-
    kommen. Joachim begründet die Tatsache, daß hier von
    zukünftigen Dingen perfektisch geredet wird, mit dem
    Hinweis darauf, daß vor Gott 1000 Jahre wie ein Tag
    sind: "Hoc verbum 'Factum est' consummationem desig-
    nat. Dicit autem istud, ut non iam pro futuro, sed
    pro praesenti, quod dicitur, accipiatur" (folgt Zitat
    von Ps 89[90],4). Hugo schreibt: "Id est: cito fiet,
    quidquid praedictum est, et complebitur."
27. Hervorhebung von mir.
28. 3,182,24ff.

Die Neuschöpfung hebt an mit der Gabe des heiligen
Geistes an die Kirche und an den einzelnen in ihr, des
Geistes, der der Garant des ewigen Lebens ist.

b) Apk 21,12.14.27: Fundamente und Tore Jerusalems

   Mitbegründer und Führer der universalen Kirche
sind die Apostel, im Bereich der streitenden Kirche
gegenwärtig vertreten durch die Bischöfe. Johannes
hat ihnen in seinem Bild der civitas Dei auch den
ihnen gebührenden Platz zugewiesen. In Apk 21,14 heißt
es, ihre Namen stünden auf den 12 Fundamenten der Mauern
Jerusalems in typologischer Entsprechung zu den Namen
der 12 Pariarchen auf den 12 Toren. Dieser Zug des
beliebten Bildes hat sich in der Tradition verselbstän-
digt und dient als geläufige Deutekategorie für geistliche Auslegung[29]. Überall, wo in der Bibel die Wörter
'portae' oder 'fundamenta' vorkommen, ist es angebracht,
sich daran zu erinnern. Im Psalter ist dies öfters der
Fall, und so greift Luther mehrfach[30] ausdrücklich auf
Apk 21,12.14 zurück[31].

   Weiter als bei der schon behandelten ersten Erwähnung von Apk 21,12 in der Glosse zu Ps 23(24),7[32]
   reichen die Überlegungen, die Luther an das aus Apk
   21,12.14 gewonnene Verständnis von 'fundamenta' und
   'portae' in Ps 86(87),1f anknüpft. In einer Randglosse zu V. 1 stellt er zunächst nur einmal die beiden
   parallelen Zitate von Apk 21,14 und Eph 2,20 ausgeschrieben nebeneinander[33]. Damit folgt er ganz einfach der Überlieferung[34]. In der Adnotatio zu V. 2

---

29. Vgl. o. S. 60.

30. sogar häufiger als manche anderen Ps-Ausleger, z.B.
    Cassiodor, bei dem laut Register in CChr 98 Apk 21,
    12.14 gar nicht nachzuweisen ist.

31. Vgl. zu diesem ganzen Abschnitt Vercruysse, Populus,
    S. 103ff und 150ff.

32. s.o. S. 56.

33. 4,23,31ff.

34. z.B. Hugo: "Fundamenta eius, scilicet civitatis, quae est
    ecclesia, sunt in montibus sanctis, id est in aposto-
    lis, et fundaverunt eam in fide Christi, qui est fun-
    damentum singulare. De his fundamentis Apocalypsi 21"
    (folgt Zitat von V. 14). In der moralischen Auslegung
    bezieht sich Hugo dann auf Apk 21,19. Lyra: "Vel aliter:

in Fabers 'Quincuplex psalterium' liest man dann:
"Porte Zion sunt Ecclesie et dioceses, sicut 12 porte 12 apostolorum nomine insignite apoc. 21."[35] Abgesehen von der Verwechslung im Zitat[36] fällt auf,
daß hier die Tore mit den Partikularkirchen und
Diözesen gleichgesetzt werden. Die Begründung dafür
bringt Luther in der Scholie zum selben Psalm. Zuerst identifiziert er die Fundamente mit den Aposteln
und Propheten. 'Denn sie sind gemeint, wenn von 12
Quellen, Häuptern, Fundamenten oder auch Toren die
Rede ist. Deshalb kann man auch das Wort "Tore" hier
von ihnen verstehen, wie Johannes 12 Tore an der neu-
en Stadt Jerusalem sah (Apk 21,12).' Doch dann fährt
er fort: "Sed melius meo iudicio Cathedrales
seu Ecclesias parochias &c. intelligimus." Er
erinnert sich nämlich daran, daß im alten Israel
die Tore der Platz waren, an dem zu Gericht ge-
sessen und von den Propheten gepredigt wurde[37].
Dann fragt er sich, wo in der Kirche der Gegenwart
actualiter Entsprechendes geschieht. Die Antwort
muß lauten: beim Beichtehören, Predigen usw. Dies
geschieht eben "in Ecclesiis, parochiis, congrega-
tionibus fidelium" und 'deshalb sind sie Tore
Zions. Denn jeder, der gerettet werden soll, muß
durch sie hindurch.'[38] Inzwischen ist aber Luther
wieder Ps 23(24),7.9 eingefallen, wo von den 'principes' der Tore die Rede ist; die 'principes' der
Partikularkirchen sind die Prälaten. 'Daher ist
auch jeder Prälat, jeder Bischof und Pfarrer, ein
Tor Zions.' In diesem Sinne interpretiert nun Luther nochmals Ps 23(24),7.9[39].

So ist der Wittenberger von dem doch recht abstrak-
ten Gedanken, daß die Apostel grundlegend für die uni-

In montibus sanctis, id est in Christo et apostolis.
Et hoc modo loquitur Johannes Apocalypsi 21" (folgt
ebenfalls Zitat von V. 14). Die Auslegung von Perez haben wir schon o. S.54, Anm. 8, herangezogen.

35. 4,509,17f. Aus Faber selbst konnte Luther dieses Zitat nicht übernehmen. Aber Augustin verweist darauf
schon bei V. 1 (MPL 37,1103 = CChr 39,1201). (Pseudo-)
Hieronymus bringt bei V. 2 eine kurze Inhaltsangabe
des ganzen Kapitels Apk 21 (MPL 26,1145). Hugo legt
V. 2 moraliter so aus: "Portae Sion debent esse prae-
lati, per quos populus debet intrare in Sion in con-
templatione caelestium... Istae portae debent splen-
dere margaritis virtutum, sicut dicitur Apocalypsi
21[21]: Erant singulae portae ex singulis margaritis."

36. s.o. S. 29.

37. Vgl. Raeder, Das Hebräische, S. 243.

38. Also gibt es außerhalb der Kirche kein Heil.

39. 4,25,3ff.

versale Kirche sind, zu der ganz konkreten und aktuellen Pfarrerstätigkeit, wie er sie selbst ausübte, gelangt und hat auf dem Umweg über Apk 21,12.14 ihre
Existenzberechtigung aus Ps 86(87),1f nachgewiesen.

> Anläßlich der Wiederkehr des Ausdrucks 'Tore Zions'
> in Ps 147,13 kommt Luther auf das inzwischen Erar-
> beitete zurück. In einer Randglosse bietet er dazu
> eine vierfache Ausdeutung: 1. Verständnis der Schrift,
> belegt mit einem Zitat aus Apk 3,7; 2. Sakramente,
> speziell Taufe und Buße[40]; 3. die Einzelkirchen, in
> denen das Evangelium gepredigt wird, das der Weg ins
> himmlische Vaterland wie auch die Tür zur Kirche ist;
> 4. die Prälaten selbst, "ut patet Apoc. 21 de 12
> portis nominibus Apostolorum insignitis."

Das ist nun anscheinend für Luther die eigentliche Bedeutung von Apk 21,12.14 geworden[41].

Tore meinen ja eigentlich Zugänge. In diesem Sinne
ist in Apk 21,25ff noch eigens von den Toren Jerusalems
die Rede. Aus diesem Abschnitt greift Luther in der Interlinearglosse zu Ps 5,7 den Satz heraus: "Nihil inquinatum intrabit in eam."[42] Offen bleibt dabei zunächst,
wie wir schon einmal beobachten konnten, worauf sich
'eam' beziehen soll. Erst einige Zeilen später, wo es
heißt: "Introibo... in domum tuam", kommt die Erklärung mit: "Ecclesiam vel celum". Hier zeigt sich
deutlich die Durchlässigkeit der Grenzen zwischen Ekklesiologie und Eschatologie. Dieselbe schwankende Hal-

------

40. Vgl. Lyra zSt: "Dicuntur autem hic portae Hierusalem
    sacramenta novae legis, et maxime sacramentum baptismi,
    per quod ingressus ad ecclesiam."

41. 4,456,20ff. Die meisten alten Ausleger beziehen sich
    an dieser Stelle im Gefolge Augustins (MPL 37,1920 =
    CChr 40,2146) auf das Gleichnis von den zehn Jungfrauen
    in Mt 25. Eine ähnliche Reihe von Deutungen wie die
    Luthers bringt Alanus (MPL 210,906f), darunter:
    "Dicitur praedicator, unde legitur duodecim fuisse
    portas Jerusalem" (Sp. 907B).

42. 55 I 1,32,9f. Im Apparat ist keine Tradition dazu
    angegeben. Luther hat zu den Wörtern 'mendacium' und
    'abominabitur' im Text des Psalms die in Apk 21,27
    folgenden Wörter 'abominationem faciens et mendacium'
    assoziiert, ohne letztere aufzuschreiben. Beide Bi-
    belstellen stehen auch bei Alanus de Insulis s. v.
    'mendacium' beieinander (MPL 210,855).

tung macht sich auch in der traditionellen Deutung dieser Ps-Stelle bemerkbar[43].

c) Apk 12,1.14: Die Himmelskönigin

Ein anderes in der Überlieferung wie auch bei Luther zeitlebens beliebtes Bild für die Kirche ist
die himmlische Frauengestalt in Apk 12[44]. In der 1.
Ps-Vorlesung verweist Luther mehrfach darauf, jedoch
interessiert er sich nur für zwei zum Grundbestand spi-
ritualer Deutungskategorien gehörende Einzelzüge, nämlich den Kranz von 12 Sternen auf ihrem Haupt und die
Adlerflügel, mit deren Hilfe sie in die Wüste flieht.
Wir haben deshalb die entsprechenden Stellen schon unter hermeneutischem Gesichtspunkt kennengelernt[45]. In
systematischem Zusammenhang ist vor allem von Bedeutung,
daß es Luther offensichtlich fernliegt, Apk 12 mariologisch zu deuten, entsprechend dem Schwerpunkt in der
Auslegung durch die Kirchenväter, der eindeutig bei
der Kirche liegt[46].

Aus dem Kontext des Verweises auf Apk 12,1 bei Ps
44(45),10 ist zu entnehmen, daß die Kirche ein hierarchisch gegliedertes Ganzes ist, das die 12 Apostel
als hervorragende Lichter zieren. Gleich danach folgt
die "differentia ordinum, ministeriorum, virtutum
etc." Voran geht jedoch die fides, die allen gemeinsam ist und die Grundbedingung für die Gliedschaft
in der Kirche darstellt[47].
Im Zusammenhang mit Apk 12,14 stellt Luther in
der Scholie zu Ps 67(68),14 fest, daß jeder Doktor
der Kirche seine Lehre aus der heiligen Schrift
empfängt[48]. Zu Ps 90(91),4, wo wieder das Stichwort
'pennae' auftaucht (dem Psalmisten dient der Schutz
der Henne für die Küken als Vergleich), führt Luther
aus: Allegorisch betrachtet ist die Kirche eine Henne,

---

43. 55 I 1,34,3 und Apparat dazu.
44. Zur Auslegungstradition und über Luthers Deutung dieser Stelle zu verschiedenen Zeiten vgl. die ausführlichere Darstellung im 5. Abschnitt, u. S. 599ff. Hier
wird nur auf die für die 1. Ps-Vorlesung typischen
Gesichtspunkte eingegangen.
45. o. S. 62f.
46. s. Anm. 44.
47. 3,252,1ff; vgl. Vercruysse, Populus, S. 165.
48. 3,397,33f.

wie Christus, deren Fittiche die Prälaten, die Leiter
und Beschützer des Kirchenvolks sind. Sie decken es
ab gegen die Angriffe der Dämonen, und zwar indem
sie den wahren Glauben predigen. Wenn nur die Un-
tergebenen im Gehorsam gegen die Vorgesetzten ver-
bleiben, können sie Hoffnung haben. Der Wittenberger Psalmenausleger freut sich über diese schöne,
knappe Darstellung des Lebens und der Hierarchie
der ganzen Kirche in den Bildern dieses Verses.
Vor allem legt er Wert auf die Unterordnung unter
die Garanten der rechten Lehre. Eigentlicher,
sicherster Garant jedoch ist die Heilige Schrift
Alten und Neuen Testaments selbst; sie schützt
vor den Gefahren des Eigensinns, der uns zu leicht
Opfer des bösen Feindes werden läßt. Dasselbe ist
auch gemeint, wenn in Apk 12,14 die Frau, d.h. die
Kirche, zwei Flügel zum Schutz vor dem Drachen bekommt[49].

Im Handexemplar seines Psalterdrucks glossiert
Luther das Wort 'caelum' in Ps 103(104),2 mit:
"Ecclesiam tuam, spirituale coelum"[50]. In der Scholie dagegen schreibt er zunächst: '1.: Nach dem
Buchstaben beschreibt der Prophet das Werk des zweiten Schöpfungstages, Gen 1,6f'[51]. Daß aber dieses
'historische Geschehen' nicht gemeint sein kann,
zeigt ihm ein Blick auf den nächsten Vers, wo es
heißt: "Qui ponis nubem ascensum tuum." Da ist natürlich von Christi Himmelfahrt die Rede. Also versucht Luther es mit einer anderen, geistlichen Deutung, nämlich '2.: Der Himmel ist das Buch der
Schrift, womit das ganze Tabernakel der Kirche bedeckt wird'[52]. Luther benützt die Gelegenheit, von

---

49. 4,68,24ff. In der Überlieferung der Ps-Ausleger habe
ich an dieser Stelle nichts Vergleichbares gefunden.

50. 4,166,20. Damit folgt Luther wahrscheinlich ganz einfach der ersten Deutung Augustins, die er an dieser
Stelle bei seiner fortlaufenden Vergleichung der
'Enarrationes' finden konnte (MPL 37,1340 = CChr 40,
S. 1479, § 7, Z. 7ff). Diese metaphorische Gleichsetzung
von 'Himmel' mit 'Kirche' ist übrigens auch ein Sprung-
brett für diesseitige Interpretation jenseitig zu ver-
stehender Texte.

51. 4,173,30-33. Das entspricht genau der zweiten Deutung
Augustins (MPL 37,1341 = CChr 40, S. 1479, § 7, Z.
12ff).

52. 4,173,34f. Jetzt ist Luther bei der dritten Deutung
Augustins angelangt (MPL 37,1341 = CChr 40, S. 1479,
§ 8, Z. 1ff). Nur diese Deutung wird bei Hamel, Luther und Augustin I, S. 319f, als Übereinstimmung re-
gistriert. Alanus kennt auch alle drei Deutungsmöglich-
keiten, wobei er die Gleichung: 'caelum' = 'sacra
scriptura' mit Apk 8,1 (die Stille im Himmel) belegt.
Ticonius kommentiert nach der Überlieferung des Bea-

fleischlichem und geistlichem Verständnis der
Schrift, jüdischer und christlicher Exegese, altem
und neuem Gesetz zu sprechen. Letztere Unterscheidung findet er auch angedeutet durch die zwei Flügel,
die die Frau Apk 12,14 bekommen hat[53].

An dieser Stelle tritt die Verquickung der beiden Formen geistlicher Auslegung, nämlich der allegorischen und
der gegen das Fleischliche gerichteten[54], beispielhaft zutage. Neue Gedanken erwachsen aus alten Denktraditionen
und finden durch sie ihre Rechtfertigung. Die Kirche als
der Raum, in dem das Evangelium verkündigt wird, und die
Kirchenführer als Prediger des wahren Glaubens, so etwas
könnte man als spezifisch lutherisch auffassen[55]; die
Kategorien aber, in denen sie Gestalt gewinnen, stehen
schon Jahrhunderte lang zur Verfügung. Luther geht oft
souverän mit ihnen um, und ihr unerschöpflicher Reichtum
ermöglicht es ihm, zu jedem Zeitpunkt seiner Entwicklung seinen Ahnungen und Erkenntnissen Ausdruck zu
verleihen.

d) Apk 5,10: allgemeines Priestertum

Unauffällige traditionelle Notiz oder erste Anzei-
chen einer Neubegründung der Ekklesiologie, das ist
die Streitfrage auch im Zusammenhang eines Apk-Zitates,
das schon öfters Beachtung gefunden hat, und nicht zu
Unrecht. Es handelt sich um folgende Sätze aus der Scholie zu Ps 108(109),8 beim Stichwort 'episcopatum': "Id
est detractor iam non erit dignus offerre coram deo aliquid. Nam omnes fideles per Christum sacerdotem sunt

---

tus Apk 6,14 in einer Weise, bei der der assoziative
Übergang von 'Kirche' zu 'Bibel', veranlaßt durch die
Textworte: "caelum recessit ut liber involutus",
sehr schön verfolgt werden kann (abgedr. bei Hahn,
Tyconius-Studien, S. 93, Anm. 1). An dieser Stelle
vom Verhältnis von Kirche und Schrift zu reden,
ist also ganz alte Tradition, nichts spezifisch Lu-
therisches, wie man z.B. auf Grund der Ausführungen
Holls hierzu vermuten könnte (s. Holl I, S. 292f).

53. In der Tradition scheint Apk 12,14 an dieser Stelle
nicht verwendet worden zu sein.

54. s.o. S. 71.

55. Das tut z.B. Aarts, Amt, S. 57f, 97 und 102f.

sacerdotes et reges apoc. 5[10]."[56] Holl schreibt:
"Schon in unserer Vorlesung regt sich deutlich der Gedanke des allgemeinen Priestertums"[57]. Ähnlich äußern
sich auch andere Forscher[58]. Einige glauben eine gewisse Gewichtsverlagerung gegenüber der Tradition, aber
noch keine bewußte Formulierung eigener Gedanken entdecken zu können[59]. Vercruysse mahnt dagegen, wir sollten uns hüten, "voreilig aus verbalen Gleichklängen
Schlüsse zu ziehen". Charakteristisch für den Reformator sei nicht die Behauptung des allgemeinen Priestertums - das sei vielmehr ein traditionelles Lehrstück -,
sondern die Ablehnung des besonderen Priestertums vom
allgemeinen her, und diese finde sich in den Dictata sicher nicht. Luther wolle nur den priesterlichen, sprich
geistlichen, Charakter der Kirche zum Ausdruck bringen,
der aber von der priesterlichen Führung der Kirche abhänge. Das sei weniger als bei manchen zeitgenössischen,
gut katholischen Theologen. Vercruysse beruft sich dabei
auf Dabins reichhaltige Sammlung von Nachweisen[60]. Von
"dämmernden Ahnungen"[61] der späteren Lehre Luthers könne
kaum die Rede sein[62]. An Vercruysses Maßstab gemessen
ist freilich nichts Reformatorisches in der ganzen 1.
Ps-Vorlesung zu finden. Luther hätte sich zu diesem Zeitpunkt ja auch gehütet, gegen die regula fidei und
den consensus patrum zu verstoßen. Es ist auch wohl
nicht richtig, wie Holl es tut, von "dämmernden Ahnungen" Luthers zu sprechen. Luther konnte wirklich
nicht ahnen, was ihm einige Jahre später alles für
Irrtümer aufgezählt werden würden. Es bedurfte schon

---

56. 4,224,20-23.
57. Holl I, S. 305; in Anm. 4 ist unsere Stelle zitiert.
58. Rietschel, Liturgik II, 1. Aufl., S. 406; 2. Aufl.,
    S. 837; Brunotte, Amt, S. 134, Anm. 3; Vogelsang, An-
    fänge, S. 132f; Müller, Ekklesiologie, S. 109f; S.
    110, Anm. 62 unser Zitat.
59. Aarts, Amt, S. 81; Bravo, Sacerdocio común, S. 34.
60. Dabin, Sacerdoce Royal.
61. so Holl I, S. 306.
62. Vercruysse, Populus, S. 181f.

einiger wesentlicher Schwenkungen auf anderen Gebie-
ten, um ihn Apk 5,10 für das äußerliche Priestertum
als Anfechtung empfinden zu lassen, wie dies Ende
1519 deutlich der Fall ist[63]. Das geistliche Verständnis der Schrift läßt solche Probleme noch nicht aufkommen. Aber die einschlägigen Schriftzitate hat Luther schon parat und er bringt es fertig, sie an Stellen zu verwenden, wo kein anderer darauf gekommen wäre, wie z.B. hier bei Ps 108(109),8, wo doch ganz klar
die persönliche, hierarchische Funktion angesprochen
ist[64]. Die ständige Besinnung über die Zusammenhänge
unter den verschiedensten Schriftworten ist der Weg,
auf dem sich Luther an die Lösung seiner brennenden
Probleme herantastet, auf dem er aber später zu Konsequenzen weitergetrieben wird, vor denen er selbst
manchmal erschrickt[65], und dabei spielen eben auch solche Bibelstellen wie Apk 5,10 ihre Rolle. Aber ohne all
diese tastenden Schritte wiederum hätte Luther niemals
so weit kommen können, daß er sich schließlich öffentlich gegen die institutionelle Kirche wandte. Insofern
ist eben der klar reformatorisch schreibende Luther
der späteren Zeit nicht loszulösen von dem noch in traditionellen Kategorien denkenden und um Klärung seiner
Lebensfragen ringenden Psalmenausleger der Übergangszeit.

e) Übrige Stellen

   Der doppelte Aspekt der Ekklesiologie in der Apk
wird immer wieder deutlich in Visionen, die das himmlische Geschehen zeigen, das dem irdischen parallelläuft.
   Aus solchen Abschnitten sind noch drei Zitate
in Luthers 1. Ps-Vorlesung nachweisbar: Apk 8,3
(der Engel mit dem Rauchfaß)[66], Apk 6,9f (die

---

63. Br 1,595,26ff = Enders 2,278,24ff: an Spalatin, 18.
    12.1519; vgl. u. S. 188ff.
64. Unter den Ps-Auslegern scheint Luther tatsächlich al-
    lein zu stehen.
65. Vgl. 54,183,25ff; 186,25ff = BoA 4,425,21ff; 428,22ff;
    vgl. Campenhausen, Selbstbewußtsein, S. 131ff bzw. 321ff.
66. s.o. S. 59f.

Seelen der Märtyrer unter dem Altar)[67] und Apk
7,9 (die unzählbare Schar)[68]. Jedoch sind sie
nur beiläufig erwähnt, und aus ihrem Kontext
läßt sich kaum etwas über Luthers anfängliches
Verhältnis zu der für Johannes charakteristischen
Vorstellung von dem Zusammenwirken von ecclesia
triumphans und ecclesia militans entnehmen.

II. Geschichtliche Betrachtung: ecclesia militans

Von der Kirche auf Erden gilt prinzipiell, daß
sie verfolgt und angefochten ist, und zwar immer und
überall. Sie hat keinerlei Anlaß, Triumphe zu feiern,
Macht und Pracht zu entfalten. Wenn sie gerade einmal
keine Trübsal leidet, sollte sie sie suchen[1]. Schon
lange vor Luthers Auseinandersetzung mit dem Papsttum
als dem unzeitigen und damit antichristlichen Versuch,
Merkmale, die nur der himmlischen Kirche zugehören,
auf der Erde sichtbar zu demonstrieren[2], steht ihm
fest, daß die Kirche verborgen ist sub contraria specie[3].

Von den Verfolgungen und Anfechtungen der Kirche
zu sprechen bieten die Klagepsalmen oft genug Anlaß,
wenn von den Feinden des Beters und dem Wohlergehen
der Bösen die Rede ist. In der christlichen Exegese
werden jedoch solche Psalmworte in einen umfassenderen
Dualismus eingeordnet, den man gemeinhin als ein Charakteristikum der 'Apokalyptik' ansieht[4]: Gott und Satan,
Kirche und Welt, wahre Bekenner Christi und abgefallene

---

67. s.o. S. 65.

68. 4,435,7f: zu Ps 138(139),18.

1. 4,88,9ff mit Hinweis auf Apk 3,17: Der Reichtum und
   die Sicherheit der Kirche sind notwendigerweise einge-
   bildet.

2. Vgl. die Formulierung in der Bannandrohungsbulle Leos
   X. 'Exsurge, Domine': "... tuo Vicario... instar trium-
   phantis ecclesiae", EA **var.** 4,263.

3. z.B. 4,81,23ff = BoA 5,180,9ff.

4. Raeder, Das Hebräische, S. 300ff, vermutet hinter
   den Dualismen Luthers ganz allgemein hebräisches
   Denken. Das widerspricht meiner Interpretation nicht,
   da ja die Apokalyptik auch aus jüdischem Boden erwachsen ist.

Anhänger des Antichrists. Dazu tragen natürlich die Apk
selbst, aber besonders auch die von Ticonius herkommen-
de, spiritualisierende Auslegungstradition allgemeingültige Deutekategorien bei[5].

a) Dualistische Auslegung

Luther scheint eine ganz besondere Vorliebe für
solche Begriffspaare gehabt zu haben, die auf eine prinzipielle Aufspaltung der Welt in gut und böse deuten.
Das littera-spiritus-Schema ist dafür nur _ein_ methodi-
sches Hilfsmittel[6], in dessen Zusammenhang als Gegner
hauptsächlich die Juden und judaisierende christliche
Exegeten auftauchen[7]. Ein anderes Mittel sind die Regeln des Ticonius, darunter die zweite und besonders
die siebte, die besagt, daß man oft denselben biblischen Ausdruck von Christus mit seinem Leib oder vom
Satan mit seinem Leib verstehen kann[8]. Kennzeichnend
dafür sind meist die Formeln 'in (sensu) bono' und 'in
(sensu) malo'. Oder aber es wird einfach ein Begriff
von seinem Gegenteil her erklärt. Im Zusammenhang mit
Apk-Zitaten finden sich 11 solche doppelten Auslegungen. Bei einigen davon sind sogar zwei komplementäre
Apk-Stellen nebeneinandergestellt. Abgesehen von zwei
Abschnitten, bei denen Gott den Menschen entgegengesetzt wird[9], werden Gegensätze zwischen dem Reich Christi und dem Reich des Satans angesprochen.

---

5. Darüber s. Kamlah, Apokalypse, S. 57f, mit einer Liste verschiedener komplementärer Begriffe. Auch Augustin, auf den Maurer, Kirche, S. 91f, Luthers Dualismus zurückführt, steht in derselben Tradition. Daneben kommen bei ihm wohl auch noch andere Einflüsse
   zum Tragen.
6. Darüber Ebeling, Anfänge, S. 187ff und 218; ihm folgend Mauser, Häresie, S. 55ff.
7. z.B. 55 I 1,4,33; 8,4f. An diesen Stellen durchbricht
   Luther die friedliche Toleranz allegorisierender Exegese, aber er bleibt noch im katholischen Rahmen.
8. Ticonius führt dazu eine lange Reihe von Beispielen
   auf, Burkitt, Book of Rules, S. 70-85.
9. 4,244,6ff = BoA 5,193,17ff: Scholie zum Ausdruck
   'misericors et miserator Dominus' in Ps 110(111),4:

Der Ausdruck 'cornu', kann Christus und die Kirche
bedeuten (Ps 111[112],9 u.ö.), aber auch Satan und
das Reich des Antichrists (Dan 7,21; Apk 13,7)[10].
'Fumus' kann das Gebet der Heiligen symbolisieren
entsprechend Apk 8,3f, aber auch die Gotteslästerung der Verdammten, entsprechend Apk 14,11 und 19,3[11].
Der Satan ist schuld am Alten, der Sünde, weshalb
er 'alte Schlange' genannt wird (Apk 12,9), während
Christus das Neue schafft (Apk 21,5)[12].'Calix' bedeutet entweder die Lehre der heiligen Schrift (Ps
23,5) oder die Lehre der Welt (Jer 51,7; Apk 17,4)[13].
Christus kann nur bei den Demütigen sein, die sich
ihm öffnen (Apk 3,20), niemals bei den Hochmütigen
(Spr 30,13)[14]. Die Gläubigen sitzen in der Leitung
der Kirche Christi (Ps 122,5), während die Ungläubigen dort sitzen, wo der Satan herrscht (Apk 2,13)[15].

Zunächst werden anhand von Apk 3,17 die Begriffe
'miser' und 'miserabilis' erklärt, dann heißt es:
"Dominus autem nec miser nec miserabilis, immo miserens misero et miserabilem faciens..."; 4,336,7ff:
Scholie zum Stichwort 'bonitatem' in Ps 118(119),65:
Wer Gott gut nennen will, muß die Menschen böse nennen. Das gilt entsprechend für die Begriffe 'gerecht',
'weise', 'wahrhaftig' usw.; Beleg dafür: 'Wer gerecht
ist, könnte immer noch gerechter werden' (Apk 22,11b).

10. 55 II 1,128,14f: Scholie zu Ps 17(18),3: "Ecclesia
dicitur 'cornu' Christi..." 129,20: "Econtra in Malo
similiter..." Z. 22f: "Regnum antichristi Est cornu
eius, Ipse vlterius est cornu diaboli." Vgl. auch o.
S. 59.

11. 55 II 1,140,20f: Scholie zu Ps 17(18),9: "Fumus in
bono significat deuotionem orationis ascendentis ad
thronum Dei, vt Apoc." Z. 25f: "In Malo econtra Est
blasphemia et indignatio contra altissimum et superiores, vt Apoc. 14.19." Vgl. dieselbe Doppelheit bei
Joachim zu Apk 14,11, s.u. S. 119, Anm. 33, und Alanus
des Insulis (MPL 210,800).

12. 3,182,27ff: Scholie zu Ps 32(33),3 beim Stichwort
'canticum novum': "Novitas enim gratia est, vetustas
peccatum. Unde 'Serpens antiquus' vocatur Diabolus,
et Christus 'novum quod fecit dominus super terram'
[Jer 31,22], per quem Deus pater nova fecit omnia
apoc. 21."

13. 3,514,32f: Scholie zu Ps 74(75),8: "Calix est divina
Scriptura et doctrina legis, sicut 'Calix Babylonis'
est doctrina mundi. Unde Calix in manu meretricis apoc.
17."

14. 4,138,1ff: Scholie zu Ps 100(101),5 beim Stichwort
'superbi oculo': "Cum isto ergo non potest esse Christus, quia solum cum humilibus esse potest, nec comedit cum eo, nec ille cum eo. Apoc. 3."

15. 4,138,26ff: Scholie zum folgenden Vers beim Stichwort
'fideles terrae': creduli "digni fiunt sedere cum eo

Die Häretiker herrschen nicht über das Haus Davids
(Ps 122,5), sondern über Bethaven; sie bauen nicht
die Kirche Christi auf, sondern die Synagoge des
Satans (Apk 2,9)[16]. Die demütige, heimatlose Kirche
(Ps 119,20; Apk 22,11b) wandelt zwischen den hochmütigen 'Heiligen', die sich schon zur Ruhe gesetzt
haben (Apk 3,17)[17]. Die Armen sind der Hilfe Gottes
würdig (Mt 5,6), aber den Reichen hilft er nicht
(Apk 3,17)[18].

An den letzten 9 Stellen scheint Luther über das in
der traditionellen Auslegung übliche hinauszugehen[19].
Die Psalmtexte selbst geben ja auch meistens keinen
Anlaß dazu. Für die Eintragung des heilsgeschichtlichen Dualismus' ist also in diesen Fällen Luther
selbst verantwortlich, aber er hat ihn nicht erst
entdeckt, sondern dieser war in der Überlieferung

---

et ministrare ei, quando increduli... sedent... in
sede sathane."

16. 4,406,9ff: Scholie zu Ps 121(122),5 beim Ausdruck
'super domum David': "Siquidem et heretici sibi invi-
cem presunt et subsunt..., quia sedent non super domum
David, sed super domum Bethaven, id est Idoli. Erexerunt
sibiipsis synagogam sathane. Ergo ubi sedes eorum sedent,
Sathan in ipsis sedibus regnat [vgl. Apk 2,13]... Domus
autem David est ecclesia Christi."

17. 4,315,20ff: Scholie zu Ps 118(119),20, Erklärung der
Formulierung 'desiderare iustificationes': Ecclesia
"fuit et est semper incola in terra, ambulans inter
superbos sanctos." Z. 27 Zitat von Apk 22,11b; Z. 33
Zitat von Apk 3,17; Z. 35 das Stichwort 'humilitas'.

18. 3,442,31ff: Glosse zu Ps 69(70),6 beim Stichwort 'egenus': "Sancti autem Dei... semper sese confitentur non
habere et egere..., ideo digni et apti sunt adiuvari
a Deo. Divites enim et qui aliquid sunt, non iuvat.
Apoc. 3."

19. Nur bei Hugo de St. Cher habe ich Vergleichbares gefunden, allerdings nicht an den entsprechenden Stellen
selbst, sondern unter den häufigen konkordanzartigen
Zitatensammlungen zu bestimmten Stichwörtern. Sie heben sich durch das Schriftbild deutlich heraus. Dabei
werden die Zitate öfter durch 'in bono', 'in malo'
oder dergleichen vor der Klammer untergegliedert, z.B.
bei 'flos' in Ps 27(28),7, 'labor' in Ps 72(73),5 und
'mel' in Ps 80(81),17. Alanus de Insulis führt in seinem allegorischen Lexikon zwar oft positive und negative Deutungen auf, aber meist ziemlich ungeordnet,
z.B. s.v. 'cornu' (MPL 210,752). Einige doppelten Auslegungen Cassiodors sind zusammengestellt bei Schlieben, Psalmenexegese, S. 142.

immer präsent, genährt u.a. auch durch die Beschäftigung mit der Apk.

b) Das Schema der vier bzw. sieben Verfolgungen (Apk
   3,17)

   Man kann nun aber die Frage nach dem Einfluß der
Apk-Auslegungstradition auf Luthers Ausführungen über
die ecclesia militans an einem Punkt noch weiter verfolgen. Die Gilbert de la Porrée zugeschriebene und in
vielen Bibelausgaben[20] abgedruckte mittelalterliche Vorrede zur Apk[21] faßt in ihrem ersten Satz die zentrale
Aussage des letzten Buches der Bibel in dem Zitat aus
2 Tim 3, 12 zusammen: "Omnes, qui pie vivere volunt in
Christo, persecutionem patientur."[22] Die Kirchenverfol-
gungen sind also der Hauptinhalt der Apk. Diese haben
aber nur scheinbar mit Konstantin aufgehört. Die Taktik des Satans hat sich nur geändert. Er kämpft jetzt
innerhalb der Kirche selbst, und zwar sind seine Truppen hier die Häretiker und die falschen, lauen Christen[23]. Den Gipfel werden die Trübsale unter dem Antichrist erreichen. In dieser Vierteilung - Heiden, Häretiker, Heuchler und Antichrist - wird das Schema der
verschiedenen Verfolgungen in einem Traditionsstrom
weitergegeben und findet sich z.B. im 12. Jh. bei Bernhard von Clairvaux[24]. Schon vor diesem aber wurde es
durch Einfügung dreier gedeihlicher Perioden - 1. Apo-
stelzeit, 5. eine ziemlich unbestimmte Trostzeit, 7.

---

20. z.B. Biblia, Basel 1509, Bl. 343a; Biblia, Venedig
    1511, Bl. 512, Sp. 1; Biblia cum glossulis, Basel
    1502, Bd. VI, Bl. 239b.
21. s. darüber Kamlah, Apokalypse, S. 39f, und Schild,
    Bibelvorreden, S. 102ff.
22. Luther zitiert in seiner 1. Ps-Vorlesung auch 2 Tim
    3,12, einmal in dem bezeichnenden Zusammenhang, wo
    es ihm darum geht, zu betonen, daß seit Anbeginn der
    Welt wahre und falsche Kirche miteinander in Streit
    liegen: 3,304,28f: Randglosse zu Ps 54(55),4; vgl.
    4,156,5.
23. Diese Differenzierung wird schon von Ticonius vorge-
    nommen, vgl. Hahn, Tyconius-Studien, S. 65ff.
24. Mauser, Häresie, S. 14.

Ruhe nach dem Antichrist-Sturm oder: ewige Seligkeit
- erstmalig nachweisbar bei Beda und dann in die
Glossa übernommen, auf die 7-Zahl erweitert und so
zur Untergliederung der 7-Siegel- und 7-Posaunen-
Visionen der Apk verwendet. Handelt es sich anfangs
mehr um formale Unterscheidungen der prinzipiellen
Möglichkeiten des Satans, so erhält das 7-Perioden-
Schema bei dem Zeitgenossen Bernhards Anselm von Havelberg[25] ausgesprochen chronologischen Charakter und
wird mit konkreten Daten und Namen gefüllt[26].

Luther verrät in der 1. Ps-Vorlesung Bekanntschaft
mit fünf solcher Perioden, zählt aber meistens nur
drei Arten von Feinden der Kirche auf: tyranni, haeretici und falsi fratres. Die Zeit der Apostel und die
des Antichrists werden nur selten eigens erwähnt[27].
Wenn man bedenkt, daß es Luther nur auf die Verfolgungen, nicht auf die Ruheperioden ankam und deshalb vom
Siebenerschema die 5. und 7. Periode streicht - die
Apostel wurden ja auch verfolgt, nämlich durch die Juden -, kommt man auf dieselbe Anzahl fünf. Also wäre
ein Einfluß der Apk-Auslegungstradition auf Luther
denkbar. Jedoch könnte er gegenüber dem Einfluß Bernhards nur wenig Gewicht gehabt haben. Wie dieser[28] und
schon vor diesem Augustin[29] ordnet sich der Wittenberger Mönch selbst in die Zeit ein, in der der Satan seine gefährlichste Waffe anwendet, nämlich die, daß er

----

25. MPL 188,1149ff.

26. Hierzu vgl. Kamlah, Apokalypse, S. 46ff und 63ff;
    Lubac, Exégèse 2 I, S. 520ff.

27. Eine Liste von Stellen, an denen sich solche Periodi-
    sierungen finden, hat Preuß, Antichrist, S. 87, Anm.
    1, zusammengestellt. Die einzelnen Perioden sind bei
    Vercruysse, Populus, S. 122ff, beschrieben.

28. Luther zitiert 3,417,7f = BoA 5,134,17ff aus dem 'Ser-
    mo in Cantica Canticorum' 33,16 (MPL 183,959).

29. Luther weist 3,424,3 (dazu Anm. 1) auf den Anfang von
    dessen Auslegung des Psalms 69(70) (MPL 36,866ff =
    CChr 39, S. 931, § 2) ausdrücklich hin, vgl. Hamel,
    Luther und Augustin II, S. 60f und Headley, Church
    History, S. 148, wo auch noch auf die Auslegung des
    Psalms 106(107) verwiesen ist.

die Menschen durch äußere Ruhe und Sicherheit in Gleich-
gültigkeit und Selbstgerechtigkeit fallen läßt.

Auffällig ist nun, daß Luther innerhalb der ungewöhnlich breiten Ausführungen über die verschiedenen Verfolgungen in der Scholie zu Ps 67(68),2 gleich anschließend
an das Bernhard-Zitat eine Apk-Stelle heranzieht, die die
Lauheit der Gemeinde tadelt und bei der gleichzeitig die
7-Zahl eine gewisse Rolle spielt, nämlich Apk 3,16 aus
dem 7. und letzten Sendschreiben, nämlich dem an Laodizea. Luther stellt zunächst, übergehend zur tropologischen (gegenwartsbezogenen) Auslegung, fest, daß
heute nichts wichtiger sei, als gegen Sicherheit
und Lauheit anzukämpfen. Damit gibt er zu verstehen,
daß er sich und seine Zeitgenossen in der Periode
der falschen Brüder wiederfindet.(Die Perioden denkt
er sich durchaus zeitlich voneinander abgehoben; Augustin gehört z.B. in die Periode der Doktoren, die
gegen die Häretiker anzukämpfen hatten[30].) In einer
Nebenbemerkung schreibt er dazu: "Unde Apoc. 3 tepi-
ditas in ultimo, scilicet septimo angelo arguitur."[31]
Es kommt Luther dabei nicht auf die Zahl 7 als solche
an, sondern auf die auffallende Übereinstimmung darin,
daß einerseits nach dem Bernhardinischen Schema die
letzte und gefährlichste Versuchung[32] die durch fal-

---

30. 3,417,34 = BoA 5,135,12. Wenn Maurer, Kirche, S. 93f,
    ganz besonders betont, daß Luthers Interesse "ausschließ-
    lich auf das Bleibende, das Typische in jenen Perioden
    gerichtet" sei, und eigentlich nichts völlig Neues von
    Periode zu Periode auftauche, geht es ihm allein um
    das theologisch Bedeutsame; historisch gesehen ist da-
    neben auch klar Luthers spezifisches Lebensgefühl er-
    kennbar, das sich in diesem Abschnitt ausdrückt, näm-
    lich das Empfinden, daß seine Zeit charakteristisch
    verschieden ist von der Augustins - selbst wenn er
    dessen Worte gebraucht -, daß sie nämlich einen end-
    zeitlichen Stempel trägt.

31. 3,417,12f = BoA 5,134,24.

32. abgesehen vom Antichrist, der weder bei Bernhard
    noch beim jungen Luther aktuell erscheint und der
    auch nichts Neues bringen wird, sondern nur eine
    letzte Steigerung dessen, was heute geschieht, vgl.
    Preuß, Antichrist, S. 91, und Benrath, Bibelkommen-

sche Sicherheit ist, andererseits aber eben diese auch
im letzten der 7 Sendschreiben getadelt wird. Daraus
den Schluß zu ziehen, Luther habe in dieser Zeit die
Sendschreiben nicht so interpretiert, wie sie sich
selbst verstehen, nämlich alle in gleicher Weise für
die Gegenwart, entsprechend der Einteilung, die in Apk
1,19 vorgenommen wird ('was ist'), und wie sie auch in
der älteren Tradition allgemein verstanden wurden, sondern mit einbezogen in eine zeitliche Gliederung, etwa
im Sinne Anselms von Havelberg[33], ist zu gewagt. Später jedenfalls versteht er sie alle von der Urkirche[34].
Der Gedankengang der Ps-Auslegung hat ihn wohl nur zufällig auf eine Idee gebracht, die ihm bei einer zusammenhängenden Auslegung der Apk wahrscheinlich nicht gekommen wäre. Luther betont auch nur noch einmal innerhalb der Deutung desselben Psalmes zu V. 17 die besondere Stellung des Sendschreibens an Laodizea am Ende
der ganzen Reihe[35], hier auffälligerweise zusammen mit
1 Thess 5,13 und Lk 17,26f, zwei Stellen, die die Sorg-
losigkeit der Menschen beim Hereinbrechen des jüngsten
Gerichts warnend vor Augen führen und damit den endzeitlichen Charakter der Gegenwart eindringlich deutlich
machen[36]. An anderen Stellen dagegen zitiert Luther
aus dem 7. Sendschreiben ohne zeitliche oder gradmäßi-
ge Hervorhebung desselben. Immerhin zeigt sich doch an
einer solchen Stelle, daß Luther sich einmal seine eigenen Gedanken über die Ordnung der Apk gemacht hat.
Es wird auch klar, warum er eine so ungewöhnliche Vor-

---

tar, S. 32f: über Wyclifs Psalmenauslegung, ebenfalls
ein Frühwerk.
33. z.B. Onus ecclesiae, Bl. B5a: "Eaedem quippe ecclesiae praeordinante Deo conditiones habuerunt secundum
designationem septem statuum ecclesiasticorum futurorum".
34. z.B. DB 7,408,31ff: Vorrede von 1530.
35. 3,433,21ff = BoA 5,147,29ff.
36. Vgl. die Nähe von 2 Tim 3,1f zum Zitat von Apk 3,17,
immer noch in derselben Scholie: 3,439,34ff.

liebe für das 7. Sendschreiben zeigt, wie wir oben[37]
bemerkt haben. Es ist eine ernste Warnung, die eben
gerade jetzt immer neu zu wiederholen bitter nötig ist.

c) Art der Geschichtsdeutung

    1530 versucht der Reformator konsequent eine kon-
kret-kirchengeschichtliche Auslegung der Apk, in der
nicht nur die Kämpfe der Kirche früherer Zeiten, sondern gerade auch die gegenwärtigen Auseinandersetzungen vorausverkündigt gefunden werden, durchzuführen[38].
Gibt es dazu schon in der 1. Ps-Vorlesung Ansatzpunkte,
oder wandelt Luther da noch ganz in den alten Bahnen
der verkirchlichten Ticonius-Tradition, die die Apk
spiritualisiert und aus ihr zeitlos gültige Aussagen
herausliest, die ihr aber damit auch ihren aktuellen
Zündstoff entzieht? Die meisten der freilich immer nur
knappen Erwähnungen der Apk im fremden Kontext der 1. Ps-
Vorlesung lassen sich am besten verstehen, wenn man annimmt, daß Luther ihre Deutung aus der älteren Tradition
kennt, wie wir schon öfters bemerkt haben. Nur an einem
Punkt zeigt sich deutlich der Einfluß der neueren konkret-geschichtlichen Apk-Deutung, nämlich in der Beurteilung der Türken als endzeitliches Phänomen mit antichristlichen Zügen. Es ist erstaunlich, mit welcher Selbstverständlichkeit Luther in einer Glosse zu Ps 73(74),19 beim
Stichwort 'bestiis' sagen kann: "Unde Apoc. 13 vocatur
regnum Turcorum Bestia habens duo cornua similia agni,
(quia utrunque testamentum Christi simul miscet) et tamen loquitur sicut Draco, ut ibidem."[39] Bei Ps 73
(74) von den Türken als derzeitigen Vorkämpfern des
Islam zu sprechen, ist zwar traditionell, wie Luther
ausdrücklich feststellt[40], die Apk-Stelle scheint er

---

37. S. 41.
38. s.u. S. 411ff, 481ff.
39. 3,491,31ff.
40. 3,488,3: titulus; 3,492,3: Einleitung zur Scholie.
    Vertreten wird diese Deutung von Lyra, der die Saraze-
    nen erwähnt (zitiert 3,492, Anm. 3), Perez (zu V. 1):
    "David in persona ecclesiae petit liberari de duplici

aber selbst ausgewählt zu haben[41]. Er gibt auch noch
die Begründung für seine Deutung von Apk 13,11 an,
die auf eigene Beschäftigung mit diesem Vers schließen
läßt: Die zwei Hörner des zweiten Tieres bedeuten die
beiden Testamente; das ist noch nichts Neues[42]. Von einer Vermischung der beiden Testamente ist aber nirgends
sonst die Rede.· Vielmehr ist dies wohl ein Lieblingsge-
danke Luthers. In die friedliche Allegorese mischen
sich hier ganz unmerklich Kategorien, die in den späteren Auseinandersetzungen eine große Rolle spielen
sollen[43]. Noch an zwei weiteren Stellen werden die Türken im Zusammenhang mit Apk-Zitaten erwähnt, und zwar
in der Scholie zu V. 14 desselben Psalms beim fünffach
ausgelegten Stichwort 'draco'[44] und in der Scholie zu
Ps 17(18),3 beim Stichwort 'cornu'[45].

---

persecutione ecclesiae, quam praevidit in duplici spiritu. Nam ipse petit ecclesiam liberari secundum statum
veteris testamenti ab utraque afflictione tam spirituali quam temporali per primum adventum Christi et etiam
petit liberari secundum statum novi testamenti de persecutione Mahometi antichristi."

41. Faber identifiziert unter der Rubrik 'adverte' zu V.
4f den antichristlichen Mohammed mit dem ersten Tier
aus Apk 13 und zitiert dazu Apk 13,6-8. Er erwartet
das nahe Ende der Welt.

42. Vgl. Glossa ordinaria, 2. Deutung: "Vel, duo testamenta sibi usurpabunt" (MPL 114,733); Hugo: "Falsi scilicet christiani duo testamenta per scientiae cognitio-
nem, non per vitae sanctitatem..."; Paulus Burgensis:
"Et notandum, quod Saraceni haec duo cornua [sc. prophetiam et apostolatum] falso nituntur fundare in dicti-
bus utriusque testamenti"; 'Opus arduum' mit antipäpstlicher Wendung: "Quia simulat se habere innocentiam in
vita et veritatem in doctrina [= Glossa ordinaria, 1.
Deutung] et in duobus testamentis se eminere iactat,
in quorum neutro invenitur, quod papa Romanus debet
statum apostolicum profiteri."

43. Meißinger, Exegese, S. 48, bezeichnet die Beziehung
von Ps 73(74) auf die Türken "als einen Vorboten jener furchtbaren Bibelanwendung gegen den Papst und
die Papisten."

44. 3,505,25ff mit Apk 13,11; 12,3f.

45. 55 II 1,129,24 mit Apk 13,7.

d) Anhang: Apk 2,9: Satanssynagoge

Wo von Luthers Auseinandersetzung mit den Feinden
der Kirche die Rede ist, muß schließlich noch das
Schlagwort 'synagoga satanae' aus Apk 2,9(3,9) Beachtung finden. Unter den negativen Auslegungen ist es uns
schon einmal begegnet, bezogen auf die Häretiker[46]. In
den 'Dictata' ist dies aber nicht die eigentliche Stoßrichtung, sondern nur eine mit Hilfe des Verfolgungs-
schemas abgeleitete[47]. In den übrigen Fällen wendet es
Luther entsprechend der ursprünglichen Bedeutung in
der Apk und dem überwiegenden Verständnis der Apk-Ausleger[48] gegen die Juden als die Hauptfeinde Christi und
der Kirche, die Prototypen aller anderen Feinde der Kinder Gottes[49]. Mit dem Beginn der Polemik gegen das
Papstantichristentum wird das bei Luther anders. Aber
die Möglichkeit zur Übertragung dieses Schlagwortes

---

46. s.o. S. 89.
47. Vgl. Hugo zu Apk 3,9: "Vel allegorice 'synagoga satanae' possunt dici principes et comites mali, etsi nomine catholici, qui etsi sint membra ecclesiae, ipsi
tamen adversantur eius bona et possessiones diripien-
do; item haeretici, qui conventicula faciunt in san-
guinibus, id est peccatis, et ecclesiae adversantur;
item omnes, qui male vivunt sub nomine christiani. Hi
sunt enim tres hostes ecclesiae generales: tyranni,
haeretici, falsi fratres. Primi res ecclesiae diri-
piunt, secundi fidem destruunt, tertii mores corrum-
punt."
48. Vgl. Beda, MPL 93,138 und 141; Rupert, MPL 169,872f
und 896; Glossa ordinaria, MPL 114,716 (zu Apk 3,9);
Hugo zu Apk 2,9 litteraliter: Anspielung auf Verfolgung der Christen durch Juden, die in Apg 17 und 19
berichtet werden; Lyra: Hinweis auf die Beteiligung
der Juden an der Christenverfolgung in Smyrna, die in
Eusebs Kirchengeschichte 4,15 (MPG 20,339ff) berichtet
wird; eigenartig Hugo zu Apk 3,9: (litteraliter:) "Secundum glossam loquitur hic de novissima persecutione,
quae fit tempore antichristi, quando aliqui Iudaeorum
decipientur et aliqui monitis Heliae convertentur ad
fidem. Sed spiritualiter synagoga satanae vocantur hic
quaedam Iudaei pseudoprophetae, qui in ecclesia istius
monebant legalia debere servare cum evangelicis"; charakteristisch das 'Opus arduum' zu Apk 3,9: "multi, qui
tenent cum antichristo et sic sunt de synagoga sua."
49. 3,325,21; 3,586,5; 4,446,14.

auf die Kurie ist schon in der 1. Ps-Vorlesung angelegt. Vercruysse hat bemerkt, daß in der Polemik Luthers gegen die Juden implizit schon seine Kritik an
der Papstkirche enthalten ist, da auch bei der Synagoge das Hauptmerkmal ist, daß sie von falschen Leh-
rern, die Selbstgerechtigkeit predigen, irregeleitet
wird. Er verfolgt eigens die Entwicklung über den für
seine Arbeit gewählten Zeitraum hinaus; dabei beachtet
er auch die Wandlung im Gebrauch von 'synagoga satanae'[50].
Tatsächlich ist dieses Schlagwort besonders geeignet,
Kontinuität und Wandlung in Luthers Sicht der Feinde
Christi zusammenzusehen[51].

7. Kapitel

Christologie

I. Bezugnahmen nicht soteriologisch

Luther bemüht sich in der 1. Ps-Vorlesung, den Psalter möglichst weitgehend christologisch zu interpretieren. In der Praefatio zu seinem Psalterdruck begründet
er dies u.a. mit einem Zitat von Apk 3,7 (Christus hat
den Schlüssel Davids). Er folgt damit dem traditionellen Verständnis dieses Verses in dem Sinne, daß Christus der Schlüssel zum Psalter und dann auch zum ganzen
AT sei[1]. Die moderne Auslegung, daß Christus den Schlüssel zum Himmel und damit zum Heil habe[2], kennt er nicht.
Aus dieser einen Stelle der Praefatio geht also noch
nicht hervor, wer dieser Christus ist, der in den Psal-

---

50. Vercruysse, Populus, S. 47f, 54 und 65ff. In diesem
    Zusammenhang denkt er anscheinend ganz anders über
    das 'Reformatorische' beim frühen Luther als in der
    Frage des allgemeinen Priestertums, s.o. S. 84.
51. Vgl. o. S. 20 und Tabelle 10, dazu im 3. Abschnitt
    u. S. 215ff.
1. s. die bei Ebeling, Psalterdruck, S. 83, Anm. 1, jetzt
   auch in 55 I 1,7,13ff im Apparat zu 6,5ff zusammenge-
   stellten Zitate; vgl. Werbeck, Perez, S. 91.
2. Vgl. Bousset, Offenbarung, S. 226; Holtz, Christologie,
   S. 86.

men zu Wort kommt, und was er für uns bedeutet. Schon
in seiner Klosterzeit war ja Luther ein formal christologisch bestimmter Biblizismus nahegebracht worden[3]. Dieser konnte die Brücke bilden, auf der Luther sich auf
Neuland zu begeben vermochte, ohne das Gefühl haben zu
müssen, den Boden der wahren Kirche zu verlassen[4].
Es erhebt sich nun die Frage, ob Luther auch noch
andere Zitate aus der Apk für seine Auslegung der
Psalmen auf Christus heranzieht und welches Licht
von da aus auf seine Christologie fällt.

> Christus ist das 'Holz des Lebens', das an den
> Wassern des Paradiesflusses steht (Apk 22,2)[5];
> er ist die Erfüllung der zuverlässigen Verheißung
> Gottes[6], und deshalb kann er sich selbst 'Amen'
> nennen, wie er dies in Apk 3,14 als Gegensatz zur
> lau gewordenen Gemeinde von Laodizea tut[7]; er al-
> lein ist es, der Nieren und Herzen erforscht (Apk
> 2,23)[9]; er ist 'Anfang und Ende', 'Alpha und Ome-
> ga' und, wie Luther[10] hinzufügt, Schöpfer und Ge-
> schöpf (Apk 1,8 u.ö.)[11].

Bei näherem Zusehen fällt auf, daß in den hier zusam-

---

3. s. Scheel, Luther II, S. 3f, 132ff und 371ff.

4. Eine Andeutung von Luthers eigenartigem, vom Kreuz
   her bestimmtem Christozentrismus könnte schon in dem
   Zitat von 1 Kor 2,2 in der Praefatio gesehen werden,
   vgl. Ebeling, Psalterdruck, S. 87; Vogelsang, Anfänge,
   S. 23. Dieser müßte aber erst aus der gesamten Vorlesung erhoben werden, wobei man eine Entwicklung feststellen würde, so daß keine Rückschlüsse auf den ältesten Teil der Vorlesung möglich wären.

5. 55 II 1,18,4: Scholie zu Ps 1,3; im Apparat ist die
   Tradition angegeben; ergänze: Alanus de Insulis, MPL
   210,795.

6. Beachte in diesem Zusammenhang das figura-veritas-Sche-
   ma, s. Auerbach, Figura, S. 454.

7. 4,2,37: Glosse zu Ps 84(85),11; vgl. Edel, Erbe, S. 40.

8. 4,40,33: Glosse, veranlaßt durch das Psalmwort 'excel-
   sum prae regibus terrae' in Ps 88(89),28. Auch Hugo
   hat dieses Zitat an derselben Stelle.

9. 4,137,25: Scholie zu Ps 100(101),5; gegen Lyra gewendet.

10. mit z.B. Beda zu Apk 22,13; MPL 93,205.

11. 4,517,21: Adnotatio zu Fabers 'Quincuplex Psalterium'
    bei Ps 109(110),3: 'tecum principium'. Hugo hat zwar
    das Zitat an dieser Stelle nicht, jedoch bei Ps 54
    (55),3; 71(72),5 und 136(137),1.

mengestellten, meist ganz traditionellen Zitaten nur
Eigenschaften Christi angesprochen werden, die nicht
spezifisch soteriologisch bestimmt sind. Luther trifft
also aus der Fülle der christologischen Vorstellungen
der Apk keine gezielte, positive Auswahl, vielmehr
muß man sagen, daß er zumindest für zwei gegensätzliche
Haupttypen[12] blind zu sein scheint.

II. Fehlende Gesichtspunkte

Auf der einen Seite fehlt jede Bezugnahme auf das
'Lamm, das erwürget ist' (Apk 5,12; 13,8 u.ö.). Auch
in den folgenden Jahren bis 1524 scheint Luther dieses
Bild für den Erlöser nicht gebraucht zu haben[13]. Ähnliches gilt jedoch auch für parallele Stellen wie Joh
1,29.36 und 1 Kor 5,7. Das muß damit zusammenhängen,
daß Luther anfangs das pro me des Christusgeschehens
noch nicht klar genug erkannt und in der Übergangszeit
andere Vorstellungen bevorzugt hat.

Auf der anderen Seite fehlen aber in der Frühzeit
auch Zitate aus Abschnitten wie 1,12ff und 19,11ff, in
denen Christus als der Richter und Herrscher dargestellt
ist, aus dessen Mund ein zweischneidiges Schwert hervorgeht. Aus späterer Zeit gibt es nun Äußerungen, die
besagen, daß Luther in seiner Jugend von Darstellungen
des thronenden Christus, der nur als strenger Richter
erschien und von den Heiligen, besonders Maria, erst
gnädig gestimmt werden mußte, so sehr beeindruckt war,
daß es für ihn lange Zeit eines der schwersten Hindernisse war, in Christus den Retter auch aus dem Endgericht zu erkennen und auf die Fürsprache der Heiligen
zu verzichten[14]. Nur einmal in seinem ganzen Lebens-

---

12. Vgl. Müller, Messias und Menschensohn, S. 162ff, 199ff
und 214ff.
13. s.u. S. 344f.
14. Eine Zusammenstellung der einschlägigen Bemerkungen
Luthers in 58 I,13f; dazu Preuß, Luther der Künstler,
S. 35-37 (dort auch ältere Literatur angegeben); außerdem Düfel, Marienverehrung, S. 67f, 235 und Abb. 1f;
Bainton, Luther, S. 17; Thulin, Luther, Tafel 16. Zur
Geschichte der Darstellungen des Jüngsten Gerichtes in

werk, nämlich in einer Predigt von 1538, scheint er
bei einer solchen Bemerkung ausdrücklich auf die beiden Abschnitte aus der Apk eingegangen zu sein, die die
erwähnten Bilder hauptsächlich beeinflußt haben[15]. Möglicherweise wollte Luther in seiner ersten Zeit nicht
an diesen wunden Punkt rühren. Dadurch war er wohl auch
nicht frei für ein positiveres Verhältnis zu tröstlichen
Bildern der Apk. Das ist im Blick auf Luthers Vorrede
von 1522 ein nicht unwichtiger Gedanke[16].

8. Kapitel

Rechtfertigung

Ist es unbestritten, daß die Rechtfertigungslehre
im Zentrum von Luthers Theologie und Frömmigkeit steht,
so ist es selbstverständlich von Bedeutung, ob Luther
in diesem Zusammenhang die Apk als hilfreich empfindet
oder als Stein des Anstoßes. Von den Beobachtungen her,
die wir unter christologischem Blickpunkt gemacht haben,
sollte man annehmen, letzteres sei der Fall. Dies aber
ist ein Fehlschluß; es trifft eher das erstere zu, daß
ihm die Apk hierfür willkommene Belege bietet. Jedoch
müssen in dieser Hinsicht verschiedene Phasen unterschieden werden. Damit stoßen wir auf einen schwierigen Fragenkomplex, der sich kristallisiert um die beiden Brennpunkte: Turmerlebnis[1] und: Fortschreiten in
der Heiligung[2].

---

der bildenden Kunst vgl. Brütsch, Offenbarung III, S.
266ff und 358ff (Lit.).
15. 46,730,31f; 731,5f. Die Ausformulierung stammt allerdings von Aurifaber. Die beiden Apk-Stellen fehlen in
der Nachschrift von Stoltz.
16. s.u. S. 251ff.
1. eine Auswahl der bis 1967 erschienenen Literatur darüber in: Durchbruch.
2. ein knappes Referat über die bis 1961 erschienene Literatur dazu bei Schloenbach, Heiligung, S. 5-8; vgl.

Ohne mich auf eine umfassende Diskussion einzulas-
sen, will ich nur den Eindruck wiedergeben, der sich
in Beschränkung auf den Kontext von Apk-Zitaten in der
1. Ps-Vorlesung von Luthers Rechtfertigungsverständnis
ergibt.

a) Apk 22,12 par

Der Ausgangspunkt scheint noch ziemlich klar zu
sein. Die erste einschlägige Stelle, bei der im Apparat der Neuedition u.a. auf eine Apk-Parallele hingewiesen wird, ist eine Interlinearglosse zu Ps 10(11),8,
also sicher eine frühe Anmerkung noch aus dem Jahre 1513.
Hier ist der entscheidende Ausdruck 'iustus Dominus' interpretiert mit den offensichtlich unbeanstandet aus
der Tradition[3] übernommenen Worten: "reddens unicuique,
quod meretur"[4]. Dasselbe geschieht noch in der Interlinearglosse zu Ps 49(50),6[5]. Hier wird eindeutig die
iustitia Dei als iustitia activa, distributiva verstanden. Wenn auch Luthers Glosse anders als bei Hieronymus
keiner der vielen im Apparat angegebenen Bibelstellen
entspricht, weil dort nie von 'meritum', sondern immer
von 'opera' die Rede ist, Luther also vielleicht gar
nicht an den biblischen Sprachgebrauch gedacht hat,
ist es doch sinnvoll, sich bewußt zu machen, daß un-
zweifelhaft die Betonung des Gerichts nach den Werken
u.a. für die Apk und ihre traditionelle Auslegung[6] typisch ist. An mehreren Stellen wird derselbe Gedanke
vertreten, den Luther hier widergibt[7]. Die katholische

weiterhin Bellucci, Fede, 1963, S. 73f; Nilsson, Simul,
1966, S. 329ff; Asendorf, Eschatologie, 1967, S. 75ff;
Mauser, Häresie, 1968, S. 82 und 107.

3. Auszüge im Apparat dazu: 55 I 1,89,25ff.

4. 55 I 1,88,12; vgl. schon vorher 55 I 1,70,11 und 55 II
1,108,15ff.

5. 3,278,11f = BoA 5,68,9f: "...iustitiam fidem, scil. Dei
reddentis unicuique meritum: quoniam deus Ihesus Christus iudex est."

6. Vgl. Kamlah, Apokalypse, S. 58.

7. z.B. 22,12: "merces mea mecum est, reddere unicuique
secundum opera sua"; 2,23: "dabo unicuique vestrum se-

Auffassung, jedenfalls so, wie sie Luther begegnet ist,
daß nämlich der Mensch von Gott letztlich doch immer
nach seinen Leistungen beurteilt wird, fand ihre Bestätigung auch in der Apk. Also konnte Luther, solange er dieser Vorstellung nichts grundlegend Neues entgegenzusetzen hatte, an ihrem Hervortreten in der Apk
zunächst keinen Anstoß nehmen, vielmehr mußte er davon
ausgehen und innerhalb dieses Rahmens das Heil suchen.
Indem er aber allmählich seine damit konkurrierende
Rechtfertigungsvorstellung entwickelte, mußte ihm mit
der Zeit statt des Begriffes der iustitia Dei das Gericht nach den Werken zum Problem werden, und davon war
dann auch seine Haltung zur Apk mitbetroffen. Also
stellt sich die Frage, ob Luther trotzdem Aussagen in
der Apk fand, auf die er sich für seine eigene Rechtfertigungslehre berufen konnte. Sie kann in gewissem
Sinne durchaus bejaht werden.

Eine Möglichkeit, solche Aussagen zu finden, war
die, anstößige Stellen mit fortschreitender Entwicklung
immer wieder neu und anders zu verstehen.

b) Apk 14,13

Eine Stelle, an der deutlich wird, wie Luther versucht, ihr einen evangeliumsgemäßen Sinn abzugewinnen,
ist das bekannte Wort aus Apk 14,13: "Selig sind die
Toten, die in dem Herrn sterben von nun an. Ja, der
Geist spricht, daß sie ruhen von ihrer Arbeit; denn ihre Werke folgen ihnen nach."

Im Vulgata-Text von Ps 36(37),37f liest Luther u.a.:
"Sunt reliquiae homini pacifico", und: "reliquiae
impiorum interibunt." Er interpretiert das zwischen
den Zeilen so: "Opera sunt relique omnium hominum."[8]
Sub specie aeternitatis haben nur die guten oder bö-

---

cundum opera sua"; 20,12: "quae scripta erant in libris
secundum opera ipsorum".
8. 3,209,15. Dieselbe Deutung vertritt z.B. Turrecremata:
"Quoniam bona opera eius, qui pacifice vixit, ... non
pereunt, sed post hanc vitam vivunt remunerata et prae-
miata felicitate aeterna... Iniusti simul cum suis
operibus disperibunt, traditi flammis aeternae perditionis, et reliquiae eorum, scilicet divitiae et fama, simul interibunt."

sen Werke Gewicht, und nach diesen entscheidet sich
das jenseitige Schicksal. Für die Guten wie die Bösen
gilt: "Opera enim illorum sequuntur illos."[9]

Will der Mensch also gerettet werden, muß er im Gericht
gute Werke vorzuweisen haben.

Einen neuen Akzent bekommt dasselbe Zitat in der
sicher späteren Scholie zu Ps 67(68),14.

> Hier ist im Text vom 'leuchtenden Rücken' die
> Rede. Dieser Ausdruck regt Luthers Phantasie
> zu allerhand Deutungen an. 'Rücken' meint unse-
> ren der Welt zugewandten Körper, während 'Gesicht'
> den Gott zugewandten Geist bedeutet. Der Glanz des
> Rückens sind zunächst einmal die guten Werke der
> Liebe, die wir dem Nächsten widmen. 'Rücken' kann
> aber auch 'Abscheiden aus diesem Leben' bedeuten.
> Dann bezeichnet der Glanz irdischen Nachruhm für die
> guten Werke. Jetzt aber assoziiert Luther einen neu-
> en Gedanken: Der Rücken ist hinten; da kann man ihn
> selbst nicht sehen. Was bedeutet das für die guten
> Werke, die ja mit dem Rücken gemeint sind? 'Wir müs-
> sen unsere guten Werke hinter uns haben, d.h. ver-
> gessen[10] und gleichsam gar nicht wissen, daß wir
> welche haben. Denn wer dauernd auf seine Werke ach-
> tet und sie zählt, der stellt sie vor das Gesicht'
> (das hieße nach obiger Deutung, er bringt sie ins
> Gottesverhältnis ein, oder vielleicht sogar: er
> setzt sie an Gottes Stelle) 'und damit beraubt er
> sie ihres Glanzes und hat nichts mehr, was er hin-
> terlassen könnte.' Denn Johannes sagt Apk 14,13:
> '"Ihre Werke folgen ihnen nach", nicht: Sie gehen
> ihnen voraus.'[11]

Die klare Aussage, daß die Werke vor Gott nichts gelten,
wohl aber gegenüber den Menschen, ist damit zwar noch
nicht gemacht. Aber dem versierten Bibelinterpreten ist
es gelungen, mit Hilfe der Umdeutung des unscheinbaren
Wörtleins 'sequuntur' vom zeitlichen in den örtlichen
Sinn und anschließende Übertragung in den geistigen Bereich der Apk-Stelle einen nahezu gegenteiligen Sinn abzugewinnen[12].

---

9. 3,209,14f und 17f.

10. Die Anmerkung von Phil 3,13 am Rande von 3,396,24, wor-
    auf sich 'ut supra' in Z. 38 bezieht, wurde schon von
    Meißinger, Exegese, S. 25, vermißt.

11. 3,396,14ff; vgl. Schwarz, Fides, S. 223f.

12. Hirsch hat darauf hingewiesen, daß Luther "ohne die
    Freiheit und Beweglichkeit" in der Interpretation der
    Psalmen und, so könnte man hinzufügen, auch anderer Bü-
    cher wie der Apk, die neuen Anschauungen nicht hätte

Eine lesenswerte Betrachtung über den Unterschied
zwischen dem Sterben der Glaubenden mit Christus und dem
der Ungläubigen ohne ihn knüpft Luther in seiner wohl im
Herbst 1516 verfaßten[13] Neubearbeitung von Ps 22(23),4
an die Worte: "Non timebo mala, quoniam tu mecum es."
Der Christ soll alle Vorstellungen von Himmel und Hölle,
Lohn und Strafe ausschalten und allein an Christus denken, dann kann er sich ohne Angst mitten in die Finsternis des Todes begeben. Die so, in blindem Vertrauen auf
Christus, sterben, "hi enim in domino moriuntur"[14]. Damit hat Luther diesen Worten einen unerwartet tiefen
Sinn gegeben. Aus ihnen spricht, wenigstens punktuell,
ein Maß an Glaubensgewißheit, das durchaus mit dem
der besten Aussagen des älteren Luther vergleichbar
ist. Und es ist doch des Nachdenkens wert, daß Luther
so etwas gerade mit einem Vers der Apk auszudrücken
vermag, dessen zweite Hälfte eher geeignet erschiene,
damit Werkgerechtigkeit zu verteidigen. Aber wir haben
ja soeben gesehen, wie Luther mit diesem Problem fer-
tiggeworden ist[15].

c) Apk 3,15-17

Im schärfsten Gegensatz zum grenzenlosen Vertrauen
auf Christus steht satte Selbstsicherheit. Beides läßt
sich nicht vereinbaren. Darum muß Luther, will er Gottes Barmherzigkeit verteidigen, die Selbstgefälligkeit

----

entwickeln können (Hirsch, Initium, in: ders., Lutherstudien II, S. 33f, auch in: Durchbruch, S. 93f).
Dabei ist jedoch zu bemerken, daß Luthers Deutung
von Apk 14,13 durchaus nicht so originell ist, wie es
scheinen mag. Hugo schreibt z.B. dazu: "'Sequuntur'
dicit, non:praecedunt, sicut est in illis, qui ante
se portant sua opera, ut scilicet ab illis laudantur."
Hat Luther etwa diesen Satz Hugos im Apk-Teil von dessen Bibelkommentar gelesen?

13. s.o. S. 27, Anm. 8.
14. 31 I,467,35f = BoA 5,220,21.
15. Freilich stellt Luther in der Frühzeit noch keinen
logischen Zusammenhang zwischen den beiden Teilen des
Bibelverses her. Das geschieht ausdrücklich erst 1530,
s.u. S. 586ff.

der Menschen bekämpfen. Dabei hilft ihm auch das 7. Sendschreiben der Apk. Wieder ist Ps 68(69), zu dem Apk 3,
15ff allein viermal zitiert wird, in diesem Zusammenhang
von Bedeutung[16]. In einer längeren Randglosse zu V. 17
beim Stichwort 'misericordia' geht Luther zunächst von
Röm 5,20f[17] aus: "Non abundat gratia, nisi ubi abundat
delictum et miseria." Wenn der Mensch Gottes Barmherzigkeit erfahren will, muß er zuerst sein eigenes Elend
erkennen und anerkennen. Wer glaubt, selbst schon etwas
geworden zu sein, verliert das Gefallen an Gottes Erbarmen. Voraussetzung für Gottes gnädige Annahme ist also
die Bejahung der von Gott selbst gewollten und bewirk-
ten Bedürftigkeit[18]. Dieser Zusammenhang ist zwar allge-
meingültig, aber nicht alle erkennen ihn an. Deshalb
werden sie mit ihrem eingebildeten Reichtum lau und
selbstgefällig, wie Christus der Gemeinde in Laodizea
vorwirft (Apk 3,16f)[19]. Nach Luther beanstandet Christus

---

16. Müller-Streisand, Weg, S. 45ff, bes. S. 62ff, versucht
    gerade an Ps 68(69) und 69(70) nachzuweisen, daß für
    Luther in seiner Frühzeit die sich aus seiner theologia
    crucis ergebende ekklesiologische Problematik bedrängen-
    der war als die soteriologische und daß sich an seiner
    Ekklesiologie schon das 'simul' der späteren Rechtfer-
    tigungslehre ablesen lasse. Dies scheint mir wieder ein-
    mal eine Überinterpretation zu sein. Die gleichzeitig
    ekklesiologisch und soteriologisch ausgerichtete Inter-
    pretation dieser Psalmen ist traditionell, herkommend
    von Augustin und Bernhard, logisch verbunden durch das
    Verfolgungsschema und die Quadriga: Die letzte Periode
    der Kirchengeschichte (Allegorie) ist die Gegenwart
    (Tropologie). Da kämpft der Mönch, der seines Heiles
    wegen in das Kloster gegangen ist, gegen die Lauheit
    der Weltchristen, die sich um ihr Seelenheil zu wenig
    Sorgen machen.

17. bei 3,413,21 die Bibelstelle nicht am Rand, s. aber
    schon Meißinger, Exegese, S. 25.

18. Edel, Erbe, S. 32 (dazu Anm. 69 und 72f auf S. 90f und
    93f), sieht in diesem und anderen Abschnitten den Aus-
    druck "einer beispiellosen Radikalisierung des traditio-
    nellen humilitas Begriffes", während Damerau, Demut, S.
    78, bezüglich der Zeugnisse aus der ersten Hälfte der
    'Dictata' betont: "Noch ist Luthers Gerechtigkeitsbe-
    griff in die vom Synergismus fundierte mönchische Theo-
    logie eingebaut; er muß also von daher analysiert wer-
    den, um nicht reformatorische Elemente hineinzuprojizie-
    ren." (Der ganze Satz ist unterstrichen.)

19. 3,413,18ff. Die traditionelle Auslegung dieses Apk-Ab-

eigentlich nicht so sehr, daß Laodizea nicht hat, was
es haben müßte, sondern vielmehr, daß es nicht erkennt,
warum es arm und elend ist und auch so sein muß. Denselben Gedanken wiederholt Luther noch einmal in einem
Anhang zur Scholie und belegt ihn wieder mit dem
Zitat von Apk 3,17[20]. Auch in einer Glosse zum 6.
Vers des folgenden Psalms 69(70) erklärt er die Ausdrücke 'egenus et pauper' damit, daß die Bedürftigkeit als Voraussetzung und Beweggrund für die Hilfe
auch noch für den Fortgeschrittenen nötig ist (vgl.
die Zitate von Lk 1,53 und Mt 5,6), und Selbstsicherheit die Hilfe verhindert, unter Berufung auf Apk 3,
17[21]. Von neuem taucht dasselbe dictum probans in
der Scholie zu Ps 92(93),4 auf, in einem Abschnitt,
in dem Luther Ps 4 retraktiert, den er jetzt neu im
Sinne seiner offensichtlich inzwischen gewonnenen theologia crucis interpretiert. Bedürftigkeit und Trübsal
müssen alle haben, auch Christus und die Vollkommenen.
Wo sie nicht vorhanden ist, muß sie geradezu gesucht
werden in 'täglicher Buße und Reue'. Wieder folgt dem
tadelnden Wort Christi an das satte Laodizea seine Seligpreisung der Bedürftigen (diesmal Mt 5,5)[22].

Ps 118(119) ist der bevorzugte Ort, von Rechtfertigung zu sprechen, da die Vulgata das häufig wiederkeh-

---

schnittes betont den Mangel an guten Werken, die heilsnotwendig sind, vgl. Beda, MPL 93,142: 'dives' = 'sola
fide contentus'; Hugo: "Putabat enim iste solam
sacramentorum perceptionem cum fide sine operibus
fidei sufficere ad salutem" (als Beleg folgt Zitat
von Jak 2,24). Etwas näher an Luthers Verständnis
kommt vielleicht Joachim von Fiore heran, wenn er
schreibt: "Nisi enim humiliatus serviat fideliter
regi suo, frustra sperat ab eo consequi praemia et
honores."

20. 3,439,30ff.
21. 3,442,31ff. Auch bei diesem wie beim vorigen Psalm
konnte Luther auf Anregungen Augustins zurückgreifen, vgl. Hamel, Luther und Augustin I, S. 64f und
125f.
22. 4,87,39ff = BoA 5,183,9ff; vgl. dazu Hamel, aaO,
S. 79f und 146. S. 83 betont er, daß Luthers Kreuzes-
theologie bei Augustin keine Parallele habe.

rende Wort םיקח regelmäßig mit 'iustificationes'
wiedergibt[23]. So liest Luther etwa in V. 20: "Concupi-
vit anima mea desiderare iustificationes tuas in omni
tempore." Er nimmt diesen Satz zum Anlaß, um in der
Scholie dazu gegen die Hochmütigen zu polemisieren, die
es nicht mehr für nötig halten, sich nach der Rechtfertigung Gottes zu sehnen, sondern sich einbilden, schon
gerechtfertigt zu sein. Sie meinen im Gegensatz zu Paulus (Phil 3,13)[24], es schon ergriffen zu haben. Aber
der Wunsch, ergriffen zu haben, ist gleich dem Wunsch
nach dem Aufhören des Guten. Einen solchen Wunsch kann
nur haben, wem der Ernst des Gesetzes verborgen ist,
mit dem man nie fertig ist, so daß man, wenn man etwas
zustande gebracht hat, wieder von vorne beginnen muß
(Sir 18,6). Wie kann man also sich einbilden, schon
ein nützlicher Knecht zu sein (Lk 17,10)[25] und sagen:
"Ich bin reich und begütert und bedarf nichts" (Apk
3,17)? Steht das doch im Widerspruch zu dem Psalmwort,
das die Kirche betet und dem sie deshalb entsprechen
muß[26].

---

23. anders das 'Psalterium Hebraicum', das Luther bei
Faber, Quincuplex Psalterium, vergleichen konnte:
meist: 'praecepta', aber auch: 'iustitiae', 'iudicia'.
Luther hat diesen Text wohl beachtet, aber, wie damals
bei ihm üblich, mit dem anderen verquickt, z.B. 4,282,
24.

24. Diese Stelle, auf die sich Luther hier bezieht, die
aber bei 4,315,29 nicht angemerkt ist, gehört neben
Ps 83(84),8; Sir 18,6; Röm 1,17; 2 Kor 3,18; 4,16 zu
den dicta probantia in diesem Zusammenhang; vgl. Pinomaa, Profectio, S. 122f.

25. bei 4,315,32 nicht angemerkt.

26. 4,315,19ff. Luthers Eigenart wird besonders deutlich,
wenn man damit vergleicht, was der (zeitweilig Erfurter) Augustinertheologe Johannes von Paltz 1502 mit
Ps 118(119),20 begründet, nämlich daß 'facere, quod in
se est,' für die Anerkennung der Reue bei Gott genüge
(Paltz, Caelifodina, 1515, Bl. 04b, Sp. 1). Luthers
Vorstellungen sind wohl aus dem Nährboden der mönchischen Demutsübung allmählich herausgewachsen, die etwa
von Thomas von Kempen, Imitatio, propagiert wird (vgl.
Damerau, Demut. S. 17ff). Dort wird allerdings die eigene Lauheit der Perfektion gegenübergestellt, die einige Heilige bereits erreicht haben, z.B. I,11,4-7

d) Apk 22,11b

Der eben besprochene Abschnitt ist gleichzeitig
eine der Stellen, an denen das dictum probans: "Qui
iustus est, iustificetur adhuc" (Apk 22,11b) auftaucht,
das sich von jetzt an, mit später abnehmender Häufigkeit[27], immer wieder in solchen Zusammenhängen findet,
die unter der Fragestellung, ob es bei Luther ein Fortschreiten in der Heiligung gebe, in der Forschung Beachtung gefunden haben.

> Vorauszuschicken ist hier noch, daß Luthers latei-
> nische Wiedergabe des Textes von Apk 22,11b und sein
> Verständnis dem ursprünglichen Text und seiner Aussa-
> ge, wie wir sie heute erschließen können, nicht ent-
> spricht. Der griechische Wortlaut ist aktivisch: Ὁ
> δίκαιος δικαιοσύνην ποιησάτω ἔτι. Im Zusammenhang der ab-
> schließenden Beglaubigung der Weissagung durch Johannes
> bedeutet der ganze V. 11: Es soll ruhig so weiterlau-
> fen, wie es läuft. Es lohnt sich nicht, noch vieles
> hier ändern zu wollen. Das sichere Ende und die voll-
> kommene Erneuerung kommen sowieso in allernächster
> Zeit[28]. Nur unbedeutende Zeugen haben: δικαιωθήτω[29].
> Auch die alten Codices der Vulgata haben zum größten
> Teil übersetzt: "Iustus iustitiam faciat adhuc"[30].
> Jedoch geben, soweit ich es überprüfen konnte, alle
> Luther erreichbaren Druckausgaben, ob mit oder ohne
> Glossen, wie auch später die Clementina, den Text
> in der von Luther zitierten Form wieder[31].

(S. 56); I,18,17-23 (S. 80). Die Verwendung von Apk
3,16f gegen das Ausruhen auf den Lorbeeren der eigenen
Heiligkeit kann aber später von katholischen Theologen
übernommen werden, z.B. Contarini, Schriften, S. 30,
6ff ('Epistola de iustificatione', eine Verteidigung
des 'Regensburger Buches' von 1541. Der einschlägige
Abschnitt ist von der Inquisition nicht beanstandet
worden, s. S. XXXVI).

27. s. Tabelle 10.

28. Vgl. Bousset, Offenbarung, S. 457; Kraft, Offenbarung, S. 278.

29. Vgl. NT graece, Apparat zSt.

30. Vgl. Biblia, Stuttgart 1969, im Text; auch Rupert
kommentiert diese Textform (MPL 169,1209ff), dagegen
gibt Augustin in den 'Enarrationes' die Stelle mehrfach so wieder: "Iustus iustior fiat" (zu Ps 7,10:
MPL 36,103 = CChr 38,42; zu Ps 80(81),1: MPL 37,1034
= CChr 39,1121; vgl. auch Epistola 78,9: MPL 33,272 = CSEL
34,345). In Bedas Apk-Kommentar ist der Vers nicht ganz
ausgeschrieben.

31. Ebenso hat ihn auch die Wittenberger Vulgata-Ausgabe

Wir wollen Luthers Verständnis dieses Satzes und seine beweisführende Verwendung an den einzelnen Stellen
aus dem Zusammenhang durch Hinhören auf die entscheidenden Stichworte herauszufinden suchen.

Erstmalig scheint Luther das Zitat als einleuchtende
Belegstelle gegen Ende seiner Dictata für verwendbar gehalten zu haben, nämlich in einer Randglosse zu dem Satz
aus Ps 118(119),117: "Meditabor in iustificationibus
tuis semper." Hier macht er die innere Notwendigkeit
dafür, daß der Psalmist 'semper' sagt, für sich und
seine Hörer klar, indem er annimmt, jener habe damit
ausdrücken wollen, daß die Gerechtwerdung kein Ende
haben könne. Eben diese Deutung scheint ihm durch das
Zitat von Apk 22,11 gestützt zu werden[32].

> Den Kontext der nächsten Bezugnahme haben wir oben
> schon in Betracht gezogen, da dort auch Apk 3,17
> zitiert ist. Der Psalmenausleger interpretiert an
> dieser Stelle Apk 22,11b so: "velle, ut possit arden-
> ter inhiare iustificationes, ac nolle umquam se pu-
> tare apprehendisse"(Phil 3,13)[33].

Der Grund, warum der Christ gar nicht die Absicht
haben soll, am Ziel sein zu wollen, sondern demütig
immer unterwegs bleiben, wird sogleich deutlicher, wenn
wir uns dem nächsten Abschnitt zuwenden, der uns beschäftigen muß. Den Anlaß bietet hier der Ausdruck des auszulegenden Textes "bonitatem fecisti cum servo tuo, domine" im 65. Vers desselben Psalmes. Luther geht in der
Scholie dazu von dem früher gewonnenen und ihn völlig
überzeugenden Grund-Satz aus: Wer Gott gut nennen will,
muß Ihn allein gut nennen, folglich sich selbst böse.
Das bezeugen auch Lk 11,13 und Mt 6,34. Damit ja kein
Zweifel aufkomme, betont Luther, daß dies auch für die
Fortgeschrittenen gelte. Vollkommene Menschen gibt es
nicht in diesem Leben. Also ist jeder Mensch relativ
zur angestrebten Vollkommenheit böse. Der Mensch bleibt
immer noch weit entfernt von der Vollkommenheit, wie

---

von 1529: DB 5,804,5.
32. 4,296,34f.
33. 4,315,27ff: Scholie zu Ps 118(119),20.

eben auch die Apk-Stelle es bestätigt, die - entsprechend paraphrasiert - besagt: 'Wer gerecht ist, kann
immer noch gerechter werden' (Apk 22,11). Von der negativen Seite her sagt dasselbe auch 1 Joh 1,8 aus. Es
ist aber auch kein Mensch nur böse; denn er hat zumindest in seiner natürlichen Ausstattung etwas Gutes mit-
bekommen, das als von Gott gegeben nicht verachtet oder
geleugnet werden darf. Das Ergebnis ist, für alle
Menschen prinzipiell gleich, "talis... mixtio", daß
wir "semper medii sumus inter bonitatem, quam ex deo
habemus, et malitiam, quam ex nobis habemus", bis
erst in der (jenseitigen) Zukunft die vollkommene
Einigung mit Gott (1 Kor 15,28) uns geschenkt wird[34].

> Die letzte der einschlägigen Stellen innerhalb der
> 1. Ps-Vorlesung steht in der Druckbearbeitung von
> Ps 4[35], die erst nach der Röm-Vorlesung entstanden
> ist. Da letztere auch mehrere Zitate von Apk 22,11b
> enthält, soll die Auslegung dieses Psalms erst im
> 2. Abschnitt mitbehandelt werden[36].

Aus den bis jetzt besprochenen Abschnitten scheint
mir hervorzugehen, daß es Luther weniger darum geht,
Aussagen darüber zu machen, ob es einen relativen,
gradweisen Fortschritt der Gerechtigkeit in diesem Leben gibt, sondern vielmehr darum, festzuhalten, daß der
Mensch auf Erden die Vollkommenheit nie erreichen wird,
daß er nie die Gnade Gottes 'sattbekommen' und sich nie
in falsche Sicherheit wiegen kann, weil er auch als iustus
coram Deo semper peccator bleibt. Von daher muß man annehmen, daß Luther den traditionellen Begriff 'profectus'
zwar zunächst ohne Bedenken übernommen, aber bereits gegen Ende der 1. Ps-Vorlesung begonnen hat, den Aspekt
der Unabgeschlossenheit immer stärker zu betonen, was
mit der Zeit dazu führt, daß der alte Begriff schließlich eine neue Bedeutung gewinnt, nämlich: 'immer-unter-
wegs-Sein', 'nie-am-Ziel-Sein', also 'Pilgerschaft' im
Sinne von "'Fortschritt', sofern damit nicht auch 'Wachs-

---

34. 4,336,5ff (Hervorhebung von mir).
35. 55 II 1,63,17ff.
36. s.u. S. 135f.

tum' mitgemeint ist", wie Schloenbach es ausdrückt[37].
Die Bewegung als das Unvollkommene im Gegensatz zum Ruhen als der Vollkommenheit wird der eigentliche Vergleichspunkt[38], weniger das Vorwärtskommen im Gegensatz
zum Stehenbleiben. Die unendliche Entfernung vom Ziel
kommt primär ins Blickfeld, nicht die kleine Entfernung
vom Ausgangspunkt[39].

Dieses Verständnis scheint von Augustin mitbeeinflußt
zu sein, insbesondere die Interpretation von Phil
3,12ff[40]. Apk 22,11b gebraucht der Kirchenvater allerdings in anderen Zusammenhängen als sein Schüler[41].
Sicher ist jedenfalls, daß dem Tridentinum eben dieser
Halbvers für seine Forderung nach Vervollkommnung und
Mehrung der Verdienste dient[42], während Luther im Gegen-

---

37. Schloenbach, Heiligung, S. 19ff.

38. 4,362,35ff.

39. Auch wenn ich hier nicht noch alle anderen einschlägi-
    gen Abschnitte mit parallelen Bibelstellen interpre-
    tieren kann, dürfte doch aus dem Gesagten deutlich ge-
    nug hervorgehen, welchen der in der bisherigen Forschung
    (s.o. S. 100f, Anm. 2) vertretenen Meinungen ich zustim-
    men kann und welche ich ablehnen muß. Das Verständnis
    von Apk 22,11b und 3,17 in diesen Abschnitten ist ohne-
    hin von kaum einem der Forscher genau genug überprüft
    worden. Pinomaa, Profectio, geht zwar von dem Komplex
    der einschlägigen Bibelstellen aus, ohne jedoch Apk 3,
    17 zu berücksichtigen, weshalb er auch 22,11b im gera-
    de gegenteiligen Sinn, nämlich eines tatsächlichen Fort-
    schreitens, verstehen kann. Er findet allerdings "auch
    schon recht früh eine gewisse Kritik an dem Gedanken
    des Fortschritts" (aaO, S. 124), und die verbindet sich
    meiner Meinung nach eben mit den besprochenen Stellen.
    Der ganze Komplex wird im folgenden Hauptabschnitt noch
    weiter diskutiert werden müssen, s.u. S. 134ff.

40. So urteilt wenigstens Hamel, Luther und Augustin I,
    S. 119-129. Anderer Meinung ist dagegen Loewenich,
    Gnadenlehre, S. 59 bzw. 84: "Semper iustificandus
    heißt für Luther: immer von neuem zu rechtfertigen,
    für Augustin: immer mehr und mehr gerecht zu machen."

41. an den o. S. 108, Anm. 30, angegebenen Stellen.

42. Sessio VI: Decretum de iustificatione, cap. 10 (Denz.,
    Nr. 1535) wird Apk 22,11 unter der Überschrift "De
    acceptae iustificationis incremento" zitiert, vgl.
    Bellucci, Fede, S. 216. - Cornelius a Lapide, Apocalyp-
    sis, S. 411 zSt: "Hinc patet contra haereticos iusti-
    tiam et iniustitiam in omnibus non esse aequalem, nec

satz dazu die Nichtigkeit des Menschen und seine dauernde Abhängigkeit von Gottes Gnade zu beweisen versucht.
Somit kommt dieses Bibelwort seiner anscheinend noch
während der 'Dictata' entwickelten eigentümlichen Humi-
litätstheologie sehr zustatten[43]. Freilich ist damit
erst die negative Voraussetzung gewonnen für das positive Wirken Gottes, das in solchen Abschnitten und den
Gedankengängen Luthers zu dieser Zeit überhaupt noch
wenig zur Sprache kommt. Die folgenden Hauptabschnitte
müssen die weitere Entwicklung aufzeigen[44].

9. Kapitel

Andere systematische Gesichtspunkte

Der Vollständigkeit halber sollen hier anhangsweise
noch einige Apk-Stellen kurz behandelt werden, die, systematisch gesehen, in anderen als den bisher aufgezeigten
Zusammenhängen stehen. Damit soll die Vielseitigkeit der
Verwendung von Apk-Zitaten in der 1. Ps-Vorlesung unterstrichen werden.

---

consistere in indivisibili, sed posse crescere et au-
geri per opera bona et mala." In dem langen Zitat aus
Faustus von Reji (über ihn LThK[2] 4, Sp. 43f), das Cornelius für seine Auffassung heranzieht, finden sich unter vielen Sätzen, die für des Faustus semipelagiani-
sche Gnadenlehre typisch sind, auch welche, die an Luthers Aussagen anklingen, wie z.B.: "Nullum sibi finem
faciat proficiendi... Quanto ergo plus proficimus, tanto plus humiliemur... Ille bene proficit, ille bene con-
summat, qui quotidie sic agit, quasi semper incipiat"
(= MPL 58,886); es handelt sich hier jedoch deutlich um
moralische Anforderungen an die Menschen und nicht, wie
bei Luther, um das Urteil Gottes über alle menschlichen
Versuche, vor ihm gerecht werden zu wollen. - Auch Contarini, Schriften, S. 33,1f.31, benützt Apk 22,11 nicht
im gleichen Sinne wie Apk 3,16f (s.o. S. 107f, Anm. 26),
sondern ähnlich wie das Tridentinum.

43. Damerau, Demut, S. 96f, sieht auch in der zweiten Hälfte
der 'Dictata' anscheinend noch den traditionellen Fort-
schrittsgedanken überwiegen.

44. s.u. S. 134ff und 220ff.

I. Gott und sein Handeln

Wir haben schon gesehen, daß die beiden Stellen Apk
3,17 und 22,11b auch dazu dienen können, durch Abhebung von der Erbärmlichkeit und Schlechtigkeit der
Menschen die Barmherzigkeit und Güte Gottes leuchtend
herauszustellen[1].

Als Beweis dafür, daß Gott sein Heilshandeln immer
sub contraria specie verbirgt, macht Luther in der
Scholie zu Ps 43(44) auch Apk 3,19 (Züchtigung) nam-
haft[2]. Nocheinmal bietet sich ihm die Gelegenheit,
mit Hilfe von Apk 3,19 nachzuweisen, daß Verfolgungen
und Züchtigungen für die Kirche nur nützlich und ein
Zeichen der Liebe Gottes sein können, und zwar
anläßlich der seltsamen Worte der Vulgata in Ps
59(60),10: "Moab olla spei meae", verbunden mit
der Fassung des Hebräus-Textes: "Moab olla lavacri
mei", d.h. 'Moab ist der Kochtopf meiner Hoffnung
bzw. meines Bades.' Der Wittenberger Psalmenkollek-
tor versteht die Worte so, daß die Gläubigen von
dem zornentbrannten Moab, d.h. der Synagoge, verfolgt werden. Das geschieht aber nur, weil Gottes
Liebeswille es so verfügt (Apk 3,19) und sie dadurch gereinigt werden, sich bewähren und daraus
Hoffnung schöpfen, wie Röm 5,3-5 deutlich macht[3].

II. Satan

Die Vision vom Kampf Michaels mit dem Drachen in
Apk 12 bietet Luther zwei Zitate, die er anläßlich kur-
zer Bemerkung über das Wesen des Satans in die Auslegung hat einflechten können.

Einmal deutet er beim Stichwort 'canticum novum' in
Ps 32(33),3 'novitas' als 'gratia'[4] und als Gegensatz
dazu 'vetustas' als 'peccatum', letzteres belegt durch
den Ausdruck 'serpens antiquus' aus Apk 12,9[5].
Luther will also 'antiquus' weniger zeitlich als vielmehr qualitativ, bestimmt durch den Unterschied von der

---

1. s.o. S. 87f, Anm. 9.
2. s.o. S. 30 und 55, dazu Anm. 13 den Vergleich
   mit der Tradition.
3. 3,340,3ff. Wernle, Allegorie, S. 25-30, hat den ganzen
   Zusammenhang von Ps 59(60),10 ausführlich interpretiert
   und Luthers eigenartige Gedankengänge treffend charakterisiert. Schon Augustin (MPL 36,721 = CChr 39,762f)
   und nach ihm andere Psalmenausleger zitieren zu diesem
   Vers Röm 5,3-5, nicht jedoch Apk 3,19.
4. Vgl. Augustin, MPL 36,283 = CChr 38, S. 253, § 8, Z. 5.
5. 3,182,24ff.

Neuschöpfung, die an den Christen vollzogen wird, verstanden wissen[6], anders als die Tradition, die meist
auf den in der Urzeit erfolgten Sündenfall rekurriert[7].

Das andere Mal deutet Luther in Ps 71(72),4 mit der
von Augustin[8] herkommenden Überlieferung[9] 'calumnia-
tor' als 'diabolus'. Dazu assoziiert er verständli-
cherweise Apk 12,10, wo der Satan als 'accusator
fratrum' bezeichnet wird[10].

III. Mensch

Auf der Suche nach einer einleuchtenden Deutung der
Doppelheit von 'oculi' und 'palpebrae' in Ps 10(11),5
folgt Luther Cassiodor[11], der diese Ausdrücke auf die
Achtsamkeit Gottes auf die Frommen und die scheinbare
Unachtsamkeit auf die Gottlosen bezieht. Scheinbar ist
sie deshalb, weil Gott auch diese Menschen im Gewissen
anspricht. Es fällt dabei der mittelalterliche Begriff
'syntheresis', der für die Frage nach der Anknüpfung
von Gottes Erlösungshandeln beim Menschen eine entscheidende Rolle spielt[12]. Dictum probans für diesen Gedan-

---

6. Vgl. Barth, Teufel, S. 34; Raeder, Das Hebräische, S.
   275. - Zu knapp für eine eingehende Interpretation ist
   die Erwähnung der 'alten Schlange' bei Ps 21(22),1: 55
   I 1,186,17.
7. z.B. Rupert, MPL 169,1054; ganz anders die weltgeschichtliche Auslegung Lyras. Für ihn ist der alte Drache der
   Perserkönig Chosroe, von dem er sagt, er soll sehr alt
   gewesen sein, als er von Heraklius besiegt wurde: "Ipse-
   met Cosdroe erat antiquus aetate."
8. MPL 36,905 = CChr 39, S. 976, § 7, Z. 26f.
9. Luther beruft sich ausdrücklich auf Cassiodor, MPL 70,
   508 = CChr 98,650.
10. An dieser Stelle hat dieses Zitat keiner der verglichen-
    en Ps-Ausleger, (Pseudo-)Hieronymus jedoch in ähnli-
    chem Zusammenhang beim Stichwort 'dominus refugium pau-
    peri' in Ps 9,10 (MPL 26,891).
11. s. Zitat im Apparat zu 55 II 1,112,20ff.
12. Da dieser schwierige Begriff 'syntheresis' im Rahmen
    unserer Arbeit nur einmal vorkommt, kann darauf nicht
    ausführlich eingegangen werden. Nach Hartmann, Gewis-
    sensbegriff, S. 60ff, 65ff, faßt Luther 'syntheresis'
    nicht metaphysisch als Qualität des natürlichen Men-
    schen, sondern nur als Ansatzpunkt der Gnade Gottes.
    Später hat Luther das Wort ganz ausgeschieden und all-
    gemein durch 'conscientia' ersetzt, weil er nicht vom
    Menschen an sich reden will, sondern immer schon den
    Menschen gegenüber dem Anruf Gottes im Auge hat. Im üb-
    rigen sei auf folgende Literatur verwiesen: Scheel, Lu-
    ther II, S. 220ff; Hirsch, Lutherstudien I, S. 126; Pi-

ken ist Apk 3,20: "'Ego sto ad ostium pulsans'"13.
   Die deutenden Worte des Engels aus Apk 17,15:
"Aquae, quas vidisti, populi sunt", die Luther öfters
als Übertragungshilfe benützt[14], dienen ihm einmal dazu, seine Auslegung "Aque dicimur nos homines" zu begründen. Bemerkenswert ist, daß er sich
dabei Gedanken darüber macht, inwiefern das Bild
des Wassers für die Menschen so besonders geeignet
ist. Er findet drei übereinstimmende Merkmale: 1.
Das Leben der Menschen geht so dahin wie strömendes
Wasser; 2. sie sind haltlos und beweglich wie Wasser,
nicht fest gegründet wie Felsen; 3. wie Wasser von
Wirbelstürmen aufgewühlt wird, so werden die Menschen
von Leidenschaften und Begierden umgetrieben[15]. An
anderen Stellen dagegen bleibt Luther bei der durch
die Apk nahegelegten Deutung von 'aquae' auf bestimmte Völker, z.B. die Juden[16].

---

nomaa, Charakter, S. 37ff; Maurer, Freiheit, S. 144;
Lohse, Ratio, S. 31f; Kuhn, Ratio, S. 19ff; Ozment, Homo spiritualis, S. 150.

13. 55 II 1,113,4; fehlt in der Überlieferung an dieser
    Stelle; vgl. aber (Pseudo-)Hieronymus zu Ps 75(76),13:
    MPL 26,1101. Auch bei Johannes von Paltz spielt Apk 3,
    20a eine wichtige Rolle, und zwar in seiner Lehre vom
    Ablaß. Er will damit biblisch belegen, daß Gott alle
    Sünder eindringlich zur Buße ruft, Paltz, Caelifodina,
    Suppl., Bl. A2b, Sp. 1; D4a, Sp. 2 und D5b, Sp. 2 bis
    D6a, Sp. 1. An der letzten Stelle wird sogar eine Aus-
    legung von Elinandus ausgeschrieben, dessen Kommentar
    heute als verschollen gilt (vgl. Stegmüller, Reper-
    torium 2, S. 295). Bl. R2a, Sp. 2, zitiert Paltz Apk
    3,20, um zu begründen, daß das 'facere, quod in se
    est', geeignet sei als praeparatio ad gratiam, unter
    Berufung auf Thomas, Sentenzenkommentar, Liber II,
    Dist. 28, Qu. I, Art. 4,2 (Bl. 68b, Sp. 2); vgl. auch
    Paulus, Paltz, S. 73f. Später sieht Emser in diesem
    Vers ein Argument gegen Luthers Ablehnung des freien
    Willens: "Dieweyl Luther unsern freyen willen ganz
    vorneynt und vorleugnet und wir aber auß diesem buch
    etzliche klare stell davon haben, in wölchen uns die
    sach in unsern freyen willen gestelt wirt, als cap.
    3[20]: 'So jemand mein stymm hören und mir aufthon
    wirt, zu dem werd ich eingehn und das abentmal mit im
    halten; dergleichen ouch am 22. capitel[V. 17]...,
    so muß Luther diß buch vorwerfen, damit es seiner ler
    nit ein stoß thue", Emser, Auß was grund, Bl. 149ab;
    über den Zusammenhang s.u. S. 282.

14. s.o. S. 58f.

15. 55 II 1,161,4ff. Die Tradition im Apparat; dazu o. S.
    59, Anm. 29-33.

16. 3,490,14; 504,30f; 505,16.

IV. Heilige Schrift

Schon in anderen Zusammenhängen mußten wir von der
heiligen Schrift reden. So sah etwa Luther in den beiden Adlersflügeln von Apk 12,14 AT und NT versinnbild-
licht. Aus den oben[17] besprochenen Abschnitten geht hervor, daß die Bibel in der Kirche eine Orientierungs- und
Schutzfunktion hat. Sie garantiert die reine Lehre und
dient zur Abwehr von Häresien. Jeder Kirchenführer muß
in ihr zu Hause sein. Altes und neues Gesetz haben trotz
ihres gegensätzlichen Wirkens dasselbe Ziel. Indem das
alte Gesetz den alten Menschen tötet, kann das neue Gesetz den neuen Menschen fördern.

Christus hat den Schlüssel zur heiligen Schrift (Apk
3,7). Mit diesem lassen sich alle schwierigen exegetischen Probleme zur Zufriedenheit lösen[18]. Ohne ihn bleibt
die Schrift dunkel und verwirrend[19], ein Buch, das fest
verschlossen ist und nicht zur Erbauung dient, sondern
nur eine Belastung ist. Das 'verschlossene Buch' ist natürlich das Buch mit sieben Siegeln aus Apk 5, das nur
das Lamm öffnen kann[20]. Es ist alte Tradition, Apk 3,7
mit 5,1ff zu verbinden[21] und in der äußeren und inneren
Schrift auf der Buchrolle AT und NT zu sehen[22]. Dadurch
verliert dieses Buch seine geheimnisvolle apokalyptische
Bedeutung[23] und wird das allen bekannte Buch der Bücher,

---

17. S. 82.
18. Vgl. die 'harten Nüsse', von denen Luther in einer
    Glosse zur Praefatio seines Psalterdruckes spricht
    55 I 1,6,29ff, s. auch o. S. 55 und 97.
19. 55 I 1,6,23f.
20. Da sich Luther am Ende der Praefatio deutlich auf die
    ersten beiden programmatischen Bibelzitate zurückbe-
    zieht, ist der bei Ebeling, Psalterdruck, S. 98, Anm.
    1, und 55 I 1,11,8, vermutete Zusammenhang mit Apk 5
    ganz sicher gegeben.
21. s. das Zitat aus Perez im Apparat, 55 I 1,11,8ff.
22. z.B. Beda, MPL 93,145.
23. Bousset, Offenbarung, S. 254: "das Buch, in dem die
    Schicksale der Welt verzeichnet sind"; Holtz, Christo-
    logie, S. 31ff: Schicksalsbuch, über das zu verfügen
    die Weltherrschaft bedeutet. - Ganz anders Müller,

dessen wahrer Inhalt freilich dadurch auch als nicht
überall klar und offen erscheint, besonders, was
den tieferen Sinn des AT betrifft. Denn gerade mit
diesem Spruch kann man die Notwendigkeit geistlicher,
also allegorischer Auslegung begründen[24]. Christus
hat mit seinem Kommen ein für allemal die Geheimnisse
des AT enthüllt. Im AT ist also nicht mehr und nichts
anderes zu suchen, als was im NT geoffenbart ist[25].
Mit Hilfe der klaren Aussagen des NT lassen sich die
dunklen Stellen des AT aufhellen. Das sind ganz alte
Theorien, die Luther nicht erst selbst entwickeln mußte. Bei seiner Doktorpromotion im Oktober 1512, also
kurz vorher, hatte Karlstadt ihm sicher eine geschlossene und eine geöffnete Bibel überreicht. Leider wissen wir nicht mehr, was Karlstadt für passende Worte
dazu gesagt hat. Vielleicht hatten sie ähnlichen Inhalt wie Luthers gedruckte Vorrede zum Psalter. Dann
könnte es sein, daß auch das Buch mit sieben Siegeln
von Apk 5 erwähnt wurde. Nicht unwichtig für Luthers
Präfatio ist auch, daß er damals anschließend an dieses Zeremoniell eine Rede zu halten hatte, die "der
Würde und dem Ruhm der Heiligen Schrift" galt[26].

In derselben Weise wie das Buch mit sieben Siegeln
wurde auch das 'evangelium aeternum' aus Apk 14,6 verstanden. Die Botschaft des Engels, die im wesentlichen
das Gericht über die Feinde Gottes beinhaltet und mit
einem ernsten Bußruf verbunden ist[27], wird bei Luther
in der Interlinearglosse zu Ps 118(119),89 (in aeternum,
domine, verbum tuum permanet) zu dem Evangelium im Gegensatz zum Gesetz[28]. Hier ist allerdings die Überein-

---

Messias und Menschensohn, S. 163f: Schuldurkunde, die
ungültig gemacht wird.
24. Es wurde daraus sogar eine siebenfache Auslegungsregel
entwickelt, vgl. Lubac, Exégèse 1 I, S. 131ff und 305ff.
25. Vgl. aaO 2 I, S. 506ff.
26. s. Scheel, Luther II, S. 561f.
27. Bousset, Offenbarung, S. 383f.
28. 4,293,9f.

stimmung mit der Überlieferung nicht mehr ganz gewahrt.
Zwar beziehen manche Ausleger diese Stelle auch auf das
Evangelium von Christus und setzen es in Gegensatz zum
Gesetz Moses[29], aber daß das Gesetz im Unterschied zum
Evangelium aufhören solle, dürfte ein Gedanke sein, der
nicht mehr im Rahmen des Üblichen bleibt. Dem perfektio-
nistisch denkenden wyclifitischen Verfasser des 'Opus
arduum' etwa liegt es viel näher, unter Berufung auf
Mt 5,18 die bleibende Geltung der gesetzlichen Normen
in der Kirche zu betonen[30]. Leider hat aber Luther seine Gedanken zum Thema 'Gesetz und Evangelium' hier nicht
weiter ausgeführt, so daß keine tiefergehenden Differenzen festgestellt werden können.

V. Eschatologie

Wir haben gesehen, daß Luther viele eigentlich eschatologisch zu verstehende Apk-Stellen zumindest auch ekklesiologisch verwendet. Bei einer davon, die an sich im Kontext christologischer Deutung steht und gegen die Juden
gewandt ist, läßt sich vielleicht daneben umgekehrt noch
darauf schließen, wie Luther über die Höllenqualen gedacht hat.

> Er bemerkt in der Scholie zu Ps 17(18),9 (ascendit
> fumus in ira eius) allgemein: "Fumus omnino signi-
> ficat iram, 'ascensus' superbiam." So will er auch
> Apk 14,11 verstanden wissen. Darum fügt er dieses
> Zitat bei: "'Et fumus tormentorum eius ascendet in
> secula seculorum.'"[31] Etwas später kommt er noch ein-
> mal darauf zurück. Diesmal versteht er unter den bei-
> den Begriffen: "blasphemia et indignatio contra altis-
> simum et superiores", wiederum mit demselben Zitat
> belegt[32].

---

29. z.B. Hugo: "_Aeternum_, quia ei aliud non succedet [bis
    hierher = Lyra], vel quia aeterna promittit, non tran-
    sitoria. Et hoc dicitur ad differentiam legis Moysi,
    quae promittebat temporalia."
30. "Si intelligatur, quod ecclesia catholica, id est nu-
    merus electorum, non servat perfectionem ecclesiae pri-
    mitivae, est plane haereticum, quia 'iota unum aut apex
    unus non praeteribit a lege etc.'" (Mt 5,18).
31. 55 II 1,135,5ff.
32. 55 II 1,140,25f.

Luther könnte also den Rauch des Höllenfeuers als
Zürnen gegen Gott und damit wohl auch dieses selbst spiritualisiert als Stehen unter dem reinen Zorn Gottes verstanden haben[33]. In speziell eschatologischem Zusammenhang stehen aber die folgenden Zitate.

> In der Scholie zu Ps 61(62),3 deutet Luther 'non move-
> bor amplius' in einem zweiten Auslegungsgang so, daß
> Adam das erste Mal gefallen ist, und zwar in den natür-
> lichen Tod, und daß die, die an Christus glauben, nicht
> noch einmal fallen, d.h. in den zweiten Tod, also die
> Hölle, so, wie es den Ungläubigen geht, vor allem den
> Juden. Luther erinnert sich daran, daß diese Unterschei-
> dung von erstem und zweitem Tod aus der Apk stammt.
> Deshalb notiert er sich: "Sicut Apoc. 20. 'Hec est
> mors secunda'".[34]

Der Psalm 101(102) ist für Luther ein Gebet der
Gläubigen um die Ankunft Christi[35]. Nun werden aber
nach alter Tradition drei Advente unterschieden: 1.
die Ankunft ins Fleisch, 2. die Ankunft im Geist und
3. die Ankunft in Herrlichkeit[36]. Diesem Schema folgt
Luther in einer ersten Glosse, wodurch er drei Auslegungsmöglichkeiten dieses Psalmes gewinnt. Die mitt-
lere Auslegung identifiziert er mit der tropologischen,
also wohl die erste mit der (ursprünglich allegorischen,
für ihn aber) literalen und die dritte entsprechend mit
der anagogischen[37]. Dabei ergibt sich auch eine knappe

---

33. Auch Joachim versteht den Vers grundsätzlich von den
Bösen, nicht speziell von den Verdammten, wobei er
ebenfalls 'fumus' mit 'blasphemia' gleichsetzt: "Boni
namque, cum affliguntur, benedicunt Dominum, et illa
benedictio fumus aromaticus est. Mali vero cum affliguntur, murmurant et blasphemant, et blasphemia eorum
quasi fumus sulphuris aut carnis putridae foetor ascendit."
34. 3,354,21ff.
35. 4,141,2: titulus, vgl. Z. 18f.
36. Bei der Zählung läßt Luther den mittleren aus, so daß
der dritte als zweiter gezählt wird.
37. Dieser dreifachen Auslegung liegt eine Verbindung des
figura-Schemas mit dem Quadriga-Schema zugrunde, wie
sie Auerbach, Figura, S. 459, ähnlich schon bei Augustin nachzuweisen versucht hat (s. aber dagegen Lubac,
Exegese 1 I, S. 182) und Müller, Figuraldeutung, S. 228,
bei Thomas von Aquin findet. Luther erkennt wahrschein-

Beschreibung der Endzeit: Fremde Herren und Lehrer werden in der Kirche herrschen und lehren. Dies wird die
Zeit des Antichrists sein, von dem Luther, wie später
noch so oft, zu sagen weiß, daß ihn Christus laut 2
Thess 2,8 mit dem Hauch seines Mundes töten wird. Um
dieses rettende Eingreifen Christi bei seinem dritten
Advent wird dann seine Gemeinde ganz besonders flehen.
Luther schreibt dies mit solcher innerer Beteiligung,
daß er mit den Worten von Apk 22,20 den Stoßseufzer
der wartenden Gemeinde als sein persönliches Gebet noch
anfügt: "Amen, domine"[38]. An solch einer Stelle wird
deutlich, daß Luther schon sehr früh unter einer laten-
ten eschatologischen Spannung steht, die erst später klar
hervortritt, etwa 1521 in der Schrift gegen Catharinus,
in der er mit den Schlußworten der Apk das Ende des
Papsttums herbeiwünscht[39]. Bis 1538 bleiben diese die
einzigen sicheren Zitate von Apk 22,20. Inzwischen hat
freilich die religiöse Erfahrung Luthers eine lange Entwicklung durchgemacht, worauf später noch einzugehen
sein wird[40].

> Die letzte in eschatologischem Zusammenhang wichtige
> Stelle, nämlich die Betrachtung Luthers über das
> Sterben im Herrn (Apk 14,13) in der Neubearbeitung
> der Scholie zu Ps 22(23),4 haben wir oben[41] schon
> gewürdigt. Es genügt hier, noch einmal darauf hinzu-
> weisen.

---

lich den Unterschied gar nicht deutlich. Jedenfalls ist
gerade dies keine Neuerung Luthers, wie Preus, From
shadow, S. 174f und 192ff, annimmt.

38. 4,141,18ff. Die traditionelle Auslegung dieses Psalmes
ist referiert bei Preus, aaO, S. 169f, Anm. 16, mit dem
Ergebnis, daß diesmal Lyra am ehesten vergleichbar ist.

39. 7,742,8f.

40. s.u. S. 578ff.

41. S. 104.

Zusammenfassung

Anhand der etwa 75 Anspielungen Luthers auf die
Apk innerhalb der 1. Ps-Vorlesung haben wir im wesentlichen folgende wichtigen Beobachtungen gemacht, die
vor allem im Hinblick auf die späteren Äußerungen bedeutsam sind:

1. Unter den biblischen Büchern, die Luther zur Auslegung heranzieht, benützt er die Apk in durch-
   schnittlicher Häufigkeit ohne besondere Vorliebe
   oder Ablehnung. Jedoch bevorzugt er bestimmte Abschnitte darin (z.B. das 7. Sendschreiben, Kap. 12
   und 21f), während er andere beiseite läßt, nämlich
   hauptsächlich die für die geschichtliche Auslegung
   wichtigen Schilderungen der Plagen usw.
2. Es ist zu vermuten, daß Luther vor oder während
   seiner Arbeit am Psalter die traditionelle Auslegung der Apk näher kennengelernt hat.
3. Wie Luther in seiner Psalmenauslegung allgemein vorzugsweise der älteren Auslegungstradition folgt, so
   auch im Verständnis der Apk-Stellen, die er darin zitiert. Aus dem Rahmen fällt nur die geschichtlich-
   konkrete Deutung von Apk 13,11 auf die Türken.
4. Für die von Luther anfangs geübte geistliche, d.h.
   allegorische Psalmeninterpretation, die bildhaftes
   Denken voraussetzt, sind die Visionen der Apk als
   Deutungshilfen sehr geeignet. Luther mißt dabei sehr
   vielen Apk-Stellen Aussage- und Beweiskraft bei, die
   eigentlich nicht in diesen selbst liegt, sondern
   meist in deren autoritativer traditioneller Auslegung. Grundlage dafür ist der Glaube, daß die Kirche im sicheren Besitz der Wahrheit ist.
5. Luther beruft sich vor allem in ekklesiologischen
   Zusammenhängen auf Apk-Stellen, und zwar, was die
   verfolgte irdische Kirche betrifft, auf verschiedene Stellen in dualisierenden Auslegungen. Auffällig ist die Verwendung des 7. Sendschreibens im Zusammenhang der Periodisierung der Kirchenverfolgun-
   gen, deren schlimmste die gegenwärtige durch Ruhe

und Sicherheit ist.

6. Luther scheint schon am Anfang zur Christologie der
   Apk kein rechtes Verhältnis gewonnen zu haben, gerade auch, was deren soteriologische Aspekte betrifft.

7. Zur Frage von Luthers Rechtfertigungsverständnis und
   dessen beginnender Entwicklung tragen vor allem die
   Zitate von Apk 14,13; 3,17 und 22,11b Interessantes
   bei, nämlich dicta probantia zur Ablehnung von Selbstgerechtigkeit und zur Forderung nach Humilität. Es
   besteht kein Grund zu vermuten, daß Luther in dieser
   Zeit um seiner damaligen Rechtfertigungslehre willen
   die ganze Apk abgelehnt hätte.

8. Auch für manchen anderen systematischen Gedanken haben Stellen aus der Apk eine gewisse Bedeutung; für
   die Eschatologie allerdings weniger, als man vermuten
   würde. Das kommt daher, daß die Eschatologie in gewissem Sinne schon in der Ekklesiologie impliziert ist.

Ausgehend von diesem Befund müssen wir nun sehen, welche Gesichtspunkte sich auch später noch durchhalten
und wo dagegen eine entscheidende Wende eintritt.

Zweiter Abschnitt
==================

Die frühreformatorische Phase (1514-1518)
===

A. = 10. Kapitel

Formale Beobachtungen

In den Schriften, Vorlesungen, Predigten und Briefen, die von Luther neben und nach der 1. Ps-Vorlesung
bis Ende 1518 überliefert sind, finden sich insgesamt
48 sichere und 6 unsichere Bezugnahmen auf Apk-Stellen[1].
Ein Großteil der Zitate fällt auf die Röm-Vorlesung
(16 und 2), die Hebr-Vorlesung (9), die Resolutionen zu
den Ablaßthesen (3 und 1) und die 'Decem praecepta' (4).
Für die Vorlesungen läßt sich auch leicht die Häufigkeit
der Apk-Zitate im Verhältnis zu anderen Bibelzitaten überprüfen. Beim Römerbrief liegt sie mit knapp 1% nur ganz
wenig unter der in der 1. Ps-Vorlesung, trotz des völlig
anderen Stoffes, was wir sogleich erklären werden. Beim
Hebräerbrief fällt sie mit 0,75% etwas ab[2]. Dagegen weist
die WA z.B. kein einziges Apk-Zitat in der Gal-Vorlesung
nach[3].

---

1. Wegen der Nachträge und unsicheren Stellen s. Tabelle
   1 bei den entsprechenden WA-Bänden, dazu am Ende der
   Tabelle die Stellen in Vogelsang, Fragmente; Tabelle
   2, Z. 1; Tabelle 4, zu Bd. 1 und 56; Tabelle 5, zu Bd
   9.
2. s. Tabelle 7.
3. Allerdings ist auch die Gesamtzahl der nachgewiesenen
   Bibelzitate mit etwa 375 relativ gering. Wenn man außerdem bedenkt, daß die Gal-Vorlesung nur in Nachschriften
   erhalten ist und an der Röm-Vorlesung, die doppelt überliefert ist, sieht, daß die Mehrheit der Abschnitte, in
   denen Apk-Zitate - und zwar gerade auch die theologisch
   bedeutsameren - stehen, von Luther den Studenten vorent-
   halten worden sind, ist das Fehlen von Apk-Zitaten in

Bei der Auswahl der Abschnitte und Einzelverse aus
der Apk ergeben sich einige charakteristische Verschiebungen[4]. 2,9 und 2,13, ebenso 12,14; 17,15; 21,5 und
21,12 treten vollkommen zurück. Dagegen tauchen 1,7b
(nur am 2.4.1518) und 2,17 neu auf. Die Zitate von 21,27
haben sich stark vermehrt. Zu den schon bisher stark vernachlässigten Abschnitten Kap. 4; 6-8; 9,12ff; 10f; 14,
14ff; 16; 18-20 kommen nun noch die Kapitel 13 und 17.
Nur bei 9,1-10 macht sich 1518 bereits eine erste Veränderung bemerkbar. Es handelt sich um zwei Stellen, die eine Reihe von Zitaten einleiten, in denen die Heuschrecken-
Vision gegen die Scholastik gewendet wird, wie es dann
gehäuft in den Jahren 1519-1521 geschieht[5]. Diese beiden Stellen sollen deshalb erst im dritten Abschnitt
besprochen werden[6].

Gleicher Beliebtheit erfreuen sich nur noch 3,15ff.19
und 22,11b.

Was verbirgt sich nun hinter diesen nüchternen Zahlen?

---

dem kurzen Gal-Kolleg nicht ganz so signifikant. Immer-
hin scheint für Luther das letzte Buch der Bibel nichts
Besonderes mit seinem Lieblingsbuch, dem Gal, seiner
'Käthe von Bora' (TR 1,69,19: Nr. 146), gemein zu haben.
Über die späteren Gal-Auslegungen s.u. S. 174f.

4. s. Tabelle 9.

5. Apk 9,2f in der Scholie zu Hebr 11,4 von Anfang 1518:
57 Hebr,230,22ff, und Apk 9,5 in 'Decem praecepta', gedruckt Juli 1518: 1,507,21f.

6. s.u. S. 199ff.

B. = 11. Kapitel

Hermeneutische Beobachtungen

I. Veränderungen gegenüber der 1. Ps-Vorlesung

Die grundsätzlichen Äußerungen Luthers über die Prinzipien seiner Schriftauslegung zeigen in dieser Zeit keine so signifikanten neuen Aspekte, daß es angebracht wäre, hier zunächst wieder ausführlich darauf einzugehen.
Altes läuft aus, Neues macht sich allmählich bemerkbar.
Erst im Verlaufe des Thesenstreits, etwa um 1519, sieht
sich Luther gezwungen, gegenüber seinen Gesprächspartnern
klar seine inzwischen veränderte Position herauszustellen
und abzugrenzen. Daher erscheint es angebracht, erst im
dritten Abschnitt darüber zu berichten. Hier soll es genügen, die Veränderungen darzustellen, die sich am Kontext der Apk-Zitate selbst beobachten lassen.

In diesem Zeitraum im Gegensatz zum folgenden und noch
ausgeprägter als in der 1. Ps-Vorlesung bleiben praktisch
alle als typisch apokalyptisch geltenden Abschnitte, wie
Plagen- und Tiervisionen, von Luther unberücksichtigt.
Das hat aber das letzte Buch der Bibel mit den anderen
entsprechenden Partien der Bibel gemeinsam. Dadurch wird
vom Negativen her deutlich, daß Luther nicht aus eigenem,
spekulativem Interesse, sondern nur durch die Ereignisse
des Ablaßstreits auf die Idee gekommen sein kann, den
Papst als Antichrist zu bezeichnen und die Endzeit gekommen zu sehen.

Unter den wiederholt zitierten Stellen, die nur
der 1. Ps-Vorlesung eigen sind und sonst in Luthers
Frühzeit nicht mehr vorkommen, läßt sich leicht eine
Gruppe feststellen, die eines gemeinsam hat, nämlich,
daß alle Zitate im Zusammenhang allegorischer Auslegung die Aufgabe hatten, bestimmte bildhafte Ausdrücke,
die in den Psalmen öfters wiederkehren, metaphorisch deuten zu helfen. Es sind die Deuteworte 17,15 (Wasser =
Völker) und 17,12 (Horn = König), das mit der Tradition
als heilige Schrift gedeutete Bild der Adlerflügel aus
12,14 und die Vision der mit den Namen der 12 Patriarchen bezeichneten Tore Jerusalems aus 21,12. Dazu kom-

men noch einige vereinzelt zitierte Bildworte wie 3,7;
8,3f; 12,1; 13,1.11; 14,11 und 17,4. Durch die häufigen
Klagen der Psalmisten über ihre Feinde war es bedingt,
daß Luther oft die Schimpfwörter 'Synagoge' und 'Stuhl
des Satans' (Apk 2,9.13) gegen die Juden als Feinde
Christi wandte. Das Verschwinden solcher Stellen wird
weitgehend schon verständlich, wenn man sich vor Augen
hält, wie ganz anders der Kontext bei Vorlesungen über
neutestamentliche Briefe, bei Predigten und Disputationen gestaltet ist[1]. Wenn in der Röm-Vorlesung trotzdem
die Apk kaum seltener zitiert wird als in der 1. Ps-Vorlesung, dann hat das u.a. den Grund, daß dafür einzelne,
für die Apk als ganze nicht gerade typische, aber für
die Problematik des Röm wichtige Verse, z.B. 3,15ff und
22,11b, häufiger herangezogen werden. Daneben erscheint
jetzt etwa 1,7b (Plangent se super eum omnes tribus
terrae.) dreimal im Zusammenhang mit Passionssermonen,
2,17 (das verborgene Manna und der Name, den niemand
kennt) in Stücken, die von seiner Beschäftigung mit mystischen Schriften zeugen, und 21,27 (Nihil inquinatum intrabit in eam, sc. novam Jerusalem.) in der beginnenden Auseinandersetzung um das rechte Verständnis der Sünde.
  Weniger begreiflich ist allerdings, daß nicht nur
das in den 'Dictata' fünfmal vorkommende Wort aus Apk
21,5: "Ecce nova facio omnia", sondern auch die parallelen Formulierungen in Jes 43,19 und 2 Kor 5,17 bis
1521 nicht mehr nachweisbar sind[2]. In der 1. Ps-Vorlesung waren Ausdrücke wie 'opus Dei' Anlaß für die Erinnerung an Apk 21,5, aber doch nicht so ausschließlich,
daß deren Verschwinden auch das von Apk 21,5 ohne weiteres erklärte[3]. Ich weiß keine schlüssige Deutung für
diese Erscheinung zu geben, die vielleicht einer genaueren Untersuchung wert wäre.

-----

1. Vgl. o. S. 46f.
2. s. Pinomaa, Register. Nur an 2 Stellen der Hebr-Vorlesung finden sich knappe Anspielungen auf die neue Kreatur von 2 Kor 5,17: 57 Hebr,153,10 und 194,6.
3. Vgl. o. S. 74ff.

Man könnte für das Zurücktreten vieler Apk-Zitate,
die in allegorischen Deutungen innerhalb der 1. Ps-Vorlesung vorgekommen sind, eine zusätzliche Erklärungs-
möglichkeit in Anschlag bringen, nämlich die Annahme,
daß Luther schon bald nach den 'Dictata' eine zunehmend
kritische Haltung gegenüber der vierfachen Schriftauslegung zeige und deshalb mit Allegorien vorsichtiger um-
gehe als bisher. Nun hat bekanntlich Luther in der Gal-
Vorlesung bei der Erklärung von Gal 4,24 historische Kritik an der Quadriga geübt und ihr das augustinische Verständnis von spiritus und littera entgegengehalten[4].
Aber diese damals ziemlich vereinzelt dastehende theore-
tische Äußerung[5] beschreibt im Grunde nur die Praxis,
wie wir sie schon in der 1. Ps-Vorlesung haben beobachten können[6]. So ist es ganz selbstverständlich, daß Luther an den allerdings ziemlich seltenen Stellen, an denen sich Bildwörter im auszulegenden Text finden, in der
gewohnten Weise parallele Bilder aus anderen biblischen
Büchern zum Vergleich heranzieht, um so den geistlichen
Sinn zu erfassen. Bilder aus der Apk hat er an 4 solchen
Stellen verglichen: zu Röm 15,12 ('radix Jesse') Apk 22,
16; zu Röm 15,20 ('fundamentum') Apk 21,14; zu Hebr 9,2
('candelabra') Apk 1,12.20 und zu Hebr 11,16 ('civitatem')
Apk 21,2f.

II. Einordnung ins Schema von 1530

Es wäre aber nun falsch, aus dem veränderten Kontext zu schließen, daß Luther dann vielleicht weniger
die Gelegenheit oder auch das Bedürfnis gehabt habe,
bildliche Ausdrücke aus der Apk zu zitieren, dafür
mehr 'ausgedrückte Worte'. Denn wenn wir wieder das
bekannte Schema von 1530 anwenden[7], so ergibt sich
kein deutlicher Anhaltspunkt für diese Vermutung.

––––––––––––––

4. 57 Gal,95,23ff.
5. Vgl. Ebeling, Evangelienauslegung, S. 283ff.
6. s.o. S. 46ff.
7. s.o. S. 57ff.

1. Wir finden wieder eine größere Anzahl zeitlos
gültiger Aussagen, die keine Weissagung von zukünftigen Dingen enthalten. Es sind im wesentlichen dieselben wie in der 1. Ps-Vorlesung, nämlich die Zitate aus dem 7. Sendschreiben 3,15ff.19 und 22,11b, die
für die Zeit bis 1518 immer noch als ausgesprochene
Lieblingsstellen angesehen werden können[8].
2. Daneben zitiert Luther auch Stellen, die mit ausdrücklichen Worten zukünftige Ereignisse weissagen,
so etwa 1,7b, das von der Wiederkunft Christi in
Herrlichkeit spricht[9], 10,6 (es wird keine Zeit mehr
sein)[10], wiederum 14,13, allerdings in diesem Zeitraum nur einmal[11], und 20,14 (21,8) (der zweite Tod)[12].
3. Auch jetzt stehen Luther nur wenige Deutungen von
Bildern oder aus dem Zusammenhang bereits hinreichend
verständliche Visionen zur Verfügung, nämlich 1,20
(7 Leuchter = 7 Kirchen), wie gesagt, zu Hebr 9,2,
wo 'candelabra' zu erklären war[13], und 21,14 (Die
Apostel 'sind' die Fundamente des neuen Jerusalem)
zu Röm 15,20, wo Paulus mit der Formulierung, er
wolle auf kein fremdes Fundament bauen, zum Ausdruck
bringen will, daß er nicht in das Missionsgebiet anderer Apostel eindringen wolle[14].
4. Bilder ohne deutende Worte sind dagegen 2,17
(Manna und Name)[15]; 9,2f.5 (Heuschrecken)[16]; 12,1
(der Mond unter den Füßen der Himmelskönigin)[17]; 12,4
(Drachenschwanz)[18]; 12,7 (Michaelskampf)[19]; 14,1 (das
Lamm auf dem Berg Zion)[20]; 21,2ff (die neue Gottes-
stadt) und 21,27 (nichts Unreines!)[21]. Das sind zusammen immerhin 17 (18) von den 48 (54) Stellen[22].

---

8. s. Tabellen 9 und 10.

9. s.u. S. 147.

10. 17 II,509,39f.

11. 1,563,21f: Resolutionen zu den 95 Thesen, 1518, also
schon im Ablaßstreit.

12. 57 Röm,176,10f.

13. 57 Hebr,198,7f.

14. 56,144,3; entsprechend auch 57 Röm,121,3f, aber mit
der falschen Angabe "Apo. 22.".

15. 4 Zitate, Einzelheiten s.u. S. 148f.

16. Einzelheiten erst im nächsten Abschnitt u. S. 199ff.

17. 56,476,21f; s.u. S. 148.

18. 1,45,13-19 = 4,676,17-19; s.u. S. 145f.

19. 1,408,27; s.u. S. 145.

20. 9,132,22ff; s.u. S. 133.

21. 7 Zitate, Einzelheiten s.u. S. 137ff.

22. zum Vergleich: 1. Ps-Vorlesung: 26 von 75(78) Stellen.

Luther hat also doch öfter unerklärte Ausdrücke der Apk
zur Begründung bestimmter Behauptungen herangezogen.

Die restlichen Apk-Stellen sind dann nur noch einige
christologische (1,17; 5,5; 22,16) oder satanologische
(9,11; 12,9) Prädikate, die nur teilweise von Luther
gedeutet werden[23].

C. = 12. Kapitel

Systematische Einordnung der Apk-Stellen

I. Ekklesiologie

Versuchen wir wieder, die Apk-Zitate dieses Abschnittes nach systematischen Gesichtspunkten zu ordnen, so
fällt als erstes auf, daß von den vielen Stellen, die
in der 1. Ps-Vorlesung zur Beschreibung der Kirche und
ihrer Geschichte dienten, fast keine mehr übriggeblieben
sind. Das wird am Wechsel der Lieblingszitate sofort deutlich: Die meisten der verschwundenen Zitate, nämlich 21,5.
1; 21,12; 12,14; 2,9 und 13 haben ekklesiologische Bedeutung, unter den neu hinzugekommenen jedoch keines. Dies
ist wiederum weitgehend aus dem Wechsel der exegetischen
Grundlage zu verstehen. So schreibt Müller in seinem Aufsatz über 'Ekklesiologie und Kirchenkritik beim jungen
Luther': "So viele Aussagen über die Kirche die Dictata
aufweisen, so wenige finden sich in Luthers Römerbrief-
vorlesung. Andere Themen sind es jetzt, die den Exegeten
beschäftigen."[1] Über die Hebr-Vorlesung schreibt er allerdings: In ihr "finden sich jetzt auch wieder mehr ekklesiologische Aussagen. Das ist wohl zum Teil in Luthers Vorlage, dem Hebräerbrief, begründet."[2] Allgemein faßt er
seine Beobachtungen über diesen Zeitraum so zusammen:
"Spekulativ-metaphysische Aussagen über die Kirche verlieren genauso an Interesse wie Erkenntnisse, die mit
Hilfe des vierfachen Schriftsinnes bei der Ausdeutung

---

23. Einzelheiten s.u. S. 133 und 145f.

1. Müller, Ekklesiologie, S. 113 (Sperrung aufgehoben).

2. S. 120 (Sperrung aufgehoben).

von Bibelworten gefunden worden waren."[3] Man kann jetzt
rückblickend daraus schließen, daß schon in der 1. Ps-
Vorlesung auf ihnen relativ wenig theologisches und existen-
tielles Gewicht gelegen haben muß. Das entspricht auch
ganz dem Eindruck, den der Kontext zumindest der zeitlos-
positiven Aussagen über die Kirche in den 'Dictata' macht:
Luther gibt hier hauptsächlich tradierte Deutungen wieder.

> Die 2 derartigen Zitate, die in den hier zu be-
> handelnden Zeitraum fallen, sind, da sie an Metaphern
> im Text anknüpfen, schon oben[4] erwähnt worden, nämlich
> Apk 21,14: Die Apostel sind zur Gründung der Kirche
> berufen und sind selbst die Grundsteine der Kirche[5];
> Apk 1,12f.20: Die 7 goldenen Leuchter sind 7 Kirchen
> und, weil die 7-Zahl die Zahl der Vollkommenheit ist,
> auch alle Kirchen insgesamt[6].

Von der Verwendung der Apk für die Darstellung aktu-
eller Auseinandersetzungen der streitenden und leidenden
Kirche mit ihren Widersachern sind auch nur noch wenige
Spuren übriggeblieben. 2 Zitate fügen sich z.B. in das
Schema der Verfolgungen, die jetzt durch die falschen
Brüder besonders gefährlich geworden sind, ein. Bezug-
nahmen auf diese Vorstellung sind zwar in den folgenden
Vorlesungen seltener als in der 1. Ps-Vorlesung, aber
doch nicht ganz verschwunden, wie Mauser meint[7]. Beide
Zitate sind bezeichnenderweise wieder dem 7. Sendschrei-
ben entnommen.

> Für das eine bietet der bekannte Spruch aus Hebr 12,6
> Gelegenheit: "Quem enim diligit Dominus, castigat".
> In einer Randglosse, die durch Unterstreichungen be-

---

3. S. 128.

4. S. 127.

5. 56,144,2f: Interlinearglosse zu Röm 15,20; entsprechend
   auch 57 Röm,121,3f.

6. 57 Hebr,198,7ff: Scholie zu Hebr 9,2; als zweite von
   vier möglich erscheinenden Deutungen des Wortes 'candelabra'.

7. Mauser, Häresie, S. 113f und 152; dagegen Müller, Ekklesiologie, S. 124, Anm. 125. Zu ergänzen wären z.B. noch
   die Stellen 57 Röm,5,16 ("Iudei, heretici et hypocrite
   seu iusticiarii" in einer Reihe) und 56,18,16 ('Iudaei',
   'haeretici' und 'hypocritae' zusammengestellt).

sonders hervorgehoben ist, stellt Luther eine Reihe
biblischer Parallelen zusammen, darunter auch Apk 3,19:
"Ego, quos amo, arguo et castigo." Deshalb war die
Zeit der Märtyrer eine Blütezeit der Kirche; denn damals erwies ihr Gott seine Liebe durch Züchtigungen,
mit denen er sie in Schranken hielt. Jetzt dagegen
herrscht Friede, ein Zeichen dafür, daß Gott seinem
Volk zürnt[8], weil er es rettungslos seinem eigenen
zerstörerischen Treiben überläßt, bis es reif ist zum
(jüngsten) Gericht, das jetzt[9] am Hause Gottes beginnen muß (1 Petr 4,17)[10].

Das andere Zitat, nämlich Apk 3,15f, findet sich in
den 'Unbekannten Fragmenten', die Vogelsang 1940 ediert
hat[11]. Im Kontext des Zitates werden zwar die früheren
Perioden der Kirchengeschichte nicht erwähnt, jedoch
auch hier Lauheit und Selbstsicherheit als das Grund-
übel der Gegenwart betrachtet. Es heißt da nämlich
in der Scholie zu Ps 5,11, also in einem Abschnitt,
in dem der Psalmist um die Bestrafung seiner Feinde
bittet, alle Klöster seien voll von lauen, dummen und
außerordentlich feigen Menschen, die weder warm noch
kalt und mit tiefer Heuchelei wie mit einem unheilba-
ren Aussatz behaftet seien, weil sie sich einbildeten,
keine Sünde zu haben[12].

---

8. typisch in diesem Zusammenhang das Zitat von Jes 38,17:
"Ecce in pace amaritudo mea amarissima."

9. Das 'nunc' gehört nicht zum Bibelzitat.

10. 57 Hebr,77,11ff. Mauser, Häresie, S. 152, erwähnt die
gespannte eschatologische Stimmung in diesem Abschnitt
nicht, die durch die (scheinbare) Ruhe vor dem Sturm
des Endgerichts hervorgerufen ist (s. die Angaben im
Apparat zu Z. 15) und schreibt Luther eine größere Affinität zur Zeit der Märtyrer zu, deren Haltung für ihn
in seiner augenblicklichen Lage - Anfang 1518 hatte
er schon den Ketzerprozeß am Hals - vorbildlich gewesen sei. Diese psychologische Deutung hat keinen Anhalt am Text, ja, sie widerspricht seinen klaren Aussagen. Von Luthers persönlicher Lage ist hier ja gar
nicht die Rede, und der ganze Abschnitt besagt noch
dasselbe wie die Scholie zu Ps 67(68),2.17, die wir
in Zusammenhang mit Apk 3,16 kennengelernt haben (o.
S. 92f).

11. Die Datierung ist umstritten. Vogelsang, Fragmente,
Einleitung, setzt sie ans Ende des Jahres 1518, als
(Abschriften von) Nachschriften von Luthers 2. Ps-Vorlesung; Beintker, Datierung, S. 78, dagegen sieht darin
Bearbeitungen für den Druck, die irgendwann in den Jahren 1517/18 geschrieben sein müßten. Ich kann diese Frage nicht entscheiden. Jedenfalls liegen die Fragmente
in dem hier zur Diskussion stehenden Zeitraum.

12. Vogelsang, aaO, S. 94,9ff.

Gegen andere Mißstände in der Kirche seiner Zeit
polemisiert Luther in zwei Abschnitten des Vorlesungs-
manuskripts zum Röm-Kolleg, in die Apk-Zitate einge-
streut sind.

> Der irregeleitete Eifer für Gott, von dem Paulus
> Röm 10,2 spricht und von dem heute die Bischöfe
> und Fürsten befallen sind, die ihre eigentlichen
> Aufgaben vernachlässigen: dieser Eifer ist 'Sinn
> und Haupt der alten Schlange' (Apk 12,9 = 20,2)[13].
> Im Gegensatz zur wahren geistlichen Herrschaft, von
> der Apk 5,10 und 12,1 sprechen[14], kümmern sich die
> sog. Geistlichen heute ausschließlich um weltliche
> Angelegenheiten. So wenig weiß man mehr von geistli-
> chen Dingen, daß man den weltlichen Besitz der Kir-
> che 'geistliche Güter' nennt. Welche Finsternis ist
> doch über die Kirche hereingebrochen![15]

In demselben Maße, in dem Luther deutlicher wird,
wie weit sich die römische Kirche selbst von der evangelischen Wahrheit entfernt hat, verringert sich die Polemik gegen die Juden und andere außerkirchliche Gruppen[16].
Er erkennt, daß nicht Juden und Türken, gegen die die
Theologen und Bischöfe polemisieren, die eigentlichen
Feinde des Kreuzes Christi sind, sondern eben die Führer
der Kirche selbst, die ihm ihr Kreuz nicht nachtragen
wollen[17]. Dies dürfte mit der Grund dafür sein, daß das
Schlagwort 'synagoga satanae' aus Apk 2,9 (3,9) in dieser Periode verschwindet, allerdings nur vorübergehend[18].

II. Christologie

In der 1. Ps-Vorlesung hatten wir unter den Apk-Zitaten nur ganz allgemeine Aussagen über Christus gefunden, die ihn weder als Richter noch als Retter beschreiben. Die übrigen Texte bis einschließlich 1518 zeigen dem-

---

13. 56,413,11ff.
14. s.u. S. 148.
15. 56,476,12ff; beide Abschnitte hat Luther seinen Studen-
    ten nicht vorgelesen.
16. Vgl. Mauser, Häresie, S. 107ff.
17. 56,301,25ff.
18. s.u. S. 215ff.

gegenüber keine auffallenden Veränderungen. Wir finden
hier folgende Aussagen:

> Ein Grund dafür, daß uns nichts von der Liebe Gottes
> scheiden kann, ist, daß Christus, der 'Löwe aus dem
> Geschlecht Juda' (Apk 5,5) all das besiegt hat, was
> ihr im Wege stehen könnte[19].
> Christus spricht: "Ich bin die Wurzel Davids" (Apk
> 22,16), d.h., er stammt nach dem Fleisch von David ab,
> aber nach dem Geist ist er die Wurzel, aus der
> die ganze Kirche erwachsen ist[20].
> Wenn Johannes schreibt: "Ich schaute, und sie-
> he, ein Lamm stand auf dem Berge Zion" (Apk 14,1),
> bedeutet dies, daß Christus auf uns achtet wie der
> Wächter auf dem Wachturm. Er übt also Gottes Vorse-
> hung aus[21].
> Christus ist 'der erste und der letzte' (Apk 1,
> 17), d.h., er beginnt und vollendet uns[22].

Theologisch schon etwas bedeutsamer sind schließlich
die folgenden Ausführungen: Die Betrachtung des Leidens
und Sterbens Christi soll nicht dazu führen, daß wir ihn
einfach nachahmen oder ihn bedauern, sondern, daß wir in
seiner gemarterten Gestalt unseren eigenen jämmerlichem
Zustand erkennen und über uns selbst weinen, wie neben
Lk 23,28 auch ganz deutlich Apk 1,7b bezeugt, wo es
nach der Vulgata heißt: "Plangent se super eum omnes
tribus terrae", was anscheinend sinngemäß so zu übersetzen wäre: 'Es werden alle Geschlechter der Erde bei seinem Anblick sich (selbst) beweinen'[23].

---

19. 56,87,21; entsprechend auch 57 Röm,80,18: Randglosse zu
    Röm 8,39.
20. 56,521,10ff: Scholie zu Röm 15,12 (erit radix Iesse).
21. Zu dieser Deutung vgl. Beda zSt: "Christus ecclesiae
    suae... protectionis munimine praestabat" (MPL 93,172). -
    Freilich ist nicht sicher, ob dieses Zitat von Luther
    selbst stammt. Es steht 9,132,22ff in Agricolas Bear-
    beitung der Vaterunserauslegung von 1518, und zwar in
    einem Abschnitt, den Luther in seine Bearbeitung von
    1519 nicht übernommen hat. Möglicherweise hat Agricola
    das Zitat von sich aus zur Erläuterung hinzugefügt.
22. 57 Hebr,74,6f; entsprechend Hirsch-Rückert 81,4.
23. 1,337,2; 1,338,19f und 1,343,10: Duo sermones de passio-
    ne Christi, 1518 (?). Über das Verhältnis von darin ent-
    haltenen traditionellen Vorstellungen zu Luthers eigenen
    Gedanken vgl. Elze, Passion, S. 138 und 142, zur Datie-
    rung S. 134f und 140.

III. Die Sünde und ihre Tilgung

a) Apk 3,15-17 und 22,11b

In der 1. Ps-Vorlesung konnten wir die Entwicklung
der Rechtfertigungslehre Luthers anhand von Apk-Zitaten
schon bis 1515 verfolgen. Im jetzigen Abschnitt kann dem
noch einiges hinzugefügt werden, bis im 3. Abschnitt ein
vorläufiger Abschluß erreicht wird.

Es sind wieder die beiden dicta probantia 3,15ff und
22,11b, die zusammen mit Phil 3,13 u.a. Bibelworten in
der Röm-Vorlesung an ganz zentralen Stellen, nämlich in
den Scholien zu Röm 1,17; 3,21; 3,28 und 4,7 auftauchen.
Ihr Sinn ist hier offensichtlich noch etwa der gleiche,
den wir in der 1. Ps-Vorlesung für diese Lieblingszitate Luthers ermittelt haben. Um sicher zu gehen, wollen wir
jedoch jedes einzelne Zitat wieder eigens aus seinem Kontext heraus zu verstehen versuchen.

In Röm 1,17 bedeutet 'ex fide in fidem' entsprechend 2 Kor 3,18; Ps 83(84),8 und Apk 22,11b (im
Sinne von: 'Wer gerecht ist, kann und soll immer
weiter, d.h. neu, gerechtfertigt werden') "magis
ac magis credendo". Damit soll nicht gesagt sein,
daß man eines Tages vom Glauben zur Anschauung gelangen könnte, sondern im Gegenteil, daß sich niemand einbilden solle, er habe schon ergriffen (Phil
3,13), weil er sonst aufhörte fortzuschreiten und
so zurückfiele[1].
   Dieselben Belegstellen stehen wieder beieinander
im Corollarium zu Röm 3,21, in dem Luther auch gegen
den Hochmut und das selbstgefällige Sich-Ausruhen
polemisiert und die Vorläufigkeit alles gerechten
Tuns betont[2].
   Zu Röm 3,28 stellt Luther verschiedene Arten von
teuflischen Versuchungen zusammen, u.a. auch die,
daß der Teufel uns vorgaukelt, wir seien schon gerecht, so daß wir lau werden, wie es im Sendschreiben an Laodizea (Apk 3,15ff) beschrieben ist. Der
Kontext[3] enthält hier Anspielungen auf 1 Kor 10,12[4]

---

1. 56,173,8ff. Der Apparat weist auf den Anklang an Bernhard hin.

2. 56,259,9ff.

3. 56,266,19ff.

4. Vgl. "se arbitrantes stare" mit "qui se existimat stare". Der Hinweis fehlt im Apparat.

und weniger deutlich auf Ps 118(119),20[5], eine Stelle, zu der Luther in der 1. Ps-Vorlesung Apk 3,16
und 22,11b herangezogen hatte[6]. Auch Phil 3,13 ist
kurz vorher zitiert[7].

In der langen Scholie zu Röm 4,7 (Beati, quorum
remissae sunt iniquitates.) polemisiert Luther gegen
die Heuchler und Hochmütigen, die die tief in ihrem
Inneren sitzende Sünde übersehen und sich in Sicherheit wiegen, wenn sie ihre Tatsünden gebeichtet haben, wie die Laodizener, die sich reich wähnten und
nicht merkten, daß sie in Wirklichkeit ganz arm dran
waren (Apk 3,17)[8].

In derselben Scholie hat Luther die Schriftautoritäten zusammengestellt, die beweisen, daß alle
Menschen in Sünden leben. Als Nr 12 ist auch Apk 22,
11b aufgeführt[9].

Nach Beendigung der Röm-Vorlesung hat Luther im
Herbst 1516 anscheinend einige Psalmen zum Druck vorbereitet[10]. Bei Ps 4 beschäftigt er sich mit der auch
früheren Auslegern[11] aufgefallenen Tatsache, daß der
Beter in V. 2 erst von dem erhaltenen Trost spricht
und gleich darauf um Erbarmen bittet. Den Grund dafür
sieht Luther darin, daß in diesem Leben 'vicissitudo'
herrscht. Er findet daran auch einen pädagogischen Aspekt: Falsche Sicherheit soll verhindert werden. Denn
Stillstand ist Rückschritt, das hat Luther von Bernhard
von Clairvaux gelernt[12]. Diesen Gedanken belegt er wieder mit einer Kette von Bibelzitaten. Zwischen Phil
3,13[13]; 1 Kor 10,12; Sir 18,6 und 1 Kor 8,2 steht wiederum Apk 22,11[14]. Diese Zusammenstellung, sowie
auch der weitere Kontext, in dem auch wieder die

---

5. Vgl. "desiderium" mit "desiderare".

6. s.o. S. 107f.

7. 56,265,17f.

8. 56,281,22ff.

9. 56,288,32. Übrigens fehlen alle besprochenen Abschnitte
   in den Nachschriften, sind also den Studenten nicht vorgetragen worden.

10. Vgl. Böhmer, Vorlesung, S. 34ff. Damerau, Demut, S. 97,
    ordnet diese Stücke zeitlich falsch ein, so daß auch
    seine Ergebnisse nicht stimmen können.

11. Beispiele im Apparat, 55 II 1,63,42ff.

12. Er zitiert Epistola 91, Nr. 3 (MPL 182,224), als einen
    "theologischen topos", wie Edel, Erbe, S. 31, bemerkt
    hat. Vgl. hierzu auch Mauser, Häresie, S. 15.

13. Vgl. Bernhard, MPL 182,223.

14. 55 II 1,63,17ff = BoA 5,215,12ff.

'tepidi' von Apk 3,16 angesprochen werden[15], zeigen deutlich:

Es geht Luther im wesentlichen darum, gegen Heuchler und Pharisäer festzuhalten, "non stare finem in hac vita nobis"[16].

Die übrigen Zitierungen dieser dicta probantia verteilen sich auf Schriften, die nicht genau datierbar sind. In einem Sermon am Johannistag (27.12.) über Sir 15,1, von der WA ins Jahr 1514 versetzt, ebenso von Aland[17], von Vogelsang jedoch ins Jahr 1517 (oder 1518)[18], belegt Luther die Behauptung, daß im Menschen immer die Gegensätze gleichzeitig vorhanden sind, daß nicht der gerecht heißt, der es ist, sondern der es wird, und daß der Gerechte immer unterwegs ist zwischen Ausgangspunkt und Ziel, mit dem dictum probans aus Apk 22,11b[19]. Dieser Abschnitt besagt das gleiche wie die Scholie zu Ps 118 (119), 65, die wir oben[20] untersucht haben[21].
  In der Predigt, mit der Luther seine fortlaufende Auslegung der 10 Gebote am 8. Februar 1517 abschloß, die aber erst im Juli 1518 gedruckt wurde, geht Luther auf die 7 Todsünden ein. Die erste ist der Hochmut, der dadurch gekennzeichnet ist, daß man sich an den vermeintlich schlechteren Menschen unter sich mißt und sich für gerecht hält, statt sich am höchsten Gut, nämlich Gott, zu messen und zu erkennen, daß man eben nicht gerecht ist. So verfällt man in denselben Irrtum wie die Gemeinde von Laodizea (Apk 3,17). Wer sich selbst für gerecht hält, verfällt also der Todsünde des Hochmuts und ist damit das genaue Gegenteil des Gerechten, dessen Wesen die Demut ist, die nie versucht, etwas Gutes an sich selbst aufzuweisen und sich auf ihren Lorbeeren auszuruhen. Von solchem Hoch-

---

15. 55 II 1,65,8 = BoA 5,216,10, vgl. Bernhard, MPL 182, 223.
16. 55 II 1,65,6 = BoA 5,216,8 (Hervorhebung von mir).
17. Aland, Hilfsbuch, S. 206.
18. Vogelsang, Datierung, S. 123f und 133.
19. 1,42,29ff; entsprechend 4,664,33ff.
20. S. 109f.
21. Vgl. Hamel, Luther und Augustin I, S. 121, Anm. 1. Die Übereinstimmung in dieser Einzelheit ließe auf eine Abfassung des Sermons Ende 1514 schließen. Jedoch ist dieses Indiz für eine sichere Ansetzung nicht ausreichend. Auf jeden Fall gehört der Sermon noch in unseren Abschnitt, und auch 1519 findet dasselbe dictum probans bei Luther noch Verwendung.
22. 1,517,18ff.

mut sind wir alle immer wieder angefochten und gerade
deshalb nie vollkommen[22].

In den 'Unbekannten Fragmenten'[23] wendet sich Luther gegen die scholastische Definition der Hoffnung,
indem er behauptet, daß die Hoffnung nicht durch Verdienste begründet oder gemehrt wird, sondern daß die
Verdienste immer schon die Hoffnung voraussetzen. Sie
wird von Luther also genauso beschrieben wie der Glaube. Sie kann sich nie auf das schon Erreichte stützen
und nie in eine andere Kategorie übergehen, wie der
Gerechte immer wieder gerechtfertigt werden muß[24].
Auch hier steht Apk 22,11b wieder zusammen mit Joh
1,16; Röm 1,17; 2 Kor 3,18; Ps 83(84),8 und Phil 3,
13[25].

In diesen Fragmenten fehlt auch nicht die Erwähnung von Apk 3,15f. Die lauen Mönche der Gegenwart bleiben nicht auf dem Weg des Glaubens, sie
wollen das, was sie im Geist begonnen haben, im
Fleisch vollenden (Gal 3,3). Sie bilden sich ein,
schon gerecht zu sein, indem sie sich auf ihre guten Werke verlassen; aber weil sie ihre eigene
Gerechtigkeit aufbauen, sind sie der Gerechtigkeit
Gottes nicht untertan (Röm 10,3), die erfordert,
immer die Rechtfertigung zu suchen und Gott seine
Sünden zu bekennen[26].

Aus alledem wird deutlich, daß die beiden Stellen
Apk 3,15ff und 22,11b in der Zeit von 1515 bis 1518
gleichwertig mit anderen Bibelstellen Luther im Kampf
um seine eigene, neue Rechtfertigungslehre gegen die
der Scholastik in der Gewißheit bestärken, daß wir uns
nie auf unsere eigene Gerechtigkeit stützen können und
deshalb auch nicht stützen brauchen, weil Gott der
menschlichen Gerechtigkeit widersteht, aber dem Sünder,
der demütig seine Sündhaftigkeit eingesteht, seine göttliche Gerechtigkeit zuspricht und ihn auf den Weg zur
Vollkommenheit stellt.

b) Apk 21,27 u.a.

Dieser Auseinandersetzung mit der scholastischen

---

23. Zur Datierung vgl. das o. S. 131, Anm. 11, Gesagte.
24. Vgl. Schwarz, Fides, S. 348ff.
25. Vogelsang, Fragmente, S. 84,9ff. Der Hinweis auf die
    beiden letzten Bibelstellen fehlt im Apparat.
26. Vogelsang, aaO, S. 94,1ff. Zu Z. 4 ("de virtute in
    virtutem") ist wieder nicht Ps 83(84),8 angemerkt.

Rechtfertigungslehre geht eine Korrektur des traditionellen Sündenbegriffes parallel, die in engstem Zusammenhang mit der Entwicklung von Luthers Rechtfertigungslehre steht und bei der das Neue an Luthers Vorstellung
vielleicht deutlicher hervortritt als bei den aus verschiedenen, von der Mystik, Augustin und der Scholastik
in wechselnder Begrifflichkeit übernommenen Schemata sich
nur allmählich herauskristallisierenden Rechtfertigungs-
aussagen. Gerade die Sündenlehre Luthers spielte in den
großen Auseinandersetzungen mit Latomus und Erasmus eine
hervorragende Rolle und ohne sie ist Luthers Rechtfertigungslehre nicht zu verstehen. Luther hat die alten Unterscheidungen zwischen Erbsünde und Aktualsünden und
zwischen läßlichen und Todsünden in Frage gestellt und
alle wechselnden Erscheinungen der Sünde aus der
Personsünde abgeleitet[27]. Zur biblischen Begründung
dieser revolutionierenden Behauptungen dienen ihm
auch Apk-Zitate, vor allem das seit 1516 sehr häufig
vorkommende dictum probans: "Nihil inquinatum intrabit
in eam", sc. ecclesiam vel regnum caelorum (Apk 21,27).

> Ein Beispiel für einen Abschnitt, in dem Luther sei-
> ne Sündenlehre mit einem Zitat aus Apk 3,17 bekräf-
> tigt, haben wir schon in der Predigt über die Grund-
> sünde des Hochmutes gefunden[28]. Ähnliche Gedanken
> entfaltet der Wittenberger in seiner Vorlesung über
> den Römerbrief, und zwar in einem Zusammenhang, in
> dem er seine Erbsündenlehre von der scholastischen
> abhebt. Er schreibt dort: "Wenn man also meint, die
> Erbsünde sei nur ein Mangel der Gerechtigkeit im
> Willen, so heißt das der Lauheit [vgl. Apk 3,16]
> Tür und Tor öffnen und den ganzen Versuch zur Buße
> aufheben, ja Hochmut und Vermessenheit pflanzen,
> Gottesfurcht ausrotten, die Demut in Acht und Bann
> tun."[29]

An einer anderen Stelle wirft Luther die Frage auf,
ob Gott vom Menschen wirklich die resignatio ad infernum fordern könne. Er bejaht sie uneingeschränkt. Denn

------

27. Vgl. hierzu Pesch, Rechtfertigung, S. 77ff.
28. s.o. S. 136.
29. 56,313,18ff; Übersetzung nach MA ErgBd 2,196: Scholie
    zu Röm 5,14.

außer einer überschwenglichen Gnadeneingießung oder dieser harten Selbstaufgabe gibt es nichts, wodurch der
'amor concupiscentiae', der so tief im Menschen sitzt,
beseitigt werden kann. Er muß aber unbedingt ausgerot-
tet werden; denn er verunreinigt den Menschen dauernd,
und es heißt doch ausdrücklich in der Apk (21,27):
"Nichts Unreines wird in das Reich Gottes hineingehen".
Das Zurückschrecken vor der resignatio ist der eigentliche Inhalt und Sinn des Fegfeuers, das also schon zu
Lebzeiten durchgestanden werden sollte[30]. Schon 1512
hatte Luther diese Stelle herangezogen, jedoch damit
belegen wollen, daß keine Nichtchristen in das Reich
Gottes kommen werden[31], von jetzt ab geht es um die
Beseitigung der innerlichen Verunreinigungen aller Menschen, die getilgt werden muß, damit die Menschen selbst
das Gottesreich schauen können.

Die Heranziehung von Apk 21,27 im Zusammenhang mit
der Behandlung der Problematik von Sünde und Sühne
ist auch schon in der Tradition vorgebildet[32]. Besonders in der Auseinandersetzung um die Existenz
eines Fegfeuers, die mit den Hussiten ausgetragen wurde, diente Apk 21,27 als gemeinsamer Ausgangspunkt der
Gegner, da dieser Vers die Notwendigkeit einer Reinigung
von den Sünden vor dem Eintritt in den Himmel in irgendeiner Form und zu irgendeinem Zeitpunkt zu fordern

---

30. 56,391,17ff.

31. 55 I 1,32,7ff; vgl. die Auslegungen der älteren Rich-
    tung zSt, wie Beda (MPL 93,204), Rupert (MPL 169,1205)
    und die Glossa ordinaria (MPL 114,750), auch noch Joa-
    chim von Fiore, Bl. 227b.

32. Vgl. die neueren Auslegungen von Lyra (s.u. S. 142, Anm.
    40) und des 'Opus arduum': "Quia oportet ipsum purgari
    primo ab inquinamento quolibet, si quod contraxerit."
    Den Übergang macht die Formulierung deutlich, die sich
    in Gabriel Biels 'Canonis missae expositio' findet. Er
    spricht von: beata passio Christi, "quae a peccatis
    liberat et absolvit, quae impedimentum praestant bea-
    titudini, ad quam nullus ingreditur peccato maculatus.
    Nihil enim inquinatum intrabit in illud." Biel, Exposi-
    tio II, S. 337f.

scheint[33]. Von diesem Streit könnte Luther u.a. auch
durch die gegen eine Apologie der Böhmischen Brüder
gerichtete 'Confutatio' des Hieronymus Dungersheim erfahren haben, die 1514 in Leipzig erschienen und Luther
in der Zeit bis 1520 bekanntgeworden ist[34]. Dungersheim
verteidigt in seiner Schrift das Fegfeuer mit der Stelle
2 Makk 12,43ff und meint dazu, sie könne weder für die
Seligen noch für die Verdammten gelten. Deshalb kämen
also nur noch welche in Betracht, denen zwar die Todes-
schuld erlassen ist, nicht aber schon alle Strafe. "Neque tamen ad gloriam ingredi potest talis, nisi purgatus.
Nihil enim immundum ad illam perveniet."[35] Es ist immerhin auffallend, daß Luther in seiner Röm-Auslegung Apk
21,27 erstmalig in diesem Sinne gerade in einem Zusammenhang erwähnt, in dem auch er auf das Fegfeuer zu sprechen
kommt.

> Die nächste Erwähnung der Stelle bei Luther erfolgt
> in der Vorlesung über den Hebräerbrief 1517. Luther
> erklärt dort, warum der Zorn Gottes notwendig ist,
> aber den Gläubigen zur Seligkeit gereicht, so: Der
> Leib der Sünde und das Gesetz des Fleisches müssen
> zerstört werden, da es unmöglich ist, daß etwas Un-
> reines in das Himmelreich hineinkommt. Diese Zerstö-
> rung geschieht durch allerlei Leiden. So tötet Gott,
> um lebendig zu machen[36].

Die radikalisierte Sündenauffassung ergibt sich z.T.
auch aus seinem verschärften Gesetzesverständnis. Indem
Luther die Forderungen der Bergpredigt nicht als Räte,

---

33. So z.B. in der Auseinandersetzung der Taboriten mit den
Prager Magistern, die im 'Chronicon Taboritarum' geschildert wird. Dieses ist abgedruckt bei Höfler, Geschichtsschreiber II, S. 475ff. Die Zitate von Apk 21,
27 finden sich auf den Seiten 617, 666 und 710.

34. Vgl. die Bemerkung Luthers in dem Brief an Dungersheim,
den die WA in den Juni 1520 setzt: "Scripsisti antea
contra Pighardos", Br 2,126,37f = Enders 2,164,53.

35. Dungersheim, Confutatio, Bl. 32b; vgl. auch Bl. 126a.
Dungersheim folgt hier genau der Argumentationsweise
von Thomas von Aquin, Summa Theol., App. ad Suppl. ter-
tiae partis, Qu. 1, Art. 1, Sed contra 1 (Thomas, Opera 12,251).

36. 57 Hebr,122,12ff: Scholie zu Hebr 2,9.

sondern als strikte Gebote Gottes auffaßt, die auch
schon böse Gedanken als Sünden entlarven, entzieht
er einerseits der Vorstellung den Boden, es gebe über-
schüssige gute Werke, mit denen man läßliche Sünden
ausgleichen könne, und nivelliert dadurch die Gradun-
terschiede zwischen den einzelnen Sünden; andererseits
kann er auch seine Auffassung, daß es dem Menschen ohne
Gnade völlig unmöglich ist, Gottes Gebote zu erfüllen,
daß der Mensch also vor Gott immer Sünder bleibt, der
nur aus Gnade gerechtgesprochen wird, anhand der einzelnen Gebote immer neu nachdrücklich klarmachen.

So antwortet er etwa in der Auslegung des 5. Gebotes
auf die Frage, ob man wirklich so rein sein müsse, daß
man nicht einmal zürnen will trotz aller Übel, die jemand einem antut: Ja, unter allen Umständen muß man so
rein sein; denn 'nichts Unreines kann in das Himmelreich kommen'. Solange aber der böse Wille in uns bleibt,
der bei jeder Gelegenheit in Zorn ausbricht, sind wir
noch unrein[37]. Man sieht: Nicht irgendwelche Einzelsün-
den oder die noch nicht ganz abgebüßte Strafe (wie bei
Dungersheim) hindern am Eintritt in die Seligkeit, sondern der tief im Herzen sitzende Widerwille gegen Gott,
der so schwer faßbar ist und den kein Mensch von sich
aus überwinden kann.

In dem 'Tractatus de indulgentiis' vom 31. Oktober
1517, also in einer mit den die Reformation auslösenden
95 Thesen zusammengehörigen Schrift[38], stellt Luther die
Behauptung auf, vollständiger Ablaß bewirke noch nicht,
daß die Seelen sogleich aus dem Fegfeuer in den Himmel
entfliegen können. Er begründet sie damit, daß dafür
außer dem Erlaß der zeitlichen Strafe noch die Vernichtung von Konkupiszenz und Krankheit der Natur und die
Mehrung von Liebe und Gnade erforderlich seien. Die Be-

---

37. 1,465,35ff: Decem praecepta, Juli 1518, nach einer Predigt vom 16.11.1516.
38. Vgl. Br 12,2f.

gründung liefern die angefügten Zitate von 1 Kor 15,50
und Apk 21,27[39].

In der auf die Ablaßthesen folgenden Auseinandersetzung erweist sich dann Luthers Sündenverständnis
als ein Stein des Anstoßes für die 'Romanisten'. Daher kommt auch Apk 21,27 immer wieder als Schriftautorität ins Spiel. Die ersten 18 Thesen für die Hei-
delberger Disputation betreffen im Wesentlichen den
Sündenbegriff, besonders auch die Unterscheidung von
peccata mortalia und venalia. These 7 ("Iustorum opera
essent mortalia, nisi pio Dei timore ab ipsismet iustis
ut mortalia timerentur.") wird von Luther mit vier Argumenten bewiesen, deren letztes sich auf Apk 21,27
als biblische Grundlage stützt. Luther schließt aus
dieser Stelle, daß alles, was den Eingang ins Reich
verhindert, Todsünde ist. Dies gilt aber auch von läßlichen Sünden, da sie die Seele verunreinigen. Insofern
sind sie eigentlich gar nicht als läßliche Sünden zu
bezeichnen, da auch sie die Verdammnis erfordern[40].

Die marktschreierischen Versprechungen der Ablaßprediger sind nur verständlich aufgrund eines viel zu
oberflächlichen Sündenbegriffs. Luther wendet sich in
seinen Resolutionen zu den 95 Thesen dagegen, indem er
seine Behauptung weiter ausführt, daß nicht nur die
Tatsünden, sondern auch der nach der Taufe bzw. Abso-
lution übriggebliebene 'Zunder' eine Verunreinigung
darstelle, die den Eintritt in den Himmel verhindere,
in den eben nichts Unreines hineinkommt. Die von der
Erbsünde übriggebliebene Konkupiszenz gilt also Luther

---

39. 1,65,18ff, neu abgedruckt Br 12,5,12ff.

40. 1,358,23ff (Probationes conclusionum), dazu 1,368,11ff
    (laut Vogelsang, BoA 5,375f, vorbereitende Nieder-
    schrift). In etwa diese Richtung gehen die Auslegungen
    der anschließenden Satzteile von Apk 21,27 bei Lyra:
    "ut excludatur omne aliud peccatum, subditur: 'Nisi qui
    scriptus est in libro vitae'", und des 'Opus arduum':
    "aliquid, quod est abominabile Deo, sicut est omne pec-
    catum."

als vollwertige Sünde[41]. Nur totale Zerknirschung, wie
etwa die resignatio ad infernum oder die Läuterung im
Fegfeuer, vermag auch die Restsünde zu vertilgen, und
erst dann ist der Weg zum Himmel frei[42].

Diese mit Apk 21,27 begründete Behauptung Luthers
ist nicht ganz neu. Man findet sie z.B. als Einwand aufgenommen bei Johannes von Paltz in einer Erörterung über
die Wirkung vollkommenen Ablasses. Er lehnt dieses Argument jedoch unter Berufung auf Augustin ab, nachdem
er eine gut thomistische Definition der Restsünde gegeben hat[43]. Der von der Mystik beeinflußte Wittenberger Bußtheologe Luther findet also dasselbe alte, mit
der Autorität des Apk-Wortes bekräftigte Argument unwi-
derleglich, das seinem scholastisch argumentierenden Erfurter Lehrer und Ablaßprediger Paltz nicht stichhaltig
erschienen war[44].

---

41. Vgl. Schott, 95 Thesen, S. 78; Pesch, Rechtfertigung,
    S. 93ff.
42. 1,572,5ff = BoA 1,75,25ff (Conclusio 24).
43. Paltz, Caelifodina, Bl. Ff6b: "Sed diceret quis con-
    tra praedicta: Dato, quod quis plenissime vel iubila-
    riter absolvatur, tamen post absolutionem adhuc manent
    reliquiae peccatorum et habitus vitiosi inclinantes ad
    malum et illa videntur animam retardare, ne possit evo-
    lare, quia dicit Apocal. paenultimo: 'Non intrabit, sci-
    licet civitatem Dei, aliquod coinquinatum.' Respondetur
    de reliquiis peccatorum, cum sit quaedam debilitas vel
    infirmitas, quae manet in anima etiam post deleta pec-
    cata per sacramentum poenitentiae, ut vult sanctus Tho-
    mas in 4. dist. 23 [qu. 1, art. 3, resp.; Thomas, Sen-
    tenzenkommentar, Bl. 130a, Sp. 1]... Quod autem huiusmo-
    di fomes vel habitus vitiosi non impediant ab ingressu
    regni, patet; nam in parvulis baptizatis decedentibus
    ante usum rationis non impediunt, quia dicit sanctus
    Augustinus libro 21. de civitate Dei, capitulo 15 [rich-
    tig: 16; MPL 41,730 = CChr 48,782,10f], quod non solum
    poenis non praeparentur aeternis, sed nec ulla quidem
    post mortem purgatorio tormenta patiuntur." Zur Frage,
    ob sich Luther in seinen Resolutionen auf Paltz bezieht,
    vgl. Fischer, Paltz, S. 14ff. Für Dungersheim gilt nur
    die Strafe für die Aktualsünden noch als Hinderungs-
    grund (s.o. S. 140), ebenso für Eck, Defensio, 1518,
    S. 76,12ff.
44. Zum Gegensatz zwischen den beiden Ordensbrüdern Paltz
    und Luther vgl. Braun, Concupiscenz, S. 75, Anm. 2.

Um das Fegfeuer geht es noch an zwei weiteren Stellen
der Resolutionen, in die Anspielungen auf die Apk
eingeflochten sind. Einmal handelt es sich um eine
Zusammenstellung von Schriftautoritäten, die von
anderen als Argumente dafür benützt werden, daß das
Fegfeuer kein Ort für die Mehrung der Verdienste sei,
Luther aber gegen die Existenz eines Fegfeuers überhaupt zu sprechen scheinen, weil sie keinen Zwischenzustand setzen. U.a. zitiert er hier auch Apk 14,13:
"Opera enim illorum sequuntur illos." Er nimmt jedoch
an, daß diese Stellen nicht vom Fegfeuer reden, sondern nur von der Grundentscheidung über Himmel oder
Hölle[45]. Auch Apk 14,13 gehört seit längerer Zeit zu
den Standardstellen in jeder Erörterung über die Existenz eines Fegfeuers und den Sinn von Leistungen für
die Toten[46]. Wiederum spielt sie auch in der Auseinandersetzung mit den Hussiten eine Rolle[47].
    Das andere Mal handelt es sich um die Frage, ob die
Seelen im Fegfeuer gewiß sind, daß sie gerettet werden.
Luther beruft sich dabei auf 'einige ausgezeichnete
Autoren', die wissen wollen, daß manche Seelen um der
Lauheit ihres Lebens willen dahingerafft und von Gott
so verworfen würden, daß sie bis ans Ende der Welt
nicht wüßten, ob sie verdammt oder gerettet werden
sollen[48]. Das entspricht in etwa wohl auch der Auffassung Luthers, daß diejenigen, die sich nicht während
ihres Lebens rechtzeitig in vielen Anfechtungen unter
Gottes Hand gedemütigt haben und dem sündlichen Begeh-
ren abgestorben sind, umso mehr im Fegfeuer zu leiden
und zu bangen haben. Die Lauheit (Apk 3,16) ist eben
deshalb die große Gefahr dieser Zeit, weil dadurch
die Christen von der eigentlichen Aufgabe ihres Lebens, nämlich der Abtötung ihres Fleisches, abgehal-
ten und auf eine ungewisse Läuterung nach dem Tode
verwiesen werden[49].

----

45. 1,563,18ff = BoA 1,64,19ff (Conclusio 18).

46. Vgl. Thomas von Aquin, Summa Theol., App. ad Suppl.
    tertiae partis, Qu. 1, Art. 1, Arg. 1 (Thomas, Opera 12,
    251); Biel, Expositio I,280; II,373.

47. Vgl. die Argumentation der Taboriten gegen die Prager
    Magister bei Höfler, Geschichtsschreiber II, S. 676,
    auch S. 626, 629 und 658f; Dungersheim erklärt gegen
    die Behauptung der Glaubensgerechtigkeit durch die Böh-
    mischen Brüder gewandt die Stelle folgendermaßen:
    "... hoc est merita, quae ex operibus suis conqui-
    sierunt, dum in statu huius vitae, qui est status
    meriti, adhuc persisterent" (Dungersheim, Confutatio,
    Bl. 124a).

48. WA 1,566,15ff; besser BoA 1,68,11ff (vgl. Tabelle 4b):
    Conclusio 19. Wen Luther meint, ist mir nicht bekannt.

49. Zum Ganzen vgl. Schott, 95 Thesen, S. 81f.

Zusammenfassend kann man sagen, daß Luther in der
Zeit, in der sich sein neues Sünden- und Rechtfertigungsverständnis herausbildet und er es gegen die Angriffe der
Schultheologen verteidigen muß, auch mehrere Einzelstellen aus dem letzten Buch der Bibel als dicta probantia dienen. Freilich verschwinden sie dann bald
wieder. Die Gründe dafür werden im nächsten Abschnitt
gesucht werden müssen[50].

IV. Andere systematische Funktionen

a) Gott

Gott selbst sorgt immer wieder dafür, daß seine
Kinder durch Leiden gezüchtigt und so zum Sterben
und Auferstehen bereitet werden. Solche Leiden
sind Zeichen seiner Liebe, wie u.a. Apk 3,19 (Ego,
quos amo, arguo et castigo.) bezeugt. Wollte der
Papst solche Strafen erlassen, würde er die Christen zu Stiefkindern Gottes machen[1].
   Eben deshalb zeihen auch Scholastiker wie Eck
Gott der Lüge, indem sie Frieden und Sicherheit
propagieren[2].

b) Satan

Die Apk, insbesondere Kap. 12, ist ein Arsenal für
Vorstellungen vom Satan, und Luther macht auch jetzt
gerne Gebrauch davon.

Der Satan, die 'alte Schlange' (Apk 12,9; 20,2),
deren 'Sinn und Haupt' falscher Eifer ist[3], hat
Eva verführt, indem er sie von Gottes Wort weg
auf die Werke gelockt hat. Mit ihr ist nicht zu
spaßen, das kann man aus der Bibel lernen; denn
sie hat nicht nur Christus versucht, sondern nimmt
auch den Kampf mit Michael und seinen Engeln auf
(Apk 12,7)[4]. Der Teufel kämpft mit den Mitteln der
Verleumdung und Herabsetzung. Es wird ja von ihm
berichtet, daß er ein Drittel der Sterne vom Himmel herabzerrt (Apk 12,4). Luther bildet von daher

---

50. s.u. S. 220ff.
1. 1,535,8ff = BoA 1,28,14ff: Resolutiones, Conclusio 5.
2. 1,314,5ff: Asterisci, 1518.
3. 56,413,14f.
4. 1,408,27: Decem praecepta, 1518, nach einer Predigt
   vom 6.7.1516; vgl. Barth, Entwicklung, S. 210.

für ihn den Beinamen 'Detractor', den er mit dem
hebräischen 'Satan' und dem griechischen 'Diabolos'
gleichsetzt[5]. Gott will das Leben, nicht den Tod,
also kann Tod und Sünde nur das Werk des Satans
sein, wie auch sein Name 'Abbadon' bezeugt, der ihm
in Apk 9,11 beigelegt wird und den die Vulgata mit
'Exterminans' wiedergibt.

Bezeichnend ist übrigens, daß Luther hier noch zu Anfang
der Hebr-Vorlesung, also 1517[6], wo er zum ersten Mal, soweit nachweisbar, aus dem Kap. 9 zitiert, das bald darauf
eine große Rolle in der antischolastischen Polemik spielen wird, mit der Gleichsetzung von Engel des Abgrun-
des und Satan einer Deutung der alten Tradition folgt,
die sich freilich an dieser Stelle nicht ganz einig
ist[7].

c) Eschatologie

Speziell eschatologische Aussagen hat Luther der Apk
wiederum nur wenige entnommen.

So findet er etwa in Apk 10,6 den Nachweis dafür,
daß die Zeit einmal aufhören wird[8]. In der Röm-
Vorlesung weist er seine Studenten darauf hin, daß
der Ausdruck 'zweiter Tod' für die Verdammnis, in
der der Mensch stirbt, während die Sünde ewig lebt,
aus der Apk stammt (20,14 oder 21,8)[9]. Die Lehre von
der Auferstehung des Leibes findet er in Worten wie

---

5. 1,45,13-19 = 4,676,17-19: Sermo contra vitium detrac-
   tionis, 1.5.1515; vgl. o.S. 64, Anm. 57; nach Barth,
   aaO, S. 204, ist dieser Sermon die erste Stelle, an
   der sich Luther thematisch mit dem Satan beschäftigt;
   vgl. auch Obendiek, Teufel, S. 212.

6. 57 Hebr,128,6f: Scholie zu Hebr 2,14.

7. Vgl. Glossa interlinearis zSt: "diabolum dominantem in
   terrenis", ähnlich Ticonius, MPL Suppl. 1,637. Beda,
   MPL 93,159, und Rupert, MPL 169,992, nehmen einen eigenen Engel an. Die neueren Ausleger deuten so: Joachim
   versteht darunter den Antichrist, der aber erst in seinen Vorläufern wirksam ist (Bl. 133a), während er für
   das wyclifitische 'Opus arduum' schon selbst gekommen
   ist (Bl. 87b). Lyra sieht darin den über die Vandalen
   herrschenden Dämon.

8. 17 II,509,39f: Sermon über Lk 19,1-10, ca. 1516 (Roth).

9. 57 Röm 176,10f: Scholie zu Röm 6,2. Der Hinweis auf
   die Apk fehlt in Luthers Konzept.

Röm 14,11 und Phil 2,10f begründet, die davon sprechen, daß sich alle Knie Gott bzw. Christus beugen
und alle Zungen ihn anerkennen werden, und ebenso in
Apk 1,7, wo es heißt, daß alle Augen Christus sehen
werden. Denn, so meint er, dies geschehe mit Sicherheit nicht mehr in dieser Zeit, also erst bei der
Auferstehung. Da aber an diesen Stellen jeweils einzelne Körperteile des Menschen angesprochen werden,
ist damit klargestellt, daß diese Auferstehung auch
leiblich, also ganzheitlich sein wird[10].

Die eschatologische Ausrichtung der Rechtfertigung
macht Luther anhand von Apk 2,17 deutlich: Der neue Name, der dem Sieger beigelegt wird, ist der Name des Gerechten und Heiligen. Der wird uns aber erst richtig im
zukünftigen Leben beigelegt, auch wenn er uns schon
jetzt genannt wird, bevor wir wirklich gerecht und heilig sind[11].

Waren die Zitate aus Apk 21 in der 1. Ps-Vorlesung
von Luther größtenteils nicht rein jenseitig verstanden
worden, sondern universal-ekklesiologisch, so ist es
jetzt umgekehrt. Außer der Stelle 21,14[12] sprechen alle
vom (jenseitigen) Himmel.

Dazu gehört etwa der Hinweis auf Apk 21,2, mit dem
Luther erklären will, daß die Patriarchen in der neu-
en, himmlischen Heimat keine Fremden sein werden, weil
Gott bei ihnen wohnen wird[13], oder alle Zitate von
Apk 21,27, von denen wir gesehen haben, daß sie besagen, die Sünde müsse restlos getilgt werden, bevor der Mensch in den Himmel eingehen kann.

d) Paränese

In der Apk stehen bekanntlich vor den Zukunftsvi-
sionen die 7 Sendschreiben, die gattungsmäßig den Pa-
ränesen-Teilen der neutestamentlichen Briefe entsprechen. Auch Luther weist auf diese Zugehörigkeit hin.
Er stellt fest, daß eine gute Paränese in ausgegliche-

---

10. 56,132,13ff; entsprechend auch 57 Röm,112,20ff. Den
Hinweis auf Apk 1,7 konnte Luther wahrscheinlich am
Rande seiner Bibelausgabe bei Röm 14,11 finden, s. im
Apparat zSt.
11. 1,122,1ff: Sermo in die circumcisionis, 1.1.1517.
12. s.o. S. 130.
13. 57 Hebr,66,2: Interlinearglosse zu Hebr 11,16.

nem Maße Tadel und Lob verteilen soll, und weist dazu
auf die vorbildlichen Ausführungen in Apk 2 und 3 und
den paulinischen Briefen hin[14]. So ist es auch verständlich, daß er zur Erklärung eines Ausdrucks in der
Paränese des Römerbriefes ein Wort aus Apk 3 zitiert.

> Er erklärt zunächst den Ausdruck 'spiritu ferven-
> tes' in Röm 12,11 vom Gegenteil her zwischen den
> Zeilen mit: "ergo carne tepentes, immo frigentes".
> Dadurch wird er dann an Apk 3,15f erinnert und
> schreibt an den Rand: "Apoc. 3.: 'Utinam calidus
> esses aut frigidus'. Sed quia tepidus es, incipiam
> te evomere ex ore meo."[15] Daraus könnte man übri-
> gens schließen, Luther habe diese Apk-Stelle so
> verstanden, daß heiß oder kalt kein keine Alternativen
> für ihn darstellten, sondern beidemale dasselbe
> bedeuten, nämlich indem er das eine auf den Geist,
> das andere auf das Fleisch bezieht. Dies wäre dann
> freilich eine ziemlich singuläre Deutung.

Zur Erklärung von Röm 13,1 zieht Luther gleich zwei
Apk-Stellen heran, allerdings nicht aus den Sendschreiben, sondern aus einem Hymnus und einer Vision.

> Wenn es heißt, jede Menschenseele soll den Gewalten
> untertan sein, dann betrifft das nicht den Geist;
> denn der ist über alles erhaben. Er unterwirft sich
> die Welt dadurch, daß er sie verachtet und sich von
> ihr nicht anfechten, vielmehr sich alles zum Besten
> dienen läßt (Röm 8,28). Das ist auch gemeint, wenn
> es in Apk 5,10 heißt: "Du hast uns unserem Gott zum
> Königtum gemacht, und wir werden über die Erde herr-
> schen", oder auch, wenn in Apk 12,1 die Himmelsköni-
> gin den Mond, d.h. die zeitlichen Dinge, unter ihren
> Füßen hat[16].

e) Mystik

Besondere Beachtung verdient eine Apk-Stelle, die
offensichtlich nur in dem Zeitraum von 1516 bis 1518
bei Luther vorkommt und da gleich viermal, nämlich
2,17: "Vincenti dabo manna absconditum... et nomen novum..., quod nemo scit, nisi qui accipit." Luther will

---

14. 57 Hebr,184,5ff: Scholie zu Hebr 6,9.
15. 56,121,21f; entsprechend auch 57 Röm,104,30f.
16. 56,476,1ff. Wegen der Auslegungstradition zu Apk 12,1
    s.u. S. 599f. Bravo, Sacerdocio común, S. 42f, sieht
    an dieser Stelle wie schon früher deutlich Luthers
    Überordnung des Inneren über das Äußere, Institutio-
    nelle hervortreten.

damit jeweils die Verborgenheit des Christseins ausdrücken. Ein Zitat haben wir schon unter dem Gesichtspunkt der Eschatologie abgehandelt[17]. In einem anderen
Zusammenhang spielt Luther darauf an, um auszudrücken,
daß die wahre Freude, die geistliche, nur dem Gerechten
bekannt ist und daß sie so tief im Herzen verborgen ist,
daß niemand sie sehen und erkennen kann, außer dem, der
sie empfangen hat[18]. In zwei weiteren Anspielungen verwendet Luther Apk 2,17 in ausgesprochen mystischem Sinne, und zwar einmal in einer Randbemerkung zur ersten
Predigt Taulers, die von der Geburt Gottes im Menschen
handelt. Diese ganze Predigt 'entspringt der mystischen
Theologie, die eine Erfahrungsweisheit ist[19], keine
lehrbare. Denn niemand außer dem, der es erfahren hat,
kennt dieses verborgene Geschehen.'[20] Und zwar handelt
es sich dabei um die geistliche Geburt des ungeschaffe-
nen Wortes. Die muß jeder selbst erlebt haben. Luther
hält es freilich mehr mit der Theologie im eigentlichen
Sinne, die sich mit der geistlichen Geburt des fleisch-
gewordenen Wortes befaßt und mitteilbar ist[21].

Das andere Mal erklärt Luther das Wort 'manna'in
Hebr 9,4. Dabei beruft er sich auf Ausleger, die darunter das Geschenk des Genusses ewigen Lebens durch Erfahrung verstehen, den nur der haben kann, der es selbst
erlebt. Anschließend zitiert er Apk 2,17 (mit Auslassun-
gen). Offensichtlich hat er also die Deutung dieser Apk-

---

17. s.o. S. 147.
18. Vogelsang, Fragmente, S. 38,27ff: Scholie zu Ps 4,7.
    Zur Datierung vgl. o. S. 131, Anm. 11.
19. "sapientia experimentalis"; dieser Gedanke scheint
    von Gerson zu stammen; vgl. Ozment, Homo spiritualis,
    S. 78ff.
20. Vgl. Rupert von Deutz: "Nominis huius scientiam non
    alienum extrinsecus documentum, sed proprium intrinse-
    cus efficit experimentum" (MPL 169,881; Druckfehler
    "nomiuis" korrigiert). Unter dem 'Manna' versteht er
    freilich das Abendmahl.
21. 9,98,20ff = BoA 5,306,28ff. Zum Verständnis des gan-
    zen Abschnittes vgl. Iserloh, Mystik, S. 63f.

Stelle, die in der Tradition geläufig ist, zur Erklärung
der Hebr-Stelle heranziehen wollen, aber ohne es auszu-
sprechen. Im Apparat der WA wird darauf nicht eingegangen, während bei Hirsch-Rückert die Glossa ordinaria
und Lyra zu Apk 2,17 zitiert werden[22]. Zu ergänzen wäre als vergleichbare Auslegung noch die des Mystikers
Richard von St. Viktor[23]. Überhaupt scheint dieser
Vers bei den Mystikern beliebt gewesen zu sein[24]. Daher ist es auch nicht verwunderlich, daß Luther ihn
mehrfach in der Zeit seiner stärksten Beeinflussung
durch die Mystik zitiert und später wieder davon abkommt.

Zusammenfassung

Die etwa 50 Zitate aus der Apk in Schriften bis
einschließlich 1518, abgesehen von der 1. Ps-Vorlesung,
ergeben folgendes Bild:

1. Die Häufigkeit von Apk-Zitaten ist - jedenfalls in der
   Röm-Vorlesung - nur wenig geringer als in der 1. Ps-Vorlesung. Allerdings haben die Lieblingsstellen großenteils gewechselt.
2. Apk-Zitate dienen jetzt weniger zur Deutung bildhafter
   Ausdrücke als vielmehr als Schriftautoritäten für bestimmte systematische Gedankengänge. Typisch 'apokalyptische' Abschnitte fehlen während dieser Übergangszeit
   ganz in Luthers Werken.
3. Trotzdem hat Luther nicht wesentlich mehr eindeutige
   Aussagen und wesentlich weniger Bildreden aus der Apk
   herangezogen, vielmehr bleibt die Verteilung auf die
   verschiedenen Kategorien im großen und ganzen so wie in
   der 1. Ps-Vorlesung.

---

22. 57 Hebr,20,1ff = Hirsch - Rückert 213,15ff.
23. "Istud manna nobis dabit, quando gloria divinitatis
    suae nos satiabit" (MPL 196,724).
24. Bernhard zitiert ihn z.B. 'Sermo 3 in Cantica cantico-
    rum' (MPL 183,794); Gerson, Mystica theologia, S. 3,50;
    vgl. auch S. 153,94.

4. Apk-Stellen in ekklesiologischen Zusammenhängen - sie
   waren typisch für die 'Dictata' - sind deutlich weniger
   geworden, besonders die Zitate, die in traditioneller
   Weise die universale Kirche beschreiben, während aktuelle kirchenkritische Äußerungen einige Male mit Apk-Zitaten verbunden sind. Das liegt vor allem am Wechsel der
   exegetischen Vorlagen.
5. Für die Christologie trägt die Apk in diesen Schriften
   auch nicht mehr aus als in der 1. Ps-Vorlesung.
6. Dagegen bleiben Apk 3,15ff und 22,11b weiterhin für
   Luthers Rechtfertigungslehre von großer Wichtigkeit
   und werden im gleichen Sinne wie zu Ende der 'Dictata'
   verwendet. Dazu kommt 21,27 (Nichts Unreines kommt in
   den Himmel.) als neues dictum probans für Luthers damit zusammenhängende radikale Sündenauffassung. Auch
   für die Fragen von Fegfeuer und Ablaß spielen Apk-Stellen eine gewisse Rolle. Von 1515 bis 1518 scheint also
   deutlich der Schwerpunkt der Benützung von Apk-Stellen
   im Zusammenhang von Erörterungen über die Sünde und deren Tilgung zu liegen.
7. Außerdem stehen Apk-Zitate in Abschnitten, die von Gott,
   dem Satan oder den letzten Dingen sprechen, und andere
   in paränetischen oder mystischen Zusammenhängen. Letztere, es handelt sich um Zitate von Apk 2,17 (neuer Name,
   verborgenes Manna), kommen nur zwischen 1516 und 1518
   vor.

Dritter Abschnitt
=================

Die erste antipäpstliche Phase (1519 bis Herbst 1521)
===

A. = 13. Kapitel

Formale Beobachtungen

In Luthers Werken aus der Zeit von Anfang 1519 bis
Oktober 1521 finden sich zusammen 82 sichere und 3 unsichere Bezugnahmen auf Apk-Stellen[1]. Dazu kommen jetzt
noch zwei ausführliche, von Wort zu Wort vorgehende Ausdeutungen von Abschnitten aus Apk (8 und) 9,1-11, die
eine in der 1521 erschienen Schrift gegen Ambrosius Catharinus, die andere in der nicht genau datierbaren und Luther nicht sicher zuweisbaren Richtervorlesung[2]. Beach-
tenswert sind daneben noch 14 nicht von Luther selbst
stammende Apk-Zitate in der WA, die aber zum Vergleich
sehr geeignet sind. 11 hat Eck während der Leipziger
Disputation in die Debatte geworfen und Luther hat auf
sie eingehen müssen[3], 3 stehen im 'Passional Christi
und Antichristi', das 1521 in Luthers Freundeskreis entstanden ist[4].

---

1. Wegen der Nachträge und Korrekturen s. Tabelle 1 und
   2 bei den entsprechenden WA-Bänden; unsichere Stellen
   sind 8,14,15 (Braut Christi aus Apk 21,2.9?) und 4,535,
   18f: Apk 4,5 in der noch zu besprechenden Ri-Vorlesung;
   s.u. S. 290, Anm. 28.
2. Die Autorschaft kann erst u. S. 158ff im Zusammenhang
   der systematischen Behandlung von Kap. 9,1-11 besprochen werden.
3. ausführliche Darstellung der Reden und Gegenreden im
   Zusammenhang mit Apk-Zitaten u. S. 133ff.
4. 2 stammen vermutlich von Melanchthon, der für die Auswahl der passenden Bibelstellen verantwortlich zu machen ist: 9,703,4f: Apk 13,15, und 9,714,26: Apk 19,20f;
   vgl. Kawerau in der Einleitung zum 'Passional' in WA

Etwa die Hälfte der Zitate fallen auf die Leipziger
Disputation[5], die Schrift gegen Ambrosius Catharinus[6]
und die 'Operationes in Psalmos'[7].

Letztere bieten sich besonders an, um wieder die relative Häufigkeit der Zitierung aus der Apk gegenüber
der aus anderen Büchern festzustellen. Dabei ist ein
Vergleich mit der Häufigkeit in den 'Dictata' besonders
instruktiv. Auf die Apk fallen in der 2. Ps-Vorlesung
nur noch 0,6% der Bibelzitate[8], gegenüber 1% in der 1.
Ps-Vorlesung. Die Veränderungen in der Auswahl und Deutung der Zitate sollen im einzelnen erst weiter unten
behandelt werden[9].

Bei der Verteilung der Zitate auf die einzelnen
Abschnitte zeigen sich jetzt auffällige Verschiebungen.
Erstmalig finden die bisher vernachlässigten Kapitel
8f und 16 besondere Beachtung, was sich bei Kap. 9
schon 1518 angedeutet hatte. Aus demselben noch zu er-

9,689; Fleming, Passional, S. 351 und 359ff; Mülhaupt, Luthers Testament, S. 43f. Grisar schreibt
die Auswahl der Bibelstellen offensichtlich Luther
selbst zu (Grisar - Heege, Kampfbilder I, S. 10).
Gegen die Verfasserschaft Luthers spricht, daß die
beiden Zitate bei ihm sonst in diesem Zeitraum nicht
vorkommen und die Wortwahl der Übersetzung sehr stark
von der im Septembertestament von 1522 abweicht. Immerhin ist das 'Passional' durchaus in Lutherschem Geist
verfaßt (vgl. die in 9,686f zum Vergleich herangezogenen Sätze aus Schriften Luthers) und der Reformator
hat seine Veröffentlichung auch gebilligt (vgl. Br
2,283,24f = Enders 3,107,33f: an Spalatin, 7.3.1521,
und Br 2,347,23 = Enders 3,162,29f: an Melanchthon,
26.5.1521). Das dritte Zitat steht in einem erweiterten Nachdruck in einer Antithese, die von einem Unbekannten neu eingefügt worden ist: 9,713: Apk 20,6.
Über das Verhältnis des 'Passionals' zu den hussitischen Antithesen im sog. Jenaer Kodex vgl. Chytil,
Antikrist, S. 206ff.

5. 11 Zitate von Eck und 9 von Luther.

6. 9 Stellen und eine seitenlange Ausdeutung.

7. 18 Zitate.

8. 18 von ca. 2800 im Register Pinomaas zu WA 5, s. Tabelle 7.

9. s.u. S. 174.

klärenden Grund kehren die Schlagworte 'synagoga satanae'
(2,9), 'sedes satanae' (2,13) und 'babylonische Hure'
(17,4) wieder, während 2,17 nicht mehr erscheint. Interesse an Kap. 13 beginnt sich erst gegen Ende des hier
zu behandelnden Zeitraums bemerkbar zu machen. Im gleichen Maße, wie die Beliebtheit der genannten Abschnitte
und Einzelverse wächst, verliert Kap. 3,15ff an Bedeutung und muß seine Vorrangstellung abgeben. Das 7. Sendschreiben wird jetzt nur noch dreimal zitiert. Ähnlich
geht es 22,11b und 21,27. Einzelne Verse aus Kap. 5 und
21 spielen speziell in der Leipziger Disputation eine
Rolle. Aus Kap. 5 kommt außerdem V. 10 als dictum probans hinzu. Bei den übrigen Abschnitten zeigen sich keine wesentlichen Änderungen.

B. Hermeneutik

14. Kapitel

Die Entwicklung im allgemeinen

Die aufgezeigten Verschiebungen lassen sich größtenteils auf einen klaren Nenner bringen: In dieser Zeit
beginnt Luther das Papsttum immer deutlicher als die von
Paulus 2 Thess 2 geweissagte antichristliche Macht zu erkennen, die das neuentdeckte Evangelium zu unterdrücken
versucht und die Scholastiker als Helfershelfer gegen
Luther ins Feld führt[1]. Seinen Ausschluß aus der römischen Kirche durch den Papst beantwortet Luther seinerseits durch den Ausschluß des Papstes aus der wahren

---

1. Die Entwicklung von der ersten privat geäußerten Vermutung, in der Kurie sitze der Antichrist, in dem Brief
   an Wenzeslaus Linck vom 18.12.1518 bis zur öffentlich
   behaupteten Identität von Papst und Antichrist in Schriften von 1520 ist wiederholt ausführlich dargestellt worden, vgl. den Literaturbericht von Bäumer, Papst I, S.
   392-398, und die erweiterte Fassung des zweiten Teiles
   dieses Aufsatzes von demselben Verfasser, Papst II, S.
   54ff. Nachzutragen wären noch: Asendorf, Eschatologie,
   S. 159ff, 173ff und Aarts, Amt, S. 156-166.

Kirche. Dies ist ihm möglich geworden, da er als Ver-
ketzerter zunehmend bei den böhmischen Ketzern psycho-
logischen und theologischen Rückhalt gefunden hat, zu
denen er nach der Leipziger Disputation 1519 persönlichen Kontakt aufgenommen und deren antipäpstliche Polemik er weitgehend zu seiner eigenen gemacht hat[2]. Jetzt
entdeckt Luther einerseits die Apk als Kampfmittel gegen
die römische Kurie, deren Verfall und maßlose Selbstüber-
hebung er nur noch mit 'apokalyptischen' Kategorien zu
deuten vermag[3]. Andererseits bekommt er gleichzeitig
immer deutlicher von seinen Gegnern, die sich darauf
einlassen, ihre Behauptungen mit der Bibel zu belegen,
vor Augen geführt, daß man mit Apk-Stellen alles und
nichts beweisen kann.

Wir müssen deshalb, bevor wir die einzelnen Apk-Zitate vornehmen, versuchen, uns einen Überblick über die
weitere Entwicklung und Ausbildung von Luthers Schriftverständnis zu verschaffen. Bei der Behandlung der 1.
Ps-Vorlesung hatten wir versucht, einige grundsätzliche
Äußerungen Luthers im Zusammenhang zu interpretieren, die
zeigten, unter welchen Voraussetzungen und mit welchen
Ergebnissen allegorische Schriftauslegung geübt werden
kann[4]. Wir fanden freilich schon in dieser Vorlesung
Apk-Stellen in Zusammenhängen, in denen es Luther darum
geht, aus der Schrift Klarheit über die Rechtfertigung
und andere brennenden Lebensfragen zu gewinnen, und in
denen er sich mit Apk-Stellen wie 3,15ff und 22,11b gegen falsche Selbstgerechtigkeit wendet, der durch die
traditionelle kirchliche Auslegung Vorschub geleistet
worden war. Allerdings hat sich Luther über die theore-
tischen Voraussetzungen solcher Exegese in der 1. Ps-Vorlesung noch nicht deutlich genug geäußert, weshalb wir

---

2. Vgl. 50,379,13ff: Vorrede zur 'Confessio fidei', 1538;
   dazu Bartoš, Auftreten; Köhler, Kirchengeschichte, S.
   162ff; Thomson, Bohemia; Hoyer, Häresien; Lohse, Hus;
   Kišš, Hus; Delius, Huß.
3. Vgl. Köhler, Quellen, S. 215f.
4. s.o. Kap. 3 (S. 45ff).

die grundsätzliche Erörterung dieser Fragen auf später
verschoben haben. Auch im folgenden Abschnitt bot sich
noch keine Gelegenheit zu einer solchen Erörterung. Wir
stellten nur eine weitere Verschiebung der Apk-Zitate
von allegorischer Beschreibung der Kirche weg zu klaren
Aussagen über Sünde und Rechtfertigung fest.

Doch der durch die Veröffentlichung der Ablaßthesen
ausgelöste Streitschriftenwechsel zwang Luther zu weiterer Klärung seiner Argumentationsbasis, und die fand
ihren Niederschlag nun auch in pointierten Aussagen.
Die allgemeine Entwicklung dahin kann in unserem Zusammenhang freilich nur skizzenhaft dargestellt werden, weshalb Vereinfachungen nicht ganz zu umgehen sind[5].

Auf der Suche nach dem Heil war Luther unter Anleitung Augustins und der Mystiker ein Schüler des Apostels
Paulus geworden und hatte demgegenüber die scholastische
Theologie als Abfall von der Wahrheit erkannt, mit der
allein er leben und im Gericht bestehen zu können glaubte[6]. Allerdings war er lange Zeit noch fest davon überzeugt, daß die Kirche als solche und ihre Repräsentanten,
nämlich Päpste und Konzilien, nicht geirrt, sondern an
der in der heiligen Schrift ein für allemal gegebenen
Wahrheit festgehalten hätten. Doch begannen ihm allmählich alle anderen Autoritäten außer der Schrift selbst
zu wanken.

Die Verhandlungen in Augsburg im Oktober 1518 etwa
zwangen ihn, die Geltung der päpstlichen Dekrete anzuzweifeln, die gerade in dieser Zeit um ein weiteres
über den Ablaß vermehrt werden sollten[7].

Auf der Leipziger Disputation brachte Eck Luther so

---

5. Im folgenden stütze ich mich hauptsächlich auf Preuß,
   Schriftenprinzip; Ebeling, Evangelienauslegung, S. 285
   bis 307; Bizer, Papst; Wernle, Allegorie, S. 72ff; vgl.
   auch Aarts, Amt, S. 104ff.
6. Vgl. die späteren Worte Luthers 10 III,1,7ff: 1. Invo-
   kavitpredigt, 9.3.1522, und 10 III,258,8ff: Pred. über
   Mt 7,15ff; 10.8.1522.
7. Denz.,S. 356f, Nr. 1447-49.

weit, daß er eine Entscheidung eines Konzils als falsch
bezeichnete, wodurch er schließlich dazu geführt wurde,
den Konzilien auf dem Gebiet der Glaubensfragen jede Be-
fugnis, neue Definitionen aufzustellen, abzusprechen.
Im Streit um den Primat des Papstes mußte er auch zugeben, daß ein so geschätzter Kirchenvater wie Bernhard
von Clairvaux nicht auf seiner Seite stand. So blieb ihm
eben nur noch die Bibel als letzte Autorität. Um seine von der Tradition abweichende Schriftauslegung zu
verteidigen und dem Vorwurf subjektiver, willkürlicher
Deutung zu begegnen, mußte Luther versuchen, die Suffizienz und eindeutige Klarheit der Schrift nachzuweisen
und entsprechende Auslegungsregeln aufzustellen. Denn
nach Ansicht seiner Gegner war die Bibel vieldeutig,
dunkel, unzureichend, das Buch aller Ketzer. Nur die
Auslegung der Kirchenväter, Scholastiker und Päpste
garantierte durch die ununterbrochene Traditionskette
des kirchlichen Lehramtes ihr richtiges Verständnis.
Da sich aber inzwischen das Glaubensgut vermehrt und
die kirchliche Praxis verändert hatten, wurde es notwendig, die Fiktion der Übereinstimmung von gegenwärti-
ger Wirklichkeit und heiliger Schrift durch allegorische
Deutungen von Bibelworten zu retten. Ausgangspunkt war
dabei also nicht das Bibelwort, das die zu schaffende
Wirklichkeit bestimmte, sondern die bestehende Praxis,
die im nachhinein durch die Bibel legitimiert werden sollte. Somit kam dem gegenwärtigen Lehramt höhere Autorität
zu als Gottes einmal ergangenem Offenbarungswort. Hatte
Luther zur Zeit der 1. Ps-Vorlesung noch keinen Gegensatz zwischen Schrift und Tradition empfunden und deshalb unbesorgt in den Bahnen des vierfachen Schriftsinnes allegorisieren können, so wurde ihm die Freude daran
durch seine Gegner jetzt gründlich verdorben; denn mit
denselben Methoden konnten sie den Primat des Papstes,
Ablässe, Fegfeuer und andere Behauptungen verteidigen,
die Luther aufgrund seiner inzwischen gewonnenen Schrifterkenntnis ablehnen mußte. Während die Gegner großenteils
auf der Seite eines schroffen Papalismus Stellung bezogen,
entschied sich Luther im Zweifelsfalle jeweils für die
Geltung der heiligen Schrift als primärer Offenbarungs-

quelle, während ihm die Kurie und schließlich der Papst
selbst als über Gottes Wort und damit über Christus stehend
nach 2 Thess 2,4 als Antichrist erschien. Schließlich
war er ja auch zur Überzeugung gelangt, daß ihm im Gericht weder das päpstliche Lehramt noch die Fürsprache
der Heiligen retten konnte, sondern allein das in der
Bibel bezeugte und verheißene Gnadenwort Christi[8].

Die Grundsätze und Regeln für die Verwendung der Bibel im Streit der Meinungen waren z.T. schon von den
Kirchenvätern ausgebildet und durch das ganze Mittelalter hindurch tradiert, aber nie ganz konsequent einge-
halten worden. Dazu gehörte etwa auch der auf Augustin[9]
zurückgehende und von Scholastikern wie Thomas[10], Lyra[11]
und - schon mit antipäpstlicher Wendung - Marsilius von
Padua, Occam u.a.[12], auch Wyclif[13], wiedergegebene Grundsatz: In der Auseinandersetzung gilt nicht die Allegorie,
sondern nur der klare Wortsinn. Dunkle Stellen sind durch
helle auszulegen. Bei Luther war dieses Prinzip schon in
der 1. Ps-Vorlesung angeklungen[14], seit dem Ablaßstreit
jedoch gewann es erst seine kritische Funktion und wurde
öfter wiederholt[15].

---

8. s. Anm. 6.
9. Epistola 93, ad Vincentium, VIII,24; MPL 33,334 = CSEL
   34,470; vgl. Epistola ad catholicos, genannt 'De unita-
   te ecclesiae', V, 8; MPL 43,396 = CSEL 52,239.
10. Summa Theol. I, Qu. 1, Art. 10, Ad 1 (Thomas, Opera 4,
    25).
11. 2. Prolog zur Bibel, MPL 113,29.
12. in Polemik gegen die auf Allegorien gegründete 2-Schwer-
    ter-Theorie; vgl. Lubac, Exégèse 2 II, S. 380ff, wo auch
    die Linie zu Luther ausgezogen ist.
13. Wyclif, De eucharistia, S. 341, gegen die Verwendung
    von Lk 17,14 als Beleg für das Bußinstitut.
14. 55 I,1,4,20ff.
15. z.B. 5,75,2ff: Operationes zu Ps 3,1; Anfang 1519; 2,
    224,32: Resolutio super propositione XIII. de potestate
    papae, 1519 (Polemik gegen die allegorische Deutung von
    Sonne und Mond auf Papst und König); 2,550,10: Gal-Kom-
    mentar, 1519; Br 1,603,77 = Enders 1,441,105f: an Dun-
    gersheim, Dezember 1519 (Polemik gegen Väterauslegung);

Es wäre freilich ein Irrtum anzunehmen, Luther hätte
mit der vierfachen Schriftauslegung jede allegorische
Deutung der Bibel überhaupt abgelehnt und dergleichen
nicht mehr praktiziert. Als Schriftsteller, der sich
selbst gern bildhaft ausdrückte und vor allem in der
Polemik immer neue Wortspiele erfand, wußte er ganz genau, daß die Bibel voll metaphorischer Ausdrucksweisen
ist, besonders in den Propheten, zu denen er ja auch den
Psalmdichter David, seinen Lieblingspropheten, zählte[16].
Aber solche Ausdrücke dienten nur zur Ausschmückung, nicht
zur Begründung der Glaubenswahrheiten. Luther versuchte
sie jetzt auf die althergebrachten grammatischen Regeln
zu reduzieren[17].

Da die Bibel aber kein in sich geschlossenes Ganzes
ist und sich widersprechende Aussagen enthält, konnte
Luther, wenn er einigermaßen ungezwungen die Klarheit
und Einheit der Schrift behaupten wollte, auch vor dem
tradierten und von der Kirche sanktionierten Kanon
nicht haltmachen. Er mußte deshalb einen Kanon im Kanon finden, der eine Scheidung zwischen zentralen und
peripheren Teilen der Bibel ermöglichte. In der Leipziger Disputation zeigen sich dementsprechend die ersten Zeichen von Kanonskritik. Luther schließt das 2.
Makkabäerbuch aus der Zahl der Schriften aus, denen man
in der Auseinandersetzung ein überzeugendes Argument entnehmen kann, d.h., er zählt es nicht mehr zu den kanonischen Büchern im strengen Sinne[18], wobei er sich auch

---

6,304,21f: Von dem Papsttum zu Rom, 1520 (Polemik gegen
figürliche Deutung Aarons auf den Papst); 7,711,7f: gegen Catharinus, 1521; 8,63,26: Antilatomus, 1521; 8,154,
1f: Von der Beicht, 1521 (gegen die Verwendung von Lk
17,14; wie bei Wyclif).

16. 7,651,34.

17. Luthers etwas zwiespältiges Verhältnis zur Allegorese
beschreibt Wernle, Allegorie, S. 73ff, treffend an Hand
von Ausführungen in 'Auf das überchristlich... Buch
Bock Emsers... Antwort'; vgl. als Beispiel auch die
Deutung der Ehebrecherin von Spr 7 und 9 in: 'Von der
Beicht', 1521: 8,146f.

18. 2,324,10ff; 325,16ff; 329,27f; 339,18ff.

auf Hieronymus beruft, der in seinem 'Prologus galea-
tus' 2 Makk unter die Apokryphen rechnete[19]. Damit wandelt Luther, auch wenn er das ausdrücklich ablehnt[20],
in den Bahnen der Hussiten, die auch schon die Belegstelle 2 Makk 12,45f für die Existenz eines Fegfeuers
als apokryph abgelehnt hatten. Luther wird diese Kritik am Kanon bekannt geworden sein durch die Gegenschrif-
ten auf die Bekenntnisse der Böhmischen Brüder, von denen er Zieglers Werk[21] vielleicht, Dungersheims Schrift[22]
jedenfalls sicher gekannt hat[23]. Die Ablehnung von 2 Makk
als Bibelautorität für das Fegfeuer und die suffragia
mortuorum läßt sich über die Taboriten zu Huß selbst[24]
und weiter bis zu den Waldensern der ersten Hälfte des
13. Jahrhunderts zurückverfolgen[25]. Bezeichnend ist,
daß die Argumente Zieglers und Dungersheims, die sich
auf die Autorität der Kirche stützen, jetzt schon für
Luther nicht mehr überzeugend sind, während er sich
nicht scheut, die Argumente der von der Kirche verurteilten Ketzer zu seinen eigenen zu machen. Freilich hat
er auch den Kirchenvater Hieronymus auf seiner Seite.

Durch die Leipziger Disputation wurde Luther noch
weitergeführt zur Kritik auch am neutestamentlichen Ka-

---

19. MPL 28,603; vgl. Volz, Stellung, S. 93ff; Schild,
    Bibelvorreden, S. 27f.

20. 2,324,14f.

21. Ziegler, Confessio, 1512; die Verteidigung der Kanoni-
    zität des 2 Makk auf Bl. P3bff; deutsche Inhaltsangabe
    bei Peschke, Böhmische Brüder, S. 56.

22. Dungersheim, Confutatio, 1514; die Behandlung von 2 Makk
    auf Bl. 30a; deutsche Inhaltsangabe bei Peschke, aaO, S.
    98.

23. Vgl. Bartos, Auftreten, S. 103ff bzw. 333ff und o. S.
    140, Anm. 34.

24. Die Taboriten beriefen sich in ihrem Streit mit den
    Prager Doktoren (gedr. bei Höfler, Geschichtsschreiber
    II, S. 619, vgl. auch S. 658) auf eine Stelle aus ei-
    ner Predigt von Huß vom 1.11.1411 über Joh 11,21, die
    sich in Huß, Opera, 1558, II, S. 52a findet; vgl. Kro-
    patscheck, Schriftprinzip I, S. 77f und 179.

25. Vgl. Moneta, Adversus Catharos, S. 373.

non. In seinen bald danach erschienenen Resolutionen
über seine Leipziger Thesen lehnt er es ab, Jak 2,17
als Argument gegen seine Behauptung der Rechtfertigung
allein aus Glauben zu akzeptieren, vor allem mit der
Begründung, daß der Stil des Jakobusbriefes weit unter der apostolischen Würde liege, mit einem Gedanken
also, der seine Herkunft aus den Annotationen des Erasmus nicht verleugnen kann[26].

Die beiden kritischen Urteile haben einen gemeinsamen Grund: Luther wird durch Gegner, die eine von ihm
aus bestimmten biblischen Büchern gewonnene feste Überzeugung mit Stellen aus anderen biblischen Büchern zu
widerlegen suchen, gezwungen, die Autorität solcher
Stellen abzuwerten, um seinen eigenen Belegstellen das
Übergewicht zu sichern. Gelingt dies nicht durch andere
- aber nicht etwa geistliche, sondern wörtliche - Interpretation der Stellen selbst, dann bleibt nur noch der
Ausweg, die Bücher insgesamt zu kritisieren. Dies tut
Luther jedoch nur bei solchen Büchern, deren Wert auch
sonst aus historischen oder stilistischen Gründen schon
angezweifelt worden ist.

Wendet man nun das von Luther bis 1519 gewonnene Prinzip auf die Apk an, so muß es nicht verwundern, wenn er
mit der Zeit auch die Apk als Autorität insgesamt ablehnt.

Denn erstens ist die Apk voll von Abschnitten, die
ganz offensichtlich nicht wörtlich zu deuten sind, also
als Argumentationsbasis nicht in Frage kommen, und schon
Hieronymus schreibt ja in einem als Apk-Vorrede benützten Satz aus der Epistola 53, ad Paulinum: "Apocalypsis
Johannis tot habet sacramenta, quot verba... in singulis
verbis multiplices latent intelligentiae."[27] Mit diesem
Satz zeigt, wie gesagt, Luther mindestens schon 1509 Be-

---

26. 2,425,10ff; vgl. Erasmus, Opera 6,1038; s. auch Lei-
    poldt, Kritik, S. 784, Anm. 1 zu S. 783; ders., Kanon
    II, S. 71, Anm. 4, und 78, Anm. 3; Schmidt-Clausing,
    Jakobusbrief, S. 571.
27. MPL 22,548f = CSEL 54,463,9ff; auch Schild, Bibelvorre-
    den, S. 46, Anm. 30.

kanntschaft[28]. Er war zwar als besonderes Lob gedacht[29],
aber wenn daraus umgekehrt schon in mittelalterlichen Kommentaren der verallgemeinernde Schluß gezogen wird, daß
in diesem Buch überhaupt nichts historisch zu verstehen sei, sondern alles nur mystisch[30], dann muß
einer, der im gleichen Maße das Interesse an erbaulichen Deutungen verliert, wie er in seiner dauern-
den Auseinandersetzung mit verschiedenen Gegnern gezwungen wird, sich zunehmend auf eindeutige Sätze
zurückzuziehen, auch die Apk insgesamt als ungeeignet für die Verwendung in der Auseinandersetzung ansehen und damit abwerten, noch dazu, wenn er erlebt,
wie gern und in welch unqualifizierter Weise seine
Gegner Apk-Stellen gegen ihn ins Feld führen, wofür
gerade wieder die Leipziger Disputation ein deutliches
Beispiel ist[31].

Zweitens aber hatte Luther nicht erst von Erasmus
erfahren, daß die Apk in der Alten Kirche auch zu den
Antilegomena zählte[32]. Somit waren beide eben angezeig-
ten Voraussetzungen gegeben, die Apk aus dem Kanon der
glaubensbegründenden Schriften auszuschließen.

Luther tut dies jedoch vorläufig, d.h. bis Herbst
1521, noch nicht, vielmehr gewinnt für ihn erst noch
Ende 1519 ein Komplex von Apk-Zitaten als Schriftautorität Bedeutung, nämlich Apk 5,10 (1,6; 20,6) im Zusammenhang mit seiner Lehre vom allgemeinen Priestertum aller Gläubigen. Freilich ist es auch eben dieser
Komplex, der Luther den ersten Anlaß bietet, Ende 1521
die Beweiskraft der Apk insgesamt offen anzuzweifeln.
Aber darüber soll erst im nächsten Abschnitt gehandelt
werden[33].

---

28. 9,32,38, vgl. o. S. 26.
29. s.u. S. 255f.
30. Lubac, Exégèse 1 II, S. 449f, nennt Ambrosius Autpertus
    und Haymo, vgl. auch Erasmus, Opera 7,1126.
31. Einzelheiten s.u. S. 175ff.
32. s.u. S. 257ff.
33. s.u. S. 188ff und 248ff.

Neben die bisher noch geübte Praxis, der Apk hauptsächlich Belegstellen für bestimmte Behauptungen zu entnehmen, tritt jedoch jetzt eine ganz neue, nämlich polemische Verwendung der Apk, die mit der Zeit die überwiegende wird. Auch zum Verständnis dieser Veränderung muß
etwas weiter ausgeholt werden.

Wir hatten oben festgestellt, daß Luther immer deutlicher im Papsttum den Antichrist nach 2 Thess 2 erkannt hat. Diesen Vorgang müssen wir nun noch genauer
nach seiner hermeneutischen Relevanz untersuchen.

Schon 1516 hatte Luther erstmalig im Ablaß die
'operatio erroris' von 2 Thess 2,11 vermutet[34]. Ganz
offensichtlich hängt nun auch seine Identifikation
von Papst und Antichrist ganz fest mit diesem Kapitel,
und darin wiederum besonders mit V. 4 zusammen. Durch
diese Stelle ist er darauf gekommen[35], auf sie stützt
er sich unzählige Male als auf sein stärkstes Argument,
ja die Überzeugung, daß Paulus in 2 Thess 2 vom zeitgenössischen Papsttum als dem Antichrist spreche, hat bei
Luther in den Jahren 1518 bis 1521 einen solchen Grad
von Gewißheit erlangt, daß sie zu einem seiner wichtigsten Glaubensartikel geworden ist, an dem er bis zu seinem Tode festgehalten hat[36]. Von der Richtigkeit dieser
Interpretation hängt also für Luther geradezu die Berech-

---

34. 1,99,20ff: Pred. über Lk 19,8; 31.10.1516.

35. Schon an der allerersten Stelle, an der Luther den Ver-
    dacht ausspricht, in der Kurie könnte der Antichrist re-
    gieren, bezieht sich Luther darauf: Br 1,270,12f = En-
    ders 1,316,17f: an Linck, 18.12.1518.

36. Vgl. z.B. 50,217,30: Schmalkaldische Artikel, 1537; 54,
    227,20 u.ö.: Wider das Papsttum zu Rom, vom Teufel ge-
    stiftet, 1545. Die Nachweise an den Rändern der WA-Bän-
    de sind gerade in bezug auf dieses Kapitel besonders
    lückenhaft. Trotzdem macht sich die häufige Zitierung
    von 2 Thess 2 in der leider nur deutsche Schriften be-
    rücksichtigenden Statistik bei Bluhm, Quotations, S.
    107, so bemerkbar, daß der kürzere 2 Thess mit 130
    Zitaten auf dem 25. Rang in der Häufigkeit der Zitie-
    rung aller biblischer Bücher erscheint, während der
    längere 1 Thess mit nur 65 Zitaten erst an 41. Stelle
    steht.

tigung seines ganzen Lebenswerkes ab, das er in der Bekämpfung des Papstantichrists sah[37]. Man müßte deshalb
annehmen, daß gerade diese Stelle zu den klarsten und
eindeutigsten der Bibel zählte. Das kann man aber aus
heutiger Sicht durchaus nicht behaupten[38]. Übrigens war
auch schon ein Zeitgenosse Luthers, der oberdeutsche reformatorische Prediger Sebastian Meyer, in dieser Hinsicht recht skeptisch[39]. Für Luther jedoch steht ganz
fest, daß etwa der 'Tempel Gottes' nicht, wie es auch
möglich gewesen wäre und vor Luther bei einigen Auslegern auch geschehen ist, wörtlich zu deuten ist - der
Antichrist läßt den Jerusalemer Tempel wieder aufbauen[40] -,
sondern einer anderen, vor allem auch von den Ketzern
vertretenen Tradition folgend[41], im übertragenen Sinne
entsprechend 1 Kor 3,16 von der Kirche zu verstehen ist[42].

---

37. Vgl. Preuß, Antichrist, S. 146.
38. Vgl. das Urteil über die älteren Ausleger bei Bornemann, Thessalonicherbriefe, 1894, S. 400-459, bes.
S. 441. Preuß, aaO, S. 175 und 251, der auch die Auslegungsgeschichte von 2 Thess 2 gut kennt, glaubt
trotzdem noch 1906, Luthers Deutung dieses Abschnittes
im Grundsatz verteidigen zu müssen.
39. Meyer, Commentarius, Bl. a3a: "Quis ignorat non modo
prophetarum atque apostoli Iohannis, sed et Christi
servatoris ac aliorum apostolorum de extremis temporibus oracula tam esse obscura, ut vel a nemine vel a
paucissimis spiritu Dei donatis probe sint intellecta?
Qualia sunt illa, quae de mundi fine Servator Matth.
24, Paulus 2. Thess., cap[itulo] 2. et Pet. 2. epist[ola],
cap[itulo] 3., id quod vel ex eo verissimum apparet,
quando tot fere illorum locorum videmus interpretationes, quot sunt interpretes." Wegen des Zusammenhanges
dieses Zitates vgl. u. S. 286f.
40. Bornemann, aaO, S. 405, nennt als Beispiele Cyrill, Pe-
lagius und Lyra (Textauszüge S. 409, 564 und 571).
41. Bornemann, aaO, S. 405.
42. z.B. 7,177,14f: Warum des Papsts... Bücher verbrannt
sind, 1520. Meist gibt Luther sogar das Zitat nicht
mehr wörtlich, sondern gleich mit eingesetzter Deutung
wieder, z.B. 7,405,35: Grund und Ursach, 1521. Später
begründet er mit 2 Thess 2,4, daß der Türke nicht der
eigentliche Antichrist sein könne, weil er außerhalb
der Kirche stehe, z.B. 42,635,23ff: Gen-Vorl. (1538,
Druck 1550). Mülhaupt, Vergängliches, S. 71f, glaubt

Luther hält es gar nicht für nötig, diese Auslegung zu
rechtfertigen, so sicher ist er sich dabei. Der wichtigste Gedanke ist für ihn aber folgender: Das, worüber sich
der Antichrist erhebt, nämlich 'alles, was Gott oder
Gottesdienst heißt', ist das von Luther wiederentdeckte Evangelium, in dem Christus, Gottes Sohn, präsent
ist, und dies trifft genau auf den Papst zu, der sich
mit seinen Dekreten und seiner höchstrichterlichen Ent-
scheidungsbefugnis über Gottes Wort erhebt. Diese Deutung begründet Luther dagegen von Anfang an und bis in
seine letzten Jahre immer und immer wieder[43], offensichtlich als seine ureigenste Erkenntnis. So war er
sich ganz sicher, daß diese paulinische Weissagung sich
wortwörtlich erfüllt habe. Bestärkt sah er sich in seiner neugewonnenen Überzeugung durch ähnlich lautende Bibelstellen wie Dan 9,27 und Mt 24,15 par[44] und da er die
Gewißheit erlangt hatte, daß der Antichrist schon herrschte und damit die Endzeit angebrochen war, gewannen für
ihn auf einmal alle die apokalyptischen Abschnitte der
Bibel, die er bisher weitgehend unbeachtet gelassen hatte, ganz aktuelle Bedeutung[45]. Sie alle durchforschte er

---

auf heute noch, diese Interpretation als "biblisch
nicht unberechtigt" zum "Unvergängliche[n] an Luthers
Papstkritik" rechnen zu können.

43. z.B. 2,430,1ff: Resolutionen über die Leipziger Thesen,
1519; 5,331,1ff: Operationes zu Ps 10,3; 1520; 7,741,
18ff; 7,776,27ff: gegen Catharinus, 1521; bis hin zu
54,289,19ff: Wider das Papsttum, 1545.

44. Vgl. die rückblickende Feststellung in der Vorrede
zu Barnes, Vitae Romanorum pontificum, von 1536:
"Ego S. Paulo et Daniele Magistris didici et docui,
Papam esse illum Adversarium Dei et omnium." 50,5,
30f. Ähnlich auch 50,379,25f: Vorrede zu Confessio
fidei, 1538; TR 3,438,21ff: Nr. 3593 (Lauterbach und
Weller, Mai/Juni 1537). Die Altgläubigen bestritten
natürlich diese Interpretation, so z.B. Witzel, Kirche, 1534, Bl. K3ab, gegen J. Jonas gewendet.

45. Vgl. die spätere Bemerkung Luthers über sein neuge-
wonnenes Verständnis von 2 Tim 4,3 in einer Tischrede
von 1538: TR 3,620,31ff: Nr. 3795 (Lauterbachs Tagebuch), und die Ausführungen von Müller, Papsttum, S.
87f, über Luthers Deutung von 1 Tim 4,1f auf das Verbot der Priesterehe.

jetzt nach Aussagen, die sich auf das Papsttum beziehen
ließen, und fand auch sehr viele, die er dann in seinen
Streitschriften mehr oder weniger häufig und mit dem Ausdruck stärkerer oder schwächerer Überzeugung von der Richtigkeit seiner Deutung zitierte. Zu dem Komplex der in
der traditionellen Exegese auf die Endzeit und den Antichrist bezogenen Abschnitte kamen vor allem Stellen, die
schon früher in der antirömischen Polemik nicht auf eine
ferne Zukunft, sondern auf die zeitgenössischen Päpste
gemünzt worden waren. Neben den Visionen Daniels, der
synoptischen Apokalypse in Mt 24 par; 1 Tim 4; 2 Tim 3;
2 Petr 2f und Jud waren dies auch die Kapitel 9; 13 und
16-18 der Apk, dazu die Schlagworte 'synagoga' und 'sedes satanae' (Apk 2,9.13). Für die Apk soll als Beispiel
die Vorrede Luthers zur 'Epitoma responsionis' des Silvester Prierias von 1520 dienen. Sie ist eine der Stellen
an denen Luthers Logik, mit der er aus dem Satz, daß die
Schrift vom Papst abhänge, vermittelt über 2 Thess
2,4[46] folgert, daß der Papst der Antichrist sein müsse, besonders deutlich wird. Dort nennt er im gleichen Atemzug, in dem er 2 Thess 2,4 zitiert, Rom die
'rote Hure' von Apk 17,4 und die Kurie 'Satanssynagoge'[47]. 1521 hat Luther fast alle einschlägigen Abschnitte in einer einzigen Schrift vereint und im Zusammenhang auf das Papsttum gedeutet, nämlich in der
'Antwort' auf die 'Apologie' des Ambrosius Catharinus,
dem zweiten Teil seines 'Widerrufes', der für das Verständnis von Luthers Reformation nicht weniger wichtig
ist als 'De captivitate Babylonica ecclesiae' der erste
Teil, der nur ein 'praeludium' zum zweiten sein sollte[48]. Alle apokalyptischen Stellen der Bibel gelten ihm

---

46. In der WA fehlt leider zu 6,328,14 diese Angabe.
47. 6,328,12ff.
48. 6,573,12ff; 7,777,12ff; vgl. Steck, Lehre, S. 23. Das
    geht auch aus der Zahl der Drucke hervor: 4 lateini-
    sche, 4 deutsche Drucke, 1 englischer Teildruck, 1
    tschechischer Druck (Benzing, Lutherbibliographie, Nr.
    880-889). Die Grundgedanken dieser Schrift sind bei
    Aarts, Amt, S. 162-166, referiert.

jetzt als Weissagungen, die in seiner Zeit sich schon
erfüllt haben oder noch erfüllten werden: "Nos ergo,
qui sub Romana Babylone sumus, ea verba [2 Petr 2,1]
tangunt: in nobis impleri oportet quae Daniel, Christus, Petrus, Paulus, Iudas, Ioannes in Apocalypsi pre-
dixerunt[49].

Eben in dieser Schrift gegen Catharinus hat Luther
auch ein kanonskritisches Prinzip angewendet, das als
notwendige komplementäre Ergänzung zu dem 1522 aufgestellten Prinzip: 'Was Christum treibet'[50] zu gelten
hat, nämlich, entsprechend formuliert: 'Was den Antichrist bekämpft'[51]. An diesem Prinzip hat Luther 1530
die Apk gemessen und dabei hat er sie als nicht stichhaltig, weil nicht eindeutig genug befunden[52]. 1521 jedoch ist der Reformator gerade erst dabei, eine Stelle
nach der anderen für seine Polemik nutzbar zu machen.

Um Luthers damaliges Urteil über die Apk zu erschließen, könnte man vielleicht die Aussagen heranziehen, die
er in derselben Schrift über den Judasbrief macht, den
er bald darauf, nämlich 1522, auch als eine 'unnötige
Epistel' aus den 'Hauptbüchern' ausgeschieden hat[53].
1521 schreibt Luther darüber, der Judasbrief sei
ihm früher unnütz erschienen, jetzt aber habe er
erkannt, daß dieser Brief als ein Auszug aus 2 Petr

---

49. 7,725,16ff.
50. DB 7,384,27.
51. Vgl. 7,722,20ff; dazu aus späterer Zeit 23,566,32ff:
    Auslegung von Sach 5,1f; 1527, und 30 III,496,2ff:
    Exemplum theologiae... papisticae, 1531; vgl. Stifel,
    Rechenbüchlein, Bl. B7a und C1a, zitiert u. S. 535,
    Anm. 15; dazu Froom, Faith, S. 243: "Luther discovered
    'Christ and His salvation' before 1517. And before 1520
    he had discovered the identity of 'Antichrist and his
    damnation'. The entire Reformation rested on this two-
    fold testimony. The reformers were unanimous in its
    acceptance." Vgl. auch Bauer, Universitätstheologie,
    S. 150.
52. DB 7,406,11ff.
53. DB 7,386,29f.

allein des Papsttums wegen geschrieben sei[54]. Das
erstmalige Auftauchen verschiedener gegen Rom gewen-
deter Apk-Zitate zwischen 1518 und 1521 läßt darauf
schließen, daß es dem Reformator mit der Apk ähnlich
gegangen ist wie mit dem Judasbrief. War die Apk auch
nicht geeignet, den Grund des Glaubens zu legen, so
war sie doch brauchbar, die Irrlehren der 'Papisten'
anzuprangern.

Das läßt sich an zwei Stellen beispielhaft deutlich
machen. Im Kommentar zu Ps 8,3 betont Luther, daß in
der Kirche nur das Wort Gottes zu hören sein soll, und
setzt dagegen: "Ubi autem loquitur homo vel Satanas,
sine dubio ibi lupanar et synagoga Satanae [Apk 2,9]
est." Dann fügt er noch die Befürchtung an, die juristischen und theologischen Bücher, die gegenwärtig
außer dem Evangelium in der Kirche herrschen, könnten
mit den Zornesschalen von Apk 16 gemeint sein[55]. Menschenwort vom Gotteswort zu unterscheiden, hatte Luther zwar auf andere Weise gelernt, aber das Unfaßliche,
daß in der Kirche das Gotteswort vom Menschenwort er-
drückt zu werden drohte, sich begreiflich zu machen
und zu artikulieren, dazu waren die Bilder der Apk eine willkommene Hilfe.

15. Kapitel

Einzeluntersuchungen

I. Nebeneinander von theoretischer Ablehnung und prak-
tischer Anwendung der Allegorese

Bei den polemisch verwendeten Apk-Stellen handelt es
sich hauptsächlich um bildhafte Abschnitte ohne eindeutigen Wortsinn. Wie schon allgemein festgestellt, hindert die Ablehnung des vierfachen Schriftsinnes Luthers nicht daran, im gleichen Atemzug selbst zu alle-

---

54. 7,755,5f.
55. 5,259,14ff.

gorisieren. In einigen Schriften wird das besonders
deutlich, auch im Zusammenhang mit Apk-Zitaten. Luther
wirft z.B. Ambrosius Catharinus vor, er schreibe der
Bibel mehr als einen Sinn zu und gebrauche immer wieder das verunsichernde 'potest'[1]. Er selbst jedoch,
nachdem er versprochen hat, die Bedeutung des päpstlichen Primats "solidis scripturae testimoniis"[2] nachzuweisen, leitet seine Auslegung von Apk 9,1-11, die
er ja doch wohl auch zu den 'soliden Zeugnissen der
Schrift' zählt, mit 'videtur' ein und läßt eine von
Wort zu Wort fortschreitende allegorische Deutung dieses Schriftabschnittes folgen, die er sich selbst zu-
sammengereimt und auch nur vorübergehend vertreten
hat[3].

In derselben Schrift, in der er Augustins Satz, daß
die Figuren im Streit nicht gelten, zitiert, nämlich
in 'Von dem Papsttum zu Rom', 1520[4], redet er den Papst
an mit: "Du rote hur von Babilonien, wie dich sanct
Johannes nennet."[5]

Bekannt ist auch Luthers Allegorie von Ps 22,19, in
der er 1521 im Anschluß an die genaueren Angaben von
Joh 19,23 die Vierteilung der Kleider Christi und das
Loswerfen um seinen Rock auf die vierfache und willkürliche Auslegung der Schrift deutet[6]. Dabei geschieht
es auch, daß er in einem Abschnitt, in dem er die Scholastiker als "ludicri vel illusorii" apostrophiert, den
Satz anfügt: "Huc pertinet egregium illud ca. 9 Apocalypsis de quatuor angelis..., ut universitates non alio loco plenius figuratas habeamus."[7]

---

1. 7,710,38ff.
2. 7,722,24.
3. 7,736,35ff.
4. 6,304,21f.
5. 6,322,37.
6. 5,643,24ff.
7. 5,647,7ff.

Im Gal-Kommentar bezeichnet Luther den vierfachen Schriftsinn als Spielerei[8]. Wenn er jedoch einmal mit Allegorien zu spielen sich erlaubt, kann es plötzlich bitterer Ernst werden. Ausgehend von der festen Überzeugung, daß in der ganzen Bibel wie besonders in der Apk (z.B. in Kap. 16) Prediger des Wortes und Lehrer durch die Engel gemeint seien, beklagt er, daß durch falsche Lehren die letzten Plagen mit geistlicher Finsternis und Verlust der Erstgeburtsehre der Gerechtigkeit hereingebrochen seien, wo nur noch das Schreien zu Gott helfen könne[9].

Überhaupt ist Luther fest davon überzeugt, daß Unwetter in der Bibel immer Menschenlehren bedeuten: "Nec est praesentior allegoria impiae et humanae doctrinae, quam tempestas...", wofür ihm auch Apk 15 (oder 8f?) Beispiel ist, während rechtzeitiger Regen evangelische Lehre bedeutet. "Est enim huius utriusque rei scriptura passim refertissima allegoriis."[10]

II. Einleitungsformeln

Mit welcher Gewißheit Luther einerseits noch einige Apk-Zitate als Schriftautoritäten für bestimmte Behauptungen benützt, andererseits neuerdings andere Apk-Zitate in der antirömischen Polemik verwendet, läßt sich teilweise auch abschätzen an Hand der Einleitungsformeln, die er ihnen vorangestellt hat.

Für die erste Gruppe, die Belegstellen, zwei Beispiele:

In der Leipziger Disputation bezeichnet Luther der Übung seiner Zeit entsprechend die Stelle Apk 5,3.9 ganz selbstverständlich als 'auctoritas'[11]. Auf die Frage Spalatins, was denn die Aufgabe des Priesters nach reformatorischem Verständnis sein könne, schreibt Luther: "Deinde valde me urget Petrus apostolus 1. pe.

---

8. 2,550,29.
9. 2,494,20ff.
10. 5,365,19ff: Operationes über Ps 11,6; 1519/20.
11. 2,341,19f ("Ad auctoritatem Apocalypsis recte dicit...").

2[5.9], dicens nos omnes esse sacerdotes, idem Iohan-
nes in Apocalypsi[1,6; 5,10; 20,6]."[12] Nicht nur die
Autorität des Apostels Petrus, sondern auch die des
Johannes (offensichtlich des Evangelisten!) drängt
ihn dazu, anzunehmen, daß zwischen Priestern und Laien
kein grundsätzlicher Unterschied sei.

Daneben finden wir bisher[13] auch verschiedene Vergleichspartikel Anwendung.

In den Formeln, mit denen Luther polemisch gewendete, meist bildhafte Apk-Zitate einführt, drückt
sich nicht immer dieselbe Gewißheit aus.

In der Schrift gegen Ambrosius Catharinus von 1521
z.B. bemerkt Luther über Thomas von Aquin: "Suam
doctrinam prorsus inanem spiritus non dubito quandam
irae dei Phialam in terram esse missam"[14], wobei er
allerdings darauf verzichtet, die Zornesschale zu
identifizieren, mit der die Lehre des Thomas gemeint
sei. Luther empfindet es auch nicht als Widerspruch,
wenn er einige Seiten später, allerdings nicht mit
derselben Sicherheit, in dem vom Himmel fallenden
Stern von Apk 9,1 wiederum Thomas erblickt[15]. Die
Deutung von Apk 9,1-11 leitet er, wie schon angedeutet, mit folgenden Worten ein: "Hanc larvalem faciem
[sc. universitates] nobis praedixisse mihi videtur
et Apocalyp. 9, cuius verba dignum est hic recensere
et paucis explicare," und: "Meo hic sensu periclita-
bor."[16] Die Voraussetzung für die polemische Verwendung dieses Abschnittes gegen die Anhänger des Papstes
ist die Deutung der Engel auf Bischöfe. Obwohl in der
Apk selbst diese Identifikation nirgendwo eindeutig
vollzogen ist, schreibt der Reformator: "Certum est,
angelos per totam Apocalypsim episcopos ecclesiarum
esse, ut liquido claret ex secundo et tertio capite."[17] Auch in der Deutung der Posaunenstöße ist
sich Luther anscheinend ganz sicher. Er schreibt:
"Tuba autem canere e textus consequentia et effecti-
bus secutis aliud esse non potest quam decreta con-
dere."[18] Später folgt dann auch wieder ein 'videtur'[19],
während Luther sonst meist das Bildwort des Textes
mit seiner Deutung durch 'est' oder 'sunt' gleichsetzt.

---

12. Br 1,595,28f = Enders 2,279,38; 18.12.1519.
13. s.o. S. 53.
14. 7,706,21ff.
15. 7,737,14f.
16. 7,736,35f.38f.
17. 7,737,1f.
18. 7,737,5ff.
19. 7,738,9.

III. Einordnung in das Schema von 1530

Luthers praktisches Verhältnis zur Apk in dieser typischen Übergangszeit spiegelt sich auch deutlich wider
bei einer Gruppierung der Apk-Zitate nach dem schon mehrfach angewandten Schema aus der Vorrede von 1530.

1. Luther verwendet noch bzw. neuerdings viele Apk-
Stellen, die keine Weissagung von künftigen Dingen
enthalten, wie z.B. den Ausdruck 'ex insula Pathmos'
(1,9) im Schluß eines Briefes von der Wartburg[20];
die Schlagworte 'synagoga' und 'sedes satanae' (2,9.
13); die paränetischen Stücke 3,1; 3,11 und, jetzt
nur noch vereinzelt, aus dem 7. Sendschreiben 3,17.
19.20; weiter die hymnischen Stücke, die Lob Gottes beinhalten, wie 7,10.12, oder Freude über den
Sieg Michaels, wie 12,10; das die Anbetung zurück-
weisende Wort des Engels 19,10 (22,9), das Gebet
22,20 und wiederum 22,11.
2. Klare Weissagungen könnten einige wenige Stellen, wie 1,7 (Es werden ihn sehen alle Augen.),
wiederum 14,13; 20,6 und schließlich 21,4(Gott wird
abwischen alle Tränen.) genannt werden.
3. Bilder mit Deutung sind wiederum nur 17,15 und
21,14.
4. Bilder ohne Deutung dagegen treten jetzt noch
häufiger auf. Dazu zählen die 'Engel' in Kap. 2f
u.ö.; Blitz und Donner in 4,5; das Buch mit den 7
Siegeln in 5,1ff; der Ausdruck 'unter der Erde'
in Kap. 5; die Stücke aus den Plagen-Visionen in
Kap. 6; 8f und 16; der Vorhof in 11,2; der Kampf
der Brüder des Himmelsknäbleins mit dem Drachen in
Kap. 12; die Tiere des Kap. 13; die 'sedes bestiae'
in 16,10; die babylonische Hure in Kap. 17f; das
Fehlen des Tempels im neuen Jerusalem 21,22 und
schließlich wieder 21,27.

Es ergibt sich daraus folgendes Verhältnis: Gruppe
1 und 2 und Gruppe 3 und 4 halten sich zahlenmäßig etwa die Waage[21], wobei aber die Gruppe der bildhaften
Stücke inhaltlich das Übergewicht hat wegen der beiden
ausführlichen Deutungen von Kap. 9.

IV. Vergleich der beiden Psalmen- und Galaterauslegungen

Der Wandel in Luthers Benützung der Apk soll noch
besonders deutlich gemacht werden durch Vergleiche der

---

20. Br 2,355,37f = Enders 3,172,52: an Spalatin, 10.6.1521.
21. 34 und 7 zu 2 und 41; dazu kommt noch dreimal das Prä-
    dikat 12,9, zusammen also 87 Stellen.

Vorlesungen, die Luther vor Oktober 1517 gehalten und
nach 1518 in neuer Bearbeitung herausgegeben hat, nämlich der beiden Ps-Vorlesungen und der Gal-Vorlesung
mit dem Gal-Kommentar.

In der 1. Ps-Vorlesung habe ich einschließlich der
Vorworte bis zu Ps 22 16 Apk-Zitate ermittelt, in der
2. Ps-Vorlesung 18. Obwohl nun aber die Auslegung der
ersten 22 Psalmen in der 2. Vorlesung auf die Stärke
eines ganzen WA-Bandes angewachsen ist, steht doch kein
einziges Apk-Zitat mehr bei der Auslegung desselben Verses wie in der 1. Ps-Vorlesung. Vergleicht man aber
die gesamte Masse der 1. Ps-Vorlesung mit der der 2.
Vorlesung, so zeigt sich, daß doch noch einige Apk-
Zitate wiederkehren, wenn auch an anderen Stellen,
nämlich 3,17.19; 12,10; 17,4 ('calix') und das Deutewort 17,15, das sonst nirgendwo mehr vorkommt, diese
auch noch in etwa derselben Bedeutung, während die
Schlagworte aus 2,9 und 2,13 einen anderen Sinn gewonnen haben[22]. Neu erscheinen dagegen bezeichnenderweise 4 Anspielungen auf die Plagenvisionen in Kap.
9 und 16, die alle gegen die Scholastiker gewendet
sind[23].

In der Gal-Vorlesung von 1516/17 hatten sich keine
Apk-Zitate gefunden. Die einzigen beiden Apk-Anspie-
lungen im Gal-Kommentar von 1519 sind auffallenderwei-
se ebenfalls Bezugnahmen auf Plagenvisionen, nämlich
6,4 gegen die Juristen und 16 gegen Menschenlehren[24].
Beide sind jedoch in der Neuauflage von 1523 wieder
weggefallen[25].

> Der Vollständigkeit halber sei hier gleich noch
> ergänzt: In (der Gal-Vorlesung von 1531 bzw.) dem
> Gal-Kommentar von 1535 stehen zwei polemische Apk-

---

22. s.u. S. 215 und 217f.
23. s. Tabelle 11; vgl. zur Entwicklung zwischen der er-
    sten und der zweiten Ps-Vorlesung auch Hilburg, Wort
    Gottes.
24. 2,594,26f und 2,494,24f.
25. s. im Apparat zu den angegebenen Stellen.

Stellen, nämlich 2,9 und 10,3 (Papst brüllt wie
ein Löwe), ein Zitat von Apk 12,9f, das sich auf
das für den Galaterbrief typische Thema Gesetz und
Werke bezieht, und zu Gal 6,3 das Zitat von Apk 3,
17, das eigentlich auch ganz gut in die Zeit um
1517 gepaßt hätte[26].

V. Die Auseinandersetzung um Apk-Stellen auf der Leipziger Disputation

Die Leipziger Disputation zwischen Luther und Eck
im Juli 1519[1] erweist sich nicht nur allgemein als
Wendepunkt in Luthers Verhältnis zu den kirchlichen
Autoritäten und der heiligen Schrift und spielt von daher eine Rolle für Luthers Einstellung zur Apk, sondern
sie bietet auch die außergewöhnlich günstige Gelegenheit,
Einblick zu gewinnen einerseits in die Art, wie ein füh-
render Verteidiger des Papsttums, der kirchlichen
Praxis und der scholastischen Tradition mit Apk-Zitaten zu argumentieren gewöhnt ist[2], und andererseits in die Reaktionen des Reformators auf diese
Verwendung der Apk. In Betracht kommen dabei 20 Bezugnahmen, 11 von Eck und 9 von Luther, die sich
aber auf nur 7 verschiedene Apk-Stellen verteilen.
Davon hat Eck 5 von sich aus vorgebracht und Luther
hat auf 4 davon geantwortet, während er selbst nur
2 verschiedene eingeführt hat, von denen Eck eine
aufgegriffen hat.

Die Auseinandersetzung zwischen Eck und Luther
begann bekanntlich am 4. Juli 1519 mit dem Angriff

---

26. 40 I,112,13f; vgl. 40 II, 140,17; 40 I,595,4 bzw. 20;
    40 II,12,3 bzw. 19ff und 40 II,147,4 bzw. 23ff.

1. Zur Leipziger Disputation allgemein vgl. Köstlin -
   Kawerau, Luther I, S. 243-251; Preuß, Schriftprinzip,
   S. 75-92; Asendorf, Eschatologie, S. 160 und Anm.
   174; Kähler, Schrift und Tradition, S. 214ff; Selge,
   Disputation, S. 26ff.

2. Ecks oberflächlichen Umgang mit dem Schrift- und Tra-
   ditionsbeweis charakterisiert Iserloh, Eucharistie,
   S. 74ff, treffend an Hand der Schrift 'De sacrificio
   missae' von 1526.

Ecks auf Luthers 13. These von der Gewalt des Papstes.
Gleich zu Beginn versuchte Eck nachzuweisen, daß die
streitende Kirche strukturell der triumphierenden Kirche entsprechen und deshalb wie diese ein Haupt haben
müsse. Nach Eph 4,16; 5,23; Joh 5,19 und verschiedenen
Kirchenvätern führte Eck sehr bald auch Apk 21,2[3] als
Beleg dafür ein, zunächst ohne sich weiter darüber zu
äußern. Das Haupt der streitenden Kirche war für ihn
natürlich der Papst. Luther, der dagegen die Meinung
vertrat, Christus und niemand anderes sei das Haupt
auch der streitenden Kirche, ging zwar die Autoritäten,
die Eck für sich in Anspruch genommen hatte, einzeln
durch, aber ohne die kurze Anspielung auf Apk 21,2 zu
berücksichtigen. In der erneuten Bekräftigung seiner
Beweisstellen[4] berief sich Eck auf Bernhard von Clairvaux, aus dessen Schrift 'De consideratione', Buch 3,
Kap. 4[5], er seine Bibelstellen bezogen hatte. Bernhard
hatte mit Joh 5,19; Ex 25,40 und Apk 21,2 ausdrücklich
den himmlischen Ursprung der irdischen Hierarchie und
damit das ius divinum des päpstlichen Primates nachzuweisen versucht. Er verstand Apk 21,2 offensichtlich so,
daß das neue Jerusalem die irdische Kirche darstellt,
die nach dem himmlischen Urbild von Christus geschaffen ist, wie der alte Tempel von Mose nach dem Modell
im Himmel gebaut worden ist. Darum mußte die irdische
Kirche auch in Entsprechung zur Hierarchie der Engel
und Erzengel bis hinauf zu Christus hierarchisch ge-
gliedert sein. Die Argumente, die Bernhard hier vor-
trug, waren Luther nicht nur aus eigener Lektüre bekannt[6], sondern gehörten schon vor der Reformation
in der Polemik gegen Ketzer wie die Böhmen, die den

---

3. "Vidi civitatem sanctam novam descendentem etc.",
   2,256,19.
4. 2,260,19ff.
5. MPL 182,768.
6. Er zitiert z.B. in der Röm-Vorlesung aus dieser Schrift:
   56,LI.

Primat des Papstes bestritten, zur Standardausrüstung.
Sie wurden z.B. von Jakob Lilienstein[7] und Hieronymus
Dungersheim[8] vorgetragen, und Luther mußte sich deshalb
natürlich auf solche Vorhaltungen einstellen. Nicht um-
sonst hatte Eck gleich zu Anfang[9] die Ablehnung des
päpstlichen Primats als wyclifitischen Irrtum angepran-
gert. Wandte sich Luther also gegen diese Argumente, begab er sich in gefährliche Solidarität mit den Ketzern.
Aber andererseits waren die Sätze aus Bernhard für Luther
ein gefährlicher Angriff auf seine Ausgangsthese, daß
der päpstliche Primat nur durch die 'frostigen Dekrete
der letzten 400 Jahre' behauptet werde. Außerdem begegnet uns auch bei Luther selbst in der 1. Ps-Vorlesung
die Vorstellung, daß Apk 21 auf die irdische Kirche zu
beziehen sei[10].

Wie also sollte Luther reagieren? Seine Antwort war
bezeichnend. Unter Umgehung von Apk 21,2 und Ex 25,40
gab er am Beispiel von Joh 5,19 sein dezidiertes Verhältnis zu Schrift und Väterauslegung ganz offen zu
erkennen. Zunächst machte er eine Verbeugung vor dem

---

7. Lilienstein, Contra Waldenses, 1505, Bl. D6b: "Optimum
   autem regnum multitudinis est, ut regatur per unum,
   quod patet ex vi regiminis. Pax enim et unitas rei
   subditorum est finis regentis. Unitatis autem congruen-
   tior causa est unus quam multi. Manifestum est igitur
   regnum ecclesiae sic esse dispositum, ut unus toti
   ecclesiae praesit. Item ecclesia militans aut triumphans
   ecclesia per similitudinem derivatur. Unde et Johannes
   in Apocalypsi vidit Hierusalem descendentem de caelo,
   et Moysi dictum est, quod faceret omnia secundum exemplar
   ei in monte monstratum, Exodi 22. In triumphanti autem
   ecclesia unus praesidet, qui etiam praesidet toto uni-
   verso, scilicet Deus. Unde Apocal. 21[3]: 'Ipsi populus
   eius erunt, et ipse Deus cum eis erit eorum Deus'. Ergo
   in ecclesia militanti unus est, qui praesidet univer-
   sis." Das Buch war Luther möglicherweise bekannt, vgl.
   Bartoš, Auftreten, S. 110 bzw. 341.
8. Dungersheim, Confutatio, 1514, Bl. 6b. Seine Ausführungen entsprechen fast wörtlich denen Liliensteins, so daß
   anzunehmen ist, daß er von diesem abgeschrieben hat
   oder beide eine gemeinsame Quelle benützt haben.
9. 2,256,8ff.
10. s.o. S. 74ff.

Kirchenvater Bernhard, den er ohne Zweifel sehr verehr-
te, er versuchte ihn auch von jeder Schuld freizuhalten,
aber er akzeptierte seine Bibelauslegung nicht als für
die Argumentation stichhaltig. Luther rekurrierte also
in dieser gefährlichen Situation, und zwar mit Recht,
auf den alten, aber gerade jetzt für ihn in seiner
kritischen Bedeutung wichtig gewordenen Grundsatz:
"In contentione accipiendus est sensus genuinus et
proprius scripturae, qui stare in acie possit, a quo
sancti patres nonnumquam locupletandae orationis gratia digrediuntur et sine culpa." Und weiter wies er
"ex praecedenti et sequenti textu", also einfach durch
Kontextexegese, nach, daß Joh 5,19 im eigentlichen
Sinne etwas ganz anderes meine, als Bernhard daraus
entnommen hatte[11]. Ein Eingehen auf dessen Deutung
von Ex 25,40 und Apk 21,2 konnte sich Luther daraufhin ersparen; denn es war ja ohne weiteres klar, daß
diese beiden Stellen nicht wörtlich vom Primat des
Papstes sprachen. Auf dieses grundsätzliche Urteil
Luthers über den richtigen Umgang mit der Schrift,
wenn es um Glaubensfragen geht, hätte nun Eck entsprechend eingehen müssen. Aber er hatte nichts Ernst-
haftes zu entgegnen. Er behauptete einfach, Bernhard
habe Joh 5,19 nicht in anderem Sinne verstanden als
Luther, und verwahrte sich im übrigen gegen die Behauptung, die Väter hätten manche Schriftstellen nur zur
Ausschmückung verwendet[12]. Auch verzichtete er im folgenden darauf, Ex 25,40 und Apk 21,2 noch einmal zu
strapazieren. Als er später in anderem Zusammenhang
auf eine Stelle aus Bernhard zurückkam[13], wiederholte
Luther nur sein voriges Urteil und betrachtete diesen
Komplex als erledigt[14]. Konsequenterweise versuchte
umgekehrt Eck, Luther (allerdings nicht nur aus diesem

---

11. 2,264,2ff.
12. 2,267,36ff.
13. 2,270,31ff.
14. 2,277,34ff.

Grunde) in die Nähe der Wyclifiten und Hussiten zu
drängen.

Das Ergebnis dieser ersten Runde um eine Reihe von
Bibelstellen bestätigt einerseits den Eindruck, den man
aus der Lektüre der Kirchenväter und Scholastiker allgemein gewinnen kann, nämlich daß die Allegorese, für die
gerade auch die Apk viele Ausgangspunkte bietet, ihr
hauptsächliches Anwendungsgebiet in der Ekklesiologie
hat und für die Rechtfertigung der bestehenden hierar-
chischen Verhältnisse immer wieder als beweiskräftig
angesehen wird trotz anderslautender theoretischer
Grundsätze. Andererseits wird leichter verständlich,
warum Luther nicht erst 1519, sondern schon seit dem
Ende der 1. Ps-Vorlesung kaum mehr Apk-Stellen im Zusammenhang positiver Darstellung der Kirche verwendete.
Seit er nämlich das Vertrauen in die Mutterarme der
Kirche, die ihm nicht mehr die notwendige Geborgenheit
angesichts des Zornes Gottes zu bieten schien, verloren
hatte und auf sich allein gestellt den genuinen Sinn
der Schrift zu eruieren versuchte, um die einzig trag-
fähige Wahrheit im Wort Gottes selbst zu entdecken, lernte er immer schärfer zwischen eindeutig grammatischem
und spielerisch illustrierendem Schriftsinn zu unterscheiden. Das kam ihm jetzt zugute[15].

Die zweite Apk-Stelle führte Eck, immer noch zum
gleichen Thema, am Schluß der Ausführungen vom Nach-
mittag des 7. Juli[16] ein. Wieder stammte sie aus Apk
21, der Vision vom neuen Jerusalem. Zunächst ist freilich nicht ganz klar, was er damit beweisen wollte. Er
sagte, eingehend auf ein Argument Luthers, Paulus sei
wohl ein Stellvertreter Christi, aber nicht der allgemeine. Denn auch in Apk 21,14 werden 12 Fundamente der
Kirche erwähnt, und trotzdem gilt nach 1 Kor 3,11: 'Ei-

---

15. Zu diesem Teil der Auseinandersetzung zwischen Luther
    und Eck vgl. auch Köhler, Quellen, S. 315; Pelikan,
    Expositor, S. 110-113.
16. Zur Zeitangabe vgl. Seitz, Text, S. 120.

nen anderen Grund kann niemand legen...'[17] Luther griff
am folgenden Tag Apk 21,14 gerne auf; denn diese Stelle
sprach offensichtlich für ihn, indem sie keinen Unterschied zwischen den 12 Fundamenten machte[18]. Eck sah
sich deshalb genötigt, den Sinn seiner Rede genauer zu
erklären. Er habe die beiden Stellen Apk 21,14 und 1
Kor 3,11 deshalb nebeneinandergestellt, um deutlich zu
machen, daß die verschiedenen Schriftstellen, die sich
zu widersprechen scheinen, wie z.B., wenn einmal von 12
Fundamenten und das andermal von nur einem einzigen
die Rede ist, miteinander in Einklang gebracht werden müssen, was etwa durch eine Abstufung erfolgen
kann[19]. Viele Ausleger vor Eck hatten dies schon getan[20]. Bald darauf sollte Luther eine Erörterung dieser Frage auch in Huß' Schrift 'De ecclesia'[21] finden.
Aus dem Nebeneinander der beiden Stellen scheint Eck
gefolgert zu haben, daß nicht nur zwischen dem einen
Fundament, Christus, und den 12 Fundamenten, den Aposteln, abgestuft werden müsse, sondern auch innerhalb
der 12 Fundamente, der Apostel, wie das z.B. Gabriel
Biel vor ihm getan hatte[22] und bald nach ihm etwa auch
Cajetan[23]. Luther sah sich freilich nicht veranlaßt,
auf dieses schwache Argument einzugehen, worauf auch
Eck es fallen ließ. Wieder war also Luther Sieger geblieben.

---

17. 2,312,21ff.
18. 2,314,34ff.
19. 2,317,9ff. Zum Verständnis der gegensätzlichen Posi-
    tionen in dieser Frage vgl. auch Selge, Disputation,
    S. 32f.
20. z.B. Beda zu Apk 21,14; MPL 93,196; Rupert, MPL 169,
    119f. Joachim konkordiert Apk 21,14 mit Mt 16,18. Lyra
    und das 'Opus arduum' erreichen die Konkordanz von Apk
    21,14 und 1 Kor 3,11 über die den 12 Aposteln zugeschrie-
    benen 12 Glaubensartikel, die von Christus sprechen.
21. Huß, De ecclesia, S. 62f.
22. Biel, Expositio I,228ff. Luther kannte dieses Werk gut.
23. Cajetan, Institutio, 1521, S. 36f.

Am 9. Juli - es wurde bereits über Luthers 9. These, die Behauptung, die Seelen im Fegfeuer seien ihres
Heiles nicht gewiß, disputiert - brachte Eck die dritte
Apk-Stelle ins Spiel, mit der er nachweisen wollte, daß
die Seelen im Fegefeuer ihres Heiles doch gewiß seien.
Er bezog sich dabei auf das Kap. 5, wo es darum geht,
wer würdig ist, das Buch mit den 7 Siegeln zu öffnen,
und da heißt es in V. 3: 'Niemand im Himmel, auf der
Erde und unter der Erde konnte das Buch öffnen.' Eck
war in der folgenden Auseinandersetzung die Formel
'unter der Erde' wichtig. Er sah nur zwei Möglichkeiten, diese zu verstehen: entweder von der Hölle oder
vom Fegfeuer. Die Hölle kam jedoch des Zusammenhanges
wegen nicht in Frage, da ja ausdrücklich nach dem gesucht wird, der würdig ist, das Buch zu öffnen, und ein
solcher kann prinzipiell in der Hölle gar nicht sein.
Es blieb also nur das Fegfeuer übrig. Darin könnten sich
durchaus solche finden, die angesprochen sind, da von
manchen Heiligen behauptet wird, sie seien im Fegfeuer
gewesen. Diese aber sind ihres Heiles gewiß, wie Eck
weiter aus Apk 5 nachzuweisen versuchte, freilich mit
einem nicht ganz richtigen Zitat, da er mit der Formulierung "omnes cantabant in caelo, in terra et subtus
terram" die Einleitungssätze zum ersten und dritten
Hymnus in V. 9 und 13 vermengte. So kam er zu dem Ergebnis, daß die Seelen im Fegfeuer singen, und folgerte daraus wiederum, daß sie ihres Heiles gewiß sein
müssen. Denn Halbverzweifelte singen nicht[24].

Luthers Entgegnung wurde diesmal etwas ausführlicher.
Er stellte die Behauptung auf, daß Ecks Deutung von
'unter der Erde' in Apk 5,3 keine Autorität beanspruchen
könne, da man sie ebensogut mißachten wie verteidigen
könne. Denn wenn man es darauf anlege, könne man sehr
wohl behaupten, damit sei die Hölle oder irgend etwas

---

24. 2,328,9ff. Der Text sagt jedoch nur von den 4 Tieren
    und 24 Ältesten, daß sie singen, während von den übri-
    gen Kreaturen berichtet wird, daß sie sprechen.

anderes gemeint. Dann wäre 'Hölle' verstanden als der
Ort der Dämonen, von denen Phil 2,10 und Jak 2,19 sprechen. Auf die fragliche Würdigkeit der Dämonen ging Luther freilich nicht ein, sondern erwog eine weitere Deutung, die er versuchte, im Sprachgebrauch der Apk nachzuweisen, nämlich: die (Leiber der) Toten. Die Stelle, die
er als Nachweis zitierte (Apk 20,13), konnte dies allerdings nicht leisten; denn sie lautete gerade nicht:
"Terra dedit mortuos suos", sondern: "Dedit mare mortuos..."[25]. Anschließend ging Luther auf die zweite Stelle Ecks ein, ohne dessen Fehler zu bemerken. Vielmehr
versuchte er nachzuweisen, daß Singen nicht immer Fröh-
lichsein implizieren müsse. Dazu griff er auf seine eigentümliche Vorstellung zurück, daß gerade das Festhalten am Lob Gottes selbst in der tiefsten Anfechtung den
Glaubenden auszeichnet, und so verstand er das 'neue
Lied' aus Apk 5,9 als das 'Lied des Kreuzes', bei dem
Gott selbst im Tode noch gelobt wird[26]. Also, wäre die
Folgerung, können auch die Seelen im Fegfeuer, die der
Verzweiflung nahe sind, Gott ein neues Lied singen.
Luthers These ließ sich also bei dieser Interpretation
halten.

Als Eck wieder an der Reihe war, warf er Luther nocheinmal Mißachtung des Textzusammenhanges vor. Er meinte
nämlich, wenn, was an sich denkbar wäre, in Apk 5,3 mit
'unter der Erde' die Hölle mit ihren Dämonen und Verdammten gemeint sei, dann stimme das wieder nicht damit überein, daß später vom Singen die Rede ist. Denn von den Bewohnern der Hölle ist nur Lästerung Gottes zu erwarten[27].
Anschließend wies er Luthers Interpretation von 'canticum novum' (5,9) als willkürliche Augenblicksdeutung ab,
ja er versuchte, sie als der Apk unangemessen zu erweisen, indem er darauf hinwies, daß es auch heiße: 'Sie
sangen im Himmel'. Im Himmel jedoch trägt man kein Kreuz

---

25. 2,333,5ff.
26. 2,333,19ff.
27. 2,337,24ff.

mehr, weil, wie es Apk 21,4 heiße, 'Gott alle Tränen ab-
wischt von ihren Augen, und keine Plage und Schmerz mehr
ist'. Bezeichnenderweise gebrauchte Eck im Zitat nicht
das Futur, sondern das Präsens (nach anderer Überlieferung das Perfekt[28]). Nach seiner Vorstellung galt eben
Apk 21,4 schon für die vollendeten Heiligen, nicht erst
nach dem jüngsten Tag für alle Erlösten[29]. Für Eck stand
somit fest, daß Luthers Auslegung von Apk 5,9 falsch
war[30]. Auf das mißglückte Zitat Luthers von Apk 20,13
ging er nicht ein.

Als Luther gerade wieder auf Ecks Schriftautoritäten
aus der Apk zurückkommen wollte und begann, sich zu Apk
5,3.9 zu äußern, wurde er unterbrochen, weil seine Zeit
abgelaufen war[31]. Deshalb lieferte er die folgenden Argumente schriftlich nach. Er gestand Eck zu, daß die Dämonen in der Hölle Gott nicht loben, sondern lästern,
aber daraus zu folgern, daß 'unter der Erde' dann nur
das Fegfeuer sein könne, in dem die Seelen singen, lehnte er aus zwei Gründen ab. Erstens hatte Eck abgestrit-
ten, das Singen könnte auch Lob Gottes unter Trübsalen
bedeuten, indem er auf Apk 21,4 verwiesen hatte. Aber
Apk 21,4 gilt eben gerade nicht für die Seelen im Fegfeuer, von deren Augen Gott noch nicht alle Tränen ab-
gewischt hat. Damit hatte er sich in einen Widerspruch
verwickelt und sein Argument wurde hinfällig. Zweitens
hatte sich Luther ja gar nicht darauf festgelegt, daß
'unter der Erde' die Hölle bedeuten müsse, sondern angefügt: 'oder irgend etwas anderes', was unter der Erde ist. Darauf konnte er jetzt wieder zurückgreifen.
Er hatte nämlich gemeint, daß mit 'unter der Erde' einer der Schöpfungsbereiche angesprochen ist, die zusammen das Weltall ausmachen. Für dieses Verständnis führ-

---

28. Vgl. Seitz, Text, S. 162, Anm. 134.
29. Über das verschiedene zeitliche Verständnis von Apk 21
    vgl. o. S. 176f.
30. 2,337,30ff.
31. 2,341,19ff.

te er noch an, daß in V. 13 genau genommen vier Bereiche
erwähnt sind, nämlich auch noch das Meer, und was wollte
Eck dann außerdem noch unter 'subtus mare' verstehen?[32]
Also folgerte Luther mit Recht: "Rectius ergo creaturas
omnes hoc quaternario intelligimus significatas, quam
ea, quae dominus Eccius imaginatur"[33]. Nicht genug damit, wies Luther auch noch nach, daß nicht er, sondern
die Bibel selbst, wie etwa Röm 5,3 u.a. Stellen zeigen,
unter 'singen' gerade auch das Loben Gottes in Trübsalen verstand. Also könne Eck, so meinte er, sich nicht
auf Apk 5,9 berufen, wenn er nachweisen wolle, daß die
Seelen im Fegfeuer ihres Heiles gewiß seien[34].

Eck jedoch kam in seiner ebenso schriftlich abgefaß-
ten Antwort noch einmal auf den Komplex Apk 5,3.9.13 zurück und wiederholte seine Behauptung, daß das Singen
der Seelen im Fegfeuer im Falle von Apk 5,9.13 deshalb
nicht vom Loben Gottes in Trübsalen verstanden werden
dürfe, weil gleichzeitig auch die Seelen im Himmel singen von denen ja Apk 21,4 gilt[35]. Sehr logisch erscheint
diese Beweisführung freilich nicht. Denn warum sollten
nicht die einen im Himmel und die anderen im Fegfeuer
gleichzeitig aus ganz verschiedenen Situationen heraus
Gott loben können, wie Luther annimmt? Abgesehen davon
hatte Luther ja inzwischen eine ganz andere Deutung von
'unter der Erde' vorgeschlagen, auf die Eck aber anscheinend nichts zu sagen wußte. Die Diskussion über diesen

---

32. Man könnte annehmen, daß Luther in der Zwischenzeit
    die Apk aufgeschlagen und die Stelle genauer geprüft
    habe. Dagegen spricht nicht, daß im textus receptus
    der Vulgata steht: "... super terram et quae sunt in
    mari..." (NT latine, Oxford 1954, III, S. 459f). Denn
    in Luthers Exemplar könnte wie in der Ausgabe Biblia,
    Basel 1509, gestanden haben: "... subtus terram et mare
    et quae in eo sunt." Die Biblia, Venedig 1511, dagegen
    hat: "... sub terra et, quae sunt in mari et quae in
    eo".

33. 2,341,24ff.

34. 3,342,1ff.

35. 2,343,34ff.

Punkt wurde jedoch abgebrochen, um zum Thema Ablaß
weiterzukommen.

Wie ist diese dritte Runde zu beurteilen? Wem könnte man aus heutiger Sicht den Sieg zuschreiben? Zunächst
muß festgehalten werden, daß auch heute noch die Ausleger von Apk 5,3.13 keine eindeutige Interpretation des
Ausdrucks 'unter der Erde' bieten können, Luther also
ganz recht daran tat, wenn er betonte, daß diese Stellen mehrdeutig sind und sich mit ihnen nichts beweisen
läßt. Die verschiedenen möglichen Deutungen (Dämonen,
Tote oder einfach Teile der Schöpfung), die Luther vorschlägt, liegen immerhin im Bereich dessen, was noch
heute vertreten wird[36], wie auch im Rahmen der mittelalterlichen Auslegungen[37]. Eck dagegen scheint seine

---

36. z.B. von Morant, einem katholischen Kommentator, zu
5,3: "Bewohner der Unterwelt (Verstorbener oder Dämon)",
zu 5,13: "Das stumme Lob der vernunftlosen Schöpfung
wird in der Vision zu einem hörbaren Hymnus... 'Vier
ist die kosmische Zahl, die der sichtbaren Schöpfung
eigen ist; denn diese zählt nach der Anschauung der
Alten vier Bestandteile (Himmel, Erde, Unterwelt und
Meer)...'" (Morant, Kommen, 1969, S. 123 und 130), und
von dem reformierten Ausleger Brütsch zu 5,3: "Bei dieser üblichen Dreiteilung (vgl. 2. Mos. 20,4; Phil. 2,10),
bleibt die Frage offen, ob im 3. Sektor an die Toten
oder an die Dämonen zu denken ist; es sollen wohl alle
Geschöpfe umfaßt werden." (Brütsch, Offenbarung I, 2.
Aufl. 1970, S. 250f; vgl. auch S. 268).

37. Vgl. z.B. Gregor, Dialogorum liber IV., caput 42: "Et
nullus in coelo, quia neque angelus; nullus in terra,
quia neque homo vivens in corpore; nullus subtus terram
dignus inventus est, quia neque animae corpore exutae
aperire nobis... potuerunt. Cum ergo ad solvendum librum
nullus sub terra inventus dignus dicitur, quid obstet
non video, ut sub terra infernus esse credatur." (MPL
77,401); Beda zu 5,3: "Neque angelus, neque ullus iustorum etiam carnis vinculo absolutus..." (MPL 93,145);
Rupert zu 5,3: "Erant in coelo angeli, erant in terra
viventes homines iusti, nonnulli erant subtus terram,
scilicet apud inferos in quadam tamen requie, patriar-
chae et prophetae, reges quoque et iusti plurimi mor-
tui." (MPL 169,927), auch zu 5,13, wo er auf Sonne und
Mond Bezug nimmt (Sp. 938); Glossa interlinearis zu
5,3: "animae exutae a corpore", zu 5,13: "infernorum";
Joachim zu 5,3: "animae mortuorum constitutae in in-
feris" (Bl. 110a, Sp. 1), zu 5,13: "Possumus fortassis
in caelo paradisum caeleste, super terram paradisum

Deutung aus der antiböhmischen Polemik bezogen zu haben[38]. Sie wird auch späterhin noch von katholischen
Polemikern der Reformationszeit verwendet[39]. Offensichtlich hat also das steigende Interesse am Fegfeuer
die Deutung von Apk 5,3.13 im Spätmittelalter so beeinflußt, daß man jetzt die Stelle vom Fegfeuer verstand
und dieses im nachhinein damit begründete. Umgekehrt
könnte man vielleicht sagen: Nachdem sich Luther freigemacht hatte von solchen Tendenzen, gewann er wieder
einen Blick für den ursprünglichen biblischen Sprachgebrauch.

In seiner abschließenden schriftlichen Äußerung brachte Luther von sich aus noch eine letzte Apk-Stelle in die
Diskussion ein. Eck hatte ihm früher den Satz aus dem
'Canon missae': "... dormiunt in somno pacis etc. Ipsis,
Domine, et omnibus in Christo quiescentibus locum re-
frigerii, lucis et pacis ut indulgeas, deprecamur",
gleichzeitig mit Apk 5,3.9.13 entgegengehalten[40], und
jeweils im Anschluß an den Komplex aus Apk 5 wurde von
den Disputanten darüber verhandelt. Während Eck daraus
geschlossen hatte, daß die Seelen im Fegfeuer 'in Frieden ruhen, während sie mit Sicherheit das Ende ihrer
Reinigung erwarten', hatte Luther behauptet, die Ver-
storbenen ruhten in Frieden, was den Körper betreffe;

---

terrestre, subtus terram infernum inferiorem, in mari
vero infernum superiorem intelligere." (Bl. 113a, Sp.
2); Lyra zu 5,3: "Quantum ad daemones, in quibus reman-
serunt naturalia integra"; zu 5,13: "Etiam omnes creaturae irrationales et vita carentes dicuntur laudare
Christum, in quantum sunt materia et occasio laudandi
ipsum."

38. Jedenfalls berühren sich Ecks einführende Aussagen zu
den miteinander verbundenen Stellen 5,3.9.13 verdächtig
eng mit Lilienstein, Contra Waldenses, Bl. E5a, wo es
heißt: "Item Apocal. 15 [Drf. für: 5]: Vidi in dextra
sedentis super thronum librum etc. Et nemo inventus
est dignus aperire librum nec in coelo nec in terra
nec subtus terram, qui est locus purgatorii. Item ibidem: Omnes cantabant in coelo et in terra et subtus
terram, quod est purgatorium."

39. z.B. von Emser, Schriften, S. 86.

40. 2,328,18ff.

'denn', so bemerkte er richtig, 'in Frieden schlafen
bedeutet in den heiligen Schriften im Grab ruhen',
und folgerte daraus, daß der Friede eher die Strafen
des Fegfeuers ausschließe als die Heilsgewißheit der
Seelen im Fegfeuer beweise[41]. Daraufhin hatte Eck
die Ruhe des Körpers als irrelevant für die Seele
abgetan[42]. Deshalb versuchte Luther seinerseits, das
Verständnis der Grabesruhe mit Hilfe von Apk 14,13 zu
verdeutlichen. Wenn es da heißt: 'Selig sind die Toten,
die im Herrn sterben... sie ruhen von ihrer Mühsal',
bedeute dies, daß die Seelen nicht mehr in den Körpern
allerhand Plagen erdulden müssen. 'In dem Herrn sterben'
wird also im Sprachgebrauch der Schrift vom leiblichen
Tod ausgesagt[43]. Leib und Seele ruhen dann getrennt.
Dann bleibt freilich kaum mehr Platz für die Annahme
eines Fegfeuers. Luther vermochte jedoch nicht, wie er
abschließend betonte, seine Vorstellung zu beweisen, umgekehrt aber sprach er Eck das Recht ab, Dinge zu behaupten, über die Gott in der Schrift nichts geoffenbart hat.
Eck erklärte noch in seiner schriftlichen Antwort, man
könne nicht behaupten, daß der Körper selig sei, ohne
daß er von der Seele erfüllt ist, womit er Luthers Anliegen nicht recht erfaßte, aber seine eigene Deutung
von Apk 14,13 auch nicht näher explizierte[44]. Da aber
seine Auslegung des Meßkanons den von Albertus Magnus[45]
übernommenen Ausführungen Gabriel Biels[46] entspricht,
in denen auch Apk 14,13 so ausgedeutet wird, daß die
Seelen im Fegfeuer nicht von Dämonen gequält werden,
dürfte Ecks Verständnis dieser Stelle dasselbe sein wie
das seiner Lehrmeister.

---

41. 2,333,28ff.
42. 2,338,3ff.
43. 2,342,10ff.
44. 2,344,11ff.
45. Albertus, Opera 38,132.
46. Biel, Expositio II,369f.

Als Ergebnis der Auseinandersetzungen Luthers mit
Eck um einige Apk-Stellen während der Leipziger Disputation kann also festgehalten werden, daß Eck mit seinen der kirchlichen Tradition entnommenen Anwendungen
der aus sich heraus nicht eindeutigen Apk-Zitate den
vermutlich ursprünglichen Sinn der biblischen Ausdrucksweise regelmäßig verfehlte und die mit den Zitaten gestützten Argumente nicht durchhalten konnte,
während Luther, geübt im Hören auf den Sprachgebrauch
der Bibel, zwar der eigentlichen Bedeutung wohl näher-
kam, aber trotzdem die Vieldeutigkeit solcher Zitate
feststellen mußte. Es ist deshalb zu vermuten, daß diese und ähnliche Auseinandersetzungen dieser Zeit ihm
die Brauchbarkeit der Apk als Argumentationsbasis allmählich fraglich werden ließen.

C. Systematische Einordnung der Apk-Stellen

16. Kapitel

Ekklesiologie

I. Positive Darstellung

a) Allgemeines Priestertum: Apk 5,10 par; 21,22

Wir haben an der Auseinandersetzung Luthers mit Eck
um die Apk-Zitate 21,2 und 21,14 beobachten können, wie
die Verteidiger des päpstlichen Primats und der kirchlichen Hierarchie allegorisch gedeutete Bibelstellen zur
nachträglichen Legitimierung der bestehenden Machtansprü-
che Roms mißbrauchen, und von daher vermutet, Luther dürfte dadurch gegenüber dem von ihm in der Anfangszeit unbe-
denklich gefundenen Gebrauch von Apk-Zitaten zur positiven
Beschreibung der universalen Kirche mißtrauisch geworden
sein. Bestätigt sich diese Vermutung an der tatsächlichen
Verwendung von Apk-Zitaten von 1519 bis 1521?

Eine Überprüfung ergibt, daß Luther zwar noch Apk-
Stellen zur grundsätzlichen Beschreibung des kirchlichen
Lebens und Handelns heranzieht, aber gerade nicht, um die
bestehenden Verhältnisse zu bestätigen, sondern im Gegenteil, um dadurch seine Forderung nach einer grundlegenden

Neuordnung der Kirchenstrukturen zu begründen. Dabei
widerspricht er mit seiner Auslegung fast der ganzen
bisherigen Tradition.

Die Sache, um die es hier geht, ist bekannt unter
der Bezeichnung <u>allgemeines Priestertum aller Gläubigen</u>[1].
Auch dieser Gedanke ist eine Frucht des Ablaßstreites,
wir können seine Entstehung hier jedoch nicht ausführlich verfolgen.

Im Laufe des Jahres 1519 etwa erkannte Luther jedenfalls, daß die Absolutionsvollmacht im Grunde allein im
göttlichen Verheißungswort besteht, das von der Qualität
der es verkündenden Menschen unabhängig ist. Dadurch
kam er zu dem Schluß, daß die Gewalt des Papstes prinzipiell nicht über die jedes Laien hinausgehe. Diese Behauptung vertrat er in dem 'Sermon von dem Sakrament
der Buße', der im Oktober 1519 erschien[2]. Ein anderes
Privileg der Priester war das Recht und die Fähigkeit,
das Meßopfer darzubringen, wodurch sie zu Mittlern zwischen Gott und den Laien qualifiziert wurden. Das begann Luther erst allmählich anzugreifen. Im 'Sermon vom
Sakrament des Leichnams Christi' vom November 1519 polemisierte er nur erst gegen die Behauptung, das Abendmahl
wirke ex opere operato[3]; wenige Monate später jedoch

---

1. Vgl. darüber allgemein: Niedermeier, Priestertum,
   1930; Storck, Priestertum, 1953; Tuchel, Amt, 1958;
   Brunotte, Amt, 1959, S. 134-154; Lieberg, Amt, 1960,
   S. 40-68; Heintze, Priestertum, 1963; Aarts, Amt, 1972,
   bes. S. 175ff. Diese Arbeiten sind allerdings zumeist
   mehr an dem innerprotestantischen Problem des Verhältnisses von allgemeinem Priestertum und besonderem Amt
   interessiert (als ein vorläufiger Abschluß der Diskussion darüber kann der Forschungsbericht und die eigene
   Stellungnahme von Aarts, Amt, S. 297-320 angesehen werden) als an der Auseinandersetzung mit der altgläubigen
   Auffassung vom Priestertum, worauf Bravo, Sacerdocio
   común, 1963, bes. eingeht. Gegen manche Fehlurteile,
   die sich aus unhistorischen Fragestellungen bei evangelischen Forschern ergeben haben, wendet sich Stein,
   Amt, 1974. Zur Geschichte des christlichen Priester-
   begriffs vgl. Ritter - Leich, Kirche, S. 59-115.
2. 2,716,13ff.
3. 2,751,18ff.

schrieb er einen neuen Sermon über dasselbe Thema, diesmal entsprechend wie im Bußsermon ausgehend vom Verheißungswort Christi für die Menschen[4]. Als Konsequenz daraus ergab sich zwangsläufig eine Abwehr des Verständnisses der Messe als Opfer der Menschen für Gott[5]. Nur noch
das gläubige Gebet verdiente den Namen 'Opfer'. Ein solches Opfer aber kann jeder Christ darbringen. Daraus
folgt, daß wir "alßo alsampt gleych geystliche priester
fur Gott" sind[6].

Während sich nun Luther intensiv mit solchen Gedanken
beschäftigte und mit seinen Kollegen über die möglichen
Konsequenzen beriet, erreichte ihn ein Brief Spalatins,
in dem ihm verschiedene Fragen vorgelegt wurden. Der
Brief ist zwar nicht mehr erhalten, aber aus Luthers
Antwort vom 18. Dezember 1519 ergibt sich, daß sich
Spalatin zunächst nach Sermonen über die übrigen Sakramente außer Buße, Taufe und Abendmahl erkundigt hatte.
Luther lehnte es ab, weitere Sermone, z.B. auch über
die Priesterweihe, zu schreiben, solange er keine biblische Grundlage dafür hatte[7]. Eine weitere Frage Spalatins ging um die spezifischen Aufgaben der Priester.
Darauf mußte Luther bekennen, daß er, je länger er nach-
dachte, desto weniger darüber auszusagen wußte, da ihm
ein priesterliches Privileg nach dem anderen fraglich
wurde. Zu diesem Nachdenken diente ihm eine (konkordanz-
mäßige, aber auch sinngemäße) Überprüfung des neutestamentlichen Sprachgebrauches. Dabei ergab sich, daß außer
in 1 Petr 2,5.9 und Apk 1,6; 5,10 und 20,6 nirgendwo
mehr der Priestertitel auf die Christen angewendet wird,
wie Luther später ausdrücklich feststellt[8], aber an

---

4. 6,353ff: Ein Sermon von dem neuen Testament, d.i. von
   der Heiligen Messe, laut BoA 1,299 erschienen schon im
   April 1520.
5. 6,365,23ff = BoA 1,310,34ff.
6. 6,370,10f = BoA 1,315,4f.
7. Br 1,594,19ff = Enders 2,278,24ff.
8. 8,253,21ff: Ein Widerspruch, 1521; 8,416,26f: De abroganda missa, 1521. Luther hat allerdings Apk 1,6 nicht
   erwähnt.

diesen fünf Stellen jeweils unterschiedslos auf alle
Getauften. Durch dieses einhellige biblische Zeugnis
wurde Luther nun bewogen, einen Unterschied zwischen
Priester und Laien, abgesehen vom Dienst an Wort und
Sakrament, überhaupt zu leugnen[9]. So fand er sein aus
der Bibel gewonnenes neues Sakramentsverständnis bestätigt durch den ebenso in der Bibel bezeugten Gedanken
des allgemeinen Priestertums der Gläubigen[10]. Mit der
Leugnung des besonderen Charakters der Priester wurden
gleichzeitig zwei Kernstücke der römischen Lehre und
der römischen Praxis grundsätzlich bestritten: das Meßopfer und der Primat des Papstes. Somit erweist sich
jetzt die Behauptung des allgemeinen Priestertums als eine der wichtigsten reformatorisch wirksamen Folgerungen
aus Luthers neuer Schrifterkenntnis, daß Gottes Wort
im wesentlichen Gnadenverheißung ist, die allen gilt,
die daran glauben, garantiert durch das Opfer des einzigen Mittlers, Christi. Jetzt erst hebt sich auch Luthers
Interpretation von Apk 5,10 - anders als noch 1514[11] -
deutlich von der kirchlichen Auslegungstradition ab,
die einhellig (abgesehen von dem Tertullian der mon-
tanistischen Periode[12]) der Meinung gewesen war, das
allgemeine Priestertum aller Gläubigen im weiteren
Sinne widerspreche nicht der Forderung nach einem besonderen Amtspriestertum im engeren Sinne[13]. Luther
war die doppelte Deutung selbstverständlich bekannt[14],
sie wurde ihm auch sogleich, als er mit seiner eigenen
Auslegung an die Öffentlichkeit trat, von Emser ent-

---

9. Br 1,595,26ff = Enders 2,279,33ff.
10. Vgl. Niedermeier, Priestertum, S. 345.
11. s.o. S. 83f.
12. Tertullian, De exhortatione castitatis 7,3; MPL
    2,922 = CChr 2,1024f; vgl. Dabin, Sacerdoce, S. 71;
    Ritter - Leich, Kirche, S. 91.
13. Quellensammlung bei Dabin, aaO, S. 69-631.
14. z.B. aus Biel, Expositio I,33 und 92, bei Dabin, aaO,
    S. 328.

gegengehalten, aber Luther lehnte sie ab mit der Begründung, daß die Schrift nur einen einfachen und klaren
Sinn habe[15]. Trotz mancher früheren Kritik am Priestertum scheint er diesen Gedanken ganz selbständig bis zu
dieser Klarheit entwickelt zu haben, und zwar im Gehorsam gegenüber eindeutigen Schriftworten[16].

Die Tatsache, daß Luther seine Lehre vom allgemeinen
Priestertum vor allem aus der Interpretation bestimmter
Bibelstellen gewonnen hat, macht sich dadurch bemerkbar,
daß er immer wieder, wenn er auf dieses Thema zu sprechen
kommt, dieselben Zitate ins Feld führt, am häufigsten
1 Petr 2,5.9, seine Kardinalstelle; daneben im gleichen
Sinne, aber nicht in jedem Falle Apk 5,10; 20,6. Andere
Stellen werden nur bei Gelegenheit herangezogen[17]. Die
erste öffentliche Darlegung seiner Lehre vom allgemeinen
Priestertum gibt Luther in der Schrift 'An den christlichen Adel', 1520. Er sieht darin die stärkste Waffe gegen die 'erste Mauer' der 'Romanisten', nämlich die Über-
ordnung der geistlichen über die weltliche Gewalt. Neben
1 Kor 12,12ff und 1 Petr 2,9 gibt er auch Apk 5,10 als
biblische Begründung an[18].

Dagegen fehlen die Apk-Stellen in 'De captivitate'[19]
bei der Behandlung des Weihe-'Sakramentes', in 'Von den

---

15. 7,651,9ff (Auslegung von 1 Petr 2,2): Auf das über-
    christlich... Buch, 1521 (Die Apk-Stellen werden in
    dieser Schrift nicht erwähnt.); dazu Ebeling, Evange-
    lienauslegung, S. 303ff; Wernle, Allegorie, S. 73ff.

16. Vgl. Köhler, Quellen, S. 44; Brunotte, Amt, S. 135.

17. Eine Zusammenstellung von Belegstellen für das allge-
    meine Priestertum bei Brunotte, Amt, S. 135f.

18. 6,407,10ff = BoA 1,366,29ff; vgl. Bravo, Sacerdocio
    común, S. 67ff. In der verkürzten Form des Zitates
    ("Du hast vns gemacht durch dein blut zu priestern
    vnd kunigen") sieht er (S. 136-141) eine Einwirkung
    von Apk 1,5f, wo die Verbindung zwischen dem Blut
    Christi und dem Priestertum der Christen sprachlich
    enger ist als bei· 5,9f. Das kausale Verständnis des
    Zusammenhanges von Abwaschung der Sünden und Priester-
    tum hält er für korrekt.

19. 6,564,6ff; vgl. 7,611,20ff: Responsio extemporaria.

neuen Eckischen Bullen'[20], 'Von der Freiheit eines Christenmenschen'[21] und 'Auf das überchristlich... Buch Bock
Emsers... Antwort'[22] neben 1 Petr 2,9. Die nächste
Schrift gegen Emser wollte Amsdorf schreiben. Dazu
gab ihm Luther in einem Brief von Mitte Juli 1521
gute Ratschläge. Amsdorf solle die Stellen, die vom
Priestertum aller Christen im NT sprechen, zusammenstellen, nämlich 1 Petr 2,5.9 und Apk 5,10; 20,6, und
dann könne Emser zusehen, welche Stellen er für sein
besonderes Priestertum vorbringen könne. Über Väter-
stellen und willkürlich vorgebrachte Bibelstellen
Emsers solle er sich lustig machen[23]. Schließlich
schrieb aber nicht Amsdorf, sondern Luther selbst das
geplante Büchlein unter dem Titel: 'Ein Widerspruch
Luthers seines Irrtums...', 1521. Die ganze Schrift[24]
besteht in einer Verteidigung und Präzisierung von
Luthers Verständnis der Stelle 1 Petr 2. Der Vollständigkeit halber wird aber auch auf Apk 5,10 und 20,6
verwiesen[25]. Beim nächsten Mal fehlt dagegen wieder
die Bezugnahme auf die Stellen aus der Apk[26]. Die folgende Erwähnung der Belegstellen für das allgemeine
Priestertum in 'De abroganda missa' steht dann schon
am Anfang der vierten Periode[27].

Überblickt man die Schriften von 1520/21, so zeigt
sich, daß Luthers Hauptbeleg 1 Petr 2,9 ist, der ihm
allein schon als klarer Schriftgrund gegen alle Väterauslegung ausreicht, daß er aber auch, wenn es ihm darauf ankommt, alle Parallelstellen dazu heranzuziehen,
Apk 5,10 und 20,6 zitiert, um nachzuweisen, daß im gan-

---

20. 6,582,7ff.
21. 7,27,17ff; ebenso im lateinischen Tractatus: 7,56,35ff.
22. 7,628,20ff und 651,9ff.
23. Br 2,362,23ff = Enders 3,196,32ff.
24. 8,247-254.
25. 8,253,17ff.
26. 8,352,17ff: Evangelium von den 10 Aussätzigen.
27. 8,416,5ff.

zen NT kein anderes Verständnis vom Priestertum vertreten wird als das eine, das von allen Christen gilt. Dabei legt er Wert darauf, daß diese Bibelstellen nur in
einem einzigen Sinne und nicht willkürlich doppelt interpretiert werden. Die Apk-Stellen kommen im Gegensatz zu 1 Petr 2,9 nirgendwo allein vor, ein Zeichen dafür, daß er ihnen von Anfang an nicht dasselbe Gewicht
beimißt wie der Stelle aus dem ersten Petrusbrief.

Noch eine weitere Apk-Stelle interpretiert Luther
bewußt in anderem Sinne, als es bisher der Brauch gewesen war, und zwar ganz in Entsprechung zu seinem Verständnis des Priestertums in der christlichen Ära. Als
er Ende 1520/Anfang 1521 in Ps 20,4 das Wort 'sacrificium' auszulegen hatte, berief er sich auch auf die
Vision des Johannes, der im neuen Jerusalem keinen Tempel gesehen hatte (Apk 21,22), um nachzuweisen, daß im
neuen Bund, d.h. in der streitenden Kirche, kein Tempel
vorgesehen ist, wie auch Dan 9,27 und 1 Kor 3,17 bestätigen. Deshalb erweist sich auch die Behauptung als
falsch, das Altarsakrament sei das höchste Opfer der
Kirche. Als Opfer kommt nur noch die Abtötung des Fleisches in Frage, die durch all die früheren Opfer vorgebildet worden war, und diese ist Aufgabe aller Christen
(nach Röm 12,1)[28]. In der Tradition war dagegen diese
Apk-Stelle nicht im Gegensatz zum Kirchenbau und Gottesdienst der streitenden Kirchen gesehen worden[29].

---

28. 5,572,3ff.

29. Beda, der Apk 21 konsequent auf die streitende Kirche
bezieht, umgeht das Problem durch Spiritualisierung
(MPL 93,203). Die Glossa ordinaria legt diesen Vers
nicht aus. Rupert bezieht Apk 21 auf die neue Welt
nach dem jüngsten Tag; bei V. 22 betrachtet er den
Kirchenbau hier auf Erden als schattenhafte Vorbildung
der Gottesschau von Angesicht zu Angesicht (MPL 169,
1203). Joachim, der den Tempel speziell als Ort der
Unterweisung ansieht, kennt drei Entwicklungsstufen:
"In templo etenim manu facto, quod aedificavit Salo-
mon, erant pontifices et sacerdotes constituti, ut
docerent populum legem Domini et offerrent pro eo
sacrificium... Similiter, etsi multo dignius, veneran-
dum illud capitulum, quod fundatum est Romae, pro templo

Es zeigt sich also, daß Luthers Kritik an den bestehenden kirchlichen Verhältnissen auch positive Früchte
im Sinne einer neuen Ausgestaltung der Ekklesiologie
zeitigt. Bei der Besinnung auf diese möglichen Konsequenzen leisten ihm auch Apk-Stellen gute Dienste, wobei er
sie neu zu verstehen lernt.

b) Übergang: Engel = Bischöfe

Aber auch die Deutung der Engel in der Apk als Bischöfe oder Prediger der Gemeinden, bei der Luther weitgehend mit der Tradition übereinstimmt, dient ihm nur
als Ausgangspunkt für die polemische Verwendung bestimmter Apk-Abschnitte. Zu Beginn der Auslegung von Kap. 9
in der Schrift gegen Ambrosius Catharinus stellt er den
Grundsatz auf, daß in der ganzen Apk mit Engeln Bischöfe der Kirchen gemeint seien, und beruft sich dafür auf
die 7 Sendschreiben in Kap. 2f, die jeweils an die 'Engel'
der Gemeinden adressiert sind[30]. Darüber sind sich
nun ja wohl alle bisherigen Ausleger einig gewesen,
daß damit die Bischöfe gemeint seien, die für die
Gemeinden verantwortlich sind[31]. Aber die Konsequenz,

---

constitutum est in ecclesia, ut ab eo accipiant fideles
decreta et legitima vitae christianae, in quo et qui
praesidet, summus pontifex, vicem Christi gerit in
terris... In civitate autem illa, quae sursum est, neque templum manu factum necessarium est, neque conven-
tum sacerdotum" (Bl. 226b). Auch Lyra hat ein drei-
faches Schema: (litteraliter:) "Cultus Dei tempore ve
[teris] testa[menti] fuit figuralis respectu cultus,
qui obscuratur tempore novi... Nam militans ecclesia
repraesentat, prout potest, caelestia praeconia...
Status vero supernae beatitudinis non est figuralis
alicuius expectati vel non habiti. Nam Deus clare videtur ibi et praesentialiter habetur et veneratur."
Auch Cornelius a Lapide, Apocalypsis, S. 401, bestreitet unter Berufung auf die im Altertum übliche Deutung
den Protestanten das Recht, in diesem Vers das Meßopfer
abgelehnt zu sehen. Er bezieht ihn auf die ecclesia
triumphans, nicht auf die ecclesia militans.

30. 7,737,1f.
31. Vgl. z.B. Beda zu Apk 1,20; MPL 93,137; Glossa ordinaria zu Apk 2,1; MPL 114,714; ebenso Rupert von Deutz,
MPL 169,864, und Lyra.

daß auch in der übrigen Apk, insbesondere in den Kapiteln 8f und 15f diese Gleichung durchzuhalten sei,
hat nur ein Teil der Ausleger gezogen, und diese auch
in gegensätzlicher Weise. Entweder, und das ist die
ältere Tradition, werden durchwegs unter den Engeln
christliche Prediger verstanden, die verschiedene
Feinde der Kirche bekämpfen[32], oder aber, und das wohl
erst seit Alexander Minorita[33], speziell, was die Posaunenengel in Kap. 8f betrifft, die Feinde der Kirche
selbst, nämlich Häretiker[34]. Luther dehnt das Verständnis der Engel als Feinde der Kirche auch auf andere
Kapitel aus. Daraus ergibt sich im Endeffekt[35] eine
durchgehend kirchengeschichtliche Deutung der Apk, speziell gegen die Päpste.

II. Geschichtliche Auseinandersetzung

a) Periodisierung

Auch in dem hier zu besprechenden Zeitabschnitt macht
Luther von der beliebten Einteilung der Kirchengeschich-

---

32. so z.B. Beda zu Kap. 8 f; MPL 93,153ff, und zu Kap.
    15 f; aaO, Sp. 177ff; Glossa ordinaria zu Kap. 8 f;
    MPL 114,725ff, und zu Kap. 15 f; aaO, Sp. 737ff; anders
    Rupert, der für die Kapitel 8 f Engel im eigentlichen
    Sinne annimmt (MPL 169,978ff), weil er auf die alttesta-
    mentliche Geschichte zurückgreift. In Kap. 15 f folgt
    er der Tradition und findet darin christliche Prediger
    (aaO, Sp. 1106ff). Joachim folgt ebenso der Theorie der
    ordines praedicatorum, etwa zu 8,2: "... septem angeli
    in visione ista... doctores testamenti novi" (Bl. 128b);
    in Apk 15 f sind es die Mönche, die homines spirituales
    (passim). Beim 'Opus arduum' sind es sowohl in Kap. 8 f
    als auch in Kap. 15 f Prediger, die den Antichrist be-
    kämpfen.
33. Vgl. Wachtel, Apocalypse-Auslegung, S. 233f.
34. so Lyra, moraliter zu 8,6f: "Per septem angelos, qui
    dicuntur tuba canere, secundum litteralem sensum signi-
    ficantur septem hierarchiae, qui fuerunt angeli satha-
    nae, et per ipsos moraliter significantur malitiosi et
    maligni. Primus fuit Arius..." Dagegen bedeuten die
    Schalenengel in Kap. 15 f Herrscher und Päpste, die im
    Auftrag Gottes handeln.
35. erreicht erst 1530 in der neuen Vorrede zur Apk,
    s.u. S. 415ff.

te in verschiedene Perioden von Verfolgungen Gebrauch,
nicht ohne dabei auch Apk-Abschnitte zu erwähnen.

In der 2. Ps-Vorlesung in der Auslegung des 16. Verses
von Ps 9, der den Sieg über die Feinde des Beters besingt, unterscheidet der Wittenberger zweierlei Arten
von Krieg zwischen den Frommen und den Gottlosen: die
eine, bei der die Gottlosen die Frommen leiblich verfolgen und besiegen, aber nach beider Tod zugrunde gehen, während die Frommen, die nur geduldig gelitten
haben, errettet werden; die andere, bei der es um
Glaubensdinge geht, um deretwillen allerdings die
Frommen eben auch leiblich bekämpft werden. Dieser
göttliche Krieg wird zwischen Aposteln und Juden bzw.
Pseudoaposteln, Märtyrern und Götzendienern, Doktoren
und Häretikern, Demütigen und Hochmütigen ausgefoch-
ten. Da sind immer die Gottlosen mit vielen geschei-
ten und mächtigen Leuten zur Stelle, während die
Frommen wenige sind und nur ihr Bekenntnis haben.
Sie scheinen hoffnungslos unterlegen zu sein. Aber
durch Gottes Eingreifen werden doch die Gottlosen
bekehrt, und das ist die andere Art des Sieges über
diese; denn deren altes Wesen geht zugrunde, indem
sie selbst zu Frommen werden. Die Unterscheidung dieser beiden Kampfesarten glaubt Luther in den beiden
Abschnitten von Apk 13 wiederfinden zu können, wo
die Darstellung des Kampfes mit dem ersten Tier,
das so mächtig ist, daß es selbst die Heiligen zu
besiegen vermag, mit dem Satz abgeschlossen wird:
"Hier ist Geduld und Glaube der Heiligen" (13,10),
während der Bericht vom Kampf mit dem zweiten Tier,
das durch Worte und Wundertaten alle Welt verführt,
beendet wird mit den Worten: "Hier ist Weisheit."[1]

Die generalisierende und vergeistigende Deutung dieses
Abschnittes, die auch bei Luther sehr isoliert dasteht,
scheint in der Hauptsache auf eigener Beobachtung seiner Eigentümlichkeiten zu beruhen. Denn gewöhnlich wird
dem ersten Tier, dem Antichrist, nicht nur leiblicher
Kampf zugeschrieben, sondern auch geistlicher[2], und in
13,18 wird durchwegs die Weisheit auf die Deutung der
Zahl 666 bezogen[3].

---

1. 5,313,16ff.
2. Vgl. Glossa ordinaria zu 13,10: "Antichristus et sui
   occident gladio materiali et persuasionis." (MPL 114,
   733).
3. Nur für die Geduld und den Glauben in V. 10 gibt es
   entsprechende Deutungen, z.B. Glossa ordinaria, MPL
   114,733.

Ebenfalls auf eigene Beschäftigung mit der Apk deuten die beiden Erwähnungen der Vision von Apk 12 hin,
die jetzt im Sinne der Periodeneinteilung verstanden
sind. Es handelt sich dabei um Andeutungen, die nicht
ohne weiteres verständlich sind, sondern eine eigentümliche Auslegung voraussetzen.

> In der Schrift gegen Ambrosius Catharinus von 1521
> schreibt Luther: Satan "vindicat hic victorias marty-
> rum [= Anspielung auf 12,11: "Et ipsi (d.h. die Brü-
> der derer, die den Hymnus im Himmel singen = die Mär-
> tyrer) vicerunt"] et pugnat cum semine [12,17] eorum,
> qui eum de coelo eiecerunt [Anspielung auf den Kampf
> Michaels mit dem Drachen in 12,7-9] habens iram mag-
> nam" [12,12][4]. An einer anderen Stelle heißt es ähn-
> lich: "Da hat Satan seynen grossen zorn gebusset und
> seyn mütlin an unß gekulet, das er zu der Marterer
> zeyt schepft, da durch das Evangelium seyn menschen-
> gesetz vordruckt wurden."[5]

D.h., der Kampf Michaels mit dem Drachen ist in die
Periode der Märtyrer eingeordnet. Hierbei berührt
sich Luther mit der Auslegungsrichtung, bei der Michael
mit Petrus und sein Engelheer mit den Märtyrern der
Frühzeit parallelisiert werden und die Nachkommen der
Frau mit den Demütigen der vierten Periode, die vom
Satan jetzt durch die falschen Christen verfolgt werden. Luther fühlt sich freilich im Unterschied dazu
schon in der sechsten Periode, in der der Antichrist
mit seinen falschen Gesetzen die Gewissen verstrickt.
Er hat jedoch dieses neue Bewußtsein nicht mehr mit
dem alten Schema in Einklang gebracht. Am deutlichsten
wird die hier beschriebene Auslegung von Joachim vertreten[6].

---

4. 7,769,19f.

5. 8,294,4: Ein Urteil der Theologen zu Paris, 1521.

6. Joachim zu 12,7: Der Himmel bedeutet, wie allgemein in
   der Tradition, die Kirche; Michael und der Satan kämpfen unsichtbar miteinander, "sed non de angelis dictum
   est, quod sequitur: 'Et ipsi vicerunt eum...', ... sed
   de martyribus." "Erat ergo in ecclesia Christi alius
   quam Michael princeps a Domino constitutus: Petrus..."
   Zu V. 17: "Primum itaque bellum fuit eius, quem genuit
   mulier, secundum Michaelis et angelorum eius, tertium
   mulieris, quartum eorum, qui sunt de semine mulieris.

b) Polemik

1. Plagenvisionen

In der vorhergehenden Periode hatten wir nur wenige Beispiele kirchenkritischer Anwendung von Apk-Zitaten nachweisen können. Daß dies in der jetzigen Periode ganz anders wird, haben wir schon allgemein festgestellt und aus Luthers Entwicklung abgeleitet. Jetzt soll der Komplex der Apk-Stellen, die der Reformator in der Polemik gegen die Theologen und Kirchenfürsten seiner Zeit gebraucht, im Zusammenhang genauer untersucht und so das grundsätzlich Gesagte daran geprüft werden. Dabei werden die einzelnen Abschnitte der Apk in der zeitlichen Reihenfolge ihres erstmaligen Auftauchens in Luthers Schriften besprochen, ohne daß damit gesagt sein soll, daß sie Luther alle gerade in dieser Reihenfolge so neu verstanden hat, wie er sie jetzt ausdeutete.

Die ersten Vorzeichen der kommenden Antichristpolemik machen sich schon Anfang 1518 in Verbindung mit der Heuschreckenvision von Apk 9,1-11 bemerkbar.

Gegen Ende der Hebr-Vorlesung findet Luther Gelegenheit, anhand der beiden Opfer von Kain und Abel die grundsätzliche Alternative zwischen der Einstellung der wahren Gerechten und der der Heuchler darzulegen. Daran anschließend bricht er, wie später noch öfters[7], in eine Klage über die unendliche Tradition menschlicher Verfügungen, Erlasse und Bestimmungen aus, die, wie er es hier in einem Bild aus Apk 9,2f ausdrückt, die werkgerechten Heuchler wie Heuschrecken aus dem Brunnen vermehrt und so die Sonne des reinsten Glaubens, d.h. Christus, verfinstert hat, so daß der Geist wiederum, wie es durch den Mund Davids schon im Blick auf die Endzeit ausgesprochen ist, für die Kirche seufzen muß: "Rette mich, mein Gott!" (Ps 11 [12],2)[8].

Primum Christi et apostolorum, secundum Martyrum, tertium ecclesiae confessorum, quartum eorum, quibus datum est vacare orationibus et psalmis." Vgl. Prigent, Apocalypse 12, S. 43f.

7. 2,462,18ff; 475,13ff und 576,17ff: Gal-Kommentar, 1519.
8. 57 Hebr,230,16f = Hirsch - Rückert 264,21ff, wo im Apparat die Auslegung Luthers von Ps 11(12),2 in 5,369, 1ff zum Vergleich herangezogen ist.

An dieser Stelle wird besonders deutlich, wie Luther
durch seine Erkenntnis der Rechtfertigung sola fide dazu
gelangen muß, die päpstlichen Erlasse, die alle nur das
Handeln reglementieren und damit der Werkgerechtigkeit
Vorschub leisten, samt den Scholastikern, die mit dem
Informationsschema die Gnadenlehre pervertiert haben,
als widerchristlich zu verwerfen. Da aber fast die gesamte Theorie und Praxis der Kirche auf diesen Stützen
ruht, ist es verständlich, daß Luther darin nur noch
eine Verderbnis der Kirche in 'apokalyptischem' Ausmaße
sehen und sie deshalb auch nur noch mit Bildern der Apokalyptik angemessen beschreiben kann. Dabei ist Luther
in seiner Deutung dieser Visionen durchaus originell,
ganz entsprechend der Tatsache, daß er seine Rechtfertigungslehre in dieser Konsequenz als seine eigene Entdek-
kung für sich in Anspruch nehmen kann. Jedoch hat auch
schon Matthias von Janow, der der Auslegung von Apk 9
in seinen 'Regulae veteris et novi testamenti' breiten
Raum gibt, in den Heuschrecken die 'Heuchler' abgebildet gesehen[9], und seine Definition des 'Heuchlers', in
dem er seinen Hauptfeind sieht, kommt in einigen Punkten der Luthers sehr nahe, wenn er ihn z.B. beschreibt
als "ponens suas iustitias principaliter in mandatis
hominum et doctrinis", oder als einer, der "ea, quae
sunt ex hominibus, adinventiones, mandata aut doctrinae"
höher einschätzt als Gottes Wort[10]. Auch für ihn ist
die Sonne Christus[11]. Freilich hat Matthias ein anderes Verständnis vom Evangelium als Luther.

Bald darauf fügt Luther noch ein Detail aus Apk
9,5 zum Bilde derer, die die Werkgerechtigkeit
propagieren. Sie quälen nämlich die Gewissen dadurch, daß sie fordern, durch Werke für die Sünden

---

9. z.B. Matthias von Janow, Regulae I,293,20ff, hier bezeichnenderweise in Verbindung mit dem bernhardinischen
   Periodenschema und auch einem Zitat von Ps 11(12),2.

10. aaO I,176,22f.28f.

11. aaO III,124,6. Das im Apparat zu WA 57 Hebr,230,24 ange-
    gebene Zitat aus Lyra bezieht sich dagegen auf die Her-
    absetzung Christi durch die arianischen Vandalen.

genugzutun, und enthalten ihnen dadurch den Gewis-
sensfrieden vor, den allein der Glaube an Christus
geben kann. Damit gleichen sie den Heuschrecken,
von denen gesagt ist, daß sie die Menschen nicht
töten sollen, sondern fünf Monate lang quälen[12].

Die nächste bekanntgewordene sicher von Luther stammende Behandlung von Apk 9 ist die sich über drei WA-
Seiten erstreckende Auslegung von Apk 9,1-11 in der
Schrift 'Ad librum eximii magistri nostri, magistri Am-
brosii Catharini, defensoris Silvestris Prieratis acer-
rimi, responsio. Cum exposita visione Danielis 8. De
Antichristo' vom März 1521[13]. Luther hat seine Deutung
dieses Abschnittes, wie auch anderer apokalyptischer
Bibelworte, eingeordnet in den Rahmen einer Auslegung
von Dan 8,23-25, und zwar anknüpfend an den Ausdruck:
"Stabit rex potens faciebus". Der Antichrist, d.h. der
Papst, wird seine Herrschaft auf äußerlichen Schein aufbauen. Die zehnte Maske, die er trägt, sind die Universitäten, die der Reformator in der Heuschreckenvision der
Apk abgebildet sieht. Er geht davon aus, daß, wie gesagt,
die 'Engel' in der Apk 'Bischöfe' bedeuten, nicht nur
solche, die für Christus streiten, sondern auch solche,
die im Dienste des Satans stehen. Da in 8,2 von Engeln
die Rede ist, die Posaunen blasen, können damit nur die
römischen Bischöfe gemeint sein. Denn Posaunenblasen bedeutet, wie aus dem Zusammenhang hervorgeht, Dekrete ver-

---

12. 1,507,18ff: 10 praecepta, gedr. im Juli 1518. Diese Anspielung dürfte nicht aus der Zeit stammen, in der die
Predigt gehalten wurde, nämlich am 4.1.1517, sondern
bei der Überarbeitung im Frühjahr 1518 hinzugekommen
sein, da für 1517 sonst keine derartigen Anspielungen
auf Apk 9 bezeugt sind, dafür später umso mehr, vgl.
auch Barge, Luther, S. 270ff. In der Tradition habe
ich keine entsprechende Deutung der fünf Monate finden können.

13. 7,736,35-739,33. Wenn Lilje, Randbemerkungen, S. 73,
behauptet, daß in dieser Schrift "die Apokalypse...
nur in einem kurzen Hinweis auf Ap. 9 erwähnt wird",
ist das doch stark untertrieben. Auch der Satz (S.
74): "Der pedantischen Ausdeutung der Einzelzüge dieser Bilder, die auch später so manche Auslegung hoffnungslos verderbt hat, ist er nicht verfallen", trifft
auf diese Schrift nicht ganz zu.

künden, worauf die Päpste schon immer ausgewesen waren.

Der fünfte Engel ist für Luther der Papst, der die
Universitäten gegründet bzw. bestätigt hat. Der Wittenberger vermag jedoch dessen Namen nicht anzugeben, da
ihm keine ausreichenden und eindeutigen Informationen
über die damaligen geschichtlichen Vorgänge zur
Verfügung stehen. Offensichtlich hat Luther also
seine Geschichtsbücher überprüft, um die Apk richtig
auslegen zu können, ein deutliches Zeichen dafür, daß
er an dieser Stelle ganz klar in der Linie der weltgeschichtlichen Apk-Auslegung denkt, was in der 1. Ps-
Vorlesung noch nicht in dieser Eindeutigkeit zu behaupten war. Eher stand er ihr reserviert gegenüber[14].

Der Stern, der vom Himmel auf die Erde gefallen ist,
ist Alexander von Hales, oder, was Luther noch wahr-
scheinlicher ist, Thomas von Aquin, der bald nach der
Bestätigung der Universitäten maßgeblich an der Einführung der Philosophie des Aristoteles[15] beteiligt war,
auf den er von Christus, gleichsam wie vom Himmel auf
die Erde, gefallen ist. Thomas hat den Abgrund aufge-
schlossen und die schon tote und von Paulus verdammte
Philosophie herausgeführt. Da stiegen die leeren Worte
und Meinungen der Philosophen wie Rauch auf. Dadurch
wurde Christus, die Sonne der Gerechtigkeit und Wahrheit, verdunkelt, indem statt des Glaubens moralische
Tugenden und statt der Wahrheit unendlich viele Meinungen eingeführt wurden. Es heißt auch, die Luft wurde verdunkelt, d.h. der Glaube.

Die Heuschrecken, die aus dem Rauch hervorgehen,
sind die Leute an den Universitäten, aus Philosophie
geboren, sehr passend als Heuschrecken bezeichnet, weil
sie in Scharen ohne König, d.h. ohne Christus, auftreten, entsprechend Spr 30,27. Sie vernichten alles Grün,
die blühende Weide Christi, d.h. die Frucht des Glaubens. Sie haben Macht wie die Skorpionen, d.h. die Ge-

---

14. s.o. S. 94f.
15. Vgl. dazu Nitzsch, Aristoteles.

wissen zu verletzen, was nach der Vernichtung der Glau-
bensfrucht, die die Gewissen heilte, irreparabel ist.
Jedoch sollen sie nicht alles Grün vernichten, also
nicht die Auserwählten, sondern nur die, die kein Gras,
also keinen Glauben, haben, der das Zeichen Gottes an
der Stirn, sprich im Gewissen und Wandel, ist. Die
Heuschrecken sollen nicht töten, d.h., die Moraltheolo-
gen lehren nicht die wahre Sündenerkenntnis, durch die
das Gesetz tötet, um dem Geist die Möglichkeit zu geben, lebendig zu machen, sondern quälen die Gewissen
fünf Monate lang, d.h. das ganze Leben, in dem wir mit
unseren fünf Sinnen existieren. Die Menschen werden den
Tod suchen, d.h. den Tod der Sünde, die unerkannt in
dem Gewissen lebt; denn wenn sie erkannt würde, würde
sie sofort getötet. So etwas bringt aber nicht die aristotelische Ethik, sondern nur Buchstabe und Geist zustande. Die Heuschrecken sind wie Pferde, die zum Kampf
bereit sind. Das will besagen: Die Scholastiker sind immer zum Disputieren aufgelegt; sie tragen goldig glänzen-
de Kronen, gemeint sind akademische Titel, und haben Gesichter wie Menschengesichter; das will heißen: Ihre Lehre und ihr Leben sind nicht vom Geist, sondern von der
natürlichen Vernunft bestimmt; sie haben Haare wie Frauenhaare, d.h., die Philosophie gebiert weibische Meßpfaffen,
die dem Luxus hingegeben sind, in denen nicht der männ-
liche Sinn Christi wirkt. Nach alter Allegorie bedeuten
nämlich Haare Priester, und so kann auch keiner Theologe
werden, der nicht ein Opferknecht ist. Sie haben Zähne
wie Löwen, d.h., die Thomisten fressen jeden, der gegen
die aristotelische Theologie zu sprechen wagt, überhaupt
fressen sich die Scholastiker gegenseitig auf, schlimmer als alle anderen Menschen. Sie haben eiserne Panzer,
d.h. die Prinzipien einer jeden Scholastikersekte, von
denen diese überzeugt ist. Der Klang ihres Flügelschla-
ges ist wie der Ton von Rossen und Wagen, die in den
Krieg rasen, d.h., bei den Disputationen will einer den
anderen überschreien. Die Stachel in den Schwänzen der
Heuschrecken, die fünf Monate lang die Menschen plagen,
bedeuten dasselbe, wie schon oben dargelegt: lebenslange
Gewissensqualen, von denen freilich die geistlichen Men-

schen nicht betroffen sind, die außerhalb der Sinn-
lichkeit leben. Die Scholastiker haben als König über
sich nicht Christus, sondern den Herrscher der Toten,
das natürliche Licht der Natur, nämlich Aristoteles,
den Verderber der Kirche, der heute viel eher als Christus alle Universitäten regiert. Denn durch Thomas her-
vorgeholt, herrscht er, indem er den freien Willen wie-
dererweckt, die moralischen Kräfte und die natürliche
Philosophie, dieses Ungeheuer. Etwas weiter unten gibt
Luther noch eine andere mögliche Deutung von Apk 9,10:
Die Stacheln in den Schwänzen der Heuschrecken könnten
auch die päpstlichen Bullen bezeichnen[16].

Luther findet also in Apk 9,1-11 das genaue Gegen-
bild zu einer Kirche, in der Gesetz und Evangelium gelehrt und Glaube und Liebe gelebt werden. Am schlimm-
sten ist für ihn die Unsicherheit der scholastischen
Lehre, die die Gewissen quält, wie er es selbst früher
durchlitten hat. Jetzt aber, nachdem er durch das Wort
der Wahrheit aus der Ungewißheit herausgerissen worden
ist, bekämpft er seine früheren Peiniger mit allen Mitteln
literarischer Fehde. Das große allegorische Gemälde, das
eigentlich besser als Karikatur anzusprechen ist, setzt
sich aus vielen kleinen Mosaiksteinchen zusammen, die
aufeinander abgestimmt sind. Ich zähle mindestens 35
Metaphern[17]. Man muß sagen, Luther erweist sich auch

---

16. 7,747,29ff.

17. Engel = Bischöfe; Posaunenengel = römische Bischöfe;
    Posaunenblasen = Dekrete verkünden; Vorbereitung zum
    Blasen = Bereitschaft, Gesetze aufzuerlegen; 5. Engel
    = Gründer der Universitäten (Name unsicher); Stern =
    Alexander von Hales, oder besser: Thomas von Aquin;
    Erde = Aristoteles; Himmel = Christus; Abgrund = Grab
    des Aristoteles; Rauch = Meinung des Aristoteles und
    der Philosophen; Sonne = Christus; Luft = Glaube; Heu-
    schrecken = Scholaren, in Scharen auftretend, ohne Kö-
    nig = Christus; Grün = Glaubensfrucht; Macht der Skor-
    pione = Macht, die Gewissen zu verletzen; nicht alles
    Grün = nicht die Auserwählten; Zeichen Gottes = Glaube;
    Stirn = Gewissen bzw. Wandel; nicht töten = die Sünde
    nicht aufdecken; quälen = die Gewissen verunsichern;

noch 1521 als 'artifex in allegoriis'[18]. Nur ein Teil
der metaphorischen Deutungen läßt sich in der Tradition
nachweisen, der Rest geht auf Luthers eigenes Konto[19].

---

fünf Monate = das Leben in den fünf Sinnen; Tod = Tod
der Sünde; **Kriegspferde** = Disputatoren; Kronen = Titel;
Gesichter = Erleuchtung durch natürliche Vernunft; Haare
= Priester; Frauenhaare = Verweichlichung der Priester;
Löwenzähne = Selbstzerfleischung der Scholastiker; Pan-
zer = Prinzipien der Schulen; Getöse = Disputationslärm;
Stachel = Verletzung der Gewissen, oder: Bullen (7,747,
29ff); König ╪ Christus, sondern = Aristoteles; Abyssus
= Ort der Toten; Emporkommen = Wiederbelebung von freiem
Willen, moralischen Tugenden und Philosophie.

18. TR 1,136,14 = BoA 8,44,7: Nr. 335 (Dietrich, 1532).
19. So spricht z.B. Joachim den Verdacht aus, daß der vom
    Himmel gefallene Stern ein Gelehrter gewesen sein müsse,
    der menschliche Weisheit statt Gottes Wort gelehrt habe
    und wie manche Philosophen alles mit der Vernunft hat
    erfassen wollen: "Quis fuerit miser iste aut unde sur-
    rexerit, qui clausum quondam abyssi puteum aperuerit,
    nescio, Deus scit. Clericum tamen fuisse et imbutum
    scientiae litterarum ex huius textu lectionis appa-
    ret... Quid in puteo abyssi, nisi profunditas quae-
    dam humanae sapientae... Scimus enim conatos fuisse
    quosdam philosophos comprehendere omnia ratione et
    aliqua de his, quae sentiebant, ad memoriam in poste-
    rum tradidisse..." (Bl. 130b); vgl. Huck, Joachim, S.
    152; ähnlich auch Olivi (Döllinger, Beiträge II, S.
    554f, wo auch Aristoteles namentlich erwähnt wird).
    Die folgenden Verse deutet Joachim allerdings auf
    seine Erzfeinde, die Katharer (von ihm Patarener ge-
    nannt, vgl. Borst, Katharer, S. 112f), während diese
    wiederum darin die Mönchsorden sahen (Borst, aaO, S.
    132). Einige Einzelzüge scheinen auf die Ticonius-
    Tradition zurückzugehen, die z.B. Beda vertritt. Zwar
    widerspricht er ausdrücklich einer geistlichen Deutung
    des Grases ("Foenum enim hoc loco simpliciter accipi-
    mus."), aber er kennt die Auslegung der 5 Monate als
    des Lebens, für das die 5 Sinne charakteristisch sind,
    wenn er auch einen anderen Gebrauch davon macht; er
    bringt die Gesichter mit der Vernunft in Verbindung
    und die Frauenhaare mit Verweichlichung (MPL 93,157f).
    Von Lyra dürfte Luther in dieser Auslegung von 1521
    keine Anregung empfangen haben (Dessen wörtliche Deu-
    tung bezieht sich auf den Kaiser Valens.); ebensowenig
    entspricht Luthers Deutung der des 'Opus arduum' (Es
    folgt der alten Tradition: Gemeint sind die Häretiker.)
    und der auf die damaligen Gegner in der Hierarchie be-
    zogenen Einzeldeutung des Matthias von Janow (Regulae
    III, Register), mit Ausnahme von V. 9: "Vox alarum est
    disputatio pro honore" (aaO III,155,19ff).

Aus derselben Zeit wie die Schrift gegen Catharinus
stammen auch noch zwei weitere Anspielungen auf Stellen
aus Apk 9 in der 2. Ps-Vorlesung.

> Die eine hat Luther assoziiert, als er in der geist-
> lichen Auslegung von Ps 21(22),19 bzw. Joh 19,23
> die Frage behandelte, wer der vier Soldaten seien,
> die die Kleider Christi in vier Teile geteilt haben,
> die Kleider, die er als die heilige Schrift gedeu-
> tet hatte. Seine Antwort ist: Die Soldaten sind
> "Magistri illi nostri eximii"[20], die, nicht zu-
> fällig auf vier Fakultäten verteilt, die Schrift
> vervierfacht haben. Das Stichwort Universitäten
> veranlaßt ihn, anschließend pauschal auf Apk 9
> als das Kapitel der Bibel, in dem am ausführlich-
> sten die Universitäten vorgebildet seien, zu ver-
> weisen. Von den Einzelzügen dieses Kapitels greift
> er als Beispiele dem Zahlenspiel entsprechend die
> vier Engel, die am Euphrat angebunden waren, und
> dazu die todbringenden Pferde aus der sechsten Po-
> saunenvision heraus und dann weiter in umgekehrter
> Reihenfolge die Haare und Kronen der Heuschrecken,
> die aus dem Brunnen des Abgrunds hervorkommen (Apk
> 9,14ff.8.7.3)[21].

Luther will also offensichtlich an dieser Stelle nicht
nur die 5., sondern auch die 6. Posaunenvision von den
Universitäten verstanden wissen.

> Die andere Anspielung auf Apk 9 folgt bald darauf.
> Luther schweift bei seiner Deutung von der Zertei-
> lung der Kleider Christi etwas ab auf die Verspot-
> tung durch die Soldaten, die Christus als König
> der Juden verkleidet haben. Die einzelnen Insignien
> durchgehend, die sie ihm gegeben haben, gelangt er
> zum Szepter. Das bedeutet für ihn, daß der das Römi-
> sche Reich beerbende Papstantichrist die Philosophie
> als neue Lehre einführt, dazu die menschliche Tradi-
> tion der Dekrete. Diese beiden Herrschaftsmittel hat
> nicht nur Paulus warnend vorverkündigt (Kol 2,8 und
> 2 Thess 2,11; dazu Kol 2,20.22), sondern auch die
> Apk vorgebildet in den zwei Brunnen des Abgrunds,

---

20. Anspielung auf den Titel der Schrift gegen Ambrosius
    Catharinus. Laut einem handschriftlichen Eintrag in
    einen Druck ist Luther am 29. März 1521, bevor er nach
    Worms abreiste, gerade noch bis zu dem mit "Venimus
    ad purpuream chlamydem..." beginnenden Abschnitt in
    der Auslegung von Ps 21(22),19 gekommen (5,649,23ff),
    vgl. die Einleitung dazu, 5,6. Kurz vorher und nachher
    bei der Auslegung desselben Verses stehen die beiden
    Apk-Zitate. Die Schrift gegen Catharinus ist Ende März
    fertig geworden.
21. 5,647,7ff.

aus denen die gefräßigen Heuschrecken hervorkommen,
nämlich die Professoren beider Fakultäten, der theologischen und juristischen[22].

Hier hat Luther anscheinend die beiden Deutungen des Ab-
grundes als der Dekrete aus den 'Decem praecepta' und
als der Philosophie aus der Schrift gegen Catharinus miteinander verquickt, so daß das Bild der Apk gesprengt
worden ist und zwei Brunnen daraus geworden sind. Luther
vergewaltigt hier also den Text selbst.

An dieser Stelle nun ist Gelegenheit, einen Abschnitt
aus der umstrittenen Ri-Vorlesung zu untersuchen, in dem
auch mehrere Verse aus Apk 9, nämlich V. 7-10, allegorisch
ausgedeutet werden, und zu überprüfen, ob dieses Stück
von Luther selbst stammen kann und in welche Zeit
es dann passen würde[23]. Bei den bisherigen Vergleichen der Vorlesung mit sicher von Luther stammenden
Schriften ist dieser Abschnitt, so weit ich sehe, noch
nicht speziell berücksichtigt worden. Zunächst wollen
wir die Auslegung selbst betrachten.

----

22. 5,650,9ff.
23. Kawerau schreibt in seiner Einleitung zur Ri-Vorlesung
in 4,527ff, wo er auch auf die ältere Literatur eingeht, die Vorlesung Luther selbst zu und verlegt sie
in die Jahre 1516 bis frühestens 1518. Blankenheim,
Richtervorlesung, hat 1922 die anstehenden Fragen ausführlich erörtert. Er setzt die Entstehung in die Jahre
1516 bis einschließlich 1519, wobei er innerhalb dieses
Zeitraumes wiederum 1519 für am nächstliegenden hält
(S. 22f). Als Autor kommt nach ihm am ehesten Luther
selbst in Frage; es gelingt ihm jedoch nicht, alle
Gegenargumente zu entkräften (S. 24ff). 1954 hat Stange, Vorlesung, wieder alle Argumente gegen die Verfasserschaft Luthers gesammelt und die Hauptmasse der Vorlesung Karlstadt zugewiesen. Das hat Blankenheim veranlaßt, in einem verkürzten und ergänzten Abdruck seiner
Dissertation erneut seine alte These zu verfechten, daß
Luther 1519 im Kloster über das Richterbuch gelesen habe
(Blankenheim, ARG 51, S. 1-18). Lohse, Mönchtum, S. 317f
und 324f, vermutet, daß es sich bei der Ri-Vorlesung
um eine Vorlesung eines Freundes unter Benutzung von
Gedanken Luthers handeln könnte, so daß jedenfalls einzelne Teile daraus vom Reformator selbst stammen könnten.

Der Professor ist dabei, die in Ri 4 vorkommenden
Eigennamen allegorisch zu deuten. Dabei ist Deborah
die Kirche, Jabin, dessen Name 'weise' bedeutet,
der in der Schrift bewanderte Ketzerkönig, Sisera,
d.h. 'Pferdeliebhaber', ist der Heerführer der Ketzer, seine Pferde sind die Menge sophistischer Argumente, die die Ketzer ins Feld führen. Hier setzt
nun die Ausdeutung der Heuschreckenvision aus der
Apk ein. Denn in Apk 9,7 heißt es ja, die Heuschrek-
ken gleichen kampfbereiten Pferden. Also sind damit
ebenfalls die Argumente der Sophisten gemeint. Es
folgt dann: 'Sie haben goldglänzende Kronen'. Damit
sind die akademischen Ehrentitel bezeichnet. Die
Menschengesichter, von denen die Rede ist, bedeuten
die geheuchelte Heiligkeit, während die Frauenhaare
überflüssige aristotelische Ideen meinen. Wenn es
heißt, 'sie haben Löwenzähne', dann ist darunter
zu verstehen, daß sie die frommen Lehrer beißen.
Ihre Panzer, die wie Eisen sind, bedeuten ihre eit-
le Disputiererei. Ebenso verlogen ist ihre ganze
ketzerische Lehre, mit der sie den Einfältigen etwas vormachen, im Bild angedeutet durch die Stacheln
in den Schwänzen[24].

Ein Vergleich mit der Auslegung in der Schrift gegen
Catharinus zeigt eine Übereinstimmung in der Grundlinie,
aber Abweichungen in der Ausdeutung einzelner Metaphern.
Solche kleineren Unterschiede haben wir aber auch schon
unter den bisher besprochenen Deutungen beobachten können. Sie bleiben im Rahmen dessen, worauf es Luther immer wieder ankommt: Wahres und falsches Verständnis der
göttlichen Offenbarung. Der Hauptunterschied besteht darin, daß das ganze Stück hier die Häretiker beschreibt,
während es dort die Universitäten abmalt. Doch auch hier
sind die Ketzer akademisch gebildete, von Aristoteles
verdorbene Sophisten. Man kann dieses Stück also Luther
nicht absprechen, aber es auch nicht als einen einfachen
Auszug durch einen anderen, etwa aus der Schrift
gegen Catharinus ansprechen, sondern eher als Teil
einer eigenen Vorlesung betrachten. Blankenheim
setzt die Vorlesung ins Jahr 1519, in die Nähe der
Leipziger Disputation[25]. Dorthin, genauer: in die
Zeit zwischen dem Beginn des Ablaßstreites und der

---

24. 4,552,7ff.
25. Blankenheim, Richtervorlesung, S. 41, Anm. 28.

Leipziger Disputation, würden auch diese Deutungen
passen; denn zu dieser Zeit bemüht sich Luther noch
lebhaft, sich von den Ketzern polemisch abzusetzen,
kritisiert aber gleichzeitig die Methoden der kirchlichen Inquisition[26]. Auch rücken in seinen Augen
die scholastischen Theologen immer näher an die Grenze der Häresie oder haben sie schon überschritten[27].
Sind die bisherigen Vermutungen richtig, so ließe
sich am Vergleich dieser Auslegung von Apk 9 mit der
in der Schrift gegen Ambrosius Catharinus ablesen,
welch ein kleiner Schritt es für Luther war von der
Polemik gegen die Häretiker im wohlverstandenen Sinne
der Großkirche zur Verwerfung der großkirchlichen Theologen selbst als häretisch, ja antichristlich[28].

Etwa ein Jahr nach der ersten Erwähnung der Heuschreckenplage in Kap. 9 geraten zwei weitere Abschnitte
der Apk, in denen schreckliche Plagen prophezeit werden, in Luthers Blickfeld, nämlich Kap. 6 und 15f, und
zwar beide erstmalig im Gal-Kommentar Anfang 1519[29].

> In Gal 5,22 wird als Frucht des Geistes auch der
> Friede genannt, der nach Luther den Rechtsver-
> zicht im Sinne der Bergpredigt erfordert. Hier
> sieht sich der Theologe zu einem Ausfall gegen
> die Juristerei veranlaßt, die lehrt, Gewalt mit
> Gewalt zurückzuschlagen, und die in unversöhnlichem
> Gegensatz zum Evangelium steht. Gerade in seiner
> Zeit erlebt Luther, daß das Evangelium nichts gilt,

---

26. Vgl. den folgenden Abschnitt 4,552,32ff mit 1,624,35ff,
    übrigens einer Stelle, die auf die Kämpfe der Richter-
    zeit anspielt: Resolutiones, 1518.
27. Vgl. das von Mauser, Häresie, S. 123ff, schon über die
    Röm-Vorlesung Gesagte.
28. Das andere Zitat in der Ri-Vorlesung ist zwar aus einem
    Kapitel der Apk genommen, das Luther bisher nicht berück-
    sichtigt hat (Apk 4,5), aber seine Deutung könnte durch-
    aus von Luther stammen: Er gibt zuerst die traditionel-
    le Auslegung an ('voces' = 'verba' und: 'fulgura' = 'mi-
    racula'; vgl. Beda, MPL 93,143, und Rupert, MPL 169,909),
    hält dann aber die Gleichung: 'fulgura et tonitrua' =
    'praedicationes et promissiones novi testamenti' für die
    richtigere (4,535,18ff, vgl. 'Opus arduum' zSt: "lex
    evangelica").
29. Vgl. o. S. 174f.

aber die Rechte alles in allem sind. Darin sieht
er die Weissagung des Sehers Johannes erfüllt, der
einen Reiter (Luther: einen Engel) beschreibt, dem
die Macht gegeben ist, den Frieden von der Erde zu
nehmen (Apk 6,4)[30].

Während dieser Hinweis auf die zweite Siegelvision
singulär ist, haben es Luther anscheinend die Schalen-
visionen von Kap. 15f schon eher angetan. Er erwähnt
sie in dieser Zeit viermal.

Einen Angriff gegen die römische Gesetzesmaschinerie
in der Auslegung von Gal 2,17 verschärft er, indem
er die ägyptischen Plagen auf die 'kirchlichen Tal-
mudim' überträgt. Das gelingt ihm durch die Gleichung
'Engel' = 'Verkünder des Wortes', 'böser Engel' =
'Verkünder von Menschenlehren', wie er sie auch in
der Apk, besonders in Kap. 15f, vollzogen sieht, wo
7 Engel 7 Schalen voll Plagen über die Erde ausschüt-
ten[31]. In der 2. Ps-Vorlesung sieht Luther einmal
die Bücher des Rechtes und der Theologie, die nicht
den Glauben lehren, sondern nur die Seelen bedrücken[32],
ein andermal wieder Menschenlehren in Apk 16 angedeutet[33]. Am Anfang der Schrift gegen Catharinus schließlich glaubt er Thomas von Aquin mit einem der Engel
identifizieren zu müssen, die ihre Zornesschalen über
die Erde ausgießen, obwohl er später in derselben
Schrift in Thomas den Stern sieht, der vom Himmel
fällt (Apk 9,1)[34]. Dies stört aber Luther nicht weiter, da er jetzt ja alle Plagenvisionen in gleicher
Weise auf die scholastischen Theologen und Kirchen-
rechtler münzt, ohne chronologisch oder sachlich genauer zu differenzieren. So kann es ihm auch passieren, daß er einmal Kap. 16 angibt, dessen Inhalt
aber als die Posaunenvisionen (Kap. 8f) beschreibt[35].

2. Apk 17f: Hure Babylon

Sind in diesen Bildern die Kurie und der Papst noch
nicht direkt abgemalt, so wird der Angriff, den Luther
ebenfalls Anfang 1519 durch die Identifizierung Roms

---

30. 2,594,20ff. Eine ähnliche Auslegung ist mir nirgendwo
    begegnet.
31. 2,494,20ff (in Z. 25 muß 'ei' in 'et' korrigiert wer-
    den). Zu Apk 2 f, auch zur Frage der Tradition vgl. o.
    S. 195f.
32. 5,259,19ff: zu Ps 8,3.
33. 5,365,19ff.
34. 7,706,17ff; 737,15.
35. 5,365,19ff.

mit der babylonischen Hure von Apk 17f vorträgt, schon
wesentlich zentraler. Der Weg dorthin kann an seinem
Verständnis des Decknamens 'Babylon' in 1 Petr 5,13 verfolgt werden. In der 1. Ps-Vorlesung hatte er darunter
Rom verstanden, freilich das antike Rom, dem er in traditioneller Weise die römische Kirche als Jerusalem ge-
genüberstellte[36]. Anders schon in der Röm-Vorlesung.
Dort spricht er den Verdacht aus, daß das heutige Rom
womöglich das antike an übermäßigem Luxus noch übertref-
fe, so daß die Aussagen der Petrusbriefe auf das heutige
Rom wieder genauso gut passen würden[37]. In den Resolutionen zu den Ablaßthesen bezeichnet dann der Reformator
das Rom, in dem der edle Leo X. unter den unmöglichen
Zuständen an der Kurie zu leiden hat, als Babylon, ohne anzugeben, ob er dabei an eine bestimmte Bibelstelle denkt, etwa an 1 Petr 5,13 oder schon Apk 17f, oder
auch an gar keine[38]. Erstmals eindeutig spielt Luther
im Brief an Staupitz vom 20. Februar 1519 auf Apk 17,
4 an, wenn er Rom als das purpurbekleidete Babylon
apostrophiert[39]. Ob Luther dazu durch die Lektüre bestimmter Schriften oder durch mündliche Tradition angeregt worden ist, läßt sich nicht sagen. Er kann auch
selbständig zu dieser Identifizierung gelangt sein. Jedenfalls ist die Reihe derer, die schon vor Luther innerhalb und außerhalb der katholischen Kirche aus verschiedenen Gründen im zeitgenössischen Rom (oder Avignon) bzw.
der römischen Kurie oder Kirche die babylonische Hure
der Apk erkannt haben, sehr lang und kaum ganz über-
schaubar[40]. Nachdem schon einmal der Donatist Ticonius
unter Babylon die innerhalb der Kirche selbst Verwirrung

---

36. 4,25,33ff.
37. 56,488,20ff.
38. 1,573,25 = BoA 1,77,19.
39. Br 1,344,14f = Enders 1,431,1f.
40. Vgl. Wolf, Lectiones memorabiles II, S. 839-844. Andere
    Auslegungen dagegen bei Cornelius a Lapide, Apocalypsis,
    S. 305-310.

stiftenden Glieder des corpus diaboli verstanden hatte[41],
wurde die Großkirche in diesem Bild gesehen von den
Katharern[42]; katharisch beeinflußten, besonders lombardischen Waldensern[43]; das römische Volk alter und neuer
Zeit, daneben auch die 'fleischliche Kirche' (nach der
Interpretation der Ketzerrichter und der Beghinen die
römische Kirche selbst) von Olivi[44]; ganz unverhohlen
die römische Kirche von den Apostelbrüdern (Gerado Se-
garelli und Fra Dolcino)[45]; in dichterischer Umschreibung simonistische Päpste von Dante[46]; die Kurie in

---

41. Kommentar zu Apk 16,19; 17,6; 18,4; überliefert durch:
    Beatus, In Apocalypsin, S. 552, 559 und 580.

42. Vgl. Borst, Katharer, S. 214, dazu Anm. 6; Selge, Walden-
    ser II, S. 99 und 127 ('Liber Antihaereses' des Durandus
    von Osca, Ende des 12. Jahrhunderts).

43. Selge, Waldenser I, S. 169, 187, Anm. 184 und S. 311;
    Gonnet, Confessioni, S. 75, 77, 82, 88, 94 und 162;
    Schmitz-Valckenberg, Grundlehren, S. 297. Zu Moneta,
    Adversus Catharos, S. 397, wo die Deutung von Apk 17 f
    durch die Katharer und Waldenser ausführlich referiert
    wird, glaubte der Herausgeber Ricchini 1743 nicht ver-
    säumen zu dürfen anzumerken: "Ab Catharis, & Valdensi-
    bus mutuati hoc sunt haeretici juniores Lutherani, &
    Calviniani."

44. Döllinger, Beiträge II, S. 527ff, bes. S. 579: Auszüge
    aus der Apokalypsenpostille, bei denen die Ketzerrichter
    besonders die Stellen berücksichtigt haben, an denen die
    verweltlichte Kirche als Babylon bezeichnet wird (andere
    Ausgaben zusammengestellt bei Töpfer, Reich, S. 220f,
    Anm. 54); Gui, Manuel I, S. 142ff: Irrtümer der Beghinen,
    die sie aus Olivis Postille herauslesen; vgl. über die
    Vorstellungen der Beghinen Manselli, Spirituali, S. 163,
    191, 205, 230, 239, dazu S. 321,33ff und 303,13ff. Olivi
    selbst hat die Konsequenz nie gezogen, die 'ecclesia car-
    nalis' allgemein mit der 'ecclesia Romana' ganz konkret
    zu identifizieren, vgl. Benz, Ecclesia, S. 308ff; Mansel-
    li, Lectura, S. 219-222; Davis, Dante, S. 211-213; Töp-
    fer, Reich, S. 224f; Leff, Heresy, S. 126 und 159. Auch
    Ubertino von Casale, der Olivi verteidigt hat (Ehrle,
    Vorgeschichte, S. 370,16ff, dazu S. 407,14ff), geht
    nicht so weit, vgl. Davis, aaO, S. 214f; Töpfer, aaO,
    S. 234.

45. Gui, De secta Apostolorum, S. 24,15f; ders., Manuel
    I, S. 86, dazu II, S. 40; vgl. Benz, Ecclesia, S. 362.

46. Divina Commedia, Inferno 19,106-111; Purgatorio 32,
    148-160 (Dante, Commedia 2, S. 325; 3, S. 566f); vgl.
    Tocco, Lectura, S. 21ff; Davis, Dante, S. 197ff.

Avignon von Petrarca[47]; die ganze Kirche bzw. die Reichs-
hauptstadt Prag von Militsch[48]; die verweltlichten Prälaten allgemein von Matthias von Janow[49]; simonistische
Priester von Nikolaus von Pilgram[50]; die katholischen
Priester in ihren Meßgewändern von den Taboriten[51]; die
römische Kurie bzw. Kirche selbst wiederum vom wyclifitischen 'Opus arduum'[52], hussitischen Propagandisten in
der Picardie[53] und den Böhmischen Brüdern[54]. Durch
letztere bzw. durch deren Bestreiter könnte dieser
Gedanke zu Luther gelangt sein.

Der Reformator bezeichnet in dieser Zeit nur noch
zweimal Rom als die Hure Babylon von Apk 17,4, nämlich
erstmals öffentlich in 'Von dem Papsttum zu Rom wider
den hochberühmten Romanisten zu Leipzig' im Juni 1520,
hier mit ausdrücklicher Bezugnahme auf den heiligen Johannes[55], und etwa gleichzeitig im Vorwort zur 'Epitoma responsionis'[56], wo er auch noch auf eine weitere
Stelle aus der Vision von Apk 17f anspielt, nämlich
auf Apk 18,4 (Exite de illa, populus meus! Vgl. Jes
52,11 und Jer 51,6.)[57], ebenfalls eine bei den Kriti-

---

47. Piur, Buch ohne Namen, S. 230f (Brief 18).
48. Molnár, Cola di Rienzo, S. 221; Matthias von Janow,
    Regulae 3, S. 361f.
49. Matthias von Janow, aaO, bes. Bd. 3, s. Register.
50. Höfler, Geschichtsschreiber II, S. 591: Chronicon
    Taboritarum; vgl. Peschke, Theologie, S. 159.
51. Goll, Fontes, S. 455 und 405, 407, 459: lateinisch und
    tschechisch; vgl. Kalivoda - Kolesnyk, Denken, S. 304
    (dazu S. 296) und 300, 307: deutsch.
52. 'Opus arduum' zu Apk 17,5: "Id est civitas Romana sive
    curia papalis est."
53. Bartoš, Puer Bohemus, S. 33, 40 und 55f.
54. Lilienstein, Contra Waldenses, Bl. B4b und F4bff (mit
    Berufung auf Petrarca); Ziegler, Confessio, Bl. R4bff,
    jeweils mit ausführlicher Widerlegung; vgl. auch Chadra-
    ba, Dürers Apokalypse, S. 46ff.
55. 6,322,37.
56. 6,328,14.
57. 6,329,7.

kern Roms beliebte Parole[58], der Luther inzwischen bei
seiner Lektüre von Huß' Schrift 'De ecclesia'[59] begegnet ist unter der bezeichnenden Fragestellung nach gerechter und ungerechter Exkommunikation[60], die Luther
in dieser Zeit existentiell anging[61].

Die übrigen Erwähnungen von Apk 17,4 sind Deutungen
des Wortes 'calix' als (Menschen-)Lehre, zweimal[62] noch
ganz im gleichen Sinne wie in der 1. Ps-Vorlesung[63],
einmal mit der Konsequenz, daß die natürliche Vernunft,
die die Menschenlehren verbreitet, selbst die rote Hure
ist[64].

---

58. z.B. bei lombardischen Waldensern (Moneta, Adversus
    Catharos, S. 405; vgl. Töpfer, Reich, S. 262); Petrus
    Blesensis (Peter von Blois, nach Wolf, Lectiones memora-
    biles II, S. 842); Olivi (Auszüge aus der Apk-Postille
    bei Döllinger, Beiträge II, S. 550); Petrarca (Piur,
    Buch ohne Namen, S. 231, Brief 18) und Böhmischen Brü-
    dern (Bidlo, Akty I, S. 25, 329, 370, 386; II, 259; da-
    zu Kropatscheck, Schriftprinzip, S. 266, Anm. 5); vgl.
    auch Matthias von Janow, Regulae 4,30,21f (nach Jer
    51,6).
59. Er hat dieses Buch mit einem Brief Wenzels von Roždalows-
    ky erhalten, abgesandt am 17.7.1519, angekommen erst am
    3.10. (Br 1,419,24f = Enders 2,79,30f; dazu Br 1,416:
    Einleitung zum vorhergehenden Brief). Am 19.3.1520 ver-
    schickt er ein Exemplar der in Hagenau gedruckten Ausga-
    be (Br 2,72,9 = Enders 2,362,10ff).
60. Huß, De ecclesia, S. 217.
61. Vgl. 6,63ff: Sermon von dem Bann, 1520. Bezeichnender-
    weise erwähnt Luther 6,329,6ff die Böhmen ausdrücklich.
    Sie haben die Konsequenzen schon gezogen: Sie sind aus
    der römischen Kirche ausgezogen und haben damit die pas-
    sive Exkommunikation manifest werden lassen, eine Reak-
    tion, die Luther noch 1519 als Hochmut abgelehnt hatte
    (z.B. 2,605,12ff: Gal-Kommentar). Auch die Formulierung
    "Damnati vero omnes, qui ei communicaverint", erinnert
    an den bei Huß behandelten Zusammenhang. Zur Bedeutung
    von Luthers Schritt vgl. Asendorf, Eschatologie, S.
    168f und 165, Anm. 210.
62. 5,366,29f: Operationes zu Ps 10(11),6(7); 1519/20, und
    7,518,12f: Postille über Phil 4,4ff.
63. 3,514,32ff; vgl. o. S. 88.
64. 10 I 1,271,4ff. Die Bezeichnung der Vernunft als des
    Teufels Hure geht anscheinend auch auf Apk 17,4 zurück.

3. Apk 2,9.13; 16,10: synagoga und sedes satanae bzw.
   bestiae

Daß jedoch für Luther kein Gegensatz besteht zwischen
der Bezeichnung der römischen Kirche und der Vernunft
als babylonischer Hure, wird deutlich im Zusammenhang
mit einem anderen Schlagwort aus der Apk, nämlich 'synagoga satanae' (2,9; 3,9). Nachdem Luther diesen ursprünglich gegen die Juden verwendeten Ausdruck anscheinend
länger nicht mehr gebraucht hat[65], taucht er in der 2.
Ps-Vorlesung erneut auf in der Auslegung von Ps 8,3, kurz
vor dem schon besprochenen Zitat von Apk 16, in einem
Abschnitt also, den Luther im Sommer oder Herbst 1519
vorgelesen hat und der Anfang 1520 gedruckt worden
ist. Inzwischen hat Luther also die Leipziger Disputation hinter sich gebracht. Er stellt hier den Grundsatz auf, daß in der Kirche nur ein Meister herrschen
darf, nämlich Christus. 'Wo aber ein Mensch redet oder
der Satan, da ist ohne Zweifel ein Bordell und die Satansschule.' Denn alles hängt von der Art des Wortes
ab[66]. Herrscht das Wort Christi in der Kirche, dann
ist sie die christliche Gemeinde; herrscht das Wort
des Satans in ihr, so ist sie die Judenschule des Satans; herrscht die Hure Vernunft mit ihrer Philosophie
darin, dann ist sie ein Hurenhaus oder eben die Huren-
stadt Babylon. Ist das Urteil über die herrschende Lehre gefällt, dann steht auch das Urteil über die dadurch
bestimmte Gemeinschaft fest[67]. Hatte Luther in der 1.
Ps-Vorlesung bei den Juden und Häretikern Menschen- oder
richtiger: Satanslehren festgestellt und sie deshalb
als Satanssynagoge beurteilt[68], so mußte er im Laufe
der Zeit feststellen, daß auch innerhalb der Kirche und
gerade in ihrem Zentrum, in Rom, Menschenlehren als Got-

---

65. s.o. S. 96f und 132.
66. 5,259,14ff.
67. Vgl. Aarts, Amt, S. 138f.
68. s.o. S. 89 und 96f.

tes Wort ausgegeben werden. Den Schluß, daß dann auch
die römische Kirche die Synagoge des Satans sein müsse,
zieht er hier in der 2. Ps-Vorlesung und ebenso noch in
der Vorrede zur 'Epitoma responsionis', 1520[69], zwar
erst bedingungsweise, bald darauf jedoch schon ohne jeden Vorbehalt[70].

Zwar ist es durchaus möglich, daß Luther ohne Anstoß
von außen dazu gekommen ist, die römische Kirche mit der
Satanssynagoge zu identifizieren, zumal seine Begründung
anders ist als bei seinen Vorläufern, aber die erste Äußerung in dieser Richtung kommt nicht von ungefähr kurz
nach der Leipziger Disputation, während der er sich mit
den Verdammungsurteilen über Wyclif zugeschriebene
Sätze hat befassen müssen, von denen der 37. Satz
lautete: "Ecclesia Romana est synagoga satanae..."[71],
und etwa in der Zeit, als Luther Huß' Schrift 'De ecclesia' gelesen haben muß[72]. Auch andere hatten schon
dieses Schlagwort auf die römische Kirche angewendet,
so z.B. die Katharer (und zwar anscheinend als Gegenschlag gegen die Großkirche, die die geheimen Versamm-
lungen der Ketzer als Satanssynagogen verunglimpfte[73]),

---

69. 6,328,15.
70. 6,565,29: De captivitate, 1520; 6,606,30: Adversus
    execrabilem Antichristi bullam, 1520; 7,709,29; 710,7.
    19; 712,37; 713,10: gegen Catharinus, 1521; 8,54,18:
    Antilatomus, 1521.
71. Denz., S. 319, Nr. 1187, mit Stellenangaben zu Wyclifs
    Schriften.
72. s.o. Anm. 59. Das Zitat von Apk 3,9 (richtiger als 2,9)
    steht in Huß, De ecclesia, S. 115, und ist offensicht-
    lich ein Zitat aus Wyclif, De potestate papae, S. 154,
    13ff. Es folgt im Anschluß an den in Konstanz als Nr.
    13 verurteilten Abschnitt des Buches (Denz., S. 323,
    Nr. 1213). Über die Frage, ob man den Abschnitt in Huß,
    De ecclesia, im selben Sinne interpretieren darf wie
    Wyclifs 37. Satz (s.o.), obwohl Huß dies abgelehnt hat
    (Palacký, Documenta, S. 170, 187, 231), vgl. Kaminsky,
    History, S. 53.
73. Hansen, Zauberwahn, S. 226ff, 411; Schmitz-Valckenberg,
    Grundlehren, S. 52, Anm. 201 und S. 295ff; Borst, Katha-
    rer, S. 215.

auf die verweltlichte Kirche auch Olivi[74]; am verbrei-
testen scheint es jedoch unter den Wyclifiten und Hussiten gewesen zu sein[75]. Auf jeden Fall hat sich Luther
in dieser Zeit ausdrücklich mit den Hussiten solidari-
siert, eben auch dadurch, daß er den bei diesen gebrauchten Ausdruck jetzt häufig verwendet. Einen Höhepunkt bildet dabei die 'Assertio omnium articulorum' von Ende
1520. Er erklärt darin, daß nicht nur einige der in
Konstanz verdammten Artikel von Huß (und, was für Luther dasselbe ist, von Wyclif) evangelisch seien, sondern alle, und im gleichen Atemzug bezeichnet er das
Konstanzer Konzil als "Synagoga illa Satanae ex scele-
ratissimis Sophistis congregata"[76]. Daraus schließt Köhler nicht zu Unrecht, daß Luther "den Ausdruck Synagoga
Satanae auf kurialistische Institutionen bezogen" den
Konzilsakten entnommen habe[77]. Der Ausdruck ist auch
bald wieder aktenkundig geworden, indem er im Wormser
Edikt vom 8. Mai 1521 als eine der Ungeheuerlichkeiten
des renitenten Ketzers Luther aufgeführt wird[78].

Wenn Luther einmal die Universitäten "Synagogas syna-
gogarum satanae" nennt[79], geht dies ebenfalls indirekt
auf Wyclif zurück. Denn kurz vorher hatte Melanchthon
die Behauptung aufgestellt, Wyclif sei der erste gewesen, der die Universitäten Satanssynagogen genannt habe,

---

75. Vgl. z.B. 'Opus arduum', Bl. 29b (zu Apk 3,9): "Multi,
qui tenent cum Antichristo [sc. papa] et sic sunt de
synagoga sua"; Matthias von Janow, Regulae 3,164,30f.

76. 7,135,11ff (Verteidigung von Art. 30). In der deutschen
Fassung hat Luther diese Anspielung auf das von Wyclif
gegen Rom gewendete Apk-Zitat weggelassen, vielleicht
weil der einfache Mann den Zusammenhang nicht hätte erkennen können, vgl. 7,431,19ff: Grund und Ursach.

77. Köhler, Kirchengeschichte, S. 223, vgl. S. 219. Gottschick, Kirche, S. 573, führt ähnlich die Äußerung in
der 'Epitoma responsionis' (s.o. Anm. 69) auf die Lektüre von Huß zurück.

78. RTA JR 2,647,20-23.

79. 8,46,4: Antilatomus, 1521.

wobei er allerdings wohl einer Verwechslung erlegen ist[80].
Es sind aber auch andere Einflüsse denkbar. So nennt
z.B. der Verfasser einer 'apokalyptischen Mahnung',
der von einem Abschreiber als häretisch bezeichnet
wird, die Orden und Universitäten 'teufelssynagogen'.
Da dieses Mahnschreiben in einer Handschrift aus dem
Erfurter Augustinerkloster, die zur Zeit von Luthers
Aufenthalt dort entstanden ist, steht, ist es Luther
wahrscheinlich zugänglich gewesen[81].

In dem soeben besprochenen Abschnitt aus der 'Assertio' macht sich aber bereits ein Fortschritt oder
gar ein Wandel in Luthers Einstellung zur Tradition
mittelalterlicher Ketzereien bemerkbar. Er geht nämlich über die Hussiten noch einen entscheidenden Schritt
hinaus, indem er nicht nur die Rechtmäßigkeit eines un-
christlichen Papsts bestreitet, sondern der Institution des Papsttums selbst prinzipiell die Existenzberechtigung abspricht. Dabei gebraucht er ebenfalls
einen Ausdruck aus der Apk (16,10), wenn er formuliert:
"Quare ipsam sedem Bestiae nego." Bei ihm ist es denn
auch tatsächlich zu einem viel radikaleren Bruch mit
Rom gekommen als bei Huß[82].

---

74. Döllinger, Beiträge II, S. 558 und 581; vgl. Benz, Ec-
    clesia, S. 304ff.

80. CR 1,342 = StA 1,121,35-37: Didymi Faventini adversus
    Rhadinum pro Luthero oratio, Februar 1521. Wyclif hatte
    zwar nicht die Universitäten, sondern die römische Kir-
    che selbst als Satanssynagoge bezeichnet (verurteilter
    Satz Nr. 37), von den Universitäten jedoch behauptet er,
    daß sie der Kirche ebensoviel nützen wie der Teufel
    (Satz Nr. 29, Denz., S. 319, Nr. 1179 und 1187). Melan-
    chthon muß diese beiden Sätze durcheinandergebracht haben
    Bezeichnend ist jedenfalls, daß er sich bewußt ist, die-
    ses Schlagwort von Wyclif zu haben; vgl. Köhler, aaO,
    S. 223, Anm. 8.

81. Auszüge aus dieser jetzt in Berlin befindlichen Hand-
    schrift bei Freitag, Band, das Zitat auf S. 106.

82. 7,136,4. Die Wandlung in Luthers Haltung gegenüber den
    Hussiten um 1520 untersucht Hendrix, We Are All Hussites,
    bes. S. 148f.

Schon in der 1. Ps-Vorlesung war neben der 'synagoga
satanae' die 'sedes satanae' aus Apk 2,13 im gleichen
Sinne von Luther gebraucht worden. Auch in der 2. Ps-
Vorlesung taucht diese polemische Bezeichnung wieder
auf, und zwar jetzt ebenso in gewandelter Bedeutung nämlich zur Entlarvung der römischen Kurie als Residenz
des Teufels, in der dessen Stellvertreter, der Antichrist,
seine (Geld-)Geschäfte betreibt[83]. Bereits die Hussiten
haben dieses Schlagwort in ähnlicher Weise verwendet[84].

> In der Reihe der kirchenkritisch verwendeten Apk-
> Zitate folgte nun Apk 22,11, und zwar der erste
> Teil des Verses (Qui in sordibus est, sordescat
> adhuc.). Diese Stelle soll jedoch erst später be-
> sprochen werden, und zwar im Anschluß an die Zita-
> te der bekannten zweiten Vershälfte (Qui iustus
> est, iustificetur adhuc.)[85].

Die letzte Apk-Stelle, die in diesem Zeitraum im
Rahmen der antirömischen Polemik bei Luther neu bzw.
in gewandelter Bedeutung auftaucht, ist 13,11. In der

---

83. 5,442,16; vgl. 5,441,38: zu Ps 14(15),5. Das Verhältnis
von Satan und Antichrist wird von Luther nicht klar beschrieben. Meist stehen sie nebeneinander wie hier:
"... sedem Satanae et Antichristi negocium Romae esse";
vgl. Br 2,195,22f = Enders 2,491,30f: "Papam esse Antichristum & satanę sedem manifeste inuentum" (an Spalatin, 11.10.1520); dazu 7,717,5: gegen Catharinus, und
8,185,7: Von der Beicht. Beide haben eben ihr Hauptquar-
tier in Rom aufgeschlagen, mitten in der Kirche Gottes,
um von dieser zentralen Stelle aus die ganze Kirche zu
unterwandern, wobei über den unterschiedlichen Wirkungs-
kreis nichts ausgesagt ist. So hat z.B. zu dem Satz in
'Grund und Ursach' von 1521: "Der Endchrist sol die ganz
welt vorfuren, wie von yhm geschrieben ist" (7,451,5f),
der Herausgeber am Rand, vermutlich richtig, "Offb.
12,9" angemerkt, eine Stelle, die jedoch vom Satan
spricht. Insofern kann eigentlich 'sedes satanae'
nicht als "Hilfsvorstellung" für das Verhältnis von
Satan und Antichrist verwendet werden, wie Barth,
Teufel, S. 108, meint.

84. s. Huß, Anatomia, Bl. 44b: "Alios vero nedum per culpam calcat [scil. Antichristus], sed per pravam con-
suetudinem in illis regnandi sedem locat, iuxta illud
Apoc. 2: 'Scio, ubi habitas, ubi sedes est satanae'.
Sedem quidem suam locaverat diabolus in pseudodoctori-
bus, in quibus Deus habitare non potest." Über die Verfasserschaft vgl. die Einleitung des Neudrucks, S. 22f.

85. s.u. S. 222.

1. Ps-Vorlesung hatte Luther die Überzeugung geäußert,
daß mit dem Tier, das aussieht wie ein Lamm, aber wie
ein Drache redet, der Türke gemeint sei[86]. Jetzt aber
deutet er dieses antichristliche Symbol auf die Papisten, die zwar aussehen wie Christen, aber predigen
wie der Teufel[87].

17. Kapitel

Rechtfertigung

Der bisher beobachteten Reihenfolge nach müßte jetzt
die Besprechung christologisch verwendeter Apk-Zitate
folgen; das ist aber nicht möglich, da an diesem Punkt
Fehlanzeige erstattet werden muß[1]. Die Tendenz ist also
eindeutig: Luther kann mit der Christologie der Apk
(noch) nichts anfangen, soweit ihre Berücksichtigung
über einzelne Zitate im Rahmen allegorischer Auslegung,
die ja jetzt etwas zurückgedrängt wird, hinausgeht.
    Ähnliches geschieht von jetzt an aber auch dem Kom-
plex der Apk-Zitate 3,17; 22,11b und 21,27, die als Belege für den Zusammenhang von bleibender Sünde, Rechtfertigung und Heiligung dienten. Zwar erscheinen sie jeweils noch ein- bis zweimal, aber 1520 muß bei Luther
an diesem Punkt eine Wende eingetreten sein. Denn danach verschwinden sie allesamt für längere Zeit ganz
aus Luthers Schriften.
    Apk 22,11b etwa findet neben Joh 1,16; Röm 1,17;
2 Kor 3,18 und Ps 84,8 (Phil 3,13 fehlt übrigens) wieder Verwendung in der 2. Ps-Vorlesung bei der Deutung

----

86. s.o. S. 94.
87. 7,664,29ff: Auf das ... Buch Bock Emsers Antwort, März
    1521.
1. Höchstens könnte Luther bei dem Ausdruck: "constitues
   eum regem regum et dominum dominantium" statt an 1 Tim
   6,15 an Apk 17,14 oder 19,16 gedacht haben. Bei 5,586,
   3f ist gar keine Bibelstelle vermerkt. Jedenfalls wäre
   auch dies ein soteriologisch nicht bedeutsamer Herrscher-
   titel.

von Ps 5,12 zur Klärung der Frage, ob die Hoffnung
durch die Werke begründet oder gefördert werde, also
im gleichen Zusammenhang wie im Vatikanischen Frag-
ment, das wir im vorigen Teil als letztes besprochen
haben[2], nur an etwas anderer Stelle innerhalb der Ps-
Auslegung. Diesmal ist zwar ausgeprägt von Steigerung
die Rede - im vorhergehenden Satz kommt zweimal 'magis
ac magis' vor -, aber der Sinn der ganzen Ausführungen
ist doch der, daß nicht durch aufweisbare menschliche
Leistungen ein Fortschritt in der Heiligkeit zustande-
kommt, sondern daß Gott durch das dem alten Menschen
widerstrebende Leiden gerade den letzten Schein eigener
Heiligkeit, jede Möglichkeit sicheren Stehens in der
Hoffnung nimmt, um deutlich zu machen, daß die Hoffnung
immer eine von ihm geschenkte, verborgene ist und bleibt,
ebenso wie der Glaube, an dem Luther schon früher dasselbe demonstriert hatte[3].

Noch in der Auslegung desselben Psalmes, bei V. 13,
steht auch das letzte Zitat von Apk 3,17. Es dient freilich dem Nachweis, daß die Voraussetzung für die Gerecht-
sprechung des Menschen durch Gott die Anerkennung seiner
Sündhaftigkeit ist, da ja Gott nur den Sünder gerecht-
spricht, weshalb der Christ nicht den Tadel fürchten
soll, der ihm seine Erbärmlichkeit bewußt macht, wie es
Christus mit der Gemeinde von Laodizea tut[4].

Noch einmal zitiert Luther Apk 22,11b, diesmal den
Satz "Qui sanctus est, sanctificetur adhuc", als Beleg
dafür, daß auch nach der Taufe die Sünde bleibt und daß
deshalb der Geheiligte immer neu der Heiligung, d.h.
der Sündentilgung, bedarf, und zwar in der Verteidigung
des zweiten seiner vom Papst verdammten Sätze in der
Schrift 'Adversus execrabilem Antichristi bullam' vom

---

2. s.o. S. 137.
3. 5,164,22ff; vgl. o. S. 134.
4. 5,195,39ff; ähnlich schon in der 1. Ps-Vorlesung zu Ps
   67(68),17: 3,413,18ff; vgl. o. S. 93f.

Oktober 1520[5], während er in der viel ausführlicheren
Fassung vom Dezember desselben Jahres ('Assertio omnium
articulorum') das Apk-Zitat weggelassen hat[6], ebenso wie
schon in der kurzen deutschen Fassung 'Wider die Bulle
des Endchrists'[7].

Stattdessen beginnt Luther kurz darauf einen anderen Satz aus Apk 22,11 zu zitieren, nämlich "Qui
in sordibus est, sordescat adhuc", und zwar durchaus
im Sinne des Sehers Johannes, nämlich: Es hat keinen
Sinn mehr, viel ändern zu wollen. Das Zitat steht in
der 'Epistola ad Leonem X.' vom November 1520[8]. Luther will damit sagen, daß er es aufgegeben habe, an
der Kurie noch weiter herumreformieren zu wollen, weil
es doch aussichtslos sei. Inzwischen war er sich nämlich ganz sicher geworden, daß der Papst der Antichrist
sei und deshalb keinen Anspruch auf brüderliche Ermahnung mehr habe, was für Luther eine große Erleichterung
bedeutete[9].

Wie 22,11b geht es auch der erst vor kurzem besonders hervorgetretenen Belegstelle 21,27 (Nihil inquinatum intrabit in eam.). Luther verwendet sie noch zur
Stützung seiner 2. Leipziger These, aus der später eben
der erwähnte 2. Satz der Bannandrohungsbulle entnommen
ist. Er sucht mit dieser Apk-Stelle wie bisher zu beweisen, daß jede Sünde eine schwere Sünde ist, weil sie gegen das Gesetz Gottes verstößt und so von der Gemeinschaft
mit Gott ausschließt[10].

Ein letztes Mal erscheint sie dann in der Begründung
des 3. verurteilten Satzes, der aus der Resolutio zur

---

5. 6,608,24ff.
6. Vgl. 7,103,8ff.
7. 6,622,23ff.
8. 7,45,23f. Die Form des Zitates bei Luther ist eine freie
   Wiedergabe mit Hinzufügung eines weiteren parallelen Satzes; deutsche Fassung: 7,7,10f.
9. s. Br 2,195,22f = Enders 2,491,29f; vgl. Leder, Ausgleich, S. 61.
10. 2,416,10ff.

24. Ablaßthese entnommen ist, in der auch damals Apk 21,
27 als dictum probans von Luther zitiert worden ist[11],
und zwar steht das Zitat von Apk 21,27 wiederum nur in
'Adversus execrabilem Antichristi bullam', während in
der 'Assertio' 2 Petr 3,13 (Coelos novos et terram novam expectamus, in quibus iustitia habitat.) an seine
Stelle getreten ist[12].

Fragt man nach dem Grund dieses plötzlichen Ver-
schwindens ehemals beliebter Apk-Zitate, kommt zunächst
die Auskunft in Frage, daß Luther eben schon Ende 1520
und nicht erst Herbst 1521 so kritisch gegenüber der Beweiskraft von Apk-Stellen geworden sei, daß er sie
von jetzt ab weglassen und seine Argumentation nur
noch auf Stellen aus anderen biblischen Büchern gegründet habe. Diese Erklärung ist möglich, aber doch
weder hinreichend noch genügend abgesichert. Denn auch
die anderen Stellen, die immer wieder von Luther mit
Apk 22,11b zusammengestellt worden waren, kommen gleichzeitig oder aber kurze Zeit später ebenfalls außer Gebrauch, wie Pinomaa festgestellt hat[13], und dieses Fak-
tum bedarf viel eher der Erklärung als etwa die Tatsache, daß gerade Apk 22,11b und 21,27 schon in der
'Assertio' nicht mehr erscheinen, während etwa Ps 84,8
und 2 Kor 3,18 dort noch vorkommen[14]. Das könnte ja
Zufall sein, da Luther nicht sklavisch immer genau wieder dieselben Stellen anführt, wo er doch jeweils auf
frühere Schriften zurückverweisen kann.

Die Erklärung, die Pinomaa selbst für diese Erscheinung bietet, kann nicht befriedigen. Er schreibt: "In
seinen frühen Schriften hat Luther die profectio in traditioneller Weise gelehrt. Er hat dabei offenbar keine
Bedenken gehabt. Aber später tritt eine Veränderung ein;
die Ursache dafür ist ohne weiteres klar: Man kann nicht

---

11. 1,572,11ff; vgl. o. S. 142f.
12. Vgl. 7,110,22ff und schon vorher 6,623,9ff.
13. Pinomaa, Profectio, S. 122f.
14. 7,107,9ff.

gleichzeitig 'simul iustus ac peccator' und profectio
lehren, man kann das totale Verständnis, welches Luther
von diesem 'simul' hatte, nicht mit einem Fortschritts-
gedanken verbinden."[15] Denn erstens hat Schloenbach inzwischen nachgewiesen, daß sich das 'simul' durchaus mit
einem Wachsen des Glaubens verträgt[16], und zweitens zeigen die bisher besprochenen Abschnitte, daß Luther schon
seit dem Auftauchen der besagten Bibelstellen gar nicht
mehr so ohne Bedenken den traditionellen Fortschrittsge-
danken vertreten hat. Denn er hat ja mit dem Komplex der
einschlägigen Zitate nur immer wieder betonen wollen,
daß die Vollkommenheit in diesem Leben nicht erreichbar
ist, wenn er damit auch ein relatives Wachstum nicht
ganz ausgeschlossen hat.

Auch die Abschnitte, die Pinomaa zur Verdeutlichung
der Wandlung in Luthers Denken anführt, sind recht un-
glücklich gewählt. Die Stelle in der 'Assertio', an
der letztmalig die Zitate von Ps 84,8 und 2 Kor 3,18
beieinanderstehen[17], interpretiert er zwar ganz richtig, wenn er schreibt: "Alle Ermahnungen in der Schrift,
die darauf gerichtet sind, daß wir das alte Wesen able-
gen sollen, um neu zu werden, bekräftigen, daß Reste
des alten Wesens und der Sünde in uns zurückbleiben"[18].
Aber er beachtet nicht, daß Luther schon im Röm-Kolleg
1515/16 die sonst in Verbindung mit den anderen beiden
zitierten Worte Phil 3,13 und Apk 22,11b unter die Bibelautoritäten einreiht, die die bleibende Sünde belegen, also schon in gleichem Sinne gebraucht wie 1520[19].

Ebenso vermögen die beiden Abschnitte, in denen nach
der zu vermutenden Wende noch Bibelstellen dieser Art
vorkommen, nicht das zu demonstrieren, was Pinomaa sich
von ihnen verspricht. Denn 'von Klarheit zu Klarheit'

---

15. Pinomaa, aaO, S. 119.
16. Schloenbach, Heiligung, S. 41ff.
17. 7,107,9ff.
18. Pinomaa, Profectio, S. 125.
19. 56,287,25ff.

(2 Kor 3,18) meint ja schon früher bei Luther "gar nichts anderes... als das Zunehmen im Glauben"[20]. Denn Pinomaa selbst hat eben erst eine Seite vorher festgestellt, daß schon 1514 in der Auslegung von Ps 83(84),8, wo auch Röm 1,17 als Beleg angeführt wird[21], und 1515 in der Auslegung von Röm 1,17[22], wo 2 Kor 3,18; Ps 84,8 und Phil 3, 15 vorkommen, diese Stellen den Sinn haben, daß, wenn überhaupt eine Entwicklung stattfindet, diese im Rahmen des Glaubens bleibt[23]. Eben dieses Verständnis ist es, das sich, später verbunden auch mit Apk 22,11b, für diese Gruppe von Bibelzitaten als das seiner frühreformatorischen Zeit eigentümliche allmählich herausschält, wie wir jetzt feststellen können, aber eben schon 1514 ansatzweise zum Vorschein kommt, während etwa die Deutung, bei der diese Gruppe die verschiedenen Grade vom Anfänger bis zu den Vollkommenen – zu denen Luther übrigens schon damals ein recht distanziertes und reserviertes Verhältnis zeigt –, bezeichnen soll, sich als die aus der Tradition übernommene, später aber abgelehnte erweist[24].

---

20. Pinomaa, aaO, S. 125f. Das Zitat von 9,572,6f auf S. 126, Anm. 22, ist unvollständig. Es fehlen gerade die entscheidenden Worte "im glauben".
21. 3,650,14ff.
22. 56,173,7ff.
23. Pinomaa, aaO, S. 124. In der Auslegung von Röm 1,17 von 1515 wird auch schon die traditionelle Deutung (der Apparat weist auf die Glossa ordinaria hin), daß "ex fide in fidem" bedeute, ex fide "patrum antiquae legis in fidem novae legis", als mögliche Auslegung besprochen, aber doch zugunsten der oben erwähnten abgelehnt: 56,173,2ff. Also bringt die Adventspostille von 1522 gar nichts Neues, wie Pinomaa, aaO, S. 126, meint. Sie zeigt nur, daß Luther in einem Zusammenhang, wo vom Unterschied zwischen dem Glauben der Väter und dem Glauben der Christen die Rede ist, die altchristliche Auslegung von Röm 1,17 doch brauchbar erscheint. Zum Gedanken der profectio hat dieser Abschnitt selbstverständlich keinerlei Affinität: 10 I 2,4,15ff: über Röm 13,11ff.
24. Vgl. z.B. 3,512,25ff, wo von Luther auch noch die vielfache Schriftdeutung verteidigt wird, die er später bekämpft.

Daß der Ansatz zu Luthers eigener Deutung, wie
wir gesehen haben[25], auf die Zeit zwischen 1513 und
1515 zu verlegen ist, wird auch am Kontext der Zitate von Apk 3,16f und Mt 5,6 (letzteres ist auch bei
Pinomaa in der Liste der profectio-Stellen aufgeführt[26])
bzw. Mt 5,5 in der 1. Ps-Vorlesung deutlich. Erstmalig
stehen sie in der Auslegung von Ps 69(70),6 beisammen
und betonen dort, daß die Heiligen, wie weit sie auch
fortgeschritten sein mögen[27], immer bekennen, nicht zu
haben und deshalb noch bedürftig zu sein[28]; dann wieder bei Ps 92(93), wo Luther ausdrücklich betont, daß
er Ps 4 bei seinem ersten Auslegungsversuch nicht richtig verstanden habe, und ihn deshalb neu auslegt. Seine
bisherige Deutung war nämlich ebenso, wie er es bei anderen beanstandete, "extra crucem Christi" geschehen,
d.h., er hatte nicht berücksichtigt, daß der Christ
wie Christus immer gedemütigt und angefochten sein und
bleiben müsse, wodurch dann aber der Unterschied zwischen Anfängern und Vollkommenen nivelliert wird[29].

Es ist also Luthers passive Demütigungs- und Anfech-
tungstheologie, auch 'theologia crucis' genannt, die
sich hier angebahnt hat und die auch mit dem besprochen-
nen Komplex von biblischen Belegstellen ausgedrückt werden kann. Sie ist es, die schon sehr bald und nicht erst
viel später, wie Pinomaa meint[30], verhindert, daß der
Christ auf seine eigene positive Entwicklung zurück-
blicken und somit aus der Heiligung heraus in ihr Gegenteil, den Hochmut, fallen kann.

Vielmehr tritt später, eben um 1519/20, bereits wieder eine Umkehrung in dieser Hinsicht ein. Die Humili-
tastheologie hatte nämlich nicht nur den Hochmut, son-

---

25. s.o. S. 100f; dazu Prenter, Richter, S. 142.
26. Pinomaa, Profectio, S. 122.
27. Beachte die konzessive Konstruktion!
28. 3,442,31ff.
29. 4,87,39ff.
30. Pinomaa, Profectio, S. 126.

dern auch die Heilsgewißheit strikte ausgeschlossen[31],
ja selbst das Suchen nach Heilsgewißheit als grund-
falsch herausgestellt[32]. Inzwischen jedoch hat Luther trotz allem Heilsgewißheit erlangt und kann es
wagen, auch positive Aussagen über die (freilich als
fremde immer extra nos in Christus gegründete) Gerechtigkeit zu machen, z.B. in einer Predigt während
der Leipziger Disputation: "An gottis gnaden soll
nymant verzweyfeln, ßunder wider alle welt und alle
sund festiglich auf Gottis hilf sich verlaßen." "So
ligt nu dran, das man wisse, ob man Gotis gnaden er-
langet hab. Dann man mus wissen, wie man mit Got dran
sey, soll anders das gewissen frolich sein und be-
steen..., wie er glaubt, so hat er..."[33]. "Nun wird
der Scholastik nicht mehr der Vorwurf gemacht, sie
verführe den Menschen zur securitas, sondern nun wird
sie darum abgelehnt, weil sie nicht fähig sei, dem
Menschen wirkliche Gewißheit seines Heils, eine wirklich zureichende Antwort auf die Frage nach seiner
Seligkeit zu verschaffen."[34] Eben damit hängt ja auch
Luthers gewandeltes Verhältnis zur mehrfachen Schriftdeutung, die er jetzt ablehnt, zusammen[35].

Diese veränderte Einstellung in der Frage der Heilsgewißheit hat der Reformator offensichtlich gewonnen
durch sein neues Verständnis des Evangeliums im Gegen-

---

31. Vgl. Gyllenkrok, Rechtfertigung, S. 65ff.
32. Müller-Streisand, Weg, S. 25ff. Wenn Prenter, Richter,
    S. 144, meint, Luther kämpfe nur "gegen die fleischliche
    Sicherheit", so ist dem entgegenzuhalten, daß er damals
    gar keine andere als fleischliche Sicherheit kannte, da
    das Wort Gottes, an das er sich halten mußte, noch
    immer kein vom Gesetz scharf unterschiedenes, reines
    Evangelium war.
33. 2,247,32ff; 249,3ff: Pred. über Mt 16,13-19; 29.6.
    1519; vgl. Gyllenkrok, aaO, S. 74; Bayer, Promissio,
    S. 30f.
34. Müller-Streisand, Weg, S. 77.
35. s.o. S. 156ff.

satz zum Gesetz und entsprechend des Glaubens als Annehmen des Verheißungswortes[36].

Die eben aufgezeigte Wandlung läßt sich in ihrer
Wirkung auf Luthers Rechtfertigungslehre ganz deutlich
an der schon erwähnten Reihe der Verteidigungsschriften
gegen die Bannandrohungsbulle ablesen. Nach 'Adversus
execrabilem Antichristi bullam' folgt 'Wider die Bulle
des Endchrists'. Darin wird bei Art. 2[37] zurückverwie-
sen auf den 'Sermon von der Taufe' aus dem Jahre 1519,
wo ebenfalls das Thema der bleibenden Sünde verhandelt
ist, und zwar mit den Belegstellen Röm 7,18; 8,1 und 1
Joh 2,1f[38]. Wie Bayer festgestellt hat, läßt sich an
diesem Sermon ein weiterer Fortschritt in des Reformators Verständnis der promissio ablesen[39]. So
findet sich darin etwa der bekannte Satz, der die
neugewonnene Heilsgewißheit ausdrückt: "Gleubstu,
ßo hastu."[40] Vor allem aber wird die Wirkung der
Taufe darin gesehen, daß wohl von uns der Kampf gegen die Sünden im einzelnen gefordert, uns aber
gleichzeitig Gottes Gnade ungeteilt und unbegrenzt
verheißen wird. Diese Vorstellung wird dann in der
'Assertio omnium articulorum' ansatzweise in den Unterscheidungen von peccatum regnans und peccatum reg-
natum auf der Seite des Menschen[41] und von favor und
sanativer gratia (später = donum) im Begriff der Gnade auf Seiten Gottes[42] zum Ausdruck gebracht.

Am Ziel der Entwicklung steht dann die längere Abhandlung 'Rationis Latomianae confutatio', in der
zwar der 2. Artikel der Bulle nur kurz, belegt mit

---

36. Müller-Streisand, Weg, S. 76; Gyllenkrok, Rechtferti-
    gung, S. 74ff; vgl. auch u. S. 626.
37. 6,623,5.
38. 2,730,3ff.
39. Bayer, Promissio, S. 255ff.
40. 2,733,35.
41. 7,103,34-36; 109,36f.
42. 7,109,17ff.

Röm 7,18f und Joh 13,10, verteidigt wird[43], die ähnliche Hauptthese aber, nämlich "omne opus bonum in
sanctis viatoribus esse peccatum", sehr ausführlich
mit der neuen Begrifflichkeit und einigen eindrucks-
vollen Bildern expliziert wird[44]. Luther führt hier
aus, daß der Mensch so lange der ungeteilten Huld Gottes im Glauben gewiß sein könne, wie er seine immer
bleibende, aber doch grundsätzlich besiegte Restsünde
in Schach halte[45]. Damit ist ein doppelter Gerechtig-
keitsbegriff verbunden, nämlich das Nebeneinander von
imputierter, vollkommener, aber extra nos bleibender
Gerechtigkeit Christi und effektiver, immer unvollkom-
men bleibender Gerechtigkeit des Glaubenden in ihm
selbst. Der erste Aspekt ist gegenüber früher neu hinzugekommen, und dadurch verliert der zweite seine Al-
leinherrschaft[46], d.h., die Rechtfertigung wird nicht
mehr als ein immerwährender, in diesem Leben grundsätzlich nicht abschließbarer Prozeß auf seiten des Menschen verstanden, wofür ja Apk 22,11b einer der Belege
war, sondern das Verheißungswort begründet schon
jetzt ein dauerndes, neues Gottesverhältnis, indem
Gott den ganzen Menschen um Christi willen auf einmal gerecht spricht, auch wenn auf dessen Seite dazu die hinreichenden Voraussetzungen fehlen. Die
einzige Bedingung ist dabei nur, im Kampf gegen die
Sünde nie zu erlahmen; es ist aber nicht unbedingt
gefordert, aufweisbare Geländegewinne zu erzielen.
Dabei kann und soll der Mensch immer wieder wegblicken
von sich selbst, von seiner dauernd unvollkommenen Gerechtigkeit, aber auch von seiner bleibenden Restsünde
auf die fremde Gerechtigkeit Christi, die ihm im Verheißungswort, das an die Stelle des demütig zu ertra-

---

43. 8,57,3-31.
44. 8,58,7ff; eine gründliche Analyse der ganzen Schrift
    bietet Hermann, These.
45. 8,95,23ff.
46. Vgl. Bayer, Promissio, S. 348.

genden Todesurteils getreten ist, zugesprochen wird[47].
Die Gewissensqualen können so gestillt werden, und damit ist der Mensch eben doch in gewissem Sinne schon
am Ziel - Phil 3,12f wird dadurch also in seiner Bedeutung eingeschränkt -. Die Gefahr, daß er dort ausruhen
könnte (vgl. Apk 3,17) ist dadurch gebannt, daß ihm die
Restsünde, die Luther ja weiterhin todernst nimmt, dazu
gar keine Zeit läßt.

Der Erfolg dieser Neuformulierung der Rechtfertigungslehre ist also, daß das Element der Unabgeschlossenheit,
Ungewißheit und ständigen Überforderung darin stark an
Bedeutung verliert und mit ihm auch der Komplex der dazugehörigen Bibelstellen. So ist etwa in der Schrift gegen Latomus, 1521, davon nur noch eine knappe Anspielung
auf 2 Kor 4,16 (de die in diem) geblieben[48].

Als Kardinalstelle für den Nachweis des Bleibens der
Restsünde im Menschen dient dem Reformator nun offensichtlich Röm 7, weil in der Verbindung dieses Kapitels
mit dem achten, wie er sie versteht, ganz besonders deutlich gleichzeitig auch die bereits geschenkte Gerechtigkeit zum Ausdruck kommt, also das 'simul iustus et peccator' hier am klarsten belegt zu sein scheint. Deshalb
nimmt die Auslegung von Röm 7 auch so besonders breiten Raum in der Schrift gegen Latomus ein[49].

Mit diesen Überlegungen erheben wir natürlich nicht
den Anspruch, die Gesamtheit der Gründe aufgewiesen zu
haben, die zum Verschwinden der drei Apk-Stellen 3,17;
21,27 und 22,11b geführt haben; doch glauben wir immerhin, einige wichtige Motive gefunden zu haben, die dieses Phänomen verständlich machen können.

---

47. Vgl. Kasten, Taufe, S. 204.
48. 8,111,33. Der Gedanke eines Fortschreitens im Sinne
    eines Wachstums, den Schloenbach, Heiligung, S. 34ff,
    auch noch für die spätere Zeit bei Luther nachzuweisen
    bemüht ist, ist damit natürlich noch nicht ganz ausge-
    schlossen. Aber sein vorübergehendes starkes Zurücktre-
    ten um 1520, das schon Bläser, Rechtfertigungsglaube,
    1953, S. 35f, festgestellt hat, ist nicht zu verkennen.
49. 8,99,26-126,14.

18. Kapitel

Andere systematische Gesichtspunkte

In welchen sonstigen Gedankengängen Apk-Stellen eine gewisse Rolle spielen, soll hier nur noch kurz erwähnt werden.

Die hymnischen Sätze in Apk 7,10.12: "salus Deo nostro et agno" und: "benedictio et claritas[1] et sapientia et gratiarum actio, honor, virtus et fortitudo deo nostro" bedeuten wie Röm 8,31, daß Heil und Segen ganz allein in Gottes Hand sind und daß sich deshalb der Christ durch die Verwünschungen der Menschen nicht anfechten lassen soll[2]. Die Menschen glauben ja oft für Gott zu kämpfen, und kämpfen in Wirklichkeit gegen ihn, da sie Gottes verborgenen Willen verkennen, und so macht er ihre Weisheit zuschanden. Im Glauben ist er anwesend; dieser ist das Heiligtum, in dem er sich aufhält, während der Vorhof, der den Heiden gehört, die Werkheiligkeit, nicht berücksichtigt wird (Apk 11,2)[3]. Viel ernsthafter jedoch als die Anfechtungen durch Menschen sind die Anfechtungen durch die Sünden; denn diese sind unvergänglich, und ebenso unsterblich sind die Dämonen, die uns vor Gott verklagen, wie Apk 12,10 sagt. Damit will Luther die Schwere und schiere Aussichtslosigkeit der Prädestinationsanfechtung aufzeigen, in der auch Gott gegen uns zu stehen scheint[4].

---

1. "charitas" in der WA ist offensichtlich ein Druckfehler.
2. 5,94,1ff: zu Ps 3,9.
3. 5,49,37ff: zu Ps 2,2, und 7,802,10ff: Sermon von dreierlei gutem Leben. Luther hat also das, was traditionellerweise als Kirche verstanden wurde, nämlich den Tempel (z.B. Glossa ordinaria zu 11,1; MPL 114,730; dazu Haugg, Zeugen, S. 125f), tropologisch in eigener Deutung auf den Glauben übertragen. In 5,360,11f nennt Luther die Engel vornehmlich den Tempel Gottes, die Engel, die in geheimnisvoller Weise die Genossen der Menschen sind, wie Apk 19,10 und 22,9 zeigen.
4. 5,385,17ff: zu Ps 13,1-3. Zum Verhältnis von Gott und Satan in solchen Anfechtungen vgl. Beintker, Überwindung, S. 94ff.

Das 12. Kapitel der Apk bietet auch jetzt wieder
mehrfach Aussagen für die Beschreibung des Satans.
Schon früher haben wir die beiden Stellen besprochen,
in denen der Satan als der Urheber der verschiedenen
Verfolgungen in der Kirchengeschichte gekennzeichnet
wird[5]. Wieder nennt Luther den Satan auch die "alte
Schlange" (Apk 12,9)[6].

> Wie er in der Leipziger Disputation "subtus terram"
> als Aussage über die Seelen im Fegfeuer ablehnt und
> in die Beschreibung der Schöpfung, wo dieser Aus-
> druck ja eigentlich auch hingehört, einordnet, ist
> oben ausführlich dargestellt[7].

Die Vorstellung, daß das AT das Buch mit 7 Siegeln
ist, das erst durch das Lamm, das erwürgt ist, d.h.
durch den gekreuzigten und auferstandenen Christus, ge-
öffnet werden kann, war schon in der Praefatio zu den
'Dictata' angeklungen[8] und wird im Weihnachtsteil der
Kirchenpostille 1521 als Beleg für die Theorie herangezogen, daß das NT nichts anderes sei als "eyn auffthun
und offenbarung des alten testaments"[9].

Über die Eigenart der Geistesgaben äußert sich Luther in einem Brief an Spalatin. Sie können nicht ruhig
bleiben. Man muß mit ihnen wuchern (Mt 25,14ff) und sie
vermehren, oder sie gereichen zum Schaden. Darum mahnt
Christus auch die Gemeinde von Philadelphia: "Halte, was
du hast, damit niemand anderes deine Krone bekomme"
(Apk 3,11)[10].

In der Auseinandersetzung um das richtige Verständnis der Buße zitiert Luther Apk 3,20, das Wort von Christi Anklopfen, ehemals ein Beleg für die Vorstellung der

---

5. 7,769,19ff; 8,294,4ff; vgl. o. S. 198.
6. Br 2,187,5 = Enders 2,481,6, und Br 2,189,12f = Enders
   2,484,16: 28.9. und 1.10.1520; vgl. Steinlein, Ein feste Burg, S. 122.
7. S. 181ff.
8. 55 I 1,10,1ff.
9. 10 I 1,626,2ff: über Mt 2,1-12; 10 I 1,181,24ff: über
   Joh 1,14.
10. Br 2,185,34ff = Enders 2,479,48ff: 11.9.1520.

syntheresis[11], um zu zeigen, daß nicht die Galgenreue, sondern die von Gott gewirkte und durch seine Gnade auch wieder überwundene Anfechtung die rechte Bereitung zur wahren Buße sei[12]. Die Erneuerung ist die schriftgemäße, ausreichende Beschreibung des gesamten Bußgeschehens, während die Genugtuungsbestimmungen vom Satan aus Rache (vgl. Apk 12,12) eingeführt worden sind, um damit die Gewissen zu quälen[13].

> Während der Leipziger Disputation ist der Reformator, wie wir gesehen haben[14], auf seinem Weg von der vorsichtigen Anzweiflung des Fegfeuers hin zur Annahme eines Seelenschlafes während des Zwischenzustandes der Toten einen Schritt weitergekommen durch das von Eck erzwungene Eingehen auf Apk-Stellen, gegen die er selbst mit anderen Apk-Zitaten argumentiert hat.

An sonstigen eschatologischen Aussagen werden im Kontext eines Zitates von Apk 1,7, das erst später behandelt werden soll[15], die Wiederkunft Christi und wieder mit Apk 14,13 ("Selig sind, die in dem Herrn sterben") christliches Sterben beschrieben, das, weil es mit dem Blick auf Christus geschieht, sich ganz ruhig vollziehen kann[16], wie Luther ja auch schon 1516 sagen konnte[17]. Das Zitat von Apk 22,20 in der Schrift gegen Catharinus haben wir bereits besprochen[18].

---

11. 55 II 1,113,4; vgl. o. S. 114f.
12. 7,363,22ff: Grund und Ursach, Art. 7, 1521.
13. 7,769,10ff: gegen Catharinus, 1521.
14. o. S. 187.
15. 7,490,1f; s.u. S. 353.
16. 2,689,3ff: Sermon von der Bereitung zum Sterben; 4,712, 36ff: Sermon über Mt 6,24, nach Vogelsang, Datierung, S. 135, wohl gehalten am 9.9.1520.
17. 31 I,467,35f: Scholie zu Ps 22(23),4 (Die Stellenangabe fehlt in der WA am Rand.); vgl. o. S. 102f.
18. s.o. S.120, auch u. S. 579f.

Zusammenfassung

1. In den Schriften aus der Zeit von Anfang 1519 bis Oktober 1521 hat die Häufigkeit von Apk-Zitaten gegenüber
   der von Zitaten aus anderen biblischen Büchern nur wenig
   abgenommen. Dagegen zeigen sich bei der Wahl der Zitate
   innerhalb der Apk auffällige Verschiebungen.

2. Diese Veränderungen lassen sich durch Luthers Entwicklung in dieser Zeit erklären. Die Auseinandersetzung
   um die Ablaßthesen hat sich sehr schnell in einen grundsätzlichen Streit um den Primat des Papstes verwandelt.
   In dessen Verlauf mußte Luther feststellen, daß sich
   der 'Stellvertreter Christi' über die Wahrheit der Schrift
   hinwegsetzte und daß auch Kirchenväter und Konzilien sie
   nicht immer festgehalten hatten. Von seinen Gegnern wurde der Wittenberger dazu getrieben, schließlich nur noch
   die Bibel als Autorität anzuerkennen und das Papsttum als den Antichrist zu verwerfen. Daraus ergeben
   sich zwei wichtige Konsequenzen für Luthers Schriftauslegung:
   a) Luther mußte die Eindeutigkeit der Schrift prinzi-
      piell behaupten, weshalb er einerseits Allegorisie-
      rung einschränkte und andererseits den Kanon kriti-
      sierte. Beidemale war die Apk davon betroffen.
   b) Für die Bekämpfung des antichristlichen Papsttums
      und der mit ihm verbundenen scholastischen Theolo-
      gen gewannen plötzlich die apokalyptischen Partien
      der Bibel, voran 2 Thess 2, große Bedeutung. In
      diesen Sog geriet auch die Apk.

3. Vorläufig jedoch äußert Luther noch keine Kritik an
   der Beweiskraft von Apk-Zitaten. Vielmehr erhält sogar
   die allegorische Deutung von Visionen des letzten Bibelbuches neuen Aufschwung in der antirömischen Polemik.

4. Auseinandersetzungen mit altgläubigen Gegner wie z.B.
   die Leipziger Disputation, auf der auch um Apk-Zitate
   wie 21,2; 21,14; 5,3.9.13; 21,4 und 14,13 gestritten
   wurde, dürften freilich in Luther schon eine gewisse
   Abneigung gegen Beweisstellen aus der Apk geweckt haben.
   Sie zeigen aber auch, daß Luther dem Sinn dieser Stellen

viel näher kommt als seine traditionsfixierten Gegenspieler.

5. Die Konsequenzen von Luthers Entwicklung auf systematischem Gebiet zeigen sich vor allem in der Ekklesiologie.
Selbst die Zitate, die positiv die universale Kirche beschreiben, erhalten kritische Funktion gegenüber der
herrschenden kirchlichen Praxis. Dazu gehören Apk 5,10
und 20,6, mit denen Luther neben 1 Petr 2,9 das allgemeine Priestertum der Gläubigen begründet, Apk 21,22,
womit er das Meßopfer bestreitet, und die Gleichsetzung
von Engeln und Bischöfen überall in der Apk, durch die
es ihm möglich wird, die Engel, die Unheil über die
Welt bringen, in kirchengeschichtlicher Deutung mit
Päpsten zu identifizieren.

6. Die Plagenvisionen in den Kapiteln 6, 9 und 15f benützt
Luther jetzt, um gegen die von der Philosophie verdorbenen Scholastiker und die Dekretisten zu polemisieren.
Ganz besonders ausführlich geschieht das in der Schrift
gegen Ambrosius Catharinus anhand einer bis ins Kleinste
ausgesponnenen allegorischen Deutung von Apk 9,1-11.

7. Ab 1519 identifiziert Luther Rom mit der babylonischen
Hure von Apk 17f und die römische Kirche mit der Satanssynagoge von Apk 2,9(3,9), worin ihm die Böhmen und andere romfeindliche Bewegungen vorangegangen sind, 1520
auch mit dem Sitz des Satans von Apk 2,13, anscheinend
ohne Vorbild, und ab 1521 mit dem zweiten Tier aus Apk
13. Alle diese Schlagworte hatte Luther schon in der 1.
Ps-Vorlesung verwendet, aber gegen Feinde außerhalb der
Kirche. Jetzt erklärt er die römische selbst zur Antikirche.

8. Die bisher zum Thema Sünde-Rechtfertigung-Heiligung zitierten Apk-Stellen 3,16f; 22,11b und 21,27 erscheinen
1519/20 für längere Zeit letztmalig. Das haben sie jedoch mit den anderen immer wieder im gleichen Sinne verwendeten Bibelstellen gemeinsam. Der Grund für das Verschwinden dürfte in der Entdeckung des Evangeliums als
Verheißung, die die früher abgelehnte Heilsgewißheit
ermöglicht, zu suchen sein.

9. In christologischem Sinne zitiert Luther überhaupt keine Stelle mehr. Ansonsten tragen Apk-Stellen zu den The-

men Anfechtung, Satan, Schöpfung, Schriftauslegung, Geistesgaben, Primat des Papstes, Buße, Fegfeuer und Totenschlaf Aussagen bei.

Vierter Abschnitt
==================

Die überwiegend kritische Phase (Herbst 1521 bis Herbst 1529)
===

A. = 19. Kapitel

Formale Beobachtungen

In Luthers Werken aus der Zeit von Herbst 1521 bis
Herbst 1529 finden sich zusammen 82 sichere und 15 unsichere Bezugnahmen auf Apk-Stellen[1]. Dazu kommen ab Oktober 1521 noch 8 Äußerungen, in denen der Reformator die
Apk als ganze erwähnt oder beurteilt. Das geschieht dann
besonders auch in den beiden Vorreden, in der zur Übersetzung der Apk im NT von 1522 und in der zu einem älteren anonymen Apk-Kommentar 1527. Außerdem kommen noch die
21 Illustrationen zur Apk, ebenfalls im NT von 1522, in
Betracht[2] und eine deutende Randglosse in der Ausgabe von
1526. Beachtung verdienen auch 22 in der WA enthaltene,
aber nicht von Luther selbst stammende Zitate, da er sie
sicher gelesen hat und sie teilweise typisch sind für

_____

1. Wegen der Nachträge und unsicheren Stellen s. Tabellen 1-5, S. 529, Anm. 12 zur Statistik, und u. S. 349f.
2. Über den Anteil Luthers an ihrer Entstehung s.u. S.
   316ff.
3. Es handelt sich um folgende Stellen: ein Zitat von Apk
   7,14 in einem fremden Gebet innerhalb des 'Betbüch-
   leins' (10 II,446,22-24); ein Zitat von Apk 14,13 in
   der Verurteilung der Artikel von Arsacius Seehofer
   durch die Universität Ingolstadt, von Luther 1524 mit
   polemischen Zusätzen herausgegeben (15,116,6f); 4 antirömisch gewendete Zitate aus der Apk in einem Brief von
   Otto Brunfels aus der Mitte des Jahres 1524, mit dem er
   Luther hussitische Schriften widmet (Br 3,333ff); der
   Hinweis auf Apk 18 und 19 in einem Brief Müntzers an
   Albrecht von Mansfeld vom 18.5.1525, von Luther in 'Ei-

'papistische' oder 'schwärmerische' Zitierung der Apk[3].

Die Zahl der Apk-Zitate pro Jahr nimmt nach 1522 stark
ab, nicht nur absolut, sondern auch im Verhältnis zu anderen Bibelstellen, und bleibt dann auf einem relativ
niedrigen Niveau bis 1529[4].

Wie die Zitatenstatistik[5] zeigt, ist von den ursprünglich bei Luther am häufigsten angeführten Abschnitten 3,
15-17 (Ruhe und Sicherheit) aus dem 7. Sendschreiben ganz
verschwunden[6], ebenso fehlen 21,27 (Unreinheit) und 22,
11b (Wer gerecht ist...), wie schon im vorigen Abschnitt
bemerkt, ganz. Dagegen setzt sich die 1520 begonnene Zitierung von 22,11a (Wer unrein ist...) weiter fort. Aus
Kap. 12, dem zentralen Kapitel der Apk, verwendet Luther
wie immer V. 9 und 10 (der Satan als die alte Schlange
und der Verleumder), überhaupt gewinnt der Drachenkampf
jetzt allmählich an Interesse. Apk 14,13 (Sterben, gute
Werke) bleibt weiterhin im Repertoire der Beweisstellen,
auch halten sich 3,19 (Züchtigung) und 3,20 (Anklopfen)
durch, letztere Stelle kommt speziell 1524/25 mehrfach
vor.

Von den ab 1518/19 aufgetauchten antipäpstlichen Zitaten ist 2,9 (Synagoge des Satans) etwas seltener geworden (2,13: Sitz des Satans, fehlt ganz). Das gerade erst
erwachte Interesse an den Plagenvisionen 9,1-11 (Heuschrek-
ken) und damit verbunden Kap. 6 (7 Siegel) und 16 (7 Scha-

---

ne schreckliche Geschichte' veröffentlicht (18,371,30f);
7 Apk-Zitate in dem Brief Melchior Hoffmanns vom 22.6.
1525, den er dem 'Sendschreiben Luthers an die Christen
in Livland' hinzufügen durfte (18,426ff); ein gegen Luther gerichtetes Zitat von Apk 3,17 in einem Brief König Heinrichs VIII. von England an Luther von 1526 (Br
12,90,649ff) und schließlich noch 6 ebenso antilutheri-
sche Beschimpfungen in Form von Worten aus der Apk in
einem Brief Joh. Hasenbergs an Luther vom 10.8.1528
(Br 4,519ff).

4. Genaueres s. Tabelle 8; dazu o. S. 11f.

5. s. Tabelle 9.

6. Nur in Schriften anderer Verfasser, soweit sie in die
WA aufgenommen sind, kommt dieser Abschnitt jetzt mehr-
fach vor, z.T. gerade gegen Luther selbst gewendet, vgl.
Anm. 3 und u. S. 308f.

len) läßt sehr schnell wieder nach. Dagegen entdeckt Luther für die Antichristpolemik jetzt erst allmählich Kap.
13, besonders V. 16f (das Malzeichen) und aus der noch
beliebter werdenden Vision von der Hure Babylon in Kap.
17f neuerdings auch 18,6.7 (doppelt einschenken! Vergeltung!). Außerdem werden nur in dieser Periode Gog und
Magog (Apk 20,7f) auf die katholischen Geistlichen bezogen.

Ganz neu ist die Beschäftigung Luthers mit 13,8(17,8),
einem Vers, der im Sinne des Reformators davon spricht,
daß Christus, das Lamm, von Anfang der Welt an erwürgt
sei. In dieser Periode kommt es 1525 mehrfach vor, dann
einige Zeit nicht mehr.

Für einige der Veränderungen wurde schon im vorherigen
Teil eine Erklärung zu geben versucht, z.B. was den Komplex 3,15ff; 22,11b und 21,27 betrifft. Die antipäpstliche Polemik wird nach 1522 quantitativ weniger und ver-
lagert sich auf andere Zitate. Dafür muß noch eine Erklärung gesucht werden.

Vor allem jedoch beginnen mit Ende des Jahres 1521
die expliziten Werturteile über die Apk als ganze. Insbesondere Luthers erste Vorrede auf die Offenbarung verdient eine genauere Interpretation. Der Vergleich dieser Aussagen mit der praktischen Verwendung der Apk und
einzelner Zitate aus ihr kann in diesem Teil nur als
Korrektiv und Ergänzung dazu verstanden werden. Bevor
wir jedoch die hermeneutischen Implikationen von Luthers
Urteilen über die Apk untersuchen können, müssen wir uns
wieder kurz einen Überblick über die Entwicklung von Luthers Theologie und Schriftverständnis auf Grund der sich
wandelnden politischen, persönlichen und kirchlichen Verhältnisse verschaffen.

B. Hermeneutische Beobachtungen

20. Kapitel

Die Entwicklung allgemein

Im letzten Teil hatten wir gesehen, wie Luther nach
seiner Entdeckung des paulinischen Evangeliums in der

Auseinandersetzung mit der scholastischen Theologie die
Tradition gegenüber der Schrift als Offenbarungsquelle
abwertete und als Ausgleich dazu die Klarheit und Suffizienz des Bibelwortes verteidigen mußte. Daraus hatte
sich eine Disqualifizierung der Allegorese für die theologische Auseinandersetzung und eine Überprüfung der Kanonizität einzelner Schriften als Konsequenzen ergeben.
Beides hatte sich jedoch bis Herbst 1521 noch nicht ausdrücklich in der Beurteilung der Apk durch Luther bemerkbar gemacht, und das, obwohl auch diese in der Alten Kirche zu den Antilegomena zählte und voll dunkler Bildreden
war, die von Luthers Gegnern oft in unzulässiger Weise
für ihre Argumentation in Anspruch genommen wurden. Die
Verzögerung mag, wie gesagt, u.a. darauf zurückgehen,
daß der Wittenberger in derselben Zeit im Gefolge anderer apokalyptischer Schriften der Bibel auch einige Abschnitte der Apk für die Polemik gegen den römischen Antichrist und seine Anhänger entdeckte.

Es bedurfte erst noch einiger weiterer Anstöße, um
die Apk für längere Zeit in Luthers Augen vollkommen
suspekt zu machen, und diese liegen in den Erfahrungen,
die er seit seinem Wartburgaufenthalt mit den von ihm
so genannten Schwärmern machen mußte. Einige Stationen
dieser Auseinandersetzung verdienen unsere Aufmerksamkeit, weil sie möglicherweise entscheidend waren für
die Weichenstellung in Luthers Beurteilung der Apk[1].

Als der 'Junker Jörg' auf der Wartburg, seinem 'Patmos' (nach Apk 1,9), im Exil etwas zu sehr isoliert war,
um die von ihm entfachte reformatorische Bewegung zu
lenken, suchte sich sein Kollege Karlstadt als Führer
der Wittenberger zu profilieren[2]. In Disputationen und
gedruckten Schriften behandelte er aktuelle Themen wie
Gelübde, Zölibat und Messe. Als Luther Anfang August

---

1. Zu diesem Abschnitt vgl. Ebeling, Evangelienauslegung,
   S. 311ff und 332ff.
2. Vgl. Barge, Karlstadt I, S. 264ff; Köstlin - Kawerau,
   Luther I, S. 462ff.

1521 eines dieser Bücher, nämlich 'Super coelibatu, mo-
nachatu et viduitate'[3], in die Hand bekam, hatte er zwar
an der Zielsetzung nichts auszusetzen, aber Karlstadts
Umgang mit Bibelzitaten verurteilte er scharf. Die einen
waren ihm zu unklar, um darauf einen solch weittragenden
Schritt wie die Heirat von Priestern zu gründen, die anderen sprachen eindeutig von ganz anderen Dingen. Auf diese Weise mußten sich doch die Wittenberger, von denen man
Besseres zu lesen gewohnt war, dem Gespött der Altgläubigen aussetzen[4]. Luther ging deshalb selbst daran, Messe
und Gelübde in Schriften anzugreifen, und es war sicher
einer seiner Hauptgesichtspunkte dabei, bessere und kla-
rere Schriftstellen gegen diese Mißbräuche der 'Papisten'
ins Feld zu führen, als Karlstadt es getan hatte. Sein
Urteil hat sich vor allem niedergeschlagen in den Schriften von Ende 1521: 'De abroganda missa privata sententia'
- der Schrift, in der Luther erstmalig Kritik an der Apk
übt -[5] und: 'De votis monasticis iudicium'[6]. Auch in den
Invocavit-Predigten betont Luther diesen Gesichtspunkt[7].

Liegt diese Auseinandersetzung mit Karlstadt noch
im Bereich seines Kampfes gegen Rom, so kommt durch
die Begegnung mit den 'Zwickauer Propheten', die Ende
Dezember 1521 in Wittenberg auftauchten, eine neue
Frontstellung hinzu[8].

Luther erfuhr auf der Wartburg zunächst durch (ver-
lorene) Briefe Melanchthons nicht allzu viel von ihnen,
außer der Ablehnung der Kindertaufe etwa noch, daß sie
sich direkter Offenbarungen durch Gott rühmten. Ob ihm
auch schon der Inhalt ihrer apokalyptischen Voraussagen

---

3. Freys - Barge, Verzeichnis, Nr. 59-62.
4. Br 2,373,5ff und 380,20ff = Enders 3,210,1ff und 218,
   27ff; vgl. Barge, Karlstadt I, S. 295f; Mülhaupt,
   Luthers Testament, S. 21f.
5. 8(398)411-476; beachte besonders die Widmungsepistel,
   8,411f. Wegen des Urteils über die Apk s. u. S. 249f.
6. 8(564)573-669; hier vor allem das Nachwort, 8,668,23ff!
7. 10 III,1ff, z.B. 2,4ff und 22,8ff.
8. Hierzu vgl. Wappler, Müntzer, S. 58ff.

bekannt wurde, wie ihn ein Flugblatt vom Januar 1522
festgehalten hat, ist nicht sicher. Es heißt dort, die
Zwickauer hätten gesagt, "Martinus hab maystentails recht,
aber nicht in allen stücken, es werdt noch ein ander vber
yn kummen mit einem höhern gayst etc. Item, wie der Türck
kürtzlich soll teutschland einnemen etc. Item, wye all
pfaffen sollen erschlagen werden, ob sy schun weyber nemen etc. Item, das in kurtzem, vngeuerlich 5, 6, 7 Jaren,
soll ein solch ennderung in der welt weren, das kain vn-
frummer oder böß sünder solle lebenth vber pleiben etc."[9]
Luther empfahl vorläufig, mit Dtn 13,1ff; Apg 5,38f und
1 Joh 4,1 die Geister zu prüfen, ob sie ihre Träume äußerlich durch Wunder und innerlich durch Anfechtungen bestätigen können, und im übrigen abzuwarten, ob ihre Voraussagen eintreffen würden[10].

       Als Luther nach seiner Rückkehr im März durch die sog.
Invocavit-Predigten, also nur mit dem Wort[11], die Unruhe
gestillt hatte, die die Zwickauer in Wittenberg erregt
hatten, bot sich ihm Gelegenheit, die einzelnen 'Propheten' auch persönlich kennzulernen. Anfang April 1522 kam
Markus Thomä, genannt Stübner, mit Martin Cellarius und
einem weiteren Begleiter zu Luther. Das Gespräch, in dem
Luther die 'Propheten' selbst aufforderte, ihre Behauptungen, die in der Schrift nicht gegründet seien, durch Wunder zu belegen, bestärkte ihn in seinem Verdacht, daß der

---

9. Müller, Bewegung, S. 160f: Zeitung aus Wittenberg.

10. Br 2,423,61ff = Enders 3,271,84ff = BoA 6,90,28ff: an
    Amsdorf, 13.1.; Br 2,424,9ff = Enders 3,272,13ff = BoA
    6,92,1ff: an Melanchthon, 13.1.1522. Diese biblisch
    begründete abwartende Haltung gegenüber enthusiasti-
    schen Strömungen begegnet uns selbstverständlich auch
    früher schon. Sie spricht z.B. aus einem etwa hundert
    Jahre älteren Dokument, nämlich aus einem wahrschein-
    lich von Jakobel von Mies stammenden Brief vom 22.1.
    1420, der gegen die chiliastischen Taboriten gerichtet
    ist: Höfler, Geschichtsschreiber II, S. 835f; vgl.
    Machilek, Heilserwartung, S. 81.

11. s. besonders 10 III,18,12ff; vgl. Br 2,474,8ff = Enders
    3,312,9ff: an Hausmann, 17.3.1522.

arrogante Geist der Zwickauer vom Teufel stamme[12]. Später kam er auch mit Thomas Drechsel zusammen, der aus Erscheinungen und Träumen den Schluß zog, daß Gott der Welt zürne. Luther entgegnete darauf, er wisse das schon längst aus allen heiligen Schriften. Wenn jemand Privatoffenbarungen habe, müsse er schon etwas Neues zu sagen haben. Auch mit Nikolaus Storch hatte Luther noch 1522 eine Begegnung[13].

In der folgenden Zeit war Luther hauptsächlich mit der Ordnung des Kirchenwesens beschäftigt. Daher trat die Polemik gegen alte und neue Feinde allgemein zurück. 1524 freilich mußte er den Kampf gegen die 'Schwärmer', die inzwischen außerhalb Wittenbergs agitiert hatten, wieder aufnehmen. Gegenüber Karlstadt geschah dies insbesondere in der Ende des Jahres begonnenen zweiteiligen Schrift 'Wider die himmlischen Propheten'[14]. Darin apostrophiert Luther z.B. Karlstadts Beweisführung mit Bibelstellen anhand der Aussagen eines Orlamünders, der mit dem angeblich im Evangelium stehenden Satz: "Ich will mein braut nacket haben und wil ir das hemde nicht anlassen", die Zerstörung der Andachtsbilder rechtfertigen wollte[15]. Luther vergleicht Karlstadts Schriften wegen ihrer Langatmigkeit mit einem finsteren Urwald und sieht dies darin begründet, daß der heilige Geist "feyn, helle, ordenlich und deutlich reden" könne, während der Satan unver-

---

12. Br 2,493,17ff = Enders 3,328,22ff: an Spalatin, 12.4. 1522; vgl. u. S. 267f. Stübner soll gesagt haben: In sieben Jahren werdet ihr Zeichen sehen. Luther bezog das später auf den Bauernkrieg: TR 3,13,25f: Nr. 2837a (Cordatus, Dezember 1532) und 3,14,4f: Nr. 2837b (Mathesius).
13. TR 2,307,17ff: Nr. 2060 (Cordatus, August 1531); 3,14, 11ff: Nr. 2837a (Cordatus, Dezember 1532); 3,15,18ff: Nr. 2837b (Mathesius); 5,249,1ff: Nr. 5568 (Heydenreich, 1543). Mit Müntzer dagegen scheint Luther damals nicht persönlich zusammengetroffen zu sein; vgl. Dismer, Geschichte, S. 260f und 266.
14. 18(37)62-125; (126)134-214.
15. Das Zitat nach 'Acta Jenensia' in: 15,346,5f; Luthers Version der Begebenheit: 18,84,10ff; vgl. 18,93,15ff.

ständliches Zeug murmele und alles durcheinanderwerfe[16].

Der feste Grundsatz des Reformators, daß man, wenn man mit der Bibel einen Glaubenssatz begründen wolle, am genauen Wortlaut festhalten müsse[17], mußte sich jetzt ganz besonders in dem inzwischen neu hinzugekommenen Streit um das Verständnis der Abendmahlsworte bewähren. Karlstadts willkürlicher Beziehung der Satzglieder und seinem geistlichen Verständnis der Mahlgemeinschaft setzte Luther das Prinzip entgegen, daß alle Bibelstellen nach der natürlichen Sprachlogik zu interpretieren seien, wenn nicht die analogia fidei (Röm 12,6 Vulg.) ein anderes Verständnis erfordere[18]. Bei der Gelegenheit polemisiert er auch gegen Origenes und Hieronymus und distanziert sich von der Art, alles zu allegorisieren, die er selbst vor zehn Jahren noch, also etwa in der 1. Ps-Vorlesung, fleißig geübt hatte[19].

Zu Karlstadt gesellten sich bald die Schweizer mit ihrer unterschiedlichen Art, die Einsetzungsworte figürlich zu deuten, und Schwenckfeld, den Luther in eine Linie mit ihnen rückte. Ihnen gegenüber pochte der Wittenberger immer wieder auf den klaren Wortsinn[20]. Seine vorläufig abschließende Äußerung zu diesem Thema ist die Schrift 'Vom Abendmahl Christi' von 1528[21]. Auch darin betont er mehrfach, daß man in Glaubensfragen eine klare und zuverlässige biblische Grundlage haben müsse[22], und zeigt, daß, wenn man schon einmal anfängt, den Text umzubiegen oder im übertragenen Sinne zu verstehen, jeder

---

16. 18,101,12ff; vgl. 18,207,15ff.
17. 18,147,23ff.
18. Vgl. u. S. 301f.
19. 18,180,8ff; vgl. 16,67,13ff: Pred. über Ex 1 vom 19.11. 1524.
20. Vgl. den Titel der Schrift: 'Daß diese Worte Christi (Das ist mein Leib etc) noch fest stehen wider die Schwarmgeister', 1527: 23(38)64-283.
21. 26(241)261-509.
22. z.B. 26,262,31ff; 265,36ff; 342,28ff.

etwas anderes herauslesen muß[23]. Er läßt Allegorien nur
im Rahmen der analogia fidei zu[24] und fordert eine Behandlung von Metaphern nach den herkömmlichen Grammatikre-
geln[25], die er den Regeln der ontologischen Vernunft, wenn
es das Wort Gottes betrifft, kompromißlos überordnet[26].
Das Marburger Religionsgespräch vom Oktober 1529 fügt diesen Gesichtspunkten nichts wesentlich Neues mehr hinzu[27].

Neben der Allegorisiererei in Glaubensfragen bekämpft
Luther ab 1524 auch wieder besonders das neue, mit Mystik
verquickte Prophetentum, das sich noch weiter vom klaren
Schriftwort entfernt. In 'Wider die himmlischen Propheten'
greift er auch, wie der Titel schon anzeigt, den Geist
der 'Zwickauer Propheten' und Müntzers an, unter deren
Einfluß er Karlstadt stehen sieht. Ihre Forderung, alle
Fürsten und Gottlosen müßten erwürgt werden[28], ist für
Luther eine Ungeheuerlichkeit, die er nach dem Grundsatz
beurteilt, daß jeder, der etwas gegen die bisherige, von
Gott gegebene Ordnung vorbringt, sich durch Wunderzeichen
ausweisen müsse[29]. Da die neuen Propheten dergleichen
nicht aufzuweisen haben, ist er längst davon überzeugt,
daß sie Teufelspropheten sind[30]. Darum will er jeder-
mann vor ihnen gewarnt haben, weil sie unberufen lehren (vgl. Jer 23,21) und, statt Heilsgewißheit zu vermitteln, nur die Gewissen "mit seltzamen neuen worten"
verwirren[31].

Speziell mit Müntzers Predigt setzt sich Luther im
'Brief an die Fürsten zu Sachsen von dem aufrührischen

---

23. 26,262,26ff.
24. 26,390,28ff.
25. 26,271,20ff.
26. 26,443,8ff.
27. 30 III(92)110-171.
28. 18,92,5ff.
29. 18,96,27ff.
30. 18,93,30ff; 136,2ff; 139,8ff.
31. 18,213,17ff.

Geist' auseinander[32]. Seine Vorwürfe sind hier jedoch
im wesentlichen dieselben wie in den schon besprochenen
Schriften.

Aber Müntzer beruft sich nicht nur auf Träume und
unmittelbare Gespräche mit Gott, sondern führt auch
Schriftworte an, sogar in großer Anzahl, insbesondere
zur Begründung seiner Behauptung, daß dem einfachen Volk,
speziell den Bauern, das Gericht über die Herren und alle
Gottlosen, das jetzt endlich vollstreckt werden müsse,
übertragen sei. Die Bibelzitate, mit denen seine Aufrufe
zur Gewalt gespickt waren, stammten aus allen Teilen der
Bibel, vor allem jedoch aus prophetischen und apokalyptischen Abschnitten[33]. Bekannt ist besonders die sogenannte
Fürstenpredigt über Dan 2[34]. Sein Geist, so behauptet er,
sei der Geist des Propheten Elia, der die Baalspriester
schonungslos umbrachte[35].

Luther selbst hat nun in 'Eine schreckliche Geschichte und ein Gericht Gottes über Thomas Müntzer'[36] einige
Briefe Müntzers aus den letzten Tagen vor der Katastrophe
von Frankenhausen abgedruckt, in denen eine ganze Anzahl
von solchen Bibelstellen steht, und indem er die Nieder-
lage der Bauern als ein Gericht über Müntzer und seine
Prophetie ansieht[37], hat er auch schon das Urteil über
dessen Schriftauslegung gefällt. Luther sieht sich dadurch in seiner eigenen, anscheinend 1520/21 gewonnenen
Vorstellung von der Art, wie das Gericht über den Anti-

---

32. 15(199)210-221.

33. Leider sind die Nachweise in der 'kritischen Gesamt-
    ausgabe' der Schriften und Briefe Müntzers von G. Franz
    unzuverlässig, und es fehlt ein Gesamtregister der Bi-
    belstellen, so daß eine genauere Überprüfung von Münt-
    zers Umgang mit der Bibel sich sehr schwierig gestaltet.
    Über Müntzers Verwendung von Apk-Stellen s.u. S. 310f.
    Vgl. außerdem den Schluß, Teil II., b, u. S. 647ff.

34. Müntzer, Schriften, S. 241-263.

35. z.B. aaO, S. 504,29: Prager Manifest, 25.11.1521; 300,
    14ff: Ausgedrückte Entblößung, 1524; 322,6: Hochverur-
    sachte Schutzrede, Titel, 1524.

36. 18(362)367-374.

37. 18,367,2ff; 371,10ff; 373,20ff.

christ vollzogen werden soll, bestätigt. Denn hatte
er um die Mitte des Jahres 1520 zu Beginn seiner öffentlichen Polemik gegen Rom ganz ungeschützt die Meinung
vertreten, der Antichrist mit seinem Anhang solle, allerdings von der Obrigkeit, mit Waffengewalt umgebracht werden[38], und sich deshalb gegen berechtigte harte Angriffe
seiner altgläubigen Gegner verteidigen müssen[39], so hat
er, offensichtlich gegen Ende desselben Jahres, die Vorstellung entwickelt, daß der Antichrist nach Dan 8,25
ohne Hand, d.h. nicht durch die Laien, sondern entsprechend
2 Thess 2,8 durch den Hauch des Mundes Christi, nämlich
das neuentdeckte Evangelium, das Luther predigte und von
dessen mächtiger Wirkung in ganz Deutschland er so sehr
beeindruckt war, getötet werden solle[40]. Seitdem gehören
Stellen wie 2 Thess 2,8; Jes 11,4; Dan (2,34.45 und) 8,25
zu den Standardstellen im Rahmen der Antichristpolemik
und treten ebenbürtig neben die Stelle 2 Thess 2,4 und
andere, die Luther schon früher überzeugt hatten[41]. In

---

38. 6,347,17ff: Epitoma responsionis, 1520; 427,13ff:
    An den christlichen Adel, 1520.
39. 6,580,13ff; 582,20ff; 585,2: Von den neuen Eckischen
    Bullen, 1520; 6,620,15ff: Wider die Bulle des Endchrists,
    1520, und 7,645,28ff: Auf das überchristlich... Buch...
    Emsers, 1521; vgl. Meißinger, Luther, S. 234f.
40. s. 7,141,22f: Assertio omnium articulorum, Anfang Dezem-
    ber 1520 (die Angabe von 2 Thess 2,8 fehlt am Rand);
    Br 2,249,14f = Enders 3,73,17-19: an Spalatin, 16.1.1521
    (darin auch Absage an Hutten!); bes. aber 7,777,1ff:
    gegen Catharinus, 1521. - 2 Thess 2,8 wird auch schon
    6,604,40f (Adversus execrabilem Antichristi bullam,
    Oktober 1520) zitiert, aber ohne Kontrast zur Gewalt.
    Börsch, Geber, S. 102, erkennt zwar in dem erwähnten
    Brief eine gewisse Wendung, berücksichtigt aber nicht
    den apokalyptischen Zusammenhang. Preuß, Antichrist,
    S. 115, 138 und 144, vertuscht die Unterschiede zwischen
    1520 und 1521. Auch Maron, Müntzer, S. 212 und 224,
    vernachlässigt sie.
41. In der Deutung von 2 Thess 2,8 auf die Entlarvung des
    Antichrists durch evangelische Prediger der eigenen
    Gegenwart hat Luther auch schon Vorgänger gehabt, wie
    z.B. Matthias von Janow, der mit dem Auftreten von
    Militsch und Konrad Waldhauser um 1350 die Offenbarung
    des Antichrists beginnen läßt: Matthias von Janow, Re-
    gulae 2,204; 3,14f und bes. 352.

ausgesprochen antischwärmerischem Sinne treten sie dann
hervor in der Schrift: 'Eine treue Vermahnung..., sich
zu hüten vor Aufruhr und Empörung', geschrieben Ende
1521, also nach Luthers kurzem, heimlichem Aufenthalt in
Wittenberg[42]. So ist es auch nicht verwunderlich, daß Luther Dan 8,25 und Jes 11,4 in seinem 'Brief an die Fürsten zu Sachsen' zitiert, um ein über die mündliche Predigt hinausgehendes Vorgehen der Prediger mit der Faust
gegen Klöster etc. zu verwerfen[43]. Müntzer hatte dagegen
in seiner 'Fürstenpredigt' auch Dan 2,34 für seinen Aufruf zur Gewalt in Anspruch genommen und Luthers Interpretation abgelehnt[44].

Es ging also bei der Auseinandersetzung zwischen Luther und Müntzer auch um die richtige Interpretation apokalyptischer Bibeltexte[45], woraus sich für uns die Frage
ergibt, wer von beiden der 'bessere Apokalyptiker' war.
Diese Frage soll allerdings erst ganz zum Schluß beantwortet werden[46].

21. Kapitel

Die aufkommende Kritik an der Apk

I. 1521: 'De abroganda missa'

Ordnen wir nun die allgemeinen Aussagen des Reformators über die Apk, die gerade ab Ende 1521 häufiger
vorkommen, in den soeben beschriebenen Rahmen ein, so
wird leicht verständlich, daß seine Urteile jetzt ganz
negativ ausfallen.

Während Luther noch im Juni 1521 auf die Idee kam,
die Wartburg als sein 'Patmos' zu bezeichnen, von dem

---

42. 8,677,20ff.
43. 15,219,5ff.
44. Müntzer, Schriften, S. 256,20ff und 261,6ff.
45. Vgl. Steck, Schwärmer, S. 43ff; Hinrichs, Müntzer,
    S. 147ff; Lau, Apokalyptik, bes. S. 169f.
46. s.u. S. 647ff.

er die Schrift 'Von der Beicht' als seine 'Apokalyp-
sis' ausgehen lasse[1], was auf ein positives emotionales
Verhältnis zum Apokalyptiker Johannes schließen läßt,
wird ab Herbst desselben Jahres ein anderer Ton laut.

Eine erste Andeutung von einer gewandelten Einstellung findet sich gerade in 'De abroganda missa privata', der ersten der vorhin in Zusammenhang mit Karlstadt besprochenen Schriften. Gleich zu Anfang greift
Luther die Grundlagen des römischen Meßwesens an, nämlich die Institution des besonderen, mit Mittlerfunktion
und Weihevollmacht ausgestatteten Priestertums. Dazu
unternimmt er es, wie schon 1519[2], alle Zeugnisse des
NT zu sammeln, die vom Priestertum der Christen sprechen und die, worauf es ihm dabei ankommt, keinen Unterschied zwischen einem allgemeinen und einem besonderen
Priestertum machen. An erster Stelle steht wieder 1 Petr
2,1ff. Die entsprechenden Worte sind in der lateinischen
Fassung durch große Lettern hervorgehoben. Es folgt als
zweites Zeugnis Apk 5,10: "Fecisti nos deo nostro reges
et sacerdotes, et regnabimus super terram", und als
drittes Apk 22,6: "... erunt sacerdotes Dei et Christi

---

1. 8,139,22/140,6 (Widmung an Franz von Sickingen, datiert auf 1.6.1521; vgl. Br 2,355,37f = Enders 3,172,
   52 = BoA 6,42,6: an Spalatin, 10.6.1521; 8,128,29:
   Antilatomus (Nachwort an Justus Jonas, datiert auf
   20.6.1521); ein Nachklang auch noch Br 2,490,9 =
   Enders 3,325,10: an Spalatin, 30.3.1522. - Nigrinus,
   Apocalypsis, S. 282, kommt noch 1573 bei seiner Deutung von Apk 11,2 (wegen des Zusammenhanges s.u. S.
   525f) auf diese Episode zurück. Um die besondere kirchengeschichtliche Bedeutung des Jahres 1521 hervorzuheben,
   schreibt er u.a.: "Er [Luther] ist auch im selbigen jar
   in seinem Pathmo (wie ers nennet) gewesen, darinne er
   viel dings geschrieben hat wider das bapstumb, wie seine bücher ausweisen. Also ist one zweifel aus göttlicher
   versehung das also geschehen zum gewissen zeugnus, das
   Johannis Offenbarunge, so er in Pathmo gesehen, itzund
   recht an tag komen sollen. Wiewol der selige mann dahin
   vieleicht nicht gedacht, da er sein gefengnus oder aufenthalt Pathmum nante, so hat doch der Herr dahin gedacht, der die zeit im Johanne selber bestimpt hat und
   uns nun offenbaret."

2. Vgl. im vorigen Hauptteil o. S. 190f.

eius et regnabunt cum eo mille annis."[3] Dann macht Luther jedoch eine überraschende Einschränkung: "Quamvis
autem liber Apoca. veterum calculo non sit plenae
autoritatis in contentione, tamen visum est adversa-
riis etiam ex ipso testimonia opponere, in quibus certum est verba fieri de omnibus Christianis eosque sacerdotes et reges appellari."[4] Das bedeutet: Es geht
Luther darum, gegen eine so alte und mächtige, in der
Tradition verwurzelte Einrichtung wie das römische Priestertum wirklich nur ganz stichhaltige Schriftautoritäten ins Feld zu führen, um seinen altgläubigen Gegnern,
aber auch einem Kollegen wie Karlstadt zu zeigen, wie
man mit Bibelzitaten in theologischen Auseinandersetzungen umzugehen habe, bei denen es um das Seelenheil vieler Menschen geht. In einem solchen Falle ist es ratsam,
mit Büchern, die nicht zu allen Zeiten und an allen Orten in der Kirche anerkannt waren, vorsichtig umzugehen
und nicht seine ganze Beweisführung auf Stellen aus ihnen zu gründen, wie die 'Papisten' ihre Fegfeuerlehre
und die Praxis der Totenmessen hauptsächlich auf 2 Makk
12,43ff gründeten, eine Stelle, die nicht im hebräischen
Kanon stand[5]. Da ja unter dem Einfluß des Humanismus die
Schriften der älteren Kirchenväter wieder mehr Beachtung
gefunden haben, ist inzwischen allgemein bekannt, daß
auch die Apk in der Alten Kirche umstritten war, und was
Karlstadt betrifft, so hat er schon 1520 die Kanonizität
der Apk stark in Zweifel gezogen[6]. Das ist Grund genug,
Zeugnisse aus dem letzten Buch der Bibel mit einem Fra-
gezeichen zu versehen und im einzelnen zu prüfen, ob sie

---

3. Apk 1,6 ist wie immer von Luther weggelassen worden.
4. 8,416,5ff; deutsche Fassung, von Luther selbst stammend:
   8,487,15ff; darin der entscheidende Satz: "Unnd wie wol
   diß buch nicht solcher acht ist, das es tzum streyt dienet, hab ich doch dem wider teyll ettliche getzeugniß
   darauß wollen fur hallten, wilche gewißlich von allen
   Christen menschen sollen verstanden werden..."
5. Vgl. o. S. 161.
6. s.u. S. 255ff und 266ff.

stichhaltig sind. In unserem Falle trägt nun aber 1 Petr
2,9 die Hauptbeweislast, so daß es auf die mehr der
Vollständigkeit halber angeführten Apk-Stellen nicht so
sehr ankommt. Trotzdem aber läßt Luther auch diese Stellen als Offenbarungszeugnisse gelten und verurteilt sie
nicht mit dem ganzen Buch als zu schwach als Glaubens-
grundlage, da sie für sich genommen mit aller wünschens-
werten Deutlichkeit zeigen, daß in ihnen 'Priestertum'
nicht die sichtbar aus der Masse herausgehobenen Kleri-
ker bedeuten kann, sondern alle Christen in gleicher
Weise meint[7].

Es zeigt sich also, daß Luther an dieser Stelle zunächst neben die historische Begründung für seine reservierte Einstellung zur Apk noch keine inhaltliche
Abwertung dieses Buches stellt und außerdem mit der
Anzweifelung der Brauchbarkeit des ganzen Buches noch
nicht gleich jeglichen Gebrauch einzelner Zitate daraus ablehnt, sondern von Fall zu Fall prüft, ob es
sich um klare oder schwer deutbare Sätze handelt.

II. 1522: Die erste Vorrede auf die Apk

Daher wirkt es doch recht befremdlich, daß Luther
kaum mehr als ein halbes Jahr nach dieser ersten vorsichtigen Andeutung von Zweifel an der Apk in seiner
'Vorrede auf die Offenbarung Sanct Johannis' innerhalb
des sog. Septembertestaments von 1522 plötzlich massiv-
ste Kritik an ihr übt und ein noch nie dagewesenes Verwerfungsurteil über sie spricht[8]. Verständlicher wird

---

7. Daß in nächster Zeit bei Luther 5,10 nur noch einmal,
   und 20,6 gar nicht mehr vorkommt, spricht nicht dagegen.
   Es zeigt nur, daß bestimmte Beweisstellen kommen und
   gehen mit den Themen, die gerade aktuell werden oder
   inzwischen schon oft genug behandelt worden sind. So
   heißt es denn auch in 'De instituendis ministris' von
   1523: "Nam illud 1. Petri 2... et Apoca. 5: 'Fecisti
   nos deo regnum et sacerdotes', satis iam aliis libris
   inculcavi," 12,179,39-180,1.
8. Das Manuskript von 'De abroganda missa' hat Luther
   am 11.11.1521 von der Wartburg abgeschickt (Br 2,

dieser Umschwung jedoch, wenn man eben berücksichtigt,
daß dazwischen die Wittenberger Unruhen und Luthers erste Begegnung mit Vertretern der 'Zwickauer Propheten'
(Anfang April) liegen. Diese unguten Erfahrungen müssen
den letzten Anstoß für Luthers Verurteilung der Apk gegeben haben, und tatsächlich lassen sich Spuren der aktuellen Auseinandersetzungen in der Apk-Vorrede nachweisen. Davon jedoch später[9]. Zunächst wollen wir die Vorrede selbst zu Wort kommen lassen:

"An diesem buch der offinbarung Johannis, las ich auch
yderman seynes synnes walden, will niemant an meyn dunckel
odder vrteyl verpunden haben, Ich sage was ich fule, Myr
mangellt an disem buch nit eynerley, das ichs wider Apostolisch noch prophetisch hallte, Auffs erst vnnd aller
meyst, das die Apostell nicht mit gesichten vmbgehen,
sondern mit klaren vnd durren wortten weyssagen, wie
Petrus, Paulus, Christus ym Euangelio auch thun, denn
es auch dem Apostolischen ampt gepurt, klerlich vnd
on bild odder gesicht von Christo vnd seynem thun zu
reden.
     Auch, so ist keyn Prophet ym allten testament,
schweyg ym newen, der so gar durch vnd durch mit gesichten vnd bilden handell, das ichs fast gleych bey
myr achte dem vierden buch Esras, vnd aller dinge nicht
spuren kan, das es von dem heyligen geyst gestellet sey.

403,36 = Enders 3,247,53f: an Spalatin). Als er am
1.3.1522 von dort aufbrach, war der Text des NT fertig übersetzt. Es folgte einige Zeit der Überarbeitung. Die Vorreden dürften erst danach abgefaßt worden sein, zuletzt die Röm-Vorrede (Br 2,599,4 = Enders 4,5,4f; an Spalatin [21.9.1522]). Am 26.7.1522
war aber jedenfalls die Apk-Vorrede schon im Druck,
da Luther an diesem Tag die dritte Druckerpresse in
einem Brief an Spalatin erwähnt (Br 2,580,27 = Enders 3,436,39f) und auf dieser Presse höchstwahrscheinlich die Apk - und davon wiederum zuerst die
Vorrede (auf Bl. aa1a; vgl. DB 7,404,1; NT deutsch,
1522, Bl. aa) - gedruckt wurde.
9. s.u. S. 268ff.

Datzu dunckt mich das alltzu viel seyn, das er so
hartt solch seyn eygen buch, mehr denn keyn ander hey-
lige bucher thun, (da viel mehr angelegen ist) befilht,
vnnd drewet, wer etwas dauon thue, von dem werde Gott
auch thun &c. Widderumb sollen selig seyn, die da halten, was drynnen stehet, so doch niemant weys was es
ist, schweyg das ers halten sollt, vnd eben so viel
ist, als hetten wyrs nicht, Auch wol viel edler bucher
fur handen sind, die zu hallten sind.

Es haben auch viel der veter dis buch vortzeyten ver-
worffen, vnnd obs wol Sanct Hieronymus mit hohen wortten
furet, vnd spricht, es sey vber alles lob, vnd so viel
geheymnis drynnen, als wortter, so er doch des nichts
beweysen kan, vnnd wol an mehr ortten seyns lobens zu
milde ist.

Endlich, hallt dauon yderman, was yhm seyn geyst
gibt, meyn geyst kan sich ynn das buch nicht schicken,
Vnd ist myr die vrsach gnug, das ich seyn nicht hoch
achte, das Christus, drynnen widder geleret noch erkandt
wirt, wilchs doch zu thun fur allen dingen eyn Apostel
schuldig ist, wie er sagt Act. i. yhr solt meyne zeugen
seyn, Darumb bleyb ich bey den buchern, die myr Christum
hell vnd reyn dar geben."[10]

a) Die Hauptgedanken der Vorrede

Gleich zu Anfang stellt der Reformator scheinbar nur,
um Mißverständnisse zu vermeiden und gesetzliche Dogmati-
sierung seines Urteils auszuschließen, ausdrücklich fest,
daß er an dieser Stelle, auch wenn man hier, wo es um Gottes Wort geht, grundsätzliche und für alle Zeiten gültige
Aussagen erwarten dürfte, nur seine private, unmaßgebliche
Meinung vorbringt und niemanden von seiner andersartigen
Meinung abbringen will. Aber eben diese Großzügigkeit
setzt schon eine Vorentscheidung voraus, nämlich daß Luther gar nicht mehr von diesem Buch erwartet, daß es
vielleicht doch noch von entscheidender Bedeutung werden

---

10. DB 7,404,2-30.

könnte für das, worauf es hauptsächlich ankommt. D.h.,
er hat das Buch schon aus der Kategorie des Maßgeblichen
und Heilsnotwendigen ausgeschieden und in den Bereich
des Arbiträren, des persönlichen Gefühls oder Geschmacks
verlegt. Er spricht dies auch sogleich explizit aus: Ich
halte es weder für apostolisch noch für prophetisch. Damit ist es disqualifiziert. Sein Verfasser kann weder einen Platz unter den Aposteln noch unter den Propheten beanspruchen, weil er den Anforderungen, die nach Luthers
Verständnis von ihrem Amt und Geist her an solche Menschen
zu stellen sind, nicht gerecht wird.

Denn der Bibelübersetzer hat eine am Inhalt und an der
diesem Inhalt angemessenen Aussageweise der zentralen biblischen Bücher gewonnene Vorstellung, ein Vor-Urteil davon, was ein Apostel oder Prophet sagen kann und wie er
es ausdrücken muß. Wer sich nicht an diesen Maßstab hält,
kann ganz einfach weder Apostel noch Prophet sein; dessen
ist sich Luther ganz sicher.

Apostel beschäftigen sich nun einmal nicht mit Visionen, so behauptet er ganz lapidar, sondern weissagen, d.h.
predigen mit klaren und einfachen Worten, wie man an Petrus,
Paulus und dem Christus der Evangelien selbst ablesen kann.
Denn Aufgabe des Apostels ist es ja, von Christus zuverlässig zu berichten und Glauben zu begründen, was nur bei
klarer, unbildlicher Ausdrucksweise möglich ist, und eben
die läßt die Apk so sehr vermissen.

Auch die Propheten des AT, in dem die Wahrheit noch
nicht so zur vollkommenen Klarheit gelangt ist wie im
NT und zugegebenermaßen manches erst schattenhaft vorgebildet ist, auch diese Propheten, geschweige denn die
des NT, drücken ihre Botschaft nicht so fast ausschließlich durch Visionsbeschreibungen und Bilderreden aus.
Nur in einer so apokryphen Apokalypse wie dem 4. Esrabuch[11] ist Luther etwas Vergleichbares begegnet und des-

---

11. 1523 zählt Luther anscheinend 4 Esr noch zu den Apo-
    kryphen; 1534 hat er das Buch ganz aus der Bibel aus-
    geschieden; vgl. DB 8,34 mit DB 12,290,6ff.

halb ist er auch geneigt, die Apk in dieselbe Kategorie
wie dieses einzuordnen, d.h., unter die Apokryphen zu
rechnen.

Aus Aposteln und Propheten spricht aber der heilige
Geist und er spricht auch nur so wie diese. Daher kann
sich Luther den heiligen Geist als Urheber der Apk nicht
recht vorstellen (Zu beachten ist, daß er hiermit zum
Ausdruck bringt, daß er den heiligen Geist kennt und damit auch selber hat!).

Nach diesem grundsätzlichen, durch das Postulat notwendiger Übereinstimmung von Form und Inhalt biblischer
Botschaft bestimmten und wohl ausschlaggebenden Argument
folgen noch einige andere, die Luthers anfangs gefälltes
Urteil zu unterstreichen geeignet erscheinen.

Da ist einmal noch ein weiterer aus dem Vergleich mit
anderen, wertvolleren Schriften gewonnener Gesichtspunkt.
Luther behauptet, daß es aus dem biblischen Rahmen falle,
wenn ein Verfasser den, der etwas an seiner Schrift än-
dere, so hart bedrohe, wie es in Apk 22,18f geschieht,
und den, der sich an das, was darin steht, halte, selig-
preise, wie der Verfasser der Apk wiederholt (1,3; 22,7
und 22,14[12]) tut. Das ginge noch an, meint Luther, wenn
man wenigstens aus dem Buch entnehmen könnte, was das
ist, das man einhalten soll; aber weil darüber keine Klarheit zu bekommen ist, läuft es auf dasselbe hinaus, als
wenn es überhaupt nicht vorhanden wäre.

Dazu kommt, daß die Bestreitung der Apk durch einige
sehr alte Kirchenväter das Buch suspekt erscheinen läßt.
Da hilft auch nichts, daß Hieronymus in seiner als Vulga-
ta-Prolog verwendeten Epistola ad Paulinum[13] schreibt:
"Apocalypsis Johannis tot habet sacramenta quot verba.

---

12. An der letzten Stelle folgt Luther nicht der Vulgata
    (Beati, qui lavant stolas suas in sanguine agni.), wie
    1529 in seiner revidierten lateinischen Bibel (DB 5,
    804,7f), sondern dem zwar auch gut bezeugten (vgl. NT
    graece, im Apparat zSt), aber an dieser Stelle wohl
    nicht ursprünglichen Text des Erasmus (Opera 6,1123
    bzw. 1124: "Beati, qui servant mandata illius.")
13. Darüber s.o. S. 26.

Parum dixi, et pro merito voluminis laus omnis inferior
est: in verbis singulis multiplices latent intelligentiae", was Luther mit ironischen Worten abtut, wenn er
fortfährt: "... und wol an mehr ortten seyns lobens zu
milde ist."[14] Was soll das Lob, wenn der Kirchenvater
doch nicht beweisen kann, welche Geheimnisse nun wirklich
präzise unter den einzelnen Worten verborgen sind? Damit
zeigt er ja nur zum Überfluß an, daß der Apk keine zuverlässige Wortbedeutung zu entnehmen ist[15].

Schließlich beruft sich der Reformator noch einmal
auf seinen Geist, seinen Genius, dem dieses Buch nicht
adäquat ist. Mag ein anderer von einem anderen Geist
inspiriert sein und etwas an der Apk finden, Luther jedenfalls kann sich in dieses Buch nicht einfühlen, wie
es sich für den guten Interpreten gehörte. Aber das
macht ihm wenig aus, hat er doch genügend andere Bücher,
die das allein Entscheidende, nämlich das Heil in Christus, klar und rein zum Ausdruck bringen und dem Maßstab
genügen, den Luther in der Jak-Vorrede[16] aufgestellt hat
und an dem gemessen gerade auch die Apk nicht bestehen
kann: Christus wird, so behauptet unser Bibelübersetzer,
darin weder gelehrt noch erkannt[17], wie es für eine
apostolische Schrift nach Apg 1,8 erforderlich wäre; womit er wieder zur Ausgangsbehauptung zurücklenkt, die es
zu beweisen galt.

Der Reformator kleidet also sein, wie er immer wieder
behauptet, subjektives Urteil in objektive Form und
bringt dafür auch Argumente vor, die, falls sie tatsächlich in der Zuspitzung, in der sie sich bei ihm finden,
zutreffen sollten, gewichtig genug wären, um jeden davon

---

14. DB 7,404,24.
15. Hierzu s.o. S. 162f; vgl. Schild, Bibelvorreden, S.
    238f, wo auch die Vorrede von Gilbert de la Porrée
    zum Vergleich herangezogen wird.
16. DB 7,384,25ff.
17. Zu dieser Behauptung vgl. o. S. 99f und 167, u. S.
    343ff.

zu überzeugen, daß die Apk es nicht wert sei, einen
Platz unter den glaubensbegründenden Büchern der Bibel zu beanspruchen.

b) Traditions- und Wirkungsgeschichte

1. Gewährsleute und Anreger

Bevor wir jedoch versuchen wollen, aus unserer durch
den Abstand von Jahrhunderten geprägten Sicht Luthers
Beurteilung der Apk im Rahmen der übrigen Antilegomena
des NT einer kritischen Überprüfung zu unterziehen, wird
es gut sein, zunächst einmal sein Verhältnis zur altkirchlichen und zeitgenössischen Kritik an der Apk zu untersuchen und die Aufnahme zu prüfen, die seine Vorrede von
1522 bei Freunden und Feinden gefunden hat[18].

Weder in 'De abroganda missa' noch in der Apk-Vorrede
hat Luther zu erkennen gegeben, woher er seine Kenntnisse von den Zweifeln der alten Väter an der Apk bezogen
hat, ob durch eigenes Quellenstudium oder durch Vermitt-
lung von Erasmus bzw. Karlstadt.

Er erwähnt ausdrücklich nur Hieronymus, und der Satz,
auf den er sich bezieht, steht in jeder zeitgenössischen
Vulgata-Ausgabe gleich zweimal und enthält nur Lob, keine Andeutung von Zweifel. Indem Luther die Apk als weder
apostolisch noch prophetisch beurteilt und Hieronymus
vorwirft, er könne über den geheimnisvollen Inhalt dieses Buches keine begründeten Aussagen machen[19], ist aber
auch noch eine Stelle in der Schrift 'Contra Iovinianum'
mitbetroffen. Dort verteilt Hieronymus nämlich nicht nur
die Evangelisten auf die vier Tiersymbole, was Luther
gleich zu Anfang seiner Vorrede zum ganzen NT mißbilligt

---

18. Es wäre zum Vergleich wichtig, dasselbe auch für die
    Vorreden zu den anderen drei von Luther abgewerteten
    Büchern durchzuführen, doch ist hier nicht der Ort
    dafür. Es muß genügen, auf die Literatur zur Kanons-
    kritik Luthers hinzuweisen (s.u. S. 290, Anm. 4, und
    S. 297f, Anm. 20, wo freilich die Verbindungslinien
    nicht bis ins einzelne hinein ausgezogen sind.

19. Luther wußte ja auch nicht, daß Hieronymus eine Re-
    zension an Viktorins Apk-Kommentar herausgebracht
    hat.

hat, und bezeichnet Johannes auf dem Hintergrund der aus
dem AT übernommenen Dreiteilung des NT, die Luther an
derselben Stelle verworfen hat[20], als "et apostolus et
evangelista et propheta", sondern begründet das Prophetentum des Johannes auch noch mit dem Satz: "Vidit enim...
Apocalypsim infinita futurorum mysteria continentem."[21]
Über die Bestreitung der Apk in der Alten Kirche sind
auch aus den übrigen Werken des Hieronymus, die Luther
gut gekannt und von denen er selbst eine Ausgabe besessen hat[22], kaum nähere Einzelheiten zu entnehmen[23].
Nur einmal bemerkt Hieronymus, daß wie der Hebr in der
lateinischen, so die Apk in der griechischen Kirche nicht
als kanonisch anerkannt werde. Er beeilt sich freilich
zu betonen, daß er sie keineswegs als apokryph, sondern
mit älteren Schriftstellern als kanonisch betrachte[24].

Was den dem Reformator vertrautesten Kirchenvater
Augustin betrifft, der durch seine Übernahme von Ticonius' Uminterpretation von Apk 20 viel zur Beseitigung
eines großen Steines des Anstoßes an der Apk beigetragen hat, so macht auch dieser nur knappe Andeutungen
seiner Kenntnis von der Umstrittenheit dieses Buches.
Einmal gesteht er in einem antipelagianischen Sermon
seinen Gegnern zu, daß sie Argumente aus der Apk vielleicht nicht akzeptieren möchten[25]. Ein andermal führt
er unter vielen Ketzern auch die Aloger auf, die die
Apk dem Apostel abgesprochen haben[26].

Auf die richtige Spur führt jedoch die Angabe, die Luther in seiner neuen Apk-Vorrede von 1530 macht. Er bezieht sich dort nämlich ausdrücklich auf Euseb(-Rufin),

---

20. DB 6,2,12ff.

21. MPL 23,259.

22. Vgl. Br 1,50,5ff = Enders 1,47,5ff: an Spalatin
    [24.8.1516]; dazu Schäfer, Luther als Kirchenhistori-
    ker, S. 40 und 181ff.

23. Vgl. Stonehouse, Apocalypse, S. 148f.

24. MPL 22,1103 = CSEL 56,169,7ff: Epistola 129, ad Dar-
    danum; vgl. MPL 26,1343: Das von Luther in seinen
    'Dictata' benutzte (unechte) 'Breviarium in Psalmos'.

25. MPL 38,1376: Sermo 299.

26. MPL 42,31: De haeresibus 30.

Historia Ecclesiastica III,25[27]. Daß ihm diese Stelle
aber schon lange vor 1522 vertraut war, ist selbstverständlich[28]. Dort lesen wir in der Version Rufins, beginnend mit dem letzten Abschnitt von Kap. 24, zweimal,
daß die Apk umstritten und im Zweifel sei, und wir werden auf andere Partien des Buches verwiesen, an denen wir
Näheres über die Urteile der einzelnen Kirchenväter zu erwarten haben[29]. Neben günstigen[30] sind es vor allem kritische, die Euseb wiedergibt. Am ausführlichsten referiert
er die Meinung des Bischofs Dionys von Alexandria (VII,25).
Dieser berichtet zuerst darüber, daß die früheren Christen
an vielen Stellen der Apk Anstoß genommen und sie als
unkanonisch betrachtet hätten. Eines ihrer Argumente sei
gewesen, daß ein Buch keine 'Offenbarung' sein könne, das
mit einem dichten Schleier von Unverständlichkeit umhüllt
sei. Dem konnte Luther nur zustimmen. Dieses Empfinden
liegt ja eigentlich der ganzen Vorrede von 1522 zugrunde. Er zog auch ebenso die Konsequenz, daß das Buch
nicht apostolisch sein könne. Jedoch ging er nicht so
weit wie die Antimontanisten des Dionys, die Apk als
Fälschung Kerinths auszugeben.

In dem Bericht folgt nun eine Darstellung der chiliastischen Vorstellungen. Solche Gründe, die Apk abzulehnen, konnten Luther 1522 als alten Augustinschüler
wohl nicht zum selben Schritt bewegt haben; denn er
weist auch sonst in seiner Polemik gegen schwärmerischen
Weltveränderungsdrang nie auf Apk 20 hin[31].

---

27. DB 7,408,16f.
28. s. z.B. 1,79,20ff: Sermon am 24.8.1516. Eben für den-
    selben Sermon wollte Luther von Spalatin ein Exzerpt
    aus Hieronymus, De viris illustribus, haben; vgl. den
    in Anm. 22 erwähnten Brief. Schäfer, Luther als Kirchen-
    historiker, S. 29f, 39 und 119f, hält es für sehr wahr-
    scheinlich, daß Luther Euseb(-Rufin) schon in seiner
    Klosterzeit kennengelernt hat.
29. MPG 20,267, entsprechend GCS 9 I,251,13ff.
30. zusammengestellt bei Leipoldt, Kanon I, S. 72, Anm. 2.
31. s.u. S. 368 und 489ff.

Dionys schließt nun sein eigenes Urteil an: Er wage
es nicht, im Widerspruch zu den Brüdern so einfach dieses Buch zu verwerfen. Vielmehr wolle er den darin verborgenen, menschliches Begreifen übersteigenden Sinn ver-
ehren, auch wenn er ihn nicht verstehe. Hier kommt bei
dem Kirchenvater ein wichtiges Prinzip katholischer Frömmigkeit zum Tragen, das für Luther noch während seiner 1.
Ps-Vorlesung maßgeblich gewesen war[32], ihm seit seiner
Bekehrung zum Vorkämpfer der Heilsgewißheit jedoch als
ein Grundfehler scholastischer Exegese erschien.

Dann weist Dionys nach, daß aus der Apk unmöglich ein
angemessener Wortsinn herauszufinden sei, womit er seinen
Vorgängern recht gibt. Danach zitiert er die Seligpreisung
von 22,7, ohne jedoch dieselbe Konsequenz daraus zu ziehen, die Luther aus dem Zitat in seiner Vorrede, zu der
er möglicherweise durch ebendiesen Abschnitt mit angeregt
wurde, gezogen hat, nämlich daß dieser Seligpreisung jede
Voraussetzung fehle. Schließlich kommt Dionys noch auf
den Verfasser der Apk zu sprechen, den er in einem mit
dem Apostel nicht identischen Johannes sieht, und versi-
chert, daß trotzdem das Buch durch den heiligen Geist geschrieben sei, und kommt somit doch zum gegenteiligen
Endergebnis wie Luther. Euseb selbst fügt dem noch zwei
weitere Argumente gegen die Apostolizität der Apk an,
die Luther nicht übernimmt, nämlich daß der Apokalyptiker Johannes dreimal seinen Namen nennt, während der
Evangelist ihn verschweigt, und daß der Stil deutlich
unterschieden sei[33].

Die altkirchliche Kritik an der Apk, die hier in
gewisser Weise zusammengefaßt ist, beruht also auf inhaltlichen (Chiliasmus), formalen (Unverständlichkeit),
literar- und stilkritischen Argumenten, die z.T., aber
auch nur z.T. mit denen Luthers übereinkommen. Der Reformator konnte sich in seiner Haltung durch einen solchen Kirchenvater wie Dionys von Alexandria und seine

---

32. s.o. S. 49f.
33. MPG 20,695/698, entsprechend GCS 9 II,691,11ff.

Gewährsleute durchaus bestätigt fühlen und einzelne Anregungen von ihnen aufnehmen.

Aber darüber hinaus besteht noch eine literarisch
schlecht faßbare geistige Verwandtschaft zwischen dem
Luther von 1522 und diesen Kirchenvätern, und zwar in
doppelter Hinsicht. Die eine Parallele liegt in den exegetischen Prinzipien. Appel bemerkt anläßlich seines
Referates über Dionys, dessen Äußerungen damals vor allem im syrischen Raum Anklang gefunden haben: "Wahrscheinlich ist die Abneigung der palästinensischen und
antiochenischen Gelehrten, von der 'buchstäblichen' Bedeutung abzugehen, die tiefste Ursache ihres Mißtrauens
gegen die Apocalypse."[34] Luther dürfte die Antiocheni-
sche Schule nicht so genau gekannt haben; aber vergleichbar sind doch seine wiederholten abfälligen Bemerkungen
über Origenes, auf die wir bereits aufmerksam gemacht haben und die seit seiner Verwerfung des vierfachen Schriftsinnes immer wiederkehren[35], so daß es nicht verwunderlich ist, wenn Luther jetzt mit ähnlichen Argumenten wie
die damaligen Origenes-Gegner die Kanonizität der Apk bestreitet.

Die andere Parallele besteht in der Auseinandersetzung
mit dem nachapostolischen Prophetismus. In der Apk-Vorrede, die erst am Anfang der Auseinandersetzung Luthers
mit den 'Schwärmern' steht, kommt dieses Moment noch
nicht so deutlich zum Tragen, aber verstärkt sich bald
in der Konfrontation mit den umstürzlerischen Ambitio-
nen Müntzers seit 1524. Wie die Antimontanisten mit
Ekstatikern zu kämpfen hatten, die sich nicht an die
ausschließliche Autorität der Apostel gebunden fühlten
und eine chiliastische Naherwartung vertraten, in deren
Rahmen die Apk sehr gut hineinpaßte[36], so begegneten Luther in den 'Zwickauer Propheten' entsprechende Erschei-

---

34. Appel, Kanon, S. 86.
35. Vgl. o. S. 244 und Schäfer, Luther als Kirchenhistori-
    ker, S. 171f.
36. Vgl. Stonehouse, Apocalypse, S. 49ff und 86ff.

nungen mit weitgehend ähnlichen Ideen. Auch bei ihnen waren ja Bücher wie die Apk sehr beliebt[37]. Sowohl die Antimontanisten als auch Luther versuchen durch Eingrenzung
des Prophetenbegriffes ihre Gegner zu disqualifizieren.
So findet Luthers Behauptung, die Apostel und Propheten
gingen nicht mit Gesichten um, ihre Entsprechung bei einem Antimontanisten, von dem bei Euseb(-Rufin), Hist.
Eccl. V, 17[38] berichtet wird, er habe bestritten, daß
die wahren Propheten in Ekstase redeten.

Außer dem Studium der Kirchenväter selbst kann auch
die Lektüre der Annotationen des Erasmus einen gewissen
Einfluß auf Luthers Urteil über die Apk ausgeübt haben.
Der Bibelübersetzer hat sie mit Sicherheit gekannt und
für seine Arbeit am deutschen NT herangezogen. Es stand
ihm spätestens nach seiner Rückkehr von der Wartburg ein
entsprechendes Exemplar zur Verfügung.

> Dabei spielt es kaum eine Rolle, ob es sich um die
> erste oder die zweite Auflage handelte[39], da sie
> sich im Hinblick auf den letzten Abschnitt, der die
> Apk und ihre Stellung im Kanon betrifft, nur unwesent-
> lich unterscheiden[40]. Erst spätere Auflagen, die ich
> nicht im einzelnen überprüft habe, bringen einen län-
> geren Zusatz, der im wesentlichen auf schon besproche-
> ne Stellen aus Euseb und Hieronymus eingeht[41].

---

37. Luther hat später selbst einmal eine Parallele zwischen
    Montanismus und Schwärmerei hergestellt, indem er sagt:
    "Tertullianus est inter ecclesiasticos doctores verus
    Carolstadius." TR 1,330,3f: Nr. 683 (Medler, 1. Hälfte
    der 30er Jahre).
38. MPG 20,474, entsprechend, GCS 9 I,471,4ff.
39. NT 1516 oder NT 1519; vgl. DB 6, XXXVIIff.
40. In der 1. Auflage fehlt noch ziemlich zu Anfang
    (NT 1519, Bd. 2, S. 547; entsprechend Erasmus,
    Opera 6,1123E) der Satz: "Deinde nec in sententiis
    esse, quod apostolica maiestate dignum videatur."
    Außerdem heißt es statt: "Ne Anastasius quidem
    Graecus..." (NT 1519, Bd. 2, S. 548; entsprechend
    Erasmus, aaO, 1124D): "Nec Anastasius..." Der ent-
    sprechende Abschnitt aus der 1. Auflage ist bei
    Leipoldt, Kanon II, S. 21, Anm. 1 zu S. 19, wieder
    abgedruckt, Auszüge auch bei Lønning, Kanon, S. 58f,
    Anm. 55-59.
41. Die Leidener Ausgabe, die wohl die Auflage Basel
    1540 wiedergibt, enthält gegenüber der 2. Auflage

Zunächst erinnert Erasmus seine Leser an Hieronymus'
Epistola ad Dardanum[42]. Der folgende Satz[43] gibt in etwa
die Kritik der Aloger wieder, wie sie uns aus dem
Bericht des Dionys bei Euseb VII,25 bekannt ist[44].

> Das Argument, daß es nicht die Art der Apostel wie
> z.B. Paulus und gerade auch Johannes sei, seinen
> Namen immer wieder so sehr zu betonen, kennen wir
> auch schon von Euseb[45]. Erasmus hat es nur noch um
> den Vergleich mit dem Visionsbericht des Paulus von
> 2 Kor 12 erweitert.

Auch aus einer anderen Tatsache geht nach Erasmus
hervor, daß wahrscheinlich der Verfasser der Apk ein anderer war als der Evangelist: In den griechischen Handschriften, die der Rotterdamer gesehen hat, wird in der
Überschrift das Buch dem 'Theologen' Johannes zugeschrieben[46]. Darum lautet auch bei ihm der Titel der Apk: "Apo-

---

noch folgende Zusätze: "Etiamsi Eusebius tradit
Ephesi scriptum (Erasmus, aaO, 1123 Ende/1124D)
und: "Dionysius Alexandrinus" bis:"velut capite
12 et 20"(1123D/1126A). Der folgende Satz ist anders formuliert. Er lautet in der 2. Auflage:
"Equidem video veteres theologos magis ornandae
rei gratia hinc adducere testimonia, quam ut rem
seriam evincant. Quantoquidem inter gemmas..." (NT
1519, Bd. 2, S. 548; vgl. Erasmus, aaO,1126A). Nur
wenn man diese Abweichungen berücksichtigt, kann
man die Leidener Ausgabe zum Vergleich mit Luthers
Apk-Vorrede von 1522 heranziehen.- Titelmans, der
sich 1530 speziell und sehr ausführlich mit den Argumenten des Rotterdamers auseinandersetzt, bemerkt in
der 3. Auflage von 1527 verschiedentlich eine stärkere Absicherung gegenüber der römischen Zensur, vgl.
z.B. Titelmans, De autoritate, Bl. K2af, zitiert u.
S. 284, Anm. 53.

42. s.o. S. 258 mit Anm. 24.
43. "Ad haec quosdam eruditissimos viros totum hoc argumentum seu fictum multis conviciis insectatos fuisse,
quasi nihil haberet apostolicae gravitatis, sed vulgatam tantum rerum historiam figurarum involucris
adumbratam."
44. Grammatikalisch betrachtet erscheint der Satz als Zitat aus Hieronymus, wo aber meines Wissens dergleichen
nicht zu finden ist.
45. Historia Ecclesiastica VII,25, s.o. S. 199f.
46. Vgl. NT graece zSt.

calypsis beati Johannis Theologi"[47]. Luther hat in seinem
deutschen NT von 1522 diesen Ausdruck übernommen und bis
zur Bibelausgabe von 1546 beibehalten[48]. Hierin ist er
also ganz sicher einfach von Erasmus bestimmt.

    In der Annotatio folgt nun das übliche stilkritische
Argument, das wir ebenfalls schon bei Euseb selbst gefunden haben[49]. Den Behauptungen, daß die Apk häreti-
sche Stellen enthalte, wie sie auch Euseb überliefert
hat, mißt Erasmus allerdings keine Bedeutung bei.

Wie Dionys, so schreckt auch Erasmus vor der letzten Konsequenz seiner Erkenntnisse zurück und unterwirft sich
(zumindest verbal) dem Urteil der Kirche. Das ist bei dem
friedliebenden, von katholischen Mäzenen abhängigen Humanisten leicht verständlich; aber so eine Haltung konnte natürlich für den Reformator Luther, den unversöhnlichen
Feind des römischen Antichrists und seiner Satanssynagoge,
nicht maßgeblich sein. Er hatte es nicht nötig, mit seinem
Urteil hinter dem Berg zu halten, fühlte er sich doch immer noch auf dem Höhepunkt seines reformatorischen Einflus-
ses.

    Erasmus läßt noch zwei weitere Zeugnisse aus der Alten
Kirche für die Anzweifelung der Verfasserschaft des
Apostels folgen, und zwar aus der Apostelliste eines
gewissen Dorotheus, Bischof von Tyrus[50], und der eines
Griechen namens Anastasius[51]. Dann folgt ein Gedanke,
den Luther während der Leipziger Disputation allgemein
auf allegorisch gedeutete Schriftstellen bezogen
hat[52], in spezieller Beziehung auf die Apk: Die alten Theologen haben aus diesem Buch mehr zur Ausschmückung als zur ernsthaften Überführung zitiert.

    Abschließend gibt Erasmus sein eigenes Urteil über
die Apk, allerdings durch biblische Ausdrücke verhüllt,
bekannt: Es gibt innerhalb der heiligen Dinge verschie-

---

47. Erasmus, Opera 6,1093f.
48. DB 7,422/23: "Die offinbarung Sancti Johannis des theologen" (1546 nur orthographische Veränderungen).
49. s.o. S. 259.
50. MPG 92,1071C.
51. Das Zitat konnte ich nicht verifizieren.
52. s.o. S. 178.

dene Abstufungen[53]. Wer geistlich ist, kann, wie Paulus
1 Kor 2,15 sagt, alles beurteilen, ist aber dem Urteil
keines anderen unterworfen. Was heißt das anderes, als
daß Erasmus sich eben als der Geistliche versteht, der
sich im Grunde über das Urteil der Kirche erhaben fühlt
und insgeheim sein eigenes Verwerfungsurteil über dieses
oder jenes umstrittene Buch schon gefällt hat[54]. In Bezug auf die Apk dürfte es wohl nicht viel anders ausge-
sehen haben, als es Luther ganz offen formuliert: "Meyn
geyst kan sich ynn das buch nicht schicken."[55]

Für Erasmus' Verhältnis zur Apk können außerdem noch
als Indizien gelten, daß er in seiner NT-Ausgabe ihr
kein 'Argumentum' vorangestellt, sie nur spärlich mit
Annotationen versehen und keine Paraphrase dazu verfaßt hat[56].

Zusammenfassend läßt sich sagen: Die Kritik des Rotterdamers ist fast ausschließlich traditionell. Mag auch
eine gewisse persönliche Abneigung gegen dieses Buch die
Schärfe des Urteils beeinflußt haben, so ist es im Wesentlichen doch nur Ausdruck der im Humanismus wiedererwachten
Hochschätzung der alten Kirchenväter. Neue Gesichtspunkte
vermag Erasmus dem kaum hinzuzufügen, so daß Luther aus
dessen Annotationen nicht mehr entnehmen konnte, als was
er schon aus seiner eigenen Lektüre von Hieronymus und
vor allem Euseb wußte. Doch ein zusätzlicher Anstoß für
sein Vorgehen in den Vorreden zum NT dürfte von der Eras-
mus-Ausgabe wohl ausgegangen sein[57].

---

53. Vgl. 1 Kor 3,12ff, eine Stelle, die Luther in sei-
    ner Beurteilung des Hebr heranzieht: DB 7,344,25ff.
54. Vgl. Leipoldt, Kanon II, S. 22.
55. DB 7,404,25f.
56. Vgl. außerdem die 'Ratio' von 1518, Erasmus, Opera
    5,92C, und die 'Declarationes' von 1526, aaO 9,867f.
57. Für die Beurteilung des Jakobusbriefes sind o. S. 162
    schon die Beziehungen zu Erasmus hergestellt worden.
    In der Literatur wird die Abhängigkeit Luthers von
    Erasmus sehr unterschiedlich stark eingeschätzt, so
    z.B. bei Kunze, Glaubensregel, S. 518: von Erasmus
    beeinflußt; anders Leipoldt, Kanon II, S. 78: nur
    Berührungspunkte; Maurer, Verständnis, S. 76 bzw.
    158: höchstens angeregt, aber nicht eigentlich be-

Eine weitere Möglichkeit direkter Beeinflussung des
Urteils Luthers über die Apk haben wir schon oben kurz
in Betracht gezogen, nämlich <u>Karlstadts</u> Schriften über
den Kanon, erschienen 1520[58]. Karlstadt nimmt darin
eine dreifache Abstufung wie der alttestamentlichen,
so auch der neutestamentlichen Bücher vor, obwohl er
sie alle für vollkommen kanonisch hält. Sein Eintei-
lungsprinzip ist aber anders als das Luthers, das wir
noch kennenlernen werden[59], nämlich offensichtlich bestimmt durch den Grad der Authentizität der Überlieferung von Jesus Christus. So haben für ihn die Evangelien den ersten Rang; es folgen die Apostelbriefe, deren Autorschaft nie umstritten war, und den untersten
Rang haben die Bücher inne, um deren Verfasser in der
Alten Kirche gestritten worden ist, darunter auch die
Apk. Über diese bringt Andreas Bodenstein in seiner
lateinischen Schrift[60] außer einem Zitat des ganzen
entsprechenden Abschnittes bei Erasmus nichts Neues
vor[61]. Dagegen geht er in der deutschen Fassung[62] an
einer Stelle über Erasmus hinaus. Er gibt hier nämlich
seine persönliche Meinung bekannt: Ich halte den Apostel
Johannes nicht für den Verfasser der Apk; denn der Stil

---

stimmt; Kümmel, Vorreden, S. 20: Luther folgt "der
traditionellen Diskussion, wie sie vor ihm Erasmus
im Anschluß an die Alte Kirche schon wieder aufgenommen hatte"; Lønning, Kanon, S. 106, meint, daß "dem
Einfluß des Erasmus interessante Wandlungen widerfahren" sind.

58. Der Inhalt dieser Schriften ist wiedergegeben bei Barge, Karlstadt I, S. 186ff; Leipoldt, Kanon II, S. 105ff;
Howorth, Origin, S. 336ff.

59. s.u. S. 289f.

60. 'De canonicis scripturis', Freys - Barge, Verzeichnis,
Nr. 34f; wieder abgedr. bei Credner, Kanon, S. 316 bis
412.

61. Credner, aaO, S. 406f.

62. 'Welche bucher biblisch seint', Freys - Barge, Verzeichnis, Nr. 46-48. Die entscheidende Stelle ist abgedr. bei Lücke, Einleitung II, S. 900, Anm. 1, und
bei Leipoldt, Kanon II, S. 118. Ich zitiere nach dem
letzteren Abdruck.

und die ganze Art der Apk ist so ganz anders als im Evangelium und in den Johannesbriefen "vnnd ist dem vierten
buch (das Esdre vntergelegt) einlicher vnnd gleycher, dan
den buchlin Johannis. Derwegen, vnnd dieweyl es ßo seher
dunckel, vnnd mit gewulcken der gesicht verdecket, kan
ichs schwerlich zu Biblischen schrifften setzen..."
Karlstadt fühlt sich jedoch nicht dazu befugt, über die
Kanonizität der Apk zu urteilen; deshalb beläßt er sie
im Kanon. An dieser Äußerung ist zweierlei für uns wichtig. Einmal wird hier die Ähnlichkeit der Apk mit 4 Esr
betont, wie es auch bei Luther geschieht. Es ist kaum
denkbar, daß die beiden Wittenberger Professoren unabhängig voneinander auf diesen Gedanken gekommen sind. Da aber
Karlstadts Schrift zwei Jahre vor Luthers Bibelvorreden
erschienen ist, in einer Zeit, aus der von Luther keinerlei Kritik an der Apk überliefert ist, dürfte also Karlstadt die Priorität zukommen.

Zum andern ist die Apk die einzige neutestamentliche
Schrift, an deren Kanonizität Karlstadt ernsthafte Zweifel äußert und von der er nichts Positives zu berichten
weiß, ebenso wenig wie Luther, der doch selbst am Jakobusbrief noch manches zu loben findet. Deshalb bin ich
der Meinung, daß Karlstadt nicht unwesentlich zu Luthers
negativem Urteil in der Apk-Vorrede von 1522 beigetragen
hat, wie er ja auch anscheinend Anlaß für die erste explizite Zweifelsäußerung Luthers im Vorjahr gegeben hat[63].

Aus dem Vergleich mit den Kirchenvätern, Erasmus und
Karlstadt ergibt sich, daß alle Gedanken, die Luther in
seiner Vorrede zum Ausdruck bringt, schon irgendwo ähnlich ausgesprochen worden sind, bis auf einen, nämlich
daß in der Apk Christus nicht gelehrt werde. Daraus läßt
sich - auch im Hinblick auf die Gemeinsamkeiten mit den

---

63. Vgl. Mülhaupt, Luthers Testament, S. 19f. Leipoldt,
    Kanon II, S. 118, vermutet umgekehrt Einflüsse Luthers
    auf Karlstadt, ohne dafür genauere Anhaltspunkte ange-
    ben zu können; ähnlich auch Lønning, Kanon, S. 72, Anm.
    140. Credner, Kanon, S. 294f, kann überhaupt keine Be-
    ziehung der Reformatoren auf Karlstadts Schriften ent-
    decken.

übrigen Vorreden im Septembertestament - schließen, daß
Luther wie für die Übersetzung selbst, so auch für die
Vorreden den ganzen wissenschaftlichen Apparat seiner
Zeit heranzuziehen versucht, vielleicht, etwa im Frühjahr 1522, Vulgatavorreden, Kirchenväter, Erasmus und
Karlstadt nocheinmal durchgearbeitet hat und seine bisher nur sporadisch geäußerten kritischen Anmerkungen zu
einzelnen Büchern mit ihren Argumenten bereichert in ein
einheitliches Konzept hineinverwoben hat, das allen Vorreden zugrunde liegt und typisch Lutherschen Charakter
trägt, nämlich das Prinzip: 'Was Christum treibet', das
seine spezifische Füllung durch das paulinische Evangelium, wie es Luther verstanden hat,gewinnt. Dieser Gedankengang soll jedoch erst später weiterverfolgt werden[64]. Zunächst sollen noch weitere Einflüsse auf die
Apk-Vorrede untersucht und ihre Wirkung verfolgt werden.

Keine gedanklichen Anregungen, aber aktuelle Veranlassung für die besondere Pointierung bestimmter Gedanken
bot, wie gesagt, wahrscheinlich außerdem noch die Begegnung Luthers mit den 'Zwickauer Propheten' eben zu dem
Zeitpunkt, als er die Apk-Vorrede verfaßte. Zwar ist
in den anderen Vorreden zum NT kein deutlicher Wider-
hall davon zu spüren[65]. Auch haben wir für die beiden
Äußerungen, die hierbei in Frage stehen, nämlich die
Eingrenzung des Prophetenbegriffs und das Bewußtsein
des Geistbesitzes Parallelen sowohl bei Euseb als auch
bei Erasmus gefunden, aber trotzdem verdienen sie, noch
näher betrachtet zu werden, weil sie für die Einstellung
Luthers zur Apk in den folgenden Jahren grundlegend sind.

Seinen aus einer einseitig antienthusiastischen Paulusexegese abgeleiteten Prophetenbegriff hat Luther wahrscheinlich schon in einer Zeit gewonnen, als er nur gegen die Anmaßung der Päpste anzukämpfen hatte, neue Ge-

---

64. s.u. S. 289ff.
65. auch in der Vorrede zu 1 Kor nicht, die Luther erst
    1530 in antischwärmerischem Sinne umgearbeitet hat;
    vgl. DB 7,80,1ff mit 82,10ff.

setze und Glaubensartikel aus ihrem Geistbesitz heraus
aufstellen zu können. Im Gegenschlag dazu, aber vielleicht auch gegen die Mystik[66], versucht er, nicht nur
die neutestamentlichen, sondern auch die alttestamentlichen Propheten von der Vorstellung, als seien sie hauptsächlich Visionäre, Ekstatiker und Weissager, möglichst
abzusetzen und in ihnen geistbegabte Christusprediger
und Schriftausleger zu sehen, um auch auf diese Weise
die Suffizienz der heiligen Schrift zu untermauern[67].
1521 scheint dieser Prophetenbegriff bei Luther schon
vorhanden zu sein, jedoch noch nicht weiter expliziert[68].
In den Vorlesungen über die Kleinen Propheten 1524–26
wird dies, jetzt auch im Gegensatz zu den 'Schwärmern',
die er ja immer in eine Linie mit den 'Papisten' rückt,
nachgeholt. Auffällig ist dabei, daß Luther an einigen
Stellen nicht ohne Gewaltsamkeit die Beschreibung des
Visionsempfangs uminterpretiert[69]. Schon 1522 müssen
wir diese Methode bei ihm voraussetzen, sonst hätte er
in seiner Apk-Vorrede die echten Propheten nicht so ent-
schieden von dem Visionär der Apk absetzen können. So dürfte wohl im Zusammenhang der Wittenberger Unruhen[70] eine
noch stärkere, einseitige Festlegung von Luthers Prophe-

---

66. Vgl. seine Geringschätzung des 'inneren Wortes', 10
    I 1,188,17ff: Postille über Joh 1,1-14; 1521.
67. s. auch u. S. 302f. Vgl. Krause, Studien, S. 143ff
    und 281ff, der diesen Vorgang äußerst positiv be-
    wertet. Daß allerdings Luther "die moderne Unter-
    scheidung zwischen Prophetie und Apokalyptik...
    inhaltlich klar erfaßt und vorweggenommen" habe
    (S. 287), ist ein völlig unhistorisches Urteil; s.
    dagegen Quanbeck, Apocalyptic, S. 119ff.
68. z.B. 7,663,20ff: Auf das überchristlich... Buch...
    Emsers; 8,419,35ff: De abroganda missa; 8,621,17ff:
    De votis.
69. s. Krause, Studien, S. 289f.
70. insbesondere etwa in Anbetracht eines solchen Auf-
    rufs, wie ihn Müntzer in einem Brief vom 27.3.1522 an
    Melanchthon und die anderen Wittenberger gerichtet
    hat: "O charissimi, operam navate, ut prophetetis,
    alioqui theologia vestra non valebit obulum." Müntzer,
    Schriften, S. 380,16f.

tenvorstellung erfolgt sein und ihren ersten Niederschlag in der Apk-Vorrede im Septembertestament gefunden haben.

Eigenartig ist demgegenüber Luthers Bewußtsein,
den Geist zu besitzen und aus diesem Geistbesitz heraus
gefühlsmäßige, aber doch autoritative Urteile über andere Geister fällen zu können.

Hatte Luther im Ablaßstreit zunächst mit der Parole:
"Prüfet die Geister, ob sie aus Gott seien!" (1 Joh 4,1),
verbunden meist mit der anderen: "Prüfet alles, und das
Gute behaltet!" (1 Thess 5,21) die Freiheit seiner eigenen Bibelinterpretation gegenüber dem Gewicht der kirchlichen Autoritäten zu behaupten versucht[71], so dient die
Rede Luthers von seinem Geist gegenüber den 'Schwärmern'
dazu, seine eigene Autorität zum Maßstab alles Redens
und Handelns seiner Anhänger zu machen und die anderen
'Geister' womöglich als teuflisch zu verdammen[72]. Der
'Geist' Luthers ist hier zu verstehen als die Kongeniali-
tät in der Auslegung des paulinischen Evangeliums, die
so weit geht, daß Luther seine Verkündigung mit dem Evangelium identifizieren[73] und alle neuen Lehren prinzipiell

---

71. z.B. 2,29,15ff: Appellatio, 1518; 355,1ff: Leipziger
    Disputation, 1519, u.ö.

72. Insbesondere Müntzer ist von diesem Urteil Luthers
    betroffen, allerdings nach längerer Zeit der Prüfung,
    zu der der Reformator ja sofort beim Auftreten der
    Zwickauer Propheten aufgerufen hat, s.o. S. 242 (vgl.
    Br 3,120,34ff = Enders 4,201,49ff: an Spalatin, 3.8.
    1523; WA 15,213,11ff; 15,219,1: Brief an die Fürsten,
    1524, mit 15,215,14 und 18,93,31f: Wider die himmli-
    schen Propheten, 1525); es gilt aber auch Bucer und
    den Straßburgern: "So reymet sich unser gaist und
    euer gayst nichts zusamen." 30 III,150,6ff: Marburg,
    1529 (nach Osiander), und Br 5,340,54: an Propst,
    1.6.1530; vgl. Börsch, Geber, S. 106ff.

73. 7,313,21ff = BoA 2,62,37ff: Grund und Ursach, 1521;
    8,685,4ff = BoA 2,308,4ff: Treue Vermahnung, 1521/22;
    10 II,40,5ff = BoA 2,333,24ff: Von beider Gestalt des
    Sakraments, 1522; vgl. Campenhausen, Selbstbewußtsein,
    S. 140, 143 und 150 bzw. 331, 334 und 342; Lønning,
    Kanon, S. 130ff.

ablehnen kann[74]. Aber auch in Sachen, die nicht so zentral
sind und den Glauben nicht unmittelbar tangieren, kann
Luther auf Grund seines von ihm behaupteten Geistbesitzes,
selbst wenn er, wie bei der Apk-Vorrede, nur seine persönliche Meinung äußert, besondere Autorität beanspruchen
und damit rechnen, daß sein Urteil Gewicht hat, genauso
wie es Paulus in einer Frage der Sexualethik, zu der er
kein Herrenwort hat, tut, wenn er gegenüber den Korinthern,
die auf ihren Geistbesitz stolz sind, entgegenhält: "Ich
glaube aber, daß auch ich den Geist Gottes habe" (1 Kor
7,25ff.40). Es kommt also auch hier wieder der antienthu-
siastische Paulus zum Tragen, wenn Luther über die Apk
bemerkt: "Meyn geyst kan sich ynn das buch nicht schicken",
was gleichbedeutend damit ist, daß es nicht "von dem heyligen geyst gestellet sey."[75]

Abschließend wäre zu sagen: Wenn auch im einzelnen
der Einfluß der neuen Propheten auf Luther in der Apk-
Vorrede nicht präzise erfaßbar ist, so hat doch Ecke
etwas Richtiges bemerkt, wenn er im Hinblick auf die
Kritik Schwenckfelds an Luthers Theologie feststellt,
daß aus Luthers Ablehnung der Apk deutlich genug der
Vorwurf der Schwärmerei herausklinge, der nicht nur
viele Zeitgenossen, sondern auch das gesamte durch
und durch pneumatische Urchristentum betreffe und der
mit seiner antipneumatischen Schwärmerdefinition zusammenhänge[76]. Auch Holl glaubt, daß besonders in Luthers
Urteil über die Apk seine Ablehnung neuer Offenbarungen
zum Ausdruck komme[77].

2. Parallelen bei anderen bedeutenden Zeitgenossen

Zur Bestimmung der historischen Bedeutung von Luthers
Apk-Vorrede ist nun aber nicht nur die Frage nach ihren

---

74. 46,476,1ff: Pred. über Lk 1,48ff; 1538; vgl. TR
    5,541,21ff: Nr. 6211 (Lauterbach, undatiert).
75. DB 7,404,14.25f.
76. Ecke, Schwenckfeld, S. 84.
77. Holl I, S. 432, Anm. 5; vgl. Steinlein, Anlage, S.
    44.

Quellen und ihrer aktuellen Veranlassung von Bedeutung,
sondern auch der Vergleich mit der Beurteilung der Apk
durch andere Theologen der Zeit und die Feststellung der
Wirkung, die die Vorrede auf Zeitgenossen und spätere
Generationen des 16. Jahrhunderts gehabt hat.

Über die Einstellung der Mitarbeiter Luthers in Wittenberg selbst zum letzten Buch der Bibel ist wenig bekannt. Melanchthon etwa scheint sich in den 20er Jahren
nicht explizit darüber geäußert zu haben[1]. Dagegen geht
ganz offensichtlich ein Anstoß für die neue Vorrede, die
Luther 1530 der Apk gewidmet hat, von ihm aus[2].

Von den Kirchenmännern außerhalb Wittenbergs ist zunächst Zwingli zu erwähnen. Er nimmt in seiner Auslegung
der 67 Schlußreden, die im Januar 1523 erschienen ist,
bei Artikel 20, der sich mit der Heiligenanrufung befaßt,
d.h. also in Auseinandersetzung mit den römischen Theologen, in der es um stichhaltige Bibelautoritäten geht, die
Kritik an der Apk auf.

> Bei der Behandlung von Apk 21,4; 5,7f; 4,9f und 8,3f, al-
> so ähnlichen Stellen wie denen, um die sich Luther mit
> Eck auf der Leipziger Disputation gestritten hat, ver-
> sucht er die Autorität der Apk abzuwerten. Dabei ver-
> weist er zunächst unter Berufung auf Hieronymus dar-
> auf, daß bei den Kirchenvätern die Apk nicht unter die
> heiligen Bücher gezählt worden sei. Dann behauptet er,
> kein Gelehrter habe sie dem Evangelisten Johannes zu-
> geschrieben, sondern jeder einem Johannes, der Bischof
> von Ephesus gewesen sei. Das mag auf Dionys von Alexan-
> dria zurückgehen. Es folgt ein Hinweis auf die stilisti-
> schen Unterschiede. Diese Argumente hält er für aus-
> reichend, Apk-Stellen aus der Diskussion auszuscheiden.
> Doch hat er das nicht nötig, da er der Apk einen guten
> heilsgeschichtlichen Sinn abzugewinnen und auch die in
> Frage stehenden Stellen für seine Vorstellungen in An-
> spruch zu nehmen vermag[3].

Noch pointierter äußert sich Zwingli im Streit um dieselbe
Frage auf der Berner Disputation von 1528:

---

1. Lücke, Einleitung II, S. 907, nimmt eine relativ positive Haltung Melanchthons gegenüber der Apk an.
2. s.u. S. 380ff, 395f und 446f.
3. CR 89,208,14ff.

"Uß Apocalipsi nemmen wir kein kundtschafft an; dann
es nit ein biblisch bůch ist, wiewol alles, das sy
derglychen haryn möchten züchen, uns dienet und nit
inen." Und: "Das bůch Apocalipsis sye Johannis Eua-
geliste, wirt mit keiner schrifft noch hystori by-
bracht." Als Begründung weist er auf den Titel hin,
den wir von Erasmus her kennen[4].

Es ergibt sich: In den einzelnen kritischen Bemerkungen folgt Zwingli den Kirchenvätern und Erasmus, in der
Schärfe der Ablehnung der Apk als Argumentationsbasis
jedoch eher Luther, obwohl ein direkter Einfluß nicht nachweisbar ist. Zwingli könnte hier auch selbständig sein.
Jedenfalls darin weicht er von dem Luther der ersten Vorrede ab, daß er in diesem Buch "das erlösen Christi" und andere heilsgeschichtlichen Geschehnisse abgemalt findet[5],
also vom Prinzip 'was Christum treibet' her, wenn er es
angewendet hätte, nichts daran auszusetzen gehabt hätte[6].

Auf derselben Disputation sind auch Bucer und Ökolampad für eine nicht im einzelnen durchgeführte Abstufung
der biblischen Bücher eingetreten[7].

Brenz nennt 1555 alle sieben neutestamentlichen Antilegomena, also auch die Apk, ausdrücklich Apokryphen[8].

Calvin hat sich zwar über die Kanonizität der Apk
nicht geäußert, das Buch auch nicht kommentiert, aber
Bodin hat uns eine bemerkenswerte Nachricht hinterlas-
sen: "Valde mihi probatur Caluini non minus vrbana quam
prudens oratio, qui de libro Apocalypseos sententiam ro-
gatus, ingenue respondit se penitus ignorare quid velit
tam obscurus scriptor."[9]

---

4. CR 93 I,395,21ff; 396,26f; 397,14ff.
5. CR 89,209,8ff.
6. Ich würde deshalb auch nicht so ohne weiteres mit Leipoldt, Kanon II, S. 140, Anm. 7, behaupten: "Für einen
   kühl denkenden, intellektualistisch veranlagten Humanisten war dies Buch am unverständlichsten", obwohl sicher etwas Richtiges daran ist.
7. Lücke, Einleitung II, S. 904; Leipoldt, Kanon II, S.
   142f.
8. Leipoldt, aaO, S. 129; Lønning, Kanon, S. 198f.
9. zitiert nach Leipoldt, aaO, S. 148, Anm. 2.

Eine ähnlich distanzierte Haltung gegenüber dem 'Buch
mit sieben Siegeln' nimmt aber auch ein so bedeutender
altgläubiger Gegner Luthers wie Kardinal Cajetan ein.
Als stark vom Humanismus beeinflußter Verehrer des Hieronymus nimmt er eine gewisse Sonderstellung unter seinen Kollegen ein. Worin er allerdings nicht Hieronymus,
sondern eher Lyra folgt, ist sein Prinzip, die Bibel
nur nach dem Wortsinn auszulegen. Von Hieronymus hat er
gelernt, einige Bücher aus der Bibel, soweit sie als
Glaubensregel fungiert, auszuschließen. Davon ist die
Apk nicht betroffen. Aber einer wörtlichen Auslegung,
so stellt Cajetan fest, widerstrebt die Apk. Deshalb
hat er sich auch geweigert, in seinem Kommentar zu den
neutestamentlichen Briefen die Apk mit zu erklären. Seine Begründung lautet: "Quoniam intentionis meae fuit
sensum dumtaxat germanum prosequi, ideo apocalypsim Ioannis omisi: fateor enim ingenue me non penetrare illius
mysteria iuxta sensum literalem." Und an anderer Stelle:
"Apocalypsim enim fateor me nescire exponere iuxta sensum literalem: exponat cui Deus concesserit."[10]
Damit bringt er ein Gefühl der Fremdheit gegenüber
einer solchen Gattung wie der Apk zum Ausdruck, das dem
Luthers nahekommt, obwohl nicht anzunehmen ist, daß er
von diesem dazu angeregt wurde.
Auf derselben Linie liegen auch die Äußerungen des
Reformkatholiken Georg Witzel, der in der Vorrede zum
Druck seiner Reihenpredigten schreibt: "Dum... serie sua
feliciter praedicarem finiremque Novi Testamenti omnis
libros, una Apocalypsi praetermissa, non eo quod reii-
ciam, sed quod nondum satis intelligam..."[11]
Es zeigt sich also, daß Luthers Mißfallen an der Apk
in seiner Zeit durchaus nichtsUngewöhnliches an sich hat-

---

10. zitiert nach Horst, Streit, S. 557, Anm. 19, und S.
    567, Anm. 64; die beiden Sätze auch bei Lønning, Kanon,
    S. 62, Anm. 78; vgl. Kunze, Glaubensregel, S. 518; Lei-
    poldt, aaO, S. 39.
11. Witzel, Homiliae, Bl. B2b.

te, wenn auch die Schärfe des Urteils bei den einzelnen
Theologen verschieden war.

3. Direkte Wirkungen der Vorrede

Was nun die nachweisbare Wirkung der ersten Apk-Vorrede Luthers betrifft, so ist zunächst einmal deren Verbreitung in den muttersprachlichen Ausgaben des NT in
Betracht zu ziehen. Die Übersetzung des großen Reformators drang natürlich sehr schnell in weite Kreise und
wurde oft nachgedruckt. Aber bereits 1530 trat in Wittenberg und daraufhin auch an anderen Orten des Deutschen Reiches – die Schweiz ging bald eigene Wege[12] –
eine neue Vorrede an ihre Stelle, und die allein stand
in den späteren lutherischen Ausgaben des NT und dann
auch der ganzen Bibel über Jahrzehnte hinweg zu lesen[13].
Von daher konnte die erste Vorrede natürlich nur eine begrenzte Wirkung haben, die aber immerhin mehr als ein halbes
Jahrhundert über 1530 hinausreicht.

Durch Luthers Übersetzungswerk wurden auch in anderen
Ländern Theologen dazu angeregt, die Bibel in ihre Mut-
tersprache zu übertragen. Soweit dies vor 1530 geschah,
bestand die Möglichkeit, mit den Zugaben zu Luthers NT
auch die ursprüngliche Vorrede zur Apk zu übernehmen.

Nach meinen Ermittlungen geschah dies jedoch nur in
den Niederlanden, Dänemark und Schweden. In Antwerpen
z.B. wurde ab 1523 Luthers NT in _flämischer_ Übersetzung
wiederholt gedruckt, bis kaiserliche Verbote die Verleger zwangen, es auf Pressen im Ausland herstellen zu lassen. Zumindest in den ersten Jahren enthielt es die ursprüngliche Vorrede zur Apk in wortwörtlicher Übertragung[14]. In dem _dänischen_ NT, das 1524 im Auftrag Chri-
stians II. veröffentlicht wurde, haben die Übersetzer
(bei der Apk dürfte dies Henrik Smith gewesen sein)

---

12. Vgl. Mezger, Geschichte, S. 51.
13. s.u. S. 499 und 428f.
14. Vgl. Lutjeharms, Belgien, S. 59. Ich habe nur eine Aus-
    gabe persönlich überprüft, nämlich NT flämisch, 1525.
    Dort steht die Apk-Vorrede auf Bl. a5ab.

alle Vorreden Luthers aus dem Septembertestament übernommen, anscheinend ohne irgendeinen Eingriff daran vor-
zunehmen[15]. Aber bereits das von Christiern Pedersen
bearbeitete dänische NT von 1529 enthält wie zu den anderen Büchern so auch zur Apk eine von diesem selbst
verfaßte Vorrede, die keine Kritik mehr bietet[16]. Der
von König Gustav Wasa beauftragte Lutherschüler Olaus
Petri brachte zusammen mit Laurentius Andreä 1526 ein
schwedisches NT heraus, in dem er selbst den verschiedenen Büchern Vorreden voranstellte, sich dabei jedoch
eng an Luther anschloß. Die Vorrede zur Apk zeigt freilich an einigen Stellen die Tendenz, die persönlichen
abfälligen Bemerkungen des Wittenbergers durch sachliche
Argumente, übernommen von Erasmus, zu ersetzen[17].

Dagegen ist auffällig, daß William Tindale, der in
seinem 1526 erschienenen englischen NT sonst zu anderen
Büchern Vorreden im Geiste Luthers verfaßt hat, sich
zur Apk gar nicht geäußert hat. Leipoldt meint, dies habe seinen Grund darin, daß Tindale wie der Verfasser der
Apk zu einer verfolgten Gemeinschaft gehört und deshalb
diesem Buch mehr Wertschätzung erwiesen habe als Luther[18].
Freilich setzt sich der Engländer auch nicht ausdrücklich
von seinem Vorbild ab.

Schärfste Kritik übt nun aber ein alter Gegner an Luthers NT, nämlich Hieronymus Emser in einem 215 Seiten
starken Quartband, in dem den Vorreden besonderes Augenmerk gewidmet wird. Das 1523 in Leipzig erschienene Buch
trägt den Titel: "Auß was grund und ursach Luthers dol-
matschung uber das Naue Testament dem gemeinen man bil-
lich verboten worden sey". Es hat unter dem neuen Titel

---

15. NT dänisch, 1524; die "Foretaalen paa Sanct Hanssis
    Openbaring" steht auf Bl. oo1ab.
16. NT dänisch, 1529; die Reihenfolge der Bücher ist die
    der Vulgata.
17. Die Vorrede ist abgedruckt bei Leipoldt, Kanon II, S.
    102f, Anm. 2. Einen genauen Vergleich mit der Luthers
    hat Quack, Bibelvorreden, S. 26, durchgeführt.
18. Leipoldt, aaO, S. 99.

"Annotationes uber Luthers Nau Testament, gebessert und
emendiert" ab 1524 noch viele Auflagen erlebt[19].

Die Apk-Vorrede behandelt Emser auf 14 Seiten[20] ausführlichst, beginnend mit dem Satz: "Gleychwie diß buch
nach meynung des heiligen Hieronymi so vil heymlicher
sacrament in sich helt, so vil wort daryn stehen, also
sein in Luthers vorred uber gemelt buch ouch so vil
blasphemien und lesterung, als vil wort darynnen gefunden werden."[21] Unter viel Ketzerpolemik sind auch einige gute Beobachtungen und kritische Anmerkungen von
bleibendem Wert zu finden. Zunächst verteidigt er Hieronymus gegen Luthers Angriffe. Sein Lob der Apk stamme nicht erst von ihm, sondern schon von Dionys von
Alexandria[22]. Wenn Luther behauptet, Hieronymus sei
auch "wol an mehr ortten seyns lobens zu milde"[23], dann
meine er wohl dessen Lob der Jungfrauschaft, des Papsttums und des Mönchtums. Mit Hieronymus, Contra Iovinianum[24], ist Emser der festen Überzeugung, daß die Apk ein
prophetisches Buch sei. Sodann geht Emser auf die einzelnen Bedenken Luthers ein.

Der Reformator behauptet, die Apostel gingen nicht
mit Gesichten um. Emser entgegnet erstens, "das nit eytel gesicht in disem buch stehen, sondern doneben ouch
vil klarer, heller wort, als das uns Christus unser sund
mit seynem blut abgewaschen hab..."[25], womit er ja durchaus recht hat, wie Luthers eigene bisherige und weitere
Verwendung von Apk-Stellen nach unseren Untersuchungen

---

19. Vgl. Mosen, Emser, S. 71, Nr. 39. Zu ergänzen ist
    die in meinem Literaturverzeichnis unter Emser,
    Annotationes, aufgeführte Ausgabe.
20. Emser, Auß was grund, Bl. 144a-150b.
21. Bl. 144a.
22. Vgl. o. S. 260.
23. DB 7,404,24.
24. s.o. S. 257f.
25. Emser, Auß was grund, Bl. 145b.

zeigt[26]. Zweitens stellt Emser fest: "Das aber Joannes
ouch von gesichten redet, ist ein beweysung, das diß
buch ein recht prophetisch buch ist. Dann das das der
propheten ampt sey, das sie mit gesichten umbgehn, erscheint nit allein auß iren büchern, sonder ouch auß dem
wort Gottes", wofür Num 12,6; Apg 2,14ff und Joel 2,28ff
angeführt werden[27]. Auch gibt es drittens Beweise genug
dafür, daß die Apostel mit Gesichten umgingen, wie z.B.
die Verklärungsgeschichte, Mt 17,1ff par; die Visionen
des Paulus vor und in Damaskus, Apg 9,1ff; seine Ent-
rückung in den dritten Himmel, 2 Kor 12,1ff; die Vision
der unreinen Tiere durch Petrus und die entsprechende Vision des Cornelius, Apg 10,9ff, abgesehen von der le-
gendären Begegnung des Petrus mit Christus auf der Flucht
aus Rom. Auch von anderen Personen wird im NT berichtet,
daß sie Visionen hatten, z.B. von Stephanus, Apg 7,56;
den Frauen am Grabe in der Ostergeschichte; den Hirten
bei Bethlehem, Lk 2,8ff; den Töchtern des Philippus und
dem Propheten Agabus, Apg 21,9ff[28]. Emser kann also mit
einem gewissen Recht Luther vorwerfen, daß er dem einfachen Volk die Wahrheit vorenthalte. Tatsächlich ist dessen Urteil an dieser Stelle so wörtlich, wie es dasteht,
nicht haltbar. Die Apostel hatten Visionen und beriefen
sich darauf, auch wenn ihr Amt, wie Luther betont, primär die klare Verkündigung des Heiles in Christus war.
Insofern ist seine These nur von relativer Gültigkeit[29].

   Der Wittenberger behauptet weiter, auch die Propheten handelten nicht in so hohem Maße mit Visionen und
Bildworten wie die Apk. Hierin liegt eigentlich schon

---

26. s. S. 58f, 127f, 173 und 334f.
27. Emser, aaO, Bl. 145b.
28. Bezeichnenderweise hat auch Müntzer, Schriften, S.
    538, in einem Bucheintrag neutestamentliche Visionen
    zusammengestellt. Zur Differenz in der Beurteilung
    von Visionen durch Müntzer und Luther vgl. Dismer,
    Geschichte, S. 219-225.
29. Das ist der Wahrheitsgehalt von Eckes o. S. 271 erwähn-
    tem Urteil über die Apk-Vorrede.

das Zugeständnis, daß sie überhaupt mit Visionen umgehen und der Unterschied nur relativ ist. Da hakt der
Dresdener ein und schreibt: "[Ich habe] noch nit abge-
zelt, wᵉlchem derselben mher geoffenbart worden sein.
Im fall aber, daß im gleich also wer, ist es doch ein
grosse vormessenheyt, das diser arme mensch den heiligen
geyst ᵉrst zur schul furen und im ein maß oder zil setzen wil, wievil er diesem oder jhenem offenbaren sol."[30]
Übrigens hat Luther selbst in den 20er Jahren über die
Redeweise von Christus, den Aposteln und Propheten Aussagen gemacht, die zu den einseitigen Behauptungen der
ersten Apk-Vorrede im Widerspruch stehen[31].

> Emser erkennt auch richtig, was Luther mit der Zuord-
> nung zu 4 Esr, über den er ebenso wie Luther selbst
> urteilt[32], erreichen will, nämlich die Apk als apo-
> kryph abzustempeln, im Gegensatz zur Entscheidung der
> Kirche. Er behauptet, daß nur einige Ketzer[33] die Apk
> verworfen hätten, während er eine lange Reihe von Kir-
> chenvätern aufzählen kann, die die Apk von Anfang an
> als kanonisch betrachtet haben.
> Das (erasmianische) Argument, der Verfasser der
> Apk könne nicht Johannes der Evangelist sein, weil
> er in den Handschriften als 'Theologe' bezeichnet
> werde, weiß er mit dem Hinweis darauf zu entkräften,
> daß die Kirchenväter eben den Evangelisten als Theo-
> logen ausgezeichnet hätten.

---

30. Emser, aaO, Bl. 146b.

31. z.B.: "Si Christus tantum nudis verbis locutus, nun-
    quam credidissemus. Iam similitudinibus et bilden
    khombt er prius sivit scribere totum vetus testa-
    mentum plenum mit imaginibus und bilden." 20,426,6-8:
    Pred. über Joh 3,11; 27.5.1526 (Nachschr.); vgl. Z.
    19-23 (Druck) bzw. 21,544,27-30 (Crucigers Sommer-Post.).
    "[In paränetischen Stücken des Paulus] braucht er vil
    hübscher vorblümeter wort und macht eyn feyne bundfarbe
    rede." 10 I 2,2,4f: Advents-Post. über Röm 13,11-14;
    Anfang 1522; weitere Beispiele aus verschiedenen Jahren
    bei Steinlein, Anlage, S. 17ff.

32. "... da nichtzit dann treum in stehen und apocryphum
    und unbewert ist", Emser, aaO, Bl. 146b; vgl. DB 12,
    290,9ff: Baruch-Vorr., 1534: "On das im vierden buch
    dazu eitel trewme sind." Gemeinsame Quelle ist Hiero-
    nymus, Praefatio in Esram, MPL 28,1472, worauf Luther
    auch verweist.

33. zu denen er auch mit Augustin (s.o. S. 258) die Aloger
    zählt.

Weiter behauptet Luther, die anderen Bücher enthielten nicht so viele Drohungen, den Inhalt nicht zu verän-
dern, wie die Apk. Demgegenüber weist Emser darauf hin,
daß dieser Topos "nit so frömbd in der schrift ist, als
Luther machen wil"[34]. Er kann dafür mit Recht Dtn 4,2
anführen, eine Stelle, die Luther mit Vorliebe gegen die
Päpstlichen ins Feld geführt hatte[35], und zwar jeweils
auf die ganze Bibel bezogen, nicht nur auf das Deuteronomi-
um.

> Emsers Beobachtung mag hier zu einer weiteren Erörte-
> rung von Luthers Kritik an Apk 22,18f Anlaß geben.
> Man sollte eigentlich erwarten, daß der Reformator
> von diesem Bibelwort denselben Gebrauch in Polemik
> gegen Menschensatzungen zur Begründung der Suffizienz
> der Schrift, an deren Ende es steht, gemacht hätte wie
> von Dtn 4,2. Denn vor ihm[36] und wohl auch neben ihm[37]
> ist dies geschehen, wie umgekehrt in der katholischen
> Tradition diese Stelle zur Abwehr von Ketzereien dien-
> te[38]. Aber außer in der Apk-Vorrede von 1522, in der
> er den Eindruck erweckt, als kenne er eine solche In-
> terpretation gar nicht, kommt dieses Zitat an keiner
> Stelle im gesamten Lebenswerk Luthers mehr vor. Das
> ist doch sehr auffallend. Das Selbstbewußtsein des
> Sehers Johannes, der als einziger von allen Verfassern
> der neutestamentlichen Schriften für sein Buch von vorn-
> herein kanonische Geltung und Unantastbarkeit bean-
> sprucht, ohne jedoch klare Aussagen darin zu machen,
> muß Luther sein Leben lang unangenehm berührt haben.

Aber folgen wir nun wieder Emsers Ausführungen! Wenn
Luther sagt, sein Geist schicke sich nicht in dieses
Buch, folge noch lange nicht daraus, daß niemand wisse,
was es bedeute; es sei auch kein Wunder, daß ein so ei-
genwilliger Geist wie der Luthers nichts verstehe. Denn
das Buch mit sieben Siegeln öffne sich nur demütigen Gei-

---

34. Emser, Auß was grund, Bl. 147a.

35. z.B. 7,134,4f: Assertio, 1520; 7,663,24f: gegen
    Emser, 1521; 8,141,25: Von der Beicht; 8,418,11f,
    hier verbunden mit Spr 30,5f und 1 Petr 4,11: De
    abroganda missa, entsprechend 489,35: Vom Mißbrauch.

36. z.B. Wyclif, De veritate I,384,25ff; II,131,22; Ta-
    boriten: Goll, Fontes V, S. 406.

37. Vgl. Schatzgeyer, Scrutinium, S. 129,5ff.

38. z.B. bei Rupert, MPL 169,1213; Paltz, Caelifodina,
    Bl. R5b u.ö.; vgl. Lubac, Exégèse 2 I, S. 128ff.

stern. Der Wittenberger poche nur deshalb auf den wörtlichen Sinn, weil er den geistlichen nicht begreifen könne. Dies ist eine Argumentationsweise, der Luther zehn
Jahre früher noch ohne weiteres zugestimmt hätte, wie
aus den oben[39] behandelten Äußerungen in der 1. Ps-
Vorlesung deutlich hervorgeht. Seinem später alleini-
gen Insistieren auf der Begründung der Heilsgewißheit
mußte so gesehen die Apk zum Opfer fallen[40].

Emser versucht aber noch tiefer hinter die eigentlichen Gründe von Luthers Ablehnung der Apk zu kommen, denen gegenüber er die offen geäußerten nur als Vorwände
betrachtet.

Der erste Grund ist reine Unterstellung: Luther als
falscher Prophet müsse sich fürchten vor den Drohungen
gegen dergleichen Verführer, die in der Apk, z.B. in
2,2; 2,9 (3,9) und 19,20 ausgesprochen sind. Doch hat
er Luthers von uns schon untersuchtes Selbstbewußtsein
in dieser Periode scharf erkannt, wenn er ihn charakterisiert als einen, "wölcher sich selbs fur ein ecclesiasten
und evangelisten außgegeben und an vil enden von im selber geschriben hat, wie sein mund der mund Gottes sey"[41].
Es ist natürlich umgekehrt: Eben weil sich Luther als
wahrer 'Prophet' fühlt, auch wenn er sich in dieser Zeit
nicht so bezeichnet, sondern das objektive Evangelium
in den Vordergrund stellt[42], vermag er über Propheten
zu urteilen. So selbstbewußt jedenfalls ist der Tenor
seiner ersten Vorrede, wenn auch zwischen den Zeilen
seine Ratlosigkeit angesichts der vielen schwer deutba-
ren Visionsberichte herauszulesen ist.

---

39. S. 49ff.
40. Daß aber Luther trotz gegenteiliger Beteuerungen mit
    der Apk etwas anfangen kann, zeigt seine antipäpstli-
    che Polemik, die er daraus schöpft und die insbeson-
    dere in den noch zu besprechenden beigefügten Illustra-
    tionen zum Ausdruck kommt.
41. Emser, Auß was grund, Bl. 148a.
42. s.o. S. 269f, dazu Anm. 73.

Der zweite Grund ist schon schwerwiegender. Emser
hat erkannt, daß in der Apk die Werke gegenüber dem Glauben stärker betont werden. Daher, so glaubt er, müsse
Luther mit den Werken auch die Apk abwerten[43]. In dessen Behauptung, die Apk lehre nicht Christus erkennen,
ist tatsächlich wohl auch dieser Aspekt des Buches mit
angesprochen.

Die folgenden drei Gründe sind indiskutabel. Der
sechste dagegen ist erwägenswert. In 14,4 ist von Jungfrauen die Rede, die dem Lamm folgen; das ist eine der
Hauptstellen für die besondere Hochschätzung des Zöli-
bats, den Luther ablehnt. Aber ein entscheidendes Motiv für die Verurteilung der Apk kann das nicht gewesen
sein, weil der Reformator, wie er es später getan hat[44],
dieser Stelle gerade einen antirömischen Sinn zu geben
versteht.

Der siebte Grund ist nach Emser, daß die Apk den frei-
en Willen lehre, z.B. in 3,20 und 22,17, während Luther ihn doch verwerfe. Das kann aber auch nicht stimmen; denn dieser weiß auch 3,20 zu allen Zeiten in
seinem Sinne zu interpretieren[45].
Auch der achte ist nicht zutreffend, nämlich daß
Luther an der mariologischen Interpretation von Apk 12,1
ff Anstoß genommen habe. Er versteht diesen Abschnitt
immer ekklesiologisch, wie später bei der Behandlung
des Liedes, das er darüber gedichtet hat, ausführlich
darzulegen sein wird[46].

---

43. Emser, aaO, Bl. 148b: "Der ander gebrech, den Luther
an disem buch hat, ist, das es uns so vil sagt von
den werken, wie uns die vonnöten sein, und das uns
sust nichtzit nachvolge, und keiner gekrönet werd,
er uberwinde dann und vorharre in guten werken biß
an das end, ca. 2, 14, 20 et aliis locis, wölches
alles Luthers ler entgegen, der do lert, wir dörfen
uns umb die werk gar nichtzit bekömmern; dann Christus
und sein euangelion kein werk vordere, dörfe ouch unser werk, unsers fastens oder betens gar nichtzit.
Dawider sagt Christus hie zu der gemein Laodiciae,
cap. 3: [folgt Zitat von V. 17]." Vgl. auch u. S. 309.
44. s.u. S. 586ff.
45. s. S. 114f, 232f, 352f und 362.
46. s.u. S. 601f.

Ebensowenig trifft der neunte zu, daß Luther an der
nach Augustins antichiliastischer Auslegung in der Apk
beschriebenen geistlichen Herrschaft vor dem jüngsten
Tag Anstoß nehme[47].

Der zehnte Grund dagegen ist wieder naheliegender.
Die katholische Theologie stützt sich für ihre Lehre von
der Heiligenanrufung und die Begründung weiter Teile der
Messe auf Apk-Stellen wie 5,8; 8,3f, wo das Räucherwerk
der Überwinder als Gebet gedeutet wird. Bei der Erörterung dieser Beweisstellen hat bald darauf Zwingli seine
ersten Zweifel an der Kanonizität der Apk geäußert[48].
Sollten sie nicht auch Luther etwas Kopfzerbrechen oder
zumindest Ärger bereitet haben?

Der elfte und letzte Grund sei, so behauptet Emser,
daß in der Apk, z.B. in 14,13, gesagt wird, daß die Heiligen sofort nach dem Tode in die ewige Ruhe kommen, wo
doch Luther gegen die Kanonisation von Heiligen wettert.
Hier ist auch wieder etwas Richtiges berührt, nämlich daß
die in der Apk vorgestellte Gleichzeitigkeit von ecclesia
triumphans und militans und ihre gegenseitige Verbindung
in einem gewissen Gegensatz stehen zu der von Luther allmählich ausgebildeten Vorstellung des Seelenschlafes. Jedoch kann der Reformator gerade auch 14,13 für seine Vorstellung in Anspruch nehmen[49].

Alles in allem hat Emser in dieser Liste doch eine
ganze Reihe von Aussagen der Apk zusammengestellt, denen Luther zwar, wenn es ihm darauf ankam, durchaus einen ihm gemäßen Sinn abzugewinnen verstand, die ihm
aber doch manche Mühe bereiteten und wohl auch peinli-
che Umdeutungen erforderten, deren er dagegen mit einem Schlag enthoben war, wenn er die Apk als ganze aus
der theologischen Diskussion ausscheiden konnte, wie er
es denn auch, zumindest vorübergehend, getan hat.

---

47. Luthers Verständnis von Apk. 20,6 wird später zu be-
    handeln sein, s.u. S. 450f und 491ff.
48. s.o. S. 272.
49. Vgl. o. S. 187.

Von den übrigen römisch-katholischen Gegnern, die
sich mit Luthers Vorreden auseinandergesetzt haben,
seien noch die folgenden erwähnt: Alvelt, der 1524
meint, wenn Luther die Apk ihrer Träume wegen verwerfe, müsse er das ebenso mit Propheten wie Ezechiel,
Daniel u.a. tun[50]; Cochläus, der den Mangel an klarem
Verständnis biblischer Bücher ganz allgemein als typisch für solche Ketzer wie Luther einstuft[51]; Titelmans, der sich 1530 speziell mit Erasmus auseinandersetzt[52] und die Zweifel des (nicht namentlich genannten) Wittenbergers als abschreckendes Beispiel hin-
stellt, von dem sich der Rotterdamer hätte deutlicher
absetzen sollen[53]; Bernardini, der 1552 meint, wenn
einer Bücher verwirft, die ihm nicht genehm sind, kann
sein Gegner genausogut die Bücher ablehnen, auf die
er sich mit Vorliebe beruft[54]; Cano, der auf Titelmans

---

50. Alvelt, Wyder den Abgot, S. 45,5-15; zitiert auch bei
    Lønning, Kanon, S. 176f, Anm. 657.

51. Cochläus, De autoritate, Bl. L5b, hebt aus der "cen-
    sura Lutheri" im Septembertestament folgendes beson-
    ders hervor: " Apocalypsim vero Johannis usque adeo
    flocci facit, ut neque apostolicum neque propheticum
    librum existimet. Neminem scire, quid sit, atque iti-
    dem esse [im Text Drf.: ssse], ac si illum non habere-
    mus. Denique Christum in eo neque doceri neque cognos-
    ci." Vgl. auch Lønning, Kanon, S. 173-176.

52. s.o. S. 262ff.

53. Titelmans, De autoritate, Bl. K2af:"Verum quod in tem-
    pore, quo editionem tertiam [sc. Novi Testamenti] ede-
    bas, hoc est anno Domini 1522, quo tempore sciebas ex-
    surrexisse haereticos, qui de hac ecclesiastica scrip-
    tura indignissime non senserint modo, sed loquebantur
    etiam et scribebant adeo, ut ipsam dicerent nihil habere
    neque propheticum neque apostolicum, sed mera continere
    somnia, a quopiam impostore conficta, quod illo, inquam,
    tempore priora requiris intacta, ut fuerant; deinde quod
    in quarta quoque editione adhuc postrema, quam anno Do-
    mini 1527 emisisti, quo tempore adeo crevit haec pessi-
    ma de sancta scriptura existimatio, ut non solum iam
    apud eruditos, verum etiam apud vulgus hominum firmare-
    tur, vernaculo sermone editis libris et praecipue prae-
    fationibus indignissimis libro huic lingua vernacula
    praemissis, - quod hoc, inquam, tempore non solum non
    amoves, verum etiam auges, adfirmas potius offendicula,
    haec quo excusationis velamine obtegere valeas, ego pla-
    ne non intelligo."

54. Bernardini, Concordia, S. 52: "Se Luthero nega l'Apoca-
    lisse, & la Epistola di S. Iacopo, anchora io potro à
    lui negare in quel medesimo modo gli altri libri, che
    egli allega in fauore suo." Vgl. Lauchert, Gegner, S.
    557-561.

fußt und 1563 auf eine eigene Widerlegung verzichtet[55];
<u>Bellarmini</u>, der in seinen kontroverstheologischen Dis-
putationen, gehalten 1576, veröffentlicht 1581, insbesondere den einen Punkt bestreitet, daß die Apk zu unklar sei, als daß man ihre Anweisungen befolgen könne,
und der demgegenüber behauptete, die Apk habe den einen klaren Hauptskopos, zum Durchhalten in der Leidens-
zeit aufzurufen[56].

Doch nicht nur unter den Altgläubigen, von denen es
ja zu erwarten war, hat Luther scharfen Widerspruch erfahren, sondern auch bald unter den Evangelischen selbst,
und die Ablehnung hat mit der Zeit immer mehr zugenommen,
schließlich die Zustimmung fast völlig verdrängt.

Den Anfang hat wohl der Reformator Hessens, Franz
<u>Lambert</u> von Avignon, gemacht, der durch die Lektüre der
Apk bereits um 1510 zum Studium der ganzen Bibel angeregt
worden ist[57]. In seiner 1526 erschienenen Schrift 'De
prophetia' bestreitet er einige der Thesen Luthers ausdrücklich, ohne jedoch den Namen des berühmten Bibelüber-
setzers zu erwähnen. Mit besonderem Nachdruck betont
er, daß gerade die Apk von Christus und seiner Kirche
ganz deutlich lehre und daß es eines Apostels durchaus nicht unwürdig sei, durch Visionen zu weissagen,
nach dem Vorbild Ezechiels, dessen erstes und letztes
Gesicht Franz Lambert besonders schätzt. Er ist deshalb der Überzeugung, daß man bei näherer Betrachtung
dieses Buch nicht verachten könne. Wer es geringschätze,
müsse sich vor dem Plagen hüten, die der heilige Geist
ihm darin androhe (Apk 22,18)[58]. Die 1526 bereits ange-

---

55. Die Anspielung auf Luthers Vorrede steht Cano, Loci, S.
    76, der Hinweis auf Titelmans S. 101.

56. 'De controversiis fidei' I,19; Bellarmini, Opera I, S.
    114f; vgl. auch Lønning, Kanon, S. 184-187.

57. s. Lambert, Exegesis, Bl. A2a, zitiert bei Müller, Franz
    Lambert, S. 53, Anm. 4.

58. Lambert, De prophetia, Bl. 72a-73a: "Tandem sanctae Apo-
    calypseos spiritus unus est in summa, nempe quod domi-
    nus Iesus Christus est verus servator mundi et qui summe
    pro ecclesia sua sollicitus est, quamquam usque in saecu-
    li finem erit crux sanctis et tandem contritis hostibus
    obtinebunt regnum cum Christo et cum eo regnabunt in
    saecula. - Hunc sanctum librum, nempe Apocalypsim, non-

kündigte eigene Auslegung der Apk, in der er seine Behauptungen ausführlich hat beweisen wollen, ist 1528
tatsächlich erschienen. Der Marburger Professor enthält
sich darin weitgehend der Polemik, spielt aber doch an
einigen Stellen noch an die Worte des Wittenbergers an[59].

Der Berner Pfarrer Sebastian Meyer[60], der seinen ziemlich eigenständigen Kommentar über die Apk[61] wohl 1539[62]

---

nulli parviducunt, vere contra fas, dicentes, quod in
eo Christus haudquaquam doceatur. Sed illorum argutiis
Deo volente opportune respondebimus. Confidimus enim nos
brevi in ipsam commentarios edituros. De ipsa veruntamen
haec interim asserimus:
    Primum, quod nullibi in tota scriptura apertius
docetur Christus. Nonne de ipso a principio dicit:
'Qui est testis fidelis' etc. [Apk 1,5]? Ubi, obsecro,
aliquid de eo apertius dicitur?
    Secundo, quod pro quantitate libri in nullo utrius-
que instrumenti libro Christus pluribus ac mirabiliori-
bus argumentis doceatur quam in ipsa Apocalypsi.
    Tertio, quod nihil in ea doceatur, quam quae ad Chri-
stum et ecclesiam suam pertinent.
    Quarto, quod non est indignum functioni apostolicae,
per visiones prophetare.
    Quinto, quod nullae in scriptura visiones praestanti-
ores et quod plus lucis reperiatur, quam in prima ac ul-
tima Ezechielis visionibus, tametsi non diffiteor multa
continere, ad quae pervenire non possimus.
    Sexto, quod nullus exercitatos sensus habens in ipsa
Apocalypsi et qui in ea fuerit meditatus, potest contem-
nere eam, immo amplectetur et mecum sentiet, quod omnia
sint dignissima, sanctissima, purissima. Qui spernit
eam, videat sibi a plagis, quas Spiritus sanctus in eo-
dem libro comminatur.
    Omnes ferme eiusdem libri sententiae proprium spiritum
habent, qui tamen aut de Christo, aut de ecclesia Dei
aut contra antichristorum ecclesiam est." Direkte Anspielungen auf Luthers Vorrede sind unterstrichen. Vgl. auch
Bl. 36a-37a.

59. Lambert, Exegesis, Bl. A5b: "In ea Christus abunde doce-
    tur, aliquando aperte, quandoque sub typorum grata varie-
    tate." Bl. 4b: "In eo nihil [im Text Drf.: inhil] omnino
    reperi, quod aliis summis et canonicis primaeque auctori-
    tatis scripturis non per omnia conveniant." Bl. 9a: "Sunt
    qui putent visiones apostolis non congruere..." Bl. 11b:
    "Videbitur forsan nonnullis in hac prophetia nihil esse,
    quod sit nobis servandum." Vgl. Müller, Franz Lambert,
    S. 56ff.

60. Über ihn vgl. ADB 21, S. 613-615; RE[3] 24, S. 101f.

61. s.u. S. 518f.

62. Auf dem Titelblatt steht: "M.D.LXXXIIII." = 1584. Das

veröffentlicht hat, gibt in seiner Einleitung über die
Autorität des Buches erst ausführlich die Grundgedanken
der Apk-Vorrede wieder, ohne den Verfasser zu nennen[63];
dann bringt er auf zwei Seiten seine Gegenargumente vor:
Umschreibungen und Bildworte dienten dazu, den Inhalt ein-
drücklicher zu machen. Wie die Propheten des AT von Christus, so spreche die Apk vom Antichrist. Auch die Apostel,
ja selbst Christus, hätten schwer deutbare Aussagen gemacht[64]. Die versteckten Andeutungen seien deshalb nötig
gewesen, weil es dabei um den Untergang des Römischen
Reiches ging, das den Christen damals noch sehr gefährlich werden konnte. Die Drohungen am Ende seien gegen
Ketzer gerichtet, die unter der Apostel Namen ihre Irrtümer verbreiteten. Im übrigen habe auch Irenäus einmal
eine Warnung an alle Abschreiber einem seiner Bücher angefügt. Was die Kirchenväter betreffe, so hätten genügend
die Apk auch sehr gelobt, was weniger gefährlich sei, als
sie übermäßig zu tadeln. Christi Priestertum und Herrschaft
werde deutlich hervorgehoben, und wenn Christus auch nicht
gar so sehr eingeprägt werde, so sei das bei einem
Brief an Menschen, die Christus bereits gut kannten,
ja auch nicht mehr so nötig[65].

Die nun im folgenden noch zu erwähnenden Männer
haben alle das eine gemeinsam, daß sie bereits
die Kenntnis von Luthers revidierter und um eine
knappe Gesamtdeutung des Buches erweiterter Vorrede zur Apk von 1530 voraussetzen. Zumeist nehmen
sie sich diese auch unmittelbar zum Vorbild. Aber
gleichzeitig sehen sie sich noch immer veranlaßt,
gegen die frühere Vorrede mit oder ohne Nennung
des Verfassers mehr oder weniger heftig, aber jedenfalls in eindeutigen Bezugnahmen darauf, zu polemisieren. Da sie dies jedoch im Rahmen ihrer Apk-Auslegungen tun, die im letzten Hauptteil dieser unserer Untersuchung ausführlich besprochen werden, sol-

---

ist sicher ein Druckfehler. Wahrscheinlich müßte es
1539 heißen, wie in ADB 21, S. 615 und RE³ 24, S. 102,
angegeben.

63. Meyer, Commentarius, Bl. ᴀ2b-a3a.

64. Der entsprechende Satz ist bereits o. S. 165, Anm. 39,
zitiert.

65. Meyer, Commentarius, Bl. a3ab.

len sie hier nur aufgezählt werden. Die entsprechenden Zitate sind dann jeweils in ihrem Zusammenhang
zu lesen. Zu dieser Gruppe zählen zunächst einmal
die beiden Außenseiter Michael Stifel und Paul Lautensack, mit denen sich Luther um 1532 auseinanderzusetzen hatte[66]; sodann Heinrich Bullinger mit seinen Predigten über das letzte Buch der Bibel, die
1557 erschienen sind[67]; Georg Nigrinus, der 1573
eine Apk-Auslegung veröffentlicht hat[68], und Pseudo-
Weigel, der - wohl um 1580 - Lautensacks mystische
Schriften zu erläutern versucht hat[69].

Die meisten späteren Kommentatoren jedoch begnügen
sich bereits damit, jede Kritik an der Apk pauschal abzulehnen und deren apostolische Herkunft zu beteuern.

Als typisch für die sich wandelnde Haltung manches
Theologen der Reformationszeit zur Apk können wohl die
Urteile des schlesischen Reformators Schwenckfeld angesehen werden, den Luther freilich zu den 'Schwärmern'
zählt. Er bekennt 1546, er sei erst durch Krautwalds
Auslegung dazu gekommen, daß er sie mit mehr Verständnis als früher gelesen habe[70]. 1547 schreibt er in der
Einleitung zu einer von ihm verlangten Deutung von Apk
13,16: "Wiewol ich lieber mit euch von den Sprüchen im
Euangelio / oder den Episteln Pauli / vnd den Propheten /
weder auß deme Büch / das voller Mysterien ist / darin
ich auch noch viel selbs nicht verstehe / wolte conferi-
ren / Denn Apocalipsis ist ein heimlich verborgen sonderlich versiegellt Büch / Eine Prophecey / welche one
den Prophetischen Geist nicht mag verstanden werden /
[es folgt das bekannte Hieronymus-Zitat]."[71] Später hat
er anscheinend selbst die Apk (antipäpstlich und anti-
lutherisch) ausgelegt, wobei er gleich zu Anfang betont,

---

66. s.u. S. 530-566; die entsprechenden Zitate auf S. 534f,
    Anm. 15 (vgl. auch S. 547) und S. 555ff mit Anm. 16, 19
    und 21.
67. s.u. S. 519f mit Anm. 70.
68. s.u. S. 526, Anm. 102.
69. s.u. S. 561f, Anm. 49.
70. CS 9,706,9f: an Emeranus.
71. CS 11,364,4-10: an Krötlin (?).

die alten Väter hätten einhellig die apostolische Verfasserschaft bezeugt. Kritik wird nicht laut[72].

c) Die Apk in Luthers 'Kanon'

Auf zwei Fragen, die immer wieder erörtert werden,
soll nun noch versucht werden, eine Antwort zu finden,
einmal, wo der Schwerpunkt bei Luthers Kritik an der Apk
und den anderen Antilegomena des NT liegt, und zum andern,
ob Luther die Apk samt weiteren drei Büchern aus dem Kanon klar ausgeschlossen oder ob er sie nur an den Rand
des Kanons gerückt hat.

Zur Beantwortung dieser Fragen wird es notwendig sein,
den Rahmen der Untersuchung etwas auszuweiten und auch
noch andere Beigaben in Luthers NT von 1522 in Betracht
zu ziehen.

Wir beginnen mit dem letzten Abschnitt der Vorrede
zum ganzen NT, der auf die Frage, "wilchs die rechten
vnd Edlisten bucher des newen testaments sind", antwortet: "Sanct Johannis Euangeli vnd seyne erste Epistel,
Sanct Paulus Epistel, sonderlich die zu den Romern, Gal-
latern, Ephesern vnd Sanct Peters erste Epistel", und
zwar deshalb, weil das die Bücher sind, "die dyr Christum zeygen, vnd alles leren, das dyr zu wissen nott
vnd selig ist, ob du schon kein ander buch noch lere
nummer sehest noch horist." Sie bilden den engsten Kreis,
sie sind "der rechte kern vnd marck vnter allen buchern"
des NT. Wenn es um die Suffizienz der Schrift, um den Umfang dessen geht, was jedem Christen zu wissen heilsnotwendig ist, dann sind nur diese Bücher gemeint, weil sie
das bieten, worauf es Luther zuerst und vor allem ankommt:
das Evangelium von Jesus Christus als dem Erlöser von
Sünde und Tod im Sinne des Apostels Paulus, woran es
unbedingt zu glauben gilt.

Demgegenüber gehören die synoptischen Evangelien
schon in einen wesentlich entfernteren Kreis der neutestamentlichen Schriften, weil sie hauptsächlich von

---

72. CS 19,264,4ff.

den Taten Jesu berichten, die in den Gewissensnöten des
Angefochtenen nicht weiterhelfen[1]. Trotzdem rechnet Luther die synoptischen Evangelien zusammen mit der Apg,
den restlichen Paulus-, Petrus- und Johannesbriefen,
wie er in der Hebr-Vorrede betont, immer noch unter die
"rechten gewissen hewbt bucher des newen testaments"[2],
die aber zahlenmäßig, inhaltlich und wertmäßig nicht
eigens charakterisiert werden.

Hebräer-, Jakobus- und Judasbrief, dazu die Apk, bilden die äußerste Randgruppe des NT; denn sie "haben vor
zeytten eyn ander ansehen gehabt"[3], d.h., sie waren einmal in der Alten Kirche umstritten gewesen und bildeten
nicht immer und überall feste Bestandteile des neutestamentlichen Kanons. Dies ist zunächst einmal eine rein
historische Feststellung. Ihr fügt Luther dafür, daß er
die altkirchlichen Zweifel gerade an diesen Büchern wieder aufnimmt, verschiedene Gründe an, die hier natürlich
nicht alle notiert werden können[4]. Doch wäre es wichtig
festzustellen, welche davon letztlich für ihn maßgeblich
waren, diese Schriften abzulehnen. Deshalb müssen wir
versuchen, wenigstens einen Überblick zu bekommen, welche Art von Kritik er nur an einzelnen Büchern und welche er durchgehend an allen vier Schriften geübt hat.

Da ist zunächst das historische Argument, daß sie
in der Alten Kirche umstritten gewesen sind. Dies trifft
auf alle zu, kann aber nicht der entscheidende Grund gewesen sein, da damals ja sieben Schriften zu den Antilegomena zählten, was er verschwiegen und was Emser auch sofort moniert hat[5]. Am 2. und 3. Johannesbrief hat Luther

---

1. DB 6,10,7ff. Luther rechnet nicht immer dieselben Schriften zum Kern des NT, vgl. Lønning, Kanon, S. 83f und 88f.
2. DB 7,344,2.
3. DB 7,344,2f.
4. Die Texte sind: DB 7,344: Vorrede zu Hebr; 384/86: Vorrede
   zu Jak und Jud. Vgl. Leipoldt, Kanon II, S. 70ff; Appel,
   Kanon, S. 241ff; Kümmel, Vorreden S. 18ff; Maurer, Verständnis, S. 61ff bzw. 146f; Lønning, Kanon, S. 96ff.
5. Emser, Auß was grund, Bl. 130a; zitiert bei Lønning, Kanon, S. 169, Anm. 613.

aber nie Kritik geübt und am 2. Petrusbrief nur einmal[6].
Aber damit ist immerhin der äußere Rahmen abgesteckt für
die Bücher, die er als ganze aus seinen 'Hauptbüchern'
ausscheiden kann. Denn Bücher, die nie ernsthaft bestritten worden sind, hat er nicht angetastet, was sich auch
an seiner Haltung zum alttestamentlichen Kanon bewährt[7].
Nur innerhalb dieses Rahmens nimmt er sich solche Frei-
heiten heraus. Dies ist ein erstes wichtiges Ergebnis[8].

Dazu müssen natürlich andere Kriterien kommen, nach
denen er seine engere Auswahl getroffen hat. Am Anfang
stehen literarkritische Gesichtspunkte, zumeist (bei
Hebr, Jak, Jud [und 2 Petr]) die Beobachtung, daß sie
sich auf die Apostel zurückbeziehen und deshalb später
sein müssen. Für Luther bedeutet dies aber gleichzeitig,
daß sie sich auf die Apostel, also auf Menschen, berufen
müssen und deshalb keinen unmittelbaren Bezug zur grundlegenden Botschaft von Christus (wie er nach Gal 1,1 für
einen echten Apostel erforderlich ist) haben können, d.h.,
bei ihm erhält diese Beobachtung eine besondere theologische Relevanz[9]. Bei der Apk stehen an dieser Stelle dagegen formkritische Bemerkungen, nämlich daß apostolische
Schriften nicht so viele Gesichte erhalten und nicht so

---

6. 14,73,20ff: Pred. über 2 Petr 3,16; 1523 (Druck von 1524,
   aber es besteht kein Grund, an der Überlieferung mit
   Leipoldt, Kanon II, S. 82, zu zweifeln): Luther bringt
   ein literarkritisches (Rückverweis auf Paulus) und ein
   inhaltlich-dogmatisches Argument (2 Petr 3,9 unter der
   apostolischen Würde).

7. Luther schreibt zwar z.B. über Esther: "Quamvis hunc
   habeant in Canone, dignior omnibus, me iudice, qui extra
   Canonem habeatur," (18,666,23f: De servo arbitrio, 1525)
   und über 1 Makk: "Dis Buch ist auch der eins, die man
   nicht jn die Ebreischen Biblien zelet, wie wol es fast
   eine gleiche weise heltt, mit reden vnd worten, wie andere der heiligen Schrifft Bücher, Vnd nicht vnwirdig
   gewest were, hinein zu rechen..." (DB 12,314,3ff: Vorrede dazu, 1534; vgl. DB 12,416,17ff: Vorrede zu 2 Makk),
   aber er hält sich doch streng an die Hebraica veritas,
   wenn es um die tatsächliche Einordnung geht.

8. Vgl. Lønning, Kanon, S. 96, Anm. 261.

9. Diesem Zusammenhang hat Lønning, aaO, sein besonderes
   Augenmerk gewidmet, s. vor allem S. 92f.

sehr auf ihre eigene Gültigkeit Wert legen dürfen. Nur
bei Jud kommt noch das stilkritische Argument dazu, daß
Judas kein Griechisch gekonnt habe. Im Vergleich zu Erasmus und anderen Kritikern kommt dieser Gesichtspunkt bei
Luther recht wenig zur Geltung. Ebenso nur bei Jud tadelt
er, daß darin ein außerkanonisches Buch zitiert wird. Insgesamt ergeben diese Argumente für alle vier Schriften,
daß sie nicht Apostel zu Verfassern haben können. Dieses
Urteil steht also schon fest, bevor dann die sachlichen
Argumente zum Tragen kommen, obwohl Luther ihm wahrscheinlich ohne diese doch nicht ausreichende Bedeutung beige-
messen hätte. Nur bei Jud, der sowieso inhaltlich nichts
Neues bringt, scheint es Luther genügt zu haben.

Inhaltliche Kriterien sind entweder Widersprüche zur
Botschaft des Paulus und anderer Apostel an einzelnen
Punkten, so bei Hebr der 'harte Knoten' in der Bußfrage
und bei Jak die ausdrücklich gegensätzliche Interpretation von Gen 15,6, wie überhaupt die Werkgerechtigkeit
(bei Jud und Apk fehlt dieser Gesichtspunkt), oder aber
der Mangel an glaubensbegründendem Inhalt, d.h. die
Feststellung, daß sie nicht Christus treiben. Dies
trifft für Jak und Apk voll und ganz zu, bei Jud ist
es implizit wohl mit gemeint, bei Hebr jedoch nicht.
Auch die inhaltlichen Kriterien ergeben für sich genommen einen Widerspruch zur Apostolizität[10].

Alle Bücher außer der Apk erhalten daneben auch Lob.
Luthers Gesamturteil ist dann jeweils aber doch, daß
diese Bücher unnötig (Hebr, Jud), unmaßgeblich (Jak)
oder zu unklar (Apk) für die Glaubensbegründung seien,
wiederum etwas, was von wahren apostolischen Schriften
nicht gesagt werden kann. Trotzdem bezeichnet Luther

---

10. Wie weit Luther bei der Kritik an diesen Büchern im
    einzelnen, besonders mit seinen historischen und lite-
    rarkritischen Argumenten, von den Kirchenvätern, Eras-
    mus oder vielleicht auch Karlstadt abhängig ist, kann,
    wie gesagt, nicht weiter untersucht werden. Fest steht
    jedenfalls, daß er bei seinen inhaltlichen Kriterien,
    wo er den Maßstab anwendet, ob diese Bücher "Christum
    treyben" (DB 7,384,27), vollkommen allein steht.

sein Urteil nur als subjektiv (Jak und Apk), worin aber
schon eine prinzipielle Abwertung liegt.

Will man nun die Gewichte richtig verteilen, muß man
berücksichtigen, daß Luthers Vorreden im Septembertestament größtenteils nicht zu verstehen sind als ausgewogene
Einführungen in die Entstehung und den vielfältigen Inhalt
der einzelnen Bücher. Auch ist festzustellen, daß sie im
Gegensatz zu vielen anderen Schriften des Reformators mit
Polemik gegen die 'Papisten' äußerst zurückhaltend sind.
Deshalb erfahren wir auch nichts darüber, welchen Wert
für ihn solche Bücher haben, deren wesentlicher Inhalt
sich ihm als Warnung vor dem Antichrist darstellt. Ein
Jahr vorher z.B. hatte er noch die Kritik an Jud zugunsten einer besonderen Schätzung als antipäpstlicher
Streitschrift zurückgestellt[11]. Bezeichnenderweise genügt ihm jetzt diese Begründung nicht für die kanonische
Geltung dieses Buches. So bemüht er sich auch, von 2 Petr
nachzuweisen, daß er das Evangelium betone, um ihn
als apostolische Schrift festhalten zu können[12].

Denn die Vorreden haben einen ganz bestimmten Zweck.
Das Septembertestament bietet Luther die ungewöhnlich
gute Gelegenheit, weiten Kreisen nicht nur die Lektüre
der Bibel zu ermöglichen und zu erleichtern, sondern
sie durch die eigenen Beigaben sogleich auch auf das
hinzuweisen, was er als Wichtigstes darin gefunden hat,
nämlich das, was sich als seine reformatorische Erkenntnis niedergeschlagen hat. Alle Vorreden zielen deshalb
primär darauf ab, den Lesern konkrete Anweisungen zu geben, wie und wo sie dem NT die Botschaft von der unver-
dienten Gnade Gottes, die in Jesus Christus erschienen
ist, entnehmen können, also das eine Evangelium, dem Luther selbst seine Lebenswende verdankt und um dessetwil-
len er Acht und Bann in Kauf genommen hat, um es gegen
die ganze bisherige Tradition zu behaupten. Alle anderen sonst noch denkbaren Gesichtspunkte werden diesem

_____

11. s.o. S. 168f.
12. DB 7,314.

einen untergeordnet. Deshalb ist die Röm-Vorrede so
sehr ausführlich geraten, werden die Unterschiede zwischen den Synoptikern nicht gewürdigt und wird eine kleinere Gruppe von Büchern ausgesondert, die im Grunde genommen schon als Kanon ausreichen würden. Eben deshalb
aber hat der Reformator auch die Freiheit, an Büchern
Kritik zu üben, in denen diese grundlegende Botschaft
kaum zum Tragen kommt, ja er ist im Falle des Jak sogar
dazu gezwungen, damit bei den Lesern - das waren ja in
erster Linie Laien - auch ja keine Unsicherheit über das
Verständnis des Glaubens aufkommen kann[13].

Daß damit aber das historische und literarische Urteil ohne besondere Schwierigkeiten weitgehend überein-
kommt, ist nicht zufällig, da ja ursprünglich die Pau-
lusbriefe und die Evangelien als selbständige Sammlungen
bestanden haben, zu denen die (meist pseudonymen) Katholischen Briefe und die Apk erst später hinzugewachsen
sind, jeweils als Repräsentanten verschiedener Theologien,
weshalb man heute nicht zu Unrecht einen Gegensatz
zwischen Paulinismus und 'Frühkatholizismus' schon
innerhalb des Kanons zu erkennen glaubt. Indem nun
Luther für (einen freilich etwas einseitig gesehenen)
Paulus Partei ergreift, muß er zwangsläufig auf so
manche Bruchstelle innerhalb des NT stoßen, da ihm
ja auch seine Gegner immer wieder bestimmte Bibelstellen aus den anderen Partien des NT entgegenhal-
ten, und wird dadurch erst hellhörig für die altkirchliche, gerade jetzt durch den Humanismus neu
belebte Kanonskritik. Das Zusammengehen Luthers mit
dieser Geistesrichtung auf diesem Gebiet liegt also
auf derselben Ebene wie in der Frage der alten Sprachen, die ihm helfen sollen, sich des biblischen Zeug-
nisses zu versichern.

---

13. Wenn Lønning, Kanon, S. 110, meint, daß "die gesamten
    Vorreden Luthers sachgemäß überschrieben werden sollten
    mit: 'Einübung in die neutestamentliche Kanonkritik'", hat
    er bestenfalls eine negative Nebenabsicht getroffen. Das
    positive Hauptziel ist eindeutig, den Lesern zur Erkennt-
    nis des einen wahren Evangeliums zu verhelfen.

Aus diesen Überlegungen läßt sich mit einiger Vorsicht vereinfacht folgender Zusammenhang herstellen: Am Anfang steht Luthers Entdeckung des paulinischen Evangeliums. Von da aus ergibt sich eine Neubewertung der anderen Inhalte des NT. Seine ihm dadurch erwachsenen Gegner berufen sich aber gerade auf Partien, die seiner Erkenntnis zu widersprechen scheinen. Dagegen muß er sich wehren. In diesem Zusammenhang wird er auf die in der Entstehung des Kanons begründete und durch den Humanismus neu aktualisierte Möglichkeit aufmerksam, gewisse Bücher überhaupt aus der Diskussion zu verbannen, und im Gefolge dieser Überlegungen dehnt er seine Kritik auch auf Schriften aus, die zwar seinem Grundprinzip nicht oder nur wenig widersprechen, ihm aber auch nicht sonderlich dienen. Im Falle der Apk ist letzteres wohl der Hauptgrund, d.h. Luther kann mit ihr im Rahmen seiner Theologie nichts Rechtes anfangen. Dazu kommt dann noch, daß die Gegner dieses Buch gern für ihre Zwecke mißbrauchen.

M.a.W.: Primär ist bei Luther die theologische Kritik. Doch geht die dadurch angeregte historische Kritik mit der ihr innewohnenden Dynamik an einigen Stellen über das Maß des Notwendigen hinaus, ohne aber in Widerspruch zu ihrem Ausgangspunkt zu geraten. Diese These steht durchaus auch im Einklang mit der zeitlichen Abfolge von Luthers Entwicklung[14].

---

14. Der durch Kunze, Glaubensregel, S. 507ff, ausgelöste Streit, in dem es darum geht, ob Luthers Kritik primär religiös oder primär historisch ist, und in dem z.B. Scheel, Stellung, S. 18 und 46ff, die pointierte Gegenposition zu Kunze vertritt, während etwa Thimme, Stellung, S. 70ff, Maurer, Verständnis, S. 60ff und 76f bzw. 145ff und 158, und Lønning, Kanon, S. 72ff, durch Klärung von Luthers Apostelbegriff über das Dilemma hinauszukommen versuchen, läßt sich also durch die These schlichten, daß die von Luther auf theologischem Wege gewonnene Entdeckung des Paulus, gerade sofern sie etwas Richtiges erfaßt, auch auf historischem Wege verifizierbar sein muß und Luther also, indem er diesen zweiten Weg beschreitet, sich nur noch in seiner schon vorher gewonnenen Erkenntnis bestätigt sieht. Auf derselben Linie liegt unsere Beobachtung von Luthers Verwandtschaft mit der antiochenischen Schule.

Für die Beantwortung der zweiten Frage, nämlich
ob Luther nun die Apk samt anderen drei neutestamentlichen Antilegomena aus dem Kanon ausgeschieden hat
oder nicht, müssen wir eine weitere Beigabe zum Septembertestament in Betracht ziehen, nämlich das bekannte
Inhaltsverzeichnis zum NT. Darin sind zunächst 23 ge-
zählte Schriften aufgeführt, dann nach einem gewissen
Abstand ganz am Ende zusammengestellt (was allerdings
bei der Apk, die sowieso immer das letzte Buch des NT
gewesen war, nicht weiter auffiel) ohne Nummern Hebr,
Jak, Jud und Apk[15]. Daraus kann man schließen, daß Luther damit diese Bücher als Apokryphen betrachtet wissen wollte[16]. Denn ganz ebenso hat er ein Jahr später
in seinem vorläufigen Verzeichnis der Bücher des AT
die Apokryphen, noch ohne sie als solche zu bezeichnen[17],
aus der Reihe, in der sie in der Vulgata gestanden hatten, herausgenommen und unbeziffert am Ende zusammengestellt[18]. In der Bibelausgabe von 1534 definiert er
die Apokryphen folgendermaßen: "Das sind Bücher: so
nicht der heiligen Schrifft gleich gehalten: vnd doch

---

15. DB 6,12. Luther hat diese Form des Registers immer beibehalten. In der Bibelausgabe von 1546 sind die vier un-
gezählten Bücher nur statt nach unten nach rechts versetzt: DB 6,13.

16. Diese Konsequenz ist in einigen späteren Bibelausgaben
tatsächlich gezogen, indem dort die vier Antilegomena
ausdrücklich als Apokryphen bezeichnet werden, vgl. Bousset, Offenbarung, S. 32, Anm. 1. Aber schon um 1527 hat
Hans Sachs am Schluß einer Aufzählung aller Bücher und
Kapitel des AT und NT folgende Verse angefügt:
        "Dreyundzweinzig pucher sint penant,
        Darinnen ganz peschlossen ist
        das ganze Neue Testament.
        Noch sint auch fier pucher, das wist,
        Die ich nicht nen, weil sie nicht canonici
                                          sein,
            von cristlicher samlung nit approviret."
(Zwickau RSB, 2. Meistergesangbuch, f. 124r).

17. Erst das Inhaltsverzeichnis der ersten vollständigen Bibelausgabe von 1534 enthält die Zwischenüber-
schrift "Apocrypha"; DB 8,35,29.

18. DB 8,34; vgl. Schild, Bibelvorreden. S. 244.

nützlich vnd gut zu lesen sind."[19] Ob Luther dieselbe
Vorstellung 1522 auch schon mit der Gruppe der vier Antilegomena des NT verband, ist allerdings nicht auszumachen. Ebenso läßt sich daraus nicht klar entnehmen,
ob Luther die beanstandeten Bücher aus dem Kanon vollkommen ausgeschlossen haben wollte, oder ob er ihnen
eben nur mindere kanonische Dignität zumaß. Das eine
wäre der Fall, wenn man den Kanon als die Abgrenzung
der glaubensbegründenden und für die Auseinandersetzung
als maßgeblich anerkannten Schriften verstünde, dem dann
bei Luther die Kategorien 'apostolisch', 'Hauptbücher',
'nötig' und Ähnliches entsprächen - allerdings fehlte
dann das daraus notwendig folgende Bestreben, diesen
Kanon überall durchzusetzen -; das andere dagegen,
wenn man ihn als den Umfang der in der Kirche im offiziellen, z.B. liturgischen, Gebrauch befindlichen Bücher
ansähe, da ja Luther in dieser Hinsicht keine Vorschrif-
ten zu machen beabsichtigte und es jedem überließ, etwas
Positives, dem Evangelium Gemäßes aus den Büchern herauszulesen, die er selbst zwar negativ bewertet, aber doch
in seiner Übersetzung mit berücksichtigt hatte[20]. Man

---

19. DB 12,2,2f. Dazu zählten nicht mehr 3 und 4 Esr;
    vgl. DB 12,290,6ff.
20. Schild, Bibelvorreden, S. 251f, führt diesen Hinweis
    auf die Eigenverantwortung jedes Lesers, auf die Frei-
    heit des Evangeliums und des heiligen Geistes gegenüber
    der Kirche und die Knechtsgestalt des Wortes zurück;
    Lønning, Kanon, S. 84f, sieht darin gerade den Grund
    dafür, daß man bei Luther keine Ausgrenzung bestimmter
    Bücher erwarten dürfe. - Über die Beurteilung der Ka-
    nonizität der vier Antilegomena durch Luther besteht
    bekanntlich in der Literatur keine Einhelligkeit. Das
    zeigt eine Zusammenstellung der Spitzenaussagen einiger
    Forscher. Leipoldt schreibt in: Kritik (1906), S. 785:
    "Luther hat die vier von ihm kritisierten Schriften
    des Neuen Testaments nicht mit zum Kanon gerechnet."
    Etwas vorsichtiger drückt er sich schon in: Kanon II
    (1907), S. 82, aus: "Luther wollte den vier umstrittenen
    Schriften nicht das volle kanonische Ansehen zubilligen."
    (Im Original ganzer Satz gesperrt gedruckt.) Nach Vischer,
    Art. 'Kanon II. Kirchengeschichtlich' (RGG³ 3 [1959],
    Sp. 1120) "versetzte" Luther sie "an den Rand des Kanons".
    "Jedenfalls übernimmt er den überlieferten K[anon]."

kann sagen, daß Luther das Verständnis des Kanons in dieser Doppelheit offengelassen hat, wofür ja auch typisch
ist, daß er diesen Begriff in seinen Bibelvorreden überhaupt nicht gebraucht. Einzig wichtig ist ihm der 'Kanon
im Kanon', sein Evangelium, durch das wiederum das Apostolische (dieser Begriff steht bei Luther an Stelle des Kanonischen) direkt und ausschließlich bestimmt ist[21].

Wollte man nun noch abschließend vom heutigen Standpunkt
aus Luthers damalige Entscheidung beurteilen, so verdiente
sicher seine Freiheit allgemein Anerkennung, in der er
schon damals erkannt und im wesentlichen festgehalten hat,
daß das NT eine Sammlung sich teilweise widersprechender
Zeugnisse ist, und mit der er gegenüber der katholischen

Maurer, Verständnis (1960), S. 67 bzw. 151, schreibt:
"Was sich von dieser Einheit [sc. des Christuszeugnisses]
löst (wie die Polemik des Jakobus gegen die paulinische
Rechtfertigungslehre), ist nicht mehr apostolisch und
daher auch nicht kanonisch." Das gilt jedoch nur für
solche ganz bestimmten Stellen; denn "es besteht Freiheit in bezug auf die Randphänomene des Kanons. Man kann,
ohne ihn zu verletzen, ihm solche Stücke zurechnen, die
das zentrale Christusgeschehen zurücktreten lassen, wenn
die kirchliche Tradition es so will." (S. 72 bzw. 155)
Bainton (in: Greenslade, History [1963], S. 7) glaubt
trotz allem feststellen zu können: "Luther could not re-
gard Revelation as apostolic or Hebrews as Pauline, but
dislodged neither from the canon." Der Jesuit Appel, Kanon (1964), S. 241f, ist der Meinung, "daß Luther die
Kanonizität von Hebr, Jak, Jud und Apoc faktisch ablehnte." Damit steht er in Übereinstimmung mit der traditionellen römisch-katholischen Beurteilung, wie sie z.B.
in einer anonymen Vorrede zur Apk in einer katholischen
deutschen Bibel von 1662 zum Ausdruck kommt: "Zu unsern
zeiten Lutherus und Calvinus haben es [sc. das Buch der
Offenbarung] von der h[eiligen] schrift ausgeschlossen."
(Bibel, katholisch, 1662, NT-Paginierung, S. 338; ähnlich Cornelius a Lapide, Apocalypsis, S. 5). Schild, Bibelvorreden (1970), S. 244 und 252, drückt sich vorsichtiger aus: "Es besteht wohl kaum Zweifel, daß"
Luther den vier Antilegomena "nicht den vollen kanonischen Rang zuerkannte", und er betont grundsätzlich:
"So führt auch von Luther keine Linie zu einer Dogmati-
sierung der Kanonsgrenze."

21. Die unterschiedlichen Urteile in der Literatur sind also im wesentlichen durch diese definitorische Unklarheit
verursacht. Das hat auch Lønning, aaO, erkannt und für
seine Arbeit fruchtbar gemacht, s. bes. S. 110.

Tradition diese ungeschützte Offenheit durchgehalten hat,
ohne, wie später die Orthodoxen, sich auf eine strenge
Inspirationslehre zurückzuziehen und alles doch wieder
zu harmonisieren.

Im übrigen aber wäre ein weitergehendes Urteil von
der Vorentscheidung abhängig, ob man selbst gewillt ist,
z.B. einen 'Kanon im Kanon', etwa die Rechtfertigung des
Gottlosen, zu seinem Maßstab zu machen (Käsemann) oder
den überlieferten Kanon in seiner Faktizität stehen zu
lassen und von Fall zu Fall abzuwarten, welche Teile
darin einen besonders ansprechen (Diem), oder aber
die Vielheit der Aussagen des NT in gut katholischer
Weise als complexio oppositorum nebeneinander stehen
zu lassen und möglichst alles zu berücksichtigen
(Küng)[22].

Daher will ich ein solches Urteil nicht abgeben,
vielmehr die geschichtliche Entwicklung Luthers weiterverfolgen und sehen, wie er seine Position von 1522 gegenüber der Apk allmählich modifiziert hat. An Emsers Kritik haben wir ablesen können, daß sein Urteil nicht frei
von Einseitigkeiten und Vereinfachungen des biblischen
Tatbestandes ist. Wir werden feststellen, inwiefern er
1530 selbst zu stärker differenzierten Aussagen gelangt
ist.

III. 1523-27: weitere negative Äußerungen

a) Brief an Ruck, 1523

Am 4. Oktober 1523 beantwortet Luther in einem Brief
die Anfrage von Johann Ruck, was unter dem Malzeichen

---

22. Die einschlägigen Aufsätze der genannten und anderer
Theologen sind samt einer kritischen Analyse und einer
Zusammenfassung wieder abgedruckt in: Käsemann, NT als
Kanon. Die Position von Lønning, aaO, S. 222ff, kann als
Weiterentwicklung der Käsemannschen Stellungnahmen be-
trachtet werden. Nachzutragen ist auch noch Mildenberger,
Sola Scriptura, der das Gemeinsame der beiden evangeli-
schen Theologen gegen die Angriffe des Katholiken ver-
teidigt.

der Bestie in Apk 13,16f (16,2; 20,4) zu verstehen sei.
Er erklärt sich bereit, nach seinem Verständnis eine
Deutung zu liefern, nicht ohne in Klammern vorauszuschik-
ken: "... quamquam liber est obscurus et incertus"[1].
Die Erklärung, die er gibt, ist übrigens weitgehend traditionell[2]. Seine beiläufig geäußerte Kritik ist diesmal
auf die Ausdrucksform der Apk bezogen und gibt seine Un-
zufriedenheit damit zu erkennen, daß es nicht möglich
sei, über die Bedeutung ihrer Schilderungen Klarheit zu
gewinnen. Das war auch 1522 einer der wichtigsten Gesichtspunkte gewesen, der sich durch die gesamte Vorrede
im Septembertestament hindurchgezogen hatte.

b) Fastenpostille, 1524

Die nächste Äußerung, die uns beschäftigen muß, steht
in der Fastenpostille, im Rahmen der Auslegung von
Röm 12,7[3], geschrieben vor dem 14. März 1524[4], erschienen 1525. In diesem Abschnitt werden zwei für
Luthers Verhältnis zur Apk wichtige Begriffe erklärt,
nämlich 'Prophetie' und 'analogia fidei', die bei
ihm eine miteinander zusammenhängende charakteristische
Bedeutung erhalten haben. Über die Entwicklung dieser
Begriffe bis 1524 sich Klarheit zu verschaffen, wird
günstig sein, da sie hier schon in voll ausgebildeter
Gestalt erscheinen. Für den Prophetenbegriff haben wir
aus Anlaß der recht knappen und apodiktischen Äußerungen in der Apk-Vorrede des Septembertestaments dies
schon ganz kurz vorweggenommen[5], richtig verständlich
werden diese Andeutungen aber erst jetzt; denn unser
Abschnitt liest sich streckenweise wie ein ausführlicher Kommentar zu den Behauptungen der Vorrede.

---

1. Br 3,164,11f = Enders 4,239,15.
2. s.u. S. 342.
3. 17 II,38,24ff.
4. 17 II,XVIIf.
5. s.o. S. 269.

Für den Begriff der analogia fidei[6] haben wir bisher nur den Ausgangspunkt in der 1. Ps-Vorlesung kennengelernt[7]. Dort bezeichnet dieser Ausdruck, der seit der
Alten Kirche in der hermeneutischen Diskussion eine zentrale Stellung einnimmt[8], den durch ein untrennbares
Ineinander der Autorität von Schrift und Tradition fest-
gelegten Spielraum des Exegeten für seine (hauptsächlich
allegorische) Schriftdeutung. Die Auslegung von Röm
12,7 in der Vorlesung von 1516 bezeichnet dann ein charakteristisches Zwischenstadium: 'Dem Glauben gemäß' bedeutet hier: 'dem durch Hebr 11,1 definierten Wesen des
Glaubens als etwas allem Greifbaren und Beweisbaren Ent-
gegengesetztem gemäß'[9]. Der Begriff ist also viel stärker strukturell in Analogie zur Verborgenheit Gottes im
Kreuz Christi als inhaltlich bestimmt.

1521 erscheint dieses Prinzip wiederum in einer neuen
Gestalt. Luther hat inzwischen eine feste Vorstellung
vom Evangelium, von dem, was heilsnotwendig ist, und
weiß, welche Partien der Bibel im Hinblick darauf zentral und welche peripher sind. Er wendet sich jetzt
gegen seiner Meinung nach willkürliche Allegorisierung - die freilich dem alten Verständnis der analogia fidei durchaus entspräche - und vor allem gegen
die in der Tradition der Kirche existierenden nachbib-
lischen Offenbarungen - die eben solche 'willkürliche'
Allegorisierung möglich und nötig machen -. So wird
die analogia fidei jetzt zu einem antirömischen, kritischen Prinzip, zum Maßstab, mit dem man Gotteswort

---

6. Dieser Begriff ist zum Thema eines Aufsatzes gemacht
   bei Hof, Grundsatz. Darin ist eine große Anzahl von
   Belegstellen aus Luthers Werken zusammengestellt, allerdings nur für die spätere Zeit. Soweit diese betroffen
   ist, verzichte ich deshalb darauf, die Stellen im einzelnen nachzuweisen.
7. 3,517,37; 533,29; vgl. o. S. 49.
8. Vgl. Lubac, Exégèse 2 II, S. 90f (gegen Hof, Grundsatz,
   S. 370, Anm. 5, u.a.).
9. 56,451,31ff.

und Menschenwort unterscheiden kann[10]. Damit kommt
sie überein mit dem, was man gemeinhin den 'Kanon im
Kanon' nennt, und zwar im inhaltlichen Sinne: Dem Glauben ist gemäß, was dem (paulinischen) Evangelium entspricht. So findet sie ihre Anwendung in den Vorreden
zu Hebr und Jak[11]. Später wird sie auch als Abgrenzung
gegen den Enthusiasmus der Schwärmer wichtig[12]. Erst
in der Spätzeit schließlich gewinnt 'analogia fidei'
stärker die Bedeutung, die sonst üblicherweise mit dem
Ausdruck 'regula fidei' verbunden wird, nämlich 'Katechismus', allerdings mit deutlicher Betonung des zweiten Glaubensartikels[13]. Es läßt sich also an diesem Begriff die gesamte Entwicklung Luthers verfolgen.

Nach diesem kurzen Überblick können wir uns nun der
Auslegung von Röm 12,7 in der Fastenpostille zuwenden.
Luther macht als erstes eine grundlegende Unterscheidung zwischen Weissagung zukünftiger Dinge und Schriftauslegung (So deutet er 'weissagen' in 1 Kor 14, 5.).
Es folgt die Behauptung, das Evangelium sei die letzte
Weissagung vor dem jüngsten Tag, in der alles Zukünftige
enthalten sei. Auch in Röm 12,7 sei mit 'Weissagung'
Schriftauslegung gemeint, die eine ständige Einrichtung
in der Christenheit ist, während Luther von der Zukunftsprophetie behauptet, sie sei selten. Außerdem solle ja
die Weissagung dem christlichen Glauben entsprechen, und
der ist und bleibt der alte, so könne auch diese nichts
Neues bringen.

Die analogia fidei betrifft also nur Schriftauslegung und Glaubenslehre, in der auch alles über die
Geschichte der Kirche ein für allemal enthalten ist.
Als Zukunftsweissagung bleibt dann nur noch die Voraussage weltlicher Geschehnisse. Da Paulus (wie Luther

---

10. 8,397,9ff; 454,27ff: De abroganda missa; deutsch: 8,
    534,18ff: Vom Mißbrauch.
11. DB 7,344,15f und 384,9f.
12. z.B. 34 I,105,7ff: Pred. über Röm 12,7ff; 1531.
13. Hof, Grundsatz, S. 371f, dazu Anm. 31.

ihn versteht) davon nichts sagt, ist anzunehmen, daß
er diese Gabe geringschätzt. Es tragen ja auch die Propheten viel mehr deshalb diesen Namen, weil sie von
Christus geweissagt und das Gesetz Moses ausgelegt haben, als wegen der wenigen Weissagungen über Könige und
weltliche Geschichtsabläufe, die ja doch nicht immer
zugetroffen haben. Denn auch der Teufel kann so etwas.
Weltliche Zukunftsprophetie ist also eine minderwertige
Gabe, wiewohl sie großen Eindruck macht. Als Beispiele
solcher säkularer Zukunftsweissagungen nennt er:
1. die <u>Lichtenbergers</u> (gestorben 1503)[14], dessen von
Stephan Roth übersetzter 'Prognosticatio' er selbst eine Vorrede beigegeben hat, in der er betont, daß sie
nichts mit dem Glauben zu tun habe, auf unsicheren Voraussetzungen beruhe, nur Äußerlichkeiten berühre und
nicht immer zutreffe[15];
2. die <u>Joachims</u>, Abtes von Fiore (gestorben 1202)[16],
dessen Apk-Auslegung wir schon früher zum Vergleich herangezogen und dabei festgestellt haben, daß Luther kaum
von dergleichen Deutungen beeinflußt ist; dessen (unech-
tem) Jeremia-Kommentar Müntzer sehr viel verdankt, was
auch die Wittenberger Reformatoren wußten[17], und dessen
(ebenso unechte) Papstvatizinien Melanchthon 1522 kennengelernt und über die er geschrieben hat: "De his ὁράμασι
certo non possum pronuntiare. Nam obscuritas nimia paene
facit, ut ἀναλογία fidei careat, quam in prophetis requi-
rit Paulus."[18]

---

14. Über ihn s. Kurze, Lichtenberger.
15. 23,7-12; vgl. 44,247,36: Gen-Vorl.,1543, wo aller-
    dings schon behauptet wird, auch solche Weissagungen
    seien nach der analogia fidei zu beurteilen (Z. 19).
16. Zusammenstellung der ihm zugeschriebenen echten und
    unechten Werke sowie der Sekundärliteratur dazu (bis
    1953) bei Russo, Bibliografia.
17. Müntzer, Schriften, S. 398,13ff.
18. CR 1,565f = StA VII 1,168,9ff; 171,3ff; vgl. meine
    Richtigstellung in: Osiander, Gesamtausgabe 2, S. 406,
    Anm. 22, Nr. 84.

3. Auffälligerweise in einem Zusatz, den er (und das ist
bezeichnend) 1540 wieder gestrichen hat[19], schließlich:
"dazu auch fasst des gantzen Apocalypsis."[20] Dieses
Urteil entspricht ganz dem aus der ersten Vorrede bekannten, daß die Apk weder apostolisch noch prophetisch,
nicht vom heiligen Geist eingegeben und ohne christolo-
gisch-soteriologischen Inhalt sei. Unter diesen Umständen ist es auch klar, daß Luther die Apk, da er ihr nur
weltliche Bedeutung zubilligt, nicht als Trostbuch für
die Kirche empfehlen kann, wie es in der zweiten Vorrede 1530 geschehen wird, und ebenso verständlich ist die
Folgerung, ein solches Buch den anderen biblischen Büchern
nicht gleichzuachten.

An dieser Stelle hat Luther also einmal ausführlich
einen der Wege aufgezeigt, auf denen er, ausgehend von
seiner charakteristischen Paulusinterpretation, logisch
weiterfolgernd dazu kommen konnte, die Apk als Fremd-
körper in seiner Bibel zu betrachten.

c) Vorrede zur Sacharja-Auslegung, 1526/27

Eine weitere Illustration zur ersten Apk-Vorrede
bringt der nächste Abschnitt, in dem sich Luther kritisch
über die Apk äußert, nämlich die Vorrede zu seiner Sacharja-Auslegung, verfaßt um die Wende von 1526 auf 1527[21].

Darin legt er Rechenschaft ab, warum er diese Propheten-
auslegung hat publizieren wollen. Es gibt, so meint er,
zwei Arten von Schriftauslegern. Die einen suchen überall
die christlichen Grundlehren herauszuarbeiten und machen
sich die undankbare Arbeit, den Ungebildeten wenigstens

---

19. In der WA fehlt der Hinweis darauf; vgl. dagegen Walch[1]
    12,451 und EA[2] 8,23. Ich habe außerdem die Ausgaben der
    Fastenpostille von 1535 und 1543 (Benzing, Lutherbiblio-
    graphie, Nr. 1087 und 1089) verglichen.
20. 17 II,39,21.
21. 23,485-487. Laut Einleitung (S. 477) sind die ersten
    Bogen schon am 1.1.1527 bei Michel Lotter in Bearbeitung
    gewesen. Die Vorrede steht beim Urdruck (Luther, Sachar-
    ja; vgl. Benzing, Lutherbibliographie, Nr. 2471) auf Bo-
    gen A, zusammen mit dem Beginn des Textes, ist demnach
    als erstes gedruckt worden.

einen Begriff von dem zu vermitteln, was Sünde und Erlösung bedeuten. Die sind aber selten. Für sie muß man dankbar sein. Daneben gibt es aber viele andere, die großar-
tige Deutekünste vollbringen, sich im Allegorisieren gefallen, wie Origenes und Hieronymus[22], und das eine, was
nötig wäre, vernachlässigen, nämlich dem einfachen Volk
die Hauptstücke des Katechismus beizubringen. Bei dieser
Gelegenheit werden Erinnerungen an des Reformators Begegnungen mit 'Schwärmern', insbesondere den 'Zwickauer
Propheten', wachgerufen ("Ich hab selbs... bey zehen
solcher hoher propheten fur mir gehabt."[23]). Von diesen Leuten will "ein iglicher ein newer deutel meister
sein, dieser nympt Daniel, jhener Apocalypsin fur und
so fortan, entwedder was am schwersten ist odder was
am aller meisten allegoryen hat." "Und die weil sie ynn
Daniel, Hosea, Apocalypsis und der gleichen schweren
büchern hoch her fliegen, Inn des gehet der arme pöfel
hin, höret zu und gaffet auff solche herrliche geucke-
ler mit grossem wunder. Wenns jar umb ist, so können
sie widder Vater unser noch glauben noch zehen gebot,
Welchs doch die furnemesten stuck sind als der alte
rechte Christliche Catechismus..." Sie sind für das
einfache Volk kaum nützlicher als die, "die vorzeiten
von Aristotel und geistlichem recht predigten."[24] Zwar
betont Luther mit Paulus, daß man die Weissager nicht
verachten und die Geister nicht dämpfen solle (1 Thess
5,19f), sofern sie sich in den Grenzen dessen halten,
was der Gemeinde nützt (Eph 4,29), aber damit will er
nur die Ausleger gemeint wissen, die sich redliche Mühe
geben, solche schwierigen Bücher verständlich auszulegen,
nicht die ehrgeizigen Allegoriker. "Denn on solche kunst
kan man wol Christen sein und selig werden, weil sie
nichts odder gar selten etwas gewisses deuten."[25] Um zu

---

22. Vgl. o. S. 244.
23. 23,486,13f; vgl. o. S. 242f.
24. 23,485,17ff.30ff.
25. 23,486,26f.

zeigen, wie man ein solches schwieriges Buch wie Sacharja, das "viel gesichte hat und viel deutens" bedarf[26],
richtig auslegen soll, nämlich indem man das Hauptstück,
den Glauben sucht, darum gibt Luther seine Vorlesung in
volkstümlicher Neugestaltung heraus.

Hier wird also die Apk zwar nicht mit 4 Esr oder pro-
fanen Prognosen in eine Linie gestellt, sondern mit alttestamentlichen Propheten, von denen zugegeben wird, daß
sie viele Visionen enthalten. Insofern könnte man von einer gewissen Milderung in Luthers Urteil sprechen. Aber
es sind eben doch gerade die am schwersten verständlichen, bilderreichsten und vieldeutigsten biblischen
Bücher, mit denen die Apk zusammen erwähnt wird, und
eben auf die Unsicherheit der Deutung, die dem Reformator Sorge macht, den 'Schwarmgeistern' jedoch willkommenen Anlaß bietet, ihre eigenen Ideen, Träume und
Wünsche hineinzudeuten, kommt es in diesem Zusammenhang
an. Es ist ein Plädoyer für das klare Bewußtsein, die
Zuverlässigkeit und Allgemeinverständlichkeit, eine Abwehr alles Dunkeln, Unsicheren und Irrationalen, was
der Schriftgelehrte und Katechet Luther gegen alle Mystiker und Enthusiasten wie Karlstadt, Müntzer, die
Täufer und andere hier vorbringt. Insofern ist es die
Explikation und Bestätigung dessen, was wir in der ersten Vorrede auf die Apk von 1522 nur implizit ausgesagt gefunden haben, nämlich daß die Beliebtheit der
Apk bei den 'Schwärmern' neben der bei den 'Papisten'
ein weiterer, vielleicht sogar der ausschlaggebende
Grund dafür war, daß Luther dieses Buch so suspekt
wurde.

Dabei wäre es äußerst interessant zu erfahren, welche Personen und Schriften Luther im Auge hat, wenn er
von Leuten spricht, die sich neben Daniel, Hosea und
Sacharja auch die Apk vornehmen und sie ausdeuten. Die
Titel, die der Bearbeiter des WA-Bandes aufführt[27],

---

26. 23,487,5f.
27. 23,477, Anm. 3.

sind unbrauchbar[28]. Luther wird wahrscheinlich weniger
Kommentare als vielmehr Predigten meinen, die naturge-
mäß meist ungedruckt geblieben sind. Aber einige Beispiele lassen sich doch anführen. So hat z.B. Karlstadt,
der in einem Brief an Müntzer bemerkte: "Hic plus de visionibus et somniis dixi quam aliquis professorum"[29], Anfang 1522 über Maleachi gepredigt und im Wintersemester
1522/23 über Sacharja gelesen. Aber die kurzen Aufzeichnungen darüber[30] enthalten keine Spekulationen oder auffällige Allegorien. Auch hat Luther Karlstadts Vorlesung
positiv beurteilt[31]. Von Müntzer dagegen ist die sog.
Fürstenpredigt über Dan 2[32] besonders bekannt geworden,
die Luther inzwischen auch kennengelernt haben dürfte.
1526 hat Melchior Hoffmann eine Predigt über Dan 12
veröffentlicht[33]. Über Hosea hat Franz Lambert von Avignon mit Einverständnis Luthers 1523 in Wittenberg eine
Vorlesung gehalten, die 1525 im Druck erschien[34]. Er
überlegte sich damals auch, ob er dort über die Apk lesen solle, unterließ es dann aber doch[35]. Über dieses
Buch weiß Luther am 21.3.1527 auf Anfrage von Clemens
Ursinus nur zu berichten: "In Apocalypsin nemo adhuc
scripsit."[36] Aber abgesehen davon, daß in diesem Satz
weder Lob noch Tadel über die Apk steckt, bedeutet er
nicht mehr, als daß Luther noch keinen Kommentar kennen-

---

28. Vgl. DB 11 II,XXXII, Anm. 101.
29. Müntzer, Schriften, S. 387,15f: 21.12.1522.
30. Karlstadt, Predig (Freys - Barge, Verzeichnis, Nr. 93
    und 94); vgl. Barge, Karlstadt I, S. 414ff, und Stephan
    Roths Nachschrift der Vorlesung über Sacharja, abge-
    druckt bei Barge, aaO II, S. 566-568, vgl. S. 3f.
31. Br 3,2,43f = Enders 4,55,57f: an Spalatin, 2.1.1523.
32. Vgl. o. S. 246.
33. Melchior Hoffmann, Das 12. Capitel des propheten Danie-
    lis ausgelegt..., s. Kawerau, Hoffmann, S. 133, Nr. 54;
    dazu die kleine Korrektur bei Volz, Arbeiten, S. 423,
    Anm. 2 und in DB 11 II,XXXIIf.
34. Müller, Franz Lambert, S. 15ff.
35. Müller, aaO, S. 54, Anm. 8.
36. Br 4,177,21 = Enders 6,30,29.

gelernt hat, der ihm zugesagt hätte. Auch mir sind freilich keine Auslegungen der Apk aus dieser Zeit bekannt.
Wie jedoch Müntzer oder Hoffmann mit einzelnen Apk-Stellen umgegangen sind, wird sogleich noch zu zeigen sein.

IV. Einzelbeispiele zur Auseinandersetzung um das rich-
tige Verständnis der Apk

Zunächst aber sollen im Anschluß an den vorhergehenden Hauptteil, und zwar den Abschnitt über die Leipziger Disputation, wieder einige Beispiele altgläubigen
Gebrauchs der Apk gegen den Reformator betrachtet werden, um dann zu seiner Auseinandersetzung mit den 'Schwärmern' überzugehen.

Den Anfang soll hier _Emser_ mit seiner Kampfschrift gegen Luthers NT machen. Darin versucht er dessen Theorie
von dem _einen_ Evangelium und den _vielen_ Evangelisten[1]
mit folgenden Worten als ketzerisch zu erweisen: "Zum
orsten, so vorwürft Luther im eingang seiner vorred und
thut ab die alte ordnung der heiligen, christlichen kirchen, die (auß offenbarung der prophecey Ezechielis, item
Joannis in Apocalypsi und eingebung des heyligen Gey-
stes von den vier evangelischen thieren) vier evangelisten und vier evangelien angenommen und bestetiget
hat..."[2]. Das kann uns wieder als Beispiel dafür dienen, wie die faktische Existenz einer kirchlichen Einrichtung mit erst im nachhinein auf sie gedeuteten
Bildworten legitimiert werden soll.

Außerdem hat ja Emser behauptet, einer der Gründe,
weshalb Luther die Apk ablehne, sei der, daß u.a. in
Apk 3,17 und 14,13 die Notwendigkeit der Werke betont
sei[3]. Daß an dieser Behauptung etwas Richtiges ist, können ein paar Beispiele zeigen.

---

1. DB 6,2,12ff.
2. Emser, Auß was grund, Bl. 5a.
3. Emser, aaO, Bl. 148b; vgl. o. S. 282 mit Anm. 43.

Wir erinnern uns, daß 3,17 (Du sprichtst: Ich bin
reich...) in der Tradition meist so gedeutet wurde,
daß damit die Berufung auf den Glauben allein getadelt und die Armut an guten Werken bloßgelegt
werde, womöglich unter Berufung auf Jak 2,17[4]. Sodann wissen wir, daß Luther in der Zeit von 1514
bis 1519 diese Apk-Stelle gerne zitiert hat, um die
Unabgeschlossenheit des Rechtfertigungsgeschehens
zu betonen und vor Selbstgerechtigkeit zu warnen,
die durch die Berufung auf die vielen eigenen guten
Werke entsteht[5]. Schließlich haben wir etwa um 1520
das Verschwinden dieser und anderer Stellen aus Luthers Schriften beobachten können, das mit der vollen Ausbildung eines Glaubensbegriffes zusammenhängt.
     Bald danach muß er sich selbst gefallen lassen,
von Heinrich VIII. unter Berufung auf Apk 3,17 als
hochmütiger Angeber, der sich auf Fürstengunst verläßt, verschrien zu werden[6]. Aber auch ein Mann wie
Schwenckfeld betrachtet den Zwiespalt zwischen Lehre
und Leben der Lutherischen als in Apk 3,17 warnend
vorhergesagt[7].
     In dem Urteil der Universität Ingolstadt über
die Artikel Arsacius Seehofers, das Luther mit seinen eigenen Gegenargumenten versehen herausgegeben
hat, halten die Professoren dem Satz Seehofers:
"Wir sollen gar keyne hoffnung oder zuversicht setzen ynn unsere gûte werck", die pädagogisch und
seelsorgerlich begründete Mahnung, gute Werke zu tun,
entgegen, und zwar auch unter Berufung auf den Nachsatz von Apk 14,13: "ihre werck werden yhn nachvolgen."[8]

Unter diesen Umständen ist es nicht verwunderlich,

daß Luther in den 20er Jahren nie auf den zweiten Teil

von Apk 14,13 Bezug nimmt, sondern nur auf den ersten

(Selig sind, die in dem Herrn sterben.), da er darin

sein Glaubensverständnis leichter wiederfinden kann[9].

     Aber auch die polemische Zitierung der Apk im Kampf

des Reformators gegen den Papstantichrist ist von sei-

nen Gegnern sehr bald gegen ihn selbst gewendet worden.

---

4. so Haymo, MPL 117,998.
5. s.o. S. 104ff und 134ff.
6. Br 12,90,646ff; 3./8.1526.
7. CS 9,915,23ff: Von dreierlei Leben der Menschen, 1546;
   vgl. Ecke, Schwenckfeld, S. 177.
8. 15,115,32ff: 1524.
9. z.B. 23,411,2: Tröstung an die Christen zu Halle, 1527;
   Br 4,625,28f: an Margarethe N., 15.12.1528.

So bezeichnet etwa Emser Luther als ein Glied der Satanssynagoge (Apk 2,9)[10] und als den falschen Propheten,
der in den feurigen Teich geworfen werde (Apk 19,20)[11].
Gleich fünf (oder sechs?) gegen den Wittenberger verwendete Apk-Zitate enthält ein Schmähbrief Johann Hasenbergs an Luther vom 10. August 1528[12]. Darin kehrt nicht
nur Apk 19,20 wieder, sondern auch die Verwerfungsfor-
mel "qui sordet, sordescat magis" (22,11), die Luther
auf die Kurie gemünzt hatte[13], und die Drohung gegen
die babylonische Hure: "Quantum fueris in deliciis, tantum dabitur et tibi tormenti" (18,7), die der Reformator ebenfalls dem Papsttum zugedacht hatte[14].

Für die Interpretation der Apk durch manche 'Schwärmer' soll uns Müntzer als Beispiel dienen, von dem Luther später einmal gesagt haben soll, er habe alles zu
Allegorien verdreht[15]. Nachdem wir oben[16] Müntzers
Schriftverständnis allgemein kurz charakterisiert haben,
sollen hier einige Beispiele für seine Apk-Deutung folgen. Abgesehen davon, daß auch er Luther als babylonische Hure apostrophiert[17], sind vor allem die Stellen
aus der Apk bemerkenswert, mit denen er seine Forderung,
unrechtmäßige Obrigkeiten zu beseitigen, zu untermauern
sucht.

Da ist einmal Apk 6,2.4, das mit Dan 7,18.27; Röm
13,1 und 1 Sam 8,7 zusammen zu den Hauptstellen für
diese Lehre zählt. Freilich wird nicht ohne weiteres
deutlich, wie Müntzer zu diesem seinem Verständnis
der Stelle gekommen ist. In einem Brief an Friedrich
den Weisen vom 4. Oktober 1523 zitiert er sie so:

---

10. Emser, Auß was grund, Bl. 148a und 151b.
11. Emser, aaO, Bl. 148a; vgl. o. S. 281.
12. Br 4,518ff.
13. s.o. S. 222.
14. s.u. S. 339.
15. 42,367,23f: Gen-Vorl., 1536 (Druck 1544). Dismer, Ge-
    schichte, S. 218, Anm. 1, sieht diesen Vorwurf als unbe-
    rechtigt an.
16. S. 245f.
17. Müntzer, Schriften, S. 335,21.

"Do wyrt das eddel kleynot, der fride, aufgehaben
werden von der erden, apocalipsis 6: Der auf dem
weysen pferde sitzt, wil uberwinden, und es geburt
yhm nicht."[18] Der erste Satz ist eine Anspielung
auf V. 4, wo aber sonst vom roten Pferd die Rede
ist. Dann wird der auf dem weißen Pferd erwähnt,
von dem aber im Apk-Text nicht steht, es gebühre
ihm nicht zu überwinden. Müntzer hat diese Folgerung wohl aus dem Zusammenhang gezogen, daß es sich
hier um eine apokalyptische Plage handelt, wenn
die Fürsten das einfache Volk mit Krieg überziehen,
und daß das eigentlich nicht sein sollte, sondern
von Gott jetzt nur zugelassen ist. Aus Dan 7,18.27
liest Müntzer aber heraus, daß am Ende der apokalyptischen Drangsal der Sieg "dem ynbrunstigen volke
gegeben werden" wird, und das ist Gottes eigentlicher Wille, der jetzt bald von den Anhängern Müntzers
vollstreckt werden wird[19]. An zwei späteren Stellen
werden die einschlägigen Bibelverse nur aufgezählt,
ohne nähere Erläuterung[20].

Eine andere Apk-Stelle, die Müntzer auch für seinen
Aufruf an die Unterdrückten, gegen die Unterdrücker los-
zuschlagen, in Anspruch nimmt, ist Apk 18 f, wo die Rache an Babylon gefeiert wird, aber wohl besonders 19,17f,
wo die Vögel des Himmels aufgefordert werden, das Fleisch
der Könige usw. zu fressen, entsprechend Ez 39,17ff, einer Stelle, die Müntzer kurz davor zitiert, und zwar in
seinem Brief aus Frankenhausen an Albrecht von Mansfeld
vom 12. Mai 1525. Das Schreiben hat Luther selbst ediert[21],
und zwar in seiner 'Schrecklichen Geschichte'. Darin hat
er sich zwar nicht die Mühe gemacht, solche Deutungen
einzelner Schriftstellen zu widerlegen, sondern sich damit begnügt, nur allgemein Müntzers Prophetie als falsch
zu erweisen[22].

---

18. S. 397,2ff.

19. S. 396,27ff.

20. S. 329,1f: Hochverursachte Schutzrede, 1524. Im Apparat
    ist "Offb. 6,15" angegeben (Die Könige und Reichen ver-
    kriechen sich in die Felsspalten.), eine Stelle, die zwar
    auch in revolutionärem Sinne deutbar ist, aber hier
    wohl nicht gemeint sein dürfte. S. 455,20f: an die All-
    stedter, April 1525. Dismer, Geschichte, S. 109, verfolgt
    Müntzers Gedankengang nicht weit genug.

21. S. 469,16ff = WA 18,371,28ff; vgl. Müntzer, Schriften,
    S. 471,18ff: an die Erfurter, 13.5.1525.

22. s.o. S. 245f.

Die Kleinarbeit hat für ihn aber in dieser Zeit u.a.
ein Mann wie Melchior Hoffmann besorgt, der damals noch
die reformatorische Theologie gegen die 'Schwärmer' verteidigte. Sein 'Sendschreiben an die Christen in Livland',
das er zusammen mit Empfehlungsbriefen von Luther und
Bugenhagen etwa einen Monat nach der Schlacht von Frankenhausen, nämlich am 22. Juni 1525, aus Wittenberg nach
Dorpat schickte, ist zum großen Teil eine Widerlegung der
Müntzerschen Deutung von Ez 39,17ff und Apk 19,17. Am
Beispiel des Judas Ischarioth, den Jesus zu schnellem
Handeln ermahnt hat, der aber dadurch nicht entschul-
digt ist, zeigt er auf, daß die Fürsten gestraft werden müssen durch Gottes Zorn, aber die Ausführenden
nicht Christen, sondern ruchlose Menschen sind, die
durch die Vögel des Himmels bezeichnet werden und die
sich wie die 'Schwärmer' einbilden, gute Christen zu
sein, aber vielmehr der Gemeinde von Laodizea gleichen
(Apk 3,17), die doch des wahren Glaubens ermangelt[23].

Es fällt allerdings auf, daß Hoffmann in seinem kurzen Sendbrief im Gegensatz zu Luther und Bugenhagen
gleich siebenmal die Apk zitiert, außer dem durch Müntzer veranlaßten Apk 19,17 und dem erwähnten 3,17 noch
22,14; 13,8; 12,1; 11,1f und 12,12. Darin deutet sich
schon eine weitere Spielart 'schwärmerischer' Apk-Deutung an, die in seiner Schrift 'Außlegung der heimlichen Offenbarung Joannis des heyligen apostels und evangelisten'[24] von 1530 ihre volle Entfaltung gefunden hat.

Hoffmann versteht nämlich die Lehre der Schrift in
einer gewissen Einseitigkeit als Belehrung über den
Lauf der Welt und die Endzeit und sich selbst als prophetischen Lehrer, der allein als der wahre wiederge-
kommene Elias den Geist hat, um die Geheimnisse apokalyptischer Bücher zu verstehen.

---

23. 18,428,6ff; vgl. Kawerau, Hoffmann, S. 109.
24. Hoffmann, Offenbarung; Kawerau, aaO, Literaturverzeich-
    nis, Nr. 45, vgl. S. 75ff.

So ist er in Konkurrenz zu anderen getreten, von
denen er sagt: "Es hat der Teufel sich weidlich geübet,
den Weg beider Zeugen zu verderben; denn der Müntzer
sammt dem Pfeiffer, die in der Aufruhr in Sachsen uff
Pfähl gesteckt sind, haben sich für die zwei Zeugen aus-
schreien lassen. Desgleichen einer zu Antwerp, Leyen-
decker genannt, hat sich für Elias ußgeben. Auch der
Bünderlin oder Hans Vischerlin und der Hans Wolf sich
für die zwei ausgeben, die doch viel fleischlichen Verstand vorbrachten. Auch lauft daher Claus Kürßner mit
seinem Weib, die sich auch für die zwei Zeugen ausgeben. Auch Heinrich Schuhmacher hab sich Henoch genannt.
So hab Melanchthon aus dem Luther den Elias gemacht und
Luther aus Philippo den Henoch oder Johannes."[25] Man
könnte zu dieser Aufzählung noch hinzufügen, daß auch
Krautwald und Schwenckfeld sich als Henoch und Elia haben bezeichnen lassen[26].

Es ist nun auffällig, daß Luther in deutlichem Kontrast zu Müntzer, Hoffmann und vielen anderen und entgegen dem Eindruck, der aus dem soeben angeführten Zitat entstehen könnte, die zur traditionellen Eschatologie gehörende, aber zu seiner Zeit, wie aus demselben
Zitat hervorgeht, ganz besonders aktuell gewordene Erwartung von Henoch (bzw. Mose oder Johannes) und Elia,
die am Ende der Tage gegen den Antichrist auftreten sollen[27], fast durchwegs strikt ablehnt und daß er bei der
Erörterung der Bibelstellen, auf die sich eine solche
Hoffnung gründen könnte, Apk 11,3ff (die Erscheinung
der zwei Zeugen) vollkommen ignoriert, obwohl er diese
Interpretation natürlich gekannt hat.

Es ist hauptsächlich das Interesse an der Eindeutigkeit der Schrift und die Abwehr aller neuen Glaubens-

---

25. Straßburger Ratsprotokoll vom 23. Dezember 1537, zi-
    tiert nach Kawerau, aaO, S. 107 (Hervorhebungen von mir).
26. CS 11,919,15ff: an Sibylle Eisler, vor dem 4.9.1549.
27. Vgl. Preuß, Antichrist, S. 22; Gußmann, Quellen II, S.
    302, Anm. 55.

sätze, die Luthers ablehnendes Urteil über diese Erwartung bestimmt[28]. Dadurch war er dem Konkurrenzkampf der vielen Eliasse enthoben, in dem die 'Schwärmer' standen. Das hat freilich seine Schüler nicht daran gehindert, ihn spätestens mit seinem Tode fest in ihr (hauptsächlich durch die neue Apk-Vorrede von 1530 geprägtes) 'apokalyptisches' Geschichtsbild als den dritten Elia einzubauen[29].

> Luther setzt sich aber nicht nur dadurch von den 'Schwärmern' ab, daß er manche ihrer Interpretationen der Apk ablehnt, sondern er nimmt auch selbst einzelne Verse dieses Bibelbuches auf, um entweder seine eigene Auffassung gegen die der 'Schwärmer' zu verteidigen, oder aber diese zu verdammen. Beispiele dafür sollen im systematischen Teil unter Christologie und Satanologie besprochen werden[30].

> Es sei hier auch noch darauf hingewiesen, daß in die Zeit von 1523/24 Luthers erste Begegnung mit Michael Stifels Wort- und Zahlenspielereien auf Grund der Apk fällt. Sie wird im Zusammenhang unten dargestellt werden[31].

22. Kapitel

Die bleibende antirömische Verwendung der Apk

I. Noch einmal das Septembertestament: die Illustrationen

a) Herkunft und Charakter der Bilder

Nach der Vorrede zu urteilen, wäre gerade der Bilderreichtum der Apk Luther ein Dorn im Auge, etwas, wofür er kein Verständnis zu haben scheint. Dieser Eindruck steht aber im Widerspruch zu anderen Beobachtungen.

Erstens: Luthers Bemühungen um Anschaulichkeit und treffenden deutschen Ausdruck, die für seine Übersetzungsarbeit so charakteristisch sind, machen auch vor der Apk nicht halt. Gerade in dem Schreiben, in dem er Spalatin

---

28. s.u. Exkurs 1., S. 656-661.
29. Vgl. Gußmann, Quellen II, S. 298, Anm. 4 und S. 319, Anm. 236; dazu u. S. 514, 525, 528 und 548.
30. s.u. S. 345 und 348f.
31. s.u. S. 532f.

berichtet, daß er mit Melanchthon zusammen um die Verbes-
serung des von der Wartburg mitgebrachten Textes des NT
bemüht sei und dazu auch öfters Spalatins Dienste in Anspruch zu nehmen gedenke, bringt er gleich als erste Bitte vor: "Et vt ordiar, vide, vt gemmarum Apoca. xxi tum
nomina, tum colores, & vtinam aspectus nobis ex aula aut
vnde potes, ministres." Da sich die Lieferung verzögert,
bringt er seine Bitte noch zweimal in Erinnerung[1]. Man
fragt sich doch: Warum so viel Mühe für ein so nutzloses
Buch wie die Apk? Hier zeigt sich, daß Luther im Grunde
doch ein visuell veranlagter Mensch war, dessen immer
wiederholtes Pochen auf das Wort allein, zu dem er sich
bekehrte, eigentlich nicht unbedingt in seiner natürlichen Entwicklung gelegen war, sondern wie so manches bei
ihm zum großen Teil erst aus der Notwendigkeit polemi-
scher Abgrenzung gegen 'Papisten' und 'Schwärmer' resul-
tierte.

Zweitens: Noch auffälliger jedoch ist die Art, wie
Luthers NT von 1522 illustriert ist. Alle Bücher außer
der Apk müssen sich nämlich mit Bildinitialen begnügen,
die meist die Verfasser darstellen. Man braucht sich
noch nicht darüber zu wundern, daß bei Hebr und Jud
beziehungslose Genre-Bilder eingesetzt sind, bei Jak
(nur im Septembertestament) die Initiale zu Joh und bei
der Apk die von Mt wiederholt ist. Das sind ja deutliche
Bezugnahmen auf die Unsicherheit der Verfasserfrage,
ganz entsprechend den Vorreden, mit der einzigen Inkon-
sequenz, daß die Initiale zu den Joh-Briefen die Vision
von Apk 12,1-6 mit zeigt[2].

---

1. Br 2,490,13ff = Enders 3,325,16ff: 30.3.1522; Br 2,
   524,6f = Enders 3,358,5f: 10.5.1522, und Br 2,527,39 =
   Enders 3,360,53: 15.5.1522. Wegen des Rücktransports,
   den Cranach besorgt, muß Luther auch zweimal an Spalatin schreiben: Br 2,532,8 = Enders 3,366,4f: ca. 17.5.
   1522, und Br 2,557,9f = Enders 3,390,8f: ca. 8.6.1522;
   vgl. Preuß, Luther der Künstler, S. 189 und 218.
2. s. NT deutsch, 1522; vgl. Schramm, Illustration, S. 1
   und Tafel 1, Nr. 1-11; Lasch, Bilderschmuck, S. 13f, wo
   allerdings die Initialen zu Jak und Jud verwechselt

Wenn man nun aber ein Exemplar des Septembertestaments in die Hand nimmt und durchblättert, ist man ganz
überrascht, daß gleich auf der Rückseite der so ablehnenden Vorrede zur Apk die erste von 21 ganzseitigen,
den Text unterbrechenden Illustrationen zu diesem Buch,
und eben gerade nur zu diesem Buch, folgt.

Man kommt nicht umhin festzustellen, daß die Wirkung
der Bilder in der Apk die der Vorrede praktisch auf-
hebt; "denn", so schreibt Philipp Schmidt am Anfang seines Buches über 'Die Illustration der Lutherbibel', "die
bebilderten Teile der Bibel sind es, deren zugehörige
Texte vorab von jugendlichen Lesern zuerst nachgeschlagen
werden, weil sie wissen möchten, was diese sonderbaren
Episodenbilder eigentlich darstellen. Und wurde der zu
den Bildern gehörende Text glücklich gefunden, dann haf-
tete er, hauptsächlich des Bildes wegen, unverlierbar
im Gedächtnis."[3]

Zwei Probleme müssen jedoch noch geklärt werden, bevor wir die Illustrationen in unserem Zusammenhang richtig würdigen können: Zum einen, warum gerade nur dieses
Buch illustriert worden ist, zum andern, wie weit Luther
selbst auf die Einfügung und Gestaltung der Bilder Einfluß genommen hat. Beide Fragen stehen miteinander in
Verbindung.

Sicher ist es nicht irgendeinem Zufall zu verdanken,
daß die Bilder in die Apk gelangt sind. Mehrere Motive
sind denkbar, die dafür maßgeblich gewesen sein können.
Einmal drängt besonders die Apk dazu, daß man sich ein
Bild von dem macht, was da an Visionen berichtet ist.
Ohne eine solche Vorstellung bleibt sie überhaupt unverständlich[4]. Und daß Luther auf Anschaulichkeit be-

---

sind oder das Dezembertestament vorgelegen hat (vgl.
   Schramm, aaO, S. 6).
3. Schmidt, Illustration, S. 11; ähnlich bereits Wendelin
   Rihel im Vorwort zu seiner Laienbibel von 1540: Rihel,
   Leien Bibel, Bl. A2b-A3a, zitiert auch S. 12 vom Herausgeber; ebenso bei Kohls, Leien-Bibel, S. 354/59.
4. Vgl. Heydenreich, Apokalypsen-Zyklus, S. 14; Zimmermann, Beiträge, S. 1.

dacht war, haben wir ja gerade festgestellt[5]. Es sei
außerdem schon jetzt darauf hingewiesen, daß er in
sein Handexemplar der NT-Ausgabe von 1530 eine Grundrißskizze hineingezeichnet hat, um sich den Bau des
neuen Jerusalem, wie er Apk 21,16ff beschrieben ist,
besser vorstellen zu können[6].

Dazu kommt, daß das frühe 16. Jahrhundert eine
Zeit voller 'apokalyptischer' Erwartungen war, angeregt
u.a. auch durch viele Weissagungsbücher und astrologi-
sche Kalender, die z.T. illustriert waren, wie z.B.
Lichtenbergers 'Practica' und die Papstvatizinien Pseu-
do-Joachims[7]. Man kann sagen, "die Offenbarung Johannis
galt als das aktuellste Buch des ganzen Neuen Testaments."
Dürers 14 Holzschnitte dazu, die "ganz von der apokalyptischen Unruhe seiner Zeit erfüllt und bewegt" sind, können als typisch dafür angesehen werden[8]. Luthers Kampf
gegen Rom bezog seine Schärfe und seine Kampfmittel weitgehend aus solchen Quellen, auch wenn der Reformator eine kritische Auswahl traf, und dieser Kampf hatte 1522
seinen ersten Höhepunkt gerade erst überschritten.

Ein dritter Gesichtspunkt ergibt sich aus dem Vergleich mit früheren Bibelhandschriften und -drucken. Nesselstrauß stellt dazu fest:"Vom 13./14. Jahrhundert an
wird das Fehlen von Illustrationen in Evangelien zur Regel."[9] Da die Briefe wenig Anlaß zu bildlicher Darstellung boten, wurde allenfalls noch das letzte Buch der
Bibel reicher ausgeschmückt. Auch die deutschen Bibeln
vor Luther enthielten seit der Koberger-Bibel von 1483

---

5. Das ist gegen Mülhaupt, Luthers Testament, S. 42, einzuwenden, der meint, "bilderkritisch" wie Luther 1522
gewesen sei, habe er kein Interesse an der Illustrierung
gerade des geringwertigsten Buches im NT haben können.
6. DB 4,505; vgl. Preuß, Luther der Künstler, S. 21.
7. s.o. S. 303.
8. Scharfe, Bildpropaganda, S. 26; vgl. Lasch, Bilderschmuck, S. 14, und Zimmermann, Beiträge, S. 1.
9. Nesselstrauß, Holzschnitte, S. 100.

im NT dementsprechend Illustrationen fast nur zur Apk[10].
Als Grund hierfür vermutet Nesselstrauß, daß die Großkirche es nicht gern sah, wenn die Aufmerksamkeit der
Laien zu sehr auf die unerklärten Evangelien gelenkt
wurde. Wie dem auch sei, es lag - zumindest für den
Verleger - jedenfalls nahe, auch das Septembertestament
entsprechend auszustatten. Für den Reformator freilich
konnte dieser Grund nicht ausschlaggebend sein. Er hatte aber anderen Anlaß, die Evangelien ohne bildliche
Darstellungen der Geschichte Jesu erscheinen zu lassen:
Für ihn waren nämlich, wie er selbst in der Vorrede
dazu schreibt, die (unanschaulichen) Worte Jesu wichtiger als dessen Taten[11].

Bevor wir nun die Frage behandeln können, welchen
Einfluß Luther auf die Entstehung der Illustrationen
genommen hat, wird es ratsam sein, deren Eigentümlichkeiten zu beschreiben, um ihren besonderen Charakter zu
erkennen, an dem man dann vielleicht abschätzen kann, wer
ihnen diesen Stempel aufgeprägt haben mag[12]. Zum Vergleich können Dürers Bilder dienen, die offensichtlich
auf die Gestaltung eingewirkt haben, so daß Abweichungen
von diesem Zyklus möglicherweise aus einer bestimmten
Absicht heraus vorgenommen worden sind[13].

Es fehlt als erstes das Vorschaltbild aus der Johan-
neslegende, das auch in den früheren Bibeln dazugehörte.
Das versteht sich bei Luthers NT von selbst. Auf dem ersten Bild ist Christus nicht sitzend, sondern stehend
bzw. gehend abgebildet, mit dem Gürtel um die Brust, und
Johannes liegend. Das bedeutet einen stärkeren Anschluß
an den Text (1,13.17; 2,1). In Bild 3 sind die Opfer der
apokalyptischen Reiter und der Hölle nur einfache Leute.
Auf dem sechsten Bild wird gerade Cranach selbst als der

---

10. Schmidt, Illustration, S. 66f, dazu die Tafeln 34-42.
11. Nesselstrauß, aaO, S. 100f; dazu DB 6,10,9ff.
12. Die Bilder sind u.a. in DB 7,483ff reproduziert.
13. Hierzu vgl. insbesondere DB 7,526f; Grisar - Heege,
    Kampfbilder II, S. 4ff; Schmidt, Illustration, S. 94ff.

vorderste der Auserwählten versiegelt. Er zählt sich also dazu und wird den Holzschnitt auch eigenhändig entworfen haben. Auf dem siebten Bild wird das dreifache
Wehe von einem Engel ausgerufen, nicht von einem Adler. Der Zeichner hat also vorher Luthers Text genau
durchgelesen, der nämlich in 8,13 nicht der Vulgata
(aquilae),sondern Erasmus (ἀγγέλου bzw. angelum[14])
folgt. Zum achten Bild fehlt eine Entsprechung bei
Dürer. In der Heuschreckenplage sieht Philipp Schmidt
den Adel, der das Volk aussaugt, abgebildet[15]. Auf dem
folgenden Bild ist unter den Reitern deutlich der Lu-
thergegner Herzog Georg der Bärtige und der aufständi-
sche Ritter Franz von Sickingen zu erkennen. Sie unterdrücken das einfache Volk. Das 11. Bild ist ebenfalls
neu hinzugekommen. Der Drache, der die zwei Zeugen töten will, ist durch eine Tiara als Papstantichrist gekennzeichnet. Auf dem 13. Bild, das sonst textgetreuer
ist als das Dürersche, trägt das Tier, das zwei Hörner
hat wie ein Lamm, eine Mönchskapuze. Damit sollen vielleicht die Dominikaner, die Propagandisten und Inquisi-
toren des Papsttums, als falsche Propheten gekennzeichnet werden. Unter den Anbetenden ist Kaiser Maximilian
I. zu erkennen. Auf dem (neuen) 14. Bild sieht man Babylon einstürzen. Als Vorlage hat jedoch ein Stück aus
dem Panorama <u>Roms</u> in Schedels Weltchronik gedient[16].
Auf dem (ebenfalls neuen) 16. Bild trägt der Drache wiederum eine Tiara. Die Regierenden haben Ähnlichkeiten
mit Zeitgenossen. Eine Tiara trägt auch die babylonische
Hure (Nr 17), wodurch sie als römische Kirche gekennzeichnet ist. Unter den Verehrern, die wieder Zeitgenossen sind, kniet in vorderster Reihe ein Mönch. Im gesondert herausgenommenen 18. Bild klagen statt der Kaufleute

---

14. Erasmus, Opera 6,1103/04; vgl. DB 7,440; dazu Lasch,
   Bilderschmuck, S. 14.
15. Schmidt, Illustration, S. 95 und 101.
16. Schmidt, aaO, S. 106 und 107.

Geistliche, Pfründenbezieher und Professoren über den
Brand Babels, das wieder nach demselben Vorbild als Rom
gezeichnet ist. Vom 19. Bild ist besonders die obere Hälfte auffällig: Ein Ritterheer, angeführt von Sickingen
und Hutten, schlägt das Heer des Kaisers in die Flucht.
Diese Anspielung auf den Ritteraufstand von 1521 hat
im Text natürlich keinen Anhalt.

Drei Gesichtspunkte scheinen demnach bei der Gestaltung dieser Bilder maßgeblich gewesen zu sein. 1. Ein
Ziel ist stärkere Anpassung an den Text. Die Bilder müssen diesem dienend untergeordnet werden, auch wenn darunter vielleicht die künstlerische Qualität etwas leiden sollte. Das liegt durchaus im Sinne Luthers. Zimmermann erschließt daraus Zusammenarbeit zwischen Cranach
und Luther, womöglich sogar besondere Anweisungen des
letzteren[17].

2. Einige Bilder enthalten Zusätze oder Änderungen,
die im Text keinerlei Entsprechung haben, denen allen
aber eines gemeinsam ist: Polemik gegen das römische
Papsttum, das als antichristliche Macht gekennzeichnet
werden soll. Dieser Beobachtung haben Grisar und Heege
eine eigene Monographie gewidmet. Für sie ist Luthers
Absicht, mit den Bildern das Papsttum zu bekämpfen, der
Hauptgrund, weshalb die Apk überhaupt illustriert wurde[18]. Es ist richtig, daß alle diese Anspielungen durchaus in Luthers Sinn sind, da er ja selbst damit angefangen hat, die Kapitel 17 und 18, dann auch 13 der antirömischen Polemik dienstbar zu machen. Zu Kap. 11 fehlt
allerdings aus dieser Zeit eine Deutung von Luther[19].

3. Die Gestaltung einiger Bilder deutet auf eine
soziale Parteinahme hin. Verschiedene Portraitähnlich-
keiten verstärken nach Malermanier diesen Eindruck noch.

_____

17. DB 7,526.
18. Grisar - Heege, Kampfbilder, S. 3.
19. Es ist im Interesse genauer historischer Analyse nicht
    ratsam, die Bilder von 1522 so ohne weiteres mit der
    zweiten Vorrede von 1530 zu vergleichen, wie es Heyden-
    reich, Apokalypsen-Zyklus, S. 31ff, tut.

Es ist auffällig, daß die Leidtragenden der Plagen, aber
auch die Auserwählten, alle einfache Leute sind, während
die Verehrer des Antichrists durchwegs Vornehme oder
Geistliche sind. Solche Vorstellungen sind bei Luther
in dieser Ausprägung und Einseitigkeit eigentlich nirgendwo festzustellen. Deshalb hat Schmidt, im Gegensatz
zu den meisten früheren Forschern[20], die Hypothese aufgestellt und zu erhärten versucht, daß die Initiative
vom Verleger Cranach, angeregt durch die früheren deutschen Bibeln, ausgegangen sei und daß Luther diesem gerade eben nur nachgegeben, deshalb auf die Bilder auch
nur geringen Einfluß genommen habe. Cranach sei während
der Abwesenheit des Reformators besonders unter dem
Einfluß Karlstadts und der anderen Radikalen im unruhi-
gen Wittenberg gestanden. Selbst die polemischen Spitzen gegen Rom gingen nicht direkt auf Luther zurück,
sondern höchstens auf dem Umweg über die anderen Wittenberger. Außerdem lasse die Mitwirkung anderer Hände an
der Arbeit[21] sowieso keine allzu direkte Einflußnahme
Luthers zu[22]. Es wird ratsam sein, diese Hypothese auf
ihre Wahrscheinlichkeit hin zu überprüfen.

Zunächst ist festzustellen: "Es gibt keine direkten
Nachrichten darüber, daß Luther für die inhaltliche Gestaltung des Bilderzyklus zur Apokalypse seines Neuen
Testaments von 1522 bestimmte Anweisungen gegeben habe.
Eine Einflußnahme auf die Illustrationen seiner Bibelausgaben ist erst für spätere Zeit belegt."[23] Auch die
scheinbar gegenteilige Behauptung Kraffts[24] hat keinerlei Beweiskraft. Andererseits steht fest, daß Luther
mit Cranach schon seit einiger Zeit in enger Freundschaft verbunden war, was gerade auch in der Zeit nach

---

20. z.B. Pietsch in DB 2,204; Lindau, Cranach, S. 195; Zimmer-
    mann, Beiträge, S. 2; vgl. auch die vorigen Anmerkungen.
21. Zimmermann, aaO, S. 5ff, weist außer Cranach selbst
    noch zwei weitere Meister nach.
22. Schmidt, Illustration, S. 29f und 93f.
23. Heydenreich, Apokalypsen-Zyklus, S. 31.
24. Krafft, Nachricht, S. 65f.

dem Wormser Reichstag deutlich wird. Cranach war der
erste, den Luther von der Absicht des Kurfürsten, ihn
zu verstecken, benachrichtigte[25]. Auch von der Wartburg
aus ließ er ihn öfters grüßen und betrachtete den einflußreichen Ratsherrn als Vorkämpfer seiner Sache[26].
Als er im Dezember 1521 für ein paar Tage als Junker
verkleidet nach Wittenberg kam, ließ er sich von dem
Künstler porträtieren[27]. Danach begann er mit der Übersetzung des NT. Aber noch bevor er endgültig wieder nach
Wittenberg zurückgekehrt war, wußte Melanchthon von einem
Plan, Cranach die Apk illustrieren zu lassen[28]. Dies könnte auf eine Eigeninitiative Cranachs hindeuten. Jedenfalls aber pflegte Luther auch während der Bekämpfung
der Unruhen und der Weiterarbeit am NT mit Cranach en-
gen Kontakt. Die Übermittlung der Edelsteine z.B. besorgte dieser. Auch 1522 ließ sich der Reformator von
seinem Maler porträtieren[29].

Zwar hatte Cranach auch zu Karlstadt Beziehungen,
wie ein 1509 gedruckter Lobspruch Karlstadts auf ihn
zeigt[30]. Aber zumindest das wird er ihm angekreidet
haben, daß dieser sich zum Bilderstürmer entwickelt
hat, zur gleichen Zeit, als er sich auch für die Be-
lange des gemeinen Mannes einzusetzen begonnen hat[31].

---

25. Br 2,305,5ff: 28.4.1521; vgl. Lindau, Cranach, S. 179f.
26. Vgl. z.B. Br 2,389,64f = Enders 3,231,93f: an Spalatin,
    9.9.1521.
27. 'Zeitung aus Wittenberg', wieder abgedruckt bei Müller,
    Bewegung, S. 159. Lindau, aaO, S. 189f, folgt einer an-
    deren Tradition, die das Portrait erst Anfang März 1522
    entstanden sein läßt.
28. CR 1,565 = StA VII 1,168,11f: an Spalatin, 2. (nicht 5.)
    3.1522.
29. Lindau, Cranach, S. 193f. Das Bild trägt die bezeich-
    nende Unterschrift: "In silentio et spe erit fortitudo
    vestra."
30. Lindau, aaO, S. 65f.
31. Vgl. den Doppeltitel der Schrift: 'Von Abtuung der Bil-
    der und daß kein Bettler unter den Christen sein soll',
    Vorrede datiert auf 27.1.1522; Freys - Barge, Verzeich-
    nis, Nr. 87-89; dazu Barge, Karlstadt I, S. 386-394.

Man kann dagegen für Cranachs Ablehnung des Adels einen anderen Anlaß annehmen, nämlich die zwei Jahre
zurückliegenden Studentenunruhen, die sich auch und
gerade gegen den Maler und seine Gesellen gerichtet
haben und an denen insbesondere einige adelige Studenten maßgeblich beteiligt gewesen sind[32]. Cranach, der
zeitweilig auch Bürgermeister gewesen ist, kann als
typischer Vertreter des gehobenen Bürgertums angesehen
werden.

Mögen also die Anspielungen auf soziale Umstände von
diesem selbst herrühren, die antirömische Spitze der
Bilder geht auf jeden Fall, ob direkt durch Anweisungen
oder nur indirekt durch seine schon länger betriebene
Polemik, von der sowieso alle anderen abhängig sind,
auf Luther zurück. Es wird am besten sein, für 1522 ein
ähnliches Verhältnis zwischen Luther und Cranach bei
der Entstehung der Apk-Illustrationen anzunehmen wie
beim 'Passional Christi und Antichrist' von 1521[33]. Für
deren Beibehaltung und Fortbildung hat dann aber Luther
selbst Sorge getragen.

b) Wirkungsgeschichte

Nun ist noch einiges zu sagen über die Wirksamkeit
der Apk-Illustrationen in Luthers NT. Selbst wenn man
davon ausgehen müßte, daß sie ein Produkt Cranachscher
Geschäftstüchtigkeit wären, so sind sie jedenfalls doch
keine Cranachsche oder Wittenberger Eigentümlichkeit geblieben, sondern fester Bestandteil der meisten lutherischen deutschen NT- und Bibelausgaben geworden. Bis
etwa 1730 sind sie - 1530 auf 26 Bilder vermehrt[34] -
später allerdings mit manchen Änderungen und Abschwächun-

---

32. Luther hatte sich damals nach Möglichkeit neutral ver-
    halten; Lindau, aaO, S. 138ff.
33. So sieht es auch Mülhaupt, Luthers Testament, S. 42-44;
    s. dazu o. S. 153f, Anm. 4.
34. s.u. S. 359f, 419, 433 und 449.

gen, die uns noch beschäftigen werden[35], beibehalten[36],
von vielen Künstlern kopiert und auch außerhalb der Bibeln verwendet worden[37]. Daher folgern Grisar und Heege:
"Die Illustrationen zur Geheimen Offenbarung machten
demnach Luthers Übersetzung des Neuen Testaments zu einem Bilderkampfbuch, dessen Wirkung durch die Verbindung,
in welche diese Bilder zur Heiligen Schrift gebracht worden waren, eine große sein mußte."[38]

Sie haben nun aber (nur geringfügig verändert) seltsamerweise auch Eingang in Bibeln katholischer Herkunft
gefunden, und das, obwohl gerade die Bilder zur Apk für
den altgläubigen Gegner Luthers, Herzog Georg von Sachsen, ein Hauptgrund waren, das Wittenberger NT sofort
zu verbieten, weil er erkannt hatte, daß diese Figuren

---

35. s.u. S. 501ff.

36. zumindest in Ausgaben größeren Formats und kostspie-
ligerer Aufmachung. In den Oktavausgaben fielen sie
selbst in Wittenberg schon Ende des 16. Jahrhunderts
weg, bald auch in einem Teil der Quartausgaben, vgl.
die Zusammenstellung Tabelle 12; dazu Volz, Bibeldruck,
S. 132 und 159ff, auch Schmidt, Illustration, S. 347.

37. s. Grisar - Heege, Kampfbilder II, S. 14ff, 27ff und
40ff; Zimmermann, Beiträge (Abhandlungen über die einzelnen Künstler des 16. Jahrhunderts): Bildbeispiele
Abbildungen 9, 25, 38, 39: jeweils Fall Babylons, und
20: Wehe-Engel; Aurenhammer, Ikonographie I, S. 204-
206.

38. Grisar - Heege, aaO, S. 8. Der Widerspruch, den Schmidt,
aaO, S. 98 und 214, dagegen eingelegt hat, ist nicht
durchschlagend. Es ist zwar richtig, wenn er schreibt:
"So ist in dem Bildwerk zu Offenbarung... der Glaube an
die Erfüllung der Zeit zu sehen" (S. 214), aber eben dieser Glaube fordert ja, den Kampf gegen den erkannten
Antichrist mit allen Mitteln zu führen, den Kampf, den
Schmidt im selben Satz verneint. Eher auf der Linie von
Grisar - Heege liegt die Beurteilung der Bilder durch
Nesselstrauß, Holzschnitte, S. 101: "Cranachs Illustrationen zur Septemberbibel haben die Ideen der Reformation mehr Menschen zugänglich gemacht, als es durch theologische Traktate möglich gewesen wäre. Schärfer als
viele andere Werke lassen uns diese Holzschnitte bis auf
den heutigen Tag die Atmosphäre jener Zeit fühlen, da
die reformatorische Bewegung ihren Höhepunkt erreicht
hatte."

"bebstlicher heiligkeit zu schmehe" gereichten[39]. Aber
nachdem - wahrscheinlich auf einen Protest Georgs bei
Friedrich dem Weisen hin[40] - in der zweiten Ausgabe von
1522, dem sog. Dezembertestament, beim Drachen und der
Hure die dreifachen zu einfachen Kronen zurückgeschnit-
ten worden waren[41], bemühte sich gerade Georgs Sekretär,
Hieronymus Emser, darum, die Holzstöcke von Cranach zu
erwerben, was ihm mit Luthers Billigung auch gelang[42].
So ergab sich das Kuriosum, daß in Emsers Konkurrenz-
testament und in ähnlicher Weise auch in einer ganzen
Reihe anderer altgläubiger NT-Ausgaben die verbliebenen
polemischen Bilder sich wiederfinden, wie das 13., auf
dem das Tier von der Erde die Mönchskapuze trägt, und
das 14. und 18., in denen Babylon = Rom zusammenstürzt,
wobei auf letzterem die Geistlichen sich die Haare rau-
fen[43].

Auch außerhalb Deutschland haben Illustrationen nach
Wittenberger Vorbild in weiten Teilen Europas große Verbreitung gefunden und sind in viele volkssprachliche Bibelausgaben verschiedener theologischer Ausrichtung übernommen worden.

---

39. Geß, Akten 1,386,32: Mandat vom 7.11.1522; vgl. Volz
    in der Einleitung zu: Bibel deutsch, 1545, S. 59*f;
    Emser, Auß was grund, Bl. 3b: "... nit allein on des
    öbersten priesters bevelh, wissen und willen, sonder
    ouch zu verdrieß, schmach und vorletzung mit lester-
    lichen, schändlichen figuren, gemeld..."
40. Vgl. Grisar - Heege, Kampfbilder II, S. 9ff.
41. Die beiden Bilder zu Apk 14 sind bei Bainton, Luther,
    S. 294f nebeneinandergestellt, ebenso bei Schmidt, Il-
    lustration, S. 110f, Nr. 58f; die zu Apk 11 auf S. 103f,
    Nr. 51f, und bei Strachan, Bible Illustrations, Nr. 58f.
42. Schmidt, aaO, S. 98, nach Krafft, Nachricht, S. 66f.
43. Vgl. Grisar - Heege, Kampfbilder II, S. 37ff. Zu er-
    gänzen wären noch die polnischen Bibeln von 1561 und
    1575(1577), s.u. S. 505. Da in späteren lutherischen
    Bibelausgaben oft ganz entschärfte Bilder eingefügt
    waren, konnten in dieser Zeit unbedenklich Druckstöcke
    daraus übernommen werden, z.B. in: Bibel, katholisch,
    1662, s. Tabelle 12; vgl. auch Schmidt, aaO, S. 301.

Eine eigene Geschichte haben dabei die verkleinerten
Kopien der 21 Cranachschen Holzschnitte gehabt, die der
bekannte Künstler Hans Holbein d.J. entworfen hat.

Sie waren zunächst bestimmt für das NT, das Thomas
Wolf bereits 1523 in Basel hat erscheinen lassen.
Dieser weist mit folgendem Satz seinen Leser eigens
auf die Bedeutung der Bilder hin: "Auch die Offenbarung Joannis mit hüpschen figuren, auß welchen man
das schwerest leichtlich verston kan."[44] Während in
Wittenberg die deutlichsten Spitzen antirömischer
Propaganda, die Tiaren auf den Häuptern von Drachen
und Hure, bereits entfernt waren, wurden sie in Basel noch klar ausgeprägt kopiert und blieben in Holbeins Serie auch immer unangetastet[45]. 1524 druckte
Wolf sie nochmals ab. "Dann verkaufte oder verlieh
er sie an Johann Knoblouch, Strassburg, der die
Stöcke" mit einer Ausnahme "zu dessen Neuem Testament
in Folio 'Anno' 1524 gebrauchte. Im folgenden Jahre
finden wir wiederum alle 21 Stück bei Johann Bebel,
Basel, in dessen 'Nouveau Testament'[46] in-12⁰.
Später begegnen wir ihnen bei Wolf Köpfel, Strassburg, in dessen Foliobibel von 1529/30. Froschauer
[Zürich] benützte sie ebenfalls vorübergehend. 18
der Originalstöcke tauchen 1565 in der pseudofroschauer-
schen Bibel nochmals auf."[47] Außerdem scheinen dieselben Holzstöcke auch 1552 von Brylinger in Basel und
noch 1596/97 von Wolf in Zürich verwendet worden zu
sein, wobei schließlich aus Gründen reformierter Theologie die Gott-Vater-Figuren in zwei Stöcken ausge-
merzt und durch Stücke mit Tetragrammen ersetzt worden sind[48].

Weitere Serien von Kopien der Bilder aus dem Septem-
ber- oder Dezembertestament, mit oder ohne die polemischen Attribute, finden sich in französischen[49], nieder-

---

44. zitiert nach Leemann-van Elck, Buchschmuck, S. 57.

45. Abbildung z.B. bei Heydenreich, Apokalypsen-Zyklus,
    S. 7-12; auszugsweise auch bei Schmidt, aaO, S. 123-
    127, Nr. 67-71.

46. Der französische Text dieser Ausgabe stammt von dem be-
    kannten Bibelausleger Jakobus Faber Stapulensis, vgl.
    Vogel, Bibeldrucke, S. 49.

47. Leemann-van Elck, Buchschmuck, S. 57.

48. Vgl. Leemann-van Elck, aaO, S. 84, und Schmidt, Illu-
    stration, S. 235.

49. z.B. in der Bibelausgabe von Lempereur in Antwerpen,
    1530, vgl. Strachan, Bible Illustrations, S. 63, und
    Vogel, Bibeldrucke, S. 84, Nr. 5; in mehreren Bibelaus-

ländischen[50], dänischen[51], italienischen[52] und englischen[53] Bibelausgaben[54].

Noch eine eigenartige Fernwirkung haben unsere Apk-
Illustrationen hervorgebracht: In einer Reihe von Klöstern der Mönchsrepublik Athos kann der staunende Besu-

---

gaben von Gryphius in Lyon zwischen 1542 und 1583 (Holzschnitte von Meister IF), vgl. Brunet-Dinard, Le Maitre
IF, S. 310.

50. z.B. in NT-Ausgaben von Fuchs in Köln, 1525, vgl. Vogel,
aaO, S. 64 und 68, Nr. 17; von Paffraet in Deventer,
1525 (unpolemische Bilder), vgl. ebd., Nr. 18, und NT
dänisch, 1529, S. 17ff; von H.v.Roeremunde in Antwerpen,
1525 (große Tiara bei Kap. 11), vgl. Nijhoff, Art 2,
Anvers - Hans van Ruremunde III, Nr. 19-21; von Ch. v.
Roeremunde, 1526 oder 1527 (unpolemisch), vgl. Nijhoff,
aaO, Anvers - Christophorus Ruremundensis V-VI, Nr. 18-
20; von Willem Vorstemann in Antwerpen, 1528 (Bilder
aus NT von Paffraet), vgl. Vogel, aaO, S. 64, und NT
dänisch, 1529, S. 17ff; von J. v. Ghelen in Antwerpen,
1528 (unpolemisch), vgl. Nijhoff, aaO, Anvers - Jan van
Ghelen VI, Nr. 47-49; von M. H. v. Hoochstraten in Antwerpen, 1531 (unpolemisch), vgl. Nijhoff, aaO, Anvers -
M. H. v. Hoochstraten XX, Nr. 87-89; von J. v. Liesvelt
in Antwerpen, 1538 (Holzstöcke von Lempereur), vgl.
Strachan, Bible Illustrations, S. 66; von demselben,
1540 (unpolemisch), vgl. Nijhoff, aaO, Anvers - Jacob
van Liesveldt IX, Nr. 51.

51. Die NT-Ausgabe von Melchior Lotter in Wittenberg, 1524,
enthält keine Apk-Bilder, weil die Holzstöcke Lember-
gers gerade an Hans Lufft für dessen niederdeutsche Ausgabe ausgeliehen waren, vgl. NT dänisch, 1524, S. 21.
Das von Willem Vorstemann in Antwerpen 1529 und 1531
gedruckte NT mit der Übersetzung von Christiern Pedersen enthält eine Auswahl von 11 unpolemischen Illustrationen zur Apk aus der Serie von Paffraet, von denen
eine wiederholt ist, vgl. NT dänisch 1529, und Nijhoff,
aaO, Anvers - Impressions Danoises III, Nr. 12.

52. z.B. in dem von Bruccioli übersetzten und bei Giunta in
Venedig 1530 u.ö. erschienenen NT, vgl. Vogel, Bibeldrucke, S. 97 und 99f, Nr. 5 u.a., und in: NT italienisch,
1552 (unpolemisch), vgl. auch Vogel, aaO, S. 100, Nr. 13.

53. z.B. im NT nach Tyndales Übersetzung, London 1536 (Ko-
pien nach Holbein), vgl. Leemann-van Elck, Buchschmuck,
S. 108, Anm. 15, und in 'Matthew's Bible' (hg. v. John
Rogers), o.O. 1537, London 1549 und 1551 (Nachschnitte
des Dezembertestaments), vgl. Vogel, aaO, S. 56 und 60,
Nr. 16-19, und Strachan, Bible Illustrations, S. 77.

54. Über fremdsprachige Bibelausgaben, die die auf 26 Bilder erweiterte Serie übernommen haben, s. u. S. 505f.

cher insgesamt zehn monumentale Freskenzyklen mit je
21 Bildern zur Apk bewundern, deren frühester wahrscheinlich 1547 entstanden ist. Kunstgeschichtler, die
auf diese Gemälde aufmerksam geworden sind, haben erkannt, daß es sich dabei nur um Großkopien der Holzschnitte in Luthers deutschem NT handeln kann, die
zwar in den Stil der griechischen Ikonenmalerei umge-
gossen sind, aber in der Komposition der einzelnen Bilder bis hin zur dreifachen Krone der babylonischen Hure[55] ziemlich genau den westlichen Vorlagen folgen.
Es ist bis heute noch nicht endgültig geklärt, welche
Fassung der 21 Illustrationen zu Luthers NT auf welchem
Wege in die Hände der Malermönche auf dem Athos gelangt
sind. In unserem Zusammenhang ist es jedoch weniger wichtig, zu entscheiden, ob entweder die Cranachsche Serie
von Wittenberg oder die Holbeinsche von Basel über Sie-
benbürgen und die Walachei auf den Athos gelangt ist
oder auch beide, aber in verschiedene Klöster, oder vielleicht auch Nachschnitte eines Meisters IF von Lyon über
Venedig dorthin gekommen sind[56]. Viel bedeutsamer ist
folgende Erkenntnis: Auf dem Athos, also im Herzen der

---

55. Aufnahmen von Bildern zu Apk 17 sind mir zwar nicht be-
    kannt, doch enthält das sog. Malerbuch, das entsprechen-
    de Anweisungen bringt, auch einen diesbezüglichen Satz,
    vgl. Heydenreich, Apokalypsen-Zyklus, S. 39 und Renaud,
    Cycle, S. 179.

56. Heydenreich, aaO (1939), S. 25f, hält mit Bestimmtheit
    die Holbeinschen Bilder für die Vorlagen, während Renaud,
    aaO (1943), S. 199ff, hauptsächlich Cranachs Bilder da-
    hinter vermutet, allerdings auch noch Einflüsse von an-
    deren Fassungen, und es für möglich hält, daß eine noch
    unbekannte Serie dazwischen liegt. Huber, Athos (1969),
    S. 377f (dem sich Kuhn, Apokalypse-Holzschnitte, 1973/
    74, S. 25, anschließt), der beide Zyklen, aber in ver-
    schiedenen Klöstern, kopiert sieht, versucht hierzwi-
    schen zu vermitteln. Brunet-Dinard, Le Maitre IF (1954),
    S. 309ff, glaubt dagegen das von Renaud vermißte Binde-
    glied gefunden zu haben. Nach brieflicher Mitteilung von
    Herrn Pfarrer Paul Huber, Bern, sind die Argumente von
    Brunet-Dinard noch nicht ausreichend. Sie mögen zwar für
    das Kloster Dionysíou zutreffen, können aber die Abwei-
    chungen der Zyklen in anderen Klöstern noch nicht erklä-
    ren.

orthodoxen Kirche, galt die Apk das ganze Mittelalter
hindurch nicht als kanonische Schrift und wurde deshalb
auch von keinem Maler illustriert[57]. Erst im 16. Jahrhundert sind durch die Holzschnitte, die Luthers NT von
1522 beigegeben worden sind, die frühesten Darstellungen
von Szenen aus dem letzten Buch der Bibel angeregt worden, und das, obwohl Luther gleichzeitig in der einleitenden Vorrede dazu die Apk-Kritik griechischer Kirchenväter übernommen hat. Die im Auftrage von fürstlichen
Gönnern arbeitenden Malermönche konnten zwar davon nichts
ahnen, aber gerade dadurch wird wiederum deutlich, daß
die Bilder ganz einfach stärker und unmittelbarer gewirkt
haben als die kritischen Worte der Vorrede.

Als Ergebnis ist somit festzuhalten, daß Luthers
ausgesprochene Kritik an der Apk einen Aspekt ganz unberührt läßt, nämlich daß dieses Buch ihm auch weiterhin in der antirömischen Polemik gute Dienste leistet
und deshalb in Wirklichkeit auch nicht wertlos für
ihn sein kann.

II. 1527: positive Urteile

a) Die Vorrede auf das 'Opus arduum'

Spätere Äußerungen des Reformators bestätigen den
soeben gezogenen Schluß. Bald nachdem Luther den Satz
niedergeschrieben hatte: "In Apocalypsin nemo adhuc
scripsit"[1], erhielt er eine Sendung, die einen sehr
bemerkenswerten Kommentar enthielt. Sie kam zwar aus
dem äußersten Osten des deutschen Siedlungsgebietes,
von Johann Brießmann in Königsberg[2], der sie wiederum
von Thomas Saghem aus Litauen bekommen hatte[3]. Aber
der Kommentar war 1390 von einem Wyclifschüler in Eng-

---

57. Vgl. Heydenreich, aaO, S. 4 und S. 13, Anm. 21, und Hu-
    ber, aaO, S. 365f.
1. Br 4,177,21 = Enders 6,30,29, vgl. o. S. 307.
2. Br 4,201,5f = Enders 6,50,7f: 6.5.1527.
3. 26,131,14f.

land geschrieben worden und hatte vor allem in hussitischen Kreisen Böhmens viele Abschreiber und dankbare
Benutzer gefunden[4]. Die Auslegung, die nach ihrem Incipit in den Handschriften oft unter der Bezeichnung
'Opus arduum valde' zitiert wird, ist meist anonym
überliefert. Seit Bengel ist immer wieder John Purvey,
der bekannte Bibelübersetzer, als Verfasser im Gespräch
gewesen, auf den aber die Angabe über die Gefangenschaft,
in der sich der Schreiber seit drei Jahren befindet,
nicht ganz paßt. Deshalb hat Bartoš im Anschluß an eine Handschrift Richard Wyche als Urheber wahrscheinlich
zu machen versucht, der viele Jahre seines Lebens im
Gefängnis verbracht, Kontakte zu Böhmen gehabt hat und
1440 verbrannt worden ist[5]. Besonderes Charakteristikum
des Kommentars ist, daß er schon mit dem sechsten Siegel die Zeit des Antichrists beginnen sieht, der für
ihn der Papst ist, insbesondere Urban VI. (1378-89) in
Rom, und den er unerbitterlich bekämpft[6].

Die Polemik gegen den Papstantichrist war denn auch
der einzige Gesichtspunkt, weshalb Luther die (allerdings etwas unvollständige) Handschrift dieses Kommentars gleich Anfang Mai 1527 in den Druck gab[7]. Darüber
gibt er nämlich in seiner Vorrede dazu[8] Auskunft. Er

---

4. Darüber s. Bartoš, Výklad, S. 112ff; vgl. Molnár, Apocalypse XII, S. 214ff.
5. Bartoš, aaO, S. 113; vgl. Molnár, aaO, S. 215.
6. Näheres zum Inhalt s. bei Bousset, Offenbarung, S. 82
   und Molnár, aaO, S. 215f. Einzelne Stellen daraus wurden in dieser Arbeit schon öfter zum Vergleich herangezogen. Einen Überblick über den Aufbau des Werkes
   werden wir bei der Behandlung von Luthers zweiter Apk-
   Vorrede von 1530 geben, s.u. S. 486ff.
7. Vgl. Br 4,201,5f = Enders 6,50,7f: an Brießmann, 6.5.
   1527.
8. Möglicherweise ist die Vorrede erst einige Zeit später
   konzipiert worden. Der Druck hat sich bis Januar 1528
   hingezogen (26,121). Die Vorrede ist nicht gleich mit-
   gedruckt worden, wie aus der Kollation hervorgeht. Der
   Bogen A enthält auf 8 Bll. drei kurze Vorreden mit jeweils viel Zwischenraum. Der Text beginnt auf Bl. B1a;
   vgl. 'Opus arduum' im Literaturverzeichnis. Außerdem

habe, so schreibt er, diese Vorrede nur geschrieben,
"ut orbi notum faceremus, nos non esse primos, qui
Papatum pro Antichristi regno interpretentur"[9]. Die
Tatsache, daß es sich um einen Apk-Kommentar handelt,
kommt überhaupt nicht zur Sprache, keine Andeutung findet sich darüber, daß die Auslegungen dieses Buches ihm
suspekt seien, wie in der etwas früheren Vorrede zur
Sacharja-Auslegung[10]. Luther bemerkt lediglich, daß
der Autor zwar auf der Höhe seiner Zeit gestanden sei,
aber noch nicht das volle Licht des Evangeliums habe
kennen können. Das trifft jedoch auf alle Schriften vor
Luther zu und läßt keinen Schluß auf die Beurteilung der
Einzeldeutungen des Kommentars durch den Reformator zu.
Es kam ihm ja ausdrücklich auf einen einzigen Punkt an:
"Papam tamen (sicut est) Antichristum et recte et vere
pronunciat."[11] Das ist auch durchaus verständlich, wenn
man weiß, daß Luther in den Jahren, als er begann, den
römischen Antichrist zu bekämpfen, immer mehr Abschnitte der Apk in diesem Sinne zu deuten lernte. Und es ist
wiederum nicht zufällig, daß es sich gerade um einen in
wyclifitisch-hussitischen Kreisen entstandenen und tradierten Kommentar handelte, den er da mit empfehlender
Vorrede herausgab, hatte er doch in der entscheidenden
Phase eben aus hussitischen Schriften wie z.B. 'De ecclesia' eine Bestärkung seiner antirömischen Haltung erfahren[12]. 1527 war eine solche neuerliche Rückenstär-
kung der Evangelischen, wie aus der die Lage nach den
Bauernkrieg charakterisierenden Vorrede zu Lichtenbergers 'Weissagung' hervorgeht[13], sehr wünschenswert.

---

spielt Luther in 26,124,25 auf den Sacco di Roma an, von
dem er im Juli 1527 erfahren hat; vgl. Br 4,223,9ff =
Enders 6,69,12ff: an Hausmann, 13.7.1527.

9. 26,124,1-3; vgl. Molnár, Apocalypse XII, S. 215.

10. s.o. S. 304ff.

11. 26,124,14f.

12. s.o. S. 156, Anm. 2, und S. 213.

13. 23,7,3ff; vgl. 19,42,23ff: Das Papsttum mit seinen Gliedern, 1526, dazu u. S. 339.

In der Vorrede zur Apk im Septembertestament von
1522 ist der antirömische Aspekt von Luthers Theologie
und Schriftauslegung, wie gesagt, nur etwas abgeblendet
gewesen, während er in den beigegebenen Illustrationen
deutlich hervortritt. Jetzt macht Luther auch mit Worten deutlich, daß dieser Aspekt noch immer für die Wertung der Apk von Bedeutung geblieben ist.

b) Ein Wort aus schwerer Krankheitsnot

In dieselbe Richtung geht nun auch eine private Äußerung Luthers aus derselben Zeit, wie sie uns durch die
Aufzeichnungen anderer überliefert ist. Am 6. Juli 1527
lag Luther mit schwerer Krankheit darnieder, so daß er
befürchten mußte, er werde sterben. Deshalb wurden Bugenhagen und Jonas zu ihm gerufen, die sich jeweils Notizen
über die Worte des Reformators in dieser kritischen Stunde machten. Unter anderem betonte er, daß er seine Schriften gegen den Papst aus der Zeit des Ablaßstreites nicht
widerrufen wolle. Dann bedauerte er, daß er nicht für
würdig befunden worden sei, sein Blut für die erkannte
Wahrheit zu vergießen; doch tröstete er sich mit dem Gedanken: "Ioannes Euangelista, der auch ein gutt, starck buch
wider den babst geschrieben hatt, sic mortuus est secundum tuam [sc. Dei] voluntatem."[14] Es wird ohne weiteres
deutlich, daß Luther hier von der Apk spricht, und zweierlei ist daran auffallend.

Einmal bezeichnet er hier eindeutig den Apostel und
Evangelisten Johannes als Verfasser der Apk. Es handelt
sich in diesem Falle zwar um eine ganz ungeschützte und
unreflektierte Äußerung, aber eben daraus ergibt sich,
daß die dezidierten, an dem strengen Maßstab der Heils-
notwendigkeit messenden Urteile der Apk-Vorreden nicht

---

14. nach Jonas, TR 3,89,25ff: Nr. 2922b = Kawerau, Jonas-
    Briefwechsel I, S. 106. In den Aufzeichnungen Bugenhagens
    lautet der Satz: "Iste honor negatus fuit dilecto Chri-
    sti discipulo Ioanni Euangelistae, qui tamen multo
    peiorem librum scripsit contra papatum, quam ego unquam
    scribere potui." TR 3,83,15-17: Nr. 2922b = Vogt, Bugen-
    hagen-Briefwechsel, S. 66.

ohne weiteres auf Luthers tatsächlichen Umgang mit diesem Buch schließen lassen.

Zum andern wird genau derselbe Gedanke als der Hauptinhalt der Apk angegeben wie bei der Vorrede zum anonymen wyclifitischen Kommentar: Kampf gegen den Papstantichrist.

Dieselbe Vorstellung ist ja bei Luther schon 1521, allerdings noch recht verschlüsselt, angeklungen, als er von der Wartburg als seinem "Pathmos" sprach[15], auf dem er "auch eyn Apocalypsin geschrieben" hat, nämlich die Schrift 'Von der Beicht', in der er den Papstantichrist scharf angreift[16].

Daraus läßt sich schließen, daß Luther zwar wegen des vielfältigen Mißbrauchs der Apk durch 'Papisten' und 'Schwärmer' ihr gegenüber mißtrauisch geworden ist, auch für die Erbauung der Gemeinde nicht viel darin findet, aber das Buch sehr wohl schätzt als Fundgrube für polemische Wendungen gegen den Feind Christi, den Papst. Diesen Eindruck haben wir schon aus seiner Behandlung der Apk auf dem Höhepunkt der ersten antirömischen Phase gewonnen[17], er ist nur dadurch in den Hintergrund getreten, daß Luther ab 1522 mit der Abwehr der 'Schwärmer', dem Aufbau des neuen Gemeindewesens und der Bibelübersetzung beschäftigt war und nur noch selten Zeit und Veranlassung fand, gegen Rom zu schreiben[18]. Aber immer, wenn er von neuem zum Angriff gegen das Papsttum übergeht, tritt auch die Apk wieder in den

---

15. Br 2,355,37f = Enders 3,172,52 = BoA 6,42,6: an Spalatin, 10.6.1521; 8,128,29: Widmung des Antilatomus an Jonas, 20.6.1521; Br 2,490,9 = Enders 3,325,10: an Spalatin, 30.3.1522.

16. 8,139,21ff; 140,6.

17. s.o. S. 168f.

18. Vgl. TR 3,439,23ff: Nr. 3593 (Lauterbach, Mai/Juni 1537): "Weil ich lebe, so wil ich Got zw ehren den bapst wol helffen reuffen, et nisi illi schwermerii, Muntzerus, Carolstadt, anabaptistae incidissent, optime processisset."

Vordergrund, wie wir insbesondere in den Jahren 1530,
1537 und 1541 beobachten können[19].

Wie aus den zuletzt gemachten Feststellungen hervorgeht, genügt es nicht, nur Luthers pauschale Urteile
über die Apk heranzuziehen, um sein Verhältnis zu ihr
in dieser Periode angemessen würdigen zu können. Vielmehr muß geprüft werden, ob seine Behauptungen sich
auch im Blick auf den tatsächlichen Gebrauch, den er
von der Apk macht, bestätigen lassen oder ob sie in
dieser Hinsicht eine Modifikation erfahren müssen.

c) Einordnung in das Schema von 1530

In seiner ersten Vorrede hat Luther, wie gesagt,
die Apk verworfen, weil sie "so gar durch vnd durch
mit gesichten vnd bilden handell", statt "mit klaren
vnd durren wortten [zu] weyssagen"[20]. Man sollte also meinen, daß er, zumindest jetzt in seiner kritischen Phase, auch praktisch die bildhaften Abschnitte
und Ausdrücke der Apk gemieden und höchstens von den
wenigen paränetischen oder hymnischen Stücken Gebrauch
gemacht hätte. Diese Vermutung soll nun auf ihre Richtigkeit hin überprüft werden, und zwar soll uns dazu
wie bisher[21] das etwas genauer differenzierende Schema
aus der zweiten Vorrede von 1530 dienen.

1. Keine Weissagung stellen dar die Zitate aus den
Sendschreiben, wie das Schlagwort 'synagoga satanae'
aus 2,9, weiter 2,10; 2,24; 3,19f; der Hymnus 5,10
über das Priestertum und die Schlußformel 22,11a.
2. Klare Weissagungen sind wohl wieder 1,7 (Es werden ihn sehen alle Augen.); 6,16 (die Parallele zu
Hos 10,8 und Lk 23,30); 14,13; 20,6 (Parallele zu
5,10) und 21,4f.
3. Bilder mit beigegebener Deutung sind auch jetzt
nur 8,4 (Brandopfer = Gebet) und 12,10 (Drache =
Satan).
4. Bilder ganz ohne eigene Deutung sind 3,7; 5,1ff.5;
6,12; 9,2f.10; 12,3.4.7ff.12.14; 13,4.6.7.8.16; 17,4.
5.7.16; 18,6f.23; 20,8; 21,2.19f. Sie sind weit in

---

19. s.u. S. 386ff.
20. DB 7,404,12.8.
21. s.o. S. 57ff und 173.

der Überzahl. Der Grund dafür ist hauptsächlich das
Fortbestehen der antipäpstlichen Polemik, der etwa
die Hälfte aller Zitate zu dienen hat. Ein Teil der
Apk-Zitate sind dagegen einfach durch entsprechende
Ausdrücke im auszulegenden Text veranlaßt, so z.B.
3,7 durch Jes 22,20 (clavis domus David); 6,12
durch Jon 3,5 (saccus); 8,4 durch Ex 25ff (incensum);
12,3 (13,1; 17,3) durch Sach 1,18ff (Hörner)[22]; 13,16
durch Gen 24,22 (Schmuck e contrario)[23]; 17,5.7 durch
1 Kor 4,1 (Geheimnisse) und 18,6 durch Hab 2,15
(Kelch)[24]. Diese Auslegungsmethode ist uns ja schon
von der 1. Ps-Vorlesung her vertraut.

Der bildhafte Ausdruck "das Lamm, das erwürget
ist von Anfang der Welt" (13,8; 17,8), spielt 1525
eine Rolle als Beleg für christologische Behauptungen. Luther entdeckt ihn also jetzt erst dafür.

Daraus ergibt sich, daß Luther in praxi gerade eben
die Partien der Apk bevorzugt, um deretwillen er in der
ersten Vorrede das ganze Buch grundsätzlich abgewertet
hat. Das bedeutet aber auch, daß man seine verschiedenen, pointierten Urteile nie losgelöst von ihrem jeweiligen Kontext als die eigentliche und immer gleich-
bleibende Meinung des Reformators verallgemeinern darf.
Je nach dem besonderen Ziel (z.B. Erbauung oder Polemik),
das er gerade mit einer Schrift oder privaten Äußerung
verfolgt, ist seine Einstellung zum letzten Buch der
Bibel negativ oder positiv. Das ist als Ergebnis unserer hermeneutischen Untersuchungen in diesem Hauptteil
festzuhalten.

C. = 23. Kapitel

Systematische Einordnung der Apk-Stellen

I. Ekklesiologie

Die einzigen Stellen, die Luther zur positiven Beschreibung der Kirche heranzieht, nämlich Apk 5,10
und 20,6, die Belege für das allgemeine Priestertum,

---

22. 31 II,126,26ff; 19,237,9ff; 16,597,35f; 23,520,31ff.
23. Vgl. u. S. 342.
24. 10 I 2,129,1ff und 19,417,4ff.

sind schon oben als Anlaß für die erste kritische
Äußerung über die Apk besprochen worden[1].

Zur Verwendung von Apk-Versen im Rahmen einer Periodisierung der Kirchengeschichte im Sinne des Verfolgungs-
schemas ist festzustellen, daß Apk 12,7ff, der Abschnitt
vom Drachenkampf, vor kurzem noch in die Periode der
Märtyrer zu Anfang der Kirchengeschichte eingeordnet[2],
jetzt, nachdem am 1. Juli 1523 die ersten beiden lutherischen Märtyrer verbrannt worden sind, neue Aktualität
gewonnen und das alte Schema gesprengt hat. Das macht
sich sogleich in dem aus diesem Anlaß gedichteten 'Lied
von den zwei Märtyrern Christi' bemerkbar. Da heißt es
über die Standhaftigkeit der beiden:

> "Denn allten feynd das seer verdroß,
>
> das er war uberwunden
>
> Von solchen iungen er so groß,
>
> er wart vol zorn von stunden."[3]

Etwa dieselbe Zeitlage setzen auch die entsprechenden
Partien von 'Ein feste Burg' voraus[4].

Es bleibt dann im wesentlichen nur noch die Verwendung
der Apk in Polemik gegen die römische Antikirche zu besprechen, worüber wir soeben schon einige allgemeine
Feststellungen haben machen können.

Im einzelnen beginnen wir wieder mit den Stellen aus
den Plagenvisionen, die Luther zu Anfang seiner antirömi-

---

1. o. S. 249f.
2. Vgl. o. S. 198.
3. 35,412,23ff. Soweit ich feststellen konnte, ist noch
   keinem der Kommentatoren von Luthers Liedern bisher
   klar geworden, daß diese Verse eindeutig auf folgende
   Ausdrücke aus Apk 12,9.11f zurückgehen: "...die allte
   schlang... sie haben yhn vberwunden... hat eynen grossen zorn..." (DB 7,448/450).
4. 35,455,20ff, insbesondere die Verse: "Der alt böse
   feind/ mit ernst ers itzt meint." (Strophe 1,5f entsprechend Apk 12,9.12b); vgl. u. S. 350. Daher ist
   Spitta, Ein feste Burg, S. 122f, im Irrtum, wenn er
   meint, die besondere Situation, die sowohl im Lied als
   auch in der Vision zum Ausdruck kommt, passe nur zum
   Entscheidungsjahr 1521.

schen Aktivität erstmalig für seine Polemik entdeckt hat,
noch vor den bekannten Standardstellen. Ganz offensichtlich war diese Entdeckung eine Augenblicksidee, die im
März 1521 mit der Schrift gegen Catharinus ihre reichste
literarische Frucht gezeitigt hat, dann aber sehr schnell
von anderen Vorstellungen in den Hintergrund gedrängt
worden ist. Denn Kap. 6 (7 Siegel) und Kap. 16 (7 Schalen)
kommen in der Periode ab Herbst 1521 gar nicht mehr bzw.
nicht mehr in diesem Sinne vor, während Kap. 9 (Heuschreckenvision = 5. Posaune) so nur noch einmal vorkommt, und zwar in der Schrift, die den Übergang zwischen den beiden Perioden markiert, nämlich 'De abroganda missa'.

> Dort fügt Luther dem Abschnitt, der mit "Antithesis
> decalogi Christi et papae" überschrieben ist und
> der auf die mit voller Überzeugung vorgetragene
> Behauptung hinausläuft, daß der Papst der wahre
> Antichrist nach 2 Thess 2 sei, einen weiteren Ab-
> schnitt mit der Überschrift "Allegoria synagogae"
> hinzu, angekündigt durch den bezeichnenden Satz:
> "Et cur non recreandi spiritus gratia etiam sacra
> allegoria aliqua ludamus in istam abominationem
> comparantes synagogam ecclesiae?"[5] In diesem Zu-
> sammenhang, wo es darum geht, das Papsttum in den
> schwärzesten Farben zu zeichnen, ist ihm jedes Mit-
> tel recht, das er in argumentierenden Abschnitten
> ablehnen würde. Neben 2 Makk 4,12.15 und einer mit-
> telalterlichen Kaisersage, die er auf Friedrich den
> Weisen deutet, führt er auch Apk 9,2f an: Die Uni-
> versitäten sind der Abgrund, aus dem der Rauch her-
> vorgeht, der das Evangelium verdunkelt. Die dort aus-
> gebildeten Theologen und Juristen sind die Heuschrek-
> ken, die alles verwüsten[6].
> Als Luther 1527 noch einmal aus Kap. 9, nämlich
> V. 10, zitiert, hat es einen zeitlos-typischen Sinn:
> Der Stachel der Heuschrecken ist das verbitterte Herz
> der falschen Heiligen (oder: der Gottlosen)[7].

Durchgesetzt hat sich dagegen das Schlagwort 'synagoga satanae' aus 2,9 (3,9) für die römische Kirche als

---

5. 8,470,7-9.
6. 8,473,32ff; deutsche Fassung: 8,559,20ff.
7. 20,711,4 bzw. 22f: Vorl. über 1 Joh 3,15 (Rörer bzw.
   Propst).

ganze[8], die Universitäten[9] oder auch die Klöster[10].

Ebenso festgesetzt hat sich der Vergleich des Papsttums mit der babylonischen Hure von Apk 17 f, genauer: er setzt sich jetzt erst richtig fest und erreicht 1522 seinen ersten Höhepunkt, um mit dem allgemeinen Rückgang der Auseinandersetzung mit Rom ebenfalls geringer zu werden. Wie sehr sich Luther der hussitischen Herkunft dieser Vorstellung bewußt bleibt, zeigt die Tatsache, daß er sie im 'Schreiben an die Böhmischen Landstände' von 1522 ausdrücklich im Zusammenhang mit Huß und Hieronymus von Prag[11] und in der eigens einem Egerländer, nämlich Sebastian Schlick, gewidmeten Schrift 'Contra Henricum regem Angliae' besonders häufig gebraucht[12].

Daß die wechselnde Lage der Evangelischen auch auf die besondere Beachtung einzelner Verse aus Apk 17 f ihren Einfluß ausübt, kann an zwei Beispielen verdeutlicht werden. 1524 war Luther noch der festen Überzeugung, daß das Papsttum über kurz oder lang untergehen, sich jedenfalls nie mehr erholen werde. Deshalb stimmte er jetzt schon sein Siegeslied an mit Worten aus Apk

---

8. 8,420,6f: De abroganda missa, 1521; deutsche Fassung: 8,492,10; 8,439,31 (hier in Parallele zu den Juden! Fehlt in der deutschen Fassung.); Br 3,210,33 = Enders 4,286,45; deutsche Fassung: Br 3,215,38f: an Albrecht von Preußen, Dezember 1523; 29,156,8: Pred. am 21.3. 1529 (Rörer).

9. 10 I 2,24,15: Advents-Post, Ende 1521.

10. 15,31,25: An die Ratsherrn, 1524; 15,547,26: Pred. über Joh 16,23ff; 1.5.1524.

11. 10 II,174,5ff.

12. 10 II,181,8f; 182,4f (in einem Atemzug mit den Böhmen); 184,24f; 187,12ff und 214,22f (hier verbunden mit der traditionellen Deutung des Kelches als der Bibelinterpretation). In der deutschen Fassung kommt zwar Apk 17,4 nur einmal vor (10 II,244,34f), dafür aber hier noch 17,16: Die Verteidiger des Papsttums fressen dessen eigens Fleisch (10 II,239,3f). Die übrigen Erwähnungen von Apk 17 f sind: 8,701,2: Bulla coena Domini, 1521/ 22; 11,461,21: Vorrede zu Franz Lamberts Kommentar zur Minoritenregel, 1523, und 18,36,12f: Vom Greuel der Stillmesse, 1525.

18,7; 16,17 = 18,2; 17,5 und 19,4: "'Quantum sese glo-
rificavit et in delitiis fuit, tantum date illi tormen-
tum. Actum est, ait angelus, cecidit, cecidit illa Babylon, mater fornicationum terrae. Dicat omnis spiritus:
Amen, Halleluia.'"[13]

Nach dem Bauernkrieg dagegen glaubten die Römischen,
mit den Bauern auch die Sache der Lutherischen zu Boden geschlagen zu haben, und bekamen wieder Oberwasser.
Die Evangelischen wurden in die Defensive gedrängt, und
ihre aggressive Polemik gegen den Papstantichrist ver-
stummte weitgehend. In dieser Situation beschloß Luther
1526, jetzt gerade erst recht einen neuen Angriff gegen die römische Kirche zu starten, und gab die Schrift
heraus: 'Das Papsttum mit seinen Gliedern gemalet und
beschrieben'. Darin distanziert er sich von denen, die
glauben, es sei schon genug über das Papsttum hergezo-
gen worden: "Mit denen haltt ichs nicht, sondern wie
Apocalipsis sagt [17,1f; 18,3.6f] : Man mus 'der rotten huren, mit wilcher die könige und fürsten auff
erden gebulet haben' und noch bulen, vol und wol eyn-
schencken, und so viel sie lust und gewalt gehabt, so
viel leydes und schmertzens anlegen."[14] Die Siegesgewißheit ist zwar geschwunden, aber jetzt ist dieselbe
Apk-Stelle Ausdruck für Luthers Hartnäckigkeit im Kampf
gegen das Papsttum geworden.

Es ist übrigens wohl nicht ganz zufällig, daß das
hier zweimal vorgekommene antipäpstlich gedeutete Zitat von Apk 18,7 auch in Lichtenbergers Weissagung
steht[15], in der man den schweren Schlag, der den Geistlichen durch den Bauernkrieg versetzt worden ist, und
ihr Wiedererstarken danach vorgedeutet gefunden hat

---

13. 15,147,21ff: Duae episcopales bullae.
14. 19,42,27ff; vgl. die Einleitung dazu auf S. 1f.
15. Lichtenberger, Weissagung, Bl. F4b: "Und wie hoch sich
    die römische kirche mit prelaten und wirden erhaben hat
    und yn so grosser wollust sie gewesen ist, so tief sol
    sie auch widerumb von der freude fallen und yn trübsal
    komen."

und die Luther 1527 aus gleichem Anlaß wie die Papst-
tumsbilder herausgegeben hat[16].

Es fällt dagegen auf, daß die Deutung von Kap. 13
auf den Papstantichrist, die geschichtlich am stärksten
und dauerhaftesten wirksam geworden ist und wohl auch
am bekanntesten ist, erst relativ spät bei Luther auftaucht. Die erste Spur fanden wir in der Antwort auf
Emsers Buch vom März 1521[17].

In dem hier zu besprechenden Zeitraum ab Oktober
1521 gewinnt dieses Kapitel für Luther etwas mehr Bedeutung, um nach 1523 wieder ganz in den Hintergrund zu
treten. Es ist vor allem ein einzelner Zug daraus, den
Luther in dieser kurzen Zeit verschiedentlich erwähnt,
nämlich das Malzeichen der Bestie, das alle Menschen
an Stirn und Händen tragen müssen (Apk 13,16ff; 14,9;
19,20).

In 'De abroganda missa', worin der Reformator das
allgemeine Priestertum verteidigt[18], verwirft er dementsprechend die Priesterweihe, mit der der Papst angeblich den Priestern einen character indelebilis auf-
prägt. Für Luther ist das viel eher der character der
Bestie von Apk 13 und so folgert er daraus, daß ein
'papistischer' Priester kein Christ sein könne[19].

Die zweite Stelle, an der Luther denselben Gedanken
vertritt, verdient besondere Beachtung. Sie findet sich
in der Schrift 'De instituendis ministris ecclesiae, ad
clarissimum senatum Pragensem Bohemiae' von 1523. Diese
ist dadurch veranlaßt, daß die Utraquisten, die an der
Priesterweihe festhalten wollten, sie aber ohne Erzbi-
schof nur auf Umwegen bekommen konnten, wie es hieß,
an völlige Rückkehr zur Papstkirche dachten. Luther wollte die Prager nun dazu bringen, sich ganz vom Papsttum

---

16. 23(1)7ff.
17. 7,664,29ff; vgl. o. S. 219f.
18. s.o. S. 248ff.
19. 8,459,1ff; deutsche Fassung: 8,540,5ff.

zu trennen und selbst Priester zu ordinieren[20]. Nachdem
er ihnen deutlich vor Augen gestellt hatte, daß der
Papst der Antichrist sei, machte er ihnen klar, daß
sie nichts mit diesem zu schaffen haben dürften, wollten sie nicht ihre eigene, glorreiche Geschichte ver-
raten. Nach der Verbrennung des unschuldigen Huß sei
es völlig widersinnig, dessen Mörder die Füße zu küs-
sen. Daher sollten die Prager auf keinen Fall mehr Wei-
hen vom römischen Antichrist annehmen, erst recht keinen mehr aufnehmen, der, von ihm geweiht, den Namen und
das Malzeichen dieser Bestie mitbringt[21].

Der Zusammenhang mußte diesmal deshalb so ausführlich dargestellt werden, weil es hierzu eine auffällige
Parallele, ja vielleicht sogar ein direktes Vorbild für
Luther gibt. Die einzige mir bekannte Ketzergruppe, die
vor ihm unter Hinweis auf Apk 13,16f das römische Priestertum verworfen und statt dessen eigene Priester be-
stellt hat, sind die Taboriten, eben jene Böhmen, die
im Gegensatz zu den Prager Utraquisten radikale Konsequenzen aus der Predigt und dem Schicksal von Huß
gezogen haben, so wie es hundert Jahre später Luther
deren Nachfahren nahelegt. Die Wahl Nikolaus' von Pilgram im September 1420 geschah, wie es heißt, "propter
declinationem cultus bestiae et sumptionem characteris
ab ipsa"[22]. Könnte nicht der Wittenberger aus Böhmen
in irgendeiner Form davon Kenntnis bekommen haben?

Die römische Priesterweihe ist freilich nicht die
einzige Deutungsmöglichkeit, die Luther für das Malzeichen des Tieres kennt. Einmal ist es auch die Fir-
mung durch den altgläubigen Bischof[23].

––––––––––

20. Vgl. die Einleitung dazu; 12,160f.
21. 12,177,7ff; zu Z. 22 fehlt der Hinweis auf 2 Thess 2,3
    am Rande.
22. zitiert nach Molnár, Hoffnung, S. 168, Anm. 71, vgl.
    S. 87f.
23. 10 II,266,19ff: Welche Personen verboten sind zu ehe-
    lichen, 1522.

Bis hierher handelte es sich um Zitate in polemischen Schriften. Anders ist Luthers Deutung, die er am
4. Oktober 1523 in dem schon früher erwähnten Brief an
Johann Ruck auf dessen ausdrückliche Frage nach dem
Sinn dieses biblischen Bildwortes vorschlägt: "... ex-
terna obedientia papae et suarum legum, quas et manu,
id est operibus sequimur, et fronte, id est aperta con-
versatione tenemus et confitemur..."[24] Hier ist also
die ganz traditionelle, spiritualistische Deutung:
Hände = Werk; Stirn = Bekenntnis[25] verbunden mit der
häretischen Interpretation: Bestie = Papsttum, wie es
in gleicher Weise schon von dem anonymen Wyclifschüler
getan worden ist[26].

> In unpolemisch-erbaulichem Zusammenhang, nämlich
> in einer Predigt über Gen 24,53 vom 26. Dezember
> 1523, wiederum dient dasselbe Bild als nega-
> tives Gegenbeispiel für die Deutung der Stirnspan-
> ge und des Armreifs für Rebekka auf Glaube und
> Werke, ganz ohne Bezugnahme auf die Deutung der
> Bestie[27]. Auch das ist nur eine andere Variation
> derselben alten Tradition[28].

Die Vorstellung, daß der Papstantichrist nach 2
Thess 2,8 durch das Evangelium getötet werde, findet
sich in einer Warnung vor Bilderstürmerei von 1522
abwechslungshalber einmal ausgedrückt in Zitaten aus
Apk 13,3f.7 und 19,21: "Sehet, wo mit ich das Bapstum
und geystlich regiment geschlagen hab, das vorhyn aller
wellt schrecklich geweßen ist, da man yhm sang: Wer
kan mit der bestien streytten, denn sie hatte macht,
auch die heyligen tzu bestreytten und uberwinden? Noch
hab ich nye keyn fynger widder sie geregt und Christus

---

24. Br 3,164,12-14 = Enders 4,239,16-18.
25. Vgl. Beda, MPL 93,172; Glossa ordinaria, MPL 114,734.
26. 'Opus arduum', Bl. 123b: (in dextra sua manu:) "Per
    opera conformia Antichristo, dicendo esse de essentia
    fidei assentire", (in frontibus suis:) "saltem facta sua
    vere iusta publice profitendo." Das Ganze ist gegen Rom
    gerichtet.
27. 14,319,7ff bzw. 26ff (Rörer bzw. Roth); vgl. 24,424,7ff:
    deutsche Bearbeitung, 1527.
28. Vgl. Haymo, MPL 117, Sp. 1101.

hatt sie mit den schwerdt seyn munds todtet."[29]

Noch ein anderer Abschnitt der Apk gewinnt in dieser
Periode vorübergehend und mehr nebenbei eine gewisse
Bedeutung im Kampf gegen die römische Geistlichkeit,
nämlich 20,7-10, die aus Ez 38 f übernommene Vorstellung von den endzeitlichen Völkerscharen Gog und Magog. Die falschen Heiligen, die sich auf ihre Werke
etwas einbilden, aber den Glauben vertilgen, "sind der
Gog und Magog, die mit dem lam gottis streytten ynn
Apocalypsi"[30]. Auch diese Vorstellung ist in kirchen-
kritischen Strömungen vorgebildet, so z.B. bei Matthias
von Janow[31].

II. Christologie

Die mangelnde Beachtung der Christologie, insbesondere der soteriologisch bestimmten Vorstellungen von
Christus, in der Apk hat sich bei Luther schon frühe
angedeutet, ist aber ab 1519 vollkommen geworden. Wenn
man in seiner Vorrede im Septembertestament das Verdikt
über dieses Buch liest, "das Christus drynnen widder
gelert noch erkant wirt"[32], dann folgert man ohne weiteres, daß sie sich wohl auch in der folgenden Zeit
fortgesetzt haben wird. Aber das ist ein Fehlschluß.
Der Reformator bereitet, wie so oft, auch hier eine
kleine Überraschung. Jetzt nämlich fängt er eben erst

---

29. 10 II,167,27ff: Epistel oder Unterricht von den Heiligen.
30. 10 I 2,133,3f: Advents-Post. über 1 Kor 4,2; Februar
    1522; ähnlich 19,7,15ff: Das Papsttum mit seinen Glie-
    dern, 1526.
31. Matthias von Janow, Regulae 3,22,33ff (mit ausdrückli-
    cher Ablehnung jeder Deutung auf außerkirchliche Grös-
    sen); 4,396,25ff (bezogen auf 'religiosi falsi' und
    'carnales sacerdotes'). Vorstufen, Parallelen und rö-
    mische Gegenpolemik aus der Reformationszeit sind zu-
    sammengestellt bei Lepp, Schlagwörter, S. 58ff.
32. DB 7,404,27.

an, allmählich die christologischen Vorstellungen der
Apk für sich zu entdecken, zuerst solche, die für die
Präexistenz heranzuziehen sind, dann solche, die vom
Opfertod Christi sprechen. Auch in den Abendmahlsstreit,
der ja hauptsächlich auf christologischem Gebiet ausge-
tragen wird, spielen sie hinein.

In der im Februar 1522 verfaßten Postille über Joh
1,19ff diskutiert Luther die Frage, was mit dem Satz:
"Der ist's, der nach mir kommen wird, der vor mir geworden ist" (Joh 1,27), gemeint sei. Die traditionelle
Deutung, daß Johannes von der ewigen Geburt spreche,
lehnt er als unpassend ab, da Christus in dieser Hinsicht nicht nur vor und nach Johannes, sondern vor und
nach allen Dingen ist, weil er ja laut Apk (1,17 u.ö.)
der Erste und der Letzte ist. Deshalb bezieht Luther
den Satz auf die verborgene Anwesenheit Christi und seine spätere öffentliche Predigt[33].

Freilich heißt es im Johannesevangelium auch, Jesus
sei sogar vor Abraham gewesen (Joh 8,58). Aber auch für
diese Behauptung kennt Luther neben der Deutung auf die
Präexistenz Christi eine innerweltliche, die er freilich
in der Fastenpostille von 1525 aus soteriologischen Gründen ablehnt, und zwar könnte man den Satz so verstehen,
daß Christus im Glauben der Patriarchen präsent war,
die wußten, daß er für sie leiden sollte. Für diese Vorstellung dient ihm neben Hebr 13,8 auch Apk 13,8 als
Beleg, in der Fassung: "Das lam Gottes, wilchs von der
welt anfang ist erwürget gewest"[34], die zwar grammatikalisch möglich, aber vom Verfasser der Apk nicht beabsichtigt war[35]. In der traditionellen Apk-Auslegung war
sie herrschend und gab zu allerhand Interpretationsver-
suchen ähnlich wie dem Luthers Anlaß[36].

---

33. 10 I 2,202,8ff.
34. 17 II,236,18ff.
35. "Von der welt anfang" bezieht sich eigentlich auf das
    vorhergehende "geschrieben".
36. Vgl. z.B. die Glossa ordinaria, MPL 114,733.

Auch der Reformator selbst kennt mehrere Auslegungsmöglichkeiten von Apk 13,8, und zwar erwähnt er gerade
1525 noch zwei weitere, während er vorher nie und später
erst wieder 1534 diese Stelle zitiert. In der Vorlesung
über Micha 5,2 (egressus eius ab initio) stellt er wieder eine Alternative auf. Entweder versteht man den
Vers vom Hervorgehen im Sinne der Prädestination oder
im Sinne der Geburt vom Vater. Luther zieht diesmal
die erste Bedeutung vor, die er auch in Apk 13,8 und
Eph 1,4 wiederfindet. Sie gefällt ihm deshalb besonders, weil dadurch zum Ausdruck kommt, daß das Kommen Christi nicht durch unsere Werke veranlaßt ist,
sondern aus reiner Barmherzigkeit geschieht[37]. In
ähnlichem Sinne gebraucht 1525 auch Melchior Hoffmann Apk 13,8[38].

Im Streit um das zeitliche Verständnis der Abendmahlsworte 'für euch vergossen' gewinnt dieselbe Stelle schließlich noch einen weiteren Aspekt, nämlich als
Beleg für die Unterscheidung von Geschehen und Austeilung. Wenn man das Geschehen selbst ansieht, ist
es einmalig; wenn man dagegen die Austeilung betrachtet, geschieht sie immer, wie ja auch das Lamm Gottes
von der Welt Anfang an getötet ist[39].

Kapitel 5 ist der klassische Abschnitt, in dem die
Opferlammvorstellung am breitesten ausgeführt ist.
1528 kommt Luther zweimal darauf zurück, das eine Mal
in der Schrift 'Vom Abendmahl Christi', allerdings nur
bei einem unter mehreren Vergleichen: "Das Osterlamb ist
eine gleichnis Christi ynn dem, wie Apocalypsis sagt,
das er fur uns geschlacht und geopffert ist"[40]; das
andere Mal in einer Predigt über Joh 18,4f vom 21.11.
1528. Dort geht es um das rechte Betrachten der Passion.
Wenn die 24 Ältesten ihre Kronen niederlegen und dem

---

37. 13,284,3ff; vgl. Apparat dazu.
38. 18,427,9.
39. 18,205,10ff: Wider die himmlischen Propheten, 1525.
40. 26,392,24f.

Lamm Räucherwerk darbringen, bedeutet das, daß sie Christus um Fürsprache bitten und um Nutznießung seines Leidens. Früher, im Papsttum, war es üblich, sozusagen sich
selbst die Krone aufzusetzen und sich von Christus die
Huldigung darbringen zu lassen[41]. Dabei ist es doch größter Grund zur Freude, wenn man weiß, daß man Christus für
sich hat und alle Sünde vergeben bekommt. Einer Hochzeit
gleich, so beglückend ist es, wenn Christus anklopft und
zu uns kommt, wie Apk 3,20 es beschreibt[42].

Solche Vorstellungen, die ganz zentrale Gedanken Luthers stützen können, entnimmt er freilich so selten der
Apk, daß sein negatives Urteil aufs Ganze gesehen doch
als repräsentativ gelten kann.

Dazu kommt dann eben die schon mehrfach festgestellte
Tatsache, daß die bisher zur Begründung der Rechtfertigungslehre zitierten Verse unwichtig und schließlich ausgeschieden werden.

III. Satanologie

Ist Kap. 5 Hauptstelle für die Christologie, so Kap.
12 für die Satanologie, und so wenig Luther jene beachtet, so gern macht er von dieser Gebrauch, ja sogar zunehmend, besonders in Briefen.

Steinlein hat, ausgehend von der Frage nach der Datierung von 'Ein feste Burg', eine Untersuchung über die
Entwicklung von Luthers Satansvorstellung zwischen 1520
und 1530, insbesondere über die wechselnde Häufigkeit
bestimmter Ausdrücke, durchgeführt[43] und dabei festgestellt, daß Luther 1527/28 den Satan am häufigsten erwähnt[44]. Als Erklärung dafür gibt er an: Luther hegte
um 1521 einen großen Optimismus, weil er damals fest

---

41. 28,231,5ff (Rörer); vgl. die deutsche Fassung, Z. 31ff,
    die einen langen Auszug aus Apk 5 bringt.
42. 17 I,29,25ff: Pred. über Joh 2,1ff; 15.1.1525.
43. Steinlein, Ein feste Burg, S. 120-123, 130-135, 150-154.
44. Vgl. auch Barth, Teufel, S. 175. Der Aufsatz von Stein-
    lein ist ihm allerdings unbekannt geblieben.

von der Durchschlagskraft des göttlichen Wortes der
Wahrheit überzeugt war und auf eine baldige Vernichtung
des Satans und seines Repräsentanten, des Papstantichrists, hoffte[45]. Ab 1522 hatte er aber mit den aus
seinem eigenen Schülerkreis hervorgegangenen 'Schwärmern'
zu schaffen und geriet zeitweilig in gefährliche Isolierung. Der Bauernkrieg und die Abendmahlsstreitigkeiten
erschütterten seinen Optimismus stark, Luther wurde
'schwerblütiger'. "Erst im Kampf mit den 'Schwarmgeistern' ist ihm das volle Verständnis von Satans Macht
und List aufgegangen."[46] An den einschlägigen Apk-Zitaten soll nun geprüft werden, ob sich diese These bestätigen läßt.

Gleich die erste hier zu besprechende Stelle aus einem Brief an Spalatin vom 12. April 1522 steht in einem
der schon früher behandelten Abschnitte, in denen Luther über seine Begegnungen mit den 'Zwickauer Propheten' berichtet. Deren Ausflüchte in der Auseinandersetzung betrachtet Luther als Erkennungszeichen der 'alten
Schlange' (Apk 12,9), des Satans, der in diesem Gespräch
in seiner Weisheit zuschanden geworden ist[47]. Hier fühlt
sich der Reformator also noch als Sieger über den in
neuer Gestalt aufgetauchten Satan. Die folgende Anspielung steht in der Antwort auf die Frage Spalatins nach
der Interpretation einzelner Verse aus Joh 16. Luther
bewegt sich hier in Gedankengängen der theologia crucis:
Die Welt ahnt nichts von ihrer Verurteilung, weil sie
von der Weisheit der 'alten Schlange' auf fleischliche

---

45. Vgl. o. S. 247f.
46. Steinlein, Ein feste Burg, S. 123; im Original ist der
    ganze Satz gesperrt gedruckt. Zur Verbindung von Schwär-
    mertum und Satan vgl. Jacob, Kirchenbegriff, S. 18ff.
    Barth hat in: Teufel, S. 92ff, nicht historisch diffe-
    renziert und in: Entwicklung, S. 202, die Möglichkeit
    bestritten, "deutlich gegeneinander abzusetzende, etwa
    durch biographische Daten oder Briefstellen aufzuweisen-
    de 'Stufen'" feststellen zu können.
47. Br 2,493,17ff = Enders 3,328,22ff.

Gedanken und weg vom Kreuz geführt wird[48]. Wollte man
diese Stelle charakterisieren, könnte man sie am ehesten
der frühen reformatorischen Theologie zuordnen: Der wahre Christ, der im gekreuzigten Christus den geoffenbar-
ten Gott erkannt hat, durchschaut den Satan. Der Dualismus zwischen Christ und Welt ist vorherrschend.

Wir kommen zum Jahr 1523. Die Papisten haben angefangen, mit dem Ketzerverbrennen ernst zu machen. Aber die
ersten Märtyrer haben sich als treue und standhafte Zeugen Christi bewährt. Luther stimmt darauf ein Siegeslied
darüber an, daß sie den alten Feind überwunden haben[49].
Auch diese Anfechtung des Satans kann Luther also bestehen.

Aus den Jahren 1524 und 1525 fehlen dergleichen Zitate. 1526 dagegen entbrennt der Abendmahlsstreit in
voller Schärfe. Die Gegner der Realpräsenz haben sich
inzwischen schon in sechs, ja bald sieben Gruppen aufge-
spalten, von denen jede eine andere Begründung vorbringt.
Luther sieht darin ein vom Geist Gottes warnend vorver-
kündigtes Geschehen. Denn "wo sollt dis bilde anderswo
hin gehoren denn unter die thiere in Apocalypsi [12,3;
13,1; 17,3] , da auch etliche thiere sind, die einen
leib und vil kopffe haben."[50]

Einer dieser Köpfe ist für Luther Schwenckfeld. Am
22. April 1526 schreibt er an Heß nach Breslau, bisher
habe man mit lauter lahmen Teufeln um Dinge außerhalb
der Schrift zu kämpfen gehabt, jetzt erst komme man
in die ernsthafte Auseinandersetzung um Probleme innerhalb der Schrift hinein. "Hic iam draconem pugnantem vi-
debimus, vel congrediemur potius ipsi duce Michaele in
coelestibus, ubi tertiam partem stellarum trahet sua
cauda in terram [Apk 12,4.7]; hic iam vires in Christo
requiret res ipsa. Hic Satanas qui sit, quantus sit,
cognosces, quem hactenus non satis cognovisti. Schwenk-

---

48. Br 2,527,14ff = Enders 3,359,17ff: 15.5.1522.
49. 35,412,19ff; vgl. o. S. 336.
50. 19,458,7-9.

feldius servatus est ad haec mala cum suo Crautwaldo".
Jetzt wird es kritisch. Denn der Satan versucht, Luther
seine schärfste Waffe, die Bibel, aus der Hand zu winden. Doch der Reformator hofft auch jetzt noch, diesen,
wie er glaubt, letzten Angriff des Satans durchzuste-
hen[51].

Und nun zum Jahr 1527, aus dem zunächst vier Zitate zu besprechen sind. Das erste, Apk 12,10 zur Erklärung der Parallelstelle Sach 3,1 herangezogen, ist
nicht weiter auffällig[52].

Am 19. August 1527 berichtet Luther an Spalatin über
die in Wittenberg ausgebrochene Pest, die eine Panik
unter den Bewohnern hervorgerufen hat. Er will jedoch
dableiben. Er vertraut fest auf den Beistand Christi,
"qui & triumphabit in nobis serpentem illum antiquum"[53].
Auch dieser Brief ist also auf Siegesgewißheit gestimmt,
ebenso wie der an Hausmann vom 17. November, worin Luther diesen darauf vorbereitet, die Tiefen des mit der
Schrift argumentierenden Satans kennenzulernen (vgl. Apk
2,24)[54].

Nicht anders steht es in dem Brief an denselben vom
31. Dezember 1527. Darin deutet Luther die Aktivität der
neu zu den 'Schwärmern' gestoßenen Täufer als das Rasen
des Satans, der nur noch wenig Zeit hat (Apk 12,12) und
den Christus bald zertreten wird (Röm 16,20)[55].

Im gleichen Jahr ist wahrscheinlich auch das berühmte
'Trutzlied' 'Ein feste Burg' entstanden[56]. Es singt von

---

51. Br 4,61,1-10 = Enders 5,343,1-13.
52. 23,542,33f: 1. Hälfte 1527.
53. Br 4,232,25-27 = Enders 6,76,36-38.
54. Br 4,282,2ff = Enders 6,119,3ff.
55. Br 4,313,7ff = Enders 6,168,7ff.
56. Die Ansichten über die Entstehungszeit des Liedes,
    die ursprünglich weit auseinandergegangen sind, haben
    sich inzwischen etwas eingependelt. Es kommt demnach
    wohl am ehesten der Zeitraum von 1526 bis 1528 in Fra-
    ge, so z.B. gegen Spitta, Ein feste Burg, S. 34ff
    (Plädoyer für 1521) Lucke in WA 35,185ff; vgl. Grisar,
    Trutzlied, S. 12ff; Stapel, Lieder, S. 213f; Kulp,

der Überlegenheit Gottes über den Satan. Dabei dient
offensichtlich auch Apk 12,7ff als Vorstellungshinter-
grund, obwohl Luther nicht so deutlich auf einzelne
Ausdrücke anspielt wie bei seinem soeben erwähnten Mär-
tyrerlied. Erkennbare Anklänge sind aber immerhin folgende: "Der alt böse feind/ mit ernst ers jtzt meint"
(Strophe 1,5f) erinnert an: "... die alte Schlange...
Satan... hat einen großen Zorn und weiß, daß er wenig
Zeit hat" (Apk 12,9.12b). Christus als Herr Zebaoth
(Strophe 2,6f) ist eine der möglichen Interpretationen
für Michael mit seinem Engelheer[57]. Noch einmal heißt
es dann vom Satan: "... wie saur er sich stelt" und:
"das macht er ist gericht" (Strophe 3,6.8). Das leitet
sich wiederum her von: "Er hat einen großen Zorn" und:
"weil der Verkläger... verworfen ist" (Apk 12,12b und
10b). "Das wort sie sollen lassen stan" (Strophe 4,1)
mag beeinflußt sein von: "... sie haben überwunden...
durch das Wort" (Apk 12,11), und die letzte Verszeile
(Strophe 4,9): "das reich mus uns doch bleiben", geht
auf: "Nun ist... das Reich unseres Gottes geworden"
zurück (Apk 12,10)[58]. Luthers ungebrochene Zuversicht

Lieder, S. 306ff; Jenny, Hypothesen, S. 144.(Allerdings gilt das bei ihm nur für die 4. Strophe, da er
der Teilungshypothese anhängt. Für die ersten drei
Strophen nimmt er eine etwas frühere Entstehung an,
vgl. S. 150.)

57. allerdings bei Luther vor 1541 sonst nicht nachweisbar,
s.u. S. 609f.

58. Vgl. Spitta, aaO, S. 104f und 122f; Steinlein, aaO,
S. 131; MA 3,510ff; Köhler, Lieder, S. 320 und 325. Die
Einwände, die Drews, Rezension, S. 274, gegen die bewußte Zurückführung verschiedener Ausdrücke des Liedes
auf Apk 12 vorgebracht und denen Lucke in WA 35,209,
zugestimmt hat, sind nicht stichhaltig. Luther sind
die im Lied anklingenden Vorstellungen zwar ganz geläufig und vertraut, er bleibt sich aber ihres biblischen Ursprungs durchaus bewußt, was nicht nur aus den
in enger Anlehnung an den Apk-Text gebauten Versen des
erwähnten Märtyrerliedes hervorgeht, sondern auch aus
der Tatsache, daß eine der inhaltlich engsten Parallelen zu 'Ein feste Burg' eine Predigt über Apk 12,7ff
von Michaelis 1544 ist, wie eine Gegenüberstellung
zeigt:

kommt in diesem Lied wiederum unübertroffen zum Ausdruck.

Am 12. September 1528 freilich muß Luther eingeste-
hen, daß der Satan schon großen Schaden getan hat. Die
Besten hat er überwunden und diese ziehen einen großen
Teil des Volkes nach sich, wie der Schwanz des Drachen
ein Drittel der Sterne (Apk 12,4). Nur durch Festhalten
am Wort kann man hoffen, sich von diesem Schaden zu erholen[59].

Am 14. März 1529 hat Luther über Joh 8,48 zu predi-

WA 49	Predigt 1544	Strophe	Lied
579,12/ 580,1	Ubi 'Deus exer- cituum', soltu sonderlich auff Christum deuten	2,7	Er heist Jhesu Christ, der Herr Zebaoth
581,1f	Mikael, das un- sichtbar bild Dei streitet pro nobis	2,3	Es streit für uns der rechte man
581,11	Wir weren Dra- coni zu schwach	2,1	Mit unser macht ist nichts getan
582,4	Deus ist bey uns	4,3	Er ist bey uns wo auf dem plan
586,5f	Exemplum de Mu- liere, quae tentata dixit: 'Christiana sum'*	3,9	Ein wörtlein kan jn fellen
587,2	dran gewagt leib und le- ben	4,5	Nemen sie den leib
Außerdem ist öfter vom Wort Gottes die Rede, das es gegen Papisten und Schwärmer festzuhalten gilt.		4,1	Das wort sie sollen lassen stan

* In die Zeit der mutmaßlichen Abfassung unseres Liedes
 fallen die Erwähnungen dieses Mechthild von Magdeburg
 zugeschriebenen Ausspruchs in 20,677,9f bzw. 33f: Vorl.
 über 1 Joh, 1527, und 25,325,25ff: Vorl. über Jes, ca.
 1529 (Druck 1532).

59. 28,134,5ff: Pred. über Joh 17,9 (Rörer).

gen, wo Jesus verdächtigt wird, ein Samaritaner zu
sein. Der Reformator kommt dabei auf den Vorwurf zu
sprechen, der ihm immer wieder gemacht wird, daß er
ein Neuerer und Ketzer sei, der vom Satan besessen
ist und alle möglichen Sünden tut. Das ist so die Art
des Satans, die Christen zu verklagen, wie es Apk 12,
10 heißt. Aber der Reformator glaubt an Christus und
die Vergebung. An dieser Überzeugung festhaltend kann
er die Leute ruhig schwätzen lassen[60].

Es zeigt sich also, daß Luther zwar um 1527 eine
nochmalige Steigerung der satanischen Wut zu spüren
glaubt, doch indem er sie mit Apk 12 endzeitlich deutet, hofft er noch immer oder jetzt erst recht auf
ihre baldige Beendigung. Resignation ist aus diesen
Stellen eigentlich nicht zu spüren, nur eine Verhär-
tung der Fronten. Aus dem Angriff ist Stellungskrieg
geworden. Die Treuen bleiben fest am Wort, früher einer Angriffswaffe, jetzt der letzten, hartumkämpften
Bastion, und warten auf das ersehnte Kommen des Befreiers.
Wir sehen also, daß Steinlein etwas ganz Richtiges beobachtet hat, auch wenn er es vielleicht ein wenig zu negativ
akzentuiert hat[61].

IV. Weitere systematische Gesichtspunkte

Zum Nachweis der Behauptung, daß Gott, wenn er die
Menschen straft oder prüft, nur aus Liebe handelt, dienen jetzt wieder Apk 3,19 und 20[62].

3,20 kann aber auch zur Unterstützung der Aufforderung dienen, das Wort Gottes, das wie "ein farender

---

60. 29,108,1ff bzw. 11ff bzw. 13ff (Rörer bzw. Nürnberger
    bzw. Kopenhagener Hs.)
61. Vgl. auch Campenhausen, Selbstbewußtsein, S. 149 bzw.
    341.
62. 19,376,10ff: Hab ausgelegt, 1526; 14,478,15ff: Pred.
    über die Josephsgeschichte, 1523/24; vgl. 24,664,32ff:
    In Gen declamationes, Bearbeitung 1527.

platz regen" ist, wenn es nun einmal in den Schulen gelehrt wird, festzuhalten, ehe es zu spät ist[63].

Apk 1,7 (Alle Augen werden Ihn sehen.) dient Luther
dazu, den Unterschied zwischen den drei Adventen Christi
klarzumachen. Der erste war leiblich, aber verborgen, der
zweite ist geistlich und ebenfalls verborgen, der dritte
wird leiblich und öffentlich sein[64]. Bei Luther fällt
übrigens jetzt der Aspekt des Bedrohlichen weg, den
die Wiederkunft Christi in der Tradition hat und mit
dem man ernste Mahnungen zu guten Werken zu verbinden
pflegte[65]. Seit es ihm gelungen ist, die Parusie als
ein freudiges Ereignis zu erwarten[66], hat er auch keine Scheu mehr, Abschnitte aus der Apk zu zitieren, die
Christus als Richter darstellen, im Gegensatz zu der
für seine Frühzeit vermuteten Einstellung[67].

Das Sterben des einzelnen beschreiben auch Apk-Stellen. Die Todesangst, die einen anfällt, treibt zur Verzweiflung, so daß man sagen will: "Ihr Berge bedeckt
uns!" (Apk 6,16; vgl. Hos 10,8; Lk 23,30). Dann muß
man sich Christi Kampf in Gethsemane als Trost vor Augen halten[68]. In der Nachfolge Christi und im Glauben
an ihn zu sterben, hat Verheißung; denn "selig sind,
die in dem Herrn sterben" (Apk 14,13)[69].

Selbstverständlich ist die Apk auch geeignet, ihr

---

63. 15,31,28ff = BoA 2,446,8ff: An die Ratsherrn, 1524.
64. 10 I 2,109,7ff: Advents-Post. Über Lk 21,25-36, An-
    fang 1522; 17 I,222,10ff bzw. 27ff: Pred. über 1 Thess
    4,15ff; 11.5.1525 (gleichzeitiger Druck bzw. Witten-
    berger Ausgabe, 1539); vgl. schon früher 7,489,34ff:
    Enarrationes über Lk 21,25ff; Ende 1520.
65. Vgl. Schönbach, Altdeutsche Predigten I,181,5ff; Huß,
    Collecta, S. 37,8ff.
66. Vgl. eben 17 I,221,5ff bzw. 29ff, kurz vor dem gerade
    erwähnten Zitat von Apk 1,7.
67. Vgl. o. S. 99f.
68. 17 I,348,5ff: Pred. über Mk 14,34ff; 28.7.1525.
69. 23,409,25ff: Tröstung an die Christen zu Halle, 1527;
    Br 4,625,25ff: an Margarethe N., 15.12.1528.

mahnende und tröstende Worte für einen Brief an einen
guten Freund zu entnehmen[70].

> Zu bemerken ist noch, daß Luther auch für die Be-
> urteilung so weltlicher Geschäfte wie Hochzeit-
> feiern zwei Apk-Stellen parat hat, die beweisen
> sollen, daß Schmuck und Musik dazugehören: Apk
> 21,2 (geschmückt wie eine Braut) und 18,23 (die
> Stimme des Bräutigams und der Braut)[71].

Zusammenfassung

1. In den Schriften aus der Zeit von Herbst 1521 bis Herbst
   1529 kommen zu Luthers verstreuten Bezugnahmen auf die
   Apk noch 8 Äußerungen, in denen er das Buch als ganzes
   erwähnt oder beurteilt, und als Wichtigstes die Bibel-
   vorrede von 1522 und die Präfation zu einem älteren anonymen Apk-Kommentar. Umstritten ist Luthers Anteil an
   der Entstehung der 21 Apk-Illustrationen im Septembertestament. Die Häufigkeit von Apk-Zitaten nimmt 1522
   sehr stark ab, sowohl absolut als auch relativ zu anderen Bibelzitaten, und bleibt über die ganze Periode
   hinweg auf einem verhältnismäßig niedrigen Niveau. Bei
   der Wahl der Zitate innerhalb der Apk treten auch jetzt
   wieder deutliche Verschiebungen auf.

2. Für die Weiterentwicklung von Luthers Hermeneutik seit
   1521 sind seine Auseinandersetzungen mit den 'Schwärmern'
   von maßgeblicher Bedeutung. Karlstadt und die 'Sakramentierer' einerseits drängen ihn durch abschreckende Beispiele willkürlichen Schriftgebrauchs und figürlicher
   Deutungen dazu, den schlichten Wortsinn noch stärker
   zu betonen als bisher schon gegenüber den 'Papisten'.
   Andererseits erlebt er, wie der mit Mystik gepaarte
   apokalyptische Prophetengeist der 'Zwickauer Propheten'
   und besonders Müntzers mit dem Aufruf zur Gewalt nur

---

70. z.B. 2,10 (Sei getreu...) und 22,11a (Wer sich besu-
    delt...) verbunden mit Joh 21,22 (Folge du mir nach!)
    in einem Brief an Hausmann vom 13.3.1529, Br 5,37,7ff =
    Enders 7,70,1ff.
71. 27,27,22ff: Pred. über Joh 2,1ff; 19.1.1528.

Zerstörung anrichtet und durch die Katastrophe im Bauernkrieg sich für ihn endgültig als Teufelsgeist erweist.
Er wird dadurch in seiner 1520/21 gewonnenen Vorstellung
bestärkt, daß der Antichrist nach 2 Thess 2,8 nur durch
das Wort, d.h. das neuentdeckte Evangelium, getötet werde. Damit wendet er sich scharf gegen Müntzers andersar-
tiges Verständnis der einschlägigen Bibelstellen.

3. Diese neue Konfrontation hat natürlich auch Luthers Haltung gegenüber der Apk beeinflußt. So finden sich die
ersten vorsichtigen und noch rein historisch begründeten
Äußerungen von Zweifel an der Argumentationskraft der Apk
gerade in der durch Karlstadts Vorgehen angeregten Schrift
'De abroganda missa privata' vom Herbst 1521.

4. Die Schärfe, mit der Luther etwa ein halbes Jahr später
die Apk in seiner Vorrede zu ihr und in anderen Beigaben
des Septembertestaments ablehnt, ist wohl nur aus seinen
Erfahrungen mit den 'Zwickauer Propheten' heraus zu begreifen. Jedenfalls sind die Vorstellungen, daß die
Apostel und Propheten nicht mit Visionen umgingen,
sondern in eindeutigen Worten von Christus redeten,
wie sie Luther hier vertritt, und sein Anspruch, wie
einst Paulus auf Grund seines eigenen Geistbesitzes
andere Geister beurteilen und damit ein Buch wie die
Apk als unapostolisch und unprophetisch verurteilen zu
können, deutlich gegen das neue Prophetentum der 'Schwärmer' gerichtet.

   Die einzelnen sachlichen Argumente, die Luther zur
Unterstützung seines Urteils heranzieht, hat er dagegen
mit Ausnahme der Behauptung, daß in der Apk Christus nicht
gelehrt werde, anscheinend aus den Schriften anderer
übernommen. In Frage kommen dafür vor allem der Kirchenvater Dionys von Alexandria, vermittelt durch Eusebs
(bzw. Rufins) Kirchengeschichte, Karlstadt und in ge-
ringerem Maße Erasmus.

   Von den Zeitgenossen nahmen bedeutende reformatorische Theologen wie Zwingli, Bucer, Ökolampad, Brenz und
Calvin, aber auch auf altgläubiger Seite Cajetan und
Witzel eine ähnlich kritische Haltung gegenüber der Apk
ein.

Dagegen polemisierten andere, wie besonders Emser
und nach ihm eine ganze Reihe römisch-katholischer Theologen, aber wiederum auch Franz Lambert, Sebastian Meyer
u.a. mehr oder weniger scharf gegen Luthers erste Apk-
Vorrede.

Fragt man nach dem Schwerpunkt der Kritik Luthers
an der Apk, so kann man unter Berücksichtigung der übrigen von ihm kritisierten Bücher des NT zu folgendem
Ergebnis kommen: Am Anfang steht das inhaltliche Kriterium des paulinischen Evangeliums. Dann zwingen die Gegner Luther, zu dessen Verteidigung Unterschiede zwischen
den neutestamentlichen Büchern zu machen. Dabei kommt
ihm die historische und formale Kanonskritik, die
um diese Zeit sich regt, entgegen, indem sie ihm
den äußeren, zahlenmäßigen Rahmen bietet, innerhalb
dessen er mit gutem Gewissen ganze Bücher abwerten
kann.

Das Problem, ob Luther die Apk mit drei weiteren
Schriften aus dem Kanon ganz ausgeschlossen oder ihnen nur mindere kanonische Dignität zugebilligt habe,
läßt sich so lösen, daß man innerhalb des (von Luther
gar nicht gebrauchten) Begriffs des Kanons differenziert zwischen einem Kanon als der Summe der glaubensbegründenden Bücher und einem Kanon als Sammlung der
in der Kirche gebräuchlichen heiligen Schriften. Im
einen Sinne zählt Luther die Apk nicht zum Kanon, weil
sie überflüssig sei, im zweiten Sinne hat er sie niemals aus dem Kanon ausgeschieden, sondern nur für seine Person an den Rand des Kanons gerückt.

5. Außer der Vorrede im Septembertestament von 1522 finden sich in den Schriften der folgenden Jahre noch wei-
terführende kritische Bemerkungen über die Apk. Neben
einer kurzen Briefnotiz sind es vor allem zwei Zusammenhänge, die Neues erbringen: Zum einen ist da die Auslegung von Röm 12,7 in der Fastenpostille (1524), in der
Luther den Begriff der Weissagung, für die die analogia
fidei gilt, reduziert auf Schriftauslegung, neben der
an Zukunftsprophetie nur noch weltliche Prognosen Platz
haben, die aber ambivalent und suspekt sind. Zu eben

diesen rein weltlichen Machwerken zählt Luther 1524
auch weite Teile der Apk. Schärfer kann das Verwerfungsurteil über dieses Buch gar nicht mehr werden.

Als zweites ist die Vorrede zur Sacharja-Auslegung
von 1526/27 zu nennen, in der jetzt die Apk zwar mit ähnlichen biblischen Prophetenbüchern in eine Reihe gestellt
wird, aber klar wird, daß sie wegen ihrer Vieldeutigkeit,
die von den 'Schwarmgeistern' mißbraucht wird, Luther
viel Sorge bereitet. Hier wird also ein in der Bibel-
vorrede von 1522 nur implizit mitschwingender Grund
zur Verwerfung der Apk ausdrücklich angeführt.

6. Ein Vergleich mit der Art, in der Altgläubige und
'Schwärmer', wie besonders Müntzer, einzelne Zitate aus
der Apk in ihrem Sinne verwendet haben, macht noch einmal deutlich, wie dadurch fast zwangsläufig dieses Buch
für Luther suspekt geworden sein muß.

7. In einem scheinbaren Gegensatz zu dem in der Vorrede
Gesagten stehen die 21 Illustrationen zur Apk im Septembertestament von 1522. Wenn auch nicht sicher ist,
auf wessen Initiative und wessen (Luthers oder Karlstadts?) direkten Einfluß hin die Bilder in das NT gelangt sind, steht doch fest, daß die durch verschiedene
Attribute der Figuren deutlich gemachte Identifizierung
von Antichrist und Papst, Babylon und Rom zumindest indirekt auf Luthers antipäpstliche Polemik zurückgeht
und auch 1522 ganz in seinem Sinne ist. Da aber die Illustrationen nicht nur in lutherischen, sondern (nur
teilweise entschärft) auch in römisch-katholischen Bibeln in vielen Teilen Europas über Jahrzehnte und Jahrhunderte hinweg weite Verbreitung und bevorzugte Beachtung fanden, während die ursprüngliche Vorrede nur in
lutherischen NT-Ausgaben bis 1529 enthalten war, ergab
sich die eigenartige Konsequenz, daß die zum Lesen an-
regenden Bilder zwischen den Kapiteln der Apk die Wirkung der voranstehenden, von eingehender Beschäftigung
mit diesem Buch abratenden Vorrede bei weitem übertraf.

Dem entspricht auch die Beobachtung, daß die Einzelstellen, die Luther in den zwanziger Jahren aus der Apk
zitiert, überwiegend aus bildhaften Abschnitten des Bu-

ches, nicht, wie anzunehmen wäre, aus klaren Perikopen
stammen.

8. Daher ist es nicht verwunderlich, daß 1527 nun auch
in allgemeinen Äußerungen Luthers das andere Verständnis der Apk zum Tragen kommt, das eigentlich nur vorübergehend durch den Kampf gegen die 'Schwärmer' und
die Bemühungen um den Aufbau eines eigenen Kirchenwesens zurückgedrängt worden ist, nämlich die Hervorhebung derjenigen Abschnitte, die Luther schon vor 1522
als Weissagungen vom Papstantichrist zu verstehen gelernt hat, als Hauptinhalt des ganzen Buches. In diesem Sinne ist die Vorrede zu dem anonymen wyklifiti-
schen Apokalypsenkommentar, den Luther 1527 herausgegeben hat, und eine Äußerung in schwerer Krankheitsnot
im Juli dieses Jahres zu verstehen.

9. Für die Polemik gegen die römische Antikirche zieht
Luther in dieser Zeit auch neue Apk-Stellen, nämlich
13,16f (Malzeichen) und 18,6f (Vergeltung), heran, während andere verschwinden, nämlich die Plagenvisionen.
Er bleibt dabei weiterhin in der hussitischen Tradition.
   Trotz gegenteiliger Behauptung in der Apk-Vorrede
von 1522 entdeckt Luther gerade jetzt allmählich die
eigenartige Christologie und Soteriologie der Apk, insbesondere die Stellen 13,8 (1525) und Kap. 5 (1528).
   Im Zusammenhang mit Zitaten aus Apk 12 läßt sich eine
gewisse Wandlung in Luthers Satanologie zwischen 1522
und 1528 feststellen. Während er anfangs noch die Zuversicht äußert, daß der böse Feind durch das Evangelium
bald vernichtet werden wird, muß er im antischwärmerischen Kampf in der Zeit nach dem Bauernkrieg feststellen,
daß die 'alte Schlange' (Apk 12,9) hartnäckiger ist, als
er gedacht hat, und daß doch nur die baldige Wiederkunft
Christi der kleinen Schar der am Wort noch Festhalten-
den zum Sieg verhelfen kann.

Fünfter Abschnitt
==================

Die Spätphase (Herbst 1529 bis Februar 1546)
==

A. = 24. Kapitel

Formale Beobachtungen

I. Zahl der Zitate etc.

In Luthers Werken aus der Zeit von Herbst 1529 bis
zu seinem Tod lassen sich zusammen 243 sichere und 56
unsichere Bezugnahmen Luthers auf Apk-Stellen finden[1].
Weitere 21 stammen von Freunden oder Feinden Luthers.
Sie stehen in Briefen an ihn, in Schriften, die er mit
Glossen versehen herausgegeben hat, jetzt auch in Disputationen und sind teilweise für das Verständnis von
Luthers Haltung zur Apk und zu einzelnen Abschnitten
daraus bedeutsam.

Dazu kommen in diesem Zeitraum noch einige weitere,
sehr wichtige Stücke, vor allem die neue, zu einem Kommentar in nuce angewachsene Apk-Vorrede von 1530, die
in der WA 7 Seiten ausfüllt[2];
mit ihr verbunden 50 neue, kommentierende Randglossen,
die ab 1530 in allen Wittenberger NT- und Bibelausgaben
stehen und von denen 19 nicht nur die Aussagen der Vorrede auf die einzelnen Abschnitte des Buches übertragen,
sondern darüber hinaus weitere Erklärungen bieten;
außerdem 6 neu hinzugefügte Illustrationen, die Luthers

---

1. Wegen der Nachträge, Korrekturen und unsicheren Stellen s. Tabellen 1-5 und S. 11ff, Anm. 12 zur Statistik.
2. DB 7,406/420.

Interpretation der Apk auch bildhaft vor Augen führen
sollen[3].

Einen eigenen Komplex bilden auch die etwa 39 inhaltlich bedeutsameren der vielen handschriftlichen Randbemerkungen, die Luther in sein Exemplar des NT von 1530
eingetragen hat[4].

Hervorzuheben sind weiterhin eine sich über 2 1/2
WA-Seiten erstreckende Auslegung von Apk 14,13[5];
ein Lied über Apk 12,1-6[6] und
3 Predigten über die Perikope Apk 12,7ff[7].

Schließlich gehören hierher noch 11 (oder 12?) allgemeine Äußerungen über die Apk oder ihre Auslegung
durch Luther u.a.[8].

Insgesamt haben wir es also in diesem allerdings
etwas längeren Zeitraum mit einer Menge an Material
zu tun, die größer ist als die in allen vier vorigen
Perioden zusammen.

II. Relative Häufigkeit der Zitate

Während wir im vierten Abschnitt feststellen konnten,
daß in den 20er Jahren mit der antipäpstlichen Polemik
auch die entsprechenden Stellen aus der Apk etwas in den
Hintergrund traten und das letzte Buch der Bibel überhaupt wegen seiner Beliebtheit bei den 'Schwärmern' Luther anscheinend mehr Sorge bereitete als zur Beschäftigung mit ihm reizte, so daß er sich eher ablehnend als
anerkennend darüber äußerte und nur ungern davon Gebrauch
machte, bietet sich uns allein schon bei einem zahlenmäßigen Überblick für das Jahr 1530 ein völlig entgegengesetz-

---

3. nicht in der WA abgebildet, aber bei Schramm, Illustration, Tafel 115-117 und 124.
4. DB 4,500-505; vgl. o. S. 8, Anm. 3 zur Statistik.
5. 30 II,375,21-378,7.
6. 35,462f.
7. 37,539-544; 45,142-144 und 49,570/587.
8. Vgl. o. S. 8f, Anm. 6 zur Statistik.

tes, einmaliges Bild[9]. Aus diesem Jahr stammen neben der
umfangreichen Vorrede, den 50 gedruckten und 39 handschriftlichen Glossen samt den 6 neuen Illustrationen in der revidierten NT-Ausgabe ein allgemeines Urteil, eine längere
Auslegung von Apk 14,13 und 26 sichere samt 4 unsicheren
einzelnen Bezugnahmen. Ist schon die Zahl der Einzelstellen die höchste in der Zeit von 1522 bis 1546, so läßt
die Massierung der sonstigen Äußerungen ebenfalls gerade
1530 nur den einen Schluß zu, daß Luther sich diesem Bibelbuch damals so intensiv gewidmet hat wie nie zuvor
oder danach. Diese Tatsache bedarf einer Erklärung. Wir
werden sie im nächsten Kapitel zu geben versuchen.

In den folgenden Jahren schwankt die Zahl der Stellen
ziemlich stark. Schon zu Anfang haben wir die Jahre 1538
mit 22 sicheren und 4 unsicheren Hinweisen und einer unsicheren Verlautbarung und 1541 mit 23 sicheren Anspielungen als signifikante, relative Höhepunkte eingestuft,
aber noch keine Begründung dafür gegeben[10]. Eine geschichtliche Erklärung wird also noch gefunden werden
müssen[11]. Den Tiefpunkt von 1543 haben wir dagegen bereits
zu deuten versucht[12].

III. Schwerpunktverlagerung und Deutungswandel

Auch im Hinblick auf das Interesse, das Luther für
die verschiedenen Abschnitte der Apk zeigt, bilden die
Vorrede und die damit zusammenhängenden Illustrationen
und Glossen, die gedruckten und auch die handschriftlichen, von 1530 einen Ausnahmefall. Die neue Vorrede enthält ja eine zusammenhängende Auslegung insbesondere der
Kapitel 4-20, und innerhalb dieses Rahmens wiederum werden verschiedene Abschnitte besonders eingehend interpretiert, die z.T. vorher gar nicht erwähnt worden oder je-

9. Vgl. zum folgenden die Tabellen 6 und 8.
10. s.o. S. 18.
11. s.u. S. 393.
12. s.o. S. 18.

denfalls nur kurzzeitig hervorgetreten sind und z.T. auch
später wieder an Bedeutung verlieren, während andere Abschnitte in der Folgezeit noch einmal neu und anders verstanden werden. Sie ist also, das kann man von daher schon
sagen, trotz ihrer langanhaltenden Nachwirkung im Volk
als ein bei Luther selbst ziemlich isoliert dastehender
großer Wurf anzusehen, als eine Gelegenheitsschrift wie
die erste Vorrede von 1522 und manche anderen Lutherschen
Werke auch, und sie kann daher nur unter Berücksichtigung
der Situation zur Zeit ihrer Entstehung angemessen interpretiert werden. Sie darf auch nicht ohne weiteres für den
Luther aller Lebensalter, ja nicht einmal ohne weiteres
für den Luther der späteren Zeit in Anspruch genommen werden.

Im einzelnen ergibt sich für die verschiedenen Kapitel
und Verse, was die Zeit von Ende 1529 bis zu Luthers
Tod betrifft, folgendes Bild[13]: Zitate aus Kap. 1 halten sich wie bisher in einem beschränkten Rahmen. Nur
V. 5 (Abwaschung der Sünden) kommt um 1535 einige Male
vor.

Aus Kap. 2 zitiert Luther wie schon früher fast nur
2,9 (synagoga satanae). Die Schwankungen in der Häufigkeit dieses Schlagwortes haben uns bereits bei der Einteilung der großen Perioden geholfen[14].

Aus Kap. 3 tauchen die Verse 14-18 (7. Sendschreiben:
Lauheit der Laodizener) in den 30er Jahren einige Male
wieder auf, nachdem sie längere Zeit nicht mehr vorgekommen waren. V. 19 (Züchtigung) und 20 (Anklopfen) dagegen kommen wie schon bisher hin und wieder einmal vor.

Aus dem schon immer wenig beachteten Kap. 4 wird Anfang der 30er Jahre der V. 4 über die 24 Ältesten (in
Verbindung mit 5,8) als einziger ein paarmal erwähnt.

Kap. 5 wird etwas häufiger berücksichtigt, jedoch
ohne auffallende Bevorzugung einzelner Verse.

---

13. Vgl. Tabelle 9.
14. s.o. S. 20f.

Das sonst durchgehend vernachlässigte Kap. 6 findet
fast ausschließlich 1530 in der Vorrede und den 6 gedruckten Randglossen zu den Siegelvisionen Beachtung. Nur V. 11
(die Seelen unter dem Altar) kommt auch sonst ein paarmal
vor.

Dagegen wird Kap. 7 selbst 1530 nur zweimal in Glossen
berücksichtigt.

Bei Kap. 8 liegt es ähnlich wie beim 6. Kapitel. Hier
sind außerdem in Anpassung an die differenzierende Ausdeutung durch Vorrede und gedruckte Glossen an die Stelle
der einen 5 neue Holzschnittillustrationen getreten, die
natürlich die Beachtung dieses Kapitels durch die Bibelleser dauerhaft verstärken, während Luther selbst nur noch
1537 einmal in einer Andeutung auf einen Vers daraus zurückkommt[15].

Kap. 9,1-12 (Heuschreckenvision) hat sich 1518-21
als einer der ersten Abschnitte der Apk im beginnenden
Kampf gegen die 'Papisten' als literarische Waffe vorübergehend besonderer Beliebtheit bei Luther erfreut.
Dann ist er schnell wieder ganz in den Hintergrund getreten. 1530 erscheint er wieder in neuer Deutung (auf
die Arianer) in Vorrede und Glossen, ähnlich wie der
bisher ganz vernachlässigte Abschnitt 9,13ff (Reiter-
heer = Sarazenen). Das hindert Luther jedoch nicht daran, fast gleichzeitig bzw. etwas später die wenigen Male, wo er noch auf Apk 9,1-12 Bezug nimmt, den Abschnitt
in den jeweiligen Zusammenhängen wieder anders zu verwenden[16].

Auch das 10. Kapitel war bisher eines von denen gewesen, die Luther die ganze Zeit so gut wie gar nicht
beachtet hatte. In der Vorrede von 1530 (und den Glos-

---

15. 45,338,28: Pred. über Lk 21,25 (Rörer). Die Deutung
    ist anscheinend anders als 1530: Schwärmer (= Ketzer
    der Gegenwart).

16. z.B. 30 II,439,25ff (Von den Schlüsseln, 7./8.1530):
    wieder gegen den Papst; 50,5,8 (Vorrede zu Robert
    Barns: Vitae Romanorum pontificum, 1536): diesmal ge-
    gen die Türken, und zwar eigens in Gegensatz zum Papst
    gesetzt.

sen) erhält es erstmalig eine geschlossene Deutung (starker Engel = Papst im geistlichen Wesen) und behält diese auch für die Folgezeit (nachweisbar bis 1539). Eine Metapher daraus, nämlich das Brüllen wie ein Löwe (10,3) wird sogar so etwas wie eine feststehende Redensart[17].

Eine kurze Andeutung innerhalb des 10. Kapitels bzw. ihre Inanspruchnahme durch den sonst gut lutherischen Landpfarrer und Mathematiker Michael Stifel bereitet Luther kurzzeitig erhebliche Sorge. Stifel hatte nämlich für den 18. Oktober 1533 den Weltuntergang prophezeit und sich selbst als den 7. Engel bezeichnet, auf dessen Posaunen unmittelbar das Ende der Welt folgen solle (Apk 10,7 bzw. 11,15). Viermal finden sich in der WA Hinweise auf diese Behauptung. Die ganze Affäre soll jedoch erst weiter unten ausführlich erörtert werden[18].

Das 11. Kapitel zählt wiederum zu denen, die Luther sonst durchwegs ignoriert, 1530 in seinem NT jedoch mehrfach mit Glossen versehen hat.

Ganz anders steht es nun aber mit Kap. 12. In den Zusätzen zum NT wird es als 'Trostbild' nur knapp gestreift. Dagegen kommen Vorstellungen daraus in anderen Zusammenhängen verhältnismäßig häufig vor, so die Frau (= Kirche) auf der Flucht vor den Drachen (12,6. 12ff), Michaels Kampf mit dem Drachen (12,7ff), die wie bisher beliebte Bezeichnung 'serpens antiquus' bzw. 'alte Schlange' für den Satan (12,9) und der Ausdruck 'accusator fratrum' für denselben (12,10). Ja, dieses Kapitel bietet sogar Stoff für ein Lied (über 12,1-6) und 3 **Predigten** (Michaelisperikope 12,7ff).

Mancher mag die Vorstellung haben, daß für Luther zumindest ab 1530 das 13. Kapitel den Höhepunkt innerhalb der Apk darstelle, wo prophezeit sei, daß der Papstantichrist auch die weltliche Herrschaft usurpieren werde. Von der Zahl der Zitate her wird dieser Eindruck jedoch nicht so ganz bestätigt. War vor dem Be-

---

17. s.u. S. 424ff.
18. s.u. S. 536ff.

ginn der antipäpstlichen Polemik Kap. 13 ziemlich unbeachtet geblieben, so wurde es nach dieser Wende sehr
schnell vom 17. Kapitel überflügelt, und dabei bleibt
es auch jetzt noch. Ja, in Verbindung mit dem dazugehörigen 18. Kapitel, das im Laufe der Zeit noch beliebter geworden ist, bildet offensichtlich die Perikope von
der Hure Babylon das Hauptarsenal für die Polemik gegen
Rom. Das hängt auch damit zusammen, daß das 13. und das
17. Kapitel anscheinend z.T. dieselben Vorgänge, nur
mit etwas anderen Bildern, beschreiben und daß dabei
das Tier aus dem Meer (13,1ff) fast die gleichen Attribute erhält wie das Tier, auf dem die Hure Babylon sitzt
(17,3.7f), so daß offensichtlich beidemale dieselbe Bestie gemeint ist. Daher könnte sogar noch ein Teil der
nicht allzuvielen Stellen, an denen Apk 13,1ff angegeben
ist, Kap. 17,3.7f zugeordnet werden[19]. Außerdem kommt bei

---

19. So ist etwa in dem deutschen Druck einer Predigt vom
    16.4.1534 ausdrücklich "Apoc. xiij." eingefügt (41,
    749,9; am Rand: "Off. 13,6", es wäre auch 13,1 mög-
    lich). In der offensichtlich zugrundeliegenden Nach-
    schrift Rörers heißt es aber nur: "Ideo eius Ecclesia
    dicitur in Apocalypsi ein kirch der lesterung" (37,
    384,13). Dazu ist am Rand vermerkt: "Off. 17,5". Abge-
    sehen davon, daß 17,3 vielleicht eher angebracht wäre,
    ist die Kapitelangabe des WA-Herausgebers jedenfalls
    durchaus ebenso gut vertretbar wie die des alten
    Bearbeiters. – Es können aber auch Ausdrücke aus
    beiden Kapiteln miteinander verquickt werden. So
    heißt es etwa 30 III,509,34-37: "... quod non blas-
    phemet Christum et Ecclesiam eius seu, ut Apoca.
    dicit, Deum et tabernaculum eius. Et haec quidem
    sunt illa nomina blasphemiae, quibus plena est bestia
    illa coccinea decem cornuum." Dazu steht zunächst
    richtig am Rand: "Off. 13,6", dann aber: "Off. 13,1",
    obwohl der Wortlaut nur auf Apk 17,3 zurückgehen kann
    ("coccinea" kommt Kap. 13 nicht vor; die Auslassung
    der 7 Häupter entspricht genau 17,3 im Gegensatz zu
    17,7 und 13,1.). Wenn zu 43,158,4 (Gen-Vorl., Aus-
    formulierung von Dietrich): "Est igitur Antichristus
    et foeda bestia illa, quae in fronte habet nomina
    blasphemiae", "Off. 13,1" angemerkt ist, dann ist das
    nicht zu beanstanden. Genau genommen entspräche aber
    "in fronte" Apk 17,5, wo jedoch die Hure gemeint ist.
    Apk 13,1 heißt es "super capita eius" und 17,3 einfach
    "plenam nominibus". (Ob 45,319,2 besser Apk 13,1 oder
    12,3f anzugeben wäre, ist schon o. S. 11f, Anm. 12
    zur Statistik, erörtert worden.)

Luther später auch die Beziehung von Apk 13,1ff auf die
Türken vor[20].

13,11ff, die Vision des Tieres vom Land, die bei
ihren früheren sporadischen Erwähnungen in der 1. Ps-
Vorlesung mit den Türken in Verbindung gebracht[21] und
1521 auf den Papstantichrist bezogen wird[22], wobei es
auch noch 1530 und später bleibt, kommt außer in den
gedruckten Bibelglossen nur noch zweimal vor[23]. Auch
13,16, Anfang der zwanziger Jahre ein beliebtes Mittel
zur Diffamierung der römischen Priesterweihe, taucht
nur noch einmal 1533 in einer Andeutung auf[24]. Die geheimnisvolle Zahl 666, die bei Luther vor 1530 nirgendwo erschienen ist, wird in diesem Jahr zweimal verschieden gedeutet[25].

Kap. 14 hat der Reformator ab 1530 anscheinend wesentlich größere Aufmerksamkeit geschenkt als früher.
Freilich muß man dabei sauber differenzieren zwischen
drei verschiedenen Komplexen:

1. Der früher nur sporadisch erwähnte Abschnitt 14,1-5
(das Lamm und die 144000) tritt jetzt deutlicher in Luthers Gesichtskreis, und zwar wird die Beschäftigung damit dem Wittenberger offensichtlich dadurch aufgedrängt,
daß seine altgläubigen Gegner einen Vers daraus, nämlich
V. 4 (... virgines enim sunt), zur Verteidigung des Zöli-
bats gegen ihn in Anspruch nehmen. Mehrfach sieht er sich
veranlaßt, darauf einzugehen[26].

2. Ähnlich steht es mit dem V. 13, der allerdings schon
während der Leipziger Disputation von Eck ins Feld ge-

---

20. s.u. S. 576f.
21. 3,491,31.
22. 7,664,29ff.
23. 40 II,301,12: Enarratio von Ps 2,12; 5.6.1532; TR
    4,519,8: Nr. 4797 (Lauterbach, Mai 1541).
24. 38,236,37.
25. s.u. S. 431f.
26. s.u. S. 591ff.

führt worden war[27]. Diese Stelle wird ab 1530 zu einem
der am häufigsten von Luther ausdrücklich zitierten Einzelverse[28].

3. Der Abschnitt 14,14ff (die Ernte), der sonst überhaupt
bei Luther nicht auftaucht, weist in dessen Exemplar des
NT von 1530 immerhin 6 handschriftliche Randbemerkungen
auf.

Auch das 15. Kapitel ist eines von denen, die Luther fast nur im NT von 1530 gewürdigt hat, und das
folgende spielte zwar 1519-1521, ähnlich wie das neunte,
eine gewisse Rolle im Kampf gegen die Romanisten, findet
aber später mit derselben Ausnahme von 1530 kaum mehr Beachtung.

Das 17. Kapitel dagegen bringt, wie schon bemerkt, zusammen mit dem 18. die Vision, in der Luther das antichristliche Papsttum innerhalb der Apk am treffendsten
abgemalt und seine eigene unnachgiebige Haltung ihm gegenüber am besten gerechtfertigt gefunden hat. Über 25mal
ist in Luthers Werken ab Ende 1529 die römische Kirche
als die rote (mörderische Teufels-) Hure (Babylon) apostrophiert.

Luther wünschte und hoffte, den Untergang der römischen Antikirche noch zu erleben, der nach seiner Meinung in der Vision des Johannes prophezeit wird. Darum
ist oft bei ihm davon die Rede. Er beobachtet, wie die
katholischen Fürsten selbst sich am Kirchengut schadlos
halten. Dies glaubt er, wie er mehrfach betont, schon in
Apk 17,16 geweissagt finden zu können. Als Gegner jeglicher falschen Kompromisse mit der römischen Teufelskirche
zitiert er ab 1533 immer wieder die Mahnung des Engels
aus Apk 18,4: "Gehet aus von Babylon, mein Volk", ein
Wort, das Luther zuvor nur ein einziges Mal 1520 in die
Debatte geworfen hat[29], jetzt aber neben den Schlagwör-

---

27. s.o. S. 186f.
28. Genaueres u. S. 586ff.
29. s.o. S. 213f.

tern 'Satanssynagoge' und 'rote Hure' im Kampf gegen Rom
zu einem der beliebtesten Verse der Apk wird.

Gleich dem übernächsten Vers kommt ähnliche Bedeutung
zu. 1526 hatte Luther erstmalig die Aufforderung von 18,6,
der babylonischen Hure ihre Bosheit zu vergelten, zitiert,
um der nach dem Bauernkrieg abgeflauten antirömischen Polemik neue Impulse zu geben[30]. Dasselbe Argument verwendet
er auch später noch öfters, um seine polemische Schärfe
gegen jede irenische Tendenz zu verteidigen. Jetzt freilich mischt sich ein Ton der Siegeszuversicht darunter,
die damals gerade nicht am Platz gewesen wäre.

Aus dem 19. Kapitel, das wiederum zu dem bisher aus-
gesparten gehört, zitiert Luther in der letzten Periode
mehrfach verschiedene Verse, z.B. V. 16 (= 17,14: rex
regum etc) und V. 20 (Höllensturz)[31], jedoch ohne auffällige Vorliebe.

Das Kap. 20, aus dem eigentlich nur der V. 6 im Jahre 1521 als Beweisstelle für das allgemeine Priestertum
eine Rolle gespielt hat, erhält ab Herbst 1529 ungewöhnliche Aktualität, da Luther jetzt in V. 7-9 unter den
geheimnisvollen Namen Gog und Magog die Türken geweissagt sieht, die Mitteleuropa von jetzt ab immer wieder
bedrohen. Luther kommt insbesondere bei seiner Arbeit
an der Bibel mehrfach auf diese Stelle zurück und läßt
sogar ein zusätzliches Bild zu Apk 20,7-9 in seine NT-
Ausgabe von 1530 einfügen[32]. Wie er dazu gekommen ist,
Gog und Magog statt wie früher zweimal auf die Papisten[33]
jetzt auf die Türken zu beziehen, und wie es zu erklären
ist, daß er 1541 die auf Apk 20,8 bezügliche Glosse zu
Ez 38,2 aus seiner Bibelausgabe entfernt hat und daß überhaupt in späterer Zeit dieser ganze Zusammenhang nicht
mehr vorkommt, wird später zu erklären sein[34].

---

30. s.o. S. 339.
31. s.u. S. 578.
32. s.u. S. 446ff.
33. s.o. S. 343.
34. s.u. S. 371ff und S. 573ff.

Zum 20. Kapitel ist im übrigen zu bemerken, daß neben der aus der zweiten Vorrede übernommenen gedruckten
Glosse zu Apk 20,3 im NT von 1530 eine Stelle in der 'Supputatio annorum mundi' die einzigen Gelegenheiten sind,
an denen Luther eine Deutung der 1000 Jahre, in denen der
Satan gebunden ist, zu geben versucht[35], wobei auffällt,
daß er in diesen beiden Zusammenhängen keinen Bezug auf
den Chiliasmus seiner Zeit nimmt, während er in der Polemik gegen Täufer und Juden wiederum Apk 20,3.6 mit
Stillschweigen übergeht.

Aus Kap. 21 zitiert Luther in dieser Periode insbesondere V. 4 (= 7,17: Abwischen der Tränen), eine Stelle,
die er bisher nicht erwähnt hat, außer in der Leipziger
Disputation, wo sie allerdings Eck zur Diskussion
gestellt hat. Auch hierfür wird eine Begründung zu
suchen sein[36]. Daneben ist zu bemerken, daß der bisher nur in der frühen reformatorischen Phase vorkomm-
mende, für Luthers Rechtfertigungslehre bedeutsame V.
27 1532 und 1536 noch je einmal vorkommt[37]. Den in Kap.
21 beschriebenen Bau des neuen Jerusalem versucht sich
Luther bei seiner Arbeit an der Bibel mehrfach vorzu-
stellen.

Vom 22. Kapitel hatte der Reformator bisher fast
nur den 11. Vers zitiert, und zwar in der Zeit bis
1520 die zweite Hälfte (Qui iustus est...) im Rahmen
der Problematik um Rechtfertigung und Heiligung, dann
ab 1520 stattdessen die erste Hälfte (Qui sordet...)
als Ausdruck der Resignation gegenüber der Unbelehrbar-
keit der Gegner.

In der letzten Periode setzt eigenartigerweise eine
umgekehrte Entwicklung ein: Von 1533 bis 1542 finden
sich noch Zitate der ersten Hälfte, von 1538 bis 1546
dagegen auch wieder solche der zweiten Hälfte in ähnli-

---

35. s.u. S. 450f.
36. s.u. S. 579.
37. s.u. S. 581f.

chen Zusammenhängen wie in der Frühzeit. Wir werden später noch auf diese Eigenart zurückkommen[38].

Neu bzw. fast neu ist schließlich, daß Luther ab 1538 bzw. 1540 mehrfach den Stoßseufzer am Schluß der Bibel nachspricht: "Komm, Herr Jesu" (22,20). Außer einer wahrscheinlich nicht von Luther selbst stammenden Erwähnung in einer durch Poach gedruckten Predigt von 1528/29[39] kommt dieses Zitat meines Wissens sonst nur noch zweimal vor, und zwar ganz zu Anfang in der 1. Ps-Vorlesung und 1521 in der Schrift gegen Catharinus[40]. Es ergibt sich daraus die Frage, ob Luther in seinen letzten Jahren den jüngsten Tag ganz besonders oft und intensiv herbeigesehnt hat[41].

IV. Fragestellung

Die Interpretation der Statistik ergab also vor allem folgende Fragen, auf die eine plausible Antwort gesucht werden muß.

1. Wie kommt es, daß sich Luther 1530 so besonders intensiv mit der Apk beschäftigt hat und dabei u.a. eine solche eigenartige Gesamtdeutung wie in der zweiten Vorrede hervorgebracht hat?

2. Wie ist es zu erklären, daß Luther im Herbst 1529 die Deutung von Apk 20,7-9 auf die Türken entdeckt, die er zunächst mehrfach propagiert, später aber wieder aufgibt zugunsten anderer Abschnitte der Apk, in denen er jetzt die Türken geweissagt findet? Wie ist die Bedeutungsverschiebung auch bei anderen Apk-Abschnitten zu verstehen?

3. Wie erklären sich die häufigen Apk-Bezugnahmen 1538 und 1541 historisch?

---

38. 3 Zitate, zwar alle aus Schriften, die nicht Luther selbst veröffentlicht hat, was aber kein Grund sein kann, ihre Echtheit anzuzweifeln, s.u. S. 582ff.
39. 28,464,22.
40. s.o. S. 120.
41. s.u. S. 579ff.

4. Worauf mögen das Auftauchen von Apk 21,4 und 22,20
und das Wiedererscheinen von 21,27 und 22,11b in der
Spätzeit zurückzuführen sein?

Vor der Beantwortung dieser Fragen soll nun zunächst
der Horizont wieder weiter gezogen und charakteristische
Ereignisse sollen gesucht werden, die Luthers Leben und
Denken und insbesondere seine Bibelauslegung beeinflußt
haben können.

B. = 25. Kapitel

Geschichtlicher Zusammenhang

I. Luthers Deutung des Türkenvorstoßes im Herbst 1529

Schon während des Marburger Religionsgespräches (1.
bis 4.10.1529), das eine Einigung der Evangelischen im
Hinblick auf die drohende Auseinandersetzung mit dem Kaiser, der derzeit mächtigsten Stütze des Papsttums, be-
zweckte, oder vielleicht erst auf der Rückreise in Eisenach
erzählte Friedrich Myconius Luther und Melanchthon
von einem Franziskanermönch namens Hilten, von dem
das Gerücht ging, daß er in Eisenach als Exkommuni-
zierter gestorben sein solle, nachdem er durch Weissagungen, u.a. auch durch eine Dan-Auslegung, Aufsehen
erregt habe. Diese noch sehr vagen Andeutungen ent-
fachten in den beiden Reformatoren ein reges Interesse
für diesen ungewöhnlichen Mönch aus der Zeit kurz vor
der Jahrhundertwende, das dadurch erheblich gesteigert
wurde, daß sie wenige Tage später, nämlich am 17. Oktober 1529, in Torgau von der Belagerung Wiens durch
die Türken erfuhren. Eben die Türken waren es ja, mit
denen sie die Weissagungen Hiltens in Verbindung gebracht hatten. Deshalb schrieben sie beide am gleichen
Tag noch aus Torgau an Myconius und baten ihn mit beredten Worten, doch so bald und gründlich wie nur irgend
möglich genauere Informationen über Leben und Schriften
des Franziskaners einzuholen und sie ihnen recht ausführ-

lich mitzuteilen[1]. Am 20. Oktober ließ Luther Hausmann
dann wissen, daß er eine Schrift gegen die Türken plane[2],
und am 26. berichtete er schon Näheres darüber. Der Titel laute: "eine Heerpredigt widder den Turcken". Luther
gab auch gleich noch einige Grundgedanken dazu an: Der
Türke sei Gog und Magog (vgl. Ez 38 f und Apk 20,7-9)
und als solcher die letzte Zornesrute Gottes, mit deren
Vernichtung zugleich das Ende der Welt komme; denn alles
in der Schrift sei erfüllt. Aus Dan 7, einem Kapitel,
über das gleichzeitig auch noch Justus Jonas und Melanchthon schrieben[3], sei zu entnehmen, daß der Türke Deutschland noch längere Zeit recht plagen werde, eben, wie gesagt, bis zum Ende der Welt[4]. Luther identifizierte ihn
nämlich mit dem kleinen Horn des vierten Tieres, und dieses beseitigt erst genau drei andere Hörner (= Teilreiche
des vierten Weltreiches, nämlich des römischen), wird
dann aber im Endgericht vertilgt. Deshalb sah er sich
auch keineswegs dazu veranlaßt, auf die Herausgabe
dieser Türkenschrift zu verzichten, als er, anscheinend noch am selben Tag, von dem überraschenden Abzug der Türken von Wien erfuhr; Dan 7,23ff galt ihm
ja inzwischen als so klare und sichere Prophetie
über die gegenwärtige endzeitliche Türkennot, daß
ein solches taktisches Manöver bei ihm gar keinen
Zweifel an dem zu erwartenden Fortgang der Ereignisse aufsteigen ließ[5]. Die 'Heerpredigt'[6], die Anfang
Dezember 1529 erschien[7], unterscheidet sich dementsprechend auch ganz wesentlich von der etwas mehr als
ein Jahr zuvor konzipierten, aber erst nach einigen

----

1. Br 5,162,3ff = Enders 7,171,2ff; CR 1,1108.
2. Br 5,164,7 = Enders 7,174,7f.
3. Jonas, Dan 7; vgl. CR 1,1110; DB 11 II,XXX, Anm. 94.
4. Br 5,166,6ff = Enders 7,176,10ff.
5. Br 5,167,5ff = Enders 7,177,6ff: an Amsdorf, 27.10.1529;
   Br 5,170,20ff = Enders 7,180,28ff: an Linck, 28.10.1529.
6. 30 II(149)160-197.
7. Vgl. DB 11 II,XXXIII.

Monaten im April 1529 endgültig fertiggestellten Schrift
'Vom Krieg wider die Türken'[8]. Denn das erste Büchlein
enthält verhältnismäßig wenige apokalyptische Kategorien,
und wo solche vorkommen, da werden sie nicht durch einen
ausdrücklichen Hinweis auf ihre biblische Grundlage zurückgeführt[9]. In der neuen Schrift dagegen nimmt ein ausführliches Zitat von Dan 7 und seine Deutung auf die Türken einen hervorragenden Platz ein. Daneben werden andere
apokalyptische Stellen, wie Dan 11,36f; 2 Thess 2 (mehrfach) und Mt 24,24 (bezogen auf das Papsttum); Mt 24,21.36;
Apk 20,8f und Ez 38,22 (bezogen auf den Türken); 2 Tim
3,1; Apk 20,7 und Lk 21,28 (bezogen auf den eschatologischen Charakter der Gegenwart), ausdrücklich angeführt,
und zwar, wie Luther gleich zu Anfang betont, mit dem
Zweck, "das gewissen zu unterrichten", dadurch "das man
gewis sey, Was der Türcke sey und wofür er zurhalten sey
nach der schrifft"[10]. Die schon oft bemerkte Tatsache,
daß Luther neben dem Türken "doch nicht seinen vornehm-
sten Gegner, den Feind seines Lebens", nämlich den Papst,
vergessen hat[11], dürfte einmal darauf beruhen, daß Luther sich bemühte, seinen Lesern, für die das seltsame
Volk aus dem Osten und seine Religion z.T. etwas Unheim-

---

8. 30 II(81)107-148. Über den Verlust der ersten Sexternio-
nen des Manuskriptes während der Drucklegung, die im
Oktober 1528 begann, vgl. die Einleitung, S. 96, und
den RN dazu. Luther hat offensichtlich diese Gelegenheit wahrgenommen, Anspielungen auf den Speyrer Reichstag (eröffnet am 15.3.1529, vgl. DB 11 II,XXIX, Anm. 92)
einzuarbeiten, z.B. 134,2ff und 148,7ff, also gerade
auch am Ende der ganzen Schrift.

9. Der Papst ist der Antichrist, nicht der Türke, da dieser nicht, wie die vielzitierte Standardstelle 2 Thess
2,4 verlangt, in der Kirche selbst residiert, sondern
außerhalb wütet als "der leibhafftige Teuffel" (30 II,
125,27ff); das Römische Reich ist das letzte vor dem
jüngsten Tag, ein Postulat, das sich aus der traditionellen Exegese von Dan 7 (s.u. S. 429) ergibt und das
Luther hier ohne Begründung anführt (143,31ff); der
Türke wird einmal ganz beiläufig Gog und Magog genannt
(146,17).

10. 30 II,161,31ff.

11. 30 II,151 (Einleitung), vgl. DB 11 II,XXXIIIf.

liches an sich hatte, z.T. aber auch eine gewisse
Faszination ausübte, über die Eigenart der Türken
dadurch aufzuklären, daß er die Gemeinsamkeiten und
Unterschiede der beiden widerchristlichen Glaubens-
formen und des Vorgehens von Papst und Türken hervor-
hob. Zu diesen didaktischen Überlegungen[12] muß jedoch,
und das ist der andere und m.E. entscheidende Grund
für diese Parallelität, eine grundsätzlichere Entscheidung Luthers hinzugekommen sein, nämlich die volle Ein-
gliederung des unübersehbar gewordenen weltgeschichtlichen Phänomens Türkenbedrohung in sein Gesamtbild von
der Endgeschichte, das für ihn eben nur biblisch, d.h.
apokalyptisch, begründet sein konnte, das aber bisher
von der überragenden Gestalt des antichristlichen Papsttums so sehr beherrscht war, daß daneben kaum eine andere
Macht einen annähernd gleichwertigen Rang einzunehmen vermochte. So konnte 1528 auch der Türke noch nicht in Luthers System geschichtstheologischer Kategorien einen
solchen Platz erringen[13], obwohl, wie gesagt, einige
wenige, aber doch gerade die später maßgeblichen apokalyptischen Vorstellungen ihm schon zu Gebote standen,
ohne jedoch irgendwie deutlicher hervorzutreten. Erst
in der 'Heerpredigt' von Ende 1529 erhält der Türke
die zweite Hauptrolle neben dem Papst im Enddrama zugewiesen[14], so daß Luther ihn einzuordnen, die Leser zu
trösten und anzufeuern weiß, weil er inzwischen in Dan 7
eine zuverlässige biblische Voraussage dieses Phänomens
gefunden hat, die ihn vollkommen überzeugt[15].

---

12. die ja schon in der vorigen Schrift zu längeren Verglei-
    chen von Papst und Türken geführt haben; vgl. 30 II,125f;
    140-144; 148,28.
13. Vereinzelt kommen freilich auch schon früher Formeln
    vor, die auf eine Gleichstellung von Papst und Türken
    hindeuten, z.B. 10 I 1,148,17.
14. Über die oft schwankende Verhältnisbestimmung der bei-
    den Feinde Christi vgl. Preuß, Antichrist, S. 171-175.
15. Beachte etwa im Gegensatz zu 30 II,144,2ff die Gewiß-
    heit, die in einem solchen Satz wie diesem zum Ausdruck
    kommt: "Darumb mus der Türcke kein keiser werden noch

Es läßt sich also Ende 1529 ein weitgehend paralle-
ler Vorgang im Hinblick auf die Türken beobachten wie
in der Zeit um 1519 in bezug auf das Papsttum, und wie
damals Luther, ausgehend von der Kernstelle 2 Thess 2,
die ihn als erste überzeugte, bald eine ganze Reihe apokalyptischer Bibelabschnitte auf das Papsttum zu beziehen begann[16], so geschieht es jetzt innerhalb sehr viel
kürzerer Zeit bezüglich des Türken. Aus der Apk kommt
dafür insbesondere Kap. 20,7-9 in Frage. Die dadurch
entstandene Aufgliederung der apokalyptischen Stellen
manifestiert sich in der 'Heerpredigt' so: "Die schrifft
weissagt uns von zweyen grausamen Tyrannen, welche sollen für dem iüngsten tage die Christenheit verwüsten
und zurstören, Einer geistlich...", geweissagt durch
Dan 11,36f und 2 Thess 2,3. "Das ist der Bapst mit
seinem babstum, davon wir sonst gnug geschrieben. Der
ander mit dem schwerd leiblich...", geweissagt durch
Dan 7,25 und Mt 24,21. "Das ist der Türcke."[17] Seitdem nennt Luther unzählige Male Papst und Türken in einem Atemzug[18]. Daher kann die 'Heerpredigt' als erster

---

ein new odder eigen keiserthum auffrichten, wie ers wol
ym syn habt, Aber es wird und mus ihm gewislich feylen
[= fehlschlagen] odder Daniel würde zum lügener, Das
ist nicht müglich." 30 II,166,16ff; vgl. Buchanan, Turks,
S. 158.

16. s.o. S. 166f. Höhepunkt ist die Schrift gegen Catharinus
aus dem Jahre 1521, die von einer Deutung des Kapitels
Dan 8 auf den Papstantichrist, verbunden mit anderen
apokalyptischen Abschnitten, beherrscht ist, s.o. S. 167f
und 201ff.

17. 30 II,162,1ff.

18. Vgl. Headley, Church History, S. 245ff. Die systematisch
orientierten Arbeiten Lamparter, Türkenkrieg, und Lind,
Kreuz- und Türkenkrieg, berücksichtigen zu wenig die
Wandlung in Luthers Türkeninterpretation von 1529, noch
weniger Asendorf, Eschatologie, S. 204-207, und Hillerdal, Prophetische Züge, S. 111f und 114; etwas deutlicher
wird sie bei Vielau, Türke, S. 32ff; dagegen kommt Pfister, Reformation, S. 360-363, der Sachlage schon näher,
jedoch überschätzt er m.E. Hiltens Einfluß. - Bezeichnend ist, daß nicht alle Anhänger Luthers diesen hermeneutischen Schritt nachvollzogen haben. So polemisiert z.B.
Michael Stifel, über den noch zu reden sein wird, wahr-

Niederschlag einer neuen Stufe in Luthers Bibeldeutung,
zumindest für einen Teilbereich, eben die apokalyptischen Schriften, gelten und deshalb muß sie eben auch
am Anfang eines neuen Hauptabschnittes unserer historischen Untersuchung über Luthers Apk-Interpretation stehen[19]. Veranlaßt ist diese Wandlung ganz offensichtlich
durch die aktuellen Begebenheiten der letzten Wochen,

---

scheinlich versteckt auch mit gegen die Tendenz in Luthers und Melanchthons Schriften, den Türken als einen
zweiten Antichrist oder als partielle Verwirklichung des
einen Antichrists einzuführen, wodurch die Menschen von
dem eigentlichen Hauptfeind, dem Papsttum, abgelenkt
werden könnten. Er schreibt 1532 in seinem 'Rechenbüchlein vom Endchrist': "Zum letzten sehe ich, das leider
der unsern auch viel irre werden an diesem werk Gottes,
also das sie nu nicht wol wissen, ob sie den bapst oder
den Türken fur den endchrist (im Daniele, Apocalypsi und
Paulo abgemalet) halten sollen. Ich mus itzt hören (das
mir an meinem herzen weh thut), man künde nichts wissen
von der zeit des endechrists. Der Türke sey der endchrist,
von dem Daniel hab geweissagt. Etliche sagen, der bapst
und der Türk seiens miteinander.
  Dazu sage ich (das ich mein bekentnis thu, nachdem ich
sehe, das diese sach nicht so klein und schlecht [= ge-
ring] ist, als etlich meynen, die dem bapst zuviel
nachlassen umb des keisers willen): Der Türk sey
mit seinem reich, was er wölle, so ist er doch nit
der endchrist, den uns Paulus, Daniel, Apoca. furbil-
den und abmalen. Der Türk ist Anticaesar; den sol der
keiser mit seinem schwert angreifen und wir getrost
helfen. Aber der bapst ist Antichristus; den sol das
schwert Christi angreifen (wie geschehen). Es heißt:
"spiritu oris sui" [2 Thess 2,8], das ists schwert,
das den bapst schlagen sol. Und drumb so lasset uns
diese ding nicht ineinandermischen und -mengen. Man
wird sonst irre in der sache und kömpt zuletzt dahin,
das man gedenkt und sagt: Ho, was hets geschadet, so
wir schon unter dem bapstumb blieben weren? Das sucht
auch der teufel eigentlich, das er dir diesen endchrist ausrede; denn er weis wol, der türkische mörder,
das eins am andern henget, Christum erkennen und den
endchrist." Stifel, Rechenbüchlein, Bl. B6b-B7a.

19. Asendorf, Eschatologie, S. 282, tut die Äußerungen Luthers über die Türken als einen "Teil des Tributes, der
an Zeit und Umwelt zu entrichten ist", ab, obwohl er
unmittelbar darauf einen Satz Luthers zitiert, der deutlich macht, daß auch der Türke wie der Papst als Feind
des Evangeliums in unmittelbarem Zusammenhang mit der
Worttheologie Luthers erscheint, auf die Asendorf sonst
so großen Wert legt.

und diese Zusammenhänge müssen wir nun noch etwas genauer
zu erfassen suchen.

Wir folgen dabei den Vermutungen von Hans Volz, die
er mehrfach vorgetragen hat[20]. Vorauszuschicken ist jedoch noch folgende Beobachtung: Schon einige Zeit vorher bringt Luther an zwei Stellen die Türken in unmittelbaren Zusammenhang mit Dan 7, nämlich bereits in der 1.
Ps-Vorlesung, wo er assoziativ die Türken dem in Dan 7,21
und Apk 13,7 geweissagten Antichrist anfügt[21], und wieder
in der für die auf den Papst bezogenen apokalyptischen
Abschnitte bedeutsamen Schrift gegen Catharinus von 1521,
wo der Türke als Beispiel für die anderen in Dan 7 gewei s-
sagten Reiche aufgeführt wird, die im Gegensatz zum Papstantichrist nicht durch äußeren Schein (Dan 8,23), sondern
mit Waffengewalt geschaffen werden[22]. Daraus könnte man
mit einiger Vorsicht den Schluß ziehen, daß Luther schon
von Anfang an die Vorstellung nicht fremd war, daß
die Türken in Dan 7 geweissagt seien. Aber das kleine
Horn von Dan 7,8.20.25 jedenfalls identifiziert Luther
1521 eindeutig mit dem Papsttum[23]. Ob es damals freilich
schon Auslegungen gegeben hat, die der seinigen von 1529
nahekommen, kann ich nicht sicher feststellen[24].

---

20. Volz, Arbeiten, S. 395-397; ders., Beiträge, S. 93-95
    und 111-115; ders. in: DB 11 II,XXIX-XXXIII (Einleitung
    zum Prophetenteil).

21. 55 II 1,129,24f; vgl. o. S. 95.

22. 7,729,7ff.

23. 7,744,1ff; vgl. Froom, Faith II, S. 268: "... he must
    have changed his opinion between 1521 and 1529..."

24. Danielkommentare aus der Anfangszeit der Reformation,
    die über die älteren Deutungen hinausgehen, sind mir
    nicht bekannt. Da es üblich war, das türkische mit dem
    sarazenischen Reich gleichzusetzen, könnten aber auch
    die früheren Auslegungen in Frage kommen. Die mir be-
    kannten Deutungen treffen aber nicht genau das, worauf
    es Luther 1529 gerade ankommt. Paulus von Burgos pole-
    misiert z.B. in seiner Additio zu Dan 7 gegen rabbini-
    sche Deutungen, bei denen das 4. Weltreich selbst nicht
    das römische, sondern das sarazenische darstellen soll.
    Er bemerkt dazu, die Sarazenen könnten allenfalls durch
    "aliqua cornua" bezeichnet sein. In Joachim von Fiores

Volz setzt jedoch an anderer Stelle mit seinen Vermutungen an. Zunächst weist er auf eine Tatsache hin, die
uns schon bekannt ist, nämlich daß Luther um die Mitte
der zwanziger Jahre sehr besorgt war über die Art, wie
manche seiner ehemaligen Anhänger mit den schwer verständlichen Büchern der Bibel, insbesondere den prophetischen und apokalyptischen, umgingen. Die dafür typischen
Äußerungen in der Vorrede zur Sacharja-Auslegung von 1527,
auf die Volz seine Argumentation stützt, haben wir oben[25]
schon eingehender besprochen. In diesem Zusammenhang sind
wir auch auf Müntzers 'Fürstenpredigt' über Dan 2 gestoßen
und haben des weiteren[26] untersucht, wie er neben anderen
Bibelstellen auch Apk 6,2 und 19,17f als Belege für seine
Forderung nach Beseitigung unrechtmäßiger Obrigkeiten in
Anspruch nimmt. Zu diesen anderen Bibelstellen zählt insbesondere auch Dan 7,18.27, wo es heißt, daß die Heiligen
des Höchsten das Reich einnehmen werden, als konstituti-

Expositio zu Apk 13,1, auf die auch der 'Libellus de
ritu et moribus Turcorum', Bl. K4a, Bezug nimmt, wird
Dan 7 ausführlich als Parallele herangezogen. Hierbei
ist freilich das Schema der 4 Weltreiche verlassen und
durch das Schema der 4 Verfolgungen der Christenheit
ersetzt, wobei das 4. Tier die Verfolgung durch die Mohammedaner meint. Die charakteristische Identifizierung
von kleinem Horn und Türken ist auch hier nicht vollzogen. Dagegen ist im Prolog (Joachim, Expositio, Bl. 11a)
eine Gleichsetzung der 10 Hörner des Drachens von Apk
12,1ff mit verschiedenen Königen versucht, die Christen
verfolgt haben. Dabei wird der türkische Sultan Saladin
mit dem 6. Horn und gleichzeitig mit dem kleinen Horn
von Dan 7,24f identifiziert. Hier ist aber wiederum kein
Zusammenhang mit dem übrigen Kap. 7 hergestellt. Auffällig ist auch, daß Aventin während der Belagerung Wiens
im Herbst 1529 als einzigen, der Dan 7 auf die Türken
beziehe, Melanchthon mit seiner noch zu erwähnenden Vorrede vom April 1529 (s.u. Anm. 29) nennt: 'Ursachen des
Türkenkrieges', Turmair, Werke I, S. 197,11ff. Allerdings legt Johannes Brenz, der auch in Marburg dabei war,
in seiner bereits 1526 entstandenen, so nur handschriftlich erhaltenen Türkenschrift nahe, Dan 7,24 vom Türken
zu verstehen: Brenz, Frühschriften 2, S. 716ff.

25. S. 304ff.
26. o. S. 310f.

ver Bestandteil[27]. Es erscheint von daher durchaus verständlich, wenn Luther, wie Volz vermutet, "um sich von
derartigen Auslegern zu distanzieren"[28], in seiner Schrift
'Vom Krieg wider den Türken' (noch) vermied, sich ausdrücklich auf Dan 7 zu beziehen, obwohl sein Mitarbeiter Melanchthon es etwa zur gleichen Zeit schon zum zweiten Mal
öffentlich tat[29]. Unter diesen Umständen ist es dann aber
nur noch bemerkenswerter, daß Luther einige Monate später,
gestützt auf den in unmittelbarem Zusammenhang mit den
von Müntzer beanspruchten Versen stehenden Abschnitt, insbesondere auf die Verse 24-26, die eben erwähnte feste
Überzeugung von der endzeitlichen Bedeutung des Türkeneinfalls und der daraus folgenden Nähe des Endes auf
einmal mit solchem Nachdruck vorbringt.

Die Ursachen dieses Umschwungs müssen offensichtlich
in den Ereignissen des Herbstes 1529 zu finden sein,
wie wir sie oben kennengelernt haben. Es ist ja sicher
nicht zufällig, daß die drei Wittenberger Theologen,
die Ende Oktober gleichzeitig an zwei Türkenschriften
arbeiten, die in ihren Hauptgedanken übereinstimmen,
Luther an der 'Heerpredigt' und Jonas zusammen mit Melanchthon an 'Das siebend Capitel Danielis'[30], daß eben
diese drei Männer dieselben sind, die miteinander am
Marburger Religionsgespräch teilgenommen, auf der Rückreise sich über die Weissagungen des geheimnisvollen
Mönches Hilten unterhalten und in Torgau dann von der

---

27. Müntzer, Schriften, S. 261,19; S. 373,8-10; S. 396,28ff;
    S. 455,20; S. 463,11; S. 468,29 (= WA 18,371,7); S. 470,
    7f (= WA 18,372,1) und S. 471,21f; vgl. Dismer, Geschich-
    te, S. 109.

28. DB 11 II,XXXIIf.

29. erstmalig in der Widmungsvorrede zu 'De bello Rhodio'
    von Jakob Fontanus, CR 1,876; dann wieder 1529 im Wid-
    mungsbrief zu seinem (dann doch nicht gedruckten) Dan-
    Kommentar, CR 1,1053. Beide diesbezüglichen Abschnitte
    sind zitiert in DB 11 II,XXVII, Anm. 89 und S. XXIX.

30. Zu einzelnen Parallelen in den beiden Schriften vgl.
    RN zu 30 II,166,30ff (S. 48); 171,16f (S. 49) und 223,
    7f (S. 62f).

Belagerung Wiens erfahren haben. Offensichtlich haben
sie ihre Deutung von Dan 7 (verbunden mit den Gog- und
Magog-Perikopen Ez 38f und Apk 20,7-9) im Gespräch gemeinsam erarbeitet. Nur der Anteil einzelner Faktoren
daran läßt sich nicht so genau bestimmen. Der Türkenein-
fall gibt natürlich den aktuellen Anlaß und den bedrohlichen Hintergrund dazu ab. Weniger deutlich ist jedoch,
wieviel Melanchthon aus seiner bisherigen Beschäftigung
mit der Materie hat beisteuern können, was durch die Berichte über Hiltens Dan-Deutung hinzugekommen ist und
wie weit dann noch ein eigener Beitrag Luthers in Frage
kommt.

Melanchthons schon erwähnte frühere Bemerkungen, in
denen er die Türken mit Daniels Prophetie in Zusammenhang
bringt, sind leider noch zu unbestimmt, als daß sich davon ins einzelne gehende Abhängigkeiten herleiten ließen,
und sein Dan-Kommentar wurde im April 1529 ja nicht gedruckt[31]. Immerhin ist bemerkenswert, daß es offensichtlich Melanchthon war, der sein Material ("operis silvam")
zur Schrift von Jonas beigesteuert hat[32] und bald darauf
auch zu anderen Schriften, so zu Johannes Brenz' Unterricht, 'Wie sich die Prediger und Laien halten sollen,
so der Türk das deutsch Land überfallen würde', von
1531[33] und zu Johann Carions 'Chronica'[34], jeweils mit

---

31. Darüber vgl. Volz, insbesondere Beiträge, S. 95 bis
    110. Die Ausführungen über Dan 7 in der zumindest stark
    überarbeiteten Ausgabe von 1543 (CR 13,858-865) ent-
    sprechen wieder in ihren Grundzügen denen der Schriften
    vom Herbst 1529. Melanchthon verteidigt seine Auffassung
    auch gegenüber Osiander (CR 3,547: an Veit Dietrich,
    26.6.1538; vgl. dazu Seebaß, Osiander, S. 77f).

32. CR 1,1110.

33. Dan 7 erscheint Brenz, Türk, Bl. A2a, A4a und B1a; die
    Alexandersage des Methodius Bl. B3af. Zu Melanchthons
    Anteil an dieser Schrift vgl. CR 2,517: an Brenz,
    28.7.1531; dazu Stefan Strohm in: Brenz, Frühschrif-
    ten 2, S. 716ff.

34. Carion, Chronica, 1532, Bl. 109aff. Über Melanchthons
    Anteil daran s. Münch, Chronicon. Vgl. auch CR 12,719
    und 1075ff: Ausgabe 1560. - Köhler, Islam, S. 20-23,
    betrachtet die betreffenden Abschnitte in allen drei

Übereinstimmung der wichtigsten Gedanken, die offensichtlich bei Melanchthon einen festen Komplex bilden. Er konnte damals also schon vieles über Dan 7 aus Eigenem schöpfen.

Hiltens Einfluß wird weniger deutlich. Sicher ist jedenfalls, daß z.Zt. der Abfassung von Luthers und Jonas'
Schriften noch keine genauen schriftlichen Nachrichten
von diesem Mönch vorgelegen haben, da diese erst am 2.
Dezember von Gotha abgingen[35]. Der Beitrag des geheimnis-
umwitterten Franziskaners kann zunächst nur in einer momentanen Erhöhung der erregten Spannung bestanden haben.

Im Hinblick auf die bald folgenden, in ähnlichem Zusammenhang stehenden Schriften Luthers wird es aber
doch gut sein, einmal zu untersuchen, welche Schriften
und Worte Hiltens Luther und Melanchthon bekannt geworden sein können und an welchen Stellen möglicherweise sein Einfluß sich ausgewirkt haben mag. Das soll
am Ende der Arbeit in einem eigenen Exkurs geschehen[36].

Literarische Produkte, denen sonst noch Priorität zukommen könnte, sind nicht bekannt[37]. Luthers eigener Einfluß muß demgegenüber wohl doch nur als sehr gering ein-
geschätzt werden; er dürfte sich eigentlich nur auf Einzelheiten und auf die Gestaltung seiner eigenen Schriften
beschränkt haben. Daher nehme ich an, daß es Melanchthon
war, der Luther Ende 1529 so sehr von seiner Interpretation des Türkeneinfalls mit den Kategorien danielischer
und anderer Apokalyptik überzeugt hat, daß dieser sie

Schriften als "geistiges Eigentum Melanchthons". Dessen Interpretation von Dan 7 und anderen Weissagungen
charakterisiert er auf S. 61ff.

35. s.o. Daher sind die Vermutungen von Pfister, Reformation, S. 302, hinfällig.

36. s.u. Exkurs II., S. 662-672.

37. Im RN zu 30 II,150 (S. 45f) wird zwar der 'Libellus
de ritu et moribus Turcorum' als mögliches Vorbild
erwähnt, den Luther um die Jahreswende von 1529 auf
1530 mit einer Vorrede und Randglossen von ihm nach-
drucken ließ (30 II[198]205-208). Die zitierte Äußerung ist jedoch zu allgemein, und die Dan-Deutung, auf
die verwiesen wird, ist eben gerade anders als die der
Reformatoren (s.o. S. 377f, Anm. 24).

als seine eigene propagiert hat[38], und zwar mit einem
ganz ungewöhnlichen Impetus und mit einer von dem daraus
resultierenden Glauben an die Nähe des Weltendes angetriebenen besonderen Eile.

Damit sind wir zurückgekehrt zu unserer gerade erst
angefangenen Darstellung von Luthers literarischem Schaffen seit Herbst 1529 anhand seines Briefwechsels und wollen sie dort fortsetzen, wo wir sie für eine grundsätzlichere Überlegung kurz verlassen haben.

II. Arbeit an der Bibel und Wiederaufnahme des antirömi-
schen Kampfes 1530

In der 'Heerpredigt' hatte Luther nicht ohne Grund
den Papst neben den Türken gestellt[1]. Der war ja nicht
nur der dauernde Hauptfeind, sondern er bedrohte auch
immer wieder durch seinen 'weltlichen Arm', den Kaiser,
der sich 1529 nach langen Streitigkeiten gerade erst
wieder mit ihm geeinigt hatte, die Existenz der Protestanten. So ergab sich also nicht nur eine prinzipielle,
sondern auch eine ganz aktuelle Doppelung der Bedrohung.
Dementsprechend fügte Luther auch in einem Brief an Jakob Probst vom 10. November 1529 an eine Schilderung der
Verwüstungen durch die Türken die Sätze an: "Ad haec
mala accedit, quod Carolus Caesar multo atrocius minatur
et saevire statuit in nos quam Turca. Sic utrumque Cae-
sarem orientalem et occidentalem habemus hostem."[2] Der
Reichstag von Augsburg mit seiner Auseinandersetzung
zwischen Altgläubigen und Protestanten im Zeichen der
Türkengefahr warf damit schon seine Schatten voraus.

---

38. Auffällig ist auch, daß Luther in seinen Briefen drei-
    mal ausdrücklich auf Melanchthons und Jonas' Auslegung
    des 7. Kapitels Daniels hinweist, einmal sogar, ohne
    seine eigene Schrift daneben zu erwähnen: Br 5,166,10f
    = Enders 7,176,11f: an Hausmann, 26.10.1529; Br 5,170,
    26f = Enders 7,180,36f: an Linck, 28.10.1529, und Br
    5,176,6 = Enders 7,186,6f: an Hausmann, 10.11.1529.
1. s.o. S. 373f.
2. Br 5,175,8ff = Enders 7,184,10.

Die Türken beschäftigten Luther auch weiterhin. Mit derselben Post, mit der er am 3. Januar 1530 Hausmann zwei Exemplare der zweiten Auflage der 'Heerpredigt' schickte, meldete er auch, daß ein "libellus de ritu & religione Turcorum ante Lxx fere annos editus" im Druck sei[3]. In seinem Vorwort zu dieser Schrift vergleicht Luther wieder Islam und Papismus, jedoch ohne speziell apokalyptische Kategorien.

Im gleichen Brief berichtet er noch von einer anderen Arbeit, die in unserem Zusammenhang besonders wichtig ist: "Nouum testamentum ad finem correximus, quod sub prelo plus quam dimidio formatum est. Post ad Prophetas reuertemur vertendos."[4] Wir stoßen hier auf Luthers Arbeit an der Deutschen Bibel. Sie stand von jetzt ab für mehrere Monate ganz unter apokalyptischem Vorzeichen. Da ist zunächst die Revision des NT, die im Sommer 1529 schon begonnen hatte, wegen des Marburger Religionsgesprächs jedoch unterbrochen werden mußte und im Winter zum Abschluß kam[5]. Sodann werden die Propheten erwähnt. Worauf es uns dabei besonders ankommt, wird aus der nächsten Briefstelle deutlich. Am 25. Februar schreibt Luther nämlich, wiederum an Hausmann: "Nos iam Danielem formamus edendum pro solatio istius vltimi temporis. Ieremiam quoque cum reliquis in manum sumpsimus. Nouum testamentum ad Missam proximam Francof[ordianam] dabimus, nouam scilicet furiam concitaturi contra nos apud papistas. Nam Apocalypsin diligenti prefatione & scholiis pene commentati sumus."[6] Hier hebt Luther also als charakteristisches Merkmal der Revision des NT die neue Apk-Vorrede hervor, die ihm unter der Hand zu einem Kommentar in nuce geraten ist, und betont ihren polemischen Einschlag. Wird schon aus der Erwartung Luthers, daß sie eine Aufregung unter

---

3. Br 5,215,5ff.14f = Enders 7,214,3ff.17f.
4. Br 5,215,15ff = Enders 7,214,18ff.
5. Vgl. DB 6,LXIII und DB 11 II,XXVf.
6. Br 5,242,11ff = Enders 7,232,14ff.

den Papisten hervorrufen werde, ihr aktueller, gegenwarts-
bezogener Charakter deutlich, so läßt sich aus der Kenntnis der bisher beobachteten eschatologischen Hochspannung
leicht erschließen, daß die Ereignisse vom Herbst 1529
auch diese Schrift Luthers bestimmt, wenn nicht überhaupt
erst angeregt und hervorgebracht haben müssen, auch wenn
aus seinen Berichten an Hausmann nicht klar hervorgeht,
zu welchem genauen Zeitpunkt Luther die Vorrede verfaßt
hat[7]. Die besonderen Umstände, unter denen sie entstanden sein wird, beschreibt Luther auch ganz deutlich im
Kontext unserer Briefstelle: Er habe jetzt Daniel in Bearbeitung, nicht, wie es der Reihenfolge der Propheten-
bücher nach dem zuletzt erschienenen Jesajabuch entspro-
chen hätte, Jeremia, und den Grund für diese Vertauschung
gibt er auch an: Es geschieht 'zum Trost für diese
letzte Zeit'. Noch deutlicher spricht er sich darüber
im Widmungsbrief zur Danielübersetzung an Johann Friedrich von Sachsen aus: "Die wellt leufft vnd eilet so
trefflich seer zu yhrem ende, das mir offt starcke gedanken einfallen, als solte der Jungste tag, eher daher brechen, denn wir die heiligen schrifft gar aus
verdeudschen kundten." Es folgt die Begründung der Naherwartung, unter Berufung auf Dan, weltliche Weissagungen, Mt 24,22 und Apk 13 (und 21,7). "Solche vnd der
gleichen gedancken haben vns verursacht, diesen Propheten Daniel auszulassen [= zu veröffentlichen], fur den
andern die noch dahinden sind, Auff das der selbige
doch an tag keme, ehe denn alles zergehe, Vnd er sein
ampt ausrichte, vnd tröste die elenden Christen, vmb
welcher willen er geschrieben, vnd auff diese letzte
zeit gesparet vnd verhalten ist."[8] Die tröstliche Bedeutung dieses Propheten sollte vor allem die Vorrede
dazu zum Ausdruck bringen, die noch länger geworden ist
als die zur Apk und neben einer Menge historischer Daten

---

7. Diese Vorrede wird erst weiter unten ausführlich behandelt werden; s. S. 395ff.
8. DB 11 II,380/81,4ff; 382/83,7ff.

auch wieder die bekannten Deutungen von Kap. 7 auf die
Türken und von Kap. 8 und 12 auf den Papstantichrist
kurz erwähnt[9].

Nach Daniel konnte aber Jeremia immer noch nicht erscheinen. Die Arbeit an seiner Übersetzung mußte unterbrochen werden, weil Luther mit seinen Kollegen am 3.
April 1530 nach Coburg abreiste. Kaum war er dort auf
der Veste alleingelassen, schrieb er schon an Melanchthon
(24. April 1530): "Ego incipio totis animi affectibus in
Turcam et Mahometum commoveri... Te plus macerant domesti-
ca nostri Imperii monstra. Sed nos sumus, quibus praedesti-
natum est duo ista novissima vae, simul furentia et no-
vissimo impetu irruentia videre et pati. Sed impetus ipse
testis et propheta sui finis et nostrae redemptionis
est."[10] Mit den beiden letzten 'Wehe' ist entsprechend
der in der zweiten Vorrede vertretenen Deutung von
Apk 9,13ff und 13,1ff der Islam und das verweltlichte
Papsttum gemeint[11]. Wieder treffen wir auf die Parallelisierung von Türke und Papst[12]. Luthers Erregung
hatte sich auch noch gar nicht gelegt, im Gegenteil,
sie konnte sich jederzeit wieder steigern, und zunächst
richtete sich ihre Stoßkraft noch einmal gegen den Türken. Luther nahm von seiner Bibelübersetzung einen weiteren Abschnitt vorweg, der fest zum neuen Komplex der
antitürkisch gedeuteten Kapitel der Bibel gehörte, und
brachte ihn mit Vorrede und Randglossen separat heraus:
'Das 38. und 39. Kapitel Hesechiel vom Gog'[13].

---

9. DB 11 II,10/11,17ff; 18/19,1ff; 48/49,7ff; vgl. Schild,
   Bibelvorreden, S. 234-238.

10. Br 5,285,7ff = Enders 7,303,9ff = BoA 6,252,8ff.

11. DB 7,443 und 451: Randglossen zu Apk 9,13 und 13,1;
    Br 5,286, Anm. 7 ("= Turcam et Mahometum") ist in Br
    13,125 berichtigt. Nur paßt Apk 13,1 besser als Apk
    10,1.

12. Vgl. hierzu auch Schubert, Koburg, S. 119ff.

13. 30 II(220)223-236; vgl. DB 11 II,LVI. Über die darin
    erwähnte Parallele Apk 20,8-10 vgl. u. S. 450.

Fast gleichzeitig damit ging er nun aber auch zum
Angriff gegen die 'Papisten' über[14]. Denn schon fünf
Tage später, am 29. April, meldete er Melanchthon:
"Oratio mea ad Clerum procedit; crescit inter manus et
materia et impetus, ut plurimos Landsknechtos prorsus
vi repellere cogar, qui insalutati non cessant obstre-
pere."[15] Was da an angriffigen Sätzen gegen die Bischöfe
dem Vorkämpfer der Reformation in die Feder floß, das
erschien bald darauf unter dem Titel 'Vermahnung an die
Geistlichen, versammelt auf dem Reichstag zu Augsburg'
im Druck und verfehlte seine Wirkung auf Freunde und
Feinde nicht[16]. Wie schon zehn Jahre vorher begründet
er darin erneut unter Berufung auf 2 Petr 2,18; 2 Thess
2,4 und Dan 11,37, daß die römische Kirche des Teufels
Kirche und ihre Tradition antichristlich seien[17]. Dies
war jedoch nur der Vorbote einer (jedenfalls geplanten)
ganzen Reihe von Streitschriften, deren erste Luther in
einem Brief an Brenz vom 30. Juni 1530 mit folgendem Satz
ankündigte: "De purgatorio mendacia quaedam attigi contra
Papistas, velut instituens ab integro novam in illos
pugnam."[18] Im Vorwort zu 'Ein Widerruf vom Fegefeuer'[19],
der damit gemeint ist, drückt sich der Reformator noch
deutlicher aus: "Weil ich sehe, das die Sophisten mit
allem vleis jhr lügenpredigt, schande und grewel, da mit
sie die Christenheit verderbt haben, jtzt durch viel
geplerr und geschrey unterstehen zuverbergen und sich
erfur putzen, als hetten sie noch nie kein unthetlin

---

14. Zu Luthers antipäpstlicher Polemik während des Augs-
    burger Reichstags vgl. Bäumer, Papst II, S. 81-84.
15. Br 5,298,15ff = Enders 7,313,21ff = BoA 6,257,12ff.
16. 30 II(237)268-356 = BoA 4,104-143.
17. 30 II,309,21ff; 321,30ff; 323,30ff; 330,21f = BoA 4,
    121,31; 127,13ff; 128,14ff; 130,31f. Die Angabe von
    Apk 2,9 zu 30 II,321,30 bzw. BoA 4,127,14 ist weniger
    angebracht, als es die von 2 Thess 2,4 zu 30 II,322,
    31 bzw. BoA 4,127,32 gewesen wäre, die jedoch unter-
    blieben ist.
18. Br 5,419,47ff = Enders 8,61,67ff = BoA 6,313,32f.
19. 30 II(360)367-390.

begangen, Der hoffnung, weil wir eine zeit lang daher
gegen sie geschwigen und uns mit den rotten geistern
geschlagen,... wollen also ungebüsset, ungebessert, dazu unversehens und unverschampt mit der zeit alle jhre
Teuffels lere widder anrichten, So mus ich dagegen wid-
derümb das alte register erfur ziehen..." - "Ich wils versuchen und widderumb alles und alles von newen und forn
anfahen... Und zum anfang wil ich das Fegfewr zu erst fur
mich nemen... Und darnach von den andern lügen und greweln
jnn der riege und ordnung nacheinander her."[20] Luther hat
also beschlossen, angesichts der nachgiebigen Haltung Melanchthons in Augsburg die gesamte Auseinandersetzung mit
dem Papsttum von neuem aufzurollen[21]. Die erscheint ihm
nach wie vor notwendig, auch wenn sie zeitweilig durch
andere Probleme etwas ins Hintertreffen geraten ist. Man
muß sich deshalb auch nicht wundern, wenn 1530 die alten
Apk-Stellen wieder auftauchen und dieses Bibelbuch erneut die Funktion erhält, die es vor 1522 schon einmal
gehabt hat. Gleichzeitig wird noch einmal bestätigt, was
wir schon festgestellt haben, nämlich daß die Ausblen-
dung der Apk aus Luthers Gesichtskreis und damit auch die
erste, so negative 'Vorrede auf die Offenbarung' hauptsächlich durch die beginnende Auseinandersetzung mit den
Schwärmern bedingt ist und somit auch nur für eine bestimmte Periode und Frontstellung bei Luther als typisch
angesehen werden kann. Im 'Widerruf' selbst erscheinen
neben 2 Thess 2,4 und Dan 11,36ff[22] keine antipäpstlichen
Apk-Zitate, sondern vielmehr solche, die die 'Papisten'
selbst gern gegen die Lutherischen ins Feld führen, die
Luther aber durchaus in seinem Sinne zu interpretieren
versteht, nämlich Apk 14,13 und 14,4[23]. Diese Schrift
nimmt also einen Aspekt des Thesenstreites wieder auf
und ist im Hinblick auf die darin angesprochenen Apk-

---

20. 30 II,367,2ff; 368,1ff.
21. Vgl. Campenhausen, Selbstbewußtsein, S. 149 bzw. 241.
22. 30 II,390,21f.
23. 30 II,375,21ff; 378,8ff, s.u. S. 586ff und 591ff.

Zitate dem vergleichbar, was wir an der Leipziger Disputation beobachten konnten[24]. Mit ihr wollte Luther
auch gleichzeitig einem der drei Mängel abhelfen, die
er an der Augsburger Konfession glaubte beanstanden zu
müssen, wie er am 21. Juli 1530 an Jonas schrieb: "Satan adhuc vivit et bene sensit Apologiam vestram leise
treten et dissimulasse articulos de purgatorio, de
sanctorum cultu, et maxime de antichristo Papa."[25]
Den zweiten Mangel glich er durch seinen 'Sendbrief
vom Dolmetschen und Fürbitte der Heiligen' aus[26]. Der
dritte und schwerwiegendste Mangel, das Fehlen des Ar-
tikels vom Papstantichrist, wurde von Luther in verschiedenen Arbeiten angegangen, die hauptsächlich ekklesiologischen Inhalts sind, wie z.B. die 'Propositiones
adversus totam synagogam Sathanae et universas portas
inferorum'[27], über die Luther am 20. Juli 1530 an Linck
schrieb: "Spero, advenerint et propositiones illae irri-
tatrices adversariorum, quia fixum est, si illi ita
pergant furere, ego quoque rursus cornua sumam et occur-
ram istis papyris in ira furoris mei..."[28]; die im Juli
begonnene, aber im August umgearbeitete und um einige
polemische Spitzen erweiterte Schrift 'Von den Schlüsseln'[29], in der neben 2 Thess 2,3f und 2 Petr 2,14 auch

------

24. s.o. S. 181ff.
25. Br 5,496,1ff = Enders 8,133,10ff = BoA 6,342,19ff.
26. 30 II(627)632-646 = BoA 4,179-193. Auch hierin kommt
    ein Argument aus der Apk vor, nämlich 19,10 bzw. 22,9
    (30 II,644,2 = BoA 4,191,2; dazu 30 II,694,8 [Konzept];
    vgl. 32,553,6: gekürzte Fassung einer Nachschr. der
    Pred. über die Engel vom 29.9.1530), diesmal von Luther
    selbst gegen die Altgläubigen gewendet: Der angelus in-
    terpres läßt sich von Johannes nicht anbeten; das spricht
    gegen die Fürbitte von Engeln und Heiligen.
27. 30 II(413)420-423; deutsch 424-427. Die Gleichung
    Papst = Antichrist, erscheint hier zwar nicht expres-
    sis verbis, doch sind 'synagoga satanae' (aus Apk 2,9)
    im Titel und 'malignantium ecclesia' (aus Ps 25,5 Vulg.)
    in These 30 typische Epitheta der Antikirche.
28. Br 5,488,5ff = Enders 8,124,6ff = BoA 6,336,27ff.
29. 30 II(428)435-464, 465-507.

Apk 10,1-3 gegen die Päpste ins Feld geführt wird[30], und
die handschriftliche Abhandlung 'De potestate leges fe-
rendi in ecclesia'[31]. In dieselbe Zeit und zumeist auch
in denselben Zusammenhang gehören nun auch die handschriftlichen Randbemerkungen zur Apk, die Luther in sein
NT auf der Coburg eingetragen hat[32].

Blicken wir nun zurück auf das Schaffen Luthers von
Herbst 1529 bis Herbst 1530, so können wir ganz klar
drei verschiedene Faktoren feststellen, die seine
besonders intensive Beschäftigung mit der Apk in
diesen Monaten hauptsächlich veranlaßt und bestimmt
haben, nämlich die äußere Bedrohung Deutschlands
durch die Türken, die innere Gefährdung der Protestanten durch die Machenschaften der 'Papisten' und Luthers
eigene Beschäftigung mit der Übersetzung und Revision
der Bibel, aus der er seine Deutung der weltgeschichtlichen Zusammenhänge und Trost in den Bedrängnissen
seiner Zeit schöpfte.

---

30. 30 II,484,9; 487,23; 493,20; 488,20. Alle diese Bibel-
    stellen fehlen noch im Entwurf. Dafür findet sich dort
    noch neben einer Anspielung auf 2 Thess 2,8 auch eine
    auf Apk 9,1, den Engel, der den Schlüssel zum Abgrund
    hat (30 II,464,25; 439,28). Diese Stelle, in Verbin-
    dung mit dem Papsttum gebracht, erscheint wie eine Re-
    miniszenz aus der Zeit um 1521 (s.o. S. 201ff). In
    der neuen Vorrede bezieht Luther diesen Vers nämlich
    inzwischen auf Arius (DB 7,412/13,10ff; 443, Glosse
    zu 9,1). Die im Druck stehende Stelle Apk 10,1-3 ent-
    spricht in ihrer Verwendung dagegen der neugewonnenen
    Deutung, wie sie in der 2. Vorrede niedergelegt ist
    (DB 7,412/13,20ff; 445, Glosse zu 10,1).
31. 30 II(677)681-690. Auch hier ist die päpstliche Kirche
    die 'synagoga satanae' aus Apk 2,9: 685,9 und 686,27;
    als die Kirche des Antichrists ist sie durch 2 Thess
    2,4 gekennzeichnet: 690,11.
32. DB 4(437-447)500-505. Ein Großteil der Bemerkungen
    liegt auf der Linie der gedruckten Vorrede und Glossen,
    sind also auch zu verschiedenen Kapiteln antipäpstli-
    chen Inhalts. Auffällig sind aber die besonders aus-
    führlichen Bemerkungen zu Apk 14,4 und 13 (DB 4,502,20ff
    und 503,12ff), zwei Stellen, die auch im 'Sendbrief vom
    Dolmetschen' eine Rolle spielen.

III. Die Entwicklung in den folgenden Jahren

Auch für die nächste Zeit kann man von jetzt ab damit rechnen, daß immer dann, wenn einer dieser Faktoren
oder auch alle zusammen in Luthers Leben erneut in den
Vordergrund treten, die entsprechenden Apk-Stellen ebenfalls vermehrt in Luthers Werken auftauchen.

Eine kurze Übersicht soll das deutlich machen. Damit
können wir zugleich die oben gemachten statistischen
Angaben interpretieren und ihre Schwankungen erklären.

Da die Protestanten nie eine volle Garantie ihrer
Religionsfreiheit erlangen konnten und von Kaiser,
Papst und katholischen Fürsten immer neue Gefahren
drohten, blieb für den Reformator in seinen letzten
Lebensjahren die antirömische Polemik dauernd aktuell
und konnte jederzeit wieder aufflackern. So setzte Luther etwa die während des Augsburger Reichstags begonnene
Reihe von Schriften gegen die Altgläubigen bis ins nächste Jahr fort, u.a. mit der noch 1530 verfaßten, aber
erst 1531 erschienenen 'Warnung an seine lieben Deutschen'[33], in der er im Zusammenhang mit dem Fegfeuer
noch einmal andeutungsweise auf Apk 14,13 zurückkommt[34],
mit der 'Glosse auf das vermeinte kaiserliche Edikt'[35],
die unter Berufung auf die Apk [19,20] mit dem Wunsche
abschließt, daß das Papsttum in die Hölle stürzen
solle[36], und besonders mit der Gelegenheitsschrift
'Exemplum theologiae et doctrinae papisticae'[37], in
der Luther sich mit der mönchischen Interpretation
von Apk 14,4 (Virginität) auseinandersetzt[38] und mehrfach die römische Kirche als babylonische Hure apostro-

---

33. 30 III(252)276-320.
34. 30 III,309,24ff.
35. 30 III(321)331-388.
36. 388,20f.
37. 30 III(494)496-509.
38. 499,5; 509,9.16ff.

phiert[39]. Im Vorwort dazu spricht er einen für das Verständnis seines Verhältnisses zur Apk wichtigen Grundsatz expressis verbis aus, den wir schon früher erschlossen haben[40]. Er lautet: "Non est ulli vere Chri-
stiano dubium, quod omnia pertineant ad gloriam Christi
illustrandam, quaecunqe dicuntur aut scribuntur ad ig-
nominiam et destructionem abominationis istius et ty-
rannidis Papisticae." Dabei beruft er sich nachdrücklich auf Apk 18,6f (Rache an Babylon)[41].

1533 veranlassen die gegenreformatorischen Maßnah-
men Herzog Georgs in Leipzig den Wittenberger zu einem
seiner Angriffe gegen diesen seinen alten Feind unter
dem Titel 'Verantwortung der aufgelegten Aufruhr'[42].
Dreimal zitiert er darin die Apk[43].

Die Auseinandersetzung mit den Altgläubigen geschieht
laufend bei den in den 30er Jahren wieder aufgenommenen
regelmäßigen Disputationen, z.B. in der 'Zirkulardisputation de Concilio Constantiensi', deren Thesen auch
deutsch in erweiterter Fassung als 'Sprüche wider das
Konstanzer Konzil' erschienen sind[44] und die alten hus-
sitisch-wyclifitischen Schlagwörter 'Satanssynagoge'
(aus Apk 2,9) und 'babylonische Hure' (aus Apk 17f)
wiederholen[45].

1537 veröffentlichte Luther eine ähnliche Schrift
wie das 'Exemplum' von 1531 unter dem Titel 'Einer aus
den hohen Artikeln des allerheiligsten päpstlichen Glaubens, genannt Donatio Constantini'[46]. Sie beginnt auch

---

39. 497,2f: 508,8ff; 509,23.35ff; zur letzten Stelle vgl.
u. S. 592.
40. s.o. S. 168.
41. 30 III,496,2ff.
42. 38(86)96-127.
43. Apk 17,3-6; 3,4 und 16,5f: 38,119,7ff.33f; 123,15ff.
44. 39 I(9)13-39.
45. Apk 2,9: 39 I,16,14; Apk 17,5: 39 I,13,20; 16,22; Apk
18,4: 39 I,32,37ff.
46. 50(65)69-89.

mit einem ganz ähnlichen Einleitungsgedanken wie die andere[47] und spielt aus der Apk auf die Verse 2,9; 17,5f;
19,16 in Verbindung mit 17,5 und 12,7-9 an[48].

Für 1538 haben wir zu Anfang dieses Teiles einen
gewissen Höhepunkt der Häufigkeit von Apk-Zitaten festgestellt. Eine genauere Untersuchung zeigt, daß etwa
die Hälfte aus Lauterbachs Tagebuch auf dieses Jahr
stammt und dort zumeist im Zusammenhang mit dem Papst
steht[49]. Auffällig ist nun, daß Luther im Gegensatz
dazu im vorhergehenden und nachfolgenden Jahr fast
überhaupt nicht von der Apk gesprochen zu haben
scheint[50]. Daraus könnte man schließen, daß der Reformator 1538, angeregt durch die augenblickliche Lage
an der Kurie und in den katholischen Territorien, die
Apk auf diesbezügliche Vorausdeutungen wieder einmal
besonders durchgesehen und seine Vermutungen bei Tisch
geäußert hat[51]. Auch die damals wieder besonders aktu-

---

47. 50,69,2ff: "Wenn ich nicht so geneigt were und lust
hette zu thun, was dem Teufel und seinem Bapstum ver-
drieslich ist, zuvoraus, wo Gottes ehre daraus komen
kan..."

48. 50,70,9f; 73,33; 83,23ff; 88,30ff.

49. Apk 10,1-3; 13,18; 17,16; 18,6; 19,17f: TR 3,552,28ff;
TR 4,108,18f; TR 3,690,25f und TR 4,169,13f; TR 3,589,
7 und 656,31f; TR 4,165,2f.

50. Ein einfacher zahlenmäßiger Vergleich macht den Unterschied sofort deutlich: Aus dem Jahre 1537 sind in
TR 3,371-496 auf 125 Seiten von Lauterbach und Weller
meines Wissens nur 2 Apk-Zitate überliefert (übrigens
beide am Rande nicht nachgewiesen), in Lauterbachs Tagebuch auf das Jahr 1538 dagegen (TR 3,527-699 und
4,1-199) auf 371 Seiten 10 sichere und 2 unsichere Zitate, das sind bezogen auf die Zahl der Seiten etwa
doppelt so viele. In Lauterbachs Tagebuch auf das Jahr
1539 (bis Juli; TR 4,221-448) fehlt auf den immerhin
227 Seiten jeder Hinweis auf die Apk.

51. Auffällig ist z.B., daß Luther in TR 3,629,27ff (Nr.
3805 vom 3.4.1538) Melanchthon über die Interpretation
von Apk 17,6 befragt. Sicher hat er kurz vorher sich
mit diesem Vers beschäftigt, der im Zusammenhang der
Vision von der Babylonischen Hure, sprich Papstantichrist, steht.

elle Türkenfrage kommt zur Sprache mit einer Deutung
von Apk 13,7f[52].

1541, in einem Jahr mit ähnlicher Zitatenhäufung,
steht ein Großteil der Stellen wiederum im Zusammenhang
mit antirömischer Polemik, z.B. in der gegen den Wolfenbüttler Herzog gerichteten Schrift 'Wider Hans Worst'[53],
in der besonders die 'Satanssynagoge' in verschiedenen
Wortkombinationen eine Rolle spielt[54]. Ein nicht unwesent-
licher Teil[55] aber erscheint im Rahmen von Luthers damals
erneut sehr intensiver Arbeit an seiner Deutschen Bibel[56].
Im gleichen Jahr läßt Luther außerdem auch eine 'Vermahnung zum Gebet wider den Türken' erscheinen[57], die zwar
nicht mehr so reich an apokalyptischen Bibelzitaten ist
(es fehlt etwa die typische Interpretation von Dan 7),
aber immerhin auf Apk 15,1 und 19,20 verweist[58]. Das
Jahr 1541 zeigt also im Hinblick auf die drei genannten
Faktoren eine deutliche Ähnlichkeit mit 1530. Es ist ja
auch die Zeit des Regensburger Reichstags mit seinen Religionsverhandlungen, die der Reformator einmal mit dem
Kampf zwischen Michael und dem Drachen (Apk 12,7-9)
vergleicht[59].

"Einen letzten Höhepunkt von Luthers Kampf gegen
das Papsttum verursachte die Einberufung des Konzils
von Trient. 1545 veröffentlichte er seine Schriften
'Papsttreue Hadriani IV. und Alexanders III. gegen
Kaiser Friedrich Barbarossa'. Die schärfsten Worte
fand Luther in der Schrift 'Wider das Papsttum zu
Rom vom Teufel gestiftet', die man als sein letztes

---

52. TR 3,645,3ff: Nr. 3831.
53. 51(461)469-572.
54. 51,487,23; 491,25; 518,25f; 546,31; daneben kommt
    auch Apk 17,4 und 18,4 vor: 499,19.30ff.
55 7 Stellen.
56. Revisionsprotokolle, Erweiterung der Dan-Vorrede.
57. 51(577)585-625.
58. 51,620,26ff; statt auf Apk 20,7f; s. dazu u. S. 578.
59. TR 4,518,15f: Nr. 4796 (Khummer, 26.5.1541).

großes Zeugnis gegen das Papsttum bezeichnet hat."[60]
In dieser[61] taucht letztmalig die 'Teufelssynagoga'
(Apk 2,9) auf[62]. Die damit im Zusammenhang stehende
'Abbildung des Papsttums'[63] enthält mit Apk 18,6
eine letzte Aufforderung zum Kampf gegen Luthers Erb-
feind[64].

Neben den drei Hauptfaktoren Papst, Türke und Deutsche Bibel spielen in dieser Periode auch noch andere
Einflüsse eine Rolle, die sich aus den schon oben fest-
gestellten Veränderungen[65] erschließen lassen, aber
erst später im einzelnen erörtert werden sollen[66].
Hier sollten nur die Grundzüge der Entwicklung aufgezeigt werden.

---

60. Bäumer, Papst II, S. 94.
61. 54(195)206-299.
62. 54,245,25; daneben auch Apk 19,16: 282,24.
63. 54(346)361-373; dazu die Nachbildungen am Ende des
    Bandes.
64. 54,365,V und Nachbildung 11.
65. Vgl. o. S. 370f, Fragen 2 und 4.
66. s.u. S. 573ff.

C. Luthers Behandlung der Apk (1529-46)

26. Kapitel

Die zweite Vorrede von 1529/30 mit ergänzenden Stücken

I. Entstehung (Die Apk-Vorrede im Zusammenhang der Schriften von 1529/30)[1]

Zum Verständnis der neuen 'Vorrede auf die Offenbarung Sankt Johannis'[2] ist es von größter Wichtigkeit, die besondere Situation zu beachten, in der sie entstanden ist und die wir im vorigen Kapitel gerade deshalb auch so eingehend dargestellt haben. Dieser Gesichtspunkt ist bisher leider zumeist völlig vernachlässigt worden, so daß natürlich auch die Urteile der Forscher über diese Arbeit Luthers zu oberflächlich ausgefallen sind. Denn wie wir noch im einzelnen sehen werden, ist die Vorrede von 1529/30 ein typisches Beispiel einer durch einen ganz bestimmten καιρός des Verständnisses geprägten Bibelauslegung, die nur aus diesem geschichtlichen Zusammenhang hervorgehen konnte. Deshalb ist es notwendig, bevor wir auf Einzelheiten eingehen, uns noch einmal ins Gedächtnis zu rufen, daß sie, wie festgestellt, zwischen November 1529 und Februar 1530 entstanden sein muß, zu einem Zeitpunkt also, als Luthers Denken und Schaffen beherrscht war von dem Eindruck, den die gleichzeitige Bedrohung durch Türken und Kaiser auf ihn machte, und von der neugewonnenen Überzeugung, daß eben diese jetzige Lage von Gott ja schon längst durch Propheten wie Daniel und andere vorherverkündigt worden sei als die letzte Bedrängnis der Kirche vor dem ersehnten jüngsten Tag. Dabei

---

1. Es kommt hier vor allen die Dan-Vorrede in Frage. Die Briefe und die Türkenschriften haben wir eben schon ausgewertet; die Predigten enthalten fast gar keine Parallelen, eher schon die Ješ-Vorlesung, auf die an den entsprechenden Stellen in den Anmerkungen besonders hingewiesen werden wird.
2. DB 7,406/420.

ist zu beachten, daß schon in den beiden ersten einschlägigen Schriften, nämlich der 'Heerpredigt' Luthers und
der Auslegung von Dan 7 durch Melanchthon und Jonas, in
enger Verbindung mit Dan 7 auch die biblischen Weissagungen von Gog und Magog in Ez 38 f und Apk 20,7-9 erschienen, und zwar offensichtlich deshalb, weil sie die Deutung zu bestätigen scheinen, daß der Türke nicht durch
Menschen, sondern unmittelbar durch Gottes endzeitliches
Eingreifen vernichtet werden soll. Auf diese Weise erhielt ein bisher wenig beachteter Abschnitt aus der Apk
eine neue, aktuelle Bedeutung im Rahmen der Wittenberger
Gegenwartserklärung mit Hilfe apokalyptischer Bibelabschnitte. Und eben zu diesem Zeitpunkt saß Luther mit
Melanchthon über der Revision des NT und plante, die Übersetzung der Propheten möglichst bald fortzuführen[3].
Dabei mußte er zwangsläufig auf seine alte, so negative
"Vorrede auff die offinbarung Sanct Johannis" stoßen,
die aus einem ganz anderen geschichtlichen Kontext stammte, die bei manchen Lesern ein recht negatives Echo hervorgerufen hatte[4] und die wohl auch schon seit mindestens
zwei Jahren - darauf lassen seine Äußerungen aus dieser
Zeit, insbesondere die Vorrede zu dem anonymen wyclifitischen Kommentar[5], schließen - seinem eigenen Urteil
über dieses Bibelbuch nicht mehr so recht entsprach.

Von daher wird es leicht verständlich, daß er die
Gelegenheit wahrnahm, sich auch über das Verständnis der
Apokalypse des Johannes als ganzer einmal gründlich Rechenschaft zu geben und sie in den Rahmen seiner neuen
apokalyptischen Vorstellungen einzuordnen. Das Ergebnis
dieser von uns vermuteten Überlegungen wäre dann also
die zweite Vorrede, die die Einseitigkeiten der ersten
zurechtrücken und darüber hinaus dem Leser eine willkom-

---

3. Br 5,215,15ff = Enders 7,214,18ff: an Hausmann, 3.1.
   1530; vgl. o. S. 383.
4. s.o. S. 275ff.
5. s.o. S. 329ff.

mene Hilfe für die Lektüre dieses schwerverständlichen
Buches bieten sollte.

Mit einiger Vorsicht können wir also kurz zusammengefaßt eine Kette von Ursachen erschließen, die Ende 1529
zur Entstehung der neuen Vorrede geführt haben dürften:

Auf dem Heimweg von Marburg erfahren die drei Witten-
berger Theologen Luther, Melanchthon und Jonas von der
Belagerung Wiens und von den interessanten Prophetien
Hiltens, die sie mit den Türken in Verbindung bringen.
In Gesprächen darüber gewinnen sie die Überzeugung, daß
die aktuellen Begebenheiten in Weissagungen Daniels,
Ezechiels, der synoptischen und johanneischen Apokalypse
vorhergesagt und damit gleichzeitig die Nähe des jüngsten
Tages verkündet sei. Ausgehend von Apk 20,7-9, das als
Bindeglied zwischen Dan 7 und dem letzten Buch der Bibel
fungiert, gelangt Luther im Rahmen seiner damaligen Arbeit
an der Bibel zu einem neuen Verständnis dieser Apokalypse
und legt es in Form einer kommentarähnlichen Vorrede
nieder.

Da nun aber die Dan-Vorrede mit der Apk-Vorrede
nicht nur diese ungewöhnliche äußere Gestalt gemeinsam
hat, sondern auch in unmittelbarem sachlichem und zeit-
lichem Zusammenhang mit ihr steht, lassen sich aus ihr
noch einige Gesichtspunkte erheben, die möglicherweise
ursprünglich im Gedankenkreis der Dan-Interpretation Luthers beheimatet und fest verankert waren und die er
dann auch auf die schwierigere Materie der Johannes-Apk
zu übertragen versucht haben könnte.

Einen Gesichtspunkt haben wir schon hervorgehoben:
Beide Vorreden sind geschrieben 'zum Trost für diese
letzte Zeit'[6]. Ein weiterer ist der: "Sie versuchen Geschichte zu deuten... Galt die Daniel-Vorrede der Weltgeschichte, so die zur Apokalypse der Geschichte der
Kirche."[7] Schließlich ist für uns noch folgendes von Be-

---

6. Br 5,242,11f = Enders 7,232,15: an Hausmann, 25.2.
   1530; vgl. o. S. 383.
7. Bornkamm, Vorreden, S. 25; vgl. Headley, Church History,
   S. 145.

deutung: Von der Danielischen Weissagung betont Luther
an mehreren Stellen, daß sie durch die gegenwärtige Erfahrung bestätigt werde[8]. Die letzte dieser Stellen, die
Dan 12 betraf, ersetzte er 1541 durch eine ins einzelne
gehende Auslegung dieses Kapitels, wobei er genauer unterschied zwischen den Sätzen, deren Erfüllung er glaubte
schon vor Augen zu haben, und solchen, die ihm über seine
Zeit noch hinausgehende und deshalb noch unerfüllte Weissagungen zu sein schienen. Bei dieser Gelegenheit fügte
er einige grundsätzliche Ausführungen über das hermeneutische Prinzip ein, das für jede Auslegung von Weissagungen maßgeblich war und das natürlich auch schon seiner
Deutung von 1530 zugrunde lag. Er bemerkte nämlich zu Dan
11,40ff: "Hier auff folget nu, wie das Bapstum fallen vnd
vntergehen sol. Vnd sind seer heimliche vnd versiegelte
Rede, die mislich sind zu treffen, ehe denn sie erfüllet
werden. Wie denn alle Weissagung, auch dem Teufel selbs
verborgen sind, ehe sie volendet werden." Als biblischen
Beleg dafür gibt er Ex 33,20.23 an[9]. Etwas weiter unten
(zu Dan 12,4) ergänzt er diese negative Regel durch die
positive: "Dar nach wens geschehen ist, so zeugen sie
als denn das Werck", unter Berufung auf Lk 24,27 und
Joh 14,29[10]. Es handelt sich hier um einen ganz selbst-
verständlichen Auslegungsgrundsatz, der aus der Tradition stammt und seit jeher für die Interpretation prophetischer (und apokalyptischer) Texte von großer Bedeutung gewesen ist[11]. Luther erwähnt ihn noch öfters,
einmal ergänzt durch den Grundsatz der analogia fidei
(Röm 12,7)[12], zu der er in diesem Fall nicht nur soteriologische, sondern auch ekklesiologische Gesichtspunkte zählt, wenn er über die Interpretation prophetischer

---

8. DB 11 II,6,9; 12,18; 48,19f.
9. DB 11 II,78,8-14.
10. 112,21-24.
11. Vgl. z.B. Augustin, De civitate Dei XVIII,31; MPL 41,
    588 = CChr48,622,30-32; dazu Krause, Studien, S. 266.
12. Vgl. o. S. 300ff.

Träume schreibt: "Nolo iudicare, nisi a posteriore et
aliis circumstantiis pertinentibus ad Ecclesiam et
salutem animarum iuxta normam et regulam verbi Dei."[13]
Für die Behandlung von sprachlich ganz klaren Weissagungen, die man für noch unerfüllt hält, gilt zwar die Grundregel für jedes Bibelwort mit verborgener Bedeutung: Man
soll sich nicht einfach darüber hinwegsetzen, sondern:
"Kanst du es nicht verstehen, so zeuch den hut fur yhm
ab!"[14] Aber solange die Erfüllung noch aussteht, hat der
diskrete Exeget den Text eigentlich uninterpretiert stehen zu lassen[15].

Auffällig und zugleich für das Verständnis der Apk-
Vorrede bedeutsam ist nun aber, daß Luther in der zitierten späteren Ergänzung zur Dan-Vorrede von 1541 den Abschnitt 11,40ff trotzdem als schon erfüllte Weissagung
auszulegen versucht, obwohl er einleitend dazu bemerkt
hat, er gehe davon aus, daß sie noch nicht eingetroffen
sei. Luther kennt also, zumindest in der späteren Zeit,
auch im Danielbuch, das ihm sonst als recht klare Prophetie gilt, Stellen, von denen er weder sicher sagen kann,
daß sie sich auf Zukunft beziehen und deshalb unausgelegt
bleiben müssen, noch auch, daß sie eindeutig durch die Erfahrung bestätigt werden. So etwas paßt eigentlich gar
nicht so recht zu der gewohnten Theorie von der claritas

---

13. 44,248,36-38: Vorl. über Gen 37,9 (1543, Druck von Be-
    sold, 1554).

14. 20,571,23f: Pred. über Jer 23,6; 18.11.1526 (Der Druck
    ist eine genaue Rückübersetzung der Rörerschen Nach-
    schrift, Z. 5.). Dieser Satz klingt wie ein später Nach-
    hall von Luthers Auslegungsgrundsatz in der 1. Ps-Vor-
    lesung: 4,318,35ff; vgl. o. S. 49f.

15. 7,487,26ff: Enarratio (= lateinische Post.) von Lk 21,
    25ff; 1521; 27,445,4ff bzw. 10ff bzw. 13ff: Pred. über
    Lk 21,25ff; 6.12.1528 (Rörers bzw. Nürnberger bzw.
    Kopenhagener Nachschr.); vgl. Appel, Kanon, S. 248.
    Auf die Apk angewendet findet man diese Regel z.B. bei
    Joachim, Expositio über Apk 13,12f: "Verba ista et
    quae sequuntur ex parte obscura sunt, quia futura,
    ex parte aperta. Dimittamus interim, quod obscurum
    est, teneamus, quod patet, donec rei eventus id, quod
    obscurum, aperiat." (Bl. 167b, Sp. 1). Über Lyras Stel-
    lung zu Apk 17 ff s. u. S. 488.

scripturae. Man merkt auch deutlich, daß sich Luther zunächst etwas dagegen gesträubt hat, solche Abschnitte auszulegen, sie dann aber doch zur Anregung für andere aus-
deutet. An der oben zitierten Stelle, wo Luther in seiner
Deutung unsicher wird, fährt er deshalb fort: "Wollen doch
zum vberflus andern vursachen nach zu dencken geben, weil
vns důncket der Fall des Bapsts sey angefangen ein gros
Teil."[16] Dieser Satz findet in der zweiten Apk-Vorrede
eine deutliche Entsprechung[17].

II. Der Einleitungsteil der Vorrede

Die soeben skizzierten Gedankengänge machen es nun
leicht, die Motive zu verstehen, aus denen heraus der
Reformator sich veranlaßt gesehen hat, die alte 'Vorrede
auf die Offenbarung Sankt Johannis' aus seiner Deutschen
Bibel zu streichen. Eben diese Gründe hat er ja auch im
ersten Teil der neuen Vorrede dargelegt. Dieser ist als
Niederschlag der Korrekturen an den überspitzten Aussagen
zu verstehen, die er in der ursprünglichen Fassung vertreten hat.

Der erste Grund, den Luther für die ablehnende Haltung
von 1522 angegeben hatte, war gewesen, daß die Art der Visionen, die für die Apk charakteristisch sei, vollkommen
aus dem Rahmen biblischer Weissagungen herausfalle, deshalb auch das ganze Buch nicht vom heiligen Geist herrühren könne, sondern an die Seite eines außerkanonischen
Buches wie 4 Esr zu stellen sei[18].

An die Stelle dieser Behauptungen ist 1529/30 ein Abschnitt getreten, in dem Luther ein sehr viel differen-
zierteres Bild von der christlichen Prophetie zeichnet:
"Mancherlei weissagung findet man jnn der Christenheit",

---

16. DB 11 II,78,15f; vgl. 50,1-6, die einleitenden Sätze
    der Einfügung: "Wir hetten aber wol gern gesehen, das
    jemand anders sich des Capitels hette angenomen, vnd
    durch aus verkleret... Weil das nicht geschehen, wöl-
    len wir hie mit andern vrsachen geben weiter vnd bes-
    ser nach zu dencken."

17. s.u. S. 410f.

18. DB 7,404,4-14.

und zwar unterscheidet der Bibelübersetzer zwei Haupttypen
nach inhaltlichen Gesichtspunkten: "Etliche weissaget also, das sie der Propheten schrifft auslegt." Diese findet
Luther insbesondere in 1 Kor 12 und 14 beschrieben.
Gemeint ist die exegetisch fundierte Verkündigung,
"die das wort Gottes leret, den grund der Christenheit
legt, vnd den glauben verteidigt. Vnd summa, die das
predig ampt regieret, erhelt, bestellet, vnd aus richt."
Sie ist für Luther die normale Art der 'Weissagung';
sie "ist die nötigste, vnd man mus sie teglich haben"[19].
   Der Prophet als Schriftausleger und Prediger - das
ist eine für Luther ganz typische Vorstellung, die er
gerne auch dort hineinliest, wo wirklich nicht davon die
Rede ist, und die wir schon im Zusammenhang mit der ersten Vorrede kennengelernt haben[20]. Und nun der andere
Typ: "Etliche weissagt von künfftigen dingen, die nicht
zuuor jnn der schrifft stehen, Vnd diese ist dreierley."
Die Reihenfolge der danach aufgezählten Arten von Zukunftsprophetie ohne Rückbezug auf einen Bibeltext ist zugleich
eine Rangfolge in absteigender Linie: "Die erste thuts
mit ausgedruckten worten, on bilde vnd figurn, wie Moses,
Dauid vnd der gleichen Propheten mehr, von Christo weissagen."[21] Einem heutigen Leser muß auffallen, daß Luther
hier als Beispiele für große alttestamentliche Propheten
keinen der Propheten im eigentlichen Sinne, wie z.B. Jesaja oder Jeremia, aufführt, sondern gerade Mose und David, die wir eher als Regenten kennen. Aber in der Tradition galten diese beiden als die größten Propheten,
vor allem wegen der als messianische Weissagungen ver-
standenen Worte. Luther ist dieser Tradition immer treu
geblieben.
   Mose wird schon im AT selbst als Prophet betrachtet,
wenn es heißt: "Einen Propheten wie mich wird der Herr
dir erwecken" (Dtn 18,15; vgl. 34,10), und gleich zu

---

19. DB 7,406,2-8.
20. s.o. S. 269.
21. DB 7,406,8-11.

Anfang des 1. Mosebuchs steht nach Luthers Vorstellung
die grundlegende Verheißung, auf die sich alle späteren Christusweissagungen im Grunde genommen zurückbeziehen. Es ist das Wort von dem Samen des Weibes, der
der Schlange den Kopf zertreten wird (Gen 3,15). Für
Luther ist dies also eine messianische Weissagung
"mit ausgedruckten worten, on bilde vnd figurn"[22].
Was David betrifft, so hat ihn Luther bereits in seiner
ersten Vorlesungsstunde über die Psalmen, von der
uns das Manuskript überliefert ist, als "illustris-
simum prophetam" gepriesen, durch den Gott in besonders unmittelbarer Weise geredet habe[23]. In den 'Dictata' legt Luther, wo immer möglich, die Psalmen auf
Christus hin aus. Der christologische ist für ihn
der eigentlich wörtliche Sinn[24]. 1528 hebt er in seiner zweiten 'Vorrede auf den Psalter' an diesem besonders hervor, daß er "von Christus sterben vnd
aufffersten, so klerlich verheisset"[25]. In den 'Summarien über die Psalmen' von 1531 unterscheidet Luther fünf Arten von Psalmen: "Erstlich: Etliche Psalmen weissagen, als von Christo..." Dementsprechend
beginnt ein großer Teil der Summarien mit: "Ist ein
Weissagung..."[26]

Die alttestamentlichen Worte, die Luther als Beispiele
für besonders klare Weissagungen von Christus im Auge
hat, werden heute wohl nur noch von wenigen Forschern
als solche betrachtet. Ähnlich steht es mit den folgenden

---

22. Vgl. DB 6,4/5,27ff: Vorrede auf das NT, 1522/46; DB
    8,44/45: Glosse zu Gen 3,15; 1523/45; 14,139,3ff bzw.
    26ff: Gen-pred., 1523 (Rörer bzw. Roth); 24,98,1ff bzw.
    13ff: Gen-pred., lateinische bzw. deutsche Bearbeitung,
    1527, insbesondere Z. 21f: "Darynne wird yhm mit dürren
    klaren worten zugesagt...". Nach der Gen-Vorl. von 1535
    (bzw. 1544) ist diese Verheißung "clarissima et simul
    obscurissima", da sie nur generell von dem Samen des
    Weibes redet, nicht aber den Termin und die Umstände
    der Geburt angibt. Trotzdem gilt: "Hac generali cogni-
    tione contenti fuerunt et salvati sunt." 42,144,21f.
    30f; 145,13f.
23. 55 II 1,25,6; 27,1ff; im Apparat dazu ist die einschlä-
    gige Tradition aufgeführt.
24. Vgl. die 'Praefatio Jesu Christi... in Psalterium Da-
    vid', 55 I 1,6/8; dazu o. S. 55.
25. DB 10 I,98,20f.
26. 38,17,24ff; 28,29 (zu Ps 2); bes. 25,6ff (zu Ps 22):
    "Ist ein weissagung vom leiden, aufferstehen Christi...
    Und fur aller ander schrifft deutet er klerlich Christus
    marter am Creutz... Solchs gleichen findet man so klar
    nirgent inn andern Propheten."

neutestamentlichen Weissagungen. Zu den klaren Prophetien
gehört nach Luther auch die Art, "wie Christus vnd die
Apostel, von dem Endechrist vnd falschen lerern etc."
weissagen[27]. Gemeint sind hiermit vor allem die synoptische Apokalypse Mk 13 par; 2 Thess 2,3-12, Luthers Kardinalstelle für die Antichristpolemik; 1 Tim 4,1-3; 2 Tim
3,1-9; 4,3f; 2 Petr 2 f; in zweiter Linie dann erst 1 Joh
2,18.22; 4,3; 2 Joh 7 und Jud 4-19[28]. Auch diese Stellen
werden in der heutigen Forschung weitgehend anders interpretiert oder gelten als ziemlich unklar[29].

Die zweite Art von Zukunftsprophetie "thuts mit bilden, aber doch setzt daneben auch die auslegung mit ausgedruckten worten, wie Joseph die trewme auslegt, Vnd
Daniel, beide trewme vnd bilder auslegt."[30] Bildworte
mit beigefügten Ausdeutungen sind ein beliebtes Stilmittel der Propheten und Apokalyptiker. Bei den mittelalterlichen Exegeten bis hin zu Luther erfreuen sie sich besonderer Beachtung als Paradigmen für die allegorische
Deutung der ganzen Bibel. Sie fehlen übrigens auch in
der Apk nicht ganz. So haben wir u.a. beobachten können,
wie Luther die Gleichung aquae = populi aus Apk 17,15
in der 'Dictata' gerne auf Sätze in den Psalmen anwendet, um eine erbauliche Auslegung zu gewinnen[31]. Was
Joseph als Traumdeuter betrifft, so sind Luthers Auslegungen von Gen 37 und 40 f zu vergleichen, die jeweils
die Gelegenheit bieten, sich grundsätzlich über Träume
und ihre Deutung zu äußern[32].

---

27. DB 7,406,11-13.
28. Über Luthers Deutung der synoptischen Apokalypse vgl.
    Quanbeck, Luther, S. 120ff, 126ff. Über sein reservier-
    tes Verhältnis zu den Antichrist-Stellen der Joh-Briefe
    vgl. Preuß, Antichrist, S. 156f. Zur literarischen Ab-
    hängigkeit des Jud von 2 Petr 2, wie Luther sie sich
    vorgestellt hat, vgl. o. S. 168f.
29. Wegen 2 Thess 2,3-12 vgl. o. S. 165.
30. DB 7,408,1-3.
31. s.o. S. 58f.
32. Vgl. 14,475,17ff: Pred. über Gen 40; 1524 (Roth); 24,

Daß Luther die Danielischen Visionsdeutungen, wie
er sie versteht, zu den klaren Prophetien zählt, haben
wir soeben festgestellt. Die Dan-Vorrede ist denn auch
voll von entsprechenden Ausdrücken wie 'klärlich', 'gewiß', 'in der Erfahrung' u.ä.[33] Auch diese ganze Schrift
haben wir inzwischen anders zu verstehen gelernt.

Die dritte Art von Zukunftsweissagung, auf die Luther
hinauswill, ist diejenige, "die es on wort odder auslegung, mit blossen bilden vnd figurn thut". Dazu zählt
Luther ganz pauschal "dis buch der offenbarung, vnd vieler heiligen leute, trewme, gesichte vnd bilder". Und
nun kommt die entscheidende Korrektur gegenüber der ersten Vorrede. Es heißt nicht mehr: Das letzte Buch der
Bibel ist so voll von Gesichten und Bildern, daß Luther
"aller dinge nicht spuren kan, das es von dem heyligen
geyst gestellet sey"[34], sondern: Die Apk und andere
Schriften enthalten "trewme, gesichte vnd bilder, welche
sie vom heiligen geist haben". Luther hat jetzt auch eine biblische Legitimation dafür parat: Diese Art ist gemeint in dem bekannten Wort aus dem Propheten Joel (3,1),
das Petrus in seiner Pfingstpredigt zitiert (Apg 2,17)
und in dem Träume und Gesichte ausdrücklich auf den heiligen Geist zurückgeführt werden: "[Nach diesem will ich
meinen Geist ausgießen über alles Fleisch, und] ewre sone
vnd tochter sollen weissagen, vnd ewre jünglinge sollen
gesichte sehen, vnd ewer Eltesten sollen trewme trewmen."[35]

Wie ist nun diese dritte Kategorie von Weissagungen
zu bewerten? Luther fährt fort: "So lange solche weissagunge, vngedeut bleibt, vnd keine gewisse auslegung
kriegt, ists eine verborgene, stumme weissagung, vnd
noch nicht zu jrem nutz vnd frucht komen, den sie der

641,13ff (Druck, 1527); 44,246,28ff: Vorl. über Gen
37,9 (1543, Druck von Besold, 1554).
33. Vgl. o. S. 398; dazu DB 11 II,4,8.11; 12,20; 18,13;
    32,4.6; 48,7.10; 126,2.12.18ff.
34. DB 7,404,13f.
35. 408,4-8.

Christenheit geben sol." Hier spricht der reformatorische Luther, der Katechismusprediger und Vorkämpfer für
die Klarheit der Schrift, dem dunkle Bibelstellen inzwischen viel eher Sorge bereiten, als daß sie ihn zur Ausdeutung reizten, der in geradezu monotoner Einseitigkeit
"die gemeine lere vom glauben, liebe und creutz"[36] zu
traktieren versteht und, was er nicht damit in Einklang
zu bringen vermag, am liebsten beiseite schiebt[37]. Hier
kehren Argumente der Sach-Vorrede von 1526/27 wieder, die
wir schon kennengelernt haben[38] und die auch zu den folgenden Gedankengängen als Illustration heranzuziehen ist.
In ihr ist auch expliziert, was "nutz vnd frucht" eines
Bibelwortes wäre, nämlich wenn es Grund dazu böte, in
der Predigt darüber die Hauptstücke des Katechismus'
herauszustreichen[39], z.B. auch - das sei im Hinblick
auf die zentralen Sätze der Apk-Vorrede im Schlußteil
hervorgehoben - die verschiedenen Artikel des Glaubensbekenntnisses. Leider bietet das letzte Buch der Bibel
eben so wenig Hilfe für eine den Glauben und die Gemeinde aufbauende Auslegung, vielmehr reizt es geradezu
"leichtfertige geister, die yhrer kunst kein ende wissen"[40], angefangen von Origenes bis hin zu Müntzer, alles zu allegorisieren. Und deshalb fährt Luther 1530
fort: "Es haben wol viel sich dran versucht, Aber bis
auff den heutigen tag, nichts gewisses auffbracht, ettliche viel vngeschickts dinges, aus jrem kopff hinein
gebrewet, Vmb solcher vngewissen auslegung vnd verbor-
gens verstands willen, haben wirs bis her auch lassen
ligen."[41]
   Hier führt der Bibelübersetzer also den Hauptgrund
an, warum er sich bisher diesem Buch gegenüber so reser-

---

36. 23,485,11.
37. Vgl. Krause, Studien, S. 260ff.
38. s.o. S. 304ff.
39. 23,486,28ff.
40. 23,485,8f.
41. DB 7,408,9-15.

viert verhalten hat. Freilich war das nicht schon von Anfang an der Fall gewesen. Es ist ja das Anliegen des
ersten Abschnittes dieser Arbeit nachzuweisen, daß
Luther ursprünglich mit großer Selbstverständlichkeit
die spiritualistische Deutungsweise der Ticonius— Tradition geübt und die Väterauslegung als den klaren Sinn
der Apk betrachtet hatte[42]. Erst als er lernte, einen
Unterschied zwischen der eigentlichen Bedeutung der
Schriftworte und ihrer manchmal offenbar geradezu gegensätzlichen Interpretation durch die Tradition zu machen
und den klaren Schriftsinn prinzipiell der Väterauslegung
vorzuziehen, mußte ihm notwendigerweise diese unreflektierte Ineinssetzung zerbrechen. Da es ihm jedoch nicht
gleich gelang, stattdessen eine neue, überzeugende Ge-
samtinterpretation der Apk zu entwickeln - nur einige
Vorstellungen daraus hat er seinem antipäpstlichen Bibel-
stellenarsenal fest eingefügt -, während 'Papisten' und
'Schwärmer' ihre eigenen Gedanken mit Sprüchen aus der
Apk zu rechtfertigen suchten, wurde ihm dieses Buch so
suspekt, daß er in der Vorrede von 1522 seinem Ärger darüber in starken Worten Luft machen mußte. Inzwischen ist
er zu einem ausgeglicheneren Urteil gelangt[43].

Die verschiedenen Stationen zwischen 1522 und 1529/30
sollen nun noch einmal im Vergleich der verschiedenen
pointierten Äußerungen über die Apk kurz abgeschritten
werden. Es geht in allen Fällen um die Frage, wie die
Apk zur biblischen Prophetie in Beziehung zu setzen
sei.
    Am Anfang steht in der ersten Vorrede die unvermit-
telte Diastase: hier klare biblische Prophetie, dort
unverständliche und unbrauchbare Bilder und Gesichte.
Die Apk wird in eine Linie mit 4 Esr gerückt.
    1524 in der Fastenpostille über Röm 12,7 ist zwar
in den einleitenden Sätzen die Unterscheidung zwischen

---

42. s.o., bes. S. 60ff.
43. Aus dem Wiederaufleben der antipäpstlichen Polemik ab
    1530 ergibt sich ganz selbstverständlich auch bei den
    Einzelzitaten ein Übergewicht der ungedeuteten Bildwor-
    te, insbesondere aus Kap. 17 f, gegenüber klaren Weis-
    sagungen und gedeuteten Bildern aus der Apk. Auf eine
    genauere Aufstellung wird in diesem letzten Teil ange-
    sichts der Fülle von Zitaten verzichtet.

Weissagung als Zukunftsprophetie und Weissagung als
Schriftauslegung, wie sie zu Anfang unserer zweiten
Apk-Vorrede ausgeführt ist, in ganz ähnlichen Formulierungen vorweggenommen, aber gemessen an der endgültigen Offenbarung des Evangeliums erscheint die Zukunftsprophetie insgesamt als eine ziemlich wertlose und unsichere weltliche Gabe. Die Apk wird in einem Atemzug
mit Lichtenberger und Joachim von Fiore genannt[44].

1526/27 in der Vorrede zur Sacharja-Auslegung
ist die unvermittelte Gegenüberstellung verwandelt
in einen innerbiblischen Spannungsbogen zwischen
den klaren, im Katechismus zusammengefaßten, zentralen Inhalten und schwerverständlichen Partien, die
zu Deuteleien reizen. Aber es ist hier schon mehr
eine Frage der verantwortungsbewußten oder eigenwil-
ligen Deutung, ob ein Buch nützlich oder gefährlich
erscheint, als der Eigenart des Textes an sich. Die
Nähe zur zweiten Apk-Vorrede ist hier schon deutlich.
Aber zwischen den einzelnen prophetischen Büchern
wird noch nicht genauer differenziert. Die Apk wird
zusammengestellt mit Dan, Hos und Sach selbst[45].

1529/30 schließlich ist die Kategorie 'Zukunftsprophetie' neu gefaßt und dreifach untergegliedert.
Während sie insgesamt als Wirkung des heiligen Geistes erscheint und auch innerhalb der Bibel ihren
Platz erhält, wird doch eine Rangfolge der drei Arten
je nach dem Grad ihrer Klarheit aufgestellt. Die Apk
wird zur letzten gezählt, Dan von ihr deutlich abgehoben. Hos, Sach oder auch Ez auf der einen Seite
werden ebensowenig ausdrücklich eingestuft wie 4 Esr
auf der anderen.

Aus diesem Überblick wird deutlich, daß Luther
niemals Kriterien angewendet hat, die zu einer ver-
gleichbaren Unterscheidung wie der modernen zwischen
klassischer Prophetie und Apokalyptik geführt hätte.
"Luther treats apocalyptic as predictive prophecy",
wie Quanbeck richtig bemerkt hat[46]. Luthers Kriterien
sind immer nur einmal die claritas, zum andern die
sufficientia der Schrift als regula fidei im Gegensatz zur obscuritas bzw. zum additamentum. Insofern
kann man ihn weder für noch gegen die neuerdings wieder auflebende positivere Würdigung der Apokalyptik
als Kronzeugen anrufen[47]. Die Frage mag allenfalls
lauten, ob man, historisch betrachtet, Luther selbst
als Prophet oder Apokalyptiker einstufen kann, oder
ob er diese Kategorien überhaupt sprengt[48].

---

44. 17 II,38,25ff.
45. 23,485,3ff.
46. Quanbeck, Luther, S. 120.
47. Vgl. o. S. 3ff.
48. Vgl. u. S. 623ff.

Doch folgen wir nun weiter dem Gang der zweiten Vorrede. Er ist noch immer bestimmt von den Argumenten der
ersten. Der Hinweis auf die Segens- und Fluch-Formeln in
der Einleitung und im Schluß der Apk (1,3; 22,7.14) ist
übergangen. Nur die Behauptung, daß niemand wisse, was
eigentlich drinstehe, erscheint in veränderter Gestalt
in den zitierten Sätzen von der stummen Weissagung und
der ungewissen Auslegung wieder. Es folgt nun eine Entsprechung zu dem knappen Satz der ersten Vorrede: "Es
haben auch viel der veter dis buch vortzeyten verworf-
fen."[49] In der neuen Vorrede ist eine vorsichtigere
Formulierung gewählt. Außerdem gibt Luther selbst die
Quelle für diese Behauptung an: Das Buch ist "auch bey
etlichen alten Vetern, geachtet, das nicht S. Johannes
des Apostels sey, wie in libro .ijj. Hist. Ecclesi. xxv.
stehet." Auf diese Stelle aus Euseb - Rufin, Historia
ecclesiastica, brauchen wir hier nicht mehr einzugehen,
da wir sie schon zur Kommentierung des Satzes aus der
alten Vorrede herangezogen haben[50]. Und nun das abschlies-
sende Urteil zur Frage nach dem Wert der Apk: "Jnn welchem
zweiuel wirs fur vns auch noch lassen bleiben, Damit doch
niemand gewehret sein sol, das ers halte fur S. Johannis
des Apostels, odder wie er wil."[51] Dies erinnert zwar
deutlich an die wiederholten Beteuerungen Luthers in der
früheren Vorrede, daß er jedem sein Urteil frei lassen
wolle[52], bekommt aber aus dem Kontext doch eine etwas
andere Bedeutung. Denn damals hatte Luther jeweils sofort
anschließend sein eigenes Verwerfungsurteil ("das ichs
wider Apostolisch noch prophetisch hallte", bzw. "meyn
geyst kan sich ynn das buch nicht schicken") ausgesprochen[53], wodurch der Leser in seiner an sich freien Entscheidung doch negativ beeinflußt wurde.

---

49. DB 7,404,21.
50. s.o. S. 258f.
51. DB 7,408,16-19.
52. 404,2-4.25.
53. 404,5f.25f.

In der neuen Vorrede läßt Luther tatsächlich alles
offen, ja er zeigt durch die große Mühe, die er sich anschließend mit einer brauchbaren Deutung macht, daß er
selbst es doch noch nicht aufgegeben hat, sich ernsthaft
mit diesem Buch zu befassen, und regt so die Leser zu eigener Beschäftigung damit an.

Daraus ergibt sich die Frage, ob aus der 1530er Vorrede eine neue Stellungnahme Luthers zum Problem der
Kanonizität der Apk zu erschließen ist. Gehen wir die in
der Vorrede von 1522 aufgeführten Argumente vergleichs-
weise durch, so fällt besonders auf, daß das letzte und
mit entscheidende, nämlich die Behauptung, in der Apk
werde Christus nicht gelehrt, überhaupt weggefallen
ist. Das ist aber nicht verwunderlich im Hinblick darauf, daß es Luther, wie wir noch sehen werden, gelingt,
seine christologisch bestimmte ecclesiologia crucis in
den Visionen der Apk ausgedrückt zu finden. Auch das
zweite wichtige Argument, daß die Apk ihrer Aussageform
wegen nicht vom heiligen Geist stammen und somit weder
apostolisch noch prophetisch sein könne, ist außer Kraft
gesetzt, und das Gegenteil wird behauptet. Aber Luther
geht nicht soweit, daß er ausdrücklich feststellt, die
Apk sei ein gut biblisches Buch. Nur die Hindernisse
sind aus dem Weg geräumt, die es schwer machen, das Buch
als kanonisch zu betrachten. Denn bei genauem Hinsehen
bemerkt man, daß der Reformator nicht von der Weissagung
in der Bibel, sondern allgemeiner von der "jnn der Christenheit" spricht und die Apk in eine Linie mit "vieler
heiligen leute, trewme, gesichte vnd bilder"[54] stellt.
Damit könnten ja auch deutero- oder außerkanonische Schriften gemeint sein. Auch das historische Problem der apostolischen Verfasserschaft läßt Luther ungelöst in der Schwe-
be[55]. Es zeigt sich also auch bei dieser Vorrede wieder
und sogar noch deutlicher als bei der vorigen, daß Luther
keine Aussagen zu machen beabsichtigt, aus denen man eine

---

54. 406,2; 408,5f.
55. Vgl. Thimme, Stellung, S. 67.

endgültige und eindeutige Entscheidung über die fragliche
Kanonizität der Apk ableiten könnte. Es läßt sich nur feststellen, daß die Einstellung Luthers zu diesem Buch etwas
positiver geworden ist, daß zumindest die persönlich-emo-
tionale Ablehnung einer mehr sachlichen und stärker differenzierenden Betrachtungsweise gewichen ist.

   Bis hierher reichen die grundsätzlichen Aussagen, die
von der Auseinandersetzung mit denen der alten Vorrede geprägt sind. Doch der eigentliche Unterschied und das entscheidend Neue gegenüber 1522 kommt erst im folgenden,
das auch für die Wirkung der neuen Vorrede maßgeblich geworden ist, den Gesamteindruck der Schrift bestimmt und
das Interesse der Zeitgenossen viel stärker erregt
hat als die eingangs ausgesprochenen Bedenken. Denn
nachdem Luther die Notwendigkeit einer sicheren Auslegung dargelegt hat, wagt er es nun auch, nicht nur die
Möglichkeit einer solchen Deutung zu behaupten, sondern
diese selbst gleich exemplarisch zu skizzieren.

   Ein Motiv für dieses Unterfangen war sicherlich dasselbe wie dasjenige, das er für die Herausgabe der Sacharja-Auslegung 1526 und für die Wahl des Hohenliedes als
Vorlesungstext am 7. März 1530, also kurz nach der Abfassung der Apk-Vorrede, ausdrücklich herausgestellt hat:
Er möchte den leichtfertigen Geistern, die sich in ihren
Kommentaren so gern in allegorischen Spielereien ergehen,
zuvorkommen, um zu zeigen, wie man überall die Hauptstücke
der Bibel wiederfinden und so die Texte fruchtbar machen
kann[56]. Derselbe Grund, der also zunächst eine reservierte Haltung Luthers gegenüber einem dunklen Buch verursacht, führt später dazu, daß sich der Reformator dann
doch gerade einem solchen Stoff zuwendet, der ihm eigentlich nicht so sehr liegt. So läßt sich auch der Weg von
der ersten zur zweiten Vorrede verstehen.

   Als weiteres Motiv ähnlicher Art gibt Luther selbst
an: "Weil wir aber dennoch gerne die deutung odder aus-

---

56. 23,487,1ff; 31 II,588,1ff bzw. 23ff (Rörer bzw. Druck);
    vgl. 14,500,10ff: Dtn cum annotationibus, 1525.

legunge gewis hetten, wollen wir den andern vnd hohern
geistern, vursachen nach zudencken geben, vnd vnsere gedancken auch an tag geben."[57] D.h., Luther will seine nun
folgende Deutung verstanden wissen als einen Vorschlag,
wie man Licht in diese dunklen Weissagungen bringen könnte, und als Anregung für andere, dasselbe zu versuchen.
Vielleicht, so meint er, findet sich jemand, der eine
treffendere Auslegung zuwegebringt. Davon erhofft sich
Luther durchaus auch eine wertvolle Bereicherung seines
eigenen Verständnisses des ganzen Buches.

Hier tritt derselbe Komplex zutage, den wir schon
kennengelernt haben, als wir die Dan-Vorrede nach Gedanken durchsucht haben, die auf die Apk-Vorrede eingewirkt haben könnten. Dort freilich finden sich die
ganz ähnlichen Formulierungen erst in der Einfügung
von 1541, in der Luther zu diesem Zeitpunkt auch von
einem Abschnitt nicht recht anzugeben weiß, ob er ihn
als eindeutig erfüllte oder als noch ganz unerfüllte
Weissagung einschätzen soll. Deshalb legt er ihn nur versuchsweise aus, vorbehaltlich einer besseren Erkenntnis[58].

Von daher ist es nun auch nicht verwunderlich, daß
Luther versucht, die Apk nach derselben uns bereits
bekannten hermeneutischen Grundregel auszulegen, die er
bei der Dan-Vorrede angewendet und eben auch in dem Zusatz von 1541 expliziert hat: "Nemlich also, Weil es sol
eine offenbarung sein künfftiger geschicht, vnd sonderlich, künfftiger trübsalen vnd vnfal der Christenheit,
Achten wir, das solt der neheste vnd gewisseste griff
sein die auslegung zufinden, so man die ergangen geschicht vnd vnfelle jnn der Christenheit bis her ergan-

---

57. DB 7,408,20-22.
58. DB 11 II,50,1ff; 78,15f; 121,10 (Hs. I, später getilgt);
    vgl. DB 11 I,394,17: neue Vorrede zu Ez, 1541, und Krau-
    se, Studien, S. 279 (zu Luthers Deutung der schwierigen
    Stelle Hos 5,8).

gen, aus den Historien neme, vnd dieselbigen gegen diese
bilde hielte, vnd also auff die wort vergliche."[59]

   Luther ist hier, das ist aus diesem Satz zu entnehmen,
für seine Zeit methodisch eigentlich ganz richtig vorge-
gangen: Er hat das Schriftstück, das er zu interpretieren
hatte, danach befragt, ob es zu erkennen gibt, wie es
sich selbst versteht, und er hat tatsächlich auch eine
Antwort erhalten, und zwar konnte er sogleich dem allerersten Satz entnehmen: Es handelt sich um "die offinbarung Jhesu Christi", die die Aufgabe hat "zu zeygen, was
ynn der kurtz geschehen soll" (Apk 1,1). Oder gegen Ende
des 1. Kapitels konnte er lesen, daß Christus dem Seher
Johannes den Auftrag gegeben hat: "Schreybe was du gesehen hast, vnd was da ist, vnnd was geschehen soll darnach" (1,19)[60].

   Daraus konnte Luther nur schließen, daß es sich in der
Apk um Zukunftsprophetie handeln müsse, die in allegorischer Verkleidung eine Reihe von zukünftigen Ereignissen vorhersagen wolle, und zwar beginnend mit der
Gegenwart des Sehers und abschließend mit dem Ende dieser alten und der Schöpfung einer neuen Welt. Wollte er
nicht auch noch diese Neuschöpfung(Apk 21 f) spirituali-
stisch auf die geschichtliche Kirche projizieren - was
ja in Anbetracht seiner ablehnenden Haltung gegenüber
der theologia gloriae sowohl der 'Papisten' als auch
der 'Schwärmer' kaum in Frage kam -, dann mußte er davon ausgehen, daß ein Rest der Weissagungen noch unerfüllt war, soweit sie sich auf innergeschichtliche Ereignisse kurz vor dem Ende bezogen, das ja mit Sicherheit
noch ausstand, während jedenfalls ein erheblicher Teil
im Laufe der inzwischen verstrichenen bald eineinhalb
Jahrtausende bereits eingetroffen sein mußte.

   Und nach der uns bekannten überlieferten hermeneutischen Grundregel, daß alle Weissagungen an der geschichtlichen Wirklichkeit geprüft werden müssen, ob sie schon

59. DB 7,408,22-27.
60. DB 7,422 und 424.

eingetroffen sind oder nicht, erschien es als das einzig
Sinnvolle, die Geschichtsbücher nach Ereignissen und Per-
sönlichkeiten zu durchforschen, die man mit den einzelnen
Visionen in Verbindung bringen konnte, und das möglichst
in zeitlicher Reihenfolge. "Wo sichs als denn fein würde
miteinander reimen vnd eintreffen, so kündte man drauff
fussen, als, auff eine gewisse, oder zum wenigsten, als
auff eine unverwerffliche auslegung."[61]

Damit ist nicht nur der negative Satz der früheren Vorrede: "Meyn geyst kan sich ynn das buch nicht schicken"[62],
zurückgenommen, sondern auch der Weg zu eindringender Beschäftigung damit freigemacht, nachdem grundsätzlich einmal die Möglichkeit einer einigermaßen sicheren und nütz-
lichen[63] Auslegung festgestellt ist. Freilich, ganz so neu,
wie es hiernach erscheinen mag, war Luther die Methode kirchengeschichtlicher Apk-Deutung durchaus nicht. Er hat sie nämlich schon einmal beispielhaft 1521, also noch vor der
ersten Vorrede, angewendet auf Apk 9,1-11, und zwar in
der Schrift gegen Catharinus[64].

III. Die Summarien

a) Luthers Auslegung der Apk um 1530 (Vorrede, Glossen
   etc.)

Luther hat das Ergebnis seiner im Einleitungsteil
der Vorrede von 1530 dargestellten Überlegungen nieder-
gelegt innerhalb dieser selbst in Form von Summarien
über die einzelnen Kapitel des Buches, sodann in z.T.
etwa gleichlautenden, z.T. auch weiterführenden gedruckten Randglossen zum Text seiner Ausgabe. Ferner hat sich
die neugewonnene Deutung auch an mehreren Stellen auf die
Zahl und Gestaltung der beigegebenen Illustrationen ausgewirkt.

---

61. DB 7,408,27-30.
62. 404,25f.
63. 418,5.
64. s.o. S. 195f und 201ff.

Da aber auch die handschriftlichen Eintragungen, die
Luther während seines Coburg-Aufenthaltes im Apk-Teil der
Neuausgabe des NT vorgenommen hat, als Nachwirkungen dieser Beschäftigung mit dem letzten Buch der Bibel anzusehen
sind, sollen die gleich dazugenommen werden. Außerdem erscheint es günstig, zur Ergänzung aus anderen Schriften
die Bezugnahmen auf die Apk heranzuziehen, die zeitlich
und sinngemäß als dazu passend angesehen werden können.
Der folgende Unterteil soll also einmal einen zusammenhängenden Gesamtüberblick über Luthers Deutung der Apk um
1530 geben. Dies erscheint sinnvoll, da zu keiner anderen
Zeit so viele Einzeldeutungen in einem so geschlossenen
Auslegungsrahmen bei Luther zu finden sind wie gerade um
diese Zeit.

Auf das 1. Kapitel geht Luther in den Summarien nicht
eigens ein. Er zieht die Einführungsvision gleich zum
2. und 3. Kapitel mit den 7 Sendschreiben. Diesen läßt
er - zumindest in der Vorrede - ihre zeitgeschichtliche
Bedeutung, die er nur kurz zusammenfaßt, ohne eigens aktuelle Bezüge herzustellen. Er hält sich also an die in Apk 1,19
angegebene Einteilung des Buches. Das bedeutet jedoch
keineswegs, um das gleich klarzustellen, daß Luther
nicht etwa zur gleichen Zeit in anderen Zusammenhängen
einzelne Verse (z.B. 2,9; 3,9) oder Abschnitte (z.B.
wieder einmal das 7. Sendschreiben, 3,14-20) daraus in
polemischen oder paränetischen Zusammenhängen hätte verwenden können[1].

---

1. Apk 2,9 bzw. 3,9: WA 30 II,420 bzw. 424: Titel der
   Schrift 'Propositiones adversus totam synagogam Satanae...' bzw. 'Artikel wider die ganze Satansschule...',
   Mitte Juli 1530; 30 II,685,9; 686,27: De potestate, 1530,
   und später noch öfter; Apk 3,15: WA 31 I,225,5f: Der 117.
   Psalm, 1530; Apk 3,17: WA 32,478,24ff: Pred. über Mt 7,1f
   (ca. 1531, Druck, 1532); 40 II,147,4 bzw. 23ff: Kommentar
   über Gal 6,3 (Hs., 1531 bzw. Druck, 1535); Apk 3,19: Br
   6,367,11: an Christian II. von Dänemark, 28.9.1532; Apk
   3,20: WA 31 II,574,23f: Vorl. über Jes 66,4, Anfang 1530;
   32,232,17f: Pred. über Lk 21,25; 4.12.1530 (Rörer); 31
   II,702,13f; 706,15: Vorl. über Hhld 5,1f; 1530/31.

Außerdem gewinnt Luther aus den Anfangskapiteln eine
Deutekategorie für alle folgenden Kapitel. Er nimmt nämlich an, daß mit den 'Engeln' der Gemeinden jeweils deren Bischöfe gemeint seien, und verallgemeinert diese
Gleichsetzung so weit, daß er sie auf das ganze Buch
ausdehnt. Davon steht zwar nirgendwo in der Apk ausdrücklich etwas geschrieben, aber in den ersten Kapiteln legt
es der Text ja doch nahe. Die Verallgemeinerung entspricht
den überlieferten Auslegungsprinzipien. Es handelt sich
hier also wieder einmal um ein Beispiel dafür, daß die
Tradition in der Deutung bestimmter Aussagen der Apk durchaus einhellig ist, so daß sich Luther trotz gegenteiliger
Behauptung im grundsätzlichen Teil der Vorrede ihr hier
ohne Bedenken anschließt[2]. Luther zieht aus dieser Gleichung: Engel = Bischöfe, noch weitergehende Konsequenzen
als ein Teil der Tradition. Er sieht dadurch noch einmal
bestätigt, was er schon aus anderen Zusammenhängen gefolgert hat, nämlich daß man in der ganzen Apk Ankündigungen
großer kirchengeschichtlicher Gestalten zu sehen habe. Das
wird besonders deutlich an der frühesten Stelle, wo Luther
diese Gleichung erwähnt, nämlich in der Schrift gegen Catharinus von 1521. Dort dient sie ihm dazu, seine Entscheidung zu begründen, daß er unter dem 5. Posaunenengel von
Kap. 9,1 denjenigen Papst verstanden wissen wolle, der die
Universitäten gegründet hat[3]. In ähnlicher Weise klingt
der Satz der zweiten Apk-Vorrede, in dem Luther auf diese
Gleichsetzung hinweist, zugleich wie eine Inhaltsangabe der
folgenden Kapitel: "Vber das lernen wir draus, durch das
wort, Engel, hernach jnn andern bilden vnd gesichten,
verstehen, Bisschoue odder lerer jnn der Christenheit,
etliche gut, als die heilige Veter vnd Bisschoue, etliche böse, als die ketzer vnd falschen Bisschoue, wel-

---

2. Zur Tradition vgl. o. S. 195f, Anm. 31ff.
3. 7,737,1ff; vgl. o. S. 195f. 1530 taucht die Gleichung
   noch in der 'Predigt, daß man Kinder zur Schule halten
   solle', auf als besonderes, lobendes Prädikat der Bibel
   für das Predigtamt: 30 II,529,20f.

cher doch mehr jnn diesem buch stehen, denn jener."[4]

Das 4. und 5. Kapitel versteht unser Bibelausleger
richtig als vorbereitende Visionen der Kirche[5]. Er
sieht sich veranlaßt, einige später mehrfach wiederkehrende Einzelzüge zu erklären: Die 24 Ältesten sind
alle Bischöfe und Lehrer zusammen (Nach einer Randbemerkung erklärt sich die Zahl 24 daraus, daß die Kirche
aus Juden und Heiden, repräsentiert durch die 12 Patriarchen und 12 Apostel, gebildet wird[6].). Die Kronen bedeuten ihren Glauben; das Lamm soll natürlich Christus darstellen; die Rauchfässer sind im Text selbst (5,8) als
Symbole für das Gebet gedeutet. Auffällig ist allerdings
die Behauptung, "mit den harffen loben" bedeute "predigen"[7]. Diese Uminterpretation von Ausdrücken, mit denen
das Gebet bezeichnet wird, im Sinne der Wortverkündigung
ist für Luther charakteristisch. Sie zeugt von seiner
Hochschätzung der Predigt[8]. Nach einer Notiz zu 15,7 bedeuten die 4 Tiere (4,6-8) nicht wie üblich die 4 Evangelisten, sondern "evangelium Johannis, Pauli, Petri
etc."[9], ein ausgesprochen Lutherscher Einfall!

---

4. DB 7,408,35-38.
5. Vgl. die Glosse zu 4,1; DB 7,431.
6. DB 4,500,6ff; vgl. Rupert von Deutz, MPL 169,907f.
7. DB 7,410,1-7.
8. Typisch dafür ist seine Interpretation der Genesis. Luther geht so weit, daß er in dem Satz aus Gen 4,26: "Zu
   der selben zeyt fing man an des HERRN namen antzuruffen",
   das er ursprünglich in seiner Bibelübersetzung von 1523
   gehabt hat, bei der Revision für die Bibel von 1534
   durch "zu predigen" ersetzt hat (s. DB 8,48/49; auch die
   Randglosse ist entsprechend verändert), ebenso bei 12,8;
   13,4; 21,33; 26,25; vgl. auch die Auslegungen, z.B. von
   4,26: 14,176,7ff bzw. 22ff bzw. 32ff: Pred., 1523 (Rörers bzw. Roths Nachschr. bzw. Roths Bearbeitung); 24,
   149,7ff (Druck, 1527); 42,241,6ff: Vorl. (1535, Druck,
   1544). In der Vorlesung über Gen 13,4 unterscheidet Luther zwischen "invocare nomen Domini" = "petere aliquid
   a Deo" und "invocare in nomine Domini" = "praedicare"
   (42,499,17ff).
9. DB 4,505,2 bzw. 4: ('Licht in Licht' bzw. Dietrich);
   vgl. 10 I 1,8,14ff: Kirchen-Post. ('Ein klein Unterricht'), 1521; DB 6,2,12ff; vgl. S. 536: NT-Vorrede,
   1522 (beidemale gegen Hieronymus gewendet).

Mit __Kapitel 6__ beginnt die geschichtliche Auslegung.
Jedenfalls scheint es so nach den einleitenden Worten:
"Im sechsten gehen an die künfftigen trübsaln, Vnd erstlich, die leiblichen trübsaln, als da sind, Verfolgung
von der weltlichen oberkeit"[10], die durch den Bogenschüt-
zen auf dem weißen Pferd (6,2) bezeichnet ist. Das klingt
zunächst so, als folgte Luther bei der Deutung der 7 Siegel dem alten Schema der Verfolgungen, die nacheinander
über die Kirche hereinbrechen[11], deren erste "die verfol-
gunge der Tyrannen" ist, wie die Glosse zu Apk 6,1[12] es
mit dem entsprechenden Terminus ausdrückt. Dazu würde auch
die Formulierung am Ende des Absatzes gut passen, wo von
den Seelen der Märtyrer (6,9-11) die Rede ist[13]. Aber
der eigentliche Skopos dieses Absatzes ist ein anderer.
Denn nachdem Luther den Reiter mit dem Schwert auf dem
roten Pferd als Symbol von Krieg und Blutvergießen, den
Reiter mit der Waage auf dem schwarzen Pferd als Teuerung
und Hunger und die Totengestalt auf dem fahlen Pferd als
Pest und Ausschlag gedeutet hat, fährt er fort: "Denn diese
vier plagen folgen gewis allezeit, vber die vndanckbarn
vnd verechter des worts Gotts, neben andern mehr verstörung
vnd enderung der oberkeiten, bis an jüngsten tag", entsprechend Apk 6,12-17, wo berichtet wird, daß die Mächtigen
der Erde in Höhlen fliehen vor dem Zorn Christi[14], allerdings nach unserem heutigen Verständnis als von dem einmaligen und endgültigen Ereignis des Weltuntergangs und
nicht, wie Luther es versteht, von wiederholten innerwelt-
lichen Vorkommnissen. Der Wittenberger legt also das 6. Ka-

---

10. DB 7,410,8f.

11. s.o. S. 90f.

12. DB 7,435.

13. 410,17; vgl. Glosse zu 6,9, S. 437: "Hie tröstet er die
    Christen in jrem leiden." Apk 6,9-11 erwähnt Luther auch
    34 II,477,28ff: Pred. über Lk 21,25; 10.12.1531 (Druck,
    1532); TR 2,649,31 bzw. 650,19f bzw. 651,1f: Nr. 2772a
    und b, Herbst 1532 (Cordatus bzw. Lauterbach bzw. Auri-
    faber); 41,116,1ff bzw. 117,12ff: Pred. über Ps 110,1;
    8.5.1535 (Hs. bzw. Druck).

14. DB 7,410,14-16; vgl. Glosse zu 6,12, S. 437.

pitel gar nicht, wie man erwarten könnte, historisch-chro-
nologisch aus, sondern zeitlos-typisch für einen bestimmten Bereich, nämlich den der weltlichen Reiche und Herrschaften, wo nach einer für Luther charakteristischen Vorstellung[15] ein ständiges "abfallen und auffsitzen"[16]
herrscht, weil Gott wegen des unverbesserlichen Hochmuts
und des unbelehrbaren Undanks der Menschen, insbesondere
der Herrschenden, immer wieder "eynen buben nit dem andern
straffet"[17]. Neben sozialen Konflikten zählt Luther eben
auch Seuchen und Katastrophen zu solchen immer wieder von
Gott angewendeten Mitteln seiner Strafgerichte über die
Völker[18].

Im Zusammenhang gesehen ist Luthers Auslegung von
Kap. 6 also nicht ganz einheitlich, da er die Vorstellung
von Christenverfolgungen am Anfang der Kirchengeschichte
mit der anderen von dem unaufhörlichen Strafwalten Gottes
im weltlichen Bereich verquickt. Es ist höchstens denkbar,
daß Luther das Leiden der Christen nur als Mitleiden mit
ihrer Umwelt in gemeinsamer Betroffenheit von den
Gerichten Gottes versteht. Dann ist aber zumindest
die Ausdrucksweise der entsprechenden, gleichzeitig
gedruckten Randglosse zum Bibeltext ziemlich mißver-
ständlich.

Die eigentliche kirchengeschichtliche Ausdeutung,
"die offenbarung von geistlichen trübsalen", beginnt
nun endlich mit Kapitel 7, wiederum einer Vorberei-
tungsszene, nämlich der Versiegelung der Christen
durch einen guten Engel als Schutz vor den bösen Engeln, die Luther als Ketzer interpretiert. Dazu zieht
er auch den Anfang von Kap. 8, die Vision des Engels

---

15. Näheres z.B. bei Zahrnt, Geschichte, S. 75, 153ff; Bandt,
    Verborgener Gott, S. 105ff.
16. 19,360,18f: Hab 1,3 ausgelegt, 1526.
17. 18,315,25; vgl. 329,28: Ermahnung zum Frieden, 1525
    (Druck).
18. Vgl. z.B. 17 II,59,2ff: Fasten-Post. Über Röm 12,19;
    1525; 31 II,393,29ff; 394,24ff: Der 111. Ps ausgelegt,
    1530.

mit dem Rauchfaß, das im Text selbst schon als Symbol
des Gebetes gekennzeichnet ist[19]. In diesem Zusammenhang tauchen die ersten konkret-geschichtlichen Erscheinungen in Luthers Auslegung auf: "Solche gute Engel sind
die heiligen Veter, als Spiridon, Athanasius, Hilarius
vnd das Concilium Nicenum, vnd der gleichen."[20]

> Warum Luther gerade diese Namen, darunter etwa den
> ziemlich unbekannten Bischof von Zypern Spiridon,
> anführt, werden wir später erkennen, wenn wir nach
> seinen kirchengeschichtlichen Vorkenntnissen fragen[21].

Mit **Kapitel 8** fängt die Reihe der Posaunenengel an,
d.h. nach Luther: "Da komen die sieben Ketzer nach einander."[22] Weder vorher noch nachher findet sich bei Luther
eine solch zusammenhängende Ausdeutung dieser 7 Visionen.
Um seiner differenzierenden Vorrede die Illustrationen an-
zupassen, hat er offensichtlich selbst angeordnet, das ursprüngliche 7. Bild, das für das ganze 8. Kapitel gedacht
war, in 5 einzelne Bilder aufzugliedern[23].

"Der erste böse Engel ist, Tatianus mit seinen Encra-
titen, welche die ehe verboten, Item, aus wercken from
sein wolten, wie die Jüden." Vom historischen Standpunkt
aus erscheint dieser Einsatz bei Tatian ziemlich unmoti-
viert. Aber Luther möchte gar keine rein chronologische
Reihenfolge der Ketzer aufstellen, sondern bringt stark
systematische Gesichtspunkte mit ins Spiel, wie er
auch selbst betont: "Denn die lere von werckheilig-
keit, muste die erste sein, widder das Euangelion,
bleibt auch wol die letzte, on das sie jmer newe
lerer vnd ander namen kriegt, als Pelagianer etc."[24]
Ein Bezug zu dem feurigen Hagel, von dem der Text (8,6f)
spricht, wird hier gar nicht erst hergestellt.

---

19. Vgl. o. S. 59.
20. DB 7,410,18-25.
21. s.u. S. 471ff.
22. DB 7,441: Glosse zu 8,1.
23. abgebildet bei Schramm, Illustration, Tafel 115-117,
    Bild 206-210; vgl. DB 7,479.
24. DB 7,410,26-30.

Beim zweiten Posaunenengel ist ein solcher Versuch
zwar gemacht, aber wenig überzeugend. Die allegorische
Beziehung ist doch zu weit hergeholt: "Der ander ist
Martion mit seinen Kataphrygen, Manicheis, Montanis
etc [25], die jre geisterey rhumen, vber alle schrifft,
vnd faren wie dieser brennend berg, zwischen himel vnd
erden, als bey vns der Müntzer vnd die schwermer."[26]
Ein herabstürzender Berg (8,8f) ist nicht gerade die
beste Versinnbildlichung für das Bestreben der Spiri-
tualisten, aus dem Fleischlichen herauszukommen und in
den höheren Regionen des Geistigen zu schweben. Aber es
kommt Luther eben darauf an, eine weitere Haupt-Ketzerei
unterzubringen, die der Art Gottes, auf leiblichem Wege
zu handeln - wozu auch das 'äußere Wort' gehört -, sich
widersetzt und mit der Luther ebenso zu kämpfen hatte
wie mit der Werkgerechtigkeit. Dabei fällt eines auf:
1522 hatte Luther die Apk u.a. wegen seines Kampfes gegen die 'Schwärmer' abgelehnt (ähnlich wie damals die
Aloger wegen ihrer Auseinandersetzung mit den Montanisten). Jetzt findet er eben darin diese Ketzerei gleich
als zweite vorhergesagt, so, als wollte dieses Buch
selbst vor seinem Mißbrauch warnen. Die neue Vorrede
dient dem Reformator also auch dazu, die 'Schwärmer' aktiv zu bekämpfen, während ihn die alte noch in der Defensive zeigt.

Auch der dritte Engel bringt eine Ketzerei, die dem
lutherischen Schriftprinzip zuwiderläuft. Es ist "Origenes, der durch die Philosophia vnd vernunfft die
schrifft verbittert vnd verderbet hat, wie bey vns die
Hohen schulen bisher gethan."[27] Luther denkt hier an
die Auswirkung der letztlich auf den Neuplatonismus
zurückgehenden allegorischen Schriftauslegung, die er

---

25. Zu der nicht ganz korrekten Zusammenstellung dieser Na-
    men vgl. u. S. 474ff.
26. DB 7,410,31-33.
27. 410,34f.

seit dem Ablaßstreit so hart bekämpfen mußte[28]. Auch
diesmal ist der Zusammenhang mit dem Text (8,10f) nur
sehr lose. Der Stern Wermut, der die Gewässer bitter
macht, wird verglichen mit der Allegorese, die "die
schrifft verbittert vnd verderbet hat"[29].

Der vierte böse Engel (8,12f) ist nach Luthers wiederum nicht näher begründeter Deutung "Nouatus mit seinen
Katharen, welche die busse versagen vnd fur andern die
reinesten sein wolten, der art waren die Donatisten hernach auch."[30]

Abschließend betont Luther, daß alle diese Ketzereien
in der römischen Kirche seiner Zeit noch lebendig seien:
"Vnser geistlichen aber, sind schier alle vierley." Versucht man, dies zu verifizieren, ergibt sich richtig, daß
Luther seinen 'papistischen' Gegnern immer wieder vorge-
worfen hat, sie verteidigten nicht nur die Werkgerechtigkeit, sondern setzten sich mit ihrer Theorie vom päpstlichen Lehramt über die Schrift hinweg oder allegorisierten
diese. Auch sprach er bekanntlich von der 'babylonischen
Gefangenschaft' der Sakramente, wie z.B. der Buße[31]. Die
Behauptung, daß die 'papistische' Lehre alle bisherigen
Ketzereien in den Schatten stelle, vertritt Luther schon
1520[32].

Die genauere Darstellung der Zusammenhänge und den
eingehenden Erweis der Richtigkeit seiner Behauptungen
überläßt Luther den Kennern der einschlägigen Geschichts-

---

28. Vgl. o. S. 156ff.
29. Hier zeigt sich, wie weit Luther in dieser Hinsicht
    sich von Augustin entfernt hat, dem es nur durch die
    Zuwendung zur origenistischen Allegorese, die ihm das
    AT sozusagen 'genießbar' machte, möglich wurde, sich
    von der manichäischen Bibelauslegung freizumachen; vgl.
    Ebeling, Evangelienauslegung, S. 119. Luther lehnt
    beide Methoden der Exegese als gleich schlimme Ketzereien
    ab.
30. DB 7,410,36-38.
31. Die Einschränkung der Bußgewalt als Gemeinsamkeit von
    Novatianern und 'Papisten' betont eine Predigt über Mt
    18,21f von 1537: 47,306,23ff, bes. 307,16f (Druck).
32. 6,329,5f: Epitoma responsionis.

werke, aus denen er selbst geschöpft hat und die ihm
vertraut sind[33]. Wir werden im Anschluß an die zusammenhängende Darstellung der Auslegung Luthers eigene Kenntnisse aus seinen übrigen Werken zu erheben versuchen[34].

Das 9. Kapitel bringt nach Luther eine Steigerung der
Trübsale, die direkt auf das Ende zusteuert, wie ja
auch der Text durch das dreifache Wehe die folgenden
Plagen besonders hervorheben möchte (8,13). Das Neue
gegenüber den bisherigen Bedrängnissen liegt in folgendem: "Hie komen beide geistliche vnd leibliche verfolgung
zu samen."[35]

Der fünfte Posaunenengel, der durch das erste Wehe
angekündigt wird (9,1-11), ist "Arrius der grosse ketzer,
vnd seine gesellen". Sein Grundirrtum ist, wie die entsprechende Glosse sagt, daß er "Christum nicht gleubet,
das er Gott sey"[36]. An zwei Punkten stellt Luther die
Beziehung zum Text heraus, alles weitere überläßt er
seinen Lesern. Zum einen sei die Verfolgung auf geistlichem und weltlichem Gebiet so schlimm gewesen, daß die
frommen Christen lieber gestorben wären, als dies mitan-
sehen zu müssen, genauso wie es bei der Beschreibung der
Heuschreckenplage (9,5f) vorhergesagt ist. Zum andern
nennt der Text den König der Heuschrecken Abaddon bzw.
Apollyon, was Luther schon seit 1521 mit "verderber"
wiedergibt[37]. Das wolle besagen, der Teufel reite die
Arianer[38]. In einer handschriftlichen Bemerkung zu 9,7
deutet Luther noch einen weiteren Einzelzug aus, nämlich
daß die Heuschrecken Kronen tragen. Er vermerkt am Rande:
"Arriani Reges et principes."[39]

---

33. DB 7,410,38/412,2.
34. s.u. S. 470ff.
35. DB 7,412,3-9.
36. DB 7,443, Glosse zu 9,1.
37. DB 7,442/43, Glosse zu 9,11.
38. 412,10-17.
39. DB 4,501,1 bzw. 4 ('Licht in Licht' bzw. Dietrich).

"Das ander Wehe ist der sechst Engel, der schendliche
Mahometh mit seinen gesellen den Saracenern, welche mit
leren vnd mit dem schwerd der Christenheit grosse plage
angelegt haben." Damit wird der Islam ohne weiteres in
den Zusammenhang der altkirchlichen Häresien innerhalb
des Christentums eingeordnet[40]. Sonst hat Luther zu 9,13-
21 nichts zu bemerken für nötig gehalten[41].

Wichtiger war ihm offensichtlich der andere Abschnitt,
den er noch zum zweiten Wehe rechnet, nämlich <u>Kapitel 10</u>
und die ersten beiden Verse von Kap. 11[42]. In engem Anschluß an den Satz über das Auftreten des Islam fährt er
fort: "Neben vnd mit dem selbigen Engel, damit solch
wehe deste grösser sey, Kompt dazu der starcke engel
mit dem regenbogen vnd bittern buche, das ist, das heilige Bapstum mit seinem grossen geistlichen schein."[43]
Luther bezieht also auch die eigentlich außerhalb der
Posaunenengelreihe stehende Vision von dem Engel mit
dem Offenbarungsbuch in den Zusammenhang der bösen Erscheinungen mit ein, so daß die Auslegung geschlossener
wirkt und ein deutlicher Kontrast zwischen diesem Engel,
der Menschenlehre verbreitet, und dem Engel in 14,6, der
wieder das reine Evangelium verkündigt, entsteht. Außerdem wird es dem Reformator so möglich, seiner Theorie
Ausdruck zu verleihen, daß das 'geistliche' Papsttum etwa um dieselbe Zeit aufgekommen sei wie der Islam, nämlich, so läßt sich aus späteren Schriften entnehmen, kurz
nach der Zeit des letzten guten römischen Bischofs, Gre-

---

40. DB 7,412,18-20. 1539 hat Luther Mohammed direkt vom Ari-
    anismus abstammen lassen: 50,575,2f; vgl. Headley,
    Church History, S. 185, und Pfister, Reformation, S.
    356-360.
41. Luther hat übrigens die Illustration zu diesem Abschnitt
    dadurch an die Deutung anpassen lassen, daß die Löwen-
    reiter Turbane aufgesetzt bekommen haben; vgl. Schramm,
    Illustration, Tafel 118, Nr. 212; Volz in der Einlei-
    tung zu: Bibel deutsch, 1545, S. 86*.
42. Luther hat eigens in Angleichung an seine Auslegung
    1530 den Beginn des Kapitels 11 im Text um zwei Verse
    verschoben, vgl. DB 7,447; dazu der Apparat, S. 446.
43. DB 7,412,20-22.

gors I. (590-604), zur Zeit des Kaisers Phokas (602-610)
und des ersten 'Papstes' Bonifaz III. (606/07)[44]. Die
Gleichung: geistliches Papsttum = Engel mit Regenbogen
und Buch, die hier erstmalig auftaucht, gehört zu den
wenigen neuen Deutungen der zweiten Vorrede, die auch
noch später in anderen Zusammenhängen wiederkehren und
verschiedentlich genauer ausgestaltet werden[45]. In der
Vorrede selbst wird nur angedeutet, der Regenbogen stehe
für den "grossen geistlichen schein" und das Buch für
die vielen Gesetze, die später im Decretum Gratiani zusammengefaßt wurden. Außerdem wird die kurze Szene von
der Ausmessung des Tempels (11,1f) auf die Errichtung
der "laruen kirche" und ihre "eusserliche heiligkeit"
gedeutet[46]. Zwei Glossen zum Text ergänzen die Auslegung
etwas. Die erste gibt eine recht gezwungen anmutende
Interpretation von 10,6, "das hinfurt keine zeit mehr
sein sol": "Alles sol vnter den Bapst, was selig wil werden, Ausser dem Bapstum ist kein Christen, Er wil das
Heubt allein sein." Die andere erklärt, warum das Büchlein zuerst süß schmeckt und danach Bauchschmerzen
erzeugt (10,9f): "Merck, das Menschenlere eusserlich
süsse sind, vnd wol gefallen, Aber das Gewissen verderben sie, Psalm 5.[10] vnd 10.[7]."[47] Handschriftlich hat Luther noch zwei weitere Ausdeutungen in sein
NT eingetragen. Zu: "wie ein Löwe brüllet" (10,3), hat
er notiert: "Papa enim quasi insanivit pro primatu."[48]
Und zu den 7 Donnern, die antworten: "Septem tonitrua
forte voces aliarum Ecclesiarum ei consentientes."[49]

---

44. TR 3,646,1ff: Nr. 3831 (Lauterbachs Tagebuch, 11.4.1538);
    WA 53,142f: Supputatio, 1540/41/45; vgl. Maurer, Kontinu-
    ität, S. 95-98 bzw. 76-79.
45. Bei Henschel, S. Johannes, S. 75, sind die Nachweise
    der Stellen, an denen Luther den 'starken Engel' erwähnt,
    recht lückenhaft, da sie auf der WA basieren.
46. DB 7,412,22-24.
47. DB 7,445.
48. DB 4,501,7 bzw. 9 ('Licht in Licht' bzw. Dietrich).
49. 501,7.10f bzw. 9.12f.

In der etwa gleichzeitigen Schrift 'Von den Schlüsseln'
zählt Luther einige von den "gresslichen, grewlichen
donner sprůchen" auf, die im geistlichen Recht stehen
und die Johannes gemeint haben mochte, als er seine
Offenbarung schrieb[50]. Dieselbe Vorstellung hat auch
Eingang gefunden in die Bekenntnisschriften der lutherischen Kirche mit dem Satz aus den Schmalkaldischen Artikeln (II,3): "Denn da stehen alle seine Bullen und
Bůcher, darinn er brůllet wie ein Lewe (als der Engel
Apocalypsis 12. bildet) das kein Christ kůnne selig
werden, Er sey denn jm gehorsam und unterthan jnn allen
dingen, was er wil..."[51] In einer Tischrede vom 17. Januar 1538 hat Luther das Bild dieses Engels bis in alle
Einzelheiten hinein auf den Papst übertragen[52]. Eben in
Zusammenhang mit dem Primatsstreit z.Zt. des Kaisers
Phokas, wie wir ihn für die Vorrede von 1530 als historischen Hintergrund erschlossen haben, spielt Luther

---

50. 30 II,488,12ff; vgl. auch 40 I,595,4 bzw. 20: Vorl.
    über Gal 4,7 (Rörer, 1531 bzw. Druck, 1535) und 46,
    279,9 bzw. 26f: Pred. über Joh 13,10; 18.4.1538 (Rörer
    bzw. Stoltz).

51. 50,214,12-20 = BSLK, S. 428,12-16. Die im Apparat der
    WA mit Fragezeichen versehene Erklärung für "bildet",
    nämlich "= bildlich darstellt", ist richtig. Warum Hen-
    schel, S. Johannes, auf diese Stelle nicht eingegangen
    ist, obwohl er sich ja speziell mit dieser Bekenntnis-
    schrift beschäftigt, ist mir unklar. - Auffällig ist,
    daß Luther nicht nur hier, sondern auch 50,578,26 statt
    des 10. das 12. Kapitel angibt. Das 12. war eben offen-
    sichtlich das vertrautere für ihn, das er schon lange
    gut kannte, während das 10. sich ihm nicht mehr so fest
    einprägte. Georg Witzel hat in seiner Antwort auf die
    Schmalkaldischen Artikel leider nicht recht auf Luthers
    Deutung von Apk 10 eingehen können, weil er durch die
    falsche Kapitelangabe irregeleitet wurde. Er schreibt:
    "Apocalyp. 12 lese ich von keinem engel, der einen brül-
    lenden Lewen oder bapst bilde." Witzel, Antwort, S. 78,
    19f; vgl. BSLK, S. 428, Anm. 2. Vielleicht geht auch die
    falsche Angabe von Kap. 9 durch Lauterbach in TR 3,552,
    30 auf Luther selbst zurück.

52. TR 3,552,28-35: septem tonitrua = comminationes papae;
    coelibatus = angelus fortis; nubes = mysterium occultum;
    iris = species; liber apertus = evangelium (!); papa =
    rex facierum (Dan 8,23); papatus = regnum larvatum.

1539 noch einmal in der Schrift 'Von den Konziliis' auf
Apk 10,3 an mit dem Satz: Die Römischen "schrien uber-
laut mit grossem brüllen, Apoc. 12., das die Kirche zu
Rom die oberste were."[53]

Luther ist also die antipäpstliche Interpretation von
Kap. 10 so selbstverständlich geworden, daß er schon bald
einzelne Formulierungen daraus gerade so, als wären es
gewohnte Topoi, in seine Polemik gegen die Dekrete direkt
einflicht, ohne noch näher zu begründen, wie er dazu
kommt, gerade diesen Abschnitt als Arsenal für die
Polemik gegen Rom zu verwenden, womit er, wie wir
noch sehen werden[54], ganz isoliert in der Auslegungsgeschichte dasteht.

Die Visionen des 11. und 12. Kapitels werden zum
Ausgleich wieder als Trostbilder verstanden. Die Szene
mit den zwei Predigern und die andere mit der schwange-
ren Frau und dem Drachen sollen anzeigen, "das dennoch
etliche frome lerer vnd Christen bleiben sollen, beyde
vnter den zwey vorigen Weh vnd dem dritten künfftigen
Wehe."[55] Zur Deutung von Kap. 11 tragen die gedruckten
Glossen am Rande des Textes nur noch wenig bei, nämlich
die zwei Erklärungen, die beiden Zeugen seien "alle
rechte frume Prediger die das wort rein erhalten, Zu
trost den Christen", und das Tier aus dem Abgrund sei
"der weltliche Bapst" von Kap. 13[56]. Kap. 12 hat Luther
in seinem Bibeldruck nirgendwo mehr irgendwie weiter
ausgedeutet. Das muß auffallen, wenn man bedenkt, daß
sich gerade auch dieses zentrale Kapitel der Apk in den
20er und 30er Jahren bei Luther einer gewissen Beliebtheit erfreut hat. Er hat ja über die Vision der Himmelskönigin ein Lied gedichtet und über die Perikope vom

---

53. 50,578,25f.
54. s.u. S. 518ff und 544ff.
55. DB 7,412,25-29; vgl. z.B. 30 II,645,13ff: Sendbrief vom
    Dolmetschen, September 1530.
56. DB 7,447, Glosse zu 11,4 und 7. Die Angabe "Ca. 12."
    statt "Ca. 13." ist in allen Auflagen bis 1546 stehen
    geblieben.

Michaelskampf in der folgenden Zeit dreimal gepredigt[57];
auch hat er aus diesem Abschnitt gerne apologetische und
satanologische Vorstellungen entnommen. Daraus geht wiederum deutlich hervor, daß Luther in der Vorrede von
1529/30 keinerlei Wert darauf gelegt hat, allseits bekannte und beliebte Abschnitte der Apk zu erklären, sondern gerade auch einmal die Kapitel mit einer sinnvollen,
zusammenhängenden Deutung zu versehen, die er selbst
sonst weitgehend wegen ihrer Unklarheit hat links liegen
lassen.

Auch die handschriftlichen Eintragungen zu Kap. 11
und 12 beschränken sich - mit einer Ausnahme - auf stich-
wortartige Bemerkungen. So wird etwa die Öffnung des Tempels und das Erscheinen der Bundeslade (11,19) erklärt mit: "Revelatur vera Ecclesia et Scriptura",
zu 12,9 vermerkt, daß sich hier der Text selber er-
kläre (Drache = Satan), und die Flucht der Frau in
die Wüste (12,14) gedeutet mit: "Ecclesia latet sub
Papatu."[58]

An 11,15, den Vers, der nach Luthers Einteilung
das 12. Kapitel einleitet und mit dem Posaunen des 7.
Engels das 3. Wehe ankündigt[59], knüpft Luther eine
etwas ausführlichere Überlegung an. Er weist zurück
auf 10,7, wo angekündigt wird, daß mit dem Blasen der
7. Posaune das Ende kommen solle. Das hat manche zu
voreiliger Freude verleitet. Immerhin glaubt auch Luther, am Ende der Geschichte zu stehen: "Et novissimum
malum adsit forte, quod revera finita sint mysteria Dei,
et Ecclesia nunc tota mundana facta sit, et tempus novis-
simarum tenebrarum agatur."[60] Luther ist also in seiner

---

57. Vgl. u. S. 594ff.
58. DB 4,501,22-33 (nur 'Licht in Licht'). Zu der letzten
    Bemerkung vgl. auch 31 II,664,15f: Vorl. über Hhld 2,
    15; 1530/31; 31 I,510,2: Arbeiten zu den Summarien zu
    Ps 72; 1530/32 (Amsdorf).
59. Vgl. DB 7,652, Anm. dazu.
60. DB 4,501,16-20 ('Licht in Licht'). Hierher gehört viel-
    leicht auch 30 III,389,4 (De energia Augustanae Confes-

Deutung an dieser Stelle bereits bei seiner eigenen,
von den 'apokalyptischen' Wehen der Endzeit erfüllten
Gegenwart angelangt. Dies kommt auch in der Fortsetzung
des zuletzt aus der Vorrede selbst zitierten Satzes zum
Ausdruck: "Vnd lauffen nu die letzten zwey Wehe [d.h.
Islam und Papsttum] mit einander, vnd zu gleich die Christenheit zur letze [= zuletzt] angreiffen, vnd der teuffel damit endlich dem fas den boden aus stosset."[61]

Das 13. Kapitel bringt den Höhepunkt in Luthers Auslegung, "das dritte Wehe, nemlich das Bepstissche keiserthum vnd keiserliche Bapstum. Hie kriegt das Bapstum
auch das weltliche schwerd jnn seine gewalt", unter Berufung auf die Zwei-Schwerter-Theorie (klassisch formuliert durch Bonifaz VIII. in seiner Bulle 'Unam sanctam'
von 1302[62]). "Hie sind nu die zwey thier, Eins, ist das
keiserthum, das ander mit den zweyen hornern, das Bapstum,
welchs nu auch ein weltlich reich worden ist, doch mit dem
schein des namens Christi, Denn der Bapst hat das gefallen
Römisch Reich, widder auffgericht, vnd von den Griechen zu den Deudschen bracht" (nämlich indem er Karl
d. Gr. im Jahre 800 zum Kaiser über den unter den
Stürmen der Völkerwanderung in Auflösung geratenen
Westteil des Römischen Reiches krönte, ohne Rücksicht
auf Ostrom). Mit dieser Theorie von der translatio
imperii, wie der Fachausdruck lautet, der auch in einer am Rande der Deutschen Bibel auffallenden lateinischen Glosse anklingt[63], interpretiert Luther die
Aussage des Textes, daß ein Kopf des Tieres aus dem
Meer verwundet, aber wieder heil geworden ist und daß
das Tier vom Land deshalb ein Götzenbild von ihm an-

---

sionis): Der Reichstag von Augsburg ist "vltima tuba ante extremum diem".
61. DB 7,412,29-31. Der Satzbau ist in den Bibeln ab 1541
korrigiert, s. den Apparat und die Fassung auf S. 413.
62. Denz., S. 280, Nr. 873. Gegen die Zwei-Schwerter-Theorie hat Luther auch in der kurz vorher erschienenen
'Heerpredigt' polemisiert, vgl. 30 II,142,4-10.
63. DB 7,451, Glosse zu 13,3. Bei Goez, Translatio, fehlt
ein Hinweis auf diese Stelle.

fertigen läßt (13,3.14). Damit wird einerseits die
Übertragung des Reiches als unrechtmäßige Tat des
Papstantichrists qualifiziert, andererseits aber ergibt sich als Rückwirkung von der Deutung her die
durch den Text nicht gerechtfertigte Vorstellung, als
würde das Tier überhaupt durch seine Nachbildung ersetzt: "Vnd ist doch mehr ein Bilde vom Römischen reich,
denn des Reichs corper selbs wie es gewesen ist, Dennoch
gibt er solchem bilde geist vnd leben, das es dennoch
seine stende, rechte, gelieder vnd Empter hat, vnd gehet etlicher masse jm schwanck, Das ist das bilde, das
wund gewesen, vnd widder heil worden ist."[64]
    Hier ist deutlich ein Zusammenhang mit Luthers Dan-
Deutung aus derselben Zeit zu erkennen. Er reicht bis
in einzelne Formulierungen hinein. Die Translationsvor-
stellung ist ja, ausgehend von Hieronymus, im Mittelalter eine feste Verbindung mit der Dan-Auslegung eingegangen, da mit ihrer Hilfe das Fortbestehen des 4. Weltreiches, nämlich des römischen, bis zum Ende der Welt -
eine Vorstellung, die noch bei Luther beinahe den Rang
eines Glaubenssatzes hat[65] - trotz der Auflösung der ursprünglichen politischen Einheit durch die Völkerwanderung und das Vordringen der Mohammedaner glaubhaft gemacht werden konnte[66]. Und so finden wir auch in der
Dan-Vorrede einen ganz entsprechenden Satz, dem nur
die Polemik gegen das Papsttum fehlt: Das Römische
Reich "ist aber dennoch eraus gewachsen, vnd gleich
wie eine pflantze versetzt (wie sie es nennen) translatum, von den Griechen auff die Deudschen, Also das
dennoch des eisens art da ist blieben, Denn es hat
noch seine stende, empter, rechte vnd gesetze, wie
es vor zeiten gehabt."[67]

---

64. DB 7,412,32/414,10; vgl. die Glosse zu 13,15 auf S. 453.
65. DB 11 II,6,2-8; vgl. das o. S. 372f mit Anm. 9 zur neuen
    Auslegung von Dan 7 Gesagte.
66. Vgl. Goez, Translatio, S. 368f.
67. DB 11 II,4,20-24; vgl. S. 138, Glosse zu Dan 2,41. Hier
    wird auch der Papst und Karl d. Gr. erwähnt.

Das Papsttum in seiner neuen Machtfülle hat unermeßlichen Schaden auf geistlichem und weltlichem Gebiet angerichtet, was Luther hier jedoch nur kurz andeuten kann: "Denn erstlich ist die welt durch sein buch vol worden aller abgötterey, mit, klostern, stifften, heiligen, walfarten, fegfewer, ablas, vnehe, vnd vnzelige mehr stück der menschenlere vnd werck etc. Zum andern, wer kan erzelen, wie viel blut, mord, krieg vnd iamer, die Bepste haben angericht, beide mit selbs kriegen vnd mit reitzen die Keiser, Könige, Fursten vnternander."[68]

Luthers ganze kirchengeschichtliche Auslegung der Apk ist ausgesprochen dramatisch aufgebaut. Alle bisherigen Szenen bereiten nur die große Peripetie vor, die in den nun folgenden Sätzen eindrucksvoll geschildert wird. Aber es ist nicht irgendein historisches Drama mit Gestalten ferner Zeiten, das Luther hier entwirft, sondern er beschreibt in Form einer Bibelauslegung genau die weltgeschichtliche Lage, in der er sich eben jetzt, um die Wende von 1529 auf 1530, befindet: Bedroht von außen durch die mohammedanischen Türken und von innen durch den mit dem Papst verbündeten Kaiser, er selbst ohne irgendeine andere Waffe als einzig das Wort Gottes, aber gerade deshalb zuversichtlich in Erwartung des Endsieges Christi[69]: "Hie geht nu vnd leufft des teuffels letzter zorn miteinander jm schwanck, Dort gegen morgen, das ander Wehe, Mahometh vnd die Saracener, Hie gegen abend, Bapstum vnd Keiserthum mit dem dritten Weh, zu welchen als zur zugabe der Türcke, Gog vnd Magog auch kompt, wie jnn xx. Capitel folgen wird, Vnd also die Christenheit jnn aller welt zu allen seiten mit falschen leren vnd kriegen, mit buch vnd schwerd, auffs aller grewlichst vnd jemerlichst geplagt wird, Das ist die grund suppe vnd die endliche plage, Darauff folgen nu fast eitel trost bilde vom ende solcher aller Wehe vnd grewel."[70]

----

68. DB 7,414,12-17.
69. s.o. S. 395ff.
70. DB 7,414,17-24.

Allein schon durch die Erwähnung der Gleichung: Gog
und Magog = Türken, an dieser zentralen Stelle wird oh-
ne weiteres deutlich, daß die Gesamtkonzeption der Apk-
Vorrede aus dem Komplex der neuen Interpretation von
Dan 7 herausgewachsen und deshalb auch nur aus diesem
Zusammenhang zu verstehen ist[71].

Bevor wir jedoch das Geschehen weiterverfolgen, noch
ein Blick auf die Einzeldeutungen zum 13. Kapitel! Eine
schwache Reminiszenz an die ursprüngliche Bedeutung dieser Vision enthält eine gedruckte Randglosse zu der Stelle 13,6, wo von der Gotteslästerung des ersten Tieres die
Rede ist. Hierzu lautet die Erklärung: "Das Thier ist das
Römisch Reich, vnd thet solchs, da es noch Heidnisch war."[8]
Aber Luther verläßt mit der nächsten Glosse sofort wieder
die zeitgeschichtliche Auslegung und greift gleich mehrere
hundert Jahre weiter in der Geschichte: "Der Babst richtet
das Reich wider an."[72]

Eines der meistverhandelten Probleme der Apk ist die
Frage, wie die geheimnisvolle Namenszahl 666 zu deuten
sei. Bisher hatte Luther sich nirgendwo dazu geäußert.
Jetzt finden wir den ersten Erklärungsversuch am Rande
von 13,18: "Das sind sechshundert vnd sechtzig jar. So

---

71. Im Widmungsbrief zur Dan-Auslegung vom Frühjahr 1530
    hat Luther im Zusammenhang der Parallelisierung von
    Islam und Papsttum und der gesteigerten Naherwartung
    ausdrücklich auf das 3. Wehe der Apk hingewiesen: DB
    11 II,382/383,5. Der Systematiker Asendorf übersieht
    diesen geschichtlichen Hintergrund und reduziert aus
    einem Vorurteil heraus das ganze geschichtstheologische
    Interesse Luthers, das sich in der Apk-Vorrede kundtut,
    auf die Absicht, einen weiteren Beweis für den anti-
    christlichen Charakter des Papsttums zu finden. Daraus
    resultiert dann ein solch falscher Satz wie dieser:
    "Dabei läuft die Bedrohung durch die Türken am Rande
    mit."(Asendorf, Eschatologie, S. 157).Dagegen spricht
    schon die auffallende Tatsache, daß Luther die Türken,
    die er erst in dem Gog-und-Magog-Abschnitt ganz am En-
    de der geschichtlichen Auslegung abgebildet sieht, schon
    in der Mitte, auf dem Höhepunkt, in direktem Zusammen-
    hang mit dem verweltlichten Papsttum, ankündigt.

72. DB 7,453.

lange stehet das weltliche Bapstum."[73] Geht man diesem
Hinweis nach und rechnet vom Jahr 1530 die 660 Jahre zurück, kommt man auf das Jahr 870, das wohl keinen markanten Einschnitt in der Papstgeschichte bezeichnet[74]. Aber
so genau will Luther die Zeitangabe nicht genommen haben. Das lehrt uns eine Tischrede vom 13. Oktober 1538,
in der er ebendieselbe Deutung der Zahl im Sinne einer
Zeitangabe wiederholt. Die Begründung lautet dort: "Denn
das Herzleid hat bald nach Papst Gregorio dem Ersten angefangen. Darnach haben die zweene Bischofe, der zu Con-
stantinopel und der zu Rom, mit einander um das Papstthum
gezankt bis auf Carolum Magnum; da kam der römische Papst
empor und ward zum Herrn gemacht über alle Könige auf
Erden."[75] Hier wird also die Zeit der Karolinger als der
Beginn der weltlichen Herrschaft des Papsttums angegeben.
Wir kommen dabei noch um einige Jahre weiter zurück. Wichtig ist an dieser Tischrede aber noch, daß sie die beiden
Wendepunkte in der Geschichte des Papsttums eben mit den
Ereignissen verknüpft, die wir auch als Hintergrund für
die geschichtliche Deutung der Apk in der Vorrede von
1530 erschlossen haben: zum einen der Primatsstreit Bonifaz' III. nach dem Jahre 600 und zum andern die Kaiser-
krönung Karls d. Gr. durch Leo III. im Jahre 800.

Eine ganz andere Deutung der Zahl 666 bietet eine handschriftliche Randbemerkung Luthers in eben diesem seinem
NT von 1530. Dort stand zu 13,18 die Notiz: "Menschen Zahl,
wie die Menschen pflegen zu zehlen." Dann folgten unter-
einandergeschrieben die Zahlen 200, 6, 40, 10, 10, 400[76].
Hier handelt es sich offensichtlich um eine Gematrie, d.h.,

---

73. ebd., die Zahl 660 ist erst in der übernächsten Auf-
    lage in 666 korrigiert. Eigenartigerweise steht die-
    selbe Zahl auch in TR 4,108,18 bzw. 29 (s.u.).
74. Michael Stifel rechnet im Gefolge Luthers von 1518
    (Offenbarung des Papstantichrists) 666 Jahre zurück
    und kommt auf 852 (s.u. S. 544).
75. TR 4,108,18-22: Nr. 4062 (Lauterbachs Tagebuch), zi-
    tiert nach der Fassung Aurifabers, ebd., Z. 30-33.
76. DB 4,502,1-7 ('Licht in Licht'; bei Dietrich fehlen
    die Zahlen).

die Teilzahlen stehen für Buchstaben, die den jeweiligen
Zahlenwert haben, und die Buchstaben wiederum ergeben zusammen ein Wort. Luther gibt zwar nicht an, welches Wort
es ist, nicht einmal, welche Sprache verwendet ist, doch
hat Bousset das hebräische Wort רומיית (= römisches, zu
ergänzen מלכות = Reich) daraus erschlossen[77]. Diese Deutung kommt im 16. Jahrhundert noch öfter vor, z.B. bei
Andreas Osiander[78] und Melanchthon[79], im Anschluß an Osiander auch bei Johannes Funck[80], David Chyträus[81], Nikolaus Selnecker[82] und Georg Nigrinus[83]; jedoch ist mir
kein Zeugnis aus der Zeit vor 1530 bekannt. Möglicherweise hat Luther sie von Melanchthon übernommen.

Wie wir schon bemerkt haben, hat Luther 1530 auch
den Illustrationen seine Aufmerksamkeit gewidmet. Die
Veränderungen daran gehen ganz sicher auf seine Anweisungen zurück, so daß man jedenfalls zumindest ab 1530
die Illustrationen endgültig als sein geistiges Eigentum betrachten darf. Das ursprünglich dreizehnte, jetzt
siebzehnte Bild erhielt bei gleichbleibender Gestaltung[84]
zusätzlich eine Randglosse, die den Translationsgedan-
ken noch einmal abwandelt: "Bapst des reichs Gott vnd
schepffer"[85]. Dadurch wurde dem Volk diese zentrale Behauptung der Vorrede besonders eingeprägt.

"Im vierzehenden Capitel fehet an Christus zu erst
mit dem geist seines mundes zu tödten (wie S. Paulus sagt)

---

77. Bousset, Offenbarung, S. 84, Anm. 4.
78. Osiander, Coniecturae, Bl. h3a, übernommen auch von
    Sohn und Enkel (vgl. u. S. 516f); anders noch 1524
    im 'Grossen Ratschlag': Silvester; s. Osiander, Ge-
    samtausgabe 1,369f.
79. laut Froom, Faith II, S. 291.
80. s.u. S. 514.
81. s.u. S. 524.
82. s.u. S. 551.
83. Vgl. u. S. 527f.
84. Schramm, Illustration, Tafel 120, Bild 216.
85. DB 7,451 und 453 im Apparat, dazu S. 480 und 482.

seinen Endechrist, Vnd kompt der Engel mit dem Euangelio
widder das bitter buch des starcken Engels."[86] An dieser
Stelle beginnt der zweite Teil der kirchengeschichtlichen
Auslegung, der den Gegenvorstoß des Wortes Gottes bringt,
durch den das gerade erst zu seiner vollen Höhe aufge-
stiegene Papsttum wieder in die Tiefe gestoßen wird[87],
und zwar in zwei Etappen, die Luther schon lange aus seiner Lieblingsstelle 2 Thess 2,8 (die er ja auch hier erwähnt) abgeleitet hat: Zunächst wird der Antichrist durch
den Hauch des Mundes Christi, d.h. durch das von Luther
wiederentdeckte Evangelium, getötet und schließlich bei
der nahe bevorstehenden Wiederkunft Christi in die Hölle
gestoßen. Auf dem Höhepunkt der Apk-Deutung steht also
neben dem Dan-Komplex (Türken) auch der Komplex 2 Thess
2 (Papstantichrist) deutlich im Hintergrund des Gedanken-
ganges, d.h., Luther interpretiert die Apk von seinen
zentralen apokalyptischen Belegstellen her, ordnet sie somit seinen anderweitig gewonnenen Vorstellungen ein, bei
denen er sich seiner Deutung sicher ist. So glaubt er,
jedenfalls nichts Falsches zu sagen.

Obwohl Luther gar keine Zeitangabe macht, kann man
doch erschließen, daß er die erste, in Kap. 14 beschriebene Etappe etwa mit den 95 Thesen von 1517 beginnen
läßt. Denn die Gegenüberstellung des Evangeliums und
des bitteren Buches (aus 10,9f), d.h. der Dekrete, hat
ja nicht nur systematische oder kompositorische Bedeutung, sondern findet ihre historische Entsprechung im
Ablaßstreit, in dessen Verlauf Luther erkannte, daß
die römische Kirche mit ihren Traditionen selbst im Gegensatz zu Gottes Wort stand[88], und der seinen Höhepunkt
mit der Verbrennung der Bannandrohungsbulle und anderer

---

86. DB 7,414,25-27.
87. Vgl. TR 1,201,7-9: Nr. 461 (Dietrich, Februar 1533).
    Die Stellenangabe am Rand müßte lauten: Offenb. 9-13;
    14 ff.
88. Die erste Vermutung, der Papst könne der Antichrist
    sein, äußert Luther im Zusammenhang seiner Beschäfti-
    gung mit den Dekreten: Br 1,359,28-31 = Enders 1,450,
    42-46.

päpstlicher Schriften, insbesondere des kanonischen Rechtes, erreichte. Der Aufruf Melanchthons, am 10. Dezember
1520 vor das Elstertor zu ziehen, um diesem Schauspiel
beizuwohnen, ist wohl das Dokument, das die größte Affinität zu unserem Satz aus der 1530er Vorrede hat[89].
Von daher ist es nicht weiter verwunderlich, daß Luthers
Schüler weiter gehen und den Engel mit dem ewigen Evangelium (14,6) ausdrücklich mit Luther selbst identifizieren[90].

Mit der Wiederentdeckung des wahren Gotteswortes erscheint auch die Kirche wieder in ihrer urchristlichen
Reinheit, "vnd stehen nu widderumb heiligen, auch jung-
frawen vmb das lam her, vnd predigen recht."[91] Ob Luther
wirklich an predigende Frauen gedacht hat, deren es ja
zu Anfang der Reformationszeit mehrere gegeben hat, wird
nicht deutlich, würde aber nicht seiner sonstigen Auslegung entsprechen[92].

Die Vorstellung, daß die in Kap. 14 angedeutete Reformation einer Wiederherstellung der alten, reinen Kirche gleichkomme, klingt auch aus zwei Randbemerkungen
Luthers heraus. Die eine stand bei 5,6 und deutete das
Wort 'Lamm': "Agnus Dei, quia tunc pura de Christo doc-

---

89. 7,183,1-9; beachte insbesondere die Formulierungen: "...
    impii pontificiarum constitutionum... libri... inimico-
    rum Euangelii,... pios ac euangelicos Lutheri libros...
    fortassis enim nunc tempus est quo revelari αντιχριστον
    oportuit."

90. z.B. Bugenhagen in seiner Predigt beim Begräbnis Lu-
    thers; Vogt, Bugenhagen, S. 411; weitere Beispiele s.
    u. S. 515f, 525 und 528. Beispiele aus späterer Zeit
    sind gesammelt bei Fabricius, Centifolium Lutheranum,
    S. 330-334 und 773f. Allerdings hat schon lange vorher
    Michael Stifel, der mit Luthers Deutung von Kap. 10
    gar nicht einverstanden war (s.u. S. 544ff), den Re-
    formator als den Engel von Apk 14,6 besungen, nämlich
    in seiner Flugschrift von 1522 'Von der christförmigen
    Lehre Luthers ein überauß schön künstlich Lied samt
    seiner Nebenauslegung', Clemen, Flugschriften III, S.
    283ff.

91. DB 7,414,27-29.

92. Vgl. u. S. 592f.

trina floruit. Infra redit agnus 14. Capite. Post haereses et monstra sub quibus latet Agnus inconditus."[93] Und
die entsprechende Notiz zu 14,1 lautet: "Hic redit
Agnus supra Caput V. visus."[94] Den Engel, der den
Fall Babylons ankündigt (14,8), charakterisiert Luther nicht näher, den dritten Engel (14,9) übergeht
er ganz.

Die Ernte-Vision (14,14ff) weiß er nicht sicher zu
deuten. Er gibt in der Vorrede selbst schon zwei verschiedene Auslegungsmöglichkeiten an: "Weiter folgt,
Das die erndte gehalten wird, vnd die so am Bapstum
widder das Euangelion beharren, ausser der stad Christi
jnn die kelter Göttlichs zorns geworffen werden, Das
ist, durchs Euangelion werden sie als von der Christenheit abgesondert, verurteilt zum zorn Gottes, Welcher
ist viel, vnd die kelter gibt viel bluts, Odder villeicht mag noch wol etwa eine redliche straffe vnd vrteil furhanden sein, vber vnser sunde, die aus der massen vnd vber reiff sind."[95]

Während die gedruckten Glossen zum 14. Kapitel nichts
Neues beitragen, sind die handschriftlichen Bemerkungen
umso reichhaltiger. Neben der Auslegung der Verse 4 und
14, die mehr in den Zusammenhang mit dem Augsburger
Reichstag gehört[96], sind es besonders wieder die Ernte-
szenen, die Luther beschäftigt haben. Die Notizen lauten
im einzelnen, bei der Illustration zu 14,14ff: "Haec
figura valde mihi videtur seditiosorum rusticorum caedem

---

93. DB 4,500,15-17 ('Licht in Licht'); die anderen beiden
    Überlieferungen (Dietrich und Breslauer Hs.) haben als
    letztes Wort "incognitus".
94. 502,10f bzw. 13 ('Licht in Licht' bzw. Dietrich), vgl.
    34 I,500,1 bzw. 14f: Pred. am 4.6.1531 (Rörers bzw.
    Nürnberger Nachschr.); in der WA am Rand: "Offbg.
    17,14".
95. DB 7,414,30-36. Der Anfang ist nach der Fassung von
    1546 korrigiert (415,31). Der Text von 1530 hat die
    falsche Angabe: "Daher gehort auch das xv Capitel,
    da..."
96. s.o. S. 389 und u. S. 586ff.

figurare", dazu im Bild selbst zu dem gekrönten Alten
auf dem Regenbogen: "Magistratus". Das wird noch näher
ausgeführt in einer Bemerkung zu 14,14: "Magistratus civilis, ut supra 5. eques coronatus cum arcu. Per Evangelium enim Magistratus rursum glorificatus est, sub Papa
et rusticis oppressus." In diesem Zusammenhang erhält
also das Vorgehen der Fürsten gegen die Bauern eine durchaus positive Würdigung[97]. Zu dem Engel von 14,17 heißt
es: "Hic non magistratus sed Doctor Ecclesiae est", und
zur Kelterszene: "Da gehört viel Bluts zu. Utinam de Turcis loquatur, sed metuo de..." Im Apparat dazu ist als
Ergänzung "rusticis" vorgeschlagen; es müßte aber
doch wohl "Germanis" heißen. Außerdem ist nicht ganz
klar, ob von dem Blut der Türken, das durch die Deutschen vergossen wird, die Rede ist, oder umgekehrt vom
Blut, das die Türken vergießen. Die Angabe der Länge
des Blutstromes, nämlich 1600 Stadien, veranlaßt Luther
zu folgender abschließenden Überlegung: "Das sind bey
50. unsrer teutschen Meilen. Tam late fere vagabatur
rusticorum seditio. - Et si rusticorum seditio non est,
tunc absque dubio allegoria est spiritualis caedis, qua
papatus caesus est. Nam sanguis tantus, qui 52. milli-
aria latus et tribus cubitis altus sit, non potest na-
turaliter haberi, etiam si omnium hominum et pecudum
sanguis fundetur. Est ergo praeludium judicii instantis
haec figura."[98] Insgesamt schlägt Luther also vier verschiedene Deutungen der Erntevision vor: geistliches
Gericht über die 'Papisten', Gericht der weltlichen Obrigkeit über die aufrührerischen Bauern, Türkenkrieg
oder ein noch in der Zukunft liegendes Strafgericht
über Deutschland. Eine Aufteilung dieser Deutungen auf

---

97. und das im Zusammenhang mit dem Bild der Ernte, das
Müntzer (s.u. S. 648f) so gerne für das Losschlagen
gegen die Gottlosen verwendet hat, z.B. Müntzer,
Schriften, S. 261,28ff (unter Berufung auf Mt 13,
24ff): Fürstenpredigt, 1524; vgl. Dismer, Geschichte,
S. 93ff.
98. DB 4,503,34-504,29 (zitiert nach 'Licht in Licht',
ähnlich Dietrich).

verschiedene Szenen führt er offensichtlich nicht durch.
Der Grundtenor ist jedenfalls Gericht[99].

Von den sonstigen Bemerkungen zu Kap. 14 seien noch
folgende kurz erwähnt: Dem Lamm folgen (14,4) interpretiert Luther folgendermaßen: "Solo Christi verbo nituntur, nolunt additiones." Die Botschaft des Engels in V.
7 gliedert er nach dem beiden Hauptskopoi jeder lutherischen Predigt, nämlich agnitio peccati und fides gratiae[100].

Eine weitere zeitgeschichtliche Deutung gibt er zu
14,12: Die Heiligen sind "martyres nostri temporis",
man denke etwa an die beiden Augustinermönche Heinrich
Voß und Johann Esch, die am 1. Juli 1523 in Brüssel verbrannt wurden[101], oder an Leonhard Käser, den dasselbe
Schicksal in Schärding am 16. August 1527 traf[102]. Diese Heiligen sind für Luther nicht Leute, die außergewöhnliche Leistungen vollbringen, sondern im Gegenteil solche, die ganz einfach, wie der Text sagt, die
Gebote Gottes halten, und zwar "contra traditiones hominum"[103].

Das 15. Kapitel zieht Luther in der Vorrede gleich
zum 16. hinzu, ohne eigens darauf einzugehen. Nur unter
seinen Randnotizen sind einige hierzu, die wiederum typisch Luthersche Deutungen bringen. So setzt er z.B. das
Lied Moses und das Lied des Lammes (15,3) nicht gleich,
sondern differenziert zwischen "verbum legis" und "ver-

---

99. Vgl. 31 II,534,22-35: Vorl. über Jes 63,3; Anfang
    1530, also etwa gleichzeitig mit der Vorrede. Die
    zu Z. 25 angegebene Stelle "Off. 9,15" ist Druckfeh-
    ler für "Off. 19,15", es könnte aber auch 14,20 ge-
    meint sein.
100. DB 4,502,34-36; vgl. 44,726,37: Vorl. über Gen 49,1f
    (1545, Druck von Besold, 1554).
101. Vgl. 35,91ff, 411ff: Lied darüber; dazu 15,184,34
    (Abgott zu Meißen), wo die beiden als "die rechten
    heyligen" bezeichnet werden.
102. Vgl. 23(443)452-476; weitere evangelische Märtyrer
    bis 1529 sind aufgezählt in BSLK, S. 485, Anm. 1.
103. DB 4,503,3-11; vgl. Asendorf, Eschatologie, S. 210-
    214.

bum gratiae", wobei die erste Hälfte des Liedes den Inhalt des Gesetzes zusammenfaßt und die zweite den des
Evangeliums, nämlich: "Solus Christus justificat."[104]
Auch für eine weitere Polemik gegen das altgläubige Hei-
ligenverständnis bietet das "Sanctus" in V. 4 Gelegenheit: Es richtet sich "contra sanctos ordines et sec-
tas"[105].

Das 16. Kapitel bringt nach Luther wieder eine Steigerung, nämlich den Generalangriff des Wortes Gottes
auf das Papsttum. Es "komen die sieben Engel mit den
sieben schalen, da nimpt das Euangelion zu vnd stürmet
das Bapstum, an allen enden, durch viel gelerte frume
prediger." Im Gegensatz zu den Posaunenengeln sind also
die Schalenengel jetzt gute Kirchenmänner, die auf der
anderen Seite kämpfen. Im einzelnen werden diese Engel
nicht unterschieden, auch ihre Wirkung wird in der Vorrede selbst nur ganz allgemein beschrieben: "Vnd wird
des thiers stuel des Bapsts gewalt finster, vnselig vnd
veracht, Aber sie werden alle zörnig vnd weren sich getrost, denn es gehen drey frosche, drey vnsaubere geister aus des thieres maul, reitzen damit die Könige vnd
Fursten widder das Euangelion, Aber es hilfft nicht, jr
streit geschicht doch zu Harmageddon." Einen Einzelzug
deutet Luther anschließend noch aus als besondere Spitze
gegen seine ärgsten literarischen Gegner: "Die frosche
sind, die Sophisten[106], als Faber, Eck, Emser, etc. die
viel gecken widder das Euangelion, vnd schaffen doch
nichts, vnd bleiben frosche."[107] In der Glosse zum Text
(16,13) unterstellt er ihnen, daß sie "jtzt den Fürsten

---

104. DB 4,504,29-34.
105. 504,35f. - Die folgende Notiz (505,2-4) haben wir be-
     reits o. S. 416 angeführt.
106. Über dieses ursprünglich von den Humanisten auf die
     Spätscholastiker angewendete Schlagwort vgl. Lepp,
     Schlagwörter, S. 78ff.
107. DB 7,414,37/416,7. Auch Br 5,496,11 (= Enders 8,133,
     16 = BoA 6,343,1: an Jonas, 21.7.1530) werden Eck und
     Faber als Frösche apostrophiert.

heucheln"[108], ein Vorwurf, der alle drei nicht zu Unrecht
traf[109].

In seinem Handexemplar des NT von 1530 hat Luther
das Kap. 16 mit sieben Randnotizen versehen, die im wesentlichen die Wirkungen der einzelnen Schalen auf die
Betroffenen, eben die 'Papisten', etwas genauer differenzieren, z.B. daß die "iustitia operum" und die "doctrina carnalis" verdammt werden.

16,19, wo von dem Auseinanderbrechen der großen Stadt
Babylon in drei Teile die Rede ist, kommentiert Luther
hier nur ganz allgemein: "Regna impiorum papistarum, ordines et sectae"[110]. In der 'Supputatio annorum mundi'
von 1541 bietet er dazu eine Deutung, die zwar in einen
etwas anderen Zeitraum führt, aber hier erwähnt werden
mag, da sie auch kirchengeschichtlicher Art ist. Luther
vermerkt zum Jahr 1378: "Hic incipit Schisma trium Papa-
rum, quod duravit 39. annis. Signum certum ruituri Papatus, ut Apocalyp. praedixit, Civitatem Babylonicam in tres
partes dividendam."[111]

Die Szene mit der babylonischen Hure in <u>Kapitel 17</u>
bringt nach Luther wieder eine Exposition, nämlich die

---

108. DB 7,459; vgl. den Spott über 'papistische' Schreiberlinge im Zusammenhang mit Anspielungen auf Apk 18,10
(nicht 14,7) in 50,361,29ff: Vorrede etc. zu 'Legatio
Adriani', 1538.

109. Über Johannes Faber, auch Fabri genannt (*1478 in
Leutkirch, 1517 Generalvikar von Konstanz, 1530 Bi-
schof von Wien, dort +1541), vgl. RGG[3] 2, Sp. 856;
LThK[2] 3, Sp. 1333f; ADB 14, S. 435-41; NDB 4, S.
728f. - Über Johannes Eck, eigentlich Hans Maier
(*1486 in Egg an der Günz, ab 1510 Professor und
Pfarrer in Ingolstadt, dort +1543), vgl. RGG[3] 2,
Sp. 302f; LThK[2] 3, Sp. 642-44; NDB 4, S. 273-75. -
Über Hieronymus Emser (*1478 in Weidenstetten bei
Ulm, +1527 als Hofkaplan Herzog Georgs in Dresden)
vgl. RGG[3] 2, Sp. 462; LThK[2] 3, Sp. 855f; NDB 4, S.
488. - Faber, Eck und Emser sind neben anderen zusammengestellt bereits zu finden in Osianders 'Wun-
derlicher Weissagung', Osiander, Gesamtausgabe 2,
473,5, Nr. 84 (1527).

110. DB 4,505,5-16 (ab Apk 16,14 sind Randbemerkungen
nur noch durch 'Licht in Licht' überliefert).

111. 53,165f (Druck, fehlt in den Hss.).

Vorbereitung für den zweiten Angriff Christi auf den Antichrist nach 2 Thess 2,8, d.h. für die Vernichtung des
Papsttums durch Seine Wiederkunft. Es ist eine Gerichts-
szene: "Im siebenzehenden wird das keiserliche Bapstum
vnd Bepstliche keiserthum, gantz von anfang bis ans ende
jnn ein bilde gefasset, vnd gleich jnn eine summa furgestellet... Solch bilde wirt hie furgestellet, gleich wie
man einen vbeltheter offentlich fur gericht stellet, das
er verurteilt werden sol, auff das man wisse, wie dis
thier sol nu bald auch verdampt, vnd wie S. Paulus
sagt, durch die erscheinung der zukunfft vnsers Herrn
zu störet werden, Welchs fahen an, wie er jm text
sagt, auch des Bapstumbs schutz herrn, die es also
itzt schutzen, das die geistlichen gar schier nackt
sitzen werden."[112] Die mit deutlicher Ironie und unver-
hohlener Schadenfreude beschriebene Bereicherung der
katholischen Fürsten durch 'geistliche' Güter drückt
Luther in der Textglosse zu 17,16 in einem lateinischen
Wortspiel aus: "Sie halten an dem Bapst, vnd schützen
jn, Aber sie reuffen jn wol, das er mus blos werden, vnd
die güter verlieren, Defensores Papae, deuoratores
eius."[113] Auf diese seine Voraussage bezieht sich Luther wieder in einer Tischrede vom 14. Juni 1538, als
er erfährt, daß Herzog Georg zwei Klöster in seinen
Besitz bringen wolle: "Dum ego dixi defensores esse
devoratores papae, nemo credidit; nunc experientia
discunt papistae."[114] Luther hat sich also mit seiner
Apk-Auslegung selbst als Prophet betätigt, freilich
hat er es dabei recht leicht gehabt; denn dergleichen
ist ja gerade auch Ende 1529/ Anfang 1530 versucht worden. Damals, als die Päpstlichen sich gerade noch über
das Kommen des Kaisers nach Deutschland freuten, erfuhr
Luther, daß gleichzeitig eine konfiskatorische Türken-
steuer für Erzherzog Ferdinand von den 'geistlichen'

---

112. DB 7,416,8-17.
113. DB 7,463.
114. TR 3,690,22-28: Nr. 3893 (Lauterbachs Tagebuch).

Territorien erhoben werden sollte. Er berichtete Cordatus in einem Brief vom 3. Januar 1530 ausführlich darüber,
wobei er ähnliche Ausdrücke wie in der zitierten Glosse
gebraucht[115]. Er kommt auch sonst noch öfters im gleichen
Sinne auf diesen Vers zurück[116].

    Das 17. Kapitel ist mit seiner drastischen Schilde-
rung der Hure besonders geeignet, die Verdorbenheit der
römischen Kirche anzuprangern. Deshalb hat Luther auch
besonders oft in seinen Schriften diesen bildhaften Ausdruck gewählt. In solchen Zusammenhängen ist also das
17. das zentrale Kapitel für die antirömische Polemik, während das 13., das in der Vorrede im Mittelpunkt steht, stärker zurücktritt[117]. Daß aber das 17.
eigentlich nur eine Variante des 13. Kapitels darstellt, macht auch die Vorrede deutlich, nicht nur
dadurch, daß sie darin wieder das kaiserliche Papsttum abgebildet sieht, sondern auch dadurch, daß wieder die translatio imperii angesprochen wird, sowohl
in einem Nebensatz der Vorrede selbst als auch in einer Glosse[118], als Erklärung für die Aussage über das
Tier, "das es gewesen ist, vnd nicht ist, wiewol es
doch ist" (17,8)[119]. Diesen Satz spricht ein angelus
interpres, der sonst nirgendwo in diesem Buch auf-
tritt; freilich sind seine Erklärungen immer noch so
geheimnisvoll, daß sie selbst nach Deutung verlangen.
Es ist da von 7 bzw. 8 Königen und noch weiteren 10
Königen die Rede (17,9-18). Luther deutet in den Text-
glossen die Aufzählung entsprechend den politischen

---

115. Br 5,216,7-26 = Enders 7,216,10-217,37. Luther
     spielt mit Wörtern wie 'salvator', 'devorare',
     'vorator', 'defensor' und 'servator'.
116. 51,235,29-236,5: Auslegung von Ps 101,4; 1534; TR
     4,168,33-169,24: Nr. 4148 (Lauterbachs Tagebuch,
     25.11.1538); DB 11 II,104,4ff: Dan-Vorrede, Erwei-
     terung von 1541.
117. s.o. S. 364f.
118. DB 7,416,10f; 461, Glosse zu 17,8.
119. S. 461; diese Formulierung ab 1530.

Verhältnissen seiner Zeit: Die 5 Könige, die gefallen
sind (genauer: deren Gebiete), sind solche, die "gegen
Morgen in Griechenland" liegen; das soll wohl heißen,
daß es Teile des von den Türken eroberten Oströmischen
Reiches sind[120]. Das Gebiet des einen, der gerade ist,
"das ist, Deudschland", und das des anderen, der für
kurze Zeit kommen soll, "das ist jtzt Hispania." Hierbei denkt Luther offensichtlich an das spanische Erbe
Karls V. und die neugewonnene Weltmachtstellung der
iberischen Reiche. Das Land des vorher erwähnten Tieres, das zwar einer der 7 Könige, aber doch der 8.
sein soll, ist "Roma oder Welschland", der Sitz des
Papsttums. Die Könige, die noch keine Macht erhalten
haben, "das sind die andern Könige, als Hungern, Behem,
Poln, Franckreich"[121]. Von diesen gilt dann auch, jedenfalls wenn es nach dem Zusammenhang von Text und
Glossen geht, eigentlich das Wortspiel "Defensores Papae, deuoratores eius", das wir vorhin auf deutsche
Fürsten wie Erzherzog Ferdinand oder Herzog Georg
bezogen gefunden haben. Wie sich Luther diese Vorgänge
freilich im einzelnen vorstellt, wird aus den kurzen
Glossen nicht deutlich.

"Im achtzehenden gehet nu an solche verstörung, vnd
gehet die herrliche grosse pracht zu boden, vnd hören
auff die stifft reuber vnd pfrunden diebe, die Cortisanen, denn auch Rom darumb hat mussen geplundert, vnd
durch jren eigen schutz herrn gesturmet werden, zum anfang der endlichen verstörung."[122] Hier erscheint acht
Jahre später sozusagen erst der Text zu der Illustration, die schon 1522 die Könige, Kaufleute und Schiffs-
herrn von Kap. 18, die den Untergang Babylons beklagen,

---

120. Ob Luther wirklich eine genauere Aufteilung Griechen-
     lands in 5 Teile vor Augen gehabt hat oder ob er nur
     irgendwie versucht hat, den Text zu deuten, geht
     daraus nicht hervor.
121. DB 7,463, Glossen a-e.
122. DB 7,416,18-21.

als Geistliche darstellte[123]. Auch hier wieder bezieht
sich Luther auf ganz aktuelle Ereignisse und ordnet
sie ein in die Reihe der schon eingetroffenen Vorzeichen, die ihn der Nähe des Endes versichern. Auf diese
Weise erhält der Sacco di Roma von 1527, die Plünderung
Roms und Erstürmung des Vatikans durch kaiserliche Truppen[124], endzeitliche Bedeutung[125].

Die Glossen zu Kap. 18 bieten nur ein paar unbedeu-
tende Erklärungen[126]. Mit keinem Wort weist Luther auf
die beiden Verse hin, die, wie schon früher, so insbesondere ab 1533 jeweils aus aktuellen Anlässen in der
antirömischen Polemik immer wieder auftauchen[127], nämlich 18,4 ("Gehet aus von jr, mein Volck!") und 18,6
("Bezalet sie, wie sie euch bezalet hat...")[128]. Anfang 1530 sprachen sie ihn vielleicht nicht besonders
an.

---

123. S. 517. DB 11 II,77, Anm. 1 werden die 'Cortisanen'
     erklärt als "Geistliche, die sich durch eine Breve
     vom römischen Hof [ital.: corte] Pfründen verschafft
     haben." Hier auch ein Hinweis auf den illustrativen
     Abschnitt aus 'Von der Winkelmesse'; 38,211,32ff.
124. Vgl. Schulz, Sacco di Roma.
125. Schon in seiner ersten brieflichen Nachricht darüber
     versteht Luther den Sacco di Roma als providentielles
     Ereignis (Br 4,222,9-11: an Hausmann, 13.7.1527). In
     der Vorrede zum 'Commentarius in Apocalypsin' von
     1528 erscheint dieser schon eingeordnet in den End-
     kampf Christi gegen das antichristliche Papsttum
     (26,124,25). Später war er ein beliebtes Gesprächs-
     thema an Luthers Tisch (vgl. TR 6,652, Register s.
     v. Rom).
126. Das Geschrei des Engels über den Fall Babylons ist
     "das freuden geschrey vber den gefallen Bapst";
     "wollust" bedeutet so viel wie "mutwillen" (DB 7,
     463, Glosse zu 18,2 und 3). Die 'unreinen Geister',
     die jetzt in Babylon hausen, sind "faex hominum
     impuriorum et imperitorum" (DB 4,505: Randbemerkung
     zu 18,2).
127. Vgl. o. S. 367f.
128. DB 7,463, zitiert nach der Fassung von 1546. Zu diesem
     Komplex gehört auch 18,7f, angezogen DB 3,411,24 bzw.
     14: Bibelrevision, 1540 (Protokoll bzw. Einträge) bei
     2 Sam 23,7, und 18,20, zitiert 36,115,21f: Pred. über
     die Taufe, 11.2.1532 (Rörer).

Im <u>19. Kapitel</u> wird das Urteil über das Papsttum
schließlich vollstreckt. Luther übergeht den hymnischen
Abschnitt am Anfang (V. 1-10) und knüpft in seiner Deutung von 19,11-21 gleichzeitig an Kap. 18 und an 16,13
an, da ja das 17. Kapitel die Handlung unterbrochen hatte. "Noch lassen sie nicht ab, suchen, trösten, rü-
sten vnd weren sich, vnd wie er hie sagt jm neuntze-
henden Capitel, nu sie mit schrifft vnd buchern nicht
mehr können, vnd die frösche ausgeckt haben, greif-
fen sie mit ernst dazu, vnd wollens mit gewalt ausfu-
ren, samlen konige vnd fursten zum streit, Aber sie
lauffen an, denn der auff dem weissen rosse, der
Gotts wort heisst, der gewinnet, bis das beide thier
vnd Prophet, ergriffen jnn die helle geworffen werden."[129] Hier kommt die Siegeszuversicht zum Ausdruck,
mit der Luther dem Augsburger Reichstag entgegensah und
aus der heraus er nach der öffentlichen Verlesung des
Bekenntnisses, das für ihn ja reines Wort Gottes war,
jede weitere Verhandlung für sinnlos hielt. Die Protestanten konnten auf eine dauerhafte Einigung nicht
hoffen, mußten vielmehr damit rechnen, daß der Kaiser
mit Gewalt gegen sie vorgehen werde. Luther hatte jedoch jeden bewaffneten Widerstand verworfen. Er ver-
ließ sich allein auf die Macht des Wortes Gottes und
erwartete im übrigen das endzeitliche Eingreifen Christi als die einzig verbleibende und auch allein durch-
schlagende Lösung des Konfliktes[130].

Luthers Beigaben zum NT enthalten keine näheren Ausführungen zu Kap. 19 mehr. Derselbe Geist spricht aber
aus einem Satz in einer der letzten Schriften, die noch

---

129. DB 7,416,22-28.

130. Vgl. Br 5,381,13ff = Enders 8,10,21ff = BoA 6,288,11ff:
   an Cordatus, 19.6.(?) 1530, mit Zitat von Apk 19,16;
   Br 5,481,4ff = Enders 8,114,3ff = BoA 6,333,18ff: an
   Spalatin, 15.7.1530; Br 5,495,4ff; 496,24f = Enders
   8,133,6ff.35f = BoA 6,342,16ff; 343,16f: an Jonas,
   21.7.1530; Br 5,629,49ff = Enders 8,268,70ff = BoA
   6,394,8ff: an Jonas, 20.9.1530, mit Anspielung auf
   Apk 18,8f.18.

im Zusammenhang mit dem Augsburger Reichstag stehen, nämlich in der 'Glosse auf das vermeinte kaiserliche Edikt'
vom Frühjahr 1531. Dort heißt es ganz am Schluß, nachdem
Luther den Lesern die Angst vor dem Edikt auszureden versucht und mit Worten des Vaterunsers das Ende aller Gotteslästerung erfleht hat: "Und falle das lesterliche
Bapstum und was dran henget jnn abgrund der hellen, wie
Johannes verkundigt jnn Apocalypsi, Amen, Sage, wer ein
Christ sein wil, AMEN."[131]

In einer Tischrede vom Jahre 1536 vertritt Luther,
wenn ich es recht verstehe, zwar auch noch die Ansicht,
daß in der Apk alles bis 19,11 erfüllt sei, aber daraus
schließt er nicht mehr, das Ende stehe unmittelbar bevor, sondern er rechnet mit einem größeren Zeitraum von
etwa 100 Jahren bis zum jüngsten Tag[132].

Das 20. Kapitel bringt nach Luther einen Zusatz, eine Parallele zum 19.: "Inn des nu solchs alles gehet,
kompt jm xx. Capitel auch her zu der letze tranck[133],
Gog vnd Magog, der Turcke, die roten Juden... Aber sie
sollen ... auch bald jnn den feurigen pful, Denn wir achten, das dis bilde als ein sonderlichs von den vorigen,
vmb der Türcken willen gestellet sey... Auff die Türcken
folget nu flugs das jüngste gericht, am ende dieses Ca-
pitels, wie Daniel vij. auch zeiget."[134] Diese Sätze geben die Quintessenz der Auslegung von Dan 7 wieder, wie
sie Luther höchstwahrscheinlich von Melanchthon übernommen hat. An dieser Stelle wird es ganz eindeutig klar,
daß die Apk-Vorrede im wesentlichen eine Frucht der neuen
Dan-Auslegung im Angesicht der Türkenbedrohung ist.

-----

131. 30 III,388,20-22 (Druck). Die Stelle, die Luther meint,
     ist sicher 19,20, nicht, wie am Rand angegeben, 14,8;
     18,2.
132. TR 3,321,25-28 bzw. 322,1-4: Nr. 3457 (Cordatus bzw.
     Aurifaber), vgl. o. S. 12, Anm. 12.
133. DB 7,687 vom Bearbeiter erklärt als "Abschiedstrunk,
     hier in übertragener Bedeutung".
134. DB 7,416,29-38.

Wir müssen hier etwas weiter ausholen, um zu sehen,
seit wann bei Luther die Gog-und-Magog-Stellen Apk
20,8f und Ez 38 f auf die Türken gedeutet vorkommen
und wie sie dann mit dem Komplex der Auslegung von
Dan 7 verbunden erscheinen.

Noch 1526 hatte Luther Gog und Magog auf die vielen Orden der römischen Kirche bezogen[135]. Im März
1529 dagegen bezeichnet er an zwei Stellen, allerdings noch ziemlich unbetont und ohne Hinweis auf
die entsprechenden Bibelstellen, die Türken als Gog
und Magog[136]. Ob schon damals Melanchthon dazu die
Anregung gegeben hat, läßt sich nicht mehr klären.
Immerhin ist sein (leider verlorengegangener) Dan-
Kommentar etwa um dieselbe Zeit anzusetzen[137]. Jedenfalls erscheinen die folgenden Erwähnungen dieser
Interpretation der geheimnisvollen Namen in Zusammenhang mit der 'Heerpredigt wider den Türken'[138], und
da nun schon in dem festen Komplex von topoi, der
sich um die Interpretation von Dan 7 auf die Türken
gebildet hat. Wir haben oben wahrscheinlich zu machen versucht, daß dieser Komplex ursprünglich von
Melanchthon gebildet und von Luther übernommen worden ist[139]. So erscheint auch die Gog-und-Magog-
Deutung auf die Türken in den oben erwähnten Schriften aus der Zeit um 1530, an denen Melanchthon
maßgeblichen Anteil gehabt hat[140]. Auch sonst

---

135. 19,7,15ff: Das Papsttum mit seinen Gliedern; vgl. o.
     S. 343.
136. Br 5,28,21f (an Linck, 7.3.1529): "... nisi quod Tur-
     cam, vt vltimum Gog & Magog, in sua summa victoria
     oportet inueniri gloriantem & perdendum cum suo
     sotio papa" (anders allerdings die Fassung bei
     Enders 7,62,29: "... ut Ezechiel vaticinatur de Gog
     et Magog..."); 30 II,146,16f: Vom Krieg wider die
     Türken (zur Datierung vgl. o. S. 373, Anm. 8).
137. s.o. S. 380.
138. 30 II,171,12-17 - diesmal unter ausdrücklicher Nen-
     nung der biblischen Bezugstellen; dazu Br 5,166,14
     = Enders 7,176,17: an Hausmann, 26.10.1529; Br 5,
     176,9f = Enders 7,186,12: an denselben, 10.11.1529 -
     beidemale ohne Hinweis auf Bibelstellen, im zweiten
     Brief mit der ungewöhnlichen Besonderheit, daß 'Gog'
     mit 'Türke' und 'Magog' mit 'Papst' gleichgesetzt
     werden.
139. s. S. 381f.
140. In: Jonas, Dan 7, Ende 1529, auf Bl. D3a, zitiert
     im RN zu 30 II,223,7f (S. 63); vgl. CR 13,861, 865,
     971 und 973: Dan-Kommentar von 1543. In: Brenz, Türk,
     1531, Bl. B3af, tauchen zwar weder die Namen Gog und
     Magog noch die entsprechenden Bibelstellen auf, aber
     dafür die letztlich auf Ez 38 f zurückgehende und von
     (Pseudo-)Methodius überlieferte Alexandersage (s.u.).

identifiziert Melanchthon bis in seine letzte
Zeit sehr oft Gog und Magog mit den Türken[141].
Die Übereinstimmung in den Deutungen der beiden
Wittenberger erstreckt sich außerdem noch auf zwei
Einzelheiten der Auslegung von Apk 20,8f, die in
der gedruckten Glosse zu 20,8 erwähnt sind, nämlich
daß die Türken von den Tataren herkommen und daß
sie als 'rote Juden' bezeichnet werden[142]. Die Herkunft der Türken aus der Tatarei behauptet Luther
in dem eben erwähnten Abschnitt aus der 'Heerpredigt'[143] ebenso wie Melanchthon in den parallelen
Schriften[144]. Die Bezeichnung 'rote Juden' erwähnt
Luther meines Wissens in der Apk-Vorrede und der
entsprechenden Glosse erstmalig, aber gleich darauf
wieder in 'Das 38. und 39. Kapitel Hesechiel vom
Gog'[145]. Sie erscheint auch in den von Melanchthon
bearbeiteten Schriften[146].

In: Carion, Chronica, 1532, Bl. 109a, heißt es: "Ezechiel und Johannes nennen die Türcken Gog und Magog.
Gog heisset ein hütte, Magog heist das volk aus den
hütten. Denn die Tartarn wonen in hütten. Und sagt
Ezechiel klar, das Gott den Gog habe lassen mechtig
werden umb unser sunde willen." Vgl. CR 12,719, 732
und 1075: Neubearbeitung, 1560.

141. Nachweise bei Köhler, Islam, S. 73-78. Zu Luthers
     Abkehr von dieser Vorstellung s.u. S. 573ff.

142. DB 7,471.

143. 30 II,171,16; auch in: 'Das 38. und 39. Kapitel
     Hesechiel': 223,30f; 224,9f.

144. Jonas, Dan 7, Bl. D2bf, zitiert im RN zu 30 II,171,
     16f (S. 49) und zu 223,7f (S. 63); vgl. Köhler, Is-
     lam, S. 66 und Anm. 330. Bei Brenz, Türk, Bl. B3a,
     ist nur angegeben, daß die Türken laut Methodius
     "hinder dem Caspien gepirg" gewohnt haben. Den ent-
     sprechenden Satz aus Carion, Chronica, haben wir
     schon Anm. 140 mitzitiert.

145. 30 II,224,10; vgl. 41,142,10f: Pred. über Ps 110,2;
     10.5.1535. In der mit der Apk-Vorrede etwa gleichzei-
     tigen Vorlesung über Jes 63,1 verwendet Luther den
     Ausdruck zur Erklärung des Namens Edom: 31 II,533,30.
     32.

146. Jonas, Dan 7, Bl. D3b-D4b; vgl. auch Köhler, Islam,
     S. 67. An dieser Stelle ist die Bezeichnung über die
     Araber bis zu den Edomitern (s. vorige Anm.) zurück-
     geführt. Brenz, Türk, Bl. B3a: "Methodius nennet die
     Türcken rote Jüden, derhalben das Mahomet sich rhü-
     met, er habe die verheyssung Abrahe, und will der
     recht same Abrahe seyn und hat vil jüdischen ceremo-
     nien angenummen. Aber es sind rote Jüden, das ist
     blüthunde und mörder, verfolgen den rechten samen
     Abrahe." Carion, Chronica, Bl. 110a, zitiert im RN
     zu 41,142,11 (S. 58f).

Die Querverbindung von Apk 20,8f zu Dan 6 ist auch
dadurch gegeben, daß beidemale, wie Luther betont, das
jüngste Gericht als danach folgend geschildert wird, in
Apk 20,11-15 nach der Vernichtung von Gog und Magog und
in Dan 7,9-14 bzw. 26f nach der Vernichtung des 3. Tieres und des kleinen Hornes[147]. So schließt das große
Drama mit dem Sieg Christi.

Um die Wirkung seiner Deutung des Gog-und-Magog-
Abschnittes zu verstärken und zugleich den aktuellen
Anlaß dafür deutlich zu machen, hat Luther offensicht-
lich selbst angeordnet, daß zu 20,8f eine zusätzliche
Illustration angefertigt werden soll, die nicht nur durch
die Gestaltung der Gewänder und durch die Abbildung des
Stephansdoms, sondern auch durch die auf ein Zelt und
die Stadtmauer geschriebenen Worte "GOG", "MAGOG" und
"WIEN" unübersehbar zeigt, daß der Abzug der Türken von
Wien am 15. Oktober 1529 dargestellt sein soll[148]. Dabei
erweckt das Bild den Eindruck, als träfe dasselbe Unwetter sowohl die abziehenden Türken im Hintergrund, also
eine bereits Geschichte gewordene Erscheinung, als auch
die im Vordergrund im Boden versinkenden türkischen Reiter und das Ungeheuer, also ein erst noch in der Zukunft erwartetes Geschehen.

Bald nach der Apk-Vorrede hat Luther eine ausführlichere Darstellung seiner Deutung von Gog und Magog
auf die Türken geliefert, nämlich in der Vorrede und
den Randglossen zu seiner Teilübersetzung des 38. und
39. Kapitels Ezechiel[149]. Als Begründung für die Vor-
wegnahme dieses Abschnittes im Rahmen seiner Übersetz-
zung der Propheten gibt er ausdrücklich an, daß er dazu durch seine Beschäftigung mit der Apk angeregt worden sei. Er beginnt die Vorrede mit folgenden Worten:

---

147. Vgl. Lamparter, Türkenkrieg, S. 129f, und u. S. 497
     mit Anm. 78.
148. Abbildung s. Schramm, Illustration, Tafel 124, Nr. 224
     vgl. DB 7,481; Schmidt, Illustration, S. 192.
149. Zum zeitlichen Zusammenhang vgl. o. S. 85.

"Weil ynn der offenbarung Sanct Johannis am zwentzig-
sten Capitel der Gog wird beschrieben,... Welchen wir
fur den Türcken halten, Habe ich mir, weil ich hie
[d.h. auf der Veste Coburg] so müssig sitze, furgeno-
men, die zwey Capitel Hesechiel, nemlich das XXXVIII.
und XXXIX. auch zu verdeudschen, welche fast gleich mit
der offenbarung stimmen, und sihet, als hab es Sanct
Johannes aus Hesechiel genomen und weise uns hieher ynn
den Propheten Hesechiel, der ein wenig weiter dauon redet."[150]

Indem hier Luther übrigens die Abhängigkeit dieser
Apk-Stelle von Ezechiel feststellt, wie er bei anderer
Gelegenheit die des Kapitels 21 von Ez 40ff ebenfalls
notiert hat[151], und indem er die jeweiligen Abschnitte
miteinander vergleicht und zur Erklärung füreinander
heranzieht, zeigt er im Grunde, daß für ihn, jedenfalls
in dieser Zeit, die Apk ein Buch ist, das durchaus nicht
aus dem biblischen Rahmen herausfällt und für das auch
das exegetische Prinzip 'scriptura suae ipsius interpres'
seine Gültigkeit hat.

Das 20. Kapitel der Apk bietet jedoch noch eine crux
interpretum, zu der sich Luther fast nur in dieser Vorrede und der entsprechenden Glosse geäußert hat, nämlich
die Frage nach der Einordnung des tausendjährigen Reiches[152].
Eingeflochten in die Ausführungen über Gog und Magog
bringt Luther sein Urteil, von dem er freilich ein-
schränkend sagt: "Doch mus die rechnung nicht so genaw,
alle minuten treffen."[153] Ausführlicher formuliert er
jedoch, worauf es ihm ankommt, in der entsprechenden

---

150. 30 II,223,4-12.
151. DB 11 I,392,35f: (erste) Vorrede zu Ez, entworfen
     wahrscheinlich 1530, gedr. erstmalig 1532 - DB 4,
     172,17; 174,23ff; 192,4f: Revisionsprotokoll zu Ez
     40,5 und 8; 47,12; 21.1.1541 - DB 11 I,408,34: Unter-
     richtung über das Gebäu Ezechielis, 1541.
152. Nur in einem Nebensatz zitiert Luther beiläufig Apk
     20,7 in der 'Heerpredigt', 30 II,196,4.
153. DB 7,416,30f.34-36.

Textglosse: "Die tausent jar müssen anfahen, da dis
Buch ist gemacht, denn der Türck ist aller erst nach
tausent jaren komen, In des sind die Christen blieben,
vnd haben regiert, on des Teuffels danck. Aber nu wil
der Türck dem Bapst zu hülffe komen, vnd die Christen
ausrotten, weil nichts helffen wil."[154] Geht man von
einem Abfassungsdatum für die Apk um das Jahr 95 aus
(Luther hat sich freilich nie darüber geäußert), gelangt man zum Jahr 1095, ziemlich genau auf den Beginn
des ersten Kreuzzuges. Als die Kreuzfahrer 1096 im Nahen Osten erschienen, war dieser schon weitgehend von
den seldschukischen (also türkischen) Sultanen beherrscht, nachdem 1055 Bagdad und 1077 Jerusalem eingenommen worden waren[155]. Ob Luther gerade diese Vorgänge im Auge hat, ist allerdings nicht sicher zu ermitteln.

An der anderen Stelle, an der Luther die 1000 Jahre
von Apk 20,7 geschichtlich einzuordnen versucht hat,
nämlich in der 'Supputatio annorum mundi', entworfen
1540, ist die Lösung etwas anders ausgefallen. Die Eintragung zum Jahr 1000 n.Chr. lautet nach dem Druck von
1541: "Millesimus salutis. Finito isto Millenario solvi-
tur nunc Satan, Et fit Episcopus Romanus Antichristus,
etiam vi gladii."[156] Hier läßt Luther die 1000 Jahre
mit der Geburt Christi beginnen und bringt ihr Ende mit
der Entwicklung des Papsttums zu einer weltlichen Macht
in Verbindung. Als erster Papst, der antichristliche
Prädikate erhält, wird Gregor VII. aufgeführt, der 1073
auf den Thron gekommen ist[157]. Die Türken kommen in die-

---

154. DB 7,469, Glosse zu 20,3.
155. Valjavec, Historia Mundi 6, S. 490, vgl. S. 83f.
156. 53,152; vgl. Apparat der Hs. I.
157. 53,154; im Apparat der Hs. I heißt es von ihm: "primus, qui homo peccati et filius perditionis digne vo-
cetur", vgl. 2 Thess 2,3, und: "Regnum Satanae cepit
per papam sceleratissimum Hellebrand." Vgl. Hirsch,
Hilfsbuch, S. 264, Nr. 428; Asendorf, Eschatologie,
S. 283.

sem Zusammenhang nicht vor[158]; die Kreuzzüge sind auch
nicht aufgeführt. Die erste Notiz über die Türken steht
beim Jahr 1303. Hier wird Osman erwähnt, der Begründer
der Dynastie, die dieses Volk zu solcher Machtfülle gebracht hat, wie sie im 16. Jahrhundert zutage trat[159].

In der fortlaufenden Auslegung der Apk innerhalb der
zweiten Vorrede folgt nun nur noch ein abschließender
Satz zu Kapitel 21. Darin wird Christi endgültiger Sieg
über alle seine Feinde als krönender Abschluß des ganzen
Geschichtsdramas festgestellt: "Zuletzt, am ein vnd zwentzig-
sten wird der endliche trost gebildet, das die heilige stad
sol vollend bereit, vnd als eine braut zur ewigen hochzeit
gefurt werden, das Christus alleine Herr sey vnd alle Gottlosen verdampt sampt dem teuffel jnn die hellen faren."[160]
Eine genauere Ausdeutung des Bildes vom himmlischen Jerusalem und ein Eingehen auf Kap. 22 hält Luther im Rahmen
seiner neuen Vorrede für unnötig, nicht nur deshalb, weil
die letzten beiden Kapitel einen jenseits der Geschichte
liegenden und deshalb schwer vorstellbaren Zustand bildhaft beschreiben wollen, sondern auch deswegen, weil sie
den bisherigen Auslegern und Luther selbst sehr viel weniger Kopfzerbrechen verursacht haben als etwa die Abschnitte, in denen verschiedene Plagen unerklärt beschrieben werden. Es wäre deshalb verfehlt, aus der knappen Behandlung der Vision vom neuen Jerusalem in unserer Vorrede weitergehende Schlußfolgerungen zu ziehen, etwa die,
der Reformator habe daran kein Interesse gehabt. Der Zielsetzung seiner Bibelvorreden entsprechend war die Auswahl
der besonders hervorgehobenen Gesichtspunkte primär didak-
tisch bestimmt. Gemeinplätze kommen deshalb nirgendwo
vor[161]. Daß Luther persönlich durchaus daran interessiert

---

158. Nur eine Abschrift enthält zu dem Eintrag beim Jahr
     1000 einen Zusatz, der sich auf den Druck nicht aus-
     gewirkt hat: "Millenarij sexti Diabolus, una cum Ma-
     hometica bestia."
159. 53,162.
160. DB 7,418,1-4.
161. Damit wende ich mich gegen Behauptungen wie die von

war, sich das himmlische Jerusalem plastisch vor Augen zu
führen, wird an mehreren Stellen deutlich: zunächst in
einer kurzen, erklärenden Glosse im Bibeldruck zur Mes-
sung der Mauer in 21,17[162], ganz besonders aber in seinen
handschriftlichen, nicht für die Veröffentlichung gedachten Randbemerkungen in eben diesem Druck. Dort hat
er sich bemüht, nicht nur die griechischen Maßangaben
in vertraute deutsche umzurechnen, sondern auch durch
eine Grundrißskizze die geometrische Berechnung zu erleichtern und sich eine Vorstellung von der Zusammen-
setzung der ganzen Mauer Jerusalems aus den 12 Edelstei-
nen zu machen[163]. Nachdem er das Ergebnis festgestellt
hat, nämlich eine Länge von über 110 Meilen und eine
Dicke von 144 Ellen jedes einzelnen Edelsteines, daraus
folgend eine Seitenlänge von 350 Meilen und einen Gesamt-
umfang von 1400 Meilen der ganzen Mauer, verleiht er seinem Staunen in dem deutschen Satz Ausdruck: "Das mag ein
Städlein seyn."[164] Noch über 10 Jahre später klingt die
Formulierung wörtlich nach in der 'Unterrichtung über
das Gebäu Ezechielis' von 1541, ebenfalls im Zusammenhang mit der Berechnung der Mauer Jerusalems, nämlich
gemäß Ez 45,1ff[165]. Überhaupt haben sich Luther die un-

Asendorf, Eschatologie, S. 157: "... daß Luther die
Apokalypse unter geschichtstheologischen Vorzeichen
liest, die einen polemischen Sinn haben und nicht
darüber hinausgehen." Es ist zwar richtig, daß Luther die Apk hauptsächlich in antirömischen Streitschriften zitiert. Aber dabei handelt es sich um wenige, immer wiederkehrende Schlagwörter wie 'synagoga
satanae' oder 'Hure Babylon'. Die Vielzahl der anderen
von Luther im Gesamtzusammenhang seines Lebenswerkes
zitierten anderen Stellen aus der Apk darf aber daneben nicht übersehen werden.

162. DB 7,475.
163. Allerdings paßt die Skizze nicht ganz zur Berechnung,
     da Luther die einzelnen Fundamentsteine quadratisch
     statt lang und schmal gezeichnet hat. Dadurch ergibt
     sich als äußerer Gesamtumfang 16 und als innerer 8
     Steinlängen, statt gleichbleibend 12.
164. DB 4,505,23-27; vgl. Preuß, Luther, der Künstler, S.
     21.
165. DB 11 I,408,2.

geheuren Ausmaße der Mauer Jerusalems so sehr eingeprägt,
daß er sie mehrfach als Vergleich heranzieht[166].

b) Die Grundkonzeption der Summarien

Aus den hier gesammelten Beobachtungen sollen nun
die tragenden und sich durchhaltenden Gesichtspunkte gesondert herausgehoben werden.

1. Die Summarien als geschichtstheologischer Entwurf

Wie wir schon gesehen haben, ist die Auswahl und Reihenfolge der einzelnen Namen und Fakten nicht so sehr
von ihrer rein chronologischen Abfolge und tatsächlichen
Geschichtsmächtigkeit bestimmt, als vielmehr von systematischen Gesichtspunkten. Luthers Vorgehen ist dabei
eher konstruktiv, die Darstellung dramatisierend, als
ableitend, den Textaussagen angemessen und dienend. Die
weltlichen Verfolgungen erscheinen ganz ungeschichtlich
als immer wiederkehrende Plagen. Hier gibt es weder Fortschritt noch Steigerung[167]. Bei den geistlichen Trübsalen gibt es dagegen eine kontinuierliche Bewegung,
aber diese ist ganz eindimensional ausgerichtet, vor-
herbestimmt durch das geschichtstheologische Schema
von Abfall und Wiederherstellung. Es werden typische
Ketzereien aufgezählt, die sich gegen Hauptpunkte lutherischer Theologie richten. Sie haben zwar einen
konkret fixierbaren Anfang innerhalb der Kirchengeschich-

---

166. So z.B. in der Vorl. über Hhld 2,1 am 8.11.1530: Luther stellt sich vor, daß er unsichtbar geschützt ist
"in muro illo maximo in Apocalypsi", 31 II,637,5 (Rörer), und in einer Tischrede vom Januar 1532, wo er
das 'TV' aus der Hohenpriester-Akklamation von Ps 110,
4 mit der Länge (und Höhe) der Mauer Jerusalems vergleicht, TR 1,356,7-11: Nr. 742 (Dietrich und Medler)
bzw. 352,16-20 (Aurifabers Fassung), entsprechend TR
2,446,1-4.5-9: Nr. 2396a und b (Cordatus und Khummer;
in allen Überlieferungsformen ist vom 'Stein' die Rede; der Maßangabe von 300 deutschen Meilen entspricht
jedoch eher die Seitenlänge der ganzen Mauer. Vielleicht
trifft also die Vermutung Kaweraus zu, der in der Anm.
zu TR 2,446,8 meint, es sei besser statt 'Stein' 'Stadt'
zu setzen.).

167. Vgl. Hillerdal, Geschichtsauffassung, S. 46.

te, aber verschwinden dann nie wieder, sondern wirken
unter wechselnden Namen bis in Luthers Gegenwart hinein
weiter und werden zumeist nur um dieser aktuellen Bedeutung willen überhaupt erwähnt. So richtet sich etwa die
erste Ketzerei gegen den wichtigsten Lehrsatz Luthers,
nämlich die Gerechtigkeit sola fide[168]. Sie hält sich
durch von den Juden über Tatian und die Enkratiten, Pelagianer etc. bis zu den Geistlichen des 16. Jahrhunderts.
Die zweite Ketzerei richtet sich gegen das Prinzip 'sola
scriptura' und reicht von Marcion, Montanus und Mani bis
hin zu Müntzer und den 'Schwärmern'. Die dritte wendet
sich gegen die Anstößigkeit des Wortes Gottes und umfaßt
alle, die die Theologie durch Philosophie überfremden
wollen, sei es durch Neuplatonismus wie bei Origenes
oder durch Aristotelismus wie bei der Scholastik. Die
vierte richtet sich gegen das Prinzip 'simul iustus ac
peccator'. Ihre Repräsentanten sind die Novatianer und
Donatisten, ebenso wie die 'Papisten'. Dadurch daß sie
alle nebeneinandertreten, ergibt sich eine Steigerung
der Ketzerei von den Anfängen der reinen Urkirche bis
zur Zeit Konstantins. Hier gewinnen sie nicht nur Zuwachs, sondern einen neuen Grad der Wirksamkeit, indem
leibliche Verfolgungen zu den geistlichen hinzukommen.
Der Arianismus lebt in veränderter Gestalt bei den Mohammedanern fort. Der Islam wiederum wird von den Sarazenen an die Türken weitergegeben und bedroht nun das
Abendland erneut so sehr, daß alle Theologen und Historiker sich veranlaßt sehen, sich intensiv damit
auseinanderzusetzen. Diese Verbindung stellt Luther
zwar in der Apk-Vorrede nicht eigens her, ist aber,
wie die anderen Schriften aus derselben Zeit zeigen,
als bekannt vorauszusetzen. Gleichzeitig mit dem Auftreten des Islam bildet sich das Papsttum heraus, in
dem alle alten Ketzereien wieder aufleben und das zunehmend antichristlichen Charakter annimmt. Da es auch
seine Machtfülle ständig steigert, führt es zusammen

---

168. Vgl. Headley, Church History, S. 147.

mit den Türken in dramatischer Zuspitzung die endzeitliche Bedrängnis herbei, bis schließlich Christus mit
seinem Gegenvorstoß durch das Evangelium die entscheidende Wende bringt. Ihr folgt nach kurzem, hartem Ringen der Jetztzeit Sein Endsieg und damit überhaupt der
Abschluß der Kirchengeschichte. Hier gibt es nichts Zu-
fälliges, keine unnötigen Umwege der Menschheitsge-
schichte; alles verläuft in den durch die biblische
Weissagung 2 Thess 2,8 vorgezeichneten Bahnen und ist
klar auf das göttliche Ziel ausgerichtet.

Die zweite Vorrede ist also sehr viel stärker von
Luthers eigener Geschichtstheologie als vom Inhalt der
Apk diktiert[169]. Wenn man dann noch die sowieso nicht
sehr zahlreichen und manchmal auch nicht gerade treffenden direkten Bezugnahmen auf den Apk-Text herauslöste,
so ergäbe sich ganz deutlich ein in sich geschlossener
und logischer Entwurf einer engagierten Kirchengeschichts-
darstellung, und als solchen sollte man die Apk-Vorrede
im Grunde genommen auch würdigen, selbst dann, wenn man
sie als wissenschaftliche Auslegung des letzten Bibelbuches für vollkommen verfehlt halten muß.

2. Die Apk-Vorrede als Trostschrift

Einen ganz wichtigen Gesichtspunkt haben wir freilich
bei unserer bisherigen Untersuchung der Vorrede noch kaum
beachtet; es ist eigentlich ein praktischer, er hat
aber, wie sich zeigen wird, wichtige systematische
Konsequenzen. Es handelt sich um das Motiv des Trostes[170], das sich durch die ganze Schrift hindurch-
zieht und den dramatischen Aufbau in charakteristischer Weise geprägt hat. Es sind nämlich im ersten
Teil der Deutung immer wieder in die fortlaufende
Darstellung der ins Auge fallenden geschichtlichen

---

169. Das läßt sich bei Luther aber auch an der Auslegung
    anderer Bibelabschnitte beobachten; vgl. Hillerdal,
    Geschichtsauffassung, S. 33f und ders., Prophetische
    Züge, S. 108.
170. Vgl. o. S. 383f und 397.

Erscheinungen, nämlich der sich immer stärker entwik-
kelnden Antikirche, besondere Szenen eingesprengt.
Sie unterbrechen den Fortgang des Dramas und gewähren
einen Blick hinter die Kulissen, der deutlich machen
soll, daß die wahre Kirche mit ihren treuen Predigern
trotz allem erhalten bleibt und, wenn die Zeit gekommen ist, bereitsteht, ihrem Herrn bei seinem Gegenschlag zu folgen. In dieser Weise werden das 4. und 5.
Kapitel als Vorspiel verstanden, das 7. Kapitel (mit
8,1-5) und die Kapitel 11 und 12 als Zwischenszenen.
Vom 14. Kapitel an kehrt sich das Verhältnis um: Die
wahre Kirche tritt in den Vordergrund, sie geht zum
Angriff über und bestimmt das fortlaufende Geschehen,
bis ihr im 21. Kapitel der 'endgültige Trost' geschenkt
wird[171], während die untergehenden feindlichen Mächte
in einzelnen Szenen vorgestellt werden, bevor sie der
Vernichtung anheimfallen.

Diesen Aufbau, den er später auch an einer anderen
Stelle einmal darlegt[172], hat Luther übrigens nicht selber erdacht, sondern dieser hat durchaus seinen Anhalt
an der Apk selbst. Der Verfasser wollte ja auch ein "Buch
des Trostes" schreiben[173] und verwendete als Stilmittel
zu diesem Zweck Hymnen, die er als vorweggenommene Sie-
geslieder immer wieder dazwischen hinein von den himmlischen Scharen um Gottes Thron singen läßt. Aus diesem
Schema ist im Laufe der Auslegungstradition die für die
Ekklesiologie und Eschatologie so wichtig gewordene
Unterscheidung und Parallelisierung von ecclesia militans und ecclesia triumphans entwickelt worden. Bei
Luther freilich scheint diese Doppelung aufgehoben zu
sein. Vor der Parusie tritt nur immer wieder die ecclesia militans auf den Plan, danach wird sie insgesamt

---

171. DB 7,418,1.

172. 40 III,311,7ff bzw. 20ff: In XV Psalmos graduum,
     zu Ps 129,1 (Hs. bzw. Druck, 1540); vgl. 40 III,
     315,24-27: Erwähnung von Apk 12,6.13ff (allerdings
     nur im Druck).

173. Lohse, Offenbarung, S. 3.

zur ecclesia triumphans erhoben, was übrigens mit der
Vorstellung des Reformators vom Zwischenzustand der
Toten übereinstimmen würde.

IV. Der Schlußteil der Vorrede

Das Motiv des Trostes für die streitende (oder besser: leidende) Kirche ist nun aber nicht nur einer von
vielen Gesichtspunkten, sondern der, auf den es Luther
in seiner ganzen Vorrede eigentlich ankommt. Anders
als etwa im Vorwort zu dem wyclifitischen Kommentar,
das er ungefähr zwei Jahre vorher geschrieben hat[1],
legt er den Hauptakzent nicht ausschließlich, ja auch
nicht einmal primär, auf die Entwicklung des Papsttums
zu einer antichristlichen Macht, wie es bei der Lektüre
der Summarien vielleicht erscheinen mag und wie es bei
Luther, dem unermüdlichen Polemiker, nahegelegen hätte[2],
sondern ganz dem Charakter der übrigen Bibelvorreden[3]
entsprechend bemüht sich Luther, am letzten Buch der Bibel einen positiven, im guten Sinne erbaulichen und glau-
bensstärkenden Grundgedanken hervorzuheben, und das ist
die Vorstellung von der notwendigen Verborgenheit der
wahren Kirche unter der falschen, veräußerlichten Kirche,
die doch eines Tages entlarvt und vernichtet werden wird.

Daher kommt er in seiner abschließenden Nutzanwendung
kaum mehr auf die kontinuierliche Entwicklung der Antikirche zu sprechen, sondern er hebt das Motiv des Trostes durch die Erhaltung der wahren Kirche unter all den
vielfältigen, gottgewollten Plagen, die ihre Feinde über
sie bringen, hervor. Dazu kommt das neue Motiv, dem
Anstoß vorzubeugen, den die Vernunft an der unansehn-
lichen Gestalt dieser Kirche nehmen könnte. Bringen

---

1. s.o. S. 329ff.
2. Asendorf, Eschatologie, S. 157, möchte freilich die
   Bedeutung von Luthers zweiter Vorrede auf diesen Aspekt
   reduzieren, vgl. o. S. 452f, Anm. 161.
3. Vgl. z.B. die Dan-Vorrede, dazu o. S. 383f; auch die
   Vorrede zu 2 Thess, der Fundgrube für die Antichristpolemik, ist auf denselben Ton gestimmt: DB 7,250.

die Summarien zu den einzelnen Kapiteln eine Darstellung der Kirchengeschichte in nuce, so zieht der Schlußteil die systematischen Konsequenzen daraus, und zwar
als Entfaltung des Credo-Satzes: "Ich glaube eine heilige, christliche Kirche", der darin ja auch zweimal
angeführt wird[4].

Anknüpfend an den Einleitungsteil und in deutlichem
Gegensatz zur alten Vorrede, deren Hauptargument gewesen war, daß die Apk ein unbrauchbares und überflüssiges
Buch sei, beginnt Luther den grundsätzlichen Teil mit
folgenden Worten: "Nach dieser auslegung, können wir
dis buch vns nutz machen, vnd wol brauchen, Erstlich
zur tröstung, das wir wissen, wie das keine gewalt noch
lügen, keine weisheit noch heiligkeit, kein trübsal noch
leid, werden die Christenheit vnter drucken, sondern sie
sol endlich den sieg behalten vnd obligen."[5] Die Apk
kann also zur Stärkung des Glaubens an die <u>Kontinuität</u>
der wahren Kirche beitragen, einen wichtigen Leitsatz
der Reformatoren, der gerade 1529/30 ausführlich im 12.
Schwabacher Artikel und dann ganz knapp und prägnant in
der Formel aus CA 7, "quod una sancta ecclesia perpetuo
mansura sit", zum Ausdruck gebracht worden ist[6]. Diese
Ermutigung war für die Protestanten immer dringend nötig; denn seit Luther den antichristlichen Charakter der
römischen Großkirche glaubte entdeckt zu haben, und zwar
nicht als eine ganz neue Erscheinung, sondern als Jahr-

---

4. DB 7,418,17f.36.
5. 418,5-8.
6. BSLK, S. 61,19-27.1f; vgl. z.B. auch 31 II,20,8-14;
   532,34-533,2: Vorl. über Jes 2,2 (1527) und 62,12
   (1529/30!); 31 I,510,1f (mit Hinweis auf Apk 12,14):
   Arbeiten zum Summarium für Ps 72 (1530/32); 38,379,2-6
   (mit Hinweis auf Apk 12,6.13f): Vorrede zu 'Querela
   de fide' (1535); 40 III,309ff (mit Hinweisen auf die
   Apk, s.o. Anm. 172): In XV Psalmos graduum, zu Ps 129,
   1 (Hs., 1533 bzw. Druck, 1540); 38,564,2-4: Annotationes in aliquot cap. Matthaei, zu 13,31f (1536, Druck
   1538); 50,628,16-19 (mit Hinweis auf Mt 28,20 und das
   Credo): Konzilii, 1539; dazu Höhne, Kontinuität, S.
   20 und 87f; Maurer, Ecclesia, S. 32ff bzw. 62ff.

hunderte alte Verderbnis, die das ganze christliche
Abendland durchdrungen hat, war die Frage akut, wo in
dieser Zeit dann überhaupt noch echte Gläubige geblieben sein können[7]. Dadurch daß Luther in den Summarien,
wie wir gesehen haben, mit immer wieder gleichen Formulierungen die eine Verheißung als Skopos hervorhebt,
"die Christenheit solle dennoch bleiben jnn künfftigen
plagen"[8], bringt er diesen Gesichtspunkt sehr stark zur
Geltung. In dieser Hinsicht hat also die Apk eine seel-
sorgerliche Funktion als Trost für die Kleingläubigen.

Die zweite Linie in der Deutung der Apk, nämlich die
unheimliche Steigerung der Ketzerei in der Kirchengeschichte bis hin zum Antichristentum, von Luther so
drastisch dargestellt, steht dagegen, wie sich nun im
Schlußteil zeigt, im Dienste der anderen Aussage, die
sich an die Skeptiker und Ungläubigen wendet. Für diese
dient nach Luther die Apk "zur warnung, widder das grosse ferliche manchfeltige ergernis, so sich begibt an
der Christenheit, Denn die weil so mechtig gewalt vnd
schein, solte widder die Christenheit fechten, vnd sie
so gar on alle gestalt vnter so viel trübsaln, ketzereyen,
vnd andern gebrechen verborgen sein, ist der vernunfft
vnd natur vnmüglich die Christenheit zu erkennen, sondern
felt dahin vnd ergert sich an jr, heisst das Christliche
kirche, welchs doch der Christlichen kirchen, ergeste
feinde sind, Vnd widderumb heisst das verdampte ketzer,
die doch die rechte Christliche kirche sind, wie bis
her vnter dem Bapstum, Mahometh, ia bey allen ketzern geschehen ist, Vnd verlieren also diesen artickel, Ich gleube eine heilige Christliche kirche."[9] Hier kommt also
ein anderer wichtiger Punkt in Luthers Ekklesiologie und
seiner Theologie überhaupt zur Sprache. Es ist die Verborgenheit der Kirche[10], an der die Vernunftmenschen

---

7. Vgl. Höhne, aaO, S. 69ff.
8. DB 7,410,6f; vgl. 410,21f und 412,28f.
9. DB 7,418,9-18.
10. Zu diesem in den letzten Jahrzehnten viel verhandelten

Anstoß nehmen, und diesen Anstoß möchte Luther so weit
wie möglich beseitigen[11]. Seine Ausführungen enthalten
in prägnanter Zusammenfassung lauter Gedanken, die sich
auch in vielen anderen Schriften finden, ein Zeichen dafür, daß es sich hier um ein Lehrstück handelt, das Luther ständig beschäftigt hat, und zwar schon seit der
1. Ps-Vorlesung[12], und das er immer wieder Freunden
und Gegnern verständlich zu machen versucht hat. Die
nächste Parallele ist der grundlegende und deshalb
vielbeachtete ekklesiologische Abschnitt aus einem
der Hauptwerke Luthers, nämlich 'De servo arbitrio'
von 1525[13].

Zunächst stellt er fest, wie der Anstoß zustande
kommt: Die wahre Kirche ist so unscheinbar, unter-
drückt und mißgestaltet, daß die natürliche Vernunft
des Menschen sie als solche gar nicht erkennen, an ihr
nichts finden kann, was diese beeindrucken würde[14].
Eher wird sie als Sekte abqualifiziert[15]. Die Ketzereien,
das Papsttum und der Islam dagegen entfalten immer so

Thema vgl. vor allem Kattenbusch, Doppelschichtigkeit,
S. 200ff, wo die vor 1924 erschienene Literatur, die
den Vorstellungen Luthers zumeist noch nicht gerecht
zu werden vermag, referiert ist, und von den neueren
Arbeiten bes. Kinder, Verborgenheit (1958), m.E. die
klarste Darstellung des ganzen Komplexes.

11. Vgl. 42,188,14: Vorl. über Gen 4,4 (1535, Druck von
Dietrich, 1544).

12. Der Begriff 'ecclesia abscondita' erscheint z.B.
3,547,6: Scholie zu Ps 76(77),20; vgl. Fagerberg,
Kirche, S. 115-117.

13. 18,649,26-652,23 = BoA 3,137,36-141,2; vgl. Zahrnt,
Geschichte, S. 44-48; Maurer, Ecclesia, S. 36-39 bzw.
66-69.

14. Vgl. 3,548,7; 4,81,11ff: 1. Ps-Vorl., Scholien zu Ps
76(77),20 und 91(92),6ff; 19,381,23: Hab 1,13 ausgelegt, 1526; 31 II,506,10: Vorl. über Jes 60,10, Dezember 1529 (!); 40 III,312,2-4: In XV Psalmos graduum,
zu Ps 129,1 (Hs., 1533); 38,563,1ff: Annotationes in
aliquot cap. Matthaei, zu 13,31f (1536, Druck, 1538).
Zur Unbrauchbarkeit der Vernunft für die Erkenntnis
in theologicis allgemein vgl. Kuhn, Ratio, S. 36ff;
Lohse, Ratio, S. 59ff.

15. Vgl. 50,641,35ff: Konzilii, 1539.

viel äußerlichen Glanz, daß ihnen die Massen zufallen
und sie für die richtigen Repräsentanten der Christenheit gehalten werden[16]. "Gleichwie auch itzt etliche
klüglinge thun, weil sie ketzerey zwitracht, vnd mancher-
ley mangel sehen, das viel falscher, viel loser Christen
sind, vrteilen sie flugs vnd frey, Es seien keine Christen da, Denn sie haben gehöret, das Christen sollen ein
heilig, fridsam, eintrechtig, freundlich, tugentreich
volck sein, Dem nach meinen sie, Es solle kein ergernis,
keine ketzerey, kein mangel, sondern eitel fride vnd
tugent da sein."[17] Mit diesen 'Klüglingen' können verschiedene Personenkreise gemeint sein. Luther nennt in
anderen Schriften ganz allgemein "impii et increduli"[18],
"optimi in mundo"[19] oder spezieller 'Papisten' und 'Schwärmer', wie vor ihnen schon Novatianer, Donatisten, Maximiani-
sten und Manichäer[20], "vernünfftige leute", die in der
Gefahr stehen, "Epicurei" zu werden[21]. Man wird sie wohl
in Luthers Zeit vor allem unter den Humanisten und Spiri-
tualisten zu suchen haben. Solche Leute haben noch nicht
erkannt, daß all die schlimmen Erscheinungen der Kirchen-

---

16. Vgl. 2,404,18-25: Resolutionen über die Leipziger Dis-
    putation, 1519; 7,123,4ff.17ff: Assertio omnium articu-
    lorum, 1520; 18,650,31ff = BoA 3,139,3ff: De servo arbi-
    trio, 1525 (mit Hinweis auf die Arianer); 39 I,33,7-11:
    Sprüche wider das Konstanzer Konzil, 1535; 38,545,29ff
    und 568,1-16: Annotationes in aliquot cap. Matthaei, zu
    12,30 und 13,44ff (1536, Druck, 1538); 50,379,36-380,2
    (im Rahmen eines Rückblicks auf die reformatorische
    Wende): Vorrede zu 'Confessio fidei', 1538; 42,187,31-
    40: Vorl. über Gen 4,4 (1535, Druck von Dietrich, 1544);
    dazu Höhne, Kontinuität, S. 86.
17. DB 7,418,19-24.
18. 4,81,36: 1. Ps-Vorl., Scholie zu Ps 91(92),13 (ca. 1514).
19. 32,13,20f: Pred. über Mt 8,23f; 30.1.1530 (!) (Rörer).
20. 40 III,505,8ff bzw. 28ff: Enarratio von Ps 90,1 (Hs.,
    1534/35 bzw. Druck, 1541); 38,553,35ff (Beachte hier
    die Formulierungen "quam magni viri etiam hodie",
    "etiam insignes viros", 560,18f und 566,19f!): Anno-
    tationes in aliquot cap. Matthaei, zu den Gleichnissen
    in Kap. 13 (1536, Druck, 1538).
21. 50,62,35-63,3: Die Lügend von St. Johanne Chrysostomo,
    1537.

geschichte unvermeidlich sind und notwendigerweise auftreten müssen. Für sie ist die Apk gerade das Richtige.
"Diese solten dis buch lesen, vnd lernen die Christenheit mit andern augen, denn mit der vernunfft ansehen,
Denn dis buch (meine ich) zeuge [= zeige] ja gnug grew-
licher vngehewre thiere, scheussliche feindselige Engel,
wüste vnd schreckliche plagen, ich wil der andern grossen gebrechen vnd mangel schweigen, Welche doch alzu
mal sind jnn der Christenheit vnd vnter den Christen
gewest, das freilich alle vernunfft vnter solchem wesen,
die Christenheit hat müssen verlieren, Wir sehen ia hie
klerlich, was grausamer ergernis vnd mangel, vor vnsern
zeiten gewest sind." Man stellt es sich gemeinhin so
vor, daß die Christenheit früher immer noch im besten Zustand war. Aber wenn man in der Apk liest, was damals
für Dinge geschehen sein müssen, dann kommt man zu der
Auffassung, daß demgegenüber die gegenwärtige Lage noch
relativ günstig sein muß[22]. "Meinstu nicht, die Heiden
haben sich auch dran geergert, vnd die Christen fur mut-
willige, lose zenckische leute gehalten?"[23]

Die Apk gewinnt auf diese Weise für Luther also apologetische Bedeutung, ein, wie mir scheint, recht origi-
neller Gesichtspunkt. Nachdem all die anstoßerregenden
Vorkommnisse von Gott durch die Apk offensichtlich schon
im voraus angekündigt worden sind, braucht man sich nicht
zu wundern, wenn sie dann eintreffen, und es folgt daraus
außerdem, daß sie von Gott auch so gewollt oder zumindest
zugelassen sind[24]. Dann hat aber die menschliche Vernunft
ganz einfach zu schweigen und sich Gottes Willen zu beugen. Sie kann allenfalls noch in demütigem Gehorsam gegen
Gott und sein Wort a posteriori versuchen, Gottes Gedanken nachzuvollziehen und hinter den Sinn seiner Führungen

---

22. Vgl. TR 1,201,7-20: Nr. 461 (Dietrich, Februar 1533).
23. DB 7,418,24-35; vgl. 53,134 (Diokletian nimmt Anstoß
    an den Sekten der Christen und will deshalb alles wie-
    derherstellen): Supputatio annorum mundi, 1541.
24. Vgl. auch 30 II,211,2ff (mit Berufung auf Mt 18,7;

zu kommen. Und einen Schritt in dieser Richtung unternimmt der nächste Absatz. Dabei greift Luther auf wichtige Sätze seiner theologia crucis zurück:

"Es ist dis stucke (Ich gleube ein heilige Christliche kirche) eben so wol ein artickel des glaubens, als die andern"[25], und im Credo stehen nun einmal keine Selbstverständlichkeiten, die jedem Menschen ohne weiteres einleuchten müssen, sondern ausschließlich Aussagen, die nur geglaubt werden können. So kann Luther diesen Satz des Glaubensbekenntnisses immer wieder als Argument für die notwendige Verborgenheit der Kirche verwenden[26]: "Darumb kan sie keine vernunfft, wenn sie gleich alle brillen auff setzt, erkennen, Der teuffel kan sie wol zu decken, mit ergernissen vnd rotten, das du dich müssest dran ergern, so kan sie Gott auch mit gebrechen vnd allerley mangel verbergen, das du must drüber zum narren werden, vnd ein falsch vrteil vber sie fassen, Sie wil nicht ersehen, sondern ergleubt sein, Glaub aber ist von dem das man nicht sihet Ebre. xi."[27] Auch Hebr 11,1, das dictum probans für die Definition des Glaubens im Gegensatz zum Schauen bzw. Wissen, gehört zum Grundbestand von Luthers Argumenten für die ecclesia abscondita[28].

---

    1 Kor 11,19 und 2 Petr 2,1): Vorrede zu Menius, Der Widertäufer Lehre, April 1530.

25. DB 7,418,36f.

26. Vgl. 7,684,27ff: Auf das Buch Bock Emsers Antwort, 1521; 7,710,1ff; 722,8f: gegen Catharinus, 1521; 31 II,506,16-18: Vorl. über Jes 60,10; Dezember 1529 (!); 32,12,21: Pred. über Mt 8,23ff; 30.1.1530 (!) (Rörer); 40 II,106,19-21: Kommentar über Gal 5,19 (Druck, 1535; vgl. Hs., 1531); 40 II,521,10ff bzw. 33ff: Praelectio in Ps 45,7 (Rörer, 1532 bzw. Druck, 1533). Auch in dem entsprechenden Abschnitt aus 'De servo arbitrio' wird auf den 3. Glaubensartikel verwiesen, aber in einem etwas anderen Zusammenhang: 18,650,2f = BoA 3,138,8f; dazu Kinder, Verborgenheit, S. 175, und Althaus, Theologie, S. 252.

27. DB 7,418,37/420,4. Die Form der Anspielung auf Hebr 11,1 ist angepaßt an die Neufassung, die Luther gerade um dieselbe Zeit diesem Vers in der revidierten Ausgabe des NT von 1530 gegeben hat, vgl. DB 7,370 im Apparat.

28. Vgl. 7,684,30-32: Auf das Buch Bock Emsers Antwort,

Stück für Stück geht Luther zum Ursprung des Begrün-
dungszusammenhangs zwischen der Ekklesiologie und den
anderen zentralen Aussagen seiner Theologie zurück. Im
nächsten Satz gelangt er zur Christologie, wenn er fortfährt: Die Christenheit "singet mit jrem Herrn auch das
lied, selig ist der sich nicht ergert an mir" (Mt 11,6)[29].
Wie man es dem gekreuzigten Jesus äußerlich wirklich nicht
ansehen konnte, daß er der Messias Gottes war, durch den
allein das Heil zu gewinnen ist, so daß die Juden ihn geschlossen ablehnten und sogar seine Schüler an ihm irre
wurden[30], ebenso macht die verfolgte und sündhafte Gemeinde einen solch kümmerlichen und abstoßenden Eindruck, daß
sich viele immer wieder von ihr abwenden und sich selbst
besser vorkommen. Aber Gottes Wille ist es eben, den Hochmut der Menschen zu zerschlagen und nur die zu retten,
die demütig sein Urteil über sich akzeptieren und sich
mit denen solidarisieren, die sich vor dem unbestechlichen
Gericht Gottes genauso kümmerlich vorkommen und miteinander sich nur auf Gottes Gnade verlassen wollen. So
betritt Luther denn auch mit dem folgenden Satz das
Gebiet der Rechtfertigungslehre, und zwar beschreibt
er die anthropologische Konsequenz daraus, daß Gottes
verborgenes Heilshandeln an uns sola fide erfaßbar ist

1521; 7,710,5: gegen Catharinus, 1521; 31 II,543,12.
33ff (im Zusammenhang mit dem bevorstehenden Kommen
des Kaisers nach Augsburg!): Vorl. über Jes 64,3f; Anfang 1530; 32,12,21: Pred. über Mt 8,23ff; 30.1.1530 (!);
dazu Torrance, Kingdom, S. 55, und Doerne, Gottes Volk,
S. 71.

29. Mt 11,6 ausgesagt von der Kirche findet sich schon in
der 1. Ps-Vorlesung: 4,73,12 (Scholie zu Ps 90[91],7;
1514). Sonst habe ich eine ähnliche Verwendung dieser
Bibelstelle nicht feststellen können. Es handelt sich
bei dieser Verbindung von Christologie und Ekklesiologie wohl um eine Nachwirkung der frühen Theologie Luthers, wie sie sonst in der Spätzeit nur noch selten
zu finden ist, z.B. auch noch 42,187,36 (unter Berufung
auf die Ebenbildvorstellung in Röm 8,29): Vorl. über
Gen 4,4 (1535, Druck von Dietrich, 1544) und 44,110,3f:
Vorl. über Gen 32,32 (1542, Druck von Besold, 1552);
vgl. Maurer, Kontinuität, S. 106f bzw. 87f.

30. Vgl. 18,650,23-25 = BoA 3,138,33-36: De servo arbitrio,
1525.

und zu keiner andemonstrierbaren Heiligkeit führt, sondern es bewußt bei dem 'simul iustus ac peccator' bleiben läßt: "Es ist ein Christ auch wol jm selbs verborgen, das er seine heiligkeit vnd tugent nicht sihet,
sondern eitel vntugent vnd vnheiligkeit sihet er an
sich."[31]

Nach diesen Ausführungen über die Knechtsgestalt
der Kirche wendet sich Luther von seinem fiktiven Gegenüber, dem unverständigen Vernunftmenschen, wieder ab
und kehrt zurück zu dem ursprünglichen Motiv des Trostes
für die angefochtene Gemeinde: "Summa vnser heiligkeit
ist jm himel, da Christus ist, vnd nicht jnn der welt,
fur den augen, wie ein kram auff dem marckt."[32] So faßt
Luther seine Ausführungen knapp und einprägsam für seine
Leser zusammen, ähnlich wie er es in 'De servo arbitrio'
mit der Formel "abscondita est ecclesia, latent sancti"[33],
und in 'Wider Hans Worst' mit dem Satz: "Es ist ein hoch,
tieff, verborgen ding die Kirche, das sie niemand kennen
noch sehen mag"[34], getan hat. Dabei spielt er auf Bibelstellen wie Phil 3,20 und Kol 3,1-3 an, die wiederum auch
sonst in ähnlichen Zusammenhängen von tragender Bedeutung
sind[35].

Abschließend zieht er die Folgerung aus allem: "Darumb las ergernis, rotten, ketzerey, vnd gebrechen sein
vnd schaffen, was sie mügen, So allein das wort des Euan-

---

31. DB 7,420,5-7; vgl. WA 9,191,17-24; 196,16f bzw. 1,700,
    1-7; 704,17: Auslegung von Ps 109(110),3f; 1518 (Hs.
    bzw. Druck); 56,392,28-393,20: Vorl. über Röm 9,3;
    1516; 1,486,16ff: X praecepta, 1518; 31 II,562,20-27:
    Vorl. über Jes 65,16; Februar 1530 (!); dazu Althaus,
    Theologie, S. 253 und Loewenich, Theologia crucis,
    S. 131-135.

32. DB 7,420,10f.

33. 18,652,23; vgl. 651,24-30 = BoA 3,141,1; vgl. 139,39-
    140,7.

34. 51,507,31f.

35. z.B. 7,684,13: Auf das Buch Bock Emsers Antwort, 1521;
    vgl. 1,149,6-8: Quaestio de viribus, 1516; 6,295,35f:
    Von dem Papsttum, 1520; 37,541,25-542,3: Pred. über Apk
    12,7ff; 29.9.1534; 50,628,26: Von den Konziliis, 1539.

gelij bey vns rein bleibt vnd wirs lieb vnd werd haben,
so sollen wir nicht zweiueln, Christus sey bey vnd mit
vns, wens gleich auffs ergeste gehet, wie wir hie sehen
jnn diesem buche, das Christus, durch vnd vber alle plagen, thiere, b$\overset{e}{o}$se Engel, dennoch bey vnd mit seinen heiligen ist vnd endlich obligt."[36] Hier ist ausgesprochen,
worauf es in der Geschichte der Kirche allein ankommt:
Daß Christus, der endgültige Sieger, bei ihr ist[37], und
das ist eben so lange gewiß, wie sein Wort, das reine
Evangelium, in der Kirche zur Sprache kommt. In seinem
Wort wird seine Nähe faßbar, und durch das Wort ist
auch die Gewißheit gegeben, daß überhaupt irgendwo Christen sind. Das betont Luther immer wieder[38]. Damit ist
noch einmal der Gegensatz zwischen der wahren Kirche des
Evangeliums und der äußerlichen, falschen Kirche der Menschensatzungen angesprochen, der sich durch Luthers ganze
Auslegung der Apk hindurchgezogen hat. Auf die Gewißheit
des endgültigen Sieges Christi und seines Evangeliums ist
das Drama hinausgelaufen, und auf sie kommt der Bibeltheologe in seinem abschließenden Satz der ganzen Vorrede auch

---

36. DB 7,420,11-17.
37. Der Anklang an Mt 28,20 ist deutlich. Ausdrücklich be-
    ruft sich Luther auf diese Stelle z.B. 18,649,31f =
    BoA 3,138,5f (neben 1 Tim 3,15; Joh 10,28): De servo
    arbitrio, 1525; 50,476,19-37 (neben Mt 16,18; Hebr 13,
    8 und Apk 1,8): Wider die Antinomer, 1539; 31 II,499,6f:
    Vorl. über Jes 59,21; Ende November 1529 (!).
38. Auf eine ausgeführte Aufzählung der notae ecclesiae ver-
    zichtet er hier ganz. Er beschränkt sich auf die pri-
    märe nota, das Evangelium; vgl. 7,721,9-14: gegen Catha-
    rinus, 1521; 18,652,23ff = BoA 3,141,1ff (auf die Behaup-
    tung der Verborgenheit der Kirche folgt die entsprechen-
    de der Klarheit der Schrift; vgl. Zahrnt, Geschichte,
    S. 49f): De servo arbitrio, 1525; 28,134,5-12 = BoA
    7,232,29-233,1 (mit Hinweis auf Apk 12,4; vgl. o. S.
    351): Wochen-Pred. über Joh 17,9; 12.9.1528 (Rörer);
    31 II,557,18-22: Vorl. über Jes 65,9; Februar 1530 (!);
    32,12,11-13 bzw. 13,27-30: Pred. über Mt 8,23ff; 30.1.
    1530 (!)(Rörers bzw. Nürnbergers Hs.); 30 II,321,32f:
    Vermahnung an die Geistlichen, April/Mai 1530 (!); 38,
    564,16ff: Annotationes in aliquot cap. Matthaei, zu 13,
    33f (1536, Druck 1538); dazu Maurer, Kontinuität, S.103
    bzw. 84, und u. Anm. 41.

wieder zurück. Keine bessere Empfehlung als Trostbuch für
die bedrängte Christenheit hätte die Apk bekommen können
als diese Einführung Luthers.

An dieser Stelle müssen wir noch einmal den Vergleich
der neuen Vorrede mit der alten aufnehmen. Während im
Einleitungsteil die frühere formale Kritik an der Apk
eigentlich nur abgemildert worden ist, die Auslegung dann
gezeigt hat, daß sich Luthers Geist durchaus 'in dieses
Buch schicken' kann, hat sich die ursprüngliche Ablehnung
aus inhaltlichen Gründen jetzt im Schlußteil in eine ausgesprochene Empfehlung für Freund und Feind verkehrt. Hatte Luther 1522 die Apk verworfen, weil "Christus, drynnen
widder gelert noch erkandt wirt"[39], in anderen Schriften
an ihr nur das hervorgehoben, daß sie als negative Ergänzung zu anderen Bibelbüchern den Antichrist bekämpft[40],
so sieht er in ihr jetzt nicht einfach einen anderen wichtigen Glaubensartikel illustriert, den es im Credo eben
auch noch gibt, nämlich den dritten, sondern einen, der
mit dem Zentrum Lutherscher Theologie und damit auch der
Christologie ganz fest verknüpft ist und niemals entbehrt
werden kann[41]. Dieser Gesichtspunkt hatte jedoch in
den übrigen Vorreden eigentlich noch gefehlt. Hier
ist diese Lücke nun nachträglich ausgefüllt.

An diesem Punkt ist die positivste Stellung gegenüber der Apk erreicht, das Äußerste an Anerkennung zum
Ausdruck gebracht, wozu Luther in seiner reformatorischen Zeit überhaupt fähig war.

---

39. DB 7,404,27.
40. Vgl. o. S. 329ff.
41. Es kann zwar hier nicht unsere Aufgabe sein, die Zu-
    sammenhänge von Luthers ecclesiologia crucis mit allen
    übrigen Bereichen seiner gesamten theologia crucis noch
    ausführlicher systematisch darzustellen und zu begrün-
    den. Das ist ja schon mehrfach getan worden; vgl. z.B.
    Loewenich, Theologia crucis, wo der deduktive Weg be-
    schritten ist und die Ekklesiologie auf S. 147f unter
    vielen anderen Punkten erscheint; Doerne, Gottes Volk,
    S. 63ff und 70ff, wo die Ekklesiologie in den Rahmen
    der Worttheologie eingeordnet wird - ähnlich wie

In der Forschung werden die Neuorientierung des Reformators und die Mühe, die er darauf verwendet hat,
sich und seiner Zeit doch noch einen positiven Zugang
zu diesem Buch zu erarbeiten, sehr unterschiedlich gewürdigt. Kropatscheck behauptet lapidar: "Luthers Meinung hat sich nicht geändert."[42] Die meisten anderen
Forscher, die u.a. auch auf Luthers Haltung zur Apk eingehen, stützen sich primär auf die alte Vorrede und erwähnen die neue z.T. nur der Vollständigkeit halber, etwa mit der Bemerkung, Luther sei mit seiner ursprünglichen Stellungnahme doch nicht so ganz zufrieden gewesen
und habe schließlich eben auch einmal eine (natürlich
nicht zutreffende) Auslegung versucht[43]. Einige sehen
freilich auch einen deutlichen Fortschritt bei Luther[44].

Aber wie man auch die neue Vorrede als Dokument für
Luthers Beurteilung der Apk werten mag, muß man doch unabhängig davon festhalten, daß sie als Kirchengeschichts-
darstellung in nuce und als systematische Zusammenfassung

---

bei Asendorf, Eschatologie, S. 129ff -, und Olsson,
Sichtbarkeit, S. 338, wo die Lehre vom verborgenen
und offenbaren Gott der Ausgangspunkt ist. Es wird
aber aus dem oben Gesagten das eine deutlich geworden sein, daß die ecclesiologia crucis ein unver-
zichtbarer Bestandteil von Luthers Denkens ist.

42. Kropatscheck, Schriftprinzip, S. 269; vgl. Nigg,
Reich, S. 213: "In den späteren Bibelausgaben unter-
drückte Luther zwar dieses geringschätzige Urteil
über die Apokalypse, aber seine innere Einstellung
hat sich darum noch nicht geändert."

43. Vgl. z.B. Kümmel, Vorreden, S. 22: "Luther hat freilich sein Urteil... später offenbar als zu scharf
empfunden." Lilje, Randbemerkungen, S. 72: "Die Radi-
kalität des früheren Urteils ist in wesentlichen Punkten abgemildert." Bornkamm, Vorreden S. 25: "Aber er
hatte doch wohl das Gefühl, daß das persönliche Urteil... für eine Würdigung nicht ausreiche."

44. z.B. Schild, Bibelvorreden, S. 239: "In der Sache hat
sich also für Luther bei der Apokalypse nichts geändert;
sie bleibt noch immer verschlossen. Luther gibt aber
jetzt nicht nur die Notwendigkeit, sondern auch die
Möglichkeit einer Deutung zu. Und insofern ist auch
seine Stellung zu dem Buch positiver geworden." S. 241
heißt es dann: "Man merkt, wie sich das Herz Luthers
erst in diesem Schluß der Vorrede richtig ausspricht."

von Luthers Anschauung über die Kontinuität und Verborgenheit der wahren Kirche noch immer besondere Beachtung
verdient.

Nach dieser ausführlichen, zusammenhängenden Behandlung der Vorrede von 1529/30 und ergänzender Stücke sind
noch einige offene Fragen zu beantworten und falsche Behauptungen zu widerlegen.

V. Die verarbeiteten Kirchengeschichtskenntnisse Luthers

So meint etwa Bornkamm, Luther habe nicht nur zu der
fast gleichzeitigen und sehr ähnlichen Dan-Vorrede historische Studien getrieben, sondern auch zur Apk-Vorrede[1]. Für die Dan-Vorrede ist dies nun ja sehr wahrscheinlich, da diese u.a. zu Kap. 11 ausführlich die Geschichte der Diadochenreiche zum Vergleich heranzieht, wofür Luther sogar eine Stammtafel beigefügt hat. Er zitiert zu
Dan 9,24ff ausdrücklich ein Geschichtswerk, den Metasthe-
nes (eine Fälschung von Giovanni Nanni). Sehr wahrscheinlich hat auch Melanchthon persönlich Luther aus dem reichen Schatz seiner Geschichtskenntnisse manches mitgeteilt[2].
Daher wäre es nicht verwunderlich, wenn Luther in entsprechender Weise für die Apk-Vorrede ebenfalls eigens Ge-
schichtswerke studiert hätte. Bei genauerer Überprüfung
ergibt sich jedoch, daß dies sehr unwahrscheinlich ist.
Die aktuellen Bezüge auf die Zeitereignisse entsprechen
in etwa dem, was sich schon in der 'Heerpredigt' und anderen Schriften dieses Zeitraumes findet, und der Einfluß
Melanchthons reicht hier wohl nicht über das hinaus, was
wir als den Komplex der Auslegung von Dan 7 herausgearbei-
tet haben. Innerhalb der Apk-Vorrede betrifft er im wesentlichen den Abschnitt über Gog und Magog, die Türken (20,8f),
wo ja auf Dan 7,25 verwiesen wird. In der Polemik gegen
das Papsttum wiederum war Luther seit jeher führend gegen-

---

1. Bornkamm, Vorreden, S. 25.
2. Vgl. dazu die Untersuchungen von Volz in: DB 11 II,
   XL-L.

über dem weniger kämpferischen Magister Philippus. Hier
konnte er sicher ohne weiteres aus dem vollen schöpfen.
Zweifel könnten jedoch bestehen hinsichtlich der Beispiele aus der Alten Kirche und der Ketzergeschichte.

Daher soll nun überprüft werden, wo und wann bei Luther
verschiedene Namen und Ereignisse erstmalig auftauchen und
auf welchen Quellen er dabei fußt[3]. Gleichzeitig können
die Andeutungen, die er jeweils dazu macht, überprüft und
verständlich gemacht werden.

Schon die erste historische Gestalt, die Luther erwähnt, ist für eine solche Untersuchung ein besonders dank-
bares Objekt. Es handelt sich um den Namen Spiridon[4]. Man
wundert sich zunächst, unter den ganz wenigen Vorkämpfern
der wahren Kirche, die Luther aufzählt, auch diesen als
Wundertäter und Heiligen verehrten Bischof von Tremithus
auf Zypern, der im 4. Jahrhundert lebte, zu finden[5]. Obwohl er am Konzil von Nicäa 325 teilgenommen hat[6], dürfte
sein Einfluß auf den Gang der Kirchengeschichte ziemlich
unbedeutend gewesen sein. Von daher erhebt sich die Frage,
wie der Wittenberger auf diesen Mann gestoßen ist und was
ihn veranlaßt haben mag, Spiridon in einem Atemzug mit so
namhaften Gestalten wie Athanasius und Hilarius zu nennen,
noch dazu in einem solch knappen Abriß der Kirchengeschichte, wie ihn die zweite 'Vorrede auf die Offenbarung Johannis' darstellt. Des Rätsels Lösung ergibt sich, wenn man
in Luthers Werken nach dem Namen Spiridon sucht.

Glücklicherweise hat Ernst Schäfer dies schon für uns
getan. Er hat vier Abschnitte gefunden, in denen Luther von diesem Mann berichtet[7]. Drei davon sind schon

---

3. Hilfreich dafür ist vor allem Schäfer, Luther als Kirchenhistoriker; einige kurze Anmerkungen finden sich
   auch in DB 7,646f und in: Bibel deutsch, 1545, Beiheft,
   S. 176*f; weniger bietet für unsere Frage Delius, Quellen.
4. DB 7,410,24.
5. Vgl. LThK[2] 9, Sp. 991 (s.v. Spyridon); im Register zu
   RGG[3] fehlt der Name überhaupt.
6. Vgl. LThK[2] 10, Sp. 1447.
7. Schäfer, Luther als Kirchenhistoriker, S. 417f.

lange vor 1530 niedergeschrieben worden[8]. Darin erscheint Spiridon 1. neben Hilarius als einer, der keine
Abweichung vom Bibeltext duldet, 2. als einer, der es
wagte, sich im Notfall über Fastengebote hinwegzusetzen,
3. neben Augustin, Ambrosius (und Cyprian) als vorbild-
licher Bischof, der sich noch an die Anweisungen der
Pastoralbriefe gehalten hat, 4. neben Hilarius als Bischof, der ordnungsgemäß verheiratet war.

Es zeigt sich, daß Spiridon Luther schon seit Anfang des
Ablaßstreites mehrfach als Beispiel für einen vorbildlichen Kirchenvater gedient hat, der von den Neuerungen und
Menschensatzungen der vom Evangelium abgefallenen römischen Kirche unberührt geblieben ist oder ihnen gegenüber
christliche Freiheit bewiesen hat. Vielleicht hat Luther
Spiridon in der Apk-Vorrede deshalb als ersten guten Engel genannt, um ein Gegenstück zu dem gleich folgenden
ersten bösen Engel, nämlich Tatian, zu haben, dem er das
Verbot der Ehe und Werkheiligkeit vorzuwerfen hat.

Fragt man nun nach den Quellen für Luthers Kenntnisse
über Spiridon, macht es uns der Reformator sehr leicht.
Denn er erwähnt an einer Stellen ausdrücklich "lib. i.
tripartitae" als Fundort[9], und dort finden wir alle
Angaben und Geschichten beieinander, die er an verschiedenen Stellen wiedergibt. Er schöpft dafür also
nur aus einer Quelle, nämlich aus Cassiodors Kompilat-
ion der Kirchengeschichtswerke von Sokrates, Sozomenos
und Theodoret, Buch I, § 10[10]. Wahrscheinlich hat er
dieses vielgelesene mittelalterliche Kirchengeschichts-

---

8. "V.A. 2,204" = WA 1,572,34-573,2 = BoA 1,76,23-30: Resolutiones zu den Ablaßthesen, 1518; "C.G. 3,214" = WA
   2,487,19-23: Gal-Kommentar, 1519; "E.A. 28,58" = WA 8,
   503,5: Vom Mißbrauch der Messe, entsprechend 8,429,13f:
   De abroganda missa, 1521. Der vierte Abschnitt ist "E.
   A. 61,262" = TR 3,607,10f bzw. 608,16: Nr. 3777 (Lauterbachs Tagebuch, 24.2.1538 bzw. Aurifabers Fassung).

9. 2,487,19.

10. MPL 69,895f = CSEL 71,30,11-33,95. Die Erzählungen aus
    Rufins Fortsetzung der Kirchengeschichte Eusebs (X,5;
    MPL 21,471 = GCS 9 II,963,20-964,17), die sinngemäß
    auch in die 'Historia tripartita' übernommen worden
    sind, kommen als Quelle nicht in Frage, da Luther gera-
    de diese Stücke nicht erwähnt.

buch schon während seines Theologiestudiums kennengelernt, auch wenn unsere Stelle von Anfang 1519 anscheinend die erste ist, an der er es ausdrücklich nennt[11].
1529/30 brauchte er deshalb natürlich nicht mehr eigens
nachzuschlagen, um an diesen Namen, den er ja in der Apk-
Vorrede ganz kommentarlos erwähnte, erinnert zu werden.

Ähnlich steht es nun aber auch mit den übrigen Namen
und Daten der zweiten Apk-Vorrede.

Athanasius, Bischof von Alexandria (um 295-373) und
Hilarius, Bischof von Poitiers (um 315-367), "der Athanasius des Westens"[12], sind Luther hauptsächlich als Vorkämpfer der Orthodoxie in den trinitarischen Streitigkeiten
bekannt. Beide hatten viele Verfolgungen von den Arianern
zu erdulden[13]. Deshalb erwähnt Luther sie in der Vorrede
wohl auch besonders[14]. Mit ihnen hat er schon sehr früh
Bekanntschaft gemacht[15]. Entsprechendes gilt für das Konzil von Nicäa, das Luther im gleichen Zusammenhang anführt.

Als ersten Ketzer erwähnt Luther, wie gesagt, Tatian,
den syrischen Theologen des 2. Jahrhunderts, dem er Ehe-
verbot und Werkheiligkeit vorwirft[16]. Dieser Vorwurf ist
bei dem Reformator auch nicht neu. 1522 erwähnt er die
Tatianer als Vorläufer der 'Papisten' im Zusammenhang mit

---

11. Vgl. Schäfer, Luther als Kirchenhistoriker, S. 29f,
    122-126.

12. RGG³ 3, Sp. 317.

13. 5,230,25-27: Operationes über Ps·7,8; 1519; Br 1,307,
    29-34: an Kurfürst Friedrich, Januar 1519; 23,343,10 bis
    12: Ob man vor dem Sterben fliehen möge, 1527.

14. DB 7,410,24.

15. Zu Athanasius vgl. u.a. 30 III,530,19/531,17: Vorrede
    zu 'Athanasii libri contra idolatriam', 1531; im übri-
    gen Schäfer, Luther als Kirchenhistoriker, S. 172f,
    240f, 274-281 u.ö. - Zu Hilarius vgl. u.a. 9,17,32;
    20,19; 22,41; 29,20 u.ö.: Randbemerkungen zu Augustin
    und Petrus Lombardus, 1509; 23,237,10: Daß diese Wort,
    1527; weiterhin Schäfer, aaO, passim (s. Register s.v.).

16. DB 7,410,26f.

Zölibat und Fastengeboten[17]. Als Quelle für seine Kenntnisse konnte ihm Euseb - Rufin, Kirchengeschichte IV,28f[18]
dienen, oder auch gleich dessen Vorlage, Irenäus, Adversus haereses I,28,1[19]. Daher stammt auch die Behauptung,
daß Tatian das Ketzerhaupt der Enkratiten sei[20]. Auf
der gleichen Linie sieht Luther die _Pelagianer_, die
er natürlich schon sehr bald durch Augustins Schriften
kennengelernt hat. Pelagianismus gibt es für Luther
zu allen Zeiten[21]; wie in der Vorrede stellt er die
Pelagianer mit den Juden[22] und den 'Papisten' zusammen[23].

Als zweiten Ketzer führt Luther "Martion mit seinen
Karaphrygen, Manicheis, Montanis etc" auf[24]. Über _Marcion_
(ca. 85-160) ist mir kein ausdrückliches Zitat vor 1527
bekannt. In diesem Jahr kommt der Name im Zusammenhang
mit dem Kampf gegen die 'Schwärmer' vor, um deretwillen
dieser Ketzer ja auch an dieser Stelle in die Apk-Vorrede gekommen ist[25].

Die Kataphrygen sind identisch mit den Montanisten,
den Anhängern des Phrygiers _Montanus_ (✝ vor 179). Der
Ausdruck 'Kataphrygen' kommt bei Luther meines Wissens
sonst nirgendwo vor; die Montanisten werden 1521 nur
dem Namen nach erwähnt im Zusammenhang mit Ebioniten,
Pelagianern, Türken und dem Antichrist, eben als ein

---

17. 10 II,78,18ff; 79,9ff: Von Menschenlehre zu meiden; vgl.
    14,157,10-12 bzw. 31f bzw. 24,123,18-20: Pred. über Gen
    4,1; 26.5.1523 (Rörers bzw. Roths Nachschr. bzw. Druck,
    1527).
18. MPG 20,397-402 = GCS 9 I,388/89,16/17-392/93,13/8.
19. MPG 7 I,690f.
20. Vgl. Schäfer, Luther als Kirchenhistoriker, S. 269.
21. 5,485,1-21: Operationes zu Ps 17,13; 1520.
22. 18,63,14: Wider die himmlischen Propheten, 1525.
23. 10 I 1,246,9: Kirchen-Post. über Joh 1,14; 1522; vgl.
    26,503,25: Bekenntnis, 1528; weitere Nachweise bei
    Schäfer, Luther als Kirchenhistoriker, S. 285f.
24. DB 7,410,31.
25. 23,201,34; 221,5ff: Daß diese Wort.

Beispiel für Ketzerei unter anderen[26]. Als Quelle dafür
kann wieder das Standardwerk Euseb - Rufin, Kirchengeschichte, gedient haben. Darin werden die Montanisten
mehrfach als Kataphrygen bezeichnet, und es wird von
der Auseinandersetzung um die wahre Prophetie berichtet[27]. Zu Luthers Behauptung, sie verachteten die heilige Schrift, paßt auch die Nachricht, daß sie sich neue
Bibelbücher zusammenstellten[28]. Es ist jedoch nicht ausgeschlossen, daß Luther gerade Ende 1529 in einem anderen
Werk darüber gelesen hat, nämlich im Πανάριον αἱρέσεων
des Epiphanius von Salamis, das Melanchthon um diese Zeit
handschriftlich nach Wittenberg gebracht und gelesen
hat[29] und mit dem Luther etwas später in den Tischreden
Bekanntschaft zeigt[30]. Dieses Werk enthält sehr ausführliche Abschnitte über Marcion, Tatian, die Enkratiten
und die Kataphrygen bzw. Montanisten[31]. An einer Stelle werden, allerdings nur der zeitlichen Einordnung wegen, alle diese Namen in einen Zusammenhang gebracht[32],
und dabei wird die über die heilige Schrift hinausgehende Prophetie der Montanisten erwähnt. Diese Stelle könnte den Anstoß gegeben haben für den Abschnitt der Apk-
Vorrede. Insofern wäre es doch möglich, daß Luther "historische Studien getrieben" hat. Aber schon die falsche

---

26. 8,465,1f: De abroganda missa; deutsch: 8,547,37f.

27. IV,27; V,14-18; MPG 20,398 und 463ff = GCS 9 I,389,
    10ff und 459,16ff.

28. VI,20,3; MPG 20,571/72 = GCS 9 II,566,17/567,15.

29. CR 1,1110: an Camerarius, 14.11.1529.

30. TR 2,221,1-3: Nr. 1807 (Schlaginhaufen, 20.9.1532);
    5,620,29-31: Nr. 6359, und 650,5-9: Nr. 6414 (Lauter-
    bach, undatiert); vgl. Schäfer, Luther als Kirchen-
    historiker, S. 175. Den dort erwähnten Druck von 1533
    kennt Luther zum Zeitpunkt von TR Nr. 6414 jedenfalls
    nicht, weil er sagt, er halte das Buch für wert, ver-
    öffentlicht zu werden.

31. Kap. 42, 46f und 48; MPG 41,695-818, 835-846, 849-856,
    855-880 = GCS 31,93,21-186,23; 202,25-210,8; 215,1-219,
    4; 219,5-241,17.

32. MPG 41,855/56 = GCS 31,219,7-220,1.

Zusammenstellung der Namen bei Luther läßt deutlich erkennen, daß er aus dem Gedächtnis zitiert und keine Geschichtsbücher vor sich auf dem Schreibtisch liegen gehabt hat[33].

Die Manichäer, die im gleichen Kontext noch aufgeführt werden, haben zwar vieles mit Marcion gemeinsam,
z.B. die "geisterey"[34], d.h. in diesem Fall den Dualismus und die Ablehnung des AT, lassen sich aber nicht von
ihm ableiten. Mani (216- ca. 276), auch Manichäus genannt,
wird schon vor der neuen Vorrede von Luther mit Marcion
(und Valentin) als Doketisten zusammengestellt[35]. Die
Manichäer kennt Luther natürlich schon lange durch Augustin. 1521 beruft er sich auf den Dialog 'Contra Felicem'[36],
wenn er behauptet, die 'Papisten' steckten in der Ketzerei
der Manichäer, die Mani als Parakleten erwarteten, "der
sie mehr leren solt, denn yn der schrifft stund"[37]. Auch
sonst polemisiert Luther öfter gegen sie[38]. Als Quellen
kommen neben Augustin noch Euseb - Rufin, Kirchengeschichte VII,31[39] und eventuell Epiphanius, Panarion 66[40] in
Frage.

Als dritten bösen Engel nennt Luther Origenes (185-
254), dem er vorwirft, durch Philosophie die Schrift zu

---

33. Übrigens erscheinen auch in Euseb - Rufin, Kirchenge-
    schichte V,16,21, die Marcioniten im Zusammenhang mit
    den Montanisten, allerdings nicht kausal, sondern
    vergleichsweise verknüpft: MPG 20,471/72 = GCS 9 I,
    468,17/469,13.
34. DB 7,410,32.
35. 23,201,33: Daß diese Wort, 1527.
36. MPL 42,519-552.
37. 7,644,6-10: Auf das Buch Bock Emsers Antwort.
38. Außer den bei Schäfer, Luther als Kirchenhistoriker, S.
    271f, angeführten Stellen vgl. noch 9,7,14.21: Randbe-
    merkungen zu Augustin, 1509; 56,364,2; 57(Gal),87,18;
    57(Hebr),26,11; 31 II,513,31 ("Arrius, Manicheus,
    Cherinthus"): Vorl. über Jes 60,21; Dezember 1529 (!);
    40 III,506,2.16.
39. MPG 20,719-722 = GCS 9 II,716,1-15/717,1-11.
40. MPG 42,29-172 = GCS 37,13,20-132,11.

verderben[41]. Er meint damit dessen durch den Neuplatonismus beeinflußte Allegorese. Luther war seit Anfang
seines Theologiestudiums zumindest indirekt, hauptsächlich vermittelt durch Hieronymus und die Glossa ordinaria,
von ihm beeinflußt und bewunderte, solange er noch selbst
die Allegorese hochschätzte, Origenes sehr[42]. Im Laufe
des Ablaßstreites gelangte er jedoch zu einem scharf
ablehnenden Urteil über ihn und stimmte der Verketze-
rung zu, die dem Origenismus auf dem 5. ökumenischen
Konzil 553 in Konstantinopel u.ö. widerfahren war[43].
Luthers Abneigung gegen den Alexandriner wurde durch
die Auseinandersetzung mit der spiritualistischen Abend-
mahlsauffassung der 'Schwärmer' nur noch verstärkt[44].
Auf dieser Linie liegt ganz deutlich auch die Apk-Vorrede, so daß es nicht nötig ist, einen unmittelbaren
Einfluß des Origenes-Gegners Epiphanius anzunehmen,
der diesen als 'Erzketzer' abgestempelt hat[45].

Als viertes Ketzerhaupt erwähnt Luther "Nouatus mit
seinen Katharen"[46]. Gemeint ist damit Novatian, der römische Gegenbischof des 3. Jahrhunderts, während Novatus aus Afrika nur eine Nebenrolle im Bußstreit mit
Cornelius spielte[47]. Aber Luthers Quellen enthalten
großenteils auch diesen Fehler[48]. Der Wittenberger er-

---

41. DB 7,410,34.
42. 42,367,7-10: Gen-Vorl., Rückblick innerhalb des Ab-
    schnittes 'De allegoriis' (1536, Druck von Dietrich,
    1544).
43. 6,509,12-15: De captivitate, 1520 (im Rahmen einer Po-
    lemik gegen die aristotelische Scholastik); 7,650,16-18:
    Auf das Buch Bock Emsers Antwort, 1521; dazu Denz., S.
    140-142, Nr. 403-411; vgl. LThK² 7, Sp. 1233-35.
44. Vgl. 18,180,21-24: Wider die himmlischen Propheten,
    1525; weitere Angaben zu Origenes bei Schäfer, Lu-
    ther als Kirchenhistoriker, S. 171f und 249f; Ebeling,
    Evangelienauslegung, passim, bes. S. 146f.
45. Panarion 64; MPG 41,1067-1200 = GCS 31,403-523; vgl.
    RGG³ 4, Sp. 1701.
46. DB 7,410,36.
47. Vgl. LThK² 7, Sp. 1063.
48. Euseb - Rufin, Kirchengeschichte VI,43-46; MPG 20,

wähnt die Novatianer öfter als Beispiele für Gegner der
wiederholten Buße, erstmals meines Wissens in der Vorlesung über Röm 6,10 von 1516[49].

Im Zusammenhang mit den Novatianern nennt Luther in
der Vorrede auch die Donatisten[50], die Anhänger des Af-
rikaners Donatus (1. Hälfte des 4. Jh.), die nur noch
für die Priesterschaft die Reinheit von Todsünden for-
derten. Von Augustin her kennt sie Luther sicher schon
seit seiner vorreformatorischen Zeit. Er erwähnt sie
jedenfalls ganz beiläufig bereits in der 1. Ps-Vorlesung[51].

Der fünfte Ketzer der Vorrede ist Arius (um 260-336),
der alexandrinische Gegenspieler des Athanasius, den Luther also auch zugleich mit diesem kennengelernt hat.

Die Mohammedaner erwähnt Luther nur ganz kurz. Er
konnte sich hier auf eine pauschale Bemerkung beschränken und brauchte dazu auch keine besonderen Studien treiben, da er sich gerade seit 1528 sehr intensiv mit
ihnen beschäftigt und sich in seinen Türkenschriften,
die wir oben[52] schon aufgezählt haben, über sie ausführlich geäußert hat.

615-636 = GCS 9 II,613-629 (Gleich zu Anfang werden
hier die Novatianer, die sich selbst Katharer nennen,
von Novatus abgeleitet.); Historia tripartita, passim
(s. Register in CSEL 71,710 s.v. Novatianus und Novatus haeresiarchus); eventuell auch Epiphanius, Panarion 59, MPG 41,1017-1038 = GCS 31,363-379.

49. 56,327,2 (Scholie; im Apparat sind mögliche Quellen
angegeben). An weiteren Erwähnungen der Novatianer
sind außer den bei Schäfer, Luther als Kirchenhistoriker, S. 272, aufgeführten noch zu nennen: 57 (Hebr),
181,10ff; 225,8ff: Scholien zu Hebr 6,6 und 10,26;
1517/18; 26,507,15 = BoA 3,512,40: Bekenntnis, 1528.

50. DB 7,410,37.

51. z.B. 4,72,22: Scholie zu Ps 90(91),6; 1514; weiterhin 2,632,29; 633,41: Contra Eccii iudicium, 1519;
5,371,36: Operationes zu Ps 12,3; 1520, usw., vgl.
Schäfer, aaO, S. 273f; zu ergänzen noch 23,364,24-
26; 10 I 2,69,25f (hier zusammen mit den Novatianern);
40 II,506,1.13.25 (zusammen mit Manichäern und 'Papisten')

52. S. 371ff und 382ff.

Damit sind wir beim <u>Papsttum</u> angelangt, zu dem nur
noch wenige historische Bemerkungen zu machen sind. Die
Vorgeschichte zu Luthers Polemik gegen das geistliche
Recht, als das 'bittere Buch' apostrophiert[53], haben
wir oben[54] schon kurz angedeutet aus Anlaß seiner Auslegung von Apk 14,1ff.

Die <u>Zwei-Schwerter-Theorie</u>[55], auf die Luther im Summarium zu Kap. 13 anspielt[56], hat er natürlich durch
das geistliche Recht[57] kennengelernt. Bereits in den
Resolutionen zu den 95 Thesen hat er dagegen polemisiert,
damals jedoch den Urheber dieser Interpretation von Lk
22,38 noch nicht angeben können[58]. 1537 erzählt er zwar
die Geschichte von Bonifaz VIII., der sich einmal in
päpstlichem und das andermal in kaiserlichem Ornat gezeigt und zwei Schwerter habe vorweisen lassen, aber
seine Bulle selbst erwähnt er nicht[59].

Die damit zusammenhängende Theorie von der <u>translatio
imperii</u>, auf die wir schon im Rahmen der Interpretation
von Luthers Vorrede etwas eingegangen sind[60], hat Luther
natürlich auch nicht erst seit Herbst 1529 beschäftigt,
sondern er hat sich schon 1520 in der Adelsschrift ausführlich dazu geäußert[61]. Als Quellen für Luthers Kennt-

---

53. DB 7,410,22.36; 414,12.
54. S. 434f.
55. Vgl. LThK[2] 10, Sp. 1429f.
56. DB 7,414,2.
57. Die Bulle 'Unam sactam' ist aufgenommen in die Extrava-
    gantes communes (I,8); Friedberg, Corpus 2, Sp. 1245f.
58. 1,624,10ff.
59. 50,77,3-10: Donatio Constantini. - 46,278,10 bzw. 24
    (Pred. über Joh 13,10; 18.4.1538) werden nur die Kano-
    nisten verantwortlich gemacht. Melanchthon bezieht sich
    auf die Bulle 'Unam sactam' in seinem 'Tractatus de
    potestate papae' von 1537, BSLK, S. 481,19.
60. s.o. S. 428f.
61. 6,462,12-465,22; dazu Goez, Translatio, S. 281-284;
    weitere Stellen bei Headley, Church History, S. 203,
    Anm. 4, und Delius, Quellen, S. 74f.

nisse kommen u.a. die traditionelle Dan-Auslegung[62] und
das geistliche Recht[63] in Frage[64].

In der Vorrede heißt es dann etwas weiter unten: "Wer
kan erzelen, wie viel blut, mord, krieg vnd iamer, die
Bepste haben angericht, beide mit selbs kriegen vnd mit
reitzen die Keiser, Könige, Fursten vnterander."[65] In
anderen Schriften hat Luther früher und später noch manches mehr davon erzählt. Schon 1521 hat er den Zusammenhang mit der Translationstheorie hergestellt[66] und den
Kampf Heinrichs V. gegen Heinrich IV. als Beispiel
erwähnt[67]. Ende 1530 gibt er als geschätzte Zahl der
um des Papstes willen Erschlagenen über 1 100 000 an[68].

Abschließend läßt sich also feststellen, daß die historischen Namen und Ereignisse, die Luther in seiner
'Vorrede auf die Offenbarung Johannis' anführt, ihm
alle schon seit längerer Zeit bekannt gewesen sind und
daß es deshalb nicht notwendig ist anzunehmen, Luther
habe eigens für diese Arbeit irgendwelche Geschichts-
werke unmittelbar eingesehen. Vielmehr ergibt ein Vergleich mit früheren und späteren Schriften des Reformators, daß er im wesentlichen gerade lauter Beispiele
ausgewählt hat, die er auch sonst mit Vorliebe zur Rechtfertigung eigener Gedanken oder als besonders abschrek-
kende Exempel anführt und die er dementsprechend auch
immer parat hat.

---

62. s.o. S. 429.
63. z.B. X,I,6,34; Friedberg, Corpus 2, Sp. 80ff.
64. Vgl. Köhler, Quellen, S. 240-247, und Delius, aaO,
    S. 74f.
65. DB 7,414,15-17.
66. 7,748,16-749,10: gegen Catharinus.
67. 8,465,18ff: De abroganda missa; deutsch: 8,548,22ff
    (Die Zählung der Kaiser ist irrig; vgl. Schäfer, Lu-
    ther als Kirchenhistoriker, S. 354, Anm. 1.); vgl. 15,
    185,11ff: Wider den Abgott zu Meißen, 1524; 10 I 1,657,
    4ff: Kirchen-Post. über Mt 2,1-12; 1522.
68. 30 III,307,21ff: Warnung; weitere Zitate aus späterer
    Zeit bei Schäfer, aaO, S. 352ff.

VI. Traditionsgeschichte

Asendorf behauptet: "Es ist unverkennbar, daß Luthers
Deutung der Apokalypse verschiedene Traditionsstoffe
aufnimmt. Schon deshalb handelt es sich nicht um ein ei-
genständiges Stück seiner Theologie."[1] Auch diese Behauptung soll nun noch auf ihren Informationsgehalt hin überprüft werden. An welche Tradition Asendorf denkt, sagt
er selbst: "Die Offenbarung ist präfigurierte Kirchengeschichte mit deutlicher Anlehnung an Augustin, der hier
Tyconius folgt."[2] Bezüglich der ersten Verse von Kap. 20
hat er in gewissem Sinne recht, wie wir gleich sehen werden, aber sonst sind von der Ticonius-Tradition, der Luther in der 1. Ps-Vorlesung noch fast ausschließlich gefolgt ist, nur noch einzelne Spuren übrig geblieben. Luther löst ja nicht wie der Afrikaner alle konkreten Bilder in allgemeingültige geschichtstheologische Kategorien
auf, so daß ihnen jeder aktuelle Bezug verloren geht[3],
sondern er versteht jetzt, wie schon ansatzweise 1521[4],
die Apk als Weissagung künftiger geschichtlicher Ereignisse von der Abfassungszeit bis zum jüngsten Gericht
und er folgt dabei aufs ganze gesehen doch ihrer chronologischen Abfolge, auch wenn er immer wieder das Typische
und Fortwirkende der einzelnen Erscheinungen betont. Es
gibt bei ihm keine Rekapitulationen,d.h. Rückgriffe in
die Vergangenheit, es sei denn, man würde die Sonderstellung, die er Kap. 17 f und 20,8f einräumt, als solche
verstehen. Das heißt aber, daß für die Gesamtkonzeption
der Deutung primär Kommentare zum Vergleich in Frage kommen, die im Gefolge des Minoriten Alexander die Apk weltgeschichtlich auslegen[5]. Dazu gehört vor allem Nikolaus

---

1. Asendorf, Eschatologie, S. 157.
2. S. 156.
3. Vgl. Bousset, Offenbarung, S. 58ff; Kamlah, Apokalypse,
   S. 10f.
4. Vgl. o. S. 195f und 201ff.
5. Vgl. Wachtel, Apocalypse-Auslegung, S. 224-47; Kamlah,
   Apokalypse, S. 119ff.

von Lyra, der sich (neben Petrus Aureoli, den Luther kaum
gekannt haben kann) am engsten an Alexander angeschlossen
hat[6]. Der Reformator hat ja bei allen seinen exegetischen
Arbeiten immer wieder und mit wachsender Zustimmung Lyras
'wörtliche' Auslegung der ganzen Bibel herangezogen[7]. Auf
den Apk-Teil dieses Werkes ist er wahrscheinlich gerade
erst im Dezember 1529 durch die Exzerpte, die Hilten sich
daraus gemacht hat, noch einmal besonders aufmerksam gemacht worden. Sie waren ja sicher mit bei der Sendung,
die Myconius nach Wittenberg geschickt hat[8]. Auch die Sekundärliteratur weist vielfach auf den Zusammenhang mit
Lyra hin[9].

Sicher gekannt, weil selbst ediert, hat Luther auch
den wyclifitischen Kommentar von 1390, der zwar weitgehend
nicht der weltgeschichtlich-konkreten Auslegungstradition
folgt, aber wegen seiner polemischen Spitze gegen das Papsttum für Luther vorbildlich war[10].

Wie wir sehen werden, steht nun Luthers Deutung tatsächlich im großen und ganzen etwa in der Mitte zwischen
diesen beiden Polen. Eine zeitgenössische Auslegung von
reformatorischer Seite hat Luther, wie wir gesehen haben,
bis zum 21. März 1527 noch nicht kennengelernt[11]. Die im
September 1528 in Marburg erschienene 'Exegesis in
Apocalypsim' von Franz Lambert hat Luther 1530 wahrscheinlich gar nicht gekannt[12]. Sie ist aber auch so
andersartig, daß ein Einfluß von ihr auf Luthers Deu-

---

6. Vgl. die Einleitung Wachtels zu: Alexander, Expositio,
   S. XLI-XLIV.
7. Vgl. Ebeling, Evangelienauslegung, S. 153f.
8. s.u. S. 666f.
9. Lücke, Einleitung 2, S. 1014; Bousset, Offenbarung, S.
   84; Lilje, Randbemerkungen, S. 74.
10. 'Opus arduum'; vgl. o. S. 329ff.
11. Br 4,177,21 = Enders 6,30,29: an Clemens Ursinus.
12. In der Wittenberger Bibliothek ist vermutlich eine Aus-
    gabe Basel 1539 vorhanden gewesen; vgl. Mylius, Memora-
    bilia, S. 296, Nr. 94.

tung von vornherein unwahrscheinlich ist[13]. Die 'Auslegung der heimlichen Offenbarung' des 'Schwärmers'
Melchior Hoffmann kommt schon rein zeitlich nicht mehr
in Betracht, da sie etwa gleichzeitig mit Luthers revi-
diertem NT 1530 in Straßburg erschienen ist[14].

Beginnen wir den Vergleich mit den Vorläufern bei
der Motivation. Lyras Auslegung versteht sich natürlich
ohne weiteres aus dem Plan, die ganze Bibel wörtlich
auszulegen. Als Kontrast zu Luther kommt dagegen Alexander Minorita sehr viel eher in Frage, obwohl Luther ihn
nicht gekannt hat. Denn hier werden typische Grundein-
stellungen zu apokalyptischen Büchern deutlich. Alexander schreibt in seinem Prolog, er habe sich der Apk mit
der Fragestellung zugewandt, ob irgendwo die Geschichte
der Kirche geweissagt sei, und habe sie bald darauf der
Reihenfolge nach in diesem Buch auch angekündigt gefunden[15]. Er geht also von der Geschichte aus und sucht nach
ihrem gottgewollten Sinn. Da liegt es ihm am nächsten, das
biblische Prophetenbuch danach zu befragen, und tatsächlich entdeckt er ganz neu den Zusammenhang zwischen den
einzelnen Weissagungen und ihrer sukzessiven Erfüllung.
Diese seine neue Erkenntnis will er nun der interessierten Öffentlichkeit mitteilen.

Ein solches Vorgehen finden wir auch bei Luther, aber
bezeichnenderweise nicht bezüglich der Joh-Apk, sondern
der Dan-Apokalypse. Ausgangspunkt ist dabei die aktuelle
Gefahr von seiten der Türken. Über diese schreibt er: "Es
muß ein solch gewaltig ding ynn der schrifft verkündigt
sein."[16] Er findet es auch geweissagt, eben in Dan 7 unter
dem Bild des kleinen Hornes. Es liegt ihm also sehr viel
näher, den Propheten Daniel zu befragen als den Seher Johannes. Daniel hilft Luther, die Geschichte zu verstehen, Johannes dagegen schreibt für ihn so unverständlich,

---

13. Lambert, Exegesis; vgl. Müller, Franz Lambert, S. 53-69.
14. Kawerau, Hoffmann, S. 6.
15. Alexander, Expositio, S. 6.
16. 30 II,166,22f: Heerpredigt, 1529.

daß er, wie er in der Vorrede sagt, einmal den Versuch
machen will, durch den Vergleich mit der Geschichte Klarheit über dessen Weissagungen zu gewinnen[17]. Die Geschichte ist für Luther klar und anderweitig ausreichend geweissagt, aber die Apk gibt ihm ein nur schwer lösbares Rätsel auf[18].

Auch der Verfasser des 'Opus arduum' hat über das Motiv seiner Auslegung Rechenschaft abgelegt. Er, der seinen Kommentar im Gefängnis schreibt, sieht sich in derselben Lage wie der Seher Johannes, der auf die Insel Patmos verbannt worden ist, und er hat den Eindruck gewonnen,
daß dieser vieles in seinem Buch nicht für die damalige
Zeit geschrieben habe, sondern für eben die spätere Zeit
der Bedrängnis durch den Antichrist, in der er sich als
der Ausleger zu befinden glaubt. Dadurch hat das Buch, dem
durch die traditionelle Auslegung - insbesondere durch
die Ausleger der herrschenden Kirche - alle Angriffigkeit
genommen worden war, auf einmal ganz neue Aktualität erhalten[19]. Einen entsprechenden Anlaß erwähnt Luther zwar in
seiner Vorrede von 1529/30 nicht ausdrücklich, wir konnten
ihn aber aus anderen Schriften dieser Zeit erschließen.
Daß Luther die Bedrohung durch Sultan und Kaiser und die
Hoffnung auf baldige Erlösung auch in der Apk, insbesondere in 20,8-10, geweissagt gesehen hat, war ja, wie wir
ermitteln konnten, mit ein Grund dafür, daß er die neue
Vorrede verfaßt hat, und er hat sie denn auch auf diese
Situation hin entworfen, wie ihr Höhepunkt zeigt[20].

---

17. DB 7,408,20-30.
18. Tuveson, Millennium, S. 24ff, kennt die besondere
    Situation von 1529/30 nicht (er läßt die 2. Vorrede
    1545 entstanden sein) und kommt durch eigene Speku-
    lation genau zum umgekehrten Ergebnis. Die Ausführun-
    gen bei Asendorf, Eschatologie, S. 224f, verwirren
    den Sachverhalt eher, als daß sie ihn erklärten.
19. Molnár, Apocalypse XII, S. 216f. Die Sätze aus dem
    Vorwort des Kommentars, die Molnár aus einer Prager
    Handschrift zitiert, sind von Luther nicht mit abge-
    druckt worden. Sie haben also wohl in dem Manuskript
    gefehlt, das der Wittenberger geschickt bekommen hat.
20. s.o. S. 430f.

Nun zur eigentlichen Auslegung. Lyras Deutung ist in
groben Zügen folgende: Die ersten drei Kapitel beziehen
sich auf die Verhältnisse in Kleinasien z.Zt. der Apostolischen Väter; im 4. und 5. werden die folgenden Visionen
vorbereitet. Kap. 6 beschreibt die Verfolgungen durch die
römischen Kaiser, Kap. 7 die konstantinische Wende, Kap.
8 f die Häresiarchen von Arius bis Eutyches und ihre
Anhänger; Kap. 10, ein tröstlicher Abschnitt, bezieht
sich auf die Kaiser Justin und Justinian; das bitter-
süße Buch ist dementsprechend das Corpus Iuris Civilis;
Kap. 11 beschreibt die Auseinandersetzung zwischen Ostrom und den Ostgoten in Italien; Kap. 12 und 13,1-10
weissagen den Kampf des Kaisers Heraklius (= Michael)
gegen den Perserkönig Chosrau (= Drache) und dessen
Söhne, 13,11-18 dann das Auftreten Mohammeds; bei Kap.
14 gelangt Lyra über Bonifatius bis zu Karl d.Gr.; am
Ende des 16. Kapitels hat er den ersten Kreuzzug erreicht. Ab Kap. 17 verfolgt er die Auslegung Alexanders
von Bremen nur noch hypothetisch weiter, der hier und in
Kap. 18 f die Kämpfe um das heilige Land beschrieben
sieht, in 20,1f die Auseinandersetzung zwischen Calixt
II. und Heinrich V.[21], in 20,5f das Auftreten von Fran-
ziskus und Dominikus, in 20,8ff dann jedoch ganz traditionell die Zeit des Antichrists mit seinen Anhängern und
das jüngste Gericht. Lyra lehnt auch den Rückgriff ab,
den Alexander ab 21,9 vollzieht, indem er das neue Jerusalem als die zeitgenössischen Orden der Franziskaner
und Dominikaner versteht. Lyra hält es demgegenüber für
besser, die Apk ab Kap. 17 als noch unerfüllt zu betrachten[22].

---

21. Lyra schlägt als bessere Deutung von Apk 20,1f die
    Approbation der beiden Bettelorden durch Innozenz
    III. vor. Auf den Satz: "'et catenam magnam', id est
    fratrum utriusque ordinis multiplicitatem", bezieht
    sich Luther in einer Tischrede vom Jahre 1531: TR 1,
    10,27f: Nr. 29 (Dietrich), ein Zeichen dafür, daß Lu-
    ther Lyras Apk-Kommentar gut gekannt hat.
22. Lyras Kritik an Alexander Minorita steht in der Postil-

Der Verfasser der Postille verarbeitet also von Kap.
6 bis 16 (bzw. 20) eine Fülle historischen Materials und
folgt dabei von Abschnitt zu Abschnitt dem zeitlichen Ab-
lauf der Kirchengeschichte, wobei er freilich aus der älteren Tradition den Zeitpunkt für den Wechsel der Verfolgungen durch die Tyrannen zur Verfolgung durch die Ketzer
übernimmt, so daß von den Häresien erst nach der konstan-
tinischen Wende die Rede ist.

Ganz anders der Wyclif-Schüler. Die 7 Sendschreiben
legt er zeitlos aus, betont aber, daß das 6. entsprechend
dem alten Siebener-Schema der Verfolgungen litteraliter
auch auf die Antichrist-Zeit zu beziehen ist[23]. Nach
der Vorbereitung in Kap. 4 f beginnt die geschichtliche Auslegung in Kap. 6. Die Siegelvisionen beschreiben die üblichen 7 status ecclesiae, die geschichtlich
aufeinander folgen: 1. Urkirche (1. Reiter = Jesus),
2. status martyrum (von Nero bis Konstantin), 3. status haereticorum (Arius, Julian Apostata, Manes). Mit
dem 4., dem status hypocritarum, ist der Verfasser jedoch bereits in seiner eigenen Gegenwart angelangt. Was
da nämlich über die Heuchler ausgesagt ist, das ist erfüllt durch die Anhänger des Antichrists, des römischen
Papstes Urban VI. (1378-89)[24], der 1383 einen Ablaß für

---

le zu 20,6 (Biblia cum glossulis, Teil VI, Bl. 270b).
Er stellt zunächst fest, daß die von Alexander für die
Periode von Kap. 17-20,6 herangezogenen Daten schon wieder über 200 Jahre zurückliegen, das Folgende (20,7ff)
aber gleich auf die Antichrist-Zeit ausgelegt wird,
und fährt dann fort: "Quod autem de statu ecclesiae
quantum ad contingentiam in tanto intermedio tempore,
cum adhuc adventus Antichristi propinquus non appareat,
nihil scripsit Johannes, non videtur conveniens, maxime
cum dicatur communiter a doctoribus, quod Johannes in
hoc libro scripsit notabilia circa ecclesiam contingen-
tia usque ad mundi terminum... videtur..., quod tota
littera a principio 17. ca[pituli] usque ad locum istum
nondum sit impleta." Es folgt unmittelbar darauf der
von Hilten zitierte Satz: "Et quia non propheta sum..."
Vgl. u. S.670, Anm. 37.

23. Daher bedeutet schon in 3,9 'synagoga satanae' die Anhänger des Antichrists, vgl. o. S. 96, Anm. 48.

24. 'Opus arduum', Bl. 60a: "... Papa Romanus, id est ANTI-
CHRISTUS..."

den 'Kreuzzug' des Bischofs von Norwich, Henry Despenser,
gegen die schismatischen Flandern ausgeschrieben hat[25].
Der 5. status ist wie gewöhnlich als eigene Periode nicht
näher gekennzeichnet; den 6., den status Antichristi, bezieht der Verfasser auf das große abendländische Schisma
(begonnen 1378)[26] bzw. auf das Erdbeben von 1382[27], nach
dem die 'Erdbebensynode' ihren Namen hat, auf der eine
Reihe von Sätzen Wyclifs verurteilt worden ist[28]. Der 7.
status bringt die Ruhe nach dem Antichrist-Sturm. Darauf
tritt eine Rekapitulation ein, und im folgenden sieht
der Verfasser in geradezu monotoner Stereotypie nur noch
den Kampf evangelischer Prediger gegen den Papstantichrist
durch die Visionen der Apk vorgebildet. Die Apk ist also
für ihn fast nur eine Weissagung für die Zeit des sechsten
status ecclesiae, der Periode des Antichrists, in der er
zu leben glaubt. Babylon ist natürlich Rom (Kap. 17 beschreibt ähnlich wie bei Luther "damnationem Antichristi
et fautorum"[29]), die Händler, die über den Untergang Babylons weinen (18,11ff), sind "ecclesiastici, simoniaci"[30].
Die 1000 Jahre von Apk 20 beginnen mit der Passion Christi,
und an ihrem Ende tritt der Papstantichrist auf[31]. Die aktuelle Bedrängnis ist jedoch noch nicht die letzte; denn
das Weltende wird erst für 1801 berechnet[32]. Gog und Magog
sind "persequentes defensores evangelicae veritatis"[33].
Es folgen Gericht und Neugestaltung der Welt[34]. Mit Mit-

---

25. Vgl. DThC 14 I, Sp. 1474.
26. 'Opus arduum', Bl. 62a: "... tota christianitas con-
    tra se sit divisa ad istam divisionem paparum, osten-
    dendo sextum statum ecclesiae, scilicet temporibus
    Antichristi, in quo nunc sumus."
27. Bl. 61b.
28. Vgl. LThK[2] 10, Sp. 1279.
29. Bl. 138a.
30. Bl. 154b und 157a.
31. Bl. 170a.
32. Bl. 170b.
33. Bl. 172b.
34. Vgl. Bousset, Offenbarung, S. 81f.

teln der älteren, spiritualisierenden Auslegungstradition
gelingt es dem Wyclif-Schüler so, seinen Apk-Kommentar
zu einer Kampfschrift für seine ganz konkrete und aktuelle Auseinandersetzung mit dem Papsttum seiner Gegenwart
zu machen[35].

Luther schließt sich weder im Gesamtduktus noch in
den meisten Einzeldeutungen dem einen oder anderen direkt an. Er hat sein eigenes Konzept und zeigt in vielen Identifikationen Originalität, nicht nur da, wo er
seine eigene Zeit im Auge hat, die natürlich in älteren
Kommentaren nicht vorkommen konnte, sondern auch dort,
wo er von den längst vergangenen Ereignissen der Alten
Kirche handelt. Das hat seinen Grund darin, daß die Aus-
wahlkriterien für die kirchengeschichtlichen Beispiele,
die er heranzieht, in seiner unverwechselbaren Theologie
verwurzelt sind[36].

Nimmt man als Vergleichspunkt die Frage, an welcher
Stelle der Verfasser seine eigene Gegenwart geweissagt
sieht, so liegt Luther gerade zwischen den beiden Extre-
men. Lyra legt bis Kap. 16 (soweit er Alexander folgt,
bis zu Anfang des Kapitels 20) ausführlich historisch
aus, verzichtet darauf, seine eigene Zeit mit einzube-
ziehen und erwartet das Erscheinen des in 20,7-10 geweissagten Antichrists und seiner Anhänger als gut kirchli-
cher Schriftsteller erst in der Zukunft; der Wyclif-Schüler dagegen streift die Zeit der Alten Kirche nur flüchtig
und ist bereits mit 6,7f bei der vom Kampf gegen den Papstantichrist bestimmten eigenen Gegenwart angelangt, in der
die Auslegung bis Kap. 20 verweilt. Luther nun faßt sich
mit der Darstellung der Ketzereien kürzer als Lyra, insbesondere bei den Arianern und dem Islam, der deshalb
statt in 13,1ff schon in 9,13ff erscheint, beschreibt
dann die Entwicklung des römischen Bischofs zum Antichri-
christen (Kap. 10-13) und erreicht etwa in der Mitte
des ganzen Buches (Kap. 14) die Reformationszeit, mit

---

35. Vgl. Molnar, Apocalypse XII, S. 215f.
36. s.o. S. 454ff.

der der Niedergang des Papsttums seinen Anfang nimmt.
Damit berücksichtigt Luther zugleich die Gesetze dramatischer Gestaltung, und deshalb wirkt sein Entwurf so
geschlossen, wie aus einem Guß.

An einzelnen Stellen jedoch wird sein Verhältnis zur
Tradition noch klarer, insbesondere wenn man die Glossen
und Randbemerkungen hinzunimmt. So hat er die Vorstellung,
daß die verschiedenen Engel überall in der Apk gute wie
böse Bischöfe bedeuten[37], wahrscheinlich von Lyra abge-
schaut, während das 'Opus arduum' nur gute Engel (= Prediger) kennt[38].

Eine handschriftliche Randbemerkung zu der Aufzählung
der 12 Stämme Israels in Apk 7,7 - wir haben sie bisher
übergangen - lautet folgendermaßen: "Tribus Dan omissa
est. Et quod nomen verum est, quia Papa est Dan, i. e.
Legistra et Iudex."[39] Das soll heißen, daß der Verfasser der Apk den Stamm Dan nicht zu den Versiegelten gezählt habe, weil ihm bekannt war, daß der Antichrist aus
diesem Stamm herkommen solle[40]. Für den Reformator ist
natürlich der Papst der Antichrist. Die Etymologie Dan
= Richter geht auf Gen 49,16 zurück. Von der Auslegungstradition zu dieser Bibelstelle kommt auch Luthers Bemerkung zu Apk 7,7 her.

Er hat in seinen Gen-Predigten und der Gen-Vorlesung
kritisch dazu Stellung genommen, bezeichnenderweise
beide Male ohne jeden Hinweis auf Apk 7,7. 1524 tut
er die Behauptung, daß der Antichrist aus dem Stamm
Dan komme und deshalb ein Jude sein müsse, nur kurz
als "fabula" ab[41]. 1545 polemisiert er ausführlich gegen diese Vorstellung als die wörtliche Bedeutung von
Gen 49,16f. Er weiß auch, daß sie eine sehr lange Tradition hat, so daß man gar nicht mehr feststellen kann,

---

37. DB 7,408,35-38.
38. s.o. S. 196, Anm. 32.
39. DB 4,500,28f ('Licht in Licht').
40. Bousset, Offenbarung, S. 282, hält diese Deutung für
    durchaus angebracht; vgl. auch Kraft, Offenbarung, S.
    127.
41. 14,483,33-39 (Bearbeitung Roths); ausführlicher 24,697,
    28-698,18 (Druck, 1527); vgl. 23,8,11f: Vorrede zu Lich-
    tenbergers Weissagung, 1527.

wer sie aufgebracht hat. Tatsächlich findet sie sich
bei den Kirchenvätern seit Irenäus zu vielen Stellen
der Bibel, u.a. auch zu Gen 49,16f und Apk 7,7, vermerkt[42] und sie ist im Mittelalter zu einem festen
Bestandteil der 'Antichristbiographie' geworden[43].
Lyra erwähnt sie zu Apk 7,7 ebenso wie das 'Opus
arduum'. Während Luther aber in der Gen-Vorlesung
diese Tradition als Wortsinn strikt ablehnt, bringt
er seine in der Randbemerkung von 1530 nur kurz angedeutete Auslegung hier zusätzlich als Vorschlag
für eine Allegorie des Namens Dan und führt sie etwas weiter aus, wobei er immer wieder in die Polemik
gegen den Papstantichrist verfällt und seine Deutung
mit der 'papistischen' vergleicht[44]. Unsere Randbemerkung wie die Stelle in der Gen-Vorlesung zeigen
erneut, daß Luther, wenn er will, eine traditionelle
Vorstellung, die er sonst ablehnt, immer wieder auch
einmal in seinem Sinne umdeuten und für seine Zwecke
nutzbar machen kann[45]. Er verfährt dabei nicht viel
anders als etwa Giovanni Nanni, der wegen seiner kollektiven Vorstellung von den Mohammedanern als dem
corpus Antichristi sich ebenfalls veranlaßt gesehen
hat, die Legende von der Herkunft des normalerweise
als Individuum gedachten Antichrists aus dem Stamme
Dan als allegorische Deutung von Gen 49,16f abzuwerten, während er wie Luther als wörtliche Erfüllung
die Taten Simons angibt[46].
    Die Tradition zu Kap. 17 f haben wir früher schon
ausführlich erörtert[47]. Außerdem ist Luther die Identifikation von babylonischer Hure und Rom wahrscheinlich im Zusammenhang mit Hilten noch einmal Ende 1529
begegnet[48]. Hier steht Luther in einer Linie mit allen
Romkritikern.

---

42. Eine Liste der Kirchenväter-Stellen ist bei Bousset, Antichrist, S. 112, zusammengestellt.
43. Vgl. Preuß, Antichrist, S. 16 und 18, Anm. 5.
44. 44,786,22-788,2 (Druck von Besold, 1554; vielleicht
liegt eine doppelte Relation vor).
45. Preuß, Antichrist, S. 156, der die Randbemerkung offensichtlich nicht kennt, geht auch auf die Allegorie zu
Gen 49,16 nicht ein. Er möchte ja Luther so weit wie
möglich von der mittelalterlichen Tradition abheben.
46. Nanni, Glossa, Bl. C2a: "Ut patet tam per catholicos
quam Hebraeos, ille textus ad litteram intelligitur
de Samsone, qui fuit de tribu Dan. Sensus autem allegoricus est, quod sicut Dan fuit ex ancilla Jacob, non
ex libera, ita Mahumeth Antichristus futurus erit ex
ancilla sive idolatra gente, non fideli... Sensus autem
mysticus non inducit argumentativa." Vgl. u. S. 659.
47. s.o. S. 212f.
48. s.u. S. 666f.

Kommen wir nun zur Einordnung des Millenniums (20,6f).
Indem Luther diese 1000 Jahre unbestrittener Herrschaft
der Heiligen als einen Zeitraum innerhalb der (bereits
vergangenen) Geschichte bestimmt, setzt er natürlich die
auf Ticonius zurückgehende Uminterpretation dieses kritischen Abschnittes der Apk in Augustins 'De civitate
Dei' XX,7ff als selbstverständlich voraus. Luther polemisiert an anderen Stellen auch wie Augustin[49] gegen die
Vorstellung von einem irdischen Reich Christi voll weltlicher und fleischlicher Freuden, jedoch - und das ist
typisch für Luther - immer ohne Hinweis auf die Apk[50].
Eine solche Erwartung wäre ja auch in krassem Widerspruch
zu seiner Lehre von der Verborgenheit der Kirche gestanden, wie er sie am Ende der Vorrede so betont vertritt[51].
Aber der Unterschied gegenüber der Tradition darf nicht
verwischt werden. Augustin schlägt ja zwei Deutungen für
die 1000 Jahre vor. Die eine setzt sie statt wie bisher mit dem 7. jetzt mit dem Rest des 6. Jahrtausends
der Welt seit der ersten Ankunft Christi gleich. Das
ist immer noch eine recht konkrete Angabe, da das Ende
dieser Periode, und damit das Ende der Welt, ungefähr
bestimmbar ist, wenn man weiß, in welchem Jahr seit
der Weltschöpfung man sich selbst befindet. Die andere - und das ist eben die von Ticonius übernommene[52] -
betrachtet entsprechend der spiritualisierenden Auslegungsmethode die Zahl 1000 als symbolische Größe, als
Zahl der Vollkommenheit. Die 1000 Jahre erstrecken sich
demgemäß über den ganzen Zeitraum der Kirche und sind

---

49. MPL 41,667 = CChr 48,709,31ff; vgl. Nigg, Reich, S.
    131ff.
50. 30 II,213,7ff: Vorrede zu Menius, Der Wiedertäufer
    Lehre, April 1530; vgl. dazu BSLK, S. 72: CA 17;
    41,121,13-25: Pred. über Ps 110; 8.5.1535 (Druck,
    fehlt bei Rörer); 47,461,12-462,8: Pred. über Mt
    24,8ff; 1538 (Aurifaber); 21;353,30ff: Crucigers
    Sommer-Post. über Joh 16,5-15 (1544); vgl. Nigg,
    Reich, S. 213f.
51. Vgl. Birnbaum, Millénarisme, S. 102.
52. Vgl. Hahn, Tyconius-Studien, S. 27ff, Anm. 2.

an ihr Ende gekommen, wenn die Zahl der Auserwählten
voll ist, und - so wäre zu ergänzen - wann dies der Fall
sein wird, das kann ja nur Gott wissen[53]. Die erste Deutung wird zwar auch noch von Beda vertreten[54], durchgesetzt hat sich aber die zweite, und zwar bis hin zu Lyra,
der sonst konkret-wörtlich auslegen will. Bei ihm lautet
sie ganz stereotyp: "... tempus Christi, quod currit usque ad Antichristum, et ponitur hic numerus determinatus
pro indeterminato."[55] Ob man bei der Dauer der 1000 Jahre die Zeit des Antichrists mitrechnen soll, so daß das
Ende mit dem jüngsten Tag zusammenfällt, oder ob man sie
nur bis zum Erscheinen des Feindes Christi reichen lassen soll, das ist für all diese Ausleger seit Augustin
kein Problem; denn die Zeit des Antichrists, nämlich
3 1/2 Jahre, wird bezeichnenderweise konkret genommen,
und ein paar Jahre mehr oder weniger spielen bei einer
so runden Zahl wie 1000 keine Rolle[56]. Wie gut es gelungen ist, das auf die Zeit der Kirche bezogene Millennium
von jeder Verwechslung mit einer konkreten, berechenbaren
Periode freizuhalten, wird daran deutlich, daß das Jahr
1000 nChr verstrichen ist, ohne daß es zu einer 'apokalyptischen' Hochspannung gekommen wäre, und daß die längere
Dauer der Welt in späterer Zeit nur wiederum als Bestätigung dafür genommen worden ist, daß es eben verkehrt
wäre, es mit dieser runden Zahl ganz genau nehmen zu
wollen[57].

---

53. MPL 41,668ff = CChr 48,710,55ff u.ö.; vgl. MPL 33,
    911 = CSEL 57,259,6-12: Epistola 199; dazu Bousset,
    Offenbarung, S. 60f; Kamlah, Apokalypse, S. 11f.
54. MPL 93,191C.
55. Lyra, Postille zu Apk 20,20; vgl. Rupert, MPL 169,
    1179D. Die Glossa ordinaria verzichtet typischerweise
    ganz auf eine Deutung.
56. Vgl. Augustin, De civitate Dei XX,13; MPL 41,677-679 =
    CChr 48,721-723; Lyra gebraucht neben der oben zitier-
    ten Wendung unterschiedslos auch die andere: "... usque
    ad resurrectionem generalem", Postille zu Apk 20,6.
57. Vgl. Kamlah, Apokalypse, S. 12, Anm. 14 zu S. 11. Dort
    wird auf Richard von St. Viktors (+1173) Apk-Kommentar
    (MPL 196,853D) verwiesen.

Eben im Vergleich mit der im Mittelalter wirksam
gewordenen Ticonius-Tradition wird erst richtig deutlich,
wie weit der Luther von 1530 im Grunde genommen doch von
ihr entfernt ist. Für ihn liegt ja die gesamte Zeit des
Millenniums bereits weit in der Vergangenheit, während
er sich selbst in der schon Jahrhunderte andauernden Zeit
des Antichrists wiederfindet. Für ihn hat sich tatsächlich
etwa 1000 Jahre nach der Abfassung der Apk[58] die entscheidende Wende vollzogen: Neben dem verweltlichten Papsttum
ist der Türke mächtig geworden und seitdem bedrängen diese beiden letzten Feinde die Kirche, bis Christus ihnen
mit seiner Wiederkunft ein Ende macht.

Sehr viel deutlicher ist dagegen Luthers Beziehung zum
'Opus arduum'. Denn dieser antipäpstliche Kommentar betrachtet ebenfalls die 1000 Jahre im wörtlichen Sinne als ver-
flossen und ihren Endpunkt ganz konkret als den Beginn
der Herrschaft des Papstantichrists[59].

Wenn also Althaus schreibt: "Luther... steht... mit
der Großkirche gegen den Chiliasmus"[60], dann charakterisiert er den Standort Luthers in der Auslegungstradition
der Apk noch nicht ausreichend. Die Bestimmung muß genauer
lauten: Luthers Haltung in der Frage des Millenniums entspricht der der gemäßigten Hussiten sowohl gegenüber der
römischen Kirche als auch gegenüber den Taboriten der
Zeit um 1420. Denn die Prager sind auch gerade so weit
gegangen, daß sie zwar die eigene Zeit als die Zeit des
bereits gekommenen (Papst-)Antichrists betrachten und

---

58. Dieser Ausgangspunkt für die 1000 Jahre ist mir in der
    Tradition nicht begegnet. 1540 rechnet Luther von der
    Geburt Christi an (s.o. S. 451). Das 'Opus arduum'
    geht, wie gesagt, von der Passion Christi aus.

59. Ein emendiertes Zitat der entsprechenden Stelle bei
    Bousset, Offenbarung, S. 82, Anm. 1.

60. Althaus, Gedanken, S. 29; übernommen auch von Asendorf,
    Eschatologie, S. 283. Eine Parallele dazu böte dann et-
    wa Giovanni dalle Celle (14. Jh., vgl. LThK² 5, Sp.
    1018) mit seinem gegen die Fraticellen gerichteten Aus-
    spruch: "Jene sagen, die Welt muß sich erneuern; ich
    sage: sie muß zu Grunde gehen." (zitiert nach Döllinger,
    Weissagungsglaube, S. 348 bzw. 543).

sich insofern gegen die Großkirche wandten, aber wiederum nicht so weit, daß sie den taboritischen Chiliasmus
übernommen hätten. Diese Einzelbeobachtung fügt sich auch
sehr gut ein in den Gesamtzusammenhang unserer Erkenntnisse über die Herkunft von Luthers antipäpstlicher Verwendung der Apk. Das Gegenstück dazu wäre dann Müntzer,
dem ja immer wieder Beziehungen zu taboritischen Kreisen nachgesagt werden[61].

Eine weitere sehr interessante, aber nicht ganz einfach zu beantwortende Frage ist auch die, wie die Wittenberger Reformatoren zu ihrer Identifikation der in
Apk 20,8f geweissagten wilden Volksstämme Gog und Magog
mit den Türken ihrer Zeit gekommen sind. Zunächst kann
festgestellt werden: Sie folgen in dieser Beziehung jedenfalls nicht der Ticonius-Tradition, die in Gog und
Magog die an allen Enden der Erde lebenden bösen Menschen sieht, welche in der Endzeit in einem großen Angriff die in alle Welt zerstreute Kirche bedrängen werden[62]. Sie halten sich auch nicht an Lyra, für den Gog
einfach der Antichrist ist und Magog dessen Anhänger
sind[63]. Davon ließe sich allenfalls Luthers frühere Deutung auf die 'Papisten' ableiten[64]. Sondern die Wittenberger haben sich der Reihe derer angeschlossen, die die
zu verschiedenen Zeiten aus der Gegend nordöstlich des

---

61. Vgl. Kalivoda, Revolution, S. 41. Luthers geistige
    Vorfahren wären dann z.B. Jakubek von Mies (vgl. Molnár,
    Hoffnung, S. 75ff und Peter Chelčický (vgl. Molnár, aaO,
    S. 111f; Kaminsky, Chiliasm, S. 50f; Machilek, Heils-
    erwartung, S. 86). Zum Gegensatz zwischen Luther und
    Müntzer in dieser Frage s. auch u. S. 647ff.

62. Vgl. Augustin, De civitate Dei XX,11; MPL 41,676f =
    CChr 48,720f; Beda, Explanatio, MPL 93,192f; Rupert,
    Commentarius, MPL 169,1184f.

63. Lyra, Postille zu 20,7: "Per Gog, qui interpretatur
    'tectum', intelligitur Antichristus, qui erit daemonis
    habitaculum. Per Magog, qui interpretatur 'de tecto',
    intelliguntur adhaerentes Antichristo." Vgl. Joachim,
    Expositio, zu 20,10: Gog = "princeps exercitus Anti-
    christi" (Bl. 213a [so richtig statt des Druckfehlers
    "215"], Sp. 1.

64. Vgl. o. S. 343.

Kaukasus nach Kleinasien und Europa eingebrochenen asiati-
schen Reitervölker jeweils mit **Gog** und **Magog** identifiziert
haben.

Schon Hieronymus und Augustin haben dagegen polemisiert
und dieser Vorstellung ihre spiritualisierenden Auslegungen entgegengesetzt. Hieronymus kennt z.B. die [65]
Gleichsetzung mit den Skythen von seiten der Juden
und die aktuellere Übertragung auf die Goten durch
Ambrosius[66]. Augustin wendet sich gegen die Identifikation mit den Geten und Massageten[67]. Im Laufe der
Zeit wurden nacheinander auch die Hunnen, Chazaren,
Bulgaren, Awaren und Tataren als die wilden Völker
Gog und Magog betrachtet[68]. Schon sehr früh, nämlich
im 6. und 7. Jahrhundert taucht auch der Name 'Türken' in diesem Zusammenhang auf. Die betreffenden per-
sischen und syrischen Schriften sind freilich im Westen
unbekannt geblieben[69].

Als die Wittenberger Ende 1529 begannen, ausdrücklich
für ihre Interpretation zu werben, war es aber in Deutschland jedenfalls durchaus noch nicht üblich, Gog und Magog
mit den Türken gleichzusetzen, selbst wenn man von den
Auslegern absieht, die spiritualisierend oder antipäpstlich zu deuten gewohnt waren. Etwa um dieselbe Zeit wußte Aventin nur zu bemerken: "Itzo deuten etlich Gog und
Magog auf den Türken und auf den sarracenischen glauben."[70]
Mir sind aus der Zeit vor 1529 nur wenige Bemerkungen in
dieser Richtung bekannt[71]. Einen Grund dafür hat Peuckert

---

65. Commentaria in Ezechielem XI, zu Ez 38,2; MPL 25,356 =
CChr 75,525,1476ff. Melanchthon weiß, daß diese Deutung auf Josephus zurückgeht; vgl. RN zu WA 30 II,223,
7f (S. 63).

66. Comm. in Ez, prooemium in librum XI; MPL 25,326 = CCh
75,480,15ff.

67. De civitate Dei XX,11; MPL 41,676 = CChr 48,720,14.

68. Vgl. HWDA 3, Sp. 917; Peuckert, Wende, S. 165.

69. Vgl. Bousset, Beiträge, S. 122f; ders., Antichrist,
S. 37 und 176, Anm. 4.

70. 'Ursachen des Türkenkrieges'; Turmair, Werke I, S. 197.

71. z.B. sind im 'Libellus de ritu et moribus Turcorum'
ganz allgemein die "terribiles et horribiles figurae
Danielis et Ezechielis" als Weissagungen auf die Türken genannt, zitiert im RN zu 30 II,223,7f (S. 63).
Gengenbach weiß in 'Der evangelisch Bürger' (Goedeke,

hervorgehoben[72]: Im 15. und 16. Jahrhundert waren die Vorstellungen von Gog und Magog nicht nur durch die biblischen
Weissagungen Ez 38 f und Apk 20,7-10 und deren Auslegungen
geprägt, sondern vor allem in bestimmten Volksschichten
wohl gleich stark oder noch stärker durch die einem Bischof Methodius zugeschriebene Weissagung. In ihr ist u.
a. ein letztlich auf jüdische Tradition zurückgehender
Alexanderroman verarbeitet. Er besagt in etwa, daß Alexander d.Gr. auf seinem Kriegszug ein unheimliches, barbari-
sches Volk angetroffen habe und, um die Welt vor ihm zu
schützen, hinter zwei benachbarte Berge des Kaukasus verbannt und den Durchgang versperrt habe. In der Endzeit
sollen sie, Gog, Magog und viele andere Stämme, wieder
hervorbrechen. Die Schrift dürfte im 7. Jahrhundert in
griechischer Sprache redigiert und im 8. Jahrhundert ins
Lateinische übersetzt worden sein[73]. Luther selbst bezieht sich meines Wissens nie ausdrücklich auf Pseudo-
Methodius. Melanchthon dagegen hat anscheinend in den
von ihm bearbeiteten Schriften Methodius erwähnt und sich
auf seine Weissagungen berufen[74]. Diese enthalten nun
aber außer der Schilderung der sagenhaften wilden Stämme
hinter dem Kaukasus noch eine ganz ähnliche Darstellung
des Sarazenensturmes, der vor dem Ausbruch von Gog und
Magog eingeordnet ist, nur durch eine kurze Zeit des
Friedens unter dem römischen Kaiser, der die Araber besiegen wird, zeitlich etwas getrennt. Pseudo-Methodius
beschreibt die Sarazenen unter dem Namen Ismaeliten[75],
die als Hagar-Abkömmlinge im Spätmittelalter auch unter

Gengenbach, S. 209) zu berichten, daß im Jahre 701
"die Thürken, welche Zyte genant waren", hinter dem
Kaukasus hervorgebrochen seien und bis jetzt Asien,
Afrika und große Teile Europas erobert hätten. Brenz
erwähnt 1526 ebenfalls die Deutung von Ez 38 f auf
die Türken, allerdings in einer damals noch nicht gedruckten Schrift; vgl. o. S. 378, Anm. 24.

72. Peuckert, Wende, S. 166ff.

73. Vgl. Sackur, Sibyllinische Texte, S. 26ff, 55ff (Einleitung), S. 72ff und 91ff (lateinischer Text).

74. s.o. S.448, Anm. 144 und 146.

75. Sackur, aaO, S. 67-69, 80-91.

der Bezeichnung Agarener bekannt waren. Ende des 15.
Jahrhunderts nun ist in verschiedenen Schriften die
These vertreten worden, daß mit den Ismaeliten oder
Agarenern die Türken gemeint seien und daß in nächster
Zeit ein deutscher Kaiser sie besiegen und eine herrliche Friedenszeit heraufführen werde[76]. Da also im Zusammenhang von Pseudo-Methodius die Türken schon an anderer
Stelle eingeordnet worden waren - denn die Aussicht auf
einen Sieg und ein nachfolgendes Friedensreich war ange-
nehmer als die Vorstellung, bereits im letzten, unwider-
stehlichen Ansturm wilder Horden vor dem jüngsten Tag
zu stecken -, kam die Identifizierung mit Gog und Magog
kaum mehr in Frage[77]. Wo nicht Pseudo-Methodius bestimmend war, herrschte dafür die Vorstellung, daß entsprechend der traditionellen Apk-Deutung Gog und Magog
entweder mit oder nach dem Antichrist auftreten würden,
der jedoch zumeist als individuelle zukünftige Person
gedacht war, die erst noch erscheinen mußte.

Für Luthers Zeitbewußtsein dagegen ist typisch, daß
er glaubt, in der allerletzten Zeit der Welt zu leben,
in der sich die Herrschaft des Papstantichrists bereits
dem Ende zuneigt, und daß er immer wieder den 'lieben
jüngsten Tag' in unmittelbarer Zukunft erwartet, eben
auch um die Jahreswende von 1529/30. Und es ist ja gerade ein Charakteristikum der Deutung von Dan 7 auf die
Türken, wie sie die Wittenberger Theologen damals propagiert haben, daß auf die gegenwärtige Bedrängnis durch
die Türken gemäß Dan 7,25f sogleich der jüngste Tag folgen werde[78]. In diesen Zusammenhang paßte natürlich auch

---

76. Vgl. neben Peuckert, Wende, S. 166ff, auch Sackur,
    aaO, S. 3-5.
77. Nach Döllinger, Weissagungsglaube, S. 307f bzw. 500 bis
    502, ist vor allem die Abwehr der Vorstellung, daß der
    alte Erzfeind des Christentums, der Islam, am Ende sie-
    gen werde, das Motiv dafür, daß die Deutung der Metho-
    dius-Interpreten vom Ende des 15. Jahrhunderts den Sieg
    des letzten Kaisers über die Ismaeliten = Mohammedaner
    = Türken so besonders hervorhebt.
78. 30 II,170,29ff: Heerpredigt; Jonas, Dan 7, Bl. H3b:

die Identifizierung von Gog und Magog mit den Türken sehr
gut. Es macht sich hier also der Unterschied in der Eschatologie wiederum deutlich bemerkbar.

VII. Wirkungsgeschichte

a) Nachdrucke der Vorrede selbst

Das Ausmaß der Wirkung, die die zweite Apk-Vorrede
auf die Mit- und Nachwelt hatte, war natürlich hauptsächlich dadurch bestimmt, wie weit die verschiedenen
Bibelausgaben verbreitet waren und wie lange die lutherischen Vorreden darin beibehalten wurden.
Bevor wir uns jedoch darüber einen Überblick verschaffen wollen, müssen wir noch feststellen, daß die neue
'Vorrede auf die Offenbarung Johannis' sogleich bei ihrem
Erscheinen im revidierten NT vom Frühjahr 1530 offensichtlich die von Luther intendierte Beachtung gefunden hat[1].
Denn noch im gleichen Jahr kamen auswärts zwei Separat-
drucke im handlichen Oktavformat von ihr heraus[2]. Die etwa gleichzeitige, aber damals noch nicht so polemisch aus-
gerichtete Dan-Vorrede stieß dagegen zunächst auf kein
besonderes Interesse. Das wurde jedoch anders, als Luther
sie 1541 neu bearbeitet und um eine ausführliche antipäpstliche Deutung von Kap. 12 erweitert hatte. Ab 1544
erschienen mehrere Sonderdrucke davon in Deutsch und La-
tein[3]. Einer von ihnen[4] enthält als einen im Titel nicht

"So nu dieselbig kleine weil [= die halbe Zeit von
Dan 7,25] sol kürzer sein dann die ander zeit des
türkischen reichs, so folget eraus, das der jüngste tag
nicht fern ist."
1. Vgl. die o. S. 383 zitierte Stelle aus dem Brief vom
   25.2.1530.
2. 'Eine kurze und klare Anleitung, wie das Buch der heimlichen Offenbarung Johannis zu verstehen sei', Benzing,
   Lutherbibliographie, S. 339, Nr. 2905f. Sie waren wohl
   hauptsächlich auch als Ergänzungen für Besitzer älterer
   NT-Ausgaben gedacht, in denen diese lange Vorrede noch
   fehlte.
3. Vgl. DB 11 II, S. LIV mit S. XCIV-XCVI.
4. 'Kurze Erklärung über den Propheten Daniel', 1544, Benzing, aaO, S. 415, Nr. 3484; Albrecht, Arbeiten, S. 15.

erwähnten Anhang auch die 1530er Apk-Vorrede. Dadurch
wird erneut die Verwandtschaft der beiden Schriften deutlich.

In den Ausgaben des NT und der Bibel hat Luther die
neue Vorrede inhaltlich unverändert bis zu seinem Tode
beibehalten, obwohl er selbst inzwischen zu mancher anderen Deutung gelangt ist, wie wir noch sehen werden[5].
Nur einige offensichtliche Versehen sind korrigiert worden[6].

In dieser endgültigen Fassung ist die 'Vorrede auf
die Offenbarung Johannis' in unzähligen Lutherbibeln nachgedruckt worden, und zwar im 16. und 17. Jahrhundert in
fast allen Ausgaben. Erst im 18. Jahrhundert verschwand
sie allmählich, zuerst aus den besonders viel gelesenen,
weil handlichen und preiswerten Oktav- und Quartausgaben,
vornehmlich denen der Cansteinschen Bibelanstalt, schließlich auch aus den Folioausgaben[7]. Daraus ergibt sich ganz
selbstverständlich die Konsequenz, daß die zweite Apk-
Vorrede die erste in ihrer Wirkung auf die Zeitgenossen
und späteren Generationen bei weitem übertreffen mußte
und deshalb vom historischen Standpunkt aus auch größere
Beachtung verdient. Denn sie hat das Verständnis dieses

---

5. s.u. S. 573ff.

6. Am auffälligsten ist die Richtigstellung beim Summarium
   zu Kap. 14, wo in der ursprünglichen Fassung die Ernte-
   vision als zu Kap. 15 gehörig bezeichnet worden war, vgl.
   DB 7,414,30f.37 mit 415,31.37; dazu DB 4,412,7-13. Abgesehen von manchen Studien, in denen für die zweite Vorrede eine falsche Entstehungszeit angegeben ist (z.B.
   bei Torrance, Kingdom, S. 18; Tuveson, Millennium, S.
   24; Lilje, Randbemerkungen, S. 72, u.a.: 1545) ist hier
   Asendorf, Eschatologie, S. 155ff, zu korrigieren, wo
   seltsamerweise die in der WA parallel abgedruckte Fassung von 1546 als eigene, dritte Vorrede behandelt wird.

7. Bei Grimm, Übersetzung, S. 384f, Anm. 4, und ders., Geschichte, S. 34, wird als letzte Ausgabe mit allen Vorreden Luthers die "Kurfürstenbibel vom Jahre 1768" genannt; vgl. Schild, Bibelvorreden, S. 272; Greenslade,
   History, S. 340f. In meiner Übersicht (s. Tabelle 12)
   ist die erste Ausgabe, in der die Vorrede zur Apk fehlt,
   von 1684, die letzte, in der sie noch steht, von 1770.

Bibelbuches bei den lutherischen Lesern über etwa 200
Jahre hinweg entscheidend geprägt.

Interessant wäre es weiterhin zu erforschen, ob die
neue Vorrede auch in den Beigaben außerdeutscher Bibeln
ihren Niederschlag gefunden hat. Leider hilft hierbei
die Sekundärliteratur nicht recht weiter[8]. Es wäre im
Rahmen dieser Arbeit ein zu aufwendiges Unternehmen, allen von Luther beeinflußten europäischen Bibelausgaben
des 16. Jahrhunderts nachzuspüren. Einige Angaben können
jedoch gemacht werden. So schreibt etwa Hermannsson über
das von Oddur Gottskálksson übersetzte isländische NT von
1540: "Luther's prefaces to the Epistles are included, but
his preface to the Apocalypsis is left out on account of
its harsh language about the papacy, in its place there
is a brief preface by the translator himself." Über die
Bibel von 1584 dagegen bemerkt er ganz allgemein: "It
is based upon Luther's German translation, and contains
all his prefaces to the three different parts as well as
to the various books."[9]

Noch eine holländische Bibel von 1725, die für den Gebrauch der Gemeinden Augsburgischen Bekenntnisses in den
Niederlanden aus Luthers Deutsch übersetzt worden ist,
enthält neben den anderen Vorreden auch die zur Apk[10].

b) Schicksale der Glossen

Die in Luthers Bibelausgaben seit 1530 an den Rand
des Apk-Textes gedruckten interpretierenden Glossen sind
in den lutherischen deutschen Bibeln längere Zeit immer
in vollem Umfang nachgedruckt worden, teilweise am Rande,
teilweise auch zwischen den Versen. Ab etwa 1700 läßt
sich dann aber beobachten, daß sie entweder ganz weg-

---

8. Schild, aaO, S. 267-270, beschränkt sich in dieser Hinsicht im wesentlichen auf unbestimmte Vermutungen. Quack,
   Bibelvorreden, behandelt keine ausländischen Vorreden,
   die von Luthers neuer Apk-Vorrede beeinflußt sein könnten.
9. Hermannsson, Icelandic Books, S. 3 und 33.
10. Bibel holländisch, 1725, Bl. 159b-160b.

fallen oder bestimmte Glossen, die mit der Deutung des
Herausgebers nicht in Einklang stehen, weggelassen werden. Es gibt auch Ausgaben, in denen nur noch unbedeu-
tende Worterklärungen von Luther geblieben sind[11].

> Als typisches Beispiel sei die schon erwähnte hollän-
> dische Übersetzung von 1725 beschrieben. Sie enthält
> Erklärungen von Nicolaas Haas. Die Glossen Luthers
> sind diesen angehängt und gekennzeichnet durch den
> Buchstaben "L.". Es sind aber nicht alle Glossen
> übernommen, sondern offensichtlich nur solche, die
> nicht in Widerspruch zu den Anmerkungen des Bearbei-
> ters stehen, z.B. fehlen Luthers antipäpstliche Glos-
> sen zu Kap. 10, weil Haas dieses Kapitel von Christus
> versteht[12].

c) Schicksale der Illustrationen

Die Wirkung der neuen Apk-Vorrede wurde wesentlich
verstärkt durch die beigegebenen Illustrationen, die ihrerseits jetzt eigentlich erst durch die Vorrede eine in
etwa adäquate Deutung erhalten und 1530 auch Zuwachs bekommen haben, insbesondere durch das Bild zur Gog-und-
Magog-Perikope 20,7-10, das mit seiner Darstellung der
Belagerung Wiens durch die Türken die stärkste zeitgeschichtliche Ausrichtung zeigt[13]. Eben an diesem und einigen anderen Bildern läßt sich aber auch verfolgen, wie lange die 1530 ganz aktuelle Interpretation der Apk noch verstanden und akzeptiert worden ist; denn im Unterschied zu
einem Drucktext wandeln sich Illustrationen im Laufe der
Zeit immer wieder, da sie nach der Abnutzung der Druckstöcke nicht einfach reproduziert, sondern durch neue,
meist wieder von einem anderen Künstler entworfene und
von dessen Stil und eigenem Verständnis mitgeprägte Grafi-
ken ersetzt werden. Außerdem mußte jede Offizin, wenn sie
nicht Druckstöcke ausleihen oder kaufen wollte, ihre ei-

---

11. Vgl. die Zusammenstellung in Tabelle 12.
12. Bibel holländisch, 1725, Bl. 161aff.
13. s.o. S. 449. Zu erinnern ist auch an die gedruckte
    Glosse zum Bild bei Kap. 13 (s.o. S. 433) und an die
    handschriftliche Bemerkung im Bild zu Kap. 14 (s.o. S.
    437).

genen Kopien herstellen lassen, die nur selten ganz getreu
ausfielen. Deshalb kann Schmidt sagen: "Allein zur Geschichte der Offenbarungsbilder der Lutherbibeln bis 1700
ließe sich eine religions- und theologiegeschichtli-
che Abhandlung schreiben."[14] Wir können sie hier ebenso
wenig in extenso leisten, wie es Schmidt selbst getan
hat. Aber einige typische Veränderungen seien, hauptsächlich im Anschluß an seine Ausführungen, vermerkt[15].

Die vom Monogrammisten AW[16] hergestellte Serie der
Apk-Illustrationen von 1530[17] schließt sich in der Darstellung der Kronen von Drache und Hure noch der zurück-
geschnittenen Fassung des Dezember-Testaments von 1522
an[18]. Dagegen kehren die Tiaren demonstrativ vergrößert
in der Serie zur ersten vollständigen Bibelausgabe von
1534 wieder[19]. Offensichtlich nahm man auf Herzog Georg
nun keine Rücksicht mehr. Veranlaßt hat diese Rückkehr
zur ursprünglichen antipäpstlichen Polemik wohl Luther
selbst[20]. An diesen vom Monogrammisten MS hergestellten
Bildern fallen auch noch weitere Veränderungen besonders
auf: Die Illustration zu Kap. 18 zeigt im Gegensatz zu
den entsprechenden für das 14. Kapitel nicht mehr Rom
als das brennende Babylon, sondern anscheinend Worms[21].

---

14. Schmidt, Illustration, S. 189, vgl. S. 29.
15. Wie weit die polemischen Spitzen in die verschiedenen
    deutschen Bibeln bis zum Tode Luthers übernommen worden
    sind, haben Grisar - Heege, Kampfbilder 2, S. 14ff und
    27ff, ausführlich erörtert.
16. Über ihn vgl. Zimmermann, Beiträge, S. 37ff.
17. Abbildungen bei Schramm, Illustration, Tafeln 112-124,
    Nr. 200-224.
18. Vgl. o. S. 325.
19. Vgl. Grisar - Heege, Kampfbilder 2, S. 17 (der Deutung
    der Tiaraspitzen als Kot auf S. 18 kann ich nicht fol-
    gen); Abbildungen bei Schramm, aaO, Tafeln 184-197, Nr.
    340-365; Schmidt, Illustration, S. 208-216 und 467, Nr.
    145-153 und 379; dazu Beschreibung auf S. 189-193.
20. Bei Schmidt, aaO, S. 28, werden auch die Veränderungen
    an den apokalyptischen Reitern und den Opfern der Heu-
    schrecken auf Luther zurückgeführt.
21. Schramm, aaO, Tafel 195, Nr. 361; Schmidt, aaO, S. 215,
    Nr. 152.

Schmidt vermutet, daß damit symbolisch der Untergang des
gegen Luther gerichteten Wormser Edikts ausgedrückt werden solle[22]. Das Bild zu Apk 20,7-10 gibt zwar noch ganz
deutlich die versuchte Erstürmung Wiens von 1529 wieder.
Die erklärenden Worte "GOG", "MAGOG" und "WIEN" sind
aber bereits weggelassen worden[23]. Die Holzstöcke von
MS haben eine bewegte Geschichte gehabt und sind zum
großen Teil noch erhalten[24]. Später wurden genaue Nachschnitte dieser Folge verwendet[25]. Daneben fand in den
Wittenberger NT-Ausgaben (und teilweise auch in einigen
Bibelausgaben) der 30er und 40er Jahre eine zweite Serie
des Monogrammisten AW Verwendung, die sich weiterhin eng
an die erste von 1530 anschließt[26].

Von 1548 bis 1567 wurden in Wittenberg verschiedentlich Bilder von Hans Brosamer abgedruckt. Dieser hat ihnen teilweise ganz eigene polemische Attribute beigegeben. Immerhin sind im Bild von Gog und Magog Wien und
das Türkenheer noch gut kenntlich. Schmidt schreibt dazu: "Tiefere theologisch-biblische Einsicht fehlte dem
Künstler sichtlich, jedoch stehen Brosamers Bilder zur
Offenbarung denjenigen der ersten Lutherbibeln kaum
nach... er war mit seinem fleißigen Zeichenstift Luthers
Sache treu."[27]

---

22. Schmidt, aaO, S. 192 und 215; bei Grisar - Heege, Kampf-
    bilder 2, S. 22, findet sich die Deutung: Mainz.

23. Vgl. Schramm, aaO, Tafel 124, Nr. 224 mit Tafel 196,
    Nr. 364; Schmidt, aaO, S. 216, Nr. 153.

24. Sie sind wieder abgedruckt bei Chojecka, Bibelserien,
    M-82 bis M-105. Es fehlen die Stöcke zu Apk 8,12f
    (Wehe-Engel) und Kap. 17 (Hure); der zu Apk 8,1-5
    (M-88) ist offensichtlich ein seitenverkehrter Nach-
    schnitt. Auf M-95 und M-100 sieht man deutlich die
    Lücken, wo die Kronreifen der Tiaren herausgeschnitten
    worden sind. Vgl. auch Röttinger, Beiträge, S. 69-75, und
    u. S. 505.

25. Schmidt, Illustration, S. 222 und 17.

26. Zimmermann, Beiträge, S. 42ff; Abbildungen bei Schramm,
    Illustration, Tafel 200-206, Nr. 374-398.

27. Schmidt, Illustration, S. 224, dazu Abbildungen S. 231 bis
    234 und 467, Nr. 162-165 und 380.

In den nächsten Jahrzehnten wurde es in Wittenberg
üblich, ganz verschiedene Bilder zusammenzustellen[28].

Ein Beispiel dafür ist das 1588 von Zacharias Lehmann gedruckte NT in Quart[29]. Es enthält 25 Bilder
zur Apk; das zu 20,7ff (Wien) fehlt. Die meisten
(nämlich 23) sind quadratisch und füllen nur den
kleineren Teil der Seiten aus. Das zu Kap. 12 stammt
aus einer anderen Serie, ist noch kleiner und beid-
seitig mit Randleisten versehen. Diesen Illustrationen fehlt nahezu jeder polemische Einschlag. Ganz
aus dem Rahmen fällt dagegen der Holzschnitt zu Kap.
11. Er ist rechteckig, etwa doppelt so hoch wie die
anderen und füllt fast die ganze Seite aus. Von dem
Tier aus dem Abgrund ist nur der Kopf abgebildet,
offensichtlich, damit er besser zur Geltung kommt.
Darauf sitzt eine überdimensionale Tiara, größer
als auf allen anderen mir bekannten Bildern. Ähnlich
steht es bereits bei den von Hans Baldung Grien ent-
worfenen Bildern in Wendelin Rihels volkstümlicher
'Leien Bibel' von 1540[30]. Das Untier von Kap. 11
trägt zwar keine Tiara[31], ebensowenig das erste Tier
von Kap. 13; Rom ist auf der Illustration zu Kap. 14,
1ff kaum mehr zu erkennen, aber auf dem Bild zu Kap.
16 die Tiara des Ungeheuers deutlich zu sehen; auch
die Hure Babylon trägt eine solche. Das Bild zu Kap.
18 ist dem Meister MS nachgebildet. Der Türkensturm
ist auf dem vorletzten Bild noch zu erkennen.

In der folgenden Zeit nehmen die charakteristischen
Anspielungen in den Bildfolgen zur Apk, insbesondere bei
den außerhalb Wittenbergs erschienenen Bibelausgaben, deutlich ab[32]. Den Schluß bildet in einem Überblick bei

---

28. Schmidt, aaO, S. 274.

29. s. Tabelle 12.

30. Rihel, Leien Bibel, Faksimile, Bl. L3b–M8a.

31. Übrigens zeigt bereits dieses Bild die von Schmidt,
aaO, S. 329 und 358, erst für die spätere Zeit nachge-
wiesene, dem Text widersprechende Eigentümlichkeit, daß
das Untier die beiden Zeugen auffressen will.

32. Über die Bilder von Virgil Solis (ab 1560) vgl. Schmidt,
aaO, S. 238, dazu Abbildungen S. 243f, Nr. 170f und S.
468, Nr. 382 (Gog und Magog noch als Türken zu erkennen);
über die von Bocksberger/Amman (ab 1564) vgl. S. 246, dazu Abbildungen S. 261f, Nr. 185f und S. 469, Nr. 383f
(auch hier Belagerung Wiens noch deutlich zu sehen);
vgl. auch Grisar – Heege, Kampfbilder 2, S. 44f; über
eine spätere Reihe Ammans (ab 1571), der "sämtliche Zeit-
beziehungen" fehlen, vgl. Schmidt, Illustration, S. 271.
Beachte auch in unserer Tabelle 12 die letzten beiden
Spalten!

Schmidt die auf 12 Bilder zusammengeschrumpfte Serie von
Matthäus Merian (ab 1627), von der er schreibt: "Über das
rein Darstellerische ging Merian nie hinaus. Die Bildexe-
gese war mit ihm verschwunden."[33] Dies gilt allerdings
nicht nur für die Apk-Bilder. Schmidt kommt ganz allge-
mein zu dem Schluß: "Der Barock bedeutet das Ende der
Bibelillustration."[34] Damit nimmt aber gleichzeitig das
Interesse des Volkes an den durch die Bebilderung beson-
ders hervorgehobenen Büchern, also gerade auch an der
Apk, ab[35]. Trotzdem gibt es auch in dieser Zeit noch
Künstler, die einzelne Anspielungen festhalten, so in
der Endter-Bibel von 1685 die Tiara auf einem Haupt des
Tieres aus dem Meer im Bild zu Kap. 13 und die türkische
Fahne in dem zu 20,7-10[36].

Soweit auch im Ausland die Illustrationen der Lutherbibel übernommen wurden, konnte die Vermehrung der Bilder auf 26 vom Jahre 1530 nur noch vereinzelt in die
volkssprachlichen Bibelausgaben Eingang finden. Wo die
Holzschnitte Holbeins von 1523 übernommen wurden[37], jedenfalls sehr wahrscheinlich nicht. Mit Sicherheit ist
es jedoch in mehreren Fällen geschehen, in denen deutsche Holzstöcke Verwendung gefunden haben, nämlich in
tschechischen, polnischen, schwedischen, finnischen und
dänischen Bibeln.

So ist die Serie von Holzstöcken des Wittenberger Meisters MS 1537 für eine hussitische tschechische Bibel
verwendet worden, wobei wieder einmal zuvor die Tiaren
verstümmelt worden sind. In demselben Zustand haben
sie auch noch in weitere tschechische Bibeln von 1549
und 1557 und in katholische polnische Bibeln von 1561
und 1575 (1577) Eingang gefunden[38]. Für eine dänische

---

33. aaO, S. 329, vgl. S. 304ff, dazu Abbildungen S. 328f, Nr.
    246f.
34. S. 392.
35. S. 11f.
36. S. 379, Nr. 287 und S. 381, Nr. 289.
37. s.o. S. 326.
38. Röttinger, Beiträge, S. 69-74; Chojecka, Bibelserien,
    S. 10-12. 1575 (und 1577) fehlen die Bilder zu Apk 8,12f
    und Kap. 17, s.o. Anm. 24.

Bibel von 1550 hat der Drucker Ludwig Dietz seine erstmalig in der niederdeutschen Lübecker Bibel von 1533/34
abgedruckten Holzstöcke wiederverwendet[39]. Sie stammen
von Erhard Altdorfer, der wiederum die erste Folge des
Meisters AW (im Wittenberger NT von 1530) zur Vorlage
hat[40]. In der schwedischen Bibel, die 1540/41 im Auftrag Gustav Vasas von Georg Richolff gedruckt wurde,
fanden 20 Holzstöcke des 'Meisters der Zackenblätter'
Verwendung, die erstmalig 1526 in Wittenberg auftauchten. Das ausgeschiedene Sammelbild zu Kap. 8 wurde
aber nicht wie in Wittenberg durch 5 neue ersetzt, sondern nur durch 3, eines davon eine Kopie nach dem Monogrammisten AW von 1530, zwei nach Erhard Altdorfers
Bildern für die Lübecker Bibel von 1533/34. Das Bild
zu Apk 20,8f (Türken vor Wien) ist nicht übernommen
worden[41]. Das schwedische NT von 1549/50 und das
finnische NT von 1548 enthielten wahrscheinlich dieselben Bilder[42].

Außerhalb der reinen Bibeldrucke wurden manche Serien auch separat ohne Text oder nur mit kurzen Auszügen
aus der Apk, ähnlich wie bei Dürers bekanntem Werk, veröffentlicht.

Diese Drucke sind mehr für den Kunstliebhaber als für
den theologisch Interessierten geschaffen worden und
können deshalb in unserem Zusammenhang übergangen werden.

Wichtiger für uns ist dagegen die Feststellung, daß
die Bilder Luthers ganz oder teilweise auch in einige
der Apk-Auslegungen und -Kommentare übernommen wurden,
die gleich anschließend zu besprechen sind. Meist sind
die Holzschnittserien darin bereits weitgehend entschärft,
obwohl die Deutungen selbst antipäpstlich sind.

Es handelt sich um die Werke von Aemilius, Chyträus
und Nigrinus. Ihre Ausstattung wird jeweils im Zusammenhang beschrieben[43].

Einzelne Bilder wurden im übrigen in verschiedenste
Bücher übernommen, oft auch auf Titelblättern reproduziert

---

39. Vogel, Bibeldrucke, S. 78.
40. Zimmermann, Beiträge, S. 80-83 und Tafel XIX, Abbildung
    39.
41. Vgl. Zimmermann, Gustav Vasas Bibel, S. 107-112, 125-
    129, dazu Abbildungen Figur 2 und 3.
42. Vgl. Collijn, Sveriges Bibliografi, S. 165 und 183.
43. s.u. S. 508, 522 mit Anm. 84 und 525f, Anm. 100.

und vielfach abgewandelt[44]. Ihnen kann hier jedoch nicht
weiter nachgegangen werden[45].

d) Wirkung auf andere Ausleger

Luther wollte mit seiner Vorrede 1530 "den andern vnd
hohern geistern, vrsachen nach zudencken geben"[1]. Welchen
Erfolg er damit gehabt hat, stellt Bousset grundsätzlich
fest, wenn er schreibt: "Mit diesen wenigen Quartseiten
apokalyptischer Auslegung von eigentümlich bizarrer Gran-
diosität hat Luther mächtig auf die Folgezeit gewirkt"[2],
freilich gerade nicht als Anreger für eigene Deutungsversuche 'höherer Geister', sondern als Vorbild für z.T.
recht unselbständige Nachahmer. Wir wollen nun den einzelnen Spuren dieser Wirkung nachgehen.

In der Reihenfolge der anderen Ausleger, die durch
Luther beeinflußt sind, wäre als erster Michael <u>Stifel</u>
zu nennen, der in seinem 'Rechenbüchlein vom Endchrist'
von 1532 und auch später noch zwar scharf gegen die erste Vorrede von 1522 polemisiert, aber gleichzeitig Sätze aus der zweiten Vorrede als vorbildliche Auslegung
zitiert hat, während er andere Deutungen daraus wiederum
abgelehnt hat. Da aber Luther sich mit ihm ab 1533 intensiv auseinandersetzen mußte, soll diese Episode weiter
unten[3] eigens behandelt werden.

Am 13. April 1540 empfahl Luther seinen Landsmann
Georg <u>Aemilius</u>, der, wie er schrieb, "carmina in figuras propheticas Apocalypsis" verfaßt hat, dem Fürsten
Joachim von Anhalt[4]. Das Schriftchen, das Georg Ömler
(so hieß er ursprünglich[5]) veröffentlicht hatte, trug

---

44. Vgl. Grisar - Heege, Kampfbilder 2, S. 40ff.
45. s. aber u. S. 509f.
1. DB 7,408,21.
2. Bousset, Offenbarung, S. 84.
3. s. S. 530ff.
4. Br 9,93, Nr. 3465.
5. oder Omler; die latinisierte Fassung erscheint auch in

den Titel: "Imaginum in Apocalypsi Johannis descriptio
cum enarratione vera, pia et apta, quae potest esse vice
iusti commentarii et lectu digni, elegiaco carmine con-
dita", und war 1540 bei Christian Egenolph in Frankfurt/M.
erschienen. Wie aus dem Titel hervorgeht, handelt es sich
um Deutungen von Apk-Illustrationen in lateinischen Versen. Genauere Untersuchungen ergeben, daß als Bildvorla-
gen die schon ein Jahr zuvor ohne die Erklärungen gedruckten 26 Holzschnitte zur Apk von dem Künster Sebald Beham
verwendet wurden[6]. Sie sind dadurch charakterisiert, daß
"sie, obschon anlehnend an die Wittenberger Bilder, sich
von Polemik freihalten"[7]. Auch der Text macht trotz seiner Aussage keinen allzu polemischen Eindruck. In der
Widmungsepistel an Joachim von Anhalt wird der Wert von
Zukunftsprophetien in moralischen Appellen und in der
Warnung vor Papst und Islam gesehen. Als vorbildlich werden dafür anerkennend Dan und Apk hervorgehoben. Zu den
einzelnen Bildern hat Aemilius kurze lateinische Nachdich-
tungen der entsprechenden Perikopen verfaßt, denen er,
und darauf kommt es uns an, jeweils Luthers Summarien von
von 1530 in Form von Distichen angefügt hat. Auf diese
Weise wird dem Leser des Reformators Deutung der Apk
in eingängigen Versen dargeboten. So ist es nicht verwunderlich, daß Luther, der schon ein Jahr zuvor Aemilius wegen seiner Verse zu den Behamschen Illustrationen des AT dem Fürsten von Anhalt empfohlen hatte[8],
auch diesmal gerne zur Unterstützung einer solchen Wer-
bung für seine Auslegung der Bibel - in diesem Falle der
Apk - bereit war.

Ein weiteres Beispiel für die vielfältigen Mittel
und Wege, durch die noch zu Lebzeiten Luthers seine Apk-

---

den Formen Emilius oder Aemylius; zu seiner Biographie
vgl. ADB 1, S. 127f; 24, S. 351f; NDB 1, S. 90f; Br 8,
430-433, Nr. 3333; dazu Nachtrag Br 13,273.
6. Pauli, Beham, S. 353-356, Nr. 833-858, dazu S. 488f.
7. Grisar - Heege, Kampfbilder 2, S. 32.
8. Br 8,430-433, Nr. 3333.

Deutung Verbreitung gefunden hat, ist eine Predigt von
Eberhard <u>Weidensee</u>, Superintendent in Goslar[9], über Apk
14,1-5, die 1541 unter dem bezeichnenden Titel "Eyne alte
prophecey von der verstörung des keyserlichen bapstumbs
durch das verneuete euangelion..." erschienen ist.

Schon diese Überschrift klingt deutlich an die Summarien zu Kap. 13 und 14 der zweiten Apk-Vorrede Luthers an. Nach der Widmungsepistel ist unter einem
Zwischentitel ein Holzschnitt eingefügt, der eine
gegenseitige Kopie der Illustration zu Apk 14,1ff in
den Lutherbibeln von einem mir unbekannten Künstler
ist. Deutlich ist darauf die Stadtansicht Roms (mit
Engelsburg, Pantheon und Belvedere) als des einstür-
zenden Babylon zu erkennen[10]. In der Einleitung zur
Auslegung von Apk 14,1-5 erscheint eine kurze Zusammenfassung der zweiten Vorrede Luthers[11]. In der Erklärung von V. 1 nimmt Weidensee Formulierungen aus
dem Summarium zu Kap. 14 auf[12]. Immer wieder wird be-

---

9. Über ihn vgl. RE[3] 24, S. 632-636; Tschackert, Weidensee.

10. Weidensee, Prophecey, Bl. B1b.

11. Bl. B4a: "Auf das aber euer liebe diese prophecey gründ-
    lich verstehen müg, sol euer liebe merken, das Johannes
    in diesem buch der Offenbarung weissaget von vielen und
    mancherley verfolgungen und trübsal, daneben auch von
    viel trost und ergetzung der christenheit, so ir begege-
    nen sol bis an den jüngesten tag. Setzet also viel
    schreckliche bilde, damit er (durch den geist der weis-
    sagung) anzeigt die künftige trübsal der heiligen, christ-
    lichen kirchen. Darunter setzt er auch etliche trostbil-
    de, damit die christenheit zu trösten, das sie dennoch
    mitten im unfall getrost und guts muts sey, als die durch
    den herrn Christum (der in und bey ir ist bis an das end
    der welt) gewislich erhalten werde und entlich den sieg
    behalten sol.
       Solcher trostbilder ist dis auch eins, das er hie
    setzt. Nun hat er zuvor durch etliche schreckliche bilde
    gros unfall und drangsal der christenheit geweissaget und
    sonderlich aufs letzt von dem keyserlichen bapstumb, was
    das solt anrichten..."

12. Bl. C1b: "Also hat sich itzt das lamb aufgemacht zu
    streiten wider den hellischen wolf, wider den dieb und
    mörder, den keiserlichen bapst fur seine schaf, das er
    in erwürge und umbringe mit dem geist seines munds,
    das ist mit der evangelischen predigt, so aus seinem
    munde gehet, 2. Thessa. 2[8]. Dieweil denn nu Christus,
    das lamb Gottis, itzt zu unsern zeiten sich also auf-
    macht, durch sein herlich und heilsam euangelion, so
    finden sich auch mit und neben im viel tausent, die das
    euangelion von grund ihres herzen annemen, das auch of-
    fentlich predigen und bekennen fur der welt, wie folget:

tont, daß dieser prophetische Text seine Erfüllung
in der lutherischen Reformation gefunden habe[13]. Der
Hauptinhalt der Predigt ist jedoch die Verkündigung
der lutherischen Rechtfertigungslehre als des 'neuen
Liedes' von V. 3 im Gegensatz zu den Gesetzen des
'keyserlichen bapstumbs'[14].

Die ganze Predigt atmet Luthers Geist und zeigt, wie
gut dieser sich in manche Abschnitte der Apk im Grunde
schickte, wenn keine lebensgeschichtlich bedingte Abneigung dagegenstand.

Zwei polemische Dichtungen des Augsburger Goldschmie-
des Martin Schrot von 1546 tragen ähnliche Titel.

Der eine, "Apocalypsis. Ain freudengeschray über das
gefallen bapstumb, so yetz diser zeit durch Gottes
wort und schwert überwunden ist"[15], klingt deutlich
an Luthers Glosse zu Apk 18,2[16] an. Das Titelbild
entspricht der Illustration zu Kap. 19[17]. Der andere, "Von der erschrocklichen zurstörung und niderlag desz ganzen bapstumbs, gepropheceyet und geweissagt durch die propheten, Christum und seine aposteln
und auß Johannis Apocalypsi, figürlich und sichtlich
gesehen..." gehört zu einer satirischen Komödie, die
von David Denecker mit antipäpstlichen Bildern ausgestattet worden ist, welche ebenfalls Elemente aus den
Illustrationen zur Apk enthalten[18].

'Und mit im hundertundvierundvierzigtausent, die hatten
den namen seines vaters geschrieben an iren stirn.'
Dis sind die, so man itzund die lutherischen und neuen
christen (ja die verfürer unde ketzer) nennet."

13. Bl. D3a: "Wie man denn itzt siehet, das dasselbige key-
serliche bapstumb (die mutter aller hurerey und gottis-
lesterung, die römische Babilon) itzt zufelt [= zerfällt],
also das sichs nicht mehr bauen, stützen oder flicken
lest."
Bl. H2a: "Also haben wir nu, das diese prophecey itzt
zu unsern gezeiten erfüllet wirt. Denn itzt hat sich das
lamb Christus (wider seinen widerwertigen, den keyserli-
hen [!] bapst) aufgemacht..."

14. Weitere Auszüge bei Tschackert, Weidensee, S. 64-67.

15. Schrot, Apocalypsis; vgl. auch ders., Pasquillus (auf
Bl. A2b, D1b und D2a Nachschnitte der Bibelillustratio-
nen zu Apk 17-19); dazu Roth, Denecker, S. 195, Anm. 1f.

16. DB 7,463.

17. Vgl. Grisar - Heege, Kampfbilder 2, S. 41.

18. Schrot, Zurstörung; dazu Roth, Denecker, S. 205-212; vgl.
Grisar - Heege, aaO, S. 41f.

Der Inhalt dieser Schriften ist eben der Sturz des Papsttums, den die Apk nach Luther in ihrer zweiten Hälfte an-
deutet und der von Schrot unter Verwendung vieler ein-
schlägiger Bibelstellen ausführlichst dargestellt wird[19].

Kommen wir nun zu den eigentlichen Kommentaren, so ist
als erster lutherischer die kurz nach dem Tode des Reformators, nämlich 1546/47, geschriebene deutsche Auslegung
der Apk durch den damaligen Nürnberger Vorstadtpfarrer
und späteren osiandristischen Hofprediger Herzog Albrechts
in Königsberg Johannes Funck[20] zu nennen[21]. Sie trägt den
Titel: "Was widerwertikeit und verfolgung die heilig,
christliche kirche... von der apostel zeit her in gemain
erlitten habe und was noch fur widerwertikeit derselben
zukunftig zu warten sein, aus den heiligen propheten und
furnemlich aus S. Johannis Offenbarung... zusammengetragen
und aufs einfeltigst declarirt..."[22]. Funck hält sich in
den Grundzügen noch sehr genau an Luthers Entwurf, gestal-

19. Schrot, aaO; s. bes. die Verse, die Luther in den Mund
    gelegt sind auf Bl. e6a, Sp. 1: "... das der widerchrist
    auf erden/ Zuletst schendlich zerstört sol werdn, / Erst-
    lich durchs euangely wert,/ Darnach mit dem weltlichen
    schwert." Vgl. Roth, aaO., S. 205ff.
20. Über ihn vgl. ADB 8, S. 197-199; RE[3] 6, Sp. 320-323.
21. Mir sind nur handschriftliche Fassungen zugänglich ge-
    wesen, s. Literaturverzeichnis, Teil b unter Funck, Wi-
    derwärtigkeit. Den in der älteren Literatur, z.B. bei
    Lücke, Einleitung 2, S. 1016, Anm. 1, und Bousset, Of-
    fenbarung, S. 84, genannten Druck: "Die Anleitung zum
    Verstand im Buch, das man nennet Apocalypsis... J. F.
    mit einer Vorrede Philipp Melanchthons, 1559", habe ich
    durch die Fernleihe nirgendwo erhalten können, ebensowe-
    nig die bei Hase, Albrecht, S. 113, erwähnte Fassung:
    "Apocalypsis d.i. Gründliche Erklärung der Offenbarung
    S. Johannis von der christlichen Kirche Widerwärtigkeit,
    Kreuz und Verfolgung und auch von ihrem Trost, Beistand
    und endlichem Sieg und herrlicher Erlösung", hg.v. Mi-
    chael Sachs, Frankfurt 1596.
22. Funck, aaO, Münchner Hs., f. 1r. In der Erlanger fehlt
    das ursprüngliche Titelblatt und ist durch eines aus
    dem 18. Jh. ersetzt, vgl. Pültz, Handschriften, S. 49.
    Hase, Albrecht, S. 105f, bringt den Titel nach der Wol-
    fenbüttler Hs.

tet ihn aber in seinem umfangreichen Werk[23] eigenständig
aus. Er hat, wie er selbst es ausdrückt, "gleichsam seine
[sc. Luthers] wort illustrirt"[24]. Zweifel am Wert der Apk
tut er nur ganz kurz ab, ohne konkreten Bezug auf Luther
oder andere Kritiker[25]. Als Inhalt der Apk gibt er ohne
Umschweife an: "Es handelt aber die Offenbarung Johannis
furnemlich von dreierlei trubsalen", nämlich den äußerlichen, den geistlichen und den beide Arten verbindenden
Trübsalen[26]. Das ist genau die Einteilung, die Luther für
die Kapitel 6, 7 f und 9 ff vorgenommen hat[27]. Da es Funck,
wie schon der Titel seiner Schrift zum Ausdruck bringt
und wie es die Bedrängnis der Protestanten während des
Schmalkaldischen Krieges nahelegt, hauptsächlich um
die Verfolgung der Christen geht, beginnt er seine eigentliche Auslegung der Apk nach einer einleitenden Vorbemerkung über Kap. 5 erst mit dem 6. Kapitel, eben dort,
wo die Schilderung der Trübsale anfängt, und beendet sie
mit Kap. 20, wo diese aufhört[28]. Auch bei ihm wie bei Luther ist also die Beschränkung primär durch den aktuellen
Anlaß bedingt und geschieht nicht so sehr aus grundsätzlichen Erwägungen heraus, etwa der, daß die Gegenwart
wichtiger sei als die jenseitige Zukunft, im Gegenteil,
diese ist seine ganze Sehnsucht; da sie aber noch unan-
schaulich ist, ist es schwierig, die Vorstellung davon
in Worte zu fassen.

    Funck bringt wie Luther nicht klar zum Ausdruck, ob
sich die vier Plagen von Kap. 6 primär gegen die Christen oder gegen die Gottlosen richten[29]. Die ersten

----

23. Münchner Hs.: 435, Erlanger Hs.: 513 und Wolfenbüttler
    Hs.: 436 Seiten, jeweils in Folio.

24. im Zusammenhang zitiert u. Anm. 31.

25. Zitat bei Hase, Albrecht, S. 106.

26. Funck, Widerwärtigkeit, Erlanger Hs., f. 19v; Hase, aaO,
    S. 106f.

27. DB 7,410,8.18; 412,7f.

28. Die Begründung für den Verzicht auf eine Auslegung von
    Kap. 21 gibt Hase, aaO, S. 109f, wieder.

29. Funck, Widerwärtigkeit, Erlanger Hs., f. 20vff; f. 25v

vier Ketzereien in Kap. 8 werden viel ausführlicher
als bei Luther dargestellt und mit dem Text in Einklang
zu bringen versucht. Anschließend stellt Funck sie noch
einmal zusammenfassend unter den vier systematischen
Gesichtspunkten Luthers, nämlich Werkheiligkeit, Gei-
sterei, Schriftverderbnis und Reinheitsfanatismus, zusammen[30]. Das erste Wehe in Kap. 9 ist Arius, das zweite Mohammed mit dem geistlichen Papsttum zusammen. Dabei betont Funck ausdrücklich, daß er bewußt der Lutherischen Deutung des starken Engels in Kap. 10 folge,
und zwar hält er sie für eine besondere Erleuchtung
des Reformators[31]. Bei der Auslegung der Tempelvermes-
sung (11,1f) verwendet er als Kontrast zur Darstellung
der Äußerlichkeit der päpstlichen Kirche die großartigen Sätze über die Verborgenheit der Kirche aus dem
Schluß der Vorrede Luthers von 1529/30[32]. Aber Funck
zitiert nicht nur Luther, sondern er ordnet ihn, auf
dessen Tod er mit großem Bedauern zurückblickt, auch
fest in die Geschichte ein, die er in der Apk geweissagt sieht, und zwar schon ab 11,2, wo für die Zertre-
tung des Tempelvorhofes eine Dauer von 42 Monaten angegeben ist. Dieselbe Zeitspanne kommt auch in 11,3;
12,14 und 13,5 vor. Bei Luther spielt sie keine Rolle,
in Funcks Werk dagegen hat sie zentrale Bedeutung. Er
geht davon aus, daß diese Zeit bereits verstrichen ist,
und findet als Endpunkt das Bekenntnis Luthers vor aller Welt in Worms 1521. Von dort rechnet er (ein
Jahr für einen Tag gesetzt) zurück und kommt auf
das Jahr 261, das Auftreten des Erzketzers Paul

---

lautet die Kapitelüberschrift: "Das dise erzelten plage [!] allezeit, wenn Gottes wort leuchtet, im schwang
gehn und wie die letzten drei furnemliche straf Gottes
sein uber die böesen, die sein wort missbrauchen und verachten."

30. f. 33r-44r.

31. f. 44vff, 53vff, 61rff; f 61r schreibt er: "Und sein
    hie von disem engel fast so vil mainung, sovil scriben-
    ten sein, die sich an disem buch versucht haben." Funck
    will sie weder aufzählen noch kritisieren, sondern fährt
    f. 61v fort: "Wie ich aber bissher fast in allen stucken
    dem ehrwirdigen herrn und vater Martino Luther, meinem
    getreuen, lieben herrn und preceptorn, in Got verschiden,
    auf dem fussstapfen in seiner vorrede dises buchs nachge-
    folget und gleichsam seine wort illustrirt, also gedenk
    ich im auch hie nachzuvolgen. Denn ich erkenne hie in
    disem stuck sonderliche gabe und genade Gottes, die ge-
    meltem meinem herrn gegeben worden ist, das er eben und
    gerade disen engel den geistlichen babst nennet."

32. f. 71v: "Denn ein warer christ ist ein solch ding, der
    im auch wol selbs (wie doctor Luther gesagt hat) verbor-
    gen ist." Weiter spielt Funck auf den 3. Glaubensartikel
    und Hebr 11,1 an, vgl. DB 7,418,36/420,9.

von Samosata. 1521 ist für Funck also die Wende
der Kirchengeschichte. Bei dieser Gelegenheit fügt
er in seine Auslegung eine ausführliche Darstellung
des Ablaßstreites ein[33]. Die beiden Zeugen sind bei
ihm AT und NT, die Luther nach 1260 Jahren wieder
ans Licht gebracht hat[34]. Für die Deutung von Apk
12,7ff verwendet Funck unter ausdrücklicher Angabe
der Quelle Luthers gedruckte Predigt am Michaelistag 1544[35]. Bei Kap. 13 erlaubt sich Funck eine gewisse Abweichung von Luther. Er lehnt es nämlich ab,
die ersten Verse vom alten Römischen Reich zu verstehen, da es keine Kreatur des Antichrists sei, dagegen aber das neue, fränkische Kaisertum, das die Päpste zustandegebracht hätten[36]. Bei dieser Gelegenheit
verwirft er auch Luthers Deutung des kleinen Hornes
von Dan 7 als unpassend, wobei er den Namen seines
verehrten Lehrers aber schamhaft verschweigt[37]. Er
versteht darunter lieber ebenso das päpstliche Kaisertum. Das zweite Tier ist selbstverständlich der
geistliche Papst. Die Zahl 666 deutet Funck dreifach: Als erste Möglichkeit bietet er den Vorschlag
von Irenäus: λατεινος , als zweite den von Osiander:
רומײת , und als dritte die Luthers aus der gedruckten
Glosse zum NT von 1530: Dauer der päpstlichen Herrschaft 666 Jahre, wobei er konkretisiert: von 885, als
Hadrian III. das Papsttum von Kaiser unabhängig gemacht haben soll, bis 1550[38]. Bei dieser Gelegenheit
interpretiert er gleich auch noch die verschiedenen
Zahlen in Dan 12, die Luther in seiner Vorrede dazu
nicht genau bestimmt hatte, und bekommt so als Termin
für das Weltende das Jahr 1595[39]. Der erste Engel von

---

33. f. 73r-75r; f. 73r: "Dieweil aber Got, der allmechtig,
    solchem zudreten des Antichrists durch seinen treuen die-
    ner, den herrn Luther, nit wenig gewehret..., ists nit
    unbequem zu setzen, das eben zu der zeit, da der hoch-
    berumbte man doctor Luther zu lehren und das babstum
    zu sturzen, dem zudreten zu wehren angefangen hat, die
    zeit der 42 monden sich geendet habe."

34. f. 78r-79r.

35. f. 96r: "Aber zuvor will ich ein jeden, der dises
    streits, des hernach gedacht wird, grundlichern bericht
    begert, hinweisen zur predig, so herr doctor Luther am
    tag Michaelis im 1544. jar von disem text gethon hat,
    welche auch in offnem druck aussgangen." Gemeint ist WA
    49,570-587, s.u. S. 610ff.

36. Funck, Widerwärtigkeit, Erlanger Hs., f. 102v-127v.

37. f. 113v-127v; f. 114r: "Denn das etzliche auf den Tur-
    ken deuten, etzliche auf Julium Cesarem, hat in vilen
    stucken kein grund. Denn der Turk hat mehr denn drey
    hörner hinweg vom alten Römischen Reich..."

38. f. 137r-140v.

39. f. 141r-144r.

14,6 ist Luther; die folgenden kann Funck noch nicht
mit Namen nennen. Ihr Erscheinen liegt also noch in
der Zukunft[40]. Er folgt dann weiter Luther, vertritt
aber bei Kap. 17 wieder seine These vom fränkischen
Reich. Die 7 Könige von 17,9f sind verschiedene Fremd-
herrschaften in Rom von Odoakar bis Karl V., als achte
wird das Papsttum selbst die Macht übernehmen[41]. Die
1000 Jahre von Kap. 20 haben von 34 bis 1034 gedauert,
dann begannen die Türkeneinfälle, die gemäß Luthers
Verständnis durch die Gog-und-Magog-Weissagung angedeutet sind[42].

Das ganze Werk ist von gespannter Naherwartung geprägt,
obwohl Luthers diesbezüglicher Argumentation das Kernstück
ausgebrochen ist, nämlich der Zusammenhang von Dan 7,25f,
Ez 38 f und Apk 20,7-10 mit der aktuellen Türkenbedrohung
von 1529. Bei Funck hat sie eben durch die Ereignisse
des Schmalkaldischen Krieges ihren Impetus erhalten.
Daran merkt man, daß die Zeit doch schon weiter fortgeschritten ist und zu gewissen Modifikationen der Apk-
Deutung zwingt, wenn die Auslegung noch gegenwartsnah
bleiben soll.

Abschließend verteidigt Funck sein nicht ganz unge-
fährliches Unterfangen, jetzt ein solch polemisches Werk
veröffentlichen zu wollen. Dabei beruft er sich noch einmal insbesondere auf Luther und Osiander als seine Anreger[43].

Der Leipziger Professor und Flacius-Gegner Victorinus
Strigel[44] legte im Rahmen seiner ''Υπομνήματα in omnes

---

40. f. 149v-151r; f. 149v: "Diser engel ist der theur und
    auserwelte werkzeug Gottes und apostel der christenheit
    in diser letzten zeit, doctor Martinus Luther."

41. f. 188r-191v.

42. f. 218r-234r; 231v: "Es sind aber auch wol, die dise
    weissagung gar zur heimlichen deutung ziehen; den las
    ich ire mainung gefallen. Mir gefelt diss, das ich dess
    doctor Luthers meinung folge, und hab des ursach genug,
    das ich disen Gog vom Antichrist aussondere, sintemal
    derselbe seine weissagung sonderlich von des Gogs weis-
    sagung hat und der text allenthalben gnugsam zeiget, das
    Gog, nachdem die christenheit widerumb vom antichristen-
    thumb dess babsts erledigt ist, uber diselben kumen wer-
    de."

43. ausführliches Zitat bei Hase, Albrecht, S. 110-113.

44. Vgl. RGG[3] 6, Sp. 418.

libros Novi Testamenti', die 1565 erschienen sind, auch
die Apk aus. Sein Kommentar ist natürlich ausführlicher
als Luthers Summarien, er zitiert auch manche Kirchenväter, aber wo er nur kann, schreibt er fast sklavisch Luther aus, führt ihn jedoch meines Wissens nur an einer
Stelle namentlich an[45].

> Bei Kap. 10 hält er an der antipäpstlichen Deutung
> fest. Zu 13,3 präzisiert er Luthers Angaben über die
> translatio imperii: Es geschah im Jahre 800 bei der
> Krönung Karls d.Gr. durch Leo III.[46]. War Luther sich
> nicht ganz sicher, wie er die Ernte in 14,14ff deuten
> solle[47], so läßt es auch sein Schüler in der Schwebe[48].
> Die Dauer der 1000 Jahre vom Tod des Johannes bis zum
> Auftreten der Türken versucht er auch konkreter zu be-
> stimmen. Da er letzteres mit dem Aufkommen der Osmanen
> (um 1250) gleichsetzt, erhält er eine Zeitspanne von
> 1150 Jahren. Unter Berufung auf Luthers eigene Großzü-
> gigkeit kann er diese Differenz ohne Bedenken so ste-
> hen lassen[49]. Zu Kap. 21 f bietet Strigel keine eigene
> Auslegung; er begnügt sich hier mit einem 'Argumentum'.
> Selbstverständlich hat auch er seinen 'verehrten Vater'
> in der Apk wiedergefunden. Während er für die zwei Zeu-
> gen von 11,3ff die Identifikation mit Johannes Huß und
> Hieronymus von Prag vorschlägt[50], schreibt er zu 14,6:
> "Hic angelus sine ulla dubitatione est r[everendus]
> pater D. M. Lutherus."[51]

Lukas Osiander, ein Sohn des schon mehrfach erwähnten
Andreas Osiander d.Ä.[52], kommentierte 1583 im Rahmen
seines großen lateinischen Bibelwerkes auch die Apk
ausführlich. Da diese Auslegung mehrfach wieder aufgelegt, übersetzt und auszugsweise auch in die Bibelausgaben des Enkels, Andreas Osiander d.J., übernommen

---

45. Strigel, Hypomnemata, 2. Zählung, S. 352: "Venuste dixit
    D. Lutherus: 'Defensores papae devoratores eius'." = Text-
    glosse zu 17,15; DB 7,463.
46. Strigel, aaO, S. 347.
47. Vgl. o. S. 436f.
48. Strigel, aaO, S. 350.
49. S. 354; vgl. DB 7,416,36: "Doch mus die rechnung nicht
    so genaw, alle minuten treffen."
50. Strigel, aaO, S. 344.
51. S. 349.
52. Vgl. RGG[3] 4, Sp. 731.

wurde, die ab 1600 erschienen[53], ist sie damals sicher
viel benützt worden. Auch in diesem Werk aber bilden
Luthers Summarien den Grundstock für die gesamte Deutung. Das wird schon an der dem Apk-Teil vorangestell-
ten Inhaltsübersicht deutlich, die nichts anderes ist
als eine lateinische Paraphrase von Luthers zweiter
Vorrede (ohne den Schlußteil)[54].

> Auch im Kommentar selbst geht Osiander, wo es mög-
> lich ist, von Luthers knappen Bemerkungen aus, um
> sie weiter auszuführen. Niemals übt er Kritik daran,
> kaum einmal weicht er weiter davon ab als etwa dahin-
> gehend, daß er in Apk 11,7ff das dreieinhalbjährige
> Interim von 1548-1552, in 16,13 unter den Fröschen
> die Jesuiten und in 20,7f neben den Türken auch die
> Moskowiter abgebildet sieht. Nur den Beginn der 1000
> Jahre setzt er um 593 an, als die Goten den Arianis-
> mus aufgaben[55].

Die im folgenden aufgeführten Kommentatoren zeigen
größere Selbständigkeit gegenüber Luthers Entwurf.

Als erster ist hier der später wegen Osiandrismus
abgesetzte Pfarrer von Stettin Peter Becker, bekannt unter dem latinisierten Namen Petrus Artopoeus[56], zu nennen.
Er schrieb 1549: "Pro consolatione afflictae nostrae ecclesiae Apocalypseos isagoge et propheticae imaginis nostri
temporis explicatio". Dieser Entwurf einer Apk-Auslegung[57]
enthält keinen ausdrücklichen Hinweis auf Luther.

---

53. Die von mir benützte Ausgabe Osiander, Explicatio,
    stammt von 1592. Sie trägt auf S. 451 am Schluß der
    Epistola dedicatoria vor dem Röm das Datum 1583. Die
    deutsche Übersetzung des Gesamtwerkes wurde noch 1665
    wieder aufgelegt, s. Biblia mit Auslegung, 1665. Die
    Ausgabe Biblia, Frankfurt 1611, ist bereits die 4.
    Auflage der gekürzten Fassung. Vgl. dazu auch Quack,
    Bibelvorreden, S. 168.
54. Osiander, Explicatio, S. 818f. Luther wird aber nicht
    genannt. In der Biblia mit Auslegung, 1665, sind Lu-
    thers Glossen eigens zitiert und jeweils mit seinem
    Namen gekennzeichnet.
55. Osiander, aaO, S. 839, 847 und 853f.
56. oder Artopaeus; vgl. Jöcher 1, Sp. 579 und Ergbd 1,
    Sp. 1152f.
57. Die darin angekündigte eigentliche Auslegung (Arto-
    poeus, Apocalypsis explicata), die 1563 erschienen ist,
    enthält nur vereinzelt Übernahmen aus Luther, z.B. die

Artopoeus ist auch bei den ersten Kapiteln eigenständig, zeigt aber dann doch seine Abhängigkeit von Luther, wenn er in den drei Wehen Arius, Mohammed samt
Papst und in Kap. 17 f das Römische Reich mit dem
Papstantichrist sieht und wenn er die 1000 Jahre von
der Zeit des Johannes bis zum Aufkommen der Türken
ansetzt. Auch er läßt den Abstieg des Papsttums mit
Kap. 14 beginnen und hält alles bis 19,10 für erfüllt.
Der dritte Engel von 14,9 und der Engel von 18.2, die den
Fall Babylons ankündigen, sind "universale evangelium tempore Lutheri"[58]. Doch ist bereits bei
ihm wie später bei vielen anderen der starke Engel
von Kap. 10 nicht das geistliche Papsttum, sondern
"ministerium evangelii universale"[59].

Bei dieser Schrift hat Luther in der Hauptsache die Methode geliefert und den groben Aufbau mit beeinflußt.

Für die weitere Auslegungsgeschichte sind auch die
reformierten Kommentatoren von Bedeutung. Sie sind großenteils zwar mit Luther darin einig, daß sie die Apk
kirchengeschichtlich und antipäpstlich auslegen, gehen
aber bei den Einzeldeutungen zumeist ihre eigenen Wege
und zeigen nur geringe Spuren einer Beeinflussung durch
Luthers neue Vorrede von 1529/30. Das mag auch dadurch
mitbedingt sein, daß in der Schweiz seit Ende der 20er
Jahre der Bibeldruck sich von Luther unabhängig entwik-
kelt und deshalb auch die veränderten Beigaben nicht
mehr übernommen hat[60].

Hier sind vor allem Meyer, Bibliander und Bullinger
zu nennen. Der Kommentar Sebastian Meyers hat uns schon
beschäftigt, da er eine Widerlegung der Argumente in Luthers erster Vorrede von 1522 enthält[61]. Bousset charakterisiert ihn u.a. so: "Die Auslegung, die sich an Beda
und Strabo anlehnt, ist noch sehr altertümlich gehalten,"

Vorstellung, daß das zweite Tier in Kap. 13 das Papsttum sei, das beide Schwerter beansprucht (S. 137ff),
und das Zitat der Randglosse zu 17,16: "Defensores papae devoratores eius" (S. 193; vgl. o. Anm. 45).

58. Artopaeus, Isagoge, Bl. 7b, vgl. 8a.
59. Bl. 5a. Zur ganzen Schrift vgl. auch Bousset, Offenbarung, S. 87f.
60. Vgl. Mezger, Geschichte, S. 51.
61. s.o. S. 286f.

aber:"auch seine Auslegung ist bereits antipäpstlich
(s. zu Apk 8 und 9)", doch "Luthers Einfluß macht sich
noch nicht geltend."[62] Freilich zeigen sich vereinzelte
Parallelen. So deutet Meyer z.B. ebenfalls die Frösche
als 'Sophisten'[63]. Gog und Magog sind u.a. auch die Türken, aber nicht ausschließlich[64].

Eigenartig ist auch die 'Diligens et erudita enarratio' der Apk von Theodor Bibliander, dem Zürcher Alt-
testamentler, erschienen 1549[65]. In der Forschung hat
die kleine Schrift Beachtung gefunden, da sie Bruchstük-
ke einer zutreffenden zeitgeschichtlichen Auslegung enthält[66].

> Unmittelbar daneben aber beschreibt der Verfasser
> ähnlich wie Luther bei Kap. 13 die Wiederaufrich-
> tung des Römischen Reiches durch das Papsttum und
> versteht Kap. 17 als die Vorführung dieser beiden
> Mächte zur Verurteilung[67].

Von Bibliander ist nun Heinrich Bullinger beeinflußt,
der im selben Ort Pfarrer am Großmünster war. Auf seine
100 Predigten über die Apk haben wir schon wegen ihrer
Polemik gegen Luthers alte Vorrede kurz hingewiesen[68].
Aber er erwähnt neben den Kommentaren von Meyer, Lambert
und dem anonymen Wycliffiten auch Luthers Deutung in der
neuen Vorrede[69]. Ausführlich geht er auf die Korrektur

---

62. Bousset, Offenbarung, S. 86f.
63. Meyer, Commentarius, Bl. 72r.
64. Bl. 87af.
65. Vgl. zur Person RGG³ 1, Sp. 1251; NDB 2, S. 215.
    Biblianders Apk-Auslegung ist mir nur in Form der an
    die 'Isagoge' von Artopoeus angehängten 'Enarratio'
    bekannt. Ein separat gedruckter 'Commentarius in Apo-
    calypsin Ioannis', Basel 1549 (oder 1559), den die
    ältere Sekundärliteratur erwähnt, z.B. Lücke, Einlei-
    tung II, S. 1016, Anm. 1, und Bousset, Offenbarung, S.
    87, Anm. 2, ist mir nicht zu Gesicht gekommen.
66. Vgl. Bousset, aaO, S. 87.
67. Bibliander, Enarratio, Bl. 41af und 51b-52b.
68. s.o. S. 288.
69. Sie ist sicher auch gemeint mit der Umschreibung:
    "quaedam in hunc eundem librum Revelat[ionis] D. Lu-
    theri", Bullinger, Contiones, Bl. ßlb (Praefatio).

ein, die Luther im Einleitungsteil der Vorrede von 1530
an den Behauptungen von 1522 vorgenommen hat. Nachdem
er einige der kritischen Bemerkungen referiert hat[70],
fährt er fort: "Ac, ut nihil prorsus hic dissimulem, non
ignoro claris[simum] virum D. Martinum Lutherum in prima
editione Novi Testamenti Germanici praefatione acri prae-
missa librum hunc veluti obelo iugulavisse. At inviderunt
ipsi hanc censuram viri boni et docti, qui in ipsa deside-
rarunt et prudentiam et modestiam. Idem ergo rectius dili-
gentiusque perpensis rebus omnibus, dum recongnosceret sua
Biblia Germanica et anno Domini 1535 eadem recudenda tra-
deret, Apocalypsi aliam praefixit praefationem paulo cir-
cumspectiorem, in qua relinquit quidem adhuc libri huius
autoritatem in dubio, maxime quod Euseb. lib. Ecclesiast.
hist. 3, cap. 25 autor sit veteres de ipso dubitasse, sed
subiungit tamen nolle se cum quoquam concertare, qui as-
serat librum hunc Ioannis esse apostoli, liberum lectori
iudicium permittens... Certe Lutherus praefatione ea...
viam aperit et rationem ostendit, qua ad utilem huius
libri expositionem usumque perveniri possit. Proinde iudicium Lutheri nihil libro huic nostro, quem in utilitatem
ecclesiae sumpsimus interpretandum, derogat."[71] Als Skopos der ganzen Apk wird entsprechend dem Schlußsatz der
1530er Vorrede angegeben: "Cuius quidem scripti summa et
finis hic est: Christum Iesum dominum nostrum numquam
defuturum suae in terris ecclesiae, sed gubernaturum
illam spiritu ac verbo per ministerium ecclesiasticum."[72]

---

70. S. 1f (1. Predigt): "Quoniam vero hic liber a multis
    etiam bonis et doctis viris contemniter et fere omni-
    bus persuasum est librum esse inutilem, dicam ea de
    re paucula. - Principio abhorrent multi ab hoc libro,
    hoc dumtaxat nomine, quod refertus sit visionibus, ty-
    pis et figuris. Hoc enim putant parum decere doctrinam
    novi testamenti evangelicam et apostolicam." Es folgen
    Gegenargumente. "Deinde obiciunt cum neotericos tum
    priscos non contemnendae auctoritatis viros et dubi-
    tasse de hoc libro librique auctore et contempsisse
    veluti fabulosum et canone indignum."
71. S. 2 (1. Predigt).
72. Bl. α2a (Praefatio); vgl. DB 7,420,11-17.

Bullingers Predigten haben einen stark antipäpstlichen
Einschlag[73]. Er hat deshalb zunächst weder in Zürich noch
in Bern einen Drucker dafür finden können[74]. Deshalb hat
er offensichtlich das Manuskript an Melanchthon geschickt,
der es sogleich dem bekannten Basler Drucker Johann Oporin
zur Veröffentlichung weitergeleitet hat. Dort ist das Werk
tatsächlich 1557 erschienen[75]. Das Schreiben, in dem Melanchthon Bullinger Vollzugsmeldung macht, ist erhalten. Darin
steht noch ein Satz, der einen willkommenen Einblick in
den Umgang von Luthers Kollegen mit der Apk und dessen Beurteilung ihrer Auslegungen bietet: "Tantum inspexi locum
de Gog et Magog, postea consideraturus, quomodo seriem
totius libri acommodes[!] ad tempora et Ecclesiae diversa
certamina, quae certe in eo opere praedicuntur."[76] Daraus
wird zweierlei deutlich: 1. Melanchthon ist wie Luther von
der Richtigkeit des Prinzips kirchengeschichtlicher Apk-
Auslegung überzeugt; 2. er ist dabei besonders an der Stelle Apk 20,7-10 interessiert, eine weitere Bestätigung dafür, daß die Verbindung dieser Stelle mit Dan 7 im Zusammenhang der Türkendeutung eine Melanchthonsche Idee ist[77].

Wie Bullinger 'die Abfolge des ganzen Buches an die
Zeiten der Kirche und die verschiedenen Streitigkeiten
angepaßt hat', wollen wir nun sehen[78]. In Kap. 6 bedeuten die vier Pferde 1. den reinen Lauf des Evangeliums,
2. Kriege, 3. Teuerung und 4. Pest[79]. In dieser kleinen

---

73. Bl. β1b-β3a (Praefatio) verteidigt sich Bullinger gegen die Forderung, vom Antichrist zu schweigen, indem
er einen Katalog der Papstgegner zusammenstellt, der
zeigen soll, daß derartige Polemik nichts Ungewöhnliches
sei.
74. Vgl. Lücke, Einleitung II, S. 1016, Anm. 1.
75. Vgl. Staedtke, Bullinger-Bibliographie 1, S. 155, Nr.
327.
76. CR 9,283: 20.9.1557.
77. Vgl. o. S. 447f.
78. Vgl. Bousset, Offenbarung, S. 88.
79. Auf Seitenangaben wird im folgenden wegen der verschiedenen Drucke (vgl. Staedtke, Bullinger-Bibliographie 1,
S. 155-168, Nr. 327-356, wobei allerdings nur Nr. 328-
330 lateinische Nachdrucke von Nr. 327 sind) verzichtet.
In der Praefatio gibt Bullinger selbst eine Zusammenfassung.

Modifikation von Luthers Deutung sind ihm viele spätere,
auch lutherische Ausleger gefolgt[80]. In Kap. 8 kommen
verschiedene Ketzer, nämlich 1. Nazaräer, Ebioniten und
Montanisten, 2. Valentinianer, Marcioniten, Manichäer
und Novatianer, 3. Paul von Samosata und Arius, 4. Pela-
gius. Kap. 9,1ff bringt als erstes Wehe das Papsttum ab
Bonifaz III., 9,13ff als zweites Wehe Mohammed wie bei
Luther, Kap. 10 dagegen ein Trostbild, wobei der starke
Engel Christus ist, ebenfalls eine Deutung, die dann
auch bei den Lutheranern mehr Anklang gefunden hat als
die Luthersche. 13,1ff ist das alte Rom gemeint, wobei
Bullinger dreimal sieben Herrscher aufzählt und eine
Reihe von zwölf Verfolgungen (zu 13,7). Das zweite Tier
ist dann wiederum das neue Rom, nämlich das Papsttum ab Bonifaz III. Ausdrücklich geht der Prediger
auf die Bulle 'Unam sanctam' von Bonifaz VIII. ein,
die wir bereits zur Kommentierung von Luthers Vorrede herangezogen haben[81]. Die Deutung der Zahl 666
ist singulär: die Dauer von 97 bis 763, also von der
Abfassung der Apk bis zur Pipinschen Schenkung. Bei
Kap. 17 schließt sich Bullinger eng an Bibliander an:
Es geht um den Untergang des alten und neuen Rom, wobei V. 9-11 auf die Kaiser von Galba bis Trajan, also
vom ersten nicht-julisch-claudischen bis zum ersten
nichtrömischen Kaiser, bezogen wird. Das Ende der 1000
Jahre wird zwischen 1034 und 1073 angesetzt, ähnlich
wie bei Luther. Gog und Magog sind die Türken.

Die Auslegungsgeschichte bei den Reformierten und den
Engländern soll hier nicht weiter verfolgt werden[82]. Die
nun aber noch zu besprechenden lutherischen Kommentare
sind dadurch gekennzeichnet, daß sie verschiedene Deutungen kombinieren, und zwar hauptsächlich die in Luthers
Vorrede, die ihnen als Grundlage dient, mit einzelnen In-
terpretamenten aus Bullingers Predigten. Dazu zählen u.a.
die folgenden:

Der Rostocker Professor David Chyträus[83] schrieb 1563
eine 'Explicatio Apocalypsis Johannis perspicua et brevis'.
Sie ist mit 25 unpolemischen Illustrationen ausgestattet[84].

---

80. s. die im folgenden noch zu besprechenden Kommentare.
81. s.o. S. 428 und 479.
82. Sie ist dargestellt bei Bousset, Offenbarung, S. 88-91.
83. Vgl. RGG^3 1, Sp. 1823.
84. Diese entsprechen weitgehend denen, die in dem Witten-
    berger NT von Zacharias Lehmann von 1588 (s. Tabelle 12)
    Verwendung gefunden haben, vgl. o. S. 504, nur ist eine
    Darstellung des Evangelisten Johannes vorgeschaltet;
    außer dem Bild zu Kap. 20,7ff fehlt auch das zu Kap. 12

Für Chyträus gilt es längst als ausgemacht, was der Inhalt
der Apk sei: "Apocalypsis Johannis est historia ecclesiastica a temporibus Christi usque ad extremum iudicium et
finem mundi."[85]. Sie treibt seiner Meinung nach auch in
ganz besonderer Weise Christus[86]. Zweifel an der Autorschaft, wie sie etwa durch Dionysius von Alexandria überliefert worden sind, hat der friedliebende Theologe schnell
abgetan[87]. In seiner Auslegung hält er sich in groben Zügen an Luther, setzt sich aber an einigen Stellen auch
ausdrücklich davon ab.

> Der erste Reiter in Kap. 6 ist wie bei Bullinger das
> Evangelium, die übrigen drei bringen mit Krieg, Hunger
> und Krankheit Strafen für die Verachtung des Evangeliums.
> Luthers Zuordnung der Posaunenengel in Kap. 8 zu ver-
> schiedenen Ketzereien referiert Chyträus zunächst aus-
> führlicher als Luther selbst, um sie dann aber zu
> verwerfen[88] und statt dessen ohne Kenntlichmachung
> bis auf weiteres seiner anderen Quelle, nämlich Bul-
> linger, zu folgen, natürlich auch bei Kap. 10 (der
> starke Engel = Christus). Luther erscheint zu 11,3
> als Prediger gegen den Antichrist im Geist Elias[89].

(beim NT von 1588 ist es durch eines aus einer anderen
Serie ersetzt); das zu Kap. 11 ist noch das ursprüngliche, ganz unpolemische. - Nach Krabbe, Chyträus 1,
S. 127f, Anm.**, gibt es noch drei weitere Auflagen
der lateinischen Fassung von 1571, 1575 und 1584 und
eine deutsche von 1568.

85. Chyträus, Explicatio, S. 1. Inhaltsangaben der einzelnen Kapitel des Kommentars bei Schütz, Chyträus 1, S.
261-269; vgl. auch Krabbe, aaO, S. 127-130.

86. S. 14: "Imprimis igitur in hoc Apocalypsis libro...
summa evangelii de officio et beneficiis Iesu Christi...
adeo insignibus verborum luminibus et dulcissimis figu-
ris illustratur, ut vix in ullo alio scripturae libro
plures et elegantiores Christi descriptiones proponi
existimem."

87. S. 27.

88. S. 167: "In accommodatione septem typorum [gemeint ist:
tubarum] ad singulas haereses dissensio est. - Lutherus
ad marginem editionis Germanicae annotavit primae tu-
bae sonitu Tatianum et encratitas praemonstrari" etc.
S. 169: "Hac accommodatione haeresium ad quatuor prio-
res tubas, quarum in octavo capite mentio fit, utantur,
qui volent. - Alii diversum ordinem et ad temporum ac
historiae seriem magis congruentem sequuntur." Es folgt
die Deutung Bullingers.

89. S. 223: "Sicut nostro tempore simili spiritu et zelo

Bei Kap. 13 folgt Chyträus zunächst noch Bullinger,
um dann ab 13,14 wieder ausdrücklich Luther zu zitieren[90]. Für 13,18 hat er beide damals üblichen
Deutungen: als Dauer des Papstantichrists oder als hebräische Bezeichnung des römischen Reiches: רומיית.
Die Engel in 14,6ff sind z.B. Huß, Luther, Melanchthon
u.a. Bei 17,9f hält sich Chyträus wiederum an Bullinger,
der hier historisierend die Kaiser z.Z. des Johannes
aufzählt. Die 1000 Jahre läßt er unter Berufung auf
die Chronologie Biblianders von 73-1073 reichen und
gelangt wie Luther selbst zu Gregor VII. und den Türken. Gog und Magog sind Sarazenen und Türken.

Die Naherwartung hat jedoch stark abgenommen, dafür
macht sich eine stärkere Lehrhaftigkeit bemerkbar. Von
den letzten Zeiten spricht Chyträus nicht mehr im Präsens,
sondern im Futur[91]. Bei seiner versuchsweisen Berechnung
des Weltendes kommt er auf die Daten 1684 bzw. 1695[92].
Das ist schon 100 Jahre später als bei Funck[93].

Einen ähnlichen Aufbau wie die Auslegung von Chyträus
hat der Apk-Teil der 'Glossa compendiaria', die der große
Streittheologe Matthias Flacius Illyricus seiner griechisch-
lateinischen Ausgabe des NT von 1570 beigegeben hat[94]. Mit
anderen Auslegern der Apk wie Funck und Strigel, mit denen
er sonst in schwere Auseinandersetzungen verwickelt gewesen ist[95], hat er die Verehrung Luthers und die Hochschätzung von dessen Apk-Deutung gemein. Deshalb greift er an
einigen Stellen bewußt hinter Bullinger wieder auf die ursprüngliche Auslegung Luthers zurück[96] und räumt ihm einen

---

Heliano Lutherus puram evangelii doctrinam rursum asse-
ruit."
90. S. 268: "Lutherus et alii hanc partem visionis de novo
imperio Romano per pontificem instaurato enarrant."
91. S. 367.
92. S. 380f.
93. s.o. S. 514.
94. s. unter NT graece et latine, 1570.
95. Preger, Flacius, Register.
96. NT graece et latine, 1570, S. 1342: Der dritte Posaunenengel ist nicht wie bei Bullinger bzw. Chyträus Paul
von Samosata und Arius, sondern: "Meo iudicio Lutherus
recte intellexit esse Origenem." S. 1376: Die 8 Könige
von 17,9, so referiert Flacius, werden (von Bullinger)
als die Kaiser von Galba bis Trajan verstanden, "mihi

würdigen Platz in der prophezeiten Geschichte ein, indem
er zu 14,6ff nicht nur den ersten, sondern auch den zweiten und teilweise noch den dritten Engel mit Luther identifiziert, wobei er nicht ohne Berechtigung besonders auf
den Ablaßstreit eingeht[97].

Flacius war auch Mitbegründer der 'Magdeburger Zenturien', in deren erstem Band, erschienen 1559, die Ka-
nonsfrage behandelt wird. In einem längeren Abschnitt
über die Apk werden erst die traditionellen Zweifel an
ihrer Kanonizität zurückgewiesen und dann als ihr Inhalt
in Anlehnung an Luthers zweite Vorrede (inzwischen erfüllte) Weissagungen über den Lauf der Kirchengeschichte
angegeben[98].

In derselben Tradition steht auch die über 600 Folio-
Seiten umfassende deutsche Auslegung des Gießener Pfar-
rers Georg Nigrinus[99]. Sie ist 1573 erschienen[100]. Der

---

vero probabilior videtur Lutheri interpretatio", nämlich die von verschiedenen Ländern der Gegenwart.
97. S. 1366f: "Videntur autem non frustra hi tres angeli
ita separasse materias aut contiones suas. Nam primum
Lutherus coepit contra indulgentias pontificias illustra-
re doctrinam de poenitentia et fide in Christum Iesum.
Postea ubi papa eam doctrinam damnare coepit, etiam ipsum ut verum Antichristum ex tam nepharia blasphemia...
mundo patefecit ac condemnavit. Postremo multum sudavit
et clamavit contra eos, qui conciliationes et collusio-
nes cum papa habere ac instituere voluerunt. Praesertim
autem post eius mortem in hac parte necessario laboratum
sudatumque est", nämlich besonders im Streit um das
Interim. Zu 11,3ff erscheint Luther außerdem wie üblich
als wiedergekommener Elia (S. 1354).
98. Textauszug bei Leipoldt, Kanon II, S. 123-125 in Anm.
Der Abschnitt stammt laut Scheible, Zenturien, S. 51,
von Judex. - Der Einfluß des von Luther in der zweiten
Vorrede skizzierten Kirchengeschichtsbildes auf die Ge-
samtkomposition der Zenturien wäre wohl eine eigene Untersuchung wert. Einen Hinweis auf diesen Zusammenhang
bietet die Vorrede zu Bd. 1 (von Flacius): Die Zenturien
seien u.a. auch eine Hilfe zum Verständnis des letzten
Bibelbuches (deutsche Übersetzung des betreffenden Abschnittes in: Meinhold, Historiographie I, S. 289).
99. Vgl. Jöcher, Ergbd 5, Sp. 731-734; ADB 23, S. 695-698.
100. Nigrinus, Apocalypsis. Die im Titel erwähnten 'Figuren'
sind 26 kleine, meist ovale Bilder, nach Lutherschem Vor-

Verfasser gibt seine Gewährsleute gleich in der Einleitung an: "Die vorrede Lutheri in dem Neuen Testament hat
das beste bey mir gethan, als ein liecht, das mir den weg
von fernem gezeyget hat. Darnach hab ich Chytraeum und
Meyerum gelesen, die bey unsern tagen auch daran gearbeit
haben. Bullingerum hab ich neulich erst bekomen und dennoch nicht unterlassen zu besehen, was er von einem jeden
stück, die schwer sind, gehalten und geschrieben habe."[101]
Er hält es noch immer für nötig, versteckt oder deutlich,
aber jedenfalls ohne Nennung des Autors sich von Luthers
erster Vorrede abzusetzen[102]. Anklänge an die zweite Vor-

---

bild geschnitten, aber entschärft; nur auf dem Bild zu
Apk 20,7ff ist der Türkensturm noch erkennbar.

101. Nigrinus, aaO, Bl.)(6a; vgl. S. 4: "... wie denn Lutherus, Chytreus, Bullinger und andere mehr gethan haben, welche uns neher hinbey geführet und den verstand
gezeiget haben denn alle, die vor dieser zeit je
darüber geschrieben haben."

102. Bl.)(4a: Die Apk beschreibt die Verfolgung und Erhaltung der Kirche so ausführlich, "das Johannes wol und
recht seligpreiset die, so es hören, lesen und behalten,
was in diesem buch geschrieben stehet", vgl. Apk 1,3;
gegen Luther, DB 7,404,18. - S. 1: "Das aber etliche haben fürgeben, weil eytel dunkele gesichte hie beschrieben seyen, darumb sey es nicht ein apostolisch buch, ist
zuviel geredt und nicht ein gnugsam ursach, das buch zu
verwerfen oder zu verneinen, das [es] Johannes geschrieben habe. Wenn das alles zu verachten were, das schwer
und dunkel scheinet sein in der schrift, sonderlich der
vernunft, musten auch andere der propheten schriften
viel veracht und verworfen werden." S. 5: "So sol uns
nun diss buch ebenso lieb sein als andere bücher der
heiligen schrift und sollen sonderlich in dieser letzten zeit dasselbige vleissig lesen und betrachten, umb
nachfolgender ursach willen: Erstlich weil in diesem
buch wie auch in andern apostolischen schriften der
ewige son Gottes, unser einiger und ewiger hoherpriester
und könig, mit so trefflichen und herlichen worten beschrieben wird, das er seiner kirchen erlöser, heiland,
regierer und beschirmer sey von anfang biss zum ende
und das wir in keinem anderen heyl und seeligkeit haben
mögen denn in ime [Apg 4,12], welches denn das heupt-
stück ist des heiligen evangelii. So andere bücher der
heiligen evangelisten und aposteln eben darumb geschrieben sind und gelesen werden sollen, das wir Christum
recht lernen erkennen, warumb solten wir denn dieses
ligen lassen und gleich verachten, wie man etliche findet, die so bald verachten und verwerfen dasjenige, so
sie im ersten anblick nicht verstehen?"

rede begegnen auf Schritt und Tritt, wiederholt wird sie
auch mit mehr oder weniger Zustimmung ausdrücklich zitiert[103].
Anders als bei Chyträus spielt bei Nigrinus der Trost, den
die Apk für die gegenwärtige letzte Zeit entsprechend Luthers zweiter Vorrede geben soll, noch eine große Rolle[104].

In der Deutung der aufeinanderfolgenden Visionen auf
die Kirchengeschichte folgt Nigrinus dagegen hauptsächlich
Bullinger, manche Einzelheiten gehen wohl auch direkt oder
indirekt auf die 'Coniecturae' des (nicht genannten) Andreas Osiander d.Ä. zurück[105].

---

103. z.B. S. 8: "Zum andern müssen wir auch alle geschichten
     und historien der kirchen von anfang biss daher vleis-
     sig betrachten und gegen diese bilder und weissagunge
     halten, so findet sich, wie auch Lutherus in der vor-
     rede sagt, die beste und gewisseste Auslegung"; vgl.
     DB 7,408,24-30. - S. 206 (zur zweiten Posaune): "Lu-
     therus saget, es sey Martion und die Manicheer", vgl.
     DB 7,410,31. - S. 375 (zur Zahl 666 in Apk 13,18):
     "Dieweil aber die geheymnus der zahl nicht allein in
     dem namen des thiers zu suchen ist, sondern in seinem
     ganzen regiment... so gefelt mir am allerbesten die
     kurze auslegung Lutheri, welcher in der Deutschen Bi-
     bel darbey gesetzt hat: 'Also lang stehet das weltliche
     bapsthumb'"; vgl. DB 7,453, Randglosse. - S. 417 (zu
     Apk 14,14ff): "Etliche meynen, wie auch Lutherus in der
     vorrede uber diss buch sich hören lesset, es sey noch
     ein grosses blutbad dahinden"; vgl. DB 7,414,35f. - S.
     419 (zu Apk 15 f): "Lutherus sagt, diese sieben engel
     seyen alle evangelische prediger, die das bapstumb hel-
     fen stürmen in allen landen, und es werde des thiers
     stuel, des bapstes gewalt, finster, unselig und ver-
     acht"; vgl. DB 7,414,37/416,2. - S. 450 (zu Apk 16,13):
     "Von diesen worten saget Lutherus in der vorrede: 'Die
     frösche sind die sophisten, als Faber, Eck, Emser, die
     viel gecken wider das evangelium und schaffen doch
     nichts und bleiben frösche.' Diese wort geben uns ein
     fein nachdenkens und zeigen uns die rechte auslegung,
     welche mit der that und erfarung übereinstimmet...";
     vgl. DB 7,416,5-7. - S. 482 (zu Apk 17,11): "... das
     es recht und wol vom Luthero genant wird das weltliche
     'bapsthum und das bepstliche keyserthumb'"; vgl. DB
     7,416,8.

104. Vgl. den Titel, dazu Bl.)(4a, S. 4, 378 u.ö.

105. z.B. S. 3 die Vorstellung, daß die Apk deshalb so ge-
     heimnisvoll reden müsse, weil sie das damals noch ge-
     fährliche Römische Reich als antichristlich und ver-
     gänglich darstellen wolle, dem doch, wie es S. 351

Es fehlt aber auch nicht an weiterführenden, eigenständigen Auslegungsversuchen. So bietet er unter den vielen
Möglichkeiten, die Zahl 666 in 13,18 zu verstehen, auch
die an, den Zeitraum des 'weltlichen Papsttums' von 1000
(Einsetzung der Kurfürsten) bis 1666 anzusetzen, womit ein neues Enddatum gewonnen wäre[106]. Die Frösche
von 16,13 sind hauptsächlich die Jesuiten[107].
    Den 'teuren Mann Gottes' Luther findet er gleich
an mehreren Stellen der Apk angekündigt, so als einen
der Zeugen von Apk 12,3ff, als Engel mit dem ewigen
Evangelium von 14,6, als ersten Schalenengel von 16,2
und als den Engel in 18,1, der den Fall Babylons verkündet[108].

Von den lutherischen Kommentaren des folgenden Jahr-

hunderts, die hier nicht im einzelnen aufgeführt werden,

dürfte wohl selten einer so selbständig gegenüber Luther

sein wie der von Artopoeus, auch wiederum nur mancher

so weitgehend abhängig wie der noch oft nachgedruckte von

Lukas Osiander. Sie liegen zumeist auf der mittleren Linie,

etwa im Gefolge von David Chyträus[109].

    Zusammenfassend läßt sich mit Bousset sagen: "Überschauen

wir diese protestantischen Auslegungen Deutschlands und der

Schweiz, so sind ihnen allen zwei Merkmale gemein. Einmal

folgen sie alle dem weltgeschichtlichen Schema der Ausle-

gung... Dann aber sind sie alle - abgesehen etwa von Bibli-

ander und seinen Nachfolgern - einig in der antipapisti-

schen Deutung der Apk... Im einzelnen wurde die protestan-

tische Auslegung weithin durch die wenigen Blätter der

grandiosen Lutherschen Auslegung beherrscht."[110]

---

heißt, von Vergil ewige Dauer verheißen wurde, vgl.
Osiander, Coniecturae, Bl. f1ab; S. 348 die Gleichsetzung von 7 Hörnern mit 7 Regierungsformen des
Römischen Reiches, vgl. Osiander, aaO, Bl. f2ab.
106. Nigrinus, Apocalypsis, S. 375.
107. S. 450f.
108. S. 282, 388f, 434 und 490f.
109. Aufzählung und kurze Charakteristiken bei Bousset,
Offenbarung, S. 85f.
110. Bousset, aaO, S. 88f (im Original der ganze Paussus
gesperrt gedruckt); vgl. Lücke, Einleitung II, S.
1015f.

Trotz vieler neueren Erkenntnisse hat sich diese Auslegungsmethode in einer Strömung von wechselnder Stärke bis
ans Ende des 19. Jahrhunderts durchgehalten[111].

Vergleicht man nun die Wirkungsgeschichte beider Vorreden Luthers zur Apk, so läßt sich abschließend folgendes
sagen: Mit seiner ersten Vorrede hat Luther einer bei den
profiliertesten Zeitgenossen vorhandenen kritischen Einstellung gegenüber dem letzten Buch der Bibel Ausdruck
verliehen, ist aber bald bei anderen Zeitgenossen und Epi-
gonen damit auf strikte Ablehnung oder Mißachtung gestos-
sen. Indem er jedoch neun Jahre später seine Reserve gegenüber diesem Buch aufgegeben und es in der zweiten Vorrede beispielhaft ausgelegt hat, hat er sogleich stark
traditionsbildend gewirkt und der kirchengeschichtlichen
Auslegung auf breiter Basis erst so richtig zum Durchbruch verholfen. Mag man nun auch heute (aus welchen Gründen auch immer) die erste Vorrede für angemessener und die
zweite für im wesentlichen verfehlt halten, so muß man doch
im Auge behalten, daß praktisch für die Auslegungsgeschichte der Apk nicht Luthers Kritik, sondern nur seine positive
Deutung wirksam geworden ist.

27. Kapitel
Die weitere Entwicklung von Luthers Verhältnis zur Apk

I. Auseinandersetzung mit anderen Auslegern der Apk

Während wir in diesem Abschnitt bisher an Apk-Kommentaren nur solche kennengelernt haben, von denen Luther beeinflußt sein kann, die er beeinflußt hat oder die unabhängig von ihm sind und die er wahrscheinlich gar nicht gekannt
hat, müssen wir uns im folgenden Unterteil mit drei ganz
verschiedenen Deutungen der Apk beschäftigen, mit denen
Luther in der Zeit nach 1530 konfrontiert worden ist und
die er mehr oder minder scharf abgelehnt hat. Wir können
dabei wie bisher davon ausgehen, daß Luthers Haltung zur

111. Vgl. Bousset, aaO, S. 106f.

Apk gerade auch durch solche Erfahrungen mitbestimmt worden ist, und eben in dieser Hinsicht sollen die folgenden
drei Auslegungen betrachtet werden. Es handelt sich dabei
um die Deutungen der Apk durch Michael Stifel, Paul Lautensack und Giovanni Nanni. Die ersten beiden sind reformatorisch eingestellte Männer, die eben über ihrer Beschäftigung mit der Apk in 'Schwärmerei' verfallen sind, der
dritte dagegen ist ein noch vor der Reformation lebender
italienischer Papalist. Der erste hat später in Nikolaus
Selnecker einen würdigen Nachfolger als Apk-Ausleger gefunden, den zweiten hat Pseudo-Weigel der Vergessenheit
entrissen und dem dritten hat Luther selbst die 'Ehre'
angetan, einen Auszug aus dessen Werk mit polemischen
Zusätzen zu veröffentlichen. Mit Stifel und Lautensack
hatte sich Luther um 1533 zu befassen. Um eine Vorstellung von diesen beiden Männern zu bekommen, müssen wir
jedoch weiter ausholen.

a) Michael <u>Stifel</u> (und Nikolaus <u>Selnecker</u>)

"Michael Stiefel, einer der ältesten und treuesten
Anhänger Luthers und dabei eine der originellsten Persön-
lichkeiten der Reformationszeit, stammte aus der Reichs-
stadt Eßlingen."[1] Er war etwa vier Jahre jünger als Luther, trat wie dieser dem Orden der Augustiner-Eremiten
bei und stand im Ablaßstreit schon sehr früh auf dessen
Seite. In dieser Zeit beschäftigte er sich intensiv mit
der Apk, die ihm dann auch den entscheidenden Anstoß zum
endgültigen Bruch mit der römischen Kirche gab. Rückblik-
kend schrieb er darüber: "Ich war ein Augustinermünch zu
Esslingen. Als aber des lieben Lutheri bücher aussgiengen
und ich draus vermerkt hatt und gwisslich wüste, das
müncherey für Gott ein greuel were, kont aber nicht er-
denken, wie ich mich ausser dem kloster erneren künte,

---

1. Über Leben und Schriften Stifels vgl. Strobel, Stiefel; ADB 36, S. 208-216; RE² 19, S. 24-28; 24, S.
   529 (Nachträge); Kommerell, Stifel (volkstümlich);
   RGG³ 6, Sp. 371, und LThK² 9, Sp. 1072f (beides sehr
   knapp); Hofmann, Stifel. Der zitierte Satz stammt aus
   RE² 19, S. 24.

blieb ich ein zeitlang darinnen, furwar mit betrübtem,
schwerem gewissen, sonderlich des teglichen messhaltens
halb, dazu ich gleich den andern gedrungen ward, und
wuste, wie greuliche sund es war, begab es sich (anno
Domini 1520), das ich im 21. capitel der Offenbarung S.
Johannis [V. 8] lase: '... Den verzagten aber und ungleu-
bigen und greulichen und todschlegern und hurern und zeu-
berern und abgöttischen und allen lugnern wird ir teil
sein in dem pful, der mit feur und schwefel brennet,
welchs ist der ander tod.' - Wie ich mich nu auch fand
in disem register, dieweil ich furwar verzagt war und
sehr forchtsam, wuste zwischlich, wie der bapst were
der antichrist und ich im dennoch dienete, kont auch
zum selbigen mal nicht anders gedenken, denn das ich
entweder hie zeitlich muste brennen oder, so ich verzagt wurde und verleugnen, dort ewigklich brennen im
schwefelpful. Diser pful und das verbrennen ubeten und
trieben mich, das ich weder tag noch nacht ruwe hette...
Ich musts lernen, was grosse forcht für ein pen und
schmerzen des herzens sey. - Als ich aber einsmals in
der librey sass und das 13. capitel der Offenbarung Johannis lase vom thier und nicht anders kont gedenken,
denn das es bedeutete den bapst Leo X., unter welchem
das evangelium ist aufgangen; als ich nu weiter lass
von der zal seines namens und dabey die vermanung zum
rechnen die zal des namens, da gedacht ich: Lieber Gott,
wie ein grossen trost solt es wol machen, wo man dise rechnung gwislich hette. Also versucht ich die sach, nam für
mich disen namen: Leo decimus, nam heraus die buchstaben,
so bey uns zalen machen, fand also MDCLVI. Das geviel
mir, ohn das es an dem 'M' zuviel war und an dem 'X' zu-
wenig. Wo es solchen mangel nicht gehabt het, hette ich
dise rechnung fur recht gehalten und nimmermehr in diser
sach nach einer andern getracht. Weil ich nu der sach un-
gewis war, wiewol mich dennocht dis etwas hielt, das ich
das 'X' an disem namen gesehen hatte also: Leo X. und dazu der buchstaben des namens Leo decimus, so eben zehen
seind, gedacht ich, das 'M' möcht bedeuten 'mysterium',
gieng in mein cellam, kniet nider und bat Gott umb dise
sach. Ich betet aber nicht lang; dennoch entpfüng ich ei-

nen sollichen trost, das es mich noch auf den heutigen
tag tröstet, so oft ich dran gedenk, war auch darnach
nicht mehr so forchtsam und verzagt, wie ich gewest war,
nnd von der zeit an hab ich alweg die Offenbarung Johannis lieb gehabt und für göttlich ding gehalten, sonderlich
weil ich hab vermerkt, wie es mich nicht allein nicht ab-
helt von der reinen lehr des evangelii, sondern mich vielmehr darzu sterkt und mir sonderlich ekel macht an dem
bapstumb..."[2]

Stifels erste Kampfschrift aus dem Jahre 1522 'Von
der christförmigen Lehre Luthers ein überaus schön
künstlich Lied samt seiner Nebenauslegung'[3] ist gleich
auf die Identifikation Luthers mit dem Engel von Apk
14,6f aufgebaut. Das Lied selbst beginnt mit den bekannten Versen:

> "Joannes thůt vns schreiben
> von einem Engel klar,
> Der Gotes wort soll treiben
> gantz luter offenbar."[4]

Auch sonst enthält die Schrift eine Menge Hinweise auf
Stellen aus der Apk[5]. Diese sind in einer zweiten Aus-
gabe wahrscheinlich noch wesentlich vermehrt worden[6].
In dem sich anschließenden Streitschriftenwechsel mit
Thomas Murner kämpfte Stifel weiterhin mit Apk-Zitaten[7].

Inzwischen mußte er aus Eßlingen fliehen und fand
nach vorübergehendem Aufenthalt bei Hartmut von Cronberg
1522/23 Aufnahme in Wittenberg bei dem von ihm besunge-
nen Luther. Dieser besorgte ihm zunächst eine Hofpredi-

---

2. Stifel, Wortrechnung, Bl. A2a-A3b.
3. Clemen, Flugschriften 3, S. (261)282-352.
4. Clemen, aaO, S. 283,23-26.
5. S. 285,30f: Apk 14,8; 17,2; 18,3; S. 286,18f: Apk 2
   und 3; S. 290,13f und S. 291,5f: Apk 21; S. 307,25:
   Apk 21,27; S. 336,28: Apk 14,3.
6. Vgl. die Inhaltsangabe der Erweiterung in der Einleitung von Clemen, aaO, S. 273-276.
7. In den Auszügen, die sich bei Strobel, Stiefel, finden, z.B. S. 15: Apk 2,9 (3,9); S. 16: Apk 18,4.

gerstelle in Mansfeld; 1525 schickte er ihn zu Dorothea
Jörger nach Tolleth in Oberösterreich. 1527 mußte Stifel
aber von dort wiederum weichen und kehrte zu Luther zurück. 1528 verschaffte ihm der Reformator die verwaiste
Pfarrstelle in Lochau zwischen Wittenberg und Torgau.
Luther pflegte zu ihm enge persönliche Beziehungen[8] und
betrachtete ihn als Musterbeispiel für einen braven und
bescheidenen reformatorischen Landpfarrer[9].

Seine ungewöhnliche mathematische Begabung in Verbindung mit seiner Vorliebe für die Apk führte Stifel allmählich auf Abwege. Lassen wir ihn wieder selbst zu Wort
kommen: "Darnach (weil ich von diser rechnung gedacht:
Gott wirds wol geben zu seiner zeit) het ich wol zuzei-
ten gedanken davon, liess michs aber nicht sehr anfechten, weil ich darnach nicht mehr so verzagt war und mich
bedünken lies, sie were mir nicht mehr vonnöten. - Darnach,
als ich aus dem kloster kommen und zu Mansfeld hofprediger war und der rechnung nachgedacht, kam ich auf die pro-
gression, die ich noch brauch[10]. Aber als ichs doctori
Martino anzeigt und er mir sagt, es were nichts gwisses
dran, lies ichs gar fallen, bis auf das jar 1532; da ich
ein müssiges leben füret, bracht mich fürwitz darein, so
heftig, das ich davon ein büchlein lies ausgehn."[11] Diese Schrift ist im selben Jahr noch anonym in Wittenberg
gedruckt worden. Sie trägt den bezeichnenden Titel: 'Ein
Rechenbüchlein vom Endchrist. Apocalypsis in Apocalypsim'.
Stifel beschreibt darin, wie er auf seine besondere Art
gekommen ist, apokalyptische Zahlen und Worte zu deuten.

---

8. Vgl. die beiden kurzen Briefe an ihn vom 29.6.1529
   (Br 5,105, Nr. 1439 = Enders 7,124f, Nr. 1506) und
   vom Sommer 1531 (Br 6,143, Nr. 1838 = Enders 9,45,
   Nr. 1908). Zusammenhängend wird Luthers persönliches
   Verhältnis zu Stifel dargestellt bei Bossert, Luther
   und Württemberg, S. 229-237.
9. Vgl. TR 2,35,6-10: Nr. 1305 (Schlaginhaufen, Januar/
   März 1532).
10. d.h. die Zahlenreihe, deren ich mich auch jetzt noch
    (1553) bediene.
11. Stifel Wortrechnung, Bl. A3b-A4a.

Es heißt da in der Vorrede: "Diese rechnung... habe ich
ein zeitlang selbs gehalten fur ein fantasey und nůr zu-
zeiten fur die langeweil zum lust gebraucht..., drumb ichs
mus geschehen lassen, das du es auch villeicht wirdst
halten fur narrnwerk. Aber ich... kans nůr nicht anderst
halten denn fur ein gŏttlich ding und heimlichs werk Gottes und mus gedenken, das es villeicht einen hŏhern anfang habe, denn fleisch und blut geben mag oder offenbaren. Dem sey nu, wie ihm wŏlle, so sehe ich warlich solche ding in dieser rechnung herfurkomen, von denen ich
nicht zweivel, denn das es seien geheimnissen der ver-
schlosnen und versigelten rede, die Daniel gehŏrt hat in
seiner offenbarung[12]. Denn ich sehe das ganze Apocalypsim
gegossen in diese rechnung gleich als in einen model."[13]

> Es ist hier nicht möglich, im einzelnen darzustellen,
> wie Stifel mit Hilfe der Triangularzahlen[14], die er
> für die einzelnen Buchstaben des lateinischen Alpha-
> bets einsetzt, aus den geheimnisvollen Zahlen von Apk
> und Dan, nämlich 666, 1260, 1290, 1335 und 2300, aber
> auch aus entscheidenden Daten der Reformationszeit,
> wie 1517 und 1530, und aus dem Todesjahr von Huß, 1415,
> durch Gematrie Papstnamen, Sätze aus päpstlichen
> Schreiben und andere Formeln gewonnen hat.

Wichtig ist in unserem Zusammenhang zu sehen, wie sich
Stifel zu Luthers Beurteilung und Deutung der Apk gestellt hat. Er geht nämlich in seinem 'Rechenbüchlein'
auf beide Vorreden Luthers ein, und zwar polemisiert
er gegen die erste, ohne den Reformator beim Namen zu
nennen[15], während er Sätze aus der zweiten, speziell

---

12. Dan 12,4.9f; vgl. Apk 10,4.
13. Stifel, Rechenbüchlein, Bl. A2b-A3a; zitiert auch bei
    Strobel, Stiefel, S. 42f.
14. genauere Erklärung dieser Zahlenreihe in ADB 36, S.
    210, und bei Hofmann, Stifel, S. 10f.
15. Stifel, Rechenbüchlein, Bl. A3a: "Aber mein lieber le-
    ser, du solt es nicht verachten, das ich dir das Apoca-
    lypsim nenne; denn es ist hoffnung vorhanden, das mans
    mit der zeit fůlen werde, wie es sanct Johannes, der
    apostel und evangelist, selber beschrieben hab und das
    er derselbige theologus sey gewesen." Bl. B7af: "Darůmb
    darf auch niemands sagen, das Christus in dem buch Apo-
    calyp. nicht geleret noch erkennet werd. Wer mich leret
    den endchrist kennen, der leret mich Christum kennen,

über Kap. 13, geradezu als grundlegend für seine Zah-
lenspekulationen bezeichnet[16], die er als zusätzliche
Bestätigung der reformatorischen Antichristentdeckung
betrachtet. Zum Schluß rechtfertigt er noch einmal seine Deutung der apokalyptischen Zahlen unter Hinweis auf
Dan 12,9, einen Vers, der besagt, daß die Weissagung versiegelt bleiben soll bis auf die letzte Zeit, in der dann

---

gleich als, wer mich das gesetz recht leret erkennen,
der leret mich die gnad recht erkennen etc. Und ist
das villeicht des texts meynung, da er forn im titel
[Apk 1,3] sagt: 'Wol dem, der da liset und höret die
wort dieser weissagung'... Und im beschluß [Apk 22,18]
dreuet er greulich den felschern dieses buchs Apoca.,
drümb das viel dran gelegen ist und der teufel hie an-
fahet, uns zum ersten die erkentnis des endchrists zu
nemen etc. Und zwar ich habe alwegen gedacht, das es
mehr sicher sey, disen fluch zu fürchten, denn zu verachten"; vgl. DB 7,404,15-20. Im folgenden wird unter
Berufung auf verschiedene antipapistische Bücher Luthers
und auf Apk 18,6; 2 Thess 2,4 die Notwendigkeit des
Festhaltens am Dogma der Identifizierung des Papsttums
mit dem Antichrist eingeschärft. Daran anschließend wird
Luther in einem Atemzug gelobt und getadelt, Bl. C1a:
"Oder ist Martinus Luter[!] kuderwelsch? Hat er recht
oder unrecht? Ut quid claudicatis in utramque partem?
[1 Kön 18,21] Sprecht: Der bapst ist der recht warhaftig
einig endchrist, oder sprecht (wie ein teils schwermer):
Christus ist nichts. Behüt Gott! Sage mir nicht: Apocalypsis gilt nichts, es geht mit gesichten umb. Denn
es ist ein ander weise zu leren vom künftigen endchrist
zu erhaltung des glaubens wider seinen betrug etc.
und ist auch ein ander weise zu halten, so man leret
den erschienen und verklerten Christum; da darf es
freilich keins gesichts etc."

16. Stifel, aaO, Bl. A6b: "Denn vast alles, das mir Martinus Luther zeigt im Apoca., das kan ich zeigen in
dieser rechnung." Bl. A7a: "Martinus Luther zeigt an,
wie das thier im Apoca. 13 sey das bapstumb in weltlichem wesen und das seine zehen hörner sind 10 könig-
reich, dem bapsttumb unterworfen etc. Das find ich
alles so klar in dieser rechnung, das auch die heubter
des thiers komen mit ihren eignen namen und kronen etc.";
vgl. DB 7,451, Glosse zu Apk 13,1. - Bl. E5a: "Ich las
die auslegung Martini Luters uber die zal des thiers,
666. Da spricht nu Martinus Luter mit kurzen worten also: 666, 'das sind sechshundertundsechsundsechzig jar.
So lange stehet das weltlich bapstumb.' Haec ille. -
Diese kurze auslegung ist mir gewesen ein schlüssel zu
allen geheimnissen dieser meiner rechnung", vgl. DB 7,
453, Glosse zu Apk 13,18.

die Verständigen ihre Bedeutung erkennen werden. Seine
Entdeckungen vergewissern ihn so gleichzeitig des nahen
jüngsten Tages. Er glaubt nämlich, "das die erfindung
der geheimnis und heimligkeit dieser gesetzten zalen Danielis und Apocal. die schrift ganz und gar ausmache und
beschliesse. Denn sonst haben wir den Danielem allerding
klar und nach allem vorteil gehabt, bis an diese zalen,
von denen ich doctor Martinum zweimal mit ernst und grosser begirde gefragt hab."[17]

Über diese neuerliche Auseinandersetzung mit Luther
sind wir aus anderen Quellen genauer unterrichtet[18].
Stifel bat, wie wir erfahren, Luther um eine empfehlende
Vorrede zu seinem 'Rechenbüchlein', was dieser jedoch
ablehnte. Daraufhin forderte er ihn in einem sehr aggres-
siven Brief zu einer Stellungnahme auf, warf ihm vor, der
Geist, in dem er die Reformation begonnen habe, sei in ihm
erloschen. Er gebrauchte auch Schimpfworte wie 'Pilatus'
und 'Herodes' für Luther, der sich jedoch gelassen zeigte[19].

Der Streitpunkt war insbesondere die Berechnung des
jüngsten Tages, die Stifel unternommen hatte. Als erstes
soll er das Jahr berechnet haben, und zwar folgendermaßen:
In den eschatologisch bedeutsamen lateinischen Worten von
Joh 19,37 (vgl. Sach 12,10; Apk 1,7): "VIDebVnt, In qVeM
transfIXerVnt", ergaben die als Zahlzeichen verwendbaren
Buchstaben zusammen das Datum 1533[20]. Damit ging er noch
kaum über die allgemein herrschende Naherwartung hinaus;
denn auch Luther erwartete offensichtlich den jüngsten
Tag für 1532/33[21]. Stifel forschte jedoch eifrig weiter.
Er berichtet darüber: "Und rechnet ungeschickt und unge-

17. Bl. K4b, zitiert auch bei Strobel, Stiefel, S. 43.
18. Vgl. auch Köstlin - Kawerau, Luther II, S. 323-325.
19. Burkhart, Luthers Briefwechsel, S. 216f: Johann Peter
    Weller an Johann Brießmann, 17.11.1533; auch bei Stro-
    bel, Stiefel, S. 75.
20. Enders 9,316, Anm. 2.
21. Vgl. TR 2,31,32-36: Nr. 1291 (Schlaginhaufen), dazu
    die Varianten 48,475,18ff und Anm. 5.

reimet ding, so lang, bis ich die zalen Danielis misbrau-
chet, zu erforschen tag und stund der letzten zeit."[22]
Anfang 1533 scheint er schon einen bestimmten Tag gefunden zu haben. Von der Bedeutsamkeit seiner Erkenntnisse
war er so sehr überzeugt, daß er sich selbst für den 7.
Posaunenengel von Apk 10,7 und 11,15 hielt, der mit seinem Blasen unmittelbar den jüngsten Tag ankündigen und -
so scheint Stifel das Ende des Verses 10,7 interpretiert
zu haben - die geheimnisvollen Weissagungen der Propheten
jetzt endlich ans Licht bringen wird. Er glaubte, eine
ganz besondere, letzte Offenbarung bekommen zu haben, wie
sie viele Väter von Noah bis zu Johannes dem Täufer unmittelbar vor dem Eintreffen eines wichtigen Ereignisses
gehabt haben[23].

Dieser Anspruch Stifels, der 7. Posaunenengel der Apk
zu sein, muß Luther stark beeindruckt haben; denn er kam
mehrfach darauf zurück, erstmalig bereits Anfang Februar
1533 in einer Tischrede: "Michel Stiffel, vir pius, tamen
in hanc persuasionem venit se Angelum esse septimum, qui
divina sua revelatione praeveniat diem extremum; er habe
die posaune septimi angeli, certus, quando sit ille dies
venturus. Ideo suppellectilem suam gratis a se donat hominibus, quod ultra sibi non sit necessaria."[24] Einige Tage
später brachte Luther nochmals die Sprache darauf. Wir erfahren dabei Weiteres über den vorangegangenen (verlorenen)
Briefwechsel: "Cum ad fictam ratiocinationem suam, quam
prophetiam dicebat, respondissem Stiffelo et argumenta
arguissem seu potius opinionem eius de septimo Angelo,
quem se esse volebat, et subscripsissem me literis meis:
Martinus Lutherus D., faciebat mihi ex unica litera D:

---

22. Stifel, Wortrechnung, Bl. A4a.
23. Burkhart, Luthers Briefwechsel, S. 219; Strobel, Stie-
    fel, S. 81f.
24. TR 3,115,23-26: Nr. 2955a (Cordatus). Die Parallelüber-
    lieferung in der von Bindseil edierten Halleschen Hs.
    gibt den Mittelteil anders, wahrscheinlich unrichtig,
    wieder: "Et praedixit omnibus horis venturum", TR 3,
    116,1f: Nr. 2955b; vgl. Aurifabers deutsche Fassung
    in TR 2,638,29-32.

Dele; delere enim me vis, [inquit], adeo propitium habeo
Sathanam."[25] Luther erinnerte sich noch zehn Jahre später
an die Beschimpfungen, mit denen sein alter Freund auf
einmal über ihn hergefallen war, weil er sich dessen Of-
fenbarungsanspruch nicht gebeugt hatte: "Es hat mir mein
lebetag kein adversarius so bose wort geben als ehr."[26]
Wir erfahren auch Näheres über die Argumente, die gewechselt wurden. Ende Mai/Anfang Juni scheint Stifel sich
noch einmal mit Luther besprochen zu haben. Jetzt gab
er an, Christus werde sicher vor Michaelis (29.9.1533)
kommen[27]. Luther wollte sich nicht festlegen lassen, worüber Stifel sehr böse wurde. Daraufhin schrieb der Reformator am 24. Juni wieder einen Brief nach Lochau, der uns
erhalten ist[28]. Seine erste Beteuerung scheint mir typisch
zu sein für seine Haltung gegenüber einer Bibelexegese
wie der Stifelschen: "Semper dixi, me non tam dissentire,
quam non intelligere, neque puto, quod me velis cogere,
ut dicam me intelligere, quod prorsus non intelligo neque
capio."[29] Das ist von Luther durchaus ehrlich gemeint.
Nicht nur waren ihm die mathematischen Gedankengänge Stifels fremd, sondern er gesteht auch sonst immer wieder
einmal, daß er vor dunklen Stellen kapitulieren muß, wie
sie besonders in den Büchern vorkommen, die Stifel vor
allem herangezogen hat, z.B. in Dan und Apk[30]. Luthers
Hauptargument ist jedoch, daß genauere Berechnung des
jüngsten Tages überhaupt nicht notwendig und jede Beunruhigung darüber sinnlos sei, da jemand, der die Wiederkunft Christi jederzeit erwarte, auch an jedem bestimmten
Termin, also z.B. auch vor Michaelis 1533, gerüstet sei.

_____

25. TR 3,117,15-20: Nr. 2959 (Cordatus).
26. TR 5,211,3f: Nr. 5519 (Heydenreich, 1542/43).
27. TR 3,290,28f: Nr. 3360b (Cordatus, 28.9.1533).
28. Br 6,495f, Nr. 2031 = Enders 9,315f, Nr. 2099.
29. Br 6,495,3-5 = Enders 9,315,4-6.
30. Vgl. z.B. TR 3,645,1-646,12 (über Dan 7,25 bzw. Apk
    12,14): Nr. 3831 (Lauterbachs Tagebuch, 11.4.1538).

Unkenntnis sei also in einer so peripheren Sache keine schwere Unterlassungssünde[31]. Hier spielt offensichtlich Luthers bekannte großzügige Haltung gegenüber verschiedenen Partien des Kanons herein. Mit einer Warnung vor der Versuchung durch den Satan (Lk 22,31) und einer Einladung zu sich, um die alte Freundschaft nicht in die Brüche gehen zu lassen, schließt Luther den Brief.

Ein anderes Argument, das der Reformator gegen die Berechnungen des Mathematikers vorgebracht hat, war der Hinweis auf Mk 13,32: "Von dem Tage aber und der Stunde weiß niemand, auch die Engel nicht im Himmel, auch der Sohn nicht, sondern allein der Vater." Stifel ließ sich aber davon nicht beirren. Er hielt dieses Wort Jesu für überholt seit der Himmelfahrt, so daß Christus durch ihn, Stifel, als die letzte Posaune es wohl verkünden könne, und warf seinem Gegenspieler, also Luther, vor, er spreche Christus die volle Gottheit ab und verstehe selber die heilige Schrift nicht. Luther dagegen sagte, Christus habe das Datum wohl gewußt, sollte es aber den Menschen nicht offenbaren[32].

Die Affäre zog bald weitere Kreise, da Stifel offensichtlich seine Ankündigung inzwischen öffentlich vorgetragen hatte, so daß die Bevölkerung von Lochau wie auch er selbst ihr Hab und Gut verkaufte oder verschenkte. Deshalb ordnete der Kurfürst an, daß Stifel in Wittenberg von den Theologen verhört werden solle. Luther schrieb darüber am 26. August an Justus Menius: "Nihil hic novarum, nisi quod Michaël Stifel cum sua tuba septima nobis prophetat diem extremum hoc anno, circiter Omnium Sanctorum[33], cum antea S. Michaëlis diem mihi praediceret; et fit concursus, ut metuere cogamur, ne tumultum concitet in istis verpribus et paludibus. Ideo vocamus hodie homi-

---

31. Br 6,495ff = Enders 9,315,7ff.
32. Burkhart, Luthers Briefwechsel, S. 218f; entsprechend Strobel, Stiefel, S. 80f; TR 3,291,4-9: Nr. 3360b; Stifel, Wortrechnung, Bl. A4a.
33. 1. November 1533.

nem ad nos."[34] Es wurde Stifel verboten, öffentlich seine
Behauptung zu vertreten; nur Luthers Fürsprache war es zu
verdanken, daß er nicht vorsorglich in Haft genommen wurde[35]. Inzwischen gingen die Verhöre weiter[36]. Anscheinend veränderte Stifel auch noch einmal seine Rechnung.
Der endgültige Termin sollte Sonntag, den 19. Oktober
1533, früh um 8 Uhr sein[37].

Als der Tag herankam, schickte Luther Johann Peter
Weller mit einigen anderen Studenten in das von Fremden
überlaufene Lochau, um das Geschehen beobachten zu lassen. Die Aufzeichnungen darüber, die uns bisher schon
als Quelle gedient haben, schildern die Ereignisse unmittelbar vor dem Termin recht lebhaft und geben auch
Stifels Predigt wieder, in der er in der letzten Stunde seine Berechnung öffentlich verteidigte. Das Ende
der Geschichte war jedenfalls, daß Stifel um 9 Uhr in
einem vom Kurfürsten geschickten Wagen nach Wittenberg
gebracht wurde, um dort erst einmal vor der Wut der ent-
täuschten und mittellos dastehenden Anhänger sicher zu
sein[38]. Etwa zur gleichen Zeit predigte Luther wieder
wie gewohnt in seinem Hause. Ganz kurz ging er dabei
auch auf die Spekulationen seines alten Freundes ein,

---

34. Br 6,514,1-5, Nr. 2044 = Enders 9,334,1-7, Nr. 2112;
    vgl. Buchwald, Lutherana, S. 56f.
35. Burkhart, Luthers Briefwechsel, S. 217, bzw. Strobel,
    Stiefel, S. 75f.
36. Laut Rechnungsbelegen des Staatsarchivs Weimar war
    Stifel noch in den Wochen nach dem 1. September und
    nach dem 12. Oktober in Wittenberg; vgl. Buchwald,
    Lutherana, S. 57. Umgekehrt predigte Luther vom 1.
    bis 3. Oktober in Lochau: WA 37,154-167. Die Nachschrif-
    ten enthalten keine direkten Hinweise auf die besondere
    Situation. Nach TR 3,290,7ff, Nr. 3360b (Cordatus) müßte
    Stifel auch am 28. September 1533 nochmals in Wittenberg
    gewesen sein und seine Theorien vom jüngsten Tag Luther
    in 22 Artikeln vorgelegt haben.
37. Die Mutmaßungen in TR 3,290, Anm. 6 zu der Angabe: "an-
    num 33., mensem Octobrem, hebdomadam 42., luna secunda
    292", sind Br 6,495 in der Einleitung zu Nr. 2031 klar-
    gestellt.
38. Burkhart, Luthers Briefwechsel, S. 216-220, bzw. Stro-
    bel, Stiefel, S. 74-84.

wenn er sagte: "Magister Stiefel credit hodie novissimum diem venturum, ist lügen, quia est sine verbo."[39]
Zwar wurde der Lochauer Pfarrer seines Amtes entsetzt[40],
aber Luther zeigte sich ihm gegenüber auch weiterhin
großzügig und schrieb an dessen frühere Herrin Dorothea
Jörger: "Er[41] Michel hat ein kleines Anfechtlein bekommen, aber es soll ihm nicht schaden, sondern Gottlob
nütze sein."[42] Er legte auch beim Kurfürsten sogleich
Fürsprache für den reumütigen falschen Propheten ein, so
daß dieser nicht streng bestraft wurde, sondern finanziel-
le Unterstützung und ein Jahr später bereits wieder eine
gute Pfarrstelle in Holzdorf, nicht weit von Lochau,
fand[43].

Dort widmete sich Stifel längere Zeit ernsthafteren
mathematischen Studien und brachte bedeutende Arithmetik-
bücher heraus[44]. Auch pflegte er Kontakte zur Universität Wittenberg und lebte in gutem Einvernehmen mit
Luther.

Die weiteren Ereignisse gehören zwar eigentlich nicht
mehr in den Zusammenhang der Auseinandersetzung beider
Freunde, sondern zur weiteren Wirkungsgeschichte der zweiten Vorrede. Sie sollen aber hier angefügt werden, damit
die Darstellung nicht zerrissen wird.

Die beschauliche Ruhe dauerte nur 14 Jahre. Ein Jahr
nach Luthers Tode vertrieben die bei Mühlberg siegreich
gebliebenen spanischen Truppen den Holzdorfer Pfarrer

---

39. 37,175,28f: über Mt 9,1ff (Rörer).
40. Br 6,544f, Nr. 2062 = Enders 17,321f, Nr. 3731: Kurfürst
    Johann Friedrich an die Wittenberger Theologen, 22.10.
    1533.
41. = Herr.
42. Br 6,546,21-23, Nr. 2063: 24.10.1533.
43. Br 6,555-557, Nr. 2070 = Enders 17,322-324, Nr. 3732:
    Kurfürst an Luther, 15.11.1533 (mit Hinweis auf einen
    fehlenden Brief Luthers an den Kurfürsten und dem Ab-
    druck der Supplikation Stifels); CR 2,790f: Melanchthon
    an Zwilling, September 1534; Br 7,172,16f, Nr. 2187:
    Luther an Dorothea Jörger, 8.4.1535.
44. Vgl. Hofmann, Stifel, S. 6-33.

samt seiner Gemeinde. Die neuerliche Beunruhigung seines
Lebens trieb ihn wieder der Wortrechnung zu. Er schreibt
darüber selbst: "Do herzog Moritz dem löblichen chůrfůr-
sten sein land einname und ein traurige botschaft uber
die ander kam..., wolt mir (wii ich oft klagt) mein herz
brechen, und bedacht, wie solcher unrath aller entstanden were aus anstiftung des bapsts. Da war mein red ste-
tigs: 'Wehe dir, bapst, ewiglich, wehe dir mit allen, die
das evangelium verfolgen, verrhaten und verkaufen!' Und
als ich einest sass in einem wasserbad, kam mich ein lust
an zu legen (nach diser meiner rechnung) dise wort, die
mir sonst oft immund waren: 'Vae tibi, papa, vae tibi',
rufet meinen knaben, befalhe im, mit rechenpfennigen zu
legen, was ich im wůrde angeben. Ich gab im aber an die
zalen der buchstaben des jetzt ernenneten sprůchleins.
Nach solchem legen fragt ich den knaben, was fůr ein zal
kommen were; die nennet er mir, sagt, es lagen da 1260.
Des verwundert ich mich nicht schlechtlich, sondern er-
schrak des auch, dieweil mir diese zal sehr wol bekant
war, als die in der Offenbarung S. Johannis an zweien
örthen gefunden wirt, eilet aus dem bad, die zal zu besehen, nam die sach selbs unter die hand und fand, das
der knab recht gelegt hett. Und als mir das gwissen kommen wolt, das ich widerumb umbgangen wer mit einer ver-
worfnen rechnung, fieng ich an zu bedenken, wie es nicht
der rechnung schuld were, sonder die schuld were mein,
das ich sie ubel gebraucht und unrecht appliciret het,
und fieng also die rechnung widerumb an zu treiben und
het glück, sprůch zu finden[45], das ich fůrwar zuvor
nicht gehabt het."[46]

Stifel fand bald darauf wie andere Gegner des Interims
Aufnahme bei Herzog Albrecht in Preußen. Andreas Osiander,
der ebenfalls in Königsberg Zuflucht gefunden hatte und

---

45. Im Text Drf.: findan.
46. Stifel, Wortrechnung, Bl. Blaf. Über seine Vertrei-
    bung berichtet Stifel, aaO, Bl. Albf.

sich selbst gerne mit etwas anders gearteten 'apokalyptischen' Berechnungen befaßte[47], äußerte sich in einem Brief
an Hieronymus Besold vom 19. Februar 1549 recht abfällig
über Stifels Gematrien:

> "Miser Stifelius, qui in arce Memel, 20 milliaribus
> abhinc ad septentrionem, concionator est, satis tole-
> rabili conditione, rediit ad vomitum[48] cum sua suppu-
> tatione. Tractat Danielem pro concione et commentus
> est nouos alphabeti numeros scil. triangulares, et
> delirat multo ineptius, quam antea. Incipit librum ea
> de re scribere, cuius initium ad principem misit, tan-
> ta est hominis fiducia, et voluit, vt et mihi ostenda-
> tur, asserens valiturum contra portas inferorum[49]. Non
> metuo, ne ecclesiam turbet, sed ne Satanas eum sic
> decipiat, vt perdat."[50]

Als Stifel Pfarrer in Haffstrom (Haberstro) war, veröffentlichte er 1553 das 1548/49 begonnene Werk, das als
neubearbeitete und erweiterte Auflage des 'Rechenbüch-
leins' betrachtet werden kann. Der Titel lautet: "Ein
sehr wunderbarliche wortrechnung sampt einer merklichen
erklerung etlicher zalen Danielis und der Offenbarung
sanct Johannis". Auch bei dieser Schrift wollen wir nicht
näher auf die Menge der antipapistischen apokalyptischen
Wort- und Zahlengleichungen eingehen, sondern uns auf die
Stellen konzentrieren, an denen Stifel ausdrücklich auf
Luther Bezug nimmt.

> So beruft er sich bei der Deutung der Zahl 666 als
> Zeitangabe wiederum auf Luthers Glosse zu Apk 13,18:
> "Verborgenlich bedeutet sie auch ein zeit, welchs
> doctor Martinus gesehen hat, wie man sihet an sei-
> ner verzeichnis am rand, die also lautet: 'Dis sind
> 666 jar. So lang steht das weltlich bapstumb.'"[51]

---

47. z.B. in Osiander, Coniecturae; die deutsche Fassung
    (vgl. Seebaß, Bibliographia Osiandrica, Nr. 40) trägt
    auf dem Titelblatt das Zitat von Dan 12,10.

48. Vgl. 2 Petr 2,22.

49. Vgl. Mt 16,18.

50. Hummel, Epistolarum semicenturia altera, S. 70f; vgl.
    Stupperich, Osiander, S. 28f, Anm. 109.

51. Stifel, Wortrechnung, Bl. G4a; auch schon Bl. F3b:
    "Denn wie sie sey ein zal der jar (wie der lieb Lutherus
    gesehen hat), wollen wir hernach sehen bey dieser zal
    1260." Vgl. DB 7,453.

Er führt dann Luthers Gedankengang, den wir auch
selbst rekonstruiert haben[52], selbständig weiter.
Er geht davon aus, daß nach 2 Thess 2,8 der Papst
durch die Predigt des Evangeliums getötet worden
sei, also ein Ende habe, und das geschah, als Luther
ca. 1518 den Papst als Antichrist offenbarte. Er
fährt dann fort: "Ich leg nider 1518 und subtrahir
davon 666, so bleiben 852 als der anfang des weltlichen bapstumbs (wie es Luther nennet)."[53] Er macht
sich die Fabel von der Päpstin Johanna zunutze und
behauptet, sie sei damals bei ihrer Niederkunft gestorben[54]. "Das ist ein wunder", meint er, "das das
bapstumb (welchs Lutherus nennet das weltlich bapstumb)
bey seinem anfang so ein ganz gleiches fürbild hat
gehabt, nemlich ein leibliche, weltliche hur, hat bedeutet die geistliche hur des weltlichen bapstumbs."[55]

Wieder kommt Stifel auch auf die Stelle Apk 10,6f zu
sprechen, die 1532/33 der Anlaß für ihn gewesen war, sich
als den Engel mit der letzten Posaune zu bezeichnen. Er
bezieht sich hierbei auf seine Unterscheidung zwischen
klaren, d.h. sofort verständlichen, und versiegelten, d.h.
erst in der Endzeit durch Wortrechnung zu entziffernden,
Worten bei Dan und in der Apk[56]. Zu den versiegelten gehört nun auch der Schwur Apk 10,6f, und Stifel hat die
Gnade bekommen, ihn zu enträtseln. Da in seiner Vorstellung dieser 'starke Engel' ebenso wie der Engel von Dan
12 eine so wichtige positive apokalyptische Funktion hat,
kann sich der Lutherverehrer natürlich auch nicht mit der
Deutung, die sein Meister Apk 10 gegeben hat, einverstan-
den erklären. Es ist von daher anzunehmen, daß über diese
Differenz auch schon 20 Jahre vorher der Streit gegangen
ist. Stifel schreibt: "Dieweil denn dise zwey örth im
Daniele und in der Offenbarung Johannis so gar vilfeltiger
und trefflicher weise zusamenstymmen und ubereinkomen miteinander, kan ich mich des nicht lassen uberreden, das

---

52. s.o. S. 431f und 434f.

53. Stifel, aaO, Bl. G4a.

54. Johanna soll von 855 bis 857 regiert haben; vgl. LThK[2]
    5, Sp. 984.

55. Stifel, aaO, Bl. G4b.

56. Bl. B2a-C1a. Dan 7,25; 10,1; 12,7: offen; 12,4.8f: ver-
    siegelt; Apk 1,19; 22,10: offen; 10,4: versiegelt.

der engel am selbigen orth in der Offenbarung Johannis
sey ein böser engel und bedeute den bapst, sonderlich dieweil ich da gar kein zeichen finde an worten, die auf
solliche deutung dieneten, denn nur allein das rufen,
das gelautet als ein brüllen eines lewen. Dargegen aber
nennet die Offenbarung Johannis[57] Christum selbs einen
lewen vom stamme Juda..., wie denn auch unsere zwo zalen
666 und 1260 lauten in einer summa und sprechen[58]: Vicit
leo, leo de pia tribu Iuda. - Item viel mehr bewegt mich,
das der engel Gott und seine Diener, die propheten, mit
hochwürdigen worten ehret, welchs warlich dem bapst oder
bapstumb nicht kan zugerechnet werden, sondern vielmehr
dem schwerenden engel im Daniele verglichen."[59] Stifel
holt aber noch weiter aus und setzt sich überhaupt von
Luthers Deutung des Abschnittes Apk 8-10 ab: "Also hab
ich auch viel mehr und grösser ursach, zu halten von den
sieben posaunenden engeln, das sie nicht ketzer, sondern
rechte prediger (von Gott auferweckt) bedeuten. Denn das
nach eines jeden posaunen gevolgt haben grosse plagen,
mus man nicht schuld geben dem posaunen, sondern denen,
die sich an dem posaunen versündigen. Denn man sehe, was
dem posaunen des lieben Lutheri hab gevolgt des jars, sobald er das heubt gelegt hatte[60]. So ist das auch sehr
gewis, wie in der Biblia das posaunen alwegen gute deutung habe und an keinem orth böse deutung, so doch dess
posaunens so oft gedacht wirt. Vielmehr halt ich, das,
gleichwie Lutherus zwifeltiger weise sey angezeigt in
der Offenbarung Johannis an zweien örthen, cap. am 14.
[V. 6f] und cap. am 18. [V. 1ff], also seien auch dise
sieben engel auf zweierley weise angezeigt, einmal mit
posaunen, darnach mit schalen; denn dem aussgiessen der

---

57. Apk 5,5.
58. nämlich wenn man für jeden Buchstaben die Triangular-
    zahl seiner Platzziffer im Alphabet nimmt.
59. Stifel, Wortrechnung, Bl. L3b.
60. Gemeint ist der Schmalkaldische Krieg von 1547 mit sei-
    ner Folgeerscheinung, dem Interim.

schalen haben auch gevolgt grosse plagen, und leidet doch
der text (an dreien örthen) gar nicht, das sie böse engel
seien. Also ist das auch nicht ein geringe anzeigung von
den posaunenden engeln, das sie guth und nicht böse seien,
das dem siebenden engel solliche gezeugnis der wahrheit
wirt verlihen mit so hochem, ehrlichem schwur, wie jetzt
oben ist gesagt. - das aber etzliche leut meinen, es
sey ein fürwitz, das man sich sollicher ding annimpt
und davon disputiret, ist ein unbesinnet urtheilen.
Wir sehen, wie wir seien in den letzten zeiten der
welt. Darzu haben wir das gros erzzeichen Christi und
Pauli von dem wüsten greuel[61], vom menschen der sünden
und sohn des verderbens, der ein widerwertiger ist[62]
und auf gut deutsch heisset der endchrist. Den erkennen
wir als durch den geist Christi eröffnet, wissen auch,
wie die Offenbarung Johannis des mehrern theils gestellet ist auf dise unsere zeiten des eröffneten endchrists,
und sehen auch etzliche ding mit unsern leiplichen augen
erfüllet, als den buchtruck, da der auf dem weissen pferd
(des sein name ist Gottes wort), ausgezogen zu uberwinden,
uberwindet[63], item die kriegsrüstung (auch wider das wort
Gottes gebraucht nach dem tod Lutheri), wie sie ist angezeigt durch pferd, die schaden thaten und ire kraft war
an iren schwenzen[64], wie wir denn sehen, wie die pferd
schlangen und carthaunen[65] nach sich schleifen, und ander ding mehr, das zu lang würde hie zu melden."[66] Zum
Schluß kommt er noch einmal auf den Ausgangspunkt aller

---

61. Mt 24,15 par.
62. 2 Thess 2,3f.
63. Apk 19,11ff; vgl. 6,2.
64. Apk 9,17ff.
65. = Geschütze.
66. Stifel, Wortrechnung, Bl. L4af.
67. im Text Drf.: Gdttes.

seiner Überlegungen zurück: "An dem end der welt sein wir, und die versigelte wort Gottes[67] sollen für dem end eröffnet werden."[68]

Die Beschäftigung Stifels mit der Apk fand jedoch in der 'Wortrechnung' noch nicht ihren Abschluß. Nachdem er als Gnesiolutheraner und Osiandergegner 1554 Preußen und als Melanchthongegner 1559 Brück im albertinischen Sachsen verlassen hatte und zu Flacius an die Universität Jena gegangen war, schrieb er dort (anscheinend 1560) eine ausführliche deutsche Auslegung der Apk, die jedoch nicht veröffentlicht wurde[69].

In der Erklärung des Titels und der Verse 1,1 und 4 der Apk lehnt Stifel jeden Zweifel an der Autorschaft des Apostels Johannes und der Kanonizität des Buches ab[70]. Dabei wird er wohl an Luthers erste Vorrede gedacht haben. Eigenartig ist es zu verfolgen, wie Stifel bei der Deutung von Apk 5,1 gegen Bullinger, dessen Predigten[71] er offensichtlich gelesen hat, polemisiert. Er erwähnt zunächst dessen Kritik an Luthers Satz aus der ersten Vorrede, daß sein Geist sich in das Buch nicht schicken könne. Eigentlich müßte er dem zustimmen. Aber er geht sofort dazu über, Bullinger, der dagegen glaubt, die Apk zu verstehen, als einem Sakramentierer überhaupt die Fähigkeit abzusprechen, ein Buch wie dieses zu interpretieren, und zwar eben deshalb, weil ein solcher 'Schwärmer' ja die ganz besondere geschichtliche Sendung Luthers, nämlich

---

68. Stifel, aaO, Bl. M4b. Die anschließende Auseinandersetzung über Ez 38f (Bl. N1a-N2b) werden wir später heranziehen, s.u. S. 576.

69. Ich habe das heute in der UB Leipzig aufbewahrte Manuskript aus den Beständen der Bibliothek von St. Thomas nicht selbst eingesehen. Aus den bisher veröffentlichten Auszügen (Pipping, Arcana, S. 70-99, danach Strobel, Stiefel, S. 72-74; Hofmann, Stifel, Bild 18: Facsimile einer Seite mit der Auslegung von Apk 10, 3) wird der Charakter des Werkes jedoch hinreichend deutlich.

70. Pipping, aaO, S. 72-75.

71. s.o. S. 519f.

den Antichrist in seinem wahren Wesen zu offenbaren, gar
nicht erkennen könne[72]. Hier wird wieder einmal Stifels
zwiespältige Einstellung zu Luthers Umgang mit apokalyptischen Bibelstellen deutlich.

Nicht verwunderlich ist es, daß Stifel auch jetzt noch
gegen Luthers Deutung von Kap. 10 polemisiert. So schreibt
er zu 10,3 (Er schrie mit großer Stimme, wie ein Löwe
brüllt.): "Und diss ist das einig orth dess texts, auss
dem man disem engel ein böse deutung will geben, dagegen
doch alle andere stuck dess texts widersynnisch lauten."[73]
In einer lateinischen Fußnote[74] beruft er sich dafür ausdrücklich auf Luthers eigene Vorlesung über Hos 11,10 von
1524, in der es heißt: "Tota scriptura rugitum leonis voci
euangelii comparat."[75]

Apk 11,19, das Erscheinen der Bundeslade im Tempel,
deutet Stifel von der gleichzeitigen Offenbarung Christi und des Papstantichrists durch Luther[76]. In Kap.
12 sieht er Luthers Kampf gegen das Papsttum, insbesondere den Ablaßstreit, abgebildet[77]. Kap. 13 deutet er
auf das Interim und polemisiert gegen Melanchthon[78].
Zu 14,6f wiederholt er sein oben erwähntes Lied auf
Luther, während er den folgenden Engel von 14,8 auf
Flacius bezieht und sein Verhältnis zu diesem Streit-
theologen schildert[79]. Stifel lehnt auch Luthers An-

---

72. Pipping, aaO, S. 72-74.

73. Hofmann, Stifel, Bild 18.

74. ebd: "Vide Lutherum in Hoseam cap. undecimo, ubi vo-
    cem Christi per evangelium cogitur ex textu vocare seu
    assimilare rugitui leonis, ubi dicitur: 'Sicut leo ru-
    giet' etc."

75. 13,54, Anm. 2 (Druck, 1526); die Nachschrift enthält
    diesen Satz nicht, dafür eine Anspielung auf Apk 5,5:
    13,54,24.

76. Pipping, Arcana, S. 87: "... das Auffthuen des Tempels
    zu Ersehung der Archa sey die Offenbahrung beyde des
    Evangelii und des Antichrists/ des Pabsts; und die
    Stimmen seyn die Predigten Lutheri/ und anderer getreuen
    Mithelffer..."

77. Pipping, aaO, S. 88 (zu 12,6): "Wie der vorhergehende
    Text giebt den Handel Lutheri im Jahr 1517. also hat
    dieser Text hie den Handel Lutheri des Jahrs 1518."

78. Pipping, aaO, S. 90f.

79. S. 91-95.

setzung der 1000 Jahre ab: "Daß etliche die tausend
Jahr anfangen zu rechnen von der Zeit/ da diß Buch ist
geschrieben/ das ist/ von der Zeit Johannis Apostoli &
Evangelistae, kan nicht bestehen. - Die tausend
Jahr sollen ausgehen hart vor dem jüngsten Tag/
oder eine kurtze Zeit zuvor/ sonst wäre er nicht
so eben vermengt worden unter den Handel der tausend
Jahr."[80] Seiner Ansicht nach muß man vom Ende der
Zeit zurückrechnen, was natürlich nur hypothetisch
möglich ist. Gog und Magog sind neben den Türken
neuerdings möglicherweise auch die Moskowiter[81].

Obwohl die Auslegung Stifels selbst nicht gedruckt worden ist, hat sie dennoch weitergewirkt. Sie ist nämlich
zum großen Teil eingegangen in den Kommentar von Nikolaus
Selnecker[82], der nach der Vertreibung von Flacius Professor in Jena wurde und nach Stifels Tod (19. April 1567) u.
a. auch dessen Handschrift der Apk-Auslegung erbte[83].
Selnecker muß das Manuskript sogleich intensiv studiert
haben; denn sein Kommentar, der unter dem Titel 'Der Prophet Daniel und die Offenbarung Johannis' erschien, trägt
am Ende der Widmungsepistel das Datum: "Jene, montags,
den achten Septembris 1567." Darin beruft er sich ausdrücklich auf Stifels Auslegung[84]. Auch dessen 'Wortrechnung'
zitiert er mehrfach[85]. Die Gesamtdeutung ist offensichtlich darauf ausgerichtet, die seit Luthers Tod schon um
mehr als 20 Jahre fortgeschrittene Zeit unterzubringen
und auch wieder für die Zukunft Spielraum zu gewinnen, was
durch Rekapitulationen noch unterstützt wird.

---

80. S. 96.
81. S. 99.
82. Über ihn vgl. RE[3] 18, S. 184-191; RGG[3] 5, Sp. 1688f.
83. Pipping, Arcana, S. 70f. Selnecker hat sie dann der
    Thomas-Bibliothek in Leipzig vermacht.
84. Selnecker, Daniel, Bl. A2b-A3a der Dan-Zählung: "Ich
    mus aber auch dis sagen und melden, das vor eim halben
    jare allhie bey uns ein frommer, gottfürchtiger, alter
    lehrer, Er [= Herr] Michel Stiffel, entschlafen ist,
    welcher in die Offenbarung Johannis sehr viel und zwey
    grosser bücher geschrieben, die er mir auch beschieden
    mit sonderlichen gutherzigen worten, derer ich allhier
    geschweige. Solche bücher habe ich gelesen..."
85. z.B. Bl. 13a, s2a und s4b der Apk-Zählung. Er nennt
    dabei Stifel nicht als Verfasser.

Da diese Auslegung bisher keine Beachtung gefunden hat,
soll sie hier anhangsweise noch etwas ausführlicher dargestellt werden[86]. Zweifel an der Verfasserschaft erscheinen bei Selnecker bereits als geradezu teuflisch[87].
Wahrscheinlich nach dem Vorgange Stifels bedeuten die 4
Reiter im 6. Kapitel 1. das Wort Gottes, 2. Krieg unter
den Gottlosen, 3. Teuerung und 4. bereits das Papsttum
bis Konstantin[88]. Die Posaunenengel sind alle gute Bischöfe, die mit Ketzern zu kämpfen haben, nämlich 1.
Athanasius gegen Arius, 2. Basilius gegen Valens, 3.
Augustin z.Zt. des Apollinaris, 4. Gregor I. gegen die
anmaßenden Päpste[89]. 9,1-11 legt Selnecker unter ausdrücklicher Berufung auf Luther von der Scholastik aus,
indem er auf die Schrift gegen Ambrosius Catharinus von
1521[90] zurückgreift, während er Luthers Deutung auf
Arius von 1529/30 nur kurz erwähnt[91]. Der 5. Engel,
der gegen die Scholastik kämpft, ist Huß[92], der 6. Engel dann bereits Luther selbst, der das zweite Wehe
aufhält[93]. Nach Luthers Tod bricht es jedoch im
Schmalkaldischen Krieg los. Die Löwenpferde (9,17ff)
sind wie in Stifels 'Wortrechnung' die neumodischen
Geschütze[94]. Hier ist Selnecker schon zu seiner eigenen Gegenwart gelangt. Luthers Deutung von Kap. 10
verwirft er mit Stifel[95]. Der starke Engel ist natürlich Christus. Die Zeit der beiden Zeugen von Kap. 11
liegt noch in der Zukunft. Durch Rekapitulation gelangt Selnecker bei Kap. 12 zurück zu Luthers Geburt.
Der Reformator ist nämlich wie bei Stifel das Knäblein,
das von der wahren Kirche geboren wird. Ihre Flucht in
die Wüste verlegt Selnecker bereits wieder nach Luthers
Tod[96]. Während der Drache von Apk 12 das Papsttum vor

---

86. Bousset, Offenbarung, S. 85, Anm. 2, ordnet die
    Schrift, ohne sie zu kennen, den üblichen lutheri-
    schen Kommentaren zu. Sie ist aber wesentlich unab-
    hängiger von Luther als die anderen.

87. Selnecker, Daniel, Bl. A3a der Apk-Zählung; vgl. Bl.
    Ff4b.

88. Bl. R3bff.

89. Bl. X4bff.

90. s.o. S. 201ff.

91. Bl. Z3bff.

92. Bl. a4bff.

93. Bl. b2a.

94. Bl. b2bff, vgl. o. S. 422.

95. Bl. c1b: "Wer aus diesem engel den bapst oder bapstumb
    machen wil oder sonst etwas [im Text Drf.: erwas] bö-
    ses, der sehe den text an und thue im keine gewalt."
    Vgl. o. S. 544f und 548.

96. Bl. f3aff.

seiner Entlarvung ist, bedeutet das erste Tier von Kap.
13 dasselbe danach. Luthers Deutung des kleinen Hornes
von Dan 7 auf die Türken wird bei dieser Gelegenheit
abgelehnt[97]. Das zweite Tier dagegen ist ein weltlicher Herrscher, der sich schon durch das Interim angekündigt hat[98]. Für die Zahl 666 werden die beiden üblichen Deutungen λατεινος und רומײת von Irenäus bzw.
Osiander erwähnt[99]. Kap. 14 ist für Selnecker eine
Chronik der Gegenwart ab Luther von der positiven Seite her[100]. Demgemäß wird der erste Engel von 14,6 mit
Luther gleichgesetzt, und zwar unter Berufung auf Bugenhagen[101]. Bei Kap. 16 und 17 ist für einige Einzeldeutungen Luther Gewährsmann[102]. Eigenartig ist dagegen
die Deutung der 7 und 1 Könige in 17,9-11: Es sind die
Päpste von Leo X. bis Pius IV. (also in der Zeit von
1513 bis 1565). Der Engel von 18,1ff ist dann wieder
Luther[103]. Dessen Ansetzung der 1000 Jahre verwirft
Selnecker aber mit Stifel, dem er auch im Verständnis
von Gog und Magog folgt[104].

b) Paul Lautensack (und Pseudo-Weigel)

Gleichzeitig mit den gematrischen Berechnungen apokalyptischer Zahlen und Worte durch Michael Stifel beschäftigten Luther 1533 auch die wieder ganz anders geartete Spekulationen über Bilder und Sätze aus der Apk von dem Maler
Paul Lautensack d.Ä. Auch diesen Mann und seine Deutungsweise müssen wir erst näher kennenlernen, um zu verstehen,
womit Luther da konfrontiert worden ist.

Lautensack[1] wurde 1478 in Bamberg geboren, wo er als

---

97. Bl. i4bff.

98. Bl. k4bff.

99. Bl. l2b.

100. Bl. m1aff.

101. s.o. S.435, Anm. 90.

102. z.B. bei der Deutung der Frösche und des Wortes Harma-
gedon, Bl. q4a und r1a, und für das bekannte Wortspiel
"Defensores Papae, deuoratores eius" (aus der Glosse
zu 17,16), Bl. t2a; vgl. DB 7,459, 461 und 463.

103. Bl. s4bff.

104. Bl. Aa1bff.

1. Zur Biographie vgl. Thieme – Becker, Künstlerlexikon
   22, S. 463f; Br 6,436f; Zeltner, Lautensack; Leitschuh,
   Studien, S. 57-62; Zoff, Hans Sebald Lautensack, S. 1-5;
   Schmitt, Hanns Lautensack, S. 3f und 45-51 (Dokumente);
   Abbildung Nr. 1 (Portrait, dazu S. 8 und 62); Metzner,
   Lautensack.

Organist, Kirchenpfleger und Maler tätig war. Dort hörte
er die gemäßigt reformatorische Predigt Johann Schwanhausers, der auch sein "gefatter" war[2]. Er beteiligte sich am
Bauernaufstand und wurde deshalb am 29. Dezember 1525 seiner Hauptmannschaft entsetzt. 1527 ging er, wie schon
vor ihm Schwanhauser, nach Nürnberg[3], wo er 1528 er-
folgreich um das Bürgerrecht nachsuchte[4]. Im selben
Jahr richtete Schwanhauser einen offenen Brief zur Verteidigung der lutherischen Abendmahlsfeier gegen die
zwinglianische an ihn, weil er in den Verdacht geraten
war, an der Realpräsenz von Leib und Blut Christi zu
zweifeln[5]. Auf zwinglianische Tendenz deutet wohl auch
die spätere Aussage Lautensacks hin, er habe sich von
der Malerei abgewandt, weil er diese, insbesondere die
von ihm bisher geübte Heiligendarstellung, für Götzendienst gehalten habe[6]. In den nächsten beiden Jahren
muß sich bei ihm jedoch eine seltsame Wende vollzogen
haben.

Bei der Betrachtung von Apk-Illustrationen, seien es
die Dürerschen oder auch welche aus einer Bibelausgabe
gewesen, muß ihm aufgefallen sein, daß ja dieses biblische Buch selbst reich an Bildreden ist, deren Sinn sich
rationaler Erfassung entzieht. Daraufhin wird er sich in
diese Bilder vertieft haben, insbesondere in das zum 1.
Kapitel (Dem Johannes erscheint Christus, versehen mit
verschiedenen 'Instrumenten', wie es Lautensack immer
wieder ausdrückt: 7 goldenen Leuchtern, Gewand, Gürtel,
7 Sternen und dem Schwert.) und das Bild zu Apk 12,1ff
(die apokalyptische Frau, unter der Lautensack Maria,
die Mutter Jesu, versteht, bekleidet mit der Sonne, auf

---

2. Vgl. den Brief Schwanhausers an Lautensack, 20.1.1528,
   gedr. bei Zeltner, aaO, S. 65-92, hier: S. 65 und 79.
3. Schmitt, Hanns Lautensack, S. 49, Nr. XXXII.
4. Hampe, Ratsverlässe I, S. 242f, Nr. 1619, vom 13.7.1528;
   auch bei Schmitt, aaO, S. 46, Nr. XI.
5. s. Anm. 2.
6. Lautensack, Verzeichnis, S. 594.

dem Mond stehend und mit 12 Sternen bekränzt). Um diese
beiden Bilder kreiste seitdem sein Denken, aus ihnen las
er die verschiedensten Dinge heraus, die in wenigen Worten nicht zu erfassen sind. Nur mit diesen Bildern wollte
er sich als Maler weiterhin beschäftigen und all seine
neuen Entdeckungen verstand er als von Christus aus besonderer Gnade speziell ihm geoffenbart. Da er aber dergleichen noch nirgendwo gelesen hatte, wurde er unsicher
und wollte sich bei einem kompetenten Mann Rat holen. Er
wandte sich 1530 an "Osiander als den gelehrtesten".
"Aber des Bilds er kein Gnad noch Wissens einigerley
Weiß wolt haben/ dann die Apostolisch Lehr[er] mit keinem Bildwerck wären umgangen/ sondern mit klaren ausgedruckten Worten sie gelehrt und gepredigt hätten aus
einem Geist und Wort/ dabey er auch blieb etc."[7] Osiander argumentierte also nach Lautensacks Bericht gegen
dessen tiefsinnige Deutungen der Apk-Bilder mit den Worten der ersten Vorrede Luthers, und seitdem waren diese
dem Maler verhaßt. Man einigte sich schiedlich-friedlich
auf der Basis, daß jeder bei seinem Beruf bleiben, also
der eine seinen Unterhalt mit Malen verdienen, der andere das Wort Gottes verkündigen solle[8]. Lautensack freilich verstand das als Legitimation seiner Methode, in den
Bildern der Apk weiter Geheimnisse mystischer Art zu suchen. Aber nicht genug damit. Da es ein wichtiger Teil
seiner uns als sinnlose Spielerei anmutenden Tabellen
und Zeichnungen ist, den einzelnen Sätzen vom Anfang
der Apk die einzelnen Bücher des AT zuzuordnen, und überhaupt nach seiner Meinung die Apk 'das eine Hauptbuch'
der Bibel[9] und seine Deutung eine Auslegung der Bibel
durch sich selbst, ohne fremde Hilfsmittel war, verstieg
er sich zu der Meinung, daß seine inzwischen schriftlich
fixierten Skizzen und Erklärungen zur Apk "neben der deut-

7. Lautensack, aaO, S. 594f.
8. Lautensack, Offenbarung (Literaturverzeichnis, Teil b),
   f. 16r.
9. z.B. Lautensack, aaO, f. 15r u.ö.

schen bibel, weil solches ein isagoge und anweisung, die
heiligen schrift recht zu verstehen, vielen gutherzigen
in druck möchte befordert werden"[10].

Als er dazu in Nürnberg einen ersten Versuch unternahm,
verbot ihm der Rat am 10. Februar 1533, seine Figuren
drucken zu lassen, und bekräftigte dieses Urteil am 18.
Februar, als Lautensack noch einmal "mit seiner fantasey"
daherkam[11].

Da wandte er sich eben an den berühmten Bibelübersetzer und einflußreichen Reformator Luther selbst. Er schickte ihm das Manuskript zu und bat ihn um ein Gutachten darüber. Luther sah es durch, zeigte es auch anderen und
antwortete am 27. März 1533 - also in derselben Zeit,
als er sich auch mit Stifels Deutung der Apk auseinandersetzen mußte - ausweichend. Lautensack hat den
Brief seinem Werk einverleibt. Luther schreibt darin,
der Maler habe sich wohl viel Mühe gemacht und meine
es sicher sehr gut; auch sei nichts Böses darin zu finden; zur privaten Erbauung möge es ja wohl dienen, aber
der Druck werde zu kostspielig sein, insbesondere der
Illustrationen wegen. Daher würden sich wohl kaum ein
Drucker und nicht genügend Käufer finden[12]. Lautensack
aber gab sich noch lange nicht geschlagen. Im selben
Jahr muß er wieder nach Wittenberg geschrieben haben;
denn am 10. November 1533 antwortete Melanchthon, stellvertretend auch für Luther, im gleichen Sinne. Wiederum
wurden die Unschädlichkeit betont und die großen Druck-
kosten hervorgehoben. Daneben erschien ein neues Argument: "Es ist ein großes, langes Werk, darzu eine große
Verklärung gehort, daß es in Ordnung gebracht und verständlich und andern nutzlich wurde", und die Reformatoren waren der Meinung, daß "die Verklärung ein [!] Mann

---

10. Einleitendes Referat von Abraham Machfred, dem Bearbeiter von: Lautensack, **Apocalypsis** (1582), dort auf f. 5r.
11. Hampe, Ratsverlässe I, S. 278, Nr. 1960 und S. 279, Nr.
1965; beide Ratsverlässe auch bei Schmitt, Hanns Lautensack, S. 46, Nr. XIIf.
12. Br 6,437, Nr. 2002 = Enders 9,277, Nr. 2070.

auch zu viel wurde". Deshalb rieten sie diesmal ausdrücklich, nicht mehr Mühe und Kosten in das Werk zu investie-
ren und die Sache Gott anheimzustellen[13]. Doch Lautensack
gab immer noch nicht auf. Weitere zwei Male muß er nach
Wittenberg geschrieben haben. Er referiert die neuen Argumente nur noch, ohne ganze Briefe wiederzugeben: Die
Wittenberger hätten zu bedenken gegeben, daß ihnen dergleichen Gedanken nie gekommen seien, sie auch Lautensacks Ausführungen nicht verständen, "dieweil es ihnen
gott nicht geben noch verliehen hab". Sie seien deshalb
auch nicht für die Beurteilung zuständig. Wem es Gott
gegeben habe, der sei auch schuldig, seine Sache auf eigene Gefahr vorzutragen[14]. Auch diesen Bescheid nahm Lautensack schließlich als ausdrücklichen Auftrag, seine Entdeckungen weiter persönlich zu propagieren.

Bevor wir jedoch versuchen, näher zu beschreiben, womit die Reformatoren hier inhaltlich eigentlich konfrontiert wurden, wollen wir weiter verfolgen, was aus Lautensack und seinen Bemühungen um die Deutung der Apk geworden
ist.

Durch die schlechten Erfahrungen, die er mit anerkannten Theologen wie Osiander, Luther und Melanchthon machte,
wurde er allen Gelehrten feind, da sie ihm als einem Laien
seine besondere Berufung und Begabung nicht abnehmen wollten und keine Einsicht in seine 'Entdeckungen' zeigten. In
seinen Schriften finden sich deshalb seitenlange Polemiken
gegen die 'Gelehrten'[15]. Insbesondere aber Luthers erste
Vorrede, in der der Reformator ganz offen seine Unfähigkeit, die Apk - geschweige denn Lautensacks Deutung - zu
verstehen, eingesteht, wurde zur Zielscheibe für die Kritik des Malers. Nach einem ausführlichen Referat von Luthers Worten[16] fällt er an einer Stelle das Urteil: "Das

---

13. Br 6,434f.
14. Br 6,435, vgl. 436.
15. z.B. Lautensack, Offenbarung, f. 15r-17r; ders., Anzei-
    gung, S. 46f.
16. Lautensack, Offenbarung, f. 15r: "Darzu gibt auch dok-

dan uberauß alzuviel und graußam zu horen ist von eynem
solchem hohen, mechtigen man in der h[eiligen] schrift,
eyn solch graußam urteil zu fellen wider das eynige haubt-
buch, Christum am creuz[17], on allen grunt der schrift, das
es nit wunder wer, das uns Gott alles ungluck zuwendet."[18]
Er verteidigt Hieronymus gegen die abfälligen Bemerkungen
Luthers[19] und fährt fort: "Aber dagegen dokter Martinus
Luther allein auß seynem kopf solche vorreth hat hineyn-
gepreuet[20] wider Christum on allen grunt der schrift...
Wo aber solchs geschehen wer auß wolbedachtem gemut und
grunt des herzens, wider Christum, unser eyniges haubt,
alßo anzulaufen, so solt dye ganz welt dyeße vorrede des
Luthers in abgrunt der hellen hinein verdammen und, wo
man der weyders gedecht, das man das heylig creuz fur
sich mecht. Alßo giftig ist menschenverstant in götlichen
sachen, wo man nit schrift praucht, domit man kan beweis-

---

ter Martinus Luther der welt grosse ursach seins verstands in seyner vorreth, so er uber das buch Offenbarung gestelt hat, wie dan doselbst drinnen vermerkt
wirt, wye er dan auch spricht, welchs inhalt er gar
nicht versthe noch annemen wölle, wan seyn geist sich
gar nicht in das buch konne richten, auß der ursach,
dyeweil nyemant weyß, was darinnen sol geschrieben seyn.
Darumb so acht er sein auch nicht vast [= sehr], auß
der ursach, dyeweil sunst viel andere edeler bucher vorhanden sint, dye im Christum erkleren; dobey wolle er
auch bleyben. Dann auch eynem apostolischen prediger
nicht gepurt, als mit gesichten und bilden umbzugehen,
wie dan des buchs inhalt thut, durch und durch pflegt
zu handeln. Auch spricht dokter Martinus Luther weyders,
das er allerding nit spüren konne, das es auß dem heyligen Geyst gestelt sey."

17. Im Text steht hier wie überall: "Czrewcz".

18. ebd.

19. ebd: "Dyeweyl nun eyn mensch, wie dan Martinus Luther
    ist, darf eyn solch werk Gottes anzepfen und datteln
    on alle schrift, auch den guten Jeronimum mit seynem
    verstant, den er hat [ursprünglich stand da "thut";
    dieses Wort wurde aber nicht gestrichen, sondern durch
    das von oben eingewiesene "hat" gedoppelt] uber das
    buch Offenbarung, zu verachten, allein, das er viel
    dafon hab gehalten."

20. Hier scheint eine Anspielung auf Luthers zweite Vorrede
    von 1530 vorzuliegen, vgl. DB 7,408,13f: "Ettliche viel
    vngeschickts dinges, aus jrem kopff hinein gebrewet."

ßen."[21] Lautensack hat dann auch die Erklärung für
Luthers Unfähigkeit, die Apk zu verstehen, bereit:
Gott allein habe die Möglichkeit, den Sinn zu eröff-
nen. Das begründet er mit Apk 5,3 und 3,7 und fährt
in typischer Manier fort: "Darumb auch diß buch seyn
bestympte zeyt hat, wen es soll geoffenbart werden, nemlich zu der letzten zeyt", wofür er wie Michael Stifel
auf Apk 10,7 hinweist[22].

Da Lautensack jedoch auch die großen Verdienste Luthers um die Erneuerung der evangelischen Predigt anerkennen mußte, glaubte er ihm am besten gerecht zu werden, wenn er ihn mit dem größten vorchristlichen Propheten, Johannes dem Täufer, verglich, der, obwohl er der
Vorläufer war, Christus doch nicht zu erkennen vermochte, bis es Gott ihm bei der Taufe offenbarte[23].

Es scheint außerdem so, als hätten sich neben Osiander noch andere Gegner Lautensacks auf Luther berufen;
denn der Maler polemisiert gegen 'arme Schäflein', die

---

21. Lautensack, Offenbarung, f. 15rv. Das Referat über Luthers erste Vorrede geht noch weiter: "Aber ydoch gibt
sich der hochgeacht dokter Martinus Luther widerumb fur
[auf ausradiertem "Doch"] gefangen in seyner vorred ge-
thon [ursprünglich wohl: "geschehn"] und spricht, er
wolle auch nyemant an seyn urteil und dunkel gepunden
haben, sonder er zeyge allein das an, was im mangelt.
Aber eynem [!] andern wölle er seyns sins walten lassen."

22. f. 16r; vgl. Lautensack, Anzeignung, S. 4.

23. Lautensack, Offenbarung, f. 17v: "Vor der welt er-
schröcklich zu horen ist, das eyn solch man als Luther
so gar unwissent solt seyn von dießen geheimnißen, welchem es doch under augen offen stet zu sehen, und doch
Gott sunderliche gnad durch in gewirkt hat, seyn got-
liches wort zu offenbarn der welt, dadurch dan grosse
daten sind außgericht worden in der ganzen christenheit,
welchs wort auch dem herrn eyn gerust volk hat zubereyt
[vgl. Lk 1,17]. Darumb auch dem hohen und teuern man Luther und vorlaufer Christi gar nicht zu verdenken sey,
dyeweyl doch Johannes Babtista, der allerheyligs under
den weybergeporn [vgl. Mt 11,11], Christum auch nicht
erkant (nach der person), do er schon vor im an dem
Jordan stunt, biß solang das zeugnus von oben herab
ob im erschein als der h[eilig] Geist und dye stymme des
vaters gehort wurd." Es folgt Zitat von Mt 3,17 par,
mit Ergänzung von 17,5.

"das buch des lebens weder wissen noch horen wollen und
darzu sagen durfen, was sie das angehe, dyweyl dokter
Martinus Luther nichts dafon halt, welchs geist sich
nit darein könne richten. Bey dem wollen sie auch besten
und bleyben."[24] Für solche Leute hat Lautensack die schwere Drohung parat: "Glaubt man aber des Luthers worten
(one schrift), so hengt man sich an dye lugen - dan ye
alle menschen lugner sint[25] -, welche nachmals den ewigen tod gepird in teufels reych."[26]

Lautensack kennt auch noch andere typisch lutherische
Argumente, die ihm wahrscheinlich durch Osiander entgegengehalten worden sind, etwa dies, daß bereits alles
Heilsnotwendige klar in der Schrift mitgeteilt werde,
daß also neue Offenbarungen unnötig seien[27]. Dagegen kann
er das Argument vorbringen, es gelte bei den Gelehrten
der Grundsatz, daß die Bibel immer noch Glossen brauche,
und bisher sei ununterbrochen nur um die richtige Interpretation gestritten worden[28]. Er, Lautensack dagegen
komme gerade auch der immer wieder erhobenen lutherischen Forderung nach, bei der Schrift zu bleiben[29].
Tatsächlich liegt seine Methode hauptsächlich darin,
Bibelstellen in einer bestimmten Weise zu kombinieren.

Kehren wir nun wieder zu Lautensacks Entwicklung zurück. Bei der Ausbildung seines eschatologischen
Selbstbewußtseins spielten auch verschiedene Himmels-
erscheinungen zwischen 1530, der Übergabe der CA, und
1534 eine Rolle; er verstand sie als Zeichen der Endzeit, in der die Apk enthüllt werden sollte[30]. Auch

---

24. f. 18r; vgl. DB 7,404,25f.
25. Vgl. Ps 116,11.
26. f. 18r.
27. Vgl. o. S. 302.
28. Lautensack, Offenbarung, f. 24v: "So frag man dye welt
    eys widerumb, dieweyl sie anzeigt, das sie zuvor alles
    eyn gut wissens hab von Christo: Warumb sindt dan alßo
    viel bucher geraden in dye welt, Christum zu ercleren?
    ... Darauß auch folgen ist zank, hader und zwytracht im
    glauben." Vgl. ders., Apocalypsis, f. 15v-16r.
29. Lautensack, Offenbarung, f. 25r.
30. f. 7v-8r, 23v-24r, Lautensack, Tractatus, S. 6f, 10;
    vgl. Zeltner, Lautensack, S. 14f.

bestärkte ihn in seiner Meinung Michael Stifels Berechnung des Endtermins auf das Jahr 1533 aus dem lateinischen Text von Joh 19,37[31]. Von diesem übernahm er
auch die Gematrie: Die als Zahlzeichen verwendbaren
Buchstaben von "IesVs nazarenVs reX IVDaeorVM", also
dem Kreuzestitel, ergeben zusammen 1532. Aus Stifels
'Rechenbüchlein' hat er längere Abschnitte vom Anfang
und Schluß abgeschrieben[32]. 1534 muß Lautensack einen
weiteren Versuch unternommen haben, seine Vorstellungen zu publizieren; denn am 24. April ließ der Rat
seine "figurn" gegen eine Entschädigung konfiszieren[33].
    Lautensack stieß mit seinen Vorstellungen jedoch
nicht nur auf Ablehnung, sondern fand auch Gönner.
Eine wohlhabende Frau namens Gundelfinger gestattete
ihm, den 'Söller' in ihrem Haus 'am spitzen Berg' in
Nürnberg mit seinen Figuren auszumalen, worüber er
1538 einen Bericht, eine 'Anzeigung', verfaßte[34].
Schon bei einem früheren Versuch, ein Haus derselben
Frau beim Hauptmarkt auszumalen, muß es wieder zum
Konflikt mit Osiander gekommen sein, der diese Wir-
kungsmöglichkeit des 'Schwärmers' natürlich zu unter-
binden suchte[35]. Lautensack polemisiert in der 'Anzeigung' gegen ihn, manchmal ganz deutlich, wenn er ihn
als 'falschen Lehrer und Widerchrist' apostrophiert,
oder (wahrscheinlich auch) versteckt, wenn er von einem evangelischen Prediger als von dem 'irdischen Gott
der Frau Gundelfinger' spricht[36].
    Anfang 1539, als er wieder einmal in Nürnberg ein
"bildpüchlein" verbreiten wollte - es handelte sich
inzwischen entweder um die möglicherweise gedruckte

---

31. s.o. S. 536.

32. Lautensack, Offenbarung, f. 8r: "Es hat auch eyn ge-
    lerter in kurz eyn buchleyn lassen ausgehen im druck
    und spricht in seyner vorrede daselbst an den leser:
    'Diese rechnung...'" Der Abschnitt ist bereits o. S.
    534 zitiert. Die Gematrie (vgl. Stifel, Rechenbüchlein,
    Bl. A4a) steht ebd., das Zitat vom Schluß des Rechen-
    büchleins auf f. 8v.

33. Hampe, Ratsverlässe I, S. 286, Nr. 2033; auch bei Schmitt,
    Hanns Lautensack, S. 47, Nr. XV.

34. 1619 gedr., s. Lautensack, Anzeigung.

35. Wahrscheinlich hat er den Rat eingeschaltet. Möglicher-
    weise bezieht sich dann darauf der Ratsverlaß vom 19.
    Februar 1535, Hampe, Ratsverlässe I, S. 291, Nr. 2076
    (auch bei Schmitt, Hanns Lautensack, S. 47, Nr. XVI):
    "N. Lautensack unnd sein gesellen zu beschicken, mit
    ime handlen zu lassen, von seim furnemen abzusteen,
    und anzuzeigen, wo ers nit thun würd, das Meine Herren
    ine alhie nit gedulden werden."

36. Lautensack, Anzeigung, S. 49 und 45; vgl. Zeltner, Lau-
    tensack, S. 17-19.

'Anzeigung' oder um eine Fassung, wie sie handschriftlich in Nürnberg GM vorliegt, ebenfalls auf 1538 datiert[37] - wurde es ihm durch Ratsbeschluß verboten,
diesmal unter Androhung einer Leibesstrafe oder der
Ausweisung[38].

    1542 soll er dann tatsächlich, vielleicht im Zu-
sammenhang mit der Auseinandersetzung um Schwenckfelds
Schriften, ausgewiesen worden sein[39]. Er fand an Oswald Ruland, der um diese Zeit Pfarrer in Deggendorf
war[40], einen verständnisvollen Beschützer und Gesprächs-
partner, der ihm für zwei Jahre Unterschlupf im Kloster
Niederaltaich verschaffte[41].

    Danach scheint Lautensack wieder heimlich zu seiner
Familie nach Nürnberg zurückgekehrt zu sein und dort
unauffällig gelebt zu haben[42]. Mit dem Schreiben und
Malen in der bisherigen Art hat er aber offensichtlich
nicht aufgehört; denn einer seiner Traktate ist vom
Jahre 1545 datiert[43]. Das letzte Datum, das in seinen
Schriften vorkommt, ist 1553[44].

    Am 15. August 1558 ist Lautensack gestorben[45], an-
scheinend ohne jemals seine Figuren zur Apk erfolg-
reich drucken lassen zu können. Jedoch sind noch heute
mehrere Handschriften erhalten, die zeigen, daß schon

---

37. Lautensack, Offenbarung.

38. Hampe, Ratsverlässe I, S. 332, Nr. 2376, vom 9.1.1539;
    auch bei Schmitt, Hanns Lautensack, S. 47, Nr. XIX.

39. Vgl. Zeltner, Lautensack, S. 23; Zoff, Hans Sebald Lau-
    tensack, S. 3, übernommen auch von Schmitt, Hanns Lau-
    tensack, S. 4, Anm. 11.

40. Vgl. Dannheimer, Verzeichnis, S. 116f.

41. Das geht aus der Widmungsvorrede zu Lautensack, Erklä-
    rung, (dort auf S. 69) hervor, zitiert Br 6,437, Anm.
    4; vgl. Lautensack, Apocalypsis, f. 5r.

42. s. Anm. 39.

43. Lautensack, Tractatus.

44. Vgl. Br 6,435. Wahrscheinlich beziehen sich die bei
    Schmitt, Hanns Lautensack, S. 54, Nr. LXXXI-LXXXV, zu-
    sammengestellten Dokumente auch auf unseren Paul
    Lautensack d.Ä. Sie besagen, daß im Auftrag Kaiser
    Rudolphs II. Johann Baptist von Seebach Anfang 1597
    "etliche gemalte tafeln" im ehemaligen Nürnberger
    Augustinerkloster, die "der alte Lautensack gemalet
    hab, und das buch darzu, darinnen die auslegung die-
    ses gemäls sei", vergeblich vom Rat der Stadt zu er-
    werben versucht hat. Von diesen Tafelbildern ist mir
    aber leider sonst nichts bekannt. Vgl. auch Zoff, Hans
    Sebald Lautensack, S. 4f.

45. Schmitt, aaO, S. 51, Nr. XLVIII.

zu seinen Lebzeiten seine Werke abgeschrieben worden
sind[46].
     Erst später kam er eigentlich richtig zur Wirkung.
Abgesehen davon, daß 1582 der Mediziner Abraham **Mach-**
fred die ziemlich verwirrenden Traktate Lautensacks
"in ein ordnung gebracht und erkleret" hat[47], ist vor
allem ein Mann, der sich hinter dem Namen des bekannten Mystikers Valentin **Weigel** (1533-1588) versteckt,
(und vielleicht noch ein weiterer Unbekannter) bemüht
gewesen, seinem verehrten Gesinnungsgenossen Anerkennung zu verschaffen. 1619 sind die 'Anzeigung' von
1538 und der 'Tractatus' von 1545 zusammen mit mehreren erläuternden Schriften, die in den Titeln neben
dem Pseudonym Valentin Weigel auch den Phantasienamen
Udalricus Wegweiser Utopiensis tragen, von einem unbekannten Herausgeber gedruckt worden[48].

Pseudo-Weigel wiederholt in seinem Kommentar zu Lautensack
ziemlich am Anfang dessen Angriffe gegen Luthers erste Vorrede, wohl nicht das letzte Mal, daß einer es für nötig
hält, Luthers längst durch eine andere ersetzte alte Vorrede zu tadeln[49].

---

46. Die Handschrift Lautensack, Erklärung, die größtenteils
    ein Originalmanuskript sein soll, war mir leider bei
    meinem Besuch in Bamberg nicht zugänglich, weil sie
    zur Restaurierung weggegeben war. Dagegen hat mir die
    Handschrift Lautensack, Offenbarung, vorgelegen. Außer-
    dem befanden sich in Berlin SB zwei Handschriften, näm-
    lich Ms. Germ. Fol. 519 und 1179; vgl. Degering, Ver-
    zeichnis, S. 58 und 162f. Über ihren heutigen Verbleib
    habe ich nicht nachgeforscht. Eine Handschrift soll
    sich laut Schmitt, aaO, S. 3, Anm. 9, in London, British
    Museum, "aus Rosenheim Bibl.", befinden; vgl. auch Thie-
    me - Becker, Künstlerlexikon 22, S. 463.

47. So heißt es im Titel von: Lautensack, Apocalypsis.

48. s. Literaturverzeichnis unter: Lautensack, Beweis; vgl.
    Israel, Weigel, S. 92f; Opel, Weigel, S. 64-66. Bei
    Pertz, Weigelianismus, S. 90-94, ist der Inhalt dieser
    Schriften referiert. Pertz hält an der Verfasserschaft
    Weigels für alle diese Traktate fest.

49. Weigel, Erklärung, S. 8: "... wie dann viel grosser leh-
    rer den Apocalypsin außgemustert und verworfen haben:
    Sie können nicht spüren, daß Christus soll in diesem
    buch offenbahret sein. Sie können nit glauben, daß diß
    hauptbuch solle von dem heiligen Geist gestellet sein.
    Ihr geist kan sich in diß buch nit schicken, ist soviel:
    Sie kennen ihren Gott nicht, ihren erlöser nicht, der
    da ist α et ω, anfang und ende, kennen also sich sel-
    ber nicht, reiecto Christo seipsos reiciunt; weil sie
    Apocalypsin, das ist I.C.S.M. [= Iesus Christus, Sohn
    Marias] verwerfen, so verwerfen sie sich selbst." Es

Doch nach diesem Überblick über Leben und Wirkung Lautensacks wollen wir versuchen, uns ein ungefähres Bild
von dem zu machen, was Luther 1533 von dem Maler aus Nürnberg zur Begutachtung zugeschickt bekommen haben mag. Zwar
sind die uns vorliegenden Fassungen der Schriften Lautensacks alle aus etwas späterer Zeit, doch muß die Ausbildung seiner Vorstellungen 1533 schon weitgehend abgeschlossen gewesen sein.

Es ist aber nicht leicht, Lautensacks spekulative
Vorstellungen auf einen Begriff zu bringen. Neben der
schwierigen Sprachform und dem unsystematischen Aufbau,
der durch ständige Wiederholungen ohne klaren Gedanken-
fortschritt charakterisiert ist[50], ist es das verwirren-
de Spiel mit Zahlen, Buchstaben, Wörtern, biblischen Kapiteln, Tierkreiszeichen, Namen von Körperteilen und anderen Symbolen - alles entwickelt aus den Bildern zu Apk
1,10ff und 12,1ff -, was auch durch Tabellen und Skizzen
nicht klarer wird, sondern den solcher kabbalistischer
und mystischer Lektüre Ungewohnten ratlos nach irgendeinen sinnvollen Zusammenhang Ausschau halten läßt[51]. Ausgangspunkt ist offensichtlich die falsche Interpretation
der Wortverbindung "Offenbarung Jesu Christi" (Apk 1,1).
Lautensack versteht nämlich "Jesu Christi" nicht als genitivus auctoris, sondern als genitivus obiectivus, d.h. so,
daß Christus weniger der Geber, als vielmehr der Inhalt
der Offenbarung ist[52]. Deshalb sucht er aus der Erscheinung Christi, wie sie im 1. Kapitel der Apk beschrieben
ist, christologische Erkenntnisse abzuleiten, hauptsächlich mit Wort- und Zahlenkombinationen. Dabei gelangt er

---

folgt eine Polemik gegen die Gelehrten, die vor 50 Jahren Lautensack zu widersprechen wagten.

50. Clemen schreibt in Br 6,435: "Ich muß die beiden Stellen
hier wiederholen, **obgleich** sie, wie alles, was Lautensack
schreibt, recht verworren sind."

51. Zeltner, Lautensack, S. 35ff, hat den Versuch gemacht, sich mit diesen Vorstellungen auseinanderzusetzen.

52. s. z.B. Lautensack, Apocalypsis, f. 11r.

zu spekulativen Ergebnissen, die die traditionelle Trinitätslehre weit hinter sich lassen, indem er etwa das Böse
im A und Ω (Apk 1,8) eingeschlossen sein läßt, was zu einer
Quaternität führen würde, oder wenn er die zwei Naturen
Christi und die drei Personen der Gottheit 36-fach kombi-
niert. Welche praktischen Konsequenzen diese Übungen haben sollen, wird daraus jedoch nicht recht deutlich, und
das, obwohl Lautensack immer wieder betont, daß darin die
allein seligmachende und im Grunde genommen ganz einfache
biblische Wahrheit liege. Man kann sich daher leicht vorstellen, daß die Wittenberger wie die Nürnberger Theologen
einigermaßen verständnislos diesem Phänomen gegenüberstan-
den und versuchten, den fanatischen Maler, der der 'Schwärmerei' restlos verfallen war, von seinen seltsamen Spielereien abzubringen oder ihn wenigstens von der Öffentlichkeit fernzuhalten.

c) Gemeinsamkeiten von Stifel und Lautensack

Stifels und Lautensacks Deutungen haben vieles gemeinsam, sie bedienen sich auch derselben Argumente gegen Luther, nicht nur deshalb, weil Lautensack Stifels 'Rechenbüchlein' gelesen hat, sondern vielmehr deshalb, weil die
herrschende Gegenwartsdeutung in Verbindung mit der Exegese bestimmter Standard-Bibelstellen eben zu denselben
Ergebnissen führen mußte. Es wäre nun sehr interessant zu
erfahren, wie Luther auf die großenteils von ihm selbst
stammenden Argumente in ihrer charakteristischen Kombination bei den zwei Kontrahenten im einzelnen eingegangen
ist. Leider sind jedoch Luthers Entgegnungen, die wir
schon betrachtet haben, zu bruchstückhaft überliefert,
als daß sie ein Gesamturteil zuließen; auch lassen die
wenigen allgemeinen Äußerungen aus der Zeit ab 1533 und
die geringen statistischen Verschiebungen in der Zitierung der Apk nicht erkennen, ob Luthers Haltung zur Apk
durch die Begegnung mit den beiden 'schwärmerischen' Deutungen nachhaltig beeinflußt worden ist. Sie war ja schon
seit längerer Zeit reserviert und kritisch und ist es
selbst 1529/30, z.Zt. der intensivsten Beschäftigung mit
diesem Buch, in gewissem Maße noch immer geblieben. Aber

diese Skepsis wird durch solche Konfrontationen nur umso
verständlicher.

Die Gemeinsamkeiten beider Deutungen sind in etwa folgende:

1. Stifel und Lautensack sind keine Exegeten im traditionellen theologischen Sinne, sondern sie haben entsprechend
ihrer jeweiligen Begabung die Aspekte des vielschichtigen
Buches herausgegriffen, die ihnen besonders nahelagen, und
sich in sie verbohrt, Stifel in die geheimnisvollen Zahlen,
Lautensack in die symbolträchtigen Bilder.

2. Sie setzen Luthers Reformation voraus als den Beginn
des wahren Bibelverständnisses. Luther ist für sie der
große Prophet, der die Wahrheit allein gegen den Widerstand der ganzen Welt behauptet hat.

3. Sie gehen aber beide über Luther hinaus, ohne zu begreifen, warum er ihnen jetzt auf einmal nicht mehr zu
folgen vermag, wo sie sich als Vorkämpfer der Wahrheit
verstehen.

4. Das Neue, was sie mit dem Anspruch höchster Autorität
vertreten, führen sie auf eine besondere, ihrer natürlichen Begabung entsprechende Offenbarungsgnade zurück.

5. Die Berechtigung zu solcher über das allgemeinver-
ständliche Bibelwort, das nach Luther suffizient ist,
noch hinausgehenden Offenbarungen leiten sie aus folgendem exegetischem Zusammenhang ab: a) Allgemein anerkannt
ist, zumindest bei den reformatorisch Gesinnten, daß jetzt
die letzte Zeit ist, daß die Wiederentdeckung des Evangeliums, die Entlarvung des Papstantichrists durch Luther,
auch viele seltsame Erscheinungen am Himmel und auf Erden
eindeutige Zeichen des nahenden Endes sind. Die synoptische Apokalypse und 2 Thess 2 so zu deuten, war common sen-
se[53]. 1533/34 war eine Zeit nochmals gesteigerter Naherwartung[54]. b) Eine Reihe von Stellen in Dan und Apk sagen

---

53. Vgl. Weller an Brießmann, 17.11.1533, bei Burkhardt,
    Luthers Briefwechsel, S. 216.
54. Von Melchior Hoffmann wird behauptet, er habe den jüng-
    sten Tag auf 1533 berechnet, s. Kawerau, Hoffmann, S.

aber ganz deutlich aus, daß eben in dieser letzten Zeit,
die bereits angebrochen ist, der Sinn verschiedener dunkler Partien, versiegelter Reden und geheimnisvoller Bilder
in diesen Büchern erst noch offenbart werden sollen, z.B.
Dan 12,4-12; Apk 5,1ff; 10,4-7. Auch Luther hat sich dieser Logik durchaus nicht verschlossen[55].
6. Stifel und Lautensack verstehen sich als Ausleger des
reinen Bibelwortes ohne menschliche Zusätze. Luther dagegen behauptet von Stifels Berechnungen einfach: "... ist
lügen, quia est sine verbo."[56]
7. Luther hat tatsächlich wohl keine durchschlagenden
Einzelargumente dagegen vorzubringen, da seine hermeneutischen Grundsätze, soweit sie apokalyptische Schriften
betreffen, denen seiner Gegenspieler viel zu ähnlich und
zu wenig durchreflektiert sind[57]. Nur seine aufgrund
schlechter Erfahrungen mit 'Papisten' und 'Schwärmern'
schon früher entwickelte Zurückhaltung gegenüber bestimmten dunklen Stellen und unkontrollierter Allegorese bewährt sich auch hier wieder und wird durch die neuerlichen
Erlebnisse bestärkt.
8. Da Luther die Vorstellungen der beiden Männer trotz
der gewichtigen Argumente nicht übernehmen will, greifen
sie ihn hart an, werfen ihm vor, sein Geist sei erloschen,

---

100. In diesem Jahr zog er nach Straßburg, um die mit
    seiner Person verbundenen Endereignisse zu provozieren.
    Dort wurde er verhaftet, s. aaO, S. 3f. 1534 wurde das
    chiliastische Täuferreich von Münster errichtet; s. auch
    u. S. 670.
55. Vgl. z.B. DB 11 II,112,17-20: Dan-Vorrede, Erweiterung
    von 1541, zu Dan 12,4.
56. 37,175,29; vgl. o. S. 540f.
57. Auffällig ist z.B., daß Luther 1531 das Augsburger Be-
    kenntnis und 1545 sich selbst als die letzte Posaune
    vor der Wiederkunft Christi bezeichnet: 30 III,389,4:
    De energia Augustanae Confessionis = TR 3,126,31f bzw. 127,
    3f: Nr. 2974a bzw. b; Br 11,59,5-9 = Enders 16,200,6-11:
    an M. Ratzeberger, 25.3.1545, ähnlich wie Stifel 1533.
    Luther mag dabei allerdings möglicherweise statt an Apk
    10,7; 11,15ff an 1 Kor 15,52 gedacht haben - die Formu-
    lierungen legen das nahe - und so die Parallelität zu
    Stifel weniger empfunden haben.

er verachte als Fachtheologe die einfältigen Bibelausleger.
Besonders die skeptischen Bemerkungen über die Apk in der
ersten Vorrede erregen ihren Zorn.

Dies sind in etwa die wichtigsten Gesichtspunkte, die
im Rahmen unserer Untersuchung an den im übrigen für die
Auslegungsgeschichte der Apk ziemlich unfruchtbaren Apk-
Deutungen der Außenseiter Stifel und Lautensack hervorzuheben waren.

d) Giovanni Nanni

Sehr viel leichteres Spiel hatte Luther dagegen mit
dem noch vorreformatorischen papstfreundlichen Apk-Kommentar des sonst als Fälscher von antiken Geschichtswerken bekannten Dominikaners Giovanni Nanni (auch Annius von Viterbo genannt, um 1432-1502)[58]. Das Werk war erstmalig 1481 erschienen unter dem Titel: "Glossa super apocalypsim de statu ecclesiae ab anno salutis praesenti, scilicet MCCCCLXXXI,
usque ad finem mundi et de praeclaro et gloriosissimo triumpho Christianorum in Turcos et Mahometos, quorum secta et
imperium breviter incipiet deficere, ex fundamentis Iohannis in apocalipsi et ex sensu litterali eiusdem aptissimo
cum consonantia ex iudiciis astrorum". Es wurde mehrfach
wieder aufgelegt[59]. Wann Luther davon ein Exemplar in die
Hände gefallen ist, läßt sich nicht mehr feststellen. Jedenfalls hat ihn die darin geübte, tendenziös proitalieni-
sche und propäpstliche Interpretation so sehr gereizt,
daß er einen Abschnitt daraus als 'Joannis Nannis de
monarchia papae disputatio' mit spöttischen Bemerkungen
im Titel selbst, auf dessen Rückseite, in Randglossen
und einer längeren Postfatio herausgab[60]. Der Bearbeiter

---

58. Vgl. LThK^2 1, Sp. 577; Weiss, Traccia; Goez, Anfänge.
59. Einige Ausgaben sind aufgeführt bei Pastor, Gesch. der
    Päpste 2, S. 563f, Anm. 6. Mir stand eine Kölner Ausga-
    be von 1507 zur Verfügung, s. Literaturverzeichnis unter:
    Nanni, Glossa.
60. 50(96)98-105.

dieser Schrift im Rahmen der WA, Otto Clemen, hat sie
mit guten Gründen dem Jahre 1537 zugewiesen[61].

Zunächst sei kurz der Gesamtduktus von Nannis Kommentar charakterisiert. Im Gefolge Lyras legt er die Apk
weltgeschichtlich aus. Dabei geht er davon aus, daß bis
Kap. 14 alles bereits erfüllt sei, während die Weissagungen in den Kapiteln 15 ff noch Zukünftiges beinhalteten.
Nanni liegt nun aber nichts daran, den erfüllten Teil des
Buches mit Hilfe von Geschichtsdaten im einzelnen auszu-
deuten. Er legt nur Wert darauf festzustellen, daß mit
dem Auftreten der Sarazenen um das Jahr 666 (vgl. Apk
13,18) der vom Volk erwartete Antichrist schon gekommen
sei[62]. Seine eigentliche Aufgabe aber sieht er darin, logisch weiterzufolgern, sozusagen zu extrapolieren, was
der noch unerfüllte Teil der Apk wohl an zukünftigen Ereignissen voraussage. Er möchte ja seinem durch die Türken ganz unmittelbar bedrohten italienischen Volk einen
hoffnungsvollen Ausblick bieten[63]. Die eigentliche Exegese
beginnt also mit Kap. 15.

> Die Schalenengel bringen die Strafe über die abgefal-
> lene Ostkirche durch die Sarazenen. Während Rom der
> Sitz des Lammes ist (vgl. 7,17), ist Konstantinopel
> der Sitz des Tieres (16,10). Die Hure Babylon von Kap.
> 17 ist die Türkei, die mit Mohammed hurt. Die Kapitel
> 18 und 19 beschreiben dann den Sieg der Lateiner über
> die Türken. Das 1000-jährige Reich versteht Nanni ent-
> sprechend joachitischer Tradition von einer innerwelt-
> lichen Herrschaft der römischen Kirche (die gleich der
> ecclesia militans ist) nach diesem Sieg über die anti-
> christlichen Sarazenen. Die werden sich danach einmal
> wieder unter dem letzten Kalifen in Gog sammeln (vgl.
> 20,8ff), um schließlich endgültig geschlagen zu werden.
> Auch Kap. 21 versteht Nanni noch von dem zeitlichen,
> irdischen Friedensreich vor dem jüngsten Gericht[64].

----

61. 50,97f.

62. Er setzt sich dabei ausführlich mit den Argumenten auseinander, die dafür zu sprechen scheinen, daß der Antichrist noch nicht gekommen sei; vgl. o. S. 490.

63. Am 11.8.1480 hatten die Türken Otranto im Süden Apuliens
besetzt und schrecklich unter der Bevölkerung gehaust;
vgl. Pastor, Gesch. der Päpste 2, S. 560.

64. Vgl. Reeves, Influences, S. 347f; Lubac, Exégèse 2 II,
S. 363.

Der Abschnitt, den Luther herausgegriffen hat, knüpft
an die Auslegung von Apk 17,14 (wo das Lamm als König
der Könige die Vasallen Babylons besiegt) die grundsätzliche Frage, "an agnus et vicarius eius Pontifex
maximus sit iure divino Rex regum, sive Monarcha tem-
poralis huius mundi"[65]. Sie wird dahingehend beantwortet, "quod nedum in futuro saeculo, sed etiam in pre-
senti Christus solus habet monarchiam iuridicam"[66],
und mit scholastischer Spitzfindigkeit durchdiskutiert.
Anschließend werden einige Folgerungen daraus gezogen,
u.a. die, daß der Papst der eigentliche, von Christus
eingesetzte Monarch ist, dem Kaiser Konstantin iure divino das Reich überlassen mußte, und die andere, daß
nur derjenige Kaiser sein kann, der seine Macht zum
Schutze der Kirche ausübt, jeder aber, der dem Papst
widerspricht, eo ipso zum Tyrannen wird[67].
     Luther hatte es leicht, die eklatanten Fehler und
übertriebenen Anmaßungen, die darin steckten, lächerlich zu machen. Schon im Titel weist er ausdrücklich
auf den Versuch hin, die längst als Fälschung erkannte
Donatio Constantini zu verteidigen[68], und auf der Rückseite des Titelblattes spottet er über die durch den
tatsächlichen Geschichtsverlauf ad absurdum geführten
Spekulationen des aufgeblasenen Italieners, Selim (1512-1520)
werde der letzte, dem Untergang geweihte türkische Kaiser
sein, während dieser doch in Wirklichkeit Syrien und Ägyp-
ten erobert hat, womit jedoch die Ausdehnung des Türkischen Reiches noch nicht ans Ziel gekommen ist. Dadurch
charakterisiert Luther Nannis Apk-Deutung mit ihren 'logischen' Folgerungen klar als Pseudoprophetie[69].

---

65. 50,98,3f.
66. 50,99,3f.
67. 50,101,25ff.40ff; 102,13ff.
68. 50,98.
69. 50,97, eingefügt in die Einleitung.

Im Nachwort apostrophiert der Reformator die Päpste
als Nachfolger von Judas Ischarioth, die ihre Hirtenge-
walt mißbrauchen, mit ihren Dekreten das Volk um sein
Seelenheil bringen und sich selbst bereichern. So gesehen kommt natürlich die römische Kirche nicht auf die
Seite Christi, des Siegers über Babylon (Apk 17,14),
wie Nanni meint, zu stehen, sondern vielmehr erscheint
sie selbst als die Hure Babylon (Apk 17,1ff)[70], und
der Papst der sich mit dem Recht der translatio imperii
auch noch den Christustitel "rex regum et dominus dominantium" (Apk 17,14; 19,16; 1 Tim 6,15) anmaßt[71], als Antichrist nach 2 Thess 2,3[72], womit nur umso deutlicher wird,
wie mit denselben Mitteln geschichtlicher Apk-Interpretation die denkbar gegensätzlichsten Ergebnisse erzielt werden können.

II. Einzelne allgemeine Urteile Luthers über die Apk

Die grundsätzlichen Fragen nach Geltung und Bedeutung
des letzten Bibelbuches, die in den beiden Vorreden aufgeworfen und verschieden beantwortet werden, haben Luther
offensichtlich auch weiterhin beschäftigt, ohne daß er zu
einem endgültigen Urteil gelangt wäre. Aus der Zeit zwischen 1531 und 1540 sind noch einige allgemeine Bemerkungen dazu überliefert, die kein einheitliches Bild ergeben.
Eine Behauptung über die Apk aus der ersten Vorrede
hat Luther in der zweiten nicht ausdrücklich zurückgenommen, nämlich die, "das Christus, drynnen widder gelert
noch erkandt wirt"[1]. An einer etwas versteckten Stelle,

---

70. 50,103,34ff.
71. Bei 50,104,27f fehlt am Rand der Hinweis auf die ent-
    sprechenden Bibelstellen, ebenso 50,83,23: Einer aus
    den hohen Artikeln, 1537; 50,356,9f: Vorrede zu 'Le-
    gatio Adriani', 1538; vgl. 54,282,24f: Wider das Papst-
    tum zu Rom, vom Teufel gestiftet, 1545 (mit ausdrück-
    lichem Hinweis Luthers auf Apk 19[16]).
72. 50,104,19.
1. DB 7,404,27.

nämlich in einer Predigtnachschrift vom 7. Mai 1531, lesen
wir jedoch einen Satz, der genau das Gegenteil aussagt.
Luther hat an diesem Tag über Joh 16,12-14 gepredigt: "Ich
habe euch noch viel zu sagen..." Dabei hat er versucht,
die 'papistische' Interpretation zu widerlegen, daß damit
ausgesagt sei, der heilige Geist werde der Kirche mit der
Zeit noch mehr, d.h. anderes, offenbaren, als was in der
Bibel steht. Er hat deshalb betont, daß im wesentlichen
alles schon gesagt sei, dasselbe an anderer Stelle aber
ausführlicher dargelegt werden könne. Als Beispiel dafür
hat ihm offensichtlich gerade am nächsten gelegen: "... ut
Ioannes In Apocalypsi plura locutus, quam in hoc [sc. in
Evangelio] sthet, sed semper mansit ynn dem, das alles hengt
am lamb."[2]

Ausdrücklich wird hier das Lamm, also Christus, als
Hauptskopos der Apk bezeichnet[3]. Leider hat sich Luther
offensichtlich nirgendwo ausführlicher zu diesem grundlegenden Thema der Apk geäußert. Wir erhalten also auf
die Frage, ob für Luther die Apk nun doch 'Christum treibet' oder nicht, aufs Ganze gesehen noch immer keine
schlüssige Antwort[4].

Im übrigen zeigt die Stelle wieder einmal, daß Luther,
wenn er nicht ausdrücklich über die Verfasserschaft der
Apk reflektiert, davon ausgeht, daß diese vom Evangelisten
Johannes geschrieben ist.

Im Zusammenhang desselben Bibeltextes, insbesondere
des Satzes: "Was zukünftig ist, wird er [d.h. der heilige
Geist] euch verkündigen" (Joh 16,13), ist der Reformator
noch wiederholt auf die Apk zu sprechen gekommen, und zwar
anläßlich einer Unterscheidung zwischen weltlicher und

---

2. 34 I,373,2-5 (Rörers Nachschr.), vgl. Z. 19-21 und die
   Randbemerkung dazu im Apparat (Nürnberger Nachschr.).
   Beim Abdruck in Crucigers Sommer-Post. ist jeder Hinweis auf die Apk verloren gegangen: 21,376,3-7.
3. 34 I,373,20: "... semper illius scopus est de agno illo..." (Parallelüberlieferung der Nürnberger Hs.).
4. Vgl. jedoch die Michaelispredigt von 1544 (49,570-587),
   die als letztes Einzelstück zu behandeln sein wird, s.
   u. S. 610ff.

geistlicher Prophetie. Inzwischen urteilt Luther ziemlich
anders als in der Postille über Röm 12,7 von 1524[5], als er
die Apk im wesentlichen der geringwertigen weltlichen Prophetie zugeschrieben hat, während er selbst den alttestamentlichen Propheten hauptsächlich geistliche Weissagungen
zugebilligt hat. In einer nicht genau datierbaren Tischrede aus der ersten Hälfte der 30er Jahre stellt er nun die
alttestamentlichen Propheten Jesaja, Jeremia und Daniel
mit Wahrsagern der Perser, Ägypter und Chaldäer zusammen
auf die Seite der Prophetie, die das Schicksal weltlicher
Reiche vorherverkündigt, während er die Apk mit den Aposteln Paulus und Petrus zusammen erwähnt als Vertreter
der Weissagung vom geistlichen Regiment, in der es darum
geht, "was fur boses oder guts der kirchen begegnen werde
bis an den jungsten tag"[6].

Dieselben Aussagen macht Luther auch in einer Reihen-
predigt über Joh 16,13 von 1537. Auch hier wird die Apk
zu den Weissagungen über das Schicksal der Kirche gerechnet, jedoch mit einer charakteristischen Einschränkung.
Der entscheidende Satz lautet: "Solche weissagung ist
auch das Buch der Offenbarung Johannis, wie wol mit
tunckeln worten und bilden."[7] Ganz zufrieden ist Luther
eben doch nie mit diesem Bibelbuch gewesen.

Wiederum kann Luther jedoch auch die eigenartige Ausdrucksweise als notwendig bezeichnen: "Et müssen solche
reden sein inn der Offenbarung, donec revelentur, oportet
assuefieri linguae."[8] Eine nähere Begründung erhalten wir
in diesem Zusammenhang aber leider nicht.

Die Zuordnung der Apk zu anderen Arten von Büchern
bleibt auch weiterhin recht wechselhaft. 1522 hat Luther
sie dem 4. Esrabuch gleichgeachtet. Auch später noch hat

––––––––––––––––

5. s.o. S. 303f.
6. TR 1,529,15-28: Nr. 1049 (Dietrich und Rörer).
7. 46,60,30ff, Zitat: 61,21f (nur in einem Druck von 1539
   überliefert).
8. 37,541,1f: Pred. über Apk 12,7ff; 20.9.1534; vgl. u. S.
   606.

er sie mit diesem apokryphen Buch verglichen und dabei
Ähnlichkeiten und Unterschiede gefunden. Freilich hat er
auch 4 Esr selbst recht verschieden beurteilt[9]. In einer
Tischrede von April/Mai 1532 heißt es: "Ultimum librum
Esrae puto esse propheticum ad nostra tempora et scriptum
esse in novo testamento sicut Apocalypsin et continere historiam imperii Romani, sicut Apocalypsis papatus et ecclesiae."[10] Richtig erkennt Luther, daß 4 Esr und Apk etwa
zur gleichen Zeit, nämlich um 96 n.Chr., entstanden sind[11].
Er weist aber 4 Esr der weltlichen, die Apk der geistlichen Prophetie zu. Beide Bücher werden so in ihrer Art positiv gewürdigt.

Anders dagegen in einem Abschnitt der Gen-Vorlesung,
der überschrieben ist: "De allegoriis". Im Blick auf die
'Schwärmer', insbesondere die Wiedertäufer, und in gleicher Weise auf die Mönche zeigen die beiden Bücher ihre
gefährliche Seite. Diese Leute lieben ja die Allegorien
sehr, deren es gerade in diesem beiden Büchern viele gibt,
und mißbrauchen sie. Darum nennt Luther 4 Esr und Apk als
Beispiele besonders dunkler Bücher, und so fällt wieder
einmal ein Schatten auf die Apk, wenn sie neben einem Buch
wie 4 Esr zu stehen kommt, das Luther hier als "figmentum
inane sub Esdrae nomine, duobus posteribus libris expli-
catum," bezeichnet[12]. Diese Stelle erinnert also wieder
stärker an den Tenor der ersten Vorrede.

In der zweiten Vorrede wiederum steht die Apk in Verbindung mit Dan, einem Propheten, den Luther sehr ge-

---

9. Das negativste Urteil ist wohl DB 12,290,7ff: Vorrede
   auf Baruch, 1534; weitere Stellen s. ebd, Anm. 5. Die
   Zählung der Esra-Bücher ist oft verwirrt. Das erschwert
   die Beurteilung der Aussagen.
10. TR 1,112,19-22: Nr. 268 (Dietrich); vgl. TR 2,351,23-
   30: Nr. 2183 (Cordatus).
11. Vgl. RGG³ 2, Sp. 699.
12. 42,367,19-22 (1536, Druck von Dietrich, 1544). Die beiden ersten und die beiden letzten Kapitel des lateinischen 4 Esr werden als 5 und 6 Esr bezeichnet, vgl. RGG³
   2, Sp. 699f. Vielleicht wollte Luther diesen Sachver-
   halt mit seiner Formulierung andeuten.

schätzt hat. Darum ist es andererseits ein Lob für die
Apk, wenn sie wie in einer Tischrede von 1532 mit diesem alttestamentlichen Buch in Zusammenhang gebracht
wird: "Daniel et Apocalypsis Johannis gehn fein in einander."[13]

III. Wandlungen in der Auslegung

a) Der Türke und die Apk

Schon aus der Interpretation der Zitatenstatistik hat
sich ergeben, daß mit der Vorrede von 1529/30 die Entwicklung der Apk-Deutung Luthers noch lange nicht abgeschlossen ist. Auch durch die Einordnung der Vorrede in den geschichtlichen Zusammenhang ihrer Entstehung ist uns klar
geworden, daß sie ein Gelegenheitsprodukt ist, das ziemlich isoliert in Luthers Schaffen dasteht und stark von
der augenblicklichen Situation geprägt ist, insbesondere
an den Stellen, die deutlich auf die Bedrohung durch die
Türken von Herbst 1529 anspielen. Daher ist es nicht verwunderlich, daß Luther gerade auch das weltgeschichtliche
Phänomen des türkischen Vormarsches schon bald wieder anders in den Rahmen der apokalyptischen Geschichtsinterpre-
tation einordnet.

Dem Bearbeiter von DB 11 I, Hans Volz, ist aufgefallen,
daß bei der Revision des Ezechieltextes im Januar 1541
die Glosse zum Stichwort 'Gog' am Rande von Ez 38,2:
"(Gog) Bedeut die Türcken, wie Apocalypsis Joha. anzeigt..." aus dem Handexemplar gestrichen worden ist, so
daß sie in den Bibelausgaben ab 1541 nicht mehr erscheint.
Er bemerkt dazu: "Nicht ersichtlich ist der Grund dieser Streichung, da Off. 20,8 eine inhaltlich gleiche
Glosse (seit 1530) unverändert beibehalten ist."[14] Wir
wollen versuchen, hier die Erklärung nachzuliefern. Dazu müssen wir jedoch weiter ausholen.

---

13. Tr 1,135,24: Nr. 332 (Dietrich).
14. DB 11 I,531, Apparat; vgl. DB 4,168,33-169,4.

Die besagte Glosse mit dem Hinweis auf Apk 20,8f erscheint erstmals 1532 in der ersten Ausgabe des gesamten
Ez-Textes ('Die Propheten alle deutsch'). Sie hält Aussagen der als ganze nicht übernommenen Vorrede zum Sonder-
druck der beiden Kapitel 38 und 39 aus der bewegten Zeit
von 1530 fest[15]. Dort begegnet der Hinweis auf die Apk-
Parallele gleich zu Anfang[16].

1533 tauchen bereits erste Zweifel an der Deutung der
Ez- und Apk-Weissagungen auf: "Ezechiel et Apocalypsis
significant Turcam perdendum igni coelesti. Ea obscura
prophetia est, nam potest fieri etiam spirituali igni,
quo perit Antichristus papa."[17] Zwar hält Luther hier
noch an der Gleichsetzung von Gog und Magog mit den Türken fest, bezeichnet aber eine Einzelaussage in den entsprechenden Bibeltexten, und wohl nicht nur diese allein,
als dunkel.

Aus späterer Zeit sind dann nur noch ganz wenige Stellen bekannt, an denen Gog und Magog überhaupt noch erwähnt werden, so in einem von Veit Dietrich überlieferten
Satz aus der Vorlesung über Gen 16,10 von Anfang 1537, mit
klarer Beziehung auf die Türken[18], und in einer undatierten
Tischrede, die im Weissagungsstil gehalten ist und nur die
beiden geheimnisvollen Namen enthält: "Dan wirt sich das
haus von Sachsen mit den federn der verstorbnen adler zieren vnd wirt Gog vnd Magog gedempft werden."[19] Auch im
letzteren Fall dürften die Türken gemeint sein.

Nehmen wir uns nun das Revisionsprotokoll von 1541 und
das dazugehörige Handexemplar des AT mit den entsprechenden Einträgen vor, um zu sehen, wie Luther dazu gekommen
ist, die besagte Glosse zu streichen. Die erste Notiz im

---

15. Vgl. 30 II(220)223-236.
16. 30 II,223,4ff.
17. TR 1,273,37-39: Nr. 588 (Dietrich); vgl. 492,16-18
    (nach Nr. 972, Aurifabers deutsche Fassung). An bei-
    den Stellen fehlen am Rand die Hinweise auf Ez 38,22;
    39,6 und Apk 20,9.
18. 42,594,14f.
19. TR 5,381,12f: Nr. 5851 (Luth.-Mel.).

Protokoll (zu Ez 38,2) geht noch von der Gleichsetzung
der Türken mit Gog aus: "Turcae veniunt ex asiatica
sarmatica..."[20] Ebenso die nächste (zu 38,18): "Der
Turck schlecht sich Zu feld..."[21] Dann kommen Luther
Zweifel. Ez 39,9 heißt es, die Bürger in Israel werden
mit den Waffen der Erschlagenen sieben Jahre lang Feuer
machen. Dazu ist notiert: "7 iar, das wil nicht der Turck
sein."[22] Schließlich heißt es zu 39,15: "Es sol schier
der Romer sein Gog et Magog, lautet ad captivitatem, Es
werden itzts an unterlas geschlagen per Euangelium."[23]

Hier haben wir den Grund für die Streichung der Glosse. Wir sind Zeugen des Vorganges geworden, der dahin geführt hat. Luther hat sich bei der Revision den Abschnitt
Ez 38 f noch einmal genau angesehen, sich die einzelnen
Bilder vorgestellt und dabei bemerkt, daß sie wörtlich
genommen doch nicht so recht zu der Wirklichkeit der Türken passen. Da ist er eben wieder, wenigstens für einen
Moment, auf die geistliche Deutung zurückgekommen, wie
er sie schon vor 1529 vertreten hatte, nämlich daß mit
Gog und Magog die 'Papisten' gemeint seien. Beeindruckt
von dieser momentanen Beschäftigung mit dem Text hat er
dann die anderslautende Glosse getilgt. Man darf aber
nun nicht erwarten, daß der Bibelübersetzer so konsequent
gewesen wäre, daß er ein paar Monate später bei der Revision des NT auch die entsprechende Glosse zu Apk 20,8 getilgt hätte. Denn zum einen war da keine Zeit mehr, mit
derselben Gründlichkeit vorzugehen. "Die Verhandlung
scheint eilig und sprunghaft vorangegangen zu sein."[24]
Zum andern läßt sich grundsätzlich sagen: "Wir haben es
hier mit einer Erscheinung zu tun, die wir auch sonst bei
Luther beobachten können. Dieser läßt sich bisweilen von

---

20. DB 4,168,33-169,2.
21. 170,5-7.
22. 170,21.
23. 171,1-3.
24. So Reichert in der Einleitung zu den Revisionsproto-
    kollen, DB 4,XLVII.

einem einzigen Bibeltext so stark leiten, daß er im Augen-
blick nicht danach fragt, wie er sich mit anderen Schriftstellen verträgt."[25]

> Eine indirekte Bestätigung dafür, daß Luther sich spä-
> ter nicht mehr so sicher war mit der Deutung der Gog-
> und-Magog-Perikopen, bietet auch noch ein Abschnitt aus
> Stifels 'Wortrechnung'. Freilich argumentiert Stifel
> dort nur e silentio. Man hat ihm vorgehalten, die Ka-
> pitel 38 und 39 von Ezechiel seien noch nicht erfüllt.
> Deshalb könne das Ende noch nicht so nahe sein. Darauf-
> hin berichtet er von einem Gespräch, das Luther mit
> Justus Jonas und Lukas Cranach geführt und dem er
> selbst beigewohnt hat, einige Zeit nach dem Erscheinen
> von 'Das 38. und 39. Kapitel Ezechielis von Gog'. Da-
> mals habe Luther gesagt: "Die schrift ist aus; der tag
> komme, wenn er wolle," und Jonas habe den Satz bekräf-
> tigt. Daraus zieht Stifel den Schluß, "das der lieb
> Lutherus zur selbigen zeit sich nichts hab irren las-
> sen dise zwey capitel. Sonst weren ja dise rede nicht
> also gefallen."[26]

Aber schon vor 1541 hat sich bei Luther anscheinend
inzwischen eine ganz andere Vorstellung davon gebildet,
wo die Türken in der Apk geweissagt sein könnten. Auch
hierzu haben wir ein Dokument, das uns Einblick in Luthers
Überlegungen gewährt.

In einer Tischrede vom 11. April 1538 sprach er von
der Macht des Türken. "Das türkische Reich", so etwa sagte er, "ist im Propheten Daniel und in der Offenbarung Johannis zuvor verkundiget, auf daß die Gottseligen und fromme, rechtschaffene Christen nicht erschrecken sollen für
seiner Größe und Gewalt." Dann brachte er ein Beispiel:
"In der Offenbarung Johannis stehet also geschrieben:
""Und ihm ward gegeben zu streiten mit den Heiligen, und
sie zu uberwinden"", Apoc 13[7], welches eigentlich vom
Türken, nicht vom Papst lautet, denn die Heiligen uber-

---

25. So Zahrnt, Geschichte, S. 129, im Zusammenhang mit
    einem anderen Widerspruch in Luthers Exegese von Stel-
    len, die er auf die Türken bezieht, nämlich Dan 7,8 und
    11,45.
26. Stifel, Wortrechnung, Bl. Nlaf. Er meint freilich, Lu-
    ther deute vielleicht diese Kapitel jetzt so, wie er
    selbst, nämlich als "die weissagung vom geistlichen
    krieg, zur zeit der apostel geschehen".

winden und siegen nicht ob durch Heiligkeit, sondern durch
Geduld, und uberwinden durch den Glauben, am Leibe werden
sie ermordet."[27] Hier bezieht Luther also das Bild des
ersten Tieres von Apk 13 nicht auf das Römische Reich,
sondern auf die Türken. Aurifaber, der diesen Abschnitt
geschrieben und richtig unter dem Stichwort 'Türken' seiner Sammlung einverleibt hat[28], stieß bei seiner Übersetz-
zungsarbeit noch einmal auf eine andere Fassung derselben Tischrede[29]. Diesmal nahm er Anstoß an den Worten seines verehrten Lehrers und korrigierte sie nach
der offiziellen Version, wie sie in seiner Lutherbibel
stand: "Dies scheinet, als sei es vom Türken und nicht
vom Papst geweissaget. Aber der Text zwingets, daß vom
päpstlichen Gräuel und Tyrannei im weltlichen Wesen muß
verstanden werden, wie denn auch das Werk und die Erfahrung zeigt."[30] Die so 'verbesserte' Tischrede fügte er
der Rubrik "Vom Antichrist oder Papste"[31] ein.

Wie Luther dazu gekommen ist, neuerdings die Türken
in Apk 13,1-10 geweissagt zu sehen, ist leicht zu erklären. Dieser Abschnitt enthält viele Parallelen zu Dan 7,
u.a. eben auch den oben zitierten Vers 7 (vgl. Dan 7,21).
So konnte es etwa passieren, daß Luther in einer Tischrede über die Türken von 1537 behauptete, dieses Bibelwort
nach Dan zu zitieren, aber in Wirklichkeit die Fassung
der Apk wiedergab[32].

---

27. Vgl. Apk 13,10. Der Abschnitt ist zitiert nach Aurifa-
    bers deutscher Fassung von Lauterbachs Tagebuch (TR 3,
    645, 3-9 = BoA 8,179,9-15: Nr. 3831): TR 1,453,1-8
    (nach Nr. 904) = Förstemann - Bindseil, Tischreden 4,
    643.
28. Förstemann - Bindseil, aaO, S. 632ff.
29. in einer systematisch gegliederten Umarbeitung Lauter-
    bachs, wie sie in der Hallischen Abschrift B repräsen-
    tiert ist: Bindseil, Colloquia 2,113, Stichwort (S. 111):
    "De Antichristo".
30. TR 3,173,11-13 (nach Nr. 3104b) = Förstemann - Bindseil,
    Tischreden 3,174; vgl. DB 7,451, Glosse zu Apk 13,1.
31. Förstemann - Bindseil, aaO, S. 172.
32. TR 3,419,2: Nr. 3571B (Lauterbach und Weller); vgl.
    TR 1,454,40f (nach Nr. 904, Aurifaber).

Hier ist also eine neue Querverbindung zwischen dem
bekannten Komplex der Deutung von Dan 7 auf die Türken
und der Apk hergestellt.

Nun ist aber offensichtlich das Tier von Apk 13,1ff
dasselbe, das 19,20 in den Schwefelsee geworfen wird,
während das andere Tier von Apk 13,11ff dem 'falschen
Propheten' entspricht, der mit in die Verdammnis wandert.
Von daher ist es nicht verwunderlich, daß Luther in späterer Zeit mehrmals Türke und Papst als Tier und falschen
Propheten von Apk 19,20 zusammenstellt, am deutlichsten
in der 'Vermahnung zum Gebet wider den Türken' von 1541,
einer Schrift, die übrigens jeder Bezugnahme auf Dan 7,
Ez 38 f und Apk 20,8f entbehrt[33]. Da heißt es: "So mochts
auch wol an dem sein, das der Türck, gleich wie der Bapst
in fal komen würde, Denn die zwey Reiche des Bapsts und
Türcken sind die letzten zwen grewel und 'Gottes zorn', wie
sie Apocalip. nennet, den 'falschen Propheten' und 'das
Thier', und mussen miteinander ergriffen und 'in den feurigen pful geworffen werden'."[34]

Daraus kann man wohl den Schluß ziehen, daß in Luthers Apk-Deutung später nicht mehr wie in der zweiten
Vorrede das Römische Reich, sondern der Türke als antichristliche Bestie neben dem Papstantichrist zu stehen
kommt.

b) Symptome für Luthers späte Theologie (Apk 21,4 und
    22,20; 21,27 und 22,11b)

Bei der Interpretation der Statistik sind uns zwei
auffällige Erscheinungen begegnet, nämlich das Hervortreten von Apk 21,4 (= 7,17) und 22,20 ab 1532 bzw. 1538

---

33. Die Naherwartung ist jedoch geblieben, vgl. 51,592,
    34/593,19; 614,29-33; 624,32/625,15.
34. 51,620,26-30 (Druck); am Rand: "Off. 15,1; Off. 19,20";
    vgl. TR 5,63,21-25: Nr. 5337 (Mathesius, 5./7.11.1540),
    entsprechend TR 1,400,19-23 (nach Nr. 826, Aurifaber);
    Br 10,54,12 = Enders 14,255,15f: an Jonas, 30.4.1542,
    jeweils ohne Angabe von Apk 19,20. Bei Lamparter, Tür-
    kenkrieg, S. 42 und 130, sind diese kleinen Unterschie-
    de nicht beachtet.

einerseits und die Wiederkehr von 21,27 und 22,11b seit
derselben Zeit andererseits. Hier soll nun näher darauf
eingegangen werden, um daraus Folgerung ziehen zu können.

Apk 21,4 (Gott wird abwischen alle Tränen von ihren
Augen...) kommt erstmalig in einer Tischrede vom 1. Januar 1532 vor, in der Luther seine Erwartung zum Ausdruck
bringt, der jüngste Tag werde wahrscheinlich noch im
gleichen Jahr kommen[35]. Die folgenden Erwähnungen stehen
in keinem solchen Kontext eschatologischer Hochspannung,
zeigen aber doch, daß Luther gern mit seinen Gedanken
beim jenseitigen Leben verweilt[36]. Insbesondere ist auffällig, daß Luther 1545 Jes 25,8b, offensichtlich als einen wichtigen biblischen Kernsatz, in eine hebräische Bibel als Widmung eingetragen und dazu vermerkt hat, daß
Apk 21,4 ein Zitat der Jes-Stelle ist[37].

Ganz eindeutig kommt jedoch eine <u>gesteigerte Naher-</u>
<u>wartung</u> zum Ausdruck in den verschiedentlich abgewandel-
ten Zitaten des abschließenden Votums der Apk: "Ja, ich
komme bald. Amen, ja komm, Herr Jesu!" (22,20). Aus früherer Zeit sind mir nur zwei Zitate dieser Stelle bei Luther begegnet, und zwar das erste schon gleich in der 1.
Ps-Vorlesung[38]. Dort klingt der Zusammenhang wie eine prophetische Vorankündigung dessen, was da kommen sollte, nämlich daß die vom Antichrist bedrängte wahre Kirche die endgültige Erlösung durch Christus erbitten wird, wobei
Luther freilich nicht ahnen konnte, daß er sich selbst
noch zu Lebzeiten in eben der angedeuteten Situation würde wiederfinden. Diese ergab sich aber sehr bald, nachdem
Luther im Papsttum den letzten Feind Christi zu sehen gelernt hatte. 1521 veranlaßte ihn denn auch seine Entrüstung

---

35. TR 2,31,36: Nr. 1291 (Schlaginhaufen); Varianten: 48,
    475,19f.
36. 39 I,332,1f bzw. 19f: Zirkulardisputation de veste nup-
    tiali, 1537 (Rezension A und B); 42,176,14f: Vorl. über
    Gen 3,24 (1535, Druck von Dietrich, 1544); 44,455,22f:
    Vorl. über Gen 41,51f (1544, Druck von Besold, 1554).
37. 48,98,1-8: Nr. 130; vgl. Nr. 130a.
38. 4,141,31; vgl. o. S. 120.

über die Vergötzung des Papstes durch dessen Anhänger zu
der Bitte, Christus möge kommen und diesem Zustand ein Ende machen[39]. Von da an sah er zu bestimmten Zeiten immer
wieder die einzige Rettung in der Wiederkunft Christi und
brachte dies auch gehäuft zum Ausdruck, so z.B. während
der Bedrohung durch Türken und Kaiser um die Jahreswende
1529/30, wie wir bereits ausführlich dargestellt haben[40].
In der späteren Zeit nahm wohl sein Pessimismus in weltlichen Dingen und die Erwartung des 'lieben jüngsten Tages'
noch zu, jedenfalls ist 1543/44 ein neuer Höhepunkt erreicht[41]. In dieser Zeit kam Luther nun auf seine früheren Andeutungen zurück und bereicherte seinen festen eschatologischen Wortschatz durch den Stoßseufzer vom Ende der
Apk[42].

> So fügt er etwa in einem Brief an Jonas vom 24. Mai
> 1538 dem Verdacht, die Rüstungen gegen die Türken rich-
> teten sich vielleicht in Wirklichkeit gegen die Luthera-
> ner, den Wunsch an: "Christus veniat cito, Amen."[43]
> In einer Predigt über Mt 24,29ff vom 2. Mai 1540, in
> der Luther die Frage erörtert, ob bereits alle Zeichen
> des jüngsten Tages eingetroffen seien, betont er, daß
> es nicht so sehr darauf ankomme, die Nähe dieses Tages
> nur anzukündigen, als vielmehr, ihn sehnsüchtig herbei-
> zuwünschen, ganz im Gegensatz zu der Einstellung, die
> für die Zeit unter dem Papsttum typisch gewesen ist, als
> man sich davor fürchtete. Daß nun viele Menschen in den

---

39. 7,742,8f: gegen Catharinus (Die Stellenangabe fehlt am
    Rand.)
40. s.o. S. 371ff.
41. Darauf macht auch Althaus, Theologie, S. 351, Anm. 66.
    aufmerksam.
42. Die Angaben von 22,20 in Schriften aus der mittleren
    Zeit sind nicht brauchbar: Bei 12,702,26 (Hinweis aus
    dem Buchwald-Register) ist der Anklang zu schwach; bei
    28,464,22f handelt es sich höchstwahrscheinlich um ei-
    nen Zusatz des Herausgebers Poach von 1557; bei TR 2,
    426,4 (Nr. 2345, Cordatus; Hinweis aus dem Buchwald-
    Register) zeigt die Parallelüberlieferung TR 2,23,25
    bzw. 24,8 (Schlaginhaufen bzw. Aurifaber), daß Luther
    wohl anders formuliert hat, so daß der Anklang unbedeu-
    tend erscheint, und bei 41,198,22 (RN) ist die Anspie-
    lung zu undeutlich.
43. Br 8,227,11-15, Nr. 3232 = Enders 11,367,15-19, Nr. 2610.

Gebetsruf einstimmen: "Veni, domine Ihesu", sieht Luther
als "ein warhafftig Zeichen der Zukunfft des herrn" an[44].
Dadurch daß er selbst die Menschen von der Angst vor dem
als schrecklicher Richter wiederkommenden Christus befreit
und sie gelehrt hat, diesen als Erlöser zu erwarten, hat
er den Weg zu einem gleichgestimmten Nachempfinden der urchristlichen Erwartung freigemacht, wie sie gerade auch
in der Apk zum Ausdruck kommt[45].

Wie Luther schon von Anfang an die Lauheit der Christen als Zeichen für das nahe Ende angesehen hat, so
meint er auch in der Vorrede zu einem Sermon Kaspar
Güttels von 1541, die Expektanten, die sich immer noch
weigerten, endlich die erkannte evangelische Wahrheit
auch zu bekennen, zwängen Christus, bald zu erscheinen[46].

Der größere Teil der Zitate von Apk 20,20 stammt aus
den Jahren 1543/44 und steht vorzugsweise in Briefen, in
denen Luther ja besonders politische Ereignisse religiös
interpretiert und seine Empfindungen am freiesten zum Ausdruck gebracht hat. Die übrigen sind in der Gen-Vorlesung
enthalten[47].

Eine andere Eigentümlichkeit von Luthers Spätzeit hat
auch bereits die Zitatenstatistik offenbar gemacht, nämlich die Wiederkehr von Apk-Stellen, die für Luthers Gedanken über Rechtfertigung und Heiligung in seiner frühreformatorischen Phase als typische Belege gedient hatten,
aber dann samt den anderen parallelen Bibelstellen aus

---

44. 47,616,1-18 (Bearbeitung Aurifabers); vgl. auch die
    Tischrede Nr. 5242 mit dem entsprechenden Zitat TR 5,
    24,6 im Kontext von Nr. 5237 und 5239, alle vom Septem-
    ber 1540.
45. Vgl. Nigg, Reich, S. 209f.
46. 51,633,15f; der Hinweis auf Apk 22,20 fehlt am Rand.
47. Br 10,287,14f = Enders 15,134,16f: an Myconius,
    5.4.1543; Br 10,467,47 = Enders 15,284,62: an Jonas,
    16.12.1543; Br 10,524,22 = Enders 15,335,28f: an Mör-
    lin, 6.2.1544, und Br 10,556,37 = Enders 16,7,2f: an
    die Geistlichen von Eperies, 21.4.1544. - 42,2,24f:
    Luthers Vorrede zum 1. Bd. der Gen-Vorl., datiert auf
    Weihnachten 1543; 44,263,38f: über Gen 37,15-17, etwa
    aus derselben Zeit, und 44,769,34: über Gen 49,11f
    (1545, Druck von Besold, 1552).

den Schriften des Reformators verschwunden waren. Es handelt sich dabei um die Verse Apk 21,27 und 22,11b, die
freilich, soweit ich sehe, insgesamt nur noch fünfmal vorkommen.

> An erster Stelle steht ein Abschnitt aus der Vorlesung
> über Ps 45,7 von 1532, wo Luther die absolute Gerechtig-
> keit von Christi Herrschaft der relativen Gerechtigkeit
> menschlicher Regierungen entgegensetzt. Der Satz: "'Ni-
> hil coinquinatum intrabit in hunc celestem Ierusalem',
> Apo. [21,27]", soll beweisen, daß das Gesetz die Sünde
> klar und restlos verdammt. Doch im Hinblick auf Chri-
> stus, an den wir glauben, werden wir als absolut ge-
> recht anerkannt, obwohl wir, was uns selbst betrifft,
> "inquinatissimi" sind, voll von Begierde, Furcht usw.
> Erst im jenseitigen Leben werden wir selbst die Voll-
> kommenheit erreichen, die wir jetzt nur "imputative"
> haben[48].
> Auf die Gegenthese, die hier nur unausgesprochen im
> Hintergrund steht, geht Luther an einer ähnlichen Stelle,
> nämlich in einer Predigt über die Nikodemus-Perikope Joh
> 3,1ff, vom 11.6.1536 ein. Der Mensch denkt gewöhnlich,
> die einfache Einhaltung der 10 Gebote genüge, um in
> den Himmel zu kommen, die absolute Gerechtigkeit,
> die Christus in der Bergpredigt fordert, hält er
> nicht für nötig. Doch Apk 21,27 sagt wie auch Joh
> 3,3 eindeutig, daß wir um eine völlige Wandlung, die
> einer neuen Geburt gleicht, nicht herumkommen[49].

Mit diesen Argumenten kämpft Luther wie in seiner Frühzeit gegen jede menschliche Gerechtigkeit gegenüber Gott
für die Rechtfertigung allein durch Christus.

Das Problem der effektiven Rechtfertigung erörtert Luther in seinen letzten Lebensjahren offensichtlich wieder
öfter in der alten Terminologie, nachdem diese zu Anfang
der 20er Jahre anscheinend durch andere Vorstellungen verdrängt worden ist[50].

> In seiner Vorlesung über Gen 17,23-27 behandelt Luther
> 1538 die Frage, welcher Stellenwert dem neuen Gehorsam
> im Rechtfertigungsgeschehen zukomme. Seine primäre Ant-
> wort ist ganz klar: "Non... opera faciunt iustam perso-
> nam: sed iusta persona facit iusta opera." Aber die
> Werke haben eine unterstützende Funktion: "Tamen opera
> hoc praestant, ut fides in eis exerceatur, et per ea
> quasi augescat et pinguescat."

---

48. 40 II,527,1ff bzw. 16ff (Hs. bzw. Druck).
49. 41,609,12ff (Rörer).
50. s.o. S. 222ff.

Dadurch daß der Glaube sich in guten Werken übt und als
lebendig erweist, wird die Gewißheit der Erwählung und
Errettung verstärkt. In diesem Sinne will Luther auch den
Satz verstanden wissen: "'Qui iustificatur, iustificetur
adhuc'" (Apk 22,11b)[51]. Es ist damit nichts darüber ausgesagt, ob die tatsächliche Gerechtigkeit durch die Werke
gesteigert werden kann, sondern nur, daß die Gewißheit,
am Ende zu den Gerechten zu gehören, wachstumsfähig ist.

An einer anderen Stelle wird aus dem Kontext der Anlaß
deutlich, weshalb Luther wieder auf seine Argumente aus
dem Ablaßstreit zurückkommt. Um den 1. Mai 1545 hat er die
32 Artikel der Theologischen Fakultät von Löwen zu Gesicht
bekommen. Darin werden die alten römischen Positionen einfach festgehalten und als verpflichtend hingestellt[52]. Dazu gehört auch die These, daß nach der Taufe keine Sünde
mehr übrig bleibe[53]. Damals als Luther sich 1521 mit dem
Löwener Theologen Latomus um dieses Problem gestritten hatte, war dies bereits nicht mehr in der frühreformatorischen
Diktion geschehen. Im 'Antilatomus' fehlen die charakteristischen Bibelzitate einschließlich Apk 22,11b[54].
In der Gen-Vorlesung dagegen hat er bald nach dem Erscheinen der Löwener Artikel bei der Auslegung von
Gen 49,11f seine Behauptung, daß wir nie in statu per-
fectionis sind, sondern immer im Werden und in einem
Durchgangsstadium, wieder unterstützt mit den bekannten Bibelstellen Apk 22,11b; Ps 83(84),8(Vulg.) und
2 Kor 4,16[55].

In seiner zweitletzten Predigt, gehalten am 7. Februar 1546 in Eisleben über das Gleichnis vom Unkraut
unter dem Weizen (Mt 13,24-30), bringt er noch einmal dieselben Gedanken zur Sprache. Es fehlt auch

---

51. 42,669,20ff (Druck von Dietrich, 1550).
52. 54,416-422.
53. 54,418 (These 2).
54. 8(36)43-128, s.o. S. 230.
55. 44,775,1-11 (Druck von Besold, 1554). Die beiden letzten
    Stellen sind am Rand nicht angegeben.

nicht die Polemik gegen die Löwener und Kölner Theologen[56]. Neben Apk 22,11[57] stehen 2 Petr 3,18; Phil 3,12f und 2 Kor 4,16[58]. Außerdem aber hebt Luther jetzt einen Gesichtspunkt wieder deutlich hervor, der bei ihm ursprünglich fest mit diesen einschlägigen Bibelstellen verbunden war, nämlich daß in der Mahnung zum Wachstum implicite die Warnung enthalten sei, sich niemals auf seinen Lorbeeren auszuruhen, und daß sich aus ihr auch die Folgerung ergebe: Wir können in diesem Leben nie am Ziel sein[59]. In diesem Sinne besagt Wachstum für Luther nichts anderes als ständigen Kampf, weil Stillstand eben gleichbedeutend mit Rückschritt ist[60].

Da außer in den Abschnitten, in welchen Apk 22,11b zitiert ist, die parallelen Bibelstellen auch noch anderswo in den späten Schriften auftauchen[61], ergibt sich die Frage, wie es kommt, daß Luther in seiner Spätzeit auf frühreformatorische Gedankengänge und Argumente zurückgreift, die in der ersten antipäpstlichen und der antischwärmerischen Phase praktisch verschwunden waren. Meinhold, der auch diese "Gedanken des jungen Luther" in der Gen-Vorlesung wiedergefunden hat, verzichtet auf eine Erklärung. Er behauptet vielmehr, "daß es große Linien gibt, die ungebrochen durch die gesamte Theologie Luthers hindurchlaufen", und dazu zählt er auch diese Argumente[62]. Aber gerade die Unterbrechung ab etwa 1520 ist daran ja das Auffällige.

---

56. 51,180,12ff (Druck, 1546).

57. 181,42-182,2.

58. 2 Petr 3,18: 51,179,19f; 180,29f; 181,27f; Phil 3,12f: 51,180,34-36; 2 Kor 4,16: 51,182,9-11 (diese Angabe fehlt am Rand).

59. 51,181,25ff.

60. 182,13ff.

61. bereits am 9.10.1531: 40 I,536,8/538,12 (Kommentar über Gal 3,25, Hs.): 2 Kor 4,16; Phil 3,12; dann z.B. am 15.7. 1533: 40 III,186,2-4 (Vorl. über Ps 126,4, Hs.): Phil 3,13 und Kol 1,11 mit Anspielung auf 2 Kor 4,16 - 38,568,20ff (Annotatio in Mt 13,45f; 1536, Druck, 1538): Phil 3,12; Mt 7,7; 2 Kor 4,16 (nicht Eph 4,22; Kol 3,9f, wie am Rand angegeben); 1 Kor 10,12; Gal 6,3 - 44,401, 30ff (Vorl. über Gen 41,1-7; 1544, Druck von Besold, 1554): 2 Kor 3,18 mit Anspielung auf 2 Kor 4,16; vgl. Schloenbach, Heiligung, passim.

62. Meinhold, Genesisvorlesung, S. 416. Man könnte höchstens sagen, daß diese Linien latent durchlaufen. Der folgen-

Wir haben das Verschwinden aus der Neuentdeckung der
Promissio als Garantin der Heilsgewißheit um 1519 zu erklären versucht, weil dadurch die Vorstellung der Unabgeschlossenheit des Rechtfertigungsvorgangs auf Seiten
des Menschen anscheinend der Gewißheit, daß Gott uns
ohne Einschränkung gnädig ist, untergeordnet worden ist.
Als biblische Grundlage haben wir Röm 7 f in den Vordergrund treten sehen.

Nach 1521 hat Luther die Rechtfertigung längere Zeit
kaum mehr eigens thematisiert. Erst mit den Verhandlungen auf dem Augsburger Reichstag von 1530 wurde ein neuer
Denkprozeß darüber eingeleitet, angeregt zunächst durch
die Auseinandersetzung mit den altgläubigen Theologen,
sodann durch die Differenzen in Intention, Denkweise und
Darstellung, die 1535 innerhalb der Wittenberger Universität selbst, insbesondere zwischen Melanchthon, Cruciger,
Cordatus und Luther, allmählich deutlich wurden[63]. Im Verlaufe dieser Diskussion hat Luther immer die Doppelheit
von totaler imputativer und partieller effektiver Rechtfertigung festgehalten, wobei er wohl der Werkgerechtigkeit der Altgläubigen gegenüber mehr die Unvollkommenheit
der Erneuerung behaupten muß, den Vereinfachungstendenzen
im eigenen Lager gegenüber dagegen ihre Realität und ihre
Zusammengehörigkeit mit dem forensischen Totalaspekt. Bei
diesen Darlegungen betrachtet er offensichtlich seine 1521
gewonnene Terminologie nicht als letztgültig, sondern er
greift immer wieder einmal auf ältere Vorstellungen wie
z.B. Apk 22,11b u.a. biblische Ausdrücke zurück.

------

de Satz kann in diesem Sinne verstanden werden: "Im Alter kehren sie mit der gleichen Kraft wie in der Jugend
wieder."

63. Diese Zusammenhänge sind im einzelnen dargestellt bei
Stupperich, Rechtfertigungslehre, und Greschat, Melanchthon neben Luther.

28. Kapitel

Bemerkenswerte Auslegungen einzelner Abschnitte der Apk

Die vielen einzelnen Zitate und Bezugnahmen auf die
Apk in der späteren Zeit können hier nicht mehr alle berücksichtigt und systematisch verarbeitet werden. Deshalb
sollen hier nur noch besonders ausführliche oder für
Luther bezeichnende Auslegungen einzelner Abschnitte
ergänzend behandelt werden.

I. Apk 14,13 und 14,4 in der Auseinandersetzung mit den Altgläubigen

Apk 14,13 gehört zu den Stellen, die Luther mit gewisser Regelmäßigkeit immer wieder einmal zitiert hat. Deshalb haben wir uns schon mehrfach damit beschäftigt[1].
Auffällig ist jedoch, daß der Reformator bis 1529 die beiden Teile des Verses: "Selig sind die Toten, die in dem
Herrn sterben von nun an. Ja, der Geist spricht, daß sie
ruhen von ihrer Arbeit," und: "denn ihre Werke folgen ihnen nach", niemals zusammen zitiert oder gar in eine logische Beziehung zueinander gesetzt hat. Er kann anfangs
mit dem zweiten Teil die Notwendigkeit guter Werke begründen[2], dann wieder das Wegsehen von ihnen[3], und mit dem
ersten Teil die Überwindung der Todesangst durch blindes
Vertrauen auf Christus ganz abgesehen von der Frage nach
der Notwendigkeit von Werken[4]. Er kann später die Wahrscheinlichkeit eines Fegfeuers einmal mit dem Hinweis auf
die zweite Hälfte[5], das andere Mal unter Berufung auf die

---

1. s.o. S. 102ff, 144 und 187.
2. 3,209,14f.17f: 1. Ps-Vorl., Interlinearglosse zu Ps 36
   (37),37f.
3. 3,397,1f: Scholie zu Ps 67(68),14.
4. 31 I,467,35f = BoA 5,220,21: Neubearbeitung von Ps 22
   (23),4; Herbst 1516.
5. 1,563,21f = BoA 1,64,24f: Resolutiones, Conclusio XVIII,
   1518.

erste Hälfte bestreiten[6] und wiederum mehrfach das Vertrauen
auf Christus ganz allein als maßgeblich bezeichnen[7]. Er
geht jedoch in dieser Zeit nicht auf das Argument der Altgläubigen ein, daß Apk 14,13b gegen die Rechtfertigung
allein aus Glauben spreche[8].

Wie wir gesehen haben, hat nun aber Luther während des
Augsburger Reichstages von 1530 die vorübergehend abge-
flaute Auseinandersetzung mit seinen altgläubigen Gegnern
systematisch wieder aufgenommen und als erstes sich der
noch nicht bis zur letzten Konsequenz ausdiskutierten Frage des Fegfeuers zugewandt. Dabei ist er wieder auf Apk
14,13 gestoßen und hat sich diesmal intensiver mit diesem
Vers beschäftigt. Ein Niederschlag seiner privaten Vor-
studien dazu ist uns offensichtlich überliefert in den
von Schülern abgeschriebenen Eintragungen Luthers in
sein Handexemplar des NT von 1530[9]. Die hier entwickelten Gedanken hat er dann sehr bald veröffentlicht. In
der deutschen Streitschrift 'Ein Widerruf vom Fegefeuer'
hat er sein Verständnis von Apk 14,13 in einem eigenen
Kapitel dargelegt[10]. Den Anlaß dazu bietet die Tatsache,
daß dieser Bibelvers als Lesung in Totenmessen Verwendung
findet[11]. Nun muß das ja auch einen Sinn haben. Luther
erklärt sich das so: Zum einen wird dadurch gegen Ketzer
wie ihn selbst festgestellt, daß im Himmel nach Leistung
entlohnt wird, zum andern kann man unter den 'nachfolgenden Werken' diejenigen verstehen, die man dem Verstorbe-

---

6. 2,342,15f.21.

7. 2,689,16 = BoA 1,165,26f: Sermon von der Bereitung zum
   Sterben, Oktober 1519; 4,712,38f: Enarratio von Mt 6,
   24ff; 1520(?); 23,411,2: Tröstung an die Christen zu
   Halle, 1527; Br 4,625,28f: an Margarethe N., 15.12.1528.

8. Emser, Auß was grund, Bl. 148a (s.o. S. 283); 15,116,7:
   17 Artikel Seehofers, die die Universität Ingolstadt verurteilt hat, 1523.

9. DB 4,503,12-22 bzw. 23-33 ('Licht in Licht' bzw. Dietrich).

10. 30 II,375,21-378,7.

11. Vgl. RN zu 30 II,375,24f (S. 99).

nen nachtut, indem man die Seelmessen hält, die er gestiftet hat. Letztere Interpretation muß den Priestern zu Luthers Zeiten geläufig gewesen sein; denn er zitiert mehrfach die Formulierung: "Gott wolt ansehen die guten werck,
die jhm [dem Toten] nachgeschehen," als einen Satz, den
der Priester, offensichtlich in deutscher Sprache, dem
Volk zugewandt, bei Seelmessen üblicherweise gesprochen
haben soll[12].

> Die katholischen Theologen des Mittelalters sind übri-
> gens anscheinend erst durch die Häretiker dazu gebracht
> worden, den Vers so umzudeuten; denn er hat schon den
> lombardischen Waldensern als Argument gegen die Fürbit-
> te für die Toten gedient, aber Moneta Cremonensis hat
> sich noch damit begnügt zu behaupten, die Belohnung
> nach den eigenen Werken schließe eine Unterstützung
> durch die Werke anderer für die im Fegfeuer Leidenden
> nicht aus[13]. Später haben die Taboriten denselben Vers
> den Prager Magistern als schlagendes Argument in der-
> selben Frage entgegengehalten[14]. Gabriel Biel hat in
> seiner 1488 entstandenen Meßauslegung diesen Einwurf
> aufgenommen und mit anderen Bibelstellen zusammen in
> scholastischer Manier traktiert. Er kommt zu dem Ergeb-
> nis, daß die nachgetanen Werke im doppelten Sinne als
> eigene Werke des Verstorbenen zu verstehen seien, ein-
> mal so, daß der Verstorbene zu Lebzeiten schon sich die
> spätere Unterstützung verdient hat – das entspricht
> dem, was Luther wiedergibt –, oder aber so, daß die
> von anderen für den Verstorbenen stellvertretend ge-
> tanen Werke ihm zugeeignet werden[15].

Luther läßt sich jedoch auf Spitzfindigkeiten in der
Interpretation des Nachsatzes von Apk 14,13 gar nicht erst

------

12. 30 II,375,34f; 388,29; ebenso 660,3: De loco iustifica-
    tionis, 1530; DB 4,503,14f bzw. 25f; vgl. 30 III,309,28:
    Warnung an seine lieben Deutschen, 1531; TR 1,222,10
    bzw. 35f bzw. 224,18: Nr. 499 (Dietrichs Nachschrift
    bzw. Aurifabers deutsche Bearbeitung), entsprechend TR
    3,147,23: Nr. 3029 (Cordatus, März 1533). Im RN zu 30
    II,375,33-35 (S. 99) ist als nächste Parallele aus dem
    Missale Brandenburgense nur ein lateinisches Stillgebet
    nachgewiesen. Luther zitiert den betreffenden Satz je-
    doch selbst in lateinischem Kontext ausdrücklich auf
    deutsch. Vielleicht handelt es sich um einen Zusatz in
    freier Rede.

13. Moneta, Adversus Catharos, S. 375.

14. Höfler, Geschichtsschreiber II, S. 658: Chronicon Tabo-
    ritarum.

15. Biel, Expositio 2,373-377.

ein, sondern geht das Problem gleich ganz grundsätzlich an,
und zwar nach einer Regel der Logik und Rhetorik, die besagt, daß ein untergeordneter Satz nicht aus dem Rahmen
fallen darf, der durch den Obersatz abgesteckt wird. Luther erwähnt diese Regel hier zwar nicht ausdrücklich. Wir
können sie aber aus einer späteren Tischrede entnehmen, in
der er diesen maßgeblichen Auslegungsgrundsatz eben an derselben Bibelstelle exemplifiziert[16]. Der Obersatz lautet
nun aber in unserem Falle: "Selig sind die Toten, die in
dem Herrn sterben." Fragt man nun die 'Sophisten', ob die
Seelen, für die sie beten, im Herrn verschieden sind, so
müssen sie die Frage bejahen; denn diejenigen, die nicht
im Herrn sterben, sind eo ipso alle verdammt, und man darf
gar nicht für sie beten[17]. Die aber, die im Glauben an Christus leben und sterben, sind nach Aussage des NT gerecht
und damit auch selig. Also genügt der Glaube zur Seligkeit
und das Insistieren auf den nachfolgenden Werken lenkt nur
von dieser heilsnotwendigen Einsicht ab. Gilt der alte
Grundsatz noch, daß es Unrecht ist, für Märtyrer zu beten,
dann hat er auch für alle anderen Christen Gültigkeit;
folglich sind Fürbitten für sie ein Sakrileg. Damit hat
also Luther zunächst einmal durch die Verlagerung des
Schwergewichtes auf den ersten Teil des Verses Apk 14,13
in Einklang gebracht mit dem Kernsatz seiner ganzen Theologie, nämlich der Rechtfertigung allein aus Glauben[18].

Nun kann er daran gehen, sich seine eigene Deutung des
Nachsatzes zurechtzulegen. Gemäß seiner Gesamtauslegung
der Apk versteht er auch 14,13 als eine Verheißung für
die Märtyrer der Endzeit, die dem Wüten des Papstantichrists zum Opfer gefallen sind, wie z.B. Johannes Huß.
In diesem Kontext will also der Satz: "Denn ihre Werke
folgen ihnen nach", besagen, daß die Märtyrer, die "in

---

16. TR 1,222,3-11 bzw. 26-37 bzw. 224,6-19: Nr. 499 (Diet-
    rich bzw. Aurifaber), entsprechend TR 3,147,18-25: Nr.
    3029 (Cordatus, März 1533).
17. 30 II,376,3-9.
18. 376,21-377,30.

dem Herrn" gestorben sind, zwar selbst schon selig sind,
aber ihre Lehre und ihr Tun zunächst noch verdammt werden. Erst in der Folgezeit finden sie schließlich auch
vor der Welt Anerkennung, wie eben jetzt Huß geschieht[19].
So hat Luther diesen Apk-Vers auch noch seiner ihm eigenen Geschichtsauffassung[20] integriert.

Dies ist der erste Versuch Luthers gewesen, den Vers
Apk 14,13 als ganzen zu interpretieren und die beiden
Teile in einen schlüssigen Zusammenhang zu bringen. Außer
an den schon erwähnten Stellen im Handexemplar des NT von
1530 und der Tischrede von 1533 erscheinen sie wieder getrennt, zweimal der erste Teil zur Unterstützung der Bestreitung des Fegfeuers und als Argument für den Seelen-
schlaf[21], dreimal derselbe Teil als Ausdruck für die zu-
versichtliche Gewißheit, daß fromme Menschen nach ihrem
Tode bei Gott geborgen und den Leiden dieses erbärmlichen
Lebens enthoben sind, und zwar einmal bei der Auslegung
von Gen 25,7-10 (Tod Abrahams)[22], einmal in einem Nachruf
auf Urbanus Rhegius[23] und einmal in einer Tischrede anläßlich des Todes seiner geliebten Tochter Magdalene[24]. Nur
einmal noch zitiert Luther den Nachsatz über die Werke,
und zwar in einem Zusammenhang, in dem er den himmelweiten
Unterschied zwischen den Werken der Glaubenden und denen
der Ungläubigen erklärt. Mögen sie auch äußerlich kaum un-
terscheidbar und unscheinbar sein, trotzdem finden die Werke der wahren Christen bei Gott Anerkennung, sie 'folgen'
ihnen ins andere Leben, während die der Gottlosen diesen

---

19. 377,33-378,8; vgl. DB 4,503,12ff bzw. 23ff.

20. Vgl. Zahrnt, Geschichte, S. 58f.

21. 38,652,6-18 bzw. 23-36: Annotatio in Mt 16,27: 1538
    (Hs. bzw. Druck). Beachte die Hervorhebung der Beweis-
    kraft der Belegstelle durch den Schlußsatz: "Aut nega
    verba Apocalypsis", Z. 35f. - 44,520,13-27: Vorl. über
    Gen 42,38 (1544, Druck von Besold, 1554).

22. 43,360,7-11 (1540, Druck von Roting und Besold, 1552).

23. 53,400,12-19: Vorrede zu Rhegius, Prophetiae, 1542.

24. TR 5,191,43-192,10: Nr. 5494 (Aurifaber, nach 20.9.
    1542).

nicht 'folgen', sondern ruhmlos untergehen, weil sie Gott
nicht gefallen. Dabei klingen die Formulierungen, obwohl
sie etwa zwölf Jahre später liegen, noch deutlich an die
ins NT von 1530 eingetragenen an[25]. Es ist auch offensichtlich der Vordersatz mitgedacht, der die wichtige Voraussetzung des Glaubens an Christus für die Geltung der Werke zum
Ausdruck bringt.

Somit hat der Reformator auch diesen Vers der Apk,
der ihm vielleicht manchmal ein Stein des Anstoßes gewesen sein mag, ganz in seinem Sinne verstehen und verwenden können.

Im 'Widerruf vom Fegefeuer' hat Luther im Anschluß an
14,13 gleich anhangsweise noch eine andere Apk-Stelle aus
demselben Kapitel abgehandelt, die den Lutherischen gern
von den Altgläubigen entgegengehalten wurde, nämlich 14,4:
"[Die 144000] sind, die mit Weibern nicht befleckt sind
– denn sie sind Jungfrauen."[26] Auch hierzu hat Luther private Notizen in sein Handexemplar des NT gemacht[27]. Während er jedoch in der deutschen Streitschrift nur in po-
lemischer Form die Vorstellung bekämpft, es seien hierbei leibliche Jungfrauen im wörtlichen Sinne gemeint, wo
doch aus dem Text klar hervorgehe, daß es sich um Männer
handelt[28], hat er sich in seinem NT eine eigene, antipäpst-

---

25. 43,616,2-15 (1542, Druck von Roting und Besold, 1552);
    vgl. den Satz: "Nostra autem habent gloriam et inspec-
    tionem Dei et Angelorum, et sequuntur nos in illam vi-
    tam" (Z. 14f) mit den beiden anderen: "Ipsi praecedunt
    in gloriam, ad quam etiam venient opera eorum nunc
    damnata", und: "Sic opera eorum quoque tandem erunt opti-
    ma in die inspectionis", DB 4,503,12f und 20f ('Licht
    in Licht').
26. 30 II,378,8-20.
27. DB 4,502,20-26 bzw. 27-33 ('Licht in Licht' bzw. Diet-
    rich).
28. Unter den älteren Apk-Kommentaren habe ich keinen gefun-
    den, der diese Stelle ausdrücklich nur von weiblichen
    Personen versteht, auch der RN zu 30 II,378,8-20 (S. 100)
    meldet hierzu Fehlanzeige. Aber vielleicht trifft dies
    auf Emser, Auß was grund, Bl. 149a, zu, wo es heißt:
    "Zum sechsten, dieweyl diß buch den junkfraulichen stand
    uber die andern all erhebt und spricht, wie die junkfrauen

liche Deutung des Verses zurechtgelegt: "Ego sic puto,
quod coelibatu Papae non sunt maculati..., sed Christo
pure serviunt etiam coniuges. Nam id ferendum non est,
ut coniuges dicantur pollui uxoribus suis, hoc enim esset
Dei opus profanare."[29] Diese Interpretation erweitert Luther 1531 noch um eine geistliche Deutung, die ebenfalls
eine scharfe Spitze gegen die Überbewertung der Jungfräulichkeit in der römischen Kirche enthält: "Igitur Virgines
istae sunt Christiani virginitate fidei, qui spretis for-
nicationibus idolorum et doctrinarum meretricis purpuratae[30]
solum Christum et purum eius verbum sequuntur."[31] Dieselbe

----

stets umb und bey dem lemblin sein und im nachvolgen, wo
er hingehe..., so ist kein wunder, das er diß buch vor-
acht und es in seiner bibel nit haben wil."

29. DB 4,502,21-24 ('Licht in Licht'). Die darauf folgende
    Beweisstelle Hebr 13,4 findet sich auch in dem Bekennt-
    nis der Böhmischen Brüder, gegen das Dungersheim ge-
    schrieben hat, ebenfalls im Zusammenhang einer Verwendung
    von Apk 14,4 unterschiedslos auf alle Christen, vgl.
    Dungersheim, Confutatio, Bl. 119b: Er gibt zunächst
    die Meinung des Bekenntnisses wieder: "Status matri-
    monii duas expetit res, matrimonium scilicet et sacra-
    mentum. Matrimonium autem iuxta Pauli consilium [Hebr
    13,4] binas exigit res, primum 'honorabile connubium',
    alterum 'thorum immaculatum'." Dann bringt er seine
    Kritik vor: "De matrimonio parum dicis nec tamen id
    sine veritatis detrimento et scripturarum iniuria,
    quas defensurum te pollicebaris. Nam ut alia interim
    sinam, falso concludis, quod virginum est secundum
    Apocalypsis testimonium, ecclesiae indifferenter attri-
    buens dicensque, 'ut exhibeat sibi', scilicet Christus,
    'gloriosam ecclesiam non habentem rugas neque ullas
    foeditatis maculas, sed ut sit sancta' [Eph 5,27],
    'agnum immaculatum comitans, quocumque ierit' [Apk 14,
    4]." Im folgenden zitiert Dungersheim Apk 14,3f noch
    einmal ausführlicher und gibt dann sein eigenes Ver-
    ständnis wieder: "Notum est autem ecclesiam ex coniu-
    gatis, de quibus et hic specialiter dicis, constare,
    sicut et ex virginibus. Quod ergo virginum est quasi
    specialis praerogativa, scilicet canticum hoc novum
    dicentium, agnum sequi, quocumque ierit, ecclesiae in
    universum vel coniugatis tribuere non debebas, alio-
    quin quid privilegii virginitatis status habebit?"

30. Vgl. Apk 17,4.

31. 30 III,509,21-24: Exemplum theologiae et doctrinae
    papisticae, gewendet gegen die Ausführungen des Domini-

geistliche Deutung hält er auch noch 1539 in der Zirkulardisputation über Mt 19,21 einem Opponenten entgegen. Eine
wörtliche Bedeutung, meint er, sei durch den widersprüchlichen Satzbau klar ausgeschlossen[32].

An diesen Stellen bestätigt sich wieder, wie Luther,
wenn er will, alle Apk-Stellen seiner theologischen Grund-
anschauung oder seiner polemischen Absicht unterordnen und
in diesem Sinne verwenden kann. Den ursprünglichen Sinn
trifft er dabei zwar nur manchmal. Aber er kann die auf
solche Stellen aufgebauten Argumente seiner römischen
Gegner ohne weiteres entkräften und braucht sie deshalb
nicht zu fürchten, wie etwa Emser meint[33].

II. "Versus amor...", ein antirömischer Rätselspruch

Eine bisher wohl noch kaum beachtete Tischrede vom
Juni 1531 enthält eine interessante Erinnerung Luthers
an seine Erfurter Zeit. Er erzählt, dort habe er in einem sehr alten Buch, anscheinend auf einem Vorsatzblatt
oder einem Teil des Einbandes[34] folgendes lateinische
Wortspiel gefunden:

"Versus amor mundi caput est et bestia terrae." Er
löst das Rätsel auch gleich auf: "Verte dictionem amor,
et Roma erit."[35] Dieser Spruch ist sehr häufig und in
verschiedentlich abweichenden Fassungen im Mittelalter
abgeschrieben und zumeist im Rahmen größerer Sammlungen
lateinischer Verse überliefert worden. Auch in der ehemaligen Erfurter Dombibliothek stand er in einem solchen

---

kanerprovinzials Hermann Rab (499,4f bzw. 509,8f), der
die Vorzüge der Virginität u.a. auch mit Apk 14,4 begründet.

32. 39 II,79,6ff bzw. 16ff bzw. 29ff (Relation A bzw. B
bzw. C).

33. s.o. S. 282.

34. cooperculo bzw. cooperto; andere Überlieferung: membra-
nae.

35. TR 2,284,1-5: Nr. 1971 (Cordatus); vgl. TR 3,567,14f:
Nr. 3724 (Lauterbachs Tagebuch, 2.2.1538); 568,6-10
(Aurifabers deutsche Fassung).

Sammelwerk[36]. Vielleicht hat der Vers in dem Buch, das
Luther in der Hand gehabt hat, einen unmittelbaren Über-
lieferungszusammenhang mit dieser Sammlung. Der Reformator hat auch noch eine ganze Reihe anderer z.T. auch in
solchen Spruchbüchern aufgeführter Verse gekannt, die
sich kritisch über die Zustände in Rom äußern[37]. Diese
Sprüche wurden anscheinend ganz ohne Bedenken in den Klöstern tradiert, was zeigt, daß eine romkritische Unter-
strömung im Spätmittelalter ständig latent vorhanden war,
von der auch Luther in seiner Frühzeit durchaus nicht unberührt geblieben ist. Aber erst viel später haben sie
für ihn Brisanz bekommen. So ist auch die Schlußfolgerung,
die er 1531 aus dem zitierten Vers zieht, eigentlich erst
in letzter Zeit für ihn möglich geworden: "Bestiam autem
dicens totam Apocalypsim citat adversus papam." Erst nachdem Luther im Papst eindeutig den Antichrist und damit
auch das apokalyptische Tier zu sehen gelernt hat, ist
ihm der tiefere Sinn des altbekannten Wortspiels aufgegangen: "Versus amor mundi caput est et bestia terrae."
So ist es ihm aber auch mit der ganzen Apk gegangen.

III. Das Lied über Apk 12,1-6

   Im Klugschen Gesangbuch von 1535 erschien erstmalig
"Ein lied von der Heiligen Christlichen Kirchen, aus
dem xij. capitel Apocalypsis. Martinus Luther.

---

36. Vgl. Lehmann, Vorratskammer, S. 496; weitere Fundort-
    angaben bei Walther, Proverbia 5, S. 681, Nr. 83.
37. z.B. TR 3,567,13f (Nr. 3724): "Roma, Radix Omnium
    Malorum Avaritia", d.h. die Anfangsbuchstaben des Zi-
    tates von 1 Tim 6,10 ergeben ROMA (Kryptogramm); TR
    3,218,29 (Nr. 3201b): "Roma basis inferni"; TR 3,345,
    15f (Nr. 3478): "Vivere qui sancte vultis, discedite
    Roma. Omnia hic licent, non licet esse probum." Vgl.
    Lehmann, aaO, S. 496f, und Walther, Proverbia 5, S. 875,
    Nr. 93.

Sie ist mir lieb die werde magd
und kan jr nicht vergessen,
Lob, ehr und zucht von jr man sagt,
sie hat mein hertz besessen.
Ich bin jr hold,
und wenn ich solt
gros unglück han,
da ligt nicht an.
Sie wil mich des ergetzen[1]
mit jrer lieb und trew an mir,
die sie zu mir wil setzen
und thun all mein begir.

Sie tregt von gold so rein ein kron,
da leuchten jnn zwelff sterne,
Jr kleid ist wie die sonne schon,
das glentzet hell und ferne
Und auff dem Mon
jr füsse ston,
Sie ist die brawt
dem Herrn vertrawt,
jr ist weh und mus geberen
Ein schönes kind, den edlen Son
und aller welt ein Herren,
dem ist sie unterthon.

Das thut[2] dem alten Trachen zorn
und wil das kind verschlingen,
Sein toben ist doch gantz verlorn[3],
es kan jm nicht gelingen.
Das kind ist doch
gen himel hoch genomen hin
und lesset in
auff erden fasst[4] seer wüten.

---

1. = dafür entschädigen.
2. = verursacht.
3. = vergeblich.
4. = gar.

Die Mutter mus gar sein allein,
doch wil sie Gott behüten
und der recht Vater sein."[5]

Über die Entstehung dieses Liedes sind von der Forschung eine ganze Reihe verschiedener Hypothesen aufgestellt worden, ohne daß bis jetzt eine befriedigende Antwort auf die Fragen gefunden worden wäre, die sich schon
beim ersten Durchlesen aufdrängen.

Ungewöhnlich sind bereits Versmaß und Melodie. Sie
lassen das Lied als für den Gemeindegesang nicht geeignet
erscheinen, eher schon für den Vortrag eines einzelnen,
wie ja auch die erste Strophe im Ich-Stil gehalten ist.
Auffällig ist aber vor allem, daß eben diese Strophe keinen direkten Bezug zum Bibeltext hat, der in den beiden
folgenden Stophen paraphrasiert wird. Hätten wir nur die
eine Strophe, käme niemand auf die Idee, damit "ein lied
von der Heiligen Christlichen Kirchen" in Zusammenhang zu
bringen. Das hat zu Versuchen geführt, verschiedene Entwicklungsstufen in der Entstehung anzunehmen.

So hat Wackernagel bemerkt: "Die Anfangszeile des Liedes,
ja die ganze erste Strophe laßen ein weltliches Lied ver-
muthen, das Luther geistlich umgedichtet."[6] Dagegen hat
sich Spitta für die These stark gemacht, daß es sich
nicht nur bei der ersten Strophe, sondern auch bei den
ersten acht Versen der zweiten Strophe von vornherein
um den Anfang eines Marienliedes handle, das Luther in
seiner Frühzeit gedichtet und etwa 20 Jahre später zu
einem Lied über die Kirche umgestalten habe[7]. Kawerau
hat diese Vorstellung mit ein paar ironischen Bemerkungen abgetan[8]. Mit größerem Aufwand hat sie dann Lucke
zu widerlegen versucht. Er tritt wieder für eine Entstehung kurz vor 1535 und für die Einheitlichkeit des
Ganzen mit rein ekklesiologischer Bedeutung ein, während
er die Frage eines weltlichen oder geistlichen Vorbildes
offen läßt[9]. Darin sind ihm Schlißke[10], Stapel[11], Dü-

---

5. = 35,462,1-463,12.
6. Wackernagel, Lieder, 1848, S. 164; vgl. WA 35,254.
7. Spitta, Ein feste Burg, 1905, S. 320-328.
8. Kawerau, Neue Forschungen, 1906, S. 322.
9. in WA 35 (1923), S. 254-257.
10. Schlißke, Handbuch, 1948, S. 281f.
11. Stapel, Lieder, 1950, S. 163-167. Er versucht insbe-

fel[12] und Kunst[13] gefolgt. Für Günther wiederum ist die
Alternative: ursprünglich Marienbild, später umgearbei-
tet, oder von vornherein und nur Lied von der Kirche,
falsch. Er geht von der Beobachtung aus, daß im Mittelalter Maria als Typus der Kirche verehrt und dargestellt wurde, wobei sich die individuellen Züge der Mutter Christi mit den kollektiven der Braut des Herrn so
verbanden, daß man keinen Anstoß daran nahm, wenn sich
einzelne Züge des ursprünglich auf die Kirche bezogenen
Abschnittes Apk 12 nicht gut auf Maria übertragen ließen,
wie z.B. das Schreien in den Wehen (12,2), das dem Dogma
vom schmerzlosen Gebären der Gottesmutter widersprach.
In dieser Tradition sieht er Luther auch noch in späterer Zeit verwurzelt, so daß er gegen eine Entstehung
des Liedes nach 1530 nichts einzuwenden hat[14]. In ähnlichem Sinne äußern sich auch Tappolet[15], Delius[16] und
Asendorf[17].
   Burba geht einen anderen Weg, die nicht durch den
Text von Apk 12 gedeckten Motive des Liedes zu erklären.
Er zieht als zweite biblische Grundlage das Gleichnis
von der königlichen Hochzeit in Mt 22 heran, woraus er
die Vorstellung der Kirche als Braut und die freudige
Gestimmtheit der Dichtung ableitet. Da aber das Brautmotiv bei Luther im Zusammenhang mit der Taufe erscheint,
sieht Burba auch den Taufbund im Liede mit angesprochen,
etwa in dem letzten Satz: "Doch wil sie Gott behüten/
und der recht Vater sein." Darin wird nämlich die Entsprechung zu der Annahme als Kinder Gottes in der Taufe
zum Ausdruck gebracht. Mit dem Taufbund hängt aber auch
das Kampfmotiv zusammen, das die dritte Strophe bestimmt.
Durch die Absage an den Teufel stellt sich ja der Täuf-
ling in die Reihe derer, die den Zorn des Drachen aus
Apk 12 erregen[18]. So hält bei ihm die Vorstellung des
Taufbundes die beiden scheinbar auseinanderfallenden
Teile des Liedes, den ersten, lyrischen, vom Brautmotiv
bestimmten und den zweiten, dramatischen, vom Kampfmotiv geprägten, zusammen. Das Ganze kann so ohne Schwierigkeiten als reines Lied von der Kirche verstanden werden.
   Doch schließt Burba nicht aus, daß die erste Strophe
auf ein Minnelied zurückgeht, ähnlich wie bei dem Lied
'Nun freut euch, lieben Christen gmein', mit dem er

---

sondere, die Entstehung des Liedes in dem bewegten Jahr
1534 (Münster!) einleuchtend zu machen.

12. Düfel, Marienverehrung, 1968, S. 231.

13. Kunst, Kirche, 1971, S. 196f.

14. Günther, Lied, 1920, S. 258-267.

15. Tappolet, Marienlob, 1962, S. 142-144.

16. Delius, Marienverehrung, 1963, S. 217f.

17. Asendorf, Eschatologie, 1967, S. 140f.

18. Burba, Christologie, 1956, S. 59-61.

auch sonst viele Gemeinsamkeiten feststellt[19]. Zu dieser Frage möglicher Vorstufen hat Moser schon 1926 in
einer wenig beachteten Miszelle einen weiterführenden
Beitrag geleistet. Er hat ein Zeilenpaar der ersten
Strophe in einem aus Humanistenkreisen stammenden,
älteren weltlichen Liebeslied wiedergefunden und noch
weitere Beziehungen zum Minnesang jener Zeit rekonstruiert. Außerdem erwägt er die Möglichkeit, daß
Luther auch die zweite Strophe schon vorgelegen haben
mag, und zwar wegen der für den Wittenberger sehr ungewöhnlichen Reimformen "Mon - ston" und "Son - unterthon"
als oberdeutsche Marienstrophe[20]. Demnach wäre allein
die letzte Strophe mit Sicherheit als genuin Luthersche
Dichtung anzusprechen. Bei ihr ist ja allein schon durch
den starken Anklang an 'Ein feste Burg'[21] jeder Zweifel
ausgeschlossen.

Es kann hier nicht meine Aufgabe sein, die Probleme
des Liedes auf literarkritischer Basis weiter zu erörtern,
vielmehr muß ich das Hauptgewicht darauf legen, die Dichtung in ihrer Endgestalt als Beispiel von Luthers Interpretation der Perikope Apk 12 zu würdigen und seine Haltung
gegenüber diesem großartigen Bild von der Himmelskönigin
darzulegen, um auf der Grundlage vermehrter Kenntnisse
über Luthers Umgang mit dem letzten Buch der Bibel neue
Gesichtspunkte für das Verständnis des Liedes zu gewinnen.

Hier ist zunächst festzuhalten, daß die Strophen zwei
und drei im wesentlichen eine ziemlich genaue Paraphrase
des Textes von Apk 12,1-5 (mit Anspielungen auf einzelne
Ausdrücke aus den Versen 6-16) darstellen. Für die einge-
fügten Zeilen: "Sie ist die brawt/ dem Herrn vertrawt,"
bedarf es als Rechtfertigung nicht (wie Burba meint) des
Rückgriffs auf die Perikope Mt 22,1-14, obwohl Luther sie
offensichtlich gern assoziiert[22]. Diese Vorstellung wird
ja in der Apk mehrfach angesprochen: Die Gemeinde als
Braut Christi erscheint Apk 19,7; 21,2.9 und 22,17. Die

---

19. Burba, aaO, S. 60.
20. Moser, Quelle, S. 20-24.
21. Vgl. o. S. 350.
22. Vgl. 49,572,11ff bzw. 31ff, in der Predigt über Apk
    12,7ff von 1544, und 47,782,19f, nahe bei einem Zitat
    von Apk 12,6.13f: Pred. über 1 Petr 4,9ff; 1539. - Zu
    Burba vgl. o. Anm. 18.

Verbindung der Bilder von Mutter und Braut Christi als
Symbolen der Kirche ist also von daher nur konsequent
(und im übrigen durchaus traditionell)[23]. Auch ist zur
Erklärung des letzten Satzes eine Gedankenbrücke wie die
des Taufbundes nicht nötig; denn diese beiden Verse drücken
in schlichten Worten die Fürsorge Gottes für die Kirche
aus, wie sie in Apk 12,14.16 beschrieben ist. Die einzige Zeile, die eine bewußte, aus dem Bibeltext selbst
nicht ableitbare Interpretation enthält, ist der abschließende Nachsatz der zweiten Strophe: "dem ist sie
unterthon"[24]. Hier kommt sicher Luthers Intention zum
Ausdruck, Christi Souveränität und Einzigartigkeit zu
betonen und das Mißverständnis abzuwehren, als könnten
Menschen, sei es die Kirche als Seine Repräsentantin
auf Erden oder auch Maria als Heilsmittlerin, eine Stellung eingeräumt bekommen, die ausschließlich Ihm als dem
Gottessohn gebührt.

Das eigentliche Problem, das es hier anzugehen gilt,
ist aber die Frage, ob es im Rahmen aller Äußerungen, die
wir von Luther über Apk 12 zur Verfügung haben, denkbar
oder wahrscheinlich ist, daß der Reformator früher oder
später bei der 'werten Magd' der Eingangsstrophe zumindest
auch an Maria und nicht ausschließlich an die Kirche gedacht haben mag[25]. Das leider nicht sehr umfangreiche Material hierzu ist bereits zum großen Teil zusammengestellt
und diskutiert worden. Es soll nun noch bereichert und genauer beurteilt werden.

Zuerst müssen wir uns freilich darüber klar werden, wie
nun eigentlich traditionellerweise bis in die Reformations-

---

23. Auch die von Burba, Christologie, S. 60 und Anm. 22,
    aus Mt 22 abgeleiteten Motive des Kleides und der Hoch-
    zeitsfreude sind an diesen Stellen vertreten, vgl. ins-
    besondere Apk 19,7f.

24. 35,462,30.

25. Wir stellen hier diese Frage in den Mittelpunkt, obwohl
    sie bei Günther, Lied, S. 264, mit dem Satz abgetan
    wird: "Luther folgt hier der Überlieferung der mittel-
    alterlichen Kirche, wie er auch das zwölfte Kapitel der
    Apokalypse sonst ausgelegt haben mag."

zeit hinein die Vision vom Sonnenweib verstanden worden
ist. Grundsätzlich kann gesagt werden, daß die ekklesiologische Deutung die primäre und durchgehende ist. "Die uns
geläufige mariologische Deutung von Apk 12 kommt in den
Kommentaren des frühen Mittelalters nur ausnahmsweise
vor"[26], und zwar erscheint dann Maria gewöhnlich als Repräsentantin der Kirche und eben nur in dieser Funktion.
Eine rein mariologische Deutung ohne ekklesiologischen Hintergrund gibt es in den Kommentaren nicht[27].

> Im Rahmen der durch Alexander von Bremen initiierten
> weltgeschichtlichen Apk-Auslegung, etwa bei Lyra, hat
> die rückblickende Deutung auf Maria natürlich keinen
> Platz menr[28]. In der wyclifitisch-hussitischen Tra-
> dition, repräsentiert insbesondere durch das 'Opus
> arduum', ist die Frau gewöhnlich die eigene, durch
> die Großkirche bedrängte Minderheitskirche[29]. Aber
> auch bei Hieronymus Dungersheim, der 1514 in seine
> gegen eine Schrift der Böhmischen Brüder gerichtete
> 'Confutatio' eine umfangreiche Belehrung über das
> rechte, alte, orthodoxe Verständnis von Apk 12 einge-
> fügt hat[30], wird Maria nur ganz kurz als untergeord-
> nete Funktionsträgerin der Kirche erwähnt[31].

---

26. Kamlah, Apokalypse, S. 130, Hervorhebung von ihm.

27. Eine genaue Aufstellung der Auslegungen von Apk 12 bei
    den einzelnen Autoren bietet Prigent, Apocalypse 12, S.
    3-54.

28. Kap. 12 wird hier gewöhnlich auf den Kampf zwischen He-
    raklius und Chosroe gedeutet, vgl. Prigent, aaO, S. 44ff.

29. Die in dieser Beziehung lückenhaften Angaben von Prigent
    sind durch Molnâr, Apocalypse XII, ergänzt worden. Be-
    reits mehrfach für unser Problem herangezogen worden ist
    der Satz aus dem 'Opus arduum': "[Apk 12 ist zu verste-
    hen] de ecclesia et omnibus consiliariis et consolato-
    ribus eius, et de diabolo iugiter ecclesiam infestante
    cum omnibus collegiis suis, quorum praecipuus est et
    principalis Antichristus" (zitiert nach WA 35,256).

30. Dungersheim, Confutatio, Bl. 34b-36b.

31. Bl. 35a: "At vero propria et usitata significatione se-
    cundum sexum Maria mulier extitit, quamvis virgo, dicen-
    te apostolo: 'Misit Deus filium suum factum ex muliere,
    factum sub lege' [Gal 4,4]. Mulier haec et singularis
    virgo, humani generis individuum, mulieris illius pars
    est, quam dicimus ecclesiam, id est credentium collectio-
    nem universam. Ubi ergo mulier ista, id est virgo Maria,
    peperit, ibi totam ecclesiam in eius persona peperisse
    quis nesciat?"

Bloß in der Kunst ist es zu einer Isolierung der mariologischen Deutung gekommen, eben dort, wo Maria selbst und
sie allein Thema ist und ihr als Attribute die von der
Kirche übernommenen Einzelheiten von Apk 12 zugeteilt werden. So gab es gerade im Spätmittelalter eine große Menge
von Marienbildern dieser Art und viele Marienlieder, die
solche Motive verwendeten[32].

Luther selbst hat leider außer in unserem Lied nirgendwo eine ausführliche und zusammenhängende Auslegung von
Apk 12,1-6.13-16 geliefert. Wir sind deshalb auf kurze
Zitate und Bemerkungen angewiesen. Diese ergeben folgendes Bild: Bereits die ersten Bezugnahmen auf Apk 12,1 und
12,14 in den 'Dictata', die uns schon begegnet sind[33], stehen in rein ekklesiologischem Zusammenhang, wie schon Kawerau bemerkt hat[34]. Freilich ist damit noch nicht ausgesagt, daß Luther sie nicht auch in mariologischen Kontexten
hätte verwenden können; diese sind eben in der 1. Ps-Vorlesung alle zu knapp, als daß sie als Kristallisationspunkte
für die Assoziation von Apk 12 dienen könnten[35].

Das nächste Zitat von Apk 12,1 - es findet sich in der
Röm-Vorlesung - ist in tropologischem Sinne verwendet und
hilft uns deshalb nicht weiter[36]. Erst von Weihnachten
1523 haben wir ein neues Zitat aus Apk 12, wiederum den
V. 14, auch diesmal von der Kirche ausgesagt[37].

Es folgt dann bereits die kurze Bemerkung in der zweiten Vorrede von 1529/30: "Jm Eilfften vnd zwelfften, werden
zwischen solchen bösen Wehen vnd plagen, zwey trost bilde

---

32. Vgl. Günther, Lied, S. 262f.
33. s.o. S. 63 und 81ff.
34. Kawerau, Neue Forschungen, S. 322f, Anm. 3, weist auf
    WA 3,252,2 hin; Lucke hat in WA 35,257 dann noch 3,397,
    34 nachgetragen. Zu ergänzen wäre 4,68,35: Scholie zu
    Ps 90(91),4. Die Stelle 4,174,24 (Scholie zu Ps 103
    [104],2) steht dagegen in tropologischem Kontext.
35. Eine Aufstellung der mariologischen Stellen in den 'Dic-
    tata' bei Düfel, Marienverehrung, S. 71-74.
36. 56,476,22 = BoA 5,286,36f: Scholie zu Röm 13,1.
37. 11,218,40: Pred. über Lk 2,1ff (Rörer).

gestellet, eins von den zweyen predigern, vnd eins von der
schwangern frawen, die ein kneblein, on des drachen
danck, gebirt, damit angezeigt wird, das dennoch etliche
frome lerer vnd Christen bleiben sollen, beyde vnter den
zwey vorigen Wehe vnd dem dritten künfftigen Wehe."[38]
Apk 12 als Trostbild für die Kirche - das ist auch ein
wichtiges Motiv unseres Liedes[39].

Mehrfach herangezogen worden ist[40] eine Stelle aus
dem Kommentar über Ps 129,1f von 1540[41], der auf eine
Nachschrift Rörers von der Vorlesung über die Stufenpsal-
men 1532/33 zurückgeht[42], also in die Nähe des Erschei-
nungsdatums unseres Liedes führt. Hier betont Luther, daß
die Kirche nicht, wie die Maler sie darstellen, als schöne Jungfrau oder wehrhafte Stadt erscheine, sondern bedrängt und geschmäht wie unter brüllenden Löwen. Der Vergleich wird dann fortgeführt mit den Worten: "Sicut in
Apocalypsi elegantissima pictura est (qua fere ille liber
nihil elegantius aut melius habet), quod Ecclesia seu vir-
go solitaria fugiat antiquum serpentem seu draconem insi-
diantem ei et eius filio."[43] Leider sind aber diese anerken-
nenden und sehr gut zu unserer Dichtung stimmenden Worte
in Rörers Nachschrift nicht zu finden, so daß es zweifelhaft bleiben muß, ob sie Luther 1533 wirklich so oder ähnlich gesprochen hat.

Doch bezeugen andere Stellen aus den 30er Jahren zur
Genüge, daß das Motiv der bedrängten Kirche, das im dritten Teil von Apk 12 und in der dritten Strophe des Liedes
von der Kirche ausgeführt wird, bei Luther damals sehr beliebt war[44]. Aber das ist ja unbestritten und sagt nichts
über das Verständnis der ersten beiden Strophen aus.

---

38. DB 7,412,25-29.
39. Das hebt insbesondere Stapel, Lieder, S. 165f, hervor.
40. bes. von Günther, Lied, S. 264-267.
41. ediert von Veit Dietrich.
42. Vgl. 40 III,3f.
43. 40 III,315,24-27.
44. DB 4,501,33: Randbemerkung im NT von 1530 zu Apk 12,14;

Trotz aller Unsicherheit in der Beweisführung kann man
aber m.E. doch mit großer Wahrscheinlichkeit sagen, daß
- abgesehen von möglichen fremden Vorstufen und Anregungen -
das Lied, wie es uns vorliegt, von Luther kurz vor 1535 gedichtet worden sein dürfte, und zwar so, daß es ausschließlich die Kirche besingt, wie sie in Apk 12 mit einem ural-
ten Bild dargestellt ist.

IV. Die Michaelis-Perikope Apk 12,7-12

Über den einzigen Apk-Text, der in lutherischen Peri-
kopenordnungen noch vorkommt, nämlich den Abschnitt vom
Kampf der Engel Gottes mit den Engeln des Satans, seit
alters dem Michaelisfest am 29. September als Epistel zugeordnet, sind nur drei Predigten Luthers erhalten, und
zwar alle aus der Zeit nach 1530. Das ist bedauerlich;
denn sonst hätten wir die Möglichkeit gehabt, anhand der
verschiedenen Predigten über dieselbe Perikope die Entwicklung von Luthers Auslegung einigermaßen kontinuier-
lich zu verfolgen.

Der Grund für diesen Tatbestand ist leicht festzustellen. Aus der frühen Zeit sind nur zwei Predigten am
Michaelistag überliefert, eine von 1518 über den Evan-
gelientext Mt 18,1-14, die aber auf die Engel, um
deretwillen der Abschnitt einst ausgewählt worden ist,
gar nicht eingeht[1]. Die nächste Predigt hat Luther
1520 offensichtlich ohne Bibeltext "de angelis" gehalten[2]. Dann folgt eine Lücke bis 1530, in der keine
Michaelis-Predigt von Luther erhalten ist, wohl deshalb,
weil Luther in dieser Zeit diesen Feiertag überhaupt
nicht begangen hat, wie es ja der reformatorischen Be-
strebung, die vielen kleineren Feste zu reduzieren, entspricht[3]. Auf der Coburg hat er dann wieder einen "Sermo

---

31 II,664,15f: Vorl. über Hhld 2,15; 1530; 31 I,510,2:
Arbeiten zum Summarium von Ps 72; 1530/32; 38,379,5:
Vorrede zu 'Querela de fide', 1535; 47,782,38f: Pred.
über 1 Petr 4,9ff; 1.6.1539 (Rörer).

1. Luther hat auf Anforderung Spalatins diesem eine Rekon-
   struktion seiner Predigt vom 29. September drei Monate
   später zugeschickt: Br 1(283)284-287.

2. 9,477f (Notiz von Poliander).

3. Vgl. Cohrs in DB 7,530.

de angelis" gehalten und diesen mit einer ausführlichen
Darlegung über den Sinn des Michaelistages als Engelfestes begonnen. Zugrunde liegt wiederum Mt 18,1-14[4]. Auch
1531-1533 hat Luther über das Evangelium des Tages gepredigt[5]. Erst von 1534 haben wir eine Predigt über Apk
12,7-12[6]. In den folgenden beiden Jahren sind Luthers
Predigten am 29. September Fortsetzungen von vorher angefangenen Textauslegungen[7] und haben keinerlei Bezug
zum besonderen Charakter des Tages. 1537 hat Luther dann
wieder über Apk 12,7-12 gepredigt[8]. Von 1538 ist keine
Michaelis-Predigt überliefert, wohl aber eine Tischrede
von diesem Tag über die Engel, jedoch ohne Hinweis auf
den entsprechenden Apk-Abschnitt[9]. Ebenfalls ohne Text
ist die Predigt über die Engel im Jahre 1539[10]. Unter
den wenigen Predigten der Jahre 1540 bis 1543[11] ist
keine am Tag aller Engel gehalten. Nur das Jahr 1544
bringt noch eine über unseren Apk-Text[12].

Deshalb sind wir für die übrige Zeit auf vereinzelte
Andeutungen angewiesen.

Die ersten Erwähnungen von Apk 12,7-12 sind - abgesehen
von einzelnen Ausdrücken - noch sehr dürftig und dünn
gesät; die früheste geht auf das Jahr 1516 zurück und
soll die Macht des Satans unterstreichen[13]. An zwei
Stellen aus dem Jahre 1521 wird bereits deutlich, daß
Luther den Drachenkampf als Ereignis der Kirchengeschichte versteht. Hier sind die Märtyrer der frühen Zeit die
Engel Gottes[14]. Nachdem 1523 in Brüssel die ersten Blut-

---

4. 32,111-121 (Rörer). Auf S. 552f sind noch zwei Kurzfas-
   sungen dieser Predigt nachgetragen.

5. Aland, Hilfsbuch, Pred. Nr. 1277-1279, 1350 und 1423-
   1426.

6. 37,539-544.

7. Aland, aaO, Pred. Nr. 1570: 1 Kor 3, und Nr. 1618: Gal
   5,17ff.

8. 45,142-144 (Rörer).

9. TR 4,85,8-28 bzw. 85,30-86,16: Nr. 4026 (Lauterbachs Tagebuch bzw. Aurifabers deutsche Fassung).

10. Aland, Hilfsbuch, Pred. Nr. 1893.

11. Aland, aaO, Pred. Nr. 1898-1946.

12. 49,570-587 (Rörers Nachschr. und Druck).

13. 1,408,27: X praecepta, 1518, nach einer Pred. über das
    1. Gebot vom 6.7.1516.

14. 7,769,19-21: gegen Catharinus; 8,294,4-7: Ein Urteil der
    Theologen zu Paris; vgl. o. S. 198.

zeugen der Reformation verbrannt worden sind, überträgt
Luther folgerichtig dieselbe Vorstellung mit seinem
'neuen Lied' in seine eigene Gegenwart. Insbesondere
das Vorgehen des Satans beschreibt er mit Ausdrücken
aus unserem Abschnitt[15]. Ähnlich geschieht es in Luthers
bekanntestem Lied, 'Ein feste Burg'[16]. 1526 vergleicht
er die neuerliche Auseinandersetzung mit 'Sakraments-
schwärmern' wie Schwenckfeld dem Michaeliskampf[17].

Die erste etwas greifbarere Deutung unserer Perikope
geschieht dann in der Michaelis-Predigt von 1531 über Mt
18,1ff. Hier zeigt der Reformator in einigen Sätzen, wie
er sich den Krieg der Engel gegen die Teufel vorstellt:
Es muß ein gewaltiger Kampf sein, ein Gegner mächtiger als
der andere, mit ganz besonderen Waffen. Der Erzengel Michael
siegt und wirft den Satan aus dem Himmel hinaus. Aber Luther
berauscht sich nicht an diesem phantastischen Mythos, sondern geht sogleich zur konkreten Übertragung über: "Das
ist der Krieg, so täglich geschicht in der Christenheit,
Denn der Himmel ist die Christenheit auff Erden, da streiten die guten unnd bösen Engel, der Teufel wehret, daß man
das Euangelium nicht anneme, schaffet Schwermer und Rotten
Geister, auch unter uns machet er viel faul unnd kalt, das
ist des Teufels Heer, inn dem sitzet er unnd fichtet wider
uns. Aber Michael mit seinen Engeln ist bey uns, der er-
wecket andere fromme Prediger, so da bleiben bey reiner
Lehr unnd bey der Warheit, daß es nicht alles untergehe,
Denn ein einiger Prediger kan zwölff Städte erhalten, wenn
es Gott haben wil."[18]

Demnach bestehen beide Heere sowohl aus Engeln als
auch aus Menschen, insbesondere Predigern. Ohne die
Hilfe von Engeln könnten die Evangelischen sich ja auch

---

15. 35,412,23-26; vgl. o. S. 336.
16. 35,456f; vgl. o. S. 350.
17. Br 4,61,5-7 = Enders 5,343,6-9: an Heß, 22.4.
18. 34 II,264,5ff bzw. 12ff bzw. 21ff: Rörers bzw. Nürnber-
    ger Nachschr. bzw. Druck; das Zitat nach dem Druck
    (34 II,264,27/265,22).

gar nicht gegen die Übermacht der vom Teufel angestifte-
ten Feinde behaupten, wie Luther an anderer Stelle bemerkt[19].

Diese Vorstellung ist nun weiter ausgeführt in der
Predigt am 29. September 1534, die überschrieben werden
könnte: Michael, der Engel mit dem Namen 'Schlag drein'.
Einleitend begründet Luther die Beibehaltung des Festes
aller Engel und die Notwendigkeit der Schutzengel für die
Menschen (vgl. Mt 18,10)[20]. Dann kommt er auf den Epistel-
text zu sprechen und äußert sich zunächst über die Aussageform der Perikope: Die Offenbarung, die Johannes empfangen
habe, beziehe sich auf Vorgänge, die sich erst lange hernach in der Christenheit abspielen sollten, greife aber
gleichzeitig bis zum Sündenfall zurück. Luther fällt auf,
mit welch starken Worten der Satan hier und nur hier bezeichnet wird (Apk 12,9f). Die ganze Geschichte sei aber
nicht wörtlich zu verstehen, sondern als Weissagung mit
der dafür typischen verhüllenden Sprachform, die erst
durch das Eintreffen des Geweissagten völlig eindeutig werde. Die Apk wolle nicht von einem Kampf im Himmel selbst
reden; denn aus diesem sei der Teufel bereits vor 6000 Jahren verstoßen worden[21]. Deshalb sei unter 'Himmel' hier
die christliche Kirche zu verstehen, wie Jesus von ihr als
vom Himmelreich redete[22]. Darin nun also sitzt der Drache,
der Teufel, immer dann, wenn Gott über die Christenheit
zornig ist, wie z.B. z.Z. des Ketzers Arius. Damals konnte
er fast alle Kanzeln mit seinen Engeln, d.h. falschen Bischöfen wie Arius, Arsacius u. a. besetzen - 'Engel' ist
ja eigentlich primär eine Bezeichnung für menschliche Bo-

---

19. 40 III,35,33f bzw. 36,1: In XV Psalmos graduum, zu Ps
    120,4 (Druck von Dietrich bzw. Rörers Nachschr.).
20. 37,539,19ff.
21. Luther hat nie Apk 12,7ff auf den Engelfall, den er
    als solchen ohne weiters voraussetzt, bezogen, sondern
    eine derartige Deutung ausdrücklich abgelehnt, vgl. et-
    wa noch 49,575,7ff; dazu u. S. 610f. Dahingehend ist
    Barth, Teufel, S. 189, Anm. 39, zu korrigieren.
22. 37,540,23ff.

ten; die Gottesboten haben ihren Namen nur von ihrer Aufgabe her -, so hatte der Satan also seine Gesandten in Alexandria, Antiochia und anderswo sitzen. Wenn dann der Zorn Gottes vorbei ist, schickt er Michael, gibt ihm ebenfalls menschliche Engel, wie damals etwa die Bischöfe Augustinus, Hilarius und Athanasius, und dann beginnt ein hartes Ringen, bis schließlich der wahre Glaube wieder voll zur Geltung kommt, wie z.B. auch die Trinitätslehre[23].

Solche Kämpfe gibt es immer wieder, und oftmals entsteht der Eindruck, als hätte der Teufel die Oberhand gewonnen. Aber darin liegt gerade das Tröstliche des Textes, daß er bezeugt: Satan hat doch nicht endgültig siegen können. So geschieht es auch heute noch. Mit dem neuentdeckten Evangelium geht Michael zum Angriff über. 'Schwärmer', 'Wiedertäufer' und 'Papisten' schlagen dagegen, daß es oft scheint, als würden sie die Oberhand gewinnen, und sie richten jedenfalls großen Schaden an. Aber der Sieg muß notwendigerweise auf der Seite Michaels sein, dessen Name nach einer originellen, aber doch wohl abwegigen Etymologisierung bedeutet: "Schlag drein, gots schlag, qui sol Gottes schwerd furen, Gots schmeis"[24]. Auch den 'Papisten', die die Werkgerechtigkeit predigen, wird es, wenn die Welt noch länger dauern soll, wie den Arianern gehen, die die Gottheit Christi leugneten. Auch über sie wird jetzt schon ein Danklied gesungen, ähnlich dem in Apk 12, 10-12, weil die Evangelischen jetzt ihren Erlöser kennen. "Ideo ista prophetia proprie ghet auff unser zeit contra traditiones humanas."[25] Der Drachenkampf der Apk zeigt, daß es, wo das Wort Gottes laut wird, keinen Frieden geben kann, schon gar nicht unter der Herrschaft des Antichrists,

---

23. 542,3ff.
24. 543,32f. Hier leitet Luther offensichtlich Michael von נכה = schlagen (מַכֶּה = schlagend, מַכָּה = Schlag) und אֵל ab. Später bringt er eine angemessenere Deutung; s. u. S. 611.
25. 37,544,24f.

sondern immer Krieg sein muß, bis der "Schmeis drein" den
Satan aus dem Himmel wirft, d.h. zu den Heiden und Türken
hinaus[26].

Die ganze Predigt von 1534 liest sich wie ein ausführlicher Kommentar zu den wenigen Bemerkungen, die Luther in
der Vorrede von 1530 über das 'Trostbild' in Kap. 12 gemacht hat, das zeigen soll, daß auch unter der Herrschaft
des Papstantichrists fromme Prediger erhalten bleiben[27].
Dementsprechend wird hier auch der Trost für die bedrängten Evangelischen hervorgehoben[28]. Aber es klingen
auch noch aus dem Schlußteil der Vorrede die Vorwürfe
der 'Klüglinge' an, die meinen, in der Kirche müsse Friede herrschen, und übersehen, daß das Wort Gottes immer sogleich seinen Widersacher provoziert und sich nur in einem
verlustreichen Kampf durchsetzen kann[29].

> Diese kirchengeschichtliche Auslegung liegt auch noch
> folgender Bemerkung in Luthers Schrift gegen die Dona-
> tio Constantini, 1537, zugrunde: "Des Teufels Engel
> heissen nicht allein die Geister oder andere Teufel,
> Sondern auch die Bepste, Bisschove und Cardinel, wie
> Apocalipsis zeigt."[30]

Unter einen ganz anderen Gesichtspunkt hat Luther dagegen seine Michaelis-Predigt von 1537 gestellt. In ihr geht
es um den ständigen Kampf der Engel gegen die Teufel in
allen drei Regimenten. Nach der Vorbemerkung über den Sinn
des Engelfestes und einer ausführlichen Polemik gegen die
Legende von der Erscheinung des Erzengels Michael auf dem
Monte Gargano in Italien und gegen den Götzendienst, der
dort getrieben wird, kommt der Reformator auf die Apk zu
sprechen: "Is liber hat die art an sich, quod multa scribit de angelis."[31] Er bezieht nun aber den Drachenkampf
nicht auf die Kirchengeschichte, sondern auf die verschie-

---

26. 544,25ff.
27. DB 7,412,25-29; vgl. S. 449, Glosse zu 11,15.
28. 37,543,13.18; 544,2.
29. Vgl. 37,544,27ff mit DB 7,418,19ff.
30. 50,88,30-32.
31. 45,143,24.

denen Schöpfungsordnungen, nämlich Kirche, Staat und Familie, innerhalb der sich die Auseinandersetzung zwischen
Kirchen-, Stadt-, Land- und Hausengeln einerseits und den
entsprechenden Teufeln andererseits abspielt. Es gelingt
zwar den Widersachern immer wieder, Ketzereien, Kriege und
Gesetzesübertretungen zu provozieren, aber trotz allem sorgen die guten Engel im Verein mit Obrigkeit und Hausvätern
dafür, daß die reine Lehre, Recht und Ordnung erhalten bleiben. Auch in dieser Predigt hebt Luther wieder hervor, mit
welch grimmigen Ausdrücken der heilige Geist durch seinen
Apostel (in Apk 12,9f) den Satan bezeichnet, der es versteht, die Sünden aufzubauschen und die guten Taten herab-
zusetzen. Luther selbst gibt ihm dafür einen passenden
Titel. Er nennt ihn einen "wher und spher Teufel, der
nichts guts will lassen geschehen sive in domo, politia,
Ecclesia". Aber Christus wird doch den Sieg behalten[32].

Mitte Mai 1541 tritt dann die letzte Deutungsvariante
der Michaelisperikope in Erscheinung. Luther schreibt in
seiner Ergänzung zur Dan-Vorrede als Auslegung von Dan
12,1: "Wiewol Michael eins Engels name ist, doch verstehen wir hie, gleich wie auch Apoc .xij. den HErrn Christum selbs da durch, Der hie niden auff Erden mit seinen
Engeln, das ist Predigern, streittet wider den Teufel,
durchs Euangelium."[33] Wie Luther dazu kommt, Michael jetzt
mit Christus gleichzusetzen, erklärt er hier noch nicht,
sondern erst einige Zeit später. Eine nähere Erläuterung
erfährt der zitierte Satz dagegen in einer anderen Hinsicht durch die Bemerkungen, die Luther ein paar Tage danach, am 26. Mai 1541, gemacht hat, als bei Tisch das Gespräch auf den Regensburger Reichstag kam. Von den dortigen heftigen Auseinandersetzungen über Religionsfragen

---

32. 144,36-39; vgl. Barth, Teufel, S. 145, 178-183; ders.,
    Entwicklung, S. 206f, meint, die Vorstellung von 'Wehr-
    und Sperrteufel' sei typisch für Luthers spätere, wie-
    der mehr vom mittelalterlichen Dämonenglauben geprägte
    Satanologie.
33. DB 11 II,108,13-16, zitiert nach dem Druck. Die Abfas-
    sung ist ziemlich genau datierbar auf die Zeit zwischen
    dem 4. und dem 25.5.1541 (s. die Einleitung, S. LXXXVIf).

sagt er da: "Est enim hoc bellum inter Michael et draconem,
de quo Ioannes 12. Apocalypsis scribit."[34] Der Reformator
erlebt also die Streitigkeiten seiner unmittelbaren Gegenwart ganz konkret als den Kampf zwischen Michael = Christus und dem Drachen = Satan und damit als die Erfüllung
der Weissagung von Apk 12.

Die Identifikation von Michael und Christus liegt dann
der dritten und letzten Predigt über Apk 12,7ff von 1544
zugrunde. Ihr Leitmotiv ist: Christus, der Mann, der mit
Recht den Namen trägt: Michael, d.h. 'Wer ist wie Gott?'.

Wieder beginnt Luther mit einer Bemerkung über die Wahl
dieses Textes als Epistel für das Fest der Engel. Er findet
ihn nicht besonders geeignet; denn, so meint er, es gibt
zweierlei Arten von Engeln, zum einen die himmlischen Geister und zum andern solche, "die da Fleisch und Blut haben,
und Christum, Gottes Son, selbs, Denn umb diesen ist es
fürnemlich zuthun"[35]. Daß Christus Gott und Mensch zugleich ist, diesen Glaubensartikel hebt der Prediger anschließend mit beredten Worten als die wichtigste Aussage der Bibel hervor. Ebenso gibt es nun auch ein Reich
Christi, das vom Reich Gottes zu unterscheiden ist (vgl.
1 Kor 15,24). Es ist das Reich des Glaubens, des Hörens
und nicht das des Schauens, in dem die körperlosen Engel
den dreieinigen Gott unverhüllt vor Augen haben[36]. Es
ist mit einem Wort die Kirche, und eben in diesem Reich
spielt sich der Kampf mit dem Drachen ab. Nicht droben
im Himmel ist der Satan zu denken, sondern dort, wo die
'Wiedertäufer' und 'Sakramentierer', die Irrlehrer, ge-

---

34. TR 4,518,15-17: Nr. 4796 (Khummer). Die Tischrede hat
    auch sonst manches gemeinsam mit dem Abschnitt aus der
    Auslegung von Dan 12, z.B. die Erwähnung des Epikuräismus
    als endzeitlicher Erscheinung. Vgl. auch Br 9,345,28ff
    = Enders 13,280,35ff (an Melanchthon in Regensburg, 24.
    3.1541): Die lutherischen Vertreter auf dem Reichstag
    werden als Engel angesprochen, deren Vorkämpfer Christus
    ist. Wahrscheinlich steht hier ebenfalls Apk 12,7ff im
    Hintergrund.
35. 49,570,2ff bzw. 25ff (Rörers Nachschr. bzw. Druck). Ich
    zitiere jeweils nach dem Druck.
36. 49,571,6ff bzw. 22ff.

gen die wahren Christen kämpfen. Schon daran, daß es
heißt, diese seien erlöst durch das Blut des Lammes
(12,11), wird deutlich, daß es sich nicht um die Geister,
sondern um die Prediger handelt, die mit ihrem Zeugnis vom
Lamm Gottes den Satan besiegen[37]. Nach diesen vorbereiten-
den Erklärungen kommt Luther auf den Hauptpunkt zu sprechen "Michael i.e. Iesus Christus selber, Dei filius." Und
hier erklärt er nun auch, wie diese Gleichsetzung zustande-
kommt: Der Name Michael bedeutet: "'Quis sicut Deus?' Einer,
der Gott gleich ist. Das gehort nemini quam Christo."[38]
Damit ist Luther durchaus nicht originell. Die Etymologie,
die sicher zutrifft[39], findet sich bereits bei Hieronymus,
Interpretatio nominum Hebraicorum[40] und die Deutung Michaels
auf Christus ist schon für Ticonius anzunehmen, aber wohl
ohne die etymologische Ableitung[41]. Freilich ist diese Auslegung von der späteren Tradition zumeist nicht übernommen
worden[42]. In der ausgeführten Form, wie sie Luther hat,
steht sie dann z.B. am Anfang einer anonymen Predigt aus
dem 13./14. Jahrhundert[43]. Christus selbst also ist es,
der gegen den Satan kämpft, wenn es jetzt etwa um Taufe
und Abendmahl geht. Er ist der Feldhauptmann; ihm kommt
eigentlich die Gottesbezeichnung 'Herr der Heerscharen'

---

37. 575,9ff bzw. 35ff.
38. 577,11ff bzw. 578,13ff. Die gleiche Etymologie bringt
    Luther auch schon ein halbes Jahr vorher: 40 III,745,
    4f: Enarratio 53. cap. Esaiae, gehalten Ostern 1544,
    ged. 1550.
39. מִיכָאֵל aus מִי, בּ und אֵל.
40. MPL 23,879/80 (zu Dan); 896 (zu Jud) und 902 (zu Apk).
    Sehr viele alte Bibelausgaben enthalten die 'Interpre-
    tatio' des Hieronymus als Anhang.
41. Prigent, Apocalypse 12, S. 16.
42. Das gilt bereits für Primasius und Beda, vgl. Prigent,
    aaO, S. 20f.
43. Schönbach, Altdeutsche Predigten 1,177,25-27: "Mychahel
    daz spricht als vil als 'quis ut deus?' wer ist als got?
    und bezeichent unsern herren Jhesum Christum der gotis
    sun was und selbe got was."

zu[44]. Sein Heer besteht nicht nur aus Engeln, sondern in
erster Linie aus Predigern, und auf die hat es der Satan
abgesehen mit seinen Ketzern. Wieder wählt Luther als Beispiel Hilarius und Athanasius im Kampf gegen Arius. Tröst-
lich ist, daß Christus und damit Gott auf unserer Seite
steht; aber man darf sich nicht einbilden, daß der Teufel
schon tot oder nur bei den Türken sei. Er hat immerhin
Papst und Bischöfe gefangen genommen. Daher ist das Leben
der Christen ein ständiger Kampf. Den Widerstand des Satans erkennt man besonders daran, daß er die Menschen davon abbringt, der Predigt und den Sakramenten zu glauben,
wodurch uns Christus doch ganz nahe kommen will. Wo aber
das reine Wort, der rechte Gebrauch der Sakramente und
der Glaube an die Erlösung durch das Blut des Lammes sind,
da kann man das Siegeslied über die 'alte Schlange' anstim-
men, selbst wenn man dafür das Leben dranwagen muß. Darum
kommt alles darauf an zu glauben, daß Christus für uns Mensch
geworden ist[45].

Wir sehen also, daß derselbe Luther, der früher von der
Apk geschrieben hat, "das Christus, drynnen widder geleret
noch erkandt wirt"[46], nun gegen Ende seines Lebens es ver-
versteht, selbst über einen Abschnitt dieses Buches, in
dem Christus scheinbar gar nicht vorkommt, eine ausgesprochen christozentrische Predigt über die Notwendigkeit der
Inkarnation des Gottessohnes zu halten. Apk 12,7ff wird
ihm hier zur Illustration des Protevangeliums vom Weibes-
samen, der der Schlange den Kopf zertritt (Gen 3,15; vgl.
Apk 12,9), also eines Kernsatzes für Luthers Soteriologie
und Schriftverständnis[47]. Davon, daß Luther der Meinung

---

44. 49,578,9ff bzw. 39ff; zu den Anklängen an das Lied 'Ein
    feste Burg' vgl. o. S. 350f, Anm. 58.
45. 49,580,9ff bzw. 581,21ff.
46. DB 7,404,27.
47. Luther weist am Ende seiner Predigt (49,587,2f) aus-
    drücklich darauf hin: "Haec est pugna, quam incepit
    Deus in paradiso, cum dicit: 'ponam inimicitias'." Es
    ist bedauerlich, daß es sich Hans-Martin Barth hat ent-
    gehen lassen, für sein Thema 'Der Teufel und Jesus Chri-

sein könnte, die Apk sei kein biblisches Buch, ist deshalb
in dieser Predigt nichts zu spüren. Man gewinnt vielmehr
den Eindruck, der Reformator habe es inzwischen in seine
Schriftauslegung integriert.

Zusammenfassung

1. Das reichhaltige Material aus der Zeit von Herbst 1529
   bis Februar 1546 (außer den vielen Bezugnahmen vor allem
   eine neue Vorrede, 50 gedruckte Randglossen und 6 neue
   Illustrationen, eine Reihe von handschriftlichen Randbemerkungen im NT, Einzelauslegungen zu 14,4.13; 3 Predigten über 12,7-12; ein Lied über 12,1-6 und 12 allgemeine
   Urteile über die Apk) verteilt sich folgendermaßen: Die
   meisten und auch wichtigsten Abschnitte stammen vom Jahr
   1530, in dem sich Luther so intensiv wie sonst nie mit
   der Apk beschäftigt hat. Im übrigen heben sich noch die
   Jahre 1538 und 1541 aus dem durchschnittlichen Niveau
   heraus.

2. Drei Faktoren sind dafür bestimmend: die äußere Bedrohung
   durch die Türken, die innere durch die 'Papisten' und Luthers eigene Arbeit an seiner Bibelübersetzung. Alle drei
   treffen 1529/30 zusammen. Die Belagerung Wiens durch die
   Türken im Oktober 1529 und gleichzeitige Nachrichten von
   den Prophezeiungen eines Mönches namens Hilten veranlassen die Wittenberger Reformatoren, die wahrscheinlich von
   Melanchthon herrührende neue Interpretation der Türken als
   des kleinen Hornes von Dan 7, das bald durch die Wiederkunft
   Christi vernichtet werden wird (wie auch Ez 38f und Apk
   20,7-9 bestätigen), in verschiedenen Schriften zu propagieren. Da Luther gerade mit der Revision des NT und der Über-

---

stus bei Luther' die Darstellung des Kampfes Christi mit
dem Teufel in Kategorien des Michael-Streites heranzuziehen oder diese Predigt in dem Abschnitt "Der Teufel und
die Menschwerdung Gottes" (Barth, Teufel, S. 40-45) zu
verwerten, obwohl bereits Köstlin, Theologie 2, S. 106,
im Abschnitt über Engel und Teufel darauf hingewiesen
hat. Bei Obendiek, Teufel, hat die Inkarnation Christi
keine besondere Beachtung gefunden.

setzung der großen Propheten beschäftigt ist, tut er dies
u.a. auch in einer neu geschaffenen Vorrede zur Apk, einer
ganz ähnlichen zu Dan und einer Sonderausgabe von Ez 38 f.
Sie haben zugleich einen antipäpstlichen Einschlag, und
zwar, weil durch das Kommen des mit dem Papst vorübergehend
ausgesöhnten Kaisers zum Augsburger Reichstag die Auseinandersetzung mit den 'Papisten' ganz neue Aktualität gewonnen
hat. Der Streit mit ihnen wird dann in den Schriften der
Coburger Zeit wiederum wie vor 1522 u.a. auch um und mit
Apk-Stellen geführt. Die genannten drei Faktoren wirken
auch noch später mit verschiedener Stärke ein und führen
zu der beobachteten überdurchschnittlichen Zitatenzahl von
1538 und 1541 (Regensburger Reichstag gleichzeitig mit
Bibelrevision!).

3. Der Einleitungsteil der zweiten Apk-Vorrede ist der Korrektur der ersten gewidmet. An die Stelle strikter Verwerfung tritt genauere Differenzierung. Luther unterscheidet jetzt zwischen drei Arten von Zukunftsprophetie, nämlich solcher mit klaren Worten, solcher mit Bildern und
Auslegung dazu und solcher mit unausgelegten Bildern. Die
Apk ordnet er der letzten und geringwertigsten Kategorie
unter, läßt sie aber als vom heiligen Geist eingegeben und
damit zwar immerhin als gut christlich, nicht unbedingt
aber auch als sicher kanonisch gelten. Darüber hinaus begründet er die Notwendigkeit und Möglichkeit einer einigermaßen zuverlässigen Auslegung und gibt seinen Grundsatz
dafür an: Er versteht die Apk als Weissagung über zukünftige Ereignisse der Kirchengeschichte bis zum jüngsten Tag
und versucht dementsprechend, historische Daten zu finden,
die zu den geheimnisvollen Bildern passen könnten.

4. Das Ergebnis sind die nun folgenden Summarien über die einzelnen Kapitel, besonders 4-20. Nimmt man das übrige Material
aus der Zeit um 1530 hinzu, läßt sich daraus eine Gesamtauslegung der Apk für diesen Zeitpunkt zusammenstellen. Luther
bietet in der zweiten Vorrede nicht einfach eine Abschnitt
für Abschnitt chronologisch fortschreitende kirchengeschichtliche Ausdeutung der Apk, sondern komponiert nach systematischen Gesichtspunkten ein Geschichtsdrama mit aktuellen
Spitzen zusammen, das in zwei Teilen erst den Aufstieg des

mit dem Türken verbundenen Papsttums und dann seine Vernichtung durch das Evangelium und die Wiederkunft Christi nach
2 Thess 2,8 schildert. Dabei verzichtet er aus didaktischen
Gründen auf die genauere Auslegung mancher bekannter und beliebter Kapitel, z.B. 1-3; 11 f und 21 f. Luther hält es dagegen gerade für wichtig, die schwierigsten und sonst von
ihm am wenigsten beachteten Stellen zu deuten. Insofern
kann die Vorrede nicht als typisch für die ganze letzte
Periode angesehen werden.

Kap. 4 f zeigen den idealen Ausgangszustand der Kirche;
Kap. 6 bringt zeitlose weltliche Plagen. In Kap. 8 be-
ginnt die Geschichte der Ketzerei mit dem Werkheiligen
Tatian; sie geht weiter mit den 'Schwärmern' Marcion,
Montanus und Mani über den Allegoriker Origenes und die
Rigoristen Novatus und Donatus zum 1. Wehe, dem Erzketzer Arius in Kap. 9,1-11, der weltliche und geistliche
Bedrückung verbindet, wie auch die folgenden 2 Wehe,
nämlich Mohammed (9,13-21) und das zunächst noch geistliche Papsttum (Kap. 10), das in Kap. 13 mit der Wieder-
aufrichtung des Römischen Reiches auch den weltlichen
Arm sich unterwirft. Hier ist die Gegenwart und damit
der erste Höhepunkt erreicht: Das Antichristentum in
Ost und West bedrängt die wahren Christen von allen Seiten, bis nach 666 Jahren in Kap. 14 der erste Gegenan-
griff des Evangeliums (gemeint ist Luthers Reformation)
beginnt und im 16. Kap. entfaltet wird. Kap. 17 bringt
dann die Exposition für die folgende endgültige Vernichtung des Papstantichrists unter dem Bild der Hure Babylon, deren in Kap. 18 verkündeter Untergang im Sacco di
Roma von 1527 eine vorläufige Entsprechung gefunden hat.
Die Gegenwehr der 'Papisten' provoziert Christi Wiederkunft. Sie werden in die Hölle geworfen. Dasselbe Schicksal ereilt in 20,7-9 entsprechend Dan 7 und Ez 38 f Gog
und Magog, d.h. die Türken, die etwa 1000 Jahre nach der
Abfassung der Apk (vgl. 20,1-6) an die Macht gekommen sind
und jetzt eben, wie eine neugeschaffene Illustration dazu
zeigt, Wien belagert haben. Das jüngste Gericht und die
endgültige Erlösung der Frommen schließen das Drama ab.

5. Das eigentliche Hauptziel der Vorrede ist es nun aber
nicht, wie man meinen könnte, Aufstieg und Fall des antichristlichen Papsttums und des Islam darzustellen, sondern
die bedrängten Evangelischen zu trösten. Daher kommt es,
daß Luther die Kapitel 4 f; (mit 8,1-5); 11 f und 21 f zu
Anfang, in der Mitte und am Ende des Dramas als 'Trostbilder' versteht, die zeigen sollen, daß die Christenheit
in allen zukünftigen Plagen dennoch erhalten bleiben soll.
Trost ist auch der eine Hauptgedanke des Schlußteils der
Vorrede, in dem aus der kirchengeschichtlichen Auslegung
der Apk die grundsätzlichen, systematischen Folgerungen
gezogen werden, nämlich erstens, daß die Apk der Stärkung
des Glaubens an die Kontinuität der Kirche dienen solle,
und zweitens, daß sie deren notwendige Verborgenheit deutlich mache, zur Warnung für alle, die an ihrer Knechtsgestalt Anstoß nehmen und meinen, bei den Christen müsse immer Friede und Eintracht herrschen. Das letzte Buch der
Bibel kann also nach Luther den Lehrsatz von der ecclesia
abscondita illustrieren, der fest im Zentrum der theologia
crucis verankert ist. So gewinnt Luther in dieser Vorrede
- entsprechend wie in denen zu den anderen Büchern - der
Apk jetzt also einen durchaus positiven, erbaulichen Sinn
ab, so daß er sie Freunden und Feinden empfehlen kann, ganz
im Gegensatz zu 1522.

6. Für die Entstehung der zweiten Vorrede ist es nicht nötig
anzunehmen, daß Luther 1529/30 eigens historische Studien
getrieben hat, um die einzelnen Namen und Daten darin zu
erarbeiten; denn er erwähnt lauter Erscheinungen, die er
auch schon früher als typische Beispiele in seinen Schriften verwendet hat. Ebenso ist es unwahrscheinlich, daß Luther in dieser Zeit einen oder mehrere Apk-Kommentare durchgearbeitet hat, da er in seiner Gesamtdeutung ziemlich originell ist. Jedenfalls folgt er im wesentlichen nicht der
verallgemeinernden Ticonius-Tradition, sondern der seit
Alexander von Bremen bekannten konkret-geschichtlichen
Auslegungsweise. Natürlich ist er auch von der antirömischen Strömung beeinflußt. So steht er etwa in der Mitte
zwischen Lyra, der bis zu Kap. 16 alles schon als erfüllt
ansieht, aber das Kommen des Antichrists noch in der Zu-

kunft erwartet, und dem wyclifitischen 'Opus arduum', in
dem bereits mit 6,7 der gegenwärtige Kampf gegen den Papstantichrist beginnt. Bei der Einordnung der 1000 Jahre
von 20,6f verhält sich Luther ähnlich wie die gemäßigten Hussiten, die den Beginn dieser Zeit zwar in der
Vergangenheit ansetzten und sich demgemäß gegen den
taboritischen Chiliasmus wandten, aber auch schon deren
Ende mit dem Erscheinen des römischen Widerchrists gekommen sahen, worin ihnen die Großkirche mit ihrer au-
gustinischen Tradition natürlich nicht folgen konnte.
Die Identifikation von Gog und Magog mit den Türken
geht wahrscheinlich auf eine Beschäftigung mit (Pseudo-)
Methodius zurück.

7. Die neue Vorrede und die anderen Beigaben zur Apk von
1529/30 haben sehr viel länger und intensiver nachgewirkt
als die alte und das Verständnis der Apk bei den Evangelischen dauerhaft geprägt. In den lutherischen Bibelausgaben selbst wurde die Vorrede bis ins 18. Jahrhundert
hinein immer wieder nachgedruckt, auch die Glossen blieben weitgehend erhalten. Sogar in fremdsprachige Versio-
nen fand beides verschiedentlich Eingang. Die 26 Illustrationen hatten dagegen eine bewegtere Geschichte. Ihre polemischen Attribute wurden sehr bald von den Nachschnei-
dern verändert, teilweise oder ganz weggelassen, bis die
Bilder im Laufe des 17. Jahrhunderts überhaupt wegfielen.
    Luthers Versuch einer Apk-Auslegung wurde bald von sei-
nen Schülern aufgegriffen und weitergeführt, unmittelbar
u.a. von Ämilius in Gedichtform, von Weidensee in einer
Predigt und nach Luthers Tod von Funck, Striegel und Lukas Osiander; beeinflußt durch Bullinger, der wie Artopoeus, Meyer und Biblianger eine etwas abweichende Auslegung vertritt, außerdem von Chyträus, Flacius, Nigrinus
und im 17. und 18. Jahrhundert wohl noch von vielen anderen Kommentatoren. Luther hat also der kirchengeschichtlichen (und antipäpstlichen) Apk-Auslegung erst so recht zum
Durchbruch verholfen.

8. In der Zeit nach 1530 hat er sich veranlaßt gesehen,
sich mit drei verschiedenen, ziemlich abwegigen Apk-
Deutungen auseinanderzusetzen. Die erste stammt von
dem lutherischen Landpfarrer und Mathematiker Michael

Stifel, der sich für den Engel mit der letzten Posaune
(Apk 10,15) gehalten und durch gematrische Spielereien
nicht nur die Zahlen in der Apk und Dan auf Personenna-
men, Ereignisse und Schlagwörter der Reformationszeit
übertragen, sondern auch das Ende der Welt auf den 19.
10.1533, 8 Uhr früh berechnet hat. Es ist dem Reformator
zwar nicht gelungen, ihn rechtzeitig zur Raison zu bringen, aber er hat sich wegen dieser Schwärmerei auch nicht
von seinem Freund getrennt. Stifel hat gleichzeitig gegen
Luthers erste Vorrede polemisiert und einzelne Sätze aus
der zweiten gelobt. Später hat er u.a. eine Gesamtauslegung der Apk verfaßt, von der auch sein Gönner Selnecker
viel in seinen eigenen Kommentar übernommen hat.

Die zweite Deutung hat der Bamberger bzw. Nürnberger
Maler Paul Lautensack Luther 1533 mehrfach zur Begutachtung vorgelegt. Es handelt sich dabei um kabbalistisch-
mystische Spekulationen über die Vision des Christus in
Apk 1,10 und der Maria in 12,1ff, seltsame Ausführungen,
die durch Zeichnungen und Tabellen auch nicht verständlicher werden. Nachdem Luther, Melanchthon und Osiander die
Drucklegung dieses Werkes abgelehnt hatten, weshalb Lautensack nun gegen Luthers erste, skeptische Vorrede und die
Gelehrten überhaupt polemisierte, kam es zusammen mit ähnlichen, Pseudo-Weigelschen Erklärungen erst 1619 teilweise
zum Druck.

Stifels und Lautensacks Auslegungen haben u.a. gemein-
sam, daß sie beanspruchen, die für die Endzeit verheißene
Eröffnung verborgener Weissagungen zu bringen, eine für
Luthers Biblizismus ziemlich gefährliche Behauptung.

Leichter hat es Luther mit der dritten Auslegung, einer vorreformatorischen Schrift von Giovanni Nanni, gehabt, dessen papalistische und antitürkische Prophetien
in Form einer Deutung von Apk 16-21 er durch bloßen Ver-
weis auf den tatsächlichen Geschichtsverlauf in einer
auszugsweisen Veröffentlichung ad absurdum hat führen
können.

9. Mit der zweiten Vorrede ist die Entwicklung von Luthers
Apk-Deutungen noch nicht zu Ende. Sein Urteil über dieses Buch bleibt schwankend. Bemerkenswert ist, daß Luther
von dem Verständnis der Stelle Apk 20,7-9 als Weissagung

vom Türkensturm wieder abkommt und z.B. 1541 bei der Überprüfung des Übersetzungstextes von Ez 38 f die darauf hin-
weisende Randglosse tilgt. Die Türken erscheinen jetzt bei
Luther stattdessen im Bild des ersten Tieres in Apk 13,1ff
und 19,20 anstelle des Römischen Reiches. In der Spätzeit
scheint Luther außerdem den 'lieben jüngsten Tag' besonders intensiv erwartet zu haben. Darauf deutet das Auftauchen von Stellen wie 20,4 (Abwischen der Tränen) und besonders 22,20 (Komm, Herr Jesu!) in dieser Periode hin.
Gleichzeitig kehren Belegstellen zum Thema Rechtfertigung
und Heiligung wieder, wie sie für die frühreformatorische
Phase Luthers typisch gewesen waren. Dazu gehören 21,27
(nichts Unreines!) und 22,11b (Qui iustus est...). Diese
Reminiszenzen sind durch die von Melanchthon ausgehenden
internen Meinungsverschiedenheiten über die Rechtfertigungslehre angeregt.

10. Mit einigen Apk-Stellen hat sich Luther auch noch intensiver beschäftigt, so in der Auseinandersetzung mit der spät-
scholastischen Verwendung von Apk 14,13 als Argument für
die Totenmessen (nachfolgende = 'nachgetane' Werke) und
von 14,4 für die Hochschätzung der Virginität. Dabei hat
er gezeigt, daß er auch solche dicta probantia für seine
eigene Theologie in Anspruch nehmen kann.

Über Apk 12,1-6 hat Luther wohl kurz vor 1535 "ein lied
von der Heiligen, Christlichen Kirchen" gedichtet, über
dessen Vorstufen und Deutung (rein ekklesiologisch oder
auch mariologisch?) bis heute noch keine Übereinstimmung erzielt werden konnte.

Die drei Predigten über die Epistel des Michaelis-
festes Apk 12,7-12 von 1534, 1537 und 1544 haben ganz
verschiedene Themen. Die eine basiert auf der Etymologie: Michael = "Schlag Gottes" und beschreibt den Kampf
der guten und bösen Engel = Bischöfe in der Kirchengeschichte. Die andere handelt vom Wirken der Engel in
allen drei Regimenten, und die dritte geht von der
Gleichung aus: Michael = "Wer ist wie Gott?" = Christus. Ihr Thema ist die Inkarnation des Gottessohnes
und deren Bestreitung, also ein sehr positives abschließen-
des Votum zur Apk.

S C H L U S S

I. Rückblick: Luther und die Johannes-Apokalypse

Wir sind den Spuren von Luthers hermeneutischer Entwicklung bis zum Ende gefolgt. Rückblickend wollen wir
nun versuchen, seine verschiedenen Äußerungen einzuordnen einerseits in das Ganze seiner Theologie und andererseits in die gesamte Auslegungsgeschichte der Apk.

a) Luthers Verwendung einzelner Abschnitte innerhalb der Apk

Wir können feststellen, daß sich gewisse Grundzüge in
Luthers Benützung der Apk durch alle Wandlungen durchhalten, zum einen die ekklesiologische Verwendung, hauptsächlich, um die Feinde der Kirche, den Antichrist und seine
Antikirche, zu entlarven und zu bekämpfen. In dieser Funktion, so kann man sagen, treibt das Buch für ihn in gewissem Sinne, nämlich e contrario, auch Christus. Diese wichtige Linie beginnt schon in der 1. Ps-Vorlesung; freilich
ist die Polemik da noch latent und mangels aktueller Bezüge in ihrer Stoßrichtung auf die Synagoge der Juden
verschoben, ab 1519 jedoch manifest und antirömisch fi-
xiert, nachdem Luther im Papst den gegenwärtigen, konkreten Antichrist nach 2 Thess 2,3f entdeckt hat. In dieser
Linie gibt es Höhepunkte, wie 1521 mit der Schrift gegen
Catharinus oder 1530 mit den großen Vorreden zu Dan und
Apk samt den Schriften zum Augsburger Reichstag, aber sie
verschwindet auch zeitweilig fast ganz, besonders wenn
Luther mit anderen Dingen beschäftigt ist, wie vor allem
mit dem Kampf gegen die 'Schwärmer'.

Eine zweite Linie oder vielmehr ein ganzes Bündel von
Linien ist darin zu sehen, daß Luther oder auch seine Gegner der Apk einzelne Stellen, sog. dicta probantia, entnehmen, die ihnen als Belege dienen für verschiedene theologische Aussagen, seien sie soteriologischer, eschatologischer, satanologischer oder auch anderer Art. Solche dicta können sich auf das gesamte Werk Luthers etwa gleich-
mäßig verteilen (z.B. Apk 2,19.20; 12,9.10; 14,13; 21,1.5)
oder sich zu bestimmten Zeiten besonders häufen. Aufgefal-

len ist uns dabei, daß gewisse Stellen, die mit dem Komplex Rechtfertigung-Heiligung zusammenhängen, in der frühreformatorischen Phase eine größere Rolle spielen, später
verschwinden und erst in der Spätzeit wiederkehren (3,15ff;
21,27 und 22,11b). Insgesamt etwas unterrepräsentiert erscheinen die christologischen Aussagen der Apk, vor allem
wenn man in Betracht zieht, welch weitschweifige Spekulationen ein Lautensack aus den christologischen Symbolen
und Titeln der Apk zu entwickeln vermochte[1]. Hier zeigt
sich eine deutliche Grenze in Luthers Verständnis der Apk.

Festzuhalten ist dabei, daß Luther zwar seltener aus
der Apk als aus anderen Schriften des NT Belege heranzieht,
daß er aber auch nur sehr selten ihren Zeugniswert ausdrücklich anzweifelt. Die Bedenken, die Luther immer wieder dem Buch als ganzem bzw. seinem wesentlichen Inhalt
entgegenbringt, lassen sich also nicht ohne weiteres auf
jeden einzelnen Abschnitt übertragen[2]. Luther hat nie wie
Zwingli einfach pauschal gesagt: "Uß Apocalypsi nemmen wir
kein kundschaft an; dann es nit ein biblisch buch ist."[3]
Zumindest im praktischen Vollzug behandelt er die Apk eben
zumeist durchaus als ein biblisches Buch.

Die dritte Linie, die sehr breit schon in der 1. Ps-
Vorlesung da war, nämlich die Verwendung der Bildworte
und ihrer (allerdings nur sporadischen) Deutungen durch
den angelus interpres für die allegorische Auslegung anderer biblischer Abschnitte, wird zwar mehr und mehr zurückgedrängt, hört aber bis zum Ende nie ganz auf. Der Wechsel
vom katholischen zum reformatorischen Luther läßt sich am
Zurücktreten der dritten und Hervortreten der ersten Linie
recht deutlich erkennen. Es ist ja auch ein Hauptziel dieser Arbeit zu zeigen, daß sich auf Luthers Haltung gegenüber der Apk fast alle wichtigen hermeneutischen und kirchenpolitischen Entscheidungen ausgewirkt haben und daß

---

1. Vgl. auch Lambert, De prophetia (s.o. S. 285 mit Anm.
   58).
2. Vgl. als typisches Beispiel 8,416,5ff: De abroganda missa, 1521; s.o. S. 248ff.
3. CR 93 I,395,21ff; vgl. o. S. 273.

es deshalb umgekehrt möglich ist, ausgehend von der Interpretation dieses letzten Bibelbuches Luthers gesamte reformatorische Entwicklung zu verfolgen und neue Aspekte
daran zu entdecken.

b) Luthers Einstellung zur Apk insgesamt

Ich möchte an dieser Stelle die Behauptung wagen, daß
Luther, überspitzt gesagt, im Laufe seines Lebens fast
alle Haltungen gegenüber der Apk und beinahe alle Methoden, sie auszulegen, die bis zum 16. Jahrhundert bekannt
geworden sind, entweder weitgehend nachvollzogen oder
aber bekämpft hat.

Am Anfang steht er fest in der verkirchlichten Ticonius-Tradition, die mit ihrer spiritualisierenden und
verallgemeinernden Deutungsweise die westlichen Apk-Kommentare des frühen Mittelalters beherrscht hat. Das ist
aus unserer Untersuchung der Zitate innerhalb der 'Dictata' ganz deutlich geworden.

Ab 1519, nach dem Bruch mit der römischen Kirche,
glaubt er Rückhalt bei den böhmischen Utraquisten zu finden und übernimmt zur Bekämpfung des antichristlichen Papsttums in zunehmendem Maß ketzerische Deutungen der Apk, vor
allem die Gleichsetzung der verdorbenen Großkirche mit der
Satanssynagoge bzw. babylonischen Hure (Apk 2,9; 3,9; 17 f).
Typisch dafür ist auch die Herausgabe des anonymen wyclifitischen Apk-Kommentars von 1390.

Dagegen wendet er sich ab 1522 scharf gegen die wahrscheinlich taboritisch und möglicherweise auch joachitisch
beeinflußte Schriftdeutung der 'Zwickauer Propheten' und
Müntzers und übernimmt in seiner ersten Vorrede zur Apk
durch Dionys von Alexandria überlieferte Argumente von
Männern, die den Enthusiasmus der Montanisten bekämpften.
Ebenso klagt er über die Unverständlichkeit dieses
Buches und seine vielen Bilder und Gesichte. Das resul-
tiert aus seinem inzwischen aufgenommenen Kampf gegen
die origenistische Allegorese, die er früher ungebrochen geübt hatte, für den klaren Wortsinn. Hier liegt
wohl eine Parallele zur Antiochenischen Schule vor.
Mit dem Gefühl der Fremdheit gegenüber der Apk, das
er jetzt zum Ausdruck bringt, steht er in einer Reihe

mit so bedeutenden Zeitgenossen wie Erasmus, Cajetan
und Zwingli.

1530 unternimmt er einen Versuch kirchengeschichtlicher Deutung des ganzen Buches, in der er das weltgeschichtliche Auslegungsprinzip eines Alexander Minorita
oder Nikolaus von Lyra mit der antipäpstlichen Ausrichtung der ketzerischen Interpretationsweise verbindet.

Man kann also keine dieser verschiedenen Phasen in
Luthers Einstellung gegenüber der Apk als für den Reformator typisch reklamieren. Höchstens mag man fragen,
wann und wie er dem letzten Buch der Bibel am ehesten
gerecht geworden ist. Dieser Frage wollen wir uns nun
zuwenden, sie aber im größeren Rahmen der in der Einleitung aufgeworfenen und in der Durchführung mehrfach
angesprochenen Frage zu beantworten versuchen, ob Luther
Apokalyptiker war oder nicht.

II. Ausblick: Luther und die Apokalyptik

a) Die beiden reformatorischen Erkenntnisse Luthers

Eines ist zunächst einmal klar: Als Vorarbeit für die
moderne Forschung, die mit formkritischen, religions- und
zeitgeschichtlichen Methoden versucht, die charakteristische Gattung der Apokalypsen möglichst objektiv zu erfassen und ihre Entstehung historisch zu erklären, können Luthers Deutungen apokalyptischer Schriftabschnitte wohl
kaum gewertet werden[4]. Das können wir ja auch nicht gut
von ihnen erwarten, weil dafür in der ersten Hälfte des
16. Jahrhunderts zu viele Voraussetzungen fehlen. Aber
werden diese Äußerungen für uns dadurch wertlos? Sollen
wir sie schamhaft verschweigen? Sicher nicht; denn sie
waren damals für Luthers Reformation von größter Bedeutung. Seine aktuellen Interpretationen apokalyptischer
Schriftabschnitte haben ihm in den schwersten Auseinander-

---

4. Damit wende ich mich gegen ein solch unhistorisches Urteil wie das von Krause, Studien, S. 287: "Die moderne
   Unterscheidung zwischen Prophetie und Apokalyptik ist
   inhaltlich klar erfaßt und vorweggenommen."

setzungen und bei den wichtigsten Entscheidungen den nöti-
gen Rückhalt gegeben. Wir sind im Laufe der Arbeit auf einige solche Komplexe gestoßen. Nun wollen wir versuchen,
sie in einen sinnvollen Zusammenhang miteinander zu bringen und durch weitere Beobachtungen zu ergänzen.

Als Luther im Herbst 1517 seine aufsehenerregenden
Thesen über den Ablaß veröffentlichte, deutete er seine
Zeit noch als die Periode der Verfolgung wahrer Christen
durch falsche Brüder, als die trügerische Ruhe vor dem
Antichriststurm[5], in der es galt, wachsam zu sein und
sich vor falscher Sicherheit, vor dem Ausruhen, vor dem
Stolz auf eigene Leistungen zu hüten. Das 7. Sendschreiben (Apk 3,14ff) in Verbindung mit dem Komplex der Stellen, die wie Apk 21,27 und 22,11b die Unabgeschlossenheit
des Gerechtwerdungsprozesses betonten[6], legten es nahe,
unablässig auf sich selbst zu achten und das Böse nicht
einfach auf die unchristliche Umwelt zu projizieren. So,
wie der Wittenberger die zweite Hälfte von Apk 22,11 verstand, konnte er sie unmöglich zugleich mit der ersten Hälfte in den Mund nehmen. Wenn er sich sagen mußte: 'Wer gerecht ist, muß weiter gerechtgemacht werden, und wer heilig ist, soll immer noch mehr geheiligt werden', dann konnte er nicht gleichzeitig über andere den Stab brechen und
das Urteil sprechen: 'Wer Böses tut, soll ruhig weiter
Böses tun, und wer im Schmutz der Sünde lebt, mag sich
eben weiterhin im Schmutz wälzen'. Wir haben jedoch oben[7]
festgestellt, daß im Herbst 1520 der erste Teil des Verses den zweiten im Zitatenschatz Luthers chronologisch genau ablöst. Wir haben damals die Tatsache nur eben konstatiert und das Verschwinden des einen wie das Auftauchen des anderen in verschiedenen Zusammenhängen jeweils

---

5. Vgl. o. S. 130.
6. Vgl. o. S. 134ff.
7. S. 221f.

eigens zu erklären versucht. Eine Gesamtdeutung soll
jetzt aber nachträglich doch noch versucht werden[8].

Zunächst einige thesenartige Behauptungen:

Den entscheidenden Schritt von der frühreformatorischen zur reformatorisch wirksam gewordenen Theologie
tat Luther mit der aus dem Nachdenken über die Buße 1518
resultierenden Neuformulierung des Wortverständnisses im
Sinne der promissio[9]. Die Ablehnung dieser Erkenntnis
durch die Kirchenleitung führte ihn dann aber zu der Behauptung, der Papst sei der Antichrist nach 2 Thess 2.
Diese Antiekklesiologie wiederum gab ihm erst den Mut,
seine Glaubensauffassung vor aller Welt zu behaupten und
somit den Grundstein für evangelische Kirchengemeinschaf-
ten zu legen, d.h. auch tatsächlich reformatorisch wirksam zu werden und zu bleiben.

Oder anders ausgedrückt:

"Ohne den Kampf gegen den Papst wäre Luther ohne Zweifel der Begründer einer neuen, antischolastischen, biblischen Schulrichtung innerhalb der katholischen Theologie
geworden... Aber damit wäre Luther niemals der Reformator
geworden, weil er in diesen Anfangsjahren immer ein so guter Papist war."[10] Dieser entscheidende Kampf nun fand seine Rechtfertigung in der Interpretation apokalyptischer
Schriftabschnitte.

Das heißt aber:

Für Luther fielen seine beiden Funktionen als theologischer Lehrer und als Bekämpfer des Papsttums durchaus nicht
auseinander, sondern waren in seinem Beruf als Bibeltheologe vereint[11]. Dieselbe Heilige Schrift, die ihn des Heils
in Christus gewiß machte, überzeugte ihn auch davon, daß
es Gottes Wille war, mitten in der Kirche die antichrist-

---

8. Damit soll auch der auffälligste Kontrast in der Zita-
tenhäufigkeit, den wir zu Anfang in Tabelle 10 festgestellt haben, seine endgültige Erklärung erhalten.

9. s.o. S. 227f.

10. Kawerau, Luther, S. 68.

11. Zu Luthers Berufungsbewußtsein vgl. z.B. Höhne, Kontinuität, S. 146ff.

liche Verderbnis wachsen zu lassen, die aufzudecken er als
einzelner wiederum von Gott selbst beauftragt war.

Nun einige Ausführungen dazu:

Unter der Voraussetzung, daß der Rechtfertigungsvor-
gang so lange noch nicht abgeschlossen ist (vgl. Apk 22,
11b), bis auf dem Demutsweg alles Unreine vom Menschen
abgewaschen ist, was ihn vom Eingang zum Himmel abhält
(vgl. Apk 21,27), trat der gut päpstliche Luther 1517
zum Kampf gegen die willkürliche Verkürzung der Sünden-
strafen durch den römischen Ablaß an. Eine der von ihm
wohl gar nicht beabsichtigten Nebenwirkungen seines
spektakulären Vorstoßes war nun aber der Streit um die
Autorität des Papsttums, der schließlich zur gegenseiti-
gen Verdammung führte. Der verantwortungsbewußte Wittenberger Theologieprofessor wollte eigentlich nur ganz theo-
retisch die Ablaßgewalt des Papstes durch Schrift- und
Vernunftgründe auf ein vertretbares Maß reduzieren. Aber
bereits die ersten Gutachten und Streitschriften sahen
darin einen gefährlichen Angriff auf den Heiligen Stuhl
und die dort herrschende Praxis[12].

Luther war freilich zunächst noch viel stärker mit
den Problemen des Bußsakraments und anderen damit zusammenhängenden Fragen beschäftigt und entwickelte seine
neue Vorstellung von der im Absolutionswort zugesproche-
nen, gewißmachenden Gnadenverheißung Gottes, an die sich
der Glaubende allein zu halten hat, im Laufe des Jahres
1518 zur vollen Klarheit[13]. Die Folgen für die Rechtfertigungslehre haben wir bereits kennengelernt: Die Gewißheit über die verheißene fremde Gerechtigkeit drängte den
Gedanken an die eigene Unzulänglichkeit und damit u.a.
auch die Zitate von Apk 22,11b stärker in den Hintergrund.

Als wichtige Konsequenz ergab sich daraus aber außerdem, daß 'die ganze Heilige Schrift ein neues Gesicht'

---

12. Vgl. Bizer, Papst, S. 1f; Bäumer, Papst II, S. 15ff;
     Müller, Papsttum, S. 76ff.
13. Vgl. Bayer, Promissio, S. 164ff.

für Luther bekam[14], nämlich als untrügliche Quelle eben
dieses neuentdeckten Verheißungswortes[15].

So vorbereitet und eigentlich noch immer zur demütigen Beugung unter das Urteil des Papstes bereit trat er
im Oktober 1518 dessen autorisiertem Vertreter, Kardinal Cajetan, gegenüber. Die Auseinandersetzung spitzte
sich sehr bald zu. Der Legat forderte bedingungslose
Unterwerfung aufgrund eines päpstlichen Dekrets; der
Mönch verlangte erst einmal Schriftbeweise. Bald fing
Cajetan an, die Gewalt des Papstes hervorzuheben, der
über dem Konzil, über der Schrift, über allem in der
Kirche stehe[16]. Mit dieser für ihn neuen Behauptung
mußte sich Luther nun auseinandersetzen, und das in
Anbetracht dessen, daß der Kardinal im Streit um das
Bußsakrament seine Lehre vom Glauben an das gewißmachende Verheißungswort, die jetzt das Zentrum seiner Theologie bildete, umgekehrt als Neuerung verwarf[17]. Luther
sah sich also vor die unausweichliche Alternative gestellt: Sollte er dem Wort Christi in der Bibel oder den
Dekreten des Papstes im geistlichen Recht gehorchen? Er
entschied sich aus Gewissensgründen eindeutig für das
erstere[18]. Was mußte es aber dann für Folgen haben, wenn
nicht nur der Legat oder andere Vertreter der Kurie, sondern der Papst höchstpersönlich tatsächlich das Wort Christi verwerfen würde? Hennig meint, bereits in den Augsburger Überlegungen Luthers sei die "Konsequenz vom Papst als
dem Antichrist" angelegt, sei eben nur deshalb noch nicht
expliziert worden, weil der Wittenberger es noch nicht glauben konnte, "daß der Papst so päpstlich ist wie sein Le-

---

14. Vgl. 54,186,9f: Vorrede zum 1. Bd der lateinischen
    Schriften, 1545.
15. Vgl. Hennig, Cajetan, S. 79; Bizer, Papst, S. 9.
16. So nach Luthers Darstellung in den 'Acta Augustana';
    2,8,10f.
17. 2,7,35; vgl. Hennig, Cajetan, S. 69-71; Selge, Begeg-
    nung, S. 41ff, 49ff.
18. Vgl. 2,16,6ff; als Rückblick formuliert 39 I,7,13-20:
    Vorrede zur Thesensammlung von 1538.

gat, daß er sich allen Ernstes gegen oder über die Schrift
stellen könnte"[19].

Bereits zwei Monate später, am 18. Dezember 1518, sprach
er tatsächlich den Verdacht aus, in der römischen Kurie
sitze der Antichrist. Er glaubte ihn auch jederzeit erhärten zu können[20]. Als der Papst dann doch 1520/21 sein endgültiges Verdammungsurteil gesprochen hatte, identifizierte Luther ihn auch eindeutig mit dem Gegenspieler Christi.
Er war also durchaus konsequent. Aber so einfach, wie es
vielleicht erscheinen mag, ist der Reformator dazu nicht
gekommen, und es ist ihm gar nicht so leicht gefallen, sein
Urteil durchzuhalten. Er brauchte auch hierzu erst noch
das eindeutige, gewißmachende Schriftwort, und nur weil
er das auch wirklich fand, konnte er freimütig zum Kampf
gegen das Papsttum antreten.

Denn da war ja die bohrende Doppelfrage, die ihm größte Anfechtung bereitete: Wie war es denkbar, daß einerseits der Stellvertreter Christi selbst zum Antichrist,
der höchste Repräsentant der universalen Kirche zum Haupt
der Antikirche und Rom, jahrhundertelang Hort der Recht-
gläubigkeit, jetzt zum Sammelbecken aller Häresien werden konnten? Und wie sollte Luther es rechtfertigen können, daß auf der anderen Seite er als unbedeutender Mönch,
weit entfernt von den Zentren des Kulturlebens, ganz allein gegen Kardinäle, Theologische Fakultäten, ja schließlich selbst gegen Papst, Kaiser und Reichsstände sein
Schriftverständnis durchzusetzen versuchte, das der bisherigen theologischen Tradition widersprach?

Die alte Antwort, die er längst kannte, die ihm aber
von außen gerade jetzt immer neu nahegelegt wurde, lautete: Du mußt auf die Kirche hören, die den Heiligen Geist
besitzt und deshalb nicht irren kann. Trennung von ihrer

---

19. Hennig, aaO, S. 80; vgl. auch S. 93f, Anm. 39; ähnlich
    auch Selge, Widerrufsverweigerung, S. 192ff; etwas vor-
    sichtiger ders., Begegnung, S. 54, Anm. 48.
20. Br 1,270,11-14 = Enders 1,316,14-19: an Linck.

Lehre und Praxis wäre Hochmut und damit die denkbar schlimmste Sünde[21].

Wie ihn nun sein Schriftstudium dazu führte zu erkennen,
daß die uns um Christi willen zugesprochene Gerechtigkeit
aus dem Dilemma befreit, daß jeder Versuch der Selbstrecht-
fertigung durch Demutsübung von dem Verdikt, subtilster
Hochmut zu sein, bedroht ist, so boten ihm verschiedene
Schriftstellen die plausible Erklärung dafür, warum es
mit der Kirche so weit kommen konnte und mußte, wie er es
soeben mit Schrecken bemerkt hatte.

Die erste und allerwichtigste Stelle war 2 Thess 2, bes.
V. 3f. Für Luther war darin die eindeutige Antwort auf die
Frage gegeben, warum der Antichrist gerade im Zentrum der
Kirche, "im Tempel Gottes (nicht im Kuestall) sitzen" werde[22], und gleichzeitig war damit eben der Papst gekennzeichnet, der sich gegen alles, was Gott zur Sprache
bringt, nämlich die Heilige Schrift, erhebt und sich
als Halbgott feiern läßt[23]. Wie ungeheuer wichtig diese
Erkenntnis für Luther war, haben wir oben[24] näher ausgeführt. Er nannte sie später sogar eine spezielle Offenbarung Gottes durch ihn, dem Damaskuserlebnis des Paulus
vergleichbar[25].

Ein anderer Bibelvers etwa hilft entscheidend mit,
das zweite Problem Luthers zu lösen: die Vereinzelung
der letzten wahren Christen. Wenn man die Abschnitte in
Luthers Werken aufschlägt, in denen er von seinen Beru-
fungsanfechtungen und den Vorwürfen seiner Gegner spricht[26],
aber auch sonst in ähnlichen Zusammenhängen stößt man u.a.
häufig auf das Zitat von Mt 24,24, das der Reformator sich
offensichtlich immer wieder zum Trost selber vorhielt:

---

21. Vgl. Höhne, Kontinuität, S. 40ff; Müller-Streisand, Weg,
S. 58ff.
22. 51,505,29: Wider Hans Worst, 1541.
23. Vgl. z.B. 7,741,16ff: gegen Catharinus, 1521, und 5,331,
1ff: Operationes zu Ps 10,3; Ende 1519.
24. S. 164f.
25. 50,379,25f: Vorrede zu 'Confessio fidei', 1538.
26. Vgl. Höhne, Kontinuität, S. 134ff.

Christus hat es ja vorausgesagt, der Antichrist werde so
raffiniert sein, daß selbst die wenigen Auserwählten noch
Gefahr laufen, verführt zu werden[27].

U.a. durch das Nachdenken über diese und ähnliche Bibelabschnitte wurde dem Wittenberger Doktor die schreckliche Ahnung, daß gerade der Papst der Antichrist und die
gesamte Großkirche verdorben sein könnte, zur Gewißheit,
ja sie wurde für ihn dadurch überhaupt erst denkbar und
nachvollziehbar, nämlich als der geoffenbarte Ratschluß
Gottes.

Als er diese Erkenntnis verarbeitet und sich entschlos-
sen hatte, ihr gemäß zu handeln, nämlich die Androhung des
Bannes vonseiten des Papstes seinerseits mit der Verdammung
der antichristlichen päpstlichen Entscheidungen zu beantworten (was er schließlich auch tat, indem er die Bulle
sowie die Dekretensammlung am 10. Dezember 1520 verbrannte),
da kam eine spürbare Erleichterung über ihn und er konnte
auf die römische Kurie bezogen ausrufen: "'Qui sordet, sordescat adhuc, et qui immundus est, immundus sit adhuc.'"[28]
Die Möglichkeit einer grundsätzlichen Scheidung von
Kirche und Antikirche war zuerst denkerisch erfaßt worden und konnte nun auch offen vollzogen werden. Dabei
bleibt aber zu beachten, daß die einzelnen Menschen
noch immer nicht der einen oder anderen sicher zugeord-

---

27. Vgl. z.B. 5,348,6ff: Operationes zu Ps 10,14; 1519; 7,
    403,6f in Verbindung mit 311,15ff: Grund und Ursach,
    1521; 7,664,17ff: Auf das... Buch Bock Emsers Antwort,
    1521; 7,774,3ff: gegen Catharinus, 1521; 8,490,17f;
    530,14ff in Verbindung mit 482,27ff: Vom Mißbrauch der
    Messe; 10 I 1,482,25ff: Kirchen-Post. über Gal 3,23ff;
    1522; 11,443,1ff: Vom Anbeten des Sakraments, 1523; 20,
    672,1ff: Vorl. über 1 Joh 2,18; 1527; 30 II,189,14ff:
    Heerpredigt, 1529; 38,206,16ff; 215,29ff; 221,36ff: Von
    der Winkelmesse, 1533; 46,7,15f in Verbindung mit 22,30ff:
    Das 16. Kap. Joh (Druck 1539); 46,770,16f im Zusammenhang
    von 769,23ff: Das 2. Kap. Joh, 1538 (Druck). Zur Bedeu-
    tung von Mt 24,24 für Luthers Glaube an die Kontinuität
    der Kirche vgl. außerdem Höhne, aaO, S. 14, 80 und 82.
28. 7,45,23f: Epistola ad Leonem X, Ende Oktober 1520, be-
    sprochen o. S. 222; vgl. ähnliche Äußerungen, die bei
    Höhne, aaO, S. 71f und Anm. 145f herangezogen sind.

net werden können. Die Verborgenheit der Kirche bleibt
also gewahrt. Das Kriterium für die Scheidung ist ja
das Wort, die Lehre, nicht das Leben[29].

---

29. s.o. S. 215 und u. S. 651. Hier ist der Ort, meine
Sicht der Entwicklung deutlich von der Erklärung abzugrenzen, die Frau Müller-Streisand für den Übergang
von der frühreformatorischen zur reformatorisch wirksam
gewordenen Theologie Luthers glaubt gefunden zu haben.
Ihre thetische Darstellung der beiden Ausformungen von
Luthers Gedanken vor und nach der entscheidenden Wende
enthält im Kern richtige Beobachtungen. Aber der Zwischen-
schritt hat sich uns ganz anders dargestellt als ihr.
Nicht der Erfolg der negativen Theologie veranlaßt Luther, auf einmal Position zu beziehen, sondern seine exegetischen Bemühungen führen ihn dazu, seine (etwa von
Kroeger, Rechtfertigung, S. 41ff, bereits in der Röm-
Vorlesung, aber noch vom Augustinismus und anderen Ein-
flüssen umklammert gefundene) Theologie der Verheißung
klar zu formulieren und zur Vorherrschaft zu bringen.
"Der Kampf um Papst- und Schriftautorität stellt nur die
Konsequenz dar" (Bayer, Promissio, S. 167). Auch diese
zieht er in ständiger Bemühung um das Verständnis der
Bibel, von den äußeren Umwälzungen immer wieder dazu an-
getrieben. Der Brief vom 20. Dezember 1518, den Müller-
Streisand, Weg, S. 103, als hervorragendes Dokument für
die Hinwendung Luthers zur herrschenden Klasse und damit
für die Neuformulierung seiner Theologie heranzieht, ist
meiner Ansicht nach falsch interpretiert. Br 1,281,18ff
= Enders 1,328,22ff kommt weniger die Erleichterung Luthers über den von Friedrich dem Weisen gewährten Schutz
für seine Existenz zum Ausdruck als vielmehr die Genug-
tuung darüber, daß der deutsche Kurfürst dem hochmütigen
italienischen Legaten eine angemessene Antwort erteilt
hat. Man darf auch nicht vergessen, daß Luther erst zwei
Tage vorher die doch noch recht bange Frage aufgeworfen
hat, ob der Antichrist in Rom herrsche (Br 1,270,9ff =
Enders 1,316,13ff). Darüber fand er erst 1520 volle Klarheit und kam so zu einem gewissen Ziel seiner Überlegungen (noch am 24.2.1520 z.B. schreibt er, die Vorstellung, der Papst sei der richtige Antichrist, ängsti-
ge ihn: Br 2,48,26 = Enders 2,332,37: an Spalatin). Sehr
viel deutlicher als die psychologische Unterstützung
durch den Kurfürsten, demgegenüber Luther ja z.B. am
5.3.1522 seine Unabhängigkeit betont (Br 2,455,75ff),
ist der Rückhalt, den der Wittenberger Professor nach
der Leipziger Disputation bei den Humanisten und vor
allem bei den noch in Freiheit lebenden Anhängern des
unschuldig verbrannten Huß, also den Utraquisten, fand
(Über Luthers Beziehung zum Hussitismus in der Frage
des Papsttums vgl. o. S. 213ff und Preuß, Antichrist,
S. 109ff.).

Es ist für uns nun wichtig zu beachten, daß es in apokalyptischen Zusammenhängen stehende Bibelverse sind, die
für Luther ganz neue Bedeutung als Schriftautoritäten gewonnen haben. Mit sicherem Griff, auch ohne die gattung-
mäßige Zugehörigkeit sich bewußt zu machen, stellte er
in der zweiten Märzhälfte des Jahres 1521 Abschnitte aus
Dan 8; Mt 24; 2 Thess 2; 2 Petr 2; Jud und Apk 9 in der
Schrift gegen Ambrosius Catharinus nebeneinander und bezog sie geschlossen auf das verhaßte antichristliche Rom
und seine Machenschaften[30].

"Von solchen Gefühlen gegen das Papsttum als die Per-
sonifizierung des Antichrist war Luther erfüllt, als er
sich am 2. April 1521 auf die Reise zum Wormser Reichstag
machte."[31] Dort wagte er es freimütig, selbst vor dem Kaiser seine Polemik gegen Rom ohne Abstriche als gerechtfertigt zu verteidigen[32], nicht weil er persönlich so tapfer
war oder so starke Beschützer hatte, sondern weil ihn die
Heilige Schrift davon so überzeugt hatte[33].

Mit der öffentlichen Berufung auf sein in Gottes Wort
gebundenes Gewissen[34] ist er nun aber vielen anderen, Kirchenmännern wie Politikern, zum Vorbild geworden und hat
ihnen Mut gemacht, reformatorisch zu predigen und zu entscheiden, obwohl viele Bestimmungen päpstlichen und kai-
serlichen Rechts dagegenstanden und auch seine Anhänger
wie er selbst mit Acht und Bann bedroht wurden. Deutlicher Ausdruck davon war dann etwa die Protestation vom
19. April 1529, nach der die evangelisch Gesinnten fortan

---

30. 7,722ff; vgl. o. S. 167. Beachte die Ausdrücke: "... de
    nulla re (excepto Christo) tantum habemus testimonium
    [zu ergänzen: quantum de Antichristo papa]... copiosis
    et solidis scripturae testimoniis... divinis literis
    probari..." 7,722,21-25; vgl. auch Selge, Widerrufsver-
    weigerung, S. 205.
31. Bäumer, Papst II, S. 68.
32. 7,833,8ff: Verhandlungen...
33. Vgl. 7,838,6ff.
34. Vgl. Selge, Widerrufsverweigerung, S. 180ff, bes. S.
    181, Anm. 3 und S. 207.

Protestanten genannt wurden[35].

Ein weiterer Schritt in Luthers Entwicklung und eine
damit zusammenhängende folgenreiche Entscheidung ist in
ähnlicher Weise von apokalyptischen Bibelstellen mitbestimmt worden, nämlich die Ablehnung jeglicher Gewaltan-
wendung gegen das Papsttum und die Geistlichen sowohl
von seiten der Adeligen als auch von seiten der durch die
'Schwärmer' angetriebenen Kleinbürger und Bauern.

Auch diesen Vorgang haben wir schon oben[36] kurz angedeutet. Wir können wieder von der verbreiteten Meinung
ausgehen, daß es sich hier ebenfalls nur um eine Konsequenz aus früher gewonnenen Anschauungen handle, die aller Logik nach eben einmal gezogen werden mußte, und auch
diesmal müssen wir bei näherem Hinsehen erkennen, daß es
in Wirklichkeit die Frucht von Luthers Bibelstudium war
und auf das Aufleuchten einer neuen Erkenntnis beim Lesen
ganz bestimmter Schriftstellen zurückzuführen ist.

Man könnte nämlich annehmen, Luther habe in dem Moment,
in dem er zu der Überzeugung kam, das Treiben an der Kurie
sei so teuflisch, daß es nicht mehr schlimmer werden könne
und damit die letzte Periode der Kirchengeschichte, die
Zeit des Antichrists, gekommen sein müsse, sogleich nach
altem 'apokalyptischem' Vorbild nichts sehnlicher erwartet als die baldige Wiederkunft Christi, die dem ganzen
Spuk ein jähes Ende setzen werde. Dem scheint aber nach
Ausweis unserer Quellen nicht ganz so gewesen zu sein.
Es bedurfte dazu bei dem Reformator anscheinend wiederum
erst eines äußeren Anstoßes zu gründlichem Nachdenken
über Gottes Wort.

Wie wir nämlich bereits[37] dargestellt haben, war Luthers erste Antwort auf die Frage, wie es nun weiter-
gehen solle, nachdem einmal das Antichristliche an der
römischen Theorie und Praxis aufgedeckt war, folgende:
'Mir scheint, wenn das Wüten der Romanisten so weiter-
geht, dann bleibt kein anderes Mittel mehr, als daß der
Kaiser, die Könige und Fürsten mit Gewalt und Waffen

---

35. Vgl. RGG[3] 5, Sp. 666f.
36. S. 246f.
37. o. S. 247.

zum Angriff gegen diese Seuchenherde des Erdkreises
übergehen und die Angelegenheit nicht mehr mit Worten,
sondern mit dem Schwert entscheiden.' So lesen wir in
Luthers Nachwort zu der Mitte Juni 1520 wieder abgedruckten 'Epitoma responsionis' des Silvester Prierias[38].
Offensichtlich haben ihn erst die heftigen Reaktionen seiner Gegner[39] dazu geführt, die Bibelabschnitte genauer zu
studieren, denen er seine Gewißheit über das antichristliche Wesen des Papsttums verdankte, und dabei hat er aus
2 Thess 2,8 in Verbindung mit Dan 8,25 die neue Vorstellung gewonnen, die dann bei ihm herrschend geworden ist
und die er ein dreiviertel Jahr später in der bekannten
Schrift gegen Catharinus voll ausgeprägt so wiedergibt:
'Nicht durch Laien werden der Papst und sein Reich ver-
wüstet werden (mögen sie es auch jämmerlich fürchten);
denn sie sind diese milde Rache nicht wert, sondern sie
werden der Wiederkunft Christi vorbehalten... So nämlich
muß der zugrunde gehen, der sich gegen alles erhebt, nicht
mit der Hand, sondern mit dem Geist des Satans, damit ein
Geist den anderen töte und die Wahrheit den Betrug offen-
bare; denn die Lüge aufgedeckt zu haben bedeutet, sie bereits zerstört zu haben.'[40]

Das eindeutige Gotteswort hat also letztlich den Reformator zur richtigen Einstellung in der Frage einer Reform
des Papsttums geführt und bei ihm gleichzeitig die sehn-
süchtige Erwartung des jüngsten Tages geweckt. Denn mit
den ersten bewußten Zitaten von Dan 8,25 und 2 Thess 2,8
beginnt offensichtlich auch die lange Reihe der Abschnitte
in Luthers Werken, die davon sprechen, daß nur noch die
Wiederkunft Christi der schrecklichen Verderbnis in Kirche
und Welt wirklich und endgültig abhelfen könne[41].

---

38. 6,347,17ff; vgl. 427,13ff: An den Adel, August 1520.
39. s.o. S. 247, Anm. 39.
40. 7,777,3-8; über die ersten einschlägigen Zitate von
    2 Thess 2,8 um die Jahreswende 1520/21 s.o. S. 247,
    Anm. 40.
41. s. die bei Preuß, Antichrist, S. 138 und 144, angegebe-
    nen Stellen.

Kritische Bedeutung gewann die neue Einstellung Luthers
zur Gewalt als erstes einmal gleich Anfang 1521 gegenüber
den Pfaffenkriegsplänen einiger Adeliger wie Ulrich von
Hutten und Franz von Sickingen: Der Wittenberger distanzierte sich von ihnen deutlich[42] und wurde deshalb von
ihrem Fehlschlagen auch später nicht betroffen. Am Ende
desselben Jahres waren es bereits die kleinbürgerlichen
'Zwickauer Propheten' und andere 'Schwärmer', gegen deren
Aufruhrdrohung der Reformator unter Berufung auf die beiden genannten Bibelverse und Jes 11,4 sein Veto einlegte[43];
1524 traf dieselbe Kritik Thomas Müntzer[44], und damit war
eine wichtige Vorentscheidung dafür gefallen, daß Luther
sich im Bauernkrieg scharf von dem mitteldeutschen Propagandisten der Erhebung gegen Bischöfe, Klöster und andere
Herrschaften absetzen würde[45].

> Hinter dem ganzen Treiben des antichristlichen Papst-
> tums wie auch der 'Schwärmer' erkannte der Wittenberger
> Professor als eigentlichen Urheber dieser endzeitlichen
> Verfolgung wahrer Christen den Satan[46]. Wie wir bereits
> beobachtet haben, sieht er in den inneren Streitigkei-
> ten unter den Evangelischen selbst einen neuen, viel
> gefährlicheren Vorstoß des Teufels als etwa in der Ver-
> brennung der ersten Märtyrer der Reformation. Daher
> bemerkten wir, wie 1528 die alte Siegeszuversicht von
> 1521-23 doch schon sehr gedämpft war. In diesem Kampf
> stärkte sich Luther u.a. mit Vorstellungen aus dem 12.
> Kapitel der Apk, wie wir sie gerade auch in dem bekann-
> ten Trutzlied 'Ein feste Burg' wiedergefunden haben[47].

Ende 1529/Anfang 1530 fanden wir den Reformator mit
ganz neuem Eifer dabei, apokalyptische Bibelabschnitte zu
übersetzen und zu kommentieren. Er hatte nämlich aus Anlaß
der Belagerung Wiens mit seinen Kollegen darüber nachgedacht, welches Bibelwort ihnen helfen könnte, diesen be-

---

42. Vgl. Br 2,249,12-15 = Enders 3,73,14-19: an Spalatin,
    16.1.1521.
43. 8,677,20ff: Eine treue Vermahnung.
44. 15,219,10-18: Ein Brief an die Fürsten zu Sachsen von
    dem aufrührischen Geist.
45. Vgl. o. S. 245ff und 310f.
46. Vgl. Hinrichs, Müntzer, S. 152ff.
47. s.o. S. 346ff.

drohlichen Angriff auf das Abendland in ihr Geschichtsbild
einzuordnen, gedanklich zu bewältigen und sich wie auch anderen die Angst davor zu nehmen. Ihre Arbeitshypothese war
gewesen: "Es muß ein solch gewaltig ding ynn der schrifft
verkündigt sein."[48] Sie waren dann auch gemeinsam zu dem
Ergebnis gekommen, daß in Dan 7, verbunden mit Ez 38 f;
Apk 20,7f u.a. Stellen, eindeutig geweissagt sei, daß der
Türke (das kleine Horn) das Deutsche Reich (das vierte
Horn des Tieres) nicht mehr werde vernichten können, sondern daß ihm der jüngste Tag zuvorkommen werde. Wir haben
diese Erkenntnis der Wittenberger oben ausführlich im Zusammenhang dargestellt und in Parallele zu der Entdeckung
von 1518/20, daß der Papst nach 2 Thess 2 der Antichrist
sein müsse, gesetzt[49]. Dabei ist wichtig festzuhalten, daß
dem Reformator in diesem Moment Dan 7 als ebenso zuverlässige Weissagung wie 2 Thess 2 ausschlaggebend wurde für
seine Einstellung zu den welt- und kirchenpolitischen Vor-
gängen, weil dieses Bibelwort sein Gewissen formierte.
Und dementsprechend wollte er auch andere von der Richtigkeit seiner Deutung überzeugen. Er schrieb deshalb die
'Heerpredigt wider den Türken' u.a. in der Absicht, "das
gewissen zu unterrichten". Dazu dient, meinte er, "das
man gewis sey, Was der Türcke sey und wofür er zurhalten
sey nach der schrifft"[50].

Im Rahmen dieser Übersetzungs- und Auslegungsarbeit
verfaßte Luther auch seine neue Vorrede auf die Apk. Für
deren Gesamtaufbau dienten ihm die wichtigsten Aussagen
von 2 Thess 2 und Dan 7 als Muster, und zwar so, daß bis
zu Kap. 13 der Aufstieg des antichristlichen Papsttums
nach 2 Thess 2,3f beschrieben wird und dann ab Kap. 14
dessen Vernichtung in den zwei in 2 Thess 2,8 festgeleg-
ten Phasen, nämlich zunächst durch das jetzt ganz neu ge-
predigte Wort Christi und dann durch dessen Wiederkunft,
bei der gleichzeitig Gog und Magog, die Türken, nach Dan 7;

---

48. 30 II,166,22f: Heerpredigt; vgl. o. S. 483.
49. S. 371ff.
50. 30 II,161,31-162,1.

Ez 38 f und Apk 20,7-9 in die Hölle versinken werden[51].
Eingebaut wurden auch kleinere Ereignisse, die sich in
einzelnen Visionen widerspiegeln, so z.B. der Ablaßstreit,
bes. die Verbrennung der Bulle, der Bauernkrieg und der
Sacco di Roma[52].

Wie nun aber Luther 1521, kurz nachdem er das antichristliche Reich in der Schrift gegen Catharinus zusammenfassend beschrieben hatte, in Worms seine Sicht der
Dinge vor einem bedeutenden Reichstag vertreten mußte,
so sollte er sich 1530, als er noch mit Türkenschriften
beschäftigt war, von der Coburg aus als theologischer Vorkämpfer der Protestanten auf dem entscheidenden Augsburger
Reichstag bewähren. Dabei mußte er, wie er schrieb,
"widderūmb das alte register erfur ziehen"[53], d.h.
die Auseinandersetzung mit dem Papsttum aus der Zeit
des Ablaßstreites, der von den innerevangelischen
Querelen abgelöst worden war, noch einmal aufnehmen[54].

Es ist nun immer wieder aufgefallen, daß Luther
nach der Übergabe des Bekenntnisses, in dem er allerdings einige kritische Punkte, insbesondere einen Artikel über den Papstantichrist, vermißte[55], alle weiteren Verhandlungen über den engeren Kreis der Glaubensfragen ablehnte und mit Martyriumsbereitschaft einem ungnädigen Reichstagsabschied entgegensah[56], den
er mit dem Wormser Edikt von 1521 in Parallele setzte[57].
Besonders deutlich wird seine Haltung in der Auseinandersetzung mit Melanchthon, dem er dessen kirchenpoli-

---

51. s.o. S. 454ff.
52. s.o. S. 436f und 444.
53. 30 II,367,12: Ein Widerruf vom Fegefeuer.
54. s.o. S. 386ff.
55. Br 5,496,1ff = Enders 8,133,10ff = BoA 6,342,19ff: an
    Jonas, 21.7.1530.
56. z.B. in demselben Brief: Br 5,496,14ff.26ff = Enders
    8,133,19ff; 134,35ff = BoA 6,343,4ff.16ff.
57. Br 5,480,26ff = Enders 8,113,37ff = BoA 6,332,23ff:
    an Jonas u.a., 15.7.1530.

tische oder, wie er es ausdrückte, philosophische Sorgen vergeblich auszureden versuchte[58].

Seine eigene Einstellung war nämlich im Gegensatz dazu theologisch, d.h. biblisch begründet. Sie stützte sich u.a. gerade auch auf die apokalyptischen Abschnitte, die er damals auslegte, aber auch auf die älteren Erkenntnisse aus der Zeit des Ablaßstreites. In einer ganzen Reihe von Schriften brachte er seine auf diese Weise fundierten Urteile an die Öffentlichkeit und beeinflußte so das Geschehen in Augsburg[59].

In seinen Briefen dagegen, wo es um die politische Taktik der verschiedenen Gruppierungen in Augsburg bzw. um das persönliche Schicksal des auf der Coburg Zurückgebliebenen ging, kam er darauf weniger zu sprechen[60]. Hier wies er dafür in fast jedem Schreiben auf die List und Macht des Satans hin, betonte aber demgegenüber, daß Christus immer noch lebt und unangefochten herrscht, u.a. auch mit Ausdrücken aus Apk 19,16 (= 17,14; 1 Tim 6,15)[61]. So konnte er ruhig und gefaßt bleiben, selbst wenn er und alle Protestanten das Schlimmste zu gewärtigen hatten. Der Retter war ja nahe[62]. Melanchthon und seinen Kollegen warf Luther dagegen vor, den zwangsläufig zum Scheitern verurteilten Versuch unternehmen zu wollen, Christus und Belial zu vereinigen (vgl. 2 Kor 6,15)[63].

---

58. Vgl. bes. Br 5, Nr. 1611 = Enders 8, Nr. 1684 = BoA 6, Nr. 243: an Melanchthon, 30.6.1530.
59. s.o. S. 386ff.
60. Vgl. aber immerhin z.B. Br 5,285,12-15 = Enders 7,303, 15-19 = BoA 6,252,12-15 (an Melanchthon, 24.4.): Anspielung auf Apk 9,13ff; 13,1ff; Br 5,630,54 = Enders 8,268, 77f = BoA 6,394,13f (an Jonas, 20.9.1530): Anspielung auf Apk 18,8f.18.
61. Br 5,381,16 = Enders 8,10,23 = BoA 6,288,12f: an Cordatus, 19.6., und Br 5, 459,43f = Enders 8,95,59f = BoA 6,326,29f: an Jonas, 9.7.1530.
62. Die von Höhne, Kontinuität, S. 129-131, systematisch dargestellte Gelassenheit Luthers ist also exegetisch begründet.
63. Br 5,458,7 = Enders 8,94,10 = BoA 6,325,7f: an Jonas, 9.7.; Br 5,470,3 = Enders 8,100,5 = BoA 6,328,16f: an

Es wäre falsch, nur aus dem 'leisetretenden' Augsburger Bekenntnis und der persönlich gehaltenen Korre-
spondenz schließen zu wollen, der eschatologische Aspekt
der christlichen Botschaft sei damals zu kurz gekommen,
wie Bartsch meint[64]. Im Gegenteil, gerade in diesen Monaten kam er, jedenfalls bei Luther, ganz vehement zum
Vorschein, wie ich unten noch ausführlicher zeigen möchte.

1536 wurde das Konzil nach Mantua ausgeschrieben. In
seine eigenen dafür bestimmten Schmalkaldischen Artikel
nahm der Reformator auch den Schriftbeweis für die Identität von Papsttum und Antichrist einschließlich der
Weissagung über dessen Vernichtung (2 Thess 2,4.8) auf[65].
Dadurch erhielt diese Schriftstelle noch besondere Dignität.

Die Religionsverhandlungen auf dem Regensburger Reichs-
tag von 1541 apostrophierte Luther nicht nur in derselben
Weise wie die von 1530 als "concordia Christi cum Belial",
die für das Papsttum eine Katastrophe bringen werde, wie
Dan 11,45 vorausgesagt sei[66], sondern auch als "bellum
inter Michael et draconem" (Apk 12,7), bei dem also ein
Sieg der Evangelischen, die auf der Seite Michaels, des
Stärkeren, stehen, zu erwarten sei, weil das Gotteswort

Melanchthon, 13.7.; Br 5,576,16 = Enders 8,217,20 = BoA
6,375,22f: an Spalatin, 26.8.1530.

64. Bartsch, Reformation, S. 13-20; vgl. dagegen Maurer,
Ökumenizität, S. 27 bzw. 198f, und ders., Ansatz, S.
32f. Die Tatsache, daß das Bekenntnis übergeben, d.h.
das Evangelium vor seinen Feinden jetzt wieder offen
gepredigt werden konnte, qualifiziert die Gegenwart
nach Luthers Verständnis von 2 Thess 2,8 ja ganz präzise als die letzte Periode, die der Wiederkunft Christi
unmittelbar vorausgeht. Wie nahe Luther im Frühjahr
1530 den jüngsten Tag herankommen sah, zeigt eindrück-
lich sein Widmungsbrief zur Danielübersetzung: DB 11
II,381,4/383,11.

65. 50,217,29f; 220,1-5 = BSLK, S. 430,18f; 432,18-20;
vgl. auch 50,214,12-15 = BSLK, S. 428,12f: Anspielung auf Apk 10,3.

66. Br 9,466,10-13 = Enders 14,26,13-17: an Linck, 8.7.
1541.

jetzt auch in die Reihen der Feinde eindringe[67]. Auch
hier zeigt sich wieder die typische Art Luthers, bedeutsame Ereignisse mit Hilfe biblischer Weissagungen seinem
Bild vom Lauf der Kirchengeschichte einzuordnen. Er sah
damals offensichtlich den in 2 Thess 2,8 angekündigten
Angriff des Evangelium wieder weiter vorangehen.

Kurz vor dem Ende seines Lebens wurde er noch einmal
veranlaßt, seine alte Polemik gegen das Papsttum von neuem
aufzunehmen und zu verschärfen. Auch diesmal war die
Religionspolitik von Kaiser und Papst der Auslöser
dazu. Auf die Zugeständnisse des ersteren gegenüber
den Protestanten im Speyerer Reichstagsabschied vom
10. Juli 1544 reagierte letzterer mit einem Tadels-
breve, dessen ursprüngliche, besonders scharfe Fassung den Evangelischen in die Hände gespielt wurde.
Ermutigt durch den sächsischen Hof verfaßte Luther
seine Streitschrift 'Wider das Papsttum zu Rom, vom
Teufel gestiftet'[68]. Hierin kehrt 2 Thess 2,3f.8.11
als Schriftbeweis für das antichristliche Wesen des
Papsttums und dessen zukünftiges Schicksal gehäuft
wieder[69]; auch andere Zitate aus apokalyptischen Abschnitten gesellen sich dazu[70]. Der Bruch mit der römischen Kirche, die sich gerade ernsthaft auf ihr Wesen
zu besinnen und sich selbst ein Stück weit zu reformie-
ren begann, war damit endgültig besiegelt, eine Be-
schickung des Trienter Konzils durch Protestanten unter
diesen Voraussetzungen natürlich undenkbar[71].

---

67. TR 4,518,16: Nr. 4796 (Khummer, 26.5.1541).
68. 54(195)206-299; vgl. Müller, Papsttum, S. 95-97.
69. 54,215,20f; 227,20; 259,2ff; 261,38; 268,30f; 269,5ff;
    284,5; 285,12f; 287,21f; 289,18f; 291,4.
70. 54,215,16f: 2 Petr 2,14; 220,15.31: 2 Petr 2,12; 232,
    29f: Mt 24,23f und 7,15; 239,25f und 269,29f: Mt 24,
    15; 245,25: Apk 2,9; 282,24f: Apk 19,16; 289,8f: Jud
    4.
71. Die grundsätzliche Absage Luthers erfolgte ja bereits
    in 'Von den Konziliis und Kirchen' von 1539: 50(488)
    509-653. Auch diese Schrift zeugt von einer starken
    Erwartung des jüngsten Tages, z.B. 50,513,31; 526,10;

Wir sehen also: Es war Luthers aus der Exegese ganz
bestimmter Bibelstellen gewonnene Verwerfung des Papsttums als antichristlicher Macht, die ihn eigentlich erst
zum Reformator gemacht und damit letztlich die Entstehung evangelischer Kirchen ermöglicht hat. Politische,
wirtschaftliche, psychologische und allgemein theologische Faktoren allein reichen für die Erklärung von Luthers Entscheidungen nicht aus.

Da es sich aber nach unserem heutigen Verständnis
hauptsächlich um apokalyptische Schriftworte handelt,
die Luther überzeugt haben, ist es ja nicht gut möglich,
ihn von jedem Makel einer Berührung mit der Apokalyptik
reinwaschen zu wollen[72], es sei denn, man könnte zu Recht
nachweisen, daß Luther mit voller Absicht apokalyptische
Vorstellungen uminterpretiert und sinnvoller verwendet
habe als die alten Verfasser selbst[73]. Das trifft aber
durchaus nicht zu. Von einer bewußten Ablehnung oder
Umdeutung apokalyptischer Bibelabschnitte kann - abgesehen von der Zeit vor 1518, als Luther das antichristliche Wesen des Papsttums noch verborgen und er
noch ziemlich stark in der traditionellen, spiritualisierenden Auslegungstradition befangen war - bei ihm
höchstens zeitweilig, speziell in der antischwärmerischen Phase der 20er Jahre, und dann auch nur in bezug auf einen gewissen Teil der Schriften, z.B. die Johannes-Apokalypse, die Rede sein. In den für die Reformation entscheidenden Augenblicken jedoch erweist sich

---

557,19; 628,21ff. Apokalyptische Bibelstellen sind dagegen weniger zitiert, nur etwa 50,546,9: Mt 24,15 (?);
578,26: Apk 10,3; 628,14f: 1 Thess 2,16.

72. Vgl. die o. S. 2, Anm. 5f genannten Titel.

73. Auch Foerster, Gericht, versucht mit ihrer ganzen Dissertation nachzuweisen, daß bei Luther eine Verschiebung vom endzeitlichen Gericht zum jeweils vorläufigen,
begrenzten Gericht innerhalb der Geschichte festzustellen sei, und wertet diese Tendenz als positiv. Abgesehen davon, daß sich beide Aspekte bei Luther nicht gegeneinander ausspielen lassen, geht diese Deutung von
einer vorgefaßten Wertskala aus und findet dann auch
nur das bedeutungsvoll, was da am besten hineinpaßt.

der Bibeltheologe m.E. durchaus als kongenialer Interpret dieser (von ihm freilich noch nicht klar herausge-
stellten) Schriftgattung.

Auch wenn über deren genaue Charakteristika bis heute noch nicht Einhelligkeit erzielt worden ist[74], will
ich doch hier zum Schluß einen eigenen Versuch machen,
einige mir wichtig erscheinende Züge daran hervorzuheben und die aktuellen Deutungen Luthers damit zu konfron-
tieren.

Dabei scheint es mir wichtig, vorweg zu klären, daß
es grundsätzlich verschiedene Möglichkeiten gibt, sich
mit biblischen Schriften zu befassen, und man sollte als
Historiker nicht sofort eine davon abwerten[75]. Die uns
heute am nächsten liegende Weise ist der Versuch, in kri-
tischer Distanz durch Klärung aller Umstände und Motive
die Entstehung des Werkes zur damaligen Zeit verständlich
zu machen und die darin enthaltenen Aussagen ihrem ursprünglichen Zusammenhang zuzuordnen. Das ist wohl das Wesen
der historisch-kritischen Methode. Eine andere Richtung
versucht nicht nur, sich hier und heute von dem alten
Text ganz neu persönlich anreden zu lassen, sondern auch
in einer als entsprechend empfundenen Situation danach
zu handeln, ja eben selbst wieder so zu reden, zu schreiben und zu leben wie der Mensch, der damals auf die Probleme seiner Zeit reagiert hat, es wohl aufgrund seiner religiösen Haltung von neuem tun würde. Diese Art
des Umgangs ist intuitiv, schöpferisch, lebt von einer unmittelbaren 'Erleuchtung'[76] und kennt die Schwierigkeiten nicht, den Abstand der Jahrhunderte zu über-
brücken; sie bleibt ungerührt von allen bisherigen
scheinbaren Fehldeutungen. Und in diesem zweiten Sinne
war Luther Apokalyptiker, insofern als er selbst die

---

74. s.o. S. 3f.

75. Vgl. auch Selge, Widerrufsverweigerung, S. 205, Anm.
    75.

76. Vgl. Luthers Rede von der Offenbarung des Antichrists
    o. S. 629.

alten Texte in seiner eigenen Zeit mit demselben Ziel
wieder zur Geltung brachte, das sie ursprünglich bei
ihrer Entstehung wohl einmal gehabt haben.

Das will ich nun konkretisieren, indem ich nochmals
versuche nachzuvollziehen, was - um gleich das eindrucks-
vollste Beispiel zu wählen - 1529/30 in und um Wittenberg
geschehen ist. Es war ja durchaus nicht zufällig, daß der
Reformator gerade in diesen Tagen das Buch Daniel auf einmal ganz neu zu lesen lernte. Denn die politische Konstel-
lation war dafür äußerst günstig.

Dann nämlich, wenn durch eine überragende Weltmacht
nicht nur die physische Existenz des kleinen, schwachen
Gottesvolkes von der Fremdherrschaft, sondern vor allem
auch sein einzig wahrer Gottesdienst von der Unterdrückung
durch den satanischen Götzendienst bedroht ist, dann pflegen die Apokalyptiker aufzutreten und verheißen dem einge-
schüchterten Häuflein der Getreuen das baldige Ende der
Trübsal durch das gewaltige, weltbewegende Eingreifen Gottes, des Schöpfers und Herrn der Geschichte, zugunsten
seiner Auserwählten. Und in eben solchen Situationen finden auch die alten apokalyptischen Schriften wieder bevorzugte Beachtung, werden durch Neuinterpretation oder gar
Eingriffe in den überlieferten Textbestand für die eigene
Zeit fruchtbar gemacht und weit verbreitet. So erfüllt
der kongeniale Interpret der alten Apokalypse dieselbe
tröstliche Funktion für die Gemeinde wie der ursprüngliche
Verfasser[77]. Denn dieser hat ja selbst schon tradiertes
Material verarbeitet und, soweit es als vaticinium
ex eventu dienen soll, genau auf das Jahr seiner
Publikation hin zugeschnitten. Dafür ist die erste
größere Apokalypse, die nach Daniel benannte, das
beste Beispiel und davon macht auch die Johannes-
Apokalypse durchaus keine Ausnahme.

Ganz in diesem Sinne haben die Wittenberger Professoren Melanchthon, Jonas und Luther Ende 1529 der Daniel-Apokalypse neue Aktualität gegeben, indem sie aus

_____

77. Vgl. Kamlah, Apokalypse, S. 121f.

ihr die befreiende und tröstliche Botschaft herauslesen,
daß der Türke Deutschland niemals ganz erobern, sondern
vielmehr vom nahen Weltende überrascht werden würde und
mit ihm auch der andere Feind der wahren Christen, der
momentan mit dem Kaiser verbündete Papstantichrist, zugrunde gehen werde. Sie sorgten auch reichlich für die
Verbreitung ihrer Überzeugung durch die einschlägigen
Schriften. In diesem Zusammenhang hat dann auch die Apk
für Luther eine ganz neue Bedeutung gewonnen[78].

Wir wollen nun sehen, wie sich dieser Umgang Luthers
mit solchen Bibelabschnitten vereinbaren läßt mit dem,
was ihm sonst als Verdienst angerechnet wird, nämlich
seiner neuen Paulusexegese, die seiner Rechtfertigungslehre und seiner Theologie überhaupt zugrunde liegt.

Dazu greifen wir auf die Beobachtung zurück, die wir
in diesem Schlußabschnitt gemacht haben, nämlich daß Luther während des Ablaßstreites zwei reformatorische Entdeckungen gemacht hat, die sich in den beiden Teilen seines 'Widerrufes' niedergeschlagen haben[79], nämlich erstens
die Erkenntnis, daß das Heil allein am Verheißungswort
Christi hängt, das im Glauben anzunehmen ist, entfaltet
in 'De captivitate' am Sakramentsbegriff, in dessen Mittelpunkt die promissio steht[80], und zweitens die allmählich gewonnene Gewißheit, daß der Papst der Antichrist
sei und deshalb die Geschichte ihrem Ende zulaufe, breit
dargelegt in der Schrift gegen Catharinus[81]. Luther empfindet beide Entdeckungen als durchaus vergleichbare Ergebnisse seines durch die Gegner provozierten Schrift-
studiums und sieht sich daran in seinem Gewissen gebunden. Wir haben auch schon verschiedentlich festgestellt, daß sein bekanntes Prinzip für die Verbindlich-

---

78. Vgl. Tuveson, Millennium, S. 27.
79. Vgl. 6,497,7ff; 573,12ff = BoA 1,426,31ff; 511,36ff;
	WA 7,777,11ff.
80. z.B. 6,513,22ff; 527,33ff u.ö. = BoA 1,444,30ff; 461,3ff
	u. ö.
81. 7,722ff.

keit biblischer Schriften, nämlich, 'was Christum treibet', im Grunde genommen ergänzt werden muß durch das
komplementäre, was den Antichrist bekämpft[82].

Der innere Zusammenhang zwischen beiden Polen liegt
aber eben in dem gerade beschriebenen Umgang mit der Bibel. Luther ist ja nicht nur als kongenialer Interpret
apokalyptischer Schriftabschnitte anzusehen, er gilt,
wie gesagt, vielmehr ziemlich unangefochten als kongenialer
Paulusinterpret, und auf diesem Gebiet beobachten wir doch
ebenso eine intuitive, nachschöpferische, aus unmittelbarer Erleuchtung entspringende Affinität zu Paulus, und
zwar wiederum durch die entsprechende, nur nicht kirchen-
politische, sondern ganz persönliche Situation hervorgerufen, nämlich durch die nach langem Ringen gewonnene Erkenntnis, daß nicht die Gesetzlichkeit, sondern nur der
Glaube an das Evangelium zum Ziel führen kann[83].

Bei einem solchen Verhältnis zur Heiligen Schrift ergibt sich notwendig, daß man einem Text gegenüber vorläufig sein totales Unverständnis zugeben muß, eben so lange,
bis die Zeit gekommen ist, wo man sich von ihm unmittelbar angesprochen fühlt. So ist es Luther mit der Apk ergangen.

Man kann ja aus den Erfahrungen, die man mit bestimmten Bibelabschnitten gemacht hat, verschiedene Folgerungen ziehen. Zunächst einmal liegt es nahe, wenn man von
einem Wort Gottes so betroffen und von der darin ausge-
drückten Wahrheit absolut überzeugt ist, daß man verallgemeinert, extrapoliert und annimmt, daß dann auch noch
andere Bibelworte dasselbe ausdrücken oder eine willkommene Ergänzung bieten. So entdeckte Luther ab 1519 nach
2 Thess 2 und Dan 8 im Kampf gegen das antichristliche
Papsttum etwa auch eine Reihe von Apk-Abschnitten für
sich, die er vorher unbeachtet gelassen hatte, z.B.

---

82. s.o. S. 168f und 330ff.
83. Vgl. den Aufsatz 'Luthers Bedeutung für den Fortschritt
der Auslegungskunst', in: Holl I, S. 544ff.

Apk 9 und 16; andere lernte er ganz neu verstehen,
wie z.B. Apk 2,9 und Kap. 17[84].

Man kann aber auch noch weiter gehen und den - uns
Heutigen inzwischen zumeist als unzulässig erscheinenden - Schluß ziehen, daß <u>alle anderen</u> Worte Gottes, die
man traditionellerweise mit dem Inhalt der Bibel gleichzusetzen gewohnt ist, genauso gültig und wahr sein müssen, wie das zuerst verstandene. Diese Überzeugung kann
sich dann verselbständigen und zu einem Biblizismus führen, der in gesetzlicher Weise jedem einzelnen Bibelvers
die gleiche göttliche Autorität zuschreibt. Bei Luther
gibt es einige Äußerungen, die in diese Richtung tendie-
ren[85]. Auch die besonders hohe Wertschätzung von Dan,
bes. 9,20ff und 11,2ff, als Quelle für geschichtliche
Daten ist nur so zu verstehen[86]. In bezug auf die Apk
sind jedoch keine expliziten Aussagen solcher Art bei
ihm zu finden.

Vielmehr ist Luther von seinen Gegnern darauf gestoßen
worden, daß man aus vielen Bibelstellen auch das genaue
Gegenteil von dem herauslesen kann, ja sogar muß, was in
den Kardinalstellen für seine Rechtfertigungslehre zu lesen stand. Das bekannteste Beispiel ist ja der Gegensatz
von Röm 3,28 und Jak 2,24. Dadurch ist er hellhörig geworden für die Differenzen innerhalb der Bibel und hat
begonnen, Prioritäten zu setzen, nach dem Prinzip, 'was
Christum treibet'. In diesem Zusammenhang hatte ihm die
Apk z.B. nichts zu sagen, und deshalb lehnte er sie 1522
für sich persönlich in der ersten Vorrede dazu ab, weil
es ihm damals eben gerade nur darum ging, seine erste

---

84. s.o. S. 199ff.

85. Beispiele bei Schempp, Heilige Schrift, S. 7ff, wo allerdings diese meiner Ansicht nach unzulässige Verallgemeinerung des Begriffes 'Wort Gottes' zu rechtfertigen versucht wird.

86. Luther will grundsätzlich, wenn sich biblische und außer-
biblische Geschichtsdarstellungen widersprechen, die
biblischen vorziehen; vgl. 53,24 und 26: Supputatio, 2.
Aufl. 1545.

reformatorische Erkenntnis unter den Bibellesern zu verbreiten.

1529/30 dagegen ging ihm, ausgelöst durch die Türkengefahr, der Sinn noch einiger neuer Bibelabschnitte, z.B.
Dan 7, auf und weil er in der Apk einen dazu passenden Abschnitt fand, richtete er sein Augenmerk auch
einmal genauer auf das letzte Buch der Bibel, und
siehe da, dieses paßte ja eigentlich doch ganz genau
ins Schema von 2 Thess 2 und Dan 7 - dem zweiten Pol
von Luthers Schriftverständnis -, und es ließ sich
daran ausgezeichnet der wichtige Glaubensartikel von
der Kontinuität und Verborgenheit der Kirche demonstrieren, so daß die Bibelleser daraus großen Trost schöpfen
konnten.

So hat Luther also aus derselben Grundhaltung gegenüber der in der Bibel enthaltenen Botschaft heraus die
Apk einmal verworfen und ein andermal angenommen, und
bei dieser schwankenden Haltung ist es die meiste Zeit
geblieben. Gerecht geworden ist er diesem Buch aber doch
wohl am ehesten 1529/30, weil er damals von der Apk eben
den Gebrauch gemacht hat, für den sie ursprünglich wohl
bestimmt war: das Gottesvolk in der (vermeintlich) letzten Bedrängnis zu trösten durch den Ausblick auf die
siegreiche und rettende Ankunft Jesu Christi.

b) Luther und Müntzer (Schriftauslegung und Gewaltpro-
   blem)

Abschließend wollen wir nun noch eine letzte Frage
zu beantworten versuchen, die früher schon angeklungen
ist[1], nämlich die, wer der 'bessere Apokalyptiker' war,
Luther oder Müntzer, d.h. wer von beiden einen angemes-
seneren Umgang mit und Gebrauch von der biblischen Apokalyptik zeigt.

Als Ausgangspunkt wählen wir den zentralen Streitpunkt, nämlich Müntzers Forderung, die Gottlosen sollten
jetzt am Ende der Tage von den Frommen erschlagen werden,

---

1. s.o. S. 248.

gegen die Luther seinen Grundsatz ins Feld führt, daß die
Christen in Glaubenssachen nur mit dem Wort allein kämpfen dürften und im übrigen die baldige Wiederkunft Christi erwarten sollten. Die biblische Begründung liefert
letzterem, wie wir gesehen haben, hauptsächlich 2 Thess
2,8. Die Aussage dieser Stelle sieht er bestätigt in Dan
8,25 und Jes 11,4. Müntzer kennt das Argument und geht
in seiner sog. Fürstenpredigt über Dan 2 auch darauf ein.
Für ihn schließt das göttliche Wirken die menschliche Mitwirkung keineswegs aus, sondern vielmehr ein. Als Beispiel
nennt er die Landnahme der Israeliten. Gott hat zwar die
Feinde eingeschüchtert und so den Sieg ermöglicht. Er hat
sich jedoch durchaus der Schwerter seines Volkes als Mittel bedient. Josua hat die Kanaanäer keineswegs geschont[2].
Der Stein, der vor langer Zeit ohne Hand vom Berg geris-
sen wurde (Dan 2,34f.44f), war damals Christus allein,
aber er ist jetzt groß geworden und füllt als das wahre
Gottesvolk die ganze Erde, bereit, die Gottlosen zu zer-
malmen[3]. In diesen Zusammenhang gehört auch die Selbstbe-
zeichnung: "Thomas Muntzer mit dem schwerthe Gydeonis"[4].
Auch Gideon verdankte ja seinen Sieg dem Gott, der eigens
befohlen hatte, die Mitstreiter auf eine ganz kleine Zahl
zu reduzieren, um klarzustellen, wem die Ehre gehörte;
aber die Vernichtung des verwirrten feindlichen Heeres
besorgte er mit seinem Schwert erbarmungslos selbst.

Wie Melchior Hoffmann mit Müntzers Interpretation von
Ez 39,17ff und Apk 19,17 abgerechnet hat, haben wir oben[5]
gesehen. Beide erkennen in den 'Vögeln', die das Fleisch
der Besiegten fressen, Menschen, nur der eine gottlose
und der andere christliche. Daß Gott also im Endgeschehen
durch Menschen handelt, ist beiden selbstverständlich. Aber
auch Luther denkt nicht anders, wenn er etwa die Engel,

---

2. Müntzer, Schriften, S. 261,6ff.
3. aaO, S. 244,24ff; 256,20ff; 258,1f. Die Anm. 313 auf S.
   256 ist doch wohl falsch.
4. aaO, S. 464,17 u.ö.
5. S. 312.

die in der Apk vorkommen, als Bischöfe, seien es gute
oder böse, deutet[6]. Er kommt freilich mit denselben Inter-
pretamenten zu genau entgegengesetzten Ergebnissen wie
der Allstedter. Engel spielen z.B. eine Rolle in den Ernte-
gleichnissen, die das eschatologische Gericht symbolisieren. Während nun dieser 1524 Mt 13,24ff so versteht, daß
es jetzt Zeit sei, das Unkraut vom Weizen zu sondern, und
in den Engeln, die die Sicheln dazu schärfen, "die ernsten
knechte Gottis" sieht, die die Gottlosen vernichten
sollen[7], glaubt der Wittenberger 1530 in der Vision
Apk 14,14ff den Gekrönten als die weltliche Obrigkeit
und das Keltertreten als das Blutbad, das diese unter
den (von Müntzer geführten) Bauernhaufen angerichtet
hat, deuten zu können[8].

Noch eine andere eigenartige Parallele ist zu erkennen. Müntzer hat 1524 als Begründung für die Forderung nach Absetzung ungehorsamer Obrigkeiten auch Dan
7,27 herangezogen und daraus entnommen, daß das Reich
dem einfachen Volk gegeben werden solle. Es ist uns
schon aufgefallen, daß Luther einige Jahre später im
Gegensatz dazu aus den unmittelbar vorhergehenden Versen 24-26 herausliest, daß der Türke vom jüngsten Tag
überrascht werden wird, so daß für ihn V. 27 eigentlich
nur noch ein jenseitiges Geschehen meinen kann[9]. Dabei
betonen beide, daß für sie Dan helle und klare Heilige
Schrift ist[10]. Vielleicht ist gerade der Mangel an eindeutigen Kriterien für deren Auslegung der Grund dafür,
daß sich beide selbst als Propheten betrachten[11], im Be-

6. s.o. S. 415f.
7. Müntzer, Schriften, S. 261,20ff.
8. DB 4,503,34ff: Randbemerkungen im Handexemplar des NT.
9. s.o. S. 372.
10. Vgl. z.B. Müntzer, Schriften, S. 255,26ff, mit DB 11 II, 4,7ff; 6,0.
11. Im Falle Luthers gilt in den 20er Jahren die Gleichung: Schriftausleger = Prophet; vgl. o. S. 269; dazu auch Mül-haupt, Luther oder Müntzer, S. 56.

wußtsein des eigenen Geistbesitzes dem anderen jeweils
den Geist absprechen[12] und sich gegenseitig verteufeln[13].

Das Problem, wer der 'bessere Apokalyptiker' war, ist
nun aber auch nicht so einfach zu lösen, wie Franz Lau
es sich vorstellt. Er legt den Maßstab von Jer 28 an,
daß jeder Prophet daran gemessen werden muß, ob seine
Weissagung eintrifft oder nicht, und meint, über Müntzer
habe der Gang der Geschichte sein Nein gesprochen, über
Luther aber ein Ja[14]. Dabei übersieht er vollkommen, daß
Luthers 1530 mit großer Emphase vorgetragene Prophezeiung
vom gemeinsamen Untergang des Papstes als des Antichrists
nach 2 Thess 2 und des Türken als des kleinen Hornes von
Dan 7 genauso widerlegt worden ist wie Müntzers Überzeugung von der Notwendigkeit, die gottgewollte eschatologische Scheidung von Frommen und Gottlosen hier und heute
im Jahre 1525 mit Waffengewalt durchzuführen. Luther
war vielleicht klüger, weil er durch manche warnende
Stimme in ebenderselben Heiligen Schrift darauf gestoßen wurde, daß man die Endereignisse nicht zu präzise vorhersagen soll und sich nicht mit Haut und
Haar, auf Biegen und Brechen in ein Abenteuer stürzen
darf, da das ja eine Versuchung Gottes wäre. Dadurch
ist er nicht in das Scheitern seiner Unternehmungen
hineingerissen und nicht so drastisch öffentlich ins
Unrecht gesetzt worden wie Müntzer. Aber er selbst hat
z.B. die eindeutige Fehlkalkulation seines mathematisch
begabten Freundes Michael Stifel viel milder beurteilt
als die Propaganda des Allstedters, obwohl der Lochauer
mit seiner auf die Stunde genauen Datierung des jüngsten
Tages und dem im Vertrauen darauf geschehenen Verkauf
aller Habe sich und andere ebenfalls ins Unglück ge-
stürzt hat.

---

12. s.o. S. 270.
13. Vgl. Hinrichs, Müntzer, S. 152ff und 166ff.
14. Lau, Apokalyptik, S. 169f; ähnlich schon Gerhard, Loci
    26, Tractatus 3, Kap. 7, § 84 (Tomus 9, S. 81f).

Der Unterschied muß also doch wo anders zu suchen
sein, und ich glaube, er liegt u.a. gerade auch im Zentrum reformatorischer Theologie und Schriftauslegung,
nämlich der Unterscheidung von Gesetz und Evangelium[15],
die aus Luthers neuer Entdeckung des Verheißungswortes
in der Bibel hervorgegangen ist und ihrerseits wiederum
die sozialethisch relevante Zwei-Reiche-Lehre aus sich
herausgesetzt hat. Sie bestimmt z.B. den Umgang mit dem
AT und den daraus in das NT übergegangenen Vorstellungen,
sie hängt aber auch mit der nur scheinbar gegensätzlichen
unlösbaren Verbindung von Gerecht- und Sündersein zusammen.

Luther sieht in seinem endgültigen reformatorischen
Stadium, in dem sein zunächst aussichtslos erscheinendes
Ringen um das Heil zu einem gewissen Abschluß gekommen
ist, den Christen in eine lebenslänglich unauflösbare
Dialektik von Gebot und Verheißung, Zorn und Gnade Gottes eingespannt. Dadurch wird es ihm schon einmal unmöglich gemacht, andere Menschen eindeutig zu beurteilen,
sie endgültig einzuordnen in soziologisch faßbare Gruppen, z.B. in wahre und falsche Christen, in Fromme und
Gottlose, weil das entscheidende Kriterium extra nos
in Gott verborgen bleibt und nur im an alle gleicherwei-
se gerichteten äußeren Wort faßbar wird. Im Gegensatz
dazu hat Müntzer zwar anscheinend mit Luthers frührefor-
matorischer Theologie gemeinsam, daß er Gesetz und Evangelium in eins sieht und deshalb vom Menschen fordert,
er müsse durch Annahme des Kreuzes und Unterwerfung unter Gottes Urteilsspruch zur Gerechtigkeit hindurchdrin-
gen. Aber er hat das damit verbundene Dilemma, daß die
dafür notwendige Demut vielleicht doch nicht echt und
deshalb versteckte Selbstgerechtigkeit und Hochmut sein
könnte, wohl gar nicht erfaßt und wenn überhaupt, dann
jedenfalls anders aufzulösen versucht, und zwar dadurch,
daß er in einer Art Erfahrungstheologie an sich selbst
aufzuzeigen bemüht war, welche Stufen der Trübsal und

---

15. Vgl. Mülhaupt, Luther oder Müntzer, S. 69f.

des Glaubens er bereits durchschritten hat, hinter die
er nicht mehr zurückfallen darf. Im Mittelpunkt seiner
Theologie steht ja auch die Frage nach der Erfüllung
des Willens Gottes durch die Menschen und nicht die nach
der gnädigen Haltung Gottes gegenüber den Menschen. Damit werden für ihn die Christen grundsätzlich zu einer
aufweisbaren Gruppe der Gottesfürchtigen, die sich hier
und heute schon äußerlich sichtbar formieren und organi-
sieren muß im Kampf gegen die Gottlosen, welche sich solcher Bemühung in den Weg stellen: Die Erntezeit ist für
ihn also schon gekommen[16].

Des weiteren ergibt sich notwendig eine Differenz in
der Auslegung der Bibel. Luther vermag aufgrund seiner
Unterscheidung von Gesetz und Evangelium AT und NT besser auseinanderzuhalten und auch innerhalb der einzelnen
Teile der Bibel schärfer zu differenzieren zwischen dem
immer und überall Gültigen einerseits und dem national
und zeitlich Beschränkten andererseits[17]. Das hat auch
Konsequenzen für die Beurteilung von Prophetie und Apokalyptik. Luther hat z.B. gelernt, zwischen den Weissagungen, die sich auf das Heil in Christus beziehen und
solchen, die politische Vorgänge betreffen, deutlich zu

---

16. Vgl. Nipperdey, Theologie, S. 164ff bzw. 261ff. Er er-
    kennt freilich nicht, daß sich Luthers Rechtfertigungs-
    lehre wie die Müntzers ebenfalls erst entwickelt hat
    und daß deshalb Müntzer Luthers eigene frühe Theologie
    gegen die spätere auszuspielen vermag. Den Bruch zwi-
    schen Luther und Müntzer erkennt dagegen Gerdes, Weg,
    S. 155ff, zeitlich und ursächlich richtig. Den Stich-
    worten "Wille Gottes" und "Furcht Gottes" hat Dismer,
    Geschichte, S. 155ff und 175ff, besonderes Augenmerk
    gewidmet. - Macek, Reformation, S. 22 [166], findet
    bereits innerhalb der Brüdergemeinde die beiden gegen-
    sätzlichen Tendenzen vorgebildet, entweder durch radi-
    kale Nachfolge Christi sein Christsein zu demonstrie-
    ren oder aber im Sinne der paulinischen Rechtfertigungs-
    lehre eine relative Freiheit vom Gesetz und eine ver-
    tretbare Koexistenz mit der Umwelt zu praktizieren.
17. Bekannt ist ja seine Rede vom Gesetz des Mose als "der
    Juden sachsen spiegel", 16,378,11 bzw. 23: Unterrich-
    tung, 1525 (Druck 1526); vgl. Bornkamm, Luther, S.
    103ff; Maurer, Schwärmer, S. 26ff bzw. 122ff.

unterscheiden und die einzelnen Aussagen der Propheten-
bücher ganz verschieden zu gewichten[18].

In der späteren jüdischen Apokalyptik scheinen nun
aber zwei ursprünglich wohl voneinander unabhängige, ja
möglicherweise sogar gegensätzliche Erwartungen allmählich miteinander verbunden worden zu sein[19], nämlich 1.
die mit der Menschensohnvorstellung verknüpfte universa-
listische Hoffnung auf ein direktes, endgültiges Eingreifen Gottes in die Weltgeschichte[20], wobei der Freiheits-
kampf des kleinen Volkes Israel nur eine ganz untergeord-
nete Rolle spielt[21], und 2. die auf die Messiasverheißung
gestützte nationale Erwartung eines großen Königs von Juda, der die Weltmächte mit militärischen Mitteln besiegen
und von Jerusalem aus in langer Friedenszeit und ungewöhn-
lichem Wohlstand herrschen wird[22]. So entstand die Idee
eines messianischen Zwischenreiches vor dem eigentlichen
Ende der Geschichte[23].

Jesus mußte sich offenbar mit beiden Vorstellungen
auseinandersetzen; sie wurden ihm beide nahegelegt und,
jedenfalls von der Urgemeinde, auf ihn übertragen. Er
und seine Schüler haben sie nun aber in charakteristischer
Weise umgeprägt und weitergebildet oder auch bestimmte Aspekte daran deutlich abgelehnt. So mußte Jesus etwa alle
die enttäuschen, die von ihm erwarteten, er werde als po-

---

18. z.B. meint er, im Hinblick auf Christus hätten die Pro-
    pheten nie geirrt, aber in der Ankündigung von weltli-
    chen Vorgängen sich manchmal vertan, 17 II,39,27ff:
    Fasten-Post. über Röm 12,6ff; 1525; vgl. Bornkamm, aaO,
    S. 28f.

19. Zum folgenden vgl. Müller, Messias und Menschensohn, S.
    19ff, 61ff.

20. z.B. Dan 2,44; 7,13f.26f; 8,25; 11,45; danach in außer-
    kanonischen Apokalypsen, wie z.B. im Äthiopischen He-
    noch, weitergebildet.

21. Vgl. Dan 11,34.

22. Den Ausgangspunkt bildet die Nathan-Weissagung, 2 Sam
    7,12-16. Eine Zwischenstufe stellt Jer 33,14ff dar;
    aber die spezifische Messiaserwartung stammt erst aus
    der Zeit zwischen den Testamenten.

23. z.B. 4 Esr 7,28ff.

litischer Messias die Juden vom Joch der Römer befreien;
denn er distanzierte sich bewußt von allen auf Gewalt
aufgebauten Herrschaftsformen dieser Welt[24]. Die Urgemeinde hat sich dementsprechend verhalten. In der synoptischen
Apokalypse, Mk 13 par, die sich auf Dan zurückbezieht, werden die Christen aufgefordert, sich in der Endzeit
auf Leiden einzustellen und sich nicht in kriegerische
Handlungen verwickeln zu lassen, die von angeblichen
Messiassen provoziert werden. Die Jerusalemer Gemeinde
hielt sich im Jüdischen Krieg (66-74 n.Chr.) tatsächlich
an diese oder ähnliche Anweisungen, floh ins Ostjordan-
land und wurde dadurch nicht in die Katastrophe der antirömischen Aufstandsbewegungen hineingezogen[25].

In derselben Tradition steht auch die kleine Apokalypse von 2 Thess 2. Der Seher Johannes selbst kennt ebenfalls nur das geduldige Leiden der Christen[26]. Er hat
aber anscheinend jüdisches Traditionsgut, wenn nicht sogar schriftliche nichtchristliche Quellen übernommen, z.
B. die Vorstellung von der Vernichtung irdischer Mächte
durch den kommenden Messias, an die sich das 1000-jährige
messianische Zwischenreich anschließt[27]. Er hat damit
auch immer wieder Anstoß erregt. Seit der Ausscheidung
des Montanismus aus der Großkirche und der Umdeutung der
chiliastischen Vorstellungen durch Ticonius und Augustin[28]
hat sich schließlich die gewaltfreie Richtung, die von den
Menschen im Entscheidenden nichts, aber vom wiederkommenden Herrn alles erwartet, in der Christenheit durchgesetzt und ist für Jahrhunderte allein herrschend gewesen[29].

---

24. Vgl. z.B. Mt 20,25-28 par; 22,15-22 par; 26,52f par;
    Joh 18,36; dazu Strobel, Kerygma, S. 37ff; Hengel, Ge-
    walt, S. 15ff, 27ff und 38ff.
25. Vgl. Euseb, Kirchengeschichte III,5,3 (MPG 20, Sp. 221;
    GCS 9 I, S. 196,13ff).
26. z.B. Apk 13,10.
27. Apk 19,11ff; 20,4ff; vgl. Müller, Messias und Menschen-
    sohn, S. 157ff, 199ff.
28. s.o. S. 491f.
29. Sie schließt natürlich im Bereich des Vorläufigen Welt-
    veränderung nicht aus, sondern ein.

Luther hat diese Tradition bewußt weitergeführt und mit
Argumenten seiner dialektischen Theologie bereichert, etwa im Kampf gegen einen verdiesseitigenden Chiliasmus[30].

Die Vorstellung dagegen, daß sich das Gottesvolk an
der Herbeiführung des Idealzustandes aktiv und mit Waffengewalt beteiligen müsse, wie sie sich uns beim späten
Müntzer, verbunden mit Verhaltensmustern aus der Land-
nahmetradition und dem frühen Prophetentum, darstellt,
scheint seit der Alten Kirche, abgesehen von einzelnen
Vorstufen, erst bei den Taboriten des 15. Jahrhunderts
wieder hervorzutreten, und zwar anscheinend doch wohl im
Grunde als Verzweiflungsakt derer, die in ihrer glühen-
den Erwartung des Endes die erforderliche selbstkritische
Einstellung und Geduld verloren, die Flucht nach vorn an-
getreten und versucht haben, den sichtbaren Idealzustand
der Gottesherrschaft selbst aktiv herbeizuführen[31].

Hier ist offensichtlich ein Rückschritt über die Schwel-
le, die das NT vom AT, das Christentum vom Judentum, den
Universalismus vom Partikularismus, die Zwei-Reiche-Vor-
stellung von der Theokratie trennt, geschehen, gegen den
sich der Wittenberger Reformator meiner Meinung nach durchaus mit Recht unter Aufbietung aller theologischen und exegetischen Argumente gestemmt hat[32].

Unter diesen Voraussetzungen läßt sich dann auch abschließend die Frage, wer der 'bessere Apokalyptiker' war,
dahingehend beantworten, daß Luther, wenn christliche Apokalyptik überhaupt Sinn und Berechtigung haben soll, deren
Anliegen angemessener zur Geltung gebracht hat als sein
ehemaliger Mitstreiter Müntzer.

---

30. z.B. 30 II,213,7ff: Vorrede zu Menius, Der Wieder-
    täufer Lehre, 1530; 50,312ff: Wider die Sabbather,
    1538; 21,220,28ff: Crucigers Sommer-Post. über
    Apg 10,34ff; 353,30ff: über Joh 16,5ff (Druck 1544).

31. Vgl. Werner, Bewegungen II, S. 600ff; Kalivoda, Re-
    volution, S. 148ff. - Hier liegt auch die Berechtigung
    der Kritik an Müntzers (allerdings einseitig überzeich-
    netem) Aktivismus bei Mülhaupt, Müntzer oder Luther,
    S. 57ff; vgl. auch Dismer, Geschichte, S. II und 112.

32. Vgl. Gerdes, Weg, S. 163f; Maurer, Schwärmer, S. 29f
    bzw. 125f.

Exkurs I.

Luther und die Henoch-Elia-Tradition

Dem Reformator war dieser Vorstellungskomplex ganz
sicher vertraut. Die literarischen Zeugnisse dafür sind
sehr zahlreich[1]. Eines davon, das er vor dem 3. Februar
1521 kennengelernt hat[2], verdient besonders erwähnt zu
werden. Es handelt sich um die Schrift des jungen böhmischen (!) Humanisten Ulrichus Velenus[3] 'In hoc libello...
probatur, apostolum Petrum Rhomam non venisse...'. Dieser antipäpstliche Traktat beginnt mit einer Deutung der
Zeichen der Zeit: So wie der Antichrist schon längst gekommen ist, nämlich in Gestalt des Papsttums, so sind
auch Henoch und Elia schon gekommen, man darf nur nicht
dem traditionellen Irrtum verfallen, es handle sich dabei
um ganz bestimmte Individuen, sonst müßte ja auch der
Tempel (vgl. Apk 11,1f) mit seinem alten Kult wieder auf-
gerichtet werden, wogegen sich schon Hieronymus gewendet
hat[4]. Sondern, um wiederum mit Hieronymus zu sprechen[5],
"quia totus ille liber Apocalypseos Ioannis, unde haec
de Antichristo, Helia et Enoch opinio, spiritualiter in-
telligendus est, cum tot verba tot mysteria habeat, He-
liam, Enoch et Antichristum iamdiu venisse et tot annis
tyrannidem suam in ecclesia exercuisse et etiam nunc exer-
cere certum est."[6] Daraus folgt: "Si adventus Heliae se-

---

1. eine Liste der altkirchlichen und mittelalterlichen
   Ausleger, die dieser Deutung von Apk 11,3ff folgen,
   bei Haugg, Zeugen, S. 95ff.- Die "auß der hölen Eliae"
   geschriebene 'Hochverursachte Schutzrede' Müntzers von
   1524 trägt "Apocal. undecimo" mit auf dem Titelblatt:
   Müntzer, Schriften, S. 321.
2. Vgl. Br 2,261, Anm. 9 = Enders 3,82, Anm. 7.
3. Über ihn vgl. Lamping, Velenus, S. 27-73.
4. Hieronymus, Epistola 46,6: an Marcella; MPL 22,486f
   = CSEL 54,334,25ff.
5. Hieronymus, Epistola 53, s.o. S. 162f.
6. Velenus, Petrus, Bl. A2a, zitiert nach dem photomecha-
   nischen Nachdruck bei Lamping, Velenus, S. 220.

cundarium quoque Christi adventum praecedere debet, non
carnaliter profecto id, sed in spiritu intelligendum est."[7]
Es sind also alle Prediger gemeint, die die Gläubigen zum
Widerstand gegen den Papstantichrist ermahnen und darüber
ihr Leben wagen. Es gibt jedoch hervorragende Gestalten,
auf die eine solche Prädikation wie Henoch und Elia ganz
besonders zutreffen würde. Velenus nennt folgende Namen:
Savonarola, Wyclif, Huß zusammen mit Hieronymus von Prag
und aus neuester Zeit Reuchlin und Pico della Mirandola.
Diese alle hat der Papstantichrist verfolgt, "sed necdum
contra doctorem Martinum Lutherium, pietatis christianae
ardentissimum investigatorem ac defensorem, et Ulrichum
Huttenum, strenuissimum Germaniae equitem auratum, ira
sua deferbuit[8].

Man könnte die Liste der Personen, die ein solches
Prädikat schon erhalten haben, über Huß und Hieronymus
von Prag[9] noch weiter zurückverfolgen; denn fast in allen romfeindlichen Gruppen war es üblich gewesen, die
Führergestalten als Elia oder Henoch anzusehen, die gegen den Antichrist predigen[10]. So war Matthias von Janow
davon überzeugt, daß Militsch von Kremsier und Konrad
Waldhauser die beiden waren, die im Geist des Elia das
tödliche Schweigen der evangelischen Predigt unterbrachen
und den Antichrist offenbarten[11]. Für die Kryptoflagellan-
ten in Thüringen waren Konrad Schmidt, den Luther zumindest dem Namen nach kannte[12], und ein anderer Genosse Ver-

---

7. aaO, Bl. A2b bzw. S. 221.
8. aaO, Bl. A3a bzw. S. 222.
9. Vgl. Chytil, Antikrist, S. 178: anonymer tschechischer
   Apk-Kommentar, um 1420, vielleicht von Christian von
   Prachatitsch, und Molnár, Hoffnung, S. 75: Jakubek von
   Mies.
10. Vgl. Gußmann, Quellen II, S. 294f.
11. Matthias von Janow, Regulae 3,351,15ff, bes. 356,26ff;
    vgl. Molnár, aaO, S. 68.
12. s. 10 I 1,7,1. Widmung der Weihnachtspostille, 19.11.
    1521.

körperung von Henoch und Elia[13]. Für die Franziskanerspi-
ritualen Petrus Johannes Olivi und Ubertino de Casale waren <u>Franziskus</u> und <u>Dominikus</u> bzw. ihre Orden die zwei Zeugen von Apk 11[14], während die Anhänger <u>Olivis</u> diesen selbst
als Henoch ansahen[15]. Wiederum sind die Waldenser darin
vorangegangen, daß sie <u>Valdès</u> als wiedergekommenen Elia
verehrten[16].

   Es läge also ganz im Sinne der von Luther aufgenommenen
Tradition, wenn er entweder Huß und Hieronymus von Prag
als die beiden Zeugen betrachtet oder aber es begrüßt hätte, daß seine Anhänger ihn selbst als Elia bezeichneten.
Luther hat ja schon 1521 von Huß und Hieronymus gesagt,
daß sie als erste das Evangelium gegen den Papst wieder
aufgebracht hätten und unschuldig als heilige Märtyrer
verbrannt worden seien[17], wobei er das Detail aus der Legende vom Antichrist erwähnt, daß dieser einen feurigen
Ofen mit sich herumführen soll[18].
An Velenus zeigt sich, daß schon sehr früh Luther als
Eliasgestalt gesehen wurde. Auch Zwingli und Melanchthon
hingen zeitweilig dieser Vorstellung an, wobei allerdings
nicht sicher ist, ob bei ihnen die spezifisch apokalyptischen Zusammenhänge mitgedacht sind oder nicht. Sicher
ist das bei Wolfgang Richard seit 1523 und vielen anderen
der Fall, deren Zeugnisse von Gußmann in einem ausführlichen Exkurs zusammengetragen worden sind[19]. Mag sich Lu-

---

13. s. z.B. Haupt, Geißler, S. 118, Anm. 3 zu S. 117;
    Stumpf, Historia Flagellantium, S. 6f.
14. Döllinger, Beiträge II, S. 559 und 564ff; vgl. Leff,
    Heresy I, S. 81, 131 und 153.
15. Leff, aaO, S. 214.
16. Moneta, Adversus Catharos, S. 412.
17. 7,431,20ff; 439,15ff: Grund und Ursach; auch Savonarola
    wird in diesem Zusammenhang erwähnt.
18. Vgl. Preuß, Antichrist, S. 21.
19. Gußmann, Quellen II, S. 241ff; vgl. Volz, Lutherpredig-
    ten, S. 63ff, und Preuß, Luther der Prophet, S. 49ff.
    Schriften aus späterer Zeit, in denen Luther mit Apk
    11,3ff in Verbindung gebracht wird, bei Fabricius,
    Centifolium Lutheranum, S. 335f.

ther auch kurze Zeit im Zweifel darüber gewesen sein, ob
er diesen apokalyptischen Komplex, der ganz gut in den
Rahmen antipäpstlicher Polemik paßte, übernehmen sollte,
so hat er ihn doch sehr schnell strikt verworfen.

Im Sommer 1521, also in einer Zeit, als Melanchthon
ihn fast in jedem Brief nur noch als 'noster Elias' bezeichnete, saß er an der Predigt über Hebr 1,1-12 für die
Weihnachtspostille. Da war er sich noch nicht ganz schlüs-
sig, ob er die gängige Erwartung von Elia und Henoch im
wörtlichen Sinne übernehmen solle. Aber er neigte dazu,
diese auch von Augustin geteilte Ansicht[20] abzulehnen,
weil in Mk 9,9ff und Lk 1,17 die Weissagung von Mal 4,5
eindeutig als durch Johannes den Täufer erfüllt betrachtet
wird. Sonst wußte er von keinem anderen Schriftzeugnis.
Apk 11,3ff, das Augustin auch einmal dafür anführt, konnte
er ja aus denselben beiden Gründen außer Betracht lassen,
die Augustin schon seinem pelagianischen Gegner einräumen
mußte: Erstens verschweigt die Apk die Namen der beiden
Zeugen, und zweitens ist das ganze Buch als Beweisquelle
unbrauchbar[21]. Immerhin hielt Luther damals auch eine
andere Deutung der Weissagung für möglich: "Es were denn,
das seyn [sc. Elias] geyst, das ist, das gottis wort,
widderumb wird erfurbracht, wie sichs itzt anlesset; denn
das der Bapst der Endchrist sey mit dem Turcken, ist myr
keyn tzweyfel mehr, glewb was du willt."[22]

> Übrigens hat auch schon Giovanni Nanni, dessen
> 'Glossa super Apocalypsim' Luther damals allerdings
> wohl noch nicht gekannt hat, die Vorstellung von ei-
> nem individuellen Auftreten von Henoch und Elia im
> wörtlichen Sinne entschieden abgelehnt, und zwar aus
> dem Grund, weil er den Antichrist kollektiv auf die
> Türken hat deuten wollen[23]. Noch früher (1395) ähnlich
> eine Gruppe von Waldensern, aber in kollektiv antirömi-
> schem Sinne[24].

---

20. Augustin, De civitate Dei XX,29; MPL 43,703f = CChr
    4 ,752f.
21. Augustin, Sermo 299; MPL 3 , 1376.
22. 10 I 1,147,14-148,18.
23. Nanni, Glossa, Bl. C3aff.
24. Vgl. Molnár, Hoffnung, S. 160, Anm. 50.

1520/21 nahm sogar Luther selbst den Eliasnamen manchmal für sich in Anspruch, jedoch nicht in der besonderen
apokalyptischen Bedeutung[25].

Anfang 1522 kommt Luther bei der Behandlung von Joh
1,19-28 für die Adventspostille noch einmal auf das Thema Elia und Henoch zu sprechen. Jetzt ist er in seiner
Ablehnung schon wesentlich bestimmter geworden. Von der
Erwartung Henochs und Johannes des Evangelisten will er
gar nichts wissen. Er ist jetzt auch sicher, daß das Evangelium die letzte Predigt vor dem jüngsten Tag ist und
daß Mal 4,5 sich nur auf Johannes den Täufer beziehen
kann[26]. Eine mehrfache typologische Auslegung zieht er
gar nicht mehr in Betracht, wie es 1521 noch andeutungsweise geschehen war.

1528 erhalten dieselben Ausführungen in Roths Winter-
postille noch einen ausgesprochen antischwärmerischen Akzent hinzu. Jetzt heißt es: "Solch sage ich alles darumb,
das yhr nicht mit narrenwerck und gaugkelspiel umbgehet
und euch die lügen predigten nicht bewegen nach verfüren
lasset, Wir Christen sollen wissen, was wir halten und
gleuben sollen und unsere Sache nicht auff ungewisse
schrifft und sagmerlin bawen, Das Henoch und Johannes
der Euangelist sollen widderkomen, solt yhr fur eine gut-
te starcke lügen halten. Denn wenn Gott ym synne hette
gehabt, so ein gros werck zu thuen..., er hette es lengst
zuvor und sonderlich ynn der heiligen schrifft verkündi-
get..."[27] "Es wird kein mensch vor dem Jüngsten tage

---

25. Br 2,167,7f = Enders 2,461,10f: an Lang, 18.8.1520
(Melanchthon = Elisa); vgl. Br 2,348,49 = Enders 3,
163,67f: an Melanchthon, 26.5.1521; dazu Br 2,388,24
= Enders 3,230,34f: an Spalatin, 9.9.1521 (Luther hat
in Worms nicht im Geist Elias durchgegriffen.).

26. 10 I 2,191,31ff.

27. 21,38,37ff; vgl. Amsdorf, Hoffmann (1528), Bl. A3a
(über dessen Lehre von den sieben Jahren, in deren
Mitte die zwei Zeugen unterliegen): "Denn wo es ein
nötige leer were zur seligkeit, so hett es Christus
mit den aposteln auch getrieben und geprediget und hett
es yn seiner heubtbücher eins der evangelien und episteln aufs wenigste einmal schreiben lassen."

komen, der da sagen wird dürffen, Gott habe mit yhm selbs
geredt und yhm yrgend einen sonderlichen befehl gethan,
one was sich unsere Schwermer ytzt mit yhrem geiste die
leutte zu bereden unterstehen..."[28]

Daß Luther aber in unpolemischem Zusammenhang die
Henoch-Elia-Antichrist-Legende durchaus auch einmal in
einem guten, erbaulichen Sinne verstehen kann, zeigt
sein Summarium zu Ps 71 (V. 20) von 1531/32, in dem er
sie als eine Bekräftigung der tröstlichen Weissagung
des Psalmes, "das Gottes wort vor der welt ende hat müssen widder komen", anführt. Aber auch an dieser Stelle
bezeichnet er diese Erwartung nur als "gemeine rede bey
den christen", ohne ihre – wenn auch unsichere – biblische Grundlage anzudeuten[29].

So ist es verständlich, daß er 1538 in der Annotatio
zu Mt 17,10ff, um den klaren Wortsinn zu sichern, die
Legende wieder als biblisch nicht begründete opinio ablehnt[30]. In einer Tischrede aus derselben Zeit verwirft
er wiederum mit der Vorstellung von einem als Individuum
auftretenden Antichrist auch die vom Erscheinen Henochs
und Elias als papistisch[31].

28. 21,40,31ff.
29. 38,43,28ff.
30. 38,661,22ff (Druck).
31. TR 4,108,34ff: Nr. 4063 (Lauterbach, 13.10.1538).

Exkurs II.

Hiltens Leben und Schriften

Was früher über diesen Franziskanermönch aus der 2.
Hälfte des 15. Jahrhunderts bekannt war, beruhte wohl
zum größeren Teil auf tendenziösen Gerüchten als auf
genauerer Kenntnis[1]. Aber auch die neuere Forschung
hat noch kein ausreichend klares Bild von seinem Leben
und Werk zu gewinnen vermocht[2]. Insbesondere für unsere
Fragestellung hat sie nach wie vor keine schlüssigen Antworten erbracht.

Die Grundzüge von Hiltens Leben lassen sich mit einiger Zuverlässigkeit nachzeichnen. Die Forschungen von
Volz[3] haben es wahrscheinlich gemacht, daß er eigentlich
Johann Herwick hieß und aus Ilten bei Hannover stammte,
wo er um 1425 geboren wurde. Nach seinem Philosophiestu-
dium in Erfurt wurde er Franziskaner der Observanz und
als solcher zur Neubelebung des Ordenswesens 1463 nach
Livland entsandt. Wie aus Lübecker Prozeßakten und anderen Zeugnissen[4] hervorgeht, bewegte er sich während seiner Wirksamkeit in Reval jedoch anscheinend etwas außerhalb der Legalität. Jedenfalls wurden ihm Sektiererei,
politische Intrigen und persönliche Verfehlungen zur
Last gelegt. Deshalb wurde er 1472 zunächst nach Dorpat
versetzt und 1477 nach Deutschland verbracht, wo er im
Weimarer Kloster mehr oder minder streng verwahrt blieb.
Wegen Krankheit wurde er schließlich um 1500 nach Eisenach
verlegt, wo er bald darauf, mit der Kirche versöhnt, je-

---

1. Darüber vgl. RE[3] 8, S. 78-80; als Beispiel vgl. Br 5,
   195: Nikolaus Rebhan über Hilten.
2. Zusammenfassung der wichtigsten einigermaßen gesicher-
   ten Daten: RGG[2] 3, Sp. 327; LThK[2] 5, Sp. 351, und NDB
   9, S. 164f.
3. Volz, Beiträge, S. 111, Anm. 1.
4. gesammelt und ausgewertet bei Johansen, Hilten.

doch ohne seine Prophezeiungen zurückzunehmen, im hohen
Alter verstarb[5].

Inhaltlich wird die Art von Hiltens Wirken in Livland
aus den Akten nicht recht deutlich. Über seine Lehre und
möglicherweise schon dort geübte apokalyptische Predigten
geben sie allenfalls zu Vermutungen Anlaß[6]. Aber auch die
von Lemmens[7] leider nur teilweise veröffentlichten,
noch recht umfangreichen 'Opera omnia, quae iam reperiri possunt' ergeben zusammen mit den Zeugnissen des Myconius (und seiner Gewährsleute), Luthers und Melanchthons[8]
kein widerspruchfreies Gesamtbild von Hiltens Aussagen und
Schriften, nicht nur weil schon das Material, das Myconius
zusammenzutragen vermochte, fragmentarisch war[9], sondern
weil auch offensichtlich die in Rom in der Vatikanischen
Bibliothek erhalten gebliebene Handschrift der 'Opera'[10]
nicht (mehr) all das umfaßt, was Luther und Melanchthon
in die Hände bekommen haben, und zwar fehlen gerade solche Abschnitte, aus denen die Reformatoren ihre Hilten
zugeschriebenen konkreten zukünftigen Daten hätten entnehmen können. Lemmens hält es aber darüber hinaus auch
noch für unwahrscheinlich, daß derartige Weissagungen
überhaupt von Hilten stammen könnten, da er sie an dem vorhandenen Material glaubt messen zu können. Dabei verstrickt
er sich jedoch in einen Widerspruch. Einerseits betont er
ganz richtig, daß Hilten im wesentlichen Werke anderer Verfasser abgeschrieben hat, z.B. Lyra, Paulus von Burgos,
die Sibyllinen, Methodius, Hildegard, Cyrill, Alphonsus
a Spina, dazu verschiedene Kirchenväter und Scholastiker,

---

5. Br 5,194 = Enders 7,198: Bericht des Langensalzaer
   Mönches H. S. an Myconius, 30.10.1529; auch bei Clemen, Hilten, S. 406f, und Lemmens, Hilten, S. 321.
6. Vgl. Johansen, aaO, S. 49f.
7. Lemmens, aaO, S. 323ff.
8. zusammengestellt bei Lemmens, aaO, S. 318ff.
9. Br 5,191,5ff = Enders 7,194,6ff: Myconius an Luther,
   2.12.1529; auch bei Lemmens, aaO, S. 319.
10. Hilten, Opera (Literaturverzeichnis, Teil b).

insbesondere aber Bibelstellen[11]. Es handelt sich bei dem
erhaltenen Band ja eigentlich um eine reine Exzerptsammlung zu bestimmten Themen. Andererseits glaubt der von
apologetischem Interesse geleitete franziskanische Ordens-
historiker jedoch, die verschiedenen Stücke miteinander
harmonisieren und mit Hiltens eigener Meinung identifizieren zu können, z.B. wenn er schreibt: "Melanchthon läßt
an sieben Stellen Hilten verkünden, daß die Türken 1600
Herren in Italien und Deutschland sein würden. An einer
Stelle fügt er hinzu, 'er habe diese Worte einer von ihm
gelesenen Schrift entnommen'; aber gerade an dieser Stelle werden nicht wie an den sechs anderen Stellen die Türken, sondern 'Gog und Magog' als die Herrscher jener Län-
der angekündigt; unter diesen versteht aber Hilten mit
Nikolaus von Lyra und anderen den Antichrist und seine
Anhänger. Melanchthon hat jene Worte mit Unrecht auf
die Türken bezogen."[12] Lemmens mag ja in diesem Falle
in bezug auf Hiltens Meinung recht haben; denn die drei
Stellen, die er selbst exzerpiert hat[13] von den vielen,
an denen Gog vorkommt[14], stehen damit alle in Einklang,

---

11. Wenn er freilich bestreitet, Hilten habe Lichtenberger
    studiert, wie Johann Corner an Myconius geschrieben hat
    (Br 5,192,66 = Enders 7,197,99; auch bei Lemmens, aaO,
    S. 320), u.a. mit der Begründung, die Handschrift zeige
    nichts "von astrologischen Deutereien" (Lemmens, aaO,
    S. 330), dann beweist er damit nur, daß er selbst den
    Inhalt von Lichtenbergers 'Pronosticatio' nicht kennt.
    Denn Lichtenberger beruft sich eben gerade auch auf die
    Weissagungen der Sibyllinen, Methods und Cyrills, die
    Lemmens einen Satz vorher erwähnt. Zwar ist es unwahr-
    scheinlich, daß Hilten bei der Abfassung seiner Schrif-
    ten Lichtenbergers 'Pronosticatio' schon gekannt hat,
    da diese erst 1488 erschienen ist, in dem letzten Jahr
    also, aus dem ein Stück von Hiltens Diktaten datiert
    (Lemmens, aaO, S. 324). Aber den Zeitgenossen Luthers
    waren die verschiedenen älteren Weissagungen in Gestalt
    von Lichtenbergers Kompilation am ehesten zugänglich und
    vertraut. Dieser Name war also durchaus geeignet, den
    Inhalt zu bezeichnen, der uns in Hiltens Werken begegnet.
12. Lemmens, aaO, S. 332.
13. S. 328, Anm. 52; S. 332, Anm. 69, und S. 333.
14. z.B. Hilten, Opera, f. 35v-36r, 37v, 107v-108r, 290r,
    362rv, 367v, 368v-369r und 496v.

wie übrigens auch die anderen. Melanchthon jedenfalls
tut er Unrecht. Denn dieser betont ja ausdrücklich, daß
die Gleichsetzung von Gog und Magog mit den Türken von
ihm selbst stammt und nicht von Hilten, wenn er schreibt:
"Huius Hilteni manu et aliae multae sententiae scriptae
sunt. Anno 1600. ait in Europa universa regnaturum esse
hominem saevissimum; et mox in pagella altera inquit reg-
naturos esse Gog et Magog anno 1606. Opinor utranque prae-
dictionem de Turcis loqui. Sed si diversae gentes peregri-
nae et barbarae significantur, quae simili crudelitate
Europam vastabunt et inter sese dimicabunt, plus erit ca-
lamitatum."[15] Melanchthon war offensichtlich schon vor seiner Bekanntschaft mit Hilten der Überzeugung, daß mit Gog
und Magog die Türken gemeint seien, und hat bis zum Ende
daran festgehalten[16]; das traditionelle Verständnis Hiltens hat ihm nicht weiter imponiert, nur die Jahreszahl
(die er hier übrigens wieder ausdrücklich auf eine bestimmte, von ihm selbst eingesehene Stelle in Hiltens Schriften
zurückführt) hat ihn beeindruckt, und zwar, je näher sie
rückte, desto mehr.

Aber auch noch in einem anderen Fall, der für unsere
Fragestellung ebenfalls wichtig ist, gerät Lemmens mit
sich selbst in einen gewissen Zwiespalt, und zwar bei der
Interpretation von Hiltens Apk-Auslegung. Daß diese selbst
erst bei Kap. 4 beginnt, ist weiter nicht verwunderlich[17].
Denn die Kapitel 1-3 enthalten ja keine Zukunftsprophetie.

---

15. CR 7,996: an König Christian von Dänemark unter Georg
    Maiors Namen, 5.5.1552; ähnlich auch in einer Buchein-
    tragung von 1559, abgedruckt bei Albrecht, Notiz, S.
    798f (fehlt beides bei Lemmens, Hilten).
16. im Gegensatz zu Luther, s.o. S. 573ff.
17. Zu Kapitel 1-3 hat die offensichtlich unvollständige
    oder durcheinandergeratene Hilten-Abschrift in Rom nur
    eine knappe Zusammenfassung, die ganz unvermittelt mit
    einem Zitat von Apk 1,13b-16 beginnt: "Similis filio
    hominis..." Es folgt noch: "Loquitur Johan[nes] 7
    epistolas 7 episcopis Asianis mittendas, Apocal. 1,
    2, 3." (Hilten, Opera, f. 281v). Nach einem Absatz
    geht es dann mit der bei Lemmens, aaO, S. 333-338,
    zitierten Auslegung von Kap. 4-17 weiter: "Ostio
    coeli aperto..."

Daß Hilten zunächst ununterbrochen Lyras kirchengeschichtlicher Deutung der Apk folgt, ist für uns nicht nur im
Hinblick auf Luthers zweite Vorrede wichtig, wie wir
gesehen haben[18], sondern auch für die Frage, wie der
Franziskanermönch Apk 17 in diesem Zusammenhang verstanden haben kann. Wir können ja wohl davon ausgehen,
daß Hilten die Logik der konsequent geschichtlichen Auslegung Lyras nicht nur verstanden, sondern auch persönlich voll akzeptiert hat, wie aus verschiedenen Andeutungen hervorgeht[19]. Und so lesen wir dementsprechend
als Auslegung zu Apk 16,17: "Sic effundens phialam suam
septimam anno 1095, et sic Sarraceni hic per Babylon desig-
nati devicti sunt."[20] Konsequenterweise sollte man deshalb
auch erwarten, daß Hilten bei dieser Deutung bleiben und
auch zu Kap. 17 im Gefolge von Lyra über die Sarazenen
sprechen würde. Aber da heißt es: "Illa meretrix est Roma." Danach folgen nur noch einige Verse des Textes von
Apk 17 selbst und kurze Inhaltsangaben der übrigen Kapitel ohne Deutungen[21]. Dieser Stilbruch ist durchaus nicht
so unauffällig, wie Lemmens vorgibt. Denn wenn er die Zeugnisse bei seinem Gewährsmann Cornelius a Lapide gewogen
und nicht nur gezählt hätte, dann hätte er nicht schreiben
können, "daß die meisten Kommentare den 1. Vers des 17. Kapitels der Apokalypse von der 'Roma infidelis et ethnica,
qualis fuit tempore Joannis' verstanden haben."[22] Denn die
wirklich viel gelesenen Kommentare folgen (abgesehen von

---

18. s.o. S. 482.

19. z.B. Lemmens, aaO, S. 332: Bis 1479 sind bestimmte
    Weissagungen erfüllt, andere harren noch der Erfüllung;
    ebenso S. 333. Leider hat Lemmens lange nicht alle apo-
    kalyptischen Aussagen Hiltens abgedruckt, so daß er
    fast mehr Verwirrung in diesen eben gerade entscheiden-
    den Fragen gestiftet hat, als daß er weitergeholfen
    hätte.

20. Lemmens, aaO, S. 337f.

21. Hilten, Opera, f. 288r; Lemmens, aaO, S. 338, läßt über-
    haupt nicht erkennen, daß nach seinem Auszug noch et-
    was kommt.

22. S. 338f.

dem schon erwähnten Lyra) der Ticonius-Tradition, die in
Babylon spiritualisierend die Verkörperung der bösen Welt
im Gegensatz zu Jerusalem, der Verkörperung der wahren
Kirche, sieht[23]. Außerdem hat Lemmens die Fortsetzung des
Zitates aus Cornelius a Lapide unterschlagen, die lautet:
"... et rursus erit in fine mundi"[24]. Dazu hat aber Hilten
an anderer Stelle seiner Exzerptsammlung noch einiges bemerkt, was Lemmens ausgelassen hat, was aber eine viel
deutlichere Sprache spricht[25]. Selbst wenn also Hilten
an der ersten Stelle ganz ohne polemische Nebengedanken,
wie es auch die unsystematische Anlage seiner Aufzeichnungen nahegelegt, ganz einfach einer älteren Tradition
folgen sollte, würde allein schon dieser Rückgriff auf
die alte Gleichsetzung von Babylon mit Rom für andere,
noch dazu reformatorisch gesinnte Menschen, die das Ende der Welt in naher Zukunft erwarteten, eine ganz be-

---

23. Vgl. eben gerade Cornelius a Lapide, Apocalypsis, S.
305f.

24. S. 307; vgl. auch S. 306 und 308.

25. Hilten, Opera, f. 369v-371r, ist ein längerer Abschnitt
aus Hieronymus, Epistola 121 (MPL 22,1037f = CSEL 56,53,
23-56,55,13) zitiert. Darin kommt auch der Satz vor (f.
370r): "Unde secundum Apocalypsin Johannis in fronte
purpuratae meretricis scriptum est nomen blasphemiae,
scilicet 'imperium Romanum aeternum', quod soli Deo con-
venit." Im Anschluß an dieses Exzerpt schreibt Hilten
(f. 371rv): "Ea, quae scribuntur Apoc. 17 de meretrice
purpurata Romam nominante, ut supra, parte omnium fuerunt
tunc aliqua inchoata, quae nunc quasi completa sunt quoad
culpam; ergo superest, ut poena cito sequatur. Tamen
tempore Hiero[nymi] adhuc plura mala quam nomen blasphemiae aeternitatis erant incepta, videlicet in epistola ad Damasum [?]. Nunc autem, ex quo in ecclesia sicut
in Romano imperio crevit avaritia, periit lex a sacer-
dote et visio de propheta, singuli quique potentia epis-
copalis nominis, quam sibi illicite ab ecclesia vindica-
runt, totum, quod levitarum est, in suum usum redigunt
nec hoc sibi, quod scriptum est, vindicant, sed cunctis
auferunt universa. Mendicat infelix clericus in plateis
et servili opera mancipatus de quolibet poscit alimoniam,
et dum haec fiunt, sacerdos, scilicet supremus, qui haec
non respicit, dominatur, solus incubat divitiis,
solus utitur ministerio, solus universa sibi vin-
dicat, solus partes invadit alienas, solus occidit
universos etc. Hinc propter avaritiam sacerdotum odia
consurgunt, hinc principium litis etc."

sondere Aktualität erhalten. Man könnte freilich auch
vermuten, daß es sich um Interpolationen von lutherischer Seite handelt. Aber das ist unwahrscheinlich, da
ja schon Myconius darauf hinweist, daß Hilten mehrfach,
also nicht nur an zwei Stellen, Rom als die apokalyptische Hure verstehe, und zwar stellt er einen eindeutigen Zusammenhang her, wenn er unmittelbar fortfährt:
"... et desiturum illud regnum circa annum Christi 1514,
ut est in illius rotulis cernere."[26] Wo diese andere Stelle auch noch gestanden haben kann, läßt sich durchaus erschließen. Myconius führt zweimal die Unterscheidung zwischen 'liber' und 'rotuli' ein[27]. Er hat Luther also zwei
verschiedene Handschriften geschickt. Die eine (der 'liber') mag im wesentlichen mit dem übereinstimmen, was in
Rom noch vorhanden ist; dann muß das andere mit dem Da-
nielkommentar in Verbindung gebracht werden, von dem so
viel die Rede ist und den Melanchthon mit Sicherheit gekannt und exzerpiert hat[28]. Dieser Kommentar, der nicht
identisch ist mit dem, was Lemmens in seiner Inhaltsangabe der Vatikanischen Handschrift als "eine kurze Erläuterung zu Kap. 7-9 von Daniel" aufführt, was in Wirklichkeit
aber nur eine Abschrift des lateinischen Textes verschiedener Dan-Kapitel im Rahmen einer ganzen Reihe von Bibelstellen darstellt[29], ist nicht mehr erhalten. Aus den ver-

---

26. Br 5,191,24 = Enders 7,195,31f; auch bei Lemmens, Hilten, S. 319.

27. Br 5,191,21/25 und 31/32 = Enders 7,195,26/32 und 40/
41.

28. Vgl. CR 1,1108f; BSLK, S. 378, entsprechend CR 27,628;
CR 7,995, 1007; CR 24,64; Lemmens, Hilten, S. 321-323;
damit stimmen überein die Zeugnisse des Langensalzaer
Mönches, Br 5,194,10 = Enders 7,198 (auch bei Clemen,
Hilten, S. 406, und Lemmens, aaO, S. 321), und von
Melchior Adam, zitiert bei Volz, Beiträge, S. 113f,
Anm. 10. Eines von Adams Exzerpten ist nur zu verstehen
als Auszug aus einer längeren Ausdeutung von Dan 2:
"Hodie anno Christi 1485. illi digiti (= Dan. 2,41f)
valde minorati sunt..."

29. Die Angabe von Lemmens, aaO, S. 329, über Hilten,
Opera, f. 50v-52v, hat bereits Volz, Beiträge, S. 115,
auf Grund einer Nachfrage in Rom korrigiert.

schiedenen Bemerkungen Melanchthons wird jedenfalls deutlich, daß die Weissagung vom Sinken der päpstlichen Herrschaft ab 1516 (nach Myconius 1514)[30] in eben diesem Dan-
Kommentar zu lesen war, so daß das Fehlen dieser Zahl in
den erhaltenen Stücken nicht verwunderlich ist[31]. Melanchthons Aussagen bestätigen so ihrerseits, was wir schon
aus den Worten von Myconius erschlossen haben. Der Dan-
Kommentar Hiltens dürfte demnach auch Weissagungen über
den Sturz der zeitgenössischen römischen Papstherrschaft
enthalten haben, in denen dann wohl auch Rom als babylonische Hure erscheint[32]. Woraus die Jahreszahlen 1570 (Myconius), 1600 und 1606 (Melanchthon) bezüglich der Türken-
herrschaft in Deutschland und 1651 (Myconius und Adam)
als Termin des Weltendes entnommen sein könnten, wird
nicht ganz klar. Es könnte sich um eine weitere, verschol-
lene Schrift handeln; denn Melanchthon hebt die Weissagungen über die Türken immer deutlich von der Weissagung über
Rom ab[33]. Es heißt ja bei Myconius auch noch: "... et quod
ultra nihil numeret computus libri coelestis..."[34], und
der Langensalzaer Mönch H.S., der in seinem Brief den Dan-
Kommentar als in seinem Besitz befindlich bezeichnet[35],

---

30. Die Abweichung könnte auf Schreib- oder Lesefehler zurückgehen.
31. Da es sich in dem Falle von BSLK, S. 378,15ff, um einen erst wenige Monate nach der ersten Bekanntschaft mit
Hiltens Schriften verfaßten Abschnitt innerhalb eines
solch offiziösen Werkes wie der Apologie des Augsburgischen Bekenntnisses handelt, sollten ernsthafte Zweifel
an der Richtigkeit dieser Behauptung eigentlich ohne
triftigen Grund nicht geäußert werden. Lemmens argumen-
tiert viel zu sehr e silentio.
32. Ich komme also zu einem anderen Schluß als Clemen, der
1928 (Hilten, S. 403) glaubte, es könne sich nur um ein
Buch gehandelt haben, während er 1934 (Br 5,193, Anm. 8)
vermutet, mit dem 'liber' könnte der Dan-Kommentar gemeint sein.
33. z.B. CR 7,996; 24,64.
34. Br 5,191,34f = Enders 7,195,44f; bei Lemmens, Hilten,
S. 320.
35. Volz, Beiträge, S. 113, vermutet, es könnte eben das
Exemplar sein, das Myconius nach Wittenberg geschickt
hat.

schreibt im unmittelbaren Zusammenhang damit: "Praxi mi-
randa per circulos, figuras et characteres prognostica des-
cripsit de fine mundi, de eventibus futurorum, maxime huius
temporis, quae veriora veris iam transierunt in praeteri-
tum."[36] Damit ist noch zu vergleichen, was Adam notiert:
"Multus fuit in exquirendo fine mundi."[37] Vielleicht hat
Hilten tatsächlich eine Schrift verfaßt, in der er versucht hat, den Termin für das Ende der Welt zu berechnen,
etwa ausgehend von den konkreten Zahlen in Dan und Apk,
ähnlich wie später z.B. Michael Stifel u.a.m., nur eben
mit anderem Ergebnis. Für die Reformatoren hatte dergleichen durchaus nichts Befremdliches. So hat Melanchthon
selbst in seiner Bearbeitung von Carions Chronik von 1532
eine grobe Berechnung der Jahre der Welt durchgeführt und
daraus geschlossen, daß das Ende nahe sein müsse. Auch die
danielischen Weltmonarchien und die 70 Jahrwochen hat er
eingearbeitet[38]. Dieses Werk hat Luther 1540 als Vorlage
für seine 'Supputatio annorum mundi'[39] gedient. Gerade
die intensive Beschäftigung mit dem Buche Daniel konnte
zu solchen Berechnungen anregen, wie Luther selbst in seiner Frühjahr 1530 verfaßten Vorrede und der dazugehörigen
Widmungsepistel deutlich macht, auch wenn er aus gut

---

36. Br 5,194,8ff = Enders 7,198 (mit einer Abweichung);
    auch bei Clemen, Hilten, S. 406, und Lemmens, Hilten,
    S. 321.

37. zitiert nach Volz, Beiträge, S. 114, Anm. 10. - Was
    Lemmens, aaO, S. 332, als Kriterium für die Beurtei-
    lung von Hiltens Schriften aus diesen selbst zitiert,
    nämlich den Abschnitt: "'Non sum propheta...'", hat
    Hilten wiederum auch nur aus Lyras Auslegung von Apk
    20,6 abgeschrieben. Das besagt also gar nichts.

38. Carion, Chronica, Bl. Blb: Weissagung des Elias über
    die 3x2=6 Jahrtausende der Weltgeschichte; Bl. B2af:
    Die 4 Weltmonarchien; die gegenwärtige Zerstörung der
    letzten, der römischen, beschwört das Weltende herauf;
    Bl. Vv3a (= 169a): Das Jahr 1532 ist ungefähr das Jahr
    5474 der Welt, "derhalben zu hoffen, wir sind nu nicht
    fern vom Ende." Melanchthon bringt sogar zweimal die
    Elias-Weissagung mit der Hilten-Weissagung in unmittel-
    baren Zusammenhang: Albrecht, Notiz, S. 798f, und CR 8,
    663.

39. 53(1)22-184.

biblischen Gründen eine genaue Jahreszahl doch nicht
nennen mag[40].

Stellen wir nun abschließend noch einmal die Frage,
welchen Einfluß Hilten tatsächlich auf die Reformatoren gehabt haben mag und wo möglicherweise seine Gedanken in ihren Schriften verarbeitet sein können, so
stoßen wir auf die Tatsache, daß weder Luther noch Melanchthon in ihren nach dem Herbst 1529 folgenden Auslegungen von Dan oder der Apk irgendwo ausdrücklich auf
Hilten Bezug nehmen[41]. Bei Luther sehen wir besonders
das Interesse daran hervortreten, Hilten unter die Märtyrer zu rechnen, die unter dem Papst zu leiden hatten[42];
die Zahlen interessieren ihn weniger[43]. Gerade diese
aber, die ja auch Myconius hervorhebt, hat sich Melanchthon eingeprägt. Zunächst jedoch legt er nur auf die
als schon erfüllt betrachtete Weissagung mit dem Datum
1516 Wert[44]. Erst in den späteren Jahren ab 1552, als
der nächste von Hilten angegebene Termin, das Jahr 1600,

---

40. DB 11 II,126/127,1ff; 380/81,4ff; dazu Ergänzung von
    1541, S. 124/125,3ff; vgl. Schild, Bibelvorreden, S.
    234-238; s. auch TR 3,645,1ff: Nr. 3831 (Lauterbachs
    Tagebuch, 11.4.1538).

41. In bezug auf Melanchthons Dan-Kommentar von 1543 ist
    dies auch Volz, Beiträge, S. 113, Anm. 7, schon aufge-
    fallen.

42. Br 5,162,3ff = Enders 7,171,2ff: an Myconius, 17.10.
    1529; TR 3,620,27ff: Nr. 3795 (Lauterbachs Tagebuch,
    27.3.1538); 48,707,3ff: Nr. 7197 (H 74, undatiert);
    53,410,14ff: Vorrede zu Alberus, Eulenspiegel, 1542;
    zusammengestellt bei Lemmens, Hilten, S. 318f, und in
    ihrem Quellenwert beurteilt von Clemen, Hilten, S. 409ff;
    dazu 50,601,5f: Von den Konziliis, 1539, wo auf Melan-
    chthons Apologie verwiesen wird, die Luther an der ent-
    sprechenden Stelle glossiert hat (30 III,491,32ff; BSLK,
    S. 377, Anm. 1).

43. Erst für die spätere Zeit ist überliefert, daß Luther
    an die Wand seiner Studierstube den wohl auf Hilten
    zurückgehenden Satz geschrieben haben soll: "Millesimo
    Sexcentesimo veniet Turcus // Totam Germaniam devasta-
    turus." Ficker, Inschrift, S. 65, auch RN zu WA 48,284
    (S. 133f).

44. so in der Apologie (s.o. Anm. 31), aber auch noch 1547:
    CR 4,780, und bei Lemmens, aaO, S. 322.

schon wesentlich näher gerückt ist, kommt er wiederholt
auf die Gog-und-Magog-Weissagung zurück[45]. Das Datum 1651
als Endtermin erwähnt er dagegen nie.

Daraus läßt sich schließen, daß sowohl Luther als
auch Melanchthon an Hiltens Weissagungen jeweils nur
ganz partielles Interesse gezeigt haben[46] und daß insbesondere um 1529/30 im Rahmen der ganz unmittelbaren
Naherwartung der Reformatoren die späteren Termine Hiltens gar keinen Platz hatten. Möglicherweise waren die
beiden also zunächst von der tatsächlichen 'Ausbeute'
der mit so brennendem Interesse vorangetriebenen Nachfor-
schungen über Hilten etwas enttäuscht. Daraus würde dann
folgen, daß die schon feststehende Deutung von Dan 7 auf
die Türken und die damit ursächlich verknüpfte Naherwartung das Primäre ist und der Beitrag des geheimnisvollen
Mönches Hilten in dieser Sache nur darin besteht, der
Spannung momentan zusätzliche Nahrung zu bieten[47].

Ansonsten wären bestenfalls noch Einflüsse auf
die Art der Apk-Deutung in Luthers neuer Vorrede und
Anstöße zu chronologisch-apokalyptischen Berechnungen
denkbar. Sicheres läßt sich aber darüber nicht ausmachen.

---

45. Außer in den bei Lemmens, aaO, S. 322f erwähnten
    Stellen aus Briefen von 1552/53 und der 'Postilla'
    noch am 15.1.1556 (CR 8,663), im Jahre 1559 (s.o.
    Anm. 15) und am 1.1.1560 (CR 9,1026).

46. z.B. gehen sie überhaupt nicht auf eventuelle refor-
    matorische Lehren Hiltens ein, wie sie schon bei My-
    conius angedeutet sind (Br 5,191,25ff = Enders 7,195,
    32ff; bei Lemmens, aaO, S. 319f, dazu S. 342) und zu
    denen von späteren Lutheranern noch manche anderen
    hinzugerechnet worden sind (ein Beispiel Br 5,195).

47. Dahingehend wären auch die Angaben in 30 II,150 zu
    korrigieren, wo die Anführungen von Dan, Ez und Apk
    in der 'Heerpredigt' auf die Mitteilungen des Myconius
    zurückgeführt werden. Im übrigen geht die Behauptung,
    Luther habe die neue Deutung dieser Stellen jetzt ak-
    zeptiert, weil sie biblisch fundiert sei, am Problem
    vorbei. Es kommt ja doch, wie die erwähnte Sach-Vorre-
    de (s.o. S. 378) zeigt, auf die richtige Interpreta-
    tion der Bibel an, die in ihren prophetischen Partien
    nach damaliger Auffassung erst beim Eintreffen der
    Endereignisse gedeutet werden kann (s.o. S. 398f).

LITERATURVERZEICHNIS

Vorbemerkung

Im Anmerkungsteil ist grundsätzlich alle Literatur abgekürzt zitiert. Die Abkürzungen sind zumeist aus den Namen der Verfasser oder Herausgeber und Stichwörtern im Titel gebildet. Nach ihnen sind die einzelnen Teile des Verzeichnisses alphabetisch geordnet. Die Abkürzungen sind aber gewöhnlich nicht eigens vorgezogen, sondern nur durch Unterstreichung aus dem vollständigen Titel herausgehoben.

Die Periodika und Reihentitel sind, soweit möglich, nach RGG³ 6, S. XX-XXXI, abgekürzt.

a) Nachschlagewerke und Hilfsmittel

ADB = Allgemeine Deutsche Biographie, 56 Bde, Leipzig 1875-1912, Neudr. Berlin 1967-71.

Aland, Kurt: Hilfsbuch zum Lutherstudium, bearb. in Verbindung mit E. O. Reichert und G. Jordan, 3., neu bearb. und erweiterte Aufl., Witten 1970.

Altaner, Berthold und Alfred Stuiber: Patrologie. Leben, Schriften und Lehre der Kirchenväter, 7., völlig neu bearb. Aufl., Freiburg/i.Br., Basel und Wien 1966.

Aurenhammer, Hans: Lexikon der christlichen Ikonographie, Bd 1, Wien 1959-67.

Benzing, Josef: Lutherbibliographie. Verzeichnis der gedruckten Schriften Martin Luthers bis zu dessen Tod, Baden-Baden 1966 (= Bibliotheca bibliographica Aureliana. 10.16.19).

Mittelalterliche Bibliothekskataloge Deutschlands und der Schweiz, hg.v. der Bayerischen Akademie der Wissenschaften, Bd II: Bistum Mainz: Erfurt, bearb. v. P. Lehmann, München 1928.

Bluhm, Heinz: The Biblical Quotations in Luther's German Writings. A Preliminary Statistical Report, ARG 44, 1953, S. 103-113.

Buchwald-Register = Handschriftliches Register (in Karteiform) der Bibelstellen in einem Großteil der WA, zusammengestellt von Georg Buchwald (✝ 1947), vorhanden bei der WA-Kommission in Tübingen (photokopierte Auszüge dort erhältlich).

Clavis Patrum Latinorum, qua in novum Corpus Christianorum edendum optimas quasque scriptorum recensiones a

Tertulliano ad Bedam commode recludit E. Dekkers, 2.
Aufl., Steenbrugge 1961 (= SE 3).

Collijn, Isak: Sveriges Bibliografi intill År 1600, Bd 2,
Uppsala 1927-1931 (= Skrifter utgivna av Svenska Lit-
teratursällskapet. 10:5-9).

Degering, Hermann: Kurzes Verzeichnis der germanischen
Handschriften der Preußischen Staatsbibliothek, Bd I:
Die Handschriften in Folioformat, Leipzig 1925 (= Mit-
teilungen aus der Preußischen SB. 7).

DThC = Dictionnaire de Théologie Catholique, hg.v. A. Va-
cant u. a., 15 Bde, Paris 1903-50.

Fabricius, Johann Albert: Centifolium Lutheranum sive no-
titia litteraria scriptorum omnis generis de B. D. Luthero eiusque vita, scriptis, et reformatione ecclesiae...,
2 Teile, Hamburg 1728/30.

Fischer, Hans: Katalog der Handschriften der Königlichen
Bibliothek zu Bamberg, Bd 3, Bamberg 1912.

Freys, E. und Hermann Barge: Verzeichnis der gedruckten
Schriften des Andreas Bodenstein von Karlstadt, Neudr.
aus: Zentralblatt für Bibliothekswesen 21, 1904, S. 153-
179, 209-243, 305-331, Nieuwkoop 1965.

Heinemann, Otto von: Die Handschriften der Herzoglichen
Bibliothek zu Wolfenbüttel, 2. Abt.: Die Augusteischen
Handschriften, Bd III, Wolfenbüttel 1898.

Hirsch, Emanuel: Hilfsbuch zum Studium der Dogmatik, 4.
Aufl., Berlin 1964.

HWDA = Handwörterbuch des deutschen Aberglaubens, hg.v.
H. Bächtold-Stäubli, 9 Bde und Regbd, Berlin und Leipzig 1927-42 (= Handwörterbücher zur dt. Volkskunde, Abt.
1).

Jöcher, Christian Gottlieb (Hg.): Allgemeines Gelehrten-
Lexicon, Bd 1-4, Leipzig 1750f; Forts. und Ergänzung
v. J. Chr. v. Adelung, fortges. v. W. Rotermund, Bd 1-
6, Leipzig etc 1784-1819; Bd 7, hg.v. O. Günther, Leipzig 1897, Neudr. Hildesheim 1960f.

Köhler, Rudolf: Die biblischen Quellen der Lieder, Göttingen 1965 (= Handbuch zum EKG. I,2).

Kulp, Johannes ✝: Die Lieder unserer Kirche. Eine Handrei-
chung zum Evangelischen Kirchengesangbuch, bearb. und hg.
v. A. Büchner und S. Fornaçon, Göttingen 1958 (= Handbuch

zum EKG. Sonderband).

LThK[2] = Lexikon für Theologie und Kirche, 2. Aufl., hg.v.
J. Höfer und K. Rahner, 10 Bde mit Regbd, Freiburg i.
Br. 1957-67.

Mylius, Johann Christoph: Memorabilia bibliothecae academicae Ienensis. Sive designatio manuscriptorum in illa
bibliotheca et librorum impressorum, plerumque rariorum,
concinnata potissimum ad usus suorum in collegiis lit-
terariis auditorum, Jena und Weißenfels 1746.

NDB = Neue Deutsche Biographie, Bd 1ff, Berlin 1953ff.

Nijhoff, Wouter und M. E. Kronenberg: Nederlandsche Bibliographie van 1500 tot 1540, Bd 1-3,3, 's-Gravenhage 1923-
61.

Pinomaas Register = hektographiertes Register der Bibelstellen in den ersten 9 Bden der WA, erstellt von Lennart
Pinomaa, Helsinki (von dort anzufordern).

Pültz, Otto: Die deutschen Handschriften der Universitätsbibliothek Erlangen, hg.v. A. Dietel und G. Bauer, Wiesbaden 1973 (= Katalog der Hss. der UB Erlangen, Neubearbeitung. 4).

RE[3] = Realencyklopädie für protestantische Theologie und
Kirche, 3. Aufl., hg.v. A. Hauck, 21 Bde, 2 Ergbde und
1 Regbd, Leipzig 1896-1913.

RGG[3] = Die Religion in Geschichte und Gegenwart, 3., neu
bearb. Aufl., hg.v. K. Galling u.a., 6 Bde und 1 Regbd,
Tübingen 1957-65.

Russo, Francesco: Bibliografia Gioachimita, Florenz 1954
(= Biblioteca di bibliografia italiana. 28).

Schlißke, Otto: Handbuch der Lutherlieder, Göttingen 1948.

Schottenloher, Karl: Bibliographie zur Deutschen Geschich-
te im Zeitalter der Glaubensspaltung 1517-1585, Bd 1-6:
(Leipzig 1933-40) 2. Aufl., Stuttgart 1956-58, Bd 7:
Stuttgart 1966.

Seebaß, Gottfried: Bibliographia Osiandrica. Bibliographie
der gedruckten Schriften Andreas Osianders d.Ä. (1496-
1552), Nieuwkoop 1971.

Staedtke, Joachim: Heinrich Bullinger Bibliographie, Bd 1:
Beschreibendes Verzeichnis der gedruckten Werke von H.
B., Zürich 1972 (= Heinrich Bullinger Werke. I,1).

Stegmüller, Friedrich: Repertorium biblicum medii aevi, 7
    Bde, Madrid 1940-61.

Thieme - Becker, Künstlerlexikon = Allgemeines Lexikon der
    bildenden Künstler von der Antike bis zur Gegenwart, hg.
    v. U. Thieme und F. Becker, 37 Bde, Leipzig 1907-50.

Vogel, Paul Heinz: Europäische Bibeldrucke des 15. und 16.
    Jahrhunderts in den Volkssprachen. Ein Beitr. zur Biblio-
    graphie des Bibeldrucks, Baden-Baden 1962 (= Bibliotheca
    bibliographica Aureliana. 5).

Walther, Hans (Hg.): Proverbia sententiaeque Latinitatis
    medii aevi. Lateinische Sprichwörter und Sentenzen des
    Mittelalters in alphabetischer Anordnung, 6 Teile, Göt-
    tingen 1963-69 (= Carmina medii aevi posterioris Latina.
    II,1-6).

Zumkeller, Adolar: Manuskripte von Werken der Autoren
    des Augustiner-Eremitenordens in mitteleuropäischen
    Bibliotheken, Würzburg 1966 (= Cassiciacum. 20).

b) Handschriftliche Quellen

Funck, Johannes: Was widerwertikeit und verfolgung die
    heilig christliche kirche nach verkundigung der hei-
    ligen gotlichen geschrift, lang zuvor geschehen, von
    der apostel zeit her in gemain erlitten habe und was
    noch fur widerwertikeit derselben zukunftig zu warten
    sein, aus den heiligen propheten und furnemlich aus S.
    Johannis Offenbarung mit grosser muhe und vleis zusam-
    mengetragen und aufs einfeltigst declarirt durch Johann
    Funckenn. Auch findestu, christlicher leser, in diesem
    buch außlegung der schweresten und finstersten prophe-
    teyen, die in den propheten Ezechiel, Daniel und andern
    bisher von wenigen sind verstanden worden. [Es folgen
    die Zitate von Dan 7,10 und 12,10.]
        München SB, cgm 940, 219 Bll. in 2°;
        Erlangen UB, Ms. B 39 (Irmischer: 1450), 257 Bll.
            in 2°, mit späterem Ersatztitel: "Opus Joannis
            Funccii..."; vgl. Pültz, Handschriften, S. 49;
        Wolfenbüttel HAB, 48. Aug. fol. 279, 219 Bll. in 2°;
            vgl. Heinemann, Handschriften, S. 284, Nr. 2571;
        Hase, Albrecht, S. 105-113.

Hilten, Johannes: Opera omnia, quae iam reperiri possunt.
 Rom Biblioteca Vaticana, Cod. Pal. lat. 1849, 516
  Bll. in 2°;
 verkleinerte Kopie in Heidelberg UB;
 Teiledition: Lemmens, Hilten, S. 323ff.
Lautensack, Paul: Apocalypsis Jhesu Christi, das ist:
 Wie sich Jesus Christus von... [22 Zeilen] In viel
 underschidtliche visirung gestelt du[rch] ... Paulum
 Lautensack..., aber in ein ordnung gebracht und erkle-
 ret durch... Abrahamum Machfredum medicinae D... 1582.
 Bamberg SB, R.B. Cod. Msc. 167, 193 Bll. in 2°;
 vgl. Fischer, Katalog, S. 84f.
Lautensack, Paul: Erklärung der Apokalypse 1538/45/53.
 Bamberg SB, R.B. Cod. Msc. 166, 221 Bll. (nicht
  eingesehen); vgl. Fischer, Katalog, S. 84;
 Zitate daraus abgedr. in: Br 6,437, Anm. 4.
Lautensack, Paul: Offenbarung Jhesu Christi (nach dem
 Geist) durch dye ganzen Bibel on alle gloß von den
 menschen, sondern allein durch dyser gegenwertigen
 beder bilder... [10 Zeilen][Bild: Christus zwischen
 Leuchtern nach Apk 1 und: Madonna nach Apk 12]. Gott
 ist das wort, und das wort ist Gott... 1538...
 Nürnberg, Germanisches Nationalmuseum, Hs. 3147/
  Rl. 554$^{\underline{ar}}$ 4°, 61 Bll. in 4°.
Sachs, Hans: Meistergesänge
 Zwickau RSB, 2. Meistergesangbuch.

c) Gedruckte Quellen

 Luthers Werke sind im allgemeinen nach der Kritischen Gesamtausgabe, Weimar 1883ff, zitiert, und zwar die Abt.
Schriften gewöhnlich nur mit den drei Zahlen des Bandes,
der Seite und der Zeile, doch wenn Verwechslungen möglich
sind, auch mit vorgesetztem "WA"; die übrigen Abteilungen
vor den Zahlenreihen mit den Siglen DB, Br und TR (s. dort).
 Von den Kirchenvätern wurden nicht alle und auch nicht
jedes ihrer benützten Werke aufgeführt, sondern nur solche,
die besonders häufig und umfassend herangezogen worden sind.
Für die nur gelegentlich zitierten Stellen sollen die großen
Quellenwerke stellvertretend stehen.
 Die Titel der Inkunabeln und Postinkunabeln sind normalisiert wiedergegeben. Zur sicheren Identifizierung der ge-
meinten Ausgabe ist entweder auf eine Bibliographie verwiesen oder die Bibliothekssignatur des benützten Exemplares
beigefügt.

Aemilius, Georg: Imaginum in Apocalypsi Iohannis descriptio
   cum enarratione vera, pia et apta, quae potest esse vice
   iusti commentarii et lectu digni, elegiaco carmine con-
   dita, Frankfurt: Ch. Egenolph 1540 (Nürnberg Germanisches
   Nationalmuseum, 8° Rl. 554^b).

Alanus de Insulis: Liber in distinctionibus dictionum
   theologicalium, MPL 210,686-1012.

Albertus Magnus: Opera omnia, ed. A. und A. Borgnet, Vol.
   38, Paris 1899.

Alexander Minorita von Bremen: Expositio in Apocalypsim,
   hg.v. A. Wachtel, Weimar 1955 (= MG Qu. zur Geistesgeschichte des Mittelalters. 1).

Alvelt, Augustin von: Wyder den wittenbergischen abgot
   Martin Luther (1524), hg.v. K. Büschgens, Münster 1926
   (= CCath 11).

Amsdorf, Nikolaus: Das Melchior Hoffman ein falscher prophet und sein leer vom jüngsten tag unrecht, falsch und
   wider Gott ist, o.O. (Magdeburg: H. Barth) 1528 (Braunschweig StB, Brosch. I,17.179).

Artopaeus, Petrus: Pro consolatione afflictae nostrae ecclesiae Apocalypseos isagoge et propheticae imaginis
   nostri temporis explicatio... His accessit quoque diligens et erudita eiusdem libri enarratio a Theodoro Bib-
   liandro edita (= Bl. 20b-56a), Frankfurt/Oder: J. Sciu-
   rus 1549 (Göttingen SUB, H.E.E. 454,63/4).

Artopoeus, Petrus: Apocalypsis Iohannis breviter iuxta eius
   effectum explicata, quae iam verissimae ac brevissimae
   ecclesiasticae historiae loco esse potest. Accessit et
   protomartyrium Habelis de Christo, in quo de prima, vera,
   veteri et perpetua ecclesia eiusque forma et fortuna
   typice agitur, Basel: H. Petri und P. Perna o.J. (Vorrede datiert auf 1563) (Halle Universitäts- und Landes-
   bibliothek, an: Je 5059).

Augustinus, Aurelius: Enarrationes in Psalmos, MPL 36f, besser CChr 38-40.

Augustinus, Aurelius: De civitate Dei, MPL 41 = CSEL 40 I
   und II = CChr 47f.

Beatus von Liebana: In Apocalypsin libri duodecim, ed. H.
   A. Sanders, Rom 1930 (= Papers and Monographs of the
   American Academy in Rome. 7).

<u>Beda</u> Venerabilis: Explanatio Apocalypsis, MPL 93,129-
   206.

<u>Bellarmini</u>, Robert: Opera omnia, ex editione Veneta pluri-
   bus tum additis tum correctis iterum ed. J. Fèvre, Bd
   I, Paris 1870, Neudr. Frankfurt/Main 1965.

<u>Bernardini</u>, Paulino: <u>Concordia</u> ecclesiastica contra tutti
   gli heretici, ove si dichiara, qual sia l'authorita della Chiesa, del concilio, della sedia Apostolica, et de
   santi dottori... Discorso sopra la vita et dottrina Lutherana, per il medesimo authore tradotto, Florenz 1552.

<u>Bibel deutsch, 1545</u> = D. Martin Luther: Die gantze Heilige
   Schrifft Deudsch. Wittenberg 1545. Letzte zu Luthers
   Lebzeiten erschienene Ausgabe, hg.v. H. Volz, H. Blanke
   und F. Kur, 2 Bde und Bh., München und Darmstadt 1972.
Weitere deutsche Bibeln sind in Tabelle 12 zusammengestellt.

<u>Bibel holländisch, 1725</u> = Biblia, Dat is, De gantsche H.
   Schriftuure, vevattende alle de Boeken des Ouden ende
   Nieuwen Testaments; uyt D. M. Lutherus Hoogduytsche By-
   bel, in onze Nederlandsche Taale getrowelyk overgezet...
   Ten dienste van den Christelyke Gemeynte d'Onveranderde
   Augsburgsche Confessie toegedaan in deze Nederlanden,
   Amsterdam: S. Schoonwald 1725 (Erlangen UB, Thl. II,27
   4°).

<u>Bibel katholisch, 1662</u> = Bibel, das ist: Die heilige schrift
   alten und neuen testaments nach der uhralten, gemeinen,
   lateinischen, von der catholischen kirchen bewährten und
   in derselbigen bißhero allzeit gebrauchten version oder
   ubersetzung..., von etlichen der heiligen schrift gelehrten und teutscher sprach erfahrnen darzu verordneten personen treulich verteutscht in ... Meintz, Nürnberg: J. A.
   und W. Endter, und Frankfurt/Main: B. Ch. Wust 1662 (Erlangen UB, Thl. II, 37 2°).

<u>Biblia</u> cum pleno apparatu summariorum, concordantiarum et
   quadruplici repertorii sive indicii numerique foliorum
   distinctione (angebunden:) Interpretationes nominum
   Hebraicorum, <u>Basel</u>: J. Petri und J. Froben <u>1509</u> (München SB, 2° B. lat. 10).

<u>Biblia cum glossulis</u> tam marginalibus quam interlineari-
   bus ordinariis una cum... Nicolai de Lyra postillis,

moralitatibusque in propriis locis de novo positis,
additionibus Pauli Burgen[sis] episcopi ac replicis
magistri Matthiae Doring..., 6 Bde, Basel: J. v. Amerbach, J. Petri und J. Froben 1501/02 (Erlangen UB, Inc.
1479-1484). Die Vorreden und die Glossa ordinaria auch
in: MPL 113,25-62.67-114,752.

Biblia sacra, quae praeter antiquae Latinae versionis neces-
sariam emendationem et difficiliorum locorum succinctam
explicationem (utplurimum ex beatae recordationis viri
D. D. Lucae Osiandri etc., Andreae parentis, commenta-
riis biblicis depromptam)..., 4. Ausg. v. Andreas Osiander d.J., Frankfurt/Main: M. Becker für N. Roth und G.
Tampach 1611 (Erlangen UB, Thl. II, 18 2°).

Biblia mit der außlegung, das ist: Die ganze heilige schrift
altes und neues testaments... D. Martini Lutheri mit einer kurzen, jedoch gründlichen erklärung des textes, andeutung aller gedenkwürdigen sachen und der fürnehmsten
lehrpuncten..., auch mit fürgesetzten verständlichen summarien über alle bücher und capitel aus... D. Lucae Osiandri... lateinischem exemplar... in die hochdeutsche
sprache (daran zehen ganzer jahr [1600-10] gearbeitet)
hiebevor gebracht und in... Stutgart in sieben theilen
aufs treulichste verfertiget und an den tag gegeben durch
M. David Förtern..., anitzo aber... von neuem zu einem
bande eingerichtet, wobei auch... ein hochnützlicher zusatz geschehen...: Die randglößlein herrn Lutheri..., in
dem deutschen frieden-jahre 1650 zum ersten und nun wie-
derumb zum andern mahle in gegenwärtigem format zu ende
gebracht, Lüneburg: Stern 1665 (Erlangen UB, Thl. II,63).

Biblia sacra iuxta vulgatam versionem recensuit et brevi
apparatu instruxit R. Weber, 2 Bde, Stuttgart 1969.

Biblia cum concordantiis veteris et novi testamenti et sacrorum canonum necnon et additione in marginibus varieta-
tis diversorum textuum...(angebunden:) Interpretationes
nominum Hebraicorum, Venedig 1511 (Augsburg SStB, 4° Th.
B V,3).

Bibliander, Enarratio s. unter: Artopaeus, Isagoge

Bidlo, Jaroslav (Hg.): Akty jednoty bratrské, 2 Bde, Brünn
1915/23 (= Prameny dějin moravských. 3 und 4).

Biel, Gabriel: Canonis misse expositio, ed. H. A. Oberman

et W. J. Courtenay, 4 Bde, Wiesbaden 1963-67 (= Veröffentlichungen des Instituts für Europäische Geschichte Mainz.
31-34).

Bindseil, Heinrich Ernst (Hg.): D. Martini Lutheri collo-
quia, meditationes, consolationes, iudicia, sententiae,
narrationes, responsa, facetiae e codice ms. Bibliotheca orphanotrophaei Halensis, 3 Bde, Lemgo und Detmold
1863-66.

BoA = Luthers Werke in Auswahl, hg.v. O. Clemen, 8 Bde
(Bonn, später Berlin 1912-33); Bd 1-4: 5. verb. Aufl.,
Berlin 1959; Bd 5f: 2., verb. Aufl. 1955; Bd 7f: 3. Aufl.
1962.

Bornkamm, Heinrich (Hg.): Luthers Vorreden zur Bibel,
Hamburg 1967 (= Furche-Bücherei. 238).

Br = WA, Abt. Briefe.

Brenz, Johannes: Frühschriften, Teil 2, hg.v. M. Brecht,
G. Schäfer und F. Wolf, Tübingen 1974 (= ders.: Werke.
Eine Studienausgabe).

Brenz, Johannes: Wie sich die prediger und leyen halten sollen, so der Türk das teutsch land uberfallen würde,
christliche und notturftige unterricht, anno 1531, Wit-
temberg. Am Ende: Gedruckt zu Nürmberg durch Künigund
Hergotin (München SB, 4° Hom. 264$\underline{m}$).

BSLK = Die Bekenntnisschriften der evangelisch=lutheri-
schen Kirche, hg. im Gedenkjahr der Augsburgischen
Konfession 1930, 4., durchgesehene Aufl., Göttingen
1959.

Buchwald, Georg: Lutherana. Notizen aus Rechnungsbüchern
des Thüringischen Staatsarchiv zu Weimar, ARG 25, 1928,
S. 1-98.

Buchwald, Georg (Hg.): Ungedruckte Predigten D. Martin Luthers aus den Jahren 1537-1540, Leipzig 1905.

Bullinger, Heinrich: In Apocalypsim Jesu Christi, revela-
tam quidem per angelum Domini, visam vero vel exceptam
atque conscriptam a Iohanne apostolo et evangelista, contiones centum..., Basel: S. Regius 1570 (Staedtke, Bullinger-Bibliographie, S. 156, Nr 329).

Burkhardt, C. A. H. (Hg.): Martin Luthers Briefwechsel. Mit
vielen unbekannten Briefen und unter vorzüglicher Berück-

sichtigung der de Wette'schen Ausgabe, Leipzig 1866.

Burkitt, F. C. (Hg.): The Book of Rules of Tyconius, Cambridge 1894, Neudr. Nendeln 1967 (= Text and Studies. 3,1).

Cajetan, Thomas de Vio: De divina institutione pontificatus Romani pontificis (1521), hg.v. F. Lauchert, Münster 1925 (= CCath 10).

Cano, Melchior: De locis theologicis libri duodecim, Löwen: S. Sassen 1564 (Passau SB, Ca(b)16).

Carion, Johannes (und Philipp Melanchthon): Chronica, Wittenberg: G. Rhau o.J. (1532) (Erlangen UB, Hist. 98 4°).

Cassiodorus, Aurelius: Expositio Psalmorum, MPL 70,9-1056, besser: CChr 97f.

CChr = Corpus Christianorum. Series latina, Bd 1ff, Turnhout 1953ff.

Chyträus, David: Explicatio Apocalypsis Iohannis perspicua et brevis, Wittenberg: J. Crato 1563 (Bonn UB, Ga 1520).

Clemen, Otto (Hg.): Flugschriften aus den ersten Jahren der Reformation, 4 Bde, Leipzig 1907-11.

Cochläus, Johannes: De autoritate ecclesiae et scripturae libri duo..., o.O., o.J. (Vorrede datiert: Rom 1524) (München SB, Polem. 637 4°).

Contarini, Gasparo: Gegenreformatorische Schriften (1530c.-1542), bearb. v. F. Hünermann, Münster 1923 (= CCath 7).

Cornelius a Lapide: Commentaria in scripturam sacram, ed. nova, tomus 21: Apocalypsis sancti Joannis, Paris 1866.

CR = Corpus Reformatorum, Bd 1-28: Philippi Melanthonis Opera... omnia, ed. C. G. Bretschneider und H. E. Bindseil, Halle, später Braunschweig 1834-60; Bd 29-87: Joannis Calvini Opera... omnia, ed. G. Baum u.a., Braunschweig, später Berlin 1863-1900; Bd 88ff: Huldreich Zwinglis Sämtliche Werke, hg.v. E. Egli, G. Finsler u.a., Berlin, später Leipzig, dann Zürich 1905ff.

CS = Corpus Schwenckfeldianorum, 19 Bde, Pennsburg (Pe) 1907-61.

CSEL = Corpus Scriptorum Ecclesiasticorum Latinorum, Bd 1ff, Wien 1866ff.

Dante Alighieri: La Commedia secondo l'antica vulgata, a cura di G. Petrocchi, 4 Bde, Mailand 1966f (= Le opere di Dante Alighieri. Edizione Nazionale, a cura della Società Dantesca Italiana).

Denzinger, Heinrich und Adolf Schönmetzer (Hg.): Enchiri-
    dion symbolorum, definitionum et declarationum de rebus
    fidei et morum, 34. Aufl., Freiburg 1965.
Döllinger, Ignaz von: Beiträge zur Sektengeschichte des
    Mittelalters, 2 Teile, München 1890.
Döring, Matthias s. Biblia cum glossulis
Dungersheim, Hieronymus von Ochsenfurt: Confutatio apolo-
    getici cuiusdam sacrae scripturae falso inscripti, ad
    illustrissimum principem Georgium, Saxoniae ducem etc.,
    Leipzig: W. Monacensis 1514 (Erlangen UB, Thl. V,1031
    4°).
EA = Dr. Martin Luther's sämtliche Werke, 67 Bde, 1. Aufl.,
    Erlangen 1826-57; EA^2 = EA, Bd 1-20, 24-26, 2. Aufl.,
    Frankfurt/Main und Erlangen 1862-85; EA var. = D. Marti-
    ni Lutheri opera latina varii argumenti ad reformationis
    historiam imprimis pertinentia, 7 Bde, Frankfurt/Main
    und Erlangen 1865-73.
Eck, Johannes: Defensio contra amarulentas D. Andreae Bo-
    denstein Carolstatini invectiones (1518), hg.v. J. Gre-
    ving, Münster 1919 (= CCath 1).
Emser, Hieronymus: Annotationes... über Luthers Neu Testa-
    ment und dem Neuen Testament, so Emßer verteutschet hat,
    durch ein ineinanderverzeychnung angeknöpft, Freiburg i.Br.:
    J. Faber 1529 (Erlangen UB, Thl. V, 1005^{em}).
Emser, Hieronymus: Auß was grund und ursach Luthers dolmat-
    schung uber das Naue Testament dem gemeinen man billich
    vorboten worden sey, mit scheynbarlicher anzeygung, wie,
    wo und an wölchen stellen Luther den text vorkert und
    ungetreulich gehandelt oder mit falschen glosen und vor-
    reden auß der alten christlichen ban auf seyn vorteyl
    und whan gefurt hab..., Leipzig: W. Stöckel o.J. (Be-
    schlußrede datiert auf 1523) (Erlangen UB, Thl. V,1044^{em}).
Emser, Hieronymus: Schriften zur Verteidigung der Messe,
    hg.v. Th. Freudenberger, Münster 1959 (= CCath 28).
Enders, Ernst Ludwig (Bearb.): D. Martin Luthers Briefwech-
    sel, 18 Bde, Frankfurt/Main 1884-1932.
Epiphanius von Salamis: Panarion, MPG 41f, besser: GCS 25,
    31 und 37.
Erasmus, Desiderius von Rotterdam: Opera omnia. Tomus sex-

<u>tus</u>, complectens Novum Testamentum, Cui, in hac Editione, subjecta sunt singulis paginis Adnotationes, Leiden 1705, Neudr. Hildesheim 1962 (= Desiderii Erasmi Roterodami Opera omnia..., recognovit J. Clericus. 6).

<u>Eusebius</u> von Cäsarea und Tyrannius <u>Rufinus</u>: Historia Ecclesiastica (Kirchengeschichte), MPG 20,45-906; MPL 21,464-540, entsprechend GCS 9 I-III.

<u>Faber</u>, Jacobus Stapulensis: Quincuplex Psalterium: Gallicum, Romanum, Hebraicum, vetus, conciliatum, Paris: H. Estienne 1509 (Köln UB, G.B. IV.2891).

<u>Ficker</u>, Johannes: Eine <u>Inschrift</u> Luthers im Lutherhause, ThStKr 107, 1936, S. 65-68.

<u>Förstemann</u>, Karl Eduard und Heinrich Ernst <u>Bindseil</u> (Hg.): D. Martin Luthers <u>Tischreden</u> oder Colloquia... nach den Hauptstücken unserer christlichen Lehre zusammen getragen. Nach Aurifabers erster Ausgabe..., 4 Bde, Leipzig und Berlin 1844-48 (= D. Martin Luther's sämmtliche Schriften. 22).

<u>Freitag</u>, Albert: Ein <u>Band</u> aus Luthers Erfurter Klosterbibliothek, in: Mittelalterliche Handschriften. Festg. zum 60. Geburtstage von Hermann Degering, Leipzig 1926, S. 93-110.

<u>Friedberg</u>, Emil (Hg.): <u>Corpus</u> Iuris Canonici, 2 Bde, Leipzig 1879, Neudr. Graz 1955.

<u>Gerhard</u>, Johann: <u>Loci</u> theologici..., ed. E. Preuß, 9 tomi und indices, Berlin, später Leipzig 1863-85.

<u>Gerson</u>, Johannes Carlerius de: De <u>mystica theologia</u>, ed. A. Combes, Lucca 1958 (= Thesaurus mundi).

<u>Geß</u>, Felician (Hg.): <u>Akten</u> und Briefe zur Kirchenpolitik Herzog Georgs von Sachsen, 2 Bde, Leipzig 1905/17.

<u>Gödeke</u>, Karl (Hg.): Pamphilus <u>Gengenbach</u>, Hannover 1856.

<u>Goll</u>, Jaroslav (Hg.): <u>Fontes</u> rerum Bohemicarum, Bd V, Prag 1893.

<u>Glossa ordinaria</u> s. <u>Biblia cum glossulis.</u>

<u>Gonnet</u>, Giovanni: Le <u>confessioni</u> di fede Valdesi prima della riforma, Turin 1967 (= Collana della Facoltà Valdese di Teologia, Roma. [8]).

<u>Gui</u>, Bernard: <u>Manuel</u> de l'inquisiteur, édité et traduit par G. Mollat, 2 Bde, 2. Aufl., Paris 1964 (= Les Clas-

siques de l'Histoire de France au MA. 8 und 9).

Gui, De secta Apostolorum = Historia Fratris Dulcini Here-
siarche, di anonimo sincrono, e: De secta illorum, qui
se dicunt esse de ordine Apostolorum, di Bernardo Gui,
a cura di A. Segarizzi, Città di Castello 1907 (= Rerum
Italicarum scriptores, ed. L. A. Muratori, nuova edizione riveduta, ampliata e correta. 9,5).

Hampe, Th(eodor): Nürnberger Ratsverlässe über Kunst und
Künstler im Zeitalter der Spätgotik und Renaissance
(1449) 1474-1618(1633), Bd 1: (1449)1474-1570, Wien und
Leipzig 1904 (= Quellenschriften für Kunstgeschichte
und Kunsttechnik des Mittelalters und der Neuzeit. NF 11).

Haymo von Halberstadt: Expositionis in Apocalypsin B. Joannis libri VII, MPL 117,937-1220.

(Pseudo-)Hieronymus: Breviarium in Psalmos, MPL 26,871-1378.

Hirsch, Emanuel und Hanns Rückert (Hg.): Luthers Vorlesung
über den Hebräerbrief nach der vatikanischen Handschrift,
Berlin und Leipzig 1929 (= AKG 13).

Historia tripartita, MPL 69,879-1296 = CSEL 71.

Höfler, Konstantin (Hg.): Geschichtsschreiber der hussitischen Bewegung in Böhmen, 3 Teile, Wien 1856-66 (= Fontes rerum Austriacarum. I,2.6.7).

Hoffmann, Melchior: Außlegung der Heimlichen offenbarung
Joannis, des heyligen apostels und evangelisten, Straßburg: B. Beck 1530 (München SB, Exeg. Pr. 503).

Hugo de St. Cher = Biblia Latina cum postilla Hugonis Car-
dinalis, 7 Bde, Basel: J. v. Amerbach 1498-1502 (Erlangen UB, Inc. 117-123).

Hummel, Bernhard Friedrich (Hg.): Epistolarum Historico-
ecclesiasticarum seculo XVI. et XVII. a celeberrimis
viris scriptarum Semicenturia altera, Halle 1780.

Huß, Johannes: De Anatomia Antichristi, ed. O. Brunnfels,
o.O., o.J. (Straßburg 1524), Neudr. als: Matthias Janov:
Opera, Hildesheim und New York 1975 (= Nikolaus Ludwig
von Zinzendorf. Materialien und Dokumente, Reihe 1, Bd 1,
[Teil 1]).

Huß, Johannes: Sermones de tempore, qui Collecta dicuntur,
ed. A. Schmidtova, Prag 1959 (= Magistri Iohannis Hus
Opera omnia. 7).

Huß, Johannes: Tractatus de Ecclesia, ed. S. H. Thomson,
    Cambridge 1956 (= Studies and Texts in Medieval Thought.
    2).
Huß, Opera = Magistri Johannis Hus et Hieronymi Pragensis
    monumenta et opera, 2 Bde, Nürnberg 1558 (Erlangen UB,
    Thl. IV,13ᵃ).
Joachim von Fiore: Expositio... in Apocalypsim, Venedig
    1527, unv. Nachdr. Frankfurt/Main 1964.
Jonas, Dan 7 = Das siebend capitel Danielis von des Türken
    gotteslesterung und schrecklicher morderey, mit unter-
    richt Justi Jonae, Wittenberg: H. Lufft o.J. (Anfang
    Dezember 1529) (München SB, Exeg. 406 4°).
Kalivoda, R. und A. Kolesnyk (Hg.): Das hussitische Den-
    ken im Lichte seiner Quellen, Berlin 1969 (= Beitr. zur
    Gesch. des religiösen und wissenschaftlichen Denkens. 8).
Karlstadt, Andreas Bodenstein von: Predig oder homilien
    uber den propheten Malachiam genant, Wittenberg o.J.
    (Vorrede datiert auf 1522) (Freys - Barge, Verzeichnis,
    Nr 94).
Kawerau, Jonas-Briefwechsel = Der Briefwechsel des Justus
    Jonas, bearb. v. G. Kawerau, 2 Bde, Halle 1884/85, Neudr.
    Hildesheim 1968 (= Geschichtsquellen der Provinz Sachsen
    und angrenzender Gebiete. 17).
Lambert, Franz von Avignon: Commentarii de prophetia, eru-
    ditione et linguis deque littera et spiritu, eiusdem li-
    bellus de differentia stimuli carnis, satanae nuntii et
    ustionis, Straßburg: J. Herwagen 1526 (Nürnberg StB,
    Theol. 76 8°).
Lambert, Franz von Avignon: Exegeseos... in sanctam divi
    Ioannis Apocalypsim libri VII in academia Marpurgensi
    praelecti, Marburg 1528 (Erlangen UB, Thl. V,174).
Lamping, Antonie Jan: Ulrichus Velenus (Oldřich Velenský)
    and his Treatise Against the Papacy, theol. Diss. Leiden
    1975 (erscheint auch als: Studies in Medieval and Refor-
    mation Thought. 19).
Lautensack, Paul: Ein anzeigung mit schrift, was in der er-
    barn frauen Gundelfingerin behausung am Spitzen Berg
    daselbsten in ihrem soller vor gemählte ist angestellt,
    nemlich das erste theil von der offenbarung Jesu CHristi,
    anno 1538 (= Unterteil von: ders.: Beweis).

Lautensack, Paul: Offenbahrung Jesu Christi, das ist: Ein
    Beweisz durch den titul uber das creuz Jesu Christi und
    die drey alphabeth, als hebreisch, graegisch und latei-
    nisch, wie auch etliche wunderbahre figuren, welcher ge-
    stalt der einige Gott auf underschiedene arth und weiß
    und endlich ohne einige figur wahrhaftig und vollkömlich
    in der person Jesu Christi sich geoffenbahret habe...,
    uber welche umb völligers verstands willen die außlegung
    M. V. Weigelii herzugesetzt worden, darin zu finden, wie
    der mensch mit Gott, himmel und erden durch das Wort,
    welches am end der welt fleisch worden, in einem thon
    gehe und deß teufels dissonans verhütet werde, Frankfurt/
    Main: L. Jennis 1619; darin: ders., Tractatus; ders.,
    Anzeigung; Weigel, Erklärung, jeweils mit eigener Seiten-
    zählung (Bamberg SB, Myst. q. 2<u>ac</u>).

Lautensack, Paul: Tractatus des gottseligen, frommen, hoch-
    erleuchten und geistreichen mannes gottseliger gedächt-
    nuß, von ihme geschrieben und hinderlassen anno 1545 (=
    Unterteil von: ders., Beweis).

Paul Lautensacks Schrifft/ ex MSto.: Verzeichnüß/ was des
    Buchs Offenbahrung Innhalt sey von JEsu Christo endlich
    zu wissen allen Christen=Menschen/ die anders sel. wer-
    den/ darein geschrieben und ewiglich erhalten werden,
    [hg.v. D. Ehinger], Unschuldige Nachrichten von alten
    und neuen theologischen Sachen 1711, S. 587-96.

Lehmann, Paul: Aus der 'Vorratskammer' des Chronisten
    Dietrich Engelhus, HJ 47, 1927, S. 489-99.

Libellus de ritu et moribus Turcorum ante LXX annos editus,
    cum praefatione Martini Lutheri, Wittenberg: H. Lufft
    1530 (München SB, Germ. g. 358^i/1).

Lichtenberger, Johannes: Die weissagunge Johannis Lichten-
    bergers, [durch Stephan Roth] deudsch zugericht mit
    vleys, samt einer nutzlichen vorrede und unterricht D.
    Martini Luthers, wie man dieselbige und dergleichen weis-
    sagunge vernemen sol, Wittenberg: H. Lufft 1527 (Benzing,
    Lutherbibliographie, S. 279f, Nr 2403).

Lilienstein, Jakob: Tractatus contra Waldenses, fratres
    erroneos, quos vulgus vocat Pickardos, fratres sine
    regula, sine lege et sine oboedientia..., quorum multi
    sunt in Moravia plus quam in Bohemia, o.O. 1505 (München

SB, Polem. 1786).

Luther, Martin: Der prophet Sacharja ausgelegt durch Mart. Luther, Wittenberg: M. Lotter 1528 (Benzing, Luther- bibliographie, S. 288, Nr 2471).

Lyra, Nikolaus von s. Biblia cum glossulis.

MA = Luther, Martin: Ausgewählte Werke, hg.v. H. H. Bor- cherdt und G. Merz, 6 Bde und 7 Ergbde, 3. Aufl., Mün- chen 1948-65.

Matthias von Janow: Regulae Veteris et Novi Testamenti, ed. V. Kybal, Bd 1-4, Innsbruck 1908-13.

Meinhold, Peter: Geschichte der kirchlichen Historiographie, Bd I, Freiburg und München 1967 (= Orbis Academicus. III,3).

Apocalypsis. D. Sebastiani Meyer, ecclesiastae Bernensis, in Apocalypsim divi Iohannis apostoli commentarius no- stro huic saeculo accommodatus, natus et editus, Zürich: Froschauer 1584 (wahrscheinlich Drf. für: 1539) (Erlan- gen UB, Thl. XII,512).

Moneta Cremonensis: Adversus Catharos et Valdenses libri quinque, ed. Th. A. Ricchini, Rom 1743, Neudr. Ridgewood (NY) 1964.

MPG = Patrologiae cursus completus, series Graeca, ed. J. P. Migne, 161 Bde und Regbd, Paris 1857-1912.

MPL = Patrologiae cursus completus, series Latina, ed. J. P. Migne, 217 Bde und 4 Regbde, Paris 1878-90, 4 Suppl.- Bde, 1958-67.

Mülhaupt, Erwin (Hg.): D. Martin Luthers Evangelien-Ausle- gung, 5 Teile, 3., durchgesehene Aufl., Göttingen 1957-61.

Müntzer, Thomas: Schriften und Briefe. Kritische GA, hg.v. G. Franz, Gütersloh 1968 (= QFRG 33).

Nanni, Giovanni: Glossa sive expositio super Apocalypsim Joannis Viterbiensis... de statu ecclesiae ab anno salu- tis MCCCCLXXXI usque ad finem mundi et de praeclaro et gloriosissimo triumpho christianorum in Turcos et mahu- methanos, quorum secta et imperium breviter incipiet de- ficere, ex fundamentis Joannis in Apoc. et ex sensu eius- dem litterali apertissimo cum consonantia ex iudiciis astrorum. Am Ende: Ex Genua 1480, die XXXI. Martii in sabbato sancto completum, Köln: M. v. Werden 1507 (Augs- burg SStB, Th. Ex. Annius).

Nigrinus, Georg: Apocalypsis. Die Offenbarunge sanct Johannis, des apostels und evangelisten, in diesen letzten, trübseligen zeiten allen rechten christen zum trost und besserung wider das ganze antichristische reich und alle feinde der waren christlichen kirchen, in sechszig predigten verfasset und sampt den zugethanen figuren mit lateinischen und teutschen verssen aufs treulichst und vleissigst erkleret und ausgeleget, Ursel: N. Heinrich 1573 (Göttingen SUB, 4° Theol. bibl. 1060/42).

NT 1516 = Novum instrumentum omne diligenter ab Erasmo Roterodamo recognitum et emendatum... una cum annotationibus, quae lectorem doceant, quid qua ratione mutatum sit..., Basel: J. Froben 1516 (Erlangen UB, Inc. 1252).

NT 1519 = Novum Testamentum omne multo quam antehac diligentius ab Erasmo Roterodamo recognitum, emendatum ac translatum... una cum annotationibus recognitis ac magna accessione locupletatis..., 2 Bde, Basel: J. Froben 1519 (Nürnberg StB, Solg. 154 2°).

NT dänisch, 1524 = Thet Nøye Testamenth. Christiern II's Nye Testamente, Wittenberg 1524, med sprog- og boghistoriske Inledninger ved B. Molde og V. Rosenkilde, Kopenhagen 1950 (= Danske Bibelarbejder fra Reformationstiden. Genudgivet i Facsimile af det Danske Sprog- og Litteraturselskab i 400-året for Trykningen af den Danske Bibel 1550. 1).

NT dänisch, 1529 = Det Ny Testamente oversat af Christiern Pedersen, Antwerpen 1529, med sprog- og boghistoriske Inledninger ved B. Molde og V. Rosenkilde, Kopenhagen 1950 (= Danske Bibelarbejder... (s.o.). 2).

NT deutsch, 1522 = Martin Luther: Septembertestament 1522. Nachdr. des im Besitz der UB Halle/Saale befindlichen Originals... Begleittext von I. Ludolphy, Witten und Berlin o.J. (1972).

NT flämisch, 1525 = Dat heylich evangelium, dat levende woort gods..., Antwerpen: H. van Ruremunde 1525 (Nijhoff - Kronenberg, Bibliographie, Nr 381).

NT graece = Novum Testamentum Graece cum apparatu critico, curavit Eberhard Nestle, novis curis elaboraverunt Erwin Nestle et K. Aland, 25. Aufl., Stuttgart 1963.

NT graece et latine, 1570 = Τῆς του υἱοῦ θεοῦ καινῆς διαθή-
κης ἄπαντα. Novum Testamentum Iesu Christi, filii Dei,
ex versione Erasmi innumeris in locis ad Graecam veritatem genuinumque sensum emendata. Glossa compendiaria M.
Matthiae Flacii Illyrici Albonensis in Novum Testamentum..., Basel: P. Perna und Th. Dietrich 1570 (Erlangen
UB, Thl. II,17 2°).

NT italienisch, 1552 = Il Nuovo Testamento di Giesu Christo,
salvatore nostro, nuovamente dall'original fonte Greco
in lingua Toscana tradotto, Lyon: G. Rovillio 1552 (Erlangen UB, Thl. II,27).

NT latine, Oxford 1954 = Novum Testamentum Domini nostri
Iesu Christi latine secundum editionem sancti Hieronymi
recensuit J. Wordsworth et H. J. White, partis III. fas-
ciculus III.: Apocalypsis Iohannis, Oxford 1954.

Onus ecclesiae temporibus hisce deplorandis Apocalypseos
suis aeque conveniens Turcarumque incursui iam grassan-
ti accommodatum, non tam lectu quam contemplatu dignis-
simum, iam primum auctoris exactiore adhibita lima ty-
pis a mendosis expurgatum et quam plurimis tum evange-
listarum locis tum aliorum sanctorum scripturis mutuo
non pugnantibus recens illustratum. Bl. 24a: Opus completum est anno 1519, sed in lucem editum typisque ex-
cusum anno Domini 1531, o.O. (München SB, Exeg. 2° 401ª)

'Opus arduum' = Commentarius in Apocalypsin ante centum annos editus, Wittenberg: [N. Schirlentz] 1528 (Benzing,
Lutherbibliographie, S. 289, Nr 2477), darin: Bl. A1b
leer, Bl. A2a-A3a: Luthers Vorrede, Bl. A3b und A4a leer,
Bl. A4b-A6a: Prologus [Gilberti] in Apocalypsim, Bl. A6b
und A7a leer, Bl. A7b-A8a oben: Alius prologus in Apocalypsin, Bl. A8b leer, Bl. Blaff: der Kommentar.

Osiander, Andreas d.Ä.: Coniecturae de ultimis temporibus
ac de fine mundi ex sacris litteris, Nürnberg: J. Pet-
reius 1544 (Seebaß, Bibliographia Osiandrica, S. 138,
Nr 38.1).

Osiander, Lukas: Sacrorum Bibliorum pars III. [= NT], secundum veterem seu vulgatam translationem ad Graecum
textum emendata et brevi ac perspicua explicatione il-
lustrata, insertis etiam locis communibus in lectione

sacra observandis... Adiuncta sunt etiam singulis capiti-
bus argumenta..., Tübingen: G. Gruppenbach 1592 (Erlangen UB, Thl. XI,9).

Osiander, Andreas d.Ä.: Gesamtausgabe, hg.v. G. Müller, Bd
1ff, Gütersloh 1975ff.

Palacký, Franticek: Documenta Magistri Johannis Hus vitam,
doctrinam, causam in Constantiensi concilio actam... il-
lustrantia..., Prag 1869.

Paltz, Johannes von: Caelifodina absconditos scripturae
thesauros pandens, denuo pressa elimata atque, ubi
truncata prius habebatur, supplemento integrata diligenterque ex archetypo emendata, Leipzig: M. Landsberg
1515 (Urdruck 1502). Supplementum Caelifodinae denuo
pressum elimatum atque, ubi truncatum prius habebatur,
supplemento acutissime integratum diligenterque ex archetypo emendatum, Leipzig: M. Landsberg 1516 (Urdruck 1504)
(Erlangen UB, K.B. 625).

Paulus von Burgos s. Biblia cum glossulis.

Perez, Jacobus de Valentia: Centum ac quinquaginta psalmi
Davidici cum diligentissima etiam titulorum omnium ex-
positione, Paris: Ascensius und Johannes Parvus 1509
(Erlangen UB, Inc. 512 2°).

Petrus Lombardus: [Glossa =] In psalmos Davidicos commentarii, MPL 191,55-1296.

Pipping, Heinrich: Arcana bibliothecae Thomanae Lipsiensis
sacra, Leipzig 1703.

Piur, Paul: Petrarcas 'Buch ohne Namen' und die päpstliche Kurie. Ein Beitr. zur Geistesgeschichte der Früh-
renaissance, Halle 1925 (= Deutsche Vierteljahrsschrift
für Literaturwissenschaft und Geistesgeschichte, Buch-
reihe. 6).

Die "Leien-Bibel" des Straßburger Druckers Wendelin Rihel
vom Jahre 1540 mit Holzschnitten von Hans Baldung Grien,
hg.v. E.-W. Kohls, Marburg 1971 (= Qu. und Unters.en
zur Druckgeschichte des 15. und 16. Jahrhunderts. 1).

RTA JR 2 = Deutsche Reichstagsakten unter Kaiser Karl V.,
Bd 2, bearb. v. A. Wrede, 2. Aufl., Göttingen 1962 (=
Deutsche Reichstagsakten. Jüngere Reihe. 2).

Rupert von Deutz: In Apocalypsim Joannis Apostoli commentariorum libri XII, MPL 169,825-1214.

Sackur, Ernst: Sibyllinische Texte und Forschungen. Pseu-
domethodius, Adso und die Tiburtinische Sibylle, Halle
1898.

Schatzgeyer, Kaspar: Scrutinium divinae scripturae pro
conciliatione dissidentium dogmatum (1522), hg.v. U.
Schmidt, Münster 1922 (= CCath 5).

Schönbach, Anton E. (Hg.): Altdeutsche Predigten, Bd 1-3:
Texte, Graz 1886-91.

Schrot, Martin: Apocalypsis. Ain freudengeschray über das
gefallen bapstumb, so yetz diser zeit durch Gottes wort
und schwert überwunden ist, o.O., o.J. (Augsburg: V.
Othmar, um 1546) (München SB, 4° P.O. germ. 225/18).

Schrot, Martin: Ain neüer römischer pasquillus von dem
bapst, seinem reych und seinem stul, der statt Rom und
irer [!] töchtern Pariß und Cöln sampt allen iren gly-
dern, cardinäl, bischof, pfaffen, münch und all vermain-
ten gaistlichen der römischen kirchen, ir wesen, leben,
handlung, undergang und asußdilkung durch die kraft Gottes. Mit klarem text der Bibel alts und neus testaments
on einigen zusatz, Gott und seinem hayligen namen zů
eeren und seiner lieben christenhayt zů trost und under-
richt in disen letsten zeyten..., Augsburg: V. Othmar
1546 (München SB, 4° H. eccl. 870/36).

[Schrot, Martin]: Von der erschrocklichen zurstörung und
niderlag desz ganzen bapstumbs, gepropheceyet und geweissagt durch die propheten, Christum und seine aposteln und auß Johannis Apocalypsi, figürlich und sichtlich gesehen, durch ain hochgelehrten disé gegenwürtige
ding vor sehr vil jaren beschriben und der welt treulich aufs kürzest hiermit fürgehalten zu nutz und gut
der seelen zum ewigen leben..., o.O., o.J. (Augsburg:
D. Denecker 1558) (Nürnberg StB, Solg. 1826 2°).

Seitz, Otto (Hg.): Der authentische Text der Leipziger Disputation (1519), Berlin 1903.

Selge, Kurt-Viktor: Die ersten Waldenser. Mit Edition des
Liber antihaeresis des Durandus von Osca, 2 Bde, Berlin
1967 (= AKG 37).

Selnecker, Nikolaus: Der Prophet Daniel und die Offenbarung Johannis... Am Ende: Perlectum et absolutum die
29. Augusti 1567, Leipzig: J. Berwalt 1567 (Wolfenbüt-

tel HAB, an: C 94b Helmst. 4°).

<u>StA</u> = Melanchthons Werke in Auswahl [Studienausgabe], hg.
v. R. Stupperich, Bd 1ff, Gütersloh 1951ff.

<u>Stapel</u>, Wilhelm (Hg.): Luthers <u>Lieder</u> und Gedichte. Mit
Einleitung und Erläuterungen, Stuttgart 1950.

[<u>Stifel</u>, Michael]: Ein <u>rechenbüchlin</u> vom endchrist. Apocalypsis in Apocalypsim, Wittenberg: G. Rhau 1532 (München
SB, Polem. 1515$\underline{m}$/9).

[<u>Stifel</u>, Michael]: Ein sehr wunderbarliche <u>wortrechnung</u>
sampt einer merklichen erklerung etlicher zalen Danielis und der Offenbarung sanct Johannis, o.O. 1553 (Erlangen UB, in: Thl. V,139).

<u>Strigel</u>, Victorinus: Ὑπομνήματα [<u>Hypomnemata</u>] in omnes libros
Novi Testamenti, quibus et genus sermonis explicatur et
series contionum monstratur et nativa sententia testimoniis
piae vetustatis confirmatur, Leipzig o.J. (Widmungsepistel
datiert auf 1565) (Erlangen UB, Thl. V, 134 4°).

<u>Stumpf</u>, Augustinus: <u>Historia Flagellantium</u>, praecipue in
Thuringia. Una cum authenticis documentis, congessit A.
S. Cartusianus Erfordernsis 1780. Ex ejusdem autographo
nunc primum expressa curante H. A. Erhard, in: K. E.
Förstemann (Hg.): Neue Mittheilungen aus dem Gebiete
historisch=antiquarischer Forschungen 2, Halle und Nord-
hausen 1835, S. 1-37.

<u>Thomas</u> von Aquin: <u>Opera</u>, ed. Leonina, 16 Bde, Rom 1882-1948.

<u>Thomas</u> von Aquin, <u>Sentenzenkommentar</u> = Scriptum secundum,
in quatuor libros sententiarum..., in: Divi Thomae Aqui-
natis, Doctoris Angelici, tomus XVII., Antwerpen 1612.

<u>Thomas von Kempen</u>: De <u>imitatio</u>ne Christi / Nachfolge Chri-
sti und vier andere Schriften, lat. und dt., München 1966.

<u>Titelmans</u>, Franz: Libri duo <u>de autoritate</u> libri Apocalyp-
sis beati Ioannis apostoli, in quibus ex antiquissimo-
rum autorum assertionibus scripturae huius dignitas et
autoritas comprobatur, adversus eos, qui nostra hac tem-
pestate sive falsis assertionibus sive non bonis dubita-
tionibus canonicae et divinae huius scripturae autorita-
ti derogarunt, Antwerpen: M. Hillenius 1530 (Dillingen
Studienbibliothek, II,1090).

<u>TR</u> = WA, Abt. Tischreden.

Turmair, Johannes, genannt Aventinus: Sämtliche Werke, Bd I:
    Kleinere historische und philologische Schriften, hg.v.
    C. Halm und F. Muncher, München 1881.

Turrecremata (Torquemada), Johannes de: Expositio brevis et
    utilis super toto Psalterio, Straßburg 1482 (Erlangen
    UB, Inc. 71).

Vogelsang, Erich (Hg.): Unbekannte Fragmente aus Luthers
    zweiter Psalmenvorlesung 1518, Berlin 1940 (= AKG 27).

Vogt, Otto (Hg.): Bugenhagen, Johannes, Briefwechsel, Stet-
    tin 1888-99 und Gotha 1910, Neudr. Hildesheim 1966.

WA = D. Martin Luthers Werke. Kritische GA, Bd 1ff, Weimar
    1883ff.

Wackernagel, Philipp (Hg.): Martin Luthers geistliche Lieder
    mit den zu seinen Lebzeiten gebräuchlichen Singweisen,
    Stuttgart 1848.

Walch[1] = D. Martin Luthers sowol in Deutscher als Lateini-
    scher Sprache verfertigte und aus der letzteren in die
    erstere übersetzte Sämtliche Schriften, 1. Aufl. in 24
    Bänden, hg.v. J. G. Walch, Halle 1740-53.

Weidensee, Eberhard: Eyne alte prophecey von der verstörung
    des keyserlichen bapstumbs durch das verneuete euangelion,
    welche die bepstischen bisher (wie Balaams esel) gelesen
    und gesungen, j[e]doch nicht verstanden haben..., Magde-
    burg: H. Walther 1541 (Wolfenbüttel HAB, F 1308 Helmst.).

Weigel, Valentin: Ander theil, darin begrieffen die er-
    klehrung mit figuren und sprüchen der heyligen schrift
    (= Unterteil von: Lautensack, Beweis).

Witzel, Georg: Antwort auff Martin Luthers letzt bekennete
    artickel, unsere gantze religion und das concili belan-
    gend (1538), in: CCath 18, Münster 1932, S. 65-115.

Witzel, Georg: Homiliae aliquot ab adventu usque in quadra-
    gesimam et praeterea a dominica XIII. usque ad adventum
    ..., Leipzig: N. Wolrab 1538 (Urdruck 1536) (Richter,
    Schriften Witzels, S. 26, Nr 25.2).

Witzel, Georg: Von der christlichen kyrchen wider Jodocum
    Koch, der sich nennet Justum Jonam, Leipzig: N. Schmidt
    1534 (Richter, Schriften Witzels, S. 16, Nr 13).

Wolf, Johann: Lectionum memorabilium et reconditarum cente-
    narii XVI..., 2 Bde, Lauingen: L. Rheinmichel 1600 (Osian-
    der, Gesamtausgabe 2, S. 418, Nr 11.5).

Wyclif, John: De eucharistia tractatus maior. Accedit tractatus de eucharistia et poenitentia sive de confessione,
ed. J. Loserth, published for the Wyclif Society, London
1892, Neudr. New York, London und Frankfurt/Main 1966.

Wyclif, John: Tractatus de potestate pape, ed. J. Loserth,
published for the Wyclif Society, London 1907, Neudr.
New York, London und Frankfurt/Main 1966.

Wyclif, John: De veritate sacrae scripturae, ed. R. Buddensieg, published for the Wyclif Society, 3 Bde, London
1905-07, Neudr. New York, London und Frankfurt/Main 1966.

Ziegler, Jakob: In hoc volumine haec continentur: duplex
confessio Valdensium ad regem Ungariae missa; Augustini
de Olmucz... epistola contra perfidiam Valdensium; eiusdem doctoris binae litterae ad regiam maiestatem de
haeresi Valdensium; excusatio Valdensium contra binas
litteras doctoris Augustini; Iacobi Zigleri ex Landau
Bavariae contra haeresim Valdensium libri quinque, Leipzig: Melchior Lotter für H. Kuna 1512 (München SB, Polem. 48$\underline{\underline{m}}$).

d) Sekundärliteratur

Aarts, Jan: Die Lehre Martin Luthers über das Amt in der
Kirche. Eine genetisch-systematische Untersuchung seiner Schriften von 1512 bis 1525, Helsinki 1972 (= Schrr.
der Luther-Agricola-Gesellschaft. A 15).

Albrecht, Otto: Luthers Arbeiten an der Übersetzung und
Auslegung des Propheten Daniel 1530 und 1541, ARG 23,
1926, S. 1-50.

Albrecht, Otto: Eine handschriftliche Notiz Melanchthons
aus dem Jahre 1559, ThStKr 70, 1897, S. 797-800.

Allo, E(rnest)-B(ernard): Saint Jean, L'Apocalypse, 3. Aufl.,
Paris 1933 (= Études Bibliques).

Althaus, Paul: Luthers Gedanken über die letzten Dinge, LuJ
23, 1941, S. 9-34.

Althaus, Paul: Die Theologie Martin Luthers, 2. Aufl., Gütersloh 1963.

Appel, Nikolaus: Kanon und Kirche. Die Kanonkrise im heutigen Protestantismus als kontroverstheologisches Problem,
Paderborn 1964 (= Konfessionskundliche und kontroverstheo-

logische Studien. 9).

Asendorf, Ulrich: Eschatologie bei Luther, Göttingen 1967.

Auerbach, Erich: Figura, Archivum Romanicum 22, Florenz
1938, S. 436-89.

Bäumer, Papst I = Bäumer, Remigius: Der junge Luther und der
Papst, Catholica 23, 1969, S. 392-420.

Bäumer, Papst II = ders.: Martin Luther und der Papst, Münster 1970 (= Katholisches Leben und Kirchenreform im
Zeitalter der Glaubensspaltung. 30).

Bainton, Roland H.: Martin Luther, 6. Aufl., Göttingen 1967.

Bandt, Hellmut: Luthers Lehre vom verborgenen Gott. Eine
Unters. zu dem offenbarungsgeschichtlichen Ansatz seiner
Theol., Berlin 1958 (= ThA 8).

Barge, Hermann: Andreas Bodenstein von Karlstadt, 2 Bde,
Leipzig 1905, Neudr. Nieuwkoop 1968.

Barge, Hermann: Luther und Karlstadt in Wittenberg. Eine
kritische Unters., HZ 99, 1907, S. 256-324.

Barth, Hans-Martin: Zur inneren Entwicklung von Luthers
Teufelsglauben, KuD 13, 1967, S. 201-11.

Barth, Hans-Martin: Der Teufel und Jesus Christus in der
Theologie Martin Luthers, Göttingen 1967 (= FKDG 19).

Bartoš, František M.: Das Auftreten Luthers und die Uni-
tät der böhmischen Brüder, ARG 31, 1934, S. 103-20;
auch in: Wirkungen der deutschen Reformation bis 1555,
Darmstadt 1967 (= Wege der Forschung. 203), S. 333-50.

Bartoš, František M.: Puer Bohemus. Dva projevy husitské
propagandy, Prag 1924 (= Věstník Královské České Společ-
nosti Nauk. Třída filosoficko-historicko-jazykozpytná.
Ročník 1923, II = Mémoires de la Société Royale des
Sciences de Bohême. Classe des lettres. Année 1923, II).

Bartoš, František M.: Lollardský a husitský výklad Apoka-
lypsi, Reformační sborník 6, 1937, S. 112-14.

Bartsch, Hans-Werner: Die unvollendete Reformation des 16.
Jahrhunderts. Kritische Überlegungen zur gegenwärtigen
Geltung der lutherischen Bekenntnisschriften, Hamburg
1968 (= Evangelische Zeitstimmen. 35/36).

Bauer, Karl: Die Wittenberger Universitätstheologie und
die Anfänge der Deutschen Reformation, Tübingen 1928.

Bayer, Oswald: Promissio. Geschichte der reformatorischen
Wende in Luthers Theol., Göttingen 1971 (= FKDG 24).

Beintker, Horst: Zur Datierung und Einordnung eines neueren
    Luther-Fragmentes, WZ Greifswald I, 1951/52, gesellschafts-
    und sprachwissenschaftliche Reihe 2/3, S. 70-78.
Beintker, Horst: Die Überwindung der Anfechtung bei Luther.
    Eine Studie zu seiner Theol. nach den Operationes in
    Psalmos 1519-21, Berlin 1954.
Beißer, Friedrich: Claritas scripturae bei Martin Luther,
    Göttingen 1966 (= FKDG 18).
Bellucci, Dino: Fede e giustificazione in Lutero. Un esame
    teologico dei "Dictata super psalterium" e del commenta-
    rio sull'epistola ai Romani (1513-1516), Rom 1963 (= An-
    Greg 135).
Benrath, Gustav Adolf: Wyclifs Bibelkommentar, Berlin
    1966 (= AKG 36).
Benz, Ernst: Ecclesia spiritualis, 2. Aufl., Darmstadt 1964.
Birnbaum, N.: Luther et le millénarisme, Archives de Socio-
    logie des Religions, Paris 1958, S. 101f.
Bizer, Ernst: Luther und der Papst, München 1958 (= ThEx NF
    69).
Bläser, Peter: Rechtfertigungsglaube bei Luther, Münster
    o.J. (1953).
Blankenheim, Ludwig M.: Die Richtervorlesung Luthers, ARG
    51, 1960, S. 1-18.
Blankenheim, Ludwig M.: Die Richtervorlesung Luthers. Neue
    Unters.en, theol. Diss. Heidelberg 1922 (Masch.).
Böhmer, Heinrich: Luthers erste Vorlesung, Leipzig 1924 (=
    BAL 75, 1923, H. 1).
Börsch, Ekkehard: Geber - Gabe - Aufgabe. Luthers Prophetie
    in den Entscheidungsjahren seiner Reformation 1520-1525,
    München 1958 (= FGLP 10,13).
Bornemann, Wilhelm: Die Thessalonicherbriefe, 5. und 6.,
    völlig neu bearb. Aufl., Göttingen 1894 (= MeyerK 10).
Bornkamm, Heinrich: Luther und das Alte Testament, Tübingen
    1948.
Borst, Arno: Die Katharer, Stuttgart 1953 (= Schrr. der MG.
    12).
Bossert, (Gustav): Luther und Württemberg, Theol. Studien
    aus Württemberg 4, 1883, S. 225-302.
Bousset, Wilhelm: Der Antichrist in der Überlieferung des
    Judentums, des neuen Testaments und der alten Kirche.

Ein Beitr. zur Auslegung der Apocalypse, Göttingen 1895.

Bousset, Wilhelm: Beiträge zur Geschichte der Eschatologie, ZKG 20, 1900, S. 103-31, 261-90.

Bousset, Wilhelm: Die Offenbarung Johannis, 6. Aufl., Göttingen 1906, Neudr. 1966 (= MeyerK 16).

Brandenburg, Albert: Gericht und Evangelium. Zur Worttheologie in Luthers erster Psalmenvorlesung, Paderborn 1960 (= Konfessionskundliche und kontroverstheologische Studien. 4).

Braun, Wilhelm: Die Bedeutung der Concupiscenz in Luthers Leben und Lehre, Berlin 1908.

Bravo, Francisco: El sacerdocio común de los creyentes en la teología de Lutero, Vitoria 1963 (= Victoriensia. 16).

Brütsch, Charles: Die Offenbarung Jesu Christi. Johannes-Apokalypse, 3 Bde, 2. Aufl., Zürich 1970 (= Zürcher Bibelkommentare).

Brunet-Dinard, H(uguette): Le Maitre IF, inspirateur des fresques de l'Apocalypse de Dyonisiou, Gazette des Beaux-Arts 96 (6. Periode, Bd 44), Paris 1954, S. 309-16; englische Übers. S. 363-65.

Brunotte, Wilhelm: Das geistliche Amt bei Luther, Berlin 1959.

Buchanan, Harvey: Luther and the Turks 1519-1529, ARG 47, 1956, S. 145-60.

Burba, Klaus: Die Christologie in Luthers Liedern, theol. Diss. Göttingen 1956 (= SVRG 175).

Campenhausen, Hans Freiherr von: Reformatorisches Selbstbewußtsein und reformatorisches Geschichtsbewußtsein bei Luther 1517-1522, ARG 37, 1940, S. 128-50; auch in: ders.: Tradition und Leben. Kräfte der KG. Aufsätze und Vorträge, Tübingen 1960, S. 318-42.

Chadraba, Rudolf: Dürers Apokalypse. Eine ikonologische Deutung, Prag 1964 (= Tschechoslowakische Akademie der Wissenschaften. Institut für Theorie und Gesch. der Kunst).

Chojecka, Ewa: Deutsche Bibelserien in der Holzstocksammlung der Jagellonischen Universität in Krakau. Mit 173 Faksimiles, Baden-Baden und Straßburg 1961 (= Studien zur dt. Kunstgeschichte. 321).

Chytil, Karel: Antikrist v naukách a umění středověku a

husitské obrazné antithese, Prag 1918 (= Rozpravy České
Akademie Císaře Františka Josefa pro vědy, slovesnost
a uméní. I,59).

Clemen, Otto: Schriften und Lebensausgang des Eisenacher
Franziskaners Johann Hilten, ZKG 47, 1928, S. 402-12.

Credner, Karl August: Zur Geschichte des Kanons, Halle
1847.

Dabin, Paul: Le Sacerdoce Royal des Fidèles dans la Tradition Anciennes et Moderne, Brüssel und Paris 1950 (= Mu-
seum Lessianum - Section théologique. 48).

Damerau, Rudolf: Die Demut in der Theologie Luthers, Gießen
1967 (= Studien zu den Grundlagen der Reformation. 5).

Davis, Charles Till: Dante and the Idea of Rome, Oxford
1957.

Delius, Walter: Luther und Huß, LuJ 38, 1971, S. 9-25.

Delius, Walter: Geschichte der Marienverehrung, München
1963.

Delius, Hans-Ulrich: Zu Luthers historischen Quellen, LuJ
42, 1975, S. 71-125.

Dieckhoff, August Wilhelm: Die Stellung Luthers zur Kirche
und ihrer Reformation in der Zeit vor dem Ablaßstreit.
Festschr. für Theodor F. D. Kliefoth, Rostock 1883.

Dismer, Rolf: Geschichte Glaube Revolution. Zur Schriftauslegung Thomas Müntzers, theol. Diss. Hamburg 1974.

Döllinger, Johann Joseph Ignaz von: Der Weissagungsglaube
und das Prophetenthum in der christlichen Zeit, Historisches Taschenbuch, hg.v. W. H. Riehl, 5. Folge 1, 1871,
S. 257-370; auch in: ders.: Kleinere Schriften, hg.v. F.
H. Reusch, Stuttgart 1890, S. 451-57.

Doerne, Martin: Gottes Volk und Gottes Wort. Zur Einführung
in Luthers Theol. der Kirche, LuJ 14, 1932, S. 61-98.

Drews, Paul: Rezension über: Friedrich Spitta: "Ein feste
Burg ist unser Gott", GGA 168 I, 1906, S. 257-98.

Düfel, Hans: Luthers Stellung zur Marienverehrung, Göttingen 1968 (= Kirche und Konfession. 13).

Der Durchbruch der reformatorischen Erkenntnis bei Luther, hg.v. B. Lohse, Darmstadt 1968 (= Wege der Forschung. 123).

Ebeling, Gerhard: Die Anfänge von Luthers Hermeneutik,
ZThK 48, 1951, S. 172-230.

Ebeling, Gerhard: Evangelische Evangelienauslegung. Eine
     Unters. zu Luthers Hermeneutik, München 1942, Neudr.
     Darmstadt 1962 (= FGLP 10,1).

Ebeling, Gerhard: Der Grund christlicher Theologie. Zum
     Aufsatz Käsemanns über "Die Anfänge christlicher Theo-
     logie", ZThK 58, 1961, S. 227-44.

Ebeling, Gerhard: Luthers Psalterdruck vom Jahre 1513, ZThK
     50, 1953, S. 43-99.

Ecke, Karl: Schwenckfeld, Luther und der Gedanke einer
     apostolischen Reformation, Berlin 1911.

Edel, Gottfried: Das gemeinkatholische mittelalterliche
     Erbe beim jungen Luther. Beitr. zu einer methodischen
     Grundlegung, Marburg 1962 (= Oekumenische Texte und
     Studien. 21).

Ehrle, Franz: Zur Vorgeschichte des Concils von Vienne,
     ALKGMA 2, 1886, S. 353-416.

Elze, Martin: Das Verständnis der Passion Jesu im ausgehen-
     den Mittelalter und bei Luther, in: Geist und Gesch.
     der Reformation. Festg. Hanns Rückert, Berlin 1966, S.
     127-51.

Fagerberg, Holsten: Die Kirche in Luthers Psalmenvorlesungen
     1513-1515, in: Gedenkschrift für D. Werner Elert.
     Beitr. zur historischen und systematischen Theol., hg.v.
     F. Hübner, Berlin 1955, S. 109-18.

Fischer, Robert H.: Paltz und Luther, LuJ 37, 1970, S. 9-36.

Fleming, Gerald: On the Origin of the Passional Christi and
     Antichristi and Lucas Cranach the Elder's Contribution
     to Reformation Polemics in the Iconography of the Pas-
     sional. With 26 figures, Gutenberg-Jahrbuch 1973, S. 351-
     68.

Foerster, Sabine: Das jüngste Gericht bei Luther, philo-
     sophische Diss. Frankfurt/Main o.J. (1922) (Masch.).

Froom, Le Roy Edwin: The Prophetic Faith of Our Fathers.
     The Historical Development of Prophetic Interpretation,
     Vol. II: Pre-Reformation and Reformation, Restoration
     and Second Departure, Washington 1948.

Gerdes, Hayo: Der Weg des Glaubens bei Müntzer und Luther,
     LML 26, 1955, S. 152-65.

Goez, Werner: Die Anfänge der historischen Methoden-Refle-
     xion in der italienischen Renaissance und ihre Aufnahme

in der Geschichtsschreibung des deutschen Humanismus,
AKultG 56, 1974, S. 25-48.

Goez, Werner: Translatio Imperii. Ein Beitr. zur Gesch.
des Geschichtsdenkens und der politischen Theorie im
MA und in der frühen Neuzeit, Tübingen 1958.

Gottschick, J(ohannes): Hus', Luther's und Zwingli's Lehre
von der Kirche, ZKG 8, 1886, S. 345-94 und 543-616.

Greenslade, S. L. (Hg.): The Cambridge History of the Bible,
(Bd 3:) The West from the Reformation to the Present Day,
Cambridge 1963.

Greschat, Martin: Melanchthon neben Luther. Studien zur
Gestalt der Rechtfertigungslehre zwischen 1528 und 1537,
Witten 1965 (= Unters.en zur KG. 1).

Grimm, Wilibald: Kurzgefaßte Geschichte der lutherischen
Bibelübersetzung bis zur Gegenwart mit Berücksichtigung
der vorlutherischen deutschen Bibel und der in der re-
formirten Schweiz gebrauchten deutschen Bibeln. Eine
Denk- und Dankschrift zur vierhundertjährigen Jubelfeier
der Geburt Luthers, Jena 1884.

Grimm, Wilibald: Luthers Übersetzung der alttestamentlichen
Apokryphen, ThStKr 56, 1883, S. 375-400.

Grisar, Hartmann: Luthers Trutzlied "Ein feste Burg" in
Vergangenheit und Gegenwart, Freiburg i. Br. 1922 (= ders.:
Luther-Studien. 4).

Grisar, Hartmann und Franz Heege: Luthers Kampfbilder
I-IV, Freiburg i. Br. 1921-23 (= Luther-Studien, hg.
v. H. Grisar. 2.3.5.6).

Günther, R.: Luthers Lied von der christlichen Kirche,
MGkK 25, 1920, S. 257-67.

Gußmann, Wilhelm (Hg.): Quellen und Forschungen zur Ge-
schichte des Augsburgischen Glaubensbekenntnisses, Bd
I,1.2, Leipzig und Berlin 1911; II, Kassel 1930, Neudr.
Osnabrück 1971.

Gyllenkrok, Axel: Rechtfertigung und Heiligung in der frühen evangelischen Theologie Luthers, Uppsala und Wiesbaden 1952 (= UUÅ 1952:2).

Haar, Johann: Initium creaturae Dei. Eine Unters. über Luthers Begriff der "neuen Creatur" im Zusammenhang mit
seinem Verständnis von Jak 1,18 und mit seinem "Zeit"-
Denken, theol. Diss. Greifswald, Gütersloh 1939.

Hahn, Fritz: Luthers Auslegungsgrundsätze und ihre theolo-
    gischen Voraussetzungen, ZSTh 12, 1934, S. 165-218.

Hahn, Fritz: Faber Stapulensis und Luther, ZKG 57, 1938,
    S. 356-432.

Hahn, Traugott: Tyconius-Studien. Ein Beitr. zur Kirchen-
    und DG des 4. Jahrhunderts, Leipzig 1900 (= Studien zur
    Gesch. der Theol. und der Kirche. 6,2).

Hamel, Adolf: Der junge Luther und Augustin, 2 Bde, Gü-
    tersloh 1934/35.

Hansen, Joseph: Zauberwahn, Inquisition und Hexenprozeß im
    Mittelalter und die Entstehung der großen Hexenverfol-
    gung, München und Leipzig 1900 (= Historische Bibliothek.
    12).

Hartmann, Willi: Die exegetische Grundlegung des Gewissens-
    begriffs bei Luther, theol. Diss. Göttingen 1970 (Masch.).

Hase, Carl Alfred: Herzog Albrecht von Preussen und sein
    Hofprediger. Eine Königsberger Tragödie aus dem Zeital-
    ter der Reformation, Leipzig 1879.

Haugg, Donatus: Die zwei Zeugen. Eine exegetische Studie
    über Apok 11,1-13, Münster 1936 (= NTA 17,1).

Haupt, Hermann: Zur Geschichte der Geißler, ZKG 9, 1888,
    S. 114-119.

Headley, John M.: Luther's View of Church History, New
    Haven (Ct) und London 1963 (= Yale Publications in Re-
    ligion. 6).

Heintze, Gerhard: Allgemeines Priestertum und besonderes
    Amt, EvTh 23, 1963, S. 617-46.

Hendrix, Scott H.: "We Are All Hussites"? Hus and Luther
    Revisited, ARG 65, 1974, S. 134-61.

Hengel, Martin: Gewalt und Gewaltlosigkeit. Zur "politi-
    schen Theologie" in neutestamentlicher Zeit, Stuttgart
    1971 (= Calwer Hefte. 118).

Hennig, Gerhard: Cajetan und Luther. Ein historischer Beitr.
    zur Begegnung von Thomismus und Reformation, Stuttgart
    1966 (= Arbeiten zur Theol. 2,7).

Henschel, Martin: "Der feurige Engel S. Johannes". Zu ei-
    ner Stelle in Luthers Schmalkaldischen Artikeln, LuJ
    31, 1964, S. 69-76.

Hermann, Rudolf: Luthers These "Gerecht und Sünder zugleich". Eine systematische Unters., Gütersloh 1930.

Hermannsson, Halldór: Icelandic Books of the Sixteenth Century, Ithaca (NY) 1916, Neudr. New York 1966 (= Islan-
dica. 9).

Heydenreich, Ludwig Heinrich: Der Apokalypsen-Zyklus im
Athosgebiet und seine Beziehungen zur deutschen Bibelillustration der Reformation, Zeitschr. für Kunstgeschichte 8, 1939, S. 1-40.

Hilburg, Johannes: Luther und das Wort Gottes in seiner
Exegese und Theologie, dargestellt auf Grund seiner Operationes in psalmos 1519/21 in Verbindung mit seinen
früheren Vorlesungen, theol. Diss. Marburg 1948.

Hildebrandt, Ernst: Die kurfürstliche Schloß- und Universitätsbibliothek zu Wittenberg 1512-1547, Zeitschr. für
Buchkunde 2, 1925, S. 34-42, 109-29 und 157-88.

Hillerdal, Gunnar: Luthers Geschichtsauffassung, Studia
theologica 7, 1953, Lund 1954, S. 28-53.

Hillerdal, Gunnar: Prophetische Züge in Luthers Geschichtsdeutung, Studia theologica 7, 1953, Lund 1954, S. 105-
24.

Hinrichs, Carl: Luther und Müntzer, ihre Auseinandersetzung
über Obrigkeit und Widerstandsrecht, 2. Aufl., Berlin
1962 (= AKG 29).

Hirsch, Emanuel: Initium theologiae Lutheri, in: Festg.
für Julius Kaftan, Tübingen 1920, S. 150-69; auch in:
ders.: Lutherstudien, Bd II, Gütersloh 1954, S. 9-35,
und: Durchbruch, S. 64-95.

Hirsch, Emanuel: Lutherstudien, Bd I: Drei Kapitel zu Luthers Lehre vom Gewissen, Gütersloh 1954.

Höhne, Wolfgang: Luthers Anschauungen über die Kontinuität
der Kirche, Berlin und Hamburg 1963 (= Arbeiten zur
Gesch. und Theol. des Luthertums. 12).

Hof, Otto: Luthers exegetischer Grundsatz von der Analogia
fidei, ELKZ 3, 1949, S. 370-75.

Hofmann, Joseph E.: Michael Stifel (1487?-1567). Leben, Wirken und Bedeutung für die Mathematik seiner Zeit, Wiesbaden 1968 (= Sudhoffs Archiv. Bh 9).

Holl I = Holl, Karl: Gesammelte Aufsätze zur Kirchengeschichte, Bd I, 7. Aufl., Tübingen 1948.

Holtz, Traugott: Die Christologie der Apokalypse des Johannes, Berlin 1962 (= TU 85).

Horst, Ulrich: Der Streit um die Heilige Schrift zwischen Kardinal Cajetan und Ambrosius Catharinus, in: Wahrheit und Verkündigung. Michael Schmaus zum 70. Geburtstag, Bd I, Paderborn, München und Wien 1967, S. 551-77.

Howorth, Henry H.: The Origin and Authority of the Biblical Canon According to the Continental Reformers, I.: Luther and Karlstadt, JThS 8, 1907, S. 321-65.

Hoyer, Siegfried: Luther und die Häresien des Mittelalters, in: 450 Jahre Reformation, hg.v. L. Stern und M. Steinmetz, Berlin 1967, S. 89-101.

Huber, Paul: Athos. Leben, Glaube, Kunst, Zürich 1969.

Huck, Johannes Chrysostomus: Joachim von Floris und die joachitische Literatur. Ein Beitr. zur Geistesgeschichte des hohenstaufischen Zeitalters mit Benützung und teilweiser Veröffentlichung ungedruckter Joachimschriften, Freiburg i. Br. 1938.

Iserloh, Erwin: Die Eucharistie in der Darstellung des Johannes Eck. Ein Beitr. zur vortridentinischen Kontroverstheologie über das Meßopfer, Münster 1950 (= RGST 73/74).

Iserloh, Erwin: Luther und die Mystik, in: Kirche, Mystik, Heiligung und das Natürliche bei Luther. Vorträge des 3. Internationalen Kongresses für Lutherforschung, Järvenpää, hg.v. I. Asheim, Göttingen 1967, S. 60-83.

Israel, August: M. Valentin Weigels Leben und Schriften, Zschopau 1888.

Jacob, Günter: Luthers Kirchenbegriff, ZThK NF 15, 1934, S. 16-32.

Jenny, Markus: Neue Hypothesen zur Entstehung und Bedeutung von "Ein feste Burg", JLH 9, 1964, S. 143-52.

Johansen, Paul: Johann von Hilten in Livland. Ein franziskanischer Schwarmgeist am Vorabend der Reformation, ARG 36, 1939, S. 24-50.

Kähler, Ernst: Beobachtungen zum Problem von Schrift und Tradition in der Leipziger Disputation von 1519, in: Hören und Handeln. Festschr. Ernst Wolf, hg.v. H. Gollwitzer und H. Traub, München 1962, S. 214-29.

Käsemann, Ernst: Die Anfänge christlicher Theologie, ZThK 57, 1960, S. 162-85; auch in: ders.: Exegetische Versuche und Besinnungen 2, Göttingen 1964, S. 82-104.

Käsemann, Ernst: Das Neue Testament als Kanon. Dokumentation und kritische Analyse zur gegenwärtigen Diskussion, Göttingen 1970.

Käsemann, Ernst: Der Ruf der Freiheit, Tübingen, 3., veränderte Aufl., 1968.

Käsemann, Ernst: Zum Thema der urchristlichen Apokalyptik, ZThK 59, 1962, S. 257-84; auch in: ders.: Exegetische Versuche und Besinnungen 2, Göttingen 1964, S. 105-31.

Kalivoda, Robert: Revolution und Ideologie. Der Hussitismus, Köln und Wien 1976.

Kaminsky, Howard: Chiliasm and the Hussite Revolution, ChH 26, 1957, S. 43-71.

Kaminsky, Howard: A History of the Hussite Revolution, Berkeley und Los Angeles 1967.

Kamlah, Wilhelm: Apokalypse und Geschichtstheologie. Die mittelalterliche Auslegung der Apk vor Joachim von Fiore, Berlin 1935, Neudr. Vaduz 1965 (= Historische Studien. 285).

Kasten, Horst: Taufe und Rechtfertigung bei Thomas von Aquin und Martin Luther, München 1970 (= FGLP 10,41).

Kattenbusch, Ferdinand: Die Doppelschichtigkeit in Luthers Kirchenbegriff, ThStKr 100, 1927/28, S. 197-347.

Kawerau, Peter: Melchior Hoffmann als religiöser Denker, Haarlem 1954.

Kawerau, Peter: Luther. Leben - Schriften - Denken. Lehrbuch der KG, Marburg 1969.

Kawerau, (Gustav): Neue Forschungen über Luthers Lieder, DEBl 31 (NF 6), 1906, S. 314-35.

Kestenberg-Gladstein, Ruth: The "Third Reich". A fifteenth-century polemic against Joachism, and its background, Journal of the Warburg and Courtauld Institutes 18, Worcester und London 1955, S. 245-95.

Kinder, Ernst: Die Verborgenheit der Kirche nach Luther, in: Festg. Joseph Lortz, hg.v. E. Iserloh und P. Manns, Bd 1: Reformation. Schicksal und Auftrag, Baden-Baden 1958, S. 173-92.

Kišš, Jogor: Luther und Hus, Communio viatorum 8, Prag
     1965, S. 239-50.
Kobialka,Martin: Luther und der jüngste Tag, Luther. Zs.
     der Luther-Gesellschaft 47, 1976, S. 132-38.
Koch, Klaus: Ratlos vor der Apokalyptik. Eine Streitschrift
     über ein vernachlässigtes Gebiet der Bibelwissenschaft
     und die schädlichen Auswirkungen auf Theol. und Philo-
     sophie, Gütersloh 1970.
Köhler, Manfred: Melanchthon und der Islam. Ein Beitr. zur
     Klärung des Verhältnisses zwischen Christentum und Fremd-
     religionen in der Reformationszeit, Leipzig 1938.
Köhler, W(alther) E.: Luther und die Kirchengeschichte nach
     seinen Schriften zunächst bis 1521, I. (untersuchender)
     Teil, 1. Abt.: Die Ablaßinstruktion, die Bullen, Symbo-
     le, Concilien und die Mystiker, Erlangen 1900.
Köhler, Walther E.: Die Quellen zu Luthers Schrift "An den
     christlichen Adel deutscher Nation". Ein Beitr. zum Ver-
     ständnis dieser Schrift Luthers, philosophische Diss.
     Heidelberg, Halle 1895.
Köstlin, Julius: Luthers Theologie in ihrer geschichtli-
     chen Entwicklung in ihrem inneren Zusammenhange, 2 Bde,
     2., neu bearb. Aufl., Stuttgart 1901.
Köstlin, Julius: Martin Luther. Sein Leben und seine Schrif-
     ten, 2 Bde, 5., neu bearb. Aufl., fortgesetzt v. Gustav
     Kawerau, Berlin 1903.
Kohls, Ernst Wilhelm: Die neu gefundene "Leien-Bibel" des
     Straßburger Druckers Wendelin Rihel vom Jahre 1540 mit
     200 unbekannten Holzschnitten von Hans Baldung Grien
     und seiner Schule, ZKG 83, 1972, S. 351-64.
Kommerell, Viktor: Michael Stifel, Mathematiker und Theo-
     loge (1487-1567), in: Schwäbische Lebensbilder 3, 1942,
     S. 509-24.
Kooiman, Willem Jan: Luther en de Bijbel, Baarn 1958 (=
     Bibliotheek van Boeken bij de Bijbel).
Krabbe, Otto: David Chyträus, 2 Abteilungen, Rostock 1870.
Krafft, Johann Melchior: Historische Nachricht von der vor
     zweihundert Jahren 1534 zum allerersten in Wittenberg
     bey Hans Lufften völlig herausgegebenen und zusammenge-
     druckten Verdeutschten Bibel Doct. Martini Lutheri, Al-
     tona 1735.

Kraft, Heinrich: Die Offenbarung des Johannes, Tübingen
1974 (= HNT 16a).

Krause, Gerhard: Studien zu Luthers Auslegung der Kleinen
Propheten, Tübingen 1962 (= BHTh 33).

Kroeger, Matthias: Rechtfertigung und Gesetz. Studien zur
Entwicklung der Rechtfertigungslehre beim jungen Luther,
Göttingen 1968 (= FKDG 20).

Kropatscheck, Friedrich: Das Schriftprinzip in der lutherischen Kirche. Geschichtliche und dogmatische Unters.en,
Bd I: Die Vorgeschichte. Das Erbe des Mittelalters, Leipzig 1904.

Kümmel, Werner Georg: Luthers Vorreden zum Neuen Testament,
in: Reformation und Gegenwart, hg.v. H. Graß und W. G.
Kümmel, Marburg 1968 (= Marburger theol. Studien. 6),
S. 12-23.

Kuhn, Martin: Die Apokalypse-Holzschnitte von Lucas Cranach
als Vorlagen für Großfresken in Athos-Klöstern. Zum 500.
Geburtstag des Kronacher Meisters, Colloquium historicum
Wirsbergense. Geschichte am Obermain 8, 1973/74, S. 13-34.

Kuhn, Richard: Luthers Lehre von der ratio, theol. Diss. Erlangen 1957 (Masch.).

Kunst, Hermann (Hg.): Martin Luther und die Kirche. "Von der
Kirche was, wer und wo sie sei und woran man sie erkennen
soll", Stuttgart 1971.

Kunze, Johannes: Glaubensregel, Heilige Schrift und Tauf-
bekenntnis. Unters.en über die dogmatische Autorität,
ihr Werden und ihre Gesch., vornehmlich in der alten
Kirche, Leipzig 1899.

Kurze, Dietrich: Johannes Lichtenberger (✝ 1503). Eine
Studie zur Gesch. der Prophetie und Astrologie, Lübeck
und Hamburg 1960 (= Historische Studien. 379).

Lamparter, Helmut: Luthers Stellung zum Türkenkrieg, München 1940 (= FGLP 9,4).

Lasch, G.: Der Bilderschmuck der ältesten Lutherischen Bibel, Christliches Kunstblatt für Kirche, Schule und Haus
52, 1910, S. 13-19.

Lau, Franz: Die prophetische Apokalyptik Thomas Müntzers
und Luthers Absage an die Bauernrevolution, in: Gedenkschrift für D. Werner Elert. Beitr. zur historischen und

systematischen Theol. hg.v. F. Hübner, Berlin 1955, S.
163-70.

Lauchert, Friedrich: Die italienischen literarischen Gegner
Luthers, Freiburg i. Br. 1912, Neudr. Nieuwkoop 1972
(= Erläuterungen und Ergänzungen zu Janssens Gesch. des
dt. Volkes. 8).

Leder, Hans-Günter: Ausgleich mit dem Papst? Luthers Haltung in den Verhandlungen mit Miltitz 1520, Stuttgart
1969 (= Arbeiten zur Theol. 1,38).

Leemann-van Elck, Paul: Der Buchschmuck der Zürcher-Bibeln
bis 1800, nebst Bibliographie der in Zürich bis 1800 gedruckten Bibeln, Alten und Neuen Testamente, Bern 1938
(= Bibliothek des Schweizer Bibliophilen. 2,13).

Leff, Gordon: Heresy in the Later Middle Ages. The Relation
of Heterodoxy to Dissent c. 1250-c. 1450, 2 Bde, Manche-
ster und New York 1967.

Leipoldt, Johannes: Geschichte des neutestamentlichen Kanons,
2. Teil: MA und Neuzeit, Leipzig 1908.

Leipoldt, Johannes: Die Kritik des Reformationszeitalters
am neutestamentlichen Kanon, DEB1 31 (NF 6), 1906, S.
773-89.

Leisegang, Hans: Denkformen, 2. Aufl., Berlin 1951.

Leitschuh, Franz Friedrich: Studien und Quellen zur deutschen Kunstgeschichte des XV.-XVI. Jahrhunderts, Frei-
burg/Schweiz 1912 (= Collectanea Friburgensia. 23, NF
14).

Lemmens, Leonhard: Der Franziskaner Johannes Hilten (✠ um
1500), RQ 37, 1929, S. 315-47.

Lepp, Friedrich: Schlagwörter des Reformationszeitalters,
philosophische Diss. Freiburg i. Br., Leipzig 1908.

Lieberg, Hellmut: Amt und Ordination bei Luther und Melanchthon, Göttingen 1962 (= FKDG 11).

Lilje, Hanns: Randbemerkungen zu Luthers Verständnis der
Apokalypse, LML 26, 1955, S. 71-76.

Lind, Richard: Luthers Stellung zum Kreuz- und Türkenkrieg,
theol. Diss. Gießen 1940.

Lindau, M. B.: Lucas Cranach. Ein Lebensbild aus dem Zeitalter der Reformation, Leipzig 1883.

Loeschen, John Richard: Eschatological Themes in Luther's

Theology, philosophische Diss. Berkeley (Ca) 1968 (Mikrofilm).

Loewenich, Walther von: Zur Gnadenlehre bei Augustin und bei Luther, ARG 44, S. 52-63; auch in: ders.: Von Augustin zu Luther. Beitr. zur KG, Witten 1959, S. 75-87.

Loewenich, Walther von: Luthers theologia crucis, 5. Aufl., Witten 1967.

Lohse, Bernhard: Luther und Huß, LML 36, 1965, S. 108-22.

Lohse, Bernhard: Mönchtum und Reformation. Luthers Auseinandersetzung mit dem Mönchsideal des Mittelalters, Göttingen 1963.

Lohse, Eduard: Die Offenbarung des Johannes, übersetzt und erklärt, 8. Aufl., Göttingen 1960 (= NTD 11).

Lohse, Bernhard: Ratio und fides. Eine Unters. über die ratio in der Theol. Luthers, Göttingen 1958 (= FKDG 8).

Lønning, Inge: "Kanon im Kanon". Zum dogmatischen Grundlagenproblem des neutestamentlichen Kanons, Oslo und München 1972 (= FGLP 10,43).

Lubac, Henri de: Exégèse médiévale. Les quatre sens de l'écriture, partie 1 I und II; 2 I und II, Paris 1959-64 (= Théologie. 41.42.59).

Lücke, Friedrich: Versuch einer vollständigen Einleitung in die Offenbarung des Johannes, oder: Allgemeine Untersuchung über die apokalyptische Literatur überhaupt und die Apokalypse des Johannes insbesondere, 2 Bde, 2., vermehrte und verb. Aufl., Bonn 1852.

Lutjeharms, Wilhelm: Die Wirkung der Bibel in Belgien, in: Die Bibel in der Welt. Jb. des Verbandes der ev. Bibelgesellschaften in Deutschland 13, 1971, S. 58-79.

Macek, Josef: Die böhmische und die deutsche radikale Reformation bis zum Jahre 1525, ZKG 85, 1974, H. 2, S. 5-29 [149-73].

Machilek, Franz: Heilserwartung und Revolution der Taboriten 1419/21, in: Festiva lanx. Studien zum mittelalterlichen Geistesleben, Johann Spörl zum 60. Geburtstag, München 1966, S. 67-94.

Manselli, Raoul: La "Lectura super Apocalipsim" di Pietro di Giovanni Olivi. Ricerche sull'escatologismo medioevale, Rom 1955 (= Istituto Storico Italiano per il

Medio Evo. Studi Storici. 19-21).

Manselli, Raoul: Spirituali e Beghini in Provenza, Rom 1959
(= Istituto Storico... (s.o.). 31-34).

Maron, Gottfried: Thomas Müntzer als Theologe des Gerichts.
Das "Urteil" - ein Schlüsselbegriff seines Denkens, ZKG
83, 1972, S. 195-225.

Maurer, Wilhelm: Der ekklesiologische Ansatz der abendländi-
schen Kirchenspaltung nach dem Verständnis Luthers, in:
Fuldaer Hefte. SThKAB 18, Berlin und Hamburg 1968, S. 30-
59.

Maurer, Wilhelm: Ecclesia perpetuo mansura im Verständnis
Luthers, in: Erneuerung der Einen Kirche. Arbeiten aus
KG und Konfessionskunde, Heinrich Bornkamm zum 65. Geburtstag, hg.v. J. Lell, Göttingen 1966, S. 32-45; auch
in: ders., Luther, S. 62-75.

Maurer, Wilhelm: Von der Freiheit eines Christenmenschen.
Zwei Unters.en zu Luthers Reformationsschriften 1520/21,
Göttingen 1949.

Maurer, Wilhelm: Kirche und Geschichte nach Luthers Dictata
super Psalterium, in: Lutherforschung heute. Referate
und Berichte des 1. Internationalen Lutherforschungskon-
gresses, Aarhus, hg.v. V. Vajta, Berlin 1958, S. 85-101;
auch in: ders., Luther, S. 38-61.

Maurer, Wilhelm: Luthers Anschauungen über die Kontinuität
der Kirche, in: Kirche, Mystik, Heiligung und das Natürliche bei Luther. Vorträge des 3. Internationalen Kongresses für Lutherforschung, Järvenpää, hg.v. I. Asheim, Göttingen 1967, S. 95-121; auch in: ders., Luther, S. 76-102.

Maurer, Wilhelm: Kirche und Geschichte. Gesammelte Aufsätze,
Bd I: Luther und das ev. Bekenntnis, hg.v. E.-W. Kohls
und G. Müller, Göttingen 1970.

Maurer, Wilhelm: Ökumenizität und Partikularismus in der
protestantischen Bekenntnisentwicklung, in: Marburger
Theol. Studien 2 (Rudolf-Otto-Festgruß), Gotha 1931, S.
12-43; auch in: ders., Luther, S. 186-212.

Maurer, Wilhelm: Luther und die Schwärmer, in: Fuldaer Hefte. SThKAB 6, Berlin 1952, S. 7-37; auch in: ders., Luther, S. 103-33.

Maurer, Wilhelm: Luthers Verständnis des neutestamentlichen

Kanons, in: Die Verbindlichkeit des Kanons, Berlin 1960
(= Fuldaer Hefte. SThKAB 12), S. 47-77; auch in: ders.,
Luther, S. 134-58.

Mauser, Ulrich: Der junge Luther und die Häresie, Gütersloh 1968 (= SVRG 184).

Meinhold, Peter: Die Genesisvorlesung Luthers und ihre
Herausgeber, Stuttgart 1936 (= FKDG 8).

Meißinger, Karl August: Luthers Exegese in der Frühzeit,
Leipzig 1911.

Meißinger, Karl August: Der katholische Luther, München
1952.

Metzner, Adam J.: Paul Lautensack der Aeltere, Maler -
Musiker - Mystiker, Die Stimme Frankens 27, 1961, S.
137f.

Mezger, J. J.: Geschichte der Deutschen Bibelübersetzun-
gen in der schweizerisch-reformirten Kirche von der Reformation bis zur Gegenwart, Basel 1876, Neudr. Nieuwkoop 1967.

Mildenberger, Friedrich: Sola Scriptura - Tota Scriptura,
BEvTh 39, 1965, S. 7-22.

Molnár, Amadeo: Apocalypse XII dans l'interprétation hussite, RHPhR 45, Straßburg 1965, S. 212-31.

Molnár, Amadeo: Cola di Rienzo, Petrarca e le origini della
riforma hussita, Protestantesimo 19, Rom 1964, S. 214-23.

Molnár, Amadeo: Die eschatologische Hoffnung der böhmischen
Reformation, in: Josef L. Hromádka: Von der Reformation
zum Morgen, Leipzig 1959, S. 59-187.

Moltmann, Jürgen: Theologie der Hoffnung. Unters.en zur Begründung und zu den Konsequenzen einer christlichen Eschatologie, München (1964), 8. Aufl., 1969 (= BEvTh 38).

Morant, Peter: Das Kommen des Herrn. Eine Erklärung der Offenbarung des Johannes, Zürich, München etc 1969.

Mosen, Paul: Hieronymus Emser, der Vorkämpfer Roms gegen
die Reformation, philosophische Diss. Leipzig, Halle/
Saale 1890.

Moser, Hans Joachim: Eine neue Quelle zu Luthers Lied von
der christlichen Kirche, MGkK 31, 1926, S. 20-24.

Mülhaupt, Erwin: Martin Luther oder Thomas Müntzer, Luther.
Zs. der Luther-Gesellschaft 45, 1974, S. 55-71.

Mülhaupt, Erwin: Luthers Testament. Zum 450. Jubiläum des

Septembertestaments 1522, Witten und Berlin 1972.

Mülhaupt, Erwin: Vergängliches und Unvergängliches an Luthers Papstkritik, LuJ 26, 1959, S. 56-74.

Müller, Nikolaus: Die Wittenberger Bewegung 1521 und 1522. Die Vorgänge in und um Wittenberg während Luthers Wartburgaufenthalt. Briefe, Akten u.dgl. und Personalien, 2. Aufl., Leipzig 1911.

Müller, Gerhard: Ekklesiologie und Kirchenkritik beim jungen Luther, NZSTh 7, 1965, S. 100-28.

Müller, Hans Martin: Die Figuraldeutung und die Anfänge der Geschichtstheologie Luthers, KuD 7, 1961, S. 221-36.

Müller, Gerhard: Franz Lambert von Avignon und die Reformation in Hessen, Marburg 1958 (= Veröffentlichungen der Historischen Kommission für Hessen und Waldeck. 24,4).

Müller, Ulrich B.: Messias und Menschensohn in jüdischen Apokalypsen und in der Offenbarung des Johannes, Gütersloh 1972 (= Studien zum NT. 6).

Müller, Gerhard: Martin Luther und das Papsttum, in: Das Papsttum in der Diskussion, hg.v. G. Denzler, Regensburg 1974, S. 73-101.

Müller-Streisand, Rosemarie: Luthers Weg von der Reformation zur Restauration. Die kirchenkritische Theol. des frühen Luther und die Grundlagen ihrer Wandlung, Halle/ Saale 1964.

Münch, Gotthard: Das Chronicon Carionis Philippicum. Ein Beitr. zur Würdigung Melanchthons als Historiker, Sachsen und Anhalt 1, 1925, S. 199-283.

Nesselstrauß, Cäcilia G.: Die Holzschnitte von Lucas Cranach nach der ersten Ausgabe des Neuen Testaments von Luther und die Tradition der deutschen Wiegendrucke, in: Lucas Cranach. Künstler und Gesellschaft. Referate des Colloquiums mit internationaler Beteiligung zum 500. Geburtstag L. Cranachs d.Ä. Staatliche Lutherhalle Wittenberg, 1.-3. Oktober 1972, S. 98-101.

Niedermeier, Gerhard: Das allgemeine Priestertum der Gläubigen und das geistliche Amt, ZSTh 7, 1930, S. 337-62.

Nigg, Walter: Das ewige Reich. Gesch. einer Sehnsucht und einer Enttäuschung, Erlenbach bei Zürich 1944.

Nijhoff, Wouter: L'Art typographique dans les Pays-Bas (1500-1540), 2 Bde und Suppl., La Haye 1926-63.

Nilsson, Kjell Ove: Simul. Das Miteinander von Göttlichem
und Menschlichem in Luthers Theol., Göttingen 1966
(= FKDG 17).

Nipperdey, Thomas: Theologie und Revolution bei Thomas
Müntzer, ARG 54, 1963, S. 145-179(181); auch in: Wirkungen der deutschen Reformation bis 1555, Darmstadt
1967 (= Wege der Forschung.203), S. 236-85.

Nitzsch, Friedrich: Luther und Aristoteles. Festschr. zum
400jährigen Geburtstag Luther's, Kiel 1883.

Obendiek, Harmannus: Der Teufel bei Martin Luther. Eine
theol. Unters., Berlin 1931 (= Furche-Studien. 4).

Olsson, Herbert: Sichtbarkeit und Verborgenheit der Kirche
nach Luther, in: Ein Buch von der Kirche, hg.v. G. Au-
lĕn u.a., Göttingen 1951, S. 338-60.

Opel, Julius Otto: Valentin Weigel. Ein Beitr. zur Litera-
tur= und Culturgeschichte Deutschlands im 17. Jh., Leipzig 1864.

Ozment, Steven E.: Homo Spiritualis. A Comparative Study of
the Anthropology of Johannes Tauler, Jean Gerson, and
Martin Luther (1509-1516) in the Context of their Theo-
logical Thought, Leiden 1969 (= Studies in Medieval and
Reformation Thought. 6).

Pastor, Ludwig Freiherr von: Geschichte der Päpste seit dem
Ausgang des Mittelalters, Bd 2: Gesch. der Päpste im
Zeitalter der Renaissance von der Thronbesteigung Pius'
II. bis zum Tode Sixtus' IV., 13. Aufl., Freiburg und
Rom 1955.

Pauli, Gustav: Hans Sebald Beham. Ein kritisches Verzeichnis seiner Kupferstiche, Radierungen und Holzschnitte,
Straßburg 1901 (= Studien zur dt. Kunstgeschichte. 33
und 134).

Paulus, Nicolaus: Johann von Paltz über Ablaß und Reue,
ZKTh 23, 1899, S. 48-74.

Pelikan, Jaroslav: Luther the Expositor. Introduction to
the Reformer's Exegetical Writings, Saint Louis (Mo)
1959 (= Luther's Works. Companion Vol.).

Pertz, Ludolf: Beiträge zur Geschichte der mystischen und
ascetischen Literatur, 1. Beitr.: Gesch. des Weigelia-
nismus, ZHTh 27, 1857, S. 5-94.

Pesch, Otto Hermann: Theologie der Rechtfertigung bei Mar-

tin Luther und Thomas von Aquin. Versuch eines systema-
tisch-theologischen Dialogs, Mainz 1967 (= Walberger
Studien der Albertus-Magnus-Akademie, theol. Reihe. 4).

Peschke, Erhard: Die Böhmischen Brüder im Urteil ihrer
Zeit. Zieglers, Dungersheims und Luthers Kritik an der
Brüderunität, Stuttgart 1964 (= Arbeiten zur Theol. 1,17).

Peschke, Erhard: Zur Theologie des Taboriten Nikolaus von
Pilgram, WZ Halle, gesellschafts- und sprachwissenschaft-
liche Reihe 19, 1970, H. 6, S. 153-70.

Peuckert, Will-Erich: Die große Wende. Das apokalyptische
Saeculum und Luther. Geistesgeschichte und Volkskunde,
Hamburg 1948, Neudr. Darmstadt 1967.

Pfister, Rudolf: Reformation, Türken und Islam, Zwingliana
10, 1956, S. 345-75.

Pinomaa, Lennart: Der existenzielle Charakter der Theologie Luthers. Das Hervorbrechen der Theol. der Anfechtung und ihre Bedeutung für das Lutherverständnis, Helsinki 1940 (= Annales Academiae Scientiarum Fennicae.
B 47,3).

Pinomaa, Lennart: Die profectio bei Luther, in: Gedenkschrift
für D. Werner Elert. Beitr. zur historischen und systematischen Theol., hg.v. F. Hübner, Berlin 1955, S. 119-27.

Preger, Wilhelm: Matthias Flacius Illyricus und seine Zeit,
2 Bde, Erlangen 1859/61, Neudr. Hildesheim und Nieuwkoop
1964.

Prenter, Regin: Der barmherzige Richter. Iustitia dei pas-
siva in Luthers Dictata super Psalterium 1513-1515, Aarhus 1961 (= Acta Jutlandica. 33,2).

Preus, James Samuel: From Shadow to Promise. Old Testament
Interpretation from Augustin to the Young Luther, Cambridge (Mass.) 1969.

Preuß, Hans: Die Vorstellungen vom Antichrist im späteren
Mittelalter, bei Luther und in der konfessionellen Polemik, Leipzig 1906.

Preuß, Hans: Martin Luther, der Künstler, Gütersloh 1931.

Preuß, Hans: Martin Luther, der Prophet, Gütersloh 1933.

Preuß, Hans: Die Entwicklung des Schriftprinzips bei Luther bis zur Leipziger Disputation, im Zusammenhang mit
der Stellung Luthers zu den anderen theol. Autoritäten
seiner Zeit, Leipzig 1901.

Prigent, Pierre: Apocalypse 12. Histoire de l'exégèse, Tübingen 1959 (= BGE 2).

Quack, Jürgen: Evangelische Bibelvorreden von der Reformation bis zur Aufklärung, Gütersloh 1975 (= QFRG 43).

Quanbeck, Warren A.: Luther and Apocalyptic, in: Luther
und Melanchthon. Referate und Berichte des 2. Internationalen Kongresses für Lutherforschung, Münster, hg.v.
V. Vajta, Göttingen 1961, S. 119-28.

Raeder, Siegfried: Das Hebräische bei Luther untersucht
bis zum Ende der ersten Psalmenvorlesung, Tübingen 1961
(= BHTh 31).

Reeves, Marjorie: Joachimist Influences on the Idea of a
Last World Emperor, Traditio 17, New York 1961, S. 323-
70.

Renaud, Juliette: Le cycle de l'Apocalypse de Dionysiou.
Interpretation byzantine de gravures occidentales, Pa-
ris 1943 (= Bibliothèque de l'École des Hautes Études.
Sciences religieuses. 59).

Richter, Gregor: Die Schriften Georg Witzels bibliographisch
bearb. Nebst einigen bisher ungedruckten Reformationsgut-
achten und Briefen Witzels, Fulda 1913, Neudr. Nieuwkoop
1963.

Rietschel, Georg: Lehrbuch der Liturgik, Bd II: Die Kasua-
lien, Berlin 1909 (2., neu bearb. Aufl., hg.v. P. Graff,
Göttingen 1952).

Ritter, Adolf Martin und Gottfried Leich: Wer ist die Kirche? Amt und Gemeinde im NT, in der KG und heute, Göttingen 1968.

Röttinger, Heinrich: Beiträge zur Geschichte des sächsischen
Holzschnittes (Cranach, Brosamer, der Meister MS, Jakob
Lucius aus Kronstadt), Straßburg 1921 (= Studien zur dt.
Kunstgeschichte. 213).

Rost, Hans: Die Bibel im Mittelalter. Beitr. zur Gesch. und
Bibliogr. der Bibel, Augsburg 1939.

Roth, Friedrich: Zur Lebensgeschichte des Augsburger Form-
schneiders David Denecker und seines Freundes, des Dich-
ters Martin Schrot; ihr anonym herausgegebenes "Schmach-
buch" Von der Erschrocklichen Zurstörung vnnd Niderlag
deß gantzen Bapstumbs, ARG 9, 1911/12, S. 189-230.

Schäfer, Ernst: Luther als Kirchenhistoriker. Ein Beitr.

zur Gesch. der Wissenschaft, Gütersloh 1897.

Scharfe, Siegfried: Religiöse Bildpropaganda der Reformationszeit, Göttingen 1951 (Mikrofilm).

Scheel, Otto: Martin Luther. Vom Katholizismus zur Reformation, Bd 1: Auf der Schule und Universität, Bd 2: Im Kloster, 3. Aufl., Tübingen 1921/30.

Scheel, Otto: Luthers Stellung zur heiligen Schrift, Tübingen und Leipzig 1902.

Scheible, Heinz: Die Entstehung der Magdeburger Zenturien.
Ein Beitr. zur Gesch. der historigraphischen Methode,
Gütersloh 1966 (= SVRG 183).

Schempp, Paul: Luthers Stellung zur Heiligen Schrift, München 1929 (= FGLP 2,3).

Schild, Maurice E(dmund): Abendländische Bibelvorreden bis
zur Lutherbibel, Heidelberg 1970 (= QFRG 39).

Schild, Maurice E(dmund): Luther's Interpretations of Daniel and Revelation, in: Theologia crucis: in honour of
Hermann Sasse, hg.v. H. Hamann, Adelaide 1975, S. 107-18.

Schlieben, Reinhard: Cassiodors Psalmenexegese. Eine Analyse ihrer Methoden als Beitr. zur Unters. der Gesch.
der Bibelauslegung der Kirchenväter und der Verbindung christlicher Theol. mit antiker Schulwissenschaft,
theol. Diss. Tübingen 1970 (Masch.).

Schloenbach, Manfred: Heiligung als Fortschreiten und Wachstum des Glaubens in Luthers Theologie, Helsinki 1963
(= Schrr. der Luther-Agricola-Gesellschaft. 13).

Schmeck, Hermann: Die Bibelcitate in den altdeutschen Predigten, philosophische Diss. Greifswald 1907.

Schmidt, Johann Michael: Die jüdische Apokalyptik, Neukir-
chen 1969.

Schmidt, Ph(ilipp): Die Illustration der Lutherbibel 1522-
1700. Ein Stück abendländische Kultur- und KG. Mit Ver-
zeichnissen der Bibeln, Bilder und Künstler. 400 Abb.,
Basel 1962.

Schmidt-Clausing, Fritz: Die unterschiedliche Stellung
Luthers und Zwinglis zum Jakobusbrief. Zum 450jährigen
Gedächtnis der Leipziger Disputation, Reformatio 13,
1969, S. 568-85.

Schmithals, Walter: Die Apokalyptik. Einführung und Deutung, Göttingen 1973 (= Sammlung Vandenhoeck).

Schmitt, Annegrit: Hanns Lautensack, Nürnberg 1957 (= Nürnberger Forschungen. 4).

Schmitz-Valckenberg, Georg: Grundlehren katharischer Sekten des 13. Jahrhunderts. Eine theol. Unters. mit bes. Berücksichtigung von 'Adversus Catharos et Valdenses' des Moneta von Cremona, München, Paderborn und Wien 1971 (= Münchener Universitäts-Schriften - Kath. Theol. Fakultät = Veröffentlichungen des Grabmann-Instituts. NF 11).

Schott, Erdmann: Die theologische Bedeutung der 95 Thesen, in: 450 Jahre Reformation, hg.v. L. Stern und M. Steinmetz, Berlin 1967.

Schramm, Albert: Luther und die Bibel, I.: Die Illustration der Lutherbibel, Leipzig 1923 (= Festschr. zum Lutherischen Weltkonvent Eisenach, August 1923 [1. Teil]).

Schubert, Hans von: Luther auf der Koburg, LuJ 12, 1930, S. 109-61.

Schütz, Otto Friedrich: De vita Davidis Chytraei... commentariorum liber primus, Hamburg 1720.

Schulz, Hans: Der Sacco di Roma. Karls V. Truppen in Rom 1527-1528, Halle 1894 (= Hallesche Abh. zur Neueren Gesch. 32).

Schwarz, Reinhard: Fides, spes und caritas beim jungen Luther, unter besonderer Berücksichtigung der mittelalterlichen Tradition, Berlin 1962 (= AKG 34).

Seebaß, Gottfried: Das reformatorische Werke des Andreas Osiander, Nürnberg 1967 (= Einzelarbeiten aus der KG Bayerns. 44).

Seeberg, Erich: Die Anfänge der Theologie Luthers, ZKG 53, 1934, S. 229-41.

Seeberg, Erich: Studien zu Luthers Genesisvorlesung. Zugleich ein Beitr. zur Frage nach dem alten Luther, Gütersloh 1932 (= BFChTh 36,1).

Seils, Martin: Der Gedanke vom Zusammenwirken Gottes und des Menschen in Luthers Theologie, Gütersloh 1962 (= BFChTh 50).

Selge, Kurt-Victor: Die Augsburger Begegnung von Luther und Kardinal Cajetan im Oktober 1518. Ein erster Wendepunkt auf dem Weg zur Reformation, Jahrbuch der Hessischen

Kirchengeschichtlichen Vereinigung 20, 1969, S. 37-54.

Selge, Kurt-Victor: Die Leipziger Disputation zwischen Luther und Eck, ZKG 86, 1975, S. 26-40.

Selge, Kurt-Victor: Capta conscientia in verbis Dei: Luthers Widerrufsverweigerung in Worms, in: Der Reichstag zu Worms von 1521. Reichspolitik und Luthersache,
hg.v. F. Reuter, Worms 1971, S. 180-207.

Spicq, Ceslaus: Esquisse d'une histoire de l'exégèse latine
au moyen age, Paris 1944 (= Bibliothèque thomiste. 26).

Spitta, Friedrich: "Ein feste Burg ist unser Gott". Die
Lieder Luthers in ihrer Bedeutung für das ev. Kirchen-
lied, Göttingen 1905.

Stange, Carl: Luthers angebliche Vorlesung zum Richter-Buch,
ZSTh 23, 1954, S. 303-33.

Steck, Karl Gerhard: Lehre und Kirche bei Luther, München
1963 (= FGLP 10,27).

Steck, Karl Gerhard: Luther und die Schwärmer, Zollikon und
Zürich 1955 (= Theol. Studien. 44).

Stein, Wolfgang: Das kirchliche Amt bei Luther, Wiesbaden
1974 (= Veröffentlichungen des Instituts für Europäische
Gesch. Mainz. 73).

Steinlein, Hermann: Luthers Anlage zur Bildhaftigkeit, LuJ
22, 1940, S. 9-45.

Steinlein, Hermann: Ist das Lied "Ein feste Burg" schon 1521
entstanden? Kirchenmusikalische Bll. 2, 1921, S. 118-23,
130-35, 150-55, 167-72 und 183-86.

Stonehouse, Ned Bernard: The Apocalypse in the Ancient Church.
A Study in the History of the New Testament Canon, Goes/
Holland 1929.

Storck, Hans: Das allgemeine Priestertum bei Luther, München
1953 (= ThEx NF 37).

Strachan, James: Early Bible Illustrations. A Short Study
based on some Fifteenth and Early Sixteenth Century Printed Texts, Cambridge 1957.

Strobel, August: Kerygma und Apokalyptik. Ein religionsge-
schichtlicher und theol. Beitr. zur Christusfrage, Göttingen 1967.

Strobel, Georg Theodor: Nachricht von Michael Stiefels
Leben und Schriften, in: ders.: Neue Beyträge zur Litte-

ratur, bes. des sechzehnten Jahrhunderts I,1, Nürnberg
und Altdorf 1790, S. 3-90.

Stupperich, Robert: Die Rechtfertigungslehre bei Luther
und Melanchthon 1530-1536, in: Luther und Melanchthon.
Referate des 2. Internationalen Kongresses für Lutherforschung, Münster, hg.v. V. Vajta, Göttingen 1961, S.
73-88.

Stupperich, Martin: Osiander in Preußen 1549-1552, Berlin
und New York 1973 (= AKG 44).

Tappolet, Walter und Albert Ebneter (Hg.): Das Marienlob
der Reformatoren. Martin Luther. Johannes Calvin.
Huldrych Zwingli. Heinrich Bullinger, Tübingen 1962.

Thimme, Karl: Luthers Stellung zur Heiligen Schrift, Gütersloh 1903.

Thomson, S. Harrison: Luther and Bohemia, ARG 44, 1953, S.
160-81.

Thulin, Oskar: Martin Luther. Sein Leben in Bildern und
Zeitdokumenten, München und Berlin 1958 (= Lebenswege
in Bildern).

Tocco, Felice: Lectura Dantis [60]: Il canto XXXII del Purgatorio, Florenz 1904.

Töpfer, Bernhard: Das kommende Reich des Friedens. Zur Entwicklung chiliastischer Zukunftshoffnungen im Hochmittel-
alter, Berlin 1964 (= Forschungen zur mittelalterlichen
Gesch. 11).

Torrance, T(homas) F.: Die Eschatologie der Reformation,
EvTh 14, 1954, S. 334-58.

Torrance, T(homas) F.: Kingdom and Church. A Study in the
Theology of the Reformation, Edinburgh und London 1956.

Tschackert, Paul: Dr. Eberhard Weidensee (✝ 1547). Leben
und Schrr., Berlin 1911 (= Neue Studien zur Gesch. der
Theol. und der Kirche. 12).

Tuchel, Klaus: Luthers Auffassung vom geistlichem Amt, LuJ
25, 1958, S. 61-98.

Tuveson, Ernest Lee: Millennium and Utopia. A Study in the
Background of the Idea of Progress, Berkeley und Los
Angeles 1949.

Valjavec, Fritz (Hg.): Historia Mundi. Ein Handbuch der
Weltgeschichte, begr. v. F. Kern, 10 Bde, München und
Bern 1952-61.

Vercruysse, Joseph: Fidelis populus, Wiesbaden 1968 (= Veröffentlichungen des Instituts für Europäische Gesch. Mainz. 48).

Vielau, Helmut-Wolfhardt: Luther und der Türke, philosophische Diss. Göttingen 1936.

Vogelsang, Erich: Die Anfänge von Luthers Christologie nach der ersten Psalmenvorlesung, insbesondere in ihren exegetischen und systematischen Zusammenhängen mit Augustin und der Scholastik, Berlin und Leipzig 1929.

Vogelsang, Erich: Zur Datierung der frühesten Lutherpredigten, ZKG 50, 1931, S. 112-45.

Vogt, Karl August Traugott: Johannes Bugenhagen Pomeranus. Leben und ausgewählte Schrr., Elberfeld 1867 (= Leben und ausgewählte Schrr. der Väter und Begründer der luth. Kirche. 4).

Volz, Hans: Neue Beiträge zu Luthers Bibelübersetzung. Luthers Arbeiten am Propheten Daniel, BGDSL 77, 1955, S. 393-423.

Volz, Hans: Beiträge zu Melanchthons und Calvins Auslegungen des Propheten Daniel, ZKG 67, 1955/56, S. 93-118.

Volz, Hans: Hundert Jahre Wittenberger Bibeldruck 1522-1626, Göttingen 1954 (= Arbeiten aus der SUB Göttingen. Hainbergschriften. NF 1).

Volz, Hans: Die Lutherpredigen des Johannes Mathesius. Kritische Unters. zur Geschichtsschreibung im Zeitalter der Reformation, Leipzig 1930, Neudr. New York und London 1971 (= QFRG 12).

Wachtel, Alois: Die weltgeschichtliche Apocalypse-Auslegung des Minoriten Alexander von Bremen, FS 24, 1937, S. 201-59 und 305-63.

Wappler, Paul: Thomas Müntzer in Zwickau und die "Zwickauer Propheten", 2. Aufl., Gütersloh 1966 (= SVRG 182).

Weiss, Robert: Traccia per una biografia di Annio da Viterbo, Italia medioevale e umanistica 5, Padua 1962, S. 425-41.

Werbeck, Wilfrid: Jacobus Perez von Valencia. Unters.en zu seinem Psalmenkommentar, Tübingen 1959 (= BHTh 28).

Werner, Ernst: Messianische Bewegungen im Mittelalter, Teil II, Zeitschr. für Geschichtswissenschaft 10, 1962, S. 598-622.

Wernle, Hans: Allegorie und Erlebnis bei Luther, Bern 1960
    (= Basler Studien zur dt. Sprache und Lit. 24).

Zahrnt, Heinz: Luther deutet Geschichte. Erfolg und Mißer-
    folg im Licht des Evangeliums. Mit einem Geleitwort von
    Hanns Lilje, München 1952.

Zeltner, Gustav Georg: De Paulli Lautensack, Fanatici Nori-
    bergensis, fatis et placitis schediasma historico-theo-
    logicum. Cui accessit Joannis Schwanhauseri, praeconis
    evangelii Bamberg. & Norimberg. ad eundem Lautensackium
    epistola de sacra coena & majestate Christi, Altdorf
    1716.

Zimmermann, Hildegard: Beiträge zur Bibelillustration des
    16. Jahrhunderts (Illustrationen und Illustratoren des
    Neuen Testaments in Mittel-, Nord- und Westdeutschland),
    Straßburg 1924 (= Studien zur dt. Kunstgeschichte. 226).

Zimmermann, Hildegard: Die Illustrationen in Gustav Vasas
    Bibel von 1540-41 und ihre Meister, Nordisk Tidskrift
    för Bok- och Biblioteksväsen 14, 1927, S. 101-29.

Zoff, Otto: Der Radierer und Holzschneider Hans Sebald
    Lautensack. Mit einem einleitenden Kapitel über seinen
    Vater Paul Lautensack, Mitt. der Gesellschaft für ver-
    vielfältigende Kunst. Beilage der "Graphischen Künste",
    1917, S. 1-9 und 14-27.

TABELLEN

Tabelle 1

Nachzutragende sichere Apk-Stellen

WA-Stelle	fehlende Apk-Stelle	Hinweis aus
1,65,31	21,27	Br 12,6,25 (Neuedition)
2,341,26	21,4	
3,157,5	17,15	
209,14f.17f	14,13	Meißinger, Exegese, S. 25
325,21	2,9	
490,14	17,15	
504,30f	17,15	
505,16	17,15	
586,5	2,9	
4,138,28	2,13	Meißinger, aaO, S. 26
141,31	22,20	Preuß, Antichrist, S. 91[5]
189,18	21,1	
319,39	3,17	
406,12f	2,9.13	Meißinger, Exegese, S. 26
446,14	2,9	Vercruysse, Populus, S. 54
517,21	1,8 (21,6; 22,13)	
5,259,18	2,9	
442,16	2,13	Barth, Teufel, S. 108
6,329,7f	18,4	
565,29	2,9	
606,30	2,9	
7,135,18	2,9	Köhler, Kirchengeschichte, S. 219
136,4	16,10	
709,29	2,9	
710,7	2,9	
710,19	2,9	
712,37	2,9	
713,10	2,9	
717,5	2,13	
742,8f	22,20	

WA-Stelle	fehlende Apk-Stelle	Hinweis aus
7,802,12	11,2	Buchwald-Register, aber fälschlich: 15,4
8,46,4	2,9	Asendorf, Eschatologie, S. 194
54,18	2,9	
128,29	1,9	
139,22f; 140,6	1,9	
185,7	2,13	
420,6f ≙ 492,10	2,9	
439,31	2,9	
604,39	1,8.(11).17	BoA 2,224,25
701,2	17 f	
9,66,27	4,8	
98,21f	2,17	BoA 5,306,29f
10 I 2,24,15	2,9	
13,54,22	5,5	Hofmann, Stifel, Bild 18
284,11	13,8 (17,8)	
15,31,25	2,9	
31,29f	3,20	Buchwald-Register
547,26	2,9	51,487,23
22,37,37	20,10	Vorlage: 47,840,7f (Doppel-überlieferung)
29,156,8	2,9	
31 I,467,35f	14,13	BoA 5,220,21
31 II,562,29	21,5	
35,412,23ff	12,9.11f	vgl. o. S. 336, Anm. 3
38,236,37	13,16	
278,37	2,9	
39 I,3,19.25	2,9	
16,14	2,9	
40 I,112,13f	2,9	
40 II,281,12 bzw. 24	19,13.16	
42,163,8	12,9	
189,5	17 f	
669,36	18,8f.18	vgl. RN zu Br 5,630,54 (Br 13,185)
43,403,29	2,13	
47,217,18	2,9; 17,4	
47,840,7f	20,10	
50,5,25	17,3-6	
70,9f	2,9	

Tabelle 1 (2. Forts.)   725

WA-Stelle	fehlende Apk-Stelle	Hinweis aus
73,33	17 f	
104,27f	17,14 (19,16)	
245,18f (246,22)	12,9	
356,9f	19,16 (17,14)	
51,154,40ff	12,9.12	
633,8f bzw. 15f	22,20	Buchwald-Register
54,187,4f	12,12	
56,173,12	22,11	Meißinger, Exegese, S. 26 und BoA 5,224,33
57 Hebr 74,6	1,17	Hirsch-Rückert, S. 81,4
Br 2,195,23	2,13	
490,9	1,9	
Br 8,228,14	(3,11; 22,7.12) 22,20	
Br 10,54,12	19,20	vgl. 51,620,27ff
TR 1,273,37ff bzw. 492,16ff	20,9	
TR 2,401,3	1,8	Buchwald-Register
408,10f bzw. 14	3,12; 21 f	Buchwald-Register
TR 3,419,2	13,7	TR 1,454,40
449,20f	17,3f; 18,6	BoA 8,120, Anm.6: Apk 17,4
TR 4,14,8f	21,1 (22,12)	BoA 8,200, Anm. 7
519,8	13,11	Buchwald-Register
TR 5,63 21-25	19,14.20	vgl. 51,620,27
außerdem:		
Vogelsang, Fragmente		
38,32	2,17	
84,26	22,11	
94,9f	3,15f	

Tabelle 2

Korrekturen und Ergänzungen

WA-Stelle	statt Apk-Stelle	besser	Begründung
1,337,2	8,7	1,7	Drf.
3,252,2	12,3; 19,2	12,1	vgl. 35,256 f
413,36	nur 3,17	+ 3,16	**Meißinger, Exegese,** S. 25
505,27	nur 12,4	+ 13,11	
4,456,31	nur 21,14	+ 21,12	vgl. 4,509,18
7,737,2	2,1-3	2 f	
769,19ff	nur 12,12	+ 12,9.11.17	
8,253,17f	nur 5,9	+ 5,10	
294,4ff	nur 12,12.17	+ 12,7	
459,8	nur 13 ohne V.	13,16f	Drf.
10 I 2,129, 1-3	nur 17,5	+ 17,7	
10 II,167, 28ff	nur 13,4.7	+ 19,21 (2,16)	
11,461,21f	nur 17,6	+ 17,4f	
17 I,222,12 bzw. 32	14,14	1,7	
18,269	nur 19,20; 14,12	+ 18,4; 14,9-11	
28,231,4f	nur 5,8	+ 4,10	
30 III,388, 9f bzw. 20f	14,8; 18,2; 20,9f	19,20	vgl. 51,620,27ff TR 5,63,21-25
31 II,534,25	9,15	19,15	Drf.
34 I,500,1 bzw. 14f	17,14	14,1ff	vgl. DB 4,500, 15ff; 502,13
38,119,33	nur 3,4	+ 17,3f	
40 I,595,4 bzw. 20	10,10	10,3	Drf.?
40 II,554,5ff bzw. 18ff	nur 4,4	+ 5,8	
40 III,407,6	nur 12,9	+ 12,4	
41,315,10f.	19,20	12,8-10	
43,601,15ff	21,2	21,10f	
46,731,5f	19,15	19,20f	
49,6,7f	2,2	2,9 (3,9)	vgl. Buchwald, Predigten, S. 641
50,83,25	nur 17,5	+ 17,14 (19,16)	
578,24ff	13,5 (?)	10,3	

Tabelle 2 (Forts.)

WA-Stelle	statt	Apk-Stelle	besser	Begründung
TR 1,201,8f	Kap. 18	Kap. 9-13; 14 ff		vgl. o. S. 434, Anm. 87
TR 2,650,19	11,12	14,12f; 6,9-11		Drf.? vgl. TR 2, 649,3
DB 11 II, 382/383,5	12,3	11,15; 12,12 (13,1ff)		

außerdem:

| Br 9,345,28ff | nur 5,5 | wohl + 12,7ff; 10,3; 12,4 | | s. S. 13, Anm. 12 und 610, Anm. 34 |

s. auch o. S. 365, Anm. 19.

Tabelle 3

Möglicherweise andere Bibelstelle

a) in der WA angegeben

WA-Stelle	Apk-Stelle	andere Bibelstelle(n)
17 I,348,8	neben 6,16	Los 10,8; Lk 23,30
30 III,389,4 = TR 3,126,31f bzw. 127,3f	11,15ff	oder 1 Kor 15,52? s.o. S. 565, Anm.57
31 II,118,6	neben 3,19	vor allem Spr 3,12; Hebr. 12,6; (1Kor 11,32)
40 III,186,6; 190,12	statt 3,14	besser Jak 1,18; 2 Kor 5,17; vgl. Haar, Initium, S. 69, Anm. 5
367,28f	statt 2,10	richtiger 1 Petr 5,4
745,4	neben 12,7	Jud 9 (Dan 10,13; 12,1)
41,649,13	statt 1,16; 2,12	besser Hebr 4,12
682,34f	neben 2,10	besser Jak 1,12 u.ö.
48,206,16	neben 2,10	1 Kor 9,25; 1 Petr 5,4
227,11	neben 5,9	Apg 20,28; 1 Petr 1,19
273,14	neben 1,5	Apg 22,16; 1 Kor 6,11 (oder überflüssig?)
55 I 1,88,12	neben 22,12; 2,23	Jer 25,14; Ps 61(62),13; Spr 24,19 u.ö.
286,9	statt 21,12	besser Hebr 12,22
55 II 1,31,8	statt 18,8 (WA: 16,8; Drf.)	besser Jer 14,12; 15,3
TR 3,173,14 = 645,9 = BoA 8,179,16	statt 12,14	besser Dan 7,25 wie TR 1,453,9
TR 4,85,8ff bzw. 30ff	statt 12,7ff	wohl besser Mt 18,1-10 oder gar keine

Tabelle 3

Möglicherweise andere Bibelstelle

b) ergänzt aus anderen Quellen

WA-Stelle	Apk-Stelle	andere Bibelstelle(n)	Hinweis aus
5,586,3f	17,14; 19,16	oder 1 Tim 6,15	Buchwald-Register
10 I 2,43,18	14,13	besser Dtn 31,16; Joh 11,11 u.ö.	Buchwald-Register
15,194,5	16,7	wohl besser Röm 11,33; Weish 17,1	Buchwald-Register
18,606,25	6,1ff	besser Mt 27,66; 28,2; Lk 24,2	BoA 3,101,24
31 I,211,16f	1,6; 5,10; 20,6	eher 1 Petr 2,5.9 s.o. S. 148	Buchwald-Register
Br 5,606,38; 630,53	2,23; 22,12	Jer 25,14 u.ö.	(s. 55 I 1,88,12)
Br 11,59,5-9	(10,7); 11,15	oder 1 Kor 15,52	(s. 30 III,389,4)

außerdem überall, wo "Gog und Magog" vorkommen (hier nicht mitgezählt),

| | neben 20,8f | Ez 38 f | (s.o. S. 447, Anm. 136 und 138) |

Tabelle 4

(Zu) schwache Anspielungen

a) in der WA angegeben

WA-Stelle	Apk-Stelle	Stichwörter	Bemerkung
30 II,321,30	2,9 (3,9)	Teufelskirche	s.u.
40 II,140,17	2,9 (3,9)	Synagoga Papae	s.u.
40 III,135,37 (nur Druck)	17 f	caro = meretrix	wohl kaum gemeint
41,42,22	4,11; 5,13	honos	zu schwach
179,7f bzw. 24	1,5	über alle Könige	nicht ausreichend
182,7	19,5-22,5	ante mundum et post	weit hergeholt
198,22	22,20	nur bald komme	zu allgemein
203,33f bzw. 207,4	1,6; 5,10	Priester	Zitat erst 210,6
466,14f	20,8	a 4 orten mundi	zu undeutlich
50,660,3	10,9f	wie süße	wohl kaum gemeint
56,231,15f	15,4	iudicat in natio-nibus	unnötig
TR 6,75,25	5,9	?	
Br 1,177,8	10,10	amaricare	nur eine Vokabel
Br 8,612,11f	3,11	teneant, qui habent	anderer Zusammenhang

Als Anspielungen auf 2,9 (3,9) wurden nur die Ausdrücke berücksichtigt, bei denen nicht nur ein Wort(teil) dem Apk-Text entspricht, sondern die charakteristische Kombination 'Satanssynagoge', 'Teufelsschule' oder ähnlich erscheint. Sonst müßten noch viel mehr Stellen ergänzt werden, z.B. 38,225,19; 42,412,17.19; 43,158,28; 159,19 u.a.

Tabelle 4

(Zu) schwache Anspielungen

b) Ergänzungen

WA-Stelle	Apk-Stelle	Stichwörter	Bemerkung	Hinweis aus
1,566,16	3,16	tepiditas	möglich	BoA 1,68,13
8,14,15	21,2.9; 22,17	Braut Christi	traditionell	Buchwald-Register
12,702,26	22,20	daß er komme	zu schwach	Buchwald-Register
31 I,453,10	21,4	kein Sterben	zu schwach	Buchwald-Register
35,456,3f.10ff; 457,4ff	12,7-12	s.o. S. 350	wahrscheinlich	s.o. S. 350f, Anm. 58
458,15ff	4,8-11; 5,11ff; 15,3b; 7,11.14f	verschiedene Anklänge	traditionell	MA 3,516f
39 I,16,22	17 f	meretrix diaboli	wohl gemeint	
44,263,38	22,20	veni, Domine	wohl gemeint	(vgl. 42,2,34f)
769,34	22,20	veni, Domine, veni	wohl gemeint	
48,206,16f	14,13	selig...sterben	wohl gemeint	(vgl. 30 III,377,25)
240,7	15,7 (oder 17,5)	goldene Schale	unklar	
53,550,31; 551,13	(3,12) 21 f	neues Jerusalem	als Gegensatz gebildet	Buchwald-Register
56,313,19	3,16	tepiditas	möglich	
TR 3,690,25f	17,16	devoratores	eigene Glosse zitiert	(vgl. DB 7,463)
TR 4,30,7	21,1	novi mundi creatio	zu schwach	BoA 8,205,25
TR 5,24,6	22,20	veni, Christe, veni	wohl gemeint	
181,25	17 f	Rom = meretrix	wohl gemeint	
Br 10,287,13-15	22,20	Dominus...veniat ...cito...Amen	wohl gemeint	

Tabellen

Tabelle 5

Unsicher überlieferte Stellen

WA-Stelle	Apk-Stelle	Bemerkung
4,535,18f	4,5	Ri-Vorl., s.o. S. 209, Anm. 28
9,132,22f	14,1	nur in Agricolas Bearbeitung
37-133,1	15,4	nur in Agricolas Bearbeitung
13,49, Apparat zu Z. 24	6,16	nur in einer der Hss.*
17 I,225,34	21,4	fehlt im Urdruck*
20,24,35	21,5	nur im Druck, fehlt in der Hs.
22,39,35f	17,4.2	nur im Druck, fehlt in der Hs.
28,464,22f	22,20	späterer Zusatz Poachs
31 I,297,6	17,3	Abkürzung falsch aufgelöst? (Apocalypsi statt: Apostolis, vgl.Hs.)
34 II,477,28ff	6,11	nur im Druck, fehlt in den Hss.
479,29	3,20	nur im Druck, fehlt in den Hss.*
40 III,170,27	21,5	nur im Druck, in der Hs. anders
315,24ff	12,6.13ff	nur im Druck, fehlt in der Hs.
41,93,13-17	17,14; 19,16	nur im Druck, fehlt in der Hs.
201,22ff	17,5	nur im Druck, fehlt in der Hs.
264, Apparat zu Z.30	1,5	spätere (?) Korrektur Rörers
314,30	6,17	nur im Druck, sonst nie bei Luther
45,42,11ff	13,2	erweiterter Druck Rörers
28	17 f	erweiterter Druck Rörers
317,9	1,5	nur im Druck, fehlt in der Hs.
TR 2,426,4 (Nr 2345)	22,20	Parallele (Nr 1282) anders
TR 3,540,28	14,13	Fehler Aurifabers, Vorlage anders

außerdem:

Lichtenberger, Weissagung, Bl. G1a, Randglosse: "Das geschwetz von den sieben churfursten, die durch die sieben stuck erde, luft, wasser, son, brun etc. [Apk 16] bedeut sollen sein, ist nichts denn ein gedanken." Die Bearbeiter von WA 23,1ff schreiben anscheinend außer der Vorrede alle anderen Beigaben (Einfügungen, Randglossen) dem Übersetzer Stephan Roth zu. Der Grund dafür ist nicht ersichtlich.

---

*Nicht in der WA angegeben, Hinweis aus Buchwald-Register

Tabelle 6

Schwankungen der Häufigkeit von Apk-Zitaten absolut 1513-1546

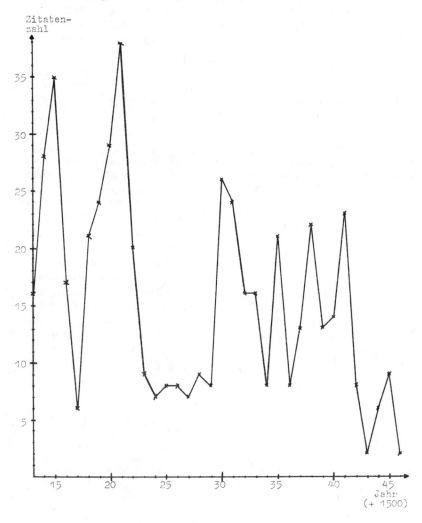

Bemerkung: Aufgenommen sind nur die sicheren Stellen nach der Entstehungszeit; genauere Angaben in Tabelle 8.

Tabelle 7

Relative Häufigkeit der Apk-Zitate insgesamt

1. bis 1522 (hauptsächlich nach **Pinomaas** Register)

Umfang	Apk	NT	%	Bibel	%
JChr 38-40: Augustin, Enarrationes	37	4760	0,8	7650	0,5
CChr 97f: Cassiodor, Expositio	34	1380	2,17	2570	1,3
Schmeck, Bibelcitate, S. 22: Altdeutsche Predigten	41	1019	4,0	1705	2,4
WA 3, 4 und Ergänzungen: 1. Ps-Vorl. 1513-16	54	2160	2,5	5470	1,0
WA 56: Röm-Vorl. (eigene Hs.) 1515/16	17	980	1,7	1800	0,94
WA 57: Röm-Vorl. (Nachschrr.) 1515/16	6	430	1,4	650	0,92
WA 57: Gal-Vorl. (Nachschr.) 1516/17	0	260	0,0	375	0,0
WA 57: Hebr-Vorl. (Nachschrr.) 1517/18	9	590	1,5	1200	0,75
WA 5: 2. Ps-Vorl. (Druck) 1519-21	18	1100	1,6	2800	0,6
WA 1 und 2: Schrr. 1512-19	41	2135	1,9	3570	1,15
WA 4 (Rest): Ri-Vorl., Sermone 1514/20	8	530	1,5	960	0,8
WA 9: Schrr. 1509-21 (Nachträge)	6	680	0,87	1200	0,5
WA 6: Schrr. 1519/20	6	690	0,87	1140	0,44
WA 7: Schrr. 1520/21	26	1080	2,4	1570	1,7
WA 8: Schrr. 1521/22	11	1060	1,0	1660	0,66

Bemerkung: Es sind nur die wirklich in den Registern angegebenen
Apk-Stellen mitgezählt, und zwar so, daß bei Zitaten, die sich über
mehrere Verse erstrecken, jeder einzeln aufgeführt ist. Dadurch ergibt sich jedoch kaum eine Verzerrung, da dasselbe ja auch für alle
anderen Bibelstellen gilt. Die Gesamtzahlen für NT- und Bibelstellen
sind Schätzungen aufgrund der durchschnittlichen Zahl von Stellen pro
Seite im Register.

Tabelle 8

Relative Häufigkeit der Apk-Zitate insgesamt

2. (1509) 1513-1546 (hauptsächlich nach Bluhm, Quotations, S. 107-10)

Jahr	si-chere	unsi-chere	deut-sche	NT (Bluhm)	%	Bibel (Bluhm)	%	außerdem
1509	1							
1513	16	3						1 U*
1514	28							
1515	35	2						
1516	17					1	0,0	
1517	6					108	0,0	
1518	21	4	2			161	1,2	
1519	24	1	1			288	0,35	1 A (?)
1520	29		5	487	1,0	714	0,64	
1521	38	2	12	942	1,27	1612	0,75	1 A, 1 U
1522	20	1	14	2981	0,47	4178	0,33	1 U, 1 V, 21 I11(?)
1523	9	1	1	746	0,13	1072	0,1	1 U
1524	7	2				404	0,0	1 U
1525	8	3	3	837	0,36	1360	0,2	
1526	8	2	6	375	1,6	1044	0,57	1 G
1527	7	1	3	466	0,64	1041	0,3	4 U, 1 V
1528	9	3	2			521	0,4	
1529	8	2	3			455	0,66	
1530	26	4	8			384	2,1	1 A,50 G,39 R,1 V, 1 U, 6 I11
1531	24	4	2			118	1,7	2 U
1532	16	2				64	0,0	2 U
1533	16	5	5			212	2,17	2 U
1534	8		2			91	2,2	1 L, 1 P
1535	21	11	1			49	2,04	
1536	8	3	2			18	11,1	1 U
1537	13	4	2			91	2,2	1 U, 1 P
1538	22	4	1			139	0,7	1 U (?)
1539	13	3	3			403	0,74	
1540	14	1	1			101	1,0	
1541	23		8			209	3,8	
1542	8	1				111	0,0	
1543	2	3		301	0,0	940	0,0	
1544	6	1	1			54	1,85	1 P
1545	9	2	2			256	0,8	
1546	2	1				12	0,0	
o.J.	9	7	2			593	0,35	1 U
gesamt	531	83	92	10057	0,91	16475	0,56	

Zu Tabelle 8

* Spezielle Abkürzungen:

A = Auslegung
G = gedruckte Glosse
Ill = Illustration
L = Lied
P = Predigt
R = handschriftliche Randbemerkung
U = Urteil über die Apk allgemein
V = Vorrede

Bemerkung:

Die Zahlen der 'sicheren' und 'unsicheren' Stellen (s.o. S.11) beruhen auf meinen eigenen Ermittlungen, und zwar sind sie nach der
erschlossenen Entstehungszeit (s. jeweils die Einleitungen zu den
einzelnen Schrr. in der WA) geordnet. Die Zahlen der 'deutschen'
Zitate entsprechen (hoffentlich; die Kategorie "Luther's German
works" bei Bluhm, Quotations, S. 104-107, ist zu ungenau umschrie-
ben) denen, die in den Gesamtstatistiken von Bluhm vorausgesetzt
sind. Sie sind nach dem Erscheinungsdatum geordnet. Da das Verhältnis der Zitatenzahl aus AT und NT bei Luther erheblich schwankt,
wäre es auch wichtig, jeweils die Gesamtzahl der NT-Zitate vorliegen zu haben. Hier ist die Aufstellung von Bluhm aber sehr lückenhaft. Ein kleiner Teil der Zahlen läßt sich aus der Differenz von
Bibel- und AT-Stellen noch zusätzlich ermitteln (Bluhm, aaO, S. 110
und 108).

Tabelle 9

Schwankungen bei den Abschnitten und Einzelstellen insgesamt

(umseitig)

Bemerkung:

In dieser Tabelle sind alle Arten von Bezugnahmen auf einzelne Abschnitte oder Verse mit eingerechnet, also auch Glossen, Randbemerkungen, Illustrationen, Predigten (= P), Lieder und Auslegungen (= A), außer den einzelnen Abschnitten der 2. Vorrede. Die Stellen sind nach der vermutlichen Entstehungszeit des Kontextes geordnet. Wenn innerhalb eines Zitates auf mehrere verschiedene Apk-Stellen angespielt ist, sind alle Stellen einzeln gerechnet. Daher geht die Gesamtsumme der hier aufgezählten Anspielungen über die in den vorigen Tabellen angegebenen Zahlen hinaus. Die erste Zahl in jeder Rubrik gibt die sicheren, die in Klammern folgenden die sicheren zuzüglich der unsicheren Anspielungen an. Die dynamischen Zeichen bedeuten:

∨ = Vermehrung gegenüber dem vorhergehenden Zeitraum

∧ = Verminderung gegenüber dem vorhergehenden Zeitraum.

Eine Jahreszahl hinter der Zahl der Anspielungen besagt, daß diese nur zu dem genannten Zeitpunkt relativ häufig sind.

Apk-Stellen	1.Ps-Vorl.	1514-18	1519-21	1521-29	1529-46	zusammen
Kap. 1,5: Abwaschung	–	–	1	(1)	4 (5)(1525/36)	4 (6)
7a: Parusie	–	1	1	2	–	4
9: Patmos	–	3 (1513)	3 (1521)	–	–	3
3.11-17: Christustitel	1	1	–	–	3	4
12ff: Christus = Richter	–	–	–	–	2 (3)	2 (4)
Gesamt	2	6	4	4 (6)	10 (13)	26 (31)
Kap. 2 f.: 7 Sendschreiben	4	1	∨12	7	18 (20)	41 (43)
2,9: Satanssynagoge	2	∧	1	–	1	7
13: Sitz Satans	2	∧	1	–	–	4
17: Manna. Name	7 (8)	4 (1516-18)	∨13	∨1	∨1	54 (61)
gesamt		5	17		21 (27)	
Kap. 3,7: Schlüssel Davids	2	∧	1	2	4	19 (21)
15-18: Lauheit	2	5 (7)	1	(2)	4 (7)	8 (12)
10: Züchtigung	2	3	1	1	5 (6)	12 (13)
20: Anklopfen, Mahl	2	∧	6	4 (1524/25)	16 (20)	53 (60)
Gesamt	16	8 (10)		7 (8)		
Kap. 4.4.10 (5,8): 24 Älteste	1 (1509)	–	1	1 (3)	4 (5)	4 (10)
gesamt						
Kap. 5: versiegeltes Buch	1	–	2 (1519)	–	3	6 (10)
5,3.13: Unterwelt	3	2	4	1	–	5 (6)
5: Löwe, Wurzel	3	∧	∧4	∧2	2 (4)	8
10: allg. Priestertum	5	∧3	∧10	∧4	2 (4)	10 (12)
gesamt (ohne 5.3)					10 (14)	32 (37)
Kap. 6: 7 Siegel	–	1	1	2 (7)	4 (8)	10 (16)
6,9-11: Seelen	1	–	–	(8)	4 (5)	4 (6)
gesamt			2	2	12 (15)	15 (24)
Kap. 7: Versiegelung, Lob	–	∨1	4 (5)(2 A)	2	5	14 (15)
Kap. 8: Rauchopfer, Posaunen	–	(neu)	4 (5)	∨2	1 (1530)	14 16 (1+1 A)
Kap. 9,1-11: Heuschrecken	–	∨3	∨	∨2	5	16 (19)
gesamt						
Kap. 10,1-4: starker Engel	–	–	–	(1)	9 (11)(neu 1533)	9 (11)
7: 7. Posaune (+11,15)	–	1 (2)	–	–	4 (6)	4 (6)
gesamt			2	1	15 (20)	16 (23)
Kap. 11: Tempel. 2 Zeugen	1	1	2	(1)	5 (Lied)	7 (8)
gesamt						
Kap. 12,1-3: Himmelskönigin	1	1	–	1	1 (Lied)	5 (8)
4: Drachenschwanz	2	2	2	2 (3)	11 (13)(3 P)	16 (19)(3 P)
7ff: Michaelskampf	2	1	1	3	7	10
9: alte Schlange (=20,2)	–	2	2	2	6 (9)	10
10: Ankläger	3	–	–	2	8	13
6.12ff: Verfolgung	8	5	5	∨12 (15)	∨34 (40)	65 (73)
gesamt						

Apk-Stellen	1.Ps-Vorl.	1514–18	1519–21	1521–29	1529–46	zusammen
Kap. 13,1–10: 1. Tier	1	–	1	4 (5)	∨10(13)	16 (20)
8: erwürgtes Lamm (=17,8)	–	–		3 (1525)	2	5
11–18: 2. Tier	2	–	2	∨	7	11
16f: Malzeichen	3	–	–	5 (6)(neu)	1	6 (7)
gesamt	3	∧–	∨3	∨12(14)	20(23)	38 (43)
Kap. 14,4: Virginität	3	∧1	∨3	2 (3)	5 (neu) ∨10(12)(1 A)	19 (22)(1 A)
13: Sterben, Werke	5	∧1		2 (5)	(1530)	7 (8)
14ff: Ernte	5	1 (2)	4	2 (5)	∨31(33)	43 (49)
gesamt	1	(2)	∨5	∧1 (3)	6 (7)(1530)	7 (11)
Kap. 15: Lied, Schalen	1		∨5		(1530)	18 (20)
Kap. 16: 7 Schalen	–	1	∨6	2 (3)	∨6 (8)	8 (11)
17,1–6: Hure	1		(1)	∨15	(1522) ∨20(25)	42 (47)
14: König der Könige	1			1	(neu) ∨10(12)	11 (13)
15: Wasser = Völker	5	∧		∧	(neu) ∨4 (5)	6 (6)
16: Beraubung	7	∧	∨7	∨19(20)	∨47(55)	5 (6)
gesamt (ohne 17,8 = 13,8)	7		(neu)		∨	79 (88)
Kap. 18,4: Zieht aus!	–	–	1	1	∨9	13
6f: Rache!	–		2	4 (5)	29	12
gesamt	(1)			1	(neu)	35 (37)
Kap. 19,20: Höllensturz	–		1	1 (2)	∨14(16) (neu)	16 (19)
gesamt (ohne 19,16 = 17,14)	–					8 (9)
Kap. 20,6: allg. Priestertum	–	–	–	2 (neu)	6 (7)(1529–33)	20 (22)
8f: Gog und Magog	1	1	2	3	∨13(14)	5 (5)
gesamt	–				∨3 (4)	6 (8)
Kap. 21: neues Jerusalem	–	1	1 (1)	2	∨5 (6)	8 (11)
21,2.10: neues Jerusalem	–	1		1 (1)	∨3 (4)	8 (9)
4: keine Tränen	5 (6)	1	1	2	∨2	12
5: alles neu	–	7	∧2 (6)	1	∨25(29)	55 (64)
12.14: 12 Tore/Fundam.	12(13)	9	∧2	∧4 (7)		8
27: nichts Unreines!	4	5	∧2 (neu)	2	3 (ab 1538)	14
gesamt	1	5		1	7 (13)(ab 1538)	9 (13)
Kap. 22,11a: Wer schmutzig ist	6	5	4	2 (4)	∨17(23)	34 (42)
11b: Wer gerecht ist						
20: Komm, Herr Jesu!						
gesamt						

Tabelle 10

Einzelstellen mit auffallenden Schwankungen

a) Gruppe 1

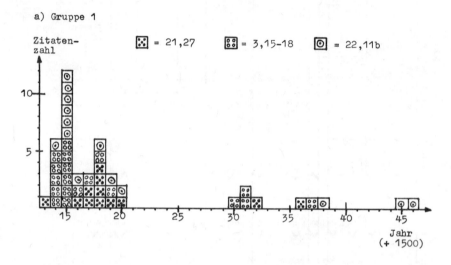

b) Gruppe 2

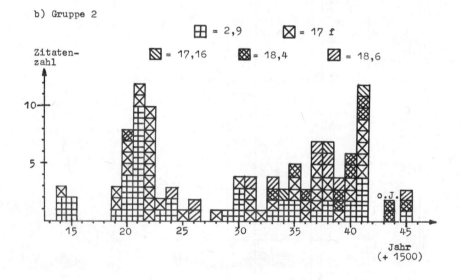

Tabelle 10

Einzelstellen mit auffallenden Schwankungen

c) Summenkurven

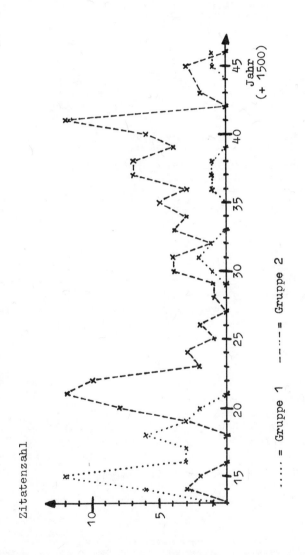

Tabelle 11

Abschnitte und Einzelstellen in den Psalmenauslegungen

Apk-Stelle	Augustin	Cassiodor	Luther I	Luther II
Kap. 1,4: Gruß, 7 Geister	1	–	–	–
5.8.17: Titel	–	4	2	–
12.16.20: Leuchter etc	2	1	–	–
Kap. 2,9.13: Satan	–	–	6	2
23: Prüfen	–	–	1	–
Kap. 3,1: Sardes tot	–	–	–	1
7: Schlüssel	–	1	2	–
14: Amen	–	–	1	–
15–18: Lauheit	–	–	9	1
19.20: Züchtigung, Tür	1	1	4	1
Kap. 4: Thron Gottes	–	–	–	–
Kap. 5,1ff: Buch mit 7 Siegeln	–	–	1	–
5: Löwe, Wurzel	8	3	3	–
10: Priestertum	–	–	1	–
11ff: Lobgesang	–	1	–	–
Kap. 6,9–11: Seelen	2	3	1	–
Kap. 7,4.9: große Zahl	1	–	1	–
10.12: Lobgesang	–	–	–	1
Kap. 8,3f: Rauchopfer	–	1	1	–
Kap. 9,1–11: Heuschrecken	–	–	–	2
12–21: Löwen	–	–	–	–
Kap. 10,10: Buch	1	–	–	–
Kap. 11,2: Tempel	–	–	–	1
Kap. 12,1–3: Frau	1	–	1	–
4: Schwanz	–	–	1	–
5f: Geburt	1	–	–	–
9.10: Satan	–	–	3	1
14: 2 Flügel	–	–	3	–
Kap. 13,1.10: 1. Tier	–	–	1	1
5: Lästerung	–	2	–	–
8: erwürgtes Lamm	1	–	–	–
11.18: 2. Tier	–	–	2	1
Kap. 14,6: Evangelium	–	–	1	–
11: Rauch	–	–	2	–
13: Tod, Werke	–	–	3	–
14ff: Ernte	–	–	–	–
Kap. 15,3: Lied Moses	–	–	1	–

Tabelle 11
(Forts.)

Apk-Stelle	Augustin	Cassiodor	Luther I	Luther II
Kap. 16,1ff: 7 Schalen	-	-	-	2
Kap. 17,1-4: Hure Babylon	-	1	1	1
12: Hörner = Könige	-	-	1	-
15: Wasser = Völker	4	1	5	1
Kap. 18,6: Rache	1	-	-	-
Kap. 19,1-4: Lobgesang	-	1	-	-
10: Anbetung	1	2	-	1
16: Herr der Herren	1	2	-	(1)
Kap. 20,2: 1000 Jahre	1	-	-	-
9f: Untergang der Feinde	-	1	-	-
14: 2. Tod	-	-	1	-
Kap. 21,1.5: Neuschöpfung	-	-	6	-
4: keine Tränen	1	-	-	-
12.14: 12 Tore etc	1	-	5 (6)	-
22f: kein Tempel etc	1	-	-	1
27: nichts Unreines	-	-	1	-
Kap. 22,1f: Paradies	-	1	1	-
11b: Rechtfertigung	2	-	4	1
15: Ausgeschlossene	1	-	-	-
16: Titel	-	1	-	-
20: ja, komm!	-	-	1	-

Anmerkung:

Es erscheint jedes Zitat nur einmal; Parallelstellen sind nicht berücksichtigt.

Tabelle 12

Deutsche Bibeln aus dem 16.-18. Jh, wie sie zufällig in Erlangen UB
am Fach Thl. II beieinanderstehen

Signatur Thl. II,	For-mat	Um-fang	Ort	Drucker/ Verleger	Jahr	Konf	Vorre-den	Glos-sen	Apk-Ill	Bemerkung
39ᵃ(2)	2°	B	Jena	D:Richtzen-hain&Rebart	1564	lt	ja	alle	26	klein, unpol, außer zu 20,7
81(10)	4°	B	Witt	D: Krafft V: Selfisch	1574	lt	ja	alle	25	unpol, fehlt Bild zu Kap. 12
32ᵃ(2)	2°	B	Witt	D: Krafft V: Konsort.	1576	lt	ja	alle	26	Mischung, relativ unpol
46	gr 8°	NT	Witt	D: Lufft	1576	lt	ja	alle	26	Kopien nach 1530, 1 Tiara
69	8°	NT	Ffm	D: Schmid V:Feierabend	1585	lt	ja	alle	26	nur anti-türkisch
47	4°	NT	Witt	D: Lehmann	1588	lt	ja	alle	25	s.o. S. 504
23(2)	4°	B	Jena	D:Steinmann	1594	lt	ja	alle	16	nur antitürkisch
16	2°	B	Köln	D: Quentel	1601	kt	andere	---	1+24	unpol, fehlen Bilder zu 20,7; 21
32	2°	B	Lüneburg	D: Vogt V: Stern	1620	lt	ja	alle	25	nur antitürkisch, fehlt Bild zu c. 4
(Cim.III,2)	4°	B	Witt	V:Schürer	1621	lt	ja	alle	---	
28	4°	B	Witt	D: Fincel V: Schürer	1624	lt	ja	alle	---	
33	2°	B	Nbg	V: Endter	1641	lt	ja	teilw	---	andere Erklärungen
59ᵘ	2°	B	Nbg	V: Endter	1652	lt	ja	teilw	---	andere Erklärungen
37	2°	B	Nbg-Ffm	V: Endter & Wust	1662	kt	anti-lt	---	25	wie 1620
23	2°	B	Lüneburg	D: Stern Erben	1672	lt	ja	alle	8	unpol
23ᵃ(2)	gr 8°	B	Lüneburg	D: Stern Erben	1676	lt	ja	alle	8	unpol
32ᵈ	4°	B	Schleu-singer		1684	lt	---	---	---	

Signatur Thl. II	For-mat	Um-fang	Ort	Drucker/Verleger	Jahr	Konf	Vorre-den	Glos-sen	Apk-Ill	Bemerkung
60	2°	B	Nbg	V: Endter	1693	lt	ja	alle	20	s. Schmidt, Illustration, S. 378-81
28$^{\underline{r}}$	4°	B	Gotha	D: Reyher V: Hansch	1712	lt	ja	teilw	---	
29	4°	B	Ansbach	D: Helmhack	1713	lt	ja u.a.	---	---	
74	4°	B	Ffm	D: Wust	1715	lt	ja	alle	---	
51	4°	B	Mühlhau-sen	D: Brückner	1720	lt	ja	teilw	---	
32$^{\underline{e}}$	4°	B	Leipzig		1720	lt	ja	teilw	---	
32$^{\underline{h}}$	4°	NT	Tübingen		1728	lt	ja u.a.	---	---	
45	4°	B	Altdorf		1730	lt	nur zu Röm	andere	---	
32$^{\underline{i}}$	4°	B	Ulm		1730	lt	---	---	---	
38$^{\underline{b}}$	gr 4°	B	Hof	D: Schultze	1736	lt	ja	alle	---	sonst Bilder vorhanden
38$^{\underline{c}}$	2°	B	Schaff-hausen	Müller	1770	lt	ja	teilw	---	

Spezielle Abkürzungen:

B = Bibel	gr = groß	kt = römisch-katholisch	teilw = teilweise
D = Drucker	Ill = Illustrationen	lt = lutherisch	unpol = unpolemisch
Ffm = Frankfurt/Main	Konf = Konfession	Nbg = Nürnberg	V = Verleger
			Witt = Wittenberg